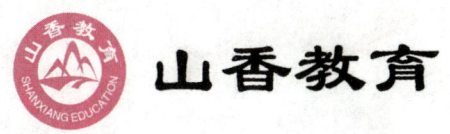

教师招聘考试专用教材

教育理论基础

通用版

山香教育考试命题研究中心　主编

图书在版编目（CIP）数据

教师招聘考试专用教材. 教育理论基础：通用版 / 山香教育考试命题研究中心主编. -- 北京：首都师范大学出版社, 2024. 7. -- ISBN 978-7-5656-8484-5

Ⅰ. G451.1

中国国家版本馆CIP数据核字第2024CF8959号

教师招聘考试专用教材

JIAOYU LILUN JICHU TONGYONGBAN

教育理论基础·通用版

山香教育考试命题研究中心　主编

策划编辑	张文强		
责任编辑	张娜娜	封面设计	山香教育

首都师范大学出版社出版发行

地　　址　北京市海淀区西三环北路105号

邮　　编　100048

咨询电话　010-68418523（总编室）　　010-68982468（发行部）

网　　址　http://cnupn.cnu.edu.cn

印　　刷　河南黎阳印务有限公司

经　　销　全国新华书店

版　　次　2024年7月第1版

印　　次　2024年7月第1次印刷

开　　本　889mm×1194mm　1/16

印　　张　47

字　　数　1316千

定　　价　78.00元

版权所有　翻印必究

25年内容沉淀
用双手把考生托上岸

25年

前　言

近年来,教师招聘考试越来越"火热",考生在参加教师招聘考试时面临着两大困境:一方面,随着广大考生对教师招聘考试的不断探索,笔试分数的差距在不断缩小;另一方面,教师招聘考试的试题难度和灵活性也在不断提高。因此,获得一套实用性强的教辅对考生来说尤为重要。

教育理论基础作为全国大部分地区教师招聘考试的必考内容,具有内容多、复习难、要求高的特点。鉴于此,山香教育结合多年研究成果和教学反馈,深入分析制约考生得高分的因素,对教材进行精心编排,旨在帮助考生通过阅读和学习达到理想的备考效果。

3大特色　掌握教育理论基础

特色1　立足真题考情 归纳核心考点

考情最能体现命题人的思想。通过对真题的梳理分析,整理出命题特点和考查方向,并以此作为教材的核心内容,真正做到"考什么,讲什么""怎么考,怎么讲"。同时,"知识再拔高"等栏目的呈现,使整个教材的知识体系形成一个完美闭环。

特色2　融合教学经验 传授备考心法

教师招聘考试作为一门选拔性考试,考生顺利通过考试的途径只有一个:考高分。每道题的正误都可能决定是否顺利通过考试。所以,核心考点和备考心法就显得尤为重要。本书的编写摒弃了传统说教式的罗列,倡导互动式学习,并融合山香名师多年授课经验,通过"小香课堂""记忆有妙招"等栏目设计,帮助考生从容备考。

特色3　微课视频助学 强化巩固提升

鉴于文字讲解的局限性,本书针对重难点知识配备了微课视频,由山香名师进行视频讲解,实现"读"和"讲"的完美结合。同时,本书还设置"核心考点回顾"栏目,聚焦关键知识,助力考生掌握核心考点。

愿诸君能够善用山香图书这件"利器",在即将到来的教师招聘考试中打好有准备之战。预祝大家在有限的时间内选择最恰当、最有效的方法备考,早日走上心目中的三尺讲台!

山香教育

使用图解

学习指南
- 梳理考情概况
- 谱写考点地图

本章学习指南

一、考情概况

本章属于教育学的基础章节,内容较为琐碎,考生可带着以下学习目标进行备考:
1. 理解并区分教育和教育学的内涵。
2. 掌握教育的属性、基本要素、功能和起源。
3. 识记古代社会教育的发展概况和现代社会的教育。
4. 掌握教育学各发展阶段主要教育家的教育思想。
5. 理解教育研究的基本过程。

二、考点地图

考点	年份/地区/题型
"教育"的词源	2024天津单选;2023福建单选;2023河北单选;2023内蒙古单选;2023湖南单选;2023广东判断;2022内蒙古单选;2022河南判断
"教育"的定义	2024安徽单选;2024浙江填空;2023黑龙江单选;2023江苏单选;2022河南单选、判断;2022江苏判断

核心考点

核心考点
- 立足真题考情
- 归纳核心考点

第一节 教学概述

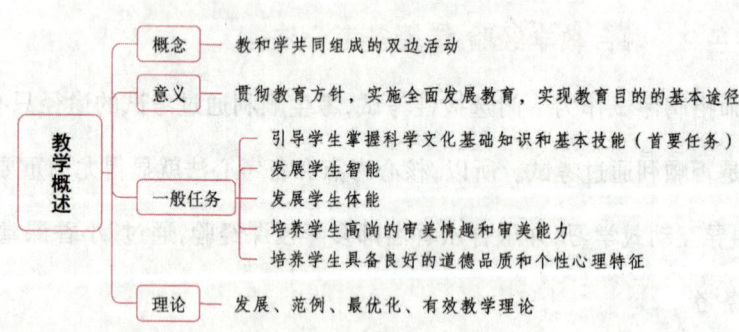

一、教学的内涵　【单选、不定项、判断】

考点 1 ▶ 教学的概念

教学是在一定教育目的规范下,教师的教和学生的学共同组成的传递和掌握社会经验的双边活动。教师教和学生学是同一活动的两个方面,是辩证统一的。首先,教不同于学,在课堂教学情境中,教主要是教师的行为,学主要是学生的行为。教师与学生之间存在着差异,教与学之间也存在着差异。教主要是一种外化过程,而学主要是一种内化过程。其次,"教"和"学"相互依存,相辅相成。"教"离不开"学","学"也离不开"教"。杜威有句名言:"教之于学就如同卖之于买。"教学永远包括教与学,但不是简单地相加,而是有机地结合或辩证地统一。

知识再拔高
▶ 开阔考生视野
▶ 完善知识体系

• 知识再拔高 •
教育定义的方式
美国分析教育哲学家谢弗勒在《教育的语言》一书中探讨了三种定义的方式,即规定性定义、描述性定义和纲领性定义。
(1)规定性定义,即作者自己所创制的定义,其内涵在作者的某种话语情境中始终是同一的。也就是说,不管其他人所用的"教育"一词是什么意思,"我"所用的"教育"一词就是这个意思。
(2)描述性定义,是指对定义对象的适当描述或对如何使用定义对象的适当说明。在词典上,一般见到的大多是描述性定义的罗列,描述性定义回答的是"教育实际是什么"的问题。
(3)纲领性定义,是一种有关定义对象应该是什么的界定。它往往包含着"是"和"应当"两种成分,是描述性定义和规定性定义的混合。

记忆有妙招
▶ 编写速记口诀
▶ 高效趣味记忆

• 记忆有妙招 •
为方便考生记忆,编者将各教育起源学说的代表人物及其观点总结成以下口诀:
(1)**诸神合一**:神话起源说认为教育的目的是使人皈依于神或顺从于天。**诸**:朱熹。
(2)**本能生利息**:生物起源说认为教育起源于动物的生存本能。**利**:利托尔诺。**息**:沛西·能。
(3)**心里做着一个无意识的梦**:心理起源说认为教育起源于儿童对成人的无意识模仿。**梦**:孟禄。
(4)**中苏(米凯)爱劳动**:劳动起源说认为教育起源于生产劳动。**米**:米丁斯基。**凯**:凯洛夫。

小香课堂
▶ 精讲重点难点
▶ 提示易错易混

• 小香课堂 •
关于孔子提出的"有教无类"的原意,历来有不同的理解,关键在于对"类"作何解释。东汉的马融以及梁朝的皇侃都把"类"解释为"种类"。"有教无类"本来的意思是:不分贵贱贫富和种族,人人都可以入学受教育。需要注意的是,孔子的"有教无类""因材施教"等思想属于古代朴素的教育平等观,反映了古代思想家对教育平等的追求,但仍以阶级分层为基础,带有特定历史阶层的等级观念,因此并不是真正的教育平等。

视频二维码
▶ 山香名师录制
▶ 助力视频学习

考点 2 **教育的社会属性**

教育的社会属性

(1)**永恒性**。教育是人类所特有的社会现象,它是一个永恒的范畴。只要人类社会存在,就存在着教育。
(2)**历史性**。在不同的社会或同一社会的不同历史阶段,教育的性质、目的、内容等各不相同。不同时期的教育有其不同的历史形态、特征。
(3)**继承性**。教育的继承性是指不同历史时期的教育都前后相继,后一时期教育是对前一时期教育的继承与发展。
(4)**长期性**。无论从一个教育活动完成的角度,还是从一个个体的教育生长的角度,其时间周期都比较长。

目 录

第一部分 教育学

第一章 教育与教育学　分值占比：2~10%

本章学习指南 ······ 003
核心考点 ······ 004
　第一节　教育及其产生与发展 ······ 004
　第二节　教育学及其产生与发展 ······ 022
　第三节　教育研究及其方法 ······ 043
核心考点回顾 / 021 / 042 / 052

第二章 教育的基本规律　分值占比：2~13%

本章学习指南 ······ 053
核心考点 ······ 054
　第一节　教育与社会发展 ······ 054
　第二节　教育与人的发展 ······ 066
核心考点回顾 / 066 / 074

第三章 教育目的与教育制度　分值占比：1~10%

本章学习指南 ······ 076
核心考点 ······ 077
　第一节　教育目的 ······ 077
　第二节　我国的教育目的 ······ 088
　第三节　学校与学校教育制度 ······ 099
　第四节　我国的学校教育制度 ······ 105
核心考点回顾 / 087 / 098 / 105 / 109

第四章 教师与学生　分值占比：2~16%

本章学习指南 ······ 110
核心考点 ······ 111
　第一节　教　师 ······ 111
　第二节　学　生 ······ 128
　第三节　师生关系 ······ 132
核心考点回顾 / 127 / 132 / 139

目 录　Ⅰ

第五章 课程 分值占比：1~10%

本章学习指南……140
核心考点……141
 第一节 课程概述……141
 第二节 课程开发……151
 第三节 课程管理……165
 第四节 课程资源……167
核心考点回顾 / 150 / 165 / 167 / 170

第六章 教学 分值占比：2~18%

本章学习指南……171
核心考点……172
 第一节 教学概述……172
 第二节 教学过程……176
 第三节 教学原则与教学方法……185
 第四节 教学组织形式与教学工作的基本环节……198
 第五节 教学评价……209
 第六节 教学模式……217
 第七节 现代教育技术在教学中的应用……221
核心考点回顾 / 176 / 184 / 197 / 208 / 216 / 220 / 224

第七章 德育 分值占比：1~15%

本章学习指南……225
核心考点……226
 第一节 德育概述……226
 第二节 德育过程……232
 第三节 德育原则……236
 第四节 德育的途径与方法……240
 第五节 德育模式……246
 第六节 我国中小学德育改革……250
核心考点回顾 / 231 / 235 / 240 / 245 / 249 / 251

第八章 班级管理与班主任工作 分值占比：1~8%

本章学习指南……252
核心考点……253
 第一节 班级与班级管理……253
 第二节 良好班集体的培养……261
 第三节 班主任工作……265
核心考点回顾 / 261 / 265 / 276

第九章 课外、校外教育与三结合教育　分值占比:1~6%
本章学习指南 ·· 277
核心考点 ·· 277
　第一节　课外、校外教育 ·· 277
　第二节　学校、家庭、社会三结合教育 ·· 281
核心考点回顾 / 280 / 284

第二部分　心理学

第一章 心理学概述　分值占比:2~4%
本章学习指南 ·· 287
核心考点 ·· 287
　第一节　心理学的研究对象与任务 ·· 287
　第二节　心理的实质 ·· 289
　第三节　心理学的产生与发展 ·· 293
核心考点回顾 / 289 / 293 / 295

第二章 认知过程　分值占比:3~10%
本章学习指南 ·· 296
核心考点 ·· 297
　第一节　感觉和知觉 ·· 297
　第二节　记　忆 ·· 308
　第三节　表象与想象 ·· 319
　第四节　言语与思维 ·· 324
　第五节　注　意 ·· 337
核心考点回顾 / 307 / 318 / 323 / 336 / 346

第三章 情绪情感和意志过程　分值占比:1~6%
本章学习指南 ·· 347
核心考点 ·· 348
　第一节　情绪情感过程 ··· 348
　第二节　意志过程 ··· 356
核心考点回顾 / 356 / 362

第四章 个性心理　分值占比:2~12%
本章学习指南 ·· 363
核心考点 ·· 364
　第一节　需要、动机与兴趣 ··· 364
　第二节　能　力 ·· 369

第三节 气质与性格·······377

核心考点回顾 / 368 / 377 / 383

第三部分　教育心理学

第一章　教育心理学概述　分值占比:1~5%

本章学习指南·······387
核心考点·······387
　第一节 教育心理学的基本内涵·······387
　第二节 教育心理学的发展·······390
　第三节 教育心理学的研究方法与研究原则·······392
核心考点回顾 / 389 / 391 / 394

第二章　心理发展及个别差异　分值占比:2~10%

本章学习指南·······395
核心考点·······396
　第一节 心理发展·······396
　第二节 中小学生的认知发展·······400
　第三节 中小学生人格、社会化发展·······407
　第四节 学生的个别差异·······417
核心考点回顾 / 400 / 406 / 416 / 422

第三章　学习理论　分值占比:2~12%

本章学习指南·······423
核心考点·······424
　第一节 学习概述·······424
　第二节 行为主义学习理论·······429
　第三节 认知派学习理论·······441
　第四节 人本主义学习理论·······447
　第五节 建构主义学习理论·······450
核心考点回顾 / 428 / 440 / 447 / 450 / 454

第四章　学习心理　分值占比:2~14%

本章学习指南·······455
核心考点·······456
　第一节 学习动机·······456
　第二节 学习策略·······472
　第三节 学习迁移·······481
　第四节 知识的学习·······490

第五节　技能的形成 …… 500
　第六节　问题解决与创造性 …… 509
　第七节　态度与品德的形成 …… 518
核心考点回顾 / 471 / 480 / 489 / 499 / 508 / 517 / 530

第五章　教学心理　分值占比：2~8%
本章学习指南 …… 532
核心考点 …… 533
　第一节　教学设计 …… 533
　第二节　课堂管理 …… 543
核心考点回顾 / 542 / 557

第六章　心理健康教育与教师职业心理　分值占比：1~10%
本章学习指南 …… 559
核心考点 …… 560
　第一节　心理健康概述 …… 560
　第二节　学生心理辅导 …… 564
　第三节　教师职业心理 …… 573
核心考点回顾 / 563 / 572 / 585

第四部分　教育法律法规

本部分学习指南 …… 589
核心考点 …… 590

第一章　教育法律基础　分值占比：1~3%
　第一节　教育法规概述 …… 590
　第二节　教育法学基础知识 …… 595

第二章　现行主要的教育法律法规　分值占比：2~6%
　第一节　《中华人民共和国教育法》 …… 604
　第二节　《中华人民共和国义务教育法》 …… 611
　第三节　《中华人民共和国教师法》 …… 615
　第四节　《中华人民共和国未成年人保护法》 …… 618
　第五节　《学生伤害事故处理办法》 …… 624

第三章　依法执教与教师违法（侵权）行为　分值占比：1~3%
　第一节　依法执教 …… 628
　第二节　教师违法（侵权）行为 …… 629

核心考点回顾 / 603 / 626 / 632

第五部分　新课程改革

本部分学习指南 635
核心考点 636

第一章　新课程改革概述　分值占比：1~6%
第一节　新课程改革的背景与发展趋势 636
第二节　新课程改革的根本任务、目标、重点和理念 638

第二章　新课程与教学改革　分值占比：2~10%
第一节　教学改革的主要任务、观点及趋势 643
第二节　教师角色与教学行为 644
第三节　新的教学观 646
第四节　学习方式的变革 648

第三章　综合实践活动　分值占比：1~2%
第一节　综合实践活动概述 651
第二节　研究性学习 653

核心考点回顾 / 642 / 650 / 654

第六部分　教师职业道德

本部分学习指南 657
核心考点 658

第一章　教师职业道德概述　分值占比：1~3%
第一节　教师职业道德的概念、特点及价值蕴含 658
第二节　教师职业道德的结构与功能 661

第二章　教师职业道德的基本原则、范畴及规范　分值占比：2~12%
第一节　教师职业道德基本原则 664
第二节　教师职业道德范畴 666
第三节　《中小学教师职业道德规范》解读 668

第三章　教师职业道德教育、修养与评价　分值占比：1~4%
第一节　教师职业道德教育 674
第二节　教师职业道德修养 675
第三节　教师职业道德评价 678

核心考点回顾 / 663 / 673 / 680

第七部分　教育教学技能

本部分学习指南 ·· 683
核心考点 ··· 683

第一章　教学技能概述　分值占比:1~2%
第一节　教学技能的内涵 ··· 684
第二节　教学技能的特点、构成与作用 ··· 685

第二章　教学设计技能　分值占比:1~2%
第一节　教学目标的设计技能 ·· 687
第二节　教案的设计技能 ··· 688

第三章　课堂教学技能　分值占比:2~6%
第一节　课堂导入技能 ·· 691
第二节　课堂提问技能 ·· 694
第三节　课堂观察与倾听技能 ·· 699
第四节　课堂板书技能 ·· 700
第五节　巩固技能 ·· 703
第六节　教学反馈与强化技能 ·· 704
第七节　结课技能 ·· 706

第四章　说课技能与教学反思技能　分值占比:1~2%
第一节　说课技能 ·· 708
第二节　教学反思技能 ·· 712

核心考点回顾 / 686 / 690 / 707 / 714

第八部分　教育活动设计与教育写作

本部分学习指南 ·· 717
核心考点 ··· 717

第一章　教育活动设计　分值占比:10~15%
第一节　教育方案设计 ·· 717
第二节　教案设计 ·· 724

第二章　教育写作　分值占比:20~35%

索引

专家微课视频索引

（扫描正文中下列知识点处的二维码，即可获取专家微课视频）

- 教育的社会属性 / 008
- 生物起源说 / 014
- 卢梭的教育思想 / 031
- 影响个体身心发展的主要因素——遗传 / 069
- 个体身心发展的互补性 / 073
- 素质教育的内涵 / 095
- 教师劳动的复杂性 / 117
- 教师的知识素养 / 120
- 必修课程与选修课程 / 147
- 教学原则——启发性原则 / 186
- 教学工作的基本环节——备课 / 204
- 绝对性评价、相对性评价和个体内差异评价 / 213
- 德育过程是对学生知、情、意、行的培养与提高的过程 / 233
- 说服教育法 / 242
- 班级管理的模式 / 257

- 反射的分类 / 291
- 诱导运动和运动后效 / 299
- 知觉理解性和知觉整体性 / 303
- 压抑(动机)说和提取失败说 / 313
- 思维的特点 / 325
- 分析与综合、抽象与概括 / 332
- 注意的稳定性与注意的分配 / 341
- 情绪的分类 / 349
- 合理化、移置、投射 / 353
- 动机冲突 / 358
- 信度与效度 / 375
- 自我中心性 / 402
- 场依存型和场独立型 / 418
- 学习的概念 / 424
- 奥苏贝尔的学习分类 / 427
- 影响问题解决的因素 / 512

01 第一部分 教育学

内容导学

- 本部分内容共分为九章。

- 第一章至第三章主要是对教育学基本原理的阐释。第一章的考查题型主要为客观题，第二、三章的考查题型主、客观均会涉及。

- 第四章至第九章主要介绍教育教学实践中所涉及的基本理论，考查题型主、客观均会涉及。其中，第四章、第六章、第七章为主观题的高频考查章节。

- 考生应重点掌握第一章、第二章、第四章至第七章的内容，并结合历年真题有针对性地进行复习。

- 为了方便考生梳理知识脉络，我们在各节设置思维导图和核心考点回顾。

第一章 教育与教育学

本章学习指南

一、考情概况

本章属于教育学的基础章节,内容较为琐碎,考生可带着以下学习目标进行备考:

1. 理解并区分教育和教育学的内涵。
2. 掌握教育的属性、基本要素、功能和起源。
3. 识记古代社会教育的发展概况和现代社会的教育。
4. 掌握教育学各发展阶段主要教育家的教育思想。
5. 理解教育研究的基本过程。

二、考点地图

考点	年份/地区/题型
"教育"的词源	2024天津单选;2023福建单选;2023河北单选;2023内蒙古单选;2023湖南单选;2023广东判断;2022内蒙古单选;2022河南判断
"教育"的定义	2024安徽单选;2024浙江填空;2023黑龙江单选;2023江苏单选;2022河南单选、判断;2022江苏判断
教育的属性	2024河南多选;2024山东多选;2024四川判断;2023河北单选;2023江苏单选;2023河南单选、判断;2023安徽填空;2023广东判断;2022山西单选;2022内蒙古单选;2022天津判断
教育的基本要素	2024浙江判断;2023天津单选;2023河北单选、多选、判断;2023江苏填空;2022河南单选;2022山东单选;2022山西单选
教育功能的类型	2024山西单选;2024广东单选;2024山东单选;2024天津材料分析;2023河北单选、多选;2023山东多选;2022浙江单选
教育的起源	2024山东单选;2024福建多选;2023河北单选;2023安徽单选;2023河南单选
古代社会教育的发展概况	2024山东单选;2023河北单选、多选、判断;2022山东单选;2022辽宁判断
现代社会的教育	2024广东单选;2024安徽单选、判断、简答;2023内蒙古单选;2023河北单选;2023黑龙江多选;2023安徽多选;2022河南单选
孔子的教育思想	2024江苏单选;2024天津单选;2024山东单选;2024安徽单选;2023河北单选;2023安徽单选;2023河南单选;2022广西判断
孟子的教育思想	2024浙江单选;2024河南不定项;2023山东单选;2023河北判断
《学记》的教育思想	2024河南多选;2024福建填空;2023黑龙江单选;2023山东单选;2023河北单选、判断
夸美纽斯的教育思想	2024广东单选;2024江苏填空;2023辽宁单选;2023江苏单选;2023河北单选

续表

考点	年份/地区/题型
赫尔巴特的教育思想	2024天津单选；2024福建单选；2024浙江判断；2023山东单选；2023河南单选；2023河北单选、多选；2022湖北单选
陶行知的教育思想	2024安徽单选；2024广东单选；2024山东单选、判断；2024天津判断；2023安徽单选；2023河南单选；2023河北多选
教育研究的基本过程	2024山东单选；2023安徽多选；2022广东单选

注：上述表格仅呈现重要考点的相关考情。

核心考点

第一节 教育及其产生与发展

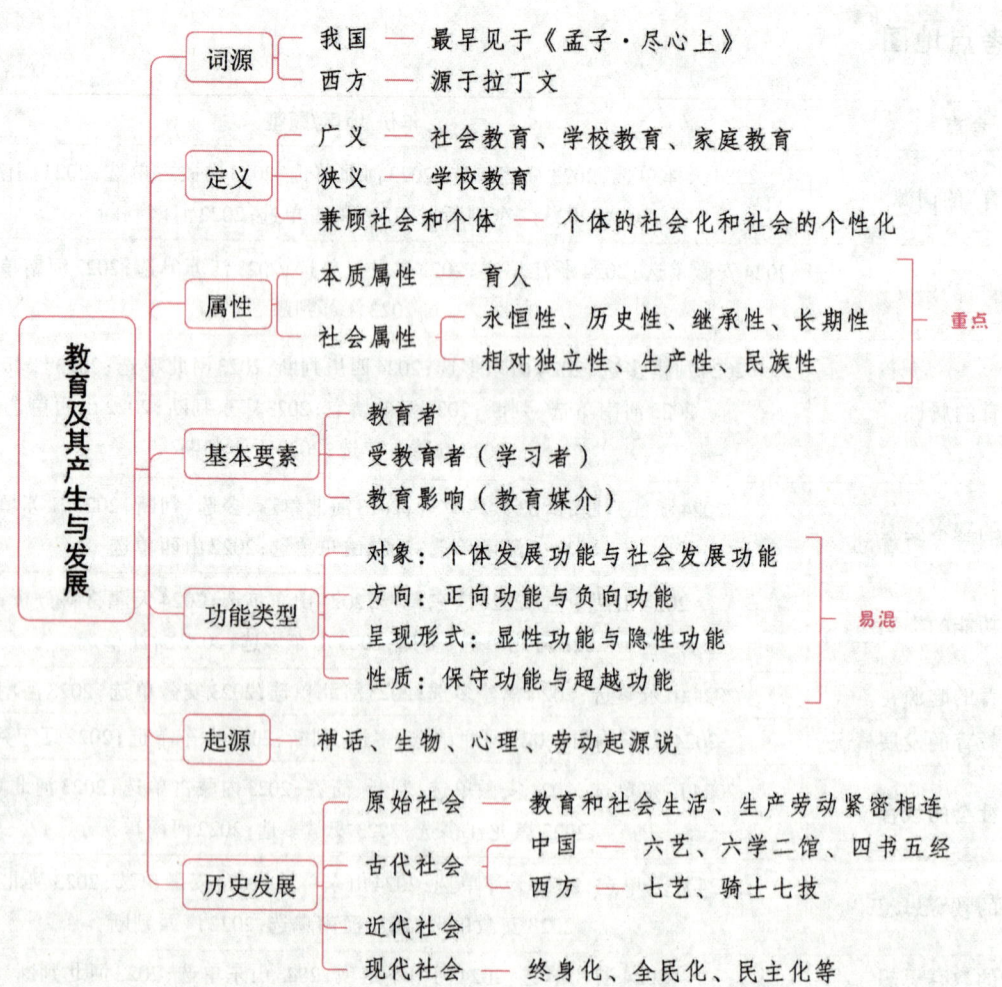

一、教育的内涵 ★★ 【单选、多选、填空、判断】

教育是人类有目的地培养人的一种社会活动,是传承文化、传递生产与社会生活经验的一种途径。

考点 1 ▶ "教育"的词源

在我国,"教育"一词最早见于《孟子·尽心上》中的"得天下英才而教育之,三乐也"。孟子是最早将"教""育"二字用在一起的人。许慎在《说文解字》中这样解释:"教,上所施,下所效也""育,养子使作善也"。

在西方,"教育"一词源于拉丁文"educere",前缀"e"有"出"的意思,意为"引出"或"导出",意思是采用一定的手段,把某种本来就潜藏于人身上的东西引导出来,从一种潜质转变为现实。

> **小香课堂**
> 关于"教育"一词的两个"最早":
> (1)最早使用——孟子;(2)最早解释——许慎。

真题1 [2024天津河北,单选]"得天下英才而教育之"出自(　　)
A.《论语》　　B.《学记》　　C.《孟子·尽心上》　　D.《劝学篇》

真题2 [2023内蒙古赤峰,单选]将"教育"解释为"教,上所施,下所效也""育,养子使作善也"的著作是(　　)
A.《孟子》　　B.《学记》　　C.《说文解字》　　D.《论语》

答案:1. C　2. C

考点 2 ▶ "教育"的定义

1. 外国教育家对"教育"的界定

表1-1　外国教育家对"教育"的界定

人物	对"教育"的界定
苏格拉底	教育是"使人得到改进"
亚里士多德	教育是"形成人的理性",从而"使天性、习惯和理性协调统一"
柏拉图	教育过程就是理智控制欲望的过程
夸美纽斯	教育就是"把一切事物教给一切人的全部艺术"
斯宾塞	教育是"为完满生活做准备"
涂尔干	教育是年长的几代人对社会生活方面尚未成熟的几代人所施加的影响
杜威	"教育即生活""教育即生长""教育即经验的改组或改造"
巴班斯基	"教育是老一代向新一代传递社会历史经验的过程,其目的在于培养他们参加生活和从事为保证社会进一步发展所必需的劳动"

2. 我国教育界对"教育"的界定

表1-2　我国教育界对"教育"的界定

人物或著作	对"教育"的界定
孔子	教育是一种重要的社会统治手段。"道之以政,齐之以刑,民免而无耻;道之以德,齐之以礼,有耻且格"

续表

人物或著作	对"教育"的界定
荀子	教育是以善教人。"以善先人者谓之教"
《学记》	教育就是长善救失。"教也者,长善而救其失者也"
《中庸》	教育就是将社会的伦理纲常加以推广和实行。"天命之谓性,率性之谓道,修道之谓教"
蔡元培	教育是帮助被教育的人,给他能发展自己的能力,完成他的人格
杨贤江	教育是帮助人营谋社会生活的一种手段

3. 本书所采用的教育定义

一般说来,人们是从两个角度给"教育"下定义的:一个是社会的角度,另一个是个体的角度。

(1)从社会的角度来定义

从社会的角度来定义"教育",可以把"教育"的定义区分为不同的层次:

①广义的教育。指增进人的知识与技能、发展人的智力与体力、影响人的思想观念的活动。广义的教育可能是无组织的、自发的或零散的,也可能是有组织的、自觉的或系统的。它包括社会教育、学校教育和家庭教育。

②狭义的教育。主要指学校教育,是教育者依据一定的社会要求,依据受教育者的身心发展规律,有目的、有计划、有组织地对受教育者施加影响,促使其朝着所期望的方向发展变化的活动。

③更狭义的教育。有时是指思想品德教育活动,与学校中常说的"德育"是同义词。

(2)从个体的角度来定义

从个体的角度来定义"教育",往往把"教育"等同于个体学习与发展的过程。

兼顾社会和个体两个方面给教育下定义:教育是在一定社会背景下发生的促使个体的社会化和社会的个性化的实践活动。

> **•知识再拔高•**
>
> **教育定义的方式**
>
> 美国分析教育哲学家谢弗勒在《教育的语言》一书中探讨了三种定义的方式,即规定性定义、描述性定义和纲领性定义。
>
> (1)规定性定义,即作者自己所创制的定义,其内涵在作者的某种话语情境中始终是同一的。也就是说,不管其他人所用的"教育"一词是什么意思,"我"所用的"教育"一词就是这个意思。
>
> (2)描述性定义,是指对定义对象的适当描述或对如何使用定义对象的适当说明。在词典上,一般见到的大多是描述性定义的罗列,描述性定义回答的是"教育实际是什么"的问题。
>
> (3)纲领性定义,是一种有关定义对象应该是什么的界定。它往往包含着"是"和"应当"两种成分,是描述性定义和规定性定义的混合。

真题3 [2024安徽统考,单选]"天命之谓性,率性之谓道,修道之谓教"出自儒家著作中的( )

A.《大学》　　　　B.《中庸》　　　　C.《论语》　　　　D.《孟子》

真题4 [2023黑龙江哈尔滨,单选]关于教育,下列观点表达错误的是( )

A. 苏格拉底认为,教育是使人得到改进

B. 杨贤江提出,教育是帮助人营谋社会生活的一种手段

C. 孔子认为,以善先人者谓之教

D. 斯宾塞提出,教育为完满生活做准备

真题5 [2024浙江嘉兴,填空]教育是在一定社会背景下发生的促使_____和_____的实践活动。

答案:3. B　4. C　5. 个体的社会化　社会的个性化

考点 3　"教育"的日常用法

在日常生活中,人们经常使用"教育"一词。这些用法大致可分为三类:

(1)作为一种过程的"教育",表明一种深刻的思想转变过程,如"我从这部影片中受到了一次深刻的教育"。

(2)作为一种方法的"教育",如"你的孩子真有出息,你是怎么教育孩子的"。

(3)作为一种社会制度的"教育",如"教育是振兴地方经济的基础"。

在这三类用法中,最基本的还是第一种用法,因为无论是作为一种方法的"教育",还是作为一种社会制度的"教育",如果不伴随着教育对象深刻的思想转变过程,都很难称得上是真正的"教育"。

真题6 [2022河北保定,单选]下列表述中,将教育视作一种方法的是(　　)

A. 教育是振兴经济的基础

B. 我从这个报告中受到了深刻的教育

C. 你的孩子真有出息,你是怎么教育孩子的

D. 我今天听了一场关于愉快教育的学术报告

答案:C

二、教育的属性　★★　【单选、多选、填空、判断】

考点 1　教育的本质属性

教育的本质属性是**育人**,即教育是一种**有目的地培养人的社会活动**,这是教育区别于其他事物现象的根本特征,也是教育的**质的规定性**。教育的具体而实在的规定性体现在:(1)教育是人类所特有的一种有意识的社会活动;(2)教育是人类有意识地传递社会经验的活动;(3)教育是以人的培养为直接目标的社会实践活动。

此外,王道俊、郭文安主编的《教育学》中指出,教育是一种有目的地培养人的社会活动,是人类社会生活不可或缺的重要组成部分,教育有其相对稳定的质的特点:(1)有目的地培养人的活动;(2)教育者引导受教育者传承经验的互动活动;(3)激励与教导受教育者自觉学习和自我教育的活动。总之,教育是有目的地引导受教育者能动地学习与自我教育以促进其身心发展的活动。

— 小香课堂 —

关于教育的本质属性,考生需要注意:

(1)教育是人类社会特有的活动,动物界不存在教育。社会性和意识性是人的教育活动和动物的"教育"活动的本质区别。动物界的某些行为虽与人类社会的教育相类似,但本质不同:①动物的活动出于一种本能需要,属于本能活动;②动物界没有语言,不具备明确的意识;③动物的"教

育"以适应环境为指向,人类的教育还要改造环境和发展自己。

(2)人类社会中的一些行为是不属于教育的。例如:①没有明确目的、偶然发生的行为,如孩子偶然把手指伸到火苗上,被灼伤,由此获得有关火的知识;②片面强调个体社会化的行为(如机械的"灌输")或片面强调社会个性化的行为(如随心所欲的学习);③日常家庭生活中的"抚养""养育"行为,如初生婴儿吸奶。

真题7 [2023河北保定,单选]教育区别于其他事物现象的本质特征在于(　　)
A. 教育能为人类生产生活提供经验 B. 教育是一种培养人的社会实践活动
C. 教育能够促进生产力水平的提高 D. 教育能够促进文化的传播

真题8 [2024四川统考,判断]有研究表明,成年猎豹会有技巧地"教育"幼崽学习如何捕猎。可见,动物界也存在教育。(　　)

真题9 [2023河南郑州,判断]教育是自发地引导受教育者能动地学习与自我教育以促进其身心发展的活动。(　　)

答案:7. B　8. ×　9. ×

考点 2 ▶ 教育的社会属性

教育的社会属性

(1)**永恒性**。教育是人类所特有的社会现象,它是一个永恒的范畴。只要人类社会存在,就存在着教育。

(2)**历史性**。在不同的社会或同一社会的不同历史阶段,教育的性质、目的、内容等各不相同。不同时期的教育有其不同的历史形态、特征。

(3)继承性。教育的继承性是指不同历史时期的教育都前后相继,后一时期教育是对前一时期教育的继承与发展。

(4)长期性。无论从一个教育活动完成的角度,还是从一个个体的教育生长的角度,其时间周期都比较长。

(5)**相对独立性**。教育受一定社会的政治经济等因素的制约,但作为一种培养人的社会活动,教育有其自身的规律,具有相对独立性。此外,教育的相对独立性还表现在特定的教育形态不一定跟其当时的社会形态保持一致,而存在教育"超前"或滞后"的现象。

(6)生产性。教育是生产性活动,与其他生产活动相比,在对象、过程与结果等方面有自己的特殊性。

(7)民族性。教育是在具体的民族或国家中进行的,无论是在思想上还是在制度上,无论是在内容还是在方法手段等方面都有其民族性的特征,特别表现在运用民族语言教学、传授本民族的文化知识等方面。

记忆有妙招
为方便考生记忆,编者将教育的社会属性总结成以下口诀:
永利机场,相对民生。永:永恒性。利:历史性。机:继承性。场:长期性。相对:相对独立性。民:民族性。生:生产性。

真题10 [2023江苏苏州,单选]各个时期的教育都各有其特点,这显示了教育的(　　)
A. 阶段性　　　　B. 历史性　　　　C. 长期性　　　　D. 局限性

真题11 [2023河南郑州,单选]无论教材如何改革,唐诗宋词始终是我国中小学教育的重要内容之一。这表明教育具有(　　)

A. 永恒性　　　　　　　　　　B. 历史性

C. 相对独立性　　　　　　　　D. 继承性

答案:10. B　11. D

三、教育的基本要素 ★★★ 【单选、多选、填空、判断】

一般认为,教育者、受教育者(学习者)和教育影响(教育媒介)是构成教育活动的基本要素。

1. 教育者

教育者是指能够在一定社会背景下促进个体社会化和社会个性化活动的人。在教育的构成要素中,教育者是<u>主导性的因素</u>,是教育活动的组织者和领导者。

广义的教育者指对受教育者态度、知识、技能、思想、品德等方面起到教育影响作用的人。其范围广泛,包括各级各类教育管理人员、专兼职教师、校外教育机构中的工作人员、家长乃至自己。

狭义的教育者指从事学校教育活动的人。其中,教师是学校教育者的<u>主体</u>,是直接的教育者,在整个教育过程中起<u>主导作用</u>,是学生身心发展的主要影响源。

现代学校的教育者的特征:(1)主体性——教育者是教育活动的设计者和具体实施者;(2)目的性——教育者所从事的是以教育为目的的活动;(3)社会性——现代学校的教育者是社会要求的体现者。

2. 受教育者(学习者)

在社会教育活动中,在生理、心理及性格发展方面有目的地接受影响、从事学习的人,统称为受教育者,既包括在校学习的学生,也包括各种形式成人教育中的学习者。

受教育者是教育的对象及学习的主体。从法律角度看,受教育者是教育活动的自然人,与教育者是平等的,在接受思想、品德、知识、技能、行为以及智慧、性格等方面的影响时,具有主观能动性。

> **小香课堂**
> 教育的基本要素说法众多,教育者与受教育者(学习者)是两个必备的要素。需注意:
> (1)教育者≠教师;(2)受教育者(学习者)≠学生。

3. 教育影响(教育媒介)

教育影响即教育活动中教育者作用于学习者的全部信息,既包括了信息的内容,也包括了信息选择、传递和反馈的形式,是内容与形式的统一。从内容上说,主要是教育内容、教育材料或教科书;从形式上说,主要是教育手段、教育方法和教育组织形式。

教育活动中有诸多矛盾,其中,受教育者与教育内容这一对矛盾是教育中<u>基本的、决定性的矛盾</u>,因为它是教育活动的逻辑起点。

> **知识再拔高**
> **教育的基本要素的其他说法**
> 说法一:构成教育活动的基本要素有教育者、受教育者和教育内容。
> 说法二:构成教育活动的基本要素有教育者、受教育者和教育措施(包括教育的内容和手段)。

说法三：构成教育活动的基本要素有教育者与受教育者，教育内容与教育物资。

说法四：凡是教育活动都具有教育者、受教育者、教育内容和教育活动方式等基本要素。

说法五：从宏观角度看，教育活动由教育主体、教育目标、教育内容、教育手段、教育环境、教育途径六个要素构成。从微观角度看，教育活动由教育者、学习者、教育内容和教育手段四个要素构成。教育者是教育活动中"教"的主体；学习者是教育活动中"学"的主体；教育内容是教育活动中师生共同认识的客体；教育手段是教育活动的基本条件，是教育者借以将教育内容作用于教育对象的媒介物，或者说，是受教育者借以实现认识客体的媒介物。

真题12 [2023河北石家庄,单选]在教育的诸多矛盾中,（　　）之间的矛盾是教育活动的逻辑起点,也是教育中基本的、决定性的矛盾。

A.教育者与受教育者　　　　　　　　B.教育者与教育内容

C.受教育者与教育内容　　　　　　　D.教育内容与教育手段

真题13 [2024浙江宁波,判断]教育活动是由三个要素组成的,其中受教育者仅指学校中的适龄学生。（　　）

真题14 [2023江苏苏州,填空]教育的三个基本要素是_____、学习者、教育影响,这三个基本要素既相互独立,又相互联系。

答案：12.C　13.×　14.教育者

四、教育的形态 ★ 【单选、多选、判断】

教育形态是指由教育者、学习者和教育影响三个基本要素所构成的教育系统在不同时空背景下的变化形式,也是"教育"理念的历史实现。根据不同的标准,可以划分出不同的教育形态。

表1-3　教育的形态

划分依据	教育形态	内涵/特征
自身形式化的程度	非制度化教育	教育与生产或生活高度一体化,没有从日常的生产或生活中分离出来
	制度化教育	由专门的教育人员、机构及其运行制度所构成
赖以运行的空间标准	家庭教育	以家庭为单位进行的教育活动
	学校教育	以学校为单位进行的教育活动,出现较晚
	社会教育	社区、文化团体和组织等给予人的影响,出现较早
赖以运行的时间标准	农业社会的教育	(1)古代学校的出现和发展； (2)教育阶级性的出现和强化； (3)学校教育与生产劳动相脱离
	工业社会的教育	(1)现代学校的出现和发展； (2)教育与生产劳动从分离走向结合,教育的生产性日益突出； (3)教育的公共性日益突出； (4)教育的复杂性程度和理论自觉性都越来越高,教育研究在推动教育改革中的作用越来越大

续表

划分依据	教育形态	内涵/特征
赖以运行的时间标准	信息社会的教育	(1)学校将发生一系列变革； (2)教育的功能将进一步得到全面理解； (3)教育的国际化与教育的本土化趋势都非常明显； (4)教育的终身化、全民化和全纳教育的理念成为指导教育改革的基本理念
时空中存在的形态(存在形式)	实体教育	(1)教师与学生在真实的空间里面对面地交流； (2)教师在教学时所运用的语言、展现的形体动作、设计的板书等都对学生产生影响； (3)要求学生规规矩矩地坐在教室里，认真地倾听教师按照固定的教学计划而实施的教学活动，无法照顾到学生的个体差异，学生学习的积极性和主动性受到一定限制； (4)有利于形成优良的学习环境，浓郁的学习氛围，融洽的师生关系，亲密的同学之情
	虚拟教育	(1)教育教学过程发生的场所是一系列虚拟化的教育环境，包括虚拟教室、虚拟实验室、虚拟校园、虚拟学社、虚拟图书馆等； (2)人与人直接交往的机会急剧减少，学习者面对的是学习终端机器，或教师上课的画面，人们之间的关系呈现为一种虚拟的人际关系，这种情况很难对教育质量进行检测，难以培养全面发展的人； (3)信息传递可以不受时间和地点的限制，学习内容可以重复，可以采用交互的方式进行学习，学生可以自主安排学习进度； (4)不利于形成优良的学习环境，浓郁的学习氛围，融洽的师生关系，亲密的同学之情

真题15 [2024四川统考,单选]从教育现象在时空中的存在形态看,网课属于( )

A. 非正规教育　　　　B. 实体教育　　　　C. 虚拟教育　　　　D. 终身教育

真题16 [2022河南南阳,多选]信息社会的教育的特征包括( )

A. 教育的功能进一步得到全面理解

B. 教育国际化与教育本土化趋势非常明显

C. 教育的终身化和全民化理念成为指导教育改革的基本理念

D. 学校教育与生产劳动分离

答案: 15. C　16. ABC

五、教育的功能 【单选、多选、判断、材料分析】

教育功能是教育活动和教育系统对个体发展和社会发展所产生的各种影响和作用。它取决于教育本质，并随着对教育本质认识的变化而变化。但教育功能不是教育本质，本质回答"教育是什么"，而功能回答"教育能够干什么"。

考点 1 · 教育功能的特征 ★

(1)客观性。教育功能不是主观臆想的，它是由教育的本质和教育系统的结构所决定的。教育本质和教育结构在人类发展历史过程中有着相对的稳定性,这就决定了教育功能的客观性。教育功能为教育本身所固有的客观属性,不以人的意志为转移。

(2)社会性。教育功能随社会历史条件的变化而变化。

(3)多样性。教育对社会方方面面的作用,决定了教育功能的多样性。

(4)整体性。教育功能的整体性不仅表现在教育系统内部的协调一致,还表现在教育与社会系统的整体联动。

(5)条件性。教育功能的实现是需要条件的:一是要符合教育自身的规定和规律,二是需要现实提供适合功能发挥的条件。

考点 2 ▶ 教育功能的类型 ★★

表1-4 教育功能的类型

分类依据	类型	含义	关系
作用的对象	个体发展功能（本体功能）	教育对个体的生存和发展所产生的作用和影响。促进个体发展的功能是教育固有的功能	两者是辩证统一的关系：(1)教育的个体功能是教育的社会功能衍生的前提和基础；(2)教育的社会功能对教育的个体功能的发挥具有制约作用
	社会发展功能（派生功能）	教育对社会的稳定、运行和发展所产生的影响。教育的社会功能的发挥必须通过培养人来实现。教育对社会的作用不是无限的,而要受社会结构、社会发展规律和社会性质所制约	
作用的方向	正向功能	教育有助于社会进步和个体发展的积极影响和作用	对任何社会、任何时期的教育来说,正向和负向的功能并存,只不过比重不同而已,多数时期的教育以正向功能为主
	负向功能	教育阻碍社会进步和个体发展的消极影响和作用	
作用的呈现形式（功能的表面属性和外部特征）	显性功能	依照教育目的、任务和价值,教育在实际中所出现的与之相符合的结果。如促进人的全面和谐发展、促进社会的进步等。显性功能的主要标志是计划性	显性功能与隐性功能的区分是相对的,一旦隐性的潜在功能被有意识地开发、利用,就可以转变成显性教育功能
	隐性功能	非预期的且具有较大隐藏性的功能。如不公正的教育复制了现有的社会关系,再现了社会的不平等；学校照管儿童的功能等。隐性功能既有积极的,也有消极的	
性质	保守功能	教育具有自身的结构,具有内在的稳定性和自身的逻辑性,不随社会的变化而变化,形成了自我保存的功能性和承继性,表现出教育重复、封闭、保守的一面	教育必须把保守和超越有机结合起来,在保守性基础上实现教育的超越
	超越功能	通过教育的自我更新和变革,促进和引领人类社会的发展	

日本学者柴野昌山将教育功能的形式和方向结合起来,把教育功能划分为四类,即显性正向功能、隐性正向功能、隐性负向功能以及显性负向功能。柴野昌山对这四种教育功能分别予以举例说明,例如,考试作为教师评价学生学习效果、强化学生学习欲望的工具来说具有显性正向功能,但若教师仅凭考试成绩来评价学生,便会导致学生产生书呆子型成就中心的偏向,这是考试的隐性负向功能；又如,

学校中的表扬制度以及晨会之类的仪式性活动的本来目的只在于帮助学生区分正误,但也可能会产生增强学生对学校的归属意识、促进群体整合等预料之外的副产品,这些副产品便是隐性正向功能;至于显性负向功能,学校教育作为一种价值追求,一开始就竭力去避免教育的显性负向功能,但由学生群体的反学校、反教师的亚文化而导致的各种不良行为或越轨行为则属于显性负向功能。

> **• 知识再拔高 •**
>
> **教育的个体发展功能与社会发展功能有效发挥的条件**
>
> 1. 教育的个体发展功能有效发挥的条件
>
> 教育具有个体发展的功能,但并非所有的教育都能够发挥这样的功能。教育促进个体的发展是有条件的,这些条件主要包括:(1)教育活动必须遵循个体的身心发展规律;(2)教育活动必须符合社会发展的方向和要求;(3)有效地组织教育活动以促进学生的发展;(4)发挥教师的引导作用,培养学生的自觉能动性。
>
> 2. 教育的社会发展功能有效发挥的条件
>
> 教育具有促进社会发展的功能,但这些功能的发挥是需要条件的。总体来说,这些条件是为了保持教育与社会之间的协调一致。具体来说,主要表现在以下方面:(1)遵循教育发展的社会规律;(2)正确地把握教育与社会之间的张力;(3)正确地处理教育功能间的关系。

真题17 [2024山西太原,单选]我国自实施"科教兴国战略"以来,大大推进了社会的改革,增强了综合国力,成为具有国际影响力的大国,表明了教育具有( )

A. 个体发展功能 　　　　　　　　　B. 社会发展功能

C. 繁荣文化功能 　　　　　　　　　D. 增进国际交流功能

真题18 [2024广东珠海,单选]陈老师是一名英语老师,在正式上课之前,陈老师总是会播放课文录音帮助学生提升听力水平,但在一段时间之后,陈老师发现学生的口语水平也得到了提升。这体现了教育的( )功能。

A. 正向显性 　　　　　　　　　　　B. 正向隐性

C. 负向显性 　　　　　　　　　　　D. 负向隐性

真题19 [2023山东济南,多选]教育具有促进个体发展的功能,但并非所有的教育都能够发挥这样的功能。教育促进个体发展功能的有效发挥的条件有( )

A. 教育活动必须遵循个体的身心发展规律 　　B. 教育活动应充分发挥教师的主体作用

C. 有效地组织教育活动以促进学生的发展 　　D. 教育活动必须符合社会发展的方向和要求

答案:17. B　18. B　19. ACD

六、教育的起源 ★★★ 【单选、多选、填空、判断】

表1-5 教育的起源

代表学说	代表人物	主要观点	评价
神话起源说	朱熹	(1)教育由人格化的神(上帝或天)所创造。 (2)教育目的是体现神或天的意志	(1)人类关于教育起源的最古老的观点。 (2)受到当时在人类起源问题上认识水平的局限,是根本错误的,非科学的

续表

代表学说	代表人物	主要观点	评价
生物起源说	利托尔诺(法) 沛西·能(英)	(1)利托尔诺认为，教育活动不仅存在于人类社会之中，而且也存在于人类社会之外，甚至存在于动物界。(2)沛西·能认为，教育从它的起源来说，是一个生物学的过程，不仅一切人类社会有教育，不管这个社会如何原始，甚至在高等动物中也有低级形式的教育。(3)教育是一种生物现象，而不是人类所特有的社会现象。教育的产生完全来自动物的本能，是种族发展的本能需要	(1)第一个正式提出的有关教育起源的学说；标志着在教育起源问题上开始转向科学解释。(2)没有把握人类教育的目的性和社会性，把教育的起源问题生物学化，抹杀了人和动物的区别
心理起源说	孟禄(美)	教育起源于日常生活中儿童对成人的无意识模仿	(1)使教育从动物界回归到人类社会，提出模仿是教育起源的新说，有一定的合理性。(2)把人类有意识的教育行为混同于无意识模仿，否定了教育活动的目的性和意识性，同样导致了教育的生物学化，否认了教育的社会属性，是不正确的
劳动起源说（社会起源说）	主要集中在苏联（如米丁斯基、凯洛夫）和我国	在马克思历史唯物主义理论指导下形成，认为教育起源于人类所特有的生产劳动	(1)认识到社会性问题乃是教育起源的关键性问题，把握了人类的生存与物质生产的关系，并把工具制造作为一个显著标志。(2)提供了理解教育起源和教育性质的一把"金钥匙"

此外，以叶澜为代表的学者持交往起源说的观点，认为教育起源于人与人之间的交往。

· 记忆有妙招 ·

为方便考生记忆，编者将各教育起源学说的代表人物及其观点总结成以下口诀：
(1)**诸神合一**：神话起源说认为教育的目的是使人皈依于神或顺从于天。**诸**：朱熹。
(2)**本能生利息**：生物起源说认为教育起源于动物的生存本能。**利**：利托尔诺。**息**：沛西·能。
(3)**心里做着一个无意识的梦**：心理起源说认为教育起源于儿童对成人的无意识模仿。**梦**：孟禄。
(4)**中苏(米凯)爱劳动**：劳动起源说认为教育起源于生产劳动。**米**：米丁斯基。**凯**：凯洛夫。

真题20 [2023河北邯郸,单选]认为动物界也有教育且把教育看作是一个生物学的过程的是(　　)
A. 心理起源说　　B. 生物起源说　　C. 劳动起源说　　D. 物种进化说

真题21 [2023安徽统考,单选]教育起源于儿童对成人无意识模仿的观点属于(　　)
A. 神话起源论　　B. 生物起源论　　C. 心理起源论　　D. 劳动起源论

答案：20. B　21. C

七、教育的历史发展 【单选、多选、填空、判断、简答】

考点 1 ▶ 原始社会的教育 ★

原始社会的教育主要有以下三个特征：

（1）教育具有非独立性，教育和社会生活、生产劳动紧密相连。教育是在生产劳动和社会生产中进行的，没有特定的教育场所和专职教育人员。

（2）教育具有自发性、全民性（普及性）、广泛性、无等级性（平等性）和无阶级性，是原始状态下的教育机会均等，只因年龄、性别和劳动分工不同而有差别。

（3）教育具有原始性。教育内容简单，主要是传递生产经验；教育方法单一，由于没有文字和书籍，教育方法只限于动作示范与观察模仿、口耳相传与耳濡目染。

真题 22 [2024浙江金华,判断]原始社会的教育具有非独立性，教育与社会生活、生产劳动相联系。（　）

答案：√

考点 2 ▶ 古代社会的教育 ★★★

1. 古代社会教育的特征

古代社会的教育一般指奴隶社会的教育和封建社会的教育。

（1）奴隶社会的教育及其特征

一般认为，学校教育正式产生于奴隶社会初期。学校的出现是教育形成自己相对独立形态的标志。奴隶社会的教育的共同特征表现在：

①学校教育成为奴隶主阶级手中的工具，具有鲜明的阶级性；

②学校教育与生产劳动相脱离和相对立；

③学校教育内容趋于分化和知识化；

④学校教育制度尚不健全。

（2）封建社会的教育及其特征

封建社会的学校教育较之奴隶社会的学校教育，在规模上逐渐扩大，在类型上逐渐增多，在内容上也日益丰富，并且具有等级性、专制性和保守性。但是，封建社会的学校教育仍然没有培养生产工作者的任务，基本上也是与生产劳动相脱离的。

（3）古代东西方教育的共同特征

①**阶级性**。学校成为统治阶级培养人才的场所，非统治阶级的子弟不能或无权进入学校接受正规的教育。如"唯官有书，而民无书"。

②道统性。天道、神道、人道往往合而为一，统治阶级的政治思想和伦理道德是唯一被认可的思想。

③**等级性**。在统治阶级内部，统治阶级子弟也要按照家庭出身等进入不同等级的学校。如唐朝的"六学二馆"。

④专制性。教育过程是管制与被管制、灌输与被灌输的过程，道统的威严通过教师、牧师的威严，通过招生、考试以及教学纪律的威严予以保证。

⑤刻板性。教育方法和学习方法比较单一，都是死记硬背、机械模仿。

⑥象征性。教育的象征性功能占主导地位,即能不能受教育和受什么样的教育是区别社会地位的象征。

> **知识再拔高**
>
> **古代东西方教育的共同特征的其他说法**
>
> (1)出现了专门的教育机构和专职的教育人员;(2)教育对象有了鲜明的阶级性与严格的等级性;(3)教育内容逐渐丰富且与生产劳动相分离;(4)教育方法较多崇尚呆读死记与体罚;(5)官学与私学并行的教育体制;(6)教学组织形式主要是个别施教或集体个别施教。

真题23 [2023黑龙江哈尔滨,单选]学校教育与生产劳动相脱离,始于(　　)
　　A.原始社会　　　　B.奴隶社会　　　　C.封建社会　　　　D.资本主义社会

真题24 [2023河南南阳,单选]隋唐时期建立了比较完备的官学体系,其中中央官学体系"六学二馆"体现了教育的(　　)
　　A.阶级性　　　　B.等级性　　　　C.象征性　　　　D.刻板性

答案:23. B　24. B

2.古代社会教育的发展概况

(1)古代中国

表1-6　古代中国的教育

时期	教育发展概况
夏朝	我国最早的学校出现
商朝	有了比较正规的学校教育场所;根据不同年龄的学生在教育上的要求,划分了不同的教育阶段。 瞽宗是商代大学特有的名称,是当时奴隶主贵族子弟学习礼乐的场所
西周	建立了政教合一的官学体系,其显著特征是"学在官府"("学术官守")。 学校教育制度发展得比较完备,有"国学""乡学"之分。 学校教育的基本学科:"六艺"。"六艺"以"礼乐"为中心,具体包括礼、乐、射、御、书、数
春秋战国	官学衰微,私学兴起,教育的对象由贵族扩大到平民,促成了百家争鸣的社会盛况。 稷下学宫是养士的缩影,是由官家举办、私家主持的学校,特点是学术自由
两汉时期	汉武帝采纳董仲舒"罢黜百家,尊崇儒术"的建议,实行思想专制主义的文化教育政策和选士制度。 太学是当时的最高教育机构,其正式教师是博士,主要从事教学工作,同时参与政府的政治、学术活动。 东汉灵帝时设立了鸿都门学,这是世界上最早的研究文学艺术的专门学校。 地方官学的发展始于景帝末年、武帝初年的"文翁兴学"
隋唐时期	在选士制度上采取科举制;形成以六学二馆为主干的中央官学。 六学:国子学、太学、四门学、律学、书学、算学;二馆:崇文馆、弘文馆
宋朝	程朱理学成为国学。 教育内容主要为"四书五经"。 ("四书"是《大学》《中庸》《论语》《孟子》的合称,"五经"是《诗》《书》《礼》《易》《春秋》的合称) 书院盛行。书院最早出现在唐朝,正式的教育制度则是由朱熹创立的,发展于宋朝 (六大书院包括白鹿洞书院、石鼓书院、岳麓书院、应天府书院、嵩阳书院、茅山书院)

续表

时期	教育发展概况
明朝	八股文成为科考的固定格式,其出现标志着封建社会教育开始走向衰落。 在城镇和乡村地区广泛开设社学,这是对民间儿童进行教育的重要形式
清朝	1905年,清政府下令废科举开学堂

注:六艺——礼,包括政治、历史和以"孝"为本的伦理道德教育;乐,包括音乐、诗歌、舞蹈教育;射,射箭技术教育;御,以驾兵车为主的军事技术教育;书,文字教育;数,简单的计算教育。

真题25 [2022山东日照,单选]"六艺"教育的中心是(　　)

A. 书、数　　　　B. 射、御　　　　C. 礼、乐　　　　D. 礼、书

真题26 [2022辽宁营口,判断]稷下学宫是一所由官家出资操办而由私家主持的特殊形式的学校。(　　)

A. 正确　　　　　　　　B. 错误

答案: 25. C　26. A

(2)古代其他国家(地区)

表1-7　古代其他国家(地区)的教育

国家(地区)	教育发展概况
古代印度	教育与宗教联系在一起,分为婆罗门教育和佛教教育。教育目的主要是道德陶冶,内容多是消极的、遁世的,缺乏积极因素,主张禁欲修行。 ①婆罗门教育:婆罗门教将人分为四个等级,依次为:婆罗门(僧侣)→刹帝利(武士)→吠舍(农民和从事工商业的平民)→首陀罗(处于奴隶地位的穷人,被剥夺了受教育的权利)。以家庭教育为主,记诵《吠陀》经,僧侣是唯一的教师。 ②佛教教育:目的是让人们弃绝人间享乐,通过修行,追求虚幻的来世;教育活动主要是背诵经典和钻研经义
古代埃及	教育的总体特征:"以僧为师""以吏为师"。主要有四种学校类型: ①宫廷学校:以教育皇子皇孙和朝臣的子弟为宗旨; ②僧侣学校:一种附设在寺庙中的学校,着重科学技术教育,亦为学术中心; ③职官学校:训练一般的能从事某种专项工作的官员; ④文士学校:培养能熟练运用文字从事书写及计算工作的人,是开设最多的学校
古代希腊	雅典教育和斯巴达教育是欧洲奴隶社会两种著名的教育体系。 ①雅典教育:在西方最早形成体育、德育、智育、美育和谐发展的教育,教育内容比较丰富,教育方法也比较灵活,教育目的是培养有文化、有修养和多种才能的政治家和商人。雅典一向被看成"文雅教育"的发源地。 ②斯巴达教育:以军事体育训练和政治道德灌输为主,教育内容单一,教育方法也比较严厉,其教育目的是培养忠于统治阶级的强悍的军人和武士。斯巴达重视女子教育,女子与男子受同样的教育与军事训练
中世纪西欧	形成了两种著名的封建教育体系: ①教会教育:目的是培养教士和僧侣,教育内容是"七艺",包括"三科"(文法、修辞、辩证法)和"四学"(算术、几何、天文、音乐),而且各科都贯穿神学。 ②骑士教育:一种特殊形式的家庭教育,主要目标是培养勇猛豪侠、忠君敬主的骑士精神和技能,教育内容是"骑士七技"(也称"武士七艺"),即骑马、游泳、击剑、打猎、投枪、下棋、吟诗

续表

国家(地区)	教育发展概况
文艺复兴时期的欧洲	提倡人文主义教育,即以"人"为中心的教育。 代表人物:维多利诺、埃拉斯莫斯(又译伊拉斯谟)、拉伯雷和蒙田等

> **小香课堂**
>
> 关于古代教育内容的"三四五六七":
> 三科——文法、修辞、辩证法。　　　　　　四学——算术、几何、天文、音乐。
> 四书——《大学》《中庸》《论语》《孟子》。　　五经——《诗》《书》《礼》《易》《春秋》。
> 六艺——礼、乐、射、御、书、数。　　　　七技——骑马、游泳、击剑、打猎、投枪、下棋、吟诗。

真题27 [2024山东临沂,单选]在西方教育史上,重视女子教育,认为女子也要接受教育和军事训练的是(　　)

A. 雅典教育　　　　B. 斯巴达教育　　　　C. 智者派　　　　D. 古罗马教育

真题28 [2023河北邯郸,多选]"三科"指的是(　　)

A. 文法　　　　　　B. 修辞　　　　　　　C. 辩证法　　　　D.《尚书》

答案:27. B　28. ABC

考点 3　近代社会的教育 ★

(1)国家加强了对教育的重视和干预,公立教育崛起。

(2)初等义务教育的普遍实施。马丁·路德是普及义务教育的理论先驱,他明确提出并系统阐述了义务教育的主张。受马丁·路德的影响,普及义务教育的实践活动在近代德国起步最早。德国是世界上最早颁布义务教育法的国家,也是世界上最早普及义务教育的国家。

(3)教育的世俗化。教育从宗教中分离出来。

(4)重视教育立法,以法治教。

真题29 [2023河北邯郸,判断]德国是最早颁布义务教育法的国家。(　　)

答案:√

考点 4　现代社会的教育 ★★

进入20世纪以后,教育的改革和发展呈现出一些新的特点。

1. 教育的终身化

20世纪60年代以后提出的教育贯穿人一生的终身教育思想,强调职前教育与职后教育的一体化、青少年教育与成人教育的一体化、学校教育与社会教育的一体化。法国教育家保罗·朗格朗最早系统论述了终身教育。1975年,德国学者戴夫根据世界各国对于终身教育的探讨,将终身教育理论概括为20条,这成为20世纪70年代终身教育理论建设的重要里程碑。1996年,国际21世纪教育委员会向联合国教科文组织提交了《教育——财富蕴藏其中》的报告,该报告提出的最核心的思想是教育要使学习者"学会认知""学会做事""学会共同生活(学会合作)"和"学会生存"。这一思想很快被全球各国所认可,并被称为教育的四大支柱(或学习化社会的四大支柱)。该报告还对终身教育的内涵做了揭示:终身教

育固然要重视其在使人适应工作和职业需要方面的作用,然而,这决不意味着人就是经济发展的工具。除了人的工作和职业需要之外,终身教育还应该重视铸造人格、发展个性,使每个人的潜在才干和能力得到充分的发展。

终身教育是适应科学知识的加速增长和人的持续发展要求而逐渐形成的一种教育思想和教育制度,是人一生各阶段当中所受各种教育的总和,也是人所受的不同类型教育的综合。把终身教育等同于成人教育或职业教育是片面的。终身教育的特点包括:(1)终身性。这是终身教育最大的特征。(2)全民性。(3)广泛性。(4)灵活性和实用性。

2. 教育的全民化

所谓全民教育,是指教育必须向所有人开放,人人都有接受教育的权利且必须接受一定程度的教育。

3. 教育的民主化

孔子主张"有教无类""因材施教",夸美纽斯主张并亲身实践了"教育要普及到每一个人"、要"教一切人以一切知识"的思想,卢梭倡导"人人生而平等、人人都有同样权利"的教育思想以及亚里士多德的"吾爱吾师,吾更爱真理"均反映人类对于教育民主化的追求。教育民主化是对教育的等级化、特权化和专制性的否定。一方面,它追求让所有人都受到同样的教育,包括教育起点的机会均等,教育过程中享受教育资源的机会均等,甚至包括教育结果的均等,这就意味着对处于社会不利地位的学生予以特别照顾;另一方面,教育民主化追求教育的自由化,包括教育自主权的扩大,如办学的自主性,根据社会要求设置课程、编写教材的灵活性,价值观念的多样性等。

4. 教育的多元化

教育的多元化是对教育的单一性和统一性的否定,具体表现为培养目标的多元化、办学形式的多元化、管理模式的多元化、教学内容的多元化、评价标准的多元化等。教育多元化是社会生活多元化以及人的个性化在教育上的反映。

5. 教育技术的现代化

教育技术的现代化是指现代科学技术在教育上的应用,包括教育设备、教育手段、教育方法等的现代化以及由此而引起的教育思想、观念的变化。

· 小香课堂 ·

教育的全民化与民主化是易混淆的知识点,考生可结合以下内容进行简单区分:

全民化——追求人人都能受教育。

民主化——追求人人都能受到同样的教育。

· 知识再拔高 ·

现代教育的特征的其他说法

说法一:

(1)现代教育的公共性。

(2)现代教育的生产性。现代教育越来越与人类的物质生产结合起来,越来越与生产领域发生密切的、多样化的关系;生产的发展也越来越对教育系统提出新的要求。一个重要的标志就是职业教育得到了很大的发展。人们日益认识到,今天的教育就是明天的经济。教育的消费是明显的消费,潜在的生产;是有限的消费,扩大的生产;是今日的消费,明日的生产。

(3)现代教育的科学性。

(4)现代教育的未来性。

(5)现代教育的国际性。

(6)现代教育的终身性。"活到老,学到老"的口号就体现了这一特征。

(7)现代教育的革命性。

说法二:

(1)培养全面发展的人正由理想走向实践。

(2)教育与生产劳动相结合成为现代教育规律之一。

(3)教育民主化向纵深发展。具体表现在:①教育普及化的开始;②"教育机会均等"口号的提出;③教育法制化的形成;④教育民主化的质量和水平不断提高。

(4)人文教育与科学教育携手并进。

(5)教育普及制度化,教育形式多样化。

(6)终身教育成为现代教育中一个富有生命力和感召力的教育理念。

(7)实现教育现代化是各国教育的共同追求。教育现代化具体包括教育观念现代化、教育目标现代化、教育内容现代化、教育方法和手段现代化、教师队伍现代化、教育管理现代化、教育设备现代化、教育制度现代化、教师素质的现代化等。其中,确立和形成现代化的教育观念是保证教育现代化实现的一个重要前提;教师素质的现代化是教育现代化的核心。教育现代化的最高目的是实现人的现代化。

说法三:

(1)培养全面发展的个人的理想和理论走向现实实践;

(2)教育与生产劳动相结合,意义日益广大;

(3)科学精神和人文精神统一;

(4)教育民主化向纵深发展;

(5)教育拥有前所未有的新手段;

(6)教育日益显示出整体性、开放性;

(7)教育功能扩展和增强;

(8)教育的社会地位逐步发生根本变化;

(9)不断变革是现代教育的本性和存在形式;

(10)理论自觉性越来越提高。

真题30 [2024广东佛山,单选]( )是人一生各阶段当中所受各种教育的总和,也是人所受的不同类型教育的综合。

A. 成人教育　　　　B. 终身教育　　　　C. 高等教育　　　　D. 义务教育

真题31 [2024安徽统考,单选]教育现代化的核心目标是( )

A. 人的现代化　　　　　　　　　　B. 教育观念的现代化

C. 教育制度的现代化　　　　　　　D. 教育内容的现代化

答案: 30. B　31. A

本节核心考点回顾

1. "教育"一词在我国的词源

"教育"一词最早见于《孟子·尽心上》中的"得天下英才而教育之,三乐也"。

许慎在《说文解字》中最早解释:"教,上所施,下所效也""育,养子使作善也"。

2. 教育的定义

(1)广义的教育:包括社会教育、学校教育和家庭教育。

(2)狭义的教育:学校教育。

(3)兼顾社会和个体两个方面:教育是在一定社会背景下发生的促使个体的社会化和社会的个性化的实践活动。

3. 教育的本质属性

教育的本质属性是育人,即教育是一种有目的地培养人的社会活动,这是教育区别于其他事物现象的根本特征。

4. 教育的一些社会属性

(1)永恒性:教育为人类所特有,与人类社会共始终。

(2)历史性:不同时期的教育有不同的历史形态、特征。

(3)继承性:不同历史时期的教育都前后相继。

(4)相对独立性:教育有自身规律,可以"超前"或"滞后"于当时的社会发展。

5. 教育的基本要素

教育者、受教育者(学习者)和教育影响(教育媒介)是构成教育活动的基本要素。

6. 教育功能的类型

(1)根据作用的对象,教育功能可划分为个体发展功能和社会发展功能。

(2)根据作用的方向,教育功能可划分为正向功能和负向功能。

(3)根据作用的呈现形式,教育功能可划分为显性功能和隐性功能。

7. 教育的起源

(1)神话起源说:教育目的是体现神或天的意志,代表人物是朱熹。

(2)生物起源说:教育的产生完全来自动物的本能,代表人物是利托尔诺和沛西·能。

(3)心理起源说:教育起源于日常生活中儿童对成人的无意识模仿,代表人物是孟禄。

(4)劳动起源说:教育起源于人类特有的生产劳动,代表人物是米丁斯基、凯洛夫等。

8. 古代社会教育的发展概况

(1)"六艺"是西周学校教育的基本学科,具体指礼、乐、射、御、书、数。

(2)"六学二馆"是隋唐时期的中央官学的主干,"六学"具体指国子学、太学、四门学、律学、书学、算学,"二馆"具体指崇文馆、弘文馆。

(3)"四书五经"是宋朝的主要教育内容,"四书"具体指《大学》《中庸》《论语》《孟子》,"五经"具体指《诗》《书》《礼》《易》《春秋》。

9. 20世纪以后教育的改革和发展呈现的新的特点

进入20世纪以后,教育的改革和发展呈现终身化、全民化、民主化、多元化、教育技术的现代化等特点。

第二节 教育学及其产生与发展

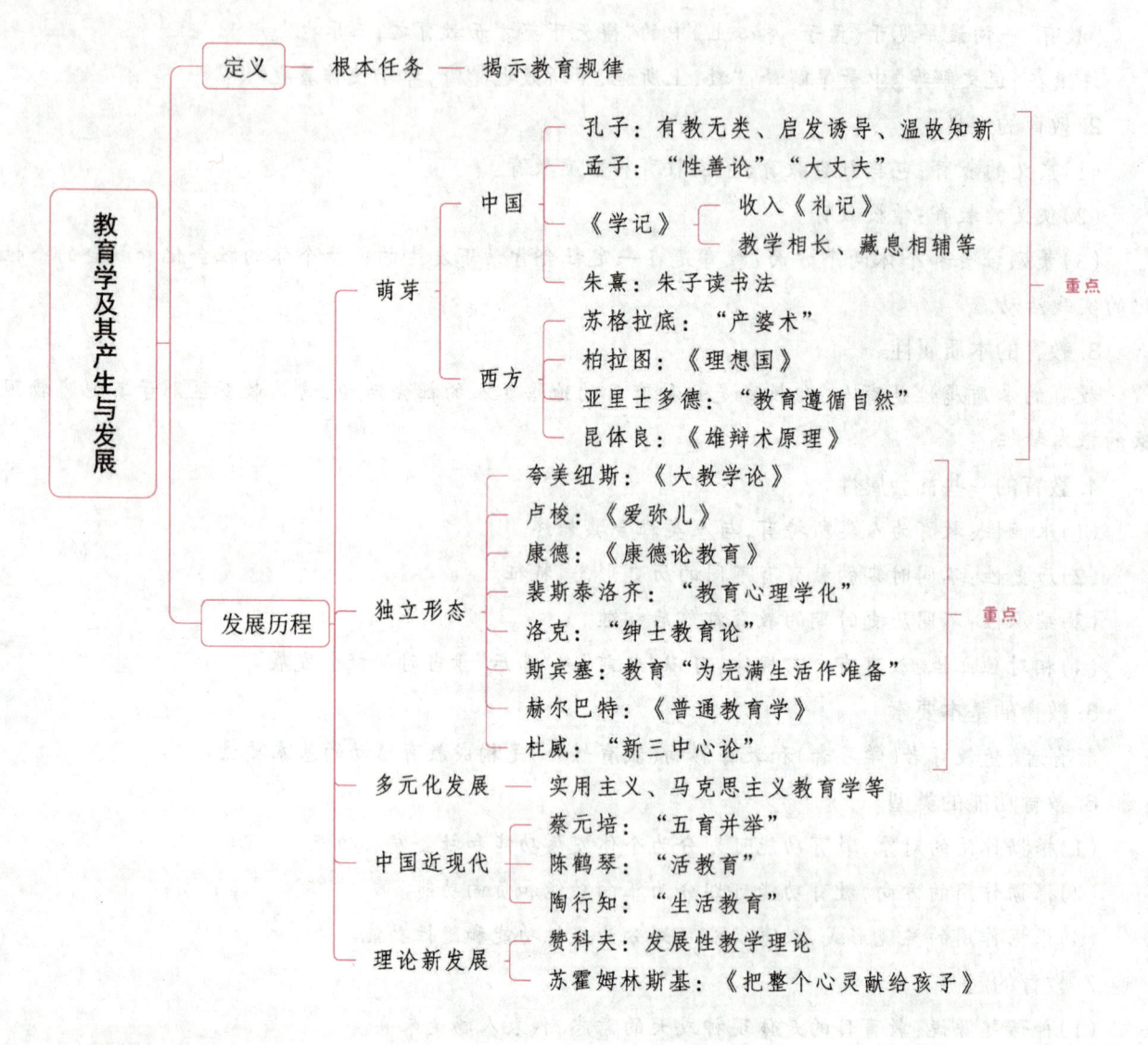

```
教育学及其产生与发展
├─ 定义 ── 根本任务 ── 揭示教育规律
└─ 发展历程
   ├─ 萌芽
   │  ├─ 中国
   │  │  ├─ 孔子：有教无类、启发诱导、温故知新
   │  │  ├─ 孟子："性善论""大丈夫"
   │  │  ├─ 《学记》── 收入《礼记》
   │  │  │          教学相长、藏息相辅等
   │  │  └─ 朱熹：朱子读书法
   │  └─ 西方
   │     ├─ 苏格拉底："产婆术"
   │     ├─ 柏拉图：《理想国》
   │     ├─ 亚里士多德："教育遵循自然"
   │     └─ 昆体良：《雄辩术原理》
   ├─ 独立形态
   │  ├─ 夸美纽斯：《大教学论》
   │  ├─ 卢梭：《爱弥儿》
   │  ├─ 康德：《康德论教育》
   │  ├─ 裴斯泰洛齐："教育心理学化"
   │  ├─ 洛克："绅士教育论"
   │  ├─ 斯宾塞：教育"为完满生活作准备"
   │  ├─ 赫尔巴特：《普通教育学》
   │  └─ 杜威："新三中心论"
   ├─ 多元化发展 ── 实用主义、马克思主义教育学等
   ├─ 中国近现代
   │  ├─ 蔡元培："五育并举"
   │  ├─ 陈鹤琴："活教育"
   │  └─ 陶行知："生活教育"
   └─ 理论新发展
      ├─ 赞科夫：发展性教学理论
      └─ 苏霍姆林斯基：《把整个心灵献给孩子》
```

（萌芽、独立形态为重点）

一、教育学的内涵 ★★【单选、填空、判断、名词解释、简答】

考点 1 教育学的定义

教育学是研究教育现象和教育问题，揭示教育规律的一门科学。教育学的根本任务是揭示教育规律。教育现象是教育活动在运动发展中的表现形式，是教育活动外在的、表面的特征，包括教育社会现象和教育认识现象。教育现象被认识和研究，便成为教育问题。教育问题是推动教育学发展的内在动力。

教育规律是教育现象与其他社会现象及教育现象内部各个要素之间本质的、内在的、必然的联系或关系。教育最基本的规律有两条：(1)关于教育与社会发展关系的规律，我们称之为教育的外部关系规律；(2)关于教育和人的发展关系的规律，我们称之为教育的内部关系规律。

· 小香课堂 ·

关于教育学的研究对象,在教育学界存在着各种各样的观点:有的学者认为教育学的研究对象是"教育现象";有的学者认为是"教育问题";有的学者认为是"教育现象和教育问题";等等。考生在做题时可根据试题的情况进行具体分析,灵活应对。

真题1 [2024浙江嘉兴,名词解释]教育学
答案:详见内文

考点 2 教育学与教育、教育科学的关系

1. 教育学与教育的关系

教育与教育学的关系具体表现为:(1)教育实践孕育了作为一门知识的教育学。教育学作为一门知识的历史要比教育学作为一门学科的历史悠久得多。(2)教育实践规训了作为一门学科的教育学。

2. 教育学与教育科学的关系

教育学是庞大教育科学体系中的基础学科。教育科学是有关教育问题的各种科学理论的学科群,它包含教育社会学、教育经济学、教学论、课程论、教育技术学等。教育学研究的是教育基本的、一般的问题,是从总体上分析教育问题的,而其他学科则是从某个角度对某个方面问题的研究。

真题2 [2022山东济南,单选]教育科学有诸多的分支学科,其中在整个教育科学体系中处于基础地位的是( )
A. 教育哲学　　　　B. 教育心理学　　　　C. 教育学　　　　D. 教学论
答案:C

考点 3 教育学的价值

(1)反思日常教育经验。(2)科学解释教育问题。(3)沟通教育理论与实践。教育学发展的"源"在教育实践。教育实践不仅是教育理论的源泉,还是检验教育理论正确与否的标准。但当某一教育理论形成以后,就成为影响以后教育思想发展的"流",成为现成的思想体系,反过来指导教育实践的发展。教育学扮演着一种"中介"或"桥梁"的作用,沟通着教育理论与教育实践。

考点 4 学习和研究教育学的意义

(1)有利于树立正确的教育观,掌握教育规律,指导教育实践;
(2)有利于树立正确的教学观,掌握教学规律,提高教学质量;
(3)有利于掌握学生思想品德发展规律,做好教书育人工作;
(4)有利于建构教师合理优化的知识结构,提高教育理论水平和实际技能。

二、教育学的发展历程 【单选、多选、不定项、填空、判断、名词解释、简答】

考点 1 教育学的萌芽阶段 ★★★

1. 中国萌芽阶段的教育思想

(1)孔子的教育思想

孔子是我国春秋末期的思想家和教育家,儒家学派的创始人。他的教育思想主要体现在《论语》一书中。

表1-8 孔子的教育思想

学说核心	以"仁"为学说核心和最高道德标准,强调忠孝和仁爱
教育对象	有教无类(孔子的办学方针);"自行束脩以上,吾未尝无诲焉"
教育目的	培养德才兼备的从政君子;"仕而优则学,学而优则仕"(此话虽为子夏所述,但代表了孔子的教育观点)
教育作用	①社会作用:庶、富、教。孔子认为人口、财富和教育是立国的三个要素,教育事业的发展,要建立在经济发展的基础上。孔子是中国历史上最先论述教育与经济发展关系的教育家。 ②个体作用:"性相近也,习相远也"。孔子肯定了教育在人的发展过程中的关键作用,为人人有可能受教育、人人都应当受教育提供了理论依据
教育内容	①整理修订《诗》《书》《礼》《乐》《易》《春秋》,奠定儒家教育内容的基础,但孔子对弟子们普遍传授的主要教材是《诗》《书》《礼》《乐》四种。 ②道德教育居于首要地位,《论语·述而》中提到:"子以四教:文、行、忠、信。" ③教学内容的特点:偏重社会人事,偏重文事,轻视科技与生产劳动
教学原则与方法	**启发诱导**:孔子曾说:"不愤不启,不悱不发。举一隅不以三隅反,则不复也。"朱熹解释为:愤者,心求通而未得之意;悱者,口欲言而未能之貌;启,谓开其意;发,谓达其辞。(孔子是世界上最早提出启发式教学的教育家,比苏格拉底提出的"产婆术"早几十年) **因材施教**:①因材施教的前提是承认学生间的个体差异,并了解学生特点,在了解的基础上有针对性地进行教育。孔子了解学生最常用的方法有两种:通过谈话、个别观察。 ②《论语》中有多处记述,如"求也退,故进之;由也兼人,故退之""中人以上,可以语上也;中人以下,不可以语上也" **学、思、行相结合**:强调学思结合,两者并重而不偏,提出"学而不思则罔,思而不学则殆";还强调学习与行动相结合,要求学以致用 **温故知新**:"温故而知新,可以为师矣"
教师观	学而不厌、温故知新、诲人不倦、以身作则、爱护学生、教学相长

·小香课堂·

关于孔子提出的"有教无类"的原意,历来有不同的理解,关键在于对"类"作何解释。东汉的马融以及梁朝的皇侃都把"类"解释为"种类"。"有教无类"本来的意思是:不分贵贱贫富和种族,人人都可以入学受教育。需要注意的是,孔子的"有教无类""因材施教"等思想属于古代朴素的教育平等观,反映了古代思想家对教育平等的追求,但仍以阶级分层为基础,带有特定历史阶层的等级观念,因此并不是真正的教育平等。

真题3 [2024江苏宿迁,单选]先秦时期,"不愤不启,不悱不发"这句话出自( )

A.《学记》　　　　B.《论语》　　　　C.四书五经　　　　D.《说文解字》

真题4 [2023安徽蚌埠,单选]在教育学史上,提出"庶""富""教"观点的教育学家是( )

A. 孔子　　　　B. 孟子　　　　C. 墨子　　　　D. 荀子

真题5 [2022广西桂林,判断]荀子是世界上第一个提出启发式教学的人。( )

答案:3. B　4. A　5. ×

（2）孟子、荀子、墨家和道家的教育思想

表1-9 孟子、荀子、墨家和道家的教育思想

学者(学派)	教育思想
孟子	①持"性善论"，这是其教育思想的基础。认为教育的意义在于"存心养性"，使固有的善性得到保持。 ②孟子第一次明确地概括出中国古代学校教育的目的——"明人伦"，又说明教育就是通过实现"明人伦"来为政治服务的。具体说来，"人伦"就是五对关系："父子有亲，君臣有义，夫妇有别，长幼有序，朋友有信。" ③孟子追求"大丈夫"的理想人格，即"富贵不能淫，贫贱不能移，威武不能屈"。其实现主要靠人的内心修养：持志养气、动心忍性、存心养性、反求诸己。 ④孟子认为教学活动要体现理性特点，要遵循和发展人的内在能力，他提出了：A."深造自得"。深入地学习和钻研，有自己的收获和见解。"尽信《书》，则不如无《书》。"B."盈科而进"。学习和教学过程要循序渐进。C."教亦多术"。对不同情形的学生采取不同的教法。D."专心致志"。学习必须专心致志，不能三心二意
荀子	①持"性恶论"，认为教育的作用是"化性起伪"，可以通过教育和学习来改变自己的本性，使人具有适应社会生活的道德智能。 ②要求教育培养推行礼法的"贤能之士"，或者说具有儒家学者身份且长于治国理政的各级官僚。把当时的儒者划分为几个层次，即俗儒、雅儒、大儒，教育应当以大儒为理想目标。 ③对孔子的六经进行了继承与改造，以"五经(《诗》《书》《礼》《乐》《春秋》)"为教育内容，以《礼》为重点。"礼"是荀子整个教育理论的核心。 ④认为完整的学习过程是由感性认识到理性认识，再到行动的过程，即闻—见—知—行。"不闻不若闻之，闻之不若见之，见之不若知之，知之不若行之。学至于行之而止矣。行之，明也；明之为圣人。" ⑤在先秦儒家诸子中，最为提倡尊师，把教师提到与天地、祖宗并列的地位，将教师视为治国之本。 ⑥在《致士篇》中对教师提出了很严格的要求："师术有四，而博习不与焉。尊严而惮，可以为师；耆艾而信，可以为师；诵说而不陵不犯，可以为师；知微而论，可以为师。"意思是教师必须具备一些基本条件：有尊严，使人肃然起敬；有崇高的威信和丰富的教学经验；表达问题条理清楚、逻辑性强、语言规范，且不违背师说；能体会"礼法"的精微之处，又能进行恰当地阐发
墨家(墨翟)	①主张教育目的是培养实现"兼相爱，交相利"社会理想的人，即"兼士"或"贤士"。具体标准有三条："博乎道术""辩乎言谈""厚乎德行"，即知识技能的要求、思维论辩的要求和道德的要求。 ②以"兼爱""非攻"为教，注重文史知识的掌握和逻辑思维能力的培养，还注重实用技术的传习。 ③教育内容的特色和价值主要体现在科学技术教育和训练思维能力的教育上，它们突破了儒家六艺教育的范畴，堪称一大创造。 ④认为人的知识来源可分为三个方面："亲知""闻知"和"说知"。前两种都不可靠，必须重视"说知"，即依靠类推和明故的方法来获得知识
道家(老子、庄子)	①主张"绝圣弃智""绝仁弃义"，引申为"绝学""愚民"，认为"绝学无忧"。 ②根据"道法自然"的哲学，道家主张回归自然，"复归"人的自然本性，一切任其自然，便是最好的教育。 ③提倡怀疑的学习方法，讲究辩证法，提倡"用反""虚静"等充满辩证法思想的教育教学原则

真题6 [2024浙江金华，单选]下列属于孟子的教育思想的是（　　）

A. 性善论　　　　　B. 性恶论　　　　　C. 道法自然　　　　　D. 兼爱

真题7 [2024江苏常州,单选]把学习过程划分为"闻、见、知、行"的教育家是( )

A.孔子　　　　B.荀子　　　　C.墨子　　　　D.孟子

真题8 [2024江苏南通,单选]墨家教育内容的特色和价值主要体现在( )和训练思维能力的教育上。

A.理想的大丈夫人格　　　　　　　B.学、思、行相结合

C.科学技术教育　　　　　　　　　D.遵循自然规则

答案: 6. A　7. B　8. C

(3)《大学》的教育思想

《大学》是儒家学者论述大学教育的一篇论文,它对大学教育的目的、程序和要求作了完整的概括。《大学》开头就说:"大学之道,在明明德,在亲民,在止于至善。"这是儒家对大学教育目的和为学做人目标的纲领性表达,"明明德""亲民""止于至善"被称为"三纲领"。大学教育的终极目标是"止于至善",每个人都应在其不同身份时做到尽善尽美。为了实现"三纲领",《大学》进一步提出八个步骤:格物、致知、诚意、正心、修身、齐家、治国、平天下。这就是"八条目"。

(4)《学记》的教育思想

《学记》(收入《礼记》)是中国也是世界教育史上的第一部教育专著,成文大约在战国末期,它被称为"教育学的雏形"。它比较系统和全面地总结和概括了我国先秦时期的教育经验,强调了教育为社会政治服务的目的,从而把教育与个人发展和社会进步密切联系起来,尤其突出了教育的政治功能,形成了中国古代教育的突出特色。《学记》开篇阐述了教育的目的:"建国君民,教学为先""君子如欲化民成俗,其必由学乎",揭示了教育的重要性以及教育与政治的关系。《学记》中总结的教学原则主要包括:

表1-10 《学记》中的教学原则

教学原则	引文示例
教学相长	"虽有嘉肴,弗食,不知其旨也;虽有至道,弗学,不知其善也。是故学然后知不足,教然后知困。知不足,然后能自反也;知困,然后能自强也。故曰:教学相长也"
尊师重道	"凡学之道,严师为难。师严然后道尊,道尊然后民知敬学"(教师观)
藏息相辅	"大学之教也,时教必有正业,退息必有居学。不学操缦,不能安弦;不学博依,不能安诗;不学杂服,不能安礼。不兴其艺,不能乐学。故君子之于学也,藏焉修焉,息焉游焉"(正课学习与课外练习兼顾,课内与课外相结合,相互补充)
豫时孙摩	"禁于未发之谓豫"(预防性原则,要在不良倾向尚未发作时就采取预防措施); "当其可之谓时"(及时施教原则,要把握教学的最佳时机,适时进行); "不陵节而施之谓孙"(循序渐进原则,教学要遵循一定的顺序进行); "相观而善之谓摩"(学习观摩原则,学习中要相互观摩,取长补短)
启发诱导	"故君子之教,喻也。道而弗牵,强而弗抑,开而弗达。道而弗牵则和,强而弗抑则易,开而弗达则思;易以思,可谓善喻矣"(反对死记硬背,主张启发式教学。强调开导学生,但不要牵着学生走;对学生提出较高的要求,但不能使学生灰心;指出解决问题的途径,但不提供现成的答案)
长善救失	"学者有四失,教者必知之。人之学也,或失则多,或失则寡,或失则易,或失则止。此四者,心之莫同也。知其心,然后能救其失也。教也者,长善而救其失者也"

此外,《学记》还主张"学不躐等",即教学要遵循学生的心理发展特点,循序渐进;同时,提出"善歌

者,使人继其声;善教者,使人继其志""善学者,师逸而功倍,又从而庸之"等。

> **小香课堂**
>
> 《学记》中的"教学相长"有本义与引申义之分。"教学相长"的本义并非指教与学双方的相互促进,而是指教师以教为学。它说明了教师本身的学习是一种学习,而教导他人的过程也是一种学习。正是这两种不同形式的学习相互推动,使教师不断进步。但后人在注释"教学相长"时,对其作了引申,将它视为教学过程中教师、学生双方互相促进、共同提高的过程。

真题9 [2023黑龙江哈尔滨,单选]世界上最早的教育学著作是(　　)
A.《大教学论》　　　　　　　　B.《学记》
C.《普通教育学》　　　　　　　D.《论演说家的教育》

真题10 [2024福建统考,填空]成书于我国战国后期的《_____》,概括出了许多重要的教学原则。

真题11 [2023河北衡水,判断]"是故学然后知不足,教然后知困。知不足,然后能自反也;知困,然后能自强也。故曰:教学相长也。"这句话出自《大学》。(　　)
A.正确　　　　　　　　　　　　B.错误

答案:9. B　10. 学记　11. B

(5)朱熹的教育思想

朱熹是南宋著名理学家、教育家,其整理编撰的儒家基本读物中,《四书章句集注》(简称《四书集注》)对后世影响最大。

①关于教育目的、作用。朱熹将人性分成"天命之性"(绝对至善)和"气质之性"(有善有恶),认为教育的作用就在于"变化气质",强调学校教育的目的是"明人伦"。

②论"大学"与"小学"教育。朱熹把人受教育的过程大略划分为两个阶段:"小学"阶段,主要是"教以事",让儿童懂得基本的伦理道德规范,养成一定的行为习惯,学到初步的文化知识技能;"大学"阶段主要是"教以理",即重在探究"事物之所以然"。

③学习阶段。朱熹将《论语》和《中庸》中的思想纳入教育活动中,把教育活动分为"博学、审问、慎思、明辨、笃行"五个阶段。

④朱子读书法。朱熹强调读书穷理,他的弟子汇集他的训导归纳为"朱子读书法"六条。

表1-11　朱子读书法

读书方法	解释	读书原则
循序渐进	一是读书应该按照一定次序,前后不要颠倒;二是应根据自己的实际情况和能力,安排读书计划,并切实遵守;三是不可囫囵吞枣,急于求成	量力性原则
熟读精思	读书既要熟读成诵,又要精于思考。在这方面,他有一句十分精辟的论述,即"大抵观书,先须熟读,使其言皆若出于吾之口;继以精思,使其意皆若出于吾之心,然后可以有得尔"	巩固性原则
虚心涵泳	"虚心"是指读书时要虚怀若谷,静心思虑,仔细体会书中的意思,不要先入为主,牵强附会;"涵泳"是指读书时要反复咀嚼,细心玩味	客观性原则

续表

读书方法	解释	读书原则
切己体察	读书不能仅停留在书本上、口头上,而必须见之于自己的实际行动,要身体力行	结合实际原则
着紧用力	一是必须抓紧时间;二是必须抖擞精神	积极性原则
居敬持志	"居敬"即读书时精神专一,注意力集中; "持志"即树立远大的志向,高尚的目标,并以顽强的毅力长期坚持	目的性原则

⑤道德教育方法。道德教育是理学教育的核心,也是朱熹教育思想的重要内容。朱熹关于道德教育的方法,可以概括为以下几点:

立志。朱熹认为,志是心之所向,对人的成长至关重要。他要求学者首先应该树立远大的志向。

居敬。这要从两方面努力:"内无妄思",即自觉抑制人欲的诱惑,自觉执守封建伦理道德;"外无妄动",即在服饰动作、言语态度等外貌方面"整齐严肃",符合封建伦理道德规范。

存养。朱熹认为每个人都有与生俱来的善性,但同时又有气质之偏和物欲之蔽。因此,需要用"存养"的功夫,来发扬善性,发明本心。

省察。"省"是反省,"察"是检查。"省察"即经常进行自我反省和检查。

力行。朱熹所说的"力行",是要求将学到的伦理道德知识付之于自己的实际行动,转化为道德行为。

真题12 [2023河南驻马店,单选]朱熹把教育分为"小学"和"大学"两个阶段,其中"小学"以(　　)

A. 识字为主　　　　B. 穷理为主　　　　C. 读书为主　　　　D. 学事为主

真题13 [2023河北石家庄,单选]朱熹强调读书穷理,认为"为学之道,莫先于穷理;穷理之要,必在于读书"。他的弟子汇集他的训导,概括归纳出"朱子读书法"六条,其中,"熟读精思"这条体现了读书的(　　)

A. 目的性原则　　　B. 客观性原则　　　C. 量力性原则　　　D. 巩固性原则

答案:12. D　13. D

(6)王守仁的教育思想

①论教育作用。实现"存天理、灭人欲"的根本任务。基于此,他认为用功求学受教育,并不是为了增加什么新内容,而是为了日减"人欲"。他说:"吾辈用功只求日减,不求日增,减得一分人欲,便是复得一分天理。"

②论道德教育。以"知行合一"思想为指导,强调道德践履和实际行动对于道德教育和修养的重要性,提出了四个基本主张:静处体悟、事上磨炼、省察克治、贵于改过。

③论儿童教育。他的儿童教育思想:第一,揭露和批判传统儿童教育不顾儿童的身心特点;第二,儿童教育必须顺应儿童的性情;第三,儿童教育的内容是"歌诗""习礼"和"读书";第四,要"随人分限所及",量力施教。

真题14 [2023河南洛阳,单选]王守仁是明朝杰出的思想家、文学家、教育家,他继承了我国古代儒家教育的传统,把道德教育与修养放在学校教育工作的首要地位。在道德教育和修养的方法上,他提出了四个基本主张,其中不包括(　　)

A. 静处体悟　　　　B. 事上磨炼　　　　C. 省察克治　　　　D. 居敬持志

答案:D

2. 西方萌芽阶段的教育思想

西方教育学的思想主要源于古希腊的哲学家苏格拉底、柏拉图和亚里士多德。

(1) 苏格拉底

苏格拉底是古希腊著名的哲学家、教育家,在西方哲学史上开辟了从自然哲学向伦理哲学转变的新阶段,他视道德观念为天生,认为德育的任务是将它"接生"出来。其思想主要有:

①教育的目的和首要任务。苏格拉底认为教育的目的是培养治国人才,教育的首要任务是培养道德。"美德即知识"的思想是苏格拉底教育思想的一个重要内容。

②"产婆术"。苏格拉底在向人传授知识时不是强制别人接受,而是发明和使用了以师生共同谈话、共同探讨问题而获得知识为特征的问答式教学法,这种方法被后世称为"产婆术"(又称"苏格拉底法"或"苏格拉底问答法"),具体分为三步:第一步称为苏格拉底讽刺,他认为这是使人变得聪明的一个必要的步骤,因为除非一个人很谦逊,"自知其无知",否则他不可能学到真知;第二步称为定义,在问答中经过反复诘难和归纳,从而得出明确的定义和概念;第三步称为助产术,引导学生自己进行思索,自己得出结论。也有说法认为,"产婆术"分为四个步骤:讽刺(讥讽)、助产术、归纳、定义(下定义)。

真题15 [2024河南事业单位,单选]提出"道德观念为天生,德育的任务是将它'接生'出来"观点的是( )

A. 苏格拉底　　B. 亚里士多德　　C. 柏拉图　　D. 赫尔巴特

真题16 [2024山西太原,单选]有一种被称为"产婆术"的教学法,鼓励师生共同讨论辩论。该思想的提出者是( )

A. 昆体良　　B. 亚里士多德　　C. 柏拉图　　D. 苏格拉底

答案:15. A　16. D

(2) 柏拉图

柏拉图是西方第一个提出实施初等义务教育的思想家,他的教育思想集中体现在他的代表作《理想国》中,他认为教育与政治有着密切的联系。其思想主要有:

①哲学观和政治观。柏拉图把可见的"现实世界"与抽象的"理念世界"区分开来,认为"现实世界"不过是"理念世界"的摹本和影子,从而建立了本质思维的抽象世界,教育可以使人从"现实世界"走向"理念世界"。据此,他认为人的肉体是人的灵魂的影子,灵魂才是人的本质。灵魂是由理性、意志、情感三部分构成的,理性是灵魂的基础。理性表现为智慧,意志表现为勇敢,情感表现为节制。根据这三种品质哪一种在人的德行中占主导地位,他把人分成哲学家、军人和劳动者三个等级或集团。另外,在认识论上,柏拉图主张学习即回忆,"认识就是回忆",学习并不是从外部得到什么东西,它只是回忆灵魂中已有的知识。

②《理想国》中的教育观。第一,理想国中教育的最高目标是培养哲学家兼政治家——哲学王,教育的最终目的是促使"灵魂转向"。第二,女子应和男子受同样的教育,从事同样的职业。第三,重视早期教育,他是"寓学习于游戏"的最早提倡者,要求不强迫孩子学习,主张采用做游戏的方法,在游戏中更好地了解每个孩子的天性。

在西方教育思想史上,柏拉图的《理想国》、卢梭的《爱弥儿》、杜威的《民主主义与教育》被称为三个里程碑。

真题17 [2023辽宁锦州,单选]( )认为教育的最高目标是培养哲学家兼政治家——哲学王,教育的最终目的是促使"灵魂转向";认为女子应当和男子接受同样的教育,从事同样的职业。

A. 维多利诺　　　　　　　　　　B. 柏拉图
C. 亚里士多德　　　　　　　　　D. 昆体良

答案:B

(3)亚里士多德

亚里士多德是古希腊百科全书式的哲学家,他秉承了柏拉图的理性说,认为追求理性就是追求美德,就是教育的最高目的。亚里士多德的教育思想主要体现在他的著作《政治学》中。其教育思想主要有:

①灵魂论。亚里士多德将人的灵魂分为三个部分:营养的灵魂、感觉的灵魂和理性的灵魂。灵魂论为教育必须包括体育、德育、智育提供了人性论上的依据。亚里士多德认为智力的健全依赖于身体的健全,主张体育先于智育进行。

②普遍的公立的教育。亚里士多德认为,教育应该是国家的,每一个公民都属于城邦,所有的人都应受同样的教育,"教育事业应该是公共的,而不是私人的"。

③教育遵循自然。亚里士多德在教育史上首次提出了"教育遵循自然"的观点,他最早提出教育要适应儿童的年龄阶段,进行德智体多方面和谐发展的教育。

④文雅教育(自由教育)。文雅教育最早由亚里士多德提出,是其教育思想的重要组成部分。亚里士多德认为,人只有充分运用和发展理性,才能获得身心的自由发展。要实现文雅教育,需要具备两个基本条件:闲暇时间和自由学科。

真题18 [2022贵州贵阳,判断]夸美纽斯是第一个提出"教育遵循自然"的人。( )
答案:×

(4)昆体良

昆体良是古罗马教学法大师,他是西方教育史上第一个专门论述教育问题的教育家。其代表作《雄辩术原理》(《论演说家的教育》或《论演说家的培养》)是西方最早的教育著作,也是古代西方的第一部教学法论著,被誉为"欧洲古代教育理论发展的最高成就"。其教育思想主要有:

①学习过程。昆体良总结了他在修辞学校长期培养演说家的经验,提出了"模仿、理论、练习"三个循序渐进的学习过程。

②教学组织形式。在教学的组织形式方面,昆体良提出了分班教学的思想,主张把学生分成班级,在同一时间由教师对全班学生而不是对个别学生进行教学。这是班级授课制思想的萌芽。

③教学原则与方法。昆体良的一个重要见解是反对体罚,他是最早提出反对体罚的教育家。他认为体罚是对儿童的凌辱,会使儿童心情压抑、沮丧和消沉,对儿童的成长产生非常消极的后果。与此相联系,他强调运用奖励的方法。

考点 2　教育学的独立形态阶段　★★★

17世纪以后,教育学的发展进入了一个新的阶段,逐渐形成一门独立的学科。近代实验科学鼻祖培根首次提出把教育学作为一门独立的学科,他提出的归纳法为教育学的发展奠定了方法论基础。

> ·小香课堂·
> 教育学的学科形成时期是指教育学成为一门独立学科所经历的时期。由于认定学科形成的标准不同,人们对教育学成为一门独立学科的标志有不同的看法。一般认为,这个时期的起点是17世纪捷克教育家夸美纽斯《大教学论》的问世,终点是19世纪初德国教育家赫尔巴特《普通教育学》的发表。

1. 夸美纽斯

捷克教育家夸美纽斯深受人文主义精神影响,具有强烈的民主主义思想,他在教育学的创立过程中,取得了突出的成就,其1632年出版的《大教学论》是教育学开始形成一门独立学科的标志,该书被认为是近代第一本教育学著作。夸美纽斯的教育观点主要有:

(1)泛智教育。夸美纽斯从他的民主主义的"泛智"思想出发,提出了普及教育的思想。所谓"泛智",就是指把一切有用的东西教给一切人,并使其智慧得到普遍发展的理论。他认为教学应当成为"把一切事物教给一切人类的全部艺术",提出"一切男女青年都应该进学校"。为此他编写了很多教材,如《世界图解》。"泛智论"贯穿于夸美纽斯的教育理论和实践中,是他从事教育活动的一项重要指导思想。

(2)教育适应自然原则。这是贯穿夸美纽斯整个教育思想体系的根本性指导原则。主要有两方面的内容:①自然界存在着普遍秩序,即自然规律。②教育要适应人的自然本性和儿童年龄特征。夸美纽斯认为秩序是把一切事物教给一切人们的教学艺术的主导原则,因而教学艺术的根本指导原则就是模仿和遵循自然的秩序。据此,他在教学上提出了许多原则,均以自然秩序为学习、模仿和类比的对象。虽然,他提到的模仿和类比的内容繁多,但其应用都遵循三个步骤:模仿、偏差、纠正。

(3)学制系统。夸美纽斯提出建立全国统一的学校教育制度,他在《大教学论》中提出了一个四阶段的单轨学制:母育学校(婴儿期)、国语学校(儿童期)、拉丁语学校(少年期)和大学(青年期)。

(4)班级授课制。夸美纽斯确立了班级教学制度及其理论,他提出改革旧的学校内容和课程设置;编写新的全国统一使用的教科书;建立学年制和班级授课制度,废除传统的个别施教等。

(5)教学原则。夸美纽斯提出并论证了直观性、系统性、量力性、巩固性和自觉性等教学原则。

(6)德育内容。夸美纽斯把智慧、勇敢、节制、公正这四种品德称为主要的或基本的德行,还纳入了一个在当时是崭新的概念——劳动教育。

真题19 [2023辽宁营口,单选]在教学上,夸美纽斯提到的模仿和类比的内容繁多,但其应用都遵循三个步骤(　　)

A. 观察、练习、内化
B. 冲动、练习、应用
C. 好奇、提问、引导
D. 模仿、偏差、纠正

真题20 [2024江苏苏州,填空]教育学作为一门独立学科开始于夸美纽斯的_____。

答案:19. D　20.《大教学论》

2. 卢梭

卢梭是坚定的"性善论"者,他高度尊重儿童的天性,倡导自然教育。卢梭于1762年出版的教育小说《爱弥儿》系统阐述了他的自然主义教育思想,强调教育活动必须注重感性、直观,必须遵循儿童的自然本性。"出自造物主之手的东西都是好的,而一到了人的手里,就全变坏了"是《爱弥儿》的开篇第一句。该书最大的贡献在于开拓了以研究儿童生长与教育的关系的教育研究新领域,提升了儿童在教育过程中的地位,促进了近现代教育思想的变革。

(1)自然教育的目标。卢梭在《爱弥儿》中表示,自然教育的最终培养目标是"自然人"。一方面,他认为善良的人性存在于纯洁的自然状态之中,只有"回归自然"、远离喧嚣社会的教育,才有利于保持人的善良天性;另一方面,他说每个人都是由自然的教育、事物的教育、人为的教育三者培养起来的,只有这三种教育圆满结合才能达到预期的目的。

(2)"消极教育"与"自然后果"法。所谓"消极教育",即成人的不干预、不灌输、不压制和让儿童遵循自然率性发展。但"消极教育"并非无所作为,还有两件事要做:①观察自由活动中的儿童,了解他的自然倾向和特点;②防范来自外界的不良影响。所谓"自然后果"法,即杜绝常规的教育模式,让儿童通过亲身体验自己错误行为所产生的不良后果,从中受到教育并改正错误。

(3)教育阶段论。卢梭在《爱弥儿》中将儿童的成长发育划分为四个年龄阶段:

①幼儿期(0～2岁)。教育以身体的养护和锻炼为主,即重点为体育和保健。

②儿童期(2～12岁)。这一阶段的儿童处于"理性睡眠期",这一时期的教育应是消极的,不适合进行理性教育,不适合学习文化知识,主要是防止儿童产生偏见和谬误,防止他染上恶习,沾上罪恶。教育的主要任务是注意儿童感觉器官的发展,进行感官教育,使儿童获得丰富的感觉经验,为以后的理性教育奠定感觉经验的基础。

③少年期(12～15岁)。教育的主要任务是智育和劳动教育:让少年学习生活所必要的和实用的知识,培养少年的学习兴趣,教给少年学习的方法;让少年通过劳动发展自己的体力,掌握专门的手艺。

④青年期(15～20岁)。教育的主要任务是着重发展道德教育和宗教教育,使青年形成良好的德行,以帮助青年在社会中生活并处理好群己关系。

卢梭被称为教育史上第一个发现儿童的人。他的自然主义教育思想被誉为"旧教育"和"新教育"的分水岭。

• 记忆有妙招 •

为方便考生记忆,编者将卢梭的教育思想总结成以下口诀:

卢梭自然爱弥儿。卢梭倡导自然教育,其代表作是《爱弥儿》。

真题21 [2022浙江温州,单选]教育史上系统阐述自然教育思想的著作是( )
A.《教育漫话》 B.《爱弥儿》
C.《大教学论》 D.《林哈德与葛笃德》
答案:B

3. 康德

康德的教育思想主要反映在《康德论教育》一书中。他认为"人是唯一需要教育的动物""人只有通过教育才能成为一个人。人是教育的产物",教育的根本就是要对人的本性进行适当的控制,教育的最终目的就在于培养有道德的人。关于道德教育,康德提出虽然自由是道德教育的最高目的,但是必要的"管束"和"训导"是实现自由的必要保证。教育学作为一门学科在大学里讲授,最早始于德国哲学家康德。他从1776年开始在德国哥尼斯堡大学的哲学讲座中讲授教育学。

4. 裴斯泰洛齐

裴斯泰洛齐是享有世界盛誉的瑞士著名教育家,他的教育思想主要反映在他的教育小说《林哈德与葛笃德》中。其教育思想主要有:

(1)论教育心理学化。在西方教育史上,也可以说在世界教育史上,裴斯泰洛齐是第一个明确提出"教育心理学化"口号和诉求的教育家。所谓"教育心理学化"就是把教育提高到科学的水平,将教育科学建立在人的心理活动规律的基础上。

(2)论要素教育。要素教育论的基本思想,就是认为初等学校从它的本质讲,要求普遍地简化它的方法,初等学校的各种教育都应该从最简单的要素开始,然后逐渐转到日益复杂的要素,循序渐进地促进人的和谐发展。裴斯泰洛齐认为儿童智力的最初萌芽是对事物的感觉、观察能力,这种能力的最初萌芽又与儿童眼前事物的最基本、最简单的外部特征,即数目、形状和名称相统一。儿童认识这三个要素的相应能力是计算、测量和表达,可培养这三种能力的学科是算术、几何和语文。

(3)论初等学校各科教学法。裴斯泰洛齐根据教育心理学化和要素教育的理论,具体地研究了初等学校各科教学法,他是现代初等学校各科教学法的奠基人。

(4)论教育目的。裴斯泰洛齐认为教育的目的在于按照自然的法则全面地、和谐地发展儿童的一切天赋力量。

(5)关于教育与生产劳动相结合。裴斯泰洛齐虽不是第一个提出教育与生产劳动相结合思想的人,但他是西方教育史上第一个将这一思想付诸实践的教育家,并在自己的实践活动中推动和发展这一思想。

• 记忆有妙招 •

为方便考生记忆,编者将裴斯泰洛齐的教育思想总结成以下口诀:

裴齐要诉心里话。 裴斯泰洛齐主张要素教育论,第一次明确提出"教育心理学化"口号。

真题22 [2024山东临沂,单选]世界教育史上第一个明确提出"教育心理化"的教育家是(　　)
A. 赫尔巴特　　B. 裴斯泰洛齐　　C. 夸美纽斯　　D. 康德

真题23 [2024天津实验小学,单选]最早提出教育的目的在于按照自然的法则全面地、和谐地发展儿童的一切天赋力量的教育学家是(　　)
A. 裴斯泰洛齐　　B. 康德　　C. 杜威　　D. 夸美纽斯

真题24 [2023河北石家庄,多选]裴斯泰洛齐认为,在一切知识中都存在着一些最简单的"要素"。儿童智力的最初萌芽是对事物的感觉与观察能力,这种能力的萌芽又与儿童眼前事物的最基本、最简单的外部特征即数目、形状和名称相统一。儿童认识这三个要素的相应能力是计算、测量和表达,可培养这三种能力的学科有(　　)
A. 地理　　B. 几何　　C. 语文　　D. 算术

答案:22. B　23. A　24. BCD

5. 洛克

洛克反对天赋观念,提出了"白板说"。他认为人的心灵原来就像一块白板,没有一切特性,没有任何观念,天赋的智力人人平等。他明确指出,"我们日常所见的人中,他们之所以或好或坏,或有用或无用,十分之九都是他们的教育所决定的。人之所以千差万别,便是由于教育之故。"洛克主张取消封建等级教育,人人都可以接受教育。

洛克是英国著名的实科教育和绅士教育的倡导者。他认为,教育目的就是培养绅士,而这种培养只能通过家庭教育,由此提出了"绅士教育论"。在其著作《教育漫话》一书中,洛克详细论述了绅士教育的内容(即体育、德育和智育)及方法。他首次把教育的三大组成部分——德育、智育、体育做了明确的区分。在其绅士教育理论体系中,德育居于首要地位。因为在他看来,德行是一个绅士必须具备的最重要的品质。他说:"我认为在一个人或一个绅士的各种品性当中,德行是最重要的,是第一位的,他要被人看重,被人喜爱,要使自己也感到喜悦,或者说,也还过得去,德行是绝对不可缺少的,如果没有德行,我觉得他在今生来世都得不到幸福。"洛克从唯物主义经验论立场和功利主义原则出发,认为凡是给人带来快乐和幸福的行为就是善,反之给人带来痛苦和不幸的行为就是恶。

• 记忆有妙招 •

为方便考生记忆,编者将洛克的教育思想总结成以下口诀:

洛克白板画绅士。 洛克主张"白板说",其代表作是《教育漫话》,提出了绅士教育论。

真题25 [2024山东济南,单选]英国哲学家洛克在《教育漫话》一书中,提出完整的(　　)理论体系,对后世产生了较大的影响。

A. 博雅教育　　　B. 人文教育　　　C. 绅士教育　　　D. 科学教学

答案:C

6. 斯宾塞

斯宾塞是19世纪英国著名的哲学家、社会学家和教育家,其代表作是《教育论》(1861年)。在《教育论》中,他提出教育的目的是"为完满生活作准备",并按重要程度把人类生活进行了分类且排序为:(1)直接有助于自我保全的活动;(2)从获得生活必需品而间接有助于自我保全的活动;(3)目的在抚养和教育子女的活动;(4)与维持正常的社会和政治关系有关的活动;(5)在生活中的闲暇时间用于满足爱好和感情的各种活动。此外,在教学方法方面,斯宾塞主张启发学生学习的自觉性,反对形式教育,重视实科教育。他还明确提出了科学知识最有价值的见解。

斯宾塞

真题26 [2022福建统考,单选]主张最有价值的知识是科学,强调教育的任务是为完满生活作准备的教育家是(　　)

A. 斯宾塞　　　　　　　　　B. 乌申斯基

C. 夸美纽斯　　　　　　　　D. 凯兴斯泰纳

答案:A

7. 赫尔巴特

赫尔巴特是德国著名的心理学家和教育学家,在世界教育史上被认为是"现代教育学之父"或"科学教育学的奠基人"。他的《普通教育学》的出版(1806年)标志着规范教育学的建立,同时,这本书也被认为是第一本现代教育学著作。其教育思想包括:

(1)教育理论体系的理论基础。赫尔巴特提出教育理论体系的两个理论基础是伦理学和心理学,他把道德教育理论建立在伦理学的基础上,把教学理论建立在心理学的基

赫尔巴特

034

础上,企图在伦理学的基础上建立教育目的论,在心理学的基础上建立教育方法论,可以说是奠定了科学教育学的基础。伦理学即实践哲学,主要体现为五种道德观念;心理学就是研究观念的科学。赫尔巴特重视和发展了两个重要的概念,即"意识阈"和"统觉"。儿童在原有基础上形成新观念的过程称统觉,教学中的注意、兴趣都与统觉有紧密联系。依据统觉原理,赫尔巴特为课程设计提出了"相关"和"集中"两项原则,目的是保持课程教学的逻辑结构和知识的系统性。

(2)教育目的。赫尔巴特认为教育的目的可分为两种:①"可能的目的",即与儿童未来所从事的职业有关的目的。②"必要的目的",具体而言就是指养成内心自由、完善、仁慈、正义和公平这五种道德观念。教育的最高目的是道德和性格的完善。

(3)教育性教学原则。在西方教学史上,赫尔巴特第一次提出了"教育性教学"的概念。他认为教学有不同于教育的特点,"教学的概念有一个显著的标记,它使我们非常容易把握研究方向。在教学中总是有一个第三者的东西为师生同时专心注意的。相反,在教育的其他一切职能中,学生直接处在教师的心目中"。"第三者"即知识,也就是"系统的知识体系"。他还指出"远非一切教学都是教育性的",但他讲的教学不是任何一种教学,"仅仅是教育性教学"。"教育性教学"指没有任何无教学的教育,也没有任何无教育的教学。

(4)儿童管理与训育论。赫尔巴特的道德教育包括训育和儿童管理两方面。他认为教育过程应有一定的顺序,包括管理、教学和训育三个阶段。管理的目的是在儿童心里"创造一种秩序",为以后的教学和训育创造必要的条件;训育的目的在于形成性格的道德力量。

(5)课程体系。赫尔巴特根据学生的六种兴趣提出了六种课程:经验的兴趣——自然学科,思辨的兴趣——数学与逻辑,审美的兴趣——艺术学科,同情的兴趣——语言学科,社会的兴趣——社会学科,宗教的兴趣——宗教学科。

(6)教学四阶段论。赫尔巴特认为任何教学都必须经历四个阶段:

表1-12 赫尔巴特的教学四阶段论

阶段	含义	学生的心理状态
明了(清楚)	主要是把新教材分解为各个构成部分,并和意识中相关的观念即已经掌握的知识进行比较	学生处于"静态的专心活动"中,其心理状态主要表现为"注意"
联合(联想)	即建立新旧观念的联系,使学生在新旧观念的联系中继续深入学习新教材	学生处于"动态的专心活动"中,其心理状态主要表现为"期待"
系统	即学生在教师的指导下,在新旧观念联系的基础上进行深入思考,寻求结论和规律	学生处于"静态的审思活动"中,其心理特征是"探究""感觉到系统知识的优点"
方法(应用)	即通过实际练习,运用系统的知识,使之变得更熟练、更牢固	学生处于"动态的审思活动"中,其心理特征是"行动"

赫尔巴特的教学四阶段论,后来被发展为五段,即预备、提示、联合、总结、应用。

赫尔巴特强调系统知识的传授,强调课堂教学的作用,强调教材的重要性,强调教师的权威作用和中心地位,形成了传统教育"课堂中心""教材中心""教师中心"的特点。他的教育思想对19世纪以后的教育实践和教育思想产生了很大影响,被看作是传统教育理论的代表。

> **小香课堂**
> 在教育学发展过程中,有很多"最早""第一"的著作易混淆,考生可进行对比记忆:
> 《学记》——中国及世界最早的教育专著;《雄辩术原理》——西方最早的教育著作;
> 《大教学论》——近代第一本教育学著作;《普通教育学》——第一本现代教育学著作。

真题27 [2024天津和平,单选]强调教育学的心理学和伦理学基础,奠定了科学教育学的基础的教育家是( )

A.康德　　　　　　B.第斯多惠　　　　　　C.赫尔巴特　　　　　　D.福禄贝尔

真题28 [2024浙江宁波,判断]赫尔巴特的《普通教育学》是近代最早的一部教育学著作,标志着教育学正式成为一门独立的学科。( )

答案:27.C　28.×

8.杜威

杜威的教育理论是现代教育理论的代表,区别于传统教育"课堂中心""教材中心""教师中心"的"旧三中心论",他提出了**儿童中心(学生中心)**"**活动中心**"**经验中心**"的"新三中心论"。其代表作《民主主义与教育》(又译《民本主义与教育》,1916年)及反映在其作品中的**实用主义教育思想**,对20世纪的教育和教学有深远影响。作为一个综合而完整的教育思想体系,杜威的教育思想系统阐述了教育与生活、学校与社会、经验与课程、知与行、思维与教学、教育与职业、教育与道德、儿童与教师八组关系。其主要教育观点包括:

杜威

(1)论教育的本质。杜威认为,**教育即生活,教育即生长,教育即经验的改组或改造**。"教育是生活的过程,而不是将来生活的准备。"此外,杜威还提出"**学校即社会**",这是对"教育即生活"的进一步引申。从"教育即生活"到"学校即社会",再到课程的变革("从做中学")是层层递进的。

(2)论教育的目的。杜威从"教育即生活"中引出他的"**教育无目的论**"。"教育的过程,在它自身以外没有目的,它就是它自己的目的;教育的过程是一个不断改组、不断改造和不断转化的过程。"

(3)"**从做中学**"。在经验论的基础上,杜威提出"从做中学",要求以活动性、经验性的主动作业取代传统的书本式教材的统治地位。同时,"从做中学"也是杜威提出的教学方法,这是一种经验的方法、思维的方法和探究的方法。这种探究的五个步骤即思维五步说或五步探究教学法,即创设疑难情境、确定疑难所在、提出解决问题的种种假设、推断哪个假设能解决这个困难、验证这个假设。

杜威的教育学说提出以后,西方教育学便出现了以赫尔巴特为代表的传统教育学派和以杜威为代表的现代教育学派的对立局面。

> **记忆有妙招**
> 为方便考生记忆,编者将杜威的主要教育思想总结成以下口诀:
> **三即两学无目的,还有一个三中心**。三即:"教育即生活""教育即生长""教育即经验的改组或改造"。两学:"学校即社会""从做中学"。无目的:"教育无目的论"。三中心:"儿童中心(学生中心)""活动中心""经验中心"。

真题29 [2023江苏常州,单选]主张学生中心、活动中心和经验中心的新三中心论的学者是( )

A.杜威　　　　　　B.洛克　　　　　　C.赫尔巴特　　　　　　D.卢梭

真题30 [2022河南信阳,判断]教育的过程,在它自身以外没有目的,它就是它自己的目的。这是夸美纽斯关于教育目的的观点。(　　)

答案:29. A　30. ×

考点 3 ▶ 20世纪教育学的多元化发展 ★

表1-13　20世纪主要的教育学流派

教育学流派	代表人物及代表著作	主要思想
实验教育学	拉伊的《实验教育学》、梅伊曼的《实验教育学纲要》以及比纳、霍尔和桑代克	19世纪末20世纪初产生于德国,以教育实验为标志。其基本观点包括: (1)反对以赫尔巴特为代表的强调概念思辨的教育学,认为这种教育学对检验教育方法的优劣毫无用途; (2)提倡把实验心理学的研究成果和方法运用于教育研究,使教育研究"科学化"; (3)把教育实验分为提出假设、进行实验和确证三个基本阶段; (4)认为教育实验与心理实验的差别在于心理实验是在实验室里进行的,而教育实验则要在真正的学校环境和教学实践活动中进行; (5)主张用实验、统计和比较的方法探索儿童心理发展过程的特点及其智力发展水平,用实验数据作为改革学制、课程和教学方法的依据。 实验教育学所强调的定量研究成为20世纪教育学研究的一个基本范式,极大地推动了教育科学的发展
文化教育学（精神科学教育学）	狄尔泰的《关于普遍妥当的教育学的可能》、斯普兰格的《教育与文化》、利特	19世纪末出现在德国,其基本观点包括: (1)人是一种文化的存在,人类历史是一种文化的历史; (2)教育的过程是一种历史文化过程; (3)教育的研究既不能采用赫尔巴特纯粹的概念思辨来进行,也不能依靠实验教育学的数量统计来进行,而必须采用精神科学或文化科学的方法,亦即理解与解释的方法进行; (4)教育的目的是促进社会历史的客观文化向个体的主观文化转变,并将个体的主观世界引导向博大的客观文化世界,从而培养完整的人格,而培养完整人格的主要途径就是"陶冶"与"唤醒",发挥教师和学生个体两方面的积极作用,建构和谐的、对话的师生关系
实用主义教育学	杜威的《民主主义与教育》、克伯屈的《设计教学法》	19世纪末20世纪初兴起于美国,对20世纪整个世界的教育理论研究和教育实践发展产生了极大的影响。其基本观点包括: (1)教育即生活,教育的过程与生活的过程是合一的; (2)教育即学生个体经验持续不断的增长,除此之外教育不应该有其他目的; (3)学校是一个雏形的社会; (4)课程组织应以学生的经验为中心; (5)师生关系以儿童为中心; (6)教学过程注重学生自己的独立发现、表现和体验,尊重学生发展的差异性

续表

教育学流派	代表人物及代表著作	主要思想
马克思主义教育学（社会主义教育学）	(1)克鲁普斯卡娅的《国民教育与民主主义教育》是**最早**以马克思主义为基础探讨教育学问题的著作。 (2)凯洛夫于1939年主编的《教育学》是**世界上第一部**马克思主义的教育学著作。 (3)我国教育家杨贤江于1930年以李浩吾为化名出版的《新教育大纲》是**我国第一部**马克思主义的教育学著作	其基本观点包括： (1)教育是一种社会历史现象，在阶级社会中具有鲜明的阶级性，不存在脱离社会影响的教育； (2)教育起源于生产劳动； (3)教育的根本目的是促进学生的全面发展； (4)现代教育与生产劳动相结合不仅是发展社会生产力的重要方法，也是培养全面发展的人的唯一方法； (5)在与社会政治、经济、文化的关系上，教育一方面受其制约，另一方面又具有相对独立性，并反作用于政治、经济、文化； (6)马克思主义唯物辩证法和历史唯物主义是教育科学研究的方法论基础
批判教育学	鲍尔斯和金蒂斯的《资本主义美国的学校教育》、阿普尔的《教育中的文化和经济再生产》、布厄迪尔的《教育、社会和文化再生产》	兴起于20世纪70年代，是当代西方教育理论界占主导地位的教育思潮。其基本观点包括： (1)当代资本主义学校教育是维护现实社会的不公平、造成社会差别和对立的根源； (2)学校教育的功能就是再生产出占主导地位的社会政治意识形态、文化关系和经济结构； (3)教育目的是要对师生进行"启蒙"，以达到意识"解放"； (4)教育现象不是中立的和客观的，教育理论研究不能采用唯科学主义的态度和方法，而要采用实践批判的态度和方法
制度教育学	A.瓦斯凯和F.乌里的《走向制度教育学》《从合作班级到制度教育学》以及M.洛布罗的《制度教育学》	20世纪60年代诞生于法国，其基本观点包括： (1)教育学的研究应该首先把培养制度亦即教育制度作为优先目标，以阐明教育制度对于教育情境中的个体行为的影响； (2)教育实践中的官僚主义、师生与行政人员彼此间的疏离主要是由教育制度造成的； (3)教育的目的是帮助完成想要完成的社会变迁，而要想达到这一目的，就必须进行制度分析； (4)教育制度的分析不仅要分析那些显在的制度，如教育组织制度、学生生活制度等，而且还要分析那些隐性的制度，如学校的建筑等

真题31 [2024广东佛山，单选]某教育学流派认为教育即学生个体经验持续不断的增长，除此之外教育不应该有其他目的。这个流派是( )

A. 制度教育学 B. 实验教育学

C. 批判教育学 D. 实用主义教育学

真题32 [2024安徽合肥/淮北/铜陵,单选]"教育是一种社会历史现象,产生于生产劳动的需要,其根本目的在于促进人的全面发展。"这是(　　)的观点。

A. 实用主义教育学
B. 制度教育学
C. 实验教育学
D. 马克思主义教育学

答案:31. D　32. D

考点 4　中国近现代教育思想 ★★

表1-14　中国近现代著名教育家及其教育思想

教育家	教育思想	评价
蔡元培	(1)教育的最终目的:造就"完全人格"。 (2)"五育并举"的教育方针:军国民教育、实利主义教育、公民道德教育、世界观教育、美感教育。此外,蔡元培认为美感教育具有与宗教相同的性质和功用,但可以避免宗教的保守和派别之见,所以又提出"以美育代宗教"的口号。蔡元培首次将美育纳入教育方针,这是中国教育史上的创举。 (3)改革北京大学的教育实践:①抱定宗旨,改变校风。②贯彻"思想自由,兼容并包"的办学原则。提出"大学者,'囊括大典,网罗众家'之学府也"。③教授治校,民主管理。④学科与教学体制改革。 (4)教育独立思想:①教育经费独立;②教育行政独立;③教育学术和内容独立;④教育脱离宗教而独立	"学界泰斗,人世楷模"(毛泽东)
杨贤江	(1)教育的起源既非出于人性,也非教育者的先觉意识,更非天命使然,而是因为人类实际生活的需要,"教育的发生就植根于当时当地的人民实际生活的需要;它是帮助人营谋社会生活的一种手段"。 (2)提出关于青年教育的"全人生指导"思想。"全人生指导"思想的核心是教育青年树立正确的人生观,引导他们走上革命的道路。他教育青年应该树立积极向上的人生观,要对人类作出贡献,这样的人生观,是无产阶级的人生观,革命的人生观	第一位在中国系统传播马克思主义教育理论的教育理论家
黄炎培	提倡"大职业教育主义"。 (1)职业教育的目的:使无业者有业,使有业者乐业; (2)职业教育的教学原则:手脑并用、做学合一、理论与实际并行、知识与技能并重; (3)职业道德教育的基本要求:敬业乐群; (4)职业教育的作用:"谋个性之发展""为个人谋生之准备""为个人服务社会之准备""为国家及世界增进生产力之准备"	我国职业教育的先驱
晏阳初	主张乡村平民教育,提出"四大教育""三大方式"。 (1)"四大教育":以文艺教育救愚,以生计教育救穷,以卫生教育救弱,以公民教育救私; (2)"三大方式":学校式、家庭式、社会式	国际平民教育之父

续表

教育家	教育思想	评价
梁漱溟	提出乡村教育理论。认为乡村建设与乡村教育是一个问题的两个方面,乡村建设应以乡村教育为方法,而乡村教育需以乡村建设为目标,"建设、教育二者不能分开"。此外,他还提出"创造新文化,救活旧农村"的口号	"中国最后一位大儒家"
陈鹤琴	明确提出"活教育"主张。 (1)"活教育"的目标:做人,做中国人,做现代中国人。 (2)"活教育"课程:打破惯常按学科组织的体系,采取能体现儿童生活整体性和连贯性的"五指活动"形式,即:儿童健康活动、儿童社会活动、儿童科学活动、儿童艺术活动和儿童文学活动。(陈鹤琴指出:"大自然、大社会,都是活教材。") (3)"活教育"的教学原则:凡是儿童能够做的,就应该教儿童自己做;凡是儿童能够想的,应当让他自己想;你要儿童怎样做,就应当教儿童怎样学;等等。 (4)"活教育"的方法:做中教,做中学,做中求进步;重视室外活动,着重于生活的体验,以实物为研究对象,以书籍为辅佐的参考。 (5)"活教育"的步骤:实验观察—阅读思考—创作发表—批评研讨	中国近代学前儿童教育理论和实践的开创者
陶行知	(1)"生活教育"理论(陶行知教育思想的核心):①"生活即教育",这是生活教育的本质及核心;②"社会即学校",这是生活教育的范围论;③"教学做合一",这是生活教育的方法论,提出"教"与"学"都以"做"为中心。 (2)培养目标:陶行知针对旧教育把培养"人上人"作为目标的现象,指出新教育应培养全面发展的"人中人"。他强调教育学生做"人中人",因为"人中人"有"独立的意志、独立的思想、独立的生计和耐劳的筋骨、耐饿的体肤、耐困乏的身体",去做那摇不动的基础。 (3)六大解放:解放儿童的眼睛、头脑、双手、嘴巴、时间、空间。 (4)"生活教育"实践:晓庄师范学校、山海工学团、"小先生制"、育才学校。 (5)名言:"千教万教教人求真,千学万学学做真人""捧着一颗心来,不带半根草去""真教育是心心相印的活动。唯独从心里发出来的,才能打到心的深处"	(1)中国创造教育的先驱; (2)"伟大的人民教育家"(毛泽东); (3)"万世师表"(宋庆龄); (4)"一个无保留追随党的党外布尔什维克"(周恩来)

真题33 [2024安徽合肥/淮北/铜陵,单选]蔡元培从"养成共和国民健全之人格"的观点出发,提出军国民教育、实利主义教育、公民道德教育、世界观教育和(　　)"五育"并举的教育思想。

A. 思想教育　　　　　　　　　　　　B. 智力教育

C. 健康教育　　　　　　　　　　　　D. 美感教育

真题34 [2024山东济南,单选]我国现代教育史上,有一位教育家提出"大自然、大社会,都是活教材"的观点,认为学前儿童是在周围环境中学习的,应该以大自然、大社会为中心组织课程。该教育家是(　　)

A. 张雪门　　　B. 陈鹤琴　　　C. 蔡元培　　　D. 张宗麟

真题35 [2024天津东丽,判断]陶行知的生活教育理论体系提倡"生活即教育""社会即学校""教学做合一"。(　　)

答案: 33. D　34. B　35. √

考点 5 教育学理论的新发展 ★

布鲁纳、赞科夫、瓦·根舍因等人提出的教学理论,充实了教育学的内容,提高了教育学的科学化水平,被视为现代教学理论的三大流派。

表1-15 现代教育学理论的代表人物及其教育思想

代表人物	代表著作	主要教育思想
布鲁纳(美国)	《教育过程》	提出"结构教学论";倡导发现法
赞科夫(苏联)	《教学与发展》	把学生的一般发展作为教学的出发点,提出了发展性教学理论的五条教学原则:高难度、高速度、理论知识起主导作用、理解学习过程、使所有学生包括"差生"都得到一般发展。这些原则是实验教学的思想基础,赞科夫认为以高难度进行教学的原则在实验教学论体系中起决定作用
瓦·根舍因(德国)	《范例教学原理》	创立范例教学理论
皮亚杰(瑞士)	《教育科学与儿童心理学》	教学的主要目的是发展学生的智力
保罗·朗格朗(法国)	《终身教育引论》	终身教育理论
苏霍姆林斯基(苏联)	《给教师的一百条建议》《把整个心灵献给孩子》《帕夫雷什中学》	学校教育的理想是培养全面和谐发展的人,要实现这样的目标,就必须实施全面和谐发展的教育,即把教育看作由德育、智育、体育、劳动教育、美育五部分有机地相互联系并相互渗透的统一整体

注:苏霍姆林斯基的著作还有《学生的精神世界》《和青年校长的谈话》《公民的诞生》等。他的著作被称为"活的教育学"和"学校生活的百科全书",他本人被誉为"教育思想的泰斗"。

• 记忆有妙招 •

为方便考生记忆,编者将现代教学理论的三大流派总结成以下口诀:

布结构,赞发展,瓦范例。布结构:布鲁纳提出结构教学论。**赞发展**:赞科夫提出发展性教学理论。**瓦范例**:瓦·根舍因创立范例教学理论。

真题36 [2024河北石家庄,单选]赞科夫认为,在他的实验教学论体系中起决定作用的是(　　)

A.以高难度进行教学的原则　　B.以高速度进行教学的原则

C.理论知识起主导作用的原则　　D.使全班学生都得到发展的原则

真题37 [2024浙江宁波,单选]《把整个心灵献给孩子》由"快乐学校"和"儿童时代"两部分组成,该书的作者是(　　)

A.克鲁普斯卡娅　　B.苏霍姆林斯基

C.加里宁　　D.赞科夫

答案:36.A　37.B

本节核心考点回顾

1. 孔子的教育思想

(1)"有教无类"的办学方针("自行束脩以上,吾未尝无诲焉");

(2)启发诱导的教学方法("不愤不启,不悱不发。举一隅不以三隅反,则不复也");

(3)温故知新的教学方法("温故而知新,可以为师矣")。

2. 孟子的教育思想

(1)持"性善论",认为教育的意义在于"存心养性",使固有的善性得到保持;

(2)追求"大丈夫"的理想人格("富贵不能淫,贫贱不能移,威武不能屈");

(3)提出"深造自得""盈科而进""教亦多术""专心致志"等教学思想。

3.《学记》的教育思想

(1)《学记》(收入《礼记》)是中国也是世界教育史上的第一部教育专著,成文大约在战国末期,它被称为"教育学的雏形";

(2)教学相长的教学原则("是故学然后知不足,教然后知困。知不足,然后能自反也;知困,然后能自强也。故曰:教学相长也");

(3)藏息相辅的教学原则("不学操缦,不能安弦;不学博依,不能安诗;不学杂服,不能安礼");

(4)启发诱导的教学原则("道而弗牵,强而弗抑,开而弗达");

(5)循序渐进的教学原则("不陵节而施之谓孙""学不躐等")。

4. 夸美纽斯的教育思想

(1)《大教学论》是教育学开始形成一门独立学科的标志,该书被认为是近代第一本教育学著作;

(2)教学应当成为"把一切事物教给一切人类的全部艺术";

(3)提到的模仿和类比的内容繁多,但其应用都遵循三个步骤:模仿、偏差、纠正。

5. 赫尔巴特的教育思想

(1)《普通教育学》被认为是第一本现代教育学著作,标志着教育学正式成为一门独立的学科(规范教育学的建立);

(2)教育理论体系的两个理论基础是伦理学和心理学;

(3)任何教学都必须经历明了(清楚)、联合(联想)、系统、方法(应用)四个阶段;

(4)赫尔巴特的教育思想形成了传统教育"课堂中心""教材中心""教师中心"的特点。

6. 陶行知的教育思想

(1)提出"生活教育"理论,具体包括"生活即教育""社会即学校""教学做合一";

(2)进行"生活教育"实践,具体包括晓庄师范学校、山海工学团、"小先生制"等;

(3)名言:"千教万教教人求真,千学万学学做真人""捧着一颗心来,不带半根草去"等;

(4)评价:被毛泽东称颂为"伟大的人民教育家",被宋庆龄赞誉为"万世师表"。

第三节 教育研究及其方法

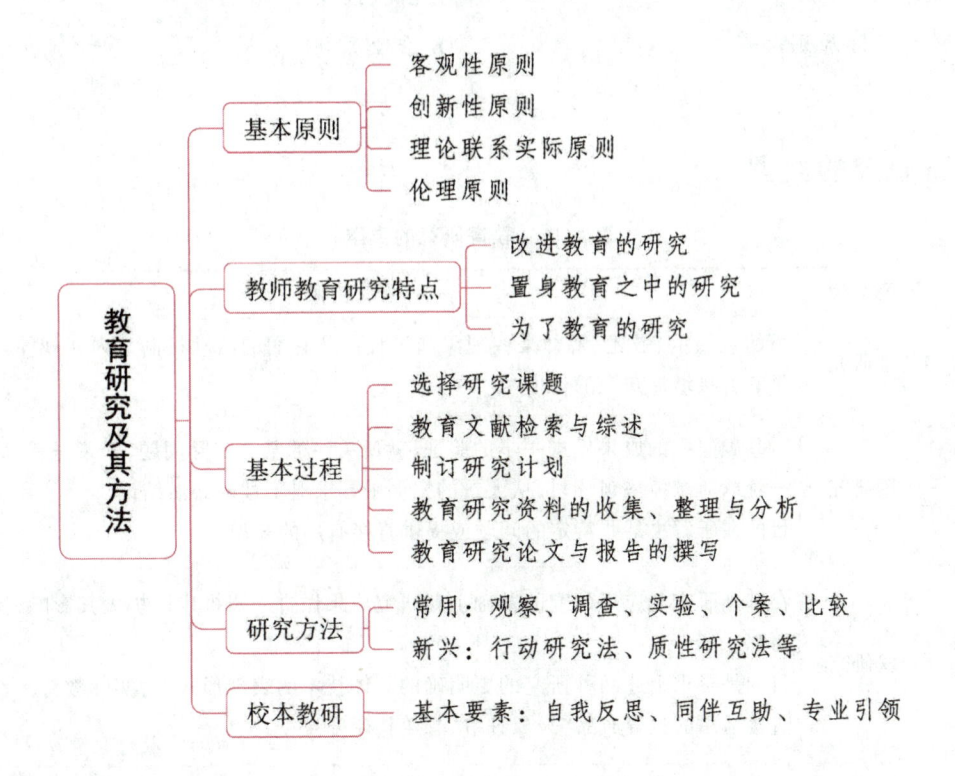

```
教育研究及其方法
├─ 基本原则
│   ├─ 客观性原则
│   ├─ 创新性原则
│   ├─ 理论联系实际原则
│   └─ 伦理原则
├─ 教师教育研究特点
│   ├─ 改进教育的研究
│   ├─ 置身教育之中的研究
│   └─ 为了教育的研究
├─ 基本过程
│   ├─ 选择研究课题
│   ├─ 教育文献检索与综述
│   ├─ 制订研究计划
│   ├─ 教育研究资料的收集、整理与分析
│   └─ 教育研究论文与报告的撰写
├─ 研究方法
│   ├─ 常用：观察、调查、实验、个案、比较
│   └─ 新兴：行动研究法、质性研究法等
└─ 校本教研
    └─ 基本要素：自我反思、同伴互助、专业引领
```

一、教育研究的内涵

教育研究是以教育问题为对象,运用科学的方法,遵循一定的研究程序,收集、整理和分析有关资料,以发现和总结教育规律的一种认识活动。

教育研究同所有的科学研究一样,由三个要素组成,即客观事实、科学理论和方法技术。教育研究的基本性质有：文化性、价值性、伦理性和主体性。

教育研究的对象是教育问题,它包括理论问题与实践问题。教育问题的特点包括：复杂性、两难性、开放性、整合性与扩散性。

二、教育研究的基本原则 ★【单选】

(1)客观性原则。研究者在研究过程中必须尊重事实,以事物的本来面目为依据,反对主观臆测、妄自论断。它是科研工作者应遵循的基本原则。

(2)创新性原则。在教育研究过程中,研究者应该在继承和借鉴前人或他人的研究成果基础上,发现新的问题,提出新的观点或结论,产生新的认识,为人们提供新的知识。

(3)理论联系实际原则。从教育的实践需要和实际情况出发,形成和发展教育科学理论,并努力运用教育科学理论来指导教育实践的研究,以推动教育科学和教育事业的向前发展。

(4)伦理原则。为了保证教育研究的顺利开展,研究者必须遵循伦理原则,具体包括自愿原则、匿名原则、保密原则和无害原则。

真题1 [2023山东临沂,单选]为探究教师评价方式对学生学业成绩的影响,孙老师把学生分为受表扬组、受训斥组和无评价组,开展了为期一年的实验研究。这种研究设计违背了教育研究的(　　)

A.客观性原则　　　　　　　　　　B.创新性原则
C.理论联系实际原则　　　　　　　D.伦理原则

答案:D

三、教育研究的类型

表1-16　教育研究的类型

分类依据	研究类型	内涵
研究目的	基础研究	目的是揭示、描述、解释某些现象和过程以及它们的活动机制与内在规律。对研究领域具有直接增加知识的价值
	应用研究	对基础研究的成果做进一步的验证,就所关注的某一实际问题,如某一课程设置问题、某一特殊的教师培训计划,从大量的案例中寻求概率性的必然结论。 目的在于解决某些特定的问题或提供直接有用的知识
	开发研究	在基础研究与应用研究的基础上对研究成果做进一步推广以扩大其影响,实现其价值的研究。 目的是寻求上述两种研究的更明确的具体技术的表现形式,为实际教育工作者提供能够直接运用的教育产品,如教科书、教学软件等
方法论	定量研究（量化研究）	对事物的量的分析和研究。即通过解决"是多少"等的数量问题来对事物进行研究,主要侧重于用数字和量表来描述所研究的事物。 主要方法:调查法、实验法等
	定性研究（质化研究）	对事物的质的方面的分析和研究。即通过解决所研究事物"为什么"的问题,继而对所研究的事物做出语言文字的描述。 主要方法:访问法、案例研究法等

此外,根据研究的功能,教育研究分为发展性研究、评价性研究和预测性研究;根据研究使用的方法,教育研究分为历史研究、描述研究、比较研究、实验研究和理论研究等;根据研究持续时间的不同,教育研究分为纵向研究和横向研究;根据研究领域的不同,教育研究分为价值研究和事实研究;根据是否对研究对象施加影响,教育研究分为描述性研究与干预性研究。

四、教师的教育研究 ★★　【单选、多选、不定项、判断】

考点 1 ▶ "教师即研究者"的提出

20世纪80年代以来,伴随着社会发展对教育教学要求的提高,对教师专业化的探讨达到了空前高度,"教师即研究者"也成为教育界乃至全社会普遍认同的理念和努力追求的目标。

考点 2 ▶ 教师教育研究的特点

教师所从事的"研究"应是什么样的？或者说教师的研究有什么特点呢？这可以通过比较专门研

究者的教育研究和教师的教育研究之间的区别来理解和认识。

表1-17　教师的教育研究与专门研究者的教育研究的区别

主体	教师的教育研究	专门研究者的教育研究
区别	改进教育的研究	描述和解释教育的研究
	置身教育之中的研究	置身教育之外的研究
	为了教育的研究	关于教育的研究

考点 3▶ 教师进行教育研究的优势

（1）教师工作于真实的教育教学情境之中，最了解教学的困难、问题与需求，能及时清晰地知觉到问题的存在。

（2）教师与学生的共同交往构成了教师的教育教学生活，因此教师能准确地从学生的学习中了解到自己教学的成效，了解到师生互动需要改进的方面，尤其是能从教育教学现场中、从学生的各种资料（如考卷、作业等）中获得第一手资料，这为研究提供了良好的条件。

（3）实践性是教育教学研究的重要品性，教师是教育教学实践的主体，针对具体的、真实的问题所采取的变革尝试，能够在实践中得到检验，进而产生自己的知识，建构实践性的教学理论。

考点 4▶ 教师参与教育研究的意义

（1）教师参与教育研究是教师自我反思、重新学习、不断调整和改善知识结构的过程。

（2）教师参与教育研究是教师与他人沟通交流、扩大视野的过程。

（3）教师参与教育研究是教师挑战自我、提高教育研究能力的过程。

真题2　[2023山东济南,多选]教师所从事的教育研究与专门研究者的教育研究是不相同的。与专门研究者的教育研究相比,教师所从事的教育研究的特点可以概括为(　　)

A. 改进教育的研究　　　　　　　　　　B. 置身教育之中的研究

C. 为了教育的研究　　　　　　　　　　D. 解释教育的研究

答案：ABC

五、教育研究的基本过程　★【单选、多选、判断】

考点 1▶ 选择研究课题

选择和确定研究课题是进行<u>教育研究的第一步</u>，并且是关键性的一步。研究课题可以来源于教育实践，也可以来源于教育理论。

一个好的研究课题必须具备的特点：（1）选题必须有价值。作为研究课题，首先必须具有重要的理论和实践价值。不仅具有好的学术效益、理论价值，而且有高的社会效益、应用价值。一个好的课题，不仅具有好的内部价值，而且有好的外部价值。（2）选题必须有科学的现实性。（3）选题必须明确具体。选定的研究问题一定要具体、适度，研究范围要明确界定，宜小不宜大，所含的研究问题要明晰，不能太笼统。（4）选题必须新颖，有独创性。（5）选题必须有可行性。

考点 2 教育文献检索与综述

1. 教育文献的类型

按文献的处理、加工程度,可将教育文献分为一次文献、二次文献和三次文献。

表1-18 一次文献、二次文献和三次文献

类型	含义	典例
一次文献	以作者本人的实践为依据而创作的原始文献,是直接记录事件经过、研究成果、新知识、新技术的文献	专著、论文、调查报告、档案材料等
二次文献	对原始文献加工、整理,使之系统化、条理化的检索性文献	题录、书目、索引、提要和文摘等
三次文献	在利用二次文献的基础上对某个范围内的一次文献进行广泛深入的分析研究之后,综合浓缩而成的参考性文献	动态综述、专题述评、数据手册、年度百科大全以及专题研究报告等

此外,按文献的社会属性来分,可分为政治文献、军事文献、经济文献、教育文献等;按文献的记录形态(载体)分,可分为印刷型、缩微型、视听型(也称为"视听资料"或"声像资料")、机读型、网络型文献。

2. 教育文献检索

在教育研究过程中,文献检索是必不可少的步骤,它贯穿研究的全过程。查阅文献资料的途径有很多,既可利用目录、索引、文摘等检索工具进行,也可利用联机检索、光盘检索、上网检索等计算机检索方法进行。其中,网络检索是查阅资料最快捷的方法。

文献检索的基本方法包括顺查法、逆查法、引文查找法、综合查找法。

3. 教育文献综述

对于比较正规的教育科研或较大研究课题来说,完成文献资料的阅览之后,还要撰写文献资料综述,也就是在对文献进行整理、阅读、思考、分析、综合、概括的基础上,用自己的语言将与研究课题有关的文献内容叙述出来,在叙述的同时可以根据需要进行评论。

考点 3 制订研究计划

制订研究计划,需要做好几个方面的工作:(1)确定研究类型和方法;(2)选择研究对象;(3)分析研究变量;(4)形成研究方案。

考点 4 教育研究资料的收集、整理与分析

(1)收集研究资料。收集研究资料是指研究者在实施研究计划过程中所得到的现实资料。收集资料是研究的主要任务和研究基础。

(2)整理研究资料。资料整理是根据调查、研究的目的,对收集和调查研究所得的资料进行科学的审核、分类、汇总和再加工的过程。

(3)分析研究资料。资料分析的基本步骤:阅读资料—筛选资料—解释资料。

考点 5 教育研究论文与报告的撰写

研究论文是对某一问题进行探讨、研究后写出的具有自己独到见解的研究文章,是研究成果的书

面表达形式。人们通常把表达科学研究成果的学术性文章称为研究论文。研究论文可分为两大类：(1)实证性的研究报告,其主要形式有实验报告、调查报告、观察报告等;(2)理论性的学术论文,常见的形式有案例、综述、述评、理论性的论文等。一般学术论文的结构由题目、署名、摘要和关键词、正文、注释(或参考文献)五个部分组成。

> **记忆有妙招**
>
> 为方便考生记忆,编者将教育研究的基本过程总结成以下口诀:
> **一选二检三制订,整理分析写报告。**

真题3 [2024山东济南,单选]教师能够以研究的态度和行为来对待教育教学工作,其意义重大。教师教育研究的起始环节是(　　)

A. 教育研究设计　　　　　　　　B. 选择研究课题
C. 文献资料检索　　　　　　　　D. 理论构思

真题4 [2023安徽蚌埠,多选]好的教育研究课题必须具有(　　)价值。

A. 理论　　　B. 实践　　　C. 内部　　　D. 外部
E. 个人

答案:3. B　4. ABCD

六、教育研究方法

教育研究方法就是人们在进行教育研究中所采取的步骤、手段和方法的总称。

考点 1 · 常用的教育研究方法 ★★ 【单选、多选、判断】

1. 观察研究法

(1)观察研究法的概念

观察研究法是指人们有目的、有计划地通过感官和辅助仪器,对处于自然状态下的客观事物进行系统考察,从而获取经验事实的一种科学研究方法。观察研究法是教育科学研究广泛使用的一种方法。

观察研究法不限于肉眼观察、耳听手记,还可以利用视听工具,如录音机、录像机、电影机等作为手段。

(2)观察研究法的类型

表1-19　观察研究法的类型

分类依据	类型	特点
观察的情境条件	自然情境中的观察	能收集到客观真实的材料,但材料往往是观察对象的外部行为表现
	实验室的观察	有严密的计划,有详细的观察指标体系,对观察情境有较严格的要求
观察的方式	直接观察	凭借人的感官,在现场直接对观察对象进行感知和描述
	间接观察	利用一定的仪器或其他技术手段为中介对观察对象进行的观察
观察者是否直接参与被观察者所从事的活动	参与性观察	研究者直接参与到所观察者的群体和活动当中去,不暴露研究者的真正身份,在参与活动中进行隐蔽性的研究观察
	非参与性观察	不要求研究人员站到与被观察者同一地位上,而是以"旁观者"的身份,采取公开或秘密的方式进行观察

续表

分类依据	类型	特点
观察实施的方法	结构式观察	有明确目标、问题和范围，有详细的观察计划、步骤和合理设计的可控性观察
	非结构式观察	对研究问题的范围目标采取弹性的态度，观察内容项目与观察步骤不预先确定，也无具体记录要求的非控制性观察

(3)观察研究法的优缺点

优点：①可以在自然状态下获取教育事实数据；②不干扰观察对象的自然表现，可以获得客观、真实的数据；③可以对同一观察对象进行较长时间的跟踪研究。

缺点：①取样小，观察研究法一般限于小样本的研究；②所获材料具有一定的表面性；③观察缺乏控制，不能说明所观察到现象的因果关系。

2. 调查研究法

(1)调查研究法的概念

调查研究法是在教育理论指导下，通过运用观察、列表、问卷、访谈、个案研究及测验等方式，收集教育问题的资料，从而对教育的现状做出科学分析，并提出具体工作建议的一整套实践活动。

在教育调查研究中，常用的调查方法有查阅资料、问卷法、开调查会、访谈法和调查表法，其中最基本、使用最广泛的方法是问卷调查。

(2)调查研究法的类型

①依据调查的目的，可分为历史调查、现状调查、发展调查、常规调查、相关调查和原因调查等；②依据调查的性质，可分为事实调查和意见调查；③依据调查的范围，可分为综合调查和专题调查；④依据调查的对象，可分为全面调查、重点调查、抽样调查和个案调查；⑤依据调查的内容，可分为科学性的典型调查、反馈性的普遍调查和预测性的抽样调查。需要注意的是，在进行抽样调查时，我们强调样本容量必须足够大，并不等于说样本容量越大越好。

(3)调查研究法的优缺点

最突出的优点：可以深入了解教育现状，发现问题，弄清事实，为教育行政部门制定教育政策、教育规划以及为教育改革提供事实依据。

局限性：调查往往只是表面的，难以确定其因果关系；调查的成功往往取决于被调查者的合作态度，更多地受制于研究对象；调查的可靠性有一定限制，调查者的主观倾向、态度都有可能影响被调查者，使调查的客观性降低。

3. 实验研究法

(1)实验研究法的概念

实验研究法是根据研究目的，运用一定的人为手段，主动干预或控制研究对象的发生、发展过程，通过观察、测量、比较等方式探索、验证所研究现象因果关系的研究方法。

实验研究的目的是发现事物间的因果关系，是各类研究中唯一能确定因果关系的研究。

(2)实验研究法的性质

①教育实验必须要有一个理论假说；②实验的根本目的在于揭示变量之间的因果关系；③实验必须控制某些条件；④真正的科学的实验是可以重复验证实验结果的。

(3)实验研究法的类型

①按照实验研究的目的,可分为探索性实验、验证性实验和改造性实验;②根据对实验的控制程度,可分为前实验、准实验和真实验;③根据实验环境的不同,可分为实验室实验和自然实验;④根据分配方法,可分为等组实验、单组实验和轮组实验;⑤根据自变量因素的多少,可分为单因素实验和多因素实验。

(4)实验研究法的优缺点

优点:①能确立因果关系,认识事物的本质和规律;②研究结果客观、准确、可靠;③能对变量进行控制,提高研究的信度;④能为理论的构建提供佐证和说明;⑤能将实验变量和其他变量的影响分离开来;⑥严密的逻辑性是其他研究方法难以比拟的。

缺点:①应用范围有限,有些问题难以用实验的方法来解决;②可能会有人为造作的痕迹,实验的结果不一定就是现实的结果,缺乏生态效应等。

4.个案研究法

(1)个案研究法的概念

个案研究法是指对单一对象的某个或某些方面进行广泛深入研究的方法。它是当今教育研究中运用广泛的定性研究方法,也是描述性研究和实地调查的一种具体方法。其任务是揭示研究对象形成、变化的特点和规律,以及影响个案发展变化的各种因素,并提出相应的对策。

(2)个案研究法的优缺点

优点:能生动地描述过程、形象地展示个案,这是定量统计难以做到的。

缺点:①研究结论的主观性较强;②常常会遇到伦理道德问题;③个案研究成果的推广性有限;④对研究人员的语言技能、洞察力有较高要求。

5.比较法

比较法是根据一定的标准,对不同国家的教育制度、教育理论或教育实践进行比较研究,找出各国教育的特殊规律和普遍规律的研究方法。

真题5 [2023湖北武汉,单选]( )是指教育研究者以旁观者的身份进行观察,这种观察易限于表面,难以获得深层次的材料。

A. 结构式观察　　　　　　　　B. 参与性观察
C. 非结构式观察　　　　　　　D. 非参与性观察

真题6 [2023内蒙古巴彦淖尔,单选]对单一对象的某个或某些方面进行广泛深入研究的方法是( )

A. 个案法　　B. 调查法　　C. 测验法　　D. 实验法

答案:5. D　6. A

考点 2 ▶ 新兴的教育研究方法 ★★ 【单选、多选、判断、简答】

1.行动研究法

一般认为,美国社会心理学家科特·勒温是行动研究的开创者,被人们称为"行动研究之父"。

(1)行动研究法的概念

行动研究是指实际工作者(如教师)基于解决实际问题的需要,与专家、学者及本单位的成员共同合作,将实际问题作为研究的主题,进行系统的研究,以解决实际问题的一种研究方法。

也有说法认为,行动研究是一种由实际工作者在现实情境中自主进行的反思性探索,并以解决工作情境中特定的实际问题为主要目的,强调研究与活动的一体化,使实际工作者在工作过程中学习、思考、尝试和解决问题。

(2)行动研究法的特点

教育行动研究的特点可以概括为"为教育行动而研究""在教育行动中研究""由教育行动者研究"。①"为教育行动而研究"指出了教育研究的目的,行动研究以提高行动质量、解决实际问题为首要目标;②"在教育行动中研究"指出了研究的情境和研究的方式,行动研究以行动过程与研究过程的结合为主要表现形式;③"由教育行动者研究"指出了教育行动研究的主体是实际工作者,主要是教师。

(3)行动研究法的步骤

行动研究法的基本过程大致分为循序渐进的四个环节:计划、行动、考察和反思。

(4)行动研究法的优缺点

优点:灵活,能适时做出反馈与调整;能将理论研究与实践问题结合起来;对解决实际问题有效。

缺点:研究过程松散、随意,缺乏系统性,影响研究的可靠性;研究样本受具体情境的限制,缺少控制,影响研究的代表性。

·知识再拔高·

教师提高教学研究技能的途径

教师提高教学研究技能的途径有三种:阅读,即教师自己阅读有关教学理论和教学研究方法的论著;合作,即与大学或研究机构的教学研究专家合作进行实验研究;行动研究,即教师针对实际问题自己思考解决问题的办法。这三种方式之中,实际上以"研究"最有实效。教师通过自主的研究才能唤起阅读的需要和合作的兴趣。

---

2. 质性研究法

质性研究法也称为"实地研究法"或"参与观察法",它是基于经验和直觉的研究方法,以研究者本人作为研究工具,凭借研究者自身的洞察力,在与研究对象的互动中理解和解释其行为和意义建构。质性研究实际上并不是一种方法,而是许多不同研究方法的统称。质性研究最早起源于人类学、社会学、民俗学等学科,近年来逐渐应用于教育领域,它的总体特征可以概括为一种归纳的、描述的、现场参与的研究方法。

3. 教育叙事研究

叙事研究是抓住人类经验的故事性特征进行研究并用故事的形式呈现研究结果的一种研究方式。它所关注的是在一定的场景和实践中所发生的故事,以及主人公是如何思考、筹划、应对、感受、理解这些故事的。即教育主体叙述教育教学中的真实情境的过程,是通过讲述教育故事,体悟教育真谛的一种研究方法。教育叙事研究并非为讲故事而讲故事,而是通过教育叙事展开对现象的思索,对问题的研究,是一个将客观的过程、真实的体验、主观的阐释有机融为一体的教育经验的发现和揭示过程。

4. 教育随笔

教育随笔就是谈教育思想观点的随笔,也可以说"教育心得",主要是写教育过程中某一点体会的心得。教育随笔的主要特点是短小精悍、取材广泛、迅速及时。

真题7 [2022广东梅州,单选](　　)是指教师在现实教育教学情境中自主进行反思性探索,并以解决工作情境中特定的实际问题为主要目的的教育研究方法。

A. 调查法　　　　　　　　　　　　B. 实验法
C. 教育行动研究　　　　　　　　　D. 教育叙事研究

答案:C

七、校本教研 ★ 【单选】

考点 1 ▶ 校本教研的概念

校本教研(又称校本研究)是以校为本的教学研究的简称,指以学校自身条件为基础,以学校校长、教师为主力军,针对学校现实存在的问题而开展的有计划的研究活动。它与传统教育的最大区别是研究的重心下移到学校,是一种"从学校中来,到学校中去"的研究活动。

考点 2 ▶ 校本教研的特点

1. 校本教研是一种实践研究

教学研究可以分为理论研究与实践研究。理论研究的着眼点是揭示教学规律、深化教学认识;实践研究的着眼点是解决教学问题、改善教学实践。理论研究回答的是"是什么""为什么",实践研究回答的是"做什么""怎么做"。显然,校本教研是一种教学实践研究。

2. 校本教研以校为基础和前提

以校为本的基本内涵是:

(1)为了学校。一切为了学校的发展,为了学校教育能力和教育精神的建设,为了学校文化的提升。

(2)在学校中。学校的发展只能在学校中进行,只有植根于学校的生活、贯穿于教学的过程,并被所有教师所认同、所追求的改革才能沉淀为学校的血肉、传统和文化。

(3)基于学校。学校发展的主体力量是校长和教师。要相信校长和教师的创造潜能,充分发挥他们的主观能动性,引导他们从学校实际出发,规划学校、发展学校。

考点 3 ▶ 校本教研的基本理念和基本要素

1. 校本教研的基本理念

(1)学校是校本教研的主阵地;(2)教师是校本教研的主体;(3)解决教学的实际问题是校本教研的核心。

2. 校本教研的基本要素

(1)自我反思。自我反思被认为是教师专业发展和自我成长的核心因素,是开展校本研究的基础和前提。

(2)同伴互助。同伴互助的实质是教师作为专业人员之间的交往、互动与合作,其基本形式有三种:对话、协作、帮助。

(3)专业引领。专业引领就其实质而言,是理论对实践的指导,是理论与实践之间的对话,是理论与实践关系的重建。

自我反思、同伴互助、专业引领三者具有相对独立性,同时又是相辅相成、相互补充、相互渗透、相互促进的关系。

真题8 [2022河南新乡,单选](　　)被认为是教师专业发展和自我成长的核心因素,是开展校本研究的基础和前提。

A. 自我批评　　　　　　　　　　B. 自我反思
C. 终身学习　　　　　　　　　　D. 自我认识

答案:B

★ 本节核心考点回顾 ★

1. 教育研究的基本原则
(1)客观性原则。它是科研工作者应遵循的基本原则。
(2)创新性原则。
(3)理论联系实际原则。
(4)伦理原则。具体包括自愿原则、匿名原则、保密原则和无害原则。

2. 教育研究的基本过程
(1)选择研究课题。选择和确定研究课题是进行教育研究的第一步,并且是关键性的一步。
(2)教育文献检索与综述。文献检索贯穿研究的全过程。
(3)制订研究计划。
(4)教育研究资料的收集、整理与分析。
(5)教育研究论文与报告的撰写。

第二章　教育的基本规律

本章学习指南

一、考情概况

本章属于教育学的基础章节,内容结构清晰,需要理解和掌握的知识较多,考生可带着以下学习目标进行备考:

1. 掌握并区分教育的社会制约性及教育的社会功能的表现。
2. 理解教育的相对独立性的内涵及表现。
3. 理解并区分内发论与外铄论的主要代表人物及其观点。
4. 掌握影响个体身心发展的主要因素及其作用。
5. 掌握个体身心发展的规律的概念及教育要求。

二、考点地图

考点	年份/地区/题型
社会政治经济制度对教育发展的影响和制约	2024广东单选;2024安徽单选;2024四川单选;2024福建多选;2022河南单选
生产力对教育发展的影响和制约	2024河南多选;2024安徽判断;2023山东单选;2023江苏判断;2023浙江辨析、简答
教育的政治功能	2024浙江判断;2023河北单选;2023河南单选;2023广东单选
教育的文化功能	2024江苏单选;2024四川单选;2024天津单选;2024安徽多选;2024广东判断;2024天津论述;2023河北单选;2022广西单选
教育的相对独立性	2024河北单选;2024安徽判断;2024江苏辨析
内发论与外铄论	2024天津单选;2024安徽判断;2023河南单选;2023黑龙江多选;2022安徽单选
影响个体身心发展的主要因素	2024贵州单选;2024河北单选;2024广东单选;2024四川单选、判断;2024浙江多选;2024江苏判断、简答;2024安徽判断、简答;2024福建辨析;2024天津辨析
个体身心发展的规律	2024河南单选;2024江苏单选;2024安徽单选;2024河北单选;2024天津单选;2024广东单选、判断;2023江苏填空;2022贵州简答

注:上述表格仅呈现重要考点的相关考情。

核心考点

第一节　教育与社会发展

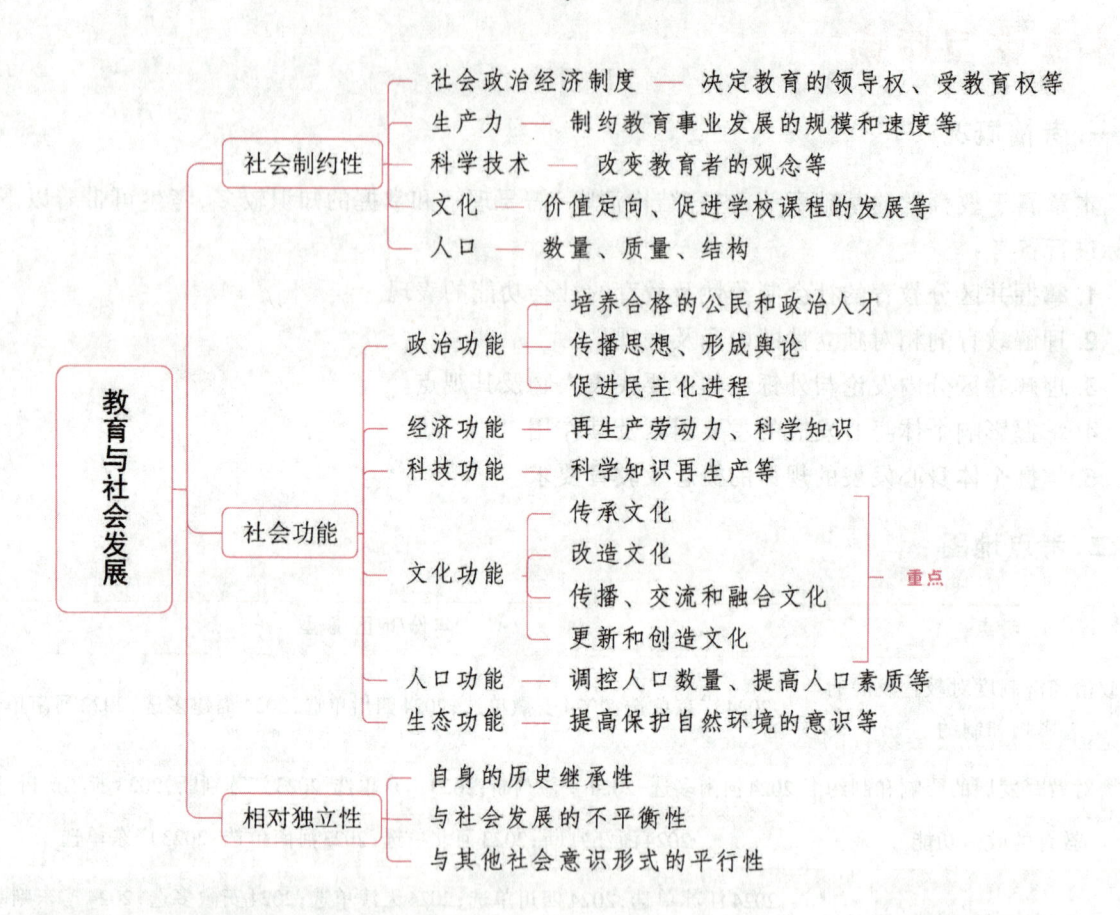

```
              ┌─ 社会政治经济制度 ── 决定教育的领导权、受教育权等
              │  生产力 ── 制约教育事业发展的规模和速度等
    社会制约性 ┤  科学技术 ── 改变教育者的观念等
              │  文化 ── 价值定向、促进学校课程的发展等
              └─ 人口 ── 数量、质量、结构

              ┌─ 政治功能 ┬─ 培养合格的公民和政治人才
              │          ├─ 传播思想、形成舆论
              │          └─ 促进民主化进程
教育           │  经济功能 ── 再生产劳动力、科学知识
与   社会功能 ┤  科技功能 ── 科学知识再生产等
社             │           ┌─ 传承文化
会             │  文化功能 ├─ 改造文化            重点
发             │           ├─ 传播、交流和融合文化
展             │           └─ 更新和创造文化
              │  人口功能 ── 调控人口数量、提高人口素质等
              └─ 生态功能 ── 提高保护自然环境的意识等

              ┌─ 自身的历史继承性
    相对独立性 ┤  与社会发展的不平衡性
              └─ 与其他社会意识形式的平行性
```

一、教育与社会关系的主要理论　★【单选、判断】

考点 1 ▶ **教育万能论**

教育万能论的代表人物有英国的洛克、德国的康德、美国的华生、法国的爱尔维修等。主要观点包括：(1)教育对人的成长起决定作用；(2)人的才智差别源于人所处的不同环境和受到的不同教育。常见的观点有"人受了什么样的教育，就成为什么样的人""教育是包括自然环境和社会环境等一切生活条件的总和"等。这种观点认为人完全是教育的产物，片面地夸大了教育在人的发展中的作用。

考点 2 ▶ **教育独立论**

教育独立论的主要代表人物是中国近代教育家蔡元培。这是主张教育超越于政党斗争和宗教教派斗争而处于独立地位的教育观点，发端于五四运动前，为解决教育经费而提出。

考点 3 ▶ **人力资本理论**

人力资本理论的主要代表人物是美国的经济学家西奥多·舒尔茨。舒尔茨提出人力资本理论，指出全面的资本概念应该包括物力资本和人力资本。所谓人力资本，是指体现在人身上的资本，是对生产者进行教育、培训等支出及其接受教育的机会成本等的总和,以人的劳动能力的高低和可使用程度作为衡量依据。舒尔茨还提出了人力资本收益测算法,强调了教育及教育投资对国民经济增长的贡献率,将教育作为促进经济增长、发展社会经济的重要支撑点。

人力资本理论的主要观点包括:(1)经济增长的源泉是人力资本的积累;(2)教育使社会分配趋于平等。倡导该理论的学者尤其重视教育投资的作用,认为教育不仅是一种消费活动,也是一种投资活动,而且能够提高劳动生产率,促进经济发展,带来社会经济效益。

考点 4 ▶ 筛选假设理论(文凭理论)

筛选假设理论的代表人物有迈克尔·斯潘斯和思罗等。该理论视教育为一种筛选装置,以帮助雇主识别不同能力的求职者,并将他们安置到不同的职业岗位上。筛选假设理论强调教育的信号本质,强调筛选作用为教育的主要经济价值。筛选假设理论和人力资本理论都认为求职者的教育程度与工资水平呈正相关。

考点 5 ▶ 劳动力市场理论(劳动力市场划分理论)

劳动力市场理论的代表人物为皮奥里、多林格等。该理论认为劳动力市场可以划分为主要劳动力市场和次要劳动力市场。在主要劳动力市场的劳动力受教育水平是比较高的,受教育程度与工资水平的正比例关系基本上是成立的。相反,在次要劳动力市场,劳动力受教育水平是比较低的,受教育程度与工资水平的正比例关系是不成立的。

真题1 [2023河北唐山,单选]教育兴则国家兴,教育强则国家强,当今世界各国的竞争主要是科技的竞争,归根到底是教育的竞争,许多国家推行"教育先行"改革政策,以促进国民经济快速发展,这种政策的理论基础是(　　)

A.人力资本理论　　　　　　　　B.劳动力市场理论
C.教育万能理论　　　　　　　　D.筛选假设理论

真题2 [2023辽宁锦州,单选]教育是帮助雇主识别不同能力的求职者,将他们安置到不同职业岗位上的装置。这体现了(　　)的观点。

A.人力资本论　　　　　　　　　B.教育万能论
C.筛选假设理论　　　　　　　　D.人力资源市场理论

答案:1. A　2. C

二、教育的社会制约性 ★★★ 【单选、多选、判断、辨析、简答】

考点 1 ▶ 社会政治经济制度对教育发展的影响和制约

社会政治经济制度决定教育的性质。在同一政治经济制度下,各国的教育虽然也有差异,但其本质属性是相同的。

1.社会政治经济制度决定教育的领导权

在人类社会中,谁掌握了生产资料的所有权,谁就掌握了国家政权,谁就能控制精神产品的生产,谁就能控制学校教育的领导权。社会中占统治地位的阶级,总是通过对教育方针政策的颁布、教育目的的制定、教育经费的分配、教育内容特别是意识形态教育内容的规定、教师和教育行政人员的任命聘用等,实现对教育领导权的控制。

2. 社会政治经济制度决定受教育权

在阶级社会中,统治阶级总是要采取种种直接或间接的手段,决定和影响受教育权在社会中的分配,决定谁享有受学校教育的权利,谁无享受学校教育的权利,谁有受什么样学校教育的权利等问题。在阶级社会中,"超阶级""超政治"的教育是不存在的。

3. 社会政治经济制度决定教育目的

政治经济制度尤其是政治制度是直接决定教育目的的因素。教育的根本任务是培养人,可以说,在一定社会中,培养具有什么政治方向和思想观念的人,是由政治经济制度决定的。

4. 社会政治经济制度决定着教育内容的取舍

不同政治经济制度的社会具有不同的政治方向、思想意识和主流文化,并且不同的政治经济制度要求培养具有不同政治立场和思想意识的人,这自然要求传递不同的教育内容,特别是思想道德方面的内容。

5. 社会政治经济制度决定着教育体制

教育体制是一个国家配合政治、经济、科技体制而确定下来的学校办学形式、层次结构、组织管理等相对稳定的运行模式和规定。任何一个国家的教育体制都不存在固定僵化的模式,要随着政治体制、经济体制的变革而变革。

6. 社会政治经济制度制约教育的改革与发展

在推动教育改革和发展的动力因素中,政治经济制度起着直接的推动作用。一方面,社会形态的更替、政体的变迁与社会革命,都将直接引发教育的巨大变革与发展。另一方面,在社会其他因素引发的教育改革与发展中,政治经济制度仍然发挥着特殊的作用。

7. 教育相对独立于政治经济制度

尽管政治经济制度对教育有着巨大的影响和制约作用,但教育也具有自身的规律,有自己的相对独立性。这就意味着学校不可以忽视自身的办学规律,不能放弃学校教育任务而直接为政治经济制度服务。

真题3 [2024广东佛山,单选]在古代社会里,能够享受学校教育的只能是一部分有特权的人,其余的人都被排斥在学校体系之外,接受一些粗浅的生活教育或师徒式的教育。这说明教育受到(　　)的制约。

A. 经济　　　　B. 政治　　　　C. 文化　　　　D. 生态

答案:B

考点 2 · 生产力对教育发展的影响和制约

教育要为社会培养人才。社会生产力对教育的制约和促进,主要体现在对人的培养的制约和促进上。

1. 生产力的发展水平制约着教育事业发展的规模和速度

教育事业发展的规模和速度,一方面为一定阶级的利益和要求所制约,但同时也不可否认,生产力发展水平对教育事业发展的规模和速度具有直接的影响和最终的决定作用。因为办教育需要一定的人力、物力和财力,办多少学校,有多少人受教育,必须有一定的物质条件作保证。

2. 生产力的发展水平制约着人才培养的规格和教育结构

培养什么样的人，既受制于政治经济制度，也与生产力发展的水平有密切的联系。生产力发展的水平对培养人的规格，提出了一定的要求，要求受教育者必须具有某种程度的文化水平和生产所需要的知识技术。生产力的发展也必然引起教育结构的变化，设立什么样的学校，开设什么样的专业，各级各类学校之间的比例如何，各种专业之间的比例如何，都受生产力发展的水平和产业结构所制约。

3. 生产力发展水平制约着课程设置和教学内容的改革

学校课程的开设以及教学内容的选择，一方面为政治经济所决定，另一方面也被生产力所制约。生产力的发展，促进科学知识不断地积累、分化和发展，给课程的设置和教学内容的改革与充实提供了可能的条件，并要求教学内容做相应的改变。例如，在14世纪以前，学校教育的自然科学课程，一般只有算术、几何、天文等学科；14~16世纪，增加了地理和力学；17世纪以后，又增加了代数、三角、物理、化学、动物、植物等学科。随着现代科学技术的发展，量子物理、电子计算机、遗传工程、海底开发等新兴科学技术，逐渐纳入了学校的课程。

4. 生产力发展水平制约着教学的方法、手段和组织形式

从原始社会的口耳相传到现代多媒体技术的运用，从个别教学到班级授课制，教学方法、手段和组织形式的变革与社会生产力发展水平密切联系。

> **知识再拔高**
>
> **生产力对教育发展的影响的其他说法**
>
> （1）生产力发展水平影响教育发展的规模和速度。（2）生产力发展水平影响教育目的。教育必须依照生产力发展带来的劳动分工结构变化来确定教育目标，培养与生产力发展水平相适应的不同质量和规格的人才。（3）生产力发展影响课程设置及内容选择。（4）生产力发展影响教学方法、手段及组织形式。

真题4 ［2024安徽合肥/淮北/铜陵，判断］一定社会的政治制度决定着教育目的的性质，生产力的发展水平决定着人才培养的质量规格。（ ）

答案：√

考点 3 ▶ 科学技术对教育发展的影响和制约

现代教育发展的根本动因是科技进步。科学技术对教育的影响，首先表现为对教育的动力作用。具体地说，科学技术对教育的作用表现如下：

1. 科学技术能够改变教育者的观念

科技发展水平决定了教育者的知识水平和知识结构，影响到他们对教育内容、方法的选择和运用，也会影响到他们对教育规律的认识和教育过程中教育机制的设定。

2. 科学技术能够影响受教育者的数量和教育质量

一方面，科技的发展及其在教育上的广泛运用，使教育对象得以扩大；另一方面，科技的发展正日益揭示出教育对象的身心发展规律，从而使教育活动遵循这种规律，提高了教育质量。此外，科学技术的每次革新都极大地促进了受教育者数量的增长和教育质量的提高。

3.科学技术能够影响教育的内容、方法和手段

科学技术可以渗透到教育活动的所有环节中去,为教育技术的更新和发展提供各种必要的思想基础和技术条件。科技的发展促使教学内容不断更新、课程体系不断变化。同时,随着科学技术的迅猛发展,教育的方法和手段也得以改进。

• 知识再拔高 •

传统学校教育和网络教育的区别

类别	传统学校教育	网络教育
形式	"金字塔形"的等级制教育	"平等的"开放式教育
优劣标准	依据掌握在他人手中的"筛选制度"	依据掌握在自己手中的"兴趣选择"
年龄段	较严格意义上的"年龄段教育"	"跨年龄段教育"或"无年龄段教育"
时空限制	存在着时空限制	跨时空的教育

真题5 [2024安徽统考,单选]关于科学技术对教育的作用,以下表述不正确的是(　　)

A.科学技术是制定教育战略和教育目的的理论基础
B.科学技术能改变教育者的观念
C.科学技术能够影响受教育者的数量和教育质量
D.科学技术为教育技术的更新和发展提供技术条件

答案: A

考点 4 ▸ 文化对教育发展的影响和制约

从广义上说,教育是文化的一部分,但教育又是一种非常特殊的文化,因为教育既是文化的构成体,又是文化的传递、深化与提升的手段。这就是教育的<u>双重文化属性</u>。

1.文化对教育具有价值定向作用

不同的教育在很大程度上是由不同的文化价值观支配和决定的。一个社会的教育是以保存或传承现有文化成果作为主要的、甚至是唯一的价值取向,还是在继承现有文化的同时致力于传统文化的转型并创造新文化,取决于社会总体的文化价值观。

2.文化发展促进学校课程的发展

文化对课程的影响主要体现在两个方面:(1)课程内容的丰富;(2)课程结构的更新。课程的发展不是随文化变迁而自发更新嬗变的过程,而是有意识地创造性转换的过程。

3.文化影响教育目的的确立

教育目的的确立,除了取决于社会政治经济制度和生产力发展水平以外,还受文化的影响。例如,我国古代社会的主流文化是以儒学为核心的伦理型文化,这种文化反映在人才培养上,就强调教育目的是"在明明德,在亲民,在止于至善"。

4.文化影响教育内容的选择

教育的内容就是人类的文化,不同时期的文化和不同国家与民族的文化,影响着教育内容的不同选择。

5.文化影响着教育教学方法的使用

不同的文化影响着人们对知识及其来源的认识,在教育上影响着人们对师生关系的认识,由此决

定了人们对教育教学方法的不同应用。

真题6 [2022广东广州,单选]受我国传统儒家文化思想的影响,在对待事物方面提倡不偏不倚的"中庸之道";在对待人才培养方面,强调"在明明德,在亲民,在止于至善"的教育纲领。这说明文化主要影响着（　　）
A. 教育目的的确立　　　　　　　　B. 价值取向的选择
C. 教学手段的使用　　　　　　　　D. 教育思想的更新
答案：A

考点 5 ▶ 人口对教育发展的影响和制约

1. 人口数量对教育发展的影响和制约
（1）一定的人口数量及其增长率影响着教育事业发展的规模和速度；（2）人口增长还影响和制约着教育发展战略目标的实现和战略重点的选择。

2. 人口质量对教育发展的影响和制约
人口质量对教育的影响和制约表现为直接和间接两方面：（1）直接影响是指入学者已有的水平对教育质量的总影响；（2）间接影响是指年长一代人口质量影响新生一代人口质量,从而影响以新生一代为对象的学校的教育质量。

3. 人口结构对教育发展的影响和制约
（1）人口年龄结构制约着教育发展。一般来说,有什么样的人口年龄结构就会有什么样的教育结构。例如,在人口的年龄结构中,学龄人口的基数大、比重大,中小学等基础教育在教育体系中的比重就自然会提高。相反,如果成人人口比重大,教育的重心就会转移到成人教育上。

（2）人口就业结构制约着教育发展。人口的就业状况取决于一定地区的生产力发展水平,特别是产业结构和技术结构,但它又必然会对教育发展产生影响。

三、教育的社会功能 ★★★ 【单选、多选、判断、简答、论述】

教育主要是通过培养人来实现其社会功能的,教育的这一根本性特征使教育的社会功能具有间接性、隐含性、潜在性、迟效性、超前性的特点。需要指出的是,教育对社会发展的促进功能是有限度的。教育的社会功能大小除了取决于教育自身,还受到社会各种条件的影响。换言之,教育只能在社会发展允许和需要的范围内发挥其社会功能。

考点 1 ▶ 教育的政治功能

教育受到政治经济制度的制约,同时又对政治经济制度有维护、巩固和加强的作用。

1. 教育通过培养合格的公民和政治人才为政治服务
教育通过人才的培养,服务于社会的政治,维护统治阶级的利益,这是教育发挥政治功能的一个最基本的途径。这主要有两个方面：一是对广大人民进行政治和意识形态教育,促使他们的政治社会化,并成为社会所需要的合格公民；二是培养政治人才,以补充社会管理层的需要,直接参与统治阶级的管理,执行统治阶级的意志,为统治阶级服务。

2. 教育通过传播思想、形成舆论作用于一定的政治经济制度
教育特别是学校教育,不仅向学生传播、灌输一定的政治思想意识,而且通过在校师生的言论行动、学校的教材和刊物向社会宣传一定的思想意识,制造社会舆论,借以影响群众,影响社会的风俗习惯和道德面貌等,为一定的政治经济服务,起着巩固现有政治经济制度的作用。

3. 教育促进民主化进程,但对政治经济制度不起决定作用

首先,一个国家的民主程度直接取决于一个国家的政体,但又间接取决于这个国家人民的文化程度和教育事业发展的程度,一个国家普及教育的程度越高,人的知识越丰富,就越能增强人民的权利意识,认识民主的价值,推崇民主的政策,推动政治的改革和进步。

其次,教育对社会政治经济制度起着巨大的影响作用,但不是决定作用。社会政治经济制度发展的根本动力是生产力与生产关系的矛盾运动,教育在这种矛盾运动中只起加速或延缓作用,而不起决定作用。

> **• 知识再拔高 •**
>
> **教育的政治功能的其他说法**
>
> (1)维系社会政治稳定。作为一种复杂的社会实践活动,教育的首要政治功能表现在它对维护社会政治稳定发挥着十分重要的作用。《礼记·学记》中就曾明确提出,"古之王者,建国君民,教学为先",这就充分表明教育是"化民成俗",是治国安邦的关键,而这正是教育的基本功能所在。教育维系社会政治稳定主要通过为社会培养各种政治人才、培养具有一定政治素质的社会公民、宣传统治阶级思想、制造一定社会舆论等方面来实现。(2)提高社会政治文明水平。(3)促进社会政治变革。(4)培养社会政治人才。

真题7 [2023河北衡水,单选]"五四运动"和"一二·九运动"都是发端于学校,再扩展到社会,进而形成全国性的政治活动。这体现了教育的( )功能。

A. 文化 B. 经济 C. 生态 D. 政治

真题8 [2023河南信阳,单选]《礼记·学记》中指出,"古之王者,建国君民,教学为先",这体现了教育的( )功能。

A. 维系社会政治稳定 B. 促进社会政治变革
C. 促进经济增长 D. 提高劳动者素质

真题9 [2024浙江金华,判断]教育决定政治经济制度。( )

答案:7. D 8. A 9. ×

考点 2 ▶ 教育的经济功能

这里论述的教育的经济功能,主要是体现在教育对社会生产力的促进作用中的,具体表现为以下几点:

1. 教育再生产劳动力

劳动力的质量和数量是生产力发展的重要条件,教育承担着再生产劳动力的重任。教育再生产劳动力具体体现在:

(1)教育使潜在的生产力转化为现实的生产力;

(2)教育可以提高劳动力的质量和素质,使之获得一定劳动部门认可的技能和技巧,成为发达的和专门的劳动力;

(3)教育可以改变劳动力的形态,把一个简单劳动力训练成一个复杂劳动力,把一个体力劳动者培养成一个脑力劳动者;

(4)教育可以使劳动力得到全面发展,提高劳动转换能力,摆脱现代分工对每个人造成的片面性。

2. 教育再生产科学知识

科学知识是第一生产力,但是科学知识在未用于生产前只是一种意识形态的或潜在的生产力。必须通过教育才能把前人积累的科学知识传递给年青一代,把潜在的生产力转化为现实的生产力。所以,教育是实现科学知识再生产的重要手段。教育再生产科学知识具体表现在:

(1)教育可以高效能地扩大科学知识的再生产,使原来为少数人所掌握的科学知识在较短的时间内为更多的人所掌握,从而提高劳动生产效率,促进生产力的发展;

(2)教育担负着发展科学、再生产科学的任务,这在高校表现得尤为明显。

真题10 [2022湖南长沙,单选]教育能够通过培养各个层次、各个类型的劳动者和专门人才,强有力地推动社会生产力的发展,提高劳动生产率,进而产生巨大的经济效益。这主要体现了教育的( )功能。

A. 生态　　　　　B. 政治　　　　　C. 文化　　　　　D. 经济

答案:D

考点 3 教育的科技功能

1. 教育能完成科学知识的再生产

教育对科学创造的成果加以合理的加工和编排,传授给更多的人,尤其是传授给年青一代,使他们能够掌握前人创造的科学成果,为进行科学知识的再生产打下基础。

2. 教育推进科学的体制化

科学的体制化是指出现职业的科学家以及专门的科研机构去开展科学研究。只有在教育高度发达的情况下,才会出现科学的体制化。

3. 教育具有科学研究的功能

教育者在传播科学知识的同时,也直接从事科研工作,这在高校里尤为突出。

4. 教育促进科研技术成果的开发利用

科学技术在教育上的应用,丰富了科学技术的活动,能扩大科学技术的成果。

考点 4 教育的文化功能

1. 教育能够传承文化

教育是文化传承的主要手段。教育传承文化的功能有三种主要表现形式:传递、保存、活化。

(1)教育可以传递和保存文化

教育是文化传递和保存最为基本和最为有效的手段。随着社会的不断发展,文化的传递、保存方式不断发生变化。但不论发生何种变化,都离不开教育这一最基本的方式。

(2)教育可以活化文化

教育要实现真正意义上的文化传承,还必须把储存形态的文化转化为现实活跃形态的文化,即把附着于物体、文字和技术性载体上的文化符号转化到人这一载体上,为人所掌握与内化。这一转化的过程就是文化的活化。

2. 教育能够改造文化(选择和整理、提升文化)

改造文化是指在原有文化要素的基础上所进行的取舍、调整和再组合。教育对文化的改造主要是通过选择文化和整理文化来实现的。

教育是文化传递的手段,但教育又不等同于文化传递。并非所有的文化都能成为教育内容,教育必须对文化进行选择和整理。文化选择是对某种、某部分文化的吸收或舍弃。

3. 教育能够传播、交流和融合文化

教育通过传播文化,使不同国家和民族的文化相互交流、交融,促进文化的优化和发展。教育应重视发展多元文化,促进各社会族群间的相互尊重与和谐发展。

4. 教育能够更新和创造文化

没有文化的更新和创造,就没有文化的真正发展。教育更新、创造文化的功能主要表现在两个方面:(1)教育通过培养具有创新精神和创造能力的人来发挥其文化创造的功能;(2)教育直接创造新的文化。

> **知识再拔高**
>
> **教育的文化功能的其他说法**
>
> 说法一:(1)教育的文化传承功能。(2)教育的文化选择功能。(3)教育的文化融合功能。(4)教育的文化创造功能。教育的文化功能,最根本就是实现文化的创新与发展。
>
> 说法二:(1)教育的文化承递功能。文化承递是指文化在时间上的继承与传递。(2)教育的文化传播功能。文化传播是指文化在空间上的扩散与流动。(3)教育的文化选择功能。文化选择是指对某种文化主动撷取与扬弃。(4)教育的文化创新功能。

真题11 [2024江苏南京,单选]学期初,高老师开设了"南京白局表演艺术"校本课程。此举有助于发挥教育的(　　)

A. 文化传承功能　　　　　　　　B. 文化选择功能
C. 文化交流功能　　　　　　　　D. 文化创新功能

真题12 [2023河北邯郸,单选]教育的文化功能,最根本的就是实现文化的(　　)

A. 保存　　　　B. 延续　　　　C. 创新　　　　D. 选择

真题13 [2024安徽统考,多选]下列关于"教育的文化功能"表述正确的是(　　)

A. 教育促进文化在时间上的传承和延续　　B. 教育促进文化在空间上的扩散和流动
C. 教育无法对文化进行选择和净化　　　　D. 教育创新文化并推动其发展

答案:11. A　12. C　13. ABD

考点 5　教育的人口功能

1. 教育是调控人口数量的重要手段

一系列研究表明,受教育程度不同导致了不同的生育观:受教育程度较低的群体或个人倾向于不加节制的、高数量的生育;受教育程度较高的群体或个人倾向于有节制的、比较合理的生育。

2. 教育是提高人口素质的重要途径

人口素质由人口的身体素质、科学文化素质和思想品德素质等方面构成,它们都与教育息息相关。

(1)教育可以提高人口身体素质。受教育程度较高的人,一般都容易掌握优生学和遗传学的知识,懂得近亲结婚以及各类遗传病对新生一代的危害,能有意识地注意女性孕期的保健卫生,尽量减少因用药不慎、疲劳过度、神经紧张等对胎儿带来的不利影响,从而大大减少先天愚型儿和先天残疾儿的出生。

(2)教育对人口科学文化素质的影响更为明显和直接。在一定意义上,人口科学文化素质的高低主要取决于教育水平和状况。世界上通常使用下列指标来衡量人口的科学文化素质:文盲率或识字率、义务教育普及程度和提高程度、就业人口的平均受教育年限、每万人口中科技人员数等。显然,这些衡量指标的达成和实现程度,都与教育发展水平息息相关。

(3)人口思想品德素质的形成也依赖于教育。可以说,有什么样的教育环境,就会培养出什么品质的人。

3. 教育可使人口结构趋于合理

人口结构的合理化是指人口结构有利于社会生产和人口的自然平衡。(1)教育可使人口性别结构趋于合理;(2)教育可使人口的城乡结构趋于合理。

4. 教育有利于人口流动和迁移

教育有利于人口流动和迁移的主要表现是:(1)受过较好教育的人口更容易远距离流动和迁移;(2)教育本身具有人口流动和迁移功能。

真题14 [2024安徽统考,单选]受过较好教育的人口更容易远距离流动和迁移。这表明教育具有(   )

A. 人口流动功能　　　　　　　　　B. 文化传递功能

C. 社会改造功能　　　　　　　　　D. 人口控制功能

真题15 [2023广西贵港,单选]以下关于教育的人口功能的说法不正确的是(   )

A. 教育是调控人口数量的重要手段　　B. 教育是提高人口素质的重要途径

C. 教育有利于人口流动和迁移　　　　D. 教育可使人口结构趋向不合理

答案:14. A　15. D

考点 6 ▶ 教育的生态功能

教育的生态功能就是教育对保护自然环境、促进可持续发展和建设生态文明所起的积极作用。具体体现在:(1)通过环境教育提高人们保护自然环境的意识、责任感,培养绿色的生活习惯;(2)通过发展创造科学技术,提高人们解决环境问题的能力,有效地解决生态问题;(3)形成可持续发展的理念和生态文明的理念。

也有说法认为,教育的生态功能具体体现在:(1)树立建设生态文明的理念;(2)普及生态文明知识,提高民族素质;(3)引导建设生态文明的社会活动。

> **知识再拔高**
>
> **教育的社会变迁功能和社会流动功能**
>
> 教育的社会功能主要有两种:教育的社会变迁功能和教育的社会流动功能。
>
> 1. 教育的社会变迁功能
>
> 教育通过开发人的潜能,提高人的素质,引导人的社会化,影响人的社会实践,能够推动社会的发展与变革,这就是教育的社会变迁功能。教育的社会变迁功能表现在社会生活的各个领域,包括教育的经济功能、政治功能、生态功能、文化功能等。
>
> 2. 教育的社会流动功能
>
> 教育的社会流动功能是指社会成员通过教育的培养、筛选和提高,能够在不同的社会区域、社会层次、职业岗位、科层组织之间转换、调整和变动,以充分发挥其个人的智慧才能,实现其人生价值。教育的社会流动功能按其流向可分为横向流动功能与纵向流动功能。
>
> (1)**教育的横向流动功能**,指社会成员因受到教育和训练而提高了能力,可以根据社会需要,

结合个人意愿与可能，更换其工作地点、单位等，做水平的流动，改变其环境而不提升其在社会阶层或科层结构中的地位，亦称水平流动。

(2) **教育的纵向流动功能**，指社会成员因受教育的培养与筛选，能够在社会阶层、科层结构中做纵向的提升，包括职称晋升、职务升迁、薪酬提级等，以提高其社会地位及作用，亦称垂直流动。

综上所述，教育的社会变迁功能与社会流动功能是有严格区别的。教育的社会变迁功能是就教育所培养的社会实践主体在生产、科技、经济、政治和文化等社会生活各个领域发挥的作用而言的，它指向的主要是社会整体的存在、延续、演变和发展。教育的社会流动功能则是就教育所培养的社会实践主体，通过教育的培养和提高以及在此基础上的个人能动性、创造性的发挥，以实现在职业岗位和社会层次之间的流动和转换而言的，它指向的主要是社会个体的生存与发展境遇的改善。但是，二者之间又有内在的联系，相互促进，相辅相成。

真题16 [2024河北石家庄，单选]学校组织师生到社区进行环保教育与宣传，体现了教育的（　　）
A. 生态功能　　　　　　　　　　B. 经济功能
C. 文化功能　　　　　　　　　　D. 政治功能

真题17 [2023湖南长沙，单选]教育的社会变迁功能是就教育所培养的社会实践主体在生产、科技、经济、政治和文化等社会生活的各个领域发挥的作用而言的。教育的社会流动功能则是就教育所培养的社会实践主体，通过教育的培养和提高以及在此基础上的个人能动性、创造性的发挥，以实现在职业岗位和社会层次之间的流动和转换而言的。以下属于社会流动功能的是（　　）
A. 推动社会进步　　　　　　　　B. 促进社会平等
C. 推进社会变革　　　　　　　　D. 提升社会地位

答案：16. A　17. D

四、教育的相对独立性　★★　【单选、多选、判断、辨析】

教育的相对独立性是指教育具有自身独特的发展规律和能动性。一般来说，教育为一定社会的生产力发展水平所制约，为一定社会的政治经济制度所决定，为一定社会的文化所影响。但是教育又常显示出其自身所特有的形式和发展轨迹。教育的相对独立性主要表现在以下几个方面：

1. 教育自身的历史继承性

教育和其他社会现象一样，在其历史的发展过程中必然从各个方面吸收和利用以往历史阶段的教育成果和经验。教育的思想、制度、内容和方法等各个方面不仅反映着一定社会的生产力发展水平和政治、经济制度的要求，而且与教育发展的历史沿革有着一定的渊源，都带有自己发展历程中的烙印。这就是教育自身的历史继承性。

2. 教育与社会发展的不平衡性

教育受一定社会的生产力发展水平和政治、经济制度制约、决定，但与社会生产力发展水平和政治经济制度的改变并非完全同步，具有与社会发展的不平衡性。

3. 教育与其他社会意识形式的平行性

教育作为社会意识形态中的一种意识形式，与社会意识形态中的其他意识形式，如政治思想、哲学观念、伦理道德、宗教、文学、艺术等，有着密切的联系，这种联系不是决定与被决定的关系，而是相互影响的平行性关系。

•知识再拔高•

教育的相对独立性的其他说法

说法一:(1)教育对社会的作用具有能动性;(2)教育具有自身的质的规定性;(3)教育具有继承性;(4)教育与社会发展具有不平衡性。

说法二:(1)教育是培育人的活动,主要通过所培育的人作用于社会;(2)教育具有自身的活动特点、规律及原理;(3)教育具有自身发展的传统与连续性。

真题18 [2024安徽合肥/淮北/铜陵,判断]一方面,教育与社会其他因素的关系密切;另一方面,教育具有相对独立性。(　　)

答案:√

五、教育优先发展 ★★ 【单选、多选、判断】

考点 1 教育优先发展的内涵

教育优先发展又称为"教育超前发展""教育先行",是指在一定的生产力发展条件下,为了发展经济必须注意首先发展教育。教育先行有两层含义:其一是社会用于发展教育的投资要适当超越于现有生产力和生产力发展水平而超前投入;其二是教育发展要先于或优于社会上其他行业和部门而先行发展。在这里,"优先"是指在全局中与其他非优先的事务相比较而言,是指在长远的多种事务不能齐头并进时,在排序上使某一事务先行而言。

考点 2 教育优先发展的理论基础

"百年大计,教育为本。"教育在我国社会主义现代化建设中具有基础性、先导性、全局性意义。实现科教兴国和人才强国战略,就必须把教育摆在优先发展的战略地位。

教育优先发展是教育自身发展的客观规律所要求的,教育在整个社会大系统中的定位即教育的三性——基础性、先导性、全局性构成了教育优先发展的理论基础。其中,教育的先导性不仅表现在经济发展方面,还表现在对科学技术的引领与文化价值观念方面,尤其是对社会主义核心价值观念的引领等方面。

考点 3 教育优先发展的实践策略

实践教育优先发展,需要全社会的支持和参与,需要采取多管齐下的方略和措施。我国教育优先发展的实践策略包括:(1)提高认识,转变观念——落实优先发展的启动点;(2)投入优厚,预算优先——落实优先发展的物质保障;(3)实现"两基"、保证"两全"——落实优先发展的核心内容;(4)依法治教,依法施教——落实优先发展的制约机制;(5)提高师资队伍素质——实践教育优先发展的关键。

真题19 [2022天津北辰,单选]教育对社会主义核心价值观能够起到引领作用,反映了教育的(　　)

A. 现代性　　　　B. 先导性　　　　C. 全局性　　　　D. 基础性

真题20 [2022河南南阳,判断]一定总量的教育投资是发展教育事业的物质基础,提高认知、转变观念是实践教育优先发展的关键。(　　)

答案:19. B　20. ×

>> ★ **本节核心考点回顾** ★ <<

1. 社会政治经济制度对教育发展的影响和制约

（1）社会政治经济制度决定教育的领导权、受教育权、教育目的、教育内容的取舍、教育体制；（2）社会政治经济制度制约教育的改革与发展；（3）教育相对独立于政治经济制度。

2. 生产力对教育发展的影响和制约

（1）生产力的发展水平制约着教育事业发展的规模和速度；（2）生产力的发展水平制约着人才培养的规格和教育结构；（3）生产力发展水平制约着课程设置和教学内容的改革；（4）生产力发展水平制约着教学的方法、手段和组织形式。

3. 教育的政治功能

（1）教育通过培养合格的公民和政治人才为政治服务；（2）教育通过传播思想、形成舆论作用于一定的政治经济制度；（3）教育促进民主化进程，但对政治经济制度不起决定作用。

4. 教育的文化功能

（1）教育能够传承文化（传递、保存、活化文化）；（2）教育能够改造文化（选择和整理、提升文化）；（3）教育能够传播、交流和融合文化；（4）教育能够更新和创造文化。

5. 教育的相对独立性

教育的相对独立性是指教育具有自身独特的发展规律和能动性。它主要表现在：

（1）教育自身的历史继承性；（2）教育与社会发展的不平衡性；（3）教育与其他社会意识形式的平行性。

第二节 教育与人的发展

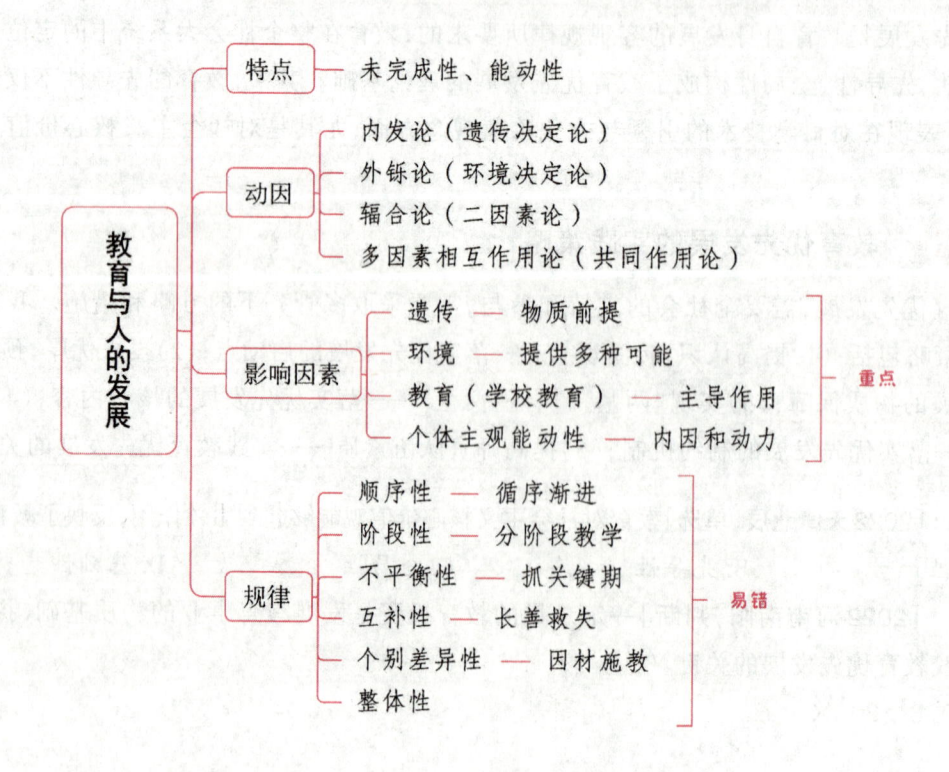

教育与人的发展
- 特点 —— 未完成性、能动性
- 动因
  - 内发论（遗传决定论）
  - 外铄论（环境决定论）
  - 辐合论（二因素论）
  - 多因素相互作用论（共同作用论）
- 影响因素【重点】
  - 遗传 —— 物质前提
  - 环境 —— 提供多种可能
  - 教育（学校教育）—— 主导作用
  - 个体主观能动性 —— 内因和动力
- 规律【易错】
  - 顺序性 —— 循序渐进
  - 阶段性 —— 分阶段教学
  - 不平衡性 —— 抓关键期
  - 互补性 —— 长善救失
  - 个别差异性 —— 因材施教
  - 整体性

一、人的发展的含义 ★ 【单选、判断】

"人的发展"一般有两种释义。一种是将它看成是人类的发展或进化的过程。另一种则将它看成是人类个体的成长变化过程。

人的发展是整体性的发展，大体可以分为三个层面：一是生理发展，包括机体的正常发育，体质的不断增强，神经、运动、生殖等系统生理功能的逐步完善；二是心理发展，包括感觉、知觉、注意、记忆、思维、言语等认知的发展，需要、兴趣、情感、意志等意向的形成，能力、气质、性格等个性的完善；三是社会性发展，包括社会经验和文化知识的掌握，社会关系和行为规范的习得，发展成为具有社会意识、人生态度和实践能力的现实的社会个体，能够适应并促进社会发展。

真题1 [2022广东梅州，判断]人的发展是整体性的发展，大体可分为生理发展、学校发展和社会性发展等三个方面。（　　）

答案：×

二、人的发展的特点 ★★ 【单选、判断】

人的发展的特点有各种不同的说法，这里，我们着重对人的发展的未完成性和能动性这两个特点进行分析阐述。

1. 未完成性

（1）人的未完成性与人的非特定化密切相关。从生物进化的角度看，人的非特定化意味着人是一种具有发展潜能的、未完成的、可塑造的动物。

（2）儿童不仅处于未完成状态，而且处于未成熟状态。杜威对儿童发展有深入的研究，认为正是这种"未成熟状态"是人生长的条件。他指出："未成熟状态这个词的前缀的'未'却有某种积极的意义，不仅仅是一无所有或缺乏的意思……我们说未成熟状态就是有生长的可能性。这句话的意思，并不是指现在没有能力，到了后来才会有；我们表示现在就有一种确实存在的势力——发展的能力。"

（3）人在生物进化上的不完善性还体现在人的孕育期、幼年期的延长方面。

（4）儿童发展的未成熟性、未完成性，蕴含着人的发展的不确定性、可选择性、开放性和可塑性，潜藏着巨大的生命活力和发展的可能性。动物的发展生来就基本完成了、定型了、确定了，如兔子生下来已是兔子，而且一辈子都是兔子。"人较动物而言，在本质上是非决定性的，此即人的生命并没有遵循事先决定的路线，事实上自然只是使人走完了一半，另外的一半尚待人自身去完成。""人不是单方面地受到限定，而是可能并必须塑造他自己。这正是人自我解释对人自身存在产生影响的基础。"教育人类学认为，人的未完成性及其蕴含的发展潜质、潜能、潜在发展的可能性，都充分说明了人的需教育性和人的可教育性。

2. 能动性

虽然人的未完成性已蕴含着人的生命发展潜能及其广泛发展的可能性，但是，人的发展是在与社会的相互作用下进行的，是一个具有社会性的能动发展过程，这是人的发展区别于动物发展的一个质的特性。

人在发展过程中表现出的主动、自主、自觉、自决和自我塑造等能动性，是人的生长发展与动物生长发展最重要的不同，它为教育活动提供了科学依据，指明了努力方向。

真题2 [2024安徽统考,单选]下列选项中,不属于儿童发展的未完成性特征的是(　　)
A. 确定性　　　　B. 可选择性　　　　C. 可塑性　　　　D. 开放性

真题3 [2023辽宁营口,单选]"人较动物而言,在本质上是非决定性的,此即人的生命并没有遵循事先决定的路线,事实上自然只是使人走完了一半,另外一半尚待人自身去完成。"这句话强调的是人的发展具有(　　)
A. 主观能动性　　　B. 个别差异性　　　C. 未完成性　　　D. 不平衡性

答案:2. A　3. C

三、个体身心发展的动因 ★★★ 【单选、多选、判断】

考点1 ▶ 内发论(遗传决定论)

内发论又称自然成熟论、预成论等。内发论强调内在因素,如"需要""成熟",强调人的身心发展的力量主要源于人自身的内在需要,身心发展的顺序也是由身心成熟机制决定的。即在人的身心发展过程中起决定作用的是遗传素质。

表1-20 内发论的主要代表人物及其观点

代表人物	主要观点
孟子	人的本性是善的,"万物皆备于我"
弗洛伊德	人的性本能是最基本的自然本能,它是推动人的发展的潜在的、无意识的、最根本的动因
威尔逊	"基因复制"是决定人的一切行为的本质力量
高尔顿	个体的发展及其个性品质早在基因中就决定了,发展只是这些内在因素的自然展开,环境只起引发作用
格塞尔	强调成熟机制对人的发展的决定作用
霍尔	"一两的遗传胜过一吨的教育";"复演说"

注:高尔顿被称为遗传决定论的"鼻祖"。

总的来说,内发论认为心理发展与生理发展没有什么实质性区别,心理发展是先天因素成熟的结果,因而完全否定了后天学习、经验的作用。其关注重点是人的"生长",以及人的成长规律和成熟机制是怎样的。我国历史上曾出现过的"生而知之"的"天才论",以及"性也者,与生俱生也""唯上智与下愚不移"等观点都属于遗传决定论的范畴。

考点2 ▶ 外铄论(环境决定论)

外铄论又称外塑论或经验论等。外铄论认为人的发展主要依靠外在的力量,诸如环境的刺激和要求、他人的影响和学校的教育等。

表1-21 外铄论的主要代表人物及其观点

代表人物	主要观点
荀子	人的贵贱、愚智、贫富都取决于后天的教育和学习,教育在人的发展中起着"化性起伪"的作用;"人之性恶,其善者伪也"
洛克	提出"白板说",认为人的心灵犹如一块白板,它本身没有内容,可以任意涂抹
华生	"给我一打健康的婴儿,不管他们祖先的状况如何,我可以任意把他们培养成从领袖到小偷等各种类型的人"
斯金纳	人的行为乃至复杂的人格都可以通过外在的强化或惩罚手段来加以塑造、改变、控制或矫正

总的来说，外铄论一般都注重教育的价值，对教育改造人的本性，形成社会所要求的知识、能力、态度等方面，都保持积极乐观的态度。他们关注的重点是人的"学习"：学习什么和怎样有效学习。

> **记忆有妙招**
> 为方便考生记忆，编者将内发论与外铄论的代表人物总结成以下口诀：
> (1)内孟四尔弗。内：内发论。孟：孟子。四尔：威尔逊、高尔顿、格塞尔、霍尔。弗：弗洛伊德。
> (2)外出寻找金色落花生。外：外铄论。寻：荀子。金：斯金纳。落：洛克。花生：华生。

考点 3 辐合论（二因素论）

辐合论，也称为二因素论。这种观点肯定先天遗传因素和后天环境对儿童发展的重要作用，而且二者的作用各不相同，且不能相互替代。辐合论认为，心理的发展不是单纯地靠天赋本能的逐渐显现，也不是单纯地对外界影响的接受或反映，而是其内在品质与外在环境合并发展的结果。

德国心理学家施泰伦提出，发展等于遗传与环境之和。

美国心理学家吴伟士（武德沃斯）认为，人的发展等于遗传与环境的乘积。

考点 4 多因素相互作用论（共同作用论）

辩证唯物主义认为，人的发展是个体的内在因素（如先天遗传素质、机体成熟机制）与外部环境（如外在刺激的强度、社会发展的水平、个体文化背景等）在个体活动中相互作用的结果。人是能动的实践主体，没有个体的积极参与，个体的发展是不能实现的。在主客观条件大致相似的情况下，个体主观能动性发挥的程度，对人的发展有着决定性的意义。

真题 4 [2024天津和平，单选]"人的性本能是最基本的自然本能，它是推动人的发展的潜在的、无意识的、最根本的动因。"这一观点的代表人物是（　　）
A. 孟子　　　　B. 格塞尔　　　　C. 弗洛伊德　　　　D. 洛克

真题 5 [2023黑龙江哈尔滨，多选]强调人的发展主要依靠环境的刺激或要求，以及他人的影响和学校的教育等外在力量，是外铄论的观点。下列持该观点的有（　　）
A. 孟子　　　　B. 霍尔　　　　C. 华生　　　　D. 斯金纳

真题 6 [2024安徽统考，判断]"人之性恶，其善者伪也。"这句话体现的是外铄论的观点。（　　）

答案：4.C　5.CD　6.√

四、影响个体身心发展的主要因素 ★★★ 【单选、多选、判断、辨析、简答、论述、案例分析】

总体看来，影响个体身心发展的因素主要有**遗传**、**环境**、**教育（学校教育）**和**个体主观能动性**等。

考点 1 遗传

遗传，也叫遗传素质，是指从上一代继承下来的生理解剖上的特点，如机体的形态、结构以及器官和神经系统的特征等。遗传素质是人的身心发展的前提，具体体现在以下几个方面：

1. 遗传素质是人的身心发展的前提，为人的发展提供了可能性，但不能决定人的发展

人的身心发展必须有正常的遗传素质为基础，发展才有可能。没有这个前提，任何发展都不可能。

或者某些遗传素质有缺陷,某种发展可能就永远不能实现。但遗传素质不决定人身心发展的现实性,遗传素质具有一定的可塑性,它会随着环境、教育的改变和人类实践活动的深入等作用而逐渐发生变化。遗传因素对人的影响在整个发展过程中总体上呈减弱趋势。因此,即使是某些低能或弱智儿童,在特殊教育的作用下,也能获得一定发展。"遗传决定论"的观点夸大了遗传的作用,把遗传看作是决定人的发展的唯一因素,是不正确的。

2. 遗传素质的个别差异是人的身心发展的个别差异的原因之一

遗传素质存在着个别差异,表现在高级神经活动类型、感觉器官的结构和机能方面。这些差异是个性形成的生理基础,是人的个性差异的最初原因。

3. 遗传素质的成熟机制制约着人的身心发展的水平及阶段

个体的遗传素质是逐步发展成熟的。遗传素质的成熟程度,为一定年龄阶段的身心发展提供了限制与可能,制约着年青一代身心发展的过程及其阶段。教育必须按照遗传素质发展的水平进行,超越或落后于遗传素质成熟水平都不利于人的发展。格塞尔通过双生子爬梯实验证明了他的"成熟势力说"。他认为,胎儿的发育大部分是由基因制约的,这种由基因制约的发展过程的机制就是成熟。

考点 2 ▶ 环境

环境包括自然环境和社会环境两大部分,教育学中所说的环境一般指社会环境。广义上来说,教育也包括在环境这一概念之中。为了突出学校教育在人的身心发展中的自觉性、目的性和计划性的特点,以区别于环境影响的某种程度的自发性,我们把学校教育从环境中分离出来,另做详细叙述。

1. 社会环境为个体的发展提供了多种可能,使遗传提供的发展可能变成现实

社会环境是人发展的外部条件,为个体的发展提供了多种可能,如机遇、条件和对象。离开社会环境这种外部条件,再好的遗传素质也难以发挥作用。遗传提供的可能只有在一定的社会环境下才能变为现实。"近朱者赤,近墨者黑""染于苍则苍,染于黄则黄""蓬生麻中,不扶而直;白沙在涅,与之俱黑"及"孟母三迁"的故事,都说明了社会环境对人的发展的影响。

2. 环境是推动人身心发展的动力

(1)环境是人身心发展不可缺少的外部条件。在人类社会中,每个社会成员之间都结成一定的社会关系,因而人具有社会性的特点,人的发展永远不能离开赖以生存的社会环境。

(2)环境推动和制约着人身心发展的速度和水平。环境对个体发展的影响有积极和消极之分,一般来说,生产力发达地区或良好的社会生活条件,可以加速年青一代身心发展的进程;相反,不良的社会生活条件,可以阻碍年青一代身心发展的进程。

环境因素

3. 环境不决定人的发展

环境对人的身心发展具有一定的影响,但环境不决定人的发展,因为环境的作用具有自发性、偶然性等特点,对于环境的影响,个体存在适应与对抗,"出淤泥而不染"讲的就是这个道理。这也说明虽然环境制约着人的身心发展,但是人在一定程度上又可以发挥主观能动性,超越环境的制约。因此,夸大环境对人的发展的作用,特别是"环境决定论"的观点是错误的。

4. 人对环境的反应是能动的

社会环境是人发展的外部条件,但是个体受环境的影响不是消极被动的,而是积极能动的实践过程。环境对人的发展的影响要通过个体的主观努力和社会实践活动才能实现。有的人在良好的环境中却没有什么成就,甚至走向与环境要求相反的道路;有的人在恶劣的环境中却能"出淤泥而不染",成为很有作为的人。因此,主观能动性是外部影响转化为内部发展要素的根据。

考点 3 教育(学校教育)

教育是社会环境的一部分,但它是影响人的发展的自觉的、可控的因素。教育,既是特殊的实践,又是特殊的环境。由于这种特殊性,使得在影响人的发展的因素中,教育对人的发展特别是对年青一代的发展起着<u>主导作用和促进作用</u>。

1. 学校教育在人身心发展中起主导作用的原因

(1)学校教育是有目的、有计划、有组织地培养人的活动;(2)学校有专门负责教育工作的教师,相对而言效果较好;(3)学校教育能有效地控制和协调影响学生发展的各种因素。

2. 学校教育在人身心发展中起主导作用的表现(学校教育在影响个体发展上的特殊功能)

(1)学校教育对于个体发展做出社会性规范;(2)学校教育具有开发个体特殊才能和发展个性的功能;(3)学校教育对个体发展的影响具有即时和延时的价值;(4)学校教育具有加速个体发展的特殊功能。

3. 实现学校教育在人身心发展中起主导作用和促进作用的条件

学校教育主导作用和促进作用的实现是<u>相对的、有条件的</u>。从外部环境方面来说,它要求社会的发展为个体的发展提供相应的前提。从教育系统内部来说,它依赖于教育自身的状况和学习者的主观能动性。

我们在肯定学校教育对个体发展所起的主导作用的同时,还应正确地看待"教育万能论"和"教育无用论"这两个在教育功能认识上的误区。其中,"教育无用论"的主要代表人物是英国的高尔顿,认为教育对人的发展无能为力,这是一种抹杀教育在人的发展中的作用的观点。

考点 4 个体主观能动性

1. 个体主观能动性的概念

个体主观能动性是指人的主观意识和活动对客观世界的积极作用,包括能动地认识客观世界和改造客观世界,并统一于人们的社会实践活动中。从活动水平的角度看,个体主观能动性由三个层次构成:第一层次是人作为生命体进行的生理活动,第二层次是个体的心理活动,<u>最高层次是社会实践活动</u>。

2. 个体主观能动性的作用

个体的主观能动性是人的一种内在需要,是一种寻求发展的积极动机和渴望。所以,个体的主观能动性是人的身心发展的<u>内在动力、根本动力</u>,也是促进个体发展从潜在的可能状态转向现实状态的<u>决定性因素</u>。逆境可以成才,"同流而不合污""出淤泥而不染""威武不能屈"等典故反映出人的主观能动性在个体发展中的作用。

个体主观能动性

总之,影响人的身心发展的因素是多方面的。遗传素质是人的身心发展的物质前提,环境为个体的发展提供了多种可能,而教育作为特殊的环境对人的身心发展起主导作用,个体主观能动性是人的身心发展的内因和动力。这些因素彼此关联、相互配合,共同发挥作用,促进人的身心发展。

真题7 [2024河北石家庄,单选]"居必择乡,游必就士"体现了( )对人身心发展的影响。
A. 遗传素质　　B. 实践活动　　C. 教育条件　　D. 环境因素

真题8 [2024浙江金华,多选]影响人身心发展的因素主要有( )
A. 遗传　　　　　　　　　　　　B. 环境
C. 教育　　　　　　　　　　　　D. 个体主观能动性

真题9 [2024四川统考,判断]"出淤泥而不染"说明环境因素是影响人身心发展的主要因素。( )

真题10 [2024福建统考,辨析]学校教育在人的发展中发挥主导作用是必然的、无条件的。该观点是否正确？运用教育学知识加以分析。

真题11 [2024江苏苏州,简答]简述学校教育对个体发展的特殊功能。

答案：7. D　8. ABCD　9. ×　10. 详见内文　11. 详见内文

五、个体身心发展的规律　★★★　【单选、多选、填空、判断、简答、案例分析】

考点 1　个体身心发展的顺序性

1. 个体身心发展的顺序性的概念

个体身心发展的顺序性是指人的身心发展是一个由低级到高级、由简单到复杂、由量变到质变的连续不断的发展过程。例如,身体的发展遵循着从上到下、从中间到四肢、从骨骼到肌肉的顺序发展,心理的发展总是由机械记忆到意义记忆,由具体思维到抽象思维。

2. 个体身心发展的顺序性的教育要求

人的发展的顺序性是客观的、不以人的意志为转移的,教育工作要遵循这种顺序性,循序渐进地促进人的发展。所以,教育一般不可"陵节而施",否则就会出现教育的异化,造成教育的负效应。

考点 2　个体身心发展的阶段性

1. 个体身心发展的阶段性的概念

个体身心发展在不同的年龄阶段表现出不同的总体特征及主要矛盾,面临着不同的发展任务,这就是身心发展的阶段性。例如,童年期学生的思维特点是具有较大的具体性和形象性,抽象思维能力还比较弱,对抽象的道理不易理解;少年期的学生,抽象思维已经有了很大的发展,但经常需要具体的感性经验作支持。

2. 个体身心发展的阶段性的教育要求

个体身心发展的阶段性规律,决定了教育工作必须根据不同年龄阶段的特点分阶段进行。如果不顾学生的年龄特征和接受能力,在教育工作中搞"一刀切""一锅煮",让孩子同成年人一样地听报告、搞活动、开批判会,把对儿童和青少年的教育"成人化",就违反了个体身心发展的阶段性规律。教育工作必须从学生的实际出发,针对不同年龄阶段的学生,提出不同的具体任务,采取不同的教育内容和方法,既不能把小学生当中学生看待,也不能把初中生和高中生混为一谈。

考点 3 ▶ 个体身心发展的不平衡性（不均衡性）

1. 个体身心发展的不平衡性的表现

一方面是指身心发展的同一方面的发展速度，在不同的年龄阶段是不平衡的。例如，青少年的身高体重在其全部发展过程中会经历两个高峰：第一个高峰是在一岁左右，第二个高峰是在青春发育期。在这两个高峰期内，身高体重的发展较之其他阶段快得多。

另一方面是就个体身心发展的不同方面而言的。研究表明，青少年身心的不同方面所达到的某种发展水平或成熟的时期是不平衡的，有的方面可能在较早年龄就达到较高水平，而有的方面则晚些。例如，青春初期的孩子身高体重的增长已达到较高水平，而骨化过程远远没有完成。感知觉是认识的低级阶段，儿童的感知觉的发展比高级形式的判断、推理等逻辑思维能力的发展要早许多。

2. 个体身心发展的不平衡性的教育要求

人的身心发展的不同方面有不同的发展期的现象，引起了心理学家的重视，由此提出了发展关键期（也叫敏感期、最佳期）。所谓关键期，就是指人的某种身心潜能在人的某一年龄段有一个最好的发展时期。根据个体身心发展的不平衡性，教育教学要抓住关键期，以求在最短的时间内取得最佳的效果。

考点 4 ▶ 个体身心发展的互补性

1. 个体身心发展的互补性的概念

互补性是指机体某一方面的机能受损甚至缺失后，可通过其他方面的超常发展得到部分补偿。机体各部分存在着互补的可能，为人在自身某方面缺失的情况下能与环境协调，从而继续生存与发展提供了条件。互补性也存在于心理机能与生理机能之间。人的精神力量、意志、情绪状态对整个机能起到调节作用，能帮助人战胜疾病和残缺，使身心依然得到发展。

2. 个体身心发展的互补性的教育要求

教育工作者要树立信心，相信每一个学生，特别是暂时落后或某些方面有缺陷的学生，通过其他方面的补偿性发展，都可以达到与一般正常学生一样的发展水平；还要掌握科学的教育方法，发现学生的优势，扬长避短、长善救失，激发学生自我发展的信心和自觉。

考点 5 ▶ 个体身心发展的个别差异性

1. 个体身心发展的个别差异性的概念

个体身心发展的个别差异性，是指个体之间的身心发展以及个体身心发展的不同方面之间，存在着发展程度和速度的不同。人的先天素质、环境和教育以及自身的主观能动性的不同，决定了人的身心发展存在着个别差异。

2. 个体身心发展的个别差异性的表现

（1）不同儿童同一方面的发展速度和水平不同，如有些人"少年得志"，有些人则"大器晚成"。

（2）不同儿童不同方面的发展存在差异，如有的儿童的数学能力较强，但绘画却很差，而有的儿童正好相反。

（3）不同儿童所具有的个性心理不同，如同年龄的儿童具有不同的兴趣、爱好和性格等。

（4）个别差异也表现在群体间，如男女性别的差异。

3. 个体身心发展的个别差异性的教育要求

个体身心发展的个别差异性要求教育必须因材施教，充分发挥每个学生的潜能和积极因素，有的放矢地选择适宜、有效的教育途径和方法手段，使每个学生都能得到最大的发展。如在教学中采取弹性教学制度、采取能力分组、组织兴趣小组等。

考点 6 个体身心发展的整体性

1. 个体身心发展的整体性的概念

学生是一个整体的人，以其整个身心投入教学生活，并以整个身心来感知、体验、享受和创造这种教学生活。教师所面对的是一个活生生的、整体的人，尽管这个整体不是"完美"的整体。

2. 个体身心发展的整体性的教育要求

(1)教学应该面对学生整个身心；(2)教学要着眼于学生的整体性，促进学生的一般发展，注意做到认知因素与非认知因素、意识与潜意识、科学与艺术的统一。

关于个体身心发展的规律，除了上述几个主要规律外，还有：稳定性和可变性。个体身心发展的稳定性，是指在一定社会和教育条件下，其身心发展阶段、发展顺序和每一阶段变化过程及速度大体上是相同的。但另一方面，个体身心发展又是可变的，它表现在不同社会或同一社会的不同的发展阶段，同一年龄的学生，其发展水平是有差异的，同时又是可变的。

真题12 [2024广东广州,单选]学生的身体发展是按"从头到脚，从躯干到四肢"展开的，则身体发展顺序是（ ）

A. 从上到下，从中间到四周，从骨骼到肌肉

B. 从下到上，从四周到中间，从肌肉到骨骼

C. 从上到下，从四周到中间，从骨骼到肌肉

D. 从下到上，从中间到四周，从肌肉到骨骼

真题13 [2024江苏南通,单选]时过然后学，则勤苦而难成。这说明教学工作应当遵循个体身心发展的（ ）规律。

A. 顺序性 B. 不均衡性

C. 互补性 D. 个别差异性

真题14 [2024河南事业单位,单选]同龄的中学生，女生的青春期比男生来得更早，发展速度更快。这说明（ ）

A. 身心发展具有顺序性 B. 身心发展具有不平衡性

C. 身心发展具有阶段性 D. 身心发展具有个别差异性

真题15 [2022贵州贵阳,简答]简述学生身心发展的规律及教学启示。

答案：12. A 13. B 14. D 15. 详见内文

本节核心考点回顾

1. 个体身心发展的动因

(1)内发论(遗传决定论)：强调人的身心发展的力量主要源于人自身的内在需要，主要代表人物有孟子、弗洛伊德、威尔逊、高尔顿、格塞尔、霍尔。

(2)外铄论(环境决定论):认为人的发展主要依靠外在的力量,主要代表人物有荀子、洛克、华生、斯金纳。

2.影响个体身心发展的主要因素

(1)遗传(遗传素质):物质前提,不能决定人的发展;

(2)环境:外部条件,提供多种可能;

(3)教育(学校教育):起主导作用和促进作用;

(4)个体主观能动性:内因和动力,决定性因素。

3.个体身心发展的规律

(1)顺序性。顺序性强调人的身心发展是一个由低级到高级、由简单到复杂、由量变到质变的连续不断的发展过程,要求教育必须循序渐进,不可"陵节而施"。

(2)阶段性。阶段性强调个体身心发展在不同年龄阶段的总体特征和发展任务不同,要求教育工作必须根据不同年龄阶段的特点分阶段进行,不能搞"一刀切""一锅煮"。

(3)不平衡性。不平衡性强调同一个体同一方面的发展不同速或不同方面的发展不同步,要求教育教学要抓住关键期。

(4)互补性。互补性强调生理与生理之间的互补或生理与心理之间的互补,要求教育者要相信学生,做到扬长避短、长善救失。

(5)个别差异性。个别差异性强调不同个体或群体之间的差异,要求教育教学要贯彻因材施教的原则。

(6)整体性。

第三章 教育目的与教育制度

本章学习指南

一、考情概况

本章属于教育学的基础章节,内容较为琐碎,考生可带着以下学习目标进行备考:

1. 理解教育目的的意义和作用(功能)。
2. 识记教育目的的层次结构,掌握并区分教育目的的价值取向。
3. 掌握我国教育目的的理论依据和基本构成。
4. 理解素质教育的相关内容。
5. 识记现代学校教育制度的类型。
6. 识记并区分旧中国的几种学制的具体内容。

二、考点地图

考点	年份/地区/题型
教育目的的作用(功能)	2024天津简答;2023四川单选;2023河南单选;2022内蒙古单选
教育目的的层次结构	2024安徽单选;2024山东单选;2023广西单选;2023山东单选;2023河北多选
个人本位论与社会本位论	2024四川单选;2024河北单选;2024广东单选;2024山东单选、判断;2024天津判断、名词解释;2023广东单选;2023江苏单选;2023湖南单选;2023辽宁单选;2023四川判断
我国确立教育目的的理论依据	2024天津单选;2024安徽判断;2023江苏单选;2023河北单选;2023安徽单选;2023福建填空
我国教育目的的基本构成	2024广东单选;2024河南单选;2024天津单选;2024山东多选;2024贵州判断;2024安徽简答;2023安徽单选;2023辽宁单选;2023河北单选;2023山东单选;2022河南判断
素质教育的内涵	2024福建多选;2024浙江简答;2023河北单选;2022天津单选;2022河南多选
实施素质教育应避免的误区	2024天津判断;2024安徽判断;2023河北多选;2023安徽判断
现代学校教育制度的类型	2024浙江多选;2023河北单选;2022广东单选;2022辽宁判断
旧中国的学制沿革	2024河北单选;2024江苏填空、判断;2023黑龙江单选;2023河北单选、判断;2022浙江单选

注:上述表格仅呈现重要考点的相关考情。

核心考点

第一节 教育目的

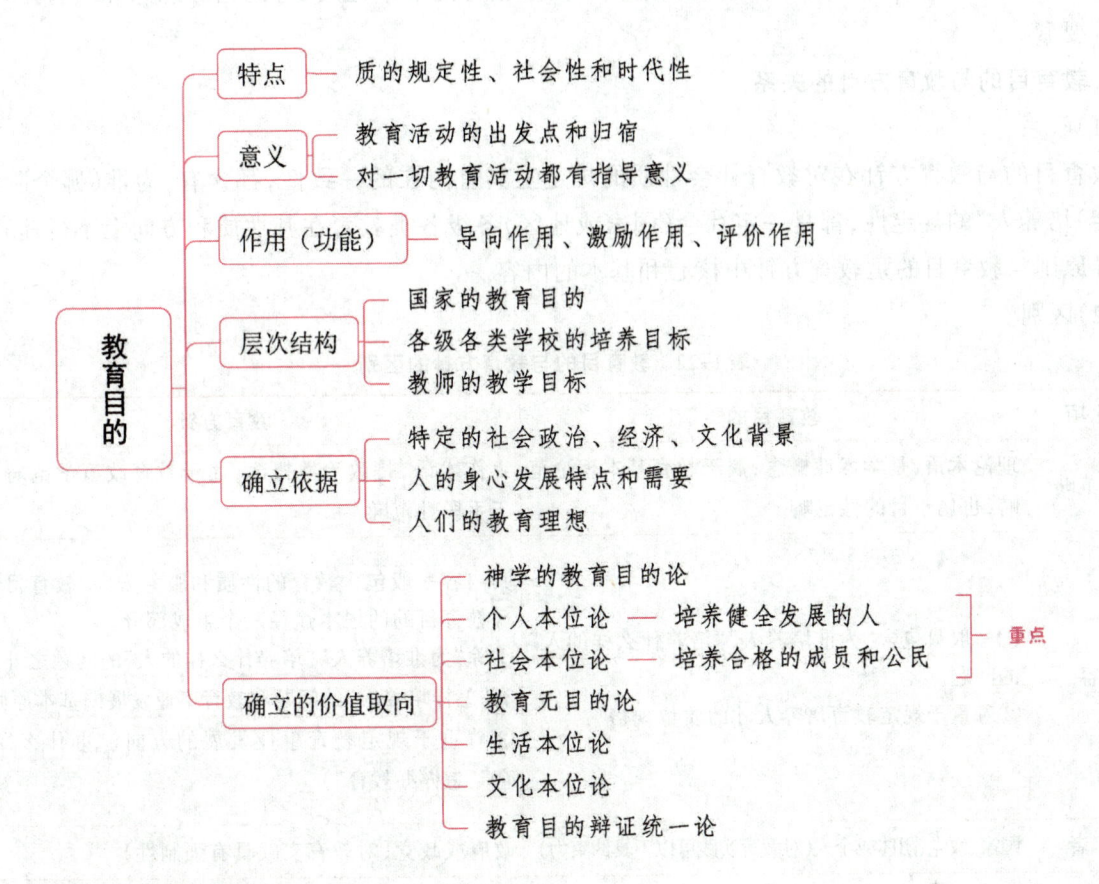

```
          ┌─ 特点 ── 质的规定性、社会性和时代性
          │
          ├─ 意义 ─┬─ 教育活动的出发点和归宿
          │       └─ 对一切教育活动都有指导意义
          │
          ├─ 作用（功能）── 导向作用、激励作用、评价作用
          │
          ├─ 层次结构 ─┬─ 国家的教育目的
  教育     │           ├─ 各级各类学校的培养目标
  目的     │           └─ 教师的教学目标
          │
          ├─ 确立依据 ─┬─ 特定的社会政治、经济、文化背景
          │           ├─ 人的身心发展特点和需要
          │           └─ 人们的教育理想
          │
          └─ 确立的价值取向 ─┬─ 神学的教育目的论
                           ├─ 个人本位论 ── 培养健全发展的人  ┐
                           ├─ 社会本位论 ── 培养合格的成员和公民 ├ 重点
                           ├─ 教育无目的论                    ┘
                           ├─ 生活本位论
                           ├─ 文化本位论
                           └─ 教育目的辩证统一论
```

一、教育目的的内涵 ★ 【单选、判断】

考点 1 ▶ 教育目的的概念

教育目的指教育要达到的预期结果,是根据一定社会发展和受教育者自身发展需要及规律,对受教育者提出的总的要求,规定了把受教育者培养成什么样的人,是培养人的质量规格标准,同时也反映了教育在人的努力方向和社会倾向性等方面的要求。

广义的教育目的是指人们对受教育者的期望,即人们希望受教育者通过教育在身心诸方面发生什么样的变化。国家和社会教育机构、家长、教师等对新一代寄予的期望都可以理解为广义的教育目的。

狭义的教育目的是指由国家提出的教育总目的(国家对把受教育者培养成为什么样人才的总的要求)和各级各类学校必须遵循的总体要求,以及各级各类学校在课程或教学方面对所培养的人的特殊要求,即各级各类学校的具体培养目标和教学目标,它是广义的教育目的的具体化。

本章主要研究狭义的教育目的,特别是我国的教育总目的。

考点 2 ▶ 教育目的与教育方针

1. 教育方针的内涵

教育方针是最高国家权力机关根据政治、经济要求,明令颁布实行的一定历史阶段教育工作的总的指导方针或总方向。它是指引教育工作前进的方向和指针,对于教育任务的确定、教育内容和方法的选择以及全部教育工作的组织和管理都起着指导和制约作用。

教育方针是教育政策的总概括,是全国各级各类教育的目的和必须遵循的准则,是指导整个教育事业发展的战略原则和行动纲领。它反映了一个国家教育的根本性质、总的指导思想和教育工作的总方向等要素。

2.教育目的与教育方针的关系

(1)联系

教育目的与教育方针在对教育社会性质的规定上具有内在的一致性,都含有"为谁(哪个阶级、哪个社会)培养人"的规定性,都是一定社会(国家或地区)各级各类教育在其性质和方向上不得违背的根本指导原则。教育目的是教育方针中核心和基本的内容。

(2)区别

表1-22 教育目的与教育方针的区别

对比项	教育目的	教育方针
归属范畴	理论术语,是学术性概念,属于教育基本理论范畴,也属于目的性范畴	工作术语,是政治性概念,属于教育政策学范畴,也属于手段性范畴
内容	①一般只包含"为谁培养人""培养什么样的人"的问题。 ②着重于规定教育培养人才的质量规格	其内容一般包含教育的性质和服务方向、教育目的、实现教育目的的根本途径三个组成部分。 ①除"为谁培养人""培养什么样的人"的问题之外,还含有"怎样培养人"的问题和教育事业发展的基本原则。 ②着重于规定教育事业发展的方向("办什么样的教育""怎样办教育")
提出者	国家、政党、团体或个人(对教育实践可以不具约束力)	政府或政党(对教育实践具有强制性)
影响力	教育方针>教育目的	

真题1 [2024广东佛山,单选]( )是指引教育工作前进的方向和指针,它对于教育任务的确定、教育内容和方法的选择以及全部教育工作的组织和管理都起着指导和制约的作用。

A. 教育方针 B. 培养目标
C. 高等教育 D. 义务教育

答案:A

二、教育目的的特点 ★★ 【单选、多选、不定项、判断】

同人类社会生活和活动的目的一样,教育目的也带有意识性、意欲性、可能性和预期性的特点。除此之外,教育目的还有两个较为明显的特点:

(1)教育目的对教育活动具有质的规定性。即教育目的对教育活动的社会倾向和人的培养具有质的规定性。教育目的作为培养人的总体要求,总是内在地决定着教育的社会性质和教育对象发展的素质。

(2)教育目的具有社会性和时代性。教育是培养人的社会活动,无不受到社会及各个时代的制约,这也就使得教育目的在历史的发展中常常带有社会不同时代的特点,体现不同时代的要求。

> **知识再拔高**
>
> **教育目的的特点的其他说法**
>
> 说法一:教育目的具有强制性、宏观性、历史性、理想化等特点。
>
> 说法二:教育目的的特点包括:(1)主观性与客观性的统一。作为对所培养人才的质量和规格的规定,教育目的必然带有主观色彩,以反映教育者的教育期待。但是,无论教育目的的提出者是谁,他都不可能臆想,而是必须依据一定的社会历史条件、时代背景来形成和提出自己的教育目的。因此,教育目的必然会具有客观性。(2)抽象性与具体性的统一。(3)现实需要性与实现可能性的统一。(4)理性规定性与实践操作性的统一。(5)权威性与效仿性的统一。

真题2 [2023贵州贵阳,判断]教育目的是由人确定的,具有主观性,不具有客观性。(　　)
答案:×

三、教育目的的分类 ★【单选、多选】

表1-23 教育目的的分类

分类依据	类型	含义
按作用特点	价值性教育目的	教育在人的价值倾向性发展上意欲达到的目的。根本是要解决培养具有怎样社会情感和个人情操的人(心有所属)
	功用性教育目的	教育在发展人从事或作用于各种事物的活动性能方面所预期的结果。根本是要解决人在各类活动中的实际能力和作用效能的开发与提升,发展和增强人在各种活动中行为的有用性和功效性(身有所为)
按要求的特点	终极性教育目的(理想的教育目的)	具有终极结果的教育目的,蕴涵着对人发展的那种最为理想的要求
	发展性教育目的(现实的教育目的)	具有连续性的教育目的,表示教育及其活动在发展的不同阶段所要实现的各种结果
按被实际所重视的程度	正式决策的教育目的	由社会一定权力机构确定并要求所属各级各类教育都必须遵循的教育目的。它一般是由国家(或一定地区)作为主体提出的,其决策过程要经过一定的组织程序,常常体现在国家或地区重要的教育文本或有关的法令之中
	非正式决策的教育目的	蕴涵在教育思想、教育理论中的教育目的。借助一定的理论主张和社会根基而存在
按体现的范围	内在教育目的	具体教育过程(或某门课程建设)要实现的直接目的
	外在教育目的	教育目的领域位次较高的教育目的
按存在的方式	应然的教育目的	教育目的的制定主体以成文的、合乎规范的形式所规定并表述的教育目的。特点:理论化、概念化、理想化、权威性、统一性等
	实然的教育目的	教育过程的当事人理解、贯彻、执行的教育目的。特点:大众性、可操作性、具体化

另外,也有学者按照制定教育目的的主体、教育目的的价值取向、教育目的的存在方式这三个因素对教育目的进行分类。(1)以制定教育目的的主体为标准进行分类,教育目的可以分为:①外在的教育

目的和内在的教育目的;②指令性教育目的和指导性教育目的。(2)以教育目的的价值取向为标准进行分类,教育目的可以分为个人本位的教育目的和社会本位的教育目的。(3)以教育目的的存在方式为标准进行分类,教育目的可以分为应然的教育目的和实然的教育目的。

真题 3 [2023 河北石家庄,单选]经过一定的组织程序,由国家或一定地区作为主体提出来的教育目的属于(　　)

A. 非正式决策的教育目的　　　　　　B. 正式决策的教育目的
C. 内在的教育目的　　　　　　　　　D. 广义的教育目的

答案:B

四、教育目的的意义 ★★ 【单选、判断】

教育目的是整个教育工作的核心,是教育活动的依据和评判标准、出发点和归宿,在教育活动中居于主导地位。同时它也是全部教育活动的主题和灵魂,是教育的最高理想。它贯穿于教育活动的全过程,对一切教育活动都有指导意义,也是确定教育内容、选择教育方法和评价教育效果的根本依据。

真题 4 [2023 河北保定,单选](　　)是一切教育工作的出发点,是实现教育活动的归宿。它贯穿于教育活动的全过程,对一切教育工作都具有指导意义。

A. 教育原则　　　B. 教育目标　　　C. 教育目的　　　D. 教育理念

答案:C

五、教育目的的作用(功能) ★★★ 【单选、多选、判断、简答】

1. 导向作用

教育目的对教育工作具有导向作用。教育目的一经确立,就成为人们行动的指南。它不仅为受教育者指明方向、预定发展结果,也为教育工作者指明工作方向和奋斗目标。因此,教育目的无论是对受教育者还是教育者都具有目标导向作用。

2. 激励作用

教育目的对贯彻教育方针具有激励作用。它不仅能指导整个教育实践活动过程,而且能够激励人们为实现共同的目标而努力。教育目的本身就包含对学生成长的期望和要求,因此对学生的发展具有很大的激励作用。在教育活动中,只有当受教育者意识到教育目的对自身未来成长的要求或意义时,才能把它作为努力方向,不断按照教育目的的要求发展和提高自己。

3. 评价作用

教育目的是衡量、评价教育实施效果的根本依据和标准。评价学校的办学水平、办学效益,检查教育教学工作的质量,评价教师的教学质量和工作效果,检查学生的学习质量和发展程度等,都必须以教育目的为依据和标准来进行。

> **知识再拔高**
>
> **教育目的的作用(功能)的其他说法**
>
> 说法一:定向、调控、评价作用。
>
> (1)定向作用。教育目的规定了学校教育和学生发展的根本方向,是学校办学的根本指导思想,也是学生发展的总方向,是学校教育工作的起点和归宿,并制约其全过程。学校只能根据教育

目的办学,否则,就会偏离正确的办学方向。

(2)调控作用。教育目的规定了学校教育培养人才的基本质量规格,对学校教育的内容和活动方式起选择、协作、调节和控制作用。

(3)评价作用。学校的办学质量以及学生的发展质量如何,可以有很多的标准来衡量,但根本标准乃是教育目的。一般来说,凡是遵循并实现了学校教育目的的学校,其教育质量就高。相反,偏离了教育目的,其教育质量就不可能高。

说法二:定向、调控、评价功能。

(1)定向功能。任何社会的教育活动,都是通过教育目的才得以定向的。教育目的及其所具有的层次性,不仅内含对整体教育活动努力方向的指向性和结果要求,而且还含有对具体教育活动的具体规定性。具体体现为:①对教育社会性质的定向作用,对教育"为谁培养人"具有明确的规定;②对人的培养的定向作用;③对课程选择及其建设的定向作用;④对教师教学的定向作用。

(2)调控功能。教育目的对教育活动的调控主要借助以下方式来进行:①通过价值的方式来进行调控;②通过标准的方式来进行调控;③通过目标的方式来进行调控。

(3)评价功能。教育目的不仅是教育活动应遵循的根本指导原则,而且也是检查评价教育活动的重要依据。因为一种能够实现的教育目的,总是含有多层次的系列目标,这使得它对教育活动不仅具有宏观的衡量标准,而且还具有微观的衡量标准。依据这些标准,教育目的能够对教育活动的方向和质量等做出判断,评价教育活动的得与失:①对价值变异情况的判断与评价;②对教育效果的评价。

说法三:导向、调控、激励、评价功能。

说法四:导向、选择、激励、评价、协调作用。

真题5 [2023四川统考,单选]根据教育目的,可以对教育活动的方向和质量做出判断,衡量教育活动的得与失。这体现了教育目的的(　　)功能。

A.调控　　　　　　B.评价　　　　　　C.指导　　　　　　D.定向

真题6 [2022内蒙古赤峰,单选]教育目的一经确立,就成为人们行动的指南。它不仅为受教育者指明了发展方向,预定了发展结果,也为教育工作者指明了工作方向和奋斗目标。这体现了教育目的的(　　)

A.导向作用　　　　B.激励作用　　　　C.评价作用　　　　D.调节作用

答案:5.B　6.A

六、教育目的的结构 【单选、多选、判断】

考点 1 ▶ 教育目的的层次结构 ★★★

教育目的是各级各类学校遵循的工作总方针,但各级各类学校还有各自的具体工作方针,这便决定了教育目的的层次性。教育目的包括三个层次:国家的教育目的、各级各类学校的培养目标和教师的教学目标。

1. 第一个层次——国家的教育目的

国家的教育目的是由国家提出来的,其决策要经过一定的组织程序,一般体现在国家的教育文本和教育法令中。教育目的是国家对教育所培养的人的质量和规格的总要求,是含有方向性的总体目标和最高目标,是一个国家乃至一种社会人才培养的终极目标,也是一个国家教育的起点和终点。

2. 第二个层次——各级各类学校的培养目标

(1)培养目标的概念

根据各级各类学校的任务确定的对所培养的人的特殊要求,习惯上称为培养目标。它是根据国家的教育目的制定的某一级或某一类学校、某一专业对人才培养的具体要求,是国家的教育目的在不同教育阶段、不同级别的学校、不同专业方向的具体化。在培养目标上,各级各类学校的培养目标既有共同要求,又有一定差异。因此,各级各类学校的培养目标必须同中有异、重点突出、特点鲜明。

(2)教育目的与培养目标之间的关系

教育目的与培养目标之间是普遍与特殊的关系。教育目的是针对所有受教育者提出的,而培养目标是针对特定的教育对象提出的。

3. 第三个层次——教师的教学目标

(1)教学目标的概念

教学目标是教育者在教育教学过程中,在完成某一阶段的工作时,希望受教育者达到的要求或产生的变化结果。教学目标是教育目的和培养目标在教学活动中的进一步具体化。

(2)教学目标与教育目的、培养目标之间的关系

教学目标与教育目的、培养目标之间的关系是具体与抽象的关系。教育目的是最高层次的概念,它是培养各级各类人才的总的规定,各级各类学校的培养目标、教学目标都要依据教育目的制定。培养目标是指不同类型、不同层次的学校培养人的具体要求。教学目标是三者中最低层次的概念,更为具体,微观到每堂课甚至每个知识内容,教育目的和学校的培养目标是制定教学目标的依据。教育目的的各层次之间的关系是:从教育目的到教学目标是抽象到具体的关系,后者是前者的具体化,只有实现了具体的教学目标,才能达到实现教育的总目的的要求。

此外,也有学者认为,教育目的作为教育的总体目标,它的实现需要不断具体化,构成一个层级体系,这一层级体系从抽象到具体依次为:教育目的、培养目标、课程目标、教学目标。

真题7 [2024安徽统考,单选]教育目的作为教育的总体目标,它的实现需要不断具体化,构成一个层级体系。这一层级体系从抽象到具体,依次为(　　)

A. 教育目的、课程目标、培养目标、教学目标
B. 教育目的、培养目标、课程目标、教学目标
C. 教育目的、培养目标、教学目标、课程目标
D. 教育目的、教学目标、培养目标、课程目标

真题8 [2023河北邯郸,多选]我国教育目的的基本层次包括(　　)

A. 国家的教育方针　　　　　　　　B. 国家的教育目的
C. 学校的培养目标　　　　　　　　D. 教师的教学目标

答案:7. B　8. BCD

考点 2　教育目的的内容结构 ★

说法一:教育目的一般由两部分组成:(1)就教育所要培养的人的身心素质做出规定,即提出受教育者在知识、智力、品德、审美、体质等诸方面的发展要求,以期受教育者形成某种个性结构。(2)就教育所要培养的人的社会价值(社会性质和方向)做出规定,即指明这种人符合什么社会的需要或为什么阶

级的利益服务。其中,关于身心素质的规定是教育目的内容结构的核心部分。

说法二:教育目的有两个基本组成部分:(1)第一个组成部分是对培养何种社会成员(角色)的规定。这方面曾有过多种提法,如培养"劳动者""建设者""接班人""公民"等。这是教育目的的核心部分。(2)第二个组成部分是对教育对象形成何种素质结构的规定。这也就是对受教育者思想、道德、心理、知识、能力、体质等方面素质的教育要求和规定。

> **·小香课堂·**
> 通过对目前各省份历年真题的分析,关于教育目的的内容结构主要考查以上两种说法。关于教育目的内容结构的组成部分,这两种说法在本质上是一致的,但在教育目的内容结构的核心部分的观点上却是对立的。该考点在考试中一般以单选题的形式进行考查,考生在作答时需要认真辨别具体考查的是哪一种说法。

七、确立教育目的的依据 ★★ 【单选、多选、判断】

确立教育目的的基本依据包括主观和客观两个方面,具体如下:

1. 特定的社会政治、经济、文化背景

这是确立教育目的的客观依据,主要表现为:

(1)教育目的的确定受社会生产力和科学技术发展水平的制约。教育目的是对社会生产力和科学技术发展特点的反映,体现着这一发展的时代特征。

(2)教育目的的确定受一定社会经济和政治制度的制约。教育目的的制定会体现一定社会经济、政治的要求,在阶级社会中具有鲜明的阶级性,不同的社会制度有着不同的教育目的。

(3)教育目的的确定必须考虑历史发展的进程。在不同的社会发展阶段里,有不同的教育目的。

(4)不同国家的文化背景也使教育培养的人各具特色。

2. 人的身心发展特点和需要

教育目的的确定还要受到受教育者身心发展的规律这一客观依据的影响。

3. 人们的教育理想

人们在考虑教育目的时往往会受其哲学观念、人性假设和理想人格等观念和价值取向这些主观依据的影响。在社会主义国家,马克思主义经典作家关于全面发展的人格理想是教育目的确定的重要依据。

此外,也有说法认为选择、确立教育目的的依据有:(1)社会依据。①社会关系现实和发展的需要;②社会生产和科学技术发展的需要。(2)人的依据。①人的身心发展特点;②人的需要。

> **·知识再拔高·**
>
> **教育目的的社会制约性**
>
> 人们提出形形色色的教育目的,不管他们承认不承认,实际上都是社会对其成员质量规格的客观需求在他们意识中的反映,是他们所处时代的产物,这就是所谓教育目的的社会制约性。
>
> 教育目的的社会制约性包括:(1)教育目的受一定的生产力和生产关系及以此为基础的政治观点与制度的制约;(2)教育目的的制定要考虑受教育者身心特点,但它不影响教育的性质和方向。另外,还应当看到,制定教育目的时,考虑儿童的身心发展特点是从其可行性角度来认识问题的,真正决定教育目的的性质、方向和内涵的还是社会,是社会的生产力发展水平和政治经济制度的性质。

真题9 [2022广西桂林,单选]确定教育目的的客观依据是( )
A.哲学观念　　　B.人性假设　　　C.理想人格　　　D.生产力发展水平

真题10 [2023河北石家庄,多选]选择教育目的的依据有( )
A.社会关系现实与发展需要　　　　B.社会生产和科学技术发展需要
C.人的需要　　　　　　　　　　　D.人的身心发展特点

真题11 [2023贵州贵阳,判断]真正决定教育目的的性质、方向和内涵的是儿童的身心发展特点。( )

答案:9.D　10.ABCD　11.×

八、教育目的的价值取向

考点 1　教育目的确立的价值取向 ★★★ 【单选、填空、判断、辨析、名词解释、简答】

1. 神学的教育目的论

神学的教育目的论者认为人有肉体也有灵魂,但灵魂才是人的本质。因此,教育对人的肉体和精神都要关心,但主要关心的应当是灵魂。教育应当建立在精神本质占优势的基础之上。其代表人物有夸美纽斯、雅克·马里坦、小原国芳等。

2. 个人本位论与社会本位论

在教育目的的价值取向上,争论最多、影响最大、最具根本性的问题是:教育活动究竟是应当注重满足人的个性发展需要,还是应当注重满足社会发展需要?由此,构成了教育目的选择上的两种典型的价值取向,即个人本位论和社会本位论。

(1)个人本位论

个人本位论的代表人物有孟子、卢梭、裴斯泰洛齐、福禄贝尔、赫钦斯、奈勒、马斯洛、萨特等。

个人本位论认为确立教育目的的根据是人的本性,教育的目的是培养健全发展的人,发展人的本性,挖掘人的潜能,增进受教育者的个人价值,个人价值高于社会价值,而不是为某个社会集团或阶级服务。简言之,教育的根本目的是人的本性和本能的高度发展。

个人本位论肯定人的价值,能够遵循人的身心发展规律进行教育,具有积极的作用。其不足在于忽视了社会的需要以及社会的发展,仅以个体发展需要作为制定教育目的的依据,割裂了个体和社会之间的关系。

(2)社会本位论

社会本位的目的论主要反映的是古代社会的特征和要求。在近现代,教育史上也出现过社会本位的目的论思想。最具代表性的是教育社会学中的"社会功能学派"。社会本位论的代表人物有荀子、柏拉图、赫尔巴特、涂尔干(迪尔凯姆)、纳托普(那托尔普)、凯兴斯泰纳、孔德、巴格莱等。

社会本位论认为确立教育目的的根据是社会的要求,个人的发展必须服从社会的需要。教育的目的是为社会培养合格的成员和公民,使受教育者社会化,社会价值高于个人价值,教育质量和效果可以用社会发展的各种指标来评价。简言之,教育以社会的稳定和发展为最高宗旨。

社会本位论从国家和社会的发展角度来衡量教育成果,充分利用国家和社会资源发展教育事业,重视教育目的的社会制约性。其缺点在于忽视了个人的发展需要,无视个体的主观能动性,否定人的价值,扭曲了社会需要和个人发展之间的辩证关系。

> **知识再拔高**
>
> **"个人本位论"和"社会本位论"的其他论述**
>
> 王道俊、郭文安主编的《教育学》中对"个人本位论"和"社会本位论"的论述如下:
>
> 1. 个人本位论
>
> 个人本位论者认为,教育的根本目的就是充分发展个人的潜能与个性,至于社会的要求是无关紧要的。它有以下主要观点:
>
> (1)教育目的是根据个人发展的需要制定的,而不是根据社会的需要制定的;
>
> (2)个人价值高于社会价值;
>
> (3)人生来就有健全的潜在本能,教育的基本职能就在于使这种潜能得到发展。
>
> 2. 社会本位论
>
> 社会本位论者认为,教育的根本目的是由社会发展的需要所决定的,至于人的潜能与个性的需要是无关紧要的。它有以下主要观点:
>
> (1)个人的一切发展都有赖于社会。例如,涂尔干指出:"教育在于使年青一代系统地社会化""其目的在于,使儿童的身体、智力和道德状况都得到某些激励与发展,以适应整个社会在总体上对儿童的要求,并适应儿童将来所处的特定环境的要求"。
>
> (2)教育除了满足社会需要以外并无其他目的。例如,那托尔普说:"在教育目的的决定方面,个人不具有任何价值,个人不过是教育的原料,个人不可能成为教育的目的。"
>
> (3)教育的结果或效果是以其社会功能发挥的程度来衡量的。例如,凯兴斯泰纳主张:"一切教育的目的是教育有用的国家公民""国家的教育制度只有一个目标,就是造就公民"。
>
> 另外,在西方教育思想史上,杜威曾试图调和教育目的价值取向上的个人本位和社会本位的分歧,企图实现二者的兼顾和协调。他认为,教育过程有两个方面:一是心理学的,二是社会学的,教育过程和目的就应该"使个人特性与社会目的和价值协调起来"。

3. 教育无目的论

教育无目的论从根本上否定了教育是一种有目的地培养人的活动。这种理论认为教育就是社会生活本身,是个人经验的不断扩大和积累,教育过程就是教育目的,教育之外再没有什么教育目的。这种把教育与社会生活、教育过程与教育目的混在一起的主张,是实用主义教育理论的一种表现。其代表人物是杜威。

4. 生活本位论

(1)斯宾塞的"教育准备生活说"

斯宾塞是教育要为未来的生活作准备的倡导者。他在《什么知识最有价值》中明确提出,教育目的是为"完满的生活"作准备,教育的主要任务就是教会人们怎样生活,教会他们运用一切能力。

(2)杜威的"教育适应生活说"

杜威是"教育即生活本身"教育目的的倡导者。他反对将教育视为未来生活的准备,主张学校不能脱离眼前生活,学校教育应该利用现有的生活情境作为其主要内容,把儿童培养成能完全适应眼前社会生活的人。

5. 文化本位论

文化本位论的教育目的观强调教育目的应围绕文化这一范畴来进行,用"文化"来统筹教育、社会、人三者之间的关系,其最终的目的在于:唤醒人们的意识,使其具有自动追求理想价值的意志,并使文化有所创造,形成与发展新的文化。其代表人物有早期的狄尔泰和后来的斯普兰格。

6. 教育目的辩证统一论(马克思主义教育目的论)

教育是培养人的活动,教育目的要考虑人的身心发展的各个要素,给予个体自由、充分的发展,并予以高度重视。但这并不是抽象地脱离社会和历史来谈人的发展,而是把两者辩证地统一起来。此观点准确地揭示了社会需要与个人发展的辩证关系及其对教育目的的意义,克服了个人本位论与社会本位论的片面性。

真题 12 [2024安徽合肥/淮北/铜陵,单选]关于教育目的,实用主义教育流派的代表人物杜威所持有的观点是(　　)

A. 个人本位论　　　　B. 社会本位论　　　　C. 国家利益论　　　　D. 教育无目的论

真题 13 [2023广东阳江,单选]为镇压被征服的奴隶的反抗和抵御外来入侵,斯巴达形成了以培养体格强壮、富有勇武精神、爱国精神、善于战斗并有持久斗志的武士为目的的教育。这符合(　　)的主张。

A. 个人本位论　　　　　　　　　　　　B. 社会本位论

C. 生活本位论　　　　　　　　　　　　D. 教育无目的论

真题 14 [2023四川统考,判断]社会本位论认为,教育只有在有助于个人发展时才有价值。(　　)

真题 15 [2024天津东丽,名词解释]个人本位论

答案:12. D　13. B　14. ×　15. 详见内文

考点 2 ▶ 教育目的价值取向确立应注意的问题 ★ 【单选、多选】

一个社会(国家或民族)的整体教育,应把满足社会的需要和人的需要作为基本价值取向。

1. 社会价值取向确立中应注意的问题

(1)以可持续发展的理念为指导。(2)适应与超越问题。教育既要适应现实社会的当前要求和需要,同样也要讲究超越,因为没有超越就不会有发展。(3)功利价值与人文价值问题。在重视人文精神、重视教育的人文价值的同时,要避免把它与功利价值对立起来。(4)民族性与世界性的问题。

2. 人的价值取向确立中应注意的问题

(1)人的社会化与个性化问题。(2)人的理性与非理性问题。当代教育目的的选择与确立,在价值取向上要避免陷入理性和非理性二者对立的误区。(3)科技素质与人文素质问题。从历史的发展来看,近代以前的教育基本上是以人文素质培养作为主要的价值取向;而近代以来的教育,科技素质在教育目的的价值取向上日显突出。

九、各教育哲学流派的教育目的观 ★ 【单选、判断】

不同的教育哲学流派对教育的许多问题有着各自不同的理解,对于教育目的问题,他们也有着各自不同的主张与选择。

进步主义是影响美国20世纪教育最重要的教育哲学流派之一。进步主义教育赖以生长、发展的理论基础,无论是达尔文的进化论还是实验主义哲学,都突出了一个"变化"的思想,世界上的一切都处于变化的历程之中。与此相对应,在教育目的观上,进步主义也反对任何普遍的、绝对的、永恒不变的教育目的。

要素主义认为教育目的有两个方面。第一,从宏观方面而言,教育就是传递人类文化遗产的要素

或核心,只有掌握了文化,人才能准确预见各种行为方式的后果,从而达到他们期望达到的目的。第二,从微观方面而言,教育就是帮助个人实现理智和道德的训练,因为这对于个人理智和人格的和谐发展是必不可少的。

以恢复西方历史悠久的人文主义传统为宗旨的永恒主义认为,教育的根本目的就是发展那些使人同动物区别开来的根本特征,即人之所以为人的特征,把人塑造成为真正的人。

改造主义是从进步主义中逐渐分化出来的当代西方的一个教育哲学流派。他们认为,教育的主要目的是推动社会的进步和变化,设计并实现理想的社会。

以斯金纳的新行为主义心理学为基础的新行为主义认为,教育目的就是改变和控制学生的行为,实现行为目标,使他们为承担个人和社会生活的责任做好准备,成为有益于社会的人。

存在主义注重人的存在、注重现实人生,并以此为出发点,认为人是被抛到这个世界上来的,所有的存在都是偶然的。因此,教育纯粹是个人的事。教育无论对公众、集体还是社会,都不承担任何责任。教育的目的就是使每一个人都认识到自己的存在,并形成一套不同于他人的独特的生活方式。因此,教育要维护个人的自由,帮助个人进行自我选择,并对自己的选择负责。

马克思主义关于人的全面发展的教育学说,是制定社会主义教育目的的指导思想,社会主义教育用辩证唯物主义和历史唯物主义来分析和制定教育目的,给教育目的问题以科学的理论基础。

真题16 [2023黑龙江哈尔滨,单选]"教育纯粹是个人的事。教育无论对公众、集体还是社会,都不承担责任"属于( )的主张。

A.要素主义　　　B.改造主义　　　C.存在主义　　　D.自由主义

答案:C

★★ 本节核心考点回顾 ★★

1.教育目的的作用

(1)导向作用。教育目的不仅为受教育者指明方向、预定发展结果,也为教育工作者指明工作方向和奋斗目标。

(2)激励作用。在教育活动中,只有当受教育者意识到教育目的对自身未来成长的要求或意义时,才能把它作为努力方向,不断按照教育目的的要求发展和提高自己。

(3)评价作用。教育目的是衡量、评价教育实施效果的根本依据和标准。

2.教育目的的层次结构

说法一:教育目的包括国家的教育目的、各级各类学校的培养目标和教师的教学目标。

说法二:教育目的从抽象到具体依次为教育目的、培养目标、课程目标、教学目标。

3.个人本位论

(1)代表人物:孟子、卢梭、裴斯泰洛齐、福禄贝尔、赫钦斯、奈勒、马斯洛、萨特等。

(2)观点:教育的根本目的是人的本性和本能的高度发展。

4.社会本位论

(1)代表人物:荀子、柏拉图、赫尔巴特、涂尔干(迪尔凯姆)、纳托普(那托尔普)、凯兴斯泰纳、孔德、巴格莱等。

(2)观点:教育以社会的稳定和发展为最高宗旨。

第二节 我国的教育目的

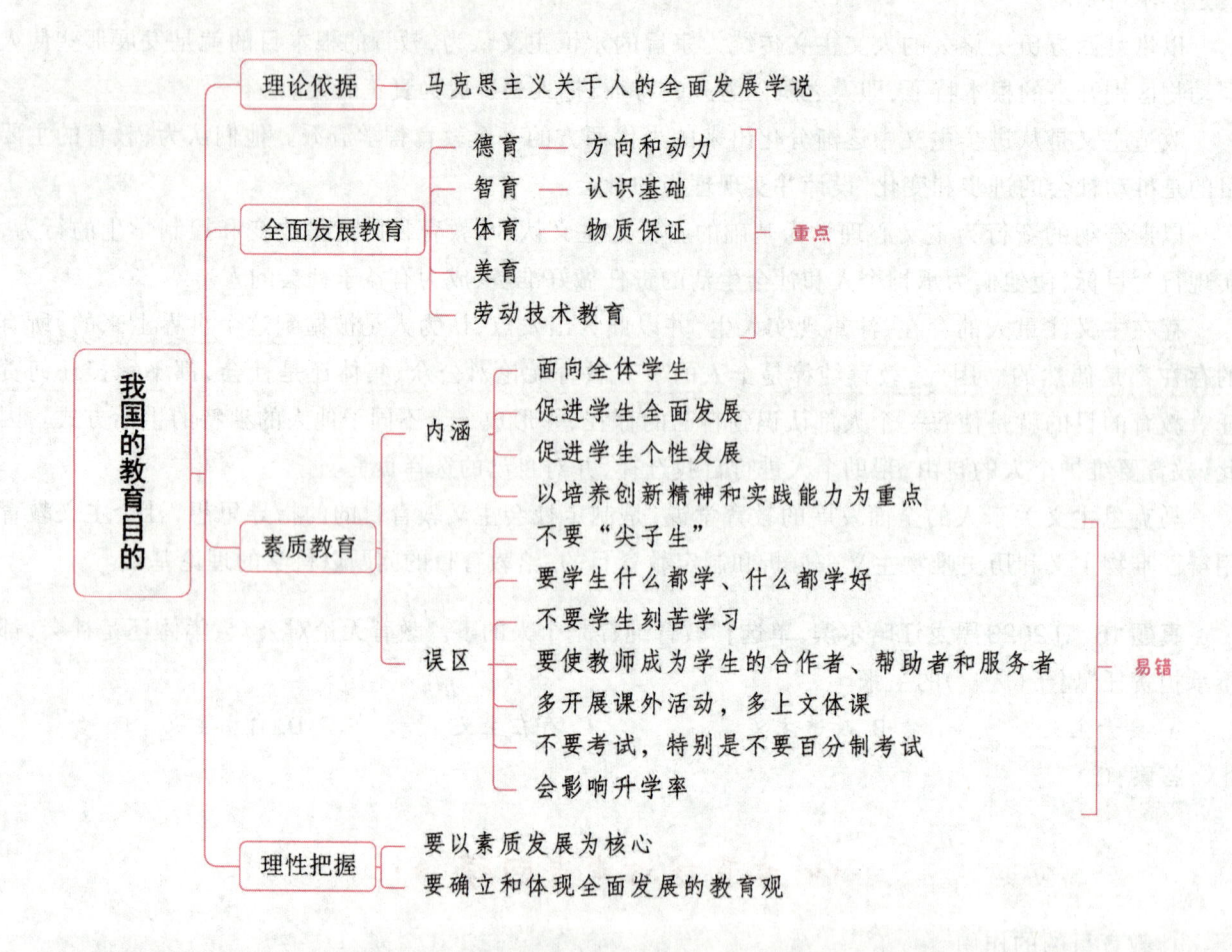

```
                    ┌─ 理论依据 ── 马克思主义关于人的全面发展学说
                    │
                    │                ┌─ 德育 ── 方向和动力
                    │                ├─ 智育 ── 认识基础
                    ├─ 全面发展教育 ──┼─ 体育 ── 物质保证    【重点】
                    │                ├─ 美育
                    │                └─ 劳动技术教育
我国的              │
教育目的            │            ┌─ 内涵 ──┬─ 面向全体学生
                    │            │         ├─ 促进学生全面发展
                    │            │         ├─ 促进学生个性发展
                    │            │         └─ 以培养创新精神和实践能力为重点
                    ├─ 素质教育 ─┤
                    │            │         ┌─ 不要"尖子生"
                    │            │         ├─ 要学生什么都学、什么都学好
                    │            │         ├─ 不要学生刻苦学习
                    │            └─ 误区 ──┼─ 要使教师成为学生的合作者、帮助者和服务者  【易错】
                    │                      ├─ 多开展课外活动，多上文体课
                    │                      ├─ 不要考试，特别是不要百分制考试
                    │                      └─ 会影响升学率
                    │
                    └─ 理性把握 ──┬─ 要以素质发展为核心
                                  └─ 要确立和体现全面发展的教育观
```

一、新中国成立以来教育目的的各种表述 ★ 【单选、多选、填空】

表1-24 新中国成立以来教育目的的各种表述

时间	文件或会议	关于教育目的的表述
1957年	《关于正确处理人民内部矛盾的问题》	我们的教育方针，应该使受教育者在德育、智育、体育几方面都得到发展，成为有社会主义觉悟的有文化的劳动者 注：这是新中国成立后颁布的第一个教育方针
1999年	《中共中央国务院关于深化教育改革全面推进素质教育的决定》	实施素质教育，就是全面贯彻党的教育方针，以提高国民素质为根本宗旨，以培养学生的创新精神和实践能力为重点，造就"有理想、有道德、有文化、有纪律"的、德智体美等全面发展的社会主义事业建设者和接班人
2001年	《国务院关于基础教育改革与发展的决定》	坚持教育必须为社会主义现代化建设服务，为人民服务，必须与生产劳动和社会实践相结合，培养德智体美等全面发展的社会主义事业建设者和接班人
2010年	《国家中长期教育改革和发展规划纲要（2010~2020年）》	全面贯彻党的教育方针，坚持教育为社会主义现代化建设服务，为人民服务，与生产劳动和社会实践相结合，培养德智体美全面发展的社会主义建设者和接班人

续表

时间	文件或会议	关于教育目的的表述
2012年	十八大报告	坚持教育为社会主义现代化建设服务、为人民服务,把立德树人作为教育的根本任务,培养德智体美全面发展的社会主义建设者和接班人
2017年	十九大报告	落实立德树人根本任务,发展素质教育,推进教育公平,培养德智体美全面发展的社会主义建设者和接班人
2018年	全国教育大会	坚持中国特色社会主义教育发展道路,培养德智体美劳全面发展的社会主义建设者和接班人,加快推进教育现代化、建设教育强国、办好人民满意的教育
2021年	《中华人民共和国教育法》(修正)	教育必须为社会主义现代化建设服务、为人民服务,必须与生产劳动和社会实践相结合,培养德智体美劳全面发展的社会主义建设者和接班人
2022年	二十大报告	全面贯彻党的教育方针,落实立德树人根本任务,培养德智体美劳全面发展的社会主义建设者和接班人

真题1 [2023福建统考,单选]我国教育目的的历史演变过程中,强调"培养学生的创新精神和实践能力"的方针出自( )

A.《中华人民共和国宪法》
B.《国家中长期教育改革和发展规划纲要(2010～2020年)》
C.《中共中央国务院关于深化教育改革全面推进素质教育的决定》
D.《中共中央关于制定国民经济和社会发展十年规划和"八五"计划的建议》

答案:C

二、现阶段我国教育目的的基本精神 ★★ 【单选、多选、判断、简答】

新中国成立以来,党和国家制定的各种文件中有关教育方针及其规定的教育目的,提法虽然不尽相同,但基本内涵或基本精神是一致的,包含一个总的精神,就是培养学生成为未来国家、社会发展的主人。其基本点主要表现为:

(1)坚持社会主义方向性。要求培养的人是社会主义事业的建设者和接班人,因此要坚持政治思想道德素质与科学文化知识能力的统一。

(2)坚持全面发展。要求学生在德、智、体等方面全面发展,要求坚持脑力与体力两方面的和谐发展。

(3)培养独立个性。适应时代要求,强调学生个性的发展,重点是培养学生的创新精神和实践能力。

(4)教育与生产劳动相结合,是实现我国教育目的的根本途径。

(5)注重提高全民族素质。提高全民族素质是我国当今社会发展赋予教育的根本宗旨,也是我国当代教育的重要使命。

总的来说,其体现的精神实质是:第一,培养劳动者(为经济建设和社会的全面发展进步培养各级各类人才)是社会主义教育目的的总要求;第二,要求德、智、体、美、劳等方面全面发展是社会主义的教育质量标准;第三,坚持社会主义方向,是我国教育目的的根本性质和特点;第四,坚持教育与生产劳动相结合的根本途径。同时,这也体现了我国教育目的的基本特征,即:第一,以马克思主义关于人的全面发展学说为指导思想;第二,具有鲜明的政治方向;第三,坚持全面发展与个性发展的统一。

真题2 [2024河北石家庄,单选]我国社会主义的教育质量标准是(　　)
A. 坚持社会主义方向　　　　　　　　B. 坚持德、智、体、美、劳全面发展
C. 坚持提高全民族素质　　　　　　　D. 坚持教育与生产劳动相结合
答案:B

三、我国确立教育目的的理论依据 ★★★ 【单选、填空、判断】

马克思主义关于人的全面发展学说是我国确定教育目的的理论依据和基础。其基本内容包括:

(1)人的全面发展。所谓人的全面发展,是指人的劳动能力,即人的体力和智力的全面、和谐、充分的发展,还包括人的道德的发展和人的个性的充分发展。人的全面发展是马克思主义教育学说的核心内容,也是社会主义教育的终极追求。

(2)旧式分工造成了人的片面发展。

(3)机器大工业生产为人的全面发展提供了基础和可能。

(4)社会主义制度是实现人的全面发展的社会条件。

(5)教育与生产劳动相结合是"造就全面发展的人的唯一方法"。马克思说:"教育与生产劳动相结合,不仅是提高社会生产的一种方法,而且是造就全面发展的人的唯一方法。"也就是说,**教育与生产劳动相结合是培养全面发展的人的根本途径,也是唯一途径。**

真题3 [2024天津和平,单选]马克思认为(　　)是导致人的片面发展的根本原因。
A. 社会分工　　　　B. 经济基础　　　　C. 先天遗传　　　　D. 后天环境

真题4 [2023福建统考,填空]我国教育目的的理论基础是马克思主义关于人的_____学说。

真题5 [2024安徽统考,判断]马克思主义关于人的全面发展学说,是中国特色社会主义教育学的理论基础,也是我国教育目的的理论基础。(　　)

答案:3. A　4. 全面发展　5. √

四、我国教育目的的基本构成 ★★★ 【单选、多选、判断、名词解释、简答】

要培养全面发展的人,就必须建构起全面发展的教育。一般认为,**我国现在中小学的全面发展教育主要包括德育、智育、体育、美育、劳动技术教育。**学校教育教人行善、求真、健体、审美,并最终使人成为社会事务的承担者。德育重在教人行善,智育重在教人求真,体育重在教人健体,美育重在教人审美,而劳动技术教育则重在通过使个体掌握劳动工具的使用,创造能够满足人的需要的生产和生活的物品。

考点 1 ▸ 全面发展教育的组成部分

1. 德育

德育是培养学生正确的人生观、世界观、价值观,使学生具有良好的道德品质和正确的政治观念,形成正确的思想方法的教育。

德育的基本任务包括:(1)培养学生良好的道德品质;(2)培养学生正确的政治方向;(3)培养学

生正确的价值观;(4)培养学生良好、健康的心理品质;(5)培养学生良好的思想品德能力等。

2. 智育

智育是传授给学生系统的科学文化知识、技能,发展他们的智力和与学习有关的非认知因素的教育。智育的主要内容和任务包括传授知识、发展技能、培养自主性和创造性。

智育的具体任务有:(1)向学生系统传授科学文化知识,为学生各方面发展奠定良好的知识基础;(2)培养训练学生,使其形成基本技能;(3)培养和发展学生的智力才能,增强学生各个方面的能力;(4)培养学生良好的学习品质和热爱科学的精神。

智育的根本任务是培育或发展学生的智慧,尤其是智力。

3. 体育

体育是授予学生关于健康的知识、技能,发展他们的体力,增强他们的自我保健意识和体质,培养他们参加体育活动的需要和习惯,增强其意志力的教育。

体育的基本任务包括:(1)指导学生锻炼身体,促进身体正常发育和技能的发展,增强学生体质,提高健康水平;(2)使学生掌握运动锻炼的科学知识和基本技能,掌握运动锻炼的方法,增强运动能力;(3)使学生掌握身心卫生保健知识,养成良好的身心卫生保健习惯;(4)发展学生良好品德,养成学生文明习惯。其中,增强学生体质是学校体育的根本任务,这是学校体育与学校其他活动最根本的区别。学校体育的功能包括健体功能、教育功能、娱乐功能。

学校体育的基本组织形式是体育课。

4. 美育

美育,即审美教育,是培养学生健康的审美观,发展他们感受美、鉴赏美、创造美的能力,培养他们高尚的情操与文明素养的教育。

(1)美育的主要特点

①形象性。美育是通过美的事物的具体、可感知的形象来吸引受教育者,感染受教育者,使受教育者亲临其境,亲闻其声,亲见其行,得到审美的愉悦,从而达到教育的目的。

②愉悦性。美育的愉悦性是指在美育活动中,受教育者常常处于一种喜悦的心理状态与精神状态,产生强烈的情感体验,获得极大的审美享受。这种愉悦是感染人、启发人、吸引人去参与审美、参与美育的重要因素。寓教于乐、以情动人是美育的显著特点之一。

③自由性。美育的自由性主要表现为非强制性、自主性和超功利性。

(2)美育的主要任务

①培养学生正确的审美观点,使他们具有感受美、理解美和鉴赏美的知识与技能;

②培养学生艺术活动的技能,发展他们体现美和创造美的能力;

③培养学生的心灵美和行为美,使他们在生活中体现内在美和外在美的统一。

其中,形成创造美的能力是美育的最高层次的任务。

(3)美育的内容

说法一:学校美育的内容主要包括形式教育、理想教育和艺术教育。

说法二:学校美育主要应有艺术美育、自然美育、社会美育、教育美育等几个方面。

说法三:美育的内容可划分为艺术美、社会美、科学美和自然美四个方面。

(4)美育的功能与作用

人们对美育功能的认识成果有三:一是对美育的直接功能(即"育美")的认识;二是对美育的间接

功能(或附带功能、潜在功能,具体说就是美育的育德、促智、健体功能等)的认识;三是对美育的超美育功能(即美育的超越性功能)的探究。

美育对学生智、德、体、劳等各方面发展的促进作用表现在:

①美育可以扩大学生的知识视野,发展学生的智力和创造精神;

②美育具有净化心灵、陶冶情操、完善品德的教育功能;

③美育可以促进学生身体健美发展,具有提高形体美的健康性和艺术性的价值;

④美育有助于学生劳动观点的树立、技能的形成,具有技术美学的价值。

总之,美育具有不可取代的特殊教育功能,它与其他各育互为条件,相辅相成,共同促进学生的全面发展。培养个性和才能全面和谐发展的完美的人,是美育的目的。

(5)美育的实施

美育的实施主要涉及以下问题:美育过程、美育原则、美育途径和方法。

①美育过程

第一,通过审美感知活动,为鉴赏美和创造美奠定基础;

第二,通过审美鉴赏活动,发展审美判断力;

第三,通过审美创造活动,发展创造美的能力。

②美育原则

第一,形象性原则。对学生进行美育应当运用现实的或艺术的美的形象,使学生直接感知到美的清秀、艳丽、和谐、匀称、奇特、雄伟等形式,受到美的熏陶,养成高尚的情操。

第二,情感性原则。对学生进行美育要引导他们深入到现实的和艺术的美的意境中去,激起情感上的共鸣,达到入迷、陶醉的状态,使美融化于心灵。

第三,活动性原则。对学生进行美育应该通过审美活动,让学生在活动中去感受美、鉴赏美、创造美,受到美的熏陶。这是审美教育区别于其他教育的主要标志。

第四,差异性原则。对学生进行美育应当根据学生的年龄特征、个性差异及审美情趣的不同,选择不同的内容和方式进行,使他们的审美兴趣、爱好与创造才能得到自由的发展。

第五,创造性原则。对学生进行美育不是让学生消极、被动、静观地接受美的形式,而是应当引导他们积极主动地富有想象力和创造性地感知、理解和创造美。自由创造是美育的灵魂。

③美育途径和方法

第一,通过课堂教学和课外文化艺术活动进行美育。课堂教学是学校美育的主要途径,学校美育只有渗入各科教学之中,才能有效地实施。

第二,通过大自然进行美育。欣赏大自然的美可以增强学生的审美感知能力和理解能力;欣赏自然美可以开阔视野,增加知识,陶冶情操,砥砺品行;利用大自然进行美育,还要掌握自然美的特征和学生的审美特点;要启发学生认识人与自然的审美关系,理解欣赏自然美的"比德""畅神"的审美观念。

第三,通过日常生活进行美育。

5.劳动技术教育

劳动技术教育是引导学生掌握劳动技术知识和技能,形成劳动观点和习惯的教育。它包括劳动教育和技术教育两个方面。劳动技术教育的实质是培养学生的创造性实践能力,它是实现个体与社会协调统一、和谐发展的纽带和桥梁。

劳动技术教育的任务包括:(1)培养学生的劳动观点、劳动习惯和学习生产技术的兴趣;(2)使学生初步掌握现代生产技术的基础知识和基本技能,学会使用一般的生产工具;(3)掌握组织生产和管理生产的初步知识和技能。

劳动技术教育的内容包括:(1)生产劳动与技术;(2)家政与家务劳动;(3)公益性劳动;(4)职业认知。

真题6 [2023安徽蚌埠,单选]智育的根本任务是( )

A.发展学生的智力　　　　　　　　B.培养学生的自主性

C.提高学生的竞争意识　　　　　　D.完善学生的人格

真题7 [2023辽宁营口,单选]( )是美育的灵魂。

A.审美互动　　　B.触景生情　　　C.生动可感　　　D.自由创造

真题8 [2022河南濮阳,判断]体育课是学校体育的主要形式。( )

答案:6. A　7. D　8. √

考点 2　全面发展教育各组成部分之间的关系

1."五育"在全面发展中的地位存在不平衡性

全面发展不能理解为要求学生"样样都好"的平均发展,也不能理解为人人都要发展成为一样的人。全面发展的教育同"因材施教""发挥学生的个性特长"并不是对立的、矛盾的。人的发展应是全面、和谐、具有鲜明个性的。在实际生活中,青少年德、智、体、美、劳诸方面的发展往往是不平衡的,有时需要针对某个带有倾向性的问题强调某一方面。学校教育也常会因某一时期任务的不同,在某一方面有所侧重。

2."五育"各有其相对独立性

"五育"中的每一组成部分都有其相对独立性,有其特定的任务、内容和功能,对其他各育起着影响、促进的作用,各育不能相互代替。各育都具有特定的内涵、特定的任务,其各自的社会价值、教育价值、满足人发展的价值都是通过各自不同的作用体现出来的。

说法一:德育对其他各育起着保证方向和保持动力的作用,它体现了社会主义教育的方向,是"五育"的灵魂;智育为其他各育的实施提供了认识基础;体育是实施各育的物质保证;美育和劳动技术教育是德育、智育、体育的具体运用和实施。

说法二:德育则是各育实施的方向统帅和动力源泉;智育是各育实施的认识基础和智力支持;体育是各育实施的物质前提,是人的一切活动的基础;美育协调各育的发展;劳动技术教育是各育的实践基础。

3."五育"之间具有内在联系

德育、智育、体育、美育、劳动技术教育紧密相连,它们互为条件,互相促进,相辅相成,构成一个统一的整体。它们的关系具有在活动中相互渗透的特征。

· 知识再拔高 ·

普通中小学教育的组成部分

普通中小学教育包括体育、智育、德育、美育和综合实践活动等组成部分。其中,德育集中体现了我国教育的价值取向和社会政治性质,在学生的全面发展中起着定向和动力的作用。

真题9 [2024广东佛山,单选]教育的各个组成部分是统一的教育的不同方面,有机地构成一个完整的教育,对人的全面发展产生影响作用。全面发展教育的有机组成部分中,对其他各育起着灵魂

和指导作用的是（　　）

A. 德育　　　　　　B. 智育　　　　　　C. 体育　　　　　　D. 劳动技术教育

真题10　[2024贵州贵阳,判断]在"五育"中,为其他四育提供实践基础的是"智育"。（　　）

答案：9. A　10. ×

五、素质教育 【单选、多选、不定项、判断、名词解释、简答、论述】

考点 1 ▶ 素质教育的概念 ★

1999年的《中共中央国务院关于深化教育改革全面推进素质教育的决定》,将素质教育确定为我国教育改革和发展的长远方针,素质教育随之成为我国各级各类教育追求的共同理想。

素质教育是依据人的发展和社会发展的实际需要,以全面提高全体学生的基本素质为根本目的,以尊重学生主体性和主动精神,注重开发人的智慧潜能,形成人的健全个性为根本特征的教育。

考点 2 ▶ 素质教育的特点 ★

说法一：素质教育的特点包括全体性、全面性、基础性、主体性、发展性、合作性和未来性。其中,全体性是素质教育最本质的规定、最根本的要求。

说法二：素质教育的特点包括方向性、发展性、全体性、全面性、整体性、层次性、开放性、多样性、时代性、超前性和主体性等。其中,发展性是教育的基本功能和本质特征,也是素质教育的本质特性。

说法三：素质教育的特点包括教育对象的全体性、教育内容的基础性、教育空间的开放性、教育目标的全面性和教育价值的多元化。其中,教育空间的开放性是指教育不再局限于课堂和书本知识,而是积极开拓获取知识的来源和获得发展的空间,重视利用课外的自然资源与社会资源,开展丰富多彩的活动。

真题11　[2022河北衡水,单选]素质教育的特点不包括（　　）

A. 全面性　　　　　B. 选拔性　　　　　C. 多元化　　　　　D. 开放性

答案：B

考点 3 ▶ 素质教育的目的、任务、三要义 ★★

素质教育的根本目的,就是全面地提高学生的素质。它可以分为做人与成才两个层次：前者是后者的基础,偏重于共同要求；后者是前者的发展,偏重于区别对待。

素质教育的三任务包括：(1)培养学生的身体素质。身体素质处于素质整体结构的基础层。(2)培养学生的心理素质。心理素质处于素质整体结构的核心层。(3)培养学生的社会素质。社会素质处于素质整体结构的最高层。

素质教育的三要义包括：(1)面向全体；(2)全面提高；(3)主动发展。

真题12　[2023河南事业单位,单选]素质教育的发展任务中,处于素质整体结构中的核心层的是（　　）

A. 身体素质　　　　B. 心理素质　　　　C. 社会素质　　　　D. 文化素质

真题13　[2022河北保定,多选]素质教育的三要义是指（　　）

A. 发展学生的创造性　　　　　　　　　B. 教育要面向全体学生

C. 教育要促进学生的全面提高　　　　　D. 让学生主动发展

答案：12. B　13. BCD

考点 4　素质教育的内涵 ★★★

（1）**素质教育是面向全体学生的教育**。素质教育倡导人人有受教育的权利，强调在教育中每个人都得到发展，而不是只注重一部分人，更不是只注重少数人的发展。

（2）**素质教育是促进学生全面发展的教育**。素质教育倡导的是在教育中使每个学生都得到充分的、全面的发展。素质教育的理论依据是全面发展教育，素质教育是对全面发展教育的具体落实和深化。实施素质教育必须坚持"五育"并举，促进学生生动活泼地发展。

（3）**素质教育是促进学生个性发展的教育**。素质教育是全面发展的教育，是从教育对所有学生的共同要求的角度来看的。但每一个学生都有其个别性，如有不同的认知特征、不同的欲望需求、不同的兴趣爱好、不同的创造潜能，这些不同点铸造了一个个千差万别的、个性独特的学生。因此，教育还要尊重并充分发展学生的个性。

（4）**素质教育是以培养创新精神和实践能力为重点的教育**。作为国力竞争基础工程的教育，必须培养具有创新精神和实践能力的新一代人才，这是素质教育的时代特征。对教育来说，培养创新精神和实践能力不是一般性的要求，更不是可有可无的事，而应成为教育活动的根本追求，成为素质教育的核心。能不能培养学生的创新精神和实践能力是应试教育和素质教育的本质区别。

真题14　[2024福建统考，多选]下列关于素质教育内涵的表述，正确的有（　　）

A. 面向全体学生的教育

B. 促进学生个性发展的教育

C. 开展课外活动的教育

D. 以培养创新精神和实践能力为重点的教育

真题15　[2024浙江嘉兴，简答]简述素质教育的内涵。

答案：14. ABD　15. 详见内文

考点 5　创新教育及其在素质教育中的地位 ★★

创新教育是素质教育的核心，它是教育对知识经济向人才培养提出挑战的回应。它是旨在激发学生的创新意识，培养学生的创新能力的教育。

（1）创新能力不仅是一种智力特征，更是一种人格特征，是一种精神状态。

（2）创新能力的培养是素质教育的核心，是素质教育区别于应试教育的根本所在。

（3）重视创新能力的培养也是现代教育与传统教育的根本区别之所在。

> **· 知识再拔高 ·**
>
> **教育创新与创新教育**
>
> 教育创新不同于创新教育。教育创新是围绕着人的发展，对教育观念、教育模式和教育制度等进行全面的变革和创新。创新教育是关于创新素质的培养，尤其指人的创新意识、创新精神、创新能力和创新人格的培养。教育创新和创新教育的目的是一致的，都指向人的培养，但创新教育只指向人的创新素质的培养，教育创新则指向人的全面发展。创新教育是培养创新素质的教育，核心在"教育"；教育创新是围绕人的全面发展进行的教育观念创新、教育模式创新、教育制度创

新,核心在"创新"。

教育需要改革创新,改革创新是教育发展的强大动力。教育创新,应该源自教育内在变革的创新,来自教育自身发展的迫切需要。教育创新涉及观念、模式、制度等诸多层面的整体性变革:(1)教育观念创新。观念的创新是教育创新的先导。(2)教育模式创新。教育模式是教育创新的抓手和落脚点。(3)教育制度创新。教育观念和模式的创新,需要制度的创新作保证。创新模式使创新观念落地生根,创新制度为创新模式保驾护航。

真题16 [2024四川统考,单选]素质教育的核心是(　　)
A. 学习成绩的提升　　　　　　　　B. 各科知识的掌握
C. 创新能力的培养　　　　　　　　D. 考试能力的提高

真题17 [2023河南事业单位,不定项]关于教育创新的描述,下列选项正确的有(　　)
A. 教育创新要以文化的传承、选择和交流为前提
B. 教育创新应该源自教育内在变革的创新
C. 教育模式是教育创新的抓手和落脚点
D. 观念的创新是教育创新的先导

答案:16. C　17. BCD

考点 6 实施素质教育的措施 ★

(1)改变教育观念。提高民族素质,实施素质教育,关键是要转变教育观念。
(2)转变学生观。
(3)加大教育改革的力度。
(4)建立素质教育的保障机制。包括:①充分发挥政府作用;②加大教育督导力度;③提高教育评价的科学性;④加强各级各类教育之间的沟通和衔接。
(5)建立素质教育的运行机制。包括:①改革内部管理体制;②提高校长和教师的素质;③完善课程体系,优化教学过程。
(6)营造良好的校园文化氛围。

考点 7 实施素质教育应避免的误区 ★★★

(1)素质教育就是不要"尖子生"。这是对素质教育面向全体学生的误解。素质教育坚持面向全体学生,意味着素质教育要使每个学生都得到与其潜能相一致的发展。

(2)素质教育就是要学生什么都学、什么都学好。这是对素质教育使学生全面发展的误解。素质教育强调为学生的发展奠定基础,同时又要发展学生的个性,因此素质教育对学生的要求是合格加特长。

(3)素质教育就是不要学生刻苦学习,"减负"就是不给或少给学生留课后作业。这是对素质教育使学生生动、主动和愉快发展的误解。学生真正的愉快来自通过刻苦的努力而带来成功之后的快乐,学生真正的负担是不情愿的学习任务。

(4)素质教育就是要使教师成为学生的合作者、帮助者和服务者。这是对素质教育所倡导的"学生的主动发展"和"民主平等的师生关系"的误解。这种观点忽略了教师的地位和作用,忽略了学生的特点。教师是教育实践的主体,在教育实践中起主导作用;学生是发展中的人,是教育实践活动的客体,是学习与

发展的主体。这决定了教师首先是知识的传播者、智慧的启迪者、个性的塑造者、人生的引路人、潜能的开发者,其次才是学生的合作者、帮助者和服务者。

(5)素质教育就是多开展课外活动,多上文体课。这是对素质教育形式化的误解。教育培养人的基本途径是教学,学生的基本任务是在接受人类文化精华的过程中获得发展。这就决定了素质教育的主渠道是教学,主阵地是课堂。

(6)素质教育就是不要考试,特别是不要百分制考试。这是对考试的误解。考试包括百分制考试本身没有错,要说错的话,就是应试教育中使用者将其看作学习的目的。考试作为评价的手段,是衡量学生发展的尺度之一,也是激励学生发展的手段之一。

(7)素质教育会影响升学率。这种观点的形成在于对素质教育内涵的误解。素质教育不排斥升学率,但这个升学率和应试教育片面追求的升学率不同。

真题18 [2023河北省直,多选]下列关于素质教育的叙述错误的有( )
A. 素质教育就是要多开展课外活动　　B. 面向全体学生是素质教育最根本的要求
C. 素质教育的根本目标是促进学生全面发展　　D. 素质教育就是要取消考试

真题19 [2024天津西青,判断]素质教育就是要使教师成为学生的合作者、帮助者和服务者。( )

答案:18. AD　19. ×

六、教育目的实现的理性把握 ★★ 【单选、多选、判断】

1. 要以素质发展为核心

教育目的的实现不能忽略对人的素质的培养。这主要是因为:素质既蕴含活动的潜能和底蕴,也表现为在现实应对中适当把握、灵活驾驭事物或问题的实际水平。如果说我国教育目的在于使人德智体美劳全面发展是一种内容上的强调的话,那么素质教育就是对人发展质量上的一种关注,是对人发展实际水平和程度的一种实质性的强调。

素质教育是以人的素质发展为核心的教育。它以注重人各方面的程度和水平的实际发展为主要特征,追求对人的发展的有效引领和促进。在这里,发展的内涵指:一是人的发展的全面性与和谐性;二是人的发展的差异性和多元性,不强求一律,不用固定的模式看待和要求人的发展,而是重视和鼓励人个性发展的多样性。

2. 要确立和体现全面发展的教育观

(1)确立全面发展教育观的必要性。

(2)正确理解和把握全面发展。

①不能把西方传统上的人的"全面发展"与我国现在所讲的人的"全面发展"等同起来。二者的区别在于:一是西方传统上所说的人的"全面发展",基本上局限于人的精神生活或文化生活领域,而忽视人在物质生活领域,特别是在生产劳动领域中人的能力的全面发展问题。二是西方传统上讲的人的"全面发展",实质上只涉及极少数人,特别是极少数"精神贵族"的自我发展问题。而我们今天所讲的人的全面发展问题,既包括人在物质生活领域,特别是在生产劳动领域的全面发展问题,又包括人在精神生活和文化生活领域的全面发展问题,并强调前者是后者的基础;同时,我们所涉及的不仅仅是极少数人的发展问题,更多涉及的是大多数人的全面发展。

②全面发展不是人的各方面平均发展。把全面发展看成是平均发展,这种认识是非常机械的。实质上,全面发展是指人的各方面素质的和谐发展。

③全面发展不是忽视人的个性发展。人的全面发展与个性发展是辩证统一的,人的个性发展总是和全面发展联系在一起的。第一,全面发展是个性发展的基础;第二,个性发展又是全面发展的动力;第三,人的素质全面发展的过程,也是人的素质个性化发展的过程。

④要坚持人的发展的全面性。不能只是为了眼前的需要(如升学应试的需要),而漠视其他素质的培养,因为这样的教育极易导致一些必要生活素质的欠缺或失衡,从而使人的发展单向度、单一化,或产生人格的分裂。

(3)正确认识和处理各育的关系。

(4)要防止教育目的的实践性缺失。

真题20 [2023辽宁锦州,单选]下列关于全面发展与个性发展的关系,说法错误的是(　　)
A. 人的全面发展与个性发展互有关联
B. 人的个性发展是全面发展的动力
C. 人的素质全面发展的过程也是人的素质个性化发展的过程
D. 人的个性发展是全面发展的基础
答案: D

★ 本节核心考点回顾 ★

1. 我国确立教育目的的理论依据

马克思主义关于人的全面发展学说是我国确定教育目的的理论依据和基础。这一学说认为,教育与生产劳动相结合是培养全面发展的人的根本途径和唯一途径。

2. 我国教育目的的基本构成

(1)组成部分:德育、智育、体育、美育、劳动技术教育。

(2)各组成部分之间的关系:①"五育"在全面发展中的地位存在不平衡性。②"五育"各有其相对独立性。德育对其他各育起着保证方向和保持动力的作用,它体现了社会主义教育的方向,是"五育"的灵魂;智育为其他各育的实施提供了认识基础;体育是实施各育的物质保证;美育和劳动技术教育是德育、智育、体育的具体运用和实施。③"五育"之间具有内在联系。

3. 素质教育的内涵

(1)素质教育是面向全体学生的教育;

(2)素质教育是促进学生全面发展的教育;

(3)素质教育是促进学生个性发展的教育;

(4)素质教育是以培养创新精神和实践能力为重点的教育。

4. 实施素质教育应避免的一些误区

(1)素质教育就是不要学生刻苦学习,"减负"就是不给或少给学生留课后作业。

(2)素质教育就是要使教师成为学生的合作者、帮助者和服务者。

(3)素质教育就是多开展课外活动,多上文体课。

(4)素质教育就是不要考试,特别是不要百分制考试。

第三节 学校与学校教育制度

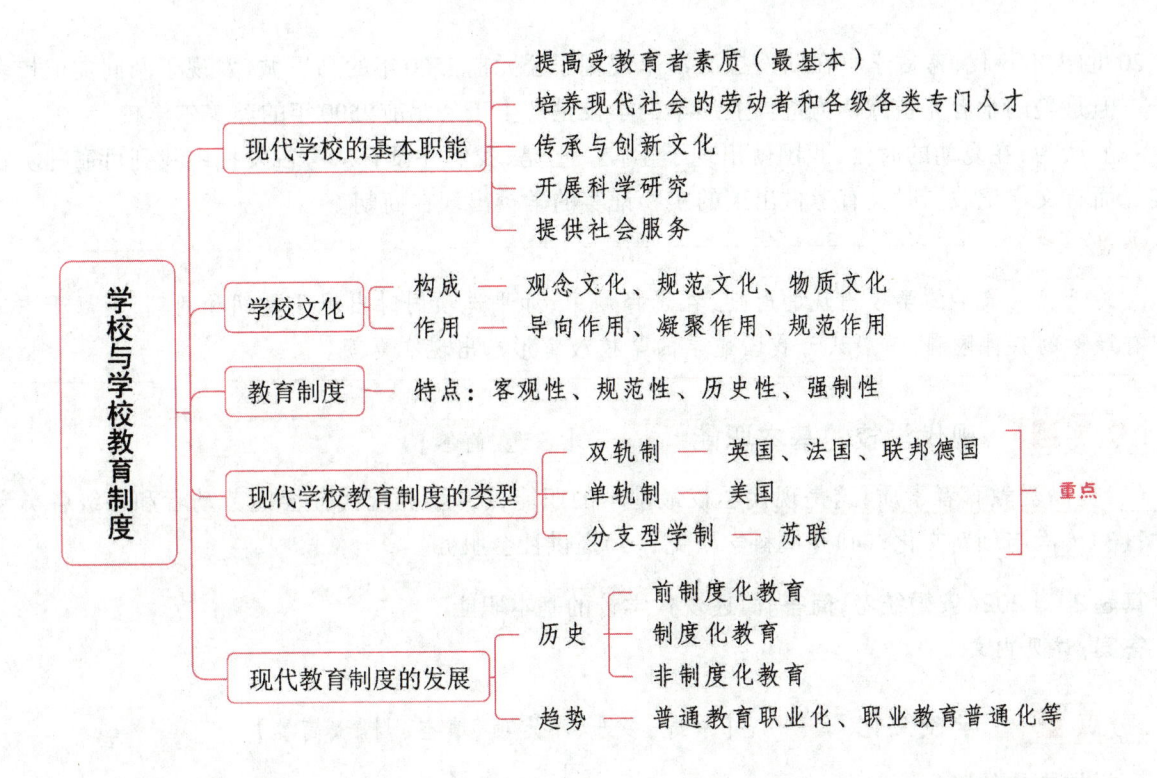

```
学校与学校教育制度
├── 现代学校的基本职能
│   ├── 提高受教育者素质（最基本）
│   ├── 培养现代社会的劳动者和各级各类专门人才
│   ├── 传承与创新文化
│   ├── 开展科学研究
│   └── 提供社会服务
├── 学校文化
│   ├── 构成 —— 观念文化、规范文化、物质文化
│   └── 作用 —— 导向作用、凝聚作用、规范作用
├── 教育制度 —— 特点：客观性、规范性、历史性、强制性
├── 现代学校教育制度的类型
│   ├── 双轨制 —— 英国、法国、联邦德国
│   ├── 单轨制 —— 美国                        【重点】
│   └── 分支型学制 —— 苏联
└── 现代教育制度的发展
    ├── 历史
    │   ├── 前制度化教育
    │   ├── 制度化教育
    │   └── 非制度化教育
    └── 趋势 —— 普通教育职业化、职业教育普通化等
```

一、学校与学校文化

学校是一种古老的、广泛存在的社会组织。它始于人类知识及其传播的专门化要求，是有计划、有组织、有系统地进行教育教学活动的重要场所，是现代社会中最常见、最普遍的组织形式。

考点 1 ▶ 学校产生的条件 ★★ 【多选、判断、简答】

通过对为数不多的人类最早学校的分析，我们认为学校的产生应该具备以下几个条件：
(1) 生产力的发展以及社会生产水平的提高，为学校的产生提供了物质基础；
(2) 脑力劳动和体力劳动的分离，为学校的产生提供了专门从事教育活动的知识分子；
(3) 文字的创造与知识的积累，为学校教育活动的开展提供了有效的教育手段与充分的教育内容；
(4) 国家机器的产生，需要专门的机构培养官吏和知识分子来为统治阶级服务。

> **知识再拔高**
>
> **学校产生的条件的其他说法**
>
> 说法一：(1)学校教育产生的历史基础：生产力的发展和奴隶制国家的形成；(2)学校产生的客观条件：体脑分工和专职教师的出现；(3)学校产生的重要标志：文字的产生和应用。
>
> 说法二：(1)社会生产力的发展；(2)社会生活中间接经验的积累；(3)记载和传承文化工具的出现。

真题1 [2022 山东济南,判断]学校产生的重要标志是文字的产生与应用。（ ）
答案：√

考点 2　最早的学校　★【单选、判断】

公元前3000年左右,在世界上最早出现文字的地方,先后出现了学校的萌芽,并相继出现了最早的学校。

20世纪30年代,考古学家在幼发拉底河岸发掘了公元前3500年的马里城,发现了两间类似校舍的房子。但是美国学者克雷默认为世界上最早的学校是产生于公元前2500年的苏美尔学校。

一般认为,在夏朝的时候,我国就出现了学校。但是,我们并没有从考古发掘中找到可靠的实物来证实。而有文字记载同时又有考古出土的实物证实的学校出现在商朝。

> **小香课堂**
> 关于我国最早的学校出现的时期,在选择题中,如果选项同时出现了夏朝和商朝,而题干中又没有严格的条件限制,一般认为我国最早的学校教育形态出现在夏朝。

考点 3　现代学校的基本职能　★★【多选、简答】

(1)提高受教育者素质,这是现代学校最基本的职能;(2)培养现代社会的劳动者和各级各类专门人才;(3)传承与创新文化;(4)开展科学研究;(5)提供社会服务。

真题2　[2024安徽统考,简答]简述现代学校的基本职能。
答案:详见内文

考点 4　学校文化　★★【单选、多选、不定项、填空、判断、简答】

1. 学校文化的概念

最早提出"学校文化"这一概念的是美国学者华勒。

人们对于如何界说学校文化有着不同的见解。而在这些不同见解中,对学校文化的理解却又有着一些共同的基点:(1)学校文化不仅包括学校全体成员共同遵循的一些观念和行为,而且也包括部分成员共同遵循的观念和行为;(2)学校文化既能给学校预定教育目的的达成带来积极意义,也有可能阻碍教育目的的达成,这是由学校文化中蕴涵的丰富多样性和歧义性所决定的;(3)学校文化的核心是学校各群体所具有的思想观念和行为方式,其中最具决定作用的是思想观念,特别是价值观念。

我们认为,学校文化是一所学校在长期的教育实践过程中积淀、演化和创造出来的,并为其成员所认同和遵循的价值观念体系、行为规范准则和物化环境风貌的一种整合和结晶。

2. 学校文化的构成

学校文化由观念文化、规范文化和物质文化构成。

(1)观念文化,又叫精神文化。观念文化是学校文化的内核和灵魂,是学校组织发展的精神动力,包括办学指导思想、教育观、道德观、思维方式、校风、行为习惯等。观念文化可分解为认知成分、情感成分、价值成分和理想成分。其中,情感成分是学校这个文化体内的成员对教育、学校、班级、同事、同学、老师特有的依恋、认同、参与、热爱的感情,这种感情通常包含着很深的责任感、归属感、优越感和献身精神。

(2)规范文化,又叫制度文化。这是一种确立组织机构、明确成员角色和职责,规范成员行为的文化。规范文化有三种表达方式,即组织形态、规章制度、角色规范。规范文化发挥着育人职能的制度保证作用。

(3)物质文化。它是学校文化的空间物态形式,是学校精神文化的物质载体。物质文化包括环境文化和设施文化。物质文化是学校教育教学及其管理活动的物质基础。

3. 学校文化的特征

(1)学校文化是一种组织文化。

(2)学校文化是一种整合性较强的文化。文化从整体上来讲,都是整合为一的,有着整体性的特点。作为学校文化来说,这一特点表现得尤为突出。这是因为学校有着明确的价值取向和目的要求,它是以学校内部形成的内化了的观念为核心,以预定的目标为动力,通过一系列活动形成的多层面、多类型的文化。它明确地对违反预定价值规范的思想和行为进行拒斥,对符合者予以接受、褒扬,如此使得学校的文化及其成果大多是在一定价值取向的影响和支配下完成的。

(3)学校文化以传递文化传统为己任。

(4)校园文化是学校文化的缩影。校园文化是学校全体成员在学习、工作和生活的过程中所共同拥有的价值观、信仰、态度、作风和行为准则。校园文化包括校园物质文化、校园精神文化和校园组织与制度文化。具体如下:

①校园物质文化是看得见、摸得着的东西,如校园设施等。

②校园精神文化是校园文化的核心内容,也是校园文化的最高层次,主要包括校风、学风、教风、班风和学校人际关系等。其中,校风是学校中物质文化、制度文化、精神文化的统一体,是经过长期实践形成的。校风建设中,学风和教风是中心。校风一旦形成往往代代相传,具有不易消散的特点,因为它已经成为学校所有成员特别是教师的自觉行为。良好的校风能对师生起到潜移默化的影响。

③校园组织与制度文化作为校园文化的内在机制,包括学校的传统、仪式、规章制度等。

4. 学校文化的作用(功能)

(1)导向作用。学校管理者通过各种文化活动,把师生的积极性引导到学校目标所确定的方向上来,使之在确定的目标下从事教育、教学和管理活动。

(2)凝聚作用。学校文化的凝聚作用表现为,学校文化是联系和协调一所学校所有成员行为的纽带。

(3)规范作用。学校文化中蕴含着道德因素,能调节人际关系,使之心理相容、和谐有序,产生对成员的规范约束作用。

> **知识再拔高**
>
> **学校文化的作用(功能)的其他说法**
>
> 说法一:学校文化具有导向作用、凝聚作用、规范(约束)作用和激励作用。其中,激励作用表现在,好的学校文化氛围,往往能形成一种你追我赶的激励环境和激励机制,使学生化被动学习为自觉行为,化外部动力为内在动力;还能激励教职员工为实现自身价值和学校发展而勇于牺牲、乐于奉献。
>
> 说法二:学校文化具有选择功能、浸润功能、凝聚功能、导向功能、融合和传播功能。其中,选择功能注重的是在文化传递过程中进行整理和选择。浸润功能是指学校文化所烘托的氛围,所创造的环境,往往使置身其中的所有人,都不可避免地受到影响。融合和传播功能表现在学校文化作为社会文化的亚文化,要传播民族优秀传统文化、现代社会主流文化,有选择地传播大众文化、世界其他国家民族的文化,促进文化的了解、交流、融合与发展。

5. 学校文化的形成

(1)学校文化的形成过程,是对原有文化的传承与改造的过程。

(2)学校文化的形成过程,是对文化构成要素进行整合的过程。

(3)学校文化的形成过程,是学校文化主体积极创建的过程。学校领导、教职工、学生都是创造学

101

校文化的主体。学校文化建设的关键人物是校长;教职工是学校文化建设的主力军;学生是教育的对象,是学校文化作用的对象,反映着学校文化产品或成果的质量水平。

(4)学校文化的形成过程,是一个良好行为的改造和积累的过程。①良好的文化行为要与管理常规建设相结合。②良好的文化行为要与校园环境建设相结合。环境被称为"第二教师队伍",是一种"隐性课程"。

真题3 [2022广东梅州,多选]学校精神文化的基本成分有(   )
A. 认知成分　　　　　B. 情感成分　　　　　C. 价值成分　　　　　D. 理想成分

真题4 [2023辽宁锦州,判断]学校文化就是学校全体成员共同遵循的观念和行为,它对违反者进行拒斥,对符合者予以接受,总能给学校预定教育目的的达成带来积极意义。(   )
A. 正确　　　　　　　　　　　　　　　　B. 错误

真题5 [2023河北邯郸,判断]校风建设中,学风和教风是中心。(   )

答案: 3. ABCD　4. B　5. √

二、教育制度的内涵　★　【单选、多选、判断】

考点 1 ▶ 教育制度的定义

教育制度是指一个国家或地区各级各类教育机构与组织的体系及其各项规定的总称。

广义的教育制度指国民教育制度,是一个国家为实现其国民教育目的,从组织系统上建立起来的一切教育设施和有关规章制度的总和。

狭义的教育制度指学校教育制度,简称学制,是一个国家各级各类学校的总体系,具体规定各级各类学校的性质、任务、要求、入学条件、修业年限及它们之间的相互关系。学校教育制度是国民教育制度的核心与主体,体现了一个国家国民教育制度的实质。一般来说,它是由三个基本要素构成的,即学校的类型、学校的级别和学校的结构。

真题6 [2024安徽统考,单选]人们把规定一个国家各级各类学校的性质、任务、入学条件、修业年限以及它们之间关系的系统称为(   )
A. 学区　　　　　B. 学习机构　　　　　C. 学制　　　　　D. 书院

答案: C

考点 2 ▶ 教育制度的特点

(1)客观性。教育制度的制定虽然反映着人们的一些主观愿望和特殊的价值需要,但是,人们并不是也不可能随心所欲地制定或废止教育制度,某种教育制度的制定或废止,有它的客观基础和发展的规律性。

(2)规范性。任何教育制度都是其制定者根据自己的需要制定的,具有一定的规范性。这种规范性主要表现在入学条件(即受教育权的限定)和各级各类学校培养目标的确定上。

(3)历史性。教育制度是随着时代和文化背景的变化而不断创新的。

(4)强制性。教育制度独立于个体之外,对个体的行为具有一定的强制作用。例如,学校的考试制度规定任何学生和教师在考试过程中不能有舞弊行为,否则,一经查实,就要给予相应的处分。

真题7 [2023河南洛阳,单选]教育制度是指一个国家或地区各级各类教育机构与组织的体系及其各项规定的总称。人们不可能随心所欲地制定或废止教育制度,需要遵循一定的规律。这体现了教

育制度的哪一特点( )

A.客观性　　　　　B.规范性　　　　　C.历史性　　　　　D.强制性

答案:A

三、建立学制的依据 ★ 【单选】

(1)生产力发展水平和科学技术发展状况。(2)社会政治经济制度。(3)青少年儿童身心发展规律。正是由于学制受青少年儿童身心发展规律的制约,所以不同国家在学制的很多方面是一致的,如入学年龄,大、中、小学阶段的划分等。(4)人口发展状况。(5)文化传统。(6)本国学制的历史发展和国外学制的影响。

真题8 [2023山东济宁,单选]不同国家的学制类型虽然存在差异,但不同学段的入学年龄在大多数国家是一致的。这说明( )是制定学制的重要依据。

A.生产力发展水平　　　　　　B.人口发展状况
C.本国学制的历史发展　　　　D.学生的身心发展特点

答案:D

四、现代学校教育制度的类型 ★★★ 【单选、多选、判断】

现代学制最早出现在欧洲,主要有三种类型:一是双轨学制,二是单轨学制,三是分支型学制。

表1-25 现代学校教育制度的类型

学制类型	代表国家	特点
双轨制	英国、法国、联邦德国等欧洲国家	(1)其学校系统分为两轨:一轨是学术教育,为特权阶层子女所占有,学术性很强,学生可升到大学以上;另一轨是职业教育,为劳动人民的子弟所开设,属生产性的一轨。两轨之间互不相通,互不衔接。 (2)不利于教育的普及
单轨制	美国	(1)最早产生于美国,先后被世界许多国家采纳。 (2)从小学直至大学,形式上任何儿童都可以入学。 (3)最明显的特点是体现了教育的公平性,有利于教育的逐级普及。 (4)教育参差不齐、效益低下、发展失衡,同级学校之间教学质量相差较大
分支型学制 (中间型学制或"Y"型学制)	苏联	(1)介于双轨学制和单轨学制之间,上通(高等学校)下达(初等学校)、左(中等专业学校)右(中等职业技术学校)互联,既有利于学术人才的培养,也有利于职业教育的发展。 (2)课时多、课程复杂,教学不够灵活,特别是地域性较强的课程得不到很好的发展

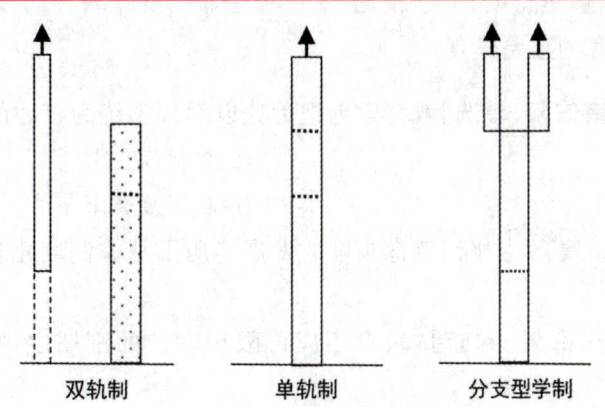

图1-1 现代学校教育制度的类型

真题9 [2023河北石家庄,单选]现代学制有三种基本类型:双轨学制、单轨学制、分支型学制。分支型学制以( )为代表。

A. 美国　　　　　　B. 苏联　　　　　　C. 韩国　　　　　　D. 英国

真题10 [2024浙江金华,多选]双轨制的教育包含哪两种类型( )

A. 学术教育　　　　B. 职业教育　　　　C. 品德教育　　　　D. 绅士教育

答案:9. B　10. AB

五、现代教育制度的发展　★　【单选、多选、判断】

考点 1　教育制度在形式上的发展(教育制度的发展历史)

正规教育的主要标志是近代以学校系统为核心的教育制度,又称制度化教育。以制度化教育为参照,之前的非正式、非正规教育都可归为前制度化教育,而之后的非正式、非正规化教育则都归为非制度化教育。因此,教育制度的发展经历了从前制度化教育到制度化教育,再到非制度化教育的过程。

1. 前制度化教育

前制度化教育是人类教育史上一个重要的发展阶段。一般认为,在奴隶社会初期出现的定型的教育组织形式,即实体化教育——学校是其重要的标志。定型的教育组织形式包括古代的前学校与前社会教育机构、近代的学校与社会教育机构。学校的产生,意味着教育活动的专门化,教育形态趋于定型。

教育实体的形成具有以下特点:(1)教育主体确定;(2)教育对象相对稳定;(3)形成系列的文化传播活动;(4)有相对稳定的活动场所和设施等;(5)由以上因素结合而形成的独立的社会活动形态。

2. 制度化教育

近代学校系统的出现,开启了制度化教育的新阶段。大致说来,严格意义上的学校教育系统在19世纪下半期已经基本形成。学校教育系统的形成,即意味着制度化教育的形成,学校教育制度的建立是制度化教育的典型表征。制度化教育主要指的是正规教育,也就是具有层次结构的、按年龄分级的教育制度,制度化的教育指向形成系统的各级各类学校。

我国近代制度化教育兴起的标志是清朝末年的"废科举,兴学校",以及颁布了全国统一的教育宗旨和近代学制。

3. 非制度化教育

非制度化教育是相对于制度化教育而言的。它指出了制度化教育的弊端,但又不是对制度化教育的全盘否定。非制度化教育所推崇的理想是:"教育不应再限于学校的围墙之内。"一般认为,库姆斯等人的"非正规教育"概念、伊里奇的"非学校化"主张都是非制度化教育的核心思想。提出构建学习化社会的理想是非制度化教育的重要体现。

真题11 [2022河南信阳,单选]教育学上把近代以学校系统为核心的教育制度称为( )

A. 非正式教育　　　　　　　　　　　B. 前制度化教育

C. 制度化教育　　　　　　　　　　　D. 后制度化教育

真题12 [2024山东青岛,判断]教育制度的发展经历了从非制度化教育到制度化教育,再到前制度化教育的过程。( )

真题13 [2023广东梅州,判断]"教育不应再限于学校的围墙之内"体现的是前制度化教育的主张。( )

答案:11. C　12. ×　13. ×

考点 2 现代教育制度的发展趋势

(1)加强学前教育并重视与小学教育的衔接。(2)强化普及义务教育,延长义务教育年限。(3)中等教育中普通教育与职业教育朝着相互渗透(综合统一)的方向发展。二战以前,世界各国普遍推行双轨制教育,两种教育相互隔离。二战后综合中学的比例逐渐增加,出现了普通教育职业化、职业教育普通化的趋势。(4)高等教育的大众化、普及化。(5)终身教育体系的建构。(6)教育社会化与社会教育化。(7)教育的国际交流加强。(8)学历教育与非学历教育的界限逐渐淡化。

真题14 [2024安徽统考,判断]普通教育和职业教育朝着综合统一的方向发展,这是现代学校教育制度改革的趋势之一。(　　)

真题15 [2024江苏苏州,判断]"普通教育职业化,职业教育普通化"是现代教育制度的发展趋势之一。(　　)

答案:14. √　15. √

★ 本节核心考点回顾 ★

1. 现代学校的基本职能

(1)提高受教育者素质,这是现代学校最基本的职能;(2)培养现代社会的劳动者和各级各类专门人才;(3)传承与创新文化;(4)开展科学研究;(5)提供社会服务。

2. 教育制度的特点

(1)客观性;(2)规范性;(3)历史性;(4)强制性。

3. 现代学校教育制度的类型

(1)双轨制:①代表国家有英国、法国、联邦德国等欧洲国家;②其学校系统分为两轨,一轨是学术教育,另一轨是职业教育。

(2)单轨制:①代表国家是美国;②最明显的特点是体现了教育的公平性,有利于教育的逐级普及。

(3)分支型学制:①代表国家是苏联;②上通下达、左右互联,既有利于学术人才的培养,也有利于职业教育的发展。

4. 教育制度的发展历史

教育制度的发展经历了从前制度化教育到制度化教育,再到非制度化教育的过程。

第四节　我国的学校教育制度

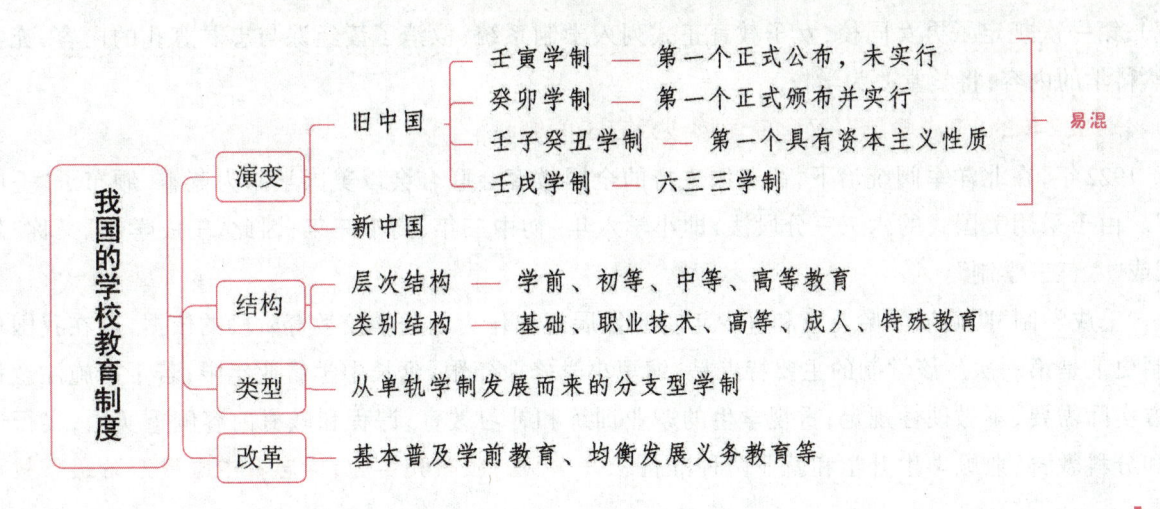

我国的学校教育制度
- 演变
  - 旧中国
    - 壬寅学制 —— 第一个正式公布,未实行
    - 癸卯学制 —— 第一个正式颁布并实行
    - 壬子癸丑学制 —— 第一个具有资本主义性质
    - 壬戌学制 —— 六三三学制
    （易混）
  - 新中国
- 结构
  - 层次结构 —— 学前、初等、中等、高等教育
  - 类别结构 —— 基础、职业技术、高等、成人、特殊教育
- 类型 —— 从单轨学制发展而来的分支型学制
- 改革 —— 基本普及学前教育、均衡发展义务教育等

一、我国现代学校教育制度的演变

我国古代的学校分为官学、私学和书院,与之相对应,我国古代的学校教育制度主要由官学教育系统、私学教育系统和书院教育系统构成。我国现代学制的建立是从清末"废科举,兴学校"开始的。

考点 1 · 旧中国的学制沿革 ★★★ 【单选、多选、填空、判断】

1. 1902年的"壬寅学制"(未实行)

中国近代教育史上最早制定的系统的学校教育制度,是1902年的《钦定学堂章程》,亦称"壬寅学制"。"壬寅学制"以日本的学制为蓝本,由当时的管学大臣张百熙起草,是中国近代教育史上最早由国家正式颁布的学制系统,虽然正式公布,但并未实行。

2. 1904年的"癸卯学制"(实行新学制的开端)

1903年,清政府任命张之洞、荣庆、张百熙三人重新修订拟定了《奏定学堂章程》,1904年1月颁布执行,又称"癸卯学制"。

"癸卯学制"主要承袭了日本的学制,是中国近代教育史上第一部由国家颁布的并在全国实行的学制系统,成为中国近代教育走向制度化、法制化阶段的标志。该学制明文规定教育目的是"忠君、尊孔、尚公、尚武、尚实",明显反映了"中学为体,西学为用"的思想。其宗旨是:"无论何等学堂,均以忠孝为本,以中国经史之学为基。俾学生心术壹归于纯正,而后以西学瀹其智识、练其艺能,务期他日成材,各适实用,以仰副国家造就通才、慎防流弊之意。"另外,该学制还规定不许男女同校,轻视女子教育,体现了半殖民地半封建的特点。该学制的最大特点是修业年限长,从小学堂至大学堂要21年,至通儒院要26年。

3. 1912~1913年的"壬子癸丑学制"

1912年1月,中华民国成立中央教育部,蔡元培被任命为民国第一任教育总长。教育部成立的重要工作之一就是草拟学制。1912年9月初,教育部颁布了《学校系统令》,称为"壬子学制"。1913年,教育部又陆续颁布了各级各类学校法令,使壬子学制得以充实和具体化。这些学制综合起来,形成了一个全面完整的学制系统,称为"壬子癸丑学制",又称"1912~1913年学制"。

"壬子癸丑学制"明显反映了资产阶级在学制方面的要求,是我国教育史上第一个具有资本主义性质的学制。该学制在我国政府法令中第一次明确规定实施义务教育(规定"初等小学四年,为义务教育");第一次规定了男女同校,女子教育正式列入学制系统;取消了读经课与忠君尊孔的内容,充实了自然科学的内容;将学堂改为学校。

4. 1922年的"壬戌学制"(又称新学制或六三三学制)

1922年,在北洋军阀统治下,留美派主持的全国教育会联合会以美国学制为蓝本,颁布了"壬戌学制"。由于采用美国式的六三三分段法,即小学六年、初中三年、高中三年,因此"壬戌学制"又称"新学制"或"六三三学制"。

"壬戌学制"明确以学龄儿童和青少年身心发展规律作为划分学校教育阶段的依据,这在我国现代学制史上是第一次。该学制的主要特点是:缩短小学修业年限,延长中学修业年限;若干措施注意根据地方实际需要,不做硬性规定;重视学生的职业训练和补习教育;课程和教材内容侧重实用;实行选科制和分科教育,兼顾学生升学和就业两种准备。该学制的颁布和实施,标志着中国资产阶级新教育制度的确立,标志着中国近代以来的学制体系建设的基本完成。

此后,国民党政府于1928年就该学制做了些修改,但基本上继承了"壬戌学制",并一直沿用到全国解放初期,它是近代中国使用时间最长的学制。

• 记忆有妙招 •

为方便考生记忆,编者将旧中国的四个学制总结成以下口诀:

壬颁布,癸实施,壬子癸丑最小资,戌美国,六三三。

真题1 [2023河北衡水,单选]我国学制沿革史上,借鉴美国教育体制,初次确立了"六三三"的学习阶段和年限的学制是( )
A.壬寅学制　　　　B.壬戌学制　　　　C.壬子癸丑学制　　　　D.癸卯学制

真题2 [2024江苏苏州,填空]中国第一个真正实施的近代学制是_____。

真题3 [2024江苏南通,判断]我国第一个规定了男女同校,废除了读经,充实了自然科学的内容,将学堂改为学校的学制是1912~1913年的"壬子癸丑学制"。(　　)

答案:1.B　2.癸卯学制(《奏定学堂章程》)　3.√

考点 2　新中国的学制沿革　★【单选、多选】

表1-26　新中国的学制沿革

时间	文件	主要内容
1951年	《关于改革学制的决定》	规定我国学制包括幼儿教育、初等教育、中等教育和高等教育(标志着我国学制发展到了一个新阶段)
1958年	《关于教育工作的指示》	提出了"两条腿走路"的办学方针和"三个结合""六个并举"的具体办学原则。其中,"三个结合"指统一性与多样性相结合、普及与提高相结合、全面规划与地方分权相结合
1985年	《中共中央关于教育体制改革的决定》	(1)教育体制改革的根本目的就是提高民族素质,多出人才、出好人才; (2)地方承担九年义务教育的责任,有计划、有步骤地普及九年制义务教育; (3)调整中等教育结构,大力发展职业技术教育
1993年	《中国教育改革和发展纲要》	确定20世纪末教育发展的总目标: "两基"(基本普及九年义务教育和基本扫除青壮年文盲); "两全"(全面贯彻党的教育方针,全面提高教育质量); "两重"(建设好一批重点学校和一批重点学科)
1999年	《中共中央国务院关于深化教育改革全面推进素质教育的决定》	提出形成社会化、开放式的教育网络,逐步完善终身学习体系,而且还要求在减轻学生课业负担、课程设置、教学内容、考试等方面进行改革
2001年	《国务院关于基础教育改革与发展的决定》	要求在基础教育阶段深化教育教学改革,扎实推进素质教育,进一步明确加快构建符合素质教育要求的新的基础教育课程体系的任务

续表

时间	文件	主要内容
2004年	《2003~2007年教育振兴行动计划》	(1)努力提高普及九年义务教育的水平和质量； (2)以全面推进素质教育为目标,加快考试评价制度改革； (3)积极推进普通高中、学前教育和特殊教育的改革与发展； (4)健全教育督导与评估体系,保障教育发展与改革目标的实现

二、我国现行学校教育制度的结构及类型 ★★ 【单选、多选、判断】

考点 1 ▶ 我国现行学校教育制度的结构

学校教育结构是指学校教育的总体中各个部分的比例关系和组合方式,通常可以从层次结构和类别结构两个方面来分析。

从层次结构上来看,我国现行学校教育包括学前教育、初等教育、中等教育和高等教育四个层次。其中,初等教育是国民教育的基础,其发展直接关系到国民素质的提高,同时也已成为衡量一个国家全民教育水平的重要尺度。

从类别结构上来看,我国现行学校教育可划分为基础教育、职业技术教育、高等教育、成人教育和特殊教育五个大类。其中,基础教育是实施普通文化科学知识的教育,是提高民族素质的奠基工程,在教育中处于基础性地位。普通中小学教育的性质属于基础教育,它的任务是培养全体学生的基本素质,为他们学习做人和进一步接受专业(职业)教育打好基础,为提高民族素质打好基础。我国的基础教育通常包括学前教育、初等教育与中等教育(包括初中阶段和高中阶段)。

> **记忆有妙招**
>
> 为方便考生记忆,编者将我国现行学制的类别结构总结成以下口诀:
>
> **高人特机智。高**:高等教育。**人**:成人教育。**特**:特殊教育。**机**:基础教育。**智**:职业技术教育。

考点 2 ▶ 我国现行学校教育制度的类型

从类型(形态)上看,我国现行学制是从单轨学制发展而来的分支型学制。

真题4 [2024浙江金华,单选]从层次结构上来看,我国现行学校教育包括学前教育、(　　)、中等教育和高等教育四个层次。

A. 幼儿教育　　　　　　　　　　　B. 小学教育

C. 初等教育　　　　　　　　　　　D. 职业教育

真题5 [2024福建统考,多选]关于学校教育制度,下列说法正确的有(　　)

A. 学制是国民教育制度的核心

B. 我国现行的学制类型是分支型

C. 1922年北洋政府颁布了"壬戌学制"

D. "癸卯学制"是我国正式实施的第一个学制

答案:4. C　5. ABCD

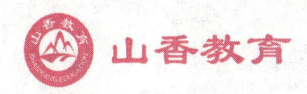

三、我国现行学校教育制度的改革　★　【单选】

（1）基本普及学前教育。（2）均衡发展义务教育。促进义务教育均衡发展已经成为我国现阶段教育改革和发展的重大任务。（3）努力普及高中阶段教育。在完全普及九年义务教育以后，普及高中阶段教育就成为教育发展的重要趋势。（4）大力发展高等教育。

✦✦ 本节核心考点回顾 ✦✦

1. 壬寅学制（《钦定学堂章程》）

（1）以日本的学制为蓝本。

（2）中国近代教育史上最早由国家正式颁布的学制系统，虽然正式公布，但并未实行。

2. 癸卯学制（《奏定学堂章程》）

（1）主要承袭了日本的学制。

（2）中国近代教育史上第一部由国家颁布的并在全国实行的学制系统。

3. 壬子癸丑学制（1912～1913年学制）

（1）我国教育史上第一个具有资本主义性质的学制。

（2）第一次规定了男女同校，女子教育正式列入学制系统；取消了读经课与忠君尊孔的内容，充实了自然科学的内容；将学堂改为学校。

4. 壬戌学制（新学制或六三三学制）

（1）以美国学制为蓝本。

（2）明确以学龄儿童和青少年身心发展规律作为划分学校教育阶段的依据。

（3）一直沿用到全国解放初期，是近代中国使用时间最长的学制。

第四章 教师与学生

本章学习指南

一、考情概况

本章属于教育学的重点章节,识记、理解和运用的知识较多,考生可带着以下学习目标进行备考:

1. 掌握教师的职业形象、角色和素养。
2. 理解并区分教师劳动的特点。
3. 识记学生的特点、现代学生观的内容。
4. 掌握良好师生关系建立的途径与方法、我国新型师生关系的四个特点。

二、考点地图

考点	年份/地区/题型
教师的职业形象	2024山东单选;2024河北单选;2023辽宁单选;2023四川单选;2023河北单选;2023广东判断;2022天津单选;2022河南多选
教师的职业角色	2024安徽单选;2024广东单选;2024河南单选;2023山西单选;2023河南单选;2023四川多选;2023江苏简答;2022浙江单选;2022福建单选;2022山东单选;2022天津单选;2022湖南单选;2022河北单选、多选
教师劳动的特点	2024浙江单选;2024江苏单选;2024福建单选;2024安徽单选;2024山东单选;2024天津单选;2024广东单选、多选、判断;2024河南不定项;2023安徽单选;2023黑龙江单选;2023贵州单选;2023辽宁判断
教师的职业素养	2024广东单选;2024安徽单选、判断;2023湖北单选;2023山西单选;2023广西单选;2022山东多选
学生的特点	2024安徽单选;2023江苏单选;2023河北单选;2023河南单选、判断;2023广东单选、判断;2023安徽判断
现代学生观	2024安徽多选;2024河北材料分析;2023河南单选;2023辽宁判断;2022内蒙古单选;2022广东单选
良好师生关系建立的途径与方法	2023河南多选、判断;2023江苏简答;2023安徽简答;2022天津多选;2022内蒙古多选;2022河南简答
我国新型师生关系的特点	2023河南单选、多选;2022山东单选;2022江苏单选;2022天津单选、多选;2022河北不定项

注:上述表格仅呈现重要考点的相关考情。

核心考点

第一节 教 师

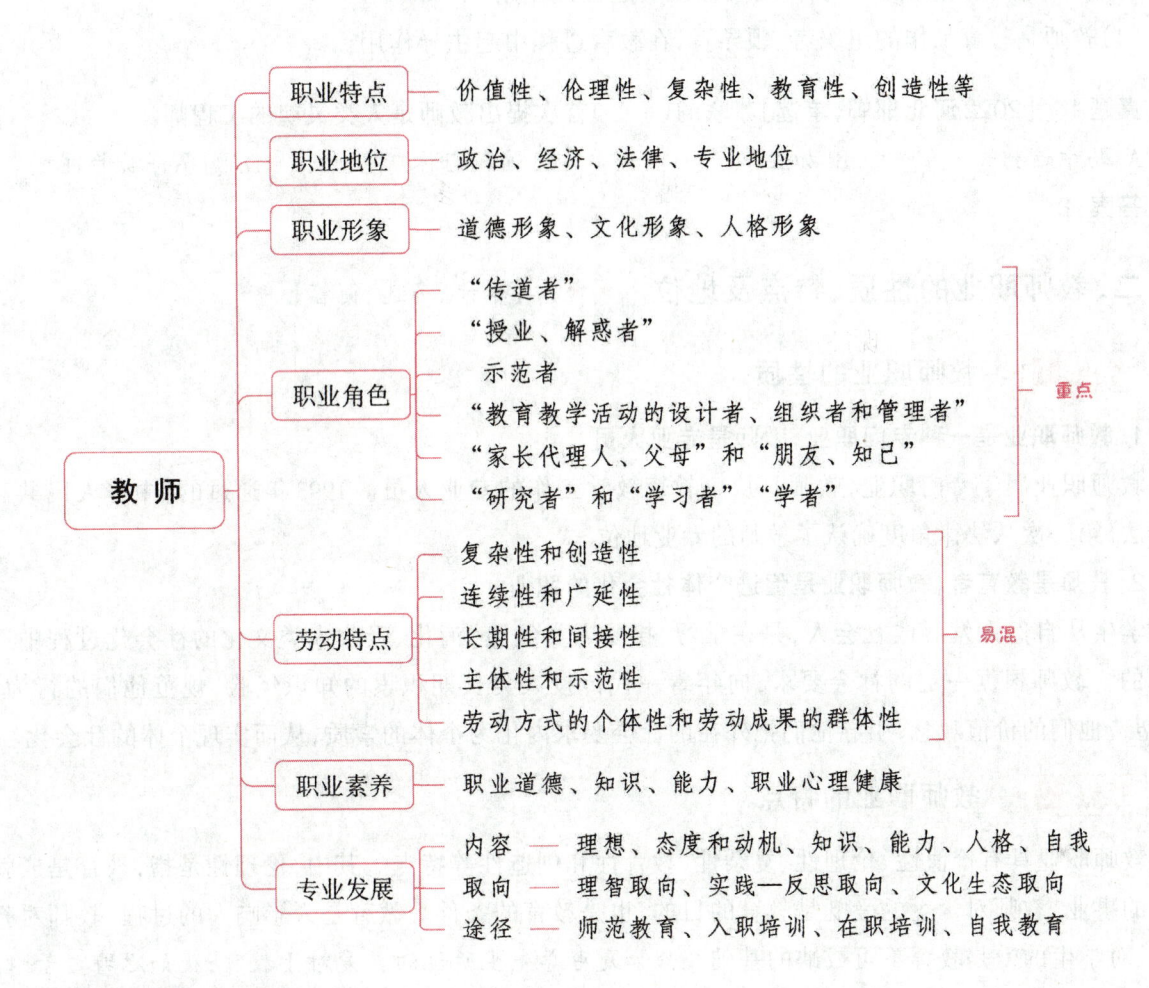

```
                ┌─ 职业特点 ── 价值性、伦理性、复杂性、教育性、创造性等
                │
                ├─ 职业地位 ── 政治、经济、法律、专业地位
                │
                ├─ 职业形象 ── 道德形象、文化形象、人格形象
                │
                │              ┌ "传道者"
                │              │ "授业、解惑者"
                │              │ 示范者
                ├─ 职业角色 ──┤ "教育教学活动的设计者、组织者和管理者"   重点
                │              │ "家长代理人、父母"和"朋友、知己"
                │              │ "研究者"和"学习者""学者"
                │              └
   教 师 ──────┤
                │              ┌ 复杂性和创造性
                │              │ 连续性和广延性
                ├─ 劳动特点 ──┤ 长期性和间接性                              易混
                │              │ 主体性和示范性
                │              │ 劳动方式的个体性和劳动成果的群体性
                │              └
                ├─ 职业素养 ── 职业道德、知识、能力、职业心理健康
                │
                │              ┌ 内容 ── 理想、态度和动机、知识、能力、人格、自我
                └─ 专业发展 ──┤ 取向 ── 理智取向、实践—反思取向、文化生态取向
                               └ 途径 ── 师范教育、入职培训、在职培训、自我教育
```

一、教师的概念与作用 ★ 【单选】

考点 1 教师的概念

教师是传递和传播人类文明的专职人员,是学校教育职能的主要实施者。从广义上讲,凡是把知识、技能和技巧传授给别人的人,都可称为教师。从狭义上讲,教师指经过专门训练、在学校从事教育教学工作的专门人员。<u>教师是学校教育工作的主要实施者,根本任务是教书育人。</u>

《中华人民共和国教师法》第一章第三条对教师概念进行了全面的、科学的界定:<u>教师是履行教育教学职责的专业人员,承担教书育人,培养社会主义事业建设者和接班人、提高民族素质的使命。</u>

> **· 小香课堂 ·**
> 不同学者对教师及教师职业的赞誉:
> (1)加里宁——(首次提出)教师是"人类灵魂的工程师"。
> (2)夸美纽斯——教师是太阳底下最崇高、最优越的职业。

考点 2 ▶ 教师的作用

(1)教师是人类文化的传播者,在社会的发展和人类的延续中起桥梁与纽带作用。
(2)教师是人类灵魂的工程师,在塑造年青一代的品格中起着关键性作用。
(3)教师是人的潜能的开发者,对个体发展起促进作用。
(4)教师是教育工作的组织者、领导者,在教育过程中起主导作用。

真题1 [2022河北邯郸,单选]苏联的(　　)首次提出教师是人类灵魂的工程师。
A.马卡连柯　　B.加里宁　　C.苏霍姆林斯基　　D.克鲁普斯卡娅
答案:B

二、教师职业的性质、特点及地位　★★　【单选、多选、简答】

考点 1 ▶ 教师职业的性质

1. 教师职业是一种专门职业,教师是专业人员

教师职业属于专门职业,教师是从事教育教学工作的专业人员。1993年通过的《中华人民共和国教师法》第一次从法律角度确认了教师的专业地位。

2. 教师是教育者,教师职业是促进个体社会化的职业

学生从自然人发展成社会人,是在学习、接受人类经验,消化、吸收人类文化的社会化过程中逐步实现的。教师根据一定的社会要求,向年青一代传授人类长期积累的知识经验,规范他们的行为、品格,塑造他们的价值观念,引导他们把外在的社会要求内化为个体的素质,从而实现个体的社会化。

考点 2 ▶ 教师职业的特点

教师职业具有价值性、伦理性、复杂性、教育性和创造性等特点。其中,伦理性是指,教育是成就人生命的事业,教师对学生的爱既是教育的目的,也是教育的条件。教育是人影响人的过程,教师对教育的爱、对学生的爱是教育不可或缺的基础。恰如夏丏尊先生所说的:"爱对于教育,犹如池塘之于水,没有水,便不能成为池塘;没有爱,便不能称其为教育。"教师只有爱教育事业、爱学生,才能对教育有真诚的投入,主动钻研教学,促进学生发展。

真题2 [2022安徽统考,简答]简述教师职业的特点。
答案:详见内文

考点 3 ▶ 教师职业的地位

(1)**政治地位**。教师职业的政治地位是指教师职业在国家或民族的政治生活中所处的地位和所起的作用,表现为教师政治身份的获得、教师自治组织的建立、教师的政治参与度和政治影响力等。随着社会的发展、教育地位的提升,教师政治地位的提高成为提高教师职业社会地位的前提。

(2)**经济地位**。教师职业的经济地位是指将教师职业与其他职业相比较,其劳动报酬(包括工资、奖金及医疗、保险、退休金等)的差异状况及其经济生活状态。它是教师社会地位的最直观表现。

(3)**法律地位**。教师职业的法律地位是指法律赋予教师职业的权利、责任。教师享有的社会权利,除一般公民权利(如生存权、选举权,享受各种待遇和荣誉等)外,还包括职业本身特点所赋予的专业方面的自主权:①教育的权利,即教师依法享有对学生实施教育、指导、评价的权利。②专业发展权,即教师依法享有发展自己、提高专业文化水平的权利。③参与管理权,即教师可以通过各种合法途径参与学校建设和管理。教师所享有的权利,尤其是专业权利的多少,不仅反映国家和社会对教师职业的重视与保护程度,而且直接影响到教师在社会民众及学生心目中的威望与地位。

(4)专业地位。教师职业的专业地位是教师职业社会地位的内在标准。它主要通过其从业标准来体现,有没有从业标准和有什么样的从业标准是教师职业专业地位高低的指示器。

真题3 [2023河北省直,多选]教师职业的地位包括(　　)
A. 政治地位　　B. 经济地位　　C. 法律地位　　D. 专业地位
答案:ABCD

三、教师的职业形象 ★★ 【单选、多选、判断】

教师的职业形象是教师群体或个体在其职业生活中的形象,是其精神风貌和生存状态与行为方式的整体反映。教师的职业形象是通过其内在精神和外在事物显现出来的,其内在精神包括职业的精神风貌、工作态度、敬业精神、创新精神等;外在事物表现为教师节日、教师组织、教师着装等。

教师职业形象至少包括三个方面:

(1)教师的道德形象。教师的道德形象被视为教师的最基本形象。"为人师表""身正为范,学高为师"等强调教师的榜样、示范作用,是教师道德形象的体现。

(2)教师的文化形象。教师的文化形象是教师形象的核心。"才高八斗""学富五车"皆是教师的典型文化特征。

(3)教师的人格形象。教师的人格形象是学生亲近或疏远教师的首要因素。理想教师的人格包括善于理解学生、富有耐心、性格开朗、情绪乐观、意志力强、有幽默感等。

真题4 [2024山东临沂,单选]"春蚕""孺子牛""为人师表",这些词语勾画出教师的_____。"才高八斗""学富五车"体现了教师的_____。"温暖有爱""诙谐幽默"表现了教师的_____。(　　)
A. 道德形象　人格形象　文化形象　　B. 道德形象　文化形象　人格形象
C. 人格形象　文化形象　道德形象　　D. 文化形象　道德形象　人格形象

真题5 [2023辽宁锦州,单选]陈老师在上英语阅读课时,为了让学生掌握内容,他补充了许多背景知识,包括一些地理、历史等材料,学生纷纷赞叹陈老师学识渊博。这体现了现代教师职业形象中的(　　)
A. 文化形象　　　　　　　　　　B. 道德形象
C. 人格形象　　　　　　　　　　D. 外貌形象

真题6 [2022河南鹤壁,多选]教师的职业形象是教师群体或个体在其职业生活中的形象,是其精神风貌和生存状态与行为方式的整体反映,是(　　)三者统一的整体。
A. 道德形象　　B. 文化形象　　C. 价值形象　　D. 人格形象

答案:4. B　5. A　6. ABD

四、教师职业的发展历史 ★ 【单选】

表1-27 教师职业的发展历史

发展阶段		发展概况	特征
三阶段	四阶段		
教师职业的非专门化阶段	非职业化阶段	原始社会末期：长者为师，能者为师；我国奴隶社会：官吏兼任，官师一体；西方社会：僧侣兼任	没有专门的教师职业
	职业化阶段	私学出现，独立的教师职业由此而生，教师开始回归到专业教育工作者的角色上来，私学教师逐渐成为一种职业。如我国春秋战国时期的"士"、古希腊的智者	虽有专门的教师，但教师职业基本上还不具备专门化水平，私学教师没有形成从教的专业技能
教师职业专门化的初级阶段	专门化阶段	以专门培养教师的教育机构的出现为标志。世界上最早的师范教育机构诞生于法国（1681年，法国"基督教兄弟会"神甫拉萨儿在兰斯创立第一所师资训练学校，这是世界师范教育的开始）。我国最早的师范教育产生于清末（盛宣怀在上海创办的南洋公学师范院，即中国最早的师范教育机构）	师范教育产生，教师的培养走上专门化的道路
教师职业专门化的深入发展阶段	专业化阶段	1966年10月，国际劳工组织和联合国教科文组织在巴黎会议上通过的《关于教师地位的建议》中提出：教师工作应被视为一种专业。之后，"师范教育"的概念逐步被扩充为"教师教育"。在中国，教师的专业技术人员身份在1993年通过的《中华人民共和国教师法》中得到确认，规定"教师是履行教育教学职责的专业人员"	学校对教师的需求开始从"量"的急需向"质"的提高方面转变，独立设置的师范院校逐渐并入文理学院，教师的培养改由综合大学的教育学院或师范学院承担，这被称为"教师教育大学化"

总之，现代意义上的"教师"与古代意义上的"教师"有着本质区别：(1)多功能性；(2)专门性，作为教师，必须经过培养和培训，取得合格证书；(3)高素质性，现代教师的内涵更丰富，是"经师"与"人师"的统一；(4)发展性，现代教师必须终身学习，不断更新自己的知识结构、能力结构，使自己成为会学习的人。

真题7 [2023山东济南，单选]联合国教科文组织于1966年10月在法国巴黎召开特别会议，在会议通过的文件中指出，教师职业是一种专门职业。该文件是（　　）
A.《教师专业标准》
B.《教师专业准备》
C.《关于教师地位的建议》
D.《达喀尔行动纲领》
答案：C

五、教师的职业角色 ★★ 【单选、多选、简答】

教师职业的最大特点在于职业角色的多样化。一般来说，教师的职业角色主要有以下六个方面：

1."传道者"角色（人类灵魂的工程师）

教师负有传递社会道德传统、价值观念的使命，"道之所存，师之所存也"。除了社会一般道德、价值观外，教师对学生的"做人之道""为业之道""治学之道"等也有引导和示范的责任。

2. "授业、解惑者"角色(知识传授者、人类文化的传递者)

教师是社会各行各业建设人才的培养者,他们在掌握了人类经过长期的社会实践活动所获得的知识经验、技能的基础上,对其精心加工整理,然后以特定的方式传授给年青一代,并帮助他们解除学习中的困惑。

3. 示范者角色(榜样)

(1)教师的言行是学生学习和模仿的榜样。夸美纽斯曾说过,教师的职务是以自己为榜样教育学生。学生具有可塑性和向师性的特点,教师的言谈举止、行为方式、为人处世的态度等都会对学生产生耳濡目染、潜移默化的影响,因此,教师是学生学习的最直接榜样。

(2)优秀教师还是其他教师学习的模范,是社会各界学习的模范,这就构成师表维度的四个不同层次:规范、垂范、模范、世范。

4. "教育教学活动的设计者、组织者和管理者"角色

(1)教师是教育教学活动的设计者。好的教学设计可以使教学有序进行,给教学提供良好的环境,使学生养成循序渐进的习惯,全面地完成教学任务。精心地进行教学设计,需要教师全面把握教学的任务、教材的特点、学生的特点等要素。

(2)教师是教育教学活动的组织者,即教师在教学资源分配(包括时间分配、内容安排、学生分组)和教学活动展开等方面是具体的实施者。通过科学地分配活动时间,采取合理的活动方式,教师可以启发学生的思维,协调学生的关系,激发集体学习的动力。

(3)教师是教育教学活动的管理者。教师需要肩负起教育教学管理的职责,包括确定目标、建立班集体、制定和贯彻规章制度、维持班级纪律、组织班级活动、协调人际关系等,并对教育教学活动进行控制、检查和评价。

不同的教师进行教学管理的方式不同,主要存在四种教师管理类型:强硬专断型、仁慈专断型、放任自流型以及民主管理型。

表1-28 教师的管理类型

类型	教师的行为特点	学生的典型反应
强硬专断型	对学生严加监视;要求即刻无条件接受一切命令;很少表扬学生;认为没有教师的监督,学生不可能自觉学习	屈服,但一开始就不信服、厌恶这种领导;推卸责任;易激怒,不愿合作,可能会在背后伤人;教师一旦离开教室,学习明显松垮
仁慈专断型	不认为自己是一个专断独行的人;表扬学生并关心学生;他专断的症结在于他的自信,他的口头禅是:我喜欢这样做/你能给我这样做吗;这种教师以自我为班级一切工作的标准	大部分学生喜欢他,但看穿他的这套方法的学生可能恨他;学生在各方面都依赖教师,没有多大的创造性;屈从,缺乏个人的发展
放任自流型	认为学生爱怎样就怎样;很难做出决定;对学生管理没有明确目标;不鼓励学生,也不反对学生;不参加学生的活动,也不提供帮助或方法	道德差,学习也差;有许多"推卸责任""寻找替罪羊""容易激怒"的行为;没有合作,谁也不知道该做些什么
民主管理型	善于和集体共同制订计划和做出决定;在不损害集体的情况下,很乐意给个别学生以帮助、指导;尽可能鼓励集体的活动;给予客观的表扬和批评	喜欢学习,喜欢和别人尤其是教师一道工作;学习的质和量都很高;互相鼓励,且独自承担某些责任;不论教师在不在课堂,要改正的问题很少

5."家长代理人、父母"和"朋友、知己"的角色

教师是儿童继父母之后所遇到的另一个社会权威,是家长的代理人。低年级的学生倾向于把教师看作父母的化身,对教师的态度类似于对父母的态度。而高年级学生则往往愿意把教师当作他们的朋友,也期望教师能把他们当作朋友看待,希望在学习、生活、人生等多方面得到教师的指导,希望教师能与他们一起分担痛苦与忧伤、分享欢乐与幸福。

6."研究者"角色和"学习者""学者"角色

(1)教师工作的对象是充满生命力和个性特点的青少年,传授的是不断变化的科学知识和人文知识。所以,教师不能千篇一律地、机械地进行教育,而是要不断反思、研究自己的工作,灵活机智、创造性地开展教书育人工作。教师应该积极地参与教学研究、教学实验与改革,不断地提高自身的教育理论水平和教育质量。

(2)教师的研究,不仅是对科学知识的研究,更有对教育对象(即学生)的研究,对教师和学生交往的研究等,这都需要教师终身学习,更新自己的知识结构,以便使教育教学建立在更宽广的知识背景之上,适应学生的个性发展、自己的专业发展和教育教学改革的需要。

(3)教师还被认为是智者的化身,必须拥有渊博的知识。

• 知识再拔高 •

教师的职业角色的其他说法

说法一:(1)担当"学生的楷模"的角色。(2)担当学生"家长的代理人"的角色。(3)担当"知识的传授者"的角色。"知识的传授者"这一角色是教师职业最显著的标志。(4)担当"教育教学的研究者"的角色。(5)担当学生"严格的管理者"的角色。(6)担当学生"心理调节者"的角色。(7)担当"社会主义事业的开拓者、发展者"的角色。

说法二:(1)学习者和研究者。(2)知识的传授者。(3)学生心灵的培育者。教育的目的是使学生变得更聪明、更高尚、更成熟。只传授知识的教师是"经师",只有那些使学生能生动活泼地、主动地得到较好发展的教师,才是最好的教师。(4)教学活动的设计者、组织者和管理者。(5)学生学习的榜样。(6)学生的朋友。(7)学校的管理者。

说法三:(1)学生发展的引导者。(2)知识体系的组织者。(3)共生关系的对话者。教师在学生发展中扮演民主管理者的角色,以平等对话者的身份,促进教师与学生、学生与学生之间的交往互动。(4)教育教学的研究者。(5)不断发展的学习者。教师要不断发展,通过学习持续不断地更新和充实自己,树立终身学习观念,完善知识结构,磨砺思想品格,积淀人文底蕴,提升整体素质,以满足社会发展和自身发展的需要。

说法四:(1)授业传道者;(2)研究者;(3)管理者;(4)意义建构者;(5)引导者和设计者;(6)课程的开发者;(7)心理医生;等等。

真题8 [2024安徽合肥/淮北/铜陵,单选]教师职业的最大特点在于职业角色的( )

A. 多样化　　　　B. 专业化　　　　C. 单一化　　　　D. 崇高化

真题9 [2023河南郑州,单选]习近平总书记指出,教师要努力做到"三个牢固树立",即"牢固树立中国特色社会主义理想信念,牢固树立终身学习理念,牢固树立改革创新意识"。关于怎样才能成为好老师,习近平总书记提出了四条要求,即"有理想信念、有道德情操、有扎实学识、有仁爱之心"。这要

116

求教师在教育过程中应扮演的角色是(　　)

A. 不断发展的学习者　　　　　　B. 教育教学的研究者
C. 共生关系的对话者　　　　　　D. 学生发展的引导者

真题10 [2022浙江台州,单选]温老师十分关心学生,发现学生的进步会积极、及时地表扬学生,鼓励他们。同时温老师对学生也很严格,依照自己的主观标准规定了班级的行为规范,大部分学生都很喜欢她,也较为依赖温老师的管理。温老师对班级的领导方式是(　　)

A. 强硬专断型　　B. 仁慈专断型　　C. 放任型　　D. 民主型

真题11 [2022河北衡水,多选]下列选项中属于教师的职业角色的有(　　)

A. 管理者　　　B. 引导者　　　C. 研究者　　　D. 传道者

答案:8. A　9. A　10. B　11. ABCD

六、教师劳动的特点 ★★★【单选、多选、不定项、判断】

考点 1 教师劳动的复杂性和创造性

1. 教师劳动的复杂性

教师劳动的复杂性是由其工作性质、任务及过程的特殊性所决定的。关于教师劳动的复杂性的表现,有人总结为三个方面:第一,教育目的的全面性;第二,教育任务的多样性;第三,劳动对象的差异性。也有人认为,教师劳动的复杂性主要表现在:

(1)教师劳动性质的复杂性。教师的劳动属于专业行为,是一种高度复杂的心智劳动。

(2)教师劳动对象的复杂性。教师的劳动对象是千差万别的人。教师不仅要经常在同一个时空条件下,面对全体学生,实施统一的课程计划、课程标准,还要根据每个学生的实际情况因材施教。此外,学生具有主观能动性,以其各自不同的反应方式有力地影响着教师劳动的效果。对于教师的教学活动,他们既有可能是积极的参与者,也有可能是中立的旁观者,甚至可能成为消极的排斥者。

(3)教师劳动任务的复杂性。教师的任务是教书育人,包含多方面的要求和较为复杂的内容。教师不仅要传授科学文化知识,训练学生的技能,发展学生的智力,培养学生的能力,还要培养学生一定的思想品德,促进学生的身心健康发展。

(4)教师劳动过程的复杂性。要使学生形成一种良好的思想品德,需要经过知识的传授、情感的体验、意志的锻炼、信念的建立以及行为习惯的培养这样一个长期的过程。

(5)教师劳动手段的复杂性。教育要有效地促进学生的全面发展,必须保持教育影响的一致性,优化组合各种影响,使之发挥最佳的合力。然而,把这些复杂的影响有效地组织到教育过程中,使来自各方面的影响协调一致,是一项复杂的工作。

2. 教师劳动的创造性

教师劳动的创造性主要是由劳动对象的特点决定的。教师劳动的创造性主要表现在:

(1)因材施教。教师劳动的创造性首先表现在因材施教上。教师要针对每个学生的不同特点,采取不同的教育措施,使他们都得到充分发展,这就是人们常说的"一把钥匙开一把锁"。

(2)教学方法上的不断更新。"教学有法,教无定法"是对教师劳动创造性的最好注脚。

(3)教师需要"教育机智"。教育机智是教师在教育教学过程中的一种特殊定向能力,是指教师能根据学生新的特别是意外的情况,迅速而正确地做出判断,随机应变地采取及时、恰当而有效的教育措施解决问题的能力。教育机智是教师良好的综合素质和修养的外在表现,是教师娴熟运用综合教育手段的能力。教育机智可以用四个词语概括:因势利导、随机应变、掌握分寸、对症下药。

考点 2 教师劳动的连续性和广延性

1. 教师劳动的连续性

连续性是指时间的连续性。教师的劳动没有严格的交接班时间界限,这个特点是由教师劳动对象的相对稳定性决定的。教师要不断了解学生的过去与现状,预测学生的发展与未来,检验教育教学效果,获取教育教学反馈信息,准备新一轮的教育教学活动。

2. 教师劳动的广延性

广延性是指空间的广延性。教师没有严格界定的劳动场所,课堂内外、学校内外都可能成为教师劳动的空间,这个特点是由影响学生发展因素的多样性决定的。学生的成长不仅受学校的影响,还受社会和家庭的影响。教师不能只在课内、校内发挥影响力,还要走出校门,协调学校、社会、家庭的教育影响,以便形成教育合力。

考点 3 教师劳动的长期性和间接性

1. 教师劳动的长期性

长期性指人才培养的周期比较长,教育的影响具有迟效性。教师劳动的成效并不是一时就可以检验出来的,而是需要教师付出长期的大量的劳动才能看到结果、得到验证,教师的某些影响对学生终身都会发生作用。因此,教师的劳动具有长期性。

(1)教师的劳动成果是人才,而人才培养的周期比较长。把一个人培养成为能够独立生活、能够服务社会、能够为人类做出贡献的合格人才,不是一朝一夕之功。"十年树木,百年树人"就是对这个道理的最佳阐释。

(2)教师对学生所施加的影响,往往要经过很长的时间才能见效果。中小学教育处于打基础的阶段,教师的教育影响通常要反映在学生对高一级学校学习的适应中,甚至反映在学生走上工作岗位后的成就上。

2. 教师劳动的间接性

间接性指教师的劳动不直接创造物质财富,而是以学生为中介实现教师劳动的价值。教师的劳动并没有直接服务于社会,或直接贡献于人类的物质产品和精神产品。教师劳动的结晶是学生的品德、学识和才能,待学生走上社会,由他们来为社会创造财富。

考点 4 教师劳动的主体性和示范性

1. 教师劳动的主体性

主体性指教师自身可以成为活生生的教育因素和具有影响力的榜样。对于教师来说,首先,教育教学过程就是教师直接用自身的知识、智慧、品德影响学生的过程。再者,教师劳动工具的主体化也是教师劳动主体性的表现。教师所使用的教具、教材,也必须为教师自己所掌握,成为教师自己的东西,才能向学生传授。

2. 教师劳动的示范性

示范性指教师的言行举止,如人品、才能、治学态度等都会成为学生学习的对象。教师劳动的示范性是由学生的可塑性、向师性和模仿性心理特征决定的。同时,教师劳动的主体性也要求教师的劳动具有示范性特点。德国著名教育家第斯多惠指出:"教师本人是学校里最重要的师表,是最直观的、最有教益的模范,是学生最活生生的榜样。"任何一个教师,不管他是否意识到这一点,不管他是自觉还是不自觉,他都在对学生进行示范。因此,教师必须以身作则、为人师表。

考点 5 ▶ 教师劳动方式的个体性和劳动成果的群体性

从劳动手段的角度来看,教师的劳动主要是以个体劳动的形式进行的。教师的劳动成果又是集体劳动和多方面影响的结果。教师的个体劳动最终都要融汇于教师的集体劳动之中,教育工作需要教师的群体劳动。

· 知识再拔高 ·

教师劳动的特点的其他说法

说法一:(1)劳动任务的综合性。(2)劳动对象的复杂性。(3)劳动手段的主体性。(4)劳动过程的创造性。主要表现在:①教师要有极强的创造意识和创造能力才能有效地完成培养学生全面发展的任务。②教师担负着完善学生个体的重任。学生个性各异,用一个模式来发展不同学生的个性既做不到,也是不必要的。这也需要教师创造性地运用教育的力量去影响学生。③教师劳动的创造性表现在帮助学生实现"内化"的过程中。④教师劳动的创造性表现在灵活地运用其智力水平。(5)教师劳动的长效性。

说法二:(1)长期性和复杂性;(2)延续性和艰苦性;(3)艺术性和创造性;(4)主体性和示范性;(5)个体性和群体性。

真题12 [2024浙江宁波,单选]数学老师秦老师不仅关注学生数学学科的学习情况,而且比较关心学生的生活起居以及身体锻炼情况。这主要体现了教师劳动的(   )

A. 复杂性　　　　B. 长期性　　　　C. 间接性　　　　D. 示范性

真题13 [2024江苏苏州,单选]根据学生的向师性特点可知,教师劳动具有(   )的特点。

A. 示范性　　　　B. 创造性　　　　C. 长期性　　　　D. 延续性

真题14 [2023安徽蚌埠,单选]"十年树木,百年树人"体现了教师劳动的(   )特点。

A. 复杂性　　　　B. 连续性　　　　C. 示范性　　　　D. 长期性

真题15 [2024广东佛山,判断]学生以其各自不同的反应方式有力地影响着教师劳动的效果。(   )

答案:12. A　13. A　14. D　15. √

七、教师劳动的价值 ★ 【单选】

教师劳动的价值由社会价值和个人价值构成,是社会价值与个人价值的统一。

1. 教师劳动的社会价值

教师劳动的社会价值是指教师在教育教学过程中耗费劳动力而产生的满足社会需要的意义和作用。它是教师劳动价值的主要属性,也是体现教师社会地位和教师个人价值的主要标志。教师劳动的社会价值主要体现在:(1)教师劳动与社会物质文明的发展;(2)教师劳动与社会精神文明的发展;(3)教师劳动与社会制度文明的发展;(4)教师劳动与人的素质的发展。

2. 教师劳动的个人价值

教师劳动的个人价值是作为客体的教师劳动对于教师主体需要的肯定或否定的某种状态,是满足教师自身物质和精神需要的程度。

真题16 [2022河北邯郸,单选]教师的劳动价值主要体现在教育劳动的(　　)上。
A. 个人价值和社会价值　　　　B. 主体价值
C. 创造价值　　　　　　　　　D. 教育价值
答案:A

八、教师的职业素养 ★★★ 【单选、多选、判断】

教师的职业素养是教师做好教育工作的前提,也是衡量教师能否胜任本职工作的基本条件。

考点 1 教师的职业道德素养

师德是教师素质的核心,若没有崇高的师德,教师素质就不够健全或不算完整。教师的职业道德素养是从教师对待事业、对待学生、对待集体和对待自己的态度上来体现的。

1. 对待事业:忠于人民的教育事业

热爱教育事业是教师做好教育工作的前提,是教师职业道德的基础,也是教师劳动积极性和创造性的源泉。

忠于人民的教育事业要求教师做到:(1)依法执教,严谨治教;(2)爱岗敬业,廉洁从教。

2. 对待学生:热爱学生

热爱学生是教师职业道德的核心,是教师高尚道德品质的表现,也是教师忠诚于人民教育事业的具体表现。

热爱学生的要求包括:(1)把对学生的爱与严格要求相结合;(2)把爱与尊重、信任相结合;(3)要全面关怀学生;(4)要关爱全体学生;(5)理解和宽容学生;(6)解放学生;(7)对学生要保持积极、稳定的情绪。

3. 对待集体:团结协作

人才的全面成长,是多方教育者集体劳动的结晶。这就要求教师必须与各方面协同合作,以便形成教育合力,共同完成培养人的工作。

团结协作要求教师做到:(1)相互支持、相互配合;(2)严于律己,宽以待人;(3)弘扬正气,摒弃陋习。

4. 对待自己:为人师表(良好的道德修养)

教师的言行举止、品德才能、治学态度等方面都会对学生产生潜移默化的影响,成为学生学习的对象。这是由教师劳动的"主体性和示范性"特点以及学生的"向师性、模仿性和可塑性"特点所决定的。

为人师表要求教师做到:(1)高度自觉,自我监控。(2)身教重于言教。要做到身教,最基本的要求是:凡是要求学生去做的,教师一定要身体力行,做到言行一致,发挥表率作用。

考点 2 教师的知识素养

1. 政治理论修养

马列主义、毛泽东思想和中国特色社会主义理论体系。

2. 精深的学科专业知识(本体性知识)

这是教师知识结构的核心,也是教师向学生传授知识的必备基础。主要包括:(1)掌握该学科的基本知识和基本技能;(2)掌握该学科的基本理论和学科体系;(3)了解该学科的发展脉络;(4)了解该学科领域的思维方式和方法论。

3. 广博的科学文化知识

教师的知识不仅要"专",而且要"博",教师的专业知识应建立在广博的科学文化知识的基础之上。这是因为:(1)科学知识日益融合和渗透的要求;(2)青少年多方面发展的要求;(3)教师的任务是教书育人。

4. 必备的教育科学知识(条件性知识)

人们通过数千年的教育实践,积累了丰富的教育教学实践经验。在总结这些经验的基础上,人们揭示了教育教学的规律,提出了教育教学的原则、方法体系,形成了系统的教育理论。教师要加强教育工作的科学性和有效性,就必须掌握这些理论。其中,教育学、心理学及学科教学法是教师需要掌握的最为基本的教育科学知识。此外,教师还要掌握教育管理方面的知识。

教师的教育科学知识主要包括三个方面:(1)学生身心发展知识;(2)教与学的知识;(3)学生成绩评价的知识。

5. 丰富的实践知识

教师的实践性知识是基于教师个人的经验积累,在对待和处理教育问题时体现出的个人特质和教育智慧。

考点 3 教师的能力素养

1. 语言表达能力

语言,特别是口头语言,是教师向学生传递教育信息的重要工具,因此教师要具有较强的语言表达能力。对教师的语言表达要求包括:(1)准确、简练,具有科学性;(2)清晰、流畅,具有逻辑性;(3)生动、形象,具有启发性;(4)口头语言和肢体语言的巧妙结合。

2. 组织管理能力

教师要进行教育活动,必须具备一定的组织管理能力。具体包括:(1)教师要有确定合理目标和计划的能力;(2)教师要有引导学生的能力。

3. 组织教育和教学的能力

教师是教育教学过程的组织者、领导者,因此要求教师具有驾驭教育和教学的能力。具体包括:

(1)教师要善于制订教育教学工作计划、编写教案、组织教材,以加强教学工作的预见性、有序性;

(2)教师还要善于组织课堂教学,以保证教学过程的顺利进行和教学任务的完成;

(3)教师还要善于组织学校、家庭及社会各方面的教育力量,使各方面相互配合,进行教育资源的整合。

4. 自我调控和自我反思能力(较高的教育机智)

教师的自我调控和自我反思能力主要表现为:(1)对自身的教育教学表现进行自我监督、自我反馈、自我反思、自我改进的能力;(2)根据新情况、新问题调整自己的预定计划以适应变化的能力。

此外,教师还应该具备教育科研能力、学习能力、观察学生的能力、创新能力以及运用现代教育技术手段的能力。

考点 4 职业心理健康

教师心理健康的构成是指一个优秀教师所应有的心理素质,也就是教师对内外环境及人际关系有着良好适应的条件。这些条件包括高尚的职业道德、愉悦的情绪情感、良好的人际关系、健康的人格特征等。

知识再拔高

教师的职业素养的其他说法

关于教师应具备的职业素养,除上文中常考的说法之外,还有以下比较常见的说法:

说法一:教师应具备的专业素养

我国实行教师资格制度,但一名教师是否真正具备从事教师的职业条件,能否正确履行教师角色的职责,根本上还在于教师的专业素养。教师的专业素养是当代教师质量的集中体现。

(1)教师的学科专业素养。即教师的学科知识素养。

(2)教师的教育专业素养。教师的教育专业素养包括三个方面:

①具有先进的教育理念。②具有良好的教育能力。③具有一定的研究能力。

(3)教师的人格特征。教师的人格特征是指教师的个性、情绪以及处理人际关系的品质等,主要包括积极乐观的情绪、豁达开朗的心胸、坚韧不拔的毅力和广泛的兴趣。

(4)教师良好的职业道德素质。

说法二:教师的素养

(1)高尚的师德。

(2)宽厚的文化素养。

(3)专门的教育素养。主要包括:①教育理论素养。②教育能力素养,主要包括课程开发的能力、良好的语言表达能力、组织与引导教学的能力、机智应变与创新的能力。③教育研究素养。

(4)健康的心理素质。

说法三:教师的职业素质要求

(1)文化素养与学科专业知识。包括:①具有所教学科的全面而扎实的专业知识和技能。②具有广博的文化科学知识与多方面的兴趣和才能。

(2)教育理论知识与技能。教师作为教育教学的专业人员,必须具备如何教育学生的专业知识,才能把自己对教育内容的理解转化为学生自身的知识,有效地解决在教育教学中出现的问题。

(3)职业道德素养。包括:①忠于人民的教育事业,甘于在教师岗位上无私奉献。对教育事业的无私奉献精神,是教师崇高精神境界与高度政治觉悟的具体体现。教师崇高使命和高度责任感使他们在职业道德上表现出了无私奉献精神。正如陶行知先生所说的"捧着一颗心来,不带半根草去"。②热爱学生,是教师热爱教育事业的集中体现。③严于律己,为人师表。

真题17 [2024广东佛山,单选]( )是衡量教师是否胜任本职工作的基本条件。

A.教师的教龄 　　　　　　　　　　　 B.教师的年龄
C.教师的职业素养 　　　　　　　　　 D.教师的人际交往能力

真题18 [2024安徽统考,单选]教师所具有的任教学科的专业知识(如语文知识、数学知识

等)是( )

A. 本体性知识　　　　B. 条件性知识　　　　C. 实践性知识　　　　D. 通识性知识

真题19 [2023湖北武汉,单选]下列哪项属于教师忠诚于人民教育事业的具体表现( )

A. 监督学生　　　　B. 宠溺学生　　　　C. 热爱学生　　　　D. 影响学生

真题20 [2023山西太原,单选]教师基于个人经验的积累,在对待和处理教育问题时表现出的个人特征属于教师专业知识中的( )

A. 通识性知识　　　　　　　　　　B. 本体性知识

C. 实践性知识　　　　　　　　　　D. 条件性知识

答案:17. C　18. A　19. C　20. C

九、教师专业发展

考点 1　教师专业发展的概念

教师专业发展,又称教师专业成长,是指教师在整个专业生涯中,依托专业组织、专门的培养制度和管理制度,通过持续的专业教育,习得教育教学专业技能,形成专业理想、专业道德和专业能力,从而实现专业自主的过程。它包括教师群体的专业发展和教师个体的专业发展。

(1)教师群体的专业发展是指教师职业不断成熟、逐渐达到专业标准,并获得相应的专业地位的过程。它既是教师个体专业化的条件和保障,同时也最终代表着教师职业的专业化。

(2)教师个体的专业发展是教师作为专业人员,从专业思想到专业知识、专业能力、专业心理品质等方面由不成熟到比较成熟的发展过程,即由一个专业新手发展成为专家型教师或教育家型教师的过程。从历史发展的总趋势来看,教师专业发展的核心以及最终体现就在于教师个体的专业发展。

考点 2　教师专业发展的内容　★【单选、多选】

(1)专业理想的建立。教师的专业理想是教师对成为一个成熟的教育专业工作者的向往与追求,它为教师提供了奋斗的目标,是推动教师发展的巨大动力。

(2)专业态度和动机的完善。教师专业态度和动机是教师专业活动的动力基础。教师在这个方面的发展主要表现在教师的专业理想、对职业的态度、工作积极性高低以及职业满意度等。

(3)专业知识的拓展与深化。教师的专业知识是教师立足职业的根本。教师专业知识(合理的知识结构)主要包括本体性知识、条件性知识、实践性知识和一般文化知识。其中,本体性知识,即特定学科及相关知识,是教学活动的基础;条件性知识,即认识教育对象、开展教育活动和研究所需的教育科学知识和技能,如教育原理、心理学、教学论、学习论、班级管理、现代教育技术等;实践性知识,即课堂情境知识,体现教师个人的教学技巧、教育智慧和教学风格,如导入、强化、发问、课堂管理、沟通与表达、结课等技巧。

(4)专业能力的提高。教师的专业能力就是教师的教育教学能力,是教师在教育教学活动中所形成的顺利完成某项任务的能力和本领。它是教师综合素质最突出的外在表现,也是评价教师专业性的核心因素。

(5)教师的专业人格。教师的专业人格是教师在教育教学工作中所必须具有的道德品质方面的自我修养,诚实正直、善良宽容、公正严格是教师专业人格的重要内容。

(6)专业自我的形成。专业自我包括自我意象、自我尊重、工作动机、工作满意感、任务知觉和未来前景。对教学工作来说,教师的专业自我是教师个体对自我从事教学工作的感受、接纳和肯定的心理倾向,这种倾向将显著地影响到教师的教学成效。

考点 3 教师专业发展的阶段 ★ 【单选】

1. "自我更新"取向教师专业发展阶段论

叶澜等人从"自我更新"取向角度对教师专业发展阶段进行了深入研究,将它按照先后顺序划分为"非关注"阶段、"虚拟关注"阶段、"生存关注"阶段、"任务关注"阶段、"自我更新关注"阶段五个阶段。

表1-29 "自我更新"取向教师专业发展阶段论

阶段名称	时限	主要特征
"非关注"阶段	正式教师教育之前	无意识中以非教师职业定向的形式形成了较稳固的教育信念,具备了一些"直觉式"的"前科学"知识以及与教师专业能力密切相关的一般能力
"虚拟关注"阶段	师范学习阶段(包括实习期)	对合格教师的要求开始思考,在虚拟的教学环境中获得某些经验,对教育理论及教师技能进行学习和训练,有了对自我专业发展反思的萌芽
"生存关注"阶段	新任教师阶段	在"现实的冲击"下,产生了强烈的自我专业发展的忧患意识,特别关注专业活动中的"生存"技能,专业发展集中在专业态度和动机方面
"任务关注"阶段	——	随着教学基本"生存"知识、技能的掌握,自信心日益增强,由关注自我的生存转到更多地关注教学,由关注"我能行吗"转到关注"我怎样才能行"
"自我更新关注"阶段	——	不再受外部评价或职业升迁的牵制,自觉依照教师发展的一般路线和自己目前的发展条件,有意识地自我规划,以谋求最大程度的自我发展,关注学生的整体发展,积累了比较科学的个人实践知识

2. 休伯曼的职业生涯周期论

美国教育家休伯曼等人依据教师的生命周期,将教师的职业生涯划分为入职期、稳定期、实验和歧变期(实验和重估期)、平静和保守期、退出教职期五个时期。

表1-30 休伯曼的职业生涯周期论

时期	从教年限	主要特征
入职期	1~3年	这一时期的教师表现出对自己所从事的新职业的复杂感情,一方面是初为人师的积极热情,另一方面是面对新工作的无所适从,却又很想尽快步入正轨而急切地希望获得教学的知识和技能。因此这一时期也可称之为"求生和发现期"
稳定期	4~6年	这一时期教师逐渐适应了自己的工作,并且能够比较自如地驾驭课堂教学,初步形成了自己的教学风格,入职时的压力和不适已经消失,教师此时已经能够比较轻松、自信地面对自己的工作,同时要求自己在教学技能等方面进行不断地改进与提高
实验和歧变期(实验和重估期)	7~25年	这一时期是教师职业生涯道路上的转变期。教师的转变有两个方向:一是随着知识和阅历的增加,教师开始对自己及学校的各项工作大胆地进行求新和力求改革,关注学校发展,对学校组织和管理中的漏洞进行批评和指正,不断地对职业和自我进行挑战;二是单调乏味的教学轮回使教师对自己的职业产生了倦怠感,对是否要继续执教产生动摇,因此开始对目前从事的工作进行新的评估

续表

时期	从教年限	主要特征
平静和保守期	26～33年	许多教师在经历了怀疑和危机之后逐渐开始平静下来,能够较为轻松地完成课堂教学,也更有自信心。随着职业预期目标的逐渐实现,教师的志向水平也开始下降,对专业投入也逐渐减少。该阶段的另一个主题是与学生的关系更加疏远,教师对学生行为和作业更加严格。同时,处于该阶段的教师在经历了平静期后变得较为保守,这可能是自我怀疑的进一步发展,也可能是改革失败的结果。多数教师会抱怨学生变得纪律性更差,缺少学习动机,抱怨公众对教育的消极态度,抱怨年轻教师不够认真和投入
退出教职期	34～40年	迫于社会压力,教师的专业行为没有太大改变,只是更加关注自己喜欢的班级、做喜欢做的工作

3. 骨干教师成长四阶段论

骨干教师的成长过程分为四个阶段,即准备期、适应期、发展期、创造期。在每个阶段结束时,他们可以分别称为新任教师、合格教师、骨干教师、专家教师。

表1-31 骨干教师成长四阶段论

阶段名称	时限	教师在素质上的特点	结束时教师的名称
准备期	教师从事教育工作以前的阶段,是接受教育和学习、为做教师进行准备的阶段	(1)以学习书本知识为主; (2)知识和经验具有一般化和表面化的特点; (3)形成了教师所需要的一部分独特的优势素质	新任教师:走上教师岗位时结束
适应期	教师走上工作岗位,由没有实践体验到初步适应教育教学工作,具备最基本、最起码的教育教学能力和其他素质的阶段	(1)在知识上,开始形成实际的、具体的、直接的知识和经验; (2)在能力上,教育教学的实践能力开始初步形成; (3)在素质上,水平还处于较低的层次,项目还不够全面和平衡	合格教师:教师能够适应和胜任教育教学工作,能够基本上完成教育教学任务,得到学生的认可(适应期结束的标志)
发展期	教师在初步适应教育教学工作后,继续在教育教学实践中锻炼自己的教育教学能力和素质,使之达到熟练程度的时期	(1)在素质的水平上,向熟练化、深广化发展,专业化水平提高; (2)在素质的项目上,向全面化和整体化方向发展; (3)在素质的倾向性上,由注重教的方面向注重学的方面转变	骨干教师:工作自动化、有效率,能够比较自如地处理各种各样的问题
创造期	教师开始由固定、常规、自动化的工作进入到开始探索和创新的时期,是形成自己独到见解和教学风格的时期	(1)在素质上,发展创新性素质; (2)在活动上,具有探索性; (3)在成果上,注意理论总结的工作,形成自己的教育思想	专家教师:形成自己的教学风格、教学模式,总结出自己的教育观点和某方面的理论,发表有一定分量的教育论文或教育著作

真题21 [2023河南郑州,单选]我国教育家叶澜从自我更新取向的角度,把教师专业化分成五个发展阶段,下列阶段按先后顺序排列正确的是(　　)

A. 生存关注阶段　任务关注阶段　自我更新关注阶段

B. 生存关注阶段　虚拟关注阶段　自我更新关注阶段

C. 自我更新关注阶段　虚拟关注阶段　生存关注阶段

D. 生存关注阶段　虚拟关注阶段　非关注阶段

真题22 [2022四川统考,单选]"教师能够基本上完成教育教学任务,得到学生的认可。"这是教师职业(　　)结束的标志。

A. 准备期　　　　B. 适应期　　　　C. 发展期　　　　D. 创造期

答案:21. A　22. B

考点 4 ▶ 教师专业发展的取向　★　【单选】

一般认为,教师专业发展的取向有理智取向、实践—反思取向、文化生态取向三种。

1. 理智取向

理智取向主张教师通过正规的培训,向专家学习先进的"学科知识"和"教育知识",以提高教育理性认识水平和教学技能。

2. 实践—反思取向

实践—反思取向主张教师通过实践反思,发现教育教学意义,获得实践智慧,其主要方法有写日志、传记、构想、文献分析、教育叙事、教师访谈、参与性观察等。

3. 文化生态取向

文化生态取向认为教师专业发展不仅仅依靠个人努力,更大程度上依赖于"教学文化"或"教师文化",正是这些文化为教师工作提供意义、支持和身份认同,其主要方式是通过学习团队建设进行协同教学、合作教研,实现共同发展。

真题23 [2023河南郑州,单选]主张让教师通过写日志、传记、文献分析、教育叙事以及参与性观察等方法实现专业发展的模式是(　　)

A. 知识取向模式　　　　　　　　　　　B. 实践—反思取向模式

C. 文化生态取向模式　　　　　　　　　D. 自我更新取向模式

答案:B

考点 5 ▶ 教师专业发展的途径　★★　【单选、多选、论述】

1. 师范教育

职前师范教育阶段是师范生进行专业准备与学习,初步形成教师职业所需要的知识与能力的关键时期,是教师专业化发展的起始和奠基阶段。

2. 入职培训

新教师都会面临一个角色适应问题。为了让新教师尽快进入角色,新教师的任职学校应当采取及时有效的支持性措施。在我国,各级师范院校还承担了短期的系统培训工作,培训的目的是向新教师提供系统而持续的帮助,使之尽快转变角色、适应环境。

3. 在职培训

在职培训是为了适应教育改革与发展的需要,为在职教师提供的继续教育,主要采取"理论学习、尝试实践、反省探究"三结合的方式,培养教师研究教育对象、教育问题的意识和能力。教师在职培训活动很广,可以是业余进修,也可以是校本培训(如集体观摩、相互评课、相互研讨等)。

4. 自我教育

教师的自我教育就是专业化的自我建构,它是教师个体专业化发展最直接、最普遍的途径。教师自我教育的方式主要有经常性的系统的自我反思、主动收集教改信息、研究教育教学中的各种关键事件、自学现代教育教学理论、积极感受教学的成功与失败等。教师自我教育是专业理想确立、专业情感积淀、专业技能提高、专业风格形成的关键。

此外,跨校合作(如教师专业发展学校),专家指导(如讲座、报告),政府教育部门和教研机构组织的各类专业培训和交流活动等也是教师专业发展的途径。

真题24 [2023辽宁锦州,多选]教师的自我教育是教师个体专业化发展的最直接、最普遍的途径。教师自我教育的方式主要有(　　)

A. 经常性的系统的自我反思　　B. 自学现代教育教学理论
C. 研究教育教学中的各种关键事件　　D. 积极感受教学的成功与失败

答案:ABCD

★★ 本节核心考点回顾 ★★

1. 教师的职业形象
(1)教师的道德形象。"为人师表""身正为范,学高为师"。
(2)教师的文化形象。"才高八斗""学富五车"。
(3)教师的人格形象。理想教师的人格包括善于理解学生、富有耐心、有幽默感等。

2. 教师的职业角色
(1)"传道者"角色(人类灵魂的工程师);
(2)"授业、解惑者"角色(知识传授者、人类文化的传递者);
(3)示范者角色(榜样);
(4)"教育教学活动的设计者、组织者和管理者"角色;
(5)"家长代理人、父母"和"朋友、知己"的角色;
(6)"研究者"角色和"学习者""学者"角色。

3. 教师劳动的特点
(1)复杂性和创造性。①复杂性:教师劳动性质、对象、任务、过程、手段的复杂性;②创造性:因材施教、教学方法上的不断更新、教师需要"教育机智"。
(2)连续性和广延性。
(3)长期性和间接性。①长期性:"十年树木,百年树人";②间接性:以学生为中介实现教师劳动的价值。
(4)主体性和示范性。①主体性:教师自身可以成为活生生的教育因素和具有影响力的榜样;②示范性:由学生的可塑性、向师性和模仿性心理特征决定。
(5)劳动方式的个体性和劳动成果的群体性。

4. 教师的职业素养
(1)职业道德素养:①对待事业:忠于人民的教育事业;②对待学生:热爱学生;③对待集体:团结协

作;④对待自己:为人师表。

(2)知识素养:①政治理论修养;②精深的学科专业知识;③广博的科学文化知识;④必备的教育科学知识;⑤丰富的实践知识。

(3)能力素养:①语言表达能力;②组织管理能力;③组织教育和教学的能力;④自我调控和自我反思能力。

(4)职业心理健康。

第二节 学 生

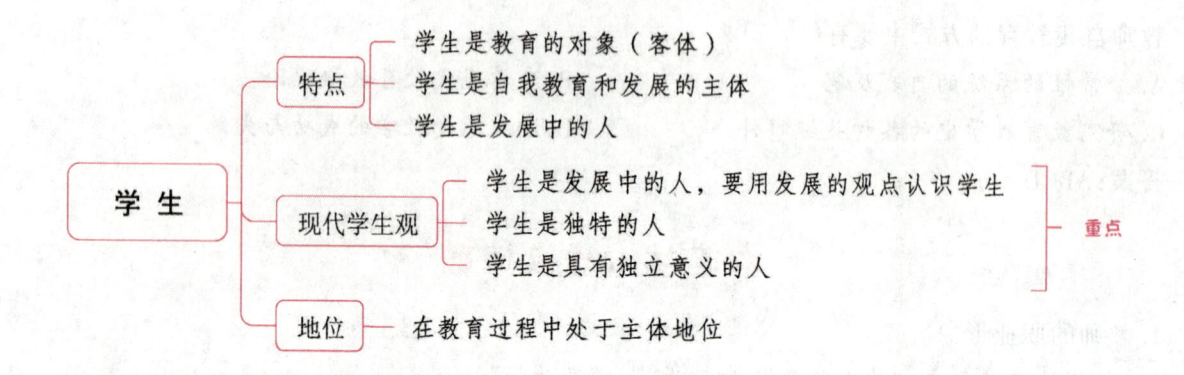

```
学生 ─┬─ 特点 ─┬─ 学生是教育的对象(客体)
      │        ├─ 学生是自我教育和发展的主体
      │        └─ 学生是发展中的人
      ├─ 现代学生观 ─┬─ 学生是发展中的人,要用发展的观点认识学生  ┐
      │              ├─ 学生是独特的人                              ├ 重点
      │              └─ 学生是具有独立意义的人                      ┘
      └─ 地位 ── 在教育过程中处于主体地位
```

一、学生的特点(学生的本质属性) ★★ 【单选、判断】

考点 1 学生是教育的对象(客体)

1. 依据

从教师方面看,教师是教育过程的组织者、领导者,学生是教师教育实践活动的作用对象,是被教育者、被组织者和被领导者。

从学生自身特点看,学生具有可塑性、依赖性和向师性。

(1)学生具有可塑性。学生处于长知识、长身体的时期,也是他们的品德、人格正在形成的时期,各方面尚未成熟,具有很大的发展潜力,而且尚未定型,极容易受外部环境因素的影响,具有"染于苍则苍,染于黄则黄"的特点。

(2)学生具有依赖性。学生多属未成年人,还不具备完全独立生活的能力。在家里,他们要依赖父母,入学后他们将对父母的依赖转为对教师的依赖。

(3)学生具有向师性。学生入学后,会自然地亲近、信赖、尊敬甚至崇拜教师,把教师作为获取知识的智囊、解决问题的顾问、行为举止的楷模。

2. 表现

(1)学生明确自己的主要任务是学习,具有愿意接受教育的心理倾向。

(2)学生服从教师的指导,接受教师的帮助,期待从教师那里汲取营养,促进自身的身心发展。

(3)学生所参加的是一种规范化的学习,学生的学习是有目的、有计划、有组织地进行的,它是由一定的教育制度以及学校的各项规章制度所规定了的。

考点 2 学生是自我教育和发展的主体

学生作为教师教育活动的对象或客体是相对的、暂时的,而作为自身生活、学习和发展的主体却是绝对的、长期的。

1. 依据

(1)学生是具有主观能动性的人。学生是有意识、有情感、有个性的社会人,他们不是盲目、机械、被动地接受作用于他们的影响,而是具有主观能动性的人。

(2)学生在接受教育的过程中,也具有一定的素质,可以进行自我教育。

2. 表现

学生的主观能动性(主体性),主要表现在:

(1)自觉性,也称主动性,这是学生主观能动性最基本的表现。

(2)独立性,也称自主性,这是自觉性进一步发展的表现。承认学生的独立性是发挥学生主体性的前提条件。

(3)创造性,这是学生主观能动性的最高表现。

此外,也有学者认为主体性具体包括独立性、选择性、调控性、创造性和自我意识性。

3. 学生主体性的培养

对于学生主体性的培养,一般学者认为主要从三个方面着手:

(1)建立民主而和谐的师生关系,重视学生自学能力的培养;

(2)重视培养学生主体参与课堂,让学生获得主体参与的体验,尤其让学生体验成功;

(3)尊重学生的个性差异,对学生进行具有针对性的教育。

主体性教育要求在班级管理中,突出学生自主管理,让每一位学生都有机会参与到班级管理中来;在课程上,重视研究性学习和探究性学习;在教学组织形式上,采取集体教学、小组教学和个别教学相结合的形式,尤其强调小组教学的作用。

考点 3 学生是发展中的人

学生不是成人,他们正处于身心发展最迅速的时期,生理和心理两方面都不太成熟,具有很大的发展的可能性与可塑性。学生是发展中的人,包括四层含义:(1)学生具有和成人不同的身心发展特点;(2)学生具有发展的巨大潜在可能性;(3)学生具有发展的需要;(4)学生具有获得成人教育关怀的需要。

真题1 [2024安徽合肥/淮北/铜陵,单选]学生既是教育的对象,又是教育过程中的主体。学生主体作用的最高表现形式为(　　)

A. 自觉性   B. 独立性
C. 创造性   D. 主动性

真题2 [2023江苏苏州,单选]在学生心目中,老师是高尚完美的,是最值得学习的榜样。这说明学生具有(　　)

A. 依赖性   B. 向师性
C. 可塑性   D. 接受性

真题3 [2023广东梅州,判断]承认学生的独立性是发挥学生主体性的前提条件。（ ）

答案：1. C　2. B　3. √

二、现代学生观（"以人为本"的学生观/新课程倡导的学生观）★★★　【单选、多选、判断、材料分析】

学生观就是教师对学生的基本看法，它影响教师对学生的认识及其态度与行为，进而影响学生的发展。"以人为本"的学生观遵从学生的本质属性，将学生视为发展中的人，尊重学生个体的独特性，并能够确保学生在教育教学过程中处于发展主体的地位。教师要树立"以人为本"的学生观，这也体现了新课程改革"为了每位学生的发展"的核心理念。

考点 1　学生是发展中的人，要用发展的观点认识学生

（1）学生的身心发展是有规律的。教师应依据学生身心发展的规律和特点来开展教育活动。

（2）学生具有巨大的发展潜能。在实际工作中，许多人往往从学生的现实表现推断学生没有出息、没有潜力。其实，学生具有巨大的发展潜能，智力水平可以明显提高，这已被科学研究所证实。

（3）学生是处于发展过程中的人。作为发展中的人，意味着学生还是不成熟的人，是一个正在成长的人。把学生作为发展中的人来对待，就要理解学生身上存在的不足，就要允许学生犯错误。当然，更重要的是要帮助学生解决问题，改正错误，从而不断促进学生的进步和发展。

（4）学生的发展是全面的发展。现代学生观强调，教师在教育教学实践中，不仅要重视"知识与技能"的传授，更要看到"过程与方法""情感态度与价值观"的重要性，把学生培养成全面发展的人。

考点 2　学生是独特的人

（1）学生是完整的人。学生并不是单纯的、抽象的学习者，而是有着丰富个性的完整的人。学习过程并不是单纯的知识接受或技能训练，而是伴随着交往、创造、追求、选择、意志努力、喜怒哀乐等的综合过程，需要学生整个内心世界的全面参与。

（2）每个学生都有自身的独特性。独特性是个性的本质特征，珍视学生的独特性和培养具有独特个性的人，应成为我们对待学生的基本态度。独特性也意味着差异性，差异不仅是教育的基础，也是学生发展的前提，应视之为一种财富而珍惜开发，使每个学生在原有基础上都得到完全、自由的发展。

（3）学生与成人之间存在着巨大的差异。学生和成人之间存在很大差别，学生的观察、思考、选择和体验，都和成人有明显不同。"应当把成人看作成人，把孩子看作孩子。"

考点 3　学生是具有独立意义的人

（1）每个学生都是独立于教师的头脑之外，不以教师的意志为转移的客观存在。教师不可以对学生随意支配，或任意捏塑，不可以随意强加给学生一些外在的知识，因为这样并没有尊重学生的主观能动性，只会挫伤学生的主动性、积极性，扼杀他们的学习兴趣，窒息他们的思想，引起他们自觉或不自觉的抵制或抗拒。

（2）学生是学习的主体。教师对学生的教育与改造，只是学生发展的外部条件和外因，学生的主体活动才是学生获得发展的内在机制和内因。教师不可能代替学生读书，代替学生感知，代替学生观察、分析、思考，代替学生明白任何一个道理和掌握任何一条规律。教师只能让学生自己读书，自己感受事

物,自己观察、分析、思考,从而自己明白事理,自己掌握事物发展变化的规律。

(3)学生是责权主体。从法律角度看,在现代社会,学生在社会系统中享受各项基本权利,有些甚至是特定的。但同时,学生也要承担一定的责任和义务。把学生作为责权主体来对待,是现代教育区别于古代教育的重要特征,是教育民主的重要标志。

真题4 [2022内蒙古赤峰,单选]教师不可能代替学生读书,代替学生感知,代替学生观察、分析、思考,代替学生明白任何一个道理和掌握任何一条规律。这表明(　　)

A. 学生是独立的主体　　　　　　B. 学生是学习的主体

C. 学生是责权主体　　　　　　　D. 学生是教育的主体

真题5 [2022广东江门,单选]唐老师理解学生身上存在的不足,允许学生犯错误,当然,更重要的是帮助学生解决问题,改正错误,从而不断促进学生的进步和发展。唐老师遵循的学生观是(　　)

A. 学生具有巨大的发展潜能　　　B. 学生的发展是全面的发展

C. 学生的身心发展是有规律的　　D. 学生是处于发展过程中的人

真题6 [2023辽宁锦州,判断]"以人为本"的学生观强调学生是发展中的人,学生是独特的人,学生是具有独立意义的人。(　　)

A. 正确　　　　　　　　　　　　B. 错误

答案:4. B　5. D　6. A

三、学生的地位　★　【单选、多选、判断】

考点1　学生的社会地位

学生的社会地位是指他们作为社会成员应具有的主体地位。青少年儿童是未来社会的主人,有着独立的社会地位,并依法享受各项社会权利。

1989年11月20日联合国大会通过了《儿童权利公约》,其核心精神是维护青少年儿童的社会权利主体地位。这一精神的基本原则有儿童利益最佳原则、尊重儿童尊严原则、尊重儿童观点与意见原则和无歧视原则。我国是《儿童权利公约》的缔约国之一,在履行《儿童权利公约》的同时,还在《中华人民共和国宪法》《中华人民共和国义务教育法》《中华人民共和国未成年人保护法》等一系列有关法律、法规和政策中对青少年享有的权利做了规定,概括起来讲,主要有:(1)生存的权利;(2)受教育的权利;(3)受尊重的权利;(4)安全的权利。

考点2　学生在教育过程中的地位

现代教育理论认为,在教育过程中,学生既是认识的客体,又是认识的主体。

学生作为认识的客体是指学生相对于社会的要求、新的教学内容和教师的认识来说处于一种被动状态,需要教师有目的、有计划、有组织地引导,将一定社会要求转化为学生内部需要,将新的教学内容转化为学生的素质。承认学生的客体性和客体地位,就是强调教育和教师的主导作用。然而,在教育过程中,外界的一切影响并不是简单地输送或移植给学生,必须经过学生主体的主动吸收、转化,学生是活生生的具有主观能动性的人,是学习的主人。教师的作用只是外因,任何知识技能的领会与掌握都要依靠学生独立自主的学习,教师不可能包办代替;任何有效的教学必须以尊重学生身心发展规律,特别是学习规律为前提。因此,学生在教育过程中处于主体地位,是主体与客体的统一体。

真题7 [2022山东济南,单选]第44届联合国大会第25号决议通过的《儿童权利公约》,是第一部有关保障儿童权利且具有法律约束力的国际性约定。《儿童权利公约》的核心精神是维护青少年儿童的(　　)

A. 社会权利主体地位　　　　　　　　　　B. 社会权利主体非独立地位

C. 社会权利客体独立地位　　　　　　　　D. 社会权利客体非独立地位

真题8 [2022江苏苏州,判断]在教育过程中,学生处于主导地位。(　　)

答案:7. A　8. ×

★本节核心考点回顾★

1. 学生的特点

(1)学生是教育的对象。从学生自身特点看,学生具有可塑性、依赖性和向师性。

(2)学生是自我教育和发展的主体。学生具有主观能动性,主要表现在:①自觉性,也称主动性,这是主观能动性最基本的表现;②独立性,也称自主性,承认学生的独立性是发挥学生主体性的前提条件;③创造性,这是主观能动性的最高表现。

(3)学生是发展中的人。

2. 现代学生观

(1)学生是发展中的人,要用发展的观点认识学生。①学生的身心发展是有规律的;②学生具有巨大的发展潜能;③学生是处于发展过程中的人;④学生的发展是全面的发展。

(2)学生是独特的人。①学生是完整的人;②每个学生都有自身的独特性;③学生与成人之间存在着巨大的差异。

(3)学生是具有独立意义的人。①每个学生都是独立于教师的头脑之外,不以教师的意志为转移的客观存在;②学生是学习的主体;③学生是责权主体。

第三节　师生关系

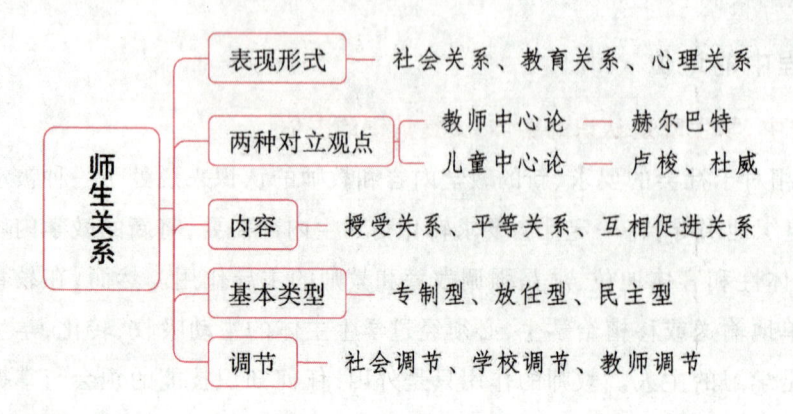

师生关系
- 表现形式：社会关系、教育关系、心理关系
- 两种对立观点
  - 教师中心论——赫尔巴特
  - 儿童中心论——卢梭、杜威
- 内容：授受关系、平等关系、互相促进关系
- 基本类型：专制型、放任型、民主型
- 调节：社会调节、学校调节、教师调节

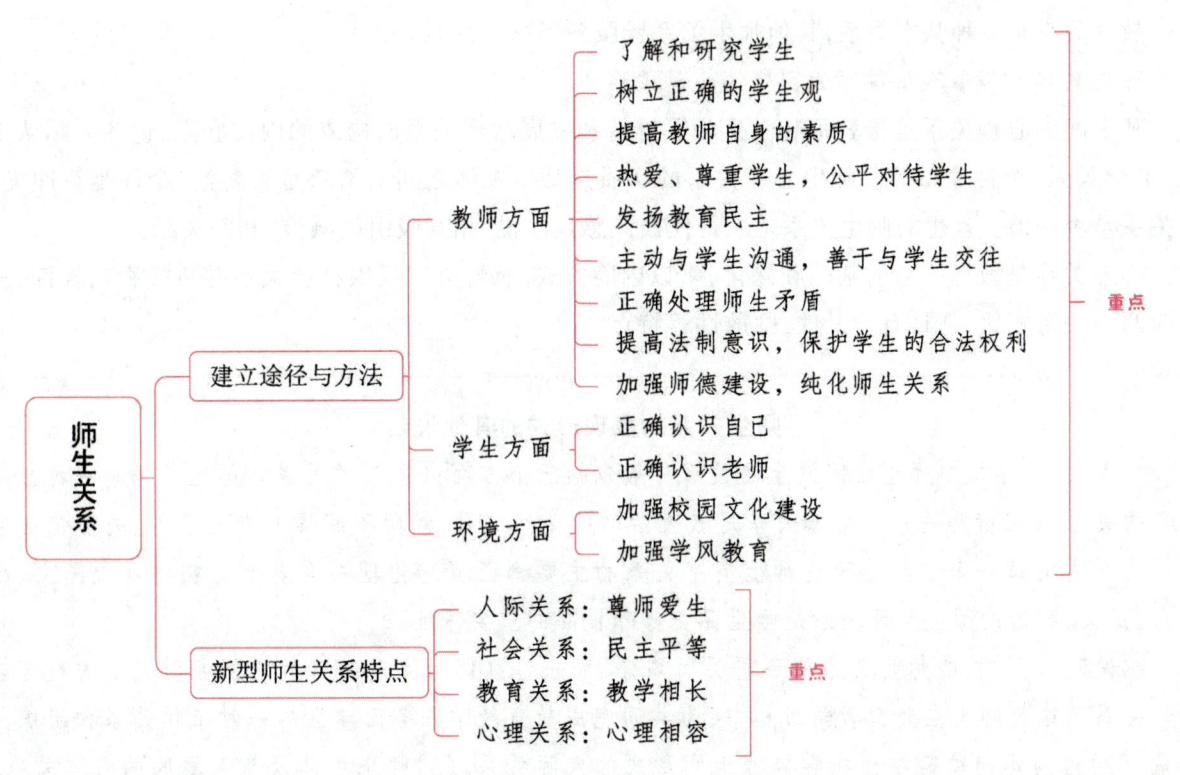

```
                                  ┌─ 了解和研究学生
                                  ├─ 树立正确的学生观
                                  ├─ 提高教师自身的素质
                                  ├─ 热爱、尊重学生，公平对待学生
                         ┌ 教师方面 ┤ 发扬教育民主
                         │        ├─ 主动与学生沟通，善于与学生交往
                         │        ├─ 正确处理师生矛盾                    ┐
              ┌ 建立途径与方法 ┤        ├─ 提高法制意识，保护学生的合法权利   │ 重点
              │          │        └─ 加强师德建设，纯化师生关系           │
              │          │        ┌─ 正确认识自己                      │
       师     │          ├ 学生方面 ┤                                   │
       生 ────┤          │        └─ 正确认识老师                      │
       关     │          │        ┌─ 加强校园文化建设                   │
       系     │          └ 环境方面 ┤                                   │
              │                   └─ 加强学风教育                      ┘
              │           ┌─ 人际关系：尊师爱生
              │           ├─ 社会关系：民主平等            ┐
              └ 新型师生关系特点 ┤ 教育关系：教学相长         │ 重点
                          └─ 心理关系：心理相容            ┘
```

一、师生关系的内涵 ★★ 【单选、填空、简答】

考点 1 师生关系的概念

师生关系是指教师和学生在教育教学活动中为完成一定的教育任务，以"教"和"学"为中介而形成的一种特殊的社会关系，包括彼此所处的地位、作用和态度等。师生关系是教育活动过程中人与人关系中最基本、最重要的关系。

考点 2 师生关系的主要表现形式

从对师生关系的意义及稳定性等的综合分析，师生关系主要表现在以下三个方面：

1. **以年青一代成长为目标的社会关系**

师生之间的社会关系是教师作为成人社会的代表与学生作为未成年的社会成员在教育教学过程中结成的代际关系、政治关系、文化关系、道德关系、法律关系等。师生的社会关系是规范性的，是人与人的各种社会关系在教育教学中的反映。

社会关系是一种背景关系，是教师和学生作为社会人的身份和角色在教育教学中的直接反映，具有规范性、稳定性的特点，常以比较强硬的方式投射到师生之间的教育关系和心理关系之中。

2. **以直接促进学生发展为目标的教育关系**

师生的教育关系是指教师和学生在教育教学活动中为促进学生的整体发展和自主发展而结成的教育与被教育、组织与被组织、引导与被引导等主体间的关系。它是师生现实关系的体现，它是形成性的。教育关系是师生关系的主体。师生的教育关系也是多样的：(1)从教育过程的主体作用来说，教师和学生是教育和被教育的关系；(2)从教育作为一种组织来说，教师和学生共同生活在学校、班级等社群中，构成组织和被组织的关系；(3)从教育活动的展开来说，教师和学生是一种平等的交往关系和对话关系。

教育关系是一种基本关系,其他师生关系皆服务于这一关系。

3. 以维持和发展教育关系为目标的心理关系

师生间的心理关系是指教师和学生为了维持和发展教育关系而构成的内在联系,包括人际认知关系、情感关系、个性关系等。师生心理关系的实质是师生个体之间的情感是否融洽、个性是否冲突、人际关系是否和谐。理想的师生关系是一种使彼此感到愉悦、相互吸引的融洽、和睦关系。

心理关系是教育关系的基础和深化,常以内隐方式、感性方式反映社会关系并直接影响教育关系,与前两种关系相比,它具有情景性、弥散性等特点。

> **•知识再拔高•**
>
> **师生关系的表现形式的其他说法**
>
> 说法一:学校中师生之间发生的关系一般包括三个方面:(1)教学关系。师生之间是一种教与学的关系。(2)情感关系。情感关系是教育活动的必然结果,教师不断提升专业素养、关爱包括后进生在内的每一个学生是改进师生情感关系的主要途径。(3)伦理关系。努力构建现代民主、自由、正义、和谐的师生伦理关系是师生品德修养提高的重要保证。
>
> 说法二:学校的师生关系从不同层面划分,可分为:(1)为完成教育教学任务而发生的教育教学关系。这是师生在教育教学过程中,为共同完成教育教学任务而建立的一种工作关系和组织关系。(2)为满足交往需要而在学校师生间形成的人际关系。(3)师生主体及相互之间的心理关系。(4)为遵循社会秩序与道德规范而形成的社会道德关系。
>
> 说法三:现代师生关系的类型表现在许多方面,比如社会关系、教育关系、心理关系、伦理关系、法律关系等。其中,伦理关系是师生关系体系中最高层次的关系形式,对其他关系形式具有约束和规范作用。

真题1 [2022河北保定,单选]下列关于师生关系的主要表现形式说法错误的是(　　)
A. 伦理关系是师生关系的最高层次
B. 社会关系以直接促进学生发展为目标
C. 心理关系的目标在于维持和发展教育关系
D. 社会关系和心理关系都是为教育关系服务的
答案:B

考点 3 ▶ 关于师生关系的两种对立观点

关于师生关系,有两种对立的观点,即教师中心论和儿童中心论。

1. 教师中心论

教师中心论的典型代表是赫尔巴特,他认为教师在教育教学过程中起主宰作用,强调教师的权威作用。教师中心论仅看到了教师的主导作用,忽视了学生的主观能动性,在教育实践中使教育活动脱离学生的实际,难以达到预期的效果。

2. 儿童中心论(学生中心论)

儿童中心论的典型代表是卢梭和杜威。儿童中心论认为教育的目的在于促进儿童的成长,因此教育要从学生的兴趣和需要出发,整个教育过程要围绕儿童进行。儿童中心论过分夸大了学生的主观能动性,忽视了学生是教育对象这一基本事实,会导致教育质量下降。

真题2 [2024江苏苏州,单选]德国教育学家赫尔巴特是( )的代表。
A.儿童中心论　　　B.教师中心论　　　C.劳动教育中心论　　　D.活动中心论

真题3 [2022浙江金华,简答]你如何看待赫尔巴特的师生关系论,请简单评价。

答案:2. B　3.详见内文

二、师生关系的内容 ★★ 【单选、多选、判断】

(1)师生在教育内容的教学上结成授受关系。①从教师与学生的社会角色规定的意义上看,教师是传授者,学生是受授者;②学生在教学中主体性的实现,既是教育的目的,也是教育成功的条件;③对学生指导、引导的目的是促进学生的自主发展。

(2)师生在人格上是平等的关系。①学生作为一个独立的社会个体,在人格上与教师是平等的;②教师和学生是一种朋友式的友好帮助关系。

(3)师生在社会道德上是互相促进的关系。①师生关系从本质上是一种人—人关系;②教师对学生的影响不仅仅是知识上的、智力上的影响,更是思想上的、人格上的影响。

真题4 [2024河南事业单位,多选]关于师生关系的内容,下列选项中描述正确的有( )
A.师生在人格方面是平等关系　　　B.师生在道德方面是相互促进关系
C.师生在教学方面是授受关系　　　D.师生在心理方面是师道尊严关系

答案:ABC

三、师生关系的作用 ★ 【单选、判断】

说法一:(1)良好的师生关系是教育教学活动顺利进行的重要条件。(2)师生关系是衡量教师和学生学校生活质量的重要指标。(3)师生关系是一种重要的课程资源和校园文化。师生关系作为学校中最基本、最重要的人际关系,是一所学校的精神风貌、校风、教风、学风的整体反映和最直观反映。

说法二:(1)良好的师生关系是教育教学活动顺利进行的保障;(2)良好的师生关系是构建和谐校园的基础;(3)良好的师生关系是实现教学相长的催化剂;(4)良好的师生关系能够满足学生的多种需要。

真题5 [2022广东阳江,判断]学生之间的关系作为学校中最基本、最重要的人际关系,是一所学校的精神风貌、校风、教风、学风的整体反映和最直观反映。( )

答案:×

四、师生关系的基本类型 ★ 【单选、判断】

表1-32 师生关系的基本类型

类型	表现				心态和行为特征
	教师	学生	师生交往	
专制型	教学责任心强,不讲求方式方法,不注意听取学生意愿和与学生协作	唯命是从,不能发挥独立性、创造性,学习被动	缺乏情感因素,教师的专断粗暴、简单随意会引起学生的反感、憎恶甚至对抗,造成师生关系紧张	命令、权威、疏远

续表

类型	表现			心态和行为特征
	教师	学生	师生交往	
放任型	缺乏责任心和爱心,对学生的学习和发展任其自然	对教师的教学能力怀疑、失望;对教师的人格议论、轻视	师生关系冷漠,班级秩序失控,教学效果较差	无序、随意、放纵
民主型	能力强、威信高,善于和学生交流,不断调整教学进程和方法	学习积极性高,兴趣广泛、独立思考,和教师配合默契	理想的师生关系类型	开放、平等、互助

真题6 [2023湖北武汉,判断]放任型师生关系以命令、权威、疏远为其主要心态和行为特征。( )
答案: ×

五、师生关系的调节 ★ 【单选、判断】

(1)师生关系的社会调节。作为一种社会关系的调节方式,主要有法律调节、道德调节。凡是对学生权益产生重大影响的基本关系,如侵害学生人身自由、损害教育消费权等,都由法律来调节;凡是对学生的发展产生重大影响但又未触犯法律的基本关系,如对学生有偏见、不能一视同仁,歧视差生等,主要由道德,特别是教师职业道德来调节。

(2)师生关系的学校调节。学校对师生关系有基本的规范,这些规范是在遵循国家法律的前提下,根据学校的具体情况确定的,如不准男教师与女学生单独谈话等。

(3)师生关系的教师调节。教育教学中的师生关系本质上是教育工作关系,同时伴随着人际关系、心理关系。教师的调节主要有认知调节、组织和沟通调节、态度调节、情感调节、意志调节及行为调节等。

六、良好师生关系的建立与发展

考点 1 影响师生关系的因素 ★ 【单选、多选】

良好的师生关系是教育教学活动取得成功的必要保证。影响师生关系的因素可归纳为教师、学生和环境三个方面,其中,教师的素质(或教师的素养)是影响师生关系的核心因素。

1. 教师方面

(1)教师对学生的态度;(2)教师领导方式;(3)教师的智慧;(4)教师的人格因素。其中,教师的人格对于建立新型的师生关系起着十分关键的作用。

2. 学生方面

学生对师生关系影响的主要因素是学生对教师的认识。许多调查表明,学生与教师关系好,就喜欢上这位教师的课,主动亲近教师;自认为教师瞧不起自己的,就会主动疏远教师。

3. 环境方面

影响师生关系的环境主要是学校的人际关系环境和课堂的组织环境。学校领导与教师的关系、教师之间的关系、教师与家长的关系,必然影响师生关系。课堂的组织环境主要包括教室的布置、座位的排列、学生的人数等。

真题7 [2022河南南阳,单选]影响师生关系的因素分为教师方面、学生方面和环境方面。其中,影响师生关系的环境主要是学校的人际关系环境和课堂组织环境。课堂组织环境不包括(　　)

A. 教室的布置　　　　　　　　B. 教师的态度
C. 学生的人数　　　　　　　　D. 座位的排列

答案:B

考点 2　良好师生关系建立的途径与方法　★★★　【多选、判断、简答】

1. 教师方面

教师是教育过程的组织者,在全部教育活动中起主导作用。从根本上说,良好的师生关系首先取决于教师。为此,教师要从以下几个方面努力:

(1)了解和研究学生。教师要与学生取得共同语言,使教育影响深入学生的内心世界,就必须了解和研究学生。

(2)树立正确的学生观。教师既要把学生当作教育的对象,又要把学生看作学习的主人;既要耐心细致地做好各项指导工作,又要充分调动学生的积极主动性。

(3)提高教师自身的素质。教师的素质是影响师生关系的核心因素。教师的道德素养、知识素养和能力素养是学生尊重教师的重要条件,也是教师提高教育影响力的保证。

(4)热爱、尊重学生,公平对待学生。

(5)发扬教育民主。民主平等是现代师生伦理关系的核心要求。

(6)主动与学生沟通,善于与学生交往。

(7)正确处理师生矛盾。教育教学过程中,师生之间发生矛盾是难免的。解决师生冲突的关键是教师。

(8)提高法制意识,保护学生的合法权利。

(9)加强师德建设,纯化师生关系。

2. 学生方面

(1)正确认识自己。学生如果能够正确认识自己的优缺点以及应该努力的目标,站在客观的角度思考和看待自己,那么他们就能更加认真地倾听和思考教师的指导,这对于形成良好师生关系有很大的促进作用。

(2)正确认识老师。学生应该摒弃对教师的固有成见,学会客观地认识和理解老师的付出,积极主动地和老师沟通,这样互相理解的师生双方才是良好师生关系的形成基础。

3. 环境方面

(1)加强校园文化建设,确保校园文化的相对独立性、完整性和纯洁性;

(2)加强学风教育,促进良好学风的养成,使学生在一个良好的氛围中健康地学习。

> **·知识再拔高·**
>
> **良好师生关系建立的途径与方法的其他说法**
>
> 说法一:构建良好师生关系的基本策略
>
> (1)了解和研究学生;(2)树立正确的学生观;(3)热爱、尊重学生,公平对待学生;(4)主动与学生沟通,善于与学生交往;(5)努力提高自我修养,健全人格。

说法二:如何建立新型的师生关系

(1)教师思想观念转变,是建立新型师生关系的突破口;(2)尊重与理解,是建立新型师生关系的前提;(3)教师的素养,是建立新型师生关系的关键;(4)教书育人,培养学生的求知欲,是建立新型师生关系的途径;(5)师生互评,改进评价机制,塑造学生健康人格,是建立新型师生关系的手段。

真题8 [2023河南信阳,判断]解决师生冲突的关键是学校的管理制度。( )

真题9 [2023安徽蚌埠,简答]简述构建良好师生关系的基本策略。

答案:8.× 9.详见内文

七、我国新型师生关系(理想师生关系)的特点 ★★ 【单选、多选、不定项、材料分析】

1. 人际关系:尊师爱生

尊师与爱生是相互促进的两个方面:教师通过对学生的尊重和关爱换取学生发自内心的尊敬和信赖,而这种尊敬和信赖又可激发教师更加努力地工作,为学生营造良好的心理气氛和学习条件。爱生是尊师的重要前提,尊师是爱生的必然结果。

2. 社会关系:民主平等

民主平等不仅是现代社会民主化趋势的需要,也是教学生活人文性的直接要求和现代人格的具体体现。它要求教师理解学生,发挥非权力性影响,并一视同仁地与所有学生交往,善于倾听不同意见,同时也要求学生正确表达自己的思想和行为,学会合作和共同学习。

3. 教育关系:教学相长

在教育过程中,教师的教促进学生的学,学生的学促进教师的教,教与学是相互促进的,"学然后知不足,教然后知困"。教学相长包括三层含义:(1)教师的教可以促进学生的学;(2)教师可以向学生学习;(3)学生可以超越教师。

4. 心理关系:心理相容

心理相容指的是教师与学生之间在心理上协调一致,在教学实施过程中表现为师生关系密切、情感融洽、平等合作。新型的师生关系应该是教师和学生在人格上是平等的,在交互活动中是民主的,在相处的氛围上是和谐的。它的核心是师生的心理相容,心灵的互相接纳,形成师生间的真挚的情感关系。

此外,还有学者认为理想师生关系的基本特征包括:(1)尊师爱生,相互配合。(2)民主平等,和谐亲密。(3)共享共创,教学相长。共享共创体现了师生关系的动态性和创造性,是师生关系的最高层次。

真题10 [2022山东德州,单选]老师在日记中说希望自己能和孩子们共同成长,这是我国新型师生关系中所提倡的( )

A. 教学相长 B. 有教无类 C. 志同道合 D. 尊师重道

真题11 [2023河南郑州,多选]新型的师生关系应该是教师和学生在人格上是平等的,在交互活动中是民主的,在相处的氛围上是和谐的。下列表述正确的是( )

A. 共享共创是师生关系的最高层次

B. 新型师生关系的核心是师生的心理相容

C. 尊重和理解是建立新型师生关系的前提
D. 教师的素养是建立新型师生关系的关键

真题12 [2022河北邯郸,不定项]下列属于良好师生关系的特征的是(　　)

A. 民主平等　　　　B. 师道尊严　　　　C. 心理相容　　　　D. 教学相长

答案：10. A　11. ABCD　12. ACD

★ 本节核心考点回顾 ★

1. 师生关系的内容

(1)在教育内容的教学上结成授受关系；

(2)在人格上是平等的关系；

(3)在社会道德上是互相促进的关系。

2. 良好师生关系建立的途径与方法

(1)教师方面：了解和研究学生、树立正确的学生观、提高教师自身的素质、发扬教育民主、正确处理师生矛盾等。

(2)学生方面：正确认识自己和正确认识老师。

(3)环境方面：加强校园文化建设和加强学风教育。

3. 我国新型师生关系(理想师生关系)的特点

(1)人际关系：尊师爱生；(2)社会关系：民主平等；(3)教育关系：教学相长；(4)心理关系：心理相容。

第五章 课 程

本章学习指南

一、考情概况

本章属于教育学的重点章节,识记和理解的知识较多,考生可带着以下学习目标进行备考:
1. 理解主要课程理论流派的基本观点,识记其代表人物。
2. 识记并区分课程类型的划分依据及各种课程的内涵。
3. 理解课程目标取向的分类。
4. 理解并区分课程内容的三种表现形式。
5. 掌握课程实施的三种取向和课程评价的主要模式。
6. 识记课程资源的类型。

二、考点地图

考点	年份/地区/题型
经验主义课程理论	2024四川单选;2023安徽单选;2023广东单选;2023山西单选;2023江苏填空;2022河北单选
必修课程与选修课程	2024河北多选;2024安徽判断;2024贵州判断;2022河南单选;2022天津单选
国家课程、地方课程与校本课程	2024四川单选;2024河北单选;2024山西单选、判断;2024安徽判断;2023江苏填空
显性课程与隐性课程	2024福建单选;2024河南单选;2024河北单选;2024四川单选;2024广东单选、判断;2024江苏判断;2023山西单选;2023河南单选;2023四川判断;2023浙江简答
课程目标取向的分类	2024天津单选;2024广东单选;2024山东单选;2024安徽判断;2023辽宁单选;2023黑龙江单选;2023四川单选;2023安徽判断;2022山西单选
课程内容的三种表现形式	2024浙江单选;2024山东单选;2024江苏单选;2024河北多选;2024广东判断;2024安徽判断;2023安徽单选;2023贵州判断;2023浙江辨析
课程实施的三种取向	2024安徽单选;2024山东单选;2023安徽单选;2022河南单选;2022天津单选;2022河北单选;2022山西单选;2022广东多选
课程评价的主要模式	2024江苏填空;2023黑龙江单选;2023广东单选;2022广西单选;2023天津单选;2022山东单选
课程资源的类型	2024天津单选;2022河南单选;2022广东单选

注:上述表格仅呈现重要考点的相关考情。

第一节　课程概述

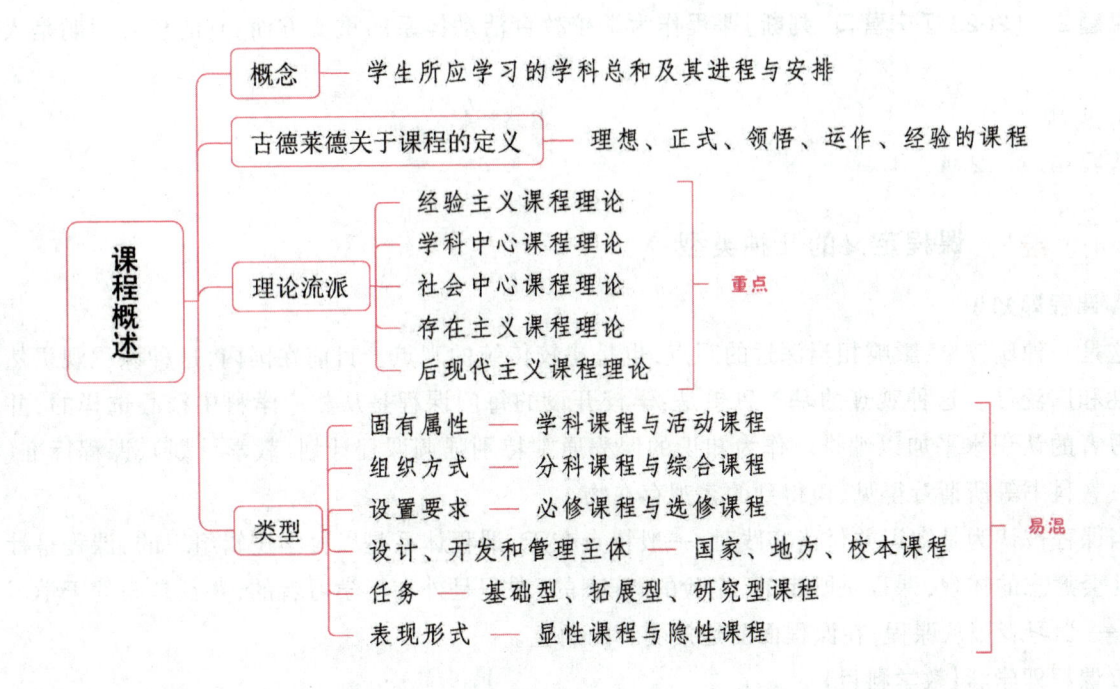

```
课程概述
├─ 概念 ── 学生所应学习的学科总和及其进程与安排
├─ 古德莱德关于课程的定义 ── 理想、正式、领悟、运作、经验的课程
├─ 理论流派
│    ├─ 经验主义课程理论
│    ├─ 学科中心课程理论
│    ├─ 社会中心课程理论          【重点】
│    ├─ 存在主义课程理论
│    └─ 后现代主义课程理论
└─ 类型
     ├─ 固有属性 ── 学科课程与活动课程
     ├─ 组织方式 ── 分科课程与综合课程
     ├─ 设置要求 ── 必修课程与选修课程
     ├─ 设计、开发和管理主体 ── 国家、地方、校本课程     【易混】
     ├─ 任务 ── 基础型、拓展型、研究型课程
     └─ 表现形式 ── 显性课程与隐性课程
```

一、课程的内涵 ★【单选、多选、判断】

考点1　课程的概念

在我国，"课程"一词始见于唐宋期间。在唐代，孔颖达为《诗经·小雅·巧言》中"奕奕寝庙，君子作之"一句注疏："维护课程，必君子监之，乃得依法制。"这是"课程"一词在汉语文献中的最早显露。宋代朱熹在《朱子全书·论学》中提出"宽着期限，紧着课程""小立课程，大作功夫"等句，这里的"课程"是指功课及其进程，已与今天日常语言中"课程"的意义极为相近。

在西方，"课程"一词最早出现在英国教育家斯宾塞的《什么知识最有价值》一文中。它由拉丁语派生而来，意为"跑道"。根据这个词源，最常见的课程定义是"学习的进程"，简称学程。(把课程用于教育科学的专门术语，始于英国教育家斯宾塞)

一般认为，美国学者博比特在1918年出版的《课程》一书，标志着课程作为专门研究领域的诞生，这也是教育史上第一本课程理论专著。他提出了课程研究的"活动分析法"，即通过对人类社会活动的分析，发现社会所需要的知识、技能、能力和态度等，以此作为课程的基础。这种活动分析法为后来盛行的课程开发的目标模式提供了方法论依据。

课程是指学校学生所应学习的学科总和及其进程与安排。广义的课程是指学校为实现培养目标而选择的教育内容及其进程的总和，它包括学校所教的各门学科和有目的、有计划的教育活动。狭义的课程是指某一门学科。

课程涉及教师教什么和学生学什么的问题，它是学校教育的核心，是学校培养未来人才的蓝图。课程作为学校教育活动体系的重要方面，它的核心问题是人的发展问题。课程的一个前提性假设是知识的教育价值,因而课程理论和课程设计,常常围绕着知识及其获得方式的教育价值的估量、选择和组织而展开。

真题1 [2022河南新乡,单选](　　)是学校教育的核心,是学校培养未来人才蓝图的具体表现。
A. 课程　　　　　　B. 教师　　　　　　C. 学生　　　　　　D. 学校

真题2 [2023辽宁营口,判断]课程作为学校教育活动体系的重要方面,它的核心问题是人的发展问题。(　　)
A. 正确　　　　　　　　　　　　　　　B. 错误

答案:1. A　2. A

考点 2 ▶ 课程定义的几种类型

1. 课程即知识

这是一种比较早、影响相当深远的观点,也是比较传统的观点。目前在国内,这种课程观仍然最具代表性和广泛性。这种观点的基本思想是:学校开设的每门课程是从相应学科中精心选择的,并且按照学习者的认识水平加以编排。作为知识的课程通常特别强调课程计划(教学计划)、课程标准(教学大纲)、教科书等所谓看得见、摸得到的客观存在物。

当课程被认为是知识并付诸实践时,一般特点在于:课程体系是以科学逻辑组织的,课程是社会选择和社会意志的体现,课程是既定的、先验的、静态的,课程是外在于学习者的,并且是凌驾于学习者之上的——学习者服从课程,在课程面前是接受者的角色。

2. 课程即学科(教学科目)

把课程等同于教学科目,在历史上由来已久。无论是中国古代的"六艺"、古希腊的"七艺",还是近现代的百科全书式课程、功利主义课程等,无不把课程视为所传授的学科,强调课程知识的组织与累积、保存功能。

3. 课程即经验

这种观点主要是在对于前一观点的批评和反思基础上出现和形成的。人们提出,实际上,只有那些真正为学生经历、理解和接受了的东西,才称得上是课程,也就是说只有当学生与知识发生了相互作用,知识才可能真正转化为课程。

当课程被认为是经验时,一般特点在于:课程往往是从学习者角度出发和设计的,课程是与学习者个人经验相联系、相结合的,强调学习者作为学习主体的角色。

4. 课程即活动

这种观点认为其他关于课程本质的看法都有局限,如:"将课程理解为学科教材,教师容易把握,但也容易导致'见物不见人'的倾向;把课程理解为学习经验,有利于解决'教育中无儿童'的问题,但教师又感到迷茫,不知如何操作。走出这种两难困境的唯一办法是:改变传统的非此即彼——要么是主观学习经验,要么是客观学科教材的思维方式,将视角转向二者的交合处——活动,从活动的角度看待和解释课程"。

5. 课程即预期的学习结果/目标

一些学者认为,课程不应该指向活动,而应该直接关注预期的学习结果或目标,即要把重点从手段指向目的。这要求课程事先制定一套有结构、有序列的学习目标,所有教学活动都是为达到这些目标服务的。在西方课程理论中相当盛行的课程行为目标,便是一个典型的例子。

真题3 [2024天津河东,多选]当课程被认为是经验时,一般特点在于( )
A.课程体系是以科学逻辑组织的
B.课程往往是从学习者的角度出发和设计的
C.课程是与学习者的个人经验相联系、相结合的
D.强调学习者作为学习主体的角色
答案:BCD

考点 3 ▶ 古德莱德关于课程的定义

在古德莱德看来,人们在谈论课程时,往往谈的是不同意义上的课程。他认为,存在着五种不同的课程:
(1)**理想的课程**,即由一些研究机构、学术团体和课程专家提出的应该开设的课程。
(2)正式的课程,即由教育行政部门规定的课程计划、课程标准和教材。
(3)领悟(理解)的课程,即任课教师所领会的课程。
(4)运作(实行)的课程,即在课堂上实际实施的课程。
(5)经验的课程,即学生实际体验到的东西,称作"生定课程"。

真题4 [2023黑龙江哈尔滨,单选]有课程专家提出,应在中小学开设国学课程。按照古德莱德对课程层次的划分,这属于( )的课程。
A.领悟   B.运作   C.正式   D.理想
答案:D

二、主要课程理论流派 ★★★ 【单选、多选、填空、判断】

考点 1 ▶ 经验主义课程理论

经验主义课程理论也可称为儿童中心课程理论、学生中心课程理论、活动课程理论,以杜威为代表。这种理论认为以学科为中心的传统课程是不足取的,应代之以儿童的活动为中心的课程。

杜威认为,课程必须与儿童的生活相沟通,应该以儿童为出发点、中心、目的。理想的课程应该促进儿童的生长和发展,这也是衡量课程价值的标准。对于教材的学习,杜威也一反传统的做法,使教材与儿童已经在生活中熟悉和喜欢的活动相互联系。此外,课程的组织应心理学化,应该考虑到儿童心理发展的次序,充分关注儿童现有的经验和能力。

考点 2 ▶ 学科中心课程理论

学科中心课程理论也可称为知识中心课程理论,以斯宾塞、赫尔巴特、布鲁纳等人为代表。这种理论主张课程要分科设置,分别从有关科学中选取一定的材料,组成不同学科,分科进行教学。每门学科的教材要根据科学的系统性、连贯性进行编制。这一理论流派的特点是:(1)重视成人生活的分析与准备;(2)重视教材的逻辑组织;(3)强调训练的价值。

表1-33 学科中心课程理论

具体理论	代表人物	主要观点
结构主义课程理论	布鲁纳	(1)该理论以学科结构为课程中心,认为人的学习是认知结构不断改进与完善的过程,因此,学科基本结构的学习对学习者的认知结构发展最有价值。 (2)倡导采用螺旋上升的方式编制课程。 (3)在课程实施上,倡导发现式学习法,重视培养学习者的直觉思维和独立思考能力

续表

具体理论	代表人物	主要观点
要素主义课程理论（传统主义教育/保守主义教育）	巴格莱	(1)课程的目的在于理智和道德训练,促进社会进步与民主,让公民在理智和道德训练中保存人类文化遗产。 (2)课程的内容应该是人类文化的"共同要素",传授人类种族传递下来的共同经验和文化精神。 (3)关注学科课程和教材的逻辑组织,以学科课程为中心,认为学科课程是向学生提供经验的最佳方法。 (4)注重教师权威下的接受式学习,重视系统知识的传授。 (5)强调制定严格的学业成绩评价标准,让全体学生"按照预定时间表"升学,坚持以严格的学业成绩标准作为课程评价的核心
永恒主义课程理论	赫钦斯	该理论认为课程涉及的第一个根本问题就是为了实现教育目的,什么知识最有价值或如何选择学科。永恒主义对此的回答是:具有理智训练价值的传统的"永恒学科"的价值高于实用学科的价值。"永恒学科"是课程的核心。永恒学科首先是那些经历了许多世纪而达到古典著作水平的书籍

考点 3 ▶ 社会中心课程理论

社会中心课程理论亦称社会改造主义课程理论,是以适应社会需要为中心编制课程的理论,以布拉梅尔德为代表。

社会中心课程理论认为应该把课程重点放在当代社会的问题、社会的主要功能、学生关心的社会现象以及社会改造与社会活动计划等方面。这种理论认为设计课程要通过对社会问题的分析来确定教育目标,主张打破传统的学科课程界限,但不按学生的活动来组织课程;要兼顾儿童的年龄特征,但不主张以学生的兴趣和动机作为编制课程的基本出发点,而以社会现实问题作为课程设计的核心。其核心观点是:课程不应该帮助学生去适应社会,而是要建立一种新的社会秩序和社会文化。因此,该理论主张学生尽可能多地参与到社会中去,课程应以广泛的社会问题为中心。

考点 4 ▶ 存在主义课程理论

存在主义认为,在确定课程的时候,一个重要的前提就是要承认学生本人为他自己的存在负责。换言之,课程最终要由学生的需要来决定。

存在主义课程理论的主要代表人物之一美国学者奈勒认为,不能把教材看作为学生谋求职业做好准备的手段,也不能把它们看作对学生进行心智训练的材料,而应当把它们看作用来作为自我发展和自我实现的手段;不能使学生受教材的支配,而应该使学生成为教材的主宰。

存在主义课程理论重视发掘学生的人生价值,注重学生的情感反应,在反对学科中心主义课程设置的唯智、唯学方面,带来了新鲜空气。它注重以学生为中心,培养学生的自我责任意识,鼓励教师与学生进行精神交流,有利于建立和谐的师生关系。其弊端在于:这种课程理论指导下的课程缺乏系统知识的传授,课程结构破碎且难成体系。这种课程思想也没有制定出详细的客观标准来衡量学生的学业成就,衡量课程的有效性常常依赖于教师和学生的主观评价。

考点 5 ▶ 后现代主义课程理论

一些学者从后现代主义理论出发,借助后现代主义提出的新视角和新方法等来考察一系列的课程问题。在这方面最为著名的是美国学者多尔。

多尔在分析和批判泰勒模式的基础上,把他设想的后现代课程标准概括为"4R",即丰富性、循环性、关联性和严密性。其中,严密性是"4R"中最重要的。

后现代主义课程理论把知识看作是对动态、变化、开放的自我调节系统的解释,这极大丰富了知识的内涵。它把课程当作一个不断展开的动态过程,重视个体在课程实践中的体验,强调学习者通过理解和对话寻求意义、文化和社会问题。在此基础上,后现代主义课程理论强调教师与学生应通过不断的沟通与对话来探究未知领域,有利于建立平等的师生关系,从而将学生置于主动学习、主动创造的地位。总体来看,后现代主义课程理论是批判大于建设的理论,它本身也呈现出多元化发展的趋势,因此,其本身比较缺乏切实可行的建设性措施来实现它所呼吁和提倡的理念。

真题5 [2024广东广州,单选]在教育经验交流会上,王老师认为课程的设置要根据学生的需求来决定,他认为应当把教材看作自我发展和自我实现的手段,交由学生进行自由的支配。由此可见,王老师最认同( )的主张。

A. 经验主义课程论　　　　　　　　B. 学科中心主义课程论
C. 社会改造主义课程论　　　　　　D. 存在主义课程论

真题6 [2024四川统考,单选]小学语文教材中的《小儿垂钓》《村居》《池上》《所见》都是以儿童生活为题材的诗作,包含了钓鱼、放纸鸢、采莲、骑黄牛等内容。这体现的课程理论是( )

A. 教材中心　　　B. 儿童中心　　　C. 教师中心　　　D. 知识中心

真题7 [2023山东济南,多选]后现代主义课程理论的代表人物多尔在分析和批判泰勒模式的基础上,提出的后现代课程标准为( )

A. 丰富性　　　　B. 循环性　　　　C. 关联性　　　　D. 严密性

真题8 [2023河北石家庄,判断]学科中心课程论的代表人物有赫尔巴特和斯宾塞。( )

A. 正确　　　　　　　　　　　　　B. 错误

答案:5. D　6. B　7. ABCD　8. A

三、课程类型　★★★　【单选、多选、填空、判断、名词解释、简答】

考点 1 ▶ 学科课程与活动课程

从课程内容的固有属性来划分,课程可分为学科课程与活动课程。

1. 学科课程

学科课程是指以文化知识(科学、道德、艺术)为基础,按照一定的价值标准,从不同的知识领域或学术领域选择一定的内容,根据知识的逻辑体系,将所选出的知识组织为学科的课程类型。它是最古老、使用范围最广泛的课程类型。其主导价值在于传承人类文明,强调使学生掌握、传递和发展人类积累下来的文化遗产。我国古代的"六艺"、古希腊的"七艺"和"武士七艺"都可以说是最早的学科课程。此外,近代以来,夸美纽斯所倡导的"泛智课程",赫尔巴特根据人的"六种兴趣"设置的课程,斯宾塞根据功利主义原则设置的课程,也都属于学科课程。

(1)学科课程的基本特点

①分科设置;②课程内容按学科知识的逻辑结构来选择和安排,重视学科内容的内在联系;③强调教师的系统讲授。

(2)学科课程的优点

①从社会发展角度讲,有助于文化遗产的系统传承;②从学生角度讲,有助于学生全面、准确地了解该领域的发展状况,实现智力的充分发展;③从教学角度讲,学科课程的教学活动容易组织,也容易评价,便于提高教学效率;④从国家角度讲,在保证尖端人才的培养和促进国家科学技术的发展方面具有不可替代的基础作用。

(3)学科课程的缺点

①从学生发展角度讲,过多考虑知识的逻辑和体系,不能完全照顾学生的需要和兴趣;②从课程本身角度讲,与现实生活存在较远距离,缺乏活力,造成学习内容的凝固化;③从教师教学角度讲,容易导致偏重知识授受的倾向,不利于学生全面和富有个性的发展。

2. 活动课程

活动课程亦称经验课程,是指围绕着学生的需要和兴趣、以活动为组织方式的课程形态,即以学生的主体性活动经验为中心组织的课程。活动课程以开发与培育主体内在的、内发的价值为目标,旨在培养具有丰富个性的主体。学生的兴趣、动机、经验是活动课程的基本内容。其主导价值在于使学生获得关于现实世界的直接经验和真切体验。最早提出活动课程思想的是法国的卢梭,他主张儿童应在大自然中,通过身体锻炼、劳动、自我活动和观察事物来学习。杜威是活动课程的主要代表人物。

(1)活动课程的特点

①重视儿童的兴趣、需要、能力和阅历,以及儿童在学习中的自我指导作用与内在动力;②注重引导儿童从做中学,通过探究、交往、合作等活动使学生的经验得到改组与改造,智能与品德得到养成与提高;③强调解决问题的动态活动的过程,注重教学活动过程的灵活性、综合性、形成性,因人而异的弹性,以及把课程资源作为解决问题的工具,反对预先确定目标的观念。

(2)活动课程的局限性

①活动课程以学习者的经验为中心来组织,容易导致学科知识的支离破碎,学生难以掌握完整系统的学科知识体系;

②活动课程以学习者的活动为中心,但学习者的活动具有多种性质,并非所有的活动都有教育价值,也并非所有的活动都能带来同样的教育价值,因此活动课程在实施中容易导致"活动主义",为活动而活动,如果把握不当,会极大地影响教学效率和教育质量;

③活动课程在课程实施中对教师的教学组织能力以及相关教学设施提出了较高要求,它要求教师具有相当高的专业素养和教育艺术素养,在师资条件不具备的情况下,活动课程的实施具有一定的风险性。

活动课程与学科课程的关系,实际上反映的是人的直接经验与间接经验、个人知识与公共知识、儿童当下的心理经验与凝结在学科中的逻辑经验之间的关系,也从一个侧面反映了成人学习方式与儿童学习方式的分歧与差异。

考点 2 ▶ 分科课程与综合课程

从课程内容的**组织方式**来划分,课程可分为分科课程与综合课程。

1. 分科课程

分科课程是根据学校教育目标、教学规律和一定年龄阶段的学生发展水平,分别从各门科学中选择部分内容,组成各种不同的学科,彼此分立地安排它们的教学顺序、教学时数和期限。其主导价值在于使学生获得逻辑严密和条理清晰的文化知识,但是容易带来科目过多、分科过细的问题。

2. 综合课程

综合课程是指采用各种有机整合的形式，使学校教学系统中分化的各种要素及各成分之间形成有机联系的课程形态。简单来说，综合课程就是指打破传统的分科课程的知识领域，组合两门或两门以上学科领域而构成的一门学科。其主导价值在于通过相关学科的整合，促进学生认识的整体性发展并形成把握和解决问题的全面视野与方法。

（1）综合课程的形式

"相关课程""融合课程""广域课程""核心课程"都是综合课程的形式，只不过综合的程度以及设计的思路略有差异。

表1-34 综合课程的形式

类型	内涵
相关课程	在保留原来学科的独立性基础上，寻找两个或多个学科之间的共同点，使这些学科的教学顺序能够相互照应、相互联系、穿插进行
融合课程	把有内在联系的学科内容融合在一起而形成一门新的学科。例如，把动物学、植物学、微生物学、生理学、解剖学、遗传学融合为生物学
广域课程	合并数门相邻学科的内容形成的综合课程，在范围上比融合课程要大。例如，有的国家把地理、历史综合形成"社会研究"课程；把物理、化学、生物、生态、生理、实用技术综合成"综合自然科学"
核心课程	以问题为核心，将几门学科结合起来的课程。例如，以人类生存、环境保护、交通运输、社会组织与管理、娱乐和审美活动等人类的基本活动为主题设计的课程

（2）综合课程的优缺点

优点：①打破学科界限，有利于培养学生对事物的整体认识能力；②减少了课程的门类，有利于减轻学生的负担；③从生活、社会的实际出发，具有较强的实践性，有利于培养学生分析解决问题的能力和动手能力。

缺点：①教科书的编写较为困难，只专不博的教师很难胜任综合课程的教学，教学具有一定的难度；②难以向学生提供系统完整的专业理论知识，不利于高级专业化人才的培养。

考点 3 必修课程与选修课程

从课程设置的要求，或对学生学习的要求，或学生选课的自主性来划分，课程可分为必修课程与选修课程。

1. 必修课程

必修课程是根据人的发展和社会发展需要制定的，所有学生都必须学习的科目。它是个体社会化的基础，其主导价值在于培养和发展学生的共性。就我国现阶段基础教育课程现状而言，必修课程一般包括国家课程和地方课程。

2. 选修课程

选修课程是针对必修课程的不足之处提出来的，是为发展学生的兴趣、爱好和个性特长而开设的课程。

3. 必修课程与选修课程的关系

必修课程与选修课程是相辅相成、相互作用的有机统一体。选修课程是致力于"个性发展"的课程，所以选修课程的设立应突出基础性、新颖性、实用性和独创性的结合。选修课程与必修课程具有等价性，即二者拥有同等的价值，不存在主次关系，选修课程不是必修课程的附庸或陪衬，不是随意的、散漫的、浅尝辄止的学习就可应付的课程,而是有共同标准的评估来保证其学习的有效性的课程。总的来说,必修课程与选修课程之间的关系实质上是共性发展(一般发展)与个性发展的关系。

考点 4 ▶ 国家课程、地方课程与校本课程

从课程设计、开发和管理主体来看,可将课程分为国家课程、地方课程与校本(学校)课程。

1. 国家课程

国家课程,亦称"国家统一课程",它是自上而下由中央政府负责编制、实施和评价的课程,具有权威性、多样性和强制性等特征。也可以说国家课程是国家专门为培养社会需要的合格公民而设计的,并依据公民的身心发展水平和接受教育之后所要达到的共同素质而开发的课程。

国家课程的主导价值在于通过课程体现国家的教育意志。

2. 地方课程

地方课程是地方教育行政部门以国家课程为基础,依据当地的政治、经济、文化、民族等发展的需要而开发设计的课程。它是一种为突出地方特色与地方文化,满足地方发展需要而设置的课程,具有区域性、本土性的特点。

地方课程的主导价值在于通过课程满足地方社会发展的现实需要。

3. 校本课程

校本课程即学校课程,是学校在确保国家课程和地方课程有效实施的前提下,针对学生的兴趣和需要,结合学校的传统和优势以及办学理念,充分利用学校和社区的课程资源,自主开发或选用的课程。它是以学校为课程编制主体,自主开发与实施的一种课程,是相对于国家课程和地方课程的一种课程。也可以说校本课程是指由学生所在学校的教师编制、实施和评价的课程。

校本课程的类型可以从两个维度划分:一是从校本课程的形式来看,包括筛选已有的课程、改编已有的课程和开发全新的校本课程;二是从学校教师参与校本课程的形式来看,包括个别教师参与的校本课程、部分教师参与的校本课程和全体教师参与的校本课程。

校本课程的主导价值在于通过课程展示学校的办学宗旨和特色,提升学校的办学水平,促进学生的个性发展。

考点 5 ▶ 基础型课程、拓展型课程与研究型课程

根据课程任务,可将课程分为基础型课程、拓展型课程与研究型课程。

1. 基础型课程

基础型课程注重培养学生的基础学力,注重学生对科学文化基础知识和基本技能的掌握,同时获得智力的发展和能力的培养,即培养学生作为一个公民所必需的以"三基"(读、写、算)为中心的基础教养,是中小学课程的主要组成部分。基础型课程是必修的、共同的课程。

2. 拓展型课程

拓展型课程注重拓展学生的知识和能力,开阔学生的知识视野,发展学生各种不同的特殊能力,并迁移到其他方面的学习。拓展型课程常常以选修课的形式出现。

3. 研究型课程

研究型课程注重培养学生的探究态度和能力。

考点 6 显性课程与隐性课程

从课程的表现形式或者说影响学生的方式来划分,课程可分为显性课程与隐性课程。

1. 显性课程

显性课程亦称公开课程,是指在学校情境中以直接的、明显的方式呈现的课程。

显性课程的特点是:(1)它是有目的、有计划、有组织的学习活动。计划性是显性课程的主要特征,也是区分显性课程与隐性课程的主要标志。(2)学生参与这类课程是有意识的。

2. 隐性课程

隐性课程亦称潜在课程、自发课程、隐蔽课程、无形课程、非正式课程、非官方课程,是学校情境中以间接的、内隐的方式呈现的课程。它不在课程计划中反映,不通过正式的教学进行,对学生的知识、情感、意志、行为和价值观等方面起潜移默化的作用,促进或干扰教育目标的实现。

(1)隐性课程的特点

①隐蔽性。隐性课程不像显性课程那样通过正式的教学来进行,而是潜伏在显性课程之后,通过间接的、内隐的、潜移默化的方式对学生产生影响。

②非预期性。隐性课程中并不是任何一个要素、一个细节的教育影响事先都能估计到。

③两重性。隐性课程既能对学生施以积极的影响,又能对学生施以消极的影响。

④弥散性。隐性课程无所不在,只要存在教育,就必然存在隐性课程的影响。

⑤持久性。隐性课程的影响是潜移默化的,一经确立,就会持久地影响学生的心理与行为。

(2)隐性课程的产生与发展

在历史上,最早涉及隐性课程研究的学者,可能要推到杜威及其学生克伯屈。

早在20世纪初,杜威就曾指出:"有一种意见认为,一个人所学习的仅是他当时正在学习的特定的东西,这也许是所有教育学中最大的错误了。"由此,杜威将与具体知识内容的学习相伴随的,对所学内容及学习本身养成的某种情感、态度的学习称为"附带学习(连带学习)"。例如,一个儿童在学习数学时,养成对待数学学习的某种态度(如喜欢不喜欢)即附带学习。杜威强调,附带学习可能比正式学习来得更为根本、更为重要。

随后,克伯屈进一步发展了杜威的思想。他认为任何一种学习都包含三个部分:①"主学习",指对事物的直接学习;②"副学习",这是一种伴随"主学习"而来的关联学习;③"附学习",指伴随"主学习"而来的有关情感、态度的学习。以儿童学做裙子为例:学习如何下料、裁剪、缝纫,这属于主学习;在做裙子时,考虑裙子耐洗不耐洗、褪色不褪色等问题,这属于副学习;通过学做裙子,懂得做事"仔细"的好处,这是附学习。

后人认为,杜威的"附带学习"与克伯屈的"附学习"已涉及隐性课程的问题。而"隐性课程"一词是由杰克逊在1968年出版的《班级生活》一书中首先提出来的。

(3)隐性课程的主要表现形式

①观念性隐性课程,包括隐藏于显性课程之中的意识形态,学校的校风、学风,有关领导与教师的教育理念、价值观、知识观、教学风格、教学指导思想等。

②物质性隐性课程,包括学校建筑、教室的设置、校园环境等。

③制度性隐性课程,包括学校管理体制、学校组织机构、班级管理方式、班级运行方式。

④心理性隐性课程,主要包括学校人际关系状况,师生特有的心态、行为方式等。

3.显性课程与隐性课程的关系

显性课程与隐性课程不是二元对立的,二者互动互补、相互作用,在一定的条件下,二者可以相互转化。显性课程与隐性课程的区别在于:

(1)学习的计划性。显性课程是有计划、有组织的学习活动,学生有意参与活动的成分很大;隐性课程是无计划的、无组织的学习活动,学生在学习活动中主要获得的是隐含于课程中的经验。

(2)学习的环境。显性课程主要通过课堂教学获得知识和技能;隐性课程主要通过学校环境(包括物质环境和文化环境等)得到知识、态度和价值观。

(3)学生的学习结果。学生在显性课程中获得的主要是预期性的学术知识;在隐性课程中,学生获取的主要是非预期性的东西。

关于课程的分类,还有许多维度。例如:(1)从课程功能的角度,课程可分为工具性课程、知识性课程、技能性课程、实践性课程;(2)从课程的组织核心角度,课程可分为学科中心课程、学生中心课程、社会中心课程;(3)根据课程主要是传授科学知识还是操作技能,课程可分为理论型课程和实践型课程;等等。

真题9 [2024河北石家庄,单选]人们将课程分为分科课程与综合课程,是按照(　　)来划分的。
A.课程内容的固有属性　　　　B.课程对学生学习的要求
C.课程内容的组织方式　　　　D.课程的表现形式

真题10 [2024四川统考,单选]某小学紧邻省历史博物馆,馆内有大量西周时期的青铜器。该校自主开发和实施了《青铜器上的汉字》这门课程。这属于(　　)
A.地方课程　　B.校本课程　　C.学科课程　　D.隐性课程

真题11 [2024广东佛山,单选]隐性课程不像显性课程那样通过正式的教学来进行,而是潜伏在显性课程之后,通过间接的、内隐的、潜移默化的方式对学生产生影响。这体现了隐性课程的(　　)特点。
A.隐蔽性　　B.预期性　　C.弥散性　　D.短暂性

真题12 [2024安徽合肥/淮北/铜陵,判断]必修课程与选修课程的实质是学生"一般发展"与"个性发展"之间的关系。(　　)

答案:9.C　10.B　11.A　12.√

四、制约课程的主要因素

(1)一定历史时期社会发展的要求及提供的可能(社会需求);

(2)一定时代人类文化及科学技术发展水平(学科知识水平);

(3)学生的年龄特征、知识与技能的基础及其可接受性(学习者身心发展的需求)。

此外,课程理论也是制约课程的因素。

总的来说,社会、知识、儿童是制约学校课程的三大因素。

★★ 本节核心考点回顾 ★★

1.经验主义课程理论

(1)别称:儿童中心课程理论、学生中心课程理论、活动课程理论。

(2)代表人物:杜威。

(3)观点:以学科为中心的传统课程是不足取的,应代之以儿童的活动为中心的课程。

2.必修课程与选修课程

从课程设置的要求,或对学生学习的要求,或学生选课的自主性来划分,课程可分为必修课程与选修课程。

(1)必修课程:主导价值在于培养和发展学生的共性。

(2)选修课程:为发展学生的兴趣、爱好和个性特长而开设的课程。

3.国家课程、地方课程与校本课程

从课程设计、开发和管理主体来看,可将课程分为国家课程、地方课程与校本(学校)课程。

(1)国家课程:具有权威性、多样性和强制性等特征。

(2)地方课程:主导价值在于通过课程满足地方社会发展的现实需要。

(3)校本课程:主导价值在于通过课程展示学校的办学宗旨和特色,提升学校的办学水平,促进学生的个性发展。

4.显性课程与隐性课程

从课程的表现形式或者说影响学生的方式来划分,课程可分为显性课程与隐性课程。

(1)显性课程:在学校情境中以直接的、明显的方式呈现的课程。

(2)隐性课程:在学校情境中以间接的、内隐的方式呈现的课程。

(3)显性课程与隐性课程的区别:①学习的计划性;②学习的环境;③学生的学习结果。

第二节 课程开发

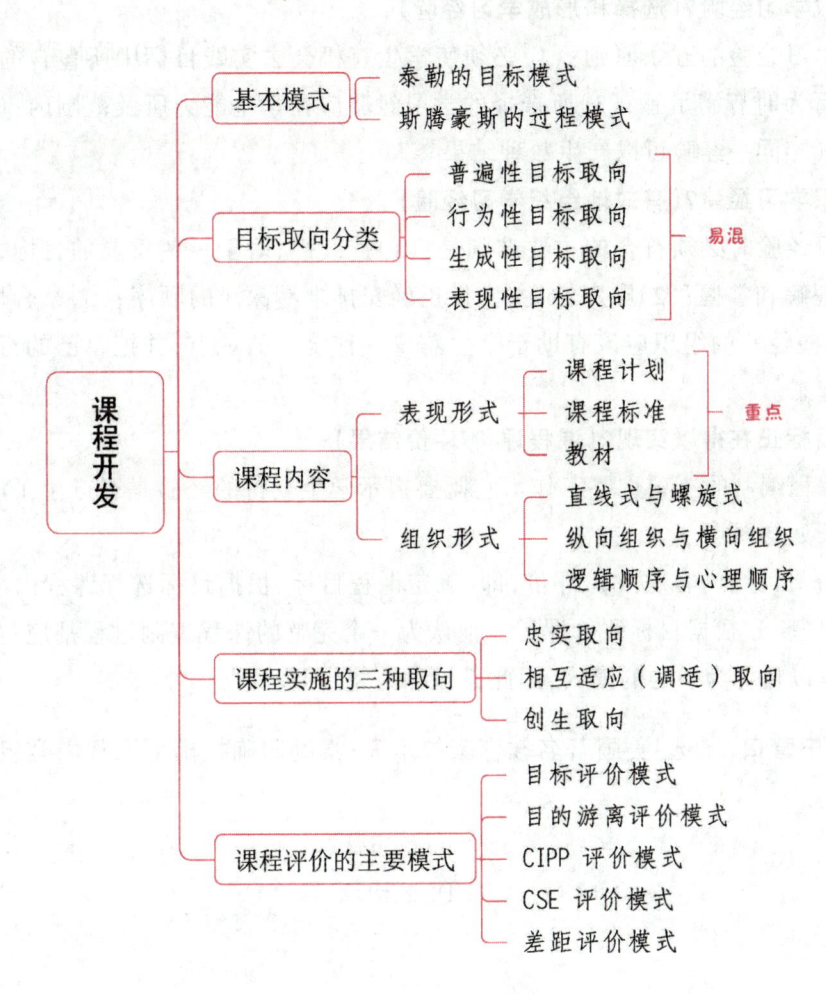

课程开发
- 基本模式
  - 泰勒的目标模式
  - 斯腾豪斯的过程模式
- 目标取向分类
  - 普遍性目标取向
  - 行为性目标取向
  - 生成性目标取向
  - 表现性目标取向 【易混】
- 课程内容
  - 表现形式
    - 课程计划
    - 课程标准 【重点】
    - 教材
  - 组织形式
    - 直线式与螺旋式
    - 纵向组织与横向组织
    - 逻辑顺序与心理顺序
- 课程实施的三种取向
  - 忠实取向
  - 相互适应(调适)取向
  - 创生取向
- 课程评价的主要模式
  - 目标评价模式
  - 目的游离评价模式
  - CIPP评价模式
  - CSE评价模式
  - 差距评价模式

一、课程开发的概念

课程开发,也称为课程编制,是课程研究领域的一个重要概念。关于课程开发一词的含义目前仍然存在不同见解,这里我们采用我国课程论学者施良方先生的观点:课程开发是指完成一项课程计划的整个过程,它包括确定课程目标、选择和组织课程内容、实施课程和评价课程等阶段。

二、课程开发的基本模式 ★ 【单选、多选】

课程开发的基本模式包括目标模式、过程模式、情境模式等,这里主要介绍泰勒的目标模式与斯腾豪斯的过程模式。

考点 1 泰勒的目标模式

目标模式是伴随20世纪初的课程开发科学化运动而产生的,是课程开发的经典模式,其主要代表人物是泰勒。目标模式是以目标为课程开发的基础和核心,围绕课程目标的确定、实现和评价等环节进行课程开发的模式。

泰勒于1949年出版了被誉为"现代课程理论圣经"的《课程与教学的基本原理》,提出了关于课程编制的四个问题。

1. 学校应当追求哪些目标?(学校应当追求的目标)

泰勒认为应根据学习者本身的需要、当代校外生活的要求以及专家的建议三方面来提出目标。

2. 怎样选择和形成学习经验?(选择和形成学习经验)

泰勒提出了选择学习经验的五条原则:(1)必须使学生有机会去实践目标中所包含的行为;(2)必须使学生在实践上述行为时有满足感;(3)所选择的学习经验应在学生能力所及范围内;(4)多种经验可用来达到同一目标;(5)同一经验可以产生数种结果。

3. 怎样有效地组织学习经验?(有效地组织学习经验)

泰勒认为组织学习经验时必须符合的主要准则是:(1)连续性,对于一些重要的目标,要让学生有机会反复涉及以便于理解和掌握;(2)顺序性,主要指正确安排难易深浅的顺序;(3)整合性,指课程经验之间的横向联系,这些经验的组织应该有助于学生获得一种统一的观点,并把自己的行为与所学习的课程要素有机统一起来。

4. 如何确定这些目标正在得以实现?(课程评价/评价结果)

泰勒认为评价是课程编制的一项重要工作。它既要揭示学生获得的经验是否产生了满意的结果,又要发现各种计划的长处与弱点。

泰勒原理可概括为:目标、内容、方法、评价,即:确定课程目标、根据目标选择课程内容(经验)、根据目标组织课程内容(经验)、根据目标评价课程。他认为一个完整的课程编制过程都应包括这四项活动。泰勒原理的实质是以目标为中心的模式,因此又被称为"目标模式"。

真题1 [2022辽宁营口,多选]美国著名教育家拉尔夫·泰勒明确提出了课程内容组织的三条原则,包括(   )

A. 连续性　　　　　　　　　　　　B. 顺序性
C. 整合性　　　　　　　　　　　　D. 适切性

答案: ABC

考点 2　斯腾豪斯的过程模式

针对目标模式过分强调预期行为结果即"目标"而忽视"过程"的缺陷,英国课程论专家斯腾豪斯提出了"过程模式"。过程模式的思想渊源可以追溯到卢梭及以后兴起的进步主义教育运动。所谓过程模式是指,课程的开发不是为了生产出一套"计划",然后予以实施和评价的过程,而是一个连续不断的研究过程,并贯穿着对整个过程的评价和修正。而所有这些都集中在课堂实践中,教师是整个过程的核心人物。

真题2　[2023黑龙江哈尔滨,单选]课程开发的过程模式的思想渊源可以追溯到(　　)
A. 卢梭　　　　B. 斯腾豪斯　　　　C. 皮亚杰　　　　D. 布鲁纳
答案:A

三、课程目标

考点 1　课程目标的内涵

课程目标是根据教育宗旨和教育规律而提出的具体价值和任务指标,是课程本身要实现的具体目标和意图。它是确定课程内容、教学目标和教学方法的基础,是整个课程编制过程中最为关键的准则。它直接受教育目的、培养目标的影响,是培养目标的分解,是师生行动的依据。

考点 2　课程目标的体系 ★【单选、判断】

一般来说,完整的课程目标体系包括以下三类:

(1)结果性目标,即明确告诉人们学生的学习结果是什么,在设计时所采用的行为动词要求具体明确、可观测、可量化,主要应用于"知识"领域。

(2)体验性目标,即描述学生自己的心理感受、情绪体验应达成的目标,它在设计中所采用的行为动词往往是历时性的、过程性的,主要应用于各种"过程"领域。

(3)表现性目标,即明确安排学生各种各样的个性化的发展机会和发展程度,它在设计中所采用的行为动词通常是与学生表现内容有关,或者结果是开放性的,主要适用于各种"制作"领域。

真题3　[2023辽宁营口,单选]所谓体验性目标,即描述学生自己的心理感受、情绪体验应达成的标准。它在设计中所采用的行为动词往往是(　　)
A. 过程性的　　　B. 明确性的　　　C. 开放性的　　　D. 可量化的
答案:A

考点 3　课程目标的特征

(1)整体性。各级各类的课程目标是相互关联的,而不是彼此孤立的。

(2)阶段性。课程目标是一个多层次和全方位的系统,如小学课程目标、初中课程目标、高中课程目标。

(3)持续性。高年级课程目标是低年级课程目标的延续和深化。

(4)层次性。课程目标可以逐步分解为总目标和从属目标。

(5)递进性。低年级课程目标是高年级课程目标的基础,没有低年级课程目标的实现,就难以达到高年级的课程目标。

(6)时间性。随着时间的推移,课程目标会有相应的调整。

考点 4 课程目标确定的环节 ★ 【多选】

(1)确定教育目的和培养目标;(2)确定课程目标的基本来源;(3)确定课程目标的基本取向;(4)确定课程目标。

真题4 [2024安徽统考,多选]课程目标的确定需要经历一系列环节,其主要环节包括( )

A.确定教育目的和培养目标　　　　　B.确定课程目标的基本来源
C.确定课程目标的基本取向　　　　　D.确定课程目标

答案:ABCD

考点 5 课程目标取向的分类 ★★ 【单选、判断】

1. 普遍性目标取向

普遍性目标是根据一定的哲学或伦理观、意识形态、社会政治需要,对课程进行总括性和原则性规范与指导的目标,一般表现为对课程有较大影响的教育宗旨或教育目的。它对各门学科都有普遍的指导价值。《大学》提出的"格物、致知、诚意、正心、修身、齐家、治国、平天下"的教育宗旨,即为典型的普遍性目标。

2. 行为性目标取向

行为性目标是期待的学生的学习结果,具有导向、控制、激励与评价功能。行为性目标具体、明确、便于操作、评价,有助于教师理解教学任务,有效控制教学过程,对学习以训练知识、技能为主的课程内容较为适合。但行为性目标只关注学习活动的外显结果,却忽视了学习过程以及隐性课程对学生的影响,因此不能全面、客观地描述和引导课程与教学活动,有可能导致学习过程与学习结果的分离甚至对立,以及形成机械训练的教学方式。

3. 生成性目标取向

生成性目标的提出萌芽于杜威"教育即生长"的命题。生成性目标不是由外部事先规定的目标,而是在教育情境之中随着教育过程的展开而自然生成的目标。它关注的是学习活动的过程,强调目标的适应性、生成性。生成性目标的优点是强调在教育过程中学生通过与教育情境的交互作用产生了属于自己的目标,这并不是教育者代表社会所强加给学生的。学生有权利自己去选择要学的东西,同时,教师也从目标中被解放出来而成为研究者,师生的主动性都得到调动与发挥,学生的主体地位也得到实现。这种目标取向消解了行为性目标取向所存在的过程与结果、手段与目的之间的分离与对立,但对教师的素质要求较高,需要教师领悟课程甚至教育的不同含义,并需要进行专门的教育培训,也可能会导致课程教学过于开放,从而忽略一些基本课程目标的实现。

4. 表现性目标取向

表现性目标是美国学者艾斯纳提出的一种目标取向,是指在教育情境的种种遭遇中每一个学生个性化的创造性表现,也是生成性目标的进一步发展。它关注学生的创造精神、批判思维,适合以学生活动为主的课程安排。艾斯纳给出了表现性目标的例证:解释《失乐园》的意义;审视与欣赏《老人与海》

的重要意义;在一个星期里读完《红与黑》,讨论时列出你印象最深的五件事情;通过使用铁丝与木头发展三维形式;参观动物园并讨论那里有趣的事情。

真题5 [2024天津河东,单选]《大学》提出的"修身、齐家、治国、平天下"的教育宗旨,属于课程目标中的(　　)

A. 生成性目标　　B. 行为性目标　　C. 表现性目标　　D. 普遍性目标

真题6 [2023辽宁锦州,单选]李老师要求班上所有学生在一个星期内读完《红与黑》,然后进行讨论,讨论时列出自己印象最深刻的五件事情。这种课程目标属于(　　)

A. 普遍性目标　　　　　　　　　　B. 行为性目标

C. 表现性目标　　　　　　　　　　D. 生成性目标

真题7 [2023安徽统考,判断]由于行为目标具有精确性、具体性和可操作性的特点,因此在确定课程目标取向时,都应该选择行为目标。(　　)

答案:5. D　6. C　7. ×

考点 6 ▶ 确定课程目标的依据 ★ 【单选】

1. 学习者的需要(对学生的研究)

课程的价值在于促进学习者的身心发展,因此,学习者的需要是确定课程目标的基本依据。对学生的研究,就是要找出教育者期望在学生身上所要达到的预期结果。它通常包括三方面内容:(1)了解学生身心发展的现状,并把它与理想的常模加以比较,确认其中存在的差距;(2)了解学生个体的需要;(3)了解学生的兴趣和个性差异。

2. 当代社会生活的需求(对社会的研究)

学校课程要反映社会政治、经济、文化发展的需求。当代社会生活的需求是课程目标的基本来源之一。20世纪以来课程理论的研究表明,从当代社会生活的研究中确定课程目标,至少需要坚持三条原则。

(1)公平与民主的原则。在将社会生活的需求确定为课程目标的时候,需要考虑各阶层的需要,不能仅仅考虑社会优势阶层的需求,忽略社会不利阶层的需求。

(2)共性与个性统整的原则。课程目标的确定要在本社区、本民族、本国家的需求与发展,乃至整个人类社会的需求与发展之中寻求平衡与统一,必须具有国际意识与国际视野。

(3)**适切与超越的原则**。当今觉醒的教育不再只是社会的附庸,被动地适应着社会的需要,不再只是维持和复制现有的社会状态,而是蕴涵着对现存社会的批判和改造,正在为一个尚未存在的即将到来的社会培养新人,预示着某些新的社会状态。

因此,从当代社会生活的研究中确定课程目标,不仅仅是反映当下社会的需求与特点,更主要的是反映社会的未来发展趋势。

3. 学科知识及其发展(对学科的研究)

课程内容来源于一些主要学科的知识,因而课程目标的实现必须要以学科为依托,即在确定课程目标的过程中首先要考虑学科本身的功能。学科知识及其发展是课程目标的基本来源之一。

真题8 [2022河南郑州,单选]当今教育不再只是被动地适应着社会的需要,不再只是维持和复制现有的社会状态,而是蕴涵着对现存社会的批判和改造,正在为一个尚未存在的即将到来的社会培

养新人,预示着某些新的社会状态。这要求确定课程目标应坚持( )

A. 适切与超越原则　　　　　　　　　　B. 公平与民主原则

C. 预测与发展原则　　　　　　　　　　D. 共性与个性统整原则

答案:A

考点 7　三维课程目标　★　【单选、判断】

新课程背景下的课堂教学,要求根据各学科教学的任务和学生的需求,从知识与技能、过程与方法、情感态度与价值观三个维度出发设计课程目标。

(1)"知识与技能"目标是基础性目标,重在智能的提升,强调基础知识和基本技能的获得,相当于传统的"双基教学"。

(2)"过程与方法"目标是关键性目标,强调让学生"学会学习",使学生在获得知识的同时也获得学习方法和能力发展。它是知识与技能目标、情感态度与价值观目标达成的途径。

(3)"情感态度与价值观"目标是终极性目标,重在人格塑造,强调在教学过程中激发学生的情感共鸣,引起积极的态度体验,形成正确的价值观。

> **小香课堂**
>
> 2022年,教育部印发了新修订的义务教育课程方案和语文等16个课程标准。此次课标修订,力求使课程目标自觉体现本课程在培育学生核心素养方面的基本贡献,结合本课程的性质、理念及课程的基本内容,从核心素养视角对课程总目标及学段目标进行表述。例如,《义务教育语文课程标准(2022年版)》中规定,"语文课程围绕核心素养,体现课程性质,反映课程理念,确立课程目标""义务教育语文课程培养的核心素养,是学生在积极的语文实践活动中积累、建构并在真实的语言运用情境中表现出来的,是文化自信和语言运用、思维能力、审美创造的综合体现"。
>
> 随着《义务教育课程方案和课程标准(2022年版)》的实施,教师在进行教学目标设计时,除了要从知识与技能、过程与方法、情感态度与价值观三个维度出发外,还要关注各学科课程的核心素养目标。

四、课程内容

考点 1　课程内容的含义　★　【名词解释】

课程内容是课程的核心要素,从总体上讲,课程内容是根据课程目标,有目的地选择的一系列直接经验和间接经验的总和,是从人类的经验体系中选择出来,并按照一定的逻辑序列组织编排而成的知识体系和经验体系。

课程内容的基本性质是知识,它具有直接经验和间接经验两种形态。任何形式的课程都必须包括一定的直接经验和间接经验。由于课程性质的不同,有的课程甚至以引导学生获取直接经验为主,如活动课程。间接经验即理论化、系统化的书本知识,它是人类认识的基本成果,间接经验具体包括在各种形式的科学中。

真题9 [2023河南郑州,名词解释]课程内容

答案:详见内文

156

考点 2　课程内容的三种表现形式　★★★【单选、多选、判断、辨析】

课程计划、课程标准、教材是课程文本的一般表现形式,也是我国中小学课程的主要组成部分。

1992年,原国家教委在制订九年义务教育的教学计划时,把"教学计划"更名为"课程计划"。指导我国这次课程改革的《基础教育课程改革纲要(试行)》采用"课程计划"这一术语,把原来用的"教学大纲"改称为"课程标准"。

1. 课程计划

(1)课程计划的概念

课程计划是根据一定的教育目的和培养目标,由教育行政部门制定的有关学校教育和教学工作的指导性文件。课程计划主要由课程计划的指导思想、培养目标、课程设置及其说明、课时安排、课程开设顺序和时间分配、考试考查制度和实施要求几部分构成。在基本内容上,课程计划主要是指教学科目的设置(课程设置)、学科顺序(课程开设顺序)、课时分配(教学时数)、学年编制和学周安排。其中,开设哪些科目(课程设置)是课程计划的中心和首要问题。

(2)课程计划的设计原则

①整体性,即在制订课程计划时要整体安排,不能只抓某个或某几个方面。

②基础性,即制订课程计划时,要保证学生在学校里学到最为基本的内容,能够为其以后的学习或就业奠定基础。

③开放性,即制订课程计划时,应充分考虑社会、学校、学生等条件的复杂性,给课程计划的执行者一定的自主空间,保证他们能够开放地、灵活地落实具体的课程计划。

(3)义务教育阶段课程计划的特点

义务教育阶段的课程计划具有强制性、普遍性、基础性的特点。

2. 课程标准

(1)课程标准的概念

课程标准是课程计划中每门学科以纲要的形式编写的、有关学科教学内容的指导性文件,是课程计划的分学科展开。它规定了学科的教学目标、任务,知识的范围、深度和结构,教学进度以及有关教学方法的基本要求,是编写教科书和教师进行教学的直接依据,也是衡量各科教学质量的重要标准。也可以说,课程标准是国家课程计划的具体化,是国家对相应课程的基本规范和质量要求,是国家教育行政部门制定的某一学科或学习领域的课程纲领性文件。

教育部于2001年印发的《基础教育课程改革纲要(试行)》指出,国家课程标准是教材编写、教学、评估和考试命题的依据,是国家管理和评价课程的基础。应体现国家对不同阶段的学生在知识与技能、过程与方法、情感态度与价值观等方面的基本要求,规定各门课程的性质、目标、内容框架,提出教学和评价建议。

教育部先后于2001年和2011年颁布了义务教育课程方案和课程标准。从所颁布的各科课程标准来看,完整的课程标准一般由说明(或前言)、课程目标、课程内容标准、课程实施建议、附录(无法概括到课程标准中的内容,如术语解释)五部分组成。其中,说明部分是统率课程标准的指导思想,课程目标、内容标准和实施建议是课程标准的主体。

教育部于2022年印发的《义务教育课程方案》指出,国家课程标准规定课程性质、课程理念、课程目标、课程内容、学业质量和课程实施等,是教材编写、教学、考试评价以及课程实施管理的直接依据。

（2）课程标准设计的原则

①课程标准关注的对象是学生，是对学生学习行为的要求；

②课程标准涉及的范围是学生综合的发展领域，如指出是"知识与技能、过程与方法和态度的规定"；

③课程标准的要求是所有学生基本要达到的要求，而非最高要求；

④课程标准的目的是促进学生更好地发展，而不仅仅是应付某一事件；

⑤教师是"用教科书教，而不是教教科书"，这句话隐含着教师不是教科书的执行者，而是教学方案（课程）的开发者。

（3）课程标准的功能

由于课程标准规定的是国家对国民在某方面或某领域的基本素质要求，因此，它毫无疑问地对教材、教学和评价具有重要指导意义，是教材、教学和评价的出发点与归宿。课程标准中规定的基本素质要求是教材、教学和评价的灵魂，也是整个基础教育课程的灵魂。

但是，课程标准是教材、教学和评价的基本依据，并不等于课程标准是对教材、教学和评价方方面面的具体规定。课程标准对教材编制、教学设计和评价过程中的具体问题（如教材编写体系、教学顺序安排及课时分配、评价的具体方法等）不做硬性的规定。

> **·小香课堂·**
>
> 随着时代的发展、国家教育改革的推进，课程标准也在不断地更新。考生在学习这部分内容时，不仅要掌握旧的课程标准的规定，也要了解新的课程标准的规定。

3. 教材

（1）教材的概念

教材是根据学科课程标准编制的、系统反映学科内容的教学用书，它是知识授受活动的主要信息媒介，是课程标准的进一步展开和具体化，也是课程标准最主要的载体。

表1-35 教材的类型与主体

类型	印刷品：教科书、教学指导用书、补充读物、图表等
	音像制品：幻灯片、电影片、录音带、录像带、磁盘、光盘等
主体	说法一：教科书是教材的主体
	说法二：教科书和讲义是教材的主体

新课程将教材视为"跳板"而非"圣经"，倡导教师"用教材教"，而不是简单地"教教材"。新的课程计划和课程标准为教学活动预留了充分的空间，视教材为案例，开放教材，鼓励教师充实并超越教材。教师完全可以而且应该根据学生的情况来处理教材。

（2）教科书

教科书是依据课程标准编制的教学规范用书。教科书一般由目录、课文、习题、实验、图表、注释、附录等部分构成。课文是教科书的主体部分。

①教科书的作用

第一，教科书是学生在学校获得系统知识、进行学习的主要材料，它可以帮助学生掌握教师教授的内容；同时，也便于学生预习、复习和做作业。教科书是学生进一步扩大知识领域的基础。

第二，教科书是教师进行教学的主要依据，它为教师的备课、上课、布置作业、学生学习成绩的检查评定提供了基本材料。熟练地掌握教科书内容是教师顺利完成教学任务的重要条件。

第三,根据教学计划对本学科的要求,分析本学科的教学目标、内容范围和教学任务。

第四,根据本学科在整个学校课程中的地位,研究本学科与其他学科的关系。

②教科书编写应遵循的基本原则与要求

科学性与思想性统一;强调内容的基础性与适用性;知识的内在逻辑与教学法要求的统一;理论与实践统一;教科书的编排形式要有利于学生的学习;注意与其他学科的纵向和横向联系。

(3)中小学教材设计的一般原则

①方向性原则。其含义包括:教材要遵循有中国特色的社会主义现代化发展方向;遵循当前我国的教育思想;遵循课程方案和课程标准的方向;遵守国家关于民族和宗教的政策方针;遵守国际关系准则;不侵犯知识产权。

②完整性原则。其含义包括:各种教材从总体上要完整地反映课程的各个组成部分;教材应涵盖从功能来看的各种类型;在教材的表现形式上要完整。

③适切性原则。其含义包括:适合于特定年龄阶段学生的年龄特征;尽可能地适合于特定学生的个性特征;适合于地方和学校的具体特点。

真题10 [2024浙江金华,单选]课程计划的中心和首要问题是( )

A. 课程设置　　　　　　　　　　B. 教学时数

C. 课程开设顺序　　　　　　　　D. 学年编制

真题11 [2024安徽合肥/淮北/铜陵,判断]课程标准是教材编写的依据,教材是课程标准最主要的载体。( )

真题12 [2023浙江金华,辨析]课程计划除规定教学科目的设置、学科顺序外,还规定了学科的课程性质和目标。

答案:10. A　11. √　12. 详见内文

考点 3 · 课程内容选择的准则

1.注意课程内容的基础性

所选择的课程内容应该包括使学生成为一名合格社会公民所必备的基础知识和基本技能,同时也要包括学生以后继续学习所必需的技能和能力。在选择课程内容时要注意到学科知识的广度与深度之间的平衡。

2.课程内容应贴近社会生活

课程内容应该考虑到让学生了解社会、接触社会,掌握一些解决社会问题的基本技能。同时,课程内容不仅要注意与现实社会的相关,而且还要注意与未来社会的相关。

3.课程内容要与学生和学校教育的特点相适应

选择课程内容时要能够注意到学生的兴趣、需要和能力,并尽可能与之相适应,这不仅有助于学生更好地掌握科学文化知识,还有助于他们对学校学习形成良好的态度。换言之,不仅使他们"好学",而且使他们"乐学",从而达到提高教学质量的目的。

考点 4 ▶ 课程内容的组织形式 ★ 【单选、多选、判断】

1. 直线式与螺旋式

（1）概念：①直线式是指把课程内容组织成一条在逻辑上前后联系的"直线"，前后内容基本不重复，即课程内容直线式前进，前面安排过的内容在后面不再呈现。②螺旋式是指在不同单元或阶段乃至不同课程门类中，使课程内容重复出现，逐渐扩大知识面，加深知识难度，即同一课程内容前后重复出现，前面呈现的内容是后面内容的基础，后面内容是对前面内容的不断扩展和加深，层层递进。

（2）适应学科：直线式与螺旋式是两种不同的课程组织形式，二者各有优缺点，彼此具有相对独立性。对不同性质的学科而言，这两种组织形式具有不同的适应性。对理论性较强、学生不易理解和掌握的内容，尤其对低年级的儿童来说，螺旋式较适合；对一些理论性相对较低的学科知识、操作性较强的内容，直线式较合适。

（3）关系：①联系。直线式与螺旋式课程组织形式存在内在联系，彼此间具有互补性。螺旋式课程由直线式课程发展而来。在课程组织过程中，这两种组织形式很难截然分开，常常交替存在。②区别。与直线式相比，螺旋式是一种更高级的课程组织形式。直线式课程主要是根据学科知识的逻辑体系展开的，它对学生认知发展的特点关注不够。螺旋式课程则不仅反映学科的逻辑体系，而且还将学科逻辑与学习者的心理逻辑有机地结合起来，这更适合学生学习的特点。

2. 纵向组织与横向组织

纵向组织是指按照知识的逻辑序列，从已知到未知、从具体到抽象等先后顺序组织编排课程内容。

横向组织是指打破学科的知识界限和传统的知识体系，按照学生发展的阶段，以学生发展阶段需要探索的、社会和个人最关心的问题为依据，组织课程内容，构成一个一个相对独立的专题。

比较来看，纵向组织注重课程内容的独立体系和知识的深度，而横向组织强调课程内容的综合性和知识的广度。它们是适应于不同性质的知识经验的课程内容组织形式，都不可偏废。

3. 逻辑顺序与心理顺序

课程内容组织的逻辑顺序与心理顺序的问题，是"传统教育派"与"现代教育派"在课程内容组织方面的最大分歧所在。逻辑顺序是指根据学科本身的体系和知识的内在联系来组织课程内容。心理顺序是指按照学生心理发展的特点来组织课程内容。

在课程史上，"传统教育派"主张根据学科内在的逻辑顺序来组织课程内容，而"现代教育派"则强调要根据学生身心发展的规律，特别是学生思维的发展，学生的兴趣、需要和经验背景等来组织课程内容。现在人们一致认为，课程内容的组织要把逻辑顺序和心理顺序结合起来。逻辑顺序与心理顺序的统一，实质是在课程观上把学生与课程统一起来，在学生观方面，体现为把学生的"未来生活世界"与"现实生活世界"统一起来。

真题13 [2022河南信阳,单选]在小学科学教材中先呈现动植物的基本知识，接着是与动植物有关的生态系统知识，再是与人类相关的生态系统知识。这种课程内容组织形式属于（　　）

A. 直线式　　　　B. 螺旋式　　　　C. 并列式　　　　D. 循环式

真题14 [2023辽宁营口,判断]相较而言，横向组织注重课程内容的学科理论体系和学术性，纵向组织则强调课程内容在社会生活中的实际运用和知识的综合性。（　　）

A. 正确　　　　　　　　　　　　B. 错误

答案：13. B　14. B

五、课程实施

考点 1 ▶ 课程实施的概念

课程实施指将已经编定好的课程付诸实践的过程,它是达到预期的课程目标的基本途径。

课程实施作为一个动态的序列化的实践过程,具有一定的运行结构:(1)安排课程表;(2)分析教学任务;(3)研究学生的学习特点;(4)选择并确定教学模式;(5)规划教学单元和课;(6)组织教学活动;(7)评价教学活动的过程与结果。

其中,课程表的安排应遵循以下原则:

第一,整体性原则,在安排课程表的过程中,要从全局着眼,使每门课程都处在能发挥最佳效果的恰当位置;

第二,迁移性原则,在安排课程表时要充分考虑各学科之间相互影响的性质和特点,利用心理学的迁移规律促使各门课程之间产生正迁移,促进教学质量的提高;

第三,生理适宜原则,课程表的安排还要考虑到学生的生理特点,使学生的大脑功能和体能处于高度优化的状态。

考点 2 ▶ 课程实施的三种取向 ★★【单选、多选】

1. 忠实取向

这种课程实施取向认为,设计好的课程是不能改变的,课程实施的过程应该是忠实地执行课程计划的过程。教师角色的性质就是课程专家所制订的课程变革计划的忠实执行者,教师就是课程的"消费者",他应当按照专家对课程的"使用说明"循规蹈矩地实施课程。该取向认为,衡量课程实施成功与否的基本标准是课程实施过程对预定的课程变革计划的实现程度。实现程度高,则课程实施成功;实现程度低,则课程实施失败。

2. 相互适应(调适)取向

这种课程实施取向认为,设计好的课程计划是可以变动的,课程实施过程是课程计划与班级或学校实际情境在课程目标、内容、方法、组织模式诸方面相互调整、改变与适应的过程。如果说忠实取向视野中的教师不过是预定课程变革方案的被动"消费者"的话,那么相互适应取向视野中的教师则是主动的、积极的"消费者"。教师对预定课程方案的积极的、理智的改变是课程实施成功的基本保证。

3. 创生取向

这种课程实施取向认为,设计好的课程并不是固定不变的,课程实施的过程也是课程的设计过程。课程创生取向还认为,教师的角色是课程开发者,教师连同学生成为建构积极的教育经验的主体。课程实施的过程是在具体教育情境中由师生共同创生新的教育经验的过程,原来设计好的课程只是这个"经验"创生过程中可供选择的材料之一。课程实施的创生取向强调教师与学生的实际教学活动,认为借助讨论、对话、沟通建构出的实际经验才是课程。

真题15 [2024安徽合肥/淮北/铜陵,单选]在课程实施中,使课程计划与班级实际情境在课程目标、内容、方法、组织模式诸方面互相调整、改变,以促进双方协调。这种观点属于课程实施的( )

A. 忠实取向 B. 相互调适取向 C. 创生取向 D. 创新取向

真题16 [2024山东青岛,单选]王老师在教学中特别注重引导学生通过讨论、对话、分享等方式

达到对所学内容的新理解,这说明王老师的课程实施取向是( )

A. 忠实取向　　　　B. 相互调适取向　　　　C. 创生取向　　　　D. 修正取向

答案:15. B　16. C

考点 3 ▶ 有效实施课程的条件 ★ 【单选】

1. 课程计划本身的特点

(1)合理性(相对优越性);(2)和谐性;(3)明确性;(4)简约性;(5)可传播性;(6)可操作性。

2. 学区的特征

学校所在的行政区域即"学区",学区的特征对课程实施的影响主要表现为:(1)学区从事课程变革的传统;(2)学区对课程计划的采用过程;(3)学区对课程变革的行政支持;(4)课程变革人员的发展水平与对变革的参与程度;(5)课程变革的时间表和评价体系;(6)学区教育委员会与社区的特征。

3. 学校的特征

学校作为课程改革和实施的基本单位和核心,它对课程实施的影响主要包括校长和教师两方面。

(1)校长的作用。校长对课程改革和实施起着至关重要的作用,如果校长对新的课程改革缺乏必要的准备,就很难保证改革的理念和措施得到贯彻。

(2)教师的影响。许多研究表明,教师是课程实施成功的决定性力量,特别是在课堂教学层面,教师成为课程实施的核心。教师对课程实施的影响主要体现在:①教师的参与;②教师的态度;③教师的能力;④教师与其他参与者之间的交流与合作。

4. 校外环境

校外环境是影响课程实施的第四类因素,它包括政府部门的重视、外部机构的支持,以及社区与家长的协助等。

真题17 [2023山东菏泽,单选]有效实施课程的条件不包括( )

A. 学生的特征　　　　B. 学区的特征　　　　C. 学校的特征　　　　D. 校外环境

答案:A

六、课程评价 ★★ 【单选、多选、判断、填空】

考点 1 ▶ 课程评价的概念

课程评价是以一定的方法、途径对课程的目标、实施和结果等有关问题的价值和特点做出判断的过程。它包括对课程本身的评价和对学生学业的评价。课程评价的目的主要是改进课程和改进教学。课程评价在整个课程系统中占有十分重要的地位。因为它既是课程设计与实施的终点,又是课程设计与实施继续向前发展的起点。

考点 2 ▶ 课程评价的功能

课程评价具有多重功能,但从根本上来说,主要有促进发展、鉴定水平和选拔淘汰三大功能。

(1)促进发展的功能。这是当代课程评价非常强调的基本功能。这一功能具体来说主要体现在以下几个方面:①导向功能;②诊断功能;③调节功能;④激励功能;⑤反思功能;⑥记录功能。

(2)鉴定水平的功能。

(3)选拔淘汰的功能。

考点 3 ▶ 课程评价的主要模式

1. 目标评价模式

目标评价模式是美国课程评价专家,也是有着"课程评价之父"美誉的泰勒,针对20世纪初形成并流行的常模参照测验的不足而提出的。该模式在泰勒的"评价原理"和"课程原理"的基础上形成。这种模式以目标为中心展开。

该评价模式可概括为以下七个步骤或阶段:(1)确定教育计划的目标;(2)根据行为和内容来界定每一个目标;(3)确定使用目标的情境;(4)设计呈现情境的方式;(5)设计获取记录的方式;(6)确定评定时使用的计分单位;(7)设计获取代表性样本的手段。

其中,确定目标是最为关键的一步,因为其他所有步骤都是围绕目标展开的。目标评价模式强调要用明确的、具体的行为方式来陈述目标,并以预先规定和界说的目标为中心来设计、组织和实施评价,从而确定学生通过课程教学所取得的进步,即确定学生达到目标的程度,找出实际结果与课程目标之间的差距,并利用这种信息反馈作为修订课程计划或更新课程目标的依据。

2. 目的游离评价模式

目的游离评价模式是由美国学者斯克里文针对目标评价模式的弊病而提出来的。他主张把评价的重点从"课程计划预期的结果"转向"课程计划实际的结果"上来。评价者不应受预期的课程目标的影响,尽管这些目标在编制课程时可能是有用的,但不适宜作为评价的准则。

目的游离评价模式对目标评价模式的批判是击中要害的。评价除了要关注预期的结果之外,还应关注非预期的结果。评价的指向不应该只是课程计划满足目标的程度,而且更应该考虑课程计划满足实际需要的程度。

3. CIPP评价模式

CIPP评价模式是美国教育评价家斯塔弗尔比姆倡导的课程评价模式。他认为课程评价不应局限在评定目标达到的程度上,而应该是一种过程,旨在描述、取得及提供有用的资料,为判断各种课程计划、课程方案服务。该模式包括四个步骤:(1)背景评价;(2)输入评价;(3)过程评价;(4)成果评价。

CIPP课程评价模式考虑到了影响课程计划的种种因素,可以弥补其他评价模式的不足,相对来说比较全面,但由于它的操作过程比较复杂,难以被一般人所掌握。

> **—记忆有妙招—**
> 为方便考生记忆,编者将CIPP评价模式的四个步骤总结成以下口诀:
> **背书过程**。背:背景评价。书:输入评价。过:过程评价。程:成果评价。

4. CSE评价模式

CSE评价模式的实施步骤为:(1)需要评定;(2)方案计划;(3)形成性评价;(4)总结性评价。

CSE评价模式是为课程计划改革服务的,评价活动贯穿教育改革的全部过程,评价的形成性职能与总结性职能得到了较好的统一,因而在教育评价中得到了广泛的运用。

5. 差距评价模式

差距评价模式是由普罗佛斯提出的。它包括五个阶段:(1)设计阶段;(2)装置阶段;(3)过程阶段(过程评价);(4)产出阶段(结果评价);(5)成本效益分析阶段(计划比较阶段)。

差距模式旨在揭示计划的标准与实际的表现之间的差距,以此作为改进课程计划的依据。

真题18 [2023黑龙江哈尔滨,单选]从"课程计划预期的结果"转向"课程计划实际的结果"的评价模式是( )

A. 目的游离评价模式 B. 目标评价模式
C. 过程评价模式 D. 成果评价模式

真题19 [2023广东梅州,单选]背景评价、输入评价、过程评价、成果评价,这些属于( )的评价步骤。

A. 目标评价模式 B. 目的游离评价模式
C. CIPP评价模式 D. CSE评价模式

真题20 [2022广西桂林,单选]被称为"课程评价之父"的教育家是( )

A. 裴斯泰洛齐 B. 杜威 C. 泰勒 D. 斯塔弗尔比姆

真题21 [2024江苏苏州,填空]目标评价模式是针对20世纪初形成并流行的常模参照测验的不足而提出的,是在泰勒的"评价原理"和"_____"的基础上形成的。

答案:18. A 19. C 20. C 21. 课程原理

考点 4 课程评价的基本阶段

无论评价者采用何种评价模式和技术,课程评价的基本步骤主要有:(1)把焦点集中在所要研究的课程现象上;(2)收集信息;(3)组织材料;(4)分析材料;(5)报告结果。

考点 5 当前课程评价发展的基本特征

课程评价对课程的实施起着重要的导向和质量监控作用。新课程评价改革的根本目的是更好地促进学生、教师、学校、课程的发展,改变评价过分强调甄别与选拔功能、忽视改进与激励功能的状况。当前课程评价发展的基本特征如下:

(1)重视发展,淡化甄别与选拔,实现评价功能的转变。评价不再是为了选拔和甄别,不是为了"选拔适合教育的儿童",而是为了发挥评价的激励作用,关注学生成长与进步的状况,并通过分析指导,提出改进计划来促进学生的发展。从这个意义上来讲,评价是帮助我们"创造适合儿童的教育"。

(2)重综合评价,关注个体差异,实现评价指标的多元化。

(3)强调质性评价,定性与定量相结合,实现评价方法的多样化。

(4)强调参与与互动、自评与他评相结合,实现评价主体的多元化。

(5)注重过程,终结性评价与形成性评价相结合,实现评价重心的转移。

真题22 [2022河南信阳,多选]随着教学方法的改革,教学评价的理念也发生了深刻的变化。下列关于教学评价理念的说法正确的有( )

A. 重视综合评价,关注个体差异
B. 全面进行评价的目的是更好地选拔优秀学生
C. 强调质性评价,定性与定量相结合
D. 强调参与与互动,自评和他评相结合

答案:ACD

本节核心考点回顾

1. 课程目标取向的分类

(1)普遍性目标取向。例子:《大学》提出的"格物、致知、诚意、正心、修身、齐家、治国、平天下"的教育宗旨。

(2)行为性目标取向。行为性目标具体、明确,便于操作、评价,但是忽视了学习过程以及隐性课程对学生的影响。

(3)生成性目标取向。生成性目标不是由外部事先规定的目标,而是在教育情境之中随着教育过程的展开而自然生成的目标。

(4)表现性目标取向。例子:在一个星期里读完《红与黑》,讨论时列出你印象最深的五件事情。

2. 课程内容的三种表现形式

(1)课程计划。开设哪些科目(课程设置)是课程计划的中心和首要问题。

(2)课程标准。课程标准是编写教科书和教师进行教学的直接依据。

(3)教材。教材是课程标准的进一步展开和具体化,也是课程标准最主要的载体。

3. 课程实施的三种取向

(1)忠实取向。该取向认为设计好的课程是不能改变的。

(2)相互适应(调适)取向。该取向认为设计好的课程计划是可以变动的。

(3)创生取向。该取向认为借助讨论、对话、沟通建构出的实际经验才是课程。

4. 课程评价的主要模式

(1)目标评价模式。由"课程评价之父"泰勒提出,该模式是在泰勒的"评价原理"和"课程原理"的基础上形成的。

(2)目的游离评价模式。由美国学者斯克里文提出,该模式主张把评价的重点从"课程计划预期的结果"转向"课程计划实际的结果"上来。

(3)CIPP评价模式。由美国教育评价家斯塔弗尔比姆提出,该模式包括背景评价、输入评价、过程评价、成果评价四个步骤。

第三节 课程管理

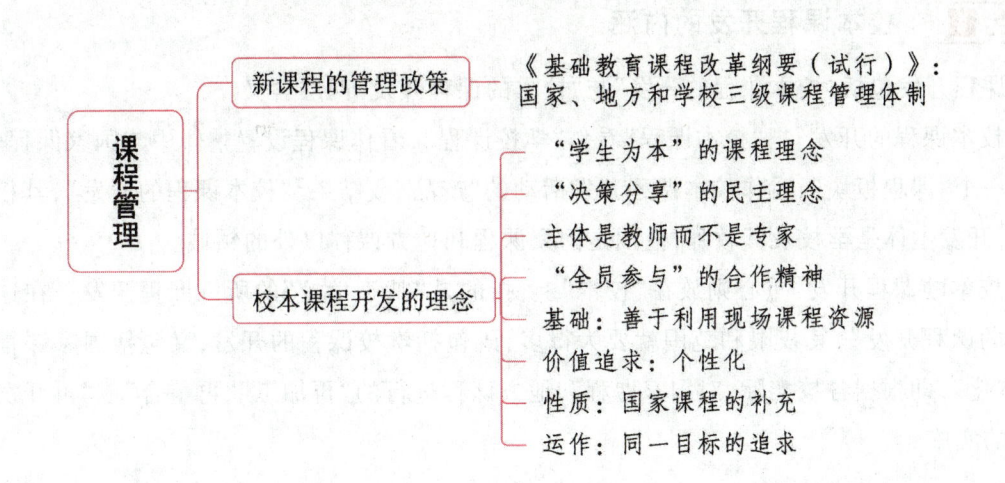

课程管理
├─ 新课程的管理政策：《基础教育课程改革纲要(试行)》：国家、地方和学校三级课程管理体制
└─ 校本课程开发的理念
    ├─ "学生为本"的课程理念
    ├─ "决策分享"的民主理念
    ├─ 主体是教师而不是专家
    ├─ "全员参与"的合作精神
    ├─ 基础：善于利用现场课程资源
    ├─ 价值追求：个性化
    ├─ 性质：国家课程的补充
    └─ 运作：同一目标的追求

一、新课程的管理政策 ★ 【判断】

1985年,《中共中央关于教育体制改革的决定》首次提出"实行基础教育由地方负责、分级管理的原则"。

1999年,《中共中央国务院关于深化教育改革全面推进素质教育的决定》进一步指出"试行国家课程、地方课程和学校课程",标志着我国长期以来实行的中央集中管理的课程政策体系开始向中央—地方—学校分散管理的课程体制过渡。

2001年颁布的《基础教育课程改革纲要(试行)》明确规定实行国家、地方和学校三级课程管理体制。这样做是为了改变我国原有课程管理过于集中的状况,通过确立地方和学校参与课程改革的权力主体地位,完善课程管理体系,进一步增强课程对地方、学校及学生的适应性。至此,我国的课程管理体制逐步完善和成熟起来。

1. 国家对课程的管理

国家对课程的管理主要体现在:(1)教育部总体规划基础教育课程;(2)制定课程管理的各项政策;(3)制定基础教育课程标准;(4)积极试行新的课程评价制度。

2. 地方对课程的管理

地方对课程的管理体现在:(1)贯彻国家课程政策,制订课程实施计划;(2)组织课程的实施与评价;(3)加强课程资源的开发和管理。

3. 学校对课程的管理

学校对课程的管理体现在:(1)制定课程实施方案;(2)重建教学管理制度;(3)管理和开发课程资源;(4)改进课程评价。

真题 [2023安徽蚌埠,判断]基础教育课程改革要求实行国家、地方、学校三级课程管理。( )

答案:√

二、校本课程开发 ★ 【多选】

校本课程由学校自行决定,目的是满足学生和社区的发展需要,强调多样性与差异性,学生有选修的权利。校本课程开发的主体是教师,通常以选修课的形式出现。

考点 1 ▶ 校本课程开发的内涵

校本课程开发包括"校本课程的开发"与"校本的课程开发"两层含义。

(1)"校本课程的开发"把"校本课程"看作"学校课程",看作课程设置整体中与国家课程、地方课程相对应的一个"课程板块",看作校本课程开发活动的"产品"或结果。"校本课程的开发",其权限及范围是确定的,开发主体是学校及其教师,范围是国家课程和地方课程以外的领域。

(2)"校本的课程开发"重心则放在"校本"上,指的是"基于学校"的所有课程开发。在这样的意义上,"校本的课程开发",其权限和范围就要大得多,既包括学校课程的开发,又包括国家课程和地方课程的"校本化",即根据各校实际,对国家课程和地方课程进行的"再加工""再整合"或"再开发",从而加以校本化的实施。

考点 2 ▶ 校本课程开发的理念

(1)"学生为本"的课程理念。
(2)"决策分享"的民主理念。
(3)校本课程开发的主体是教师而不是专家。
(4)"全员参与"的合作精神。校本课程开发要以教师为主体,形成一个由校长、研究专家、学生及学生家长和社区人士共同开发课程的合作共同体。
(5)校本课程开发的基础:善于利用现场课程资源。
(6)个性化是校本课程开发的价值追求。
(7)校本课程开发的性质:国家课程的补充。
(8)校本课程开发的运作:同一目标的追求。

考点 3 ▶ 校本课程开发的途径

(1)合作开发;(2)课题研究与实验;(3)规范原有的选修课、活动课和兴趣小组。

★ 本节核心考点回顾 ★

1. 新课程的管理政策

2001年颁布的《基础教育课程改革纲要(试行)》明确规定实行国家、地方和学校三级课程管理体制。

2. 校本课程开发的一些理念

(1)"学生为本"的课程理念。
(2)校本课程开发的主体是教师而不是专家。
(3)"全员参与"的合作精神。
(4)校本课程开发的性质:国家课程的补充。

第四节 课程资源

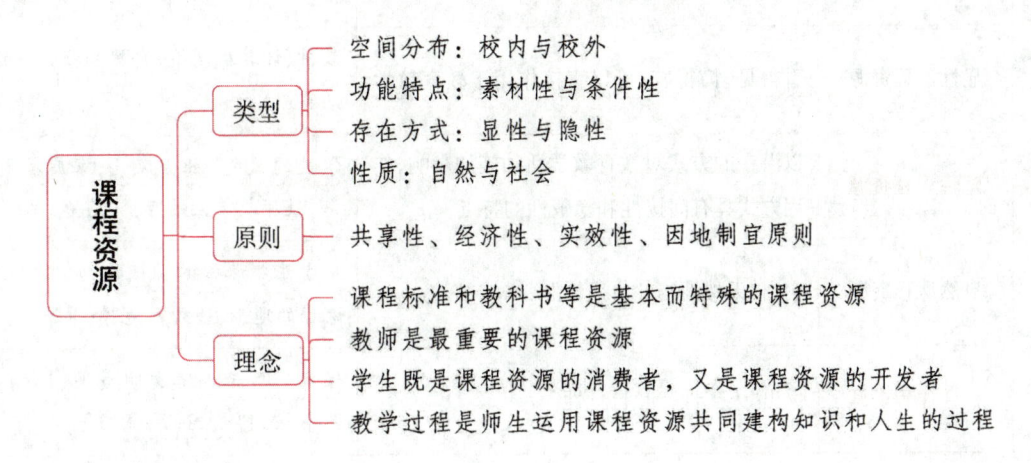

课程资源
- 类型
  - 空间分布:校内与校外
  - 功能特点:素材性与条件性
  - 存在方式:显性与隐性
  - 性质:自然与社会
- 原则:共享性、经济性、实效性、因地制宜原则
- 理念
  - 课程标准和教科书等是基本而特殊的课程资源
  - 教师是最重要的课程资源
  - 学生既是课程资源的消费者,又是课程资源的开发者
  - 教学过程是师生运用课程资源共同建构知识和人生的过程

一、课程资源的内涵

考点 1 ▶ 课程资源的概念

课程资源是课程建设的基础,它包括教材以及学生家庭、学校和社会生活中一切有助于学生发展

的各种资源。教材是课程资源的核心和主要组成部分。

课程资源有狭义和广义之分。狭义的课程资源仅指形成课程的直接要素来源；广义的课程资源指有利于实现课程目标的各种因素，包括形成课程的直接要素来源（素材性课程资源）和实施课程的必要而直接的条件（条件性课程资源）。

综合这两种观点，课程资源是指课程设计、实施和评价等整个课程教学过程中可以利用的一切人力、物力以及自然资源的总和，包括教材、教师、学生、家长以及学校、家庭和社区中所有有利于实现课程目标，促进教师专业成长和学生个性的全面发展的各种资源。

考点 2 ▶ 课程资源的特点

(1)多样性；(2)潜在性；(3)多质性；(4)动态性。

二、课程资源的类型 ★★ 【单选】

表1-36 课程资源的类型

分类依据	类型	特点	举例
空间分布	校内课程资源	学校范围之内	教材、教师等
	校外课程资源	超出学校范围	校外图书馆、科技馆、博物馆、网络资源、乡土资源等
功能特点	素材性课程资源	直接作用于课程成为课程的要素，并内化为学生身心发展的素质	知识、技能、经验、活动方式与方法、情感态度与价值观等
	条件性课程资源	作用于课程却并不是形成课程本身的直接来源，但在很大程度上决定着课程的实施范围和实施水平，间接制约课程的实际效果和人的现实发展水平	与课程实施有关的人力、物力和财力，以及时间、场地、媒体、设备、设施和环境等
存在方式	显性课程资源	看得见、摸得着，可以直接作用于教育教学	教材、计算机网络、自然和社会中的事物、活动等
	隐性课程资源	以潜在的方式对教育教学活动施加影响，作用方式具有间接性和隐蔽性的特点	学校的风气，社会风气，家庭氛围，师生关系，教师或学生的经验、感受、困惑、意见等
性质	自然课程资源	突出"天然性"和"自发性"	用于生物课程的动植物、微生物；用于地理课程的地形、地貌和地势；等等
	社会课程资源	突出"人工性"和"自觉性"	保存和展示人类文明成果的公共设施，如图书馆、博物馆、展览馆等

此外，根据课程资源的物理特性和呈现方式，课程资源可分为文字课程资源、实物课程资源、活动课程资源和信息化课程资源。其中，活动课程资源内容广泛，包括教师的言语活动和体态语言、班级集体和学生社团的活动、各种集会和文艺演出、社会调查和实践活动，以及师生之间、学生之间的交往，等等。

真题1 [2024天津滨海新区,单选]下列选项中属于隐性课程资源的是(　　)
A.教材　　　　　　B.因特网　　　　　　C.实验室　　　　　　D.师生关系

真题2 [2022河南周口,单选]在课程实施过程中,王老师充分利用图书馆、博物馆以及各种文化活动等资源。这些资源属于(　　)
A.自然课程资源　　　　　　　　　　　B.社会课程资源
C.校内课程资源　　　　　　　　　　　D.文化课程资源

答案:1.D　2.B

三、课程资源开发和利用的原则与理念 ★【单选、多选】

考点 1 ▶ 课程资源开发和利用的基本原则

(1)共享性原则。
(2)经济性原则。课程资源的开发与利用要尽可能用最少的开支和精力,达到最理想的效果,具体包括开支的经济性、时间的经济性、空间的经济性和学习的经济性。
(3)实效性原则。课程资源的开发与利用必须在可能的课程资源范围内和在充分考虑成本的前提下突出重点,针对不同的课程目标,精选那些对学生终身发展具有决定意义的课程资源。
(4)因地制宜原则。课程资源的开发与利用不应强求一律,而应从实际出发,发挥地域优势,强化学校特色,区分学科特性,展示教师风格,扬长避短,扬长补短,因地制宜、因人制宜地开发与利用课程资源。

考点 2 ▶ 课程资源开发和利用的理念

(1)课程标准和教科书等是基本而特殊的课程资源。
(2)教师是最重要的课程资源。教师不仅是课程资源的开发者,而且其本身也是重要的课程资源。教师不仅决定课程资源的鉴别、开发、积累和利用,是素材性课程资源的重要载体,而且自身就是课程实施的首要的基本条件资源。
(3)学生既是课程资源的消费者,又是课程资源的开发者。
(4)教学过程是师生运用课程资源共同建构知识和人生的过程。教学过程是动态的课程资源。

真题3 [2023内蒙古巴彦淖尔,单选]下列关于课程资源的描述正确的是(　　)
A.教师不是课程资源　　　　　　　　　B.课程资源越多越好
C.课程资源多样化　　　　　　　　　　D.课程资源就是教科书

真题4 [2022河南信阳,单选]张老师上生物课时经常带学生到校园观察不同的植物,为学生讲解每种植物的生长过程,并引导学生将有关植物分类的知识编成册子。这体现了张老师是(　　)
A.教育教学的研究者　　　　　　　　　B.行为规范的示范者
C.专业发展的引领者　　　　　　　　　D.课程资源的开发者

答案:3.C　4.D

四、开发和利用课程资源的途径与方法

(1)进行社会调查;(2)审查学生活动,总结和反思教学经验;(3)开发实施条件;(4)研究学生情

况;(5)鉴别利用校外资源;(6)建立资源数据库。

★★ 本节核心考点回顾 ★★

1. 课程资源的类型

(1)根据空间分布分为:①校内课程资源,如教材、教师等;②校外课程资源,如校外图书馆、博物馆等。

(2)根据功能特点分为:①素材性课程资源,如知识、技能等;②条件性课程资源。

(3)根据存在方式分为:①显性课程资源,如计算机网络等;②隐性课程资源,如师生关系等。

(4)根据性质分为:①自然课程资源;②社会课程资源。

2. 课程资源开发和利用的理念

(1)课程标准和教科书等是基本而特殊的课程资源;

(2)教师是最重要的课程资源;

(3)学生既是课程资源的消费者,又是课程资源的开发者;

(4)教学过程是师生运用课程资源共同建构知识和人生的过程。

第六章 教 学

本章学习指南

一、考情概况

本章属于教育学的重点章节,需要识记、理解和运用的知识较多,考生可带着以下学习目标进行备考:

1. 识记教学的意义。
2. 识记并理解教学过程的基本规律和结构。
3. 掌握并能运用我国中小学主要的教学原则与教学方法。
4. 掌握主要的教学组织形式与教学工作的基本环节。
5. 理解并区分教学评价的基本类型。

二、考点地图

考点	年份/地区/题型
教学的意义	2024山东单选;2024江苏判断;2024安徽判断;2023天津单选;2022河南判断;2022浙江辨析
教学过程的基本规律	2024江苏单选、辨析、简答;2024山东单选、多选;2024广东单选、判断、案例分析;2024安徽多选;2024天津判断、简答;2024福建辨析;2023河北单选;2023黑龙江单选;2023辽宁判断;2023安徽判断
教学过程的结构	2023安徽单选;2023广西单选;2023湖北单选;2023广东单选;2023天津单选、简答;2023湖南判断
我国中小学主要的教学原则	2024河南单选;2024山东单选;2024广东单选;2024江苏单选、判断;2024浙江单选、判断;2024天津单选、判断;2024河北单选、材料分析;2024安徽简答;2024贵州案例分析;2023湖南单选;2023内蒙古单选;2023广东简答
我国中小学常用的教学方法	2024安徽单选;2024浙江单选;2024江苏单选;2024河北单选;2024山东单选;2024广东单选、多选;2024天津多选;2024河南不定项;2023辽宁单选;2023河南单选;2023河北单选;2023安徽简答
班级授课制	2024浙江简答;2023安徽单选;2023辽宁单选;2023山东多选;2022山西判断
教学工作的基本环节	2024河北单选;2024天津单选;2024河南单选、多选;2024广东单选、多选;2024福建填空;2023山东单选;2023辽宁单选;2023安徽简答;2022河南判断
教学评价的基本类型	2024广东单选;2024安徽单选;2024浙江单选;2024福建单选;2024贵州单选;2024河北单选;2024山东单选;2024天津单选、填空;2024河南多选;2024江苏判断;2023辽宁单选;2023山西多选;2023江苏判断

注:上述表格仅呈现重要考点的相关考情。

核心考点

第一节 教学概述

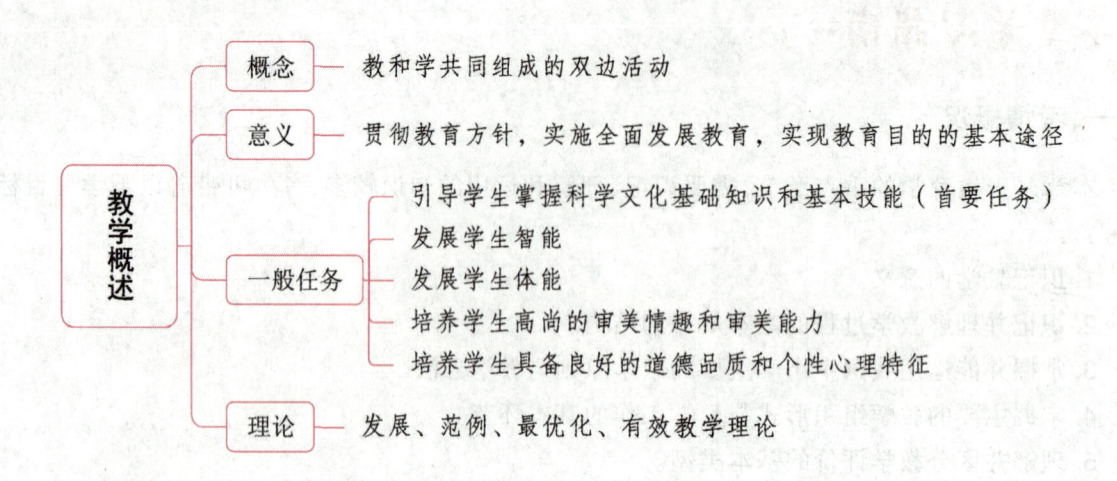

```
                ┌─ 概念 ── 教和学共同组成的双边活动
                │
                ├─ 意义 ── 贯彻教育方针，实施全面发展教育，实现教育目的的基本途径
                │
                │         ┌─ 引导学生掌握科学文化基础知识和基本技能（首要任务）
     教学概述 ──┤         │
                │         ├─ 发展学生智能
                ├─ 一般任务┼─ 发展学生体能
                │         ├─ 培养学生高尚的审美情趣和审美能力
                │         └─ 培养学生具备良好的道德品质和个性心理特征
                │
                └─ 理论 ── 发展、范例、最优化、有效教学理论
```

一、教学的内涵 ★ 【单选、不定项、判断】

考点 1 教学的概念

教学是在一定教育目的规范下，教师的教和学生的学共同组成的传递和掌握社会经验的双边活动。教师教和学生学是同一活动的两个方面，是辩证统一的。首先，教不同于学，在课堂教学情境中，教主要是教师的行为，学主要是学生的行为。教师与学生之间存在着差异，教与学之间也存在着差异。教主要是一种外化过程，而学主要是一种内化过程。其次，"教"和"学"相互依存，相辅相成。"教"离不开"学"，"学"也离不开"教"。杜威有句名言："教之于学就如同卖之于买。"教学永远包括教与学，但不是简单地相加，而是有机地结合或辩证地统一。

考点 2 教学的特点

教学，是学校进行素质教育的基本途径，是教师教、学生学的统一活动。其特点包括以下几个方面：(1)教学以培养全面发展的人为根本目的；(2)教学由教与学两方面组成，教学是师生双方的共同活动；(3)学生的认识活动是教学中的重要组成部分；(4)教学具有多种形态，是共性与多样性的统一。

考点 3 教学与教育、智育、上课、自学的关系

1. 教学与教育

教学与教育是一种部分与整体的关系。教育包括教学，教学只是学校进行教育的一个基本途径。除教学外，学校还通过课外活动、生产劳动、社会活动等途径对学生进行教育。

2. 教学与智育

教学与智育是一种复杂的交叉关系，两者既有联系又有区别。作为教育的一个组成部分的智育，即向学生传授系统的科学文化知识和发展学生的智力，主要是通过教学进行的，但不能把两者等同。一方面，教学是智育的主要途径，但不是唯一途径，智育也需要通过课外活动等途径才能全面实现；另一方面，教学要完成智育任务，但智育却不是教学的唯一任务，教学也要完成德育、体育、美育等任务。将教

学等同于智育,容易导致对智育的途径和教学的功能产生狭隘化甚至唯一化的片面认识,在实际工作中,这种认识所产生的危害是有目共睹的。

图1-2 教学与教育的关系

图1-3 智育的途径和教学的关系

3.教学与上课

上课是实施教学的一种方式。就当前我国的情况来看,班级上课是教学的基本组织形式。教学工作以上课为中心环节。

4.教学与自学

教学与自学这两个概念的关系比较复杂,因为学生的自学有两种,必须加以区分。一种是在教学过程内、在教师指导下的自学。它包括配合教学进行的预习、复习、自习和作业,是教学的组成部分。另一种是在教学过程以外、学生自主进行的自学,其内容广泛,教学不包括这种学生自主进行的自学。

真题1 [2023辽宁营口,单选]关于教学与其他相关概念的联系与区别,下列说法不正确的是( )

A.教学是进行德育的基本途径

B.教学与智育是交叉关系

C.教学与教育是整体与部分的关系

D.在教师指导下的自学是教学的组成部分

真题2 [2022河北邯郸,不定项]关于教学的说法正确的是( )

A.教学就是传授知识　　　　　　B.教学就是上课

C.教学就是智育　　　　　　　　D.教学由教与学两方面组成

答案:1.C　2.D

二、教学的意义(作用)　★★　【单选、判断、辨析】

教学是贯彻教育方针,实施全面发展教育,实现教育目的的基本途径。具体如下:

(1)教学是传播系统知识、促进学生发展的最有效的形式,是社会经验的再生产、适应并促进社会发展的有力手段。

(2)教学是进行全面发展教育、实现培养目标的基本途径,为个人全面发展提供科学的基础和实践,是培养学生个性全面发展的重要环节。

(3)教学是学校教育的中心工作,学校教育工作必须坚持以教学为主(教学的地位)。

学校工作以教学为主,既是由教学本身的性质决定的,也是多年来教育工作经验的总结。但这并不意味着可以轻视甚至忽略其他工作,应当坚持"教学为主,全面安排"的原则。

真题3 [2024山东临沂,单选]教学的主要作用不包括( )

A.教学是促进学生全面发展的基本途径

B.教学是提高学校教育质量的有效途径

C.教学是推动社会发展的重要手段

D.教学是引导学生掌握基础知识和基本技能的主要途径

真题4　[2024江苏苏州,判断]教学是学校进行全面发展教育的基本途径。(　　)
答案:3. D　4. √

三、教学的一般任务　★★　【单选、多选、判断】

(1)引导学生掌握科学文化基础知识和基本技能。教学的首要任务是使学生掌握系统的科学文化基础知识,形成基本技能、技巧,其他任务的实现都是在完成这一任务的过程中和基础上进行的。

(2)发展学生智能,特别是培养学生的创新精神和实践能力。

(3)发展学生体能,提高学生身心健康水平。

(4)培养学生高尚的审美情趣和审美能力。

(5)培养学生具备良好的道德品质和个性心理特征,形成科学的世界观。

上述五项基本任务是相互联系、相互促进的,其中使学生掌握基础知识、形成基本技能是基础,发展智能是核心,发展体能是保证,培养思想品德是方向,良好的个性心理品质是理想目标。

真题5　[2022天津北辰,单选]在教学任务中处于基础地位的是(　　)
A. 提升学生的智力水平　　　　　　　B. 传授基础知识和基本技能
C. 培养学生的创新思维　　　　　　　D. 形成科学的世界观和人生观

真题6　[2022湖北武汉,判断]教学的首要任务是发展学生的体力,提高学生的身心健康水平。(　　)

答案:5. B　6. ×

四、影响较大的几种教学理论　★　【单选】

考点 1　发展教学论

发展教学论的主要代表人物是苏联的赞科夫和美国的布鲁纳。这种理论认为教学的最终目的是促进学生的发展。但两人对发展的见解有所不同。

1. 赞科夫的发展性教学理论

赞科夫的理论核心是"以最好的教学效果使学生达到最理想的发展水平"。他提出,只有当教学走在学生发展前面的时候才是最好的教学。赞科夫强调的是一般发展,"一般发展"指的是个体以智力为核心的包括情感、意志、个性以及集体主义精神在内的一般发展。赞科夫的"发展性教学理论"包括教学原则、教学大纲、教学法等各个方面的观点,其中以教学原则最为重要。他以学生的一般发展作为教学的出发点,提出了发展性教学理论的五条教学原则:

(1)以高难度进行教学的原则(引导学生克服障碍和积极努力);

(2)以高速度进行教学的原则(克服多余的重复和繁琐的讲解以及机械的练习);

(3)理论知识起主导作用的原则(让系统知识在小学教学内容结构中占主导地位);

(4)使学生理解学习过程的原则(教会学生怎样学);

(5)使全班学生包括"差生"都得到一般发展的原则(克服高难度、高速度对部分学习困难学生的忽视)。

2. 布鲁纳的结构教学论

布鲁纳提出了"结构教学论",强调"无论我们选教何种学科,务必使学生理解该学科的基本结构";

倡导发现法,提倡培养学生的科学探索精神、科学兴趣和创造能力。布鲁纳的发展是指智力发展。他主张通过改变教材的质量与运用发现教学法来促进学生的发展。

考点 2 范例教学论

范例教学比较适合原理、规律性的知识,它是由德国教育心理学家瓦·根舍因提出来的。所谓范例,指好的、特别清楚的、典型的例子,范例教学就是用这种例子去教学。该教学理论遵循人的认知规律,从个别到一般,从具体到抽象。在教学中从一些范例分析入手,感知原理与规律,并逐步提炼,进行归纳总结,再进行迁移整合。

考点 3 最优化教学理论

苏联教育家**巴班斯基**把辩证的系统论观点作为教学论研究的方法论基础,以整体性观点、相互联系观点、最优化观点来指导教学论研究,提出了教学过程最优化理论,其代表著作是**《教学过程最优化》**。

巴班斯基的教学过程最优化理论是科学地指导教学、合理地组织教学过程的方法论原则。他的最优化理论中的"最优"是指一所学校、一个班级在具体条件制约下所能取得的最大成果,也是指学生和教师在一定场合下所具有的全部可能性。巴班斯基指出,要达到教学最优化,就要把教授(教师的活动)最优化和学习(学生的活动)最优化统一起来。他指出,教学过程的双边性决定了教授最优化方法与学习最优化方法有不可分割的联系。

考点 4 有效教学理论

有效教学指教师遵循教学活动的客观规律,以尽可能少的时间、精力和物力投入,取得尽可能多的教学效果,从而实现特定的教学目标,满足社会和个人的教育价值需求。促进学生的学习和发展是有效教学的根本目的。

根据对有效教学的本质与标准的限定,结合我国的教学实践,我们认为有效教学应该遵循如下一些基本原则:(1)以学生发展为中心;(2)以学科内容为载体;(3)以融洽师生关系为基础;(4)以学生良好状态为保障。

真题7　[2022辽宁营口,单选]赞科夫提出的发展性教学原则中,"在学习时高速前进原则"强调(　　)

A. 让儿童在一节课上做尽可能多的例题和练习
B. 尽力使学生过紧张沸腾的精神生活
C. 让系统知识在小学教学内容结构中占主导地位
D. 教学要克服多余的重复和繁琐的讲解以及机械的练习

真题8　[2022湖南长沙,单选]"教学过程最优化"理论的提出者是(　　)

A. 维果斯基　　　　　　　　　　　B. 巴班斯基
C. 赞科夫　　　　　　　　　　　　D. 凯洛夫

答案:7. D　8. B

★ 本节核心考点回顾 ★

1. 教学的意义

教学是贯彻教育方针,实施全面发展教育,实现教育目的的基本途径。具体如下:

(1)教学是传播系统知识、促进学生发展最有效的形式;

(2)教学是进行全面发展教育、实现培养目标的基本途径;

(3)教学是学校教育的中心工作,学校教育工作必须坚持以教学为主。

2. 教学的一般任务

(1)引导学生掌握科学文化基础知识和基本技能(首要任务);

(2)发展学生智能;

(3)发展学生体能;

(4)培养学生高尚的审美情趣和审美能力;

(5)培养学生具备良好的道德品质和个性心理特征,形成科学的世界观。

第二节 教学过程

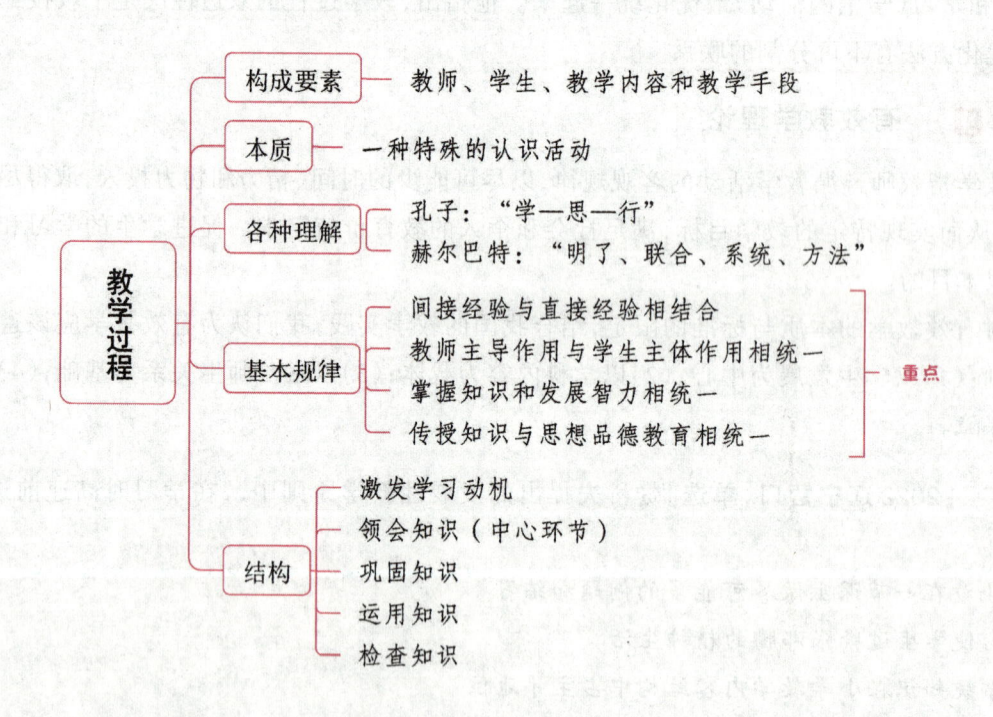

```
          ┌─ 构成要素 ── 教师、学生、教学内容和教学手段
          │
          ├─ 本质 ── 一种特殊的认识活动
          │
          ├─ 各种理解 ┬─ 孔子:"学—思—行"
          │          └─ 赫尔巴特:"明了、联合、系统、方法"
教学过程 ─┤
          │          ┌─ 间接经验与直接经验相结合
          ├─ 基本规律 ┤ 教师主导作用与学生主体作用相统一      重点
          │          │ 掌握知识和发展智力相统一
          │          └─ 传授知识与思想品德教育相统一
          │
          │          ┌─ 激发学习动机
          │          │ 领会知识(中心环节)
          └─ 结构    ┤ 巩固知识
                     │ 运用知识
                     └─ 检查知识
```

一、教学过程的内涵 ★ 【单选】

考点 1 ▶ 教学过程的概念

教学过程是教师根据一定社会的要求和学生身心发展的特点,有目的、有计划地指导学生掌握系统的科学文化知识和基本技能,发展学生的智力和体力,培养学生的良好品德和健康个性,使其形成科学世界观的过程。

考点 2 ▶ 教学过程的构成要素

构成教学过程的要素有许多方面,人们从不同的立场和视角进行分析,形成了不同的观点。例如:
(1)三要素说——教师、学生、教学内容;
(2)四要素说——教师、学生、教学内容、教学手段;
(3)五要素说——教师、学生、教学内容、教学手段、教学环境;
(4)六要素说——教师、学生、内容、方法、媒体、目的;
(5)七要素说——学生、目的、内容、方法、环境、反馈和教师。

一般认为,教师、学生、教学内容和教学手段是构成教学过程的基本要素。四者的关系如下:

教师　　教学内容、教学手段　　学生
(主导)　←――――――――→　(主体)
　　　　　　(中介)

真题 1 [2024浙江金华,单选]下列不属于教学过程的构成要素的是(　　)
A. 学校　　　　B. 教师　　　　C. 学生　　　　D. 教学内容
答案:A

二、教学过程的本质 ★★ 【单选】

教学活动,是教师教、学生学的统一活动。活动是在过程中实现的,而过程则是通过活动得以展开的。因此,教学活动与教学过程在本质上的含义是相同的。教学活动就其本质而言,是一种特殊的认识活动。

1. 教学过程主要是一种认识过程

教学过程中有两类不同性质的活动(教和学),但教学过程的主要矛盾是学生与其所学知识之间的矛盾(教师提出的教学任务同学生完成这些任务的需要、实际水平之间的矛盾),实际上也就是学生认识过程的矛盾,是认识主体与其客体之间的矛盾,因此学生的认识活动是教学中最主要的活动,教学过程是一种认识过程,它遵循的是感性认识和理性认识相统一、认识和实践相统一的普遍性规律。

2. 教学过程是一种特殊的认识过程

教学过程作为一种特殊的认识过程,其特殊性表现在:
(1)认识对象的间接性与概括性。即学习的内容是已知的、他人的,也是经过提炼的认识成果。
(2)认识方式的简捷性与高效性。通过间接知识认识世界,可以减少探索的实践,避免探索的弯路,尽快地掌握人类文化的精华,因而是高效的。
(3)教师的引导性、指导性与传授性(有领导的认识)。学生具有不成熟性,学生的认识始终是在教师的传授、指导下进行以达到认识目的的。
(4)认识的交往性与实践性。教学活动是发生在师生之间及学生之间的一种特殊的交往活动,这种交往活动同时具有实践的性质。
(5)认识的教育性与发展性。即教学中学生认识的形成既是目的,也是发展的手段,认识中追求并实现着学生的知、情、意、行等方面的发展与完全人格的养成。

3. 教学过程以认识活动为基础,是促进学生身心发展的过程

教学过程不等于发展过程,它是实现发展的途径和手段。教学的目的在于使学生理解与掌握知识、形成技能技巧、培养学生的能力。但学生的情感、意志等因素也同时参与学生的认识过程,并与学生的认识过程交织在一起。因此,学生在掌握知识的教学过程中,也在实现着其身心的全面发展。

• 知识再拔高 •

教学过程本质的其他观点

1. 认识—发展说

这种观点认为,教学过程是教师有目的、有计划地引导学生掌握科学文化基础知识和基本技能,逐步形成辩证唯物主义世界观和共产主义道德品质的过程。认识—发展说强调了学生的主观能动性,但是削弱了教师的主导作用。在教学活动中,离开了教师的主导作用,学生的发展水平是难以得到保证的。

2. 认识—实践说

这种观点认为,教学过程作为人类社会的一种特殊的认识过程,是认识和实践统一的活动过程,是学生在教师指导下,对人类已有的知识经验的认识活动和改造主观世界、形成和谐发展个性的实践活动的统一过程。认识—实践说从教师的角度概括教学的实践本质,容易导致重教轻学,从学生的角度则容易导致重学轻教。

3. 交往说

这种观点认为,教学是教师教与学生学的统一,这种统一的实质是交往,教师与学生是"交互主体"的关系。因此,教学过程是教师与学生以课堂为主渠道的交往过程。

4. 多重本质说

这种观点认为,教学过程既然是多层次、多类型的,那么教学过程的本质也应该是多级别、多类型的,从而提出教学过程有认识论、心理学、生理学、伦理学和经济学五个方面的本质。

真题2 [2023黑龙江哈尔滨,单选]教学活动的本质是(　　)
A. 认识活动　　B. 实践活动　　C. 交往活动　　D. 课堂活动

真题3 [2023广东梅州,单选]教学过程是一种特殊的认识过程,下列不属于教学过程特点的是(　　)
A. 教学过程具有引导性　　　　　　B. 教学过程具有教育性
C. 教学过程具有简捷性　　　　　　D. 教学过程具有直接性

答案: 2. A　3. D

三、历史上对教学过程的各种理解 ★ 【单选】

教学过程的理论是教学的基本理论,历代中外教育家曾以不同观点、从不同角度对教学过程做过种种探索,提出了各自的见解。

表1-37　关于教学过程的各种理解

人物(学派)	对教学过程的理解
孔子	"学—思—行"(也有说法认为是"学—思—习—行")的统一过程
思孟学派	"博学之,审问之,慎思之,明辨之,笃行之"(《礼记·中庸》)
昆体良	"模仿、理论、练习"三个循序渐进的学习过程
赫尔巴特	试图用心理学的"统觉理论"来解释教学过程,提出"明了、联合(联想)、系统、方法"的四阶段论,这一理论标志着教学过程理论的形成

续表

人物(学派)	对教学过程的理解
杜威	将探究的反省思维活动过程分为了困难、问题、假设、验证、结论五个阶段
凯洛夫	把教学过程认定为特殊认识过程,提出了感知、理解、巩固、运用四个教学阶段(也有说法认为是知觉具体事物,理解事物的特点、关系或联系,形成概念,巩固知识,形成技能、技巧,实践运用六个环节)

当代的教学过程理论主要有加涅的信息加工理论,布鲁纳的结构教学理论,赞科夫的教学与发展理论,巴班斯基的教学过程最优化理论,斯金纳的程序教学论,我国教育心理学家提出的动机、感知、理解、巩固和应用五阶段论等。

真题4 [2022湖南长沙,单选]把教学过程分为明了、联想、系统、方法四个阶段的教育家是( )
A. 夸美纽斯　　　B. 杜威　　　C. 凯洛夫　　　D. 赫尔巴特
答案:D

四、教学过程的基本规律(基本特点) ★★★ 【单选、多选、判断、辨析、简答、案例分析】

教学过程是教师引导下的学生的特殊认识过程。在教学过程中,教师要高质量地完成教学任务,实现培养人的使命,必须处理好的关系包括:间接经验与直接经验的关系、教师主导作用与学生主体作用的关系、知识与能力的关系、知识教育与思想道德教育的关系、智力因素与非智力因素的关系。

考点 1　间接经验与直接经验相结合(间接性规律)

人们认识客观事物主要有两条途径:一是获取直接经验,即通过亲自探索、实践所获得的经验;二是获取间接经验,即他人的认识成果,主要是指人类在长期认识过程中积累并整理而成的书本知识。教学过程是学生认识客观世界的过程,要以间接经验为主、直接经验为辅,将二者有机结合起来。间接经验与直接经验相结合规律,反映了教学中传授系统的科学文化知识与丰富学生感性知识的关系、理论与实践的关系、知与行的关系。

1. 以间接经验为主是教学活动的主要特点

学习间接经验是学生认识客观世界的基本途径。这是因为:

(1)借助间接经验认识世界,是认识上的捷径。这也是教学过程中认识方式的简捷性与高效性的体现。

(2)学习间接经验也是由学生特殊的认识任务决定的。这是教学过程中认识对象的间接性与概括性,教师的引导性、指导性与传授性的体现。

2. 学生学习间接经验要以直接经验为基础

书本知识,一般表现为概念、定理、原理等,这对学生来说是间接经验。学生要把这些知识转化为自己的知识,必须以个人以往积累的或现时获得的感性经验为基础。在教学中学生是借助于他已有的直接经验去认识书本上的间接经验的,陶行知先生做过一个精辟的比喻:"接知如接枝"。他说:"我们必须有从自己的经验里发出来的知识做根,然后别人的相类的经验才能接得上去。倘使自己对于某事毫无经验,我们决不能了解或运用别人关于此事之经验。"可见,学生个人的直接经验在其间接经验的学习中具有不可替代的特殊价值。

3. 贯彻间接经验与直接经验相结合的规律,要防止两种倾向

(1)过分强调书本知识的传授和学习,忽视引导学生通过实践活动、亲身参与、独立探索去积累经验、获取知识的倾向。

(2)只强调学生通过自己探索去发现、积累知识,忽视书本知识的学习和教师的系统讲授。

遵循间接经验与直接经验相结合的规律,要求教师在教学中坚持理论联系实际。

考点 2 ▶ 教师主导作用与学生主体作用相统一(双边性规律)

在教学中,教师的教依赖于学生的学,学生的学离不开教师的教,教与学是辩证统一的。教学过程是教师和学生共同活动的过程,是"教师教"和"学生学"的矛盾统一过程。

1. 充分发挥教师的主导作用

教师主导作用是指教师负责组织、引导学生沿着正确的方向,采用科学的方法,获得良好的发展。教师的主导作用主要体现在三个方面:

(1)教师决定着学生学习的方向、内容、进程、结果和质量,并起着引导、规范、评价和纠正的作用;

(2)对学生的学习方式以及学习态度发挥作用;

(3)影响学生的个性以及人生观、世界观的形成。

2. 充分发挥学生主体参与教学的能动性

教学中,学生是学习的主人,具有主观能动性,学生学习的主观能动性主要体现在两个方面:

(1)学生对外部信息具有选择的能动性、自觉性,学生对信息的选择与否直接受学生本人的学习动机、兴趣、需要以及所接受的外部要求左右。

(2)学生对外部信息进行内部加工时体现出独立性、创造性,因为学生对信息进行内部加工的过程受到个体原有的知识经验、思维方式、情感意志、价值观念等制约。

3. 教师的主导作用和学生主体作用之间的辩证统一关系

(1)教师和学生的作用是不可分割的。发挥教师的主导作用并不意味着制约学生的主动性。相反,发挥教师的主导作用,就是要更好地发挥学生的主动精神。同样,发挥学生的主动性又离不开教师的主导作用。

(2)教师的主导作用和学生的主体作用是相互促进的。教师的主导作用要依赖于学生主体作用的发挥。学生学习的主动性、积极性越高,说明教师的主导作用发挥得越好。反过来,学生主体作用要依赖于教师的主导作用来实现。只有教师、学生两方面互相配合,才能达到最佳的教学效果。

4. 贯彻教师主导作用与学生主体作用相统一的规律,要防止两种倾向

在教学过程中,不能只重视教师的作用,忽略学生学习的主动性和创造性,也不能只强调学生的作用,使学生陷入盲目探索状态,学不到系统的知识,要把二者有机地结合起来。

历史上,以赫尔巴特为代表主张的"教师中心"倾向和以杜威为代表主张的"学生中心"倾向,或者忽视学生主体作用,或者忽视教师主导作用,都是片面的、不正确的、行不通的。

考点 3 ▶ 掌握知识和发展智力相统一(发展性规律)

1. 知识和智力是两个不同的概念(区别)

知识是人们对客观世界的认识,智力是人们认识客观事物的基本能力。通过传授知识发展学生的智力是教学的一个重要任务。知识不等于智力,传授了知识不等于训练了智力。一个学生知识的多少并不一定能标志他的智力发展水平的高低。

2. 掌握知识与发展智力二者是相互统一和相互促进的(联系)

掌握知识和发展智力相互依存、相互促进,二者统一在教学活动中。现代教学观认为,教学过程既是向学生传授知识的过程,又是发展学生智力和能力的过程。

(1)掌握知识与发展智力这两个教学任务统一在同一个教学活动之中,统一在同一个认识主体的认识活动之中。

(2)掌握知识是发展智力的基础。知识为智力活动提供了广阔的领域,只有有了某一方面的知识,才有可能去从事某方面的思维活动。缺乏必要的知识,就谈不上进行一定的判断、推理、分析、综合。所以离开了知识,智力就是无源之水、无本之木。缺乏知识是智力发展最大的障碍。

(3)发展智力又是掌握知识的重要条件。可以说智力既是接受人类已有知识的工具,同时又是开发新知识的工具。掌握知识的速度与质量,依赖于一定的智力。智力水平高,知识学得就快、就好,否则,就慢、就差。

3. 要使知识的掌握真正促进智力的发展是有条件的

(1)从传授知识的内容上看,传授给学生的知识应是规律性的知识;
(2)从传授知识的量来看,一定时间范围内所学知识的量要适当,不能过多;
(3)采用启发式教学;
(4)培养学生良好的个性,重视学生的个别差异,注重因材施教。

4. 贯彻掌握知识和发展智力相统一的规律,要防止两种倾向

在整个教学过程中,我们要防止形式教育论和实质教育论两种倾向。在教学中,只有把掌握知识和发展智力有机地结合起来,才能提高教学质量。

表1-38 形式教育论与实质教育论

	形式教育论	实质教育论
起源	古希腊	古希腊、古罗马
代表人物	洛克、裴斯泰洛齐	斯宾塞、赫尔巴特
主要观点	(1)教学的主要任务在于发展学生的智力,至于学科内容的实用意义则是无关紧要的; (2)主张形式学科(如希腊文、拉丁文、数学、逻辑学等)或古典人文课程最有发展价值	(1)教学的主要任务在于传授给学生有用的知识,至于学生的智力则无需进行特别的培养和训练; (2)主张与人类的世俗生活密切相关的实质学科(如物理、化学、天文、地理、法律)或实科课程最有发展价值
评价	只强调训练学生的思维形式,忽视知识的传授	只向学生传授对实际生活有用的知识,忽视了对学生认识能力的训练

考点 4 ▶ 传授知识与思想品德教育相统一(教育性规律)

在教学过程中,学生掌握科学文化知识和提高思想品德修养是相辅相成的,具体体现在以下三点:

1. 知识是思想品德形成的基础

学生思想品德修养水平的提高有赖于其对科学文化知识的掌握。正如赫尔巴特说的"我不承认有任何无教育的教学",教学永远具有教育性。

2. 思想品德修养水平的提高为学生积极地学习知识提供动力

学习活动是一项十分艰苦的脑力劳动,在学习过程中必然会遇到各种各样的困难,这就要求学习者必须有明确的学习目的、强烈的学习欲望和较高的思想觉悟。在教学中,教师要不断培养、提高学生的思想品德水平,引导他们将个人的学习与社会发展、祖国前途联系起来,充分调动他们学习的主动性、积极性,这是学生获取知识的重要保证。

3. 贯彻传授知识与思想品德教育相统一的规律时,必须注意的问题

(1)脱离知识进行思想品德教育,这会使思想品德教育成为无源之水、无本之木,不仅不利于学生品德修养水平的提高,而且还影响系统知识的教学。

(2)只强调传授知识,忽视思想品德教育。不能认为学生学习了知识以后,思想品德修养水平自然会随之提高。因为教学的教育性必须经过教师给学生施加积极影响,必须通过启发、激励,使学生对所学知识产生积极的态度时,教学的教育性才能得以实现。

在教学过程中要注意把传授知识与思想品德教育有机结合起来。

上述四个是教学过程的主要规律,此外,在教学过程中还需要处理好智力因素与非智力因素的关系。智力是人的一种综合认识能力,包括注意力、观察力、记忆力、想象力和思维力等因素。非智力因素则包含了除智力以外的其他所有的心理因素,如兴趣、情感、意志和性格等。

真题5 [2023黑龙江哈尔滨,单选](　　)倡导教学活动的主要任务在于训练学生的思维形式,知识的传授则是无关紧要的。

A. 实质教育论　　　B. 形式教育论　　　C. 现代教学论　　　D. 传统教学论

真题6 [2023河北石家庄,单选]王老师在讲"镭"元素时,向同学们介绍了"镭"元素的发现者居里夫人献身科学的事迹,同学们深受教育。这体现了(　　)的教学规律。

A. 直接经验与间接经验相统一

B. 掌握知识与发展能力相统一

C. 教师的主导作用与学生的主体作用相统一

D. 传授知识与思想教育相统一

真题7 [2024天津东丽,判断]掌握知识是发展智力的基础,发展智力又是掌握知识的重要条件。(　　)

真题8 [2023安徽统考,判断]教学过程是教师和学生共同活动的过程,是"教师教"和"学生学"的矛盾统一过程。(　　)

真题9 [2024福建统考,辨析]"读万卷书,行万里路",二者不可偏废。该观点是否正确?运用教学过程的基本规律加以分析。

答案: 5. B　6. D　7. √　8. √　9.(1)这种观点是正确的。(2)"读万卷书"强调的是间接经验,"行万里路"强调的是直接经验,"'读万卷书,行万里路',二者不可偏废"体现了间接经验与直接经验相结合的规律。人们认识客观事物主要有两条途径:一是获取直接经验,即通过亲自探索、实践所获得的经验;二是获取间接经验,即他人的认识成果,主要是指人类在长期认识过程中积累并整理而成的书本知识。教学活动是学生认识客观世界的过程,要以间接经验为主、直接经验为辅,将二者有机结合起来。

五、教学过程的结构 ★★★ 【单选、多选、判断、简答】

教学过程的结构即教学过程的基本阶段。教学过程是一个有规律的过程,在教师引导下学生掌握知识的活动是教学过程中最基本的活动。教学过程大致分为以下五个阶段:

1. 激发学习动机

教学应从诱发和激起求知欲并把求知欲聚焦于当前学习的知识开始,从引导学生做好学习的心理准备开始。

2. 领会知识

领会知识是教学过程的中心环节。领会知识包括使学生感知和理解教材。学生在教学中的认知，往往是从感知教材入手的。感知教材是指教师要引导学生通过感知形成清晰的表象和鲜明的观点，为理解抽象概念提供感性知识的基础并发展学生相应的能力。理解教材的目的在于形成概念、原理，真正认识事物的本质和规律。

3. 巩固知识

巩固所学的知识是教学过程的一个必要环节。巩固知识的意义在于避免或减少对先前所学知识的遗忘，并为顺利学习新知识、新材料奠定基础。巩固知识往往渗透在教学的全过程，不一定是一个独立的环节。

4. 运用知识

在教学中，运用知识、形成技能技巧主要是通过教学实践来实现的，如完成各种书面或口头作业、实验等。此外，运用知识不止局限于技能和技巧的掌握，它还包括"知识迁移"能力和创造能力的发挥等。

5. 检查知识

检查知识是指教师通过作业、提问、测验等方式对学生的学习效果进行考查的过程。检查知识的目的在于使教师及时获得关于教学效果的反馈信息，以调整教学进程与要求，并帮助学生了解自己掌握知识技能的情况，以便及时改进。

知识再拔高

学生掌握知识的基本阶段

教学过程实质上是教师引导下学生获取知识、认识世界的过程，因而学生掌握知识的基本阶段，是教学过程规律的一个重要方面的体现。近现代教育史上，提出过不同的学生掌握知识阶段的学说，主要有两种模式：

(1)以师生授受知识为特征的传授/接受教学。传授/接受教学中学生掌握知识的基本阶段包括：①引起学习动机；②感知教材；③理解教材（中心环节）；④巩固知识；⑤运用知识；⑥检查知识、技能和技巧。

(2)以学生主动探究知识为特征的问题/探究教学。问题/探究教学中学生获取知识的基本阶段包括：①明确问题；②深入探究；③做出结论。

小香课堂

教学过程的中心环节是领会知识，还是理解教材，这两种观点在本质上是一致的。理解教材需要引导学生在学习上爬坡，在认识上飞跃，从感性上升到理性。在教学过程中，只有学生理解了教材，形成了概念，才算是真正领会和掌握了知识。因此，也可以说"理解教材"是教学过程的中心环节。

真题10　[2023安徽蚌埠，单选]教学过程的中心环节是（　　）

A. 感知教材，形成表象　　　　　　　　B. 理解教材，形成概念

C. 运用知识，形成技巧　　　　　　　　D. 知识的巩固与保持

真题11　[2023广西贵港，单选]学生在教学中的认知，往往是从（　　）入手的。

A. 感知教材　　　　B. 学习动机　　　　C. 理解教材　　　　D. 复习旧知

真题12 [2023湖北武汉,单选]在教学过程的基本阶段中,( )不止局限于技能和技巧的掌握,它还包括"知识迁移"能力和创造能力的发挥等。

A. 领会知识　　　　　　　　　　B. 巩固知识
C. 运用知识　　　　　　　　　　D. 检查知识

答案：10. B　11. A　12. C

★ 本节核心考点回顾 ★

1. 教学过程的构成要素

一般认为,教师、学生、教学内容和教学手段是构成教学过程的基本要素。

2. 教学过程的基本规律

(1)间接经验与直接经验相结合(间接性规律);

(2)教师主导作用与学生主体作用相统一(双边性规律);

(3)掌握知识和发展智力相统一(发展性规律);

(4)传授知识与思想品德教育相统一(教育性规律)。

3. 直接经验与间接经验相结合的规律

教学过程是学生认识客观世界的过程,要以间接经验为主、直接经验为辅,将二者有机结合起来。

(1)以间接经验为主是教学活动的主要特点;

(2)学生学习间接经验要以直接经验为基础。

4. 掌握知识与发展智力相统一的规律

教学过程既是向学生传授知识的过程,又是发展学生智力和能力的过程,二者相互依存、相互促进,统一在同一教学活动中。

(1)掌握知识与发展智力这两个教学任务统一在同一个教学活动之中,统一在同一个认识主体的认识活动之中;

(2)掌握知识是发展智力的基础;

(3)发展智力又是掌握知识的重要条件。

5. 教学过程的结构

(1)激发学习动机。

(2)领会知识。领会知识是教学过程的中心环节,包括使学生感知和理解教材。学生在教学中的认知,往往是从感知教材入手的。

(3)巩固知识。

(4)运用知识。运用知识不止局限于技能和技巧的掌握,它还包括"知识迁移"能力和创造能力的发挥等。

(5)检查知识。检查方式包括作业、提问、测验等。

第三节 教学原则与教学方法

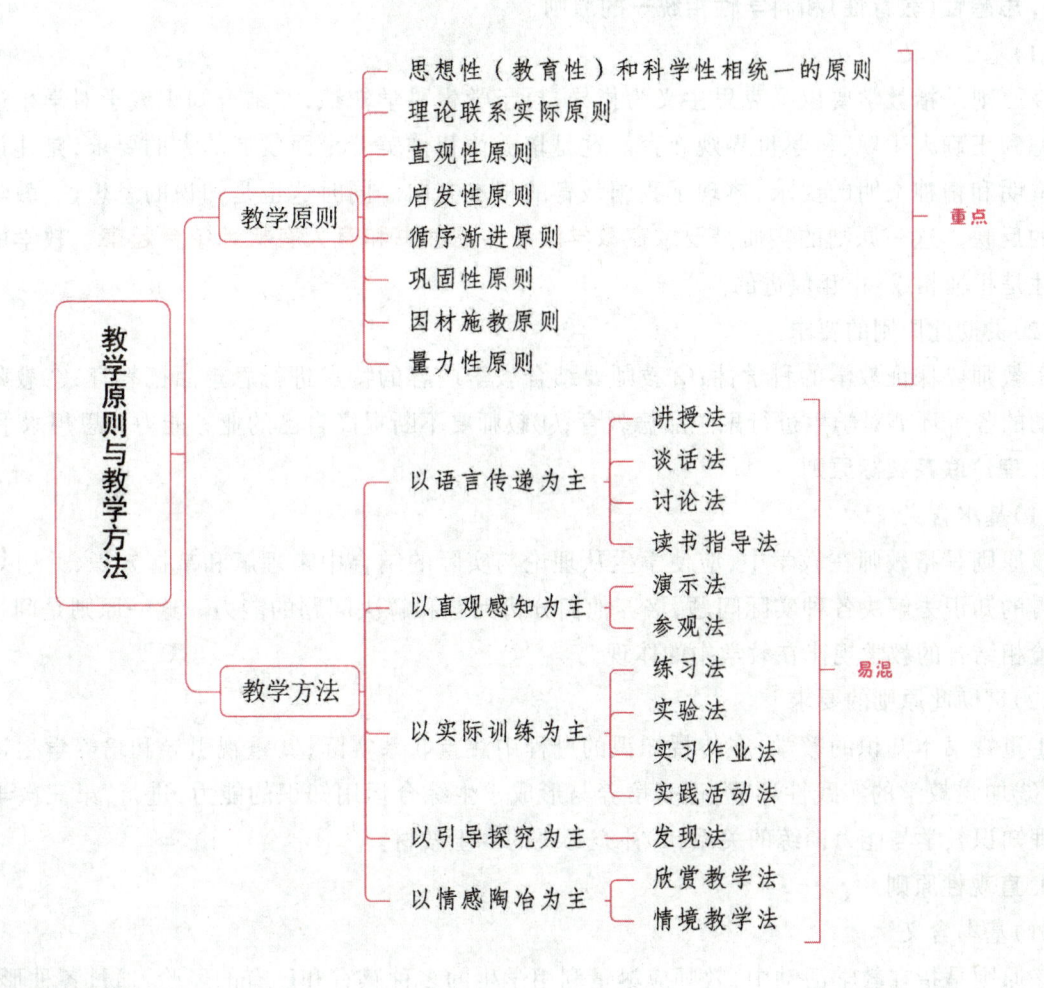

```
教学原则与教学方法
├── 教学原则 ────── 思想性（教育性）和科学性相统一的原则
│                   理论联系实际原则
│                   直观性原则
│                   启发性原则                          【重点】
│                   循序渐进原则
│                   巩固性原则
│                   因材施教原则
│                   量力性原则
│
└── 教学方法 ────── 以语言传递为主 ── 讲授法
                                      谈话法
                                      讨论法
                                      读书指导法
                    以直观感知为主 ── 演示法
                                      参观法
                    以实际训练为主 ── 练习法           【易混】
                                      实验法
                                      实习作业法
                                      实践活动法
                    以引导探究为主 ── 发现法
                    以情感陶冶为主 ── 欣赏教学法
                                      情境教学法
```

一、教学原则

考点 1 ▶ 教学原则的概念 ★【判断】

教学原则是根据一定的教学目的和教学过程规律而制定的指导教学工作的基本准则。它是有效进行教学必须遵循的基本要求和原理。

教学原则是人们在长期的教学实践中总结出来的。千百年来，人们在教学实践中创造了因材施教、启发诱导、循序渐进、学思行结合、温故知新等众多教学原则。这些传统教学原则都对后世产生了深远的影响，直至今天仍有巨大的价值。现代教学理论中所倡导的因材施教、启发诱导、循序渐进、理论联系实际、温故知新等教学原则就是对传统教学原则的继承和发展。

真题1 [2022 河北石家庄，判断] 现代教学所倡导的因材施教、启发诱导、循序渐进、理论联系实际、温故知新等教学原则都是对传统教学原则的继承和发展。（　　）

A. 正确　　　　　　　　　　　　　　　B. 错误

答案：A

考点 2 ▶ 我国中小学主要的教学原则 ★★★ 【单选、判断、简答、材料分析、案例分析】

1. 思想性（教育性）和科学性相统一的原则

（1）基本含义

该原则是指教学要以马克思主义为指导，授予学生科学知识，并结合知识教学对学生进行社会主义品德和正确人生观、科学世界观教育。这是培养德智体美劳全面发展的人的要求，是建设社会主义物质文明和精神文明的要求，体现了我国教育的根本方向。同时这也是知识的思想性、教学的教育性规律的反映。这一原则的实质是要求在教学活动中把教书和育人有机地结合起来。教学的教育性与科学性是相辅相成、相互促进的。

（2）贯彻此原则的要求

①教师要保证教学的科学性；②教师要结合教学内容的特点进行思想品德教育；③教师要通过教学活动的各个环节对学生进行思想品德教育；④教师要不断提高自己的业务能力和思想水平。

2. 理论联系实际原则

（1）基本含义

该原则是指教师在教学中，应使学生从理论与实际的结合中来理解和掌握知识，并引导他们运用新获得的知识去解决各种实际问题，培养他们分析问题和解决问题的能力。这一原则是间接经验与直接经验相结合的教学规律在教学中的体现。

（2）贯彻此原则的要求

①重视书本知识的教学，在传授知识的过程中注重联系实际；②重视引导和培养学生运用知识的能力；③加强教学的实践性环节，逐步培养与形成学生综合运用知识的能力，进行"第三次学习"；④正确处理知识教学与能力训练的关系；⑤补充必要的乡土教材。

3. 直观性原则

（1）基本含义

该原则是指在教学活动中，教师应尽量利用学生的多种感官和已有的经验，通过各种形式的感知，使学生获得生动的表象，从而比较全面、深刻地掌握知识。直观手段种类繁多，一般分为三大类：实物直观、模像直观和言语直观。这一原则是根据人类的认识规律、直接经验和间接经验相统一的教学规律提出来的，也是由学生的年龄特征所决定的。

关于这一原则，中国古代教育家荀子说过，"不闻不若闻之，闻之不若见之""闻之而不见，虽博必谬"，提出在学习中不仅要"闻之"更要"见之"，才能"博而不谬"。捷克教育家夸美纽斯在著作《大教学论》中指出，应该尽可能地把事物本身或代替它的图像放在面前，让学生去看看、摸摸、听听、闻闻等。乌申斯基指出，"一般来说，儿童是依靠形式、颜色、声音和感觉来进行思维的""逻辑不是别的东西，而是自然界里的事物和现象的联系在我们头脑中的反映"。

（2）贯彻此原则的要求

①正确选择直观教具和教学手段；②将直观教具的演示与语言讲解结合起来；③重视运用言语直观。

4. 启发性原则

（1）基本含义

该原则是指在教学活动中，教师要调动学生的主动性和积极性，引导他们通过独立思考、积极探索，生动活泼地学习，自觉地掌握科学知识，提高分析问题和解决问题的能力。这一原则是为了将教学活动中教师的主导作用和学生的主体地位统一起来而提出的。

启发性原则是在吸取中外教育遗产经验的基础上提出的。苏格拉底的"产婆术"、孔子提出的"不愤不启,不悱不发"的教学要求以及《学记》中"道而弗牵,强而弗抑,开而弗达"的教学思想,都是这一教学原则的体现。第斯多惠也曾说:"一个坏的教师奉送真理,一个好的教师则教人发现真理。"

(2)贯彻此原则的要求

说法一:①加强学习的目的性教育,调动学生学习的主动性;②设置问题情境,启发学生独立思考,培养学生良好的思维方法和思维能力;③让学生动手,培养学生独立解决问题的能力,鼓励学生将知识创造性地运用于实际;④发扬教学民主。

说法二:①激发学生的积极思维;②确立学生的主体地位;③建立民主平等的师生关系。

5.循序渐进原则

(1)基本含义

该原则在西方常称为系统性原则,是指教师要严格按照科学知识的内在逻辑和学生的认知发展规律进行教学,使学生掌握系统的科学文化知识,能力得到充分的发展。

《学记》要求"学不躐等""不陵节而施",提出"杂施而不孙,则坏乱而不修",意思是:如果教学不按一定的顺序,杂乱无章地进行,学生就会陷入紊乱而没有收获。朱熹进一步提出"循序而渐进,熟读而精思",明确提出了循序渐进的教育要求。

(2)贯彻此原则的要求

①教师的教学要有系统性。②抓主要矛盾,解决好重点与难点。教学循序渐进并不意味着教学要面面俱到、平均使用力量,而是要求区别主次、分清难易、有详有略地教学。③教师要引导学生将知识体系化、系统化。④按照学生的认识顺序,由浅入深、由易到难、由简到繁地进行教学。

6.巩固性原则

(1)基本含义

该原则是指教师在教学中要引导学生在理解的基础上牢固地掌握基础知识和基本技能,而且在需要的时候,能够准确无误地呈现出来,以利于知识技能的利用。这一原则是为了处理好教学中获取新知识与保持旧知识之间的矛盾而提出的。

历代教育家都很重视知识的巩固问题,例如:孔子要求"学而时习之""温故而知新";夸美纽斯明确提出了"教与学的巩固性原则";乌申斯基认为"复习是学习之母"。

(2)贯彻此原则的要求

①要在教学的全过程中加强知识的巩固;②组织好学生的复习工作,教会学生记忆的方法;③通过扩充、改组和运用知识的过程来巩固知识。

7.因材施教原则

(1)基本含义

该原则是指教师在教学中,要从课程计划、学科课程标准的统一要求出发,面向全体学生,同时又要根据学生的个别差异,有的放矢地进行有差别的教学,使每个学生都能扬长避短,获得最佳的发展。这一原则既由学生身心发展的客观规律所决定,也受我国教育目的的制约。

我国古代的孔子善于根据学生的不同特点,有针对性地进行教育,以发挥他们各自的专长。宋代朱熹把孔子这一经验概括为"孔子施教,各因其材",这是"因材施教"的来源。美国心理学家加德纳提出并阐明的"多元智力理论"也有力地说明了应当针对学生的个性特征进行教育。

(2)贯彻此原则的要求

①要坚持课程计划和学科课程标准的统一要求;②教师要了解学生,从实际出发进行教学;③教师

要善于发现每个学生的兴趣、爱好,并创造条件,尽可能使每个学生的不同特长都得以发挥。

8.量力性原则

(1)基本含义

该原则也称可接受性原则、发展性原则,是指教学的内容、方法、分量和进度要适合学生的身心发展,使他们能够接受,但又要有一定的难度,需要他们经过努力才能掌握,以促进学生的身心发展。这一原则是为了防止发生教学难度低于或高于学生实际程度而提出的。

我国古代的墨子很重视学习上的量力而为。他提出:"夫智者必量其力所能至而从事焉。"经验证明,教学中传授的知识只有符合学生的接受能力才能被理解,顺利地转化为他们的精神财富,罗素、布鲁纳、赞科夫都持这种观点。

(2)贯彻此原则的要求

①了解学生的发展水平,从实际出发进行教学。第斯多惠指出:"学生的发展水平是教学的出发点。"教师在教学过程中,随时都要了解学生的发展水平、已有的知识与能力状况。这是教学的基点与起点,也是学生知识的生长点。②考虑学生认识发展的时代特点。

•知识再拔高•

教学的方向性原则和伦理性原则

(1)方向性原则。方向性原则是指教学要以马克思主义为指导,以马克思主义的立场、观点和方法来选择教学内容,分析和理解教学内容,结合科学知识教学对学生进行社会主义核心价值观、正确的人生观和科学的世界观的教育。贯彻这一原则要求做到以下两点:①坚持教学的马克思主义方向;②深入挖掘教材的思想性。

(2)**伦理性原则**。伦理性原则是指教师在教学过程中处理师生关系时,要遵循当代社会的伦理规范。教师要尊重学生,爱护学生,并通过以身垂范赢得学生的尊重。贯彻这一原则要求做到以下三点:①在教学中,教师要尊重学生的基本权利;②在教学中,教师要尊重学生的基本自由和权利;③在教学中,教师要正确对待学生的个性差异。

真题2 [2024江苏苏州,单选]孔子是我国古代著名的教育家,其"不愤不启,不悱不发""学而时习之"的思想体现了下列哪些教学原则(　　)

A.直观性原则、启发性原则　　　　　　　　B.循序渐进原则、因材施教原则

C.因材施教原则、直观性原则　　　　　　　D.启发性原则、巩固性原则

真题3 [2023湖南长沙,单选]生物课上,老师先讲解叶子的形状,再讲叶子秋天变色的原因。这体现了(　　)教学原则。

A.启发性　　　　B.因材施教　　　　C.循序渐进　　　　D.巩固性

真题4 [2024浙江宁波,判断]直观性教学原则是指教师要积极调动学生的多种感官和已有的经验,进而帮助学生获得直接经验和感性认识。(　　)

真题5 [2024安徽统考,简答]简述教学的伦理性原则的内涵与贯彻要求。

答案:2.D　3.C　4.√　5.详见内文

二、教学方法

考点1 教学方法的概念

教学方法是指教师和学生为了完成教学任务、实现教学目标而采取的共同活动方式,是教师引导

188

学生掌握知识技能、获得身心发展而共同活动的方法。

首先,教学方法具有合目的性。教学方法要在一定的教育目的和教学目标的指导下实施。其次,教学方法具有双向性。教学方法一定包含教师教的方法和学生学的方法,只不过不同的方法有所偏重。最后,教学方法具有可操作性。

考点 2 两种对立的教学方法指导思想 ★【辨析】

依据指导思想的不同,各种教学方法可归并为两大类:注入式和启发式,这是两种根本对立的教学方法指导思想。提倡启发式,反对注入式,是当代运用教学方法的指导思想。

注入式是一种"填鸭式""灌输式"的教学方法,是指教师从主观出发,把学生看成单纯接受知识的容器,向学生灌注知识,无视学生在学习上的主观能动性。在这种思想的指导下,教师在教学中仅仅起了一个现成信息的载负者和传递者的作用,而学生则仅仅起着记忆器的作用。

启发式则是指教师从学生实际出发,采取各种有效的形式去调动学生学习的积极性,指导他们自己去学习的方法。

> **小香课堂**
> 在我国传统教学中,教师多使用灌输的方式进行教学,在此过程中运用最多的又是讲授法,因此,有人将讲授法等同于注入式教学,这是错误的。衡量一种教学方法是否具有启发性,关键是看教师能否促进学生积极主动地去学习,而不是单从形式上去加以判断。

真题6 [2023浙江金华,辨析]讲授法属于灌输式的教学方法。

答案:(1)这种说法是不正确的。(2)注入式是一种"填鸭式""灌输式"的教学方法,是指教师从主观出发,把学生看成单纯接受知识的容器,向学生灌注知识,无视学生在学习上的主观能动性。启发式是指教师从学生实际出发,采取各种有效的形式去调动学生学习的积极性,指导他们自己去学习的方法。在我国传统教学中,教师多使用灌输的方式进行教学,在此过程中运用最多的又是讲授法,因此,有人将讲授法等同于注入式教学、灌输式教学,这是错误的。衡量讲授法是启发式还是灌输式,关键是看教师能否促进学生积极主动地去学习。

考点 3 我国中小学常用的教学方法 ★★★【单选、多选、不定项、简答】

根据教学活动中学生的不同认识方式或师生活动方式的特点,可将我国中小学常用的教学方法分为五大类:

1. 以语言传递为主的教学方法

这类教学方法的特点是能较迅速、准确而大量地向学生传授间接经验。其效果主要取决于教师是否具有良好的语言表达能力和学生是否具有较强的阅读理解能力。这一类教学方法运用极为广泛,主要包括讲授法、谈话法、讨论法、读书指导法四种。

(1)讲授法

①讲授法的概念

讲授法是教师运用口头语言系统连贯地向学生传授知识、技能,发展学生智力的教学方法。讲授法是整个教学方法体系中运用最多、最广的一种方法。

②讲授法的形式

一般认为,讲授法可分为讲述、讲解、讲读和讲演四种形式。

讲述是教师运用生动形象的语言,叙述、描绘所要讲的知识内容的一种讲授方式。讲述有两种方式:一是叙述式,在文科课程中用于叙述学习要求、政治事件等;在理科课程中用于叙述数量之间的关系等。二是描述式,在文科课程中用于刻画人物、描绘环境等;在理科课程中用得较少。讲述的侧重点在于讲事而不是说理,其目的在于帮助学生形成鲜明的表象,并从情绪上受到感染。

讲解是教师对所要讲的知识内容进行解释、说明、分析、论证的一种讲授方式。讲解有三种方式:一是解说式,即引导学生从情境中接触概念,从感知到理解概念,或者把已知与未知联系起来,说明事物的本质属性和基本特征。例如,教学中有许多概念、术语、关键字词句、典故等,往往成为学生理解的要点和难点,这就要揭示它们的内涵、意蕴、语境以及其他相关因素。二是解析式,即解析和分析规律、原理和法则,有归纳和演绎两种途径。三是解答式,即先从事实材料中引出或直接提出问题,接着明确解决问题的标准,再提出解决问题的办法,进行比较、择优,进而提出论据开展论证,通过逻辑推理得出结果,最后进行总结。

讲读是教师把讲解和阅读材料内容有机结合起来的一种讲授方式,通常是边读边讲。讲读有五种方式:范读评点式、词句串讲式、讨论归纳式、比较对照式、辐射聚合式。

讲演又叫讲座,是指对某一事件或事物作深入广泛的叙述和论证,并得出科学结论的一种讲授方式。讲演目前主要用于高年级和高等学校的教学。

除上述分法之外,有学者将讲授法分为讲述、讲读、讲解三种形式。还有学者将讲授法分为讲述、讲解、讲读、讲演、讲评五种形式。

③讲授法的优缺点

优点:有助于充分发挥教师的主导作用;有助于在较短时间内使学生获得较多的间接知识;有助于结合知识传授进行思想品德教育。

缺点:以教师活动为主,不易发挥学生的积极主动性;讲授往往面向全体学生,不利于因材施教;教学单向输入信息,运用不当,容易造成"注入式""填鸭式""满堂灌"的结果。

④运用讲授法的基本要求

讲授内容要有科学性、系统性和思想性,要认真组织;要讲究讲授的策略和方式,要系统完整,层次分明,重点突出,符合知识的系统性和启发性教学原则的要求;教师要努力提高语言表达水平,讲究语言艺术;要组织学生听讲;要与其他教学方法配合使用。

> **知识再拔高**
>
> **讲授的时机**
>
> 把握好讲授的时机,是有效讲授的一个重要方面。讲授的时机包括:(1)为学生学习定向时,必须讲;(2)学生分析理解难以到位时,必须讲;(3)学生出现误读时,必须讲。此外,在课堂外,带学生参观访问,指导学生实践时,也应该相机而讲。

(2)谈话法

①谈话法的概念

谈话法也叫问答法,它是教师按一定的教学要求向学生提出问题让学生回答,通过问答、对话的形式来引导学生思考、探究,获取或巩固知识,促进学生智能发展的方法。

②谈话法的优点

能够照顾到每个学生的特点,充分激发学生的思维活动,有利于发展学生的语言表达能力,并使教师通过谈话直接了解学生的学习程度,及时检验自己的教学效果,从而提出一些补救措施来弥补学生的知识缺陷,开拓学生的思路,使学生保持注意和兴趣。

③运用谈话法的基本要求

要做好计划,教师要对谈话的中心、提问的内容做充分准备,并拟定谈话提纲;要善问,提出的问题要明确、具体、难易适宜,符合学生已有的知识程度、经验,还要有启发性,形式要多样化;要善于启发诱导,谈话时教师要面向全体学生,给学生留有思考的余地,因势利导,让学生一步步地去获得新知;谈话结束后,应结合学生回答的情况进行归纳和小结,给出问题的正确答案,指出谈话过程中的优缺点。

(3)讨论法

①讨论法的概念

讨论法是全班或小组成员在教师的指导下,围绕某一中心问题发表自己的看法和见解,从而进行相互学习的一种方法。运用讨论法需要学生具备一定的基础知识、一定的理解能力和独立思考能力,因此,讨论法在高年级运用得比较多。

②讨论法的优缺点

优点:通过对所学内容的讨论,学生之间可以集思广益,互相启发,加深理解,提高认识,同时还可以激发学生的学习热情,培养学生对问题的钻研精神并训练学生的语言表达能力。

缺点:受到学生知识经验和能力发展水平的限制,容易出现讨论流于形式或者脱离主题的情况,这需要教师加以注意。

③运用讨论法的基本要求

讨论前,教师应提出有吸引力的讨论题目,并明确讨论的具体要求,指导学生收集有关资料;讨论时,教师要善于引导学生围绕中心,联系实际,自由发表意见,并让每个学生都有发言机会;讨论结束后,教师要进行小结,并提出需要进一步思考的问题。

> **小香课堂**
>
> 谈话法与讨论法易混淆,考生要注意两者的区别在于教师的作用不同:谈话法是教师和学生进行交流互动;讨论法是教师指导学生针对某一问题进行交流互动。

谈话法　　　　　　　讨论法

(4)读书指导法

①读书指导法的概念

读书指导法是指教师指导学生通过阅读教科书和其他参考书,以获得知识、巩固知识、培养学生自学能力的一种方法。指导学生读书,包括指导学生阅读教科书和阅读课外书籍两个方面。

②运用读书指导法的基本要求

第一,提出明确的目的、要求和思考题。让学生自主掌握学习的方向、要求,主动去实现。

第二,教给学生读书的方法。让他们学会朗读、默读、浏览与精读等。

第三,善于在读书中发现问题和解决问题。读书要深入,关键在于对所学知识能否产生疑惑、提出问题进而解决问题。正如朱熹所言:"读书无疑者,须教有疑;有疑者,却要无疑,到这里方是长进。"

第四,适当组织学生交流读书心得。

2. 以直观感知为主的教学方法

这种教学方法具有形象性、具体性、直接性和真实性的特点,主要有演示法和参观法两种。

(1)演示法

①演示法的概念

演示法是指教师通过展示实物、教具和示范性的实验来说明、印证某一事物和现象,使学生掌握新知识的一种教学方法。演示所使用的工具可分为四大类:实物、标本、模型、图片的演示;图表、示意图、地图的演示;实验演示;幻灯片、电影、录像的演示。演示法体现了直观性、理论联系实际的教学原则。

②运用演示法的基本要求

明确演示目的,做好演示准备;演示必须精确可靠、操作规范;演示时要引导学生集中注意力,运用多种感官去感知,以发展学生的思考力和观察力;演示结束后,教师要引导学生分析观察结果以及各种变化之间的关系,通过分析、对比、归纳、综合得出正确结论。

(2)参观法

①参观法的概念

参观法又称现场教学,是教师根据教学目的和要求,组织学生进行实地考察、研究,使学生获取新知识,巩固、验证旧知识的一种教学方法。

参观教学法主要有准备性参观、并行性参观和总结性参观。准备性参观是在学习某课题前,使学生为将要学习的新课题积累必要的感性经验,从而顺利获得新知识而进行的参观;并行性参观是在学习某课题的过程中,为使学生把所学理论知识与实际紧密结合而进行的参观;总结性参观是在完成某一课题之后,帮助学生验证、加深理解、巩固强化所学知识而进行的参观。

②参观法的优点

能够使教学和实际生活联系起来,激发学生对知识的渴望和兴趣,扩大学生的视野;能够使学生接触社会,并从中受到教育和启发,同时也可以培养学生观察事物的能力和习惯。

③运用参观法的基本要求

参观前,教师要根据教学目的和要求,做好准备工作;参观时,教师要引导学生收集资料,做好必要记录,也可以请有关人员进行讲解或指导;参观结束后,教师要组织学生及时进行小结。

3. 以实际训练为主的教学方法

以实际训练为主的教学方法是指以形成技能技巧、培养行为习惯和发展学生能力为主的教学方法。其特点是使学生通过实践活动动脑、动口、动手,提高学生分析问题和解决问题的能力,并养成良好的行为习惯。以实际训练为主的教学方法主要有练习法、实验法、实习作业法、实践活动法四种。

(1)练习法

①练习法的概念

练习法是指学生在教师的指导下巩固知识,培养各种技能和技巧的基本教学方法。练习法是中小学各科教学普遍采用的教学方法。

②运用练习法的基本要求

教师要使学生明确练习目的和要求;练习的题目要注意学生基础知识的积累、巩固以及基本技能的提高;教师要教给学生正确的练习方法,并对学生的练习进行及时的检查和反馈;在练习过程中要注意培养学生自我检查的能力和习惯;练习方式要多样化。

(2)实验法

①实验法的概念

实验法是指教师引导学生使用一定的仪器和设备,进行独立操作,引起某些事物和现象产生变化,从而使学生获得直接经验,培养学生技能和技巧的教学方法。实验法常用于物理、化学、生物等自然学科的教学。

②实验法的优点

可以把理论与实践结合起来,有利于激发学生的求知欲望;有利于培养学生独立使用仪器进行科学实验的基本技能;有利于培养学生严谨的科学态度和扎实的作风。

③运用实验法的基本要求

认真编写实验计划,加强实验指导,做好实验总结。

> **小香课堂**
> 演示法中的实验演示与实验法易混淆,考生要注意两者的区别在于操作主体的不同:实验演示是教师做实验,学生看;实验法是学生做实验,教师指导。

演示法　　　　　　　　　　　实验法

(3)实习作业法

①实习作业法的概念

实习作业法是指教师根据学科课程标准要求,指导学生运用所学知识在课上或课外进行实际操作,将知识运用于实践的教学方法。这种方法在自然学科的教学中占有重要的地位,如数学课的测量练习、生物课的植物栽培和动物饲养等。

②运用实习作业法的基本要求

实习作业法要在教师的指导下有目的、有计划、有组织地进行;实习中,教师要加强指导;实习结束后，教师要指导学生写出实习报告或体会，并进行评阅和评定。

（4）实践活动法

实践活动法是指让学生参加社会实践活动，培养学生解决实际问题的能力和多方面实践能力的教学方法。在实践活动法中，学生是中心，教师是学生的参谋或顾问，教师必须保证学生的主动参与，决不能越俎代庖。

4. 以引导探究为主的教学方法

以引导探究为主的教学方法，是指教师组织和引导学生通过独立的探究和研究活动而获得知识的方法，主要是发现法。

（1）发现法的概念

发现法，通常称作发现学习或问题教学法，就是让学生通过独立工作，自己主动发现问题、解决问题及掌握原理的一种教学方法。它是由美国心理学家布鲁纳所倡导的。

（2）发现法的特点

①学生通过对问题的探究获得经验和知识，提高创新意识和进取精神；

②学生在教师的引导下探究和解决问题，在教学中处于主要地位；

③教学方法以学生独立探究和作业为主，教师的讲授、指导以及学生的阅读、练习服务于独立探究。

（3）发现法的一般步骤

①创设问题的情境，使学生在这种情境中产生矛盾，提出要解决或必须解决的问题；

②促使学生利用教师所提供的某些材料和所提出的问题，提出解答的假设；

③从理论上和实践上检验自己的假设；

④根据实验获得的一定材料或结果，在仔细评价的基础上得出结论。

5. 以情感陶冶（体验）为主的教学方法

以情感陶冶为主的教学方法是指教师根据一定的教学要求，有计划地使学生处于一种类似真实的活动情境之中，利用其中的教育因素综合地对学生施加影响的一种教学方法。以情感陶冶为主的教学方法更多的是作为辅助性的教学方法来使用的，主要包括欣赏教学法和情境教学法两种。

（1）欣赏教学法

欣赏教学法是指在教学过程中教师指导学生体验客观事物的真善美的一种教学方法。欣赏教学法一般包括对自然的欣赏、人生的欣赏和艺术的欣赏等。

（2）情境教学法

情境教学法是指在教学过程中，教师有目的地引入或创设具有一定情绪色彩的生动具体的场景，以引起学生一定的情感体验，从而帮助学生理解教材，并使学生的心理机能得到发展的教学方法。情境教学法的核心在于激发学生的情感。教师创设的情境一般包括生活展现的情境、图画再现的情境、实物演示的情境、音乐渲染的情境、言语描述的情境等。

> **知识再拔高**
>
> **教学方法的其他分类方式**
>
> | 依据 | 类别 | 内容 |
> | --- | --- | --- |
> | 活动的主体 | 以教师的教授活动为主 | 讲授法、谈话法、演示法 |
> | | 以学生的学习活动为主 | 读书指导法、讨论法、实验法、实习作业法、研究法 |

续表

依据	类别	内容
学生信息获得的来源	通过语言	讲授法、谈话法、读书指导法、讨论法
	通过直观	演示法、观察法
	通过实际操作	练习法、实验法、实习作业法、研究法

真题7 [2024浙江宁波,单选]在以语言传递为主的教学方法中,要求教师进行一定的指导与监督,不然学生容易脱离主题,影响课堂教学进度的方法是( )

A. 讲授法　　　B. 讨论法　　　C. 参观法　　　D. 实践活动法

真题8 [2024安徽统考,单选]在教师指导下,学生利用一定的工具、仪器进行独立作业,观察事物或现象的产生和变化,以获得知识、培养技能的教学方法是( )

A. 练习法　　　B. 演示法　　　C. 实验法　　　D. 情境教学法

真题9 [2023河南郑州,单选]航天员在中国空间站开讲"天宫课堂"第二课,同时以"天地互动"的形式演示了太空"冰雪"实验、液桥演示实验、水油分离实验、太空抛物实验。这里运用的教学方法属于( )

A. 实验法　演示法　　　　　　B. 讨论法　演示法

C. 讲授法　演示法　　　　　　D. 讲授法　讨论法

真题10 [2023辽宁营口,单选]以下教学方法中,均属于以学生的学习活动为主的一组方法是( )

A. 谈话法、演示法、读书指导法　　　B. 讨论法、实验法、研究法

C. 演示法、讲授法、实习作业法　　　D. 读书指导法、讲授法、谈话法

答案:7. B　8. C　9. C　10. B

考点 4 ▶ 国内外教学方法的改革与发展 ★ 【单选】

1. 国内具有代表性的教学方法

(1)上海特级教师倪谷音首先倡导的愉快教学法。

(2)江苏省特级教师李吉林首创的情境教学法。这种教学方法具有"形真""情切""意远""理蕴其中"四个基本特征。

(3)江苏常州特级教师邱学华首创的尝试教学法。教师采用"先练后讲""先学后教"的方式,让学生先去尝试练习,依靠自己的努力初步解决问题,最后教师根据学生练习中的难点,有针对性地进行讲解。

(4)以上海闸北八中校长刘京海为首的一批教改研究者首先提出的成功教学法。成功教学法的基本要素有三个:积极的期望、成功的机会和鼓励性评价。

2. 国外具有代表性的教学方法

(1)美国心理学家布鲁纳倡导的发现法。与讲授法相比,发现法对于学习过程的关注超过对学习结果的关注。

(2)依据美国教育学家布卢姆的"教育目标分类"和"掌握学习策略"所形成的目标教学法。

(3)美国著名教育心理学家斯金纳倡导的程序教学法。

(4)苏联教育家沙塔洛夫创造的"纲要信号图表"教学法。

(5)德国学者瓦·根舍因首创的范例教学法。

(6)保加利亚医学和心理学博士洛扎诺夫首创的暗示教学法。暗示教学法在外语教学方面,被公认为创造了奇迹。

(7)美国人本主义心理学家罗杰斯提出的非指导性教学法。

(8)苏联心理学家和教育学家阿莫纳什维利等人提出的合作教学法。

3. 国外新涌现的有影响的教学方法

(1)案例教学法以案例为教学材料,围绕教学主题,通过讨论、问答等方式进行师生互动,从而让学生了解与教学主题相关的概念或理论,培养学生的高层次能力。

(2)项目教学法将一个相对独立的学习任务作为一项研究课题交予学生独立完成,教师只起咨询、指导与解答疑难的作用。学生通过一个个具体项目的实施,就能了解和把握完成项目的每一具体环节及其基本要求,以及整个过程的重点和难点。

(3)"行动导向"教学法以生活或职业情境为教学的参考,遵循"为行动而学习"的原则。

(4)模拟教学法是让学生在一种模拟真实情境的教学情境中,学习课程所规定的知识从而锻炼自己能力的方法。

(5)交际教学法强调在真实的生活情境中进行语言教学,改变传统上对词汇和语法规则的解释、理解和练习的教学方法。

真题11 [2023山东临沂,单选]在对"沙尘暴"的探究活动中,教师将共性问题"沙尘暴的发生"作为一项研究课题交予学生独立完成,教师只起咨询、指导和答疑的作用。学生通过一个个具体项目的实施,就能了解和把握完成项目的每一具体环节及其基本要求,以及整个过程的重点和难点。这种教学方法是( )

A. 案例教学法　　　　　　　　　　　B. 项目教学法
C. "行动导向"教学法　　　　　　　D. 模拟教学法

答案: B

考点 5 ▶ 教学方法的选择和运用 ★★ 【单选、多选、判断、简答】

1. 选择与运用教学方法的基本依据

任何一种教学方法都是为促进学生学习和提高学生学习满意度服务的,其本身无所谓优劣、好坏,只有对特定教学目标、教学内容、教育对象以及教育情境适宜程度之别。选择与运用教学方法的基本依据包括:(1)教学目的和任务的要求;(2)课程性质和特点;(3)每节课的重点、难点;(4)学生年龄特征;(5)教学时间、设备、条件;(6)教师业务水平、实际经验及个性特点。

此外,教学方法的选择与运用还受教学手段、教学环境等因素的制约,这就要求我们要全面、具体、综合地考虑各种相关因素,进行权衡取舍。

真题12 [2023宁夏银川,简答]简述教学方法选择的依据。

答案: 详见内文

2. 教学方法运用的综合性、灵活性、创造性

(1)教学方法运用的综合性是指根据教学任务和教学内容的需要,综合运用多种教学方法,而不要长期只使用一种教学方法。

(2)教学方法运用的灵活性是指在实际应用中,要从实际需要出发,随时对教学方法调整。
(3)教学方法运用的创造性是指从教学实践出发,在把握现有教学方法的基础上有所创造。

★★ 本节核心考点回顾 ★★

1. 我国中小学主要的教学原则
　　我国中小学主要的教学原则包括:思想性(教育性)和科学性相统一的原则、理论联系实际原则、直观性原则、启发性原则、循序渐进原则、巩固性原则、因材施教原则、量力性原则等。

2. 思想性(教育性)和科学性相统一的原则
(1)实质:在教学活动中把教书和育人有机地结合起来。
(2)贯彻要求:①教师要保证教学的科学性;②教师要结合教学内容的特点进行思想品德教育;③教师要通过教学活动的各个环节对学生进行思想品德教育;④教师要不断提高自己的业务能力和思想水平。

3. 直观性原则
(1)含义:教师应尽量利用学生的多种感官和已有的经验,通过各种形式的感知,使学生获得生动的表象,从而比较全面、深刻地掌握知识。
(2)例子:荀子的"不闻不若闻之,闻之不若见之"。

4. 启发性原则
(1)含义:教师要调动学生的主动性和积极性,引导他们通过独立思考、积极探索,生动活泼地学习,自觉地掌握科学知识,提高分析问题和解决问题的能力。
(2)例子:孔子的"不愤不启,不悱不发"。

5. 循序渐进原则
(1)含义:教师要严格按照科学知识的内在逻辑和学生的认知发展规律进行教学,使学生掌握系统的科学文化知识,能力得到充分的发展。
(2)例子:《学记》的"杂施而不孙,则坏乱而不修"。

6. 巩固性原则
(1)含义:教师在教学中要引导学生在理解的基础上牢固地掌握基础知识和基本技能,而且在需要的时候,能够准确无误地呈现出来,以利于知识技能的利用。
(2)例子:孔子的"学而时习之"。

7. 我国中小学常用的教学方法
(1)以语言传递为主的教学方法:讲授法、谈话法、讨论法、读书指导法。
(2)以直观感知为主的教学方法:演示法、参观法。
(3)以实际训练为主的教学方法:练习法、实验法、实习作业法、实践活动法。
(4)以引导探究为主的教学方法:发现法。
(5)以情感陶冶(体验)为主的教学方法:欣赏教学法、情境教学法。

8. 讨论法的优缺点
(1)优点:学生之间可以集思广益,互相启发,加深理解,提高认识,同时还可以激发学生的学习热情,培养学生对问题的钻研精神并训练学生的语言表达能力。
(2)缺点:受到学生知识经验和能力发展水平的限制,容易出现讨论流于形式或者脱离主题的情况,这需要教师加以注意。

9.实验法

(1)含义:教师引导学生使用一定的仪器和设备,进行独立操作,引起某些事物和现象产生变化,从而使学生获得直接经验,培养学生技能和技巧。

(2)基本要求:认真编写实验计划,加强实验指导,做好实验总结。

第四节　教学组织形式与教学工作的基本环节

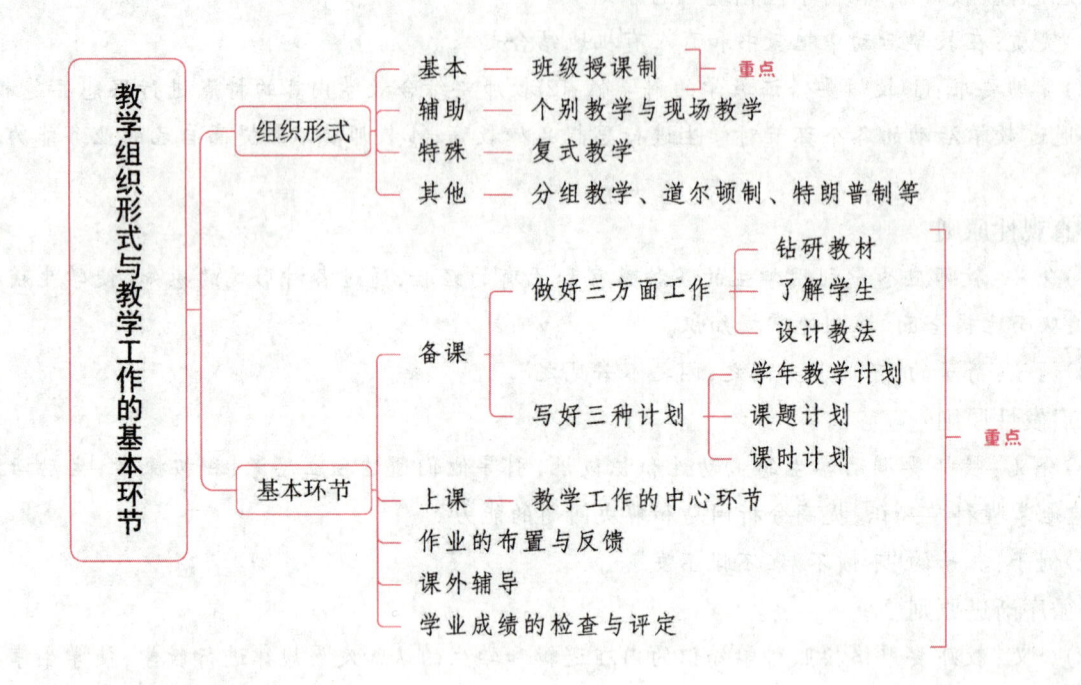

```
教学组织形式与教学工作的基本环节
├─ 组织形式
│   ├─ 基本 ── 班级授课制 【重点】
│   ├─ 辅助 ── 个别教学与现场教学
│   ├─ 特殊 ── 复式教学
│   └─ 其他 ── 分组教学、道尔顿制、特朗普制等
└─ 基本环节
    ├─ 备课
    │   ├─ 做好三方面工作 ── 钻研教材／了解学生／设计教法
    │   └─ 写好三种计划 ── 学年教学计划／课题计划／课时计划 【重点】
    ├─ 上课 ── 教学工作的中心环节
    ├─ 作业的布置与反馈
    ├─ 课外辅导
    └─ 学业成绩的检查与评定
```

一、教学组织形式

考点 1 ▶ **教学组织形式的概念**

学校教学工作是通过一定的组织形式进行的。教学组织形式是指教学活动中教师与学生为实现教学目标所采用的社会结合方式。个别教学制是古代学校的主要教学形式。

考点 2 ▶ **现代教学的基本组织形式——班级授课制** ★★★ 【单选、多选、判断、简答】

1. 班级授课制的概念

课堂教学的主要形式是班级授课制。班级授课制是把学生按年龄和文化程度分成固定人数的班级,教师根据课程计划和规定的时间表进行教学的一种组织形式。班级授课制是与现代化大生产相适应的集体教学形式。

2. 班级授课制的产生与发展

1632年,捷克教育家夸美纽斯出版的《大教学论》最早从理论上对班级授课制做了阐述,为班级授课制奠定了理论基础。后来,以赫尔巴特为代表的教育家提出教学过程的形式阶段论(即明了、联想/联合、系统、方法),班级授课制得以进一步完善而基本定型。最后,以苏联教育学家凯洛夫为代表,提出了课的类型和结构的概念,使班级授课制形成一个完整的体系。

在我国,最早采用班级授课制的是清政府于1862年设于北京的京师同文馆,并在癸卯学制中以法令形式确定下来,随之在全国范围内推广。

3. 班级授课制的基本特点

班级授课制的特征可用班、课、时三个字来概括,具体表现为:

(1)以班为单位集体授课,学生人数固定。

(2)按课教学。"课"是教学活动的基本单元,一般分为单一课和综合课。

(3)按时授课。把每一"课"规定在固定的单位时间内进行,这个单位时间称为"课时",课与课之间有一定的间歇和休息。

4. 班级授课制的优点与不足

(1)班级授课制的优点

①有利于经济有效地大面积培养人才,提高教学效率。

②它以"课"为教学活动单元,能保证学习活动循序渐进,有利于学生获得系统的科学知识。

③有利于发挥教师的主导作用。各国的教学实践都反复证明,迄今为止,班级授课制最能充分发挥教师在教学中的主导作用。

④有利于发挥学生集体的教育作用。

⑤有利于学生德、智、体多方面的发展。

⑥有利于进行教学管理和教学检查。

(2)班级授课制的不足

①不利于学生主体性的发挥。学生的独立性、自主性受到限制,不利于培养学生的志趣、特长。

②不利于培养学生的探索精神、创造能力和实际操作能力。过于强调书本知识的学习,容易造成理论和实践的脱节。

③不能很好地适应教学内容和教学方法的多样化。班级授课制中,无论用什么教学方法,都只能适应部分学生。

④不利于因材施教,难以满足学生个性化的学习需要。

⑤不利于学生之间真正的交流和启发。在班级授课制中,课堂成为学生生活的基本空间,课堂教学成为学生最主要的生活方式,学生的交往受到限制。

⑥以"课"为基本的教学活动单位,某些情况下会割裂内容的整体性。

5. 班级授课制的改革趋势

新课程的实施必然要求革新传统的以"教"为本的班级授课制。历史上"道尔顿制""文纳特卡制"等都曾风行一时,但未能长久,没有大面积地推广开。原因在于这些改革走过了头,摒弃了班级授课制的优点,甚至从根本上取消了班级授课制。在相当长的一段时间内,班级授课制仍将是我国中小学采用的主要教学组织形式。因此对班级授课制,不应简单地否定,应该贯彻"先立后破"和制度生成的渐进原则,在不取消班级组织的前提下做必要的改进,而不宜采取激进的态度和虚无主义的方式。

20世纪50年代以后,在继承以往改革成果的基础上,开始从全面、系统的角度,分析影响教学活动的各种因素,寻求最佳的教学组织形式,它们主要表现为分层教学、小组合作教学和小班教学。

真题1 [2023安徽统考,单选]当前我国学校教学的基本组织形式为( )

A. 个别教学 　　　　　　　　　　　B. 现场教学

C. 分组教学 　　　　　　　　　　　D. 班级授课制

真题2 [2023辽宁营口,单选]各国教学实践反复证明,(　　)最能充分发挥教师在教学中的主导作用。

A. 个别教学制　　B. 分组教学制　　C. 班级授课制　　D. 道尔顿制

真题3 [2023山东济南,多选]班级授课制作为一种教学基本组织形式,其优点主要有(　　)

A. 有助于提高教学效率

B. 有利于学生的自主学习

C. 有利于发挥班集体的教育作用

D. 有利于合理安排各科教学的内容和进度并加强教学管理

真题4 [2024浙江金华,简答]"班级授课制"的局限性有哪些？

答案：1. D　2. C　3. ACD　4. 详见内文

考点 3　现代教学的辅助形式——个别教学与现场教学　★【单选、判断】

1. 个别教学

(1)个别教学的概念

个别教学是教师针对不同学生的情况进行个别辅导的教学组织形式。它是班级授课制的一种辅助形式。个别教学是历史上最早出现的教学组织形式,在奴隶社会和封建社会,个别教学一直是教学的主要形式。中国古代的私塾和欧洲中世纪前的教学采用的就是这种教学组织形式。

(2)个别教学的优缺点

个别教学最显著的优点在于教师能根据学生的特点因材施教,使教学内容、进度适合于每一个学生的接受能力。但是这种教学形式下,教师只同个别学生产生联系,难以形成学生集体。

(3)个别教学的要求

①发挥每个学生的潜力和积极因素,培养学生各自的优势,克服各自的缺点；

②既要针对个体,又要使个体不脱离群体；

③要制定详细的个案分析,综合运用各种教育组织形式,灵活运用各种教学方法,做好各项工作。

2. 现场教学

(1)现场教学的概念

现场教学是指教师把学生带到事物发生、发展的现场进行教学活动的形式。它可以以班级为单位,也可以以小组或个人为单位,通常需要有关现场人员的参加。

(2)现场教学的要求

①目的明确；②准备充分；③现场指导；④及时总结。

真题5 [2024山西太原,判断]个别教学和现场教学是现代教学的基本形式。(　　)

答案：×

考点 4　现代教学的特殊组织形式——复式教学　★【单选】

1. 复式教学的概念

复式教学是把两个或两个以上不同年级的学生编在一个教室里,由一位教师分别用不同的教材,在一节课里对不同年级的学生进行教学的一种特殊组织形式。复式教学中教师的教学与学生自学或做作业交替进行,动静结合是复式教学的重要特点,它适用于学生少、教师少、校舍和教学设备较差的农村以及偏远地区。

2. 组织复式教学的要求

(1)合理编班,要根据学生人数、教室大小、师资质量等情况全面考虑,灵活掌握;(2)编制复式班课表;(3)培养小助手;(4)建立良好的课堂常规。

真题6 [2023广东深圳,单选]深圳某中学初中部赵老师即将被派往某山区中学支教,该中学位于大山深处,全校只有学生44人,初一13人,初二15人,初三16人,教师皆由全省各地学校支教人员轮流担任。为了充分利用这次机会,赵老师必须选择最有实效的教学方式,则下列做法最合适的是( )

A. 给一个年级上课时,其他两个年级上自习
B. 延长总的教学时间,让各年级学生分时间段来学校上课
C. 采用复式教学方式,即在同一教室给三个不同年级的学生上课
D. 把每个年级的课时缩短,每天能够照顾到所有年级

答案:C

考点 5 · 其他教学组织形式 ★ 【单选、多选、判断】

1. 分组教学

(1)分组教学的概念

分组教学是指在按年龄编班或取消按年龄编班的基础上,根据学生能力、成绩分组进行编班的教学组织形式。

(2)分组教学的类型

①外部分组,即取消按年龄编班,按学生的能力或某些测验成绩编班。
②内部分组,即在按年龄编班的班级内,再根据学生的成绩将他们分成若干个不同的小组。
③能力分组,即根据学生的能力发展水平进行分组教学,各组课程相同,学习年限则不同。
④作业分组,即根据学生的特点和意愿进行分组教学,各组学习年限相同,课程则不同。

(3)分组教学的优点和局限

①分组教学的优点

分组教学比班级上课更适应学生个人的水平和特点,便于因材施教,有利于人才的培养;便于学生的交流合作;有助于学生组织能力、管理能力、表达能力以及问题解决能力的培养;有利于学生在与小组成员的竞争与合作中,强化自己的学习动机。

②分组教学的局限

分组教学较难科学鉴别学生的能力和水平;在对待分组教学上,学生家长和教师的意愿常常与学校要求相矛盾;分组后有可能产生一定的副作用,使快班学生产生骄傲情绪,慢班、普通班学生的学习积极性降低。

(4)分组教学的要求

①充分了解学生;②制订个体教学计划;③保证教学井然有序;④深入钻研教材教法。

2. 道尔顿制

道尔顿制是由美国教育家柏克赫斯特创建的一种典型的自学辅导式的教学组织形式。1922年,《教育杂志》刊登《道尔顿实验室计划》一文,道尔顿制被介绍到中国。1923年,全国教育会联合会第九届年会通过了《新制中学及师范学校宜研究试行道尔顿制案》的决议,该案认为道尔顿制作为新教学

法,"其用意在适应个性,指导研究,打破学年制",提议在中学和师范学校先行试验,若确有成效,再不断推广。

道尔顿制的主要措施是:(1)把教室一律改为作业室,作业室按学科分设,室内陈列各科的参考书、图表及实验仪器等,供学生学习使用;(2)废除班级授课制,把各科教学内容制成分学期、分月、分周的作业大纲,规定每学期、每月、每周应完成的各项作业及其进度,由学生根据各科作业大纲自行学习,自行记载成绩表,教师在作业室担任指导者;(3)实行学分制,年级递升具有一定的弹性和自由度。

道尔顿制的优点是有利于调动学生学习的主动性,培养他们的学习能力和创造才能;缺点是不利于系统知识的掌握,对教学设施和条件要求较高。

3. 特朗普制

特朗普制又称"灵活的课程表""综合教学制",是美国教育家劳伊德·特朗普于20世纪50年代提出的一种教学组织形式。这种教学组织形式把大班上课、小班讨论、个人自学结合起来,以灵活的时间单位代替固定统一的上课时间,以大约20分钟为计算课时的单位。首先,由优秀教师采用现代化教学手段给大班进行集体教学,然后在15～20人组成的小班里开展研究讨论,最后由学生个人独立自学、研习、作业。这种形式把教学时间进行了划分,大班上课占40%,小班讨论占20%,个人自学占40%。

特朗普制既有班级授课制的优点,也有个别教学的长处,但管理起来比较麻烦。

4. 设计教学法

1918年,美国教育家克伯屈发表了论文《设计教学法》,系统地归纳和阐述了设计教学法的理论,赢得了很大的声誉,被称为"设计教学法之父"。克伯屈强调"有目的的活动"是设计教学法的核心,儿童自动的、自发的、有目的学习是设计教学法的本质。他着重突出学生通过主动操作,掌握解决问题的能力,学习实际有用的知识,同时,通过学习内容与学生经验的相关性来调动学生的兴趣和学习动机。

设计教学法主张废除班级授课制和教科书,打破传统的学科界限,教师不直接向学生传授知识和技能,而是指导学生根据自己已有的知识和兴趣,自行组成以生活问题为中心的综合性学习单元。

设计教学法的重点是以活动课程代替学科课程,使学生在活动中获得对知识的整体认知。其主要缺陷是忽视系统知识,影响教学质量,而且在教学实施过程中困难很多,难以落实。

5. 贝尔—兰喀斯特制

贝尔—兰喀斯特制,也称为导生制,是由英国人贝尔和兰喀斯特于18世纪末19世纪初创建的,这种教学组织形式仍以班级为基础,但教师不直接面向班级全体学生,教师先把教学内容教给年龄较大的学生,而后由他们中间的佼佼者——导生去教年幼的或成绩较差的其他学生。

贝尔—兰喀斯特制是在英国工场手工业向大机器生产过渡的过程中,在需要大规模培养学生且师资比较缺乏的情况下出现的。导生"现买现卖",很难保证基本的教学质量。

6. 文纳特卡制

这是美国人华虚朋于1919年在芝加哥市郊文纳特卡镇公立学校实行的教学组织形式。其指导思想和道尔顿制大致相同,做法则完全不一样。它把课程分成两部分:一部分按学科进行,由学生个人自学读、写、算和历史、地理方面的知识和技能;另一部分是通过音乐、艺术、运动、集会,以及开办商店、组织自治会来培养学生的"社会意识"。前者通过个别教学进行,后者通过团体活动进行。

文纳特卡制的特点是:(1)按单元进行学习,各单元都有明确的学习目标和具体的学习内容,并配以小步子的自学教材;(2)每个单元结束后,经测验诊断,接着学习新的单元;(3)教师随时对学生进行个别指导。

7. 葛雷制

葛雷制的创始人是美国教育家沃特,葛雷制亦称"双校制""二部制"或"分团学制"。

沃特以杜威的基本思想如"教育即生活""学校即社会"和"从做中学"为依据,以具有社会性质的作业为学校的课程。他把学校分为四个部分:体育运动场、教室、工厂和商店、礼堂。课程也分成四个方面:学术工作,科学、工艺和家政,团体活动以及体育和游戏。沃特把葛雷学校称作"工读游戏学校"。

葛雷学校以其独特的教学制度而闻名。为了减少学校经费开支,充分利用现有的设施以提高办学效率,沃特在教学中采用二重编制法,即将全校学生一分为二,一部分在教室上课,另一部分则在体育场、图书馆、工厂、商店以及其他场所活动,上下午对调,废除寒暑假和星期日,昼夜开放,从而为更多的学生提供了入学受教育的机会,解决了葛雷地区学校少、供不应求的矛盾。

真题7 [2024河北石家庄,单选]关于分组教学的叙述,正确的是(   )
A. 是一种典型的自学辅导式的教学组织形式
B. 便于因材施教,缩小学生之间的学习差距
C. 主要特点是直接教学与学生做作业交替进行
D. 主要是根据学生学习能力、成绩进行分组的

真题8 [2023黑龙江哈尔滨,单选]把大班上课、小班讨论和个别自学结合起来的教学组织形式叫作(   )
A. 道尔顿制　　　　B. 特朗普制　　　　C. 分组教学制　　　　D. 班级授课制

真题9 [2023河南郑州,单选]设计教学法打破传统的班级授课制,不受教科书和学科限制,主张儿童根据自己的兴趣决定学习目的和知识内容,在学生自己设计、自己负责的单元活动中获得有关知识和解决实际问题的能力。它的核心是(   )
A. 有目的的活动　　　　　　　　　　B. 学生的积极思维
C. 学生的主动操作　　　　　　　　　D. 儿童自动学习

真题10 [2024浙江金华,判断]道尔顿制有利于调动学生学习的主动性,培养他们的学习能力和创造才能。(   )

答案:7. D　8. B　9. A　10. √

考点 6 ▶ 当前教学组织形式改革的重点

(1)适当缩小班级规模,使教学单位趋向合理化。
(2)改进班级授课制,实现多种教学组织形式的综合运用。
(3)多样化的座位排列,加强课堂教学的交往互动。
(4)探索个别化教学。

表1-39　常见座位编排的比较

座位类型	结构特征	主要功能	局限	适用范围
秧田形	学生纵横直排而坐,全部面向教师	便于全体学生集中听课和教师授课;有利于大班教学	学生活动空间小;除同桌学生以外,彼此不易互动	教师集中讲授、学生接受
马蹄形	学生环绕教师而坐,大部分学生能相互面对	教师能方便地走近每一个学生;两边的学生能彼此有视觉接触和非言语交流;公共活动空间大	不利于大班教学(若采用双马蹄形,则可容纳更多的学生)	便于教师组织全班性的讨论、动作示范;有利于多个学生的活动表演

续表

座位类型	结构特征	主要功能	局限	适用范围
圆形	学生环绕教师而坐,既可面向教师,也能彼此相对	全体学生彼此之间都能有视觉接触和非语言交流;学生之间互动方便;教师容易走近每个学生;公共活动空间大	不利于大班教学(若采用双环形,则可容纳更多的学生)	便于教师组织全班性的讨论、动作示范;有利于多个学生的活动表演
模块形	同桌学生之间环形而坐,不同桌学生相互独立	同桌学生之间互动方便、深入	不同桌学生之间难于互动	便于学生分组学习(小组讨论或合作学习)

二、教学工作的基本环节　★★★　【单选、多选、填空、判断、简答】

教师教学工作包括五个基本环节(基本程序):备课、上课、作业的布置与反馈、课外辅导和学业成绩的检查与评定。

考点 1　备课

备课就是教师根据学科课程标准的要求和本门课程的特点,结合学生的具体情况,选择最合适的表达方法和顺序,以保证学生有效地学习。

1. 备课的意义

备课是教师教学的起始环节,是上好课的先决条件,备好课是教好课的前提。对教师而言,备好课可以加强教学的计划性,有利于教师充分发挥主导作用。教师要在平时的学习、生活中有意识地收集教学资料,为上课做准备。

2. 备课的类型

(1)根据备课主体,可将备课分为个人备课和集体备课

①个人备课是教师自己钻研学科课程标准和教材的活动。②集体备课是由相同学科和相同年级的教师共同钻研教材,解决教材的重点、难点和教学方法等问题的活动。集体备课可以最大限度地挖掘集体智慧,发挥团队效应,培养教师的团结协作精神,使每位具有不同智慧、知识结构、认知风格的教师相互启发、互相补充、共同提高。

(2)根据备课涉及内容的范围,可将备课分为学期备课、单元备课和课时备课

①学期备课指教师与教师群体(如教研组)对所教学科整个学期的全部教学内容与教学活动做出的通盘考虑、规划与设计,属于战略层面的备课。②单元备课指教师或教研组在学期备课的基础上,在每个单元进行之前,针对一个单元而进行的教学准备工作。③课时备课是教师备课最经常性的工作,具体落实到教案即课时教学方案的编写上。

(3)根据备课形式,可将备课分为显性备课和隐性备课

①显性备课就是平时强调的教师外化的备课行为,包括查阅资料、书写教案、制作教具等。②隐性备课强调教师将备课行为内在化、系统化、连续化,真正将自己平时的学习、科研等活动和教学结合起来,包括上课之前的思考、课后的审视与反思等。

3. 教师应如何备课(备课的要求)

(1)做好三个方面的工作

教师备课要做好三方面的工作,即钻研教材、了解学生、设计教法,也即备教材、备学生、备教法。

①钻研教材:教师备课首先要钻研教材,吃透教材。钻研教材包括钻研学科课程标准、钻研教科书和阅读有关参考资料。其中,钻研学科课程标准就是指教师应了解本学科的教学目的、任务,掌握教材体系、重点、难点和关键,明确教学中应注意的问题。钻研教科书是指教师要熟练掌握教科书的内容。教师掌握教材有一个深化的过程,一般要经过懂、透、化三个阶段。懂,就是对教材的基本思想、基本概念、每句话、每个字都要弄清楚,弄懂;透,即要透彻了解教材的结构、重点与难点,掌握知识的逻辑,能运用自如,知道应补充哪些资料,怎样才能教好;化,就是教师的思想感情和教材的思想性、科学性融合在一起了。达到化的境界,就完整地掌握了教材。

②了解学生:备学生的关键在于了解学生学习的需要。备学生需要从了解学生学习的需要出发,而非以了解教材为出发点。了解学生应当是全面的。首先要考虑学生总体的年龄特征,熟悉他们身心发展的特点;其次要了解学生个体的能力水平、学习态度和兴趣特点。此外,还要了解班级的一般状况,如班纪班风等。

③设计教法:教师要在钻研教材、了解学生的基础上,考虑用什么方法使学生有效地掌握知识并促进他们能力、品德等方面的发展。教师应根据教学目的、教学内容、学生的特点等来选择最佳的教学方法。此外,还要相应地考虑学生的学法,包括预习、学生在课堂中的学习活动与课外作业等。

(2)写好三种计划

教师备课还要写好三种计划,即学年(或学期)教学计划、课题(或单元)计划、课时计划(教案)。

①学年(或学期)教学计划:该计划包括学生情况的简要分析、本学期或学年的教学总要求、教科书的章节或课题、各课题的教学时数和时间的具体安排、各课题所需要运用的教学手段等。

②课题(或单元)计划:在制订好学年教学计划的基础上,教师还要制订出课题计划。课题计划一般包括:课题名称、课题教学目的、课时划分、各课时课的类型、主要教学方法、必要的教具。此外,教师还要考虑课题之间的联系,做好协调工作。

③课时计划(教案):它通常是指教师为某一节课而拟订的上课计划,一般包括班级、学科名称、授课时间、课题、教学目的、课的类型、教学进程等。教案编写的大致步骤为:钻研教材—分析学生—确定教学目标—确定教学重点、难点—选择教学方法、教学媒体—设计教学过程(教学进程)—教学反思。其中,设计教学过程(教学进程)是教案的主体部分,也是教师编写教案时花费时间、耗费精力最多的部分。上课前,教师必须写好课题计划与教案。但教案可以有详有略。一般来说,新教师应当写得详细些,有经验的教师可以写得简略些。

考点 2 ▶ 上课

1. 上课的意义

上课是整个教学工作的中心环节,是教师教和学生学的最直接的体现,是提高教学质量的关键。教学的成败、教学质量的高低,主要取决于上课的成败与质量的高低。

2. 课的类型

(1)根据教学的任务,课可分为传授新知识的课(新授课)、巩固知识的复习课(巩固课)、培养技能技巧的课(技能课)、检查知识和技能技巧的课(检查课)、自学课。其中,检查知识和技能技巧的课(检查课)即用整节或连续两节课的时间检查学生对已学知识和技能技巧的掌握程度,其目的在于了解学生的学习情况,对每个学生的成绩给以评价,并针对存在的问题进行弥补。

(2)根据一节课所完成任务的类型数,课可分为单一课和综合课。

(3)根据使用的主要教学方法,课可分为讲授课、演示课(演示实验或放幻灯片、录像)、练习课、实验课和复习课。

3. 课的结构

课的结构是指课的基本组成部分及各组成部分进行的顺序、时限和相互关系,不同类型的课有不同的结构。

(1)新授课的结构:组织教学,检查或复习,提出新课的目的、内容要点与学习要求,讲授新课(主要部分),小结,布置作业。

(2)技能课的结构:组织教学,提出培养技能技巧的目的、要求,教师讲解原理、范例或做示范操作,在教师指导下学生独立进行练习(主要部分),小结,布置作业。

(3)复习课的结构:组织教学,提出复习目的与要求,引导学生复习(主要部分),小结,布置作业。

(4)综合课的结构:组织教学,检查与复习,提出教学目的并讲授新课,巩固新课,布置作业。

一般来说,构成课的基本组成部分有组织教学、检查复习、讲授新教材、巩固新教材、布置课外作业等。其中,组织教学并不只在上课开始时进行,而是贯穿教学过程的各个环节,直到下课。检查复习的目的在于对已学知识进行复习巩固,了解学生掌握的情况,加强新旧知识的联系,培养学生对学业的责任感和按时完成作业的习惯。

4. 一节好课的标准

(1)要使学生的注意力集中;(2)要使学生的思维活跃;(3)要使学生积极参与到课堂中来;(4)要使个别学生得到照顾。

5. 上好课的基本要求

(1)教学目标明确;(2)教学内容准确;(3)教学结构合理;(4)教学方法适当;(5)讲究教学艺术;(6)板书有序;(7)充分发挥学生的主体性,这是上好课的最根本的要求。

> **• 知识再拔高 •**
>
> **上好一堂课的基本要求的其他说法**
>
> 说法一:(1)目标明确。(2)重点突出。(3)内容正确。(4)方法得当。(5)表达清晰。(6)组织严密;(7)气氛热烈。课应该自始至终在教师的指导下充分发挥学生学习的积极性。教师注意因材施教,使每个学生都能积极地动脑、动口、动手,课堂内充满民主的气氛,形成生动活泼的教学局面。
>
> 说法二:(1)目的明确。(2)内容正确。讲课时做到内容正确,这是一堂好课最基本的要求。内容正确有两方面的含义:首先,教师的讲授要保证教材内容的科学性和思想性。其次,教师在进行教学时,要注意教材的重点和难点,并以重点和难点为突破口,带动学生掌握整门学科的基本内容。(3)方法恰当。(4)组织严密。(5)语言清晰。(6)积极性高。
>
> 说法三:(1)明确教学目的。这是上好一节课的前提。(2)保证教学的科学性与思想性。这是上好一堂课的基本的质量要求。(3)调动学生学习的积极性。这是上好一堂课的内在动力。(4)注重解惑纠错。这是上好一堂课的关键。(5)组织好教学活动。这是上好一堂课的保障。(6)布置好课外作业。

考点 3 · 作业的布置与反馈

1. 作业的意义

作业是学生利用所学知识进行实践的主要形式,是培养学生思维能力、分析能力、计算能力、独立解决问题能力的重要途径,也是教学反馈的主要渠道,是整个教学工作中不可缺少的一部分,是课堂教学的延伸。无论是课内作业还是课外作业,作用都在于加深和加强学生对教材的理解和巩固,帮助学生掌握相关的技能、技巧。通过作业的布置、检查和批改,教师可以及时发现学生在知识或技能方面的缺陷并加以纠正,同时对学生的作业完成情况做出评价并提出进一步学习的建议。

2. 作业的形式

(1)阅读作业,如复习、预习教科书,阅读人文和科学读物;(2)口头作业,如口头回答、朗读、复述、背诵;(3)书面作业,如演算习题、作文、绘图;(4)实践作业,如观察、实验、测量、社会调查等。

3. 布置作业的要求

(1)作业内容符合课程标准的要求;(2)考虑不同学生的能力需求;(3)分量适宜、难易适度;(4)作业形式多样,具有多选性;(5)要求明确,规定作业完成时间;(6)作业反馈清晰、及时;(7)作业要具有典型意义和举一反三的作用;(8)作业应有助于启发学生的思维,含有鼓励学生独立探索并进行创造性思维的因素;(9)尽量同现代生产和社会生活中的实际问题结合起来,力求理论联系实际。

4. 批改作业的基本要求

(1)批改作业要及时;(2)批改方式要灵活;(3)要尊重学生;(4)批改态度要认真;(5)批改符号要统一;(6)批改要与讲评紧密结合。

5. 批改作业的形式

教师批改作业的方式有全面批改、重点批改、轮流批改、当面批改等。有的教师还采取由学生自己批改或互相批改、教师检查及典型问题师生共同批改的办法,以培养学生发现问题、解决问题的能力。

考点 4 ▶ 课外辅导

1. 课外辅导的内容

(1)帮学生解答疑难问题,指导学生做好作业;(2)为基础差和因事、因病缺课的学生补课;(3)为成绩特别优异的学生做个别辅导;(4)对学生进行学习方法上的辅导;(5)对学生进行学习目的和学习态度的教育。

2. 课外辅导的意义

课外辅导是上课的必要补充,是适应学生个别差异、贯彻因材施教的重要措施。

考点 5 ▶ 学业成绩的检查与评定

1. 学业成绩检查与评定的意义

学业成绩的检查与评定是教学工作的一个重要环节,它对教学工作的顺利进行和教学质量的提高具有十分重要的意义:(1)教师可以从中发现教学得失,进一步研究改进教学;(2)学校领导可以及时了解教学的情况,加强管理,采取相应的改进措施;(3)学生可以从中获得矫正性信息,调整自己的学习;(4)学生家长也可以了解子女的学习情况,配合学校指导和监督学生的学习。

2. 学业成绩检查的方式

检查学生学业成绩的方法是多种多样的。常用的检查方式有两大类:平时考查和考试。

平时考查的方式主要有口头提问、检查书面作业和单元测验等。考试是对学生知识、技能等进行总结性检查时所采用的一种方式。它通常在学习告一段落后,为了系统地检查和衡量所学知识、技能等方面的情况,在期中、期末和毕业时进行。

真题 11 [2024广东广州,单选]"化""懂""透"是教师对教材理解和掌握应达到的三个层次,下列有关说法正确的有(　　)个。

①"化"是要真正清楚教材中基本思想、基本概念、每句话、每个字

②"懂"是在"化"的基础上对教材的重点和难点,做到透彻掌握,融会贯通

③"透"是将教材蕴含的思想性、科学性和教师自身的思想感情相融,提升教学境界

A. 0　　　　　　B. 1　　　　　　C. 2　　　　　　D. 3

真题 12 [2024河北石家庄,单选]教师上好一节课的关键是(　　)

A. 组织好教学活动　　B. 明确教学目的　　C. 调动学生积极性　　D. 注重解惑纠错

真题 13 [2023辽宁营口,单选]课的结构是被课的类型决定的,新授课的结构通常为(　　)

A. 组织教学,检查与复习,提出教学目的并讲授新课,巩固新课,布置作业

B. 组织教学,提出复习目的与要求,引导学生复习,小结,布置作业

C. 组织教学,提出培养技能技巧的目的、要求,教师讲解原理、范例或做示范操作,学生独立进行练习,小结,布置作业

D. 组织教学,检查或复习,提出新课的目的、内容要点与学习要求,讲授新课,小结,布置作业

真题 14 [2022河南信阳,判断]课外辅导是课堂教学的必要补充,是适应学生个别差异、贯彻因材施教原则的重要措施。(　　)

真题 15 [2023安徽统考,简答]简述备课的主要内容。

答案:11. A　12. D　13. D　14. √　15. 详见内文

★ 本节核心考点回顾 ★

1. 班级授课制

(1)概念:班级授课制是把学生按年龄和文化程度分成固定人数的班级,教师根据课程计划和规定的时间表进行教学的一种组织形式。

(2)基本特点:班、课、时。

(3)优点:有利于经济有效地大面积培养人才,提高教学效率;有利于学生获得系统的科学知识;有利于发挥教师的主导作用;等等。

(4)局限性:不利于学生主体性的发挥;不利于培养学生的探索精神、创造能力和实际操作能力;不利于因材施教,难以满足学生个性化的学习需要;等等。

2. 教学工作的基本环节

教师教学工作包括五个基本环节(基本程序):备课、上课、作业的布置与反馈、课外辅导和学业成绩的检查与评定。

3. 备课

(1)意义:教师教学的起始环节,上好课的先决条件与教好课的前提。

(2)要求:①做好三方面的工作,即钻研教材、了解学生、设计教法,也即备教材、备学生、备教法。

②写好三种计划,即学年(或学期)教学计划、课题(或单元)计划、课时计划(教案)。

4. 上课

(1)意义:教学工作的中心环节,提高教学质量的关键。

(2)课的类型:根据一节课所完成任务的类型数,课可分为单一课和综合课。

(3)上好课最根本的要求:充分发挥学生的主体性。

第五节 教学评价

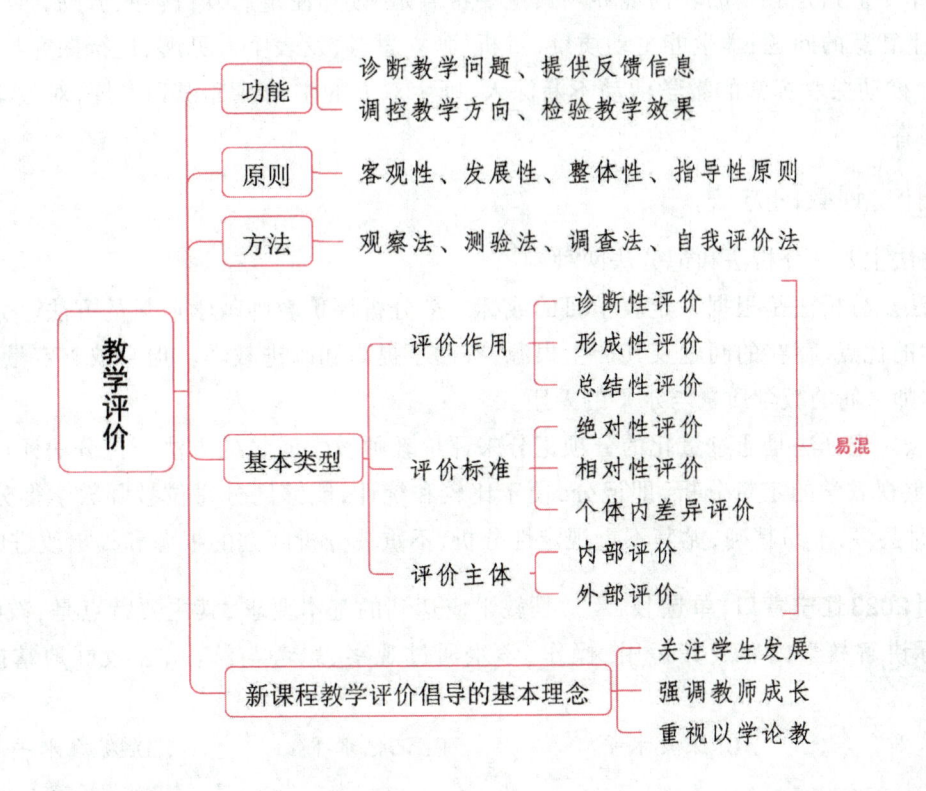

```
教学评价
├─ 功能 ── 诊断教学问题、提供反馈信息
│          调控教学方向、检验教学效果
├─ 原则 ── 客观性、发展性、整体性、指导性原则
├─ 方法 ── 观察法、测验法、调查法、自我评价法
├─ 基本类型
│   ├─ 评价作用 ── 诊断性评价
│   │              形成性评价
│   │              总结性评价
│   ├─ 评价标准 ── 绝对性评价      ┐
│   │              相对性评价      │ 易混
│   │              个体内差异评价  ┘
│   └─ 评价主体 ── 内部评价
│                  外部评价
└─ 新课程教学评价倡导的基本理念 ── 关注学生发展
                                    强调教师成长
                                    重视以学论教
```

一、教学评价的内涵

教学评价是指以教学目标为依据,通过一定的标准和手段,对教学活动及其结果给予价值上的判断,即对教学活动及其结果进行测量、分析和评定的过程。它以参与教学活动的教师、学生、教学目标、内容、方法、教学设备、场地和时间等因素的有机组合的过程和结果为评价对象,是对教学工作的整体功能所做的评价。其目的是对课程、教学方法以及学生培养方案做出决策。

二、教学评价的内容 ★【单选】

教学评价主要包括对学生学习结果的评价和对教师教学工作的评价,也可以划分为学生学业评价、课堂教学评价和教师评价。

这里重点介绍教师教学工作的评价。教师教学工作的评价,亦称"评教",是对教师教学的质量分析和评价。

考点 1 **教学的几种水平**

根据现代教学理论的研究,教学可分为三种水平。

(1)记忆水平。这是一种低水平的教学。其主要特点是:教师照本宣科、一味灌输,不会引导、启发,学生则停滞在机械掌握、一知半解上,不能保证教学质量。主要原因是教师水平太低,对教材未能很好地掌握,教学又不得法。要改变这种状况,必须提高教师的专业水平和运用教学方法的能力。

(2)理解水平。这是教学应达到的基本要求。其主要特点是:教师能系统、明确地联系实际讲解教学内容及其运用、操作,学生通过观察、思考与练习,能较好地掌握所学知识、技能。但这种水平的教学,重教而不重学,重教师主导作用而不重发挥学生主动性,培养学生独立思考与探索能力不够。故只有注重更新教学观念,加强教学研究与革新,才能在教学水平上有新的突破。

（3）探索水平。这是教学的较高境界。其主要特点是:教师注重启发、诱导、激励,善于提出发人深思、能挑战学生智慧的问题;学生能主动质疑、辨析、独立思考、发表个人见解,进行探究与论争;师生协力,集思广益,推动探取真知的教学活动不断深入;师生双方的主动性都得到发挥,对教学都感到有收获、有乐趣、很眷恋。

考点 2 ▶ 评教的方法

评教的方法主要有分析法和记分法两种。

（1）分析法。分析法是根据一定教学目的或标准来分析评价教师教学质量的方法。分析法能帮助教师明确教学的优点、存在的问题及其产生根源,有助于提高和改进教学。但它缺乏定量的评定,难以比较和区分教师之间的教学质量与水平的差距。

（2）记分法。记分法是通过量化的分项记分来评价教师教学质量的方法。记分法评价教学工作比较全面,特别重视教学的定量分析,即记分,便于比较和统计,能够区分每位教师教学得分的高低。但测评、记分费时甚多,不易精确,尤其不重视定性分析,不重视分析问题的根源和提出改进的建议。

真题1 [2023辽宁营口,单选]（　　）是教学应达到的基本要求,其主要特点是:教师能系统、明确地联系实际讲解教学内容及其运用、操作,学生通过观察、思考与练习,能较好地掌握所学知识、技能。

A. 理解水平　　　　B. 探索水平　　　　C. 记忆水平　　　　D. 标准水平

答案:A

三、教学评价的意义 ★ 【判断、简答】

（1）对学校来说,可以记载和积累学生学习情况的资料,定期向家长报告他们子女的成绩,并作为学生升级、留级和能否毕业的依据;

（2）对教师来说,可以及时了解学生的学习情况和获得教学效果的反馈信息,明白自己教学的优缺点,以改进教学;

（3）对学生来说,可以及时得到学习效果的反馈信息,明确自己学习中的长处与不足,以扬长补短;

（4）对领导来说,可以了解每个教师、班的教学情况,便于发现问题与总结经验,以改进教学;

（5）对家长来说,可以了解子女的学习情况及其变化,以便配合学校进行教育。

教学评价最重要的作用在于运用它来探明、改善和提高教学活动本身的功能。

真题2 [2023辽宁营口,判断]教学评价最重要的作用在于运用它来探明、改善和提高教学活动本身的功能。（　　）

A. 正确　　　　　　　　　　　　　　B. 错误

答案:A

四、教学评价的功能 ★ 【单选、多选、简答】

教学评价是教学工作不可缺少的一个基本环节,从整体上调节、控制着教学活动的进行,保证着教学活动向预定的目标前进并最终达到该目标。具体来说,教学评价的功能主要表现在:(1)诊断教学问题;(2)提供反馈信息;(3)调控教学方向;(4)检验教学效果。

关于教学评价的功能,除上述说法外,还有以下说法:

说法一:教学评价具有导向功能、诊断功能、激励功能、教学功能和管理功能。

说法二:教学评价具有导向功能、监督检查功能、激励功能、筛选择优功能和诊断改进功能。

真题3 [2022湖南长沙,单选]教学评价的功能不包括(　　)

A.导向功能　　　　　　　　　　B.反馈功能

C.奖惩功能　　　　　　　　　　D.诊断功能

真题4 [2024安徽合肥/淮北/铜陵,简答]简述教学评价的功能和意义。

答案:3.C　4.详见内文

五、教学评价的原则 ★【单选】

1. 客观性原则

(1)评价标准客观,不带随意性;(2)评价方法客观,不带偶然性;(3)评价态度客观,不带主观性。

2. 发展性原则

教学评价是鼓励师生、促进教学的手段,所以教学评价应着眼于学生的学习进步和动态发展,着眼于教师的教学改进和能力提高,以调动师生的积极性,提高教学质量。

3. 整体性原则

(1)评价标准全面,尽可能包括教学目标和任务的各项内容,防止突出一点、不及其余;(2)把握主次,区分轻重;(3)把分数评价、等级评价和语言评价结合起来,以求全面、准确地接近客观实际。

4. 指导性原则

(1)明确教学评价的指导思想在于帮助师生改进教学和学习,提高教学质量;(2)及时反馈信息;(3)重视形成性评价的作用以便及时矫正;(4)对学生或教师的分析指导要切合实际,注意发扬优势,克服不足。

> **·知识再拔高·**
>
> **教学评价的原则的其他说法**
>
> 说法一:(1)客观性原则;(2)发展性原则;(3)指导性原则;(4)计划性原则。
>
> 说法二:(1)客观性原则。(2)科学性与可行性相统一原则。(3)主体性原则。在教学评价过程中,评价对象既是评价的客体,又是评价的主体,他们既要被他人评价,同时又要对自己进行价值判断。(4)一致性与灵活性相结合原则。(5)定期性评价与经常性评价相结合原则。(6)定量评价与定性评价相结合原则。

六、教学评价的方法 ★【单选】

1. 观察法

观察法是直接认知被评价者行为的最好方法。它适用于在教学中评价那些不易量化的行为表现(如兴趣、爱好、态度、习惯与性格)和技艺性的成绩(如唱歌、绘画、体育技巧和手工制成品)。但被观察者若知道他被人观察时,他的行为便会不同于平常,观察的结果就不完全可靠;再者,观察的精确化问题也较难解决。为了提高观察的可靠性与精确度,一方面应使观察经常化,并记录一些学生的行为日志或轶事报告,使评价所依据的资料更全面;另一方面可采用等级量表,力求观察精确。

2. 测验法

测验主要以笔试进行,是考核、测定学生成绩的基本方法。它适用于对学生学习文化科学知识的成绩评定。

3. 调查法

调查是收集有关学生成绩评定的资料以探明他们学习的真实情况及原因的方法。调查一般通过问卷、交谈(亦称访谈)进行。

4. 自我评价法

自我评价十分重要,可以帮助学生明确教学目标,自觉改进学习。它主要有下述方法:(1)运用标准答案;(2)运用核对表;(3)运用录音机、录像机。

真题5 [2023广东韶关,单选]教师想评价学生的美术作品,最适合的方法是(　　)
A. 观察法　　　　B. 测验法　　　　C. 自我评价法　　　　D. 调查法
答案:A

七、教学评价的基本类型 ★★★ 【单选、多选、填空、判断】

考点 1 ▶ 诊断性评价、形成性评价和总结性评价

根据教学评价的作用,可以分为诊断性评价、形成性评价和总结性评价。

1. 诊断性评价

(1)诊断性评价的概念

诊断性评价是在学期开始或一个单元教学开始时,为了了解学生的学习准备状况及影响学习的因素而进行的评价。也可以说,诊断性评价是在某项教学活动开始之前对学生的知识、技能以及情感等状况进行的预测。它包括各种通常所称的摸底考试。

(2)诊断性评价的主要形式

①查阅被评价者在此之前的有关成绩记录;②摸底测验;③必要的学习要素调查表。

(3)诊断性评价的主要功能

①检查学生的学习准备程度;②决定对学生的适当安置;③辨别造成学生学习困难的原因。

2. 形成性评价

(1)形成性评价的概念

形成性评价是在教学过程中为改进和完善教学活动而进行的对学生学习过程及结果的评价。也可以说,形成性评价是在教学进程中对学生的知识掌握和能力发展的比较经常而及时的测评与反馈。它包括在一节课或一个课题的教学中对学生的口头提问和书面测验。

(2)形成性评价的主要功能

①改进学生的学习;②为学生的学习定步;③强化学生的学习;④给教师提供反馈。

3. 总结性评价

(1)总结性评价的概念

总结性评价也称为终结性评价,是在一个大的学习阶段、一个学期或一门课程结束时对学生学习结果的评价。总结性评价注重考查学生掌握某门学科的整体程度,概括水平较高,测验内容范围较广,

常在学期中或学期末进行。

(2)总结性评价的主要功能

①评定学生的学习成绩;②证明学生掌握知识、技能的程度和能力水平以及达到教学目标的程度;③确定学生在后继教学活动中的学习起点;④预言学生在后继教学活动中成功的可能性;⑤为制定新的教学目标提供依据。

考点 2 ▸ 绝对性评价、相对性评价和个体内差异评价

根据评价采用的标准,可以分为绝对性评价、相对性评价和个体内差异评价。

1. 绝对性评价

(1)绝对性评价的概念

绝对性评价又称为目标参照性评价(标准参照评价),是运用目标参照性测验对学生的学习成绩进行的评价。它主要依据教学目标和教材编制试题来测量学生的学业成绩,判断学生是否达到了教学目标的要求,而不以评定学生之间的差异为目的。进行评价时,每个人的成绩分数只与统一的、固定的客观标准进行比较,即这种评价并不照顾评价对象的整体水平状况而提高或降低评价标准。

(2)绝对性评价的优缺点

绝对性评价可以衡量学生的实际水平,了解学生对知识、技能的掌握情况,宜用于升级考试、毕业考试和合格考试。它的缺点是不适用于甄选人才。

2. 相对性评价

(1)相对性评价的概念

相对性评价又称为常模参照性评价,是运用常模参照性测验对学生的学习成绩进行的评价,它主要依据学生个人的学习成绩在该班学生成绩序列或常模中所处的位置来评价和决定他的成绩的优劣,而不考虑是否达到教学目标的要求。智力测验就是一种常见的相对性评价。

(2)相对性评价的优缺点

相对性评价具有甄选性强的特点,因而可以作为选拔人才、分类排队的依据。它的缺点是不能明确表示学生的真正水平,不能表明他在学业上是否达到了特定的标准,对于个人的努力状况和进步的程度也不够重视。

3. 个体内差异评价

(1)个体内差异评价的概念

个体内差异评价是对被评价者的过去和现在进行比较,或将评价对象的不同方面进行比较。

(2)个体内差异评价的优缺点

个体内差异评价的最大优点是充分体现了尊重个体差异的因材施教原则,适当减轻了评价对象的压力。但是,由于评价本身缺乏客观标准,因此,不易给评价对象提供明确目标,难以发挥评价的应有功能。

> **小香课堂**
>
> 绝对性评价、相对性评价和个体内差异评价是容易混淆的知识点。考生在理解这三个概念时,可把绝对性评价理解为"看标准",把相对性评价理解为"看位置",把个体内差异评价理解为"看自己"。

考点 3 ▶ 内部评价和外部评价

按照评价主体,可以分为内部评价和外部评价。

1. 内部评价

(1) 内部评价的概念

内部评价也就是自我评价,指由课程设计者或使用者自己实施的评价。这种评价易于开展,可以经常进行。

(2) 内部评价的优缺点

评价对象对自己的情况最了解,如果态度端正,会有较高的准确性,同时,也可为外部评价提供丰富的信息,便于评价工作的进行。此外,自我评价还能增强被评价者自我评价意识和评价能力,有利于及时自我反馈、调节。但是,自我评价不便进行横向比较,主观性大,容易出现评价偏高或偏低的趋向。

2. 外部评价

(1) 外部评价的概念

外部评价是被评价者之外的专业人员对评价对象进行明显的(看得见的、众所周知的)统计分析或文字描述。

(2) 外部评价的优缺点

与自我评价相比,他人评价更为客观真实,更容易看到成绩与问题所在。但是,他人评价的要求比较严格,组织工作也比较难,花费的人力、财力也比较多。

真题 6 [2024 浙江宁波,单选]在学期初,夏老师作为新的化学老师,命制了一份测试题以检测学生们对于化学学科知识的了解、认识与掌握情况。夏老师的做法属于( )

A. 形成性评价
B. 诊断性评价
C. 终结性评价
D. 总结性评价

真题 7 [2024 河北石家庄,单选]关于相对性评价的叙述,错误的是( )

A. 适合于选拔人才时使用
B. 有助于减轻学生的压力
C. 不能表明学生学业是否达到了特定的标准
D. 能够确定学生在团体中所处的位置

真题 8 [2023 辽宁锦州,单选]教学评价是实现教学目的的一个重要手段,下列相关说法有误的是( )

A. 诊断性评价包括各种摸底考试
B. 形成性评价是在教学进程中对学生的知识掌握和能力发展的比较经常而及时的测评与反馈
C. 绝对性评价以评定学生之间的差别为目的
D. 总结性评价又称终结性评价

真题 9 [2023 山西太原,多选]下列属于形成性评价的是( )

A. 课堂上教师对学生的口头提问
B. 新学期开始时的摸底考试
C. 每学期的期末考试
D. 教师进行的随堂测验

真题 10 [2023 江苏徐州,判断]形成性评价是教师开展教学前进行的评价,目的是调控教学活动。( )

答案:6. B 7. B 8. C 9. AD 10. ×

八、现代教育评价

考点 1 现代教育评价的理念 ★ 【单选、多选、案例分析】

现代教育评价的理念是发展性评价与激励性评价。以被评价者的发展为本,重视被评价者的起点和发展过程中的各种问题。评价的根本目的是促进评价对象的发展,它基于评价对象的过去,重视评价对象的现在,更着眼于评价对象的未来。

1.发展性评价的基本内涵

(1)评价目的。评价的根本目的在于促进发展。淡化原有的甄别与选拔功能,关注学生、教师、学校和课程发展中的需要,突出评价的激励与调控功能,激发学生、教师、学校和课程的内在发展动力,促进其不断进步,实现自身价值。

(2)评价功能。与课程功能的转变相适应,发展性评价体现第八次基础教育课程改革的精神,有利于基础教育课程改革的顺利实施。

(3)评价观念。发展性评价体现最新的教育观念和课程评价发展的趋势。关注全人的发展,强调评价的民主性和人性化的发展,重视被评价者的主体性与评价对个体发展的建构作用。

(4)评价内容与评价标准。评价内容综合化,重视知识以外的综合素质的发展,尤其是创新、探究、合作与实践等能力的发展,以适应人才发展多样化的要求;评价标准分层化,关注被评价者之间的差异性和发展的不同需求,促进其在原有水平上的提高和发展的独特性。

(5)评价方式。评价方式多样化,将量化评价方法与质性评价方法相结合,适应综合评价的需要,丰富评价与考试的方法,如成长记录袋、学习日记、情景测验、行为观察和开放性考试等,追求评价的科学性、实效性和可操作性。

(6)评价主体。评价主体多元化,从单方转为多方,增强评价主体间的互动,强调被评价者成为评价主体中的一员,建立学生、教师、家长、管理者、社区和专家等共同参与、交互作用的评价制度,以多渠道的反馈信息促进被评价者的发展。

(7)评价过程。关注发展过程,将形成性评价与终结性评价有机地结合起来,使学生、教师、学校和课程的发展过程成为评价的组成部分,而终结性的评价结果随着改进计划的确定亦成为下一次评价的起点,进入被评价者发展的进程之中。

2.发展性评价的特征

(1)以被评价者的素质全面发展为目标;(2)对被评价者的发展特征描述和发展水平的认定甚至到进行必要的选拔,都是为了更有利于被评价者的后续发展;(3)注重过程评价;(4)关注个体差异;(5)强调评价主体多元化。

考点 2 现代教育评价的发展趋势

(1)强调创设适合并促进学生发展的教育环境;(2)由关注评价的总结性目的向关注评价的形成性目的发展;(3)评价主体由一元向多元发展,评价对象由被动等待向主动参与发展;(4)评价方法向综合、多层次、全方位方向发展。

考点 3 新课程教学评价倡导的基本理念 ★ 【单选、多选、判断】

新课程教学评价倡导的基本理念包括关注学生发展、强调教师成长和重视以学论教(以学定教)。这里重点介绍"以学论教"的评价理念。

新课程课堂教学要真正体现以学生为主体,以学生发展为本,就必须对传统的课堂教学评价进行改革,体现以学生的"学"来评价教师"教"的"以学论教"的评价理念,强调以学生在课堂教学中呈现的状态为参照来评价课堂教学质量。新课程课堂教学提倡"以学论教",主要从学生的情绪状态、注意状态、参与状态、交往状态、思维状态、生成状态六个方面进行评价。

(1)情绪状态:学生是否具有浓厚的兴趣,对学习是否具有好奇心和求知欲;能否长时间保持兴趣,能否自我调节和控制学习情绪;学习过程是否愉悦,学习愿望是否不断得以增强。

(2)注意状态:学生是否开始关注讨论的主要问题,并能保持较长的注意力;学生的目光是否始终追随发言者(教师或学生)的一举一动;学生的倾听是否全神贯注,回答是否具有针对性。

(3)参与状态:学生是否全员参与学习活动;是否积极主动地投入思考并踊跃发言,兴致勃勃地参与讨论和发言,是否自觉地进行练习。

(4)交往状态:整个课堂气氛是否民主、和谐、活跃;学生在学习过程中是否友好分工与合作;能否虚心地听取他人的意见,尊重他人的发言;遇到困难时,学生能否主动与他人交流、合作,共同解决问题。

(5)思维状态:学生是否围绕讨论的问题积极思考、踊跃发言;学生回答问题的语言是否流畅、有条理,是否善于用自己的语言阐述自己的观点;学生是否敢于质疑,提出有价值的问题并展开讨论;学生的回答或见解是否有自己的思考或创意。

(6)生成状态:学生是否全面完成了学习目标;学生的学习能力、实践能力和创新能力是否得到增强;学生是否有满足、成功和喜悦等积极的心理体验,是否对未来的学习充满了信心。

真题11 [2023浙江宁波,判断]新课程课堂教学提倡以学论教,主要从学生的情绪状态、注意状态、参与状态、交往状态、思维状态、生成状态六个方面进行评价。( )

答案:√

★★ 本节核心考点回顾 ★★

1. 教学评价的基本类型
(1)根据教学评价的作用,可以分为诊断性评价、形成性评价和总结性评价。
(2)根据评价采用的标准,可以分为绝对性评价、相对性评价和个体内差异评价。
(3)按照评价主体,可以分为内部评价和外部评价。

2. 诊断性评价
(1)概念:诊断性评价是在学期开始或一个单元教学开始时,为了了解学生的学习准备状况及影响学习的因素而进行的评价。
(2)例子:摸底考试。
(3)功能:①检查学生的学习准备程度;②决定对学生的适当安置;③辨别造成学生学习困难的原因。

3. 形成性评价
(1)概念:形成性评价是在教学过程中为改进和完善教学活动而进行的对学生学习过程及结果的评价。
(2)例子:口头提问、书面测验。
(3)功能:①改进学生的学习;②为学生的学习定步;③强化学生的学习;④给教师提供反馈。

216

4. 新课程教学评价倡导的基本理念

（1）关注学生发展。

（2）强调教师成长。

（3）重视以学论教。"以学论教"，主要从学生的情绪状态、注意状态、参与状态、交往状态、思维状态、生成状态六个方面进行评价。

第六节 教学模式

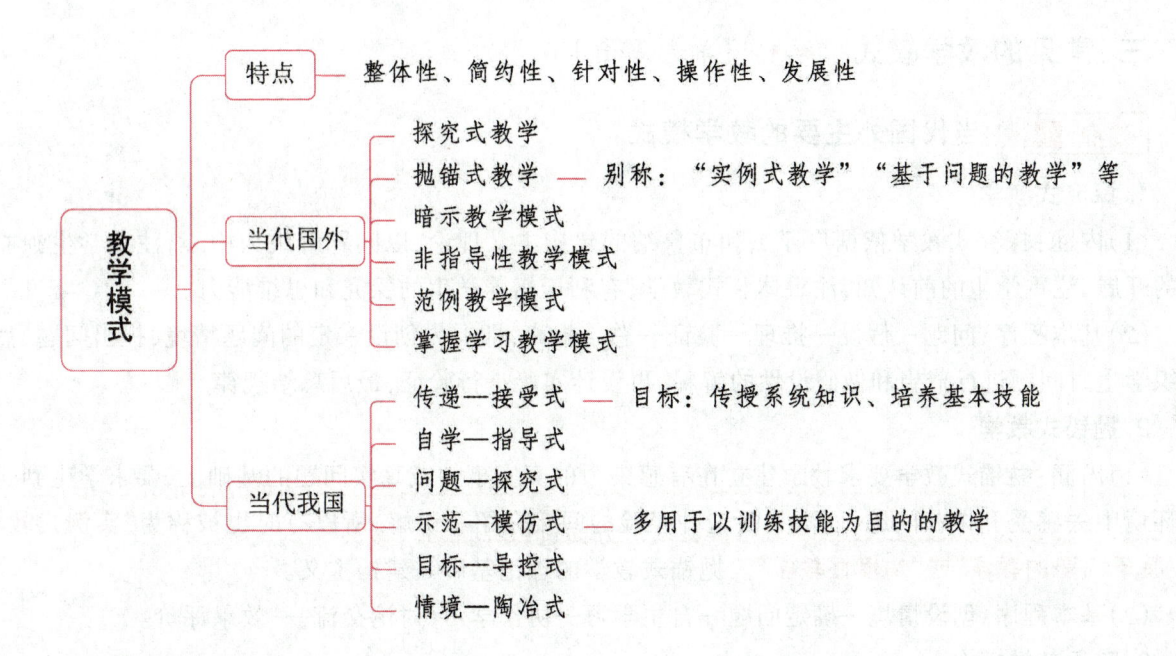

```
            ┌─ 特点 ── 整体性、简约性、针对性、操作性、发展性
            │
            │              ┌─ 探究式教学
            │              ├─ 抛锚式教学 ── 别称："实例式教学""基于问题的教学"等
教            ├─ 当代国外 ──┤─ 暗示教学模式
学            │              ├─ 非指导性教学模式
模            │              ├─ 范例教学模式
式            │              └─ 掌握学习教学模式
            │
            │              ┌─ 传递—接受式 ── 目标：传授系统知识、培养基本技能
            │              ├─ 自学—指导式
            └─ 当代我国 ──┤─ 问题—探究式
                           ├─ 示范—模仿式 ── 多用于以训练技能为目的的教学
                           ├─ 目标—导控式
                           └─ 情境—陶冶式
```

一、教学模式的概念

教学模式是指在一定教学思想或教学理论指导下建立起来的较为稳定的教学活动结构框架和活动程序。作为结构框架，突出了教学模式从宏观上把握教学活动整体及各要素之间内部的关系和功能；作为活动程序则突出了教学模式的有序性和可操作性。

二、教学模式的特点 ★【单选、辨析】

虽然教学模式千差万别、类型各异，但是它们有一些共同的特点，集中表现为如下几点：

（1）整体性。教学模式是由理论基础、教学目标、操作程序、实现条件和教学评价等要素构成的有机整体，反映了一个较为完整的教学过程。

（2）简约性。教学模式是一种简化了的教学结构和操作体系模型，一般用比较精练的语言、象征性的图示、明确的符号把某种教学理论或活动方式中最核心的内容反映出来，形成了一个具体的、简明的框架结构。

（3）针对性。任何一种教学模式都有自己特定的目标、应用条件和适用范围，都是针对解决某个或某类教学问题而创设的，因而在选择和运用教学模式时必须注意不同教学模式的特点和功能，不存在对任何具体的教学过程都普遍有效的模式。

（4）操作性。教学模式是教学理论或思想向教学实践转化的中介，是一种具体化、操作化了的教学理论或思想,具有一套比较明确的操作要求和操作程序,便于人们理解、把握和运用。

(5)发展性。随着教学理论和教学实践的发展,教学模式在实际应用中也需要不断地加以修正、充实和完善,以使其针对性、操作性和实用性更强。

真题1 [2022河南平顶山,单选]教学模式是一种简化了的教学结构和操作体系模型,一般用精练的语言、象征性的图示把某种教学理论中最核心的内容反映出来。这表明教学模式具有(　　)

A. 整体性　　　　　　B. 针对性　　　　　　C. 简约性　　　　　　D. 操作性

答案:C

三、常见的教学模式 ★★ 【单选、多选】

考点 1 当代国外主要的教学模式

1. 探究式教学

(1)内涵:探究式教学依据皮亚杰和布鲁纳的建构主义理论,以问题解决为中心,注重学生独立活动的开展,注重学生的前认知,注重体验式教学,有利于培养学生的探究和思维能力。

(2)基本程序:问题—假设—推理—验证—总结提高,即首先创设一定的问题情境,提出问题,然后组织学生对问题进行猜想和做假设性的解释,再设计实验进行验证,最后总结规律。

2. 抛锚式教学

(1)内涵:抛锚式教学要求教学建立在有感染力的真实事件或真实问题的基础上,要求学生到实际的环境中去感受和体验问题,而不是听这种经验的间接介绍和讲解,所以有时也被称为"实例式教学"或"基于问题的教学"或"情境性教学"。抛锚式教学的理论基础是建构主义。

(2)基本程序:创设情境—确定问题—自主学习—协作学习(讨论交流)—效果评价。

3. 暗示教学模式

(1)内涵:暗示教学模式是指运用暗示手段激发个人心理潜力,提高学习效率的一种教学模式。它由保加利亚心理治疗医生洛扎诺夫提出。

(2)指导思想:一是暗示学理论;二是现代心理学关于人脑功能的研究。暗示学理论认为,利用暗示手段可以使人的有意识心理活动和无意识心理活动达到高度协调,从而使人的潜能得到最大限度的发挥。

(3)教学目标:充分调动学生的无意识心理活动,不断促进学生潜能的发展。

(4)教学程序:创设情境—参与各类活动—总结转化。

(5)基本原则:愉快而不紧张的原则、有意识和无意识相统一的原则、暗示手段相互作用的原则。

4. 非指导性教学模式

(1)内涵:非指导性教学模式是一种以学生为中心,以情感为基础,通过建立民主平等的师生关系、创设适宜的学习环境来促进学生自我实现的个别化的教学模式。它由美国人本主义心理学家罗杰斯提出。

(2)基本程序:创设情境—提出问题—进行开放性探索。

5. 范例教学模式

(1)内涵

范例教学模式为德国瓦·根舍因等教育学者所倡导,是通过典型的内容和方式,使学生从个别到一般,掌握带规律性的知识和方法,发展独立学习、独立解决问题能力的一种教学模式。

(2)特点

①体现基本性,教学重视基本知识的学习;

②体现基础性,教学重视学生实际和可接受性,难度适宜;

③体现范例性,在学科知识中精选起示范作用的内容,便于学生学习时进行正向迁移;

④体现四个统一,即知识教学与德育的统一、问题教学与系统学习相统一、掌握知识与发展能力相统一、主体与客体的统一。其中,主体和客体的统一,就是要求教师既要熟悉和掌握材料,又要了解学生和熟悉学生,熟悉学生的智力水平和个性特征,主体是指受教育者(即学生),客体是指教材。

(3)基本程序

范例性地阐明"个"案—范例性地阐明"类"案—范例性地掌握规律原理—掌握规律原理的方法论意义—规律原理的运用训练。在教学过程中,教师应注意选取不同的带有典型性的范例,从个别入手,归纳成类,再从类入手,提炼本质特征,最后上升到规律与原理。

6. 掌握学习教学模式

(1)内涵:掌握学习教学模式是指在"所有学生都能学好"的思想指导下,采取班级教学和个别辅导相结合的方式,以班级教学为基础,辅之以经常、及时的反馈和矫正,提供学生所需要的个别化帮助和额外学习时间,从而使绝大多数人达到学业规定要求的教学模式。它由美国教育心理学家布卢姆提出。

(2)指导思想:<u>掌握学习理论</u>。它假设只要给予足够的学习时间和相应的教学,大多数学生都能够学会学校里的科目。学生在学习能力上的差异并不能决定他能否学会教学内容,而只能决定他将要花多少时间才能达到对该项内容的掌握程度。

(3)基本程序:教学准备—确定课时教学目标—进行课堂教学—测验—矫正—再测验。

真题2 [2024安徽合肥/淮北/铜陵,单选]掌握学习理论认为,学生能力上的差异并不能决定他们能否成功掌握教学内容,而是在于他们( )

A. 学习积极性　　　　B. 学习自觉性　　　　C. 要花多少时间　　　　D. 智力水平

真题3 [2023辽宁锦州,单选]( )又叫"实例式教学""基于问题的教学""情境性教学",这种教学模式要求学生到实际的环境中去感受和体验问题。

A. 自上而下教学　　　　　　　　B. 随机通达教学

C. 开放课堂教学　　　　　　　　D. 抛锚式教学

答案:2. C　3. D

考点 2 当代我国主要的教学模式

1. 传递—接受式

(1)内涵:传递—接受式教学模式以传授系统知识、培养基本技能为目标,其着眼点在于充分挖掘人的记忆力、推理能力以及间接经验在掌握知识方面的作用,使学生能够快速有效地掌握更多的信息量。该模式强调教师的指导作用,认为知识是从教师到学生的一种单向传递,非常注重教师的权威性。

(2)基本程序:复习旧课—激发学习动机—讲授新课—巩固练习—检查评价—间隔性复习。

2. 自学—指导式

(1)理论依据:①"教为主导,学为主体"的辩证统一的教学观;②"独立性与依赖性相统一"的心理发展观;③"学会学习"的学习观。

(2)基本程序:提出要求—开展自学—讨论启发—练习运用—及时评价—系统小结。

3. 问题—探究式(引导—发现式)

(1)内涵:这是一种以解决问题为中心,注重学生独立活动,着眼于创造性思维能力和意志力培养的教学模式。学生的认识能力必须通过实践才能逐步提高,所以必须让学生在学习过程中主动去探索、发现问题,并用所学知识去研究、解决问题。

(2)理论依据:①杜威及其五步探究法;②布鲁纳及其发现法等教学理论;③我国的教学认识论。

(3)基本程序:提出问题—建立假说—拟订计划—验证假说—总结提高。

4. 示范—模仿式

(1)内涵:示范—模仿式教学模式是教师有目的地把示范技能作为有效的刺激,以引起学生相应的行动,使他们通过模仿,有效地掌握必要的技能的一种教学模式。它是教学中最基本的教学模式之一,多用于以训练技能为目的的教学。

(2)基本程序:定向(明确所学目的)—参与性练习—自主练习—迁移(熟练掌握)。

5. 目标—导控式

(1)理论依据:学习是按由低到高的不同水平逐步递进的。每一较高水平的学习植根于较低水平的学习上。因而要设计出由低到高的一个紧接一个的程序化目标,通过评价学生对学习目标所达到的水平,以调节教师给学生提供的学习条件和时间,发挥每个学生都能学好的潜能。

(2)基本程序:前提诊断—明确目标—达标教学—达标评价—根据评价结果进行强化补救。

6. 情境—陶冶式

(1)内涵:情境—陶冶教学模式是从"人的认识是有意识心理活动和无意识心理活动的统一、理智活动和情感活动的统一"的观点出发,通过创设一种情感和认识相互促进的教学环境,引导学生在轻松愉快的教学氛围中有效地获取知识、陶冶情感的教学模式。

(2)理论依据:吸取了洛扎诺夫的暗示教学理论,并参照我国教学实际工作者积累的有效经验加以概括而形成,如情境教学、愉快教学、成功教学等。

真题4 [2023安徽统考,单选]以传授系统知识和培养基本技能为主要目标的教学模式是( )

A. 情境—陶冶模式　　　　　　　　B. 自学—辅导模式

C. 引导—探究模式　　　　　　　　D. 传递—接受模式

真题5 [2023山东菏泽,单选]依据"学会学习"的学习观创制的教学模式是( )

A. 传递—接受式　　B. 自学—指导式　　C. 问题—探究式　　D. 情境—陶冶式

答案:4. D　5. B

✦★ 本节核心考点回顾 ★✦

1. 抛锚式教学

(1)别称:实例式教学、基于问题的教学、情境性教学。

(2)内涵:要求学生到实际的环境中去感受和体验问题,而不是听这种经验的间接介绍和讲解。

2. 传递—接受式

(1)以传授系统知识、培养基本技能为目标。

(2)强调教师的指导作用,认为知识是从教师到学生的一种单向传递,非常注重教师的权威性。

第七节 现代教育技术在教学中的应用

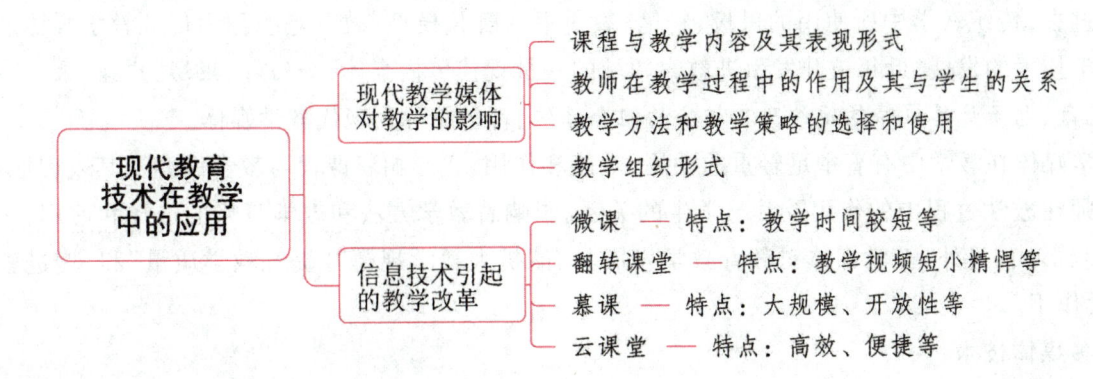

```
现代教育技术在教学中的应用
├── 现代教学媒体对教学的影响
│   ├── 课程与教学内容及其表现形式
│   ├── 教师在教学过程中的作用及其与学生的关系
│   ├── 教学方法和教学策略的选择和使用
│   └── 教学组织形式
└── 信息技术引起的教学改革
    ├── 微课 —— 特点：教学时间较短等
    ├── 翻转课堂 —— 特点：教学视频短小精悍等
    ├── 慕课 —— 特点：大规模、开放性等
    └── 云课堂 —— 特点：高效、便捷等
```

一、现代教育技术的概念

现代教育技术是以现代教育思想、理论和方法为基础，以系统论的观点为指导，以现代信息技术为手段的教育技术。现代信息技术，目前主要指计算机技术、数字音像技术、电子通讯技术、网络技术、卫星广播技术、远程通信技术、人工智能技术、虚拟现实仿真技术、多媒体技术和信息高速公路。

二、教学媒体

考点 1 ▶ 教学媒体的概念

教学媒体是教学内容的载体，是教学内容的表现形式，是师生之间传递信息的工具。

考点 2 ▶ 教学媒体的类型

根据媒体作用的感官和信息的流向，可将教学媒体分为视觉媒体、听觉媒体、视听觉媒体、交互媒体四类。

1. 视觉媒体

视觉媒体是指发出的信息主要作用于人的视觉器官的媒体。它包括投影视觉媒体和非投影视觉媒体。投影视觉媒体包括幻灯、投影、实物投影；非投影视觉媒体包括黑板、印刷材料、图片、图示与图解材料、实物与模型教具、展览。

2. 听觉媒体

听觉媒体是指发出的信息主要作用于人的听觉器官的媒体。听觉媒体包括录音机与录音磁带、唱机与唱片、激光唱机与激光唱片、传声器与扬声器、语言实验室等。常采用的方式有：课堂教学中穿插播放教学录音资料的辅助法；配合幻灯、投影画面提供声音的配合法；让学生课后自我练习、自我检查用的自学法。

3. 视听觉媒体

视听觉媒体是指发出的信息同时作用于人的视觉器官和听觉器官的媒体。视听觉媒体可分为电影、电视等。视听觉媒体在教学中应用的主要方式有：(1)主体式教学；(2)补充式教学；(3)示范式教学；(4)个别化教学。

4. 交互媒体

交互媒体是指能够在媒体与人之间构建起信息传递的双向通道，使双方能够相互作用、相互影响的媒体。常见的交互媒体有程序教学媒体、计算机媒体等。

考点 3 · 现代教学媒体 ★ 【多选】

在过去,传统教学中所使用的黑板、粉笔、教科书、挂图、模型、教具等统称为传统教学媒体。随着现代科学技术的发展,近年被开发引进教育领域的一批现代传播媒体,如幻灯、投影、广播、录音、电视、录像、光盘、电子计算机等软硬件及其相应的组合系统,都被统称为现代教学媒体。

教学媒体在教学中有着举足轻重的功用、效能和作用,它影响着课程与教学内容及其表现形式,影响着教师在教学过程中的作用及其与学生的关系,影响着教学方法和教学策略的选择和使用,影响着教学组织形式;另外,教学媒体对教育教学发展具有"扩大教学规模""提升教学质量"和"增进教学效率"三大作用。

1. 多媒体技术

多媒体是一种以计算机为中心的多种媒体的有机结合,这些媒体包括文本、图形图像、动画、视频和音频等,并具有一定的主动性和交互性。多媒体技术是将计算机技术与通信传播技术融为一体,综合处理、传送和贮存多媒体信息的数字技术。

2. Internet

Internet(国际互联网络)是全球性的网络,实际也是一个无所不包的全球化教育系统,它可以支持各种类型的教学传播,作为威力巨大的教学媒体,它具有信息资源海量、不受时空限制、人机优势互补等优点。

真题1 [2022天津北辰,多选]现代教学媒体对教学的影响表现在( )
A. 教学方法 B. 教学内容 C. 教学组织形式 D. 教学目标
答案:ABC

三、信息技术引起的教学改革

21世纪是一个信息化时代。信息化影响人们生活的方方面面,就教育而言,信息技术与教育相结合已经成为时代发展的必然趋势。

考点 1 · 微课

1. 微课的定义

国内率先提出"微课"这个概念的是胡铁生。微课是指按照新课程标准及教学实践要求,以视频为主要载体,记录教师在课堂内外教育教学过程中围绕某个知识点(重点、难点)或教学环节而开展的精彩的教与学活动的全过程。也可以说,微课是指运用信息技术,按照认知规律,呈现碎片化学习内容、过程及扩展素材的结构化数字资源。微课的核心组成内容是课堂教学视频(课例片段),同时还包含与该教学主题相关的教学设计、素材课件、教学反思、练习测试及学生反馈、教师点评等辅助性教学资源,它们以一定的组织关系和呈现方式共同"营造"了一个半结构化、主题式的资源单元应用"小环境"。

2. 微课的特点

(1)教学时间较短。"微课"的时长一般为5~8分钟左右,最长不宜超过10分钟。
(2)教学内容较少。相对于较宽泛的传统课堂,"微课"的问题聚集,主题突出,更适合教师的需要。

(3)资源容量较小。从大小上来说,"微课"视频及配套辅助资源的总容量一般在几十兆左右。

(4)资源组成、结构、构成的"情景化"。"微课"选取的教学内容一般要求主题突出、指向明确、相对完整。它以教学视频片段为主线"统整"教学设计(包括教案或学案)、课堂教学使用到的多媒体素材和课件、教师课后的教学反思、学生的反馈意见及学科专家的文字点评等相关教学资源,构成了一个主题鲜明、类型多样、结构紧凑的"主题单元资源包",营造了一个真实的"微教学资源环境"。

(5)微评审。通过微课的观看,评审专家可以很快从微课中看出这个教师的教学设计、讲解技能等,效率更高,评审更客观准确。同时,微课在网络上的传播应用,改变传统评审方式,提供网络实时在线关注的机会,使评审更具公平性、透明性与互动性。

考点 2 ▶ 翻转课堂 ★【单选、多选】

"翻转课堂"也称"颠倒课堂"或"颠倒教室",就是在信息化环境中,课程教师提供以教学视频为主要形式的学习资源,学生在上课前完成对教学视频等学习资源的观看和学习,师生在课堂上一起完成作业答疑、协作探究和互动交流等活动的一种新型的教学模式。翻转课堂通过对教学结构的颠倒安排,实现教学的个性化。

翻转课堂具有如下特点:(1)教学视频短小精悍;(2)教学信息清晰明确;(3)重新建构学习流程;(4)师生角色的重新定位;(5)对信息技术依赖程度的增强;(6)复习检测方便快捷。

翻转课堂的教学是一种先学后教的模式,是自主性、互动式、个性化的教学模式,有利于提升教学质量和学习质量。

真题2 [2023河南信阳,单选]翻转课堂通过对(   )的颠倒安排,实现教学的个性化。
A. 教学目标　　　　B. 教学大纲　　　　C. 教学主客体　　　　D. 教学结构

真题3 [2022广东广州,多选]翻转课堂是指重新调整课堂内外的时间,将学习的决定权从教师转移给学生。下列选项中属于翻转课堂的特点的有(   )
A. 重新建构学习流程　　　　　　　B. 复习检测方便快捷
C. 教学信息清晰明确　　　　　　　D. 教学视频短小精悍

答案:2. D　3. ABCD

考点 3 ▶ 慕课

斯蒂芬·唐斯和乔治·西蒙斯于2008年首次提出"大规模开放在线课程(MOOC)"这一术语,2012年该术语被广为传播。所谓"慕课(MOOC)",即 Massive Open Online Course 的英文首字母缩写的中文音译",意为大规模开放在线课程。只有当课程是开放的,才可以称之为"慕课",只有这些课程是大型的或者大规模的,它才是典型的"慕课"。

慕课主要有以下特点:(1)大规模。(2)开放性。开放性是说慕课的学习者可能来自全球各地,信息来源、评价过程、学习者使用的学习环境都是开放的。(3)非结构性。从内容上看,慕课大多数时候提供的只是碎片化的知识点,是一组可扩充的、形式多种多样的内容集合,这些内容由一些特定相关领域专家、教育家、学科教师提供,汇集成一个中央知识库,就像网站一样。(4)自主性。大多数学者认为,慕课的自主性主要意味着学生对自己的学习承担责任。根据教师提供的教学内容,学生可以自定学习的方式、步骤、时间,自主地讨论与研究,主动且积极地学习。(5)网络性。(6)交互性。慕课区别于网络课程教学的特征在于,教学活动具有多样性、灵活性的特征,表现出极强的互动性。

考点 4 云课堂 ★ 【判断】

云课堂是基于云计算技术的一种远程教学形式,具有高效、便捷等特点。使用者通过互联网可以快速、高效地与他人分享语音、视频和数据资料。

我国已有一些地方教育行政部门开发了云课堂平台。通过这类平台,可以实现学习时间自主化、学习空间扩大化;同时,可以培养学生发现问题、分析问题和解决问题的能力。不过,云课堂还有许多有待完善的地方,如资源过于简单等。此外,学生缺乏自觉性、不会学习等也是云课堂平台实施过程中不得不考虑的重要问题。

真题 4 [2023安徽统考,判断]云课堂是基于云计算技术的一种远程教学形式,具有高效、便捷等特点。(　　)

答案:√

✮✮ 本节核心考点回顾 ✮

1. 翻转课堂

翻转课堂通过对教学结构的颠倒安排,实现教学的个性化。其特点包括:(1)教学视频短小精悍;(2)教学信息清晰明确;(3)重新建构学习流程;(4)师生角色的重新定位;(5)对信息技术依赖程度的增强;(6)复习检测方便快捷。

2. 云课堂

云课堂是基于云计算技术的一种远程教学形式,具有高效、便捷等特点。

第七章 德 育

本章学习指南

一、考情概况

本章属于教育学的重点章节，需要理解、掌握的知识较多，考生可带着以下学习目标进行备考：

1. 理解并区分德育的功能。
2. 掌握德育过程的基本规律。
3. 掌握并能运用我国中小学主要的德育原则。
4. 识记并区分我国学校的德育途径。
5. 理解并能运用我国中小学常用的德育方法。
6. 理解国内外知名的德育模式。

二、考点地图

考点	年份/地区/题型
德育的功能	2024安徽多选；2023广东单选；2023天津单选；2023河北单选；2023四川单选；2023河南单选、判断；2022天津单选；2022贵州单选；2022河南多选
德育过程的基本规律	2024天津单选；2024安徽单选、判断；2024河北判断；2023山西单选；2023山东单选；2023河北单选；2023河南单选；2023广东单选、判断；2023江苏判断；2022安徽判断；2022浙江论述
我国中小学主要的德育原则	2024江苏单选；2024广东单选、多选；2024山东单选、多选；2024天津单选、填空、判断、简答；2024河北材料分析；2023河南单选；2023广东单选；2023安徽单选；2022广西多选；2022浙江简答
德育途径	2024河南单选；2024天津单选；2024江苏判断；2023广东单选；2023辽宁单选；2023河南单选；2023天津单选、判断；2023河北多选；2023福建判断选择；2022广东判断；2022河北判断
我国中小学常用的德育方法	2024安徽单选；2024江苏单选；2024贵州单选；2024河北单选；2024广东单选、多选；2024天津判断；2023江苏单选；2023山西单选；2023广西单选；2023辽宁多选；2022四川判断
体谅模式	2024浙江单选；2023黑龙江单选；2023山东单选；2023河北单选、判断；2023河南多选、判断；2023四川判断

注：上述表格仅呈现重要考点的相关考情。

核心考点

第一节 德育概述

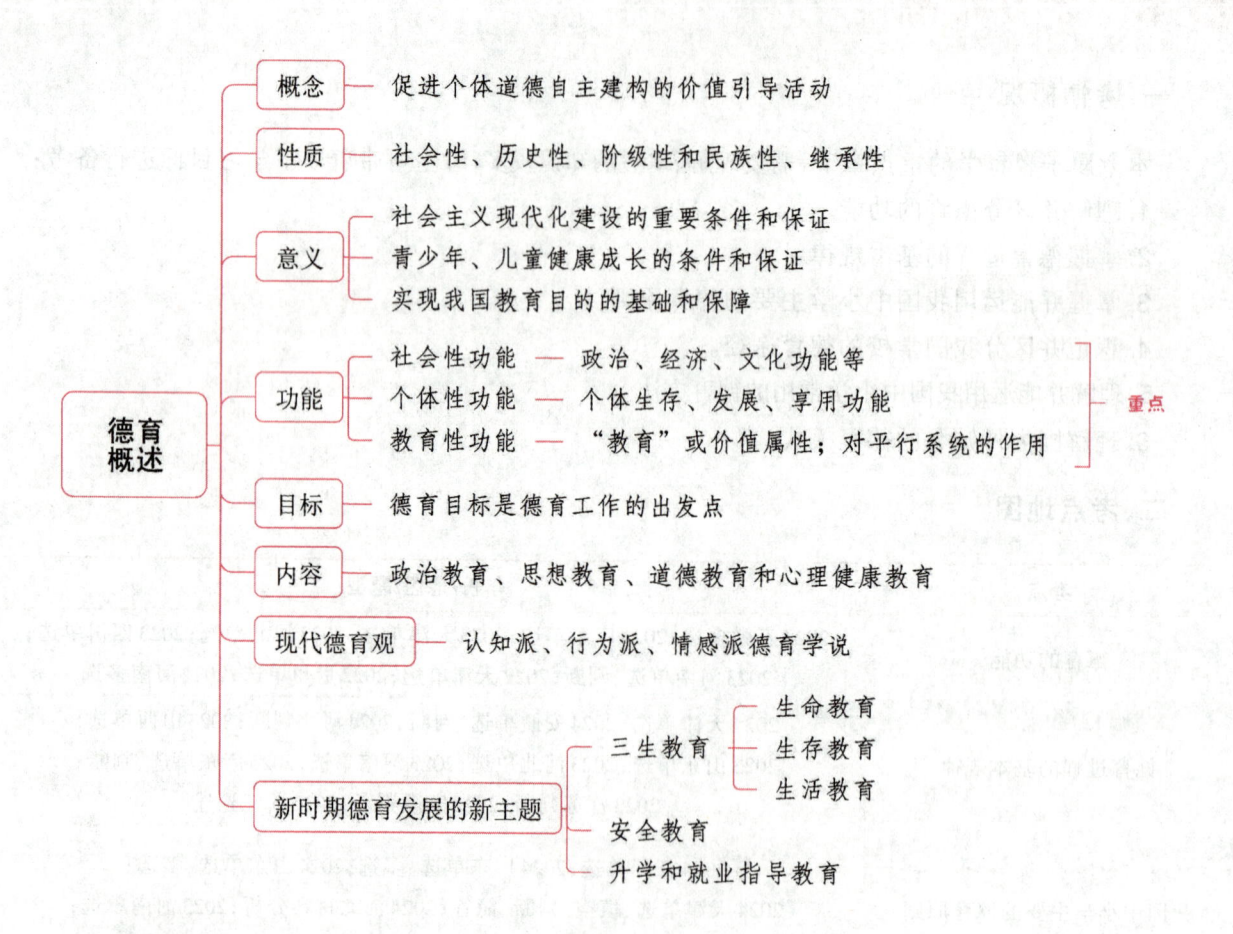

```
                ┌─ 概念 ── 促进个体道德自主建构的价值引导活动
                │
                ├─ 性质 ── 社会性、历史性、阶级性和民族性、继承性
                │
                │         ┌─ 社会主义现代化建设的重要条件和保证
                ├─ 意义 ──┼─ 青少年、儿童健康成长的条件和保证
                │         └─ 实现我国教育目的的基础和保障
                │
                │         ┌─ 社会性功能 ── 政治、经济、文化功能等        ┐
     德育       ├─ 功能 ──┼─ 个体性功能 ── 个体生存、发展、享用功能      ├ 重点
     概述       │         └─ 教育性功能 ── "教育"或价值属性；对平行系统的作用 ┘
                │
                ├─ 目标 ── 德育目标是德育工作的出发点
                │
                ├─ 内容 ── 政治教育、思想教育、道德教育和心理健康教育
                │
                ├─ 现代德育观 ── 认知派、行为派、情感派德育学说
                │
                │                      ┌─ 生命教育
                │              ┌ 三生教育 ┼─ 生存教育
                └─ 新时期德育发展的新主题 ┤      └─ 生活教育
                                └─ 安全教育
                                └─ 升学和就业指导教育
```

一、德育的内涵 ★★ 【单选、判断、名词解释、简答】

考点 1 ▶ 德育的概念

"德育"是近代以来才出现的名词。西方社会于18世纪后半叶形成了"德育"这一概念。我国古代学校教育的主要构成是德育，但并无"德育"之名。"德育"一词于20世纪初传入我国。在当代中国，学术界对德育是什么进行了多视角探究，其中较有代表性的观点包括：

观点一：德育是旨在形成受教育者一定思想品德的教育。在社会主义中国，包括思想教育、政治教育、道德教育。在西方，一般指伦理道德教育以及有关的价值观的教育。

观点二："德育"是思想教育、政治教育、法纪教育和道德教育的总称，而不是"道德教育"的简称或"政治教育"的代名词。

观点三：德育是教育工作者组织适合德育对象品德成长的价值环境，促进他们在道德认知、情感和实践能力等方面不断建构和提升的教育活动。简言之，德育是促进个体道德自主建构的价值引导活动。

从学者们对德育概念的不同界定中我们可以看出,德育有广义与狭义之分。

广义的德育泛指所有有目的、有计划地对社会成员在政治、思想与道德等方面施加影响的活动,包括社会德育、社区德育、学校德育和家庭德育等方面。

狭义的德育则专指学校德育,是指教育者按照一定社会或阶级的要求和受教育者品德形成发展的规律与需要,有目的、有计划、有系统地对受教育者施加思想、政治和道德等方面的影响,并通过受教育者积极的认识、体验与践行,以使其形成一定社会与阶级所需要的品德的教育活动,即教育者有目的地培养受教育者品德的活动。

真题1 [2023安徽蚌埠,判断]德育是促进个体道德自主建构的价值引导活动。(　　)

答案:√

考点 2 ▶ 德育的性质

德育的性质是由特定的社会经济基础决定的。

(1)德育具有社会性,是各个社会共有的社会、教育现象,与人类社会共始终。

(2)德育具有历史性,随社会发展变化而变化。

(3)阶级和民族存在的社会,德育具有阶级性和民族性。

(4)德育具有继承性,在其历史发展过程中,其原理、原则、内容和方法等存在一定的共同性。

考点 3 ▶ 德育的特点

(1)德育旨在培养学生的道德信念和人生观,形成学生的道德行为习惯,主要属于伦理领域。

(2)德育要解决的矛盾主要不是求真、不是知与不知,以回答世界是什么的问题;而是求善、知善、行善,回答人应当怎样生活才有意义的问题。

(3)品德是个体素质结构的重要因素,在个体素质结构中起着价值定向的作用。

考点 4 ▶ 德育的意义

(1)德育是社会主义现代化建设的重要条件和保证。我国现阶段的根本任务是进行社会主义现代化建设,德育是精神文明建设的重要组成部分,同时又贯穿于物质文明和民主政治建设之中。社会主义学校是培养社会主义建设者和接班人的必要场所,是进行社会主义精神文明建设的重要阵地。

(2)德育是青少年、儿童健康成长的条件和保证。

(3)德育是实现我国教育目的的基础和保障。

真题2 [2022河南平顶山,判断]我国现阶段的根本任务是进行社会主义现代化建设,德育是精神文明建设的重要组成部分,同时又贯穿于物质文明和民主政治建设中。(　　)

真题3 [2023宁夏银川,简答]简述德育的重要意义。

答案:2.√　3.详见内文

二、德育的功能 ★★★ 【单选、多选、判断】

1. 德育的社会性功能

德育的社会性功能指的是学校德育能够在何种程度上对社会发挥何种性质的作用。具体来说,主要指学校德育对社会政治、经济、文化等发生影响的政治功能、经济功能、文化功能等。在理解德育社会性功能时，要充分注意德育社会性功能实现的间接性。学校德育的政治、经济等功能决不意味着学校德育对学校发展要起完全、直接的参与作用。

2. 德育的个体性功能

德育的个体性功能是指德育对受教育者个体发展能够产生的实际影响。德育的个体性功能可以描述为德育对个体生存、发展、享用产生影响的三个方面。其中，德育的个体生存功能是一种德育效果的评价，仅仅或过分关注这一功能就会误入反道德、反德育的泥淖中。道德教育的本质乃是对个体社会人格的塑造或对个体道德人格发展的推动。因此，德育的个体性功能的第二个方面是德育的个体发展功能。享用性功能是德育个体性功能的最高境界。所谓德育的享用功能，就是说，可使个体实现某种需要、愿望（主要是精神方面的），从中体验满足、快乐、幸福，获得一种精神上的享受。

3. 德育的教育性功能

德育的教育性功能是指德育具有"教育性"，它有两大含义：一是指德育的"教育"或价值属性；二是指德育作为教育子系统对平行系统的作用。德育对智、体、美诸育的促进功能，就其共性来看主要有三点：(1)动机作用；(2)方向作用；(3)习惯和方法上的支持。

真题4 [2023广东深圳,单选]德育的价值属性和对平行教育系统的作用,属于德育的（　　）

A. 社会性功能　　　　　　　　　　B. 个体性功能

C. 教育性功能　　　　　　　　　　D. 享用性功能

真题5 [2024安徽合肥/淮北/铜陵,多选]学校德育的社会功能表现在（　　）等方面。

A. 发展性功能　　B. 政治功能　　C. 文化功能　　D. 经济功能

真题6 [2023河南许昌,判断]学校德育具有政治、经济等功能意味着学校德育对学校发展起着完全、直接的参与作用。（　　）

答案：4. C　5. BCD　6. ×

三、德育目标 ★ 【单选、多选】

考点 1 ▶ 德育目标的概念

德育目标是教育目标在受教育者思想品德方面要达到的总体规格要求，亦即德育活动所要达到的预期目的或结果的质量标准。德育目标是德育工作的出发点，它不仅决定了德育的内容、形式和方法，而且制约着德育工作的基本过程。

考点 2 ▶ 确立德育目标的依据

(1)青少年思想品德形成、发展的规律及心理特征；(2)国家的教育方针和教育目的；(3)民族文化及道德传统；(4)时代与社会发展需要。

真题7 [2022广西桂林,多选]制定我国学校德育目标的主要依据是（　　）

A. 时代与社会发展需要　　　　　　B. 国家的教育方针与教育目的

C. 民族文化及道德传统　　　　　　D. 受教育者思想品德形成的规律

答案：ABCD

四、德育内容 ★★ 【单选、多选、判断】

考点 1 ▶ 德育内容的概念

学校德育内容是教育者依据学校德育目标所选择的,形成受教育者品德的社会思想政治准则和道德规范的总和。德育目标确定了培养人的总体规格和要求,但必须落实到德育内容上,才能进行有效的德育活动,达到预期目标。

考点 2 ▶ 德育内容的选择依据

(1)德育目标,它决定德育内容;
(2)受教育者的身心发展特征,它决定德育内容的深度和广度;
(3)德育所面对的时代特征和学生思想实际,它决定德育工作的针对性和有效性。
此外,选择德育内容还应考虑文化传统的作用。

真题8 [2023广东潮州,多选]一般情况下,德育内容的选择依据包括(　　)
A. 受教育的身心发展特征　　B. 德育目标
C. 文化传统　　D. 时代特征和学生思想实际
答案:ABCD

考点 3 ▶ 我国学校的德育内容

根据1988年、1994年和1996年中共中央颁布的有关决定,我国学校德育内容主要有政治教育、思想教育、道德教育和心理健康教育。也有说法认为,我国学校德育内容主要有政治教育、思想教育、道德教育、法纪教育和心理健康教育。

政治教育是指教育者按照国家的政治观和一般社会要求对受教育者进行的系统教育。
思想教育是指有关人生观、世界观以及相应思想观念方面的教育。
道德教育是指注重受教育者良好个性的塑造和培养的教育。
法纪教育是指对受教育者进行有计划、有组织、有目的的法制教育和纪律规范教育的社会实践活动。
心理健康教育是指通过对受教育者进行心理健康知识的训练,培养良好的心理素质,预防心理疾病的发生,促进身心和谐发展的教育活动。我国学校心理健康教育的主要内容包括学习辅导、生活辅导和择业指导。

政治教育、思想教育和道德教育所包含的具体内容主要有:(1)爱国主义教育。爱国主义教育是德育的永恒主题,在社会发展的不同历史时期具有不同的内容,建设有中国特色的社会主义是新时期爱国主义的崭新含义。(2)理想教育。(3)集体主义教育。(4)劳动教育。(5)人道主义与社会公德教育。(6)自觉纪律教育。(7)民主与法制观念的教育。(8)科学世界观和人生观教育。

2017年教育部印发的《中小学德育工作指南》中提出的德育内容包括:理想信念教育、社会主义核心价值观教育、中华优秀传统文化教育、生态文明教育、心理健康教育。

考点 4 ▶ 我国中小学德育的重点

1. 基本道德和行为规范的教育

(1)基本道德是个体生活的基础性道德要求。德育的基础是要教学生学会做人。所以,诸如公平、正直、诚实、勇敢、仁爱、热爱劳动、艰苦朴素等应当成为中小学德育的奠基性内容。

（2）对学生进行文明行为教育，培养学生文明行为习惯，也是学校德育经常性的重要内容之一。"学生守则"以及"学生日常行为规范"等是学生必须遵守的行为准则。小学阶段是学生行为习惯养成的关键期，小学生具有很强的可塑性。因此，小学德育的重点是培养学生良好的道德行为习惯。

2. 公民道德与政治品质的教育

公民道德与政治品质的教育包括集体主义、爱国主义、民主与法制观念和其他政治常识的教育等。

3. 世界观、人生观和理想的基础教育

世界观、人生观、理想是人的精神内核。对世界观、人生观和理想的培育是德育的最高目标，也是德育的基础性工作。

五、现代德育观的几种界说 ★【单选、多选】

1. 认知派德育学说

认知派认为，人的品德取决于道德知识的掌握和信念、智慧以及动机等因素的形成。大部分的罪行和不道德的举动，都是由于愚昧无知、缺乏对各种事物的健全的概念造成的。他们主张，在道德教育中必须给予伦理谈话和系统知识的讲解。认知派的德育思想可以追溯到古希腊的苏格拉底。苏格拉底认为"美德即知识"，在他看来，任何行为只有受到知识的指导，才可能是善的。苏格拉底的道德教育基本上是一种主知主义德育。现代主知主义的代表人物是皮亚杰和科尔伯格。

认知派启示我们：德育不能背离受教育者的道德认知规律。在德育过程中应加强对受教育者讲清道理，进行正确道德认知的引导，让他们明辨是非。

2. 行为派德育学说

行为派认为，人的品德说到底是我们所有的道德行为方式的总和和各种行为习惯系统的最终产物。道德认知未必能导致道德行为，只有养成良好的道德行为习惯，才能指望出现良好的品德。因此，行为派主张重视行为方式的训练和行为习惯的培养。关于儿童的道德行为方式是怎样形成的，20世纪60年代美国行为派社会学习理论学家班杜拉提出了观察学习理论。

行为派启示我们：德育要重视良好行为习惯的训练。在德育过程中，特别要重视充分发挥榜样的力量，教育者本人要以身作则、为人师表，必须加强养成教育、榜样教育。

3. 情感派德育学说

情感派认为，情感是德育的构成性要素，而且在德育中起着本源的作用。舍弃情感，仅靠理性推理而来的道德，在情感派看来简直就是毫无意义的。情感论者虽然并不是完全否认认知在德育中的作用，但他们认为理性的作用仅在于发现真伪，德育的根本应植根于情感的培养。法国哲学家居友强调德育的根本不在于认知，而在情感。指导人们行为的是习惯、本能和情感，德育应"服从最强烈的人性冲动"。

情感派启示我们：在德育过程中，培养良好的情感至关重要。当前德育工作中，德育效果不佳、德育活动缺乏吸引力的一个重要原因是德育不能寓于情感教育之中，教育者缺少爱心或缺乏触动学生心灵的德育艺术。因此，在德育过程中必须强调情感的力量。

六、新时期德育发展的新主题 ★ 【单选、多选】

(1)生命教育。即进行生命意识的培养、生命常识及体验生命活动的教育。生命教育主要包括自我保护教育、人际关系教育和敬畏自然教育。

(2)生存教育。主要包括生存意识、生存知识、生存能力、生存价值等方面的教育。

(3)生活教育。基本内容包括生活行为教育、生活规范教育和生活情感教育三个部分。

(4)安全教育。即教育学生确立自主维护生命安全、财产安全的意识;远离毒品,严防危及生命安全的犯罪。

(5)升学和就业指导教育。即教师根据社会的需要指导学生树立正确的职业观,帮助他们了解社会职业,进而引导他们按照社会需要和自己的特点为升学选择专业、为就业选择职业,在思想上、学习上和心理上做好准备。

其中,生命教育、生存教育和生活教育又被称为"三生教育"。

真题9 [2024广东佛山,单选]三生教育的概念是学校德育范畴的概念,其是指(　　)教育,旨在培养学生的全面素质和综合能力,使其成为适应社会发展的有用之才。

A. 生命、生计和生活　　　　　　　　B. 生育、生存和生活
C. 生命、生存和生长　　　　　　　　D. 生命、生存和生活

真题10 [2023安徽蚌埠,单选]生命教育是当前教育中的重要内容,下列不属于生命教育的是(　　)

A. 法制教育　　　　　　　　　　　　B. 自我保护教育
C. 敬畏自然教育　　　　　　　　　　D. 人际关系教育

答案:9. D　10. A

★ 本节核心考点回顾 ★

1. 德育的功能

(1)社会性功能,主要指学校德育的政治功能、经济功能、文化功能等。要充分注意德育社会性功能实现的间接性,学校德育的政治、经济等功能决不意味着学校德育对学校发展要起完全、直接的参与作用。

(2)个体性功能,指德育对个体生存、发展、享用产生影响的三个方面。

(3)教育性功能,德育具有"教育性",一是指德育的"教育"或价值属性,二是指德育作为教育子系统对平行系统的作用。

2. 三生教育

(1)生命教育,主要包括自我保护教育、人际关系教育和敬畏自然教育。(2)生存教育。(3)生活教育。

第二节 德育过程

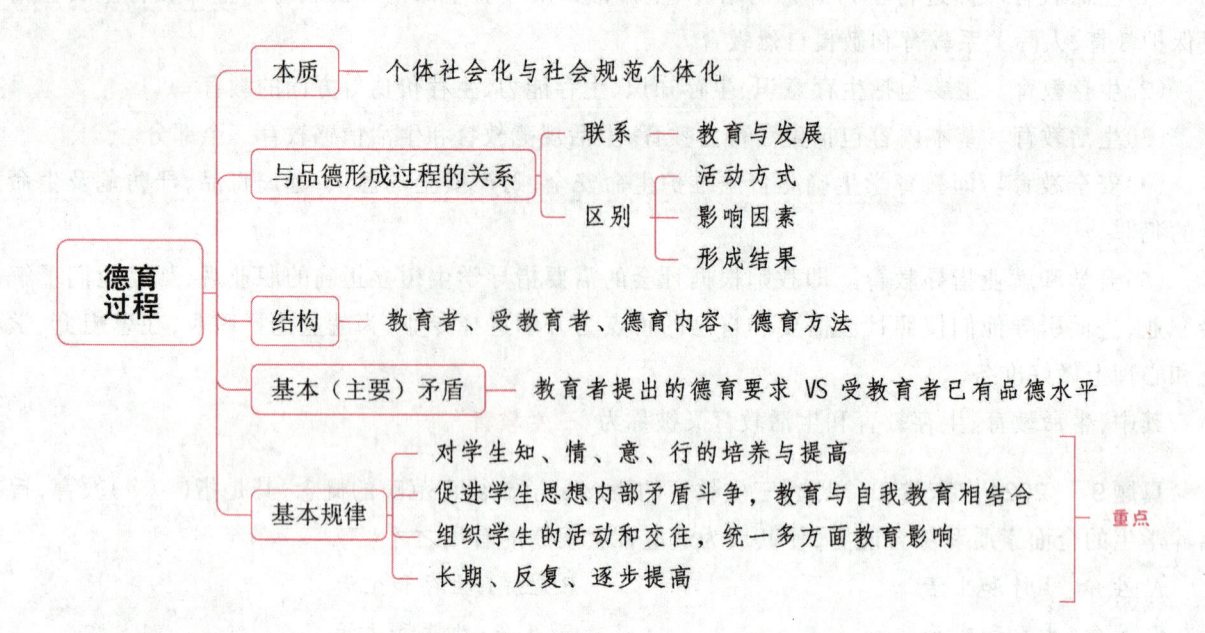

```
                    ┌─ 本质 ──── 个体社会化与社会规范个体化
                    │
                    │                          ┌─ 联系 ── 教育与发展
                    │                          │         ┌─ 活动方式
                    ├─ 与品德形成过程的关系 ──┤         │
                    │                          └─ 区别 ──┼─ 影响因素
                    │                                    └─ 形成结果
  德育过程 ─────────┤
                    ├─ 结构 ──── 教育者、受教育者、德育内容、德育方法
                    │
                    ├─ 基本（主要）矛盾 ── 教育者提出的德育要求 VS 受教育者已有品德水平
                    │
                    │           ┌─ 对学生知、情、意、行的培养与提高
                    │           ├─ 促进学生思想内部矛盾斗争，教育与自我教育相结合
                    └─ 基本规律 ┤                                                       【重点】
                                ├─ 组织学生的活动和交往，统一多方面教育影响
                                └─ 长期、反复、逐步提高
```

一、德育过程的内涵 ★ 【单选、判断】

考点 1 德育过程的概念

德育过程是教育者按照一定的道德规范和受教育者思想品德形成的规律，对受教育者有目的、有计划地施加影响，以形成教育者所期望的思想品德的过程，是促使受教育者道德认识、道德情感、道德意志和道德行为发展的过程。德育过程的本质就是个体社会化与社会规范个体化的统一过程。

考点 2 德育过程与品德形成过程的关系

1. 德育过程与品德形成过程的联系

德育过程与思想品德形成过程是教育与发展的关系。德育过程的最终目标是使受教育者形成一定的思想品德。品德形成属于人的发展过程，德育过程是对品德形成与发展过程的调节与控制。德育只有遵循人的品德形成发展规律，才能有效地促进人的品德形成与发展。

2. 德育过程与品德形成过程的区别

（1）从活动方式来看，德育过程主要是教育者与受教育者双边活动的过程，而品德形成过程是学生个体品德自我发展的过程。

（2）从影响因素看，德育过程中学生主要接受有目的、有计划、有组织的教育影响，而品德形成过程中，学生受各种因素影响，有自觉的因素，也有自发的因素。

（3）从形成的结果看，德育过程的结果是有意识地培养学生形成符合社会要求的思想品德，而品德形成过程的结果可能与社会要求相一致，也可能不一致。

真题1 ［2024天津东丽区，判断］德育过程就是学生品德形成和发展过程本身。（　　）

真题2 [2022河北邯郸,单选]德育过程与品德形成过程的关系是( )
A. 一致的,可以等同
B. 教育与发展的关系
C. 相互促进的关系
D. 相互包容的关系
答案:1. × 2. B

考点 3 德育过程的结构

德育过程通常由教育者、受教育者、德育内容和德育方法四个相互制约的要素构成。

(1)教育者是德育过程的组织者、领导者,在德育过程中起主导作用。

(2)受教育者包括受教育者个体和群体,他们都是德育的对象。在德育过程中,受教育者既是德育的客体,又是德育的主体。

(3)德育内容是用以形成受教育者品德的社会思想政治准则和法纪道德规范,是教育者进行德育工作的重要依据,是受教育者学习、修养和内在化的客体,是教育者与受教育者双边活动的中介。

(4)德育方法是教育者施教传道和受教育者受教修养的相互作用的活动方式的总和。

真题3 [2022广西桂林,单选]在德育过程中起主导作用的是( )
A. 受教育者
B. 教育者
C. 德育内容
D. 德育方法
答案:B

二、德育过程的基本(主要)矛盾 ★ 【单选、多选、填空、判断】

德育过程的矛盾是指德育过程中各要素、各部分之间和各要素、各部分内部各方面之间的对立统一关系,包括教育者与受教育者的矛盾,教育者与德育内容、方法的矛盾,受教育者与德育内容、方法的矛盾,受教育者自身思想品德内部诸要素之间的矛盾等。

德育过程的基本(主要)矛盾是教育者提出的德育要求(社会所要求的道德规范)与受教育者已有品德水平之间的矛盾。这是德育过程中最一般、最普遍的矛盾,也是决定德育过程本质的特殊矛盾。

三、德育过程的基本规律 ★★★ 【单选、填空、判断、简答、论述】

考点 1 德育过程是对学生知、情、意、行的培养与提高过程

1. 知、情、意、行是构成思想品德的四个基本要素

学生的思想品德由知、情、意、行四个心理因素构成。其中,知是基础,行是关键。学生思想品德的形成与发展,即这四个心理因素的形成与发展的过程,学校德育过程也就是对这四个品德心理因素的培养过程。

知,即品德认识,是人们对是非、善恶的认识和评价,以及在此基础上形成的品德观念,包括品德知识和品德判断两个方面。

情,即品德情感,是人们对客观事物做出是非、善恶判断时引起的内心体验,表现为人们对客观事物的爱憎、好恶的态度。品德情感是学生产生品德行为的内部动力,是实现转化的催化剂。

意,即品德意志,是人们为实现一定的品德行为所做出的努力。品德意志是调节学生品德行为的

精神力量。

行,即品德行为,它是通过实践或练习形成的,是实现品德认识、情感以及由品德需要产生的品德动机的行为定向及外部表现。品德行为是衡量品德水平的重要标志。

2. 知、情、意、行之间的关系及其发展

德育过程的一般顺序可以概括为:提高品德认识、陶冶品德情感、锻炼品德意志和培养品德行为习惯。德育过程一般以知为开端,以行为终结。但由于社会生活的复杂性、德育影响的多样性等因素,在德育具体实施过程中,又具有多种开端,可根据学生品德发展的具体情况,或从导之以行开始,或从动之以情开始,或从锻炼品德意志开始,最后达到使学生品德在知、情、意、行几方面和谐发展的目的。

考点 2 ▶ 德育过程是一个促进学生思想内部矛盾斗争的发展过程,是教育与自我教育相结合的过程

(1)学生思想品德的任何变化,都依赖于学生个体的心理活动。任何外界的教育和影响,都必须通过学生思想状态的变化,经过学生思想内部的矛盾斗争,才能发生作用,促使学生品德的真正形成。

(2)在德育过程中,学生思想内部的矛盾斗争,实质上是对外界教育因素的分析、综合过程,斗争的过程也就是学生品德不断发展的过程。

(3)学生的自我教育过程,实际上也是他们思想内部矛盾斗争的过程。根据这一规律,要求教育者在重视对学生进行思想品德教育的同时,高度重视培养学生的自我教育能力,发挥学生在德育过程中的主观能动性。

学生的自我教育能力是学生品德赖以形成的内部因素,也是学生品德发展程度的一个主要标志。自我教育能力主要由自我期望能力、自我评价能力、自我调控能力构成。其中,自我评价能力是个体对自我发展现状和趋势的评判能力。一个人只有能够正确认识和评价自己的思想与行为时,他才能明辨是非,正确认识自己的优点与缺点、进步与不足,才能有效地进行自我教育。

考点 3 ▶ 德育过程是组织学生的活动和交往,统一多方面教育影响的过程

(1)活动和交往是学生思想品德形成和发展的基础和源泉(即组织学生活动和交往是德育过程的基础)。个体的思想品德是在活动和交往的过程中,接受外界教育影响,逐渐形成和发展,并通过活动和交往的过程表现出来的。有目的地根据德育目标和思想品德的形成规律设计实施活动,能加快个体品德发展的速度,对学生品德发展方向起规范和保证作用。这就要求教育者精心设计和组织教育活动和交往。

(2)学生在活动中,必定受到多方面的影响,其中既有校内的正式影响,又有校外的非正式影响;既有积极正面的影响,也有消极负面的影响。学校德育应在多方面影响中发挥主导作用,将多方面教育影响统一到教育目的上来,形成学校与家庭、社会教育的合力,促使学生良好品德的形成和发展。

(3)德育过程中活动和交往的主要特点:①具有引导性、目的性和组织性;②不脱离学生学习这一主导活动,主要交往对象是教师和同学;③具有科学性和有效性,是按照学生品德形成发展规律和教育学、心理学原理组织的,因而能更加有效地影响学生品德的形成。

考点 4 ▶ 德育过程是一个长期的、反复的、逐步提高的过程

(1)德育过程是一个长期的过程。一方面,随着人类社会的不断进步,德育要在内容、手段、方法等方面不断加以调整和补充;另一方面,知、情、意、行等心理因素的培养提高也需要长期的训练和积累,这就决定了德育过程必然是一个长期的、坚持不懈的过程。

(2)德育过程是一个反复的、逐步提高的过程。学生正处于成长期,世界观尚未形成,思想很不稳定,品德发展容易出现反复,这就要求教育者要正确认识和对待这种现象,持之以恒、耐心细致地教育学生,引导学生在反复中逐步前进。

真题4 [2023山西太原,单选]小海能够明辨是非,正确认识自己的优点与缺点、进步与不足。这说明小海具有哪一自我教育能力(　　)

A. 自我评价能力　　　　　　　　　B. 自我期望能力
C. 自我调控能力　　　　　　　　　D. 自我防御能力

真题5 [2023山东济南,单选]"寓德育于教学之中,寓德育于活动之中,寓德育于教师榜样之中,寓德育于学生自我教育之中,寓德育于管理之中。"这主要体现了(　　)

A. 德育过程是培养学生知、情、意、行的过程
B. 德育过程是促进学生思想内部矛盾斗争发展的过程
C. 德育过程是长期的、反复的、逐步提高的过程
D. 德育过程是组织学生的活动与交往,统一多方面教育影响的过程

真题6 [2023河北唐山,单选]小军经常在课堂上做小动作,班主任李老师在了解情况后对他进行耐心教育。一开始他有所改变,但不久后又恢复原样,李老师又多次跟他谈心,久而久之,小军就不再做小动作了。这主要体现了德育过程是(　　)

A. 促进学生思想内部矛盾斗争的过程
B. 在活动和交往中接受多方面影响的过程
C. 对学生知、情、意、行进行培养的过程
D. 长期的、反复的、不断前进的过程

真题7 [2024安徽合肥/淮北/铜陵,判断]德育过程是组织学生的活动与交往的过程。(　　)

真题8 [2023江苏苏州,判断]德育过程说到底是一个知情意行的发展过程,先有知的基础,然后按照情意行依次来发展。(　　)

答案:4. A　5. D　6. D　7. √　8. ×

★★ 本节核心考点回顾 ★★

1. 德育过程的基本规律

(1)德育过程是对学生知、情、意、行的培养与提高过程;
(2)德育过程是一个促进学生思想内部矛盾斗争的发展过程,是教育与自我教育相结合的过程;
(3)德育过程是组织学生的活动和交往,统一多方面教育影响的过程;
(4)德育过程是一个长期的、反复的、逐步提高的过程。

2. 德育过程是对学生知、情、意、行的培养与提高过程

(1)知、情、意、行是构成思想品德的四个基本要素。
(2)德育过程一般以知为开端,以行为终结。但在德育具体实施过程中,又具有多种开端。

第三节　德育原则

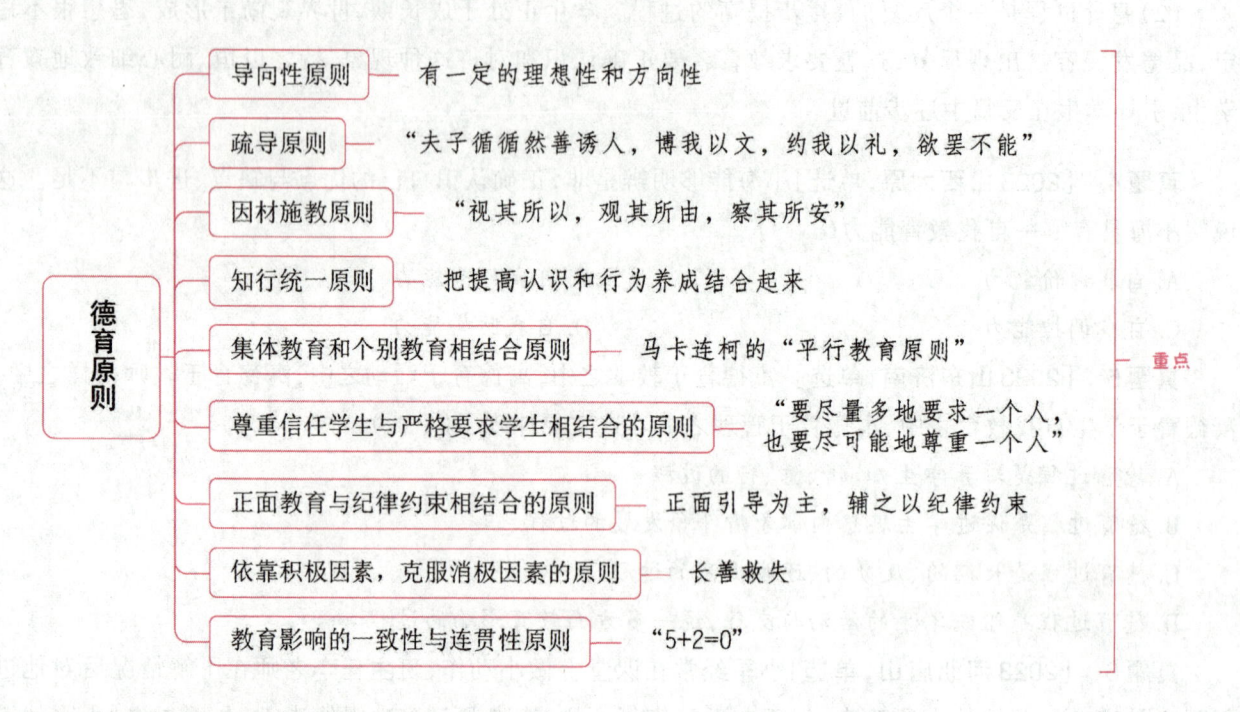

德育原则
- 导向性原则 —— 有一定的理想性和方向性
- 疏导原则 —— "夫子循循然善诱人，博我以文，约我以礼，欲罢不能"
- 因材施教原则 —— "视其所以，观其所由，察其所安"
- 知行统一原则 —— 把提高认识和行为养成结合起来
- 集体教育和个别教育相结合原则 —— 马卡连柯的"平行教育原则"
- 尊重信任学生与严格要求学生相结合的原则 —— "要尽量多地要求一个人，也要尽可能地尊重一个人"
- 正面教育与纪律约束相结合的原则 —— 正面引导为主，辅之以纪律约束
- 依靠积极因素，克服消极因素的原则 —— 长善救失
- 教育影响的一致性与连贯性原则 —— "5+2=0"

（重点）

一、德育原则的概念　★【填空】

德育原则是根据教育目的、德育目标和德育过程规律而提出的指导德育工作的基本要求。德育原则对制定德育大纲、确定德育内容、选择德育方法、运用德育组织形式等具有指导作用。

真题1　[2023福建统考,填空]根据教育目的、德育目标和德育过程规律而提出的指导德育工作的基本要求是_____。

答案：德育原则

二、我国中小学主要的德育原则　★★★【单选、多选、填空、判断、辨析、简答、材料分析、案例分析】

考点 1　导向性原则

1. 基本含义

导向性原则是指进行德育时要有一定的理想性和方向性，以指导学生向正确的方向发展。在我国，德育工作要把无产阶级的政治方向放在首位，对学生的德育要求要同共产主义目标相联系。

2. 贯彻这一原则的要求

（1）坚持正确的政治方向；（2）德育目标必须符合新时期的方针政策和总任务的要求；（3）要把德育的理想性和现实性结合起来。

考点 2　疏导原则

1. 基本含义

疏导原则是指进行德育时要循循善诱、以理服人，从提高学生认识入手，调动学生的主动性，使他

们积极向上。疏导原则也就是循循善诱原则。我国古代教育家孔子很善于诱导他的学生,其弟子颜回这样称赞道:"夫子循循然善诱人,博我以文,约我以礼,欲罢不能。"

2. 贯彻这一原则的要求

(1)讲明道理,疏通思想;(2)因势利导,循循善诱;(3)以表扬、激励为主,坚持正面教育。

考点 3 因材施教原则(从学生实际出发)

1. 基本含义

因材施教原则是指教育者在德育过程中,应根据学生的年龄特征、个性差异以及品德发展现状,采取不同的方法和措施,加强德育的针对性和实效性。孔子很早就提出了"视其所以,观其所由,察其所安"的了解学生的有效方法,并根据学生的特点进行有区别的教育。

2. 贯彻这一原则的要求

(1)以发展的眼光客观、全面、深入地了解学生,正确认识和评价青少年学生的思想特点;(2)根据不同年龄阶段学生的特点,选择不同的内容和方法进行教育,防止一般化、成人化、模式化;(3)注意学生的个别差异,因材施教。

考点 4 知行统一原则

1. 基本含义

知行统一原则是指教育者在进行德育时,既要重视对学生进行系统的思想道德的理论教育,又要重视组织学生参加实践锻炼,把提高认识和行为养成结合起来,使学生做到言行一致。

2. 贯彻这一原则的要求

(1)加强理论教育,提高学生的思想道德认识;(2)组织和引导学生参加社会实践,通过实践活动加深认识,增强情感体验,养成良好的行为习惯;(3)对学生的评价和要求要坚持知行统一的原则;(4)教育者要以身作则,严于律己,言行一致。

考点 5 集体教育和个别教育相结合原则

1. 基本含义

在德育过程中,教育者要善于组织和教育学生热爱集体,并依靠集体教育每个学生,同时通过对个别学生的教育,来促进集体的形成和发展,从而把集体教育和个别教育有机地结合起来。

这一原则是苏联教育家马卡连柯成功教育经验的总结。马卡连柯指出:教师要影响个别学生,首先要去影响这个学生所在的集体,然后通过集体和教师一道去影响这个学生,便会产生良好的教育效果。这就是著名的"平行教育原则"。

> **小香课堂**
>
> 集体教育和个别教育相结合原则也称为集体教育原则、在集体中教育的原则。这三种说法的内涵是一致的,仅在具体表述上略有差异。
>
> (1)集体教育原则是指在对学生实施德育过程中,要注意依靠学生集体,通过集体进行教育,以便充分发挥学生集体在教育中的巨大作用。
>
> (2)在集体中教育的原则是指学生的社会交往与活动通常处于一定的集体中,德育要培养和教育好学生集体,充分发挥学生集体在教育中的巨大作用。

2. 贯彻这一原则的要求

(1)建立健全的学生集体;(2)开展丰富多彩的集体活动,充分发挥学生集体的教育作用;(3)加强个别教育,并通过个别教育影响集体,增强集体的生机和活力。

考点 6 ▶ 尊重信任学生与严格要求学生相结合的原则

1. 基本含义

在德育过程中,教育者既要尊重信任学生,又要对学生提出严格的要求,把严和爱有机地结合起来,使教育者的合理要求转化为学生的自觉行动。

这一原则是教育者正确对待受教育者的基本情感和态度。学生受到教师的尊重,内心会产生满意感和光荣感,这是促进学生积极向上的内在力量。我国明代教育家王阳明指出:"大抵童子之情,乐嬉游而惮拘检,如草木之始萌芽,舒畅之则条达,摧挠之则衰萎。今教童子,必使其趋向鼓舞,中心喜悦,则其进自不能已。"教师尊重学生并不意味着放松对学生的要求,更不代表教师可以放任学生。尊重学生,是对学生的信任,相信学生的能力,相信他们未来的发展。严格要求是指教师按照教育目的的要求,教育、培养学生。在德育工作中尊重信任与严格要求是辩证统一的,是制约德育效果的两个相辅相成的必要条件。尊重和信任是严格要求的前提,正如苏联教育家马卡连柯所说:"要尽量多地要求一个人,也要尽可能地尊重一个人。"爱是严的基础,严是爱的体现,只有把两者紧密结合在一起,才能取得最佳教育效果。

2. 贯彻这一原则的要求

(1)教育者要有强烈的事业心、责任感以及尊重热爱学生的态度;(2)教育者应根据教育目的和德育目标,对学生严格要求,认真管理;(3)教育者要从学生的年龄特征和品德发展状况出发,提出适度的要求,并坚定不渝地贯彻到底。

考点 7 ▶ 正面教育与纪律约束相结合的原则

1. 基本含义

德育工作既要正面引导,说服教育,启发自觉,调动学生接受教育的内在动力,又要辅之以必要的纪律约束,并使两者有机结合起来。青少年学生缺乏一定的行为自控能力,这就决定了在正面引导的同时,必须加以必要的纪律约束。

2. 贯彻这一原则的要求

(1)坚持正面教育原则,以客观的事实、先进的榜样和表扬鼓励为主的方法教育和引导学生;(2)坚持摆事实,讲道理,以理服人,启发自觉;(3)建立健全学校规章制度和集体组织的公约、守则等,并且严格管理,认真执行。

考点 8 ▶ 依靠积极因素,克服消极因素的原则(长善救失原则)

1. 基本含义

在德育工作中,教育者要善于依靠、发扬学生自身的积极因素,调动学生自我教育的积极性,克服消极因素,以达到长善救失的目的。

2. 贯彻这一原则的要求

(1)教育者要用一分为二的观点,全面分析和了解学生,客观地评价学生的优点和不足;(2)教育者要有意识地创造条件,将学生思想中的消极因素转化为积极因素;(3)教育者要提高学生自我认识、自我评价的能力,启发他们自觉思考,克服缺点,发扬优点。

考点 9 · 教育影响的一致性与连贯性原则

1. 基本含义

在德育工作中,教育者应主动协调多方面教育力量,统一认识和步调,有计划、有系统、前后连贯地教育学生,发挥教育的整体功能,培养学生正确的思想品德。

2. 贯彻这一原则的要求

(1)充分发挥教师集体的作用,统一学校内部的多种教育力量,使之成为一个分工合作的优化群体;(2)争取家长和社会的配合,主动协调好与家庭、社会教育的关系,逐步形成以学校为中心的"三位一体"的德育网络;(3)保持德育工作的经常性和制度化,处理好衔接工作,保证对学生影响的连续性、系统性,使学生的思想品德得以循序渐进地持续发展。

> **知识再拔高**
>
> **德育的爱和民主原则及客观真实性原则**
>
> 1. 爱和民主原则
>
> 爱和民主原则是指在进行德育活动时,教师要热爱、关心学生,同时尊重学生,发挥学生的主体性,建立平等、和谐、融洽的师生关系,促进学生身心的全面发展。对学生的爱和尊重是进行德育的前提、基础和动力。贯彻爱和民主原则,应该注意:(1)教师要热爱学生,尊重和信赖学生,善于从学生的视角来看问题;(2)注重德育过程的民主化,构建平等、和谐的师生关系。
>
> 2. 客观真实性原则
>
> 客观真实性原则是指学校德育工作必须坚持客观公正的态度和方法,也就是实事求是、尊重客观事实。由于培养人的品德是一个长期的、复杂的任务,因此用客观的诚实态度和方法开展德育工作就显得格外重要。客观真实性原则也要求我们树立"注重实效,力戒空谈"的德育规范,如古人所说:"不说大话,不务虚名,不行驾空之事,不谈过高之理。"品德教育的实质在于培养对待道德原则与道德规范的正确态度。

真题2 [2024江苏南京,单选]在家访活动中,金老师注重发现学生的优点,并创造条件让学生运用优点在班集体活动中崭露头角,"做更好的自己"。金老师的行为体现的德育原则主要是( )

A. 循循善诱原则　　B. 长善救失原则　　C. 平行教育原则　　D. 知行统一原则

真题3 [2023河南郑州,单选]某学校组织校内手工社团的学生到博物馆参与优秀传统文化教育活动,并体验中国传统工艺品——团扇的创作。这体现的德育原则是( )

A. 严慈相济原则　　B. 正面教育原则　　C. 知行统一原则　　D. 长善救失原则

真题4 [2023广东深圳,单选]依靠学生集体,通过集体对学生进行德育,所指的德育原则是( )

A. 因材施教原则　　B. 疏导原则　　C. 集体教育原则　　D. 知行统一原则

真题5 [2024天津滨海新区,填空]颜回说:"夫子循循然善诱人,博我以文,约我以礼,欲罢不能。"颜回的话反映了德育的_____原则。

真题6 [2022浙江台州,简答]请简述德育原则中的教育影响的一致性与连贯性原则的基本含义和贯彻要求。

答案:2. B　3. C　4. C　5. 疏导(循循善诱)　6. 详见内文

✦★ **本节核心考点回顾** ★✦

1. 我国中小学主要的德育原则

我国中小学主要的德育原则包括：导向性原则；疏导原则；因材施教原则；知行统一原则；集体教育和个别教育相结合原则；尊重信任学生与严格要求学生相结合的原则；正面教育与纪律约束相结合的原则；依靠积极因素，克服消极因素的原则；教育影响的一致性与连贯性原则。

2. 疏导原则

（1）基本含义：教育者进行德育时要循循善诱、以理服人，从提高学生认识入手，调动学生的主动性，使他们积极向上。

（2）例子："夫子循循然善诱人，博我以文，约我以礼，欲罢不能"。

（3）贯彻要求：①讲明道理，疏通思想；②因势利导，循循善诱；③以表扬、激励为主，坚持正面教育。

3. 集体教育和个别教育相结合原则

（1）基本含义：教育者要善于组织和教育学生热爱集体，并依靠集体教育每个学生，同时通过对个别学生的教育，来促进集体的形成和发展，从而把集体教育和个别教育有机地结合起来。

（2）例子：马卡连柯的"平行教育原则"。

（3）贯彻要求：①建立健全的学生集体；②开展丰富多彩的集体活动，充分发挥学生集体的教育作用；③加强个别教育，并通过个别教育影响集体，增强集体的生机和活力。

4. 教育影响的一致性与连贯性原则

（1）基本含义：教育者应主动协调多方面教育力量，统一认识和步调，有计划、有系统、前后连贯地教育学生，发挥教育的整体功能，培养学生正确的思想品德。

（2）贯彻要求：①充分发挥教师集体的作用，统一学校内部的多种教育力量；②争取家长和社会的配合，主动协调好与家庭、社会教育的关系；③保持德育工作的经常性和制度化，处理好衔接工作。

第四节　德育的途径与方法

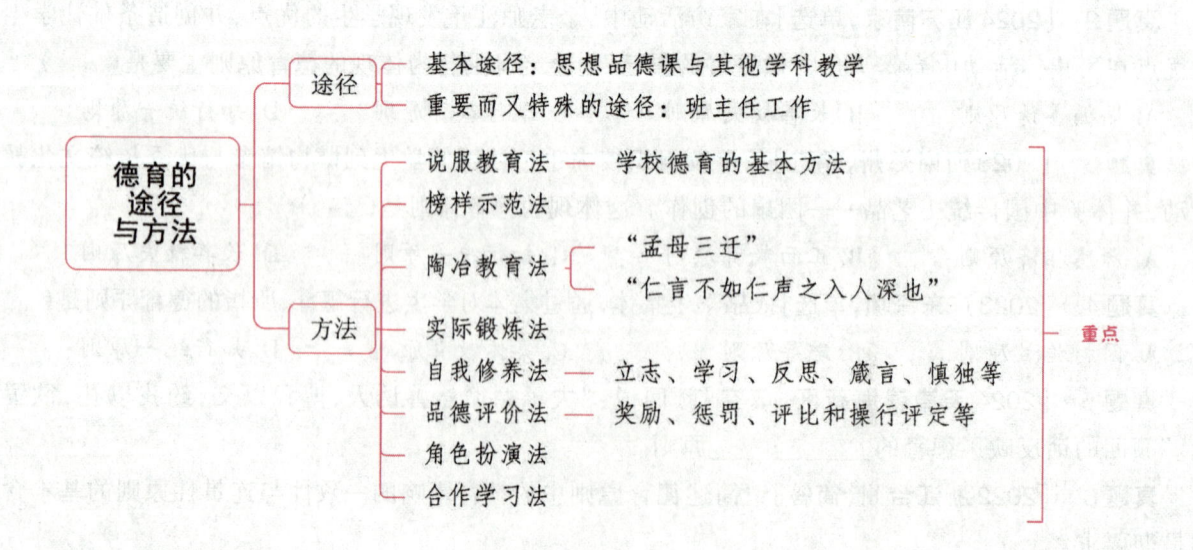

德育的途径与方法
- 途径
  - 基本途径：思想品德课与其他学科教学
  - 重要而又特殊的途径：班主任工作
- 方法
  - 说服教育法 —— 学校德育的基本方法
  - 榜样示范法
  - 陶冶教育法 —— "孟母三迁"；"仁言不如仁声之入人深也"
  - 实际锻炼法
  - 自我修养法 —— 立志、学习、反思、箴言、慎独等
  - 品德评价法 —— 奖励、惩罚、评比和操行评定等
  - 角色扮演法
  - 合作学习法

重点

一、德育途径 ★★★ 【单选、多选、填空、判断、判断选择、简答】

德育途径是指学校教育者对学生实施德育时可供选择和利用的渠道,又称为德育组织形式。我国学校的德育途径是广泛多样的,具体如下:

(1)思想品德课(思想政治课)与其他学科教学。这是学校有目的、有计划、系统地对学生进行德育的基本途径。学校以教学为主,因此,思想品德课之外的其他各科教学是德育最经常、最基本、最有效的途径。当然,教学这个途径不是万能的,只通过思想品德课(思想政治课)和其他学科教学进行德育,容易使学生脱离社会生活实际。

(2)社会实践活动。学生的思想品德是在活动和交往中形成,并通过活动和交往表现出来的。社会实践活动有助于培养学生各种良好的品德和风尚,因此,社会实践活动也是学校德育不可缺少的重要途径。

(3)课外、校外活动。课外、校外活动有助于培养学生辨别是非、自我教育等的道德能力和互助友爱、团结合作、纪律性与责任感等良好品德。

(4)共青团、少先队组织的活动。共青团、少先队是青少年学生自己的集体组织。通过自己的组织进行德育,有利于调动学生的积极性和创造性,培养他们的主人翁意识以及自我教育和管理的能力,自觉提高思想认识,形成优良品德。

(5)校会、班会、周会、晨会、时事政策的学习。其中,晨会于每天早晨进行,时间为十分钟。可分为全校晨会活动和班级晨会活动两种形式。晨会活动的设计与实施需要注意:①不把晨会当成一堂正式的课;②不把晨会视为班主任的"一言堂";③不把晨会视为学生的"自留田";④不把晨会当作一堂机械重复的课。

(6)班主任工作。班主任工作是学校对学生进行德育的一个重要而又特殊的途径。

此外,也有说法认为,德育途径包括:(1)寓德育于各科教学之中;(2)寓德育于学校管理工作之中;(3)寓德育于课外、校外活动之中;(4)寓德育于劳动之中;(5)寓德育于共青团、少先队及班级活动之中。

真题1 [2024河南事业单位,单选]2016年,习近平总书记明确提出"使各类课程与思想政治理论课同向同行,形成协同效应"的要求。这说明对学生实施德育的基本途径是( )

A. 各科教学和品德课　　　　　　　　B. 各种课外活动和品德课
C. 各种校外活动和品德课　　　　　　D. 各种少先队活动和品德课

真题2 [2023广东深圳,单选]只通过思政课与其他学科教学实施德育,其缺点在于( )

A. 没有组织性,比较松散　　　　　　B. 培养的品德零散而不稳定
C. 容易使学生脱离社会生活实际　　　D. 不能充分发挥教师的作用

真题3 [2023辽宁锦州,单选]某学校组织学生参加学雷锋小组,开展税务、交通、消防共建以及野游、参观等活动,使学生形成美好的心灵,在美好的思想品德激励中获得进步。这体现了中小学德育途径中的( )

A. 寓德育于政治课与其他学科教学之中　　B. 寓德育于学校管理工作之中
C. 寓德育于课外、校外活动之中　　　　　D. 寓德育于劳动之中

真题4 [2024江苏苏州,判断]只有思政学科才有教育性,其他学科无教育性。(　　)

答案:1. A　2. C　3. C　4. ×

二、德育方法

考点 1 ▶ 德育方法的概念

德育方法是为达到德育目的,在德育过程中采用的教育者和受教育者相互作用的活动方式的总和。它包括教育者的教学方式和受教育者的学习方式。

考点 2 ▶ 我国中小学常用的德育方法 ★★★ 【单选、多选、填空、判断、简答、案例分析】

1. 说服教育法

(1)说服教育法的概念

说服教育法又叫说理教育法、明理教育法,是通过语言说理,使学生明晓道理,分清是非,提高品德认识的德育方法。这是一种坚持正面理论教育和正面思想引导,增强辨别是非能力,促进道德发展的重要方法。说服教育法是学校德育的基本方法。

(2)说服教育法的方式

第一类是运用语言文字进行说服教育的方式,如讲解、报告、谈话、讨论、辩论、读书指导等;第二类是运用事实进行说理教育的方式,主要包括参观、访问和调查。

(3)运用说服教育法的要求

①明确目的性和针对性;②富有知识性、趣味性;③注意时机;④以诚待人(注重互尊互动)。

2. 榜样示范法

(1)榜样示范法的概念

榜样示范法是用榜样人物的优秀品德来影响学生的思想、情感和行为的德育方法。由于榜样能把社会真实的思想、政治和法纪、道德关系表现得更直接、更亲切、更典型,因而能给人以极大的影响、感染和激励,教育、带动和鼓舞人们前进。运用榜样示范法符合青少年学生爱好学习,善于模仿,崇拜英雄,追求上进的年龄特点,也符合人的认识由生动直观到抽象的发展规律。

榜样包括伟人的典范、教育者的示范、学生中的好榜样等。

(2)运用榜样示范法的要求

①选好学习的榜样;②激起学生对榜样的敬慕之情;③狠抓落实,引导学生用榜样来调节行为,提高修养。

3. 陶冶教育法

(1)陶冶教育法的概念

陶冶教育法是教师利用环境和自身的教育因素,对学生进行潜移默化的熏陶和感染,使其在耳濡目染中受到感化的德育方法。

> **小香课堂**
>
> 陶冶教育法也称为情感陶冶法、陶冶法。这三种说法都重视情境的创设和陶冶的作用,其内涵是一致的,仅在具体表述上略有差异。
>
> (1)情感陶冶法是指教育者自觉创设良好的教育情境,潜移默化地使受教育者在道德和思想

情操等方面受到感染、熏陶的方法。

（2）陶冶法是通过创设良好的情境,潜移默化地培养学生品德的方法。

（2）陶冶教育法的方式

陶冶教育法的方式主要有环境陶冶、情感陶冶、人格陶冶、艺术陶冶、科学知识陶冶、各种活动和交往情境陶冶等。这里,我们重点介绍环境陶冶、人格陶冶和艺术陶冶。

①环境陶冶,指学生所生活的环境对他思想品德的形成有重要陶冶作用。我国古代就已重视环境对人的陶冶作用,"孟母三迁"的故事至今传为佳话。

②人格陶冶,也称人格感化,指教育者以自身的品德和情感为情境对学生进行的陶冶。在这种情况下,教师不是通过说理和要求来教育学生,而是以自己的高尚品德、人格魅力、对学生的深切期望和真诚的爱来触动、感化学生,促进学生思想转变,积极进取。

③艺术陶冶,指用艺术陶冶学生的思想感情。我国古代教育注意用音乐与诗歌陶冶学生,孟子曾说过:"仁言不如仁声之入人深也"。我们应重视组织学生阅读文学诗歌,聆听音乐,欣赏画展,观看影视,或引导他们自己去创作、表现、演出,从中获得启示,受到陶冶。

（3）运用陶冶教育法的要求

①创设良好的情境;②与启发引导相结合;③引导学生参与情境的创设。

4. 实际锻炼法

（1）实际锻炼法的概念

实际锻炼法是有目的地组织学生参加各种实际活动,使其在活动中锻炼思想,增长才干,培养优良的思想和行为习惯的德育方法。锻炼的方式主要是学习活动、社会活动、生产劳动和课外文体科技活动。

（2）运用实际锻炼法的要求

①目的明确,计划周密,加强指导,坚持严格要求;②生动活泼,灵活多样,调动学生的主动性;③注意检查和持之以恒,随时总结。

5. 自我修养法

（1）自我修养法的概念

自我修养法是在教师引导下学生经过自觉学习、反思和自我改进,使自身品德不断完善的一种方法。

（2）自我修养法的方式

自我修养一般包括立志、学习、反思、箴言、慎独等。

①立志,指确立道德理想或期望自我。这既是修养的一种内容,也是修养的一个重要方法。

②学习,指为提高思想认识而进行的学习。

③反思,包括自我认识、自我反省、自我评价等,是学生进行自我修养常用的一种方法,对提高思想觉悟,防止不良习气和自我纠正过失有重要意义。

④箴言,引导学生确立奋斗目标,选出有针对性的格言、箴言作座右铭,用以自励、自警,经常对照自己、长期坚持,以提高修养水平。这是修养的一种好方法,其效果取决于是否能够严于律己。

⑤慎独,是自我修养的最高境界。

（3）运用自我修养法的要求

①培养学生自我修养的兴趣与自觉性;②指导学生掌握修养的标准;③引导学生积极参加社会实践。

6. 品德评价法

(1)品德评价法的概念

品德评价法是通过对学生品德进行肯定或否定的评价而予以激励或抑制,促使其品德健康形成和发展的德育方法。它包括奖励、惩罚、评比和操行评定等。

(2)运用品德评价法的要求

①公平、正确、合情合理;②发扬民主,获得群众支持;③注重宣传与教育;④奖励为主,抑中带扬。

7. 角色扮演法

角色扮演法是通过让儿童扮演处境特别的求助者或其他有异于自己的社会角色,使扮演者暂时置身于他人的位置,按照他人的处境或角色来行事、处世,以求在体验别人的态度、方式中,增进扮演者对他人及其社会角色的理解和认同。角色扮演法对于发展个体关爱他人、体谅他人的社会情感以及发展人际交往能力方面有着重要意义。

8. 合作学习法

(1)合作学习法的概念

合作学习法是中小学重要的德育方法之一。合作学习有助于培养合作精神,建设学生集体,提高个体的群体意识、归属感、自尊心和成就感。合作学习法的具体策略包括双人式学习、小组学习、小队式学习、跨小组的协作式学习、小组之间的竞争式学习、全班协作学习等。

(2)运用合作学习法的要求

①要让学生明白合作是一种重要的目标;②要根据学习内容选择恰当的合作学习策略,或者从合作策略出发,安排或设计恰当的学习内容;③要规定一些重要的合作原则;④要指导学生学习一些基本的合作技巧。

除上述常用的德育方法外,还有道德叙事法、交往实践法、道德讨论法等。

真题5 [2024安徽合肥/淮北/铜陵,单选]某班在"每日一星"的活动中,将表现好、进步大的学生的照片贴在明星墙上以示奖励。这运用的方法是(　　)

A. 说服教育法　　　B. 品德评价法　　　C. 指导实践法　　　D. 陶冶情操法

真题6 [2024江苏苏州,单选]"让学校的每一面墙都开口说话。"这体现的德育方法是(　　)

A. 说服教育法　　　B. 榜样示范法　　　C. 实际锻炼法　　　D. 情感陶冶法

真题7 [2024河北石家庄,单选]班主任陈老师经常引导学生背诵一些古诗并以此作为格言自勉,在培养学生好品德、好习惯等方面收效良好。陈老师运用的德育方法是(　　)

A. 说服教育法　　　　　　　　　B. 榜样示范法

C. 角色扮演法　　　　　　　　　D. 自我修养法

真题8 [2023辽宁营口,多选]青少年渴求知识,期望更多地了解社会、人生。故运用明理教育法进行德育时,(　　)

A. 要注重互尊互动　　　　　　　B. 要有知识性和趣味性

C. 要有针对性　　　　　　　　　D. 要善抓时机

真题9 [2024天津东丽区,判断]对学生进行思想品德教育的最基本方法是榜样示范法。(　　)

答案:5. B　6. D　7. D　8. ABCD　9. ×

考点 3 选择德育方法的依据 ★ 【多选】

(1)德育目标；(2)德育内容；(3)学生的年龄特点和个性差异。此外，选择德育方法还要考虑到所面对的时代特征、学生的思想实际、学校和教师的实际情况，以及文化传统的作用。

真题10 [2023广东深圳,多选]选择德育方法的依据有(　　)

A. 德育目标　　　　　　　　　　B. 德育内容
C. 学生的年龄特点　　　　　　　D. 学生的个性差异
E. 德育价值

答案：ABCD

★★ 本节核心考点回顾 ★★

1. 德育途径
(1)思想品德课(思想政治课)与其他学科教学。这是学校进行德育的基本途径。
(2)社会实践活动。
(3)课外、校外活动。
(4)共青团、少先队组织的活动。
(5)校会、班会、周会、晨会、时事政策的学习。
(6)班主任工作。这是学校对学生进行德育的一个重要而又特殊的途径。

2. 我国中小学常用的德育方法
我国中小学常用的德育方法包括：说服教育法、榜样示范法、陶冶教育法、实际锻炼法、自我修养法、品德评价法、角色扮演法、合作学习法等。

3. 说服教育法
(1)别名：说理教育法、明理教育法。
(2)地位：说服教育法是学校德育的基本方法。

4. 陶冶教育法
(1)别名：情感陶冶法、陶冶法。
(2)概念：教师利用环境和自身的教育因素，对学生进行潜移默化的熏陶和感染，使其在耳濡目染中受到感化。

5. 自我修养法
(1)概念：在教师引导下学生经过自觉学习、反思和自我改进，使自身品德不断完善。
(2)方式：立志、学习、反思、箴言、慎独等。

6. 品德评价法
(1)概念：通过对学生品德进行肯定或否定的评价而予以激励或抑制，促使其品德健康形成和发展。
(2)方式：奖励、惩罚、评比和操行评定等。

第五节 德育模式

```
                    ┌─ 认知模式 ─── 代表人物：皮亚杰、科尔伯格等
                    │              目的：促进儿童道德判断力的发展及其行为的发生
                    │
                    ├─ 体谅模式 ─── 代表人物：彼得·麦克费尔等       ┐
                    │              把道德情感的培养置于中心地位    │ 重点
    德育模式 ───────┤                                                ┘
                    ├─ 社会模仿模式 ─── 代表人物：班杜拉
                    │
                    ├─ 价值澄清模式 ─── 代表人物：拉斯、哈明、西蒙等
                    │
                    └─ 集体教育模式 ─── 代表人物：马卡连柯
```

德育模式实际上是在德育实施过程中德育理念、德育内容、德育手段、德育方法、德育途径等的有机组合方式。当代影响较大的德育模式有认知模式、体谅模式、社会模仿模式、价值澄清模式、集体教育模式等。大体上说，认知模式重知，体谅模式重情，社会模仿模式重行。

一、认知模式 ★★ 【单选、判断】

1. 认知模式的主要观点

道德教育的认知模式是当代德育理论中流行最为广泛、占据主导地位的德育学说，它是由瑞士学者皮亚杰提出，而后由美国学者科尔伯格进一步深化的。该模式假定人的道德判断力按照一定的阶段和顺序从低到高不断发展，道德教育的目的就在于促进儿童道德判断力的发展及其行为的发生。

2. 认知模式的特征

（1）人的本质是理性的；（2）必须注重个体认知发展与社会客体的相互作用；（3）注重研究个体道德认知能力的发展过程。

3. 认知模式的特色

（1）提出了以公正观发展为主线的德育发展阶段理论；（2）建构了较为科学的道德发展观，提出了智力与道德判断力关系的一般观点；（3）通过实验建立了崭新的学校德育模式。

4. 认知模式的缺陷

（1）太过于强调认知力的作用，忽视了对道德行动的研究，而后者对德育来说才是最重要的；（2）强调了道德判断的形式而忽视了内容的作用；（3）提出的阶段理论有缺陷；（4）在批评传统德育靠机械重复训练的做法时完全排斥了道德习惯的作用，同时忽视了道德情感因素。

•知识再拔高•

道德两难

科尔伯格采用道德两难故事法研究儿童的道德发展。所谓道德两难，指的是同时涉及两种道德规范且两者不可兼顾的情境或者问题。它除了可以用于测量儿童的道德判断的发展水平，还具有非常特别的教育意义：

（1）可用于促进儿童的道德判断力的发展；

(2)可用于提高学生的道德敏感性；
(3)可用于提高学生在道德问题上的行动抉择能力；
(4)可用于深化学生的道德理解,提高道德认识。

真题1 [2023河南南阳,判断]认知模式太过于强调认知力的作用,忽视了对道德行动的研究。(　　)

答案:√

二、体谅模式 ★★★ 【单选、多选、判断】

1. 体谅模式的主要观点

体谅模式(学会关心的道德教育模式)形成于20世纪70年代,由英国学校德育学家彼得·麦克费尔和他的同事所创。"体谅"即教师要对学生"多关心、少评价"。与认知性道德发展模式强调道德认知发展不同,体谅模式把道德情感的培养置于中心地位。关于体谅模式的观点,不同的学者有不同的说法。

说法一:(1)与人友好相处是人类的基本需要,帮助满足学生与人友好相处的需要是教育的重要职责;(2)道德教育重在提高学生的人际意识和社会意识,引导学生学会关心;(3)鼓励处于社会体验期的青少年体验不同的角色和身份;(4)教育即学会关心。

说法二:(1)要根据学生的需要来确定道德教育的课程;(2)道德教育应该促进发展成熟的社会判断和行为;(3)要注重道德感染力和榜样的作用;(4)反对用高度理性化的方式进行道德教育;(5)注重人与人之间的理解和关心,强调感情的沟通在道德培养过程中的作用;(6)以母爱式的关心为道德教育的途径。

2. 体谅模式的特征

(1)坚持性善论;(2)坚持人具有一种天赋的自我实现趋向;(3)把培养健全人格作为德育目标;(4)大力倡导民主的德育观。

3. 体谅模式的特色

(1)有助于教师较全面地认识学生在解决特定的人际—社会问题时的各种可能反应;(2)有助于教师较全面地认识学生在解决特定的人际—社会问题时可能遭到的种种困难,以便更好地帮助学生学会关心;(3)该模式提供了一系列可能的反应,教师能够根据它们指导学生围绕大家提出的行动方针进行讲座或角色扮演。

真题2 [2024浙江宁波,单选]教师创设情境:在下雨天,你发现一个陌生的老奶奶,没有带伞,蹒跚地走在雨中……鼓励学生对故事的发展进行续写并交流。这采用的德育模式是(　　)

A. 价值澄清模式　　　　　　　　　B. 传递—接受模式
C. 体谅模式　　　　　　　　　　　D. 社会模仿模式

真题3 [2023黑龙江哈尔滨,单选]认为人性本善,人具有自我实现的倾向,把培养健全人格作为德育目标的德育模式是(　　)

A. 认知模式　　　　　　　　　　　B. 体谅模式
C. 社会模仿模式　　　　　　　　　D. 价值澄清模式

真题4 [2023山东临沂,单选]杨老师在班会上问学生:马路上遇到老人摔倒了,该怎么办？学生们自由发言,说出了各种可能的行动方案。杨老师把学生分成多个小组,每个小组表演其中一种方案,全班学生边看边思考,我们该有的价值取向是什么。杨老师的这一做法属于(　　)

A. 认知发展模式　　　　　　　　B. 体谅模式
C. 价值澄清模式　　　　　　　　D. 社会学习模式

答案:2. C　3. B　4. B

三、社会模仿模式 ★★ 【单选、判断】

1. 社会模仿模式的主要观点

社会模仿模式主要由美国的班杜拉创立,该模式认为人与环境是一个互动体,人既能对刺激做出反应,也能主动地解释并作用于情境。其基本观点有:(1)儿童的道德行为、道德判断是通过社会学习(观察学习)获得和改变的;(2)榜样示范是道德教育的主要手段;(3)提出环境、行为和人的交互作用论;(4)强调自我调节。

2. 社会模仿模式的特色

(1)在吸收其他学派的基础上,发展了行为主义,使之对人的道德行为做出更合理的阐释,对德育工作有很大意义;(2)在文化环境与人的道德发展相互作用方面有重要的成果,系统论述了示范榜样对道德发展的内在作用机制以及影响道德行为的各种形式和途径;(3)自我评价和自我效能的理论给学校德育研究开辟了新的领域,具体阐述培养学生自我评价能力,建立认知调节机制的基本过程,把环境的示范和个体的发展与认知调节机制的互动表达出来,从中可以看到学生是如何内化外部作用,从而逐渐发展起自我评价能力的;(4)注重理论与实践相结合。

真题5 [2024 山东青岛,单选]裕禄中学在近些年的德育工作中,一直坚持将焦裕禄作为榜样,以焦裕禄精神涵养了一批又一批的焦裕禄式的好少年。裕禄中学的做法体现的德育模式是(　　)

A. 体谅模式　　　　　　　　B. 价值澄清模式
C. 认知模式　　　　　　　　D. 社会模仿模式

答案:D

四、价值澄清模式 ★★ 【单选】

价值澄清模式的代表人物是美国的拉斯、哈明、西蒙等人。这种模式着眼于价值观教育,试图帮助人们减少价值混乱并通过评价过程促进统一的价值观的形成。其目的是通过选择、赞扬和实践过程来增进富于理智的价值选择。

1. 价值澄清模式的理论观点

价值澄清的目标之一就是使人们获得一种价值观念,这种价值观念使他们能以一种令人满意与明智的方式适应他们所处的不断变化的世界。因此,价值观并不是一种固定观点或永恒不变的真理,而是建立在个体亲身经历的社会经验基础上的一种指南。

2. 价值澄清模式的评价过程

要了解自己的价值观,必须经过选择、评价和按这些价值观行动的过程。全部的价值澄清过程包括了三个阶段和七个步骤:

表1-40 价值澄清模式的步骤

阶段		步骤	
一	选择	1	自由地选择
		2	从各种可供选择的项目中进行选择
		3	在仔细考虑后果之后进行选择
二	评价	4	赞同与珍视所做的选择
		5	确认自己的选择
三	行动	6	依据选择行动
		7	重复

五、集体教育模式 ★★ 【单选】

1. 集体教育模式的基本观点

苏联教育家马卡连柯的核心教育思想是集体教育。其基本观点有：(1)教育工作的主要方式是集体教育，教育工作的基本对象是集体，教育的任务是培养集体主义者；(2)"在集体中，通过集体，为了集体"的教育体系。

马卡连柯还分析了儿童集体形成的阶段，提出了平行教育影响原则和前景教育原则。

平行教育影响原则也称集体教育原则，即教师应以集体为教育对象，通过集体并在集体中教育和影响个人。

前景教育原则也称"明日快乐论"，即给学生提出一个或几个需要经过一定努力才能完成的新任务，吸引集体中的每一个成员为完成新的任务，实现新的前景，由近及远、由易到难地开展活动，由简单的原始满足发展到最高的责任感，从而使整个集体朝气蓬勃，永葆青春。

2. 集体教育模式在学校中的实践

具体来说，集体教育模式对学校中的实践提出了几个原则：(1)平行教育影响原则；(2)前景教育原则；(3)尊重与要求相结合原则。

真题6 [2023河北邯郸,单选]下列选项中，不属于马卡连柯的主张的是(　　)

A. 培养集体主义者　　　　　　　　B. 平行教育影响

C. 前景教育原则　　　　　　　　　D. 学校即社会

答案：D

✦✦ 本节核心考点回顾 ✦✦

1. 当代影响较大的德育模式

当代影响较大的德育模式包括：认知模式、体谅模式、社会模仿模式、价值澄清模式、集体教育模式等。

2. 体谅模式

(1)中心地位：道德情感的培养。

(2)特征：①坚持性善论；②坚持人具有一种天赋的自我实现趋向；③把培养健全人格作为德育目标；④大力倡导民主的德育观。

第六节 我国中小学德育改革

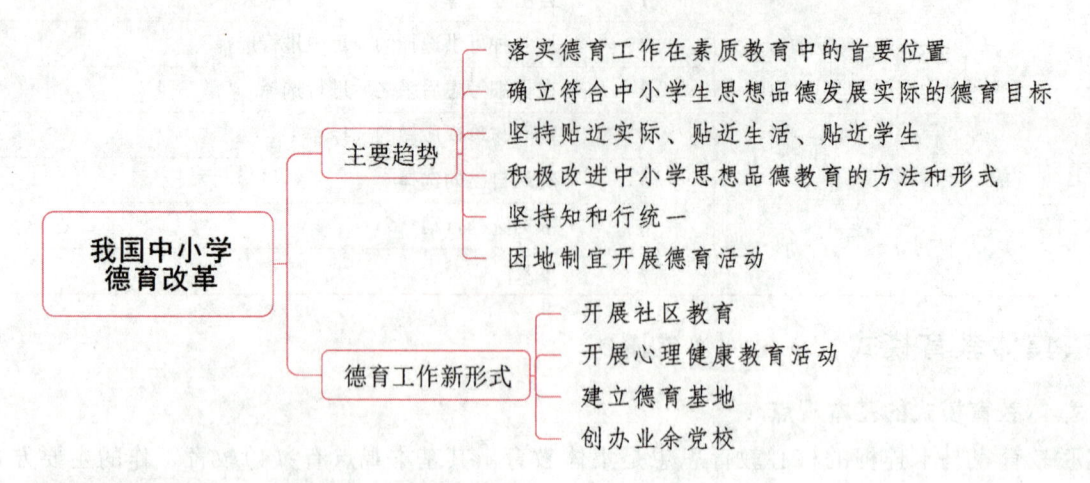

```
                    ┌─ 落实德育工作在素质教育中的首要位置
                    ├─ 确立符合中小学生思想品德发展实际的德育目标
          ┌─ 主要趋势┼─ 坚持贴近实际、贴近生活、贴近学生
          │         ├─ 积极改进中小学思想品德教育的方法和形式
我国中小学 │         ├─ 坚持知和行统一
德育改革──┤         └─ 因地制宜开展德育活动
          │
          │              ┌─ 开展社区教育
          │              ├─ 开展心理健康教育活动
          └─ 德育工作新形式┼─ 建立德育基地
                          └─ 创办业余党校
```

一、当前我国中小学德育存在的问题

（1）中小学教育中重智育、轻德育的现象依然存在，德育为先的办学思想未得到落实；

（2）德育目标脱离实际且杂乱无序；

（3）德育内容与学生的思想实际、生活实际和发展需要脱节；

（4）知与行分离，重视德育知识的灌输，轻视实践教育和道德行为的养成；

（5）形式主义和简单化盛行，缺乏吸引力和感染力。

二、我国中小学德育改革的主要趋势 ★★ 【多选】

（1）落实德育工作在素质教育中的首要位置；

（2）确立符合中小学生思想品德发展实际的德育目标；

（3）坚持贴近实际、贴近生活、贴近学生的德育方式，改进德育内容；

（4）积极改进中小学思想品德教育的方法和形式；

（5）坚持知和行统一，积极探索实践教学和学生参加社会实践、社区服务的有效机制，建立科学的学生思想道德行为综合考评制度；

（6）因地制宜开展德育活动。

真题 [2023山西太原，多选]下列关于我国中小学德育改革的主要趋势的表述，正确的有（　　）

A. 因地制宜开展德育活动

B. 确立符合中小学生思想品德发展实际的德育目标

C. 积极改进中小学思想品德教育的方法和形式

D. 落实德育工作在素质教育中的首要位置

答案：ABCD

三、国内学校德育改革的思路

（1）实现由约束性德育向发展性德育转变；

(2)实现由单向灌输德育向双向互动德育转变;
(3)实现由单一德育模式向多样化和个性化德育模式转变;
(4)实现由封闭式德育向开放式德育转变。

四、德育工作新形式

随着时代的发展,传统的德育工作形式受到了前所未有的冲击和挑战,德育工作自身也不断推陈出新,出现了一些新形式。(1)开展社区教育;(2)开展心理健康教育活动;(3)建立德育基地;(4)创办业余党校。

★ 本节核心考点回顾 ★

我国中小学德育改革的主要趋势
(1)落实德育工作在素质教育中的首要位置;
(2)确立符合中小学生思想品德发展实际的德育目标;
(3)坚持贴近实际、贴近生活、贴近学生的德育方式,改进德育内容;
(4)积极改进中小学思想品德教育的方法和形式;
(5)坚持知和行统一,积极探索实践教学和学生参加社会实践、社区服务的有效机制,建立科学的学生思想道德行为综合考评制度;
(6)因地制宜开展德育活动。

第八章　班级管理与班主任工作

本章学习指南

一、考情概况

本章属于教育学的基础章节,内容广泛,需要识记、理解的知识较多,考生可带着以下学习目标进行备考:

1. 理解并区分班级管理的内容与模式。
2. 识记并区分班集体的发展阶段。
3. 掌握班集体形成与培养的内容。
4. 理解班主任的角色作用。
5. 掌握班主任工作的内容与方法。

二、考点地图

考点	年份/地区/题型
班级管理的内容	2024天津单选;2024山东单选;2023广东多选;2023山东判断;2022河北单选;2022广东多选、判断;2022河南简答
班级管理的模式	2024江苏单选;2024安徽单选;2024天津填空;2024广东判断;2023浙江单选;2023河南多选、判断;2022河南单选;2022河北单选;2022天津单选
班集体的发展阶段	2024广东单选;2023河北单选;2023河南单选、多选;2023广东判断;2022湖南单选;2022四川单选;2022辽宁单选
班集体的形成与培养	2024安徽单选;2024江苏单选;2023广东单选;2023安徽单选;2023山东单选;2023河南单选、判断;2022山东单选;2022广东单选;2022河北单选;2022河南多选;2022天津简答
班主任的角色作用	2024山东单选;2024河北单选;2024安徽简答;2022河北多选
班主任工作的内容与方法	2024安徽单选;2023江苏单选;2023河南单选;2023安徽单选;2023广东多选;2023山东材料分析;2023福建材料分析;2022天津单选;2022河北单选;2022河南单选、判断;2022湖南多选;2022浙江简答

注:上述表格仅呈现重要考点的相关考情。

核心考点

第一节 班级与班级管理

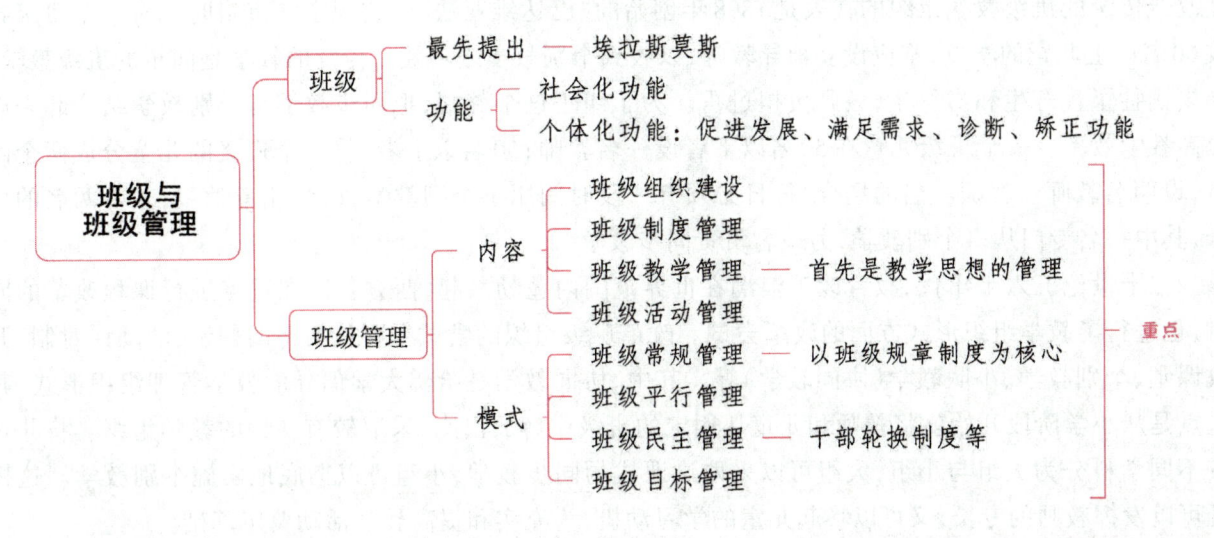

```
班级与班级管理
├── 班级
│   ├── 最先提出——埃拉斯莫斯
│   └── 功能
│       ├── 社会化功能
│       └── 个体化功能：促进发展、满足需求、诊断、矫正功能
└── 班级管理
    ├── 内容
    │   ├── 班级组织建设
    │   ├── 班级制度管理
    │   ├── 班级教学管理——首先是教学思想的管理
    │   └── 班级活动管理
    └── 模式（重点）
        ├── 班级常规管理——以班级规章制度为核心
        ├── 班级平行管理
        ├── 班级民主管理——干部轮换制度等
        └── 班级目标管理
```

一、班级

考点 1 ▶ 班级的概念 ★ 【单选、判断】

班级是学校为实现一定的教育目的,将年龄和知识程度相近的学生编班分级而形成的有固定人数的基本教育单位,也是学校对学生进行日常管理、思想道德教育和组织教学活动的基本单位。

文艺复兴时期的著名教育家埃拉斯莫斯(又译伊拉斯谟)最先提出"班级"一词。

真题1 [2023河北邯郸,单选]最早正式提出"班级"一词的是(　　)
A.埃拉斯莫斯　　B.夸美纽斯　　C.马卡连柯　　D.杜威

真题2 [2024安徽统考,判断]班级是学校对学生进行日常管理、思想道德教育和组织教学活动的基本单位。(　　)

答案:1.A　2.√

考点 2 ▶ 班级组织的发展

班级组织是历史发展的产物。16世纪,随着资本主义工商业的发展和科学技术的进步、教育对象范围的扩大和教学内容的增加,一种新的适应大工业生产的教学组织形式——班级授课制应运而生。班级的概念基本上是随着班级教学或班级授课制概念的提出而出现的。

17世纪,教育家夸美纽斯在代表作《大教学论》中对班级组织进行了论证,从而奠定了班级组织的理论基础。后来,德国教育家赫尔巴特进一步设计和实施了班级教学。此后,班级组织在欧洲许多国家的学校中得到逐步推广和普及。19世纪,英国学校中出现的"导生制"极大地推动了班级组织的发展。班级的产生标志着人类的教育活动由个别指导为主的阶段进入到集体指导为主的阶段。

随着学校教育的不断发展,班级逐渐成为学校教育的基本单位,并对学生的发展产生越来越大的影响。

考点 3 · 班级组织的改造 ★ 【判断】

最早提出对班级教学进行改造的是"道尔顿制"。哈利斯在圣路易创始的"圣路易编制法",其特点是根据儿童的能力在短期内随时升级。这个方法的重点是将小学八个年级的学科内容分配在几个学期之间,一个学期以5周或10周计,学期结束时,编制新的班级,视儿童能力予以升级。而从教学法角度改造传统的班级教学组织的代表是1898年创始的"巴达维亚法"。它规定该市当时凡有一个班级招收60名以上儿童的学校,都应设立辅导教师,以收到个别教学之功效。传统的教学是同步的班级教学,结果牺牲了优等生和劣等生,教师负担过重。为了纠正这个弊端,把同步教学与个别教学结合起来以提高教学效率。一个班级儿童在50名以下者设一名教师;50名以上者,将一个班级的儿童分成两个团体,设两名教师。教师一名的场合,每日必须有一段时间用于个别教学,监督儿童学习;教师两名的场合,其中一名专门从事个别教学,另一名负责同步教学。

二十世纪五六十年代,教育改革浪潮在世界范围内蓬勃兴起,西方各国在重点进行课程改革的同时,也进行了教学组织形式方面的改革尝试。改革班级组织的尝试主要包括特朗普制、活动课时制、开放课堂、个别教学、小队教学(协同教学)等。其中,协同教学是哈佛大学倡导的教学管理组织形式,其重点是从小学阶段开始就将教师和儿童从固定的班级中解放出来,采取较有弹性的教学组织。将儿童按不同学科分为大组与小组,大组可以采取讲课式的同步教学,小组可以彻底地实施个别教学。这样既可以发挥教师的专长,又可以唤起儿童的学习动机,为充实和提高教学活动奠定基础。

真题3 [2023四川统考,判断]协同教学主张把大班上课、小班讨论、个人独立研究结合在一起。(　)

答案:×

考点 4 · 班级组织的特点 ★ 【单选】

(1)班级组织的目标是使所有学生获得发展;
(2)班级组织中师生之间是一种直接的、面对面的互动;
(3)情感是班级组织中师生之间、生生之间的纽带;
(4)班级组织中的师与生交往是全面的和多层次的;
(5)班主任和教师的人格力量使班级活动得以有效开展。

考点 5 · 班级组织的功能 ★ 【单选、多选、填空】

班级组织的功能是由其结构和特点决定的。班级是一种社会组织,同时也是由不同个体组成的群体,这就决定了班级组织既具有社会化功能,又具有个体化功能。

1. 班级组织的社会化功能
(1)传递社会价值观,指导生活目标;
(2)传授科学文化知识,形成社会生活的基本技能;
(3)教导社会生活规范,训练社会行为方式;
(4)提供角色学习条件,培养社会角色。

2. 班级组织的个体化功能
(1)促进发展的功能。学生是正在成长中的人,班级组织应该为每一个成员提供多元的、不同层次的发展机会。学生的发展涉及多个领域:①知识及认识的发展;②情感的发展;③兴趣和态度的发展;

④社会技能的发展。

(2)满足需求的功能。人处于一个团体中,会对团体产生各种需求,良好的班级组织应当能够满足学生的正当需求。班级组织既能提供满足归属的需求、亲和的需求和依存的需求等基本需求的机会,又能创造满足自我实现的需求与社会有用性的需求等高级需求的途径。

(3)诊断功能。学生置身于班级组织中时,其人格及能力上的特点、差异以及不足就会显现出来。在班级开展的各项活动中,每一个成员都会通过自己和他人的表现以及所获得的评价,判断其表现的优势与不足。学生问题的暴露,为班主任或教师开展有针对性的教育、引导矫正学生的不良倾向创造了有利条件。

(4)矫正功能。班级组织在发挥诊断功能的基础上,还可以通过各种活动和集体舆论,有针对性地让学生扮演一定的角色、承担一定的责任,以形成学生的能力、责任感、自信心及合作意识。

真题4 [2023 江苏苏州,填空]班级组织的个体化功能包括:满足需求、促进发展、诊断、_____功能。

答案:矫正

二、班级管理

考点 1 ▶ 班级管理的概念 ★ 【单选、判断】

班级管理是一种有目的、有计划、有步骤的社会活动,这一活动的根本目的是实现教育目标,使学生得到充分的、全面的发展。班级管理的对象是班级中的各种管理资源,而主要对象是学生,班级管理主要是对学生的管理;班级管理的主要手段有计划、组织、协调和控制;班级管理是一种组织活动过程,它体现了教师与学生之间的双向活动,是一种互动的关系。

总之,班级管理是一个动态的过程,它是班主任和教师根据一定的目的和要求,采用一定的手段和措施,带领全班学生对班级中的各种资源进行计划、组织、协调、控制,以实现教育目标的组织活动过程。

真题5 [2024 天津东丽,判断]班级管理是一种组织活动过程,教师是管理者,学生是被管理者。( )

答案:×

考点 2 ▶ 班级管理的功能 ★★ 【单选、多选、不定项、判断】

(1)有助于实现教学目标,提高学习效率——主要功能;
(2)有助于维持班级秩序,形成良好的班风——基本功能;
(3)有助于锻炼学生能力,学会自治自理——重要功能。

· 记忆有妙招 ·

为方便考生记忆,编者将班级管理的功能总结成以下口诀:
主要抓教学、基本是秩序、重要在学生。

考点 3 ▶ 班级管理的特点 ★ 【多选】

(1)管理过程的教育性;(2)管理对象的特殊性;(3)管理方法的多样性;(4)管理工作的广泛性。

考点 4 班级管理的过程 ★【多选】

说法一：班级管理过程包括制订计划、组织实施、评价反思（评价总结）三个环节。
说法二：班级管理过程由计划、实施、检查、总结四个环节组成。

考点 5 班级管理的内容 ★★★【单选、多选、判断、简答】

1. 班级组织建设

（1）班级组织的结构

班级组织机构是班级组织结构形成的基础与前提。班级组织机构微观建制的形式有直线式、职能式和直线职能式。直线式的结构图式是：班主任——班长——组长——学生。职能式的结构，在班长与组长中间横向的层次上又出现了许多新的职责分工，负责在班长与组长及学生之间的沟通和联系工作。直线职能式同时兼具上述两种形式的特点，在这种建制中既有明显的垂直水平的支配关系，又有明显的横向水平的责任分工的关系。我国中小学班级组织的建构多数属于直线职能式的建制形式。

班级组织的结构包括：班级的正式组织和非正式组织、班级组织的角色结构、班级组织的信息沟通结构、班级组织的规模（也有人认为，班级组织的结构包括职权结构、角色结构、师生关系结构和生生关系结构）。这里主要讲班级的正式组织和非正式组织。

我国中小学班级的正式组织一般分为三个层次：第一层是对全班工作负责的角色，即班干部；第二层是对小组工作负责的角色，即小组长；第三层是只对自身的任务负责的角色，即小组一般成员。

非正式组织是源于班级组织的个人属性层面的人际关系，是学生在共同的学习与活动中基于成员间的需求、能力、特点的不同，从个人的好感出发而自然形成的。学生的这种非正式组织有四种类型：①积极型。这种群体的价值目标与班级正式群体的价值目标是一致的，是班级正式群体的补充。例如，学生们自发组织的文艺活动小组、公益活动小组、体育活动小组等。②娱乐型。同学们由于情绪上的好感和消磨课余闲暇时间的需要而聚集在一起，他们的主要目的是好玩、有趣。③消极型。这种群体会自觉和不自觉地与班主任、班委会发生对立，如破坏纪律、发牢骚、不参加集体活动等。④破坏型。这类群体已经游离出正式组织，他们没有是非善恶标准，凭借一种所谓的江湖人的欲望、勇气和胆量而作为，常常对班级组织产生破坏甚至震慑作用。

（2）班级组织建设的内容

①建立良好的班集体。②指导班级建设。班级建设改革的基本原则包括：第一，班级建设需要以学生和班级的发展状态为基础；第二，班级建设需要以实践活动为载体；第三，班级建设中需要以学生的成长需要为主线策划活动系列；第四，需要为班级建设提供组织制度的保障。

（3）班级组织建构的原则

①有利于教育的原则。有利于教育的原则是班级组织建立的一条首要的原则。当其他的原则与其发生冲突的时候，其他原则都必须无条件地服从这一原则。②目标一致的原则。③有利于身心发展的原则。

2. 班级制度管理

制度是调节人与人之间关系的行为规范，按制度的形成可分为成文制度和非成文制度。

成文制度是指政府、学校、班级制定的规章制度，它反映了国家、社会的价值观和要求。

非成文制度是约定俗成的，主要包括班级的传统、舆论、风气、习惯等。

3. 班级教学管理

教学是学校的中心工作，教学管理在学校各项管理工作中处于中心地位。教学管理首先是教学思想的管理,常规管理是教学管理的基础,教学质量管理是班级教学管理的核心。对一个"教学班"的教学管理,是班主任最重要的管理职能之一。班级教学管理的内容包括:

(1)明确教学管理的目标和任务。(2)建立行之有效的班级教学秩序。(3)建立班级管理指挥系统。①以班主任为核心的班级任课教师群体;②以班长或学习委员、课代表为骨干的教学沟通系统;③以学习小组长为中心的执行系统。(4)指导学生学会学习。

4. 班级活动管理

活动是教育的重要形式,也是个体积累经验、自我教育的良好形式;活动是个体生命和意志的能动性的展现。班级活动是班级活力的表现,是增强班级凝聚力的重要途径,是实现班级管理目标的重要载体。

真题6 [2024天津东丽区,单选]班级组织机构的微观建制形式有很多种,其中的一种形式的结构图式如下:班主任——班长——组长——学生。这种班级组织机构属于( )
A. 直线式　　　B. 职能式　　　C. 直线职能式　　　D. 均不正确

真题7 [2024山东枣庄,单选]教学管理在学校各项管理工作中处于中心地位,教学管理首先是( )的管理。
A. 教学行政　　　B. 教学思想　　　C. 教学常规　　　D. 教学质量

真题8 [2022河北保定,单选]在班级建设改革实践中,需要形成一些基本的原则,以促进将班级建设的当代价值具体化为改革实践。关于班级建设改革的基本原则,下列说法错误的是( )
A. 班级建设需要以实践活动为载体
B. 需要为班级建设提供组织制度的保障
C. 班级建设需要以学生和班级的发展状态为基础
D. 班级建设中需要以教师的发展需要为主线策划活动系列

真题9 [2022广东广州,多选]班级组织是由学生组成的正式组织,旨在实现班级组织的公共目标,这是一种制度化的人际关系。我国中小学班级的正式组织一般分为三个层次,即( )
A. 班干部　　　　　　　　　　B. 小组长
C. 小组一般成员　　　　　　　D. 学生自发组织的公益活动小组

答案:6. A　7. B　8. D　9. ABC

考点 6 ▶ 班级管理的模式 ★★★ 【单选、多选、填空、判断】

1. 班级常规管理

(1)班级常规管理的内涵

班级常规管理是指通过制定和执行规章制度来管理班级的经常性活动。遵守班级规章制度是对每个学生的基本要求,也是每个学生必须履行的基本义务和职责。

(2)班级常规管理的内容

开展以班级规章制度为核心的常规管理,是班主任工作的重要内容之一。一般来说,班级的规章制度主要由三部分组成:

①教育行政部门统一规定的有关班集体与学生管理的制度,如学生守则;
②学校根据教育目标、上级有关指示制定的学校常规制度,如考勤制度、奖惩制度、作业要求等;
③班集体根据学校要求和班级实际情况讨论制定的班级规范,如班规、值日生制度、考勤制度等。

> **知识再拔高**
>
> **班级常规管理的内容的其他说法**
>
> (1)班级工作程序常规,包括班级工作计划和班级工作总结等;(2)班级档案制度常规;(3)工作职责常规;(4)学习生活常规,包括班级学习、体育锻炼、卫生保健、劳动等各方面的常规;(5)传统活动常规;(6)家长工作常规,与家长保持经常性联系,共同进行班级管理,共同促进学生成长。

2. 班级平行管理

(1)班级平行管理的内涵

班级平行管理是指班主任既通过对集体的管理去间接影响个人,又通过对个人的直接管理去影响集体,从而把对集体和个人的管理结合起来的管理方式。

班级平行管理的理论源于马卡连柯的"平行影响"的教育思想。马卡连柯认为,教师要影响个别学生,首先要影响学生所在的班级,然后通过学生集体与教师一起去影响这个学生,这样就会产生巨大的教育力量。

(2)实行班级平行管理的要求

班主任实施班级平行管理时,要实施对班集体与个别学生双管齐下、互相渗透的管理,既要充分发挥班集体的教育功能,使其真正成为教育的力量,又要通过转化个别学生来促进班集体的管理与发展。

3. 班级民主管理

(1)班级民主管理的内涵

班级民主管理是指班级成员在服从班集体的正确决定和承担责任的前提下,参与班级全程管理的一种管理方式。班级民主管理的实质是在班级管理的全过程中,调动学生自我教育的力量,发挥每一个学生的主人翁精神,使人人都积极主动地参与班级事务,让每个学生都成为班级的主人。

(2)实行班级民主管理的要求

①组织全体学生参与班级全程管理,即在班级管理的计划、实行、检查、总结的各个阶段,都让学生参与进来;②建立班级民主管理制度,如干部轮换制度、定期评议制度、值日生制度、值周生制度、民主教育活动制度等。

4. 班级目标管理

(1)班级目标管理的内涵

班级目标管理是指班主任与学生共同确定班级总体目标,然后转化为小组目标和个人目标,使其与班级总体目标融为一体,形成目标体系,以此推动班级管理活动,实现班级目标的管理方法。目标管理是由美国管理学家德鲁克提出来的。

(2)实行班级目标管理的要求

在班级中实施目标管理,就是要围绕全体成员共同确立的班级奋斗目标,将学生的个体发展与班级进步紧密地联系在一起,并在目标的引导下,实施学生的自我管理。

真题10 [2024江苏苏州,单选]班主任既通过对集体的管理去间接影响个人,又通过对个人的直接管理去影响集体,从而把对集体和个人的管理有机结合起来的管理方式是(　　)

A. 平行管理　　　　B. 常规管理　　　　C. 民主管理　　　　D. 目标管理

真题11 [2024广东广州,判断]班级民主管理是指为每个学生创造参与班级管理的机会,使他们在管理的实践中学会自主管理,在自主的活动中培养自我教育能力,让每个学生都成为班级的主人。

班干部轮换制属于班级民主管理制度。( )

A. 正确　　　　　　　　　　　　　　B. 错误

答案：10. A　11. A

考点 7　班级管理的原则　★　【单选、不定项、判断】

(1)方向性原则。指班级管理工作必须坚持正确的方向,用正确的思想引导学生。

(2)教管结合原则。指把对班级的教育工作和对班级的管理工作辩证统一起来。

(3)全员激励原则。指激励全班每个学生,充分发挥他们的智力、体力等各方面的潜能,实现个体目标和班级总目标。

(4)全面管理原则。学生管理必须面向全体,从整体着眼。班级管理过程中要始终坚持使学生全面发展,并且要把所有学生作为管理对象,一视同仁,兼顾全局。这里的全面发展,不仅不排斥个性发展,而且是以每个人的自由发展为条件的。

(5)自主参与原则。指班级成员参与管理,发挥其主体作用。班级的各种组织机构的干部成员都应该由学生民主选举产生,并授予他们进行管理的权力,不能随便干预。当他们遇到困难时,要帮助解决,但不要代替。这也就是我们通常所说的"班干部能做的班主任不做,学生能做的班干部不做"。

(6)平行管理原则。指管理者既通过对集体的管理去间接影响个人,又通过对个人的直接管理去影响集体,从而把对集体和个人的管理结合起来,以收到更好的管理效果。

知识再拔高

班级管理的原则的其他说法

(1)符合学生身心发展特点。班级是中小学生学校生活的基本场域,班集体的建设目标、内容、规范与措施都要符合学生的年龄特征。

(2)规范性要求与尊重个性相统一。班级管理一方面要能够体现教育目标对学生发展的要求,另一方面班级管理要能够充分地体现学生的个性特征,避免因规范性而扼杀学生的创造性。

(3)引导学生的自主管理。班主任要善于运用民主型管理方式,注重加强引导,同时给学生充分的自主管理的权利与责任,让学生充分参与班集体建设。

(4)服务教学与学生的全面发展。班级管理在发挥维护教学秩序作用的同时,也要促进学生的全面发展,充分地发挥教育性的功能。

真题12　[2023河南郑州,不定项]班级管理是一个动态的过程,在班级管理过程中应遵循的原则有(　　)

A. 符合学生身心发展特点　　　　　　B. 规范性要求与尊重个性相统一
C. 引导学生的自主管理　　　　　　　D. 服务教学与学生的全面发展

真题13　[2022辽宁营口,判断]"班干部能做的班主任不做,学生能做的班干部不做"所体现的班级管理原则是全员激励原则。(　　)

A. 正确　　　　　　　　　　　　　　B. 错误

答案：12. ABCD　13. B

考点 8　班级管理的方法　★　【单选】

(1)调查研究法。调查研究法是指班级管理者了解班级学生和班级集体情况,把握班级特点,解决班级管理问题的一种方法。

(2)目标管理法。目标管理法是指班级管理者和班级学生根据社会发展要求、学校任务和班级实际情况,共同规划班级或个体在一定时间内要达到的目标,并将目标分解成一定的层次,逐级落实,通过采取一定的措施,努力使目标实现的一种班级管理方法。

(3)情境感染法。情境感染法是指班级管理者有意创设生动、形象的各种教育场景,以境育情,引发学生积极的情感体验,从而达到良好管理效果的一种方法。情境感染法具有形真、情切、意远、理蕴的特点,既注重认知,又重视情感,促进逻辑思维与形象思维协同发展,思想与行为协同发展。情境感染的关键点在于"情"。情能缩短管理者与被管理者之间的心理距离,创设一种亲切和睦的人际环境,从而使学生对班主任更加亲近。

(4)规范制约法。规范制约法是指运用班级规范和班级制度约束学生的行为,促使学生逐步形成良好的行为习惯的一种管理方法。

(5)舆论影响法。舆论影响法是指班级管理者通过健康向上的集体舆论的营造,形成积极浓厚的班级学习、生活的环境氛围,从而对身处其中的每一个学生产生潜移默化的影响的一种管理方法。

(6)心理疏导法。心理疏导法是指班级管理者运用心理学原理和方法,对学生给予辅导、疏导或进行沟通交流,解决学生的心理问题和心理障碍,使学生保持心理平衡,促进其心理健康发展的一种方法。在中小学班级管理实践中,最常用的心理疏导法主要包括心理换位法、宣泄疏导法和认知疏导法等。

(7)行为训练法。行为训练法是指学生在班级管理者有目的、有计划、有组织的指导下,通过模仿和反复练习,养成良好行为习惯的一种方法。

(8)心理暗示法。心理暗示就是人们把一系列有关信息组成暗示序列,通过学习,下意识地吸收,从而激发内在潜力,加速和有效地实现人与外界信息的交流,促成个体的自我完善和自我发展。暗示作为一种心理影响力,具有间接性和含蓄性的特点。

真题14 [2022 河南郑州,单选]班级教育管理者和班级学生根据社会发展要求、学校任务和班级实际情况,共同规划班级或个体在一定时间内要达到的目标,并将目标分解成一定的层次,逐级落实,通过采取一定的措施,努力使目标实现的一种管理方法是(　　)
A.调查研究法　　B.目标管理法　　C.行为训练法　　D.规范制约法

真题15 [2022 河北衡水,单选]"感人心者,莫先乎情"体现的班级管理方法是(　　)
A.情境感染法　　B.心理暗示法　　C.心理疏导法　　D.舆论影响法

答案:14.B　15.A

考点 9　当前我国学校班级管理中存在的问题及解决策略

1.当前班级管理中存在的问题
(1)班主任的班级管理方式偏重于专断型;
(2)班级管理制度缺乏活力,学生参与班级管理的程度较低。

2.建立以学生为本的班级管理机制
(1)以满足学生的发展为目的。学生的发展是班级管理的核心。班级管理的实质就是让学生的潜能得到尽可能的开发。

(2)确立学生在班级中的主体地位。发展学生的主体性是学校管理的宗旨。现代班级管理强调以学生为核心,建立一套能够持久地激发学生主动性、积极性的管理机制,确保学生的持久发展。

(3)有目的地训练学生自我管理班级的能力。以训练学生自我管理能力为主的班级管理制度改革的重点是:适当增加"小干部"岗位,实行"小干部"轮换制度;按照民主程序选举干部;使"小干部"从"教师的助手"变成"学生的代表";把学生的注意力从当干部引向当"合格的班级小主人";注重实践教育、体验教育、养成教育,引导学生自觉实践、自主参与、形成良好习惯,把以教师为中心的班级教育活动转变为学生的自我教育活动,把班集体作为学生自我教育的主体。

★★ 本节核心考点回顾 ★★

1. 班级管理的内容
(1)班级组织建设;(2)班级制度管理;(3)班级教学管理;(4)班级活动管理。

2. 班级教学管理
教学管理在学校各项管理工作中处于中心地位。教学管理首先是教学思想的管理,常规管理是教学管理的基础,教学质量管理是班级教学管理的核心。

3. 班级管理的模式
(1)班级常规管理,指通过制定和执行规章制度来管理班级的经常性活动。
(2)班级平行管理,指班主任既通过对集体的管理去间接影响个人,又通过对个人的直接管理去影响集体,从而把对集体和个人的管理结合起来的管理方式。
(3)班级民主管理,实质是在班级管理的全过程中,调动学生自我教育的力量,发挥每一个学生的主人翁精神,使人人都积极主动地参与班级事务,让每个学生都成为班级的主人。
(4)班级目标管理。

第二节 良好班集体的培养

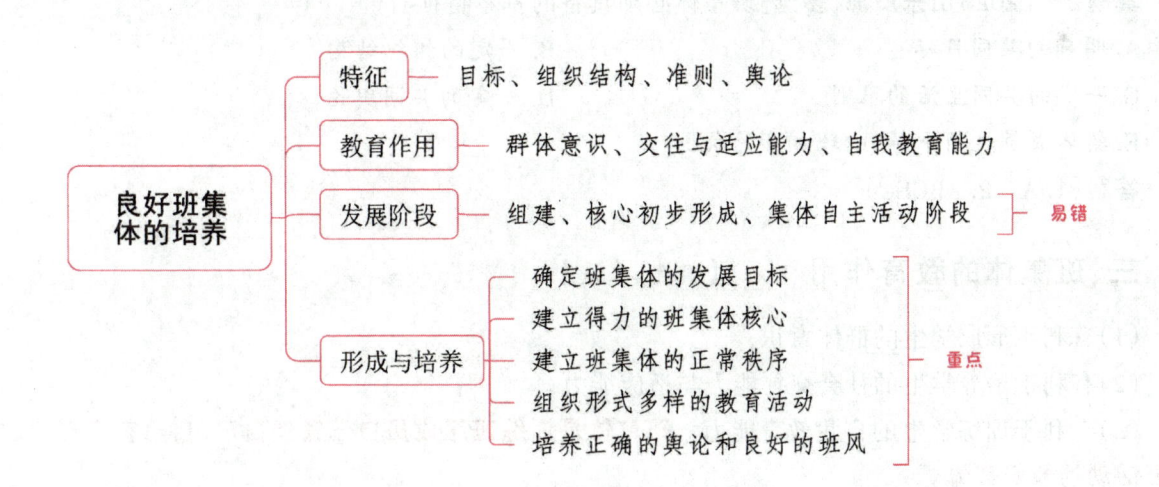

良好班集体的培养
- 特征 —— 目标、组织结构、准则、舆论
- 教育作用 —— 群体意识、交往与适应能力、自我教育能力
- 发展阶段 —— 组建、核心初步形成、集体自主活动阶段 【易错】
- 形成与培养
  - 确定班集体的发展目标
  - 建立得力的班集体核心
  - 建立班集体的正常秩序
  - 组织形式多样的教育活动
  - 培养正确的舆论和良好的班风
  【重点】

一、班集体的概念 ★ 【多选】

班集体是按照班级授课制的培养目标和教育规范组织起来的,以共同学习活动和直接性人际交往为特征的社会心理共同体。

班集体是班级群体的高级形式,班集体与班级并不等同。在本质上,班集体的内涵有多个层次:
(1)班集体是一个以学生亚文化为特征的社会群体,它传导和积淀着班级制度的社会文化基因(教

261

育目标、规范和组织模式);

(2)班集体是一个以教学为中介的共同活动体系,它以课堂教学为中介,整合学校、社会、家庭的教育影响,社会化的共同学习活动是班集体形成和发展的主要整合因素;

(3)班集体还是一个以直接交往为特征的人际关系系统,正是交往和人际关系,动态地反映了集体与个体、个体与个体、集体与环境的相互作用,标志着集体形成的过程;

(4)班集体是一个以集体主义价值为导向的社会心理共同体,集体心理的统一性和社会成熟度综合反映了集体主体性的水平。

二、班集体的特征 ★ 【单选、多选】

班级是学校中开展各类活动的最基本的组织形式,是按照一定的教育目的、教学计划和教育要求组织起来的学生群体。但一个班的学生群体还不能称为班集体,学生群体和班集体之间有着本质差别。关于班集体的特征,不同的学者理解有所差异。

说法一:(1)明确的共同目标。这是班集体形成的基础。(2)一定的组织结构,有力的领导集体。(3)共同生活的准则,健全的规章制度。(4)具有正确的集体舆论以及团结、和谐、向上的人际关系。

说法二:(1)明确的共同目标;(2)一定的组织结构;(3)一定的共同生活的准则;(4)集体成员之间平等、心理相容的氛围。

说法三:(1)有共同的奋斗目标和为达到共同目标而组织的共同活动;(2)有健全的组织机构和领导核心;(3)有严格的规章制度与纪律;(4)有正确的舆论和班风;(5)有和谐的人际关系。

真题1 [2023四川统考,单选]下列不属于健全的班集体应具备的要素的是( )
A.凝聚力强的非正式群体　　　　　B.正确的舆论和班风
C.健全的组织机构和领导核心　　　D.严格的规章制度与纪律

真题2 [2023山东威海,多选]班集体必须具备的基本特征有( )
A.明确的共同目标　　　　　　　　B.一定的组织结构
C.一定的共同生活的准则　　　　　D.一定的共同舆论
E.集体成员之间平等、心理相容的氛围

答案:1. A　2. ABCE

三、班集体的教育作用 ★ 【单选、多选】

(1)有利于形成学生的群体意识;

(2)有利于培养学生的社会交往能力与适应能力;

(3)有利于训练学生的自我教育能力。班集体是训练班级成员自己管理自己、自己教育自己、自主开展活动的最好载体。

四、班集体的发展阶段 ★★★ 【单选、多选、判断】

一个班的几十个学生,从刚组建的群体发展为坚强的集体,一般要经过如下阶段:

1. 组建阶段

这一阶段是班集体的雏形期,班集体的基本特征已经出现。不过班级的核心和动力是班集体的组织者——班主任。他必须对学生提出明确的班集体的目的和应当遵守的制度与要求,并引导学生积极开展活动,促进班集体的发展。这时班集体对班主任有较大的依赖性,不能离开他的监督独立地执行他的要求。如果班主任不注意严格要求,班级就可能变得松弛、涣散。

2. 核心初步形成阶段

这一阶段的特点是,师生之间、同学之间有了一定的了解,产生了一定的友谊与信赖,学生积极分子不断涌现并团结在班主任周围,班的组织与功能较健全,班的核心初步形成,班主任与集体机构一道履行集体的领导与教育职能。这时,班集体能够在班主任指导下积极组织和开展班的工作与活动,班主任开始从直接领导、指挥班的活动,逐步过渡到向他们提出建议,由班干部来组织开展集体的工作与活动。

3. 集体自主活动阶段

这一阶段的特点是,积极分子队伍壮大,学生普遍关心、热爱班集体,能积极承担集体工作,参加集体的活动,维护集体的荣誉,形成正确的舆论与良好的班风。这时,班集体已形成,并成为教育的主体,能主动地根据学校和班主任的要求以及班上的情况,自觉地向集体成员提出任务与要求,自主地开展集体活动。

班集体的形成过程很复杂,实际上往往很难把这三个阶段截然分开。但是,了解班集体的发展阶段仍有助于我们认识班集体形成的规律,诊断出一个班的发展在现时所达到的阶段,以便采取措施,使其成为坚强的集体。

· 知识再拔高 ·

班集体的发展阶段的其他说法

说法一:一般来说,一个班集体从其初建到成熟,是一个连续的动态的过程,需要依次经过三个动态发展的阶段。(1)初建期的松散群体阶段。这一时期是班主任工作最繁忙的时期,也是班主任工作能力经受考验的关键期。(2)形成期的合作群体阶段。这一时期是班主任培养班级骨干的重要时期。(3)成熟期的集体阶段。班级已有明确的、共同认可的奋斗目标,班集体形成了良好的舆论氛围和民主团结的风气。

说法二:一个优秀班集体的形成,一般要经过如下阶段:(1)组建阶段;(2)形核阶段;(3)发展阶段;(4)成熟阶段。

真题3 [2024广东珠海,单选]在新学期开始后,班主任通过各式各样的班级活动帮助学生相互认识与熟悉,并在班会课上投票选举了新一任的班干部,以协助班主任开展工作。此时班集体处于( )

A. 组建阶段　　　　　　　　　　B. 核心初步形成阶段
C. 发展阶段　　　　　　　　　　D. 成熟阶段

真题4 [2023河北邢台,单选]班集体的组建阶段是集体的雏形时期,班级成员之间彼此不熟悉。对( )有较大依赖,这一角色也是班级群体的核心和动力。

A. 班主任　　　B. 班长　　　C. 课代表　　　D. 小组长

真题5 [2023广东梅州,判断]班集体发展阶段中,集体自主活动这一阶段还未形成正确的舆论与班风。( )

答案:3. A　4. A　5. ✗

五、班集体的形成与培养 ★★★　【单选、多选、判断、简答】

关于建设班集体的方法,一种说法将其总结为:(1)调查了解学生,研究班级情况;(2)提出奋斗目标,组织共同活动;(3)培养集体舆论,形成优良班风;(4)培养和发现班级骨干,形成集体核心;(5)建立平等、团结、互助的新型人际关系。

此外,还有一种说法提出班集体的形成与培养主要包括以下几个方面:

1. 确定班集体的发展目标

目标是集体发展的方向和动力,一个班集体只有具有共同的目标,才能使班级成员在认识上和行动上保持统一,才能推动班集体的发展。班集体的发展目标一般可分为近期、中期、远期三种,目标的提出应由易到难、由近到远、逐步提高。确立班级目标要注意渐进、有恒和多样。

2. 建立得力的班集体核心

一个得力的班集体核心非常重要,它是维护和推动班级工作的有力助手,是带动全班同学实现集体发展目标的核心。因此,建立一支核心队伍是培养班集体的一项重要工作。

建立班集体的核心队伍,首先,教师要善于发现和培养积极分子。这就需要教师在了解学生的基础上,及时发现并选拔出热心为集体服务,团结同学且具有一定管理能力的学生干部。其次,教师应把对积极分子的使用与培养结合起来。

对于学生干部的培养,班主任要注意:(1)要有严格的要求。(2)要耐心引导。千万不要急躁,提出不切实际的要求,也不要事事包办代替,而要大胆放手,培养他们独立工作的能力,让他们在实践中学会独立地去做工作。(3)要注意学生集体领导机构的经常变动,使集体中每个成员轮流地置于领导与被领导的地位。

3. 建立班集体的正常秩序

班集体的正常秩序是维持和控制学生在校生活的基本条件,是教师开展工作的重要保证。班集体的正常秩序包括必要的规章制度、共同的生活准则以及一定的生活规律。教师在班集体的组建阶段,就应着手正常秩序的建立工作,特别是当接到一个教育基础较差的班级时,首先就要做好这项工作。

4. 组织形式多样的教育活动

班集体是在全班同学参加各种教育活动的过程中逐步成长起来的,而各种教育活动又可以使每个人都有机会为集体出力并展示自己的才能。班级教育活动主要由日常性的教育活动与阶段性的教育活动两大部分组成,所涉及的内容有主题教育活动、文艺体育活动、社会公益活动等。

教师在组织各种教育活动时,要有明确的目的和要求,精心设计活动内容,注意形式的适龄化,力争把活动的开展过程变成教育过程。

5. 培养正确的舆论和良好的班风

班集体舆论是班集体生活与成员意愿的反映。正确的班集体舆论是一种巨大的教育力量,对班集体每个成员都有约束、激励的作用,是教育集体成员的重要手段。良好的班风是班集体大多数成员精神状态的共同倾向与表现。正确的舆论和良好的班风是班集体形成的重要标志。

真题6 [2024安徽合肥/淮北/铜陵,单选]优秀班集体形成的主要标志之一是(　　)

A. 成立了班委会　　　　　　　　　　B. 开展了班级工作

C. 形成了正确的班级舆论　　　　　　D. 确定了班级工作计划

真题7 [2024江苏南通,单选]班主任接到了一个教育基础比较差的班级,首先要做的是(　　)

A. 建立得力的班集体核心　　　　　　B. 建立班集体的正常秩序

C. 组织形式多样的集体活动　　　　　D. 确定班集体的发展目标

答案:6. C　7. B

★★ **本节核心考点回顾** ★★

1.班集体的发展阶段

(1)组建阶段。班级的核心和动力是班主任。(2)核心初步形成阶段。(3)集体自主活动阶段。这一阶段已经形成正确的舆论与良好的班风。

2.班集体的形成与培养

(1)确定班集体的发展目标。(2)建立得力的班集体核心。(3)建立班集体的正常秩序。当教师接到一个教育基础较差的班级时,首先就要做好这项工作。(4)组织形式多样的教育活动。(5)培养正确的舆论和良好的班风。正确的舆论和良好的班风是班集体形成的重要标志。

第三节　班主任工作

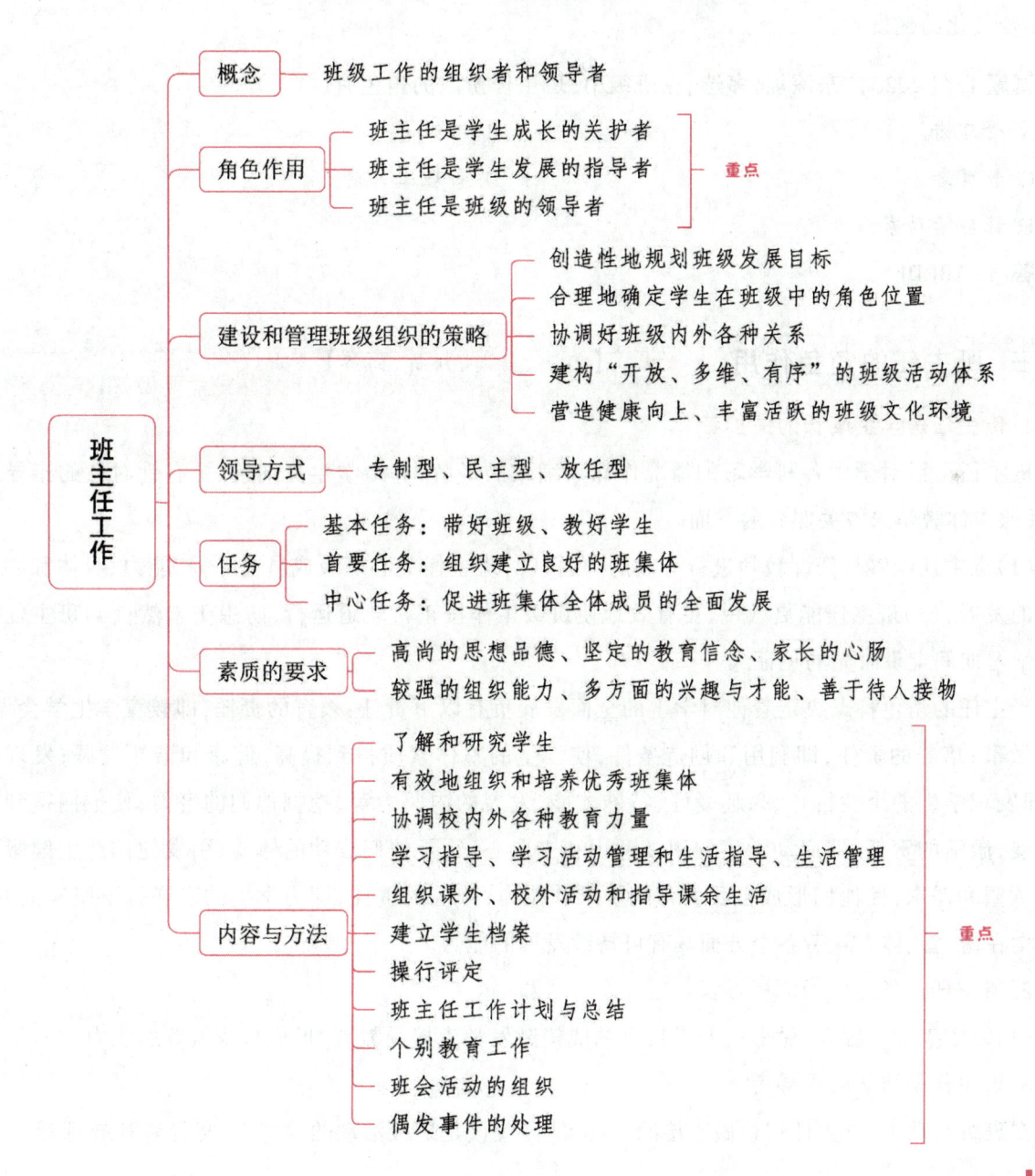

班主任工作
- 概念——班级工作的组织者和领导者
- 角色作用【重点】
  - 班主任是学生成长的关护者
  - 班主任是学生发展的指导者
  - 班主任是班级的领导者
- 建设和管理班级组织的策略
  - 创造性地规划班级发展目标
  - 合理地确定学生在班级中的角色位置
  - 协调好班级内外各种关系
  - 建构"开放、多维、有序"的班级活动体系
  - 营造健康向上、丰富活跃的班级文化环境
- 领导方式——专制型、民主型、放任型
- 任务
  - 基本任务：带好班级、教好学生
  - 首要任务：组织建立良好的班集体
  - 中心任务：促进班集体全体成员的全面发展
- 素质的要求
  - 高尚的思想品德、坚定的教育信念、家长的心肠
  - 较强的组织能力、多方面的兴趣与才能、善于待人接物
- 内容与方法【重点】
  - 了解和研究学生
  - 有效地组织和培养优秀班集体
  - 协调校内外各种教育力量
  - 学习指导、学习活动管理和生活指导、生活管理
  - 组织课外、校外活动和指导课余生活
  - 建立学生档案
  - 操行评定
  - 班主任工作计划与总结
  - 个别教育工作
  - 班会活动的组织
  - 偶发事件的处理

一、班主任的概念 ★ 【单选、填空】

班主任是全面负责一个教学班学生的思想、学习、健康与生活等工作的教师,是班级工作的组织者和领导者,是学校贯彻国家教育方针、促进学生全面健康成长的骨干力量。

教育部印发的《中小学班主任工作规定》指出:"班主任是中小学日常思想道德教育和学生管理工作的主要实施者,是中小学生健康成长的引领者,班主任要努力成为中小学生的人生导师。"

二、班主任的角色 ★ 【多选】

说法一:(1)班主任应是教育者、管理者、组织者;(2)班主任应是心理工作者;(3)班主任应是知识丰富的学者;(4)班主任要成为导演和演员;(5)班主任要成为社会活动家。

说法二:(1)学生思想道德的教育者;(2)学生日常生活的管理者;(3)学生健康成长的引导者;(4)学校文化的建设者。

真题1 [2023广东深圳,多选]在班级中,班主任扮演的角色有(　　)

A. 管理者　　　　　　　　　　B. 组织者

C. 教育者　　　　　　　　　　D. 心理工作者

E. 社会活动家

答案:ABCDE

三、班主任的角色作用 ★★★ 【单选、多选、判断、简答】

1. 班主任是学生成长的关护者

班主任可以对学生各科学习的情况作深入细致的了解,并给学生更细致、更有针对性的指导或辅导,关照集体教学未曾关照到的方面。

(1)班主任能够与任课教师进行有效的沟通;(2)班主任关心班级成员在品德、能力、身体和心理等方面的发展;(3)班主任能更敏锐、更有效地使班级工作按正常轨道运行,防患于未然;(4)班主任是学生在学习期间宝贵时光的见证人。

班主任的角色特点决定着他对学生的全面发展负有以下责任:教育的责任,即教育学生学会做人、学会做事;培养的责任,即利用和创造条件,使学生的整体素质得到提高,健康和谐地发展;发现的责任,即发现学生的个性特点、兴趣爱好、特殊才能、发展的内驱力等,挖掘他们的潜力,使他们得到充分的发展;激活的责任,即启动学生的积极意识和进取心,给予他们成功的体验,引发他们产生健康的积极的欲望和需求,使他们形成自我教育的要求和能力;夯实的责任,即为学生的发展打下坚实的基础,使学生在德、智、体、美、劳各个方面具有可持续发展的能力。

2. 班主任是学生发展的指导者

(1)教学生学习做人、做事;(2)靠自身的威望激发学生接受教育,形成自我教育的能力。

3. 班主任是班级的领导者

在班级活动中,班主任切忌做直接的指挥者,而应该是班级活动的参与者、指导者和鼓舞者。

> **知识再拔高**
>
> **班主任在班级管理中的地位和作用**
>
> 班主任肩负着全面管理班级的职责,是学校教育的中坚力量。他在学校教育计划和其他各项管理的实施中,在协调本班任课教师的教育工作及沟通学校与家庭、社会教育之间的联系过程中起着重要作用。
>
> 1.班主任是班级建设的设计者
>
> 班级建设的设计是指班主任根据学校的整体办学思想,在主客观条件许可的范围内所提出的相对理想的班级模式,包括班级建设的目标,实现目标的途径、具体方法和工作程序。其中,以班级建设目标的制定最为重要。班级目标的设计,主要依据两方面因素:(1)国家的教育方针、政策和学校的培养目标;(2)班级群体的现实发展水平。
>
> 2.班主任是班级组织的领导者
>
> 班主任在班级管理中的影响力主要表现在两个方面:
>
> (1)班主任的权威、权力和地位,这些构成班主任的职权影响力;
>
> (2)班主任的个性特征与人格魅力,这些构成班主任的个性影响力。
>
> 3.班主任是协调班级人际关系的主导者(艺术家)
>
> 交往是班级人际关系形成和发展的重要手段。班主任应细心研究班级的人际关系,指导学生的交往活动。这是班主任的重要使命之一。

真题2 [2024山东临沂,单选]以下不属于班主任的角色作用的是(　　)

A.学生成长的关护者　　　　　　B.学生发展的指导者

C.班级的领导者　　　　　　　　D.舆论的引导者

真题3 [2022河北邯郸,多选]班主任在班级管理中的地位和作用是(　　)

A.班级组织的领导者　　　　　　B.班级建设的设计者

C.班级活动的旁观者　　　　　　D.班级人际关系的协调者

真题4 [2024安徽合肥/淮北/铜陵,简答]简述班主任在班级管理中的地位与作用。

答案:2.D　3.ABD　4.详见内文

四、班主任建设和管理班级组织的策略　★★　【单选、多选、不定项、判断】

1.创造性地规划班级发展目标

(1)以提高素质、发展个性为导向,制定适合班级组织实际水平的发展目标;(2)在班级组织的目标管理中,既要注重提高班级的整体发展水平,又要为班级中的每个成员精心规划其个性发展目标,并创造达成合理的个人发展目标的机会和条件,使班级中的每个成员在集体目标下树立自尊、自信、自强的自我形象。

2.合理地确定学生在班级中的角色位置

(1)科学地诊断班级人际关系的现状;(2)实行班干部轮换制;(3)丰富班级管理角色;(4)正确对待班级中的非正式群体。

267

3. 协调好班级内外各种关系

(1)协调班级内的各组织和成员的关系；(2)协调与各任课教师及学校其他部门、其他班级的关系；(3)协调班级与社会、家庭的关系；(4)协调好班级内的各种活动和事务。

4. 建构"开放、多维、有序"的班级活动体系

(1)班级活动的内涵

班级活动是班主任指导学生依据一定的教育目标设计的、组织班级所有成员共同参与的教育活动。对班级活动教育价值的开发，可以分为日常性的活动与主题性的活动两大类。其中，班主任在班级日常性活动中，应注意唤醒学生的自主意识，主动地参加到班级的日常性活动中去。例如，每周的班会、晨会、班干部的选举、总结交流、少先队争章活动等，都可以放手让学生参与设计、实施。

(2)班级活动组织和设计的基本原则

①班级活动的设计和组织应当具有系统性和目的性；

②班级活动内容的多样性决定其形式的多样化；

③组织班级活动过程中，要处理好教师主导作用和学生主体地位之间的辩证关系。

5. 营造健康向上、丰富活跃的班级文化环境

(1)班级文化的内涵

所谓班级文化，是班级中教师和学生共同创造出来的联合的生活方式。它包括三种状态：最为显性的班级环境布置，最为隐性的班级人际关系和班风，以及处于中间状态的班级制度与规范等。

(2)班级文化的特点

①教育性。教育性是班级文化的首要特点，也是区别于其他组织文化的主要特征。②凝聚性。③制约性。④自主性。

(3)班级文化的类型

①班级物质文化。包含教室内的环境布置(包括教室墙壁布置、桌椅的摆放、环境卫生的打扫与保持等)及师生的仪表等。

②班级行为文化。主要指班级开展的各种文化活动。它是班级文化中最活跃的因素，反映了班级的精神面貌、教学作风和管理水平，是班级精神和群体意识的动态反映。

③班级制度文化。指班级文化中的制度部分，是班级全体成员共同认可并自觉遵循的行为准则。

④班级精神文化。指班级长期形成的一种班级理念、哲学以及价值观，它是一种以意识为形态的班级核心文化。班风是班级精神文化的主体。树立良好的班风建设策略包括：A.把握时机，早抓早管。B.全员参与，形成共识。C.发挥榜样力量。D.充分利用舆论阵地。班级的墙报、黑板报、班级标语、班会、少先队活动或团队活动等是班级舆论形成的重要阵地。其中，黑板报和墙报是教室布置的主要内容，既属于班级物质文化建设，又属于班级精神文化建设。

(4)创建班级文化的方法

①营造文化性物质环境；②营造社会化环境；③营造良好的人际环境；④营造正确的舆论和班风；⑤营造健康的心理环境。

真题5 [2023广东深圳，单选]"没有规矩，不成方圆"，这句话主要适用于班级文化中的(　　)

A. 班级制度文化　　　　　　　　　　　　B. 班级物质文化

C. 班级精神文化 D. 班级环境文化

真题6 [2023安徽蚌埠,多选]班级活动设计的基本原则有( )

A. 系统性 B. 政治性
C. 目的性 D. 形式多样化
E. 处理好教师主导与学生主体的辩证关系

答案:5. A　6. ACDE

五、班主任的领导方式 ★★ 【单选、多选、判断】

表1-41 班主任的领导方式

领导方式	特点	学生的反应
专制型	属于支配性指导。无视学生的个别差异,以僵硬的对策为基础,只给予统一强制的指导,或一味地斥责、威胁(不愿了解学生对班级建设的想法,习惯自己做出决定,忽视学生的自我管理,总认为学生小,就应该事事听从教师,班级建设忽视学生的主动参与)	学生的自主性、能动性行为显著减少,消极性、依存性行为增多
民主型	属于综合性的指导。比较善于倾听学生的意见,能够灵活地适应学生的个别差异,以此为基础引出学生的自发行为,促进学生在合作中进行思想交流	学生的行为较稳定,自主积极的行为较多
放任型	属于不干预性指导。容忍班级生活的种种冲突,更无意组织班级活动,回避学生的主动精神	学生有目的的活动水平低下,违背团体原则的自发行为增多

上述三种领导方式是班主任常用的比较典型的领导管理方式,但在当前班级管理实践中,班主任在具体操作过程中有两种领导方式运用得比较多,即"教学中心"和"集体中心"的领导方式。"教学中心"是目前用得较多的领导方式,这与现行的班主任工作评价机制不无关系,它最大的弊端是忽视人的因素,班级工作只见教学不见学生,只看学生分数不看学生发展。

真题7 [2024福建统考,单选]下列班主任管理风格中,利于学生自主发展的是( )

A. 专制型 B. 放任型
C. 民主型 D. 溺爱型

真题8 [2023安徽统考,单选]在班级管理中,某小学六年级班主任总习惯于自己做决定,不愿了解学生的想法,忽视学生的自我管理,认为学生年龄小,就应该听教师的话。该班主任的管理风格类型属于( )

A. 民主型 B. 专制型
C. 放任型 D. 科学型

答案:7. C　8. B

六、班主任工作的任务与意义 ★★ 【单选、多选、不定项、判断、简答】

考点 1 班主任工作的任务

班主任工作的基本任务是带好班级、教好学生。对学生进行思想品德教育,这是班主任的工作重点和经常性的工作。

班主任工作的首要任务是组织建立良好的班集体。

班主任工作的中心任务是促进班集体全体成员的全面发展。协调各方面力量,促进全班学生全面健康发展是班主任工作的最终目的,也是其工作的中心任务。

考点 2 班主任工作的意义

说法一:(1)有助于实现学校的教育目标;(2)有助于促进学生身心健康成长;(3)有利于学校工作的组织与管理;(4)有利于教师的专业发展。

说法二:(1)班主任是班级的组织者、领导者;(2)班主任是学生成长的教育者;(3)班主任是联系各任课教师的纽带;(4)班主任是沟通学校与家长、社区的桥梁。

真题9 [2022河北邯郸,不定项]关于班主任工作的意义,下列说法不正确的是(　　)
A.班主任是班级的组织者、领导者
B.班主任是学生成长的教育者
C.班主任是联系各任课教师的纽带
D.班主任是学生未来的创造者
答案:D

七、班主任素质的要求 ★★ 【单选、多选】

班主任不仅应具有教师的一般素养,而且应有做一个班主任的特殊品质。

(1)高尚的思想品德。班主任应有崇高的品德,饱满的工作热情,坚持不懈的进取精神,言行一致、表里如一,能为人师表。这样他才能在学生中树立崇高的威信,给学生以强有力的教育影响。

(2)坚定的教育信念。确信教育的力量,确信每个学生都有优点和才干,都有自己的前途,即使有某些缺点和错误的学生,只要对他做深入细致的思想教育工作,也能把他转变好。

(3)家长的心肠。班主任对待学生要像家长对待孩子一样,兼严父与慈母二任于一身。既要无微不至地关怀学生,真诚地爱护学生,与学生彼此信赖、有深厚的情感;又要严格要求学生,对他们的缺点和错误毫不放过。

(4)较强的组织能力。一个称职的班主任必须善于计划和组织学生的各种活动,善于根据情况的变化迅速做出决定、采取措施、进行调整,在工作中表现出魄力,能令行禁止,坚定地引导学生积极开展活动,不断前进。

(5)多方面的兴趣与才能。一般来说,性格活泼开朗、兴趣广泛、多才多艺的班主任,与学生有较多的共同语言,易于打成一片,便于开展工作。

(6)善于待人接物。班主任为了教好学生,要与家长、任课教师、校外辅导员和有关社会人士联系和协作,因而要善于待人接物。

另外,还有研究结果表明,**班主任区别于一般教师的核心素养,主要体现在班集体建设能力、学生发展指导能力和教育沟通协调能力三个方面。**

真题10 [2023辽宁锦州,单选]中国教育学会班主任专业委员会会议指出,将促进全国班主任队伍的整体发展和班主任专业素养的全面提升。以下不属于班主任区别于一般教师的核心素养能力的是( )

A. 班集体建设能力　　　　　　B. 学生发展指导能力

C. 教育教学能力　　　　　　　D. 教育沟通协调能力

真题11 [2023广东深圳,多选]班主任余老师进取心强,言行一致,表里如一;对学生严慈相济,既严格要求学生,又无微不至地关心学生;性格开朗,多才多艺。上述品质体现出的班主任素质要求有( )

A. 坚定的教育信念　　　　　　B. 高尚的思想品德

C. 家长的心肠　　　　　　　　D. 多方面的兴趣与才能

E. 较强的组织能力

答案:10. C　11. BCD

八、班主任工作的内容与方法 ★★★ 【单选、多选、填空、判断、名词解释、简答、材料分析】

考点 1 ▶ 了解和研究学生

1. 了解和研究学生的意义

了解和研究学生是班主任工作的前提和基础,是做好班级工作的先决条件,也是班级教育过程中有效开展各项工作必不可少的基本环节。

2. 了解和研究学生的主要内容

(1)了解和研究学生个人。内容包括:思想品德状况、集体观念、劳动态度、人际关系、日常行为习惯;学习态度、学习成绩、学习方法、思维特点、智力水平;身体健康状况、个人卫生习惯;课外与校外活动情况;兴趣、爱好、性格等。

(2)了解学生的群体关系。内容包括:班级风气、舆论倾向、不同层次学生的结构、同学之间的关系、学生干部情况等。

(3)了解和研究学生的学习与生活环境。内容包括:了解学生的家庭类型、家庭物质生活与精神生活条件、家长的职业及思想品德和文化修养、学生在家庭中的地位、家长对学生的态度等。

3. 班主任了解学生的方法

(1)观察法,即在自然条件下,有目的、有计划地对学生的各种行为表现进行观察。这是班主任了解、研究学生的最基本方法,也是最简单、最常用的方法。

(2)谈话法,指班主任通过与学生面对面谈话来深入了解学生情况的基本方法。具有灵活、方便、容易了解事情细节、有利于感情沟通等特点。

(3)调查法,即通过对学生本人或知情者的调查访问,从侧面间接地了解学生,包括问卷、座谈等。通过这种方法可获得大量的第一手材料,反映的问题比较深刻全面。

(4)书面材料分析法,即借助学生的成绩表、作业、日记等书面材料对学生进行了解的方法。这是了解学生基本情况最简易的方法。

考点 2　有效地组织和培养优秀班集体

组织和培养班集体是班主任工作的中心环节。班主任应有计划、有组织地在短时间内有效地组建班集体,具体内容参见本章第二节中的"班集体的形成与培养"。

考点 3　协调校内外各种教育力量

班主任要对班级实施有效的教育与管理,必须要争取校内外各种教育力量的配合,调动各种积极因素。具体内容如下:

(1)协调本班各任课教师的工作,充分发挥本班任课教师的作用。

(2)协助和指导班级团队活动。

(3)争取运用家庭和社会教育力量。班主任要与学生家庭和社会有关方面取得联系,加强学生的思想政治工作。具体如下:①借助社会力量到学校来影响学生;②把学生有组织、有目的地放到社会上去接受积极影响;③学校与社会合作,形成有组织的来往,使其成为班级活动的一部分。

考点 4　学习指导、学习活动管理和生活指导、生活管理

1.学习指导、学习活动管理

学习指导包括指导学生掌握科学的学习方法、养成良好的学习习惯、制订学习计划。

学习活动管理包括上课、课外作业、考试、学生的集体自修等。

2.生活指导、生活管理

生活指导包括:(1)对学生进行礼仪常规教育;(2)指导学生的日常交往;(3)指导学生搞好生理卫生;(4)指导学生遵纪守法;(5)对学生进行劳动教育。

生活管理包括考勤、日常作息安排、维持各种活动纪律、清洁卫生、执行守则、维持学生正常秩序等。

考点 5　组织课外、校外活动和指导课余生活

课外活动和校外活动一般都以班为单位来组织与安排,所以,组织与指导这些活动也是班主任的一项经常性的重要工作。班主任还应经常关心和了解学生的课余生活,并给予必要的指导。

考点 6　建立学生档案

班主任在全面了解学生的基础上,对掌握的材料进行分析处理,并将整理结果分类存放起来,即建立学生的档案。建立学生档案一般分四个环节:收集—整理—鉴定—保管。学生档案一般分为两类:

(1)集体档案。集体档案是指班主任将全班学生在各个时期各方面的表现,班级的历史、现状、趋势分析等记录下来作为今后教育集体的依据或参照的档案。

(2)个体档案。个体档案是指将学生德、智、体、美、劳诸方面的表现和发展动态收集起来作为个体教育依据的档案。学生档案中最常见的是学生个体档案(即俗称的"个人档案")。

考点 7 ▶ 操行评定

1. 操行评定的概念

操行评定是以教育目的为指导思想,以"学生守则"为基本依据,对学生一个学期内的学习、劳动、生活、品行等方面进行的小结与评价。操行评定的主要内容有道德品行、学习、身心健康三个方面。

2. 操行评定的一般步骤

(1)学生自评;(2)小组评议;(3)班主任评价;(4)信息反馈。

3. 班主任写操行评语应遵循的原则

(1)客观性原则。班主任要实事求是,真实地评价每一个学生。

(2)激励性原则。操行评语重在激励,使学生感到鼓舞、振奋,调动学生的积极性,增强前进的信心。

(3)个性化原则。操行评语要避免千篇一律、千人一面的套话或俗话,评语要反映每个学生鲜活的生命个性。

(4)全面性原则。操行评语应从德、智、体、美、劳各个角度全面评价学生,既要注重对学生行为的评价,也不能忽视对学生个性的评价。教师对学生的评价切不可以偏概全,要用全面的、发展的眼光看待每一个学生。

4. 学生操行评语的基本写法

(1)谈心式。例如:"工作上,你踏实肯干;墙报,你是主编;节目,你是主演。多少次,天黑了你还忙碌在校园;多少次,天一亮你就到教室打扫……"

(2)描述性。例如:"你的歌唱得真棒,大家都在为你喝彩!"

(3)过程性。评语反映学生的成长过程,既看过去和现在,还要预示未来。例如:"本学期你积极参加数学兴趣小组活动,成绩明显提高,下学期你的数学学习一定会有更大的进步。"

(4)情感性。评语要"有情",言辞恳切,体现对学生的"尊重"。例如:"自然课上你的发言那么有新意,老师欣赏你!"

5. 班主任做好操行评定应注意的几个方面

(1)操行评语,要实事求是,抓主要问题,有针对性,能反映学生思想品德发展的全貌、特点和趋向;

(2)要充分肯定学生的进步,指明其主要缺点和努力的方向,不可罗列现象、主次不分;

(3)文字要简明、贴切,使人一看就明白,切忌空洞、抽象、一般化,严防用词不当,伤害学生的情感,造成家长的误解。

考点 8 ▶ 班主任工作计划与总结

班主任工作计划一般分为学期计划、月或周计划以及具体的活动计划(也有人认为,班主任工作计划一般可分为学期计划和具体的活动计划)。其中,学期计划比较完整,一般包括三大部分:(1)基本情况;(2)班级工作的内容、要求和措施;(3)本学期的主要活动与安排。

班主任工作总结一般分为两类:全面总结和专题总结,一般在学期学年末进行。做好总结应注意两点:(1)平时注意对班主任工作资料的积累;(2)注意做阶段小结。

考点 9 ▶ 个别教育工作

班主任必须根据学生的个别差异,做好学生的个别教育工作。只有使每个学生都得到发展,班集体才能健康地发展。**班主任做好个别教育工作,包括做好先进生的教育工作、中等生的教育工作和后进生的教育工作。**

1. 班级个别教育的方法

（1）谈话法

常见的个别教育的谈话有以下几种方式：

①商讨式谈话。教师以尊重、平等、亲切的态度与学生谈话，商讨问题的解决方式。这种谈话方式适用于自尊心强，有逆反心理，性格倔强，脾气暴躁，感情容易冲动的学生。

②点拨式谈话。教师用暗示的手段，或借他人他事旁敲侧击，或用名言、警句、格言、成语等简明语言加以提示，帮助学生明白某些道理。这种谈话方式适用于自我意识强、独立感受力强、心理敏感的学生。

③触动式谈话。教师以严肃的态度、激烈的语调、尖锐的语言给学生以较大的触动，促使其思考和改变。这种谈话方式适用于具有惰性心理、依赖心理和试探心理的学生。但要注意适度，火药味不宜太浓，不能伤害学生。

④突击式谈话。教师因时、因事、因地、因人进行个别谈话的方式，主要用于自我防卫心理强的学生。这类学生一般不肯轻易认错，事后矢口否认，或搪塞掩盖，或转嫁他人。

⑤渐进式谈话。教师有目的、有步骤、有层次地安排谈话的方式。这种谈话方式适用于性格内向、孤僻、有自卑心理的学生。

⑥循异式谈话。教师根据谈话的不同对象、事件性质、影响程度，采取不同的时间、地点、态度的方式。对低年级、年龄小的学生着重形象教育、榜样教育；对高年级、年龄大的学生着重理性教育、道义教育。

⑦谈心式谈话。教师以诚恳的态度、亲切的语言与学生在良好的气氛中交流内心的真实思想。这种谈话方式很普遍，课后随时随地都可以采用。但教师要讲究谈话艺术，巧妙而自然地加以引导。

（2）锻炼法

锻炼是班主任布置一定任务，组织学生按照一定要求，参与各种实际活动，以形成良好的思想品质和行为习惯为主的方法。

2. 班级个别教育的要求

（1）班级个别教育的一般要求

①摸清情况，分析原因，区别对待；②热爱和尊重学生，促其转化；③发现"闪光点"，及时表扬，逐步提高；④自我剖析，制定措施，接受监督；⑤常抓不懈，持之以恒。

（2）先进生、中等生和后进生的教育工作

先进生的心理特征主要表现为：自尊心强，充满自信；强烈的荣誉感；较强的超群愿望与竞争意识。对于先进生的教育，班主任应注意：①严格要求，防止自满；②不断激励，弥补挫折；③消除嫉妒，公平竞争；④发挥优势，全班进步。

中等生，也叫"一般生"或"中间生"，是指那些在班级中各方面都表现平平的学生。中等生一般具有信心不足、表现欲不强等特点。对于中等生的教育，班主任应注意：①要重视中等生的教育，既要抓两头，也要抓中间，努力使中间因素向积极的方面转化，实现班级工作的良性循环；②根据中等生的不同特点有的放矢地进行个别教育。

后进生通常指那些学习积极性不高、学习成绩暂时落后、不太守纪律的学生。后进生的心理特征主要表现为：不适度的自尊心；学习动机不强；意志力薄弱。对于后进生的教育，班主任应注意：①关心爱护后进生，尊重他们的人格；②培养和激发学习动机。

考点 10 班会活动的组织

1. 班会的概念

班会是以班级为单位，在班主任的指导下，一般由学生干部主持进行的全班性会务活动。班会的特征是集体性、自主性和针对性。

2. 班会的类型

班会一般有三类，即常规班会、生活班会和主题班会。这里主要讲解主题班会。

主题班会是班级活动的主要形式，它是班主任依据教育目标，指导学生围绕一定主题，由学生自己主持、组织进行的班会活动。

(1)主题班会的形式

①主题报告会；②主题汇报会；③主题讨论会；④科技小制作成果展评会；⑤主题竞赛；⑥主题晚会。

(2)组织主题班会的阶段

①确定主题；②精心准备；③具体实施；④总结深化。

(3)组织主题班会应注意的问题

①主题不能过杂；②要有的放矢；③班主任要做好"导演"而不是"演员"。

考点 11 偶发事件的处理

偶发事件是指在教育过程中发生的事先难以预料、出现频率较低，但必须迅速做出反应、加以特殊处理的事件。具有突发性、紧迫性、冲击性和多样性的特点。

(1)偶发事件处理的原则：①教育性原则；②客观性原则；③有效性原则；④可接受性原则；⑤冷处理原则。

(2)偶发事件处理的办法：①沉着冷静面对；②机智果断应对；③公平民主处理；④善于总结引导。

> **记忆有妙招**
>
> 为方便考生记忆，编者将班主任工作的内容与方法总结成以下口诀：
>
> 了解组织多协调，指导课外建档案，操行评定需总结，个别班会偶处理。

真题12 [2024安徽合肥/淮北/铜陵，单选]班主任的工作从（　　）开始。

A. 评定学生操行　　B. 教育个别学生　　C. 了解和研究学生　　D. 组建班集体

真题13 [2022河北衡水，单选]教师用暗示的手段，或借他人他事旁敲侧击，或用名言、警句、格言、成语等简明语言加以提示，来帮助学生明白某些道理，这种方法适用于自我意识强、独立感受力强、心理敏感的学生，这种谈话方式是（　　）

A. 谈心式　　B. 点拨式　　C. 触动式　　D. 突击式

真题14 [2023广东清远，多选]下列选项中不符合班主任写操行评语的要求的有（　　）

A. 罗列现象，主次不分　　　　　　　　B. 空洞、抽象、一般化

C. 用词不当　　　　　　　　　　　　　D. 有针对性

答案：12. C　13. B　14. ABC

★★ 本节核心考点回顾 ★★

1. 班主任的角色作用

(1)班主任是学生成长的关护者;(2)班主任是学生发展的指导者;(3)班主任是班级的领导者。

2. 班主任素质的要求

(1)高尚的思想品德;(2)坚定的教育信念;(3)家长的心肠;(4)较强的组织能力;(5)多方面的兴趣与才能;(6)善于待人接物。

3. 班主任工作的内容与方法

(1)了解和研究学生。了解和研究学生是班主任工作的前提和基础。

(2)有效地组织和培养优秀班集体。组织和培养班集体是班主任工作的中心环节。

(3)协调校内外各种教育力量。

(4)学习指导、学习活动管理和生活指导、生活管理。

(5)组织课外、校外活动和指导课余生活。

(6)建立学生档案。建立学生档案一般分四个环节:收集—整理—鉴定—保管。

(7)操行评定。操行评语要有针对性,不可罗列现象、主次不分,切忌空洞、抽象、一般化,严防用词不当。

(8)班主任工作计划与总结。

(9)个别教育工作。班主任做好个别教育工作,包括做好先进生的教育工作、中等生的教育工作和后进生的教育工作。

(10)班会活动的组织。

(11)偶发事件的处理。

第九章　课外、校外教育与三结合教育

本章学习指南

一、考情概况

本章属于教育学的基础章节，内容较为琐碎，考生可带着以下学习目标进行备考：
1. 识记课外、校外教育的主要内容和组织形式。
2. 理解课外、校外教育的主要特点。
3. 理解学校、家庭、社会三结合教育的内容。

二、考点地图

考点	年份/地区/题型
课外、校外教育的主要内容	2023河南多选；2022辽宁单选
课外、校外教育的组织形式	2024河北单选；2023广东多选
课外、校外教育的主要特点	2023广东判断；2023河南判断
教育合力	2024贵州判断；2023广东单选、多选；2022辽宁单选；2022浙江填空

注：上述表格仅呈现重要考点的相关考情。

核心考点

第一节　课外、校外教育

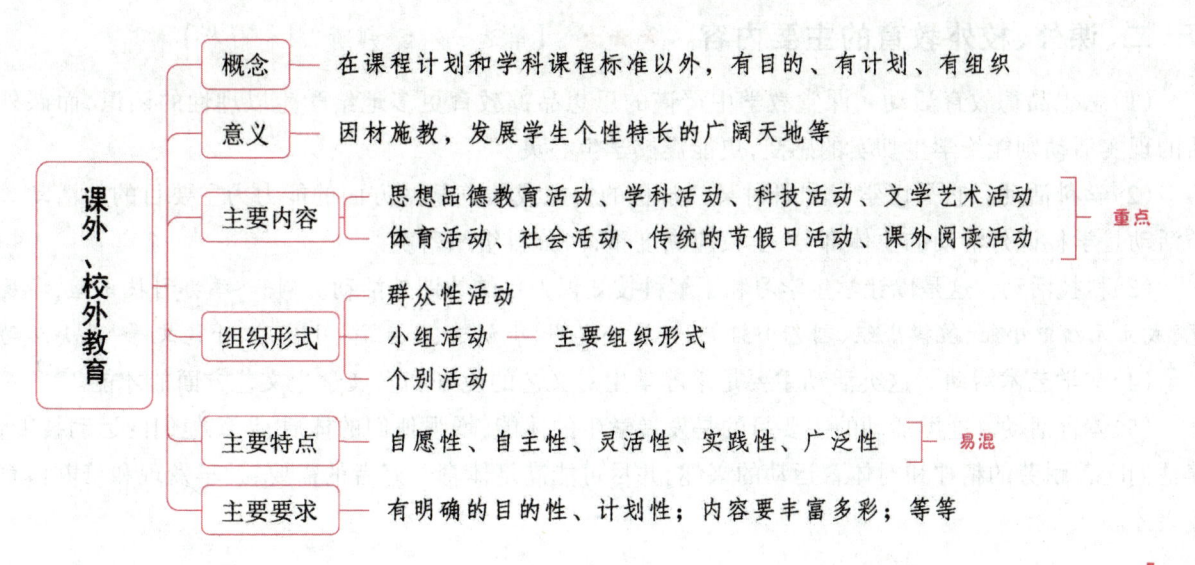

课外、校外教育
- 概念——在课程计划和学科课程标准以外，有目的、有计划、有组织
- 意义——因材施教，发展学生个性特长的广阔天地等
- 主要内容——思想品德教育活动、学科活动、科技活动、文学艺术活动、体育活动、社会活动、传统的节假日活动、课外阅读活动【重点】
- 组织形式
  - 群众性活动
  - 小组活动——主要组织形式
  - 个别活动
- 主要特点——自愿性、自主性、灵活性、实践性、广泛性【易混】
- 主要要求——有明确的目的性、计划性；内容要丰富多彩；等等

一、课外、校外教育概述

考点 1 课外、校外教育的概念 ★ 【单选、多选、判断】

课外、校外教育是指在课程计划和学科课程标准以外,利用课余时间,对学生施行的各种有目的、有计划、有组织的教育活动。

课外教育指学校在课堂教学任务以外有目的、有计划、有组织地对学生进行的多种多样的教育活动,是学生课余生活的良好形式。这里的课堂教学包括课程计划中计入总课时的必修课和选修课。因此,选修课、自习课不属于课外教育。

校外教育是利用课余时间和社会力量对学生进行的灵活多样、富有教育意义的教育形式,是引导学生接触社会、理解社会的重要途径,是促进学生全面发展的必要的教育组织形式。

考点 2 课外、校外教育与课堂教学的关系 ★★ 【单选、多选、判断】

课外、校外教育与课堂教学既有联系,又有区别。

(1)从两者的联系看,它们的目的是一致的,都是为了实现全面发展的教育目的。课堂教学使学生掌握系统的科学文化知识,又为课外、校外教育提供条件;课外、校外教育使学生运用所学知识,锻炼活动能力,使教学效果得到发展和提高。

(2)课外、校外教育又区别于课堂教学,有着不可替代的教育作用。它对课堂学习有一定的促进作用,但又不局限于课堂教学的内容和教学大纲的范围。

课外、校外教育不是课堂教学活动的延伸,不是为完成作业而开辟的领域,它主要是通过活动的形式促进学生的全面发展。课外、校外教育在学生的发展中有其本体性的功能,也就是说,课外、校外教育在学生的发展中有其独特的价值。

考点 3 课外、校外教育的意义 ★ 【单选、多选】

(1)课外、校外教育有利于学生开阔眼界,获得知识;
(2)课外、校外教育有利于发展学生智力,培养学生的各种能力;
(3)课外、校外教育是进行德育的重要途径;
(4)课外、校外教育是因材施教,发展学生个性特长的广阔天地。

二、课外、校外教育的主要内容 ★★★ 【单选、多选、判断、材料分析】

(1)思想品德教育活动。课堂教学中严谨的思想品德教育更多地给学生以理性的认识,而课外鲜活的现实活动则能给学生切实的感受,更能震撼学生心灵。

(2)学科活动。它是以学习和研讨某一学科的知识或培养某一方面的能力为主要目的的活动。这类活动是学校课外活动的主体部分,学校应高度重视,分科组织落实。

(3)科技活动。这是以让学生学习和了解科技知识为目的的课外活动。例如:举办科技讲座,参观游览,成立无线电小组、航模小组、园艺小组等,开展小发明、小创造、小制作、小实验、小论文等"五小活动"。

(4)文学艺术活动。这类活动主要是培养学生对文艺的爱好和发展学生文艺方面的才能。

(5)体育活动。这类活动的主要目的是发展学生的体能,增强他们的体质,训练他们的运动技能,培养他们吃苦耐劳的精神和对体育运动的兴趣,并尽可能满足体育爱好者的需要,及早发现和培养体育专业人才。

(6)社会活动。社会活动是让学生走出学校,接触社会,了解科学技术的发展,了解社会生活、经济建设实际状况的教育活动。包括社会调查、参观、考察、访问以及各种无偿的社会服务和公益劳动。

(7)传统的节假日活动。中小学的课外活动要充分利用传统节假日适时对学生进行教育,让学生更好地了解这些节假日所承载的文化内涵,形成民族意识,养成优良品行。

(8)课外阅读活动。课外阅读活动的目的在于使学生及时接触和吸收新知识,扩大学生的知识视野,培养他们的自学能力和思维能力。

真题1 [2022辽宁营口,单选]下列属于课外科学技术活动的是(　　)
A. 甲校根据学生的爱好,在校庆日当天举办的音乐节
B. 乙校组织的学生围棋比赛和相关集训
C. 丙校举办的关于"双星伴月"天文奇观的知识普及讲座
D. 丁校开展的"致敬袁隆平"主题日系列活动
答案:C

三、课外、校外教育的组织形式 ★★★ 【单选、多选、判断】

1.群众性活动
群众性活动是一种面向多数或全体学生的带有普及性质的活动。群众性活动的具体活动方式有:(1)集会活动;(2)竞赛活动;(3)参观、访问、游览和调查;(4)文体活动;(5)墙报和黑板报;(6)社会公益劳动;(7)主题系列活动。

2.小组活动
小组活动是课外、校外教育活动的主要组织形式。小组活动以自愿组合为主,根据学生的兴趣爱好和学校的具体条件,进行有目的、有计划的经常性活动。小组活动的特点是自愿组合、小型分散、灵活机动。

3.个别活动
个别活动(也称个人活动)是学生在教师的指导和帮助下,根据个人的特长、能力水平和兴趣爱好独立进行的各种学习和实践活动。个别活动是课外活动的基础,充分体现了因材施教的特点。它往往与小组或群众性活动相结合,由小组或集体分配任务,根据个人的兴趣和才能单独进行。个别活动能充分发展学生自己的兴趣爱好,丰富和充实学生的精神生活,培养学生独立完成作业的能力。

真题2 [2023广东潮州,多选]课外活动的组织形式多种多样,按活动人数和规模,可分为(　　)
A. 群众性活动　　　　　　　　　B. 小组活动
C. 个别活动　　　　　　　　　　D. 社区活动
答案:ABC

四、课外、校外教育的主要特点 ★★★ 【单选、多选、判断】

1.自愿性
课外、校外教育活动是在课堂教学计划之外,学生自由选择、自愿参加的一种活动,强调学生可以按照自己的兴趣爱好和特长自愿选择,他们可以根据自己的条件、能力和状态,选择、控制、调节活动内容和方式等。这就能够比较充分地照顾到每个学生的兴趣和爱好,有利于发展学生的特殊才能。教师

可以向学生介绍各种课外活动,诱发学生的动机,给予指导,但参加与否,决定权在学生,不具有强制性。

2.自主性

课外、校外教育可以由学生自己组织、设计和动手。可以说,课外、校外教育活动是学生自己的活动,学生是课外活动的主体。同时,这也突出了学生的独立性。教师是活动的指导者、辅导者,对学生活动的组织起辅助作用。

3.灵活性

课外、校外教育活动,无论是活动的内容,还是活动的形式都体现了灵活性。

4.实践性

课外、校外教育活动注重学生的实践环节。在活动中,学生的知识和技能主要通过自己设计、动手获得;那些经由教师辅导获得的知识和技能,学生可运用到实践当中来验证它的科学性,这样也就培养了学生的实践能力。

5.广泛性

课外、校外教育活动的内容不受课程计划、课程标准的限制,可以根据参加活动者的愿望和要求,以及学校、校外教育机关的具体条件而确定。只要围绕学校的教育目的,课外、校外教育活动的内容可非常广泛。课外、校外教育活动内容的广泛性,能拓宽学生的学习空间,丰富学生的生活,充实学生的精神世界,满足学生发展多方面才能的需要。

真题3 [2023河南平顶山,判断]课外、校外活动的"自愿性"是指教育活动是在学生独立自主的实践活动中进行的。(　　)

答案:×

五、课外、校外教育的主要要求　★　【简答】

(1)要有明确的目的性、计划性;(2)活动内容要丰富多彩,形式要多样化,要富有吸引力;(3)注意发挥学生集体和个人的主动性、独立性和创造性,并与教师指导相结合;(4)要考虑学生的兴趣爱好和特长,符合学生的年龄特征;(5)课堂教学与课外活动互相配合、互相促进;(6)因地、因校制宜。

真题4 [2024安徽合肥/淮北/铜陵,简答]简述学校课外活动的实施要求。

答案:详见内文

✦✦ 本节核心考点回顾 ✦✦

1.课外、校外教育的主要内容

(1)思想品德教育活动;(2)学科活动;(3)科技活动;(4)文学艺术活动;(5)体育活动;(6)社会活动;(7)传统的节假日活动;(8)课外阅读活动。

2.课外、校外教育的组织形式

(1)群众性活动。

(2)小组活动。小组活动是课外、校外教育活动的主要组织形式。

(3)个别活动。

3.课外、校外教育的主要特点

课外、校外教育的主要特点包括:自愿性、自主性、灵活性、实践性、广泛性。

第二节　学校、家庭、社会三结合教育

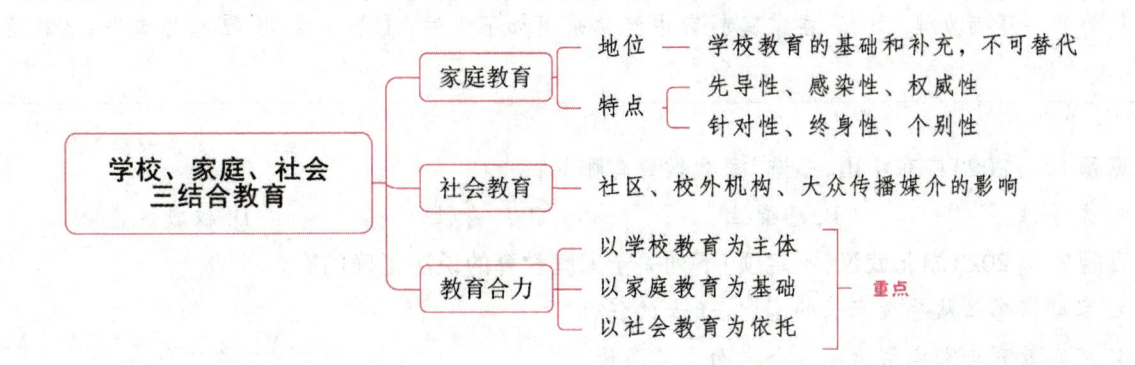

```
                      ┌─ 家庭教育 ─┬─ 地位 ── 学校教育的基础和补充，不可替代
                      │            └─ 特点 ┬─ 先导性、感染性、权威性
                      │                    └─ 针对性、终身性、个别性
学校、家庭、社会 ─────┼─ 社会教育 ── 社区、校外机构、大众传播媒介的影响
    三结合教育        │            ┌─ 以学校教育为主体
                      └─ 教育合力 ─┼─ 以家庭教育为基础    重点
                                   └─ 以社会教育为依托
```

一、家庭教育 ★★　【单选、多选、不定项、判断】

家庭是人们生活和消费的最基本单位，承担着生养和教育子女的基本社会职能。家庭对儿童和青少年的发育、知识的获得、能力的培养、品德的陶冶、个性的形成都是至关重要的。

狭义的家庭教育是指在家庭生活中，由父母或其他年长者对其子女与年幼者实施的教育和影响。广义的家庭教育应当是家庭成员之间的一种影响。我们一般所说的家庭教育，是狭义的家庭教育。家庭教育是学校教育的基础和补充，有不可替代的教育作用。

考点 1　家庭教育的特点

(1)先导性。一个人最早接受的教育是家庭教育，第一批教育者是家长。家长的政治态度、对问题的看法，甚至思想作风、爱好特长，都直接或间接地影响着学生。家庭这种先入为主的教育对他们以后的德、智、体等方面的发展影响极大，甚至影响他们的未来。

(2)感染性。所谓感染性，就是人的喜、怒、哀、乐等情感能够引起别人产生同样的或与之相联系的情感。情感的感染性像无声的语言，对人起着感动和感化的作用，是一种潜移默化的力量。

(3)权威性。家庭教育与其他教育相比，具有更大的权威性。家长的权威是家庭教育成功的保障和前提。

(4)针对性。所谓针对性，是指教育工作能从实际出发，有的放矢，而不是想当然，不是一般化的说教。相对来说，家庭教育的针对性更强。人们常说："知子莫如父，知女莫若母。"子女自幼随父母生活，长期相处，父母能够全面细致地了解、熟知子女。

(5)终身性。家庭教育的终身性是家庭教育的一个显著特点。

(6)个别性。与学校教育中教师要面对几十名学生相比，子女在家庭里有可能得到更多的个别教育。

• 知识再拔高 •

家庭教育的特点的其他说法

(1)教育内容的生活化。家庭教育与家庭生活在各个方面交叉渗透。随着家庭生活的变化和受教育者身心的发展，家庭教育也不断地变换着内容和形式，从各个方面影响着青少年的发展。

(2)教育方式的情感化。家庭的血缘关系使任何教育动机和措施都带上浓厚的情感色彩，这

281

种情感性可以加强家长的责任心和影响力,但也容易让情感蒙蔽家长和子女的理智,导致家长的溺爱、子女的任性。

(3)教育方法的多样化。家庭教育的方法不是固定不变的,它随家庭教育内容的不同以及子女年龄的不同而发生变化。在家庭教育中经常采用如下方法:①解答疑难;②指导读书;③树立榜样;④游戏。

真题1 [2023广东中山,多选]家庭教育有哪些特点(　　)
A. 先导性　　　　B. 感染性　　　　C. 终身性　　　　D. 权威性

真题2 [2023湖北武汉,不定项]下列关于家庭教育的说法正确的有(　　)
A. 家庭情感必然导致家长的溺爱、子女的任性
B. 家庭教育与家庭生活在各个方面交叉渗透
C. 家庭教育的方法是固定不变的
D. 家庭教育是学校教育的基础和补充

答案:1. ABCD　2. BD

考点 2　家庭教育的基本要求

(1)环境和谐——创造和谐的家庭环境;
(2)方法科学——家长教育子女需要科学的态度和方法;
(3)以身作则——树立良好的榜样;
(4)爱严相济——家长要把对孩子的关心爱护与严格要求紧密结合;
(5)要求一致——家长对孩子的要求应统一,前后一贯;
(6)全面关心——要对孩子的物质生活与精神生活、身体健康与心理健康、智力开发与非智力因素培养等多方面给予全面关心,把孩子培养成全面发展的合格公民。

二、社会教育

社会教育主要是指学校、家庭环境以外的社区、文化团体和组织等给予儿童和青少年的影响。
社会教育主要通过以下途径和形式来影响儿童和青少年的身心发展。

考点 1　社区对学生的影响

社区环境对儿童的价值观念和生活习惯的养成有着直接的影响。一方面要鼓励和支持他们走出家门,同更多的同龄人交往,参加群体的活动,以使他们更快地认识自己,了解社会,并注意克服自己的不良行为;另一方面也要帮助他们选择交往的伙伴。

考点 2　各种校外机构的影响

各种校外教育机构主要是指少年宫、少年科技站、各种业余学校等。这些机构在一定程度上弥补了学校教育的不足,在培养儿童和青少年不同兴趣爱好和特长方面发挥着重要的作用。

考点 3　报刊、广播、电影、电视、戏剧等大众传播媒介的影响

由于报刊、广播、电影等大众传播媒介具有灵活性、生动形象、趣味性强等特点,它们深受儿童和青

少年的喜爱,并对他们产生了巨大吸引力和影响力。教师和家长在指导青少年、儿童接受宣传教育时要注意培养他们的辨别能力和批判能力,自觉抵制不良影响。

三、学校、家庭、社会三结合,形成教育合力 ★★★ 【单选、多选、填空、判断、材料分析】

教育合力是指学校、家庭、社会三种教育力量相互联系、相互协调、相互沟通,统一教育方向,形成**以学校教育为主体,以家庭教育为基础,以社会教育为依托**的共同育人的力量,使学校、家庭、社会教育一体化,以提高教育活动实效。

考点 1 ▶ 学校教育占主导地位

学校作为专职教育机构,有着明确的目的、周密的计划、科学的组织,有经验丰富、掌握青少年学生身心发展规律的专门教育工作者。同时,学校具有青少年学生集中、学习环境好、规章制度健全、育人周期长等明显的教育优势,并在社会上具有广泛的凝聚力、号召力,容易得到包括党政机关在内的社会各界的支持协助。

考点 2 ▶ 家庭、社会和学校三者协调一致,互相配合

家庭、社会和学校三者协调一致有利于保证整个教育在方向上的高度一致,实现各种教育间的互补,从而加强整体教育效果。

考点 3 ▶ 加强学校与家庭之间的相互联系

学校可以通过与家庭相互访问、建立通讯联系、定时举行家长会、组织家长委员会、举办家长学校等途径加强与家庭之间的联系。其中,家长委员会是由家长代表成立的组织,作为与学校沟通的桥梁,关注学生的教育。家长委员会是学校的参谋、咨询机构,又是促进学校、家庭、社会联系,加强学校、家庭、社会三结合教育的一种组织形式。

由于学生的家庭情况各不相同,不同家庭的孩子所受教育也就有很大的不同。学校在指导和协调家庭教育方面承担着繁重的任务。学校对家庭教育的指导大致有几类:(1)一般性指导,指的是向家长宣传国家教育政策法规,普及教育学和心理学知识,提出家庭教育的一般要求和建议。(2)针对性指导,针对当前学校教育或家庭教育中存在的问题进行分析,找出原因,分别提出学校教育或家庭教育应采取的教育措施,以及实施的途径和方法。(3)分类指导,针对不同年龄、不同类型的学生以及不同类型的家庭进行分别要求、分类指导。(4)个别指导,针对每个学生的家庭情况进行个别深入细致的指导,帮助分析学生情况,制定教育措施,总结经验教训。

考点 4 ▶ 加强学校与社会教育机构之间的相互联系

1. 建立学校、家庭和社会三结合的校外教育组织

校外教育组织的任务包括:(1)相互交换情况,研究学生在学校、家庭和社会上的各种表现;(2)宣传好人好事;(3)制订转变后进生的计划和具体措施;(4)协商一些主要问题,如学生勤工俭学、校外文体活动所需要的器材、指导教师和场地等问题。

2. 学校与校外教育机构建立经常性的联系

学校应与宣传部门、社会公共文化机构及专门性的社会教育机构建立联系,通过开展各种活动丰富学生的课余生活,提高学生对社会的关注度及实践能力。

3. 采取走出去、请进来的方法与社会各界保持密切联系

社会各界指有关工矿、企业和部队等单位。学校可以请这些单位的优秀同志到学校作报告或聘请

他们为校外辅导员,也可以组织学生到这些单位参观、访问和劳动。

在我国,家庭、学校和社会的根本利益是一致的。为了使受教育者身心得以健康发展,学校应成为这三者相互联系、相互配合的最积极的倡导者和组织者,而家庭和社会应大力支持学校工作。

真题3 [2023广东深圳,单选]有人说:"学生在学校进一步,回到家里退一步,走入社会退两步。"对此现象,下列说法错误的是(　　)

A. 该现象是学校教育与家庭教育、社会教育脱节造成的
B. 学校教育必须和家庭、社会机构密切配合
C. 家庭教育和社会环境影响大于学校教育作用
D. 课外、校外教育非常重要

真题4 [2022辽宁营口,单选]星火学校开展家庭教育讲座,向家长宣传国家教育政策法规,普及教育学和心理学知识。这属于学校对家庭教育的(　　)

A. 一般性指导　　　　　　　　B. 针对性指导
C. 分类指导　　　　　　　　　D. 个别指导

真题5 [2022浙江嘉兴,填空]教育合力是指以学校教育为主体、以_____为基础、以_____为依托的共同育人的力量。

答案: 3. C　4. A　5. 家庭教育　社会教育

★ 本节核心考点回顾 ★

1. 家庭教育的特点
(1)先导性;(2)感染性;(3)权威性;(4)针对性;(5)终身性;(6)个别性。

2. 教育合力
教育合力是指学校、家庭、社会三种教育力量相互联系、相互协调、相互沟通,统一教育方向,形成以学校教育为主体,以家庭教育为基础,以社会教育为依托的共同育人的力量,使学校、家庭、社会教育一体化,以提高教育活动实效。

02 第二部分 心理学

内容导学

- 教师招聘考试心理学部分共分为四章。

- 第一章主要介绍心理学学科的基本内容，考查题型一般是客观题。

- 第二章至第四章主要是对心理学的具体研究内容进行阐述，涉及认知过程、情绪情感过程、意志过程和个性心理，考查题型一般是客观题，也会涉及简答或论述等主观题。

- 考生要重点掌握第二章至第四章的内容。在备考时应结合历年真题和自身实际，有针对性地复习。

- 为了方便考生梳理知识脉络，我们在各节设置思维导图和核心考点回顾。

第一章　心理学概述

本章学习指南

一、考情概况

本章属于心理学的基础章节,内容较为琐碎,考生可带着以下学习目标进行备考:

1. 掌握心理现象的结构。
2. 了解神经元与神经系统的结构。
3. 理解神经系统的活动方式。
4. 理解心理学产生的历史背景。
5. 掌握西方主要的心理学流派。

二、考点地图

考点	年份/地区/题型
心理现象的结构	2024江苏单选、判断；2024浙江填空；2023河南单选、多选、判断
神经系统的活动方式	2023湖北单选；2023河北单选；2023河南判断；2023广东判断；2022山东单选
西方主要的心理学流派	2023内蒙古单选；2023河北单选；2023河南单选、多选；2022浙江单选；2022福建单选；2022山西单选

注：上述表格仅呈现重要考点的相关考情。

核心考点

第一节　心理学的研究对象与任务

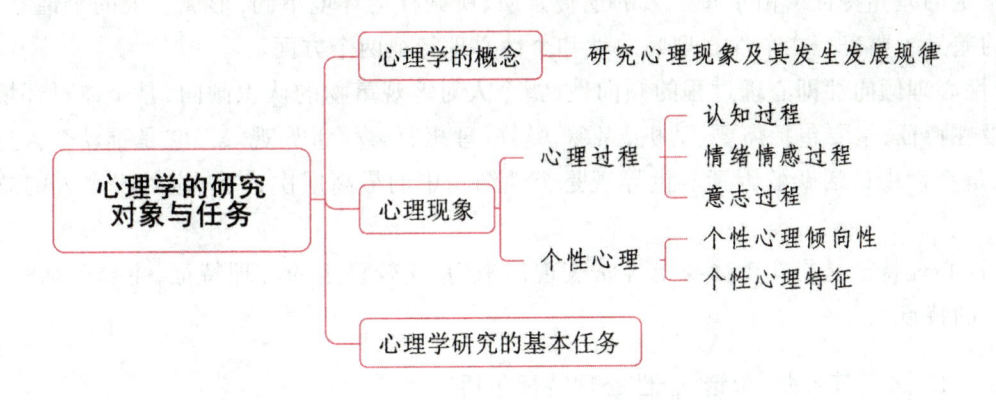

心理学的研究对象与任务
- 心理学的概念——研究心理现象及其发生发展规律
- 心理现象
  - 心理过程
    - 认知过程
    - 情绪情感过程
    - 意志过程
  - 个性心理
    - 个性心理倾向性
    - 个性心理特征
- 心理学研究的基本任务

一、心理学的概念 ★ 【单选】

心理学是研究心理现象及其发生发展规律的科学,心理现象又称心理活动。心理学既研究动物的心理,也研究人的心理,而以人的心理现象为主要研究对象。心理学兼有自然科学和社会科学的性质,是一门中间(边缘)科学。

二、心理现象及其结构 ★★ 【单选、多选、填空、判断】

心理现象非常复杂,但从形式上可以归纳为心理过程和个性心理两个方面。

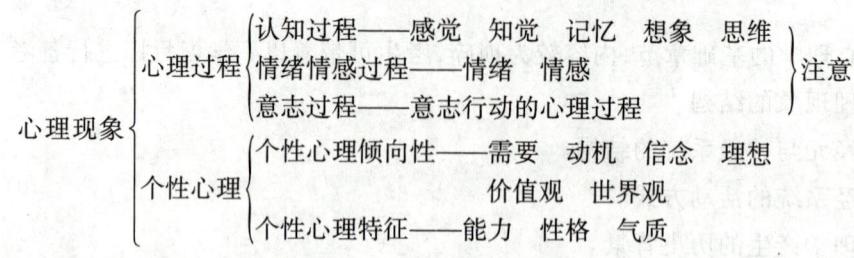

$$
\text{心理现象}\begin{cases}\text{心理过程}\begin{cases}\text{认知过程——感觉~知觉~记忆~想象~思维}\\ \text{情绪情感过程——情绪~情感}\\ \text{意志过程——意志行动的心理过程}\end{cases}\text{注意}\\ \text{个性心理}\begin{cases}\text{个性心理倾向性——需要~动机~信念~理想}\\ \qquad\qquad\qquad\qquad\text{价值观~世界观}\\ \text{个性心理特征——能力~性格~气质}\end{cases}\end{cases}
$$

图 2-1 心理现象结构图

考点 1 ▶ 心理过程

心理过程是心理活动的一种动态过程,是人脑对客观现实的反映过程。它可以分为**认知过程**(认识过程),包括感觉、知觉、记忆、想象、思维等;**情绪情感过程**和**意志过程**三个方面。

· 小香课堂 ·

考生应牢记:注意不是一种独立的心理过程,也不属于某一种心理过程,而是伴随各种心理过程存在的特殊心理状态。

真题 1 [2024浙江嘉兴,填空]心理过程包括认知过程、_____、_____。

真题 2 [2024江苏南通,判断]注意不是一个独立的心理过程,而是伴随着各种心理过程存在的一种特殊心理状态。(　　)

答案:1.情绪情感过程 意志过程　2.√

考点 2 ▶ 个性心理

个性心理是指表现在一个人身上比较稳定的心理特性的综合,是一个人总的精神面貌,反映了人与人之间稳定的差异特征。由于每个人的遗传素质、所处社会环境不同,形成了人的个性心理的差异。个性心理的差异主要表现在个性心理倾向性和个性心理特征两个方面。

(1)个性心理倾向性即心理过程的倾向性,指个人对客观事物的认识倾向,是个体对环境的态度和行为的积极性特征,主要包括需要、动机、兴趣、爱好、理想、信念、世界观等。它是推动个人进行活动的动力系统,是个性中最活跃的因素。世界观是个性结构中的最高层次,它决定着一个人的总的个性倾向和态度。

(2)个性心理特征是指在个体身上经常表现出来的、比较稳定的心理特征,主要包括**气质**、**性格和能力**等方面的特点。

真题 3 [2024江苏苏州,单选]个性心理特征包括(　　)

A.认知过程、情感过程、注意过程　　　　　　B.能力、气质、性格

C. 感知觉、记忆、想象、思维   D. 心理过程、心理状态、能力倾向

答案：B

考点 3 ▶ 心理过程和个性心理的关系

心理过程和个性心理是心理学研究的两大方面,二者相互联系、相互渗透、相互制约。

(1)个性心理是在心理过程中形成的,如果没有对主观和客观世界的认识,没有情绪情感的体验,没有积极地与困难做斗争的意志活动,心理的个性差异就无从形成和表现。

(2)已经形成的个性心理倾向性和个性心理特征又制约着心理过程的进行。既没有不带人格的心理过程,也没有不表现在心理过程之中的人格。

三、心理学研究的基本任务 ★ 【多选】

人类认识世界和改造世界的一切实践活动都是在人的心理活动的参与下进行的,也都是在人的心理调节指导下完成的。为此,心理学的基本任务主要有:(1)描述和测量人的心理;(2)理解和说明人的心理;(3)预测和控制人的心理。

✦✦ 本节核心考点回顾 ✦✦

1. 心理学的概念
心理学是研究心理现象及其发生发展规律的科学。

2. 心理过程
(1)认知过程,包括感觉、知觉、记忆、思维、想象等。
(2)情绪情感过程。
(3)意志过程。

3. 个性心理
(1)个性心理倾向性,包括需要、动机、兴趣、爱好、理想、信念、世界观等。
(2)个性心理特征,包括气质、性格、能力等。

第二节　心理的实质

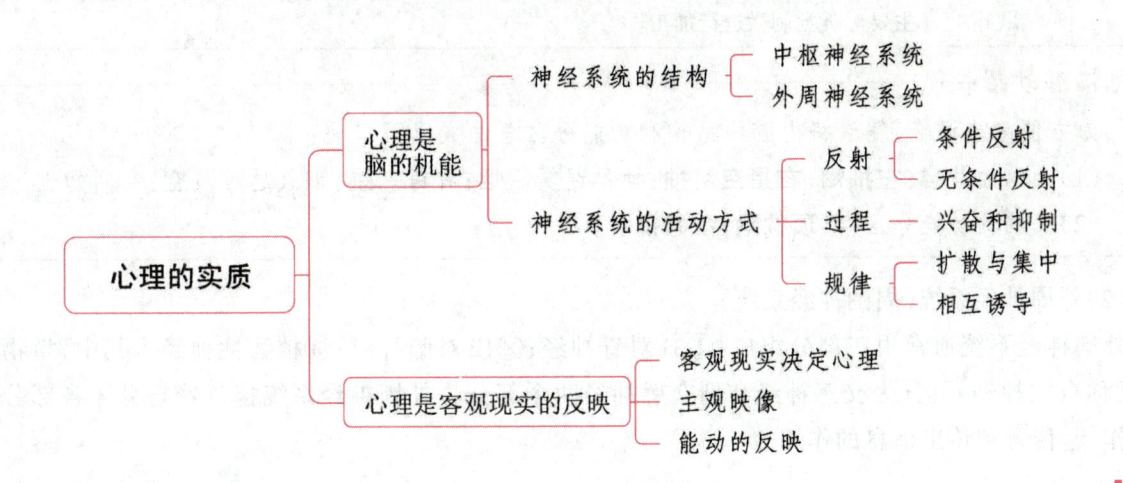

心理的实质
- 心理是脑的机能
  - 神经系统的结构
    - 中枢神经系统
    - 外周神经系统
  - 神经系统的活动方式
    - 反射
      - 条件反射
      - 无条件反射
    - 过程——兴奋和抑制
    - 规律
      - 扩散与集中
      - 相互诱导
- 心理是客观现实的反映
  - 客观现实决定心理
  - 主观映像
  - 能动的反映

一、心理是脑的机能

心理是脑的机能,脑是心理的器官。1861年,法国外科医生布洛卡解剖了一位失语症病人的脑,发现他大脑皮层的一个部位的神经细胞严重损坏,由此证明了脑的这个部位(后称"布洛卡区")与人的语言活动有关,以后的大量实验论证了心理是脑的机能。

考点 1 ▶ 神经元与神经系统的结构 ★ 【单选、多选】

1. 神经元

神经元(又称神经细胞)是神经系统结构和机能的单位。神经元一般分为细胞体(或称胞体)、树突(短而多)和轴突(长且只有一个)三部分。神经元通过树突接受外来的刺激(信息),经胞体整合后再通过轴突将信息传出去。

2. 神经系统的结构

神经系统是心理活动的主要物质基础,由中枢神经系统和周围神经系统组成。人的心理活动,都要通过它的活动来实现。

(1)中枢神经系统

中枢神经系统包括脑和脊髓,是整个神经系统的主干。

脊髓是中枢神经系统的最低级部位,也是脑和周围神经系统的桥梁,同时脊髓可以完成一些简单的反射活动,如膝跳反射等。

脑又分为延髓、桥脑、中脑、间脑、小脑和大脑两半球等部分。大脑两半球是中枢神经系统的最高部位,是整个神经系统的"最高司令部"。其中,大脑的结构和主要功能分区如下表所示。

表 2-1 大脑的结构和功能分区

结构	大脑左半球	负责身体的右边,是抽象逻辑思维和言语中枢的优势半球,它主要负责言语、阅读、书写、运算和推理等
	大脑右半球	负责身体的左边,是形象思维和高度空间知觉的优势半球,它主要处理的信息是知觉物体的空间关系、情绪情感、欣赏音乐和艺术等。大脑两半球的单侧化研究发现右半球与创造性有关
功能分区	额叶	在组织有目的、有方向的活动中,有使活动服从于坚定意图和动机的作用
	顶叶	主要调节机体的触压觉、温度觉、痛觉和内脏感觉等
	枕叶	视觉中枢
	颞叶	主要对听觉刺激进行加工

·记忆有妙招·

为方便考生记忆,编者将大脑的结构和功能分区总结成以下口诀:

(1)大脑的结构:**左抽烟,右星空**。**抽**:抽象逻辑。**烟**:言语。**星**:形象思维。**空**:空间知觉。

(2)大脑的功能分区:**额顶枕颞;动感视听**。

(2)外周神经系统(周围神经系统)

外周神经系统通常由三部分组成:①31对脊神经;②12对脑神经;③植物性神经。其中,植物性神经(又称自主神经)可分为交感神经和副交感神经两个部分。外周神经系统担负着与身体各部分的联络工作,起传入和传出信息的作用。

考点 2 神经系统的活动方式 ★★ 【单选、多选、判断】

1. 反射与反射弧

脑的反射活动是人的心理活动的基础,人的行为是由反射组成的。

反射是神经系统活动的基本形式,是有机体通过神经系统对体内外刺激产生的有规律的应答活动。例如,手碰到强烈刺激就立即缩回,食物到口中会引起唾液分泌和胃蠕动等。实现反射活动的生理结构是反射弧,它由感受器、传入神经、神经中枢、传出神经、效应器五个部分组成。

反射分为无条件反射和条件反射。无条件反射是先天的,即所谓无意识的本能行为。无条件反射主要有三种类型:食物性反射、防御性反射和性反射。例如,婴儿生下来就会吃奶,就有唾液分泌,这是食物反射。条件反射又称信号反射,是后天经过学习才能得到的反射,即所谓有意识学习得来的知识、技能、经验等。例如,婴儿见到常用的奶瓶就欢喜,并有唾液分泌。根据条件刺激的特点,巴甫洛夫把大脑皮层的功能分为第一信号系统活动和第二信号系统活动,具体内容见下表。

表 2-2 第一信号系统和第二信号系统

种类	含义	特点	典例
第一信号系统	用具体事物作为条件刺激而建立的条件反射系统	人和动物共有的	望梅生津
第二信号系统	用语词作为条件刺激而建立的条件反射系统	人类特有的,是人类和动物的条件反射活动的根本区别	谈虎色变

无条件反射 　　　　　　第一信号系统 　　　　　　第二信号系统

2. 神经活动的基本过程与规律

神经活动主要是指大脑皮层活动,它的基本过程是兴奋和抑制:前者是指神经细胞的活动状态;后者是指神经细胞处于暂时性的减弱或停止的状态。例如,学习时大脑神经细胞就处于兴奋状态,而睡眠时大脑神经细胞则处于抑制状态。机体的活动是神经系统兴奋和抑制互相对立、互相转化的结果。

神经活动的基本规律包括以下两点:

(1)兴奋和抑制的扩散与集中。扩散是兴奋或抑制从原发点向四周扩散开来;集中是兴奋或抑制从四周向原发点集中(集合)过来。

(2)兴奋和抑制的相互诱导。相互诱导在效果上可分为负诱导和正诱导。

表2-3 正诱导和负诱导

相互诱导	含义	典例
正诱导	由抑制过程引起或加强邻近区域的兴奋过程	孩子临睡前的"闹觉"
负诱导	由兴奋过程引起或加强邻近区域的抑制过程	当专注阅读书本时,对周围环境的人或事往往"视而不见,听而不闻"

相互诱导在时空上具有不同特点,中枢神经过程同时在大脑皮层区域之间发生的相互诱导是同时性诱导;中枢神经过程相继在大脑皮层区域之间发生的相互诱导是继时性诱导。同时性诱导分为同时性正诱导和同时性负诱导;相继性诱导分为相继性正诱导和相继性负诱导。

表2-4 同时性正诱导、同时性负诱导、相继性正诱导、相继性负诱导

相互诱导	含义	典例
同时性正诱导	当皮层某一点发生抑制时,同时在其周围皮层出现兴奋增强的现象	闭上眼睛听声音,听得更清楚
同时性负诱导	一个兴奋灶的周围出现抑制增强的现象	我们专心致志地学习,大脑皮层某些神经元的兴奋加强了相邻脑区的抑制,产生了良好的学习效果
相继性正诱导	当皮层某一点抑制消除后,其本身又表现出兴奋增强的现象	由睡眠到醒来,就是大脑皮层上先抑制而后诱导为兴奋
相继性负诱导	兴奋灶兴奋过后,该区出现抑制增强的现象	由于晚上"开夜车"学习,大脑皮层上的兴奋导致第二天无精打采、昏昏欲睡的大脑抑制

真题 [2022山东临沂,单选]小明正在写作业,弟弟突然打开了电视。听到电视里播放的是动画片,小明也没法安静下来写作业,这体现的是( )

A. 正诱导　　　　　B. 相继负诱导　　　　　C. 同时负诱导　　　　　D. 继续诱导

答案:C

二、心理是客观现实的反映 ★ 【单选、判断】

1. 客观现实决定人的心理

人的心理活动,就其产生方式来说,是客观事物引起人脑反射的活动;就其内容来说,是作用于人脑的客观现实的反映。物质是第一性的,心理是第二性的,人的心理是客观现实的反映。"印度狼孩"卡玛拉的事例表明,人类的社会实践活动对人的心理产生和发展起着决定性的作用,是人的心理产生和发展的基础。

2. 心理是人脑对客观现实的主观映像

人的心理既是客观的又是主观的,它是由具体的个体在头脑中进行的。由于人的知识经验、需要、愿望以及个性特征的不同,因而对客观现实的反映也不同。所以,人的心理是客观现实的主观映像。

3. 心理是人脑对客观现实的能动的反映

人的心理不是消极被动地、录像式地对客观现实进行反映,而是能动地去反映客观世界。人们不仅反映客观事物具体的表面现象,而且还会通过脑的分析、综合,把握客观事物的本质和规律,预测客观事物发展变化的过程,从而有效地认识和改造客观世界。这些都是在实践过程中通过主客观的相互作用而实现的。

★★ 本节核心考点回顾 ★★

1.大脑的结构
(1)左半球:抽象逻辑思维和言语中枢的优势半球;
(2)右半球:形象思维和高度空间知觉的优势半球。
2.反射的种类
(1)无条件反射:与生俱来,无意识的本能行为。
(2)条件反射:后天学习。
3.条件反射的类型
(1)第一信号系统:人和动物共有,用具体事物作为条件刺激。
(2)第二信号系统:人类特有的,用语词作为条件刺激。
4.兴奋与抑制的相互诱导
(1)同时性正诱导:抑制过程引起或加强兴奋过程,同时发生。
(2)同时性负诱导:兴奋过程引起或加强抑制过程,同时发生。
(3)相继性正诱导:抑制过程引起或加强兴奋过程,有先后顺序。
(4)相继性负诱导:兴奋过程引起或加强抑制过程,有先后顺序。

第三节 心理学的产生与发展

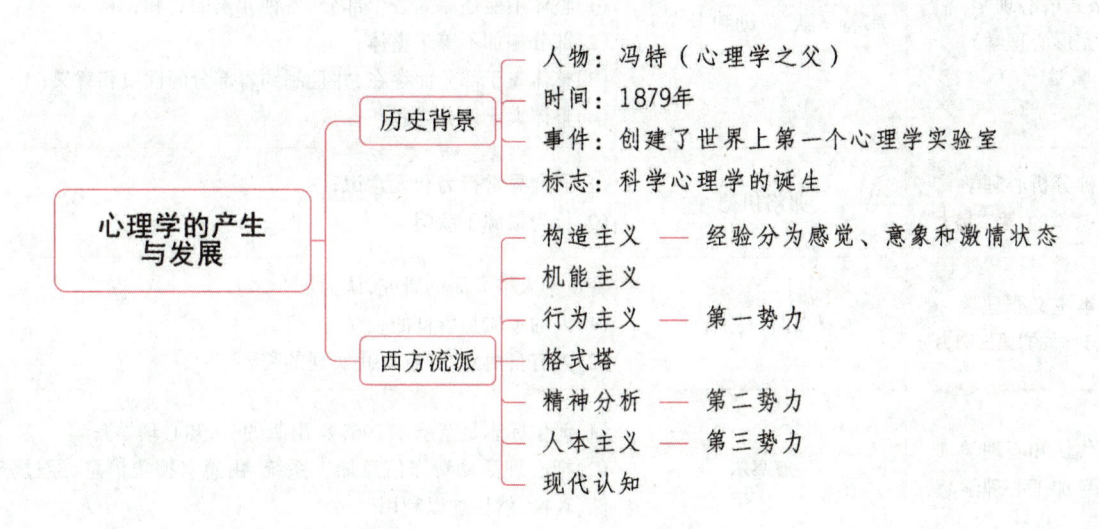

```
心理学的产生与发展
├── 历史背景
│   ├── 人物:冯特(心理学之父)
│   ├── 时间:1879年
│   ├── 事件:创建了世界上第一个心理学实验室
│   └── 标志:科学心理学的诞生
└── 西方流派
    ├── 构造主义 —— 经验分为感觉、意象和激情状态
    ├── 机能主义
    ├── 行为主义 —— 第一势力
    ├── 格式塔
    ├── 精神分析 —— 第二势力
    ├── 人本主义 —— 第三势力
    └── 现代认知
```

一、心理学产生的历史背景 ★ 【单选】

心理学是一门古老而又年轻的科学。在欧洲,心理学的历史可以追溯到古希腊柏拉图、亚里士多德的时代。亚里士多德的《论灵魂》是历史上第一部论述各种心理现象的著作。

现代心理学的诞生和发展有两个重要的历史渊源:一是受到近代哲学思潮的影响,特别是唯理论和经验论的影响。近代哲学为西方现代心理学的诞生提供了理论基础。二是受到实验生理学的影响。现代心理学的实验方法直接来源于实验生理学。

1879年,德国著名心理学家冯特在德国莱比锡大学创建了世界上第一个心理学实验室,开始对心

冯 特

理现象进行系统的实验研究。在心理学史上，人们把这一事件看作心理学脱离哲学，走上独立发展道路的标志，也意味着科学心理学的诞生，冯特因此被称为"**心理学之父**"。他的代表作有《生理心理学原理》《民族心理学》《心理学大纲》等。

二、西方主要的心理学流派 ★★ 【单选、多选、判断】

表2-5 西方主要的心理学流派

心理学流派	代表人物	主要观点
构造主义心理学	冯特、铁钦纳	(1)主张心理学研究人们的直接经验即意识，并把人的经验分为感觉、意象和激情状态(情感)三种元素； (2)主张采用实验内省法
机能主义心理学	詹姆士、杜威和安吉尔	(1)主张研究意识，但是他们不把意识看成是个别心理元素的集合，而是看成一种持续不断、川流不息的过程，提出了"意识流"； (2)强调对意识作用与功能的研究，不赞成构造主义对心理结构进行分析
行为主义心理学 (西方心理学的"**第一势力**")	华生	(1)诞生标志是1913年华生发表了《在行为主义者看来的心理学》； (2)反对意识，主张以可观察与可测量的行为为研究对象； (3)反对内省，采用实验方法
格式塔心理学 (完形心理学)	韦特海默、苛勒和考夫卡	反对把意识分析为元素，而强调心理作为一个整体、一个组织的意义，认为： (1)整体不能还原为各个部分、各种元素的总和； (2)部分相加不等于整体； (3)整体先于部分而存在，并且制约着部分的性质和意义； (4)整体大于部分之和
精神分析心理学 (西方心理学的"**第二势力**")	弗洛伊德	(1)研究异常行为和无意识； (2)行为根源于欲望
人本主义心理学 (西方心理学的"**第三势力**")	罗杰斯、马斯洛	着重于人格方面的研究，认为： (1)人的本质是善良的； (2)人有自由意志，有自我实现的需要
现代认知心理学 (信息加工心理学)	奈塞尔	(1)诞生标志是奈塞尔1967年出版的《认知心理学》； (2)把心理活动看作信息加工系统，由感官搜集信息，经过分析、存储、转换，然后加以利用

- 记忆有妙招 -

为方便考生记忆，编者将西方主要的心理学流派的代表人物及其观点总结成以下口诀：

铁粉内省造元素；危机适应意识流；华生行为双第一；完形整体为科考；弗洛伊德无意识；罗马人格居第三；信息加工奈塞尔。

真题 [2023内蒙古巴彦淖尔，单选]认为所有复杂的心理活动都是由感觉、意象和情感这些基本元素构成的心理学理论学派是( )

A. 机能主义心理学　　　　　　　　　　　　B. 构造主义心理学

C. 格式塔心理学　　　　　　　　　　D. 认知主义心理学

答案:B

⋆⋆ 本节核心考点回顾 ⋆⋆

1. 科学心理学的诞生

1879年,德国著名心理学家冯特在德国莱比锡大学创建了世界上第一个心理学实验室。这一事件标志着科学心理学的诞生。冯特因此被称为"心理学之父"。

2. 构造主义心理学

(1)代表人物:冯特、铁钦纳。

(2)主要观点:把人的经验分为感觉、意象和激情状态三种元素。

3. 机能主义心理学

(1)代表人物:詹姆士、杜威和安吉尔。

(2)主要观点:把意识看成一种持续不断、川流不息的过程,提出了"意识流"。

4. 行为主义心理学

(1)代表人物:华生。

(2)地位:西方心理学的"第一势力"。

(3)主要观点:主张研究行为,主张用实验方法。

5. 人本主义心理学

(1)代表人物:罗杰斯、马斯洛。

(2)地位:西方心理学的"第三势力"。

(3)主要观点:认为人的本质是善良的,人有自由意志,有自我实现的需要。

6. 现代认知心理学

(1)代表人物:奈塞尔。

(2)主要观点:把心理活动看作信息加工系统。

第二章　认知过程

本章学习指南

一、考情概况

本章属于心理学的重点章节,也是考试中重点考查的章节,考生可带着以下学习目标进行备考:
1. 掌握感知觉的种类、规律和常见的社会知觉偏差。
2. 理解记忆的分类,掌握记忆过程及其规律。
3. 能够运用记忆规律有效地组织复习。
4. 掌握并区分想象的种类。
5. 理解思维的特点,掌握思维的品质和种类。
6. 掌握创造性思维能力的培养。
7. 掌握注意的种类、品质及其规律的应用。

二、考点地图

考点	年份/地区/题型
知觉的种类	2024广东单选;2024安徽单选;2024河南单选;2023天津单选;2023内蒙古单选;2023广东单选;2023河南单选、多选;2022贵州单选;2022江苏单选;2022河南单选
感觉的相互作用规律	2024江苏单选;2024河南不定项;2024浙江判断;2023河南单选;2023江苏单选;2022浙江单选
知觉的规律	2024天津单选;2024江苏单选;2024山东单选;2023江苏单选;2022安徽单选;2022贵州多选
记忆的分类	2023江苏单选;2023安徽单选;2023河南单选;2023贵州单选、多选
艾宾浩斯遗忘规律	2024江苏单选;2024江苏判断;2023山西单选;2023广东判断;2023河南判断;2022江苏单选
影响遗忘进程的因素	2024山西单选;2024江苏判断;2023辽宁单选;2023江苏单选;2023广西判断;2023安徽简答
根据记忆规律有效组织复习	2024安徽简答;2024江苏简答;2024天津简答;2023天津单选;2023广东单选;2023河南判断;2022河南多选
想象的种类	2024安徽单选;2024浙江单选;2024江苏单选;2024广东多选;2024福建多选;2024广东判断;2023河南单选、多选
思维的特点	2024江苏单选;2023广东单选;2023河南单选;2023安徽单选;2022山东单选;2022江苏单选
思维的品质	2024山东单选;2024安徽判断;2023山东单选;2022河南判断

续表

考点	年份/地区/题型
思维的种类	2024安徽单选；2023江苏单选；2023天津单选；2023贵州单选；2023广东单选、多选；2022河北单选；2022山东单选
创造性思维能力的培养	2023广西单选；2023河南单选；2023广东判断；2023浙江简答；2022内蒙古多选
注意的分类	2024江苏单选；2024河北判断；2023江苏单选；2023广东单选；2022天津单选；2022江苏单选
注意的品质	2024浙江单选；2024安徽单选；2024广东多选；2023山西单选；2023江苏单选；2022河北单选；2022广东单选
注意规律在教学中的应用	2024浙江简答；2023福建材料分析；2022山东单选；2022广东单选、判断；2022四川多选

注：上述表格仅呈现重要考点的相关考情。

核心考点

第一节　感觉和知觉

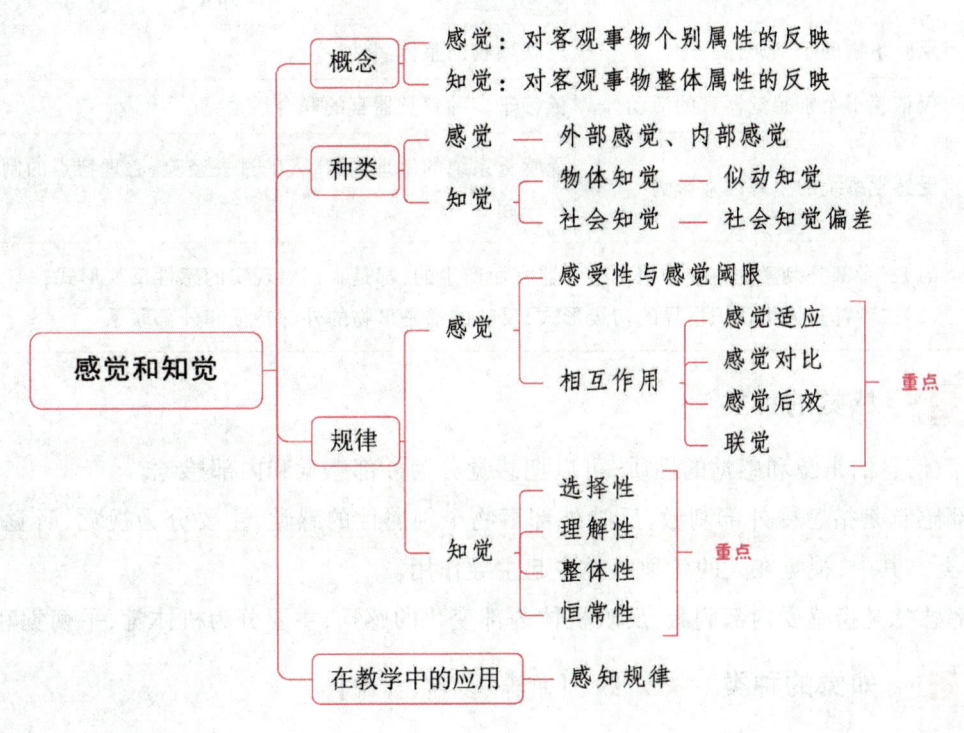

```
                ┌ 概念 ┬ 感觉：对客观事物个别属性的反映
                │      └ 知觉：对客观事物整体属性的反映
                │
                ├ 种类 ┬ 感觉 ── 外部感觉、内部感觉
                │      └ 知觉 ┬ 物体知觉 ── 似动知觉
                │              └ 社会知觉 ── 社会知觉偏差
                │
  感觉和知觉 ──┤       ┌ 感受性与感觉阈限
                │      │                  ┌ 感觉适应 ┐
                │ 感觉 ┤         ┌ 感觉对比 │
                │      └ 相互作用 ┤ 感觉后效 │ 重点
                ├ 规律 │                  └ 联觉    ┘
                │      │         ┌ 选择性 ┐
                │      │ 知觉    │ 理解性 │ 重点
                │      └        ┤ 整体性 │
                │                └ 恒常性 ┘
                │
                └ 在教学中的应用 ── 感知规律
```

一、感知觉概述

考点 1 ▶ 感知觉的概念与关系　★　【单选、判断】

1. 感觉的概念

感觉是人脑对直接作用于感觉器官的客观事物的个别属性的反映。感觉是一种最简单的心理现象，是认识的起点。离开了对客观世界的感觉，一切高级的心理活动都难以实现，有机体将失去和周围

世界的平衡,生命也难以维持。从这个意义上讲,可以说感觉是一切知识和经验的基础,是人正常心理活动的必要条件。

2. 知觉的概念

知觉是在感觉的基础上产生的,它是人脑对直接作用于感觉器官的客观事物的整体属性的反映。例如:某物体用眼看,有一定大小,呈椭圆状,绿中透红;用手摸,表皮光滑,有一定硬度;用鼻子嗅,有清香的水果气味;用舌头尝,有酸甜味。人脑把这些属性综合起来,便形成对该物体的整体印象,并知道它是"苹果"。这就是对苹果的知觉过程。

真题1 [2024天津实验小学,单选]当我们看到鲜艳的紫红色的车厘子时,下列所说的话中最能体现"知觉"活动的是(　　)

A."颜色好漂亮"　　　　　　　　　　　B."我好想吃"

C."看起来很甜哇"　　　　　　　　　　D."哇,是车厘子呀"

答案:D

3. 感觉与知觉的关系

表2-6　感觉与知觉的关系

关系	感觉	知觉
区别	反映事物的个别属性	反映事物的整体属性
	仅依赖于个别感觉器官的活动	依赖于多种感觉器官的联合活动
	受感觉系统的生理因素影响	受感觉系统的生理因素、人的过去经验、心理特点的制约,与词联系在一起
联系	(1)二者都是刺激物直接作用于感觉器官而产生的,都是我们对现实的感性反映形式; (2)二者都是人类认识世界的初级形式,反映的都是事物的外部特征和外部联系	

考点 2 ▶ 感觉的种类

根据刺激信息的来源和感觉的性质,可以把感觉分为外部感觉和内部感觉。

(1)外部感觉是指感受外部刺激,反映外部事物个别属性的感觉,主要分为视觉、听觉、嗅觉、味觉和肤觉五大类。其中,视觉在人的各种感觉中起主导作用。

(2)内部感觉是指感受内部刺激,反映机体内部变化的感觉,主要分为机体觉、平衡觉和运动觉。

考点 3 ▶ 知觉的种类 ★★★ 【单选、多选、判断】

根据知觉过程中起主导作用的分析器可将知觉分为:视知觉、听知觉、嗅知觉、触知觉等。根据人脑反映的对象的不同,可以把知觉分为物体知觉和社会知觉。根据知觉对象是否符合客观实际和反映现实的精确程度,可以把知觉分为精细知觉、模糊知觉、错觉和幻觉。这里主要讲述物体知觉、社会知觉和错觉。

1. 物体知觉

物体知觉可分为空间知觉、时间知觉、运动知觉等。

(1)空间知觉

空间知觉是指物体的空间特性在人脑中的反映,包括形状知觉、大小知觉、深度知觉、方位知觉等。这里我们重点介绍深度知觉。深度知觉是指对物体的远近等空间特性的知觉,也称为距离知觉或立体知觉。例如,看见一棵树被一幢房屋挡住,只露出一部分树枝和树叶,那么房屋肯定离我们更近。吉布森和沃克通过"视崖实验",发现六个月的婴儿就已经具有了深度知觉。

(2)时间知觉

时间知觉是对客观事物时间关系(即事物运动的速度、延续性和顺序性)的反映。在时间知觉中,听、视、触等感官都参加,并起不同的作用。

影响时间知觉的因素包括:①感觉通道的性质。在判断时间的精确性方面,听觉最好,触觉其次,视觉较差。②一定时间内事件发生的数量和性质。在一定时间内,事件发生的数量越多,性质越复杂,人倾向于把时间估计得较短;而事件发生的数量少,性质简单,人倾向于把时间估计得较长。例如,一节课或一个报告,如果内容丰富,引人入胜,听众会觉得时间过得很快;相反,如果内容贫乏、枯燥,听众就会把时间估计得较长。在回忆往事时,情况相反。同样一段时间,经历越丰富,就觉得时间长;经历越简单,就觉得时间短。③人的兴趣和情绪。人们对自己感兴趣的东西,会觉得时间过得快,出现对时间的估计不足。相反,对厌恶的、无所谓的事情,会觉得时间过得慢,出现时间的高估。在期待某种事物时,会觉得时间过得很慢;相反,对不愿出现的事物,会觉得时间过得快等。

(3)运动知觉

运动知觉是对物体在空间位置移动的知觉,直接依赖于对象运动的速度。运动知觉分为真正运动的知觉和似动知觉。物体按特定速度或加速度,从一处向另一处做连续位移,由此引发的知觉就是真正运动的知觉。似动知觉是指在一定的时间和空间条件下,人们在静止的物体间看到了运动,或者在没有连续位移的地方看到了连续的运动。似动知觉的主要形式有:

表2-7 似动知觉的主要形式

形式	定义	典例
动景运动	当两个刺激(如光点、直线、图形等)按一定空间间隔和时距相继呈现时,我们就会看到从一个刺激物向另一个刺激物的连续运动	我们看到的电影、电视、霓虹灯活动广告都是按照动景运动发生的原理制成的
诱导运动（诱发运动）	由于一个物体的运动使其相邻的静止的物体产生运动的现象	夜空中的月亮是相对静止的,而浮云是运动的。可是,由于浮云的运动,人们看到月亮在动,而云是静止的
自主运动（游动效应）	人在注视暗环境中一个微弱的、静止的光点,片刻后感觉到光点在来回移动的现象	在暗室里,如果你点燃一支熏香或烟头,并注视着这个光点,你会看到这个光点似乎在运动
运动后效	在注视向一个方向运动的物体之后,如果将注视点转向静止的物体,那么会看到静止的物体似乎向相反的方向运动	如果你注视瀑布的某一处,然后看周围静止的田野,会觉得田野上的一切在向上飞升

真题2 [2024安徽统考,单选]人脑对物体形状、大小、方位、距离等特征的反映属于( )

A.运动知觉　　　　B.时间知觉　　　　C.空间知觉　　　　D.平衡知觉

真题3 [2022贵州贵阳,单选]当两个刺激按一定的空间间隔和时距相继呈现时,我们就会看到从一个刺激物向另一个刺激物的连续运动,这就是(　　)

A. 运动后效　　　　　　　　　　B. 自主运动

C. 诱导运动　　　　　　　　　　D. 动景运动

真题4 [2023河南事业单位,多选]影响时间知觉的因素有很多,一定时间内事件发生的数量和性质就是其中一种。关于后者对前者的影响,下列叙述正确的有(　　)

A. 一节课,如果内容贫乏枯燥,听众就会觉得时间较长

B. 一定时间内,事件发生的数量越多,性质越复杂,人们就会把时间估计得较长

C. 一定时间内,事件发生的数量越少,性质越简单,人们就会把时间估计得较短

D. 回忆往事时,同样一段时间,经历越丰富,就觉得时间长;经历越简单,就觉得时间短

答案:2. C　3. D　4. AD

2. 社会知觉

(1)社会知觉的概念

社会知觉是个体在生活实践中,对别人、对群体以及对自己的知觉,也叫社会认知。它包括对别人的知觉、自我知觉和人际知觉三部分。

(2)常见的社会知觉偏差

在现实生活中,人们往往由于受到主客观条件的限制而不能全面地看待问题。社会知觉的主体和对象都是人,因此更容易出现偏差。常见的社会知觉偏差有:

表2-8　常见的社会知觉偏差

类别	定义	典例
社会刻板效应（社会刻板印象）	对一群人的特征或动机加以概括,把概括得出的群体的特征归属于团体中的每一个人,认为他们每个人都具有这种特征,而无视团体成员中的个体差异	山东人性格豪爽,江南人性格细腻;胖人心胸开阔,瘦人多愁善感
晕轮效应（光环效应）	当我们认为某人具有某种特征时,就会对他的其他特征做相似判断。或者说人们对他人的认知判断首先是根据个人的好恶得出的,然后再从这判断推论出认知对象的其他品质	学生认为外表有魅力的老师教学能力强
首因效应（最初效应）	在总体印象形成上,最初获得的信息比后来获得的信息影响更大的现象	人们交往时很注重第一印象
近因效应（最近效应）	在总体印象形成上,新近获得的信息比原来获得的信息影响更大的现象	多年不见的朋友,在自己脑海中的印象最深的其实就是临别时的情景
投射效应	由于个体具有某种特性,而推断他人也有与自己相同特性的心理现象	"以小人之心,度君子之腹"

小香课堂

考生应注意对社会刻板效应和晕轮效应进行区分:

社会刻板效应是把群体特征推及个体,认为每个个体都具有这种特征。

晕轮效应即"一好百好""一坏百坏""爱屋及乌",从个体的某种特征推及个体的其他特征,并往往带有夸大的成分。

真题5 [2024广东佛山,单选]小张学习成绩总是名列前茅,老师对其十分喜爱,即使班级分配的大扫除任务小张总是不参与,老师也认为小张品学兼优。这体现了( )
A. 首因效应　　　　B. 晕轮效应　　　　C. 近因效应　　　　D. 投射效应

真题6 [2022河南南阳,单选]因个体具有某种特性而推断他人也具有与自己相同特性的社会心理现象是( )
A. 近因效应　　　　B. 首因效应　　　　C. 投射效应　　　　D. 晕轮效应

答案:5. B　6. C

3. 错觉

错觉是指在特定条件下对事物必然会产生的某种固有倾向的歪曲知觉,是对客观事物不正确的知觉,是知觉的一种特殊情况。错觉的种类有大小错觉、形状和方向错觉、时间错觉、倾斜错觉等。产生错觉的原因是多种多样的:既有客观的原因,也有主观的原因;既有生理的原因,也有心理的原因。研究错觉的成因有助于揭示人们正常知觉客观世界的规律。

二、感知觉的一般规律

考点 1 ▶ 感觉的规律 ★★★ 【单选、多选、不定项、填空、判断】

1. 感受性与感觉阈限的关系(感觉强度与刺激强度的依从性)

(1)感受性与感觉阈限

感觉器官对适宜刺激的感觉能力叫感受性。感觉阈限是指刚刚能引起感觉或差别感觉的刺激量。感受性的高低是用感觉阈限的大小来度量的。**感受性与感觉阈限在数值上成反比关系,感受性高,则感觉阈限低;感受性低,则感觉阈限高**。每种感觉都有两种感受性和感觉阈限:绝对感受性与绝对感觉阈限、差别感受性与差别阈限。

刚刚能引起感觉的最小刺激强度叫绝对感觉阈限;而人的感官觉察这一最小刺激强度的能力叫绝对感受性。

对两个同类的刺激物,只有达到一定的差异强度才能引起人们的差异感觉。刚刚能引起差别感觉的刺激物间的最小差异量叫差别感觉阈限,又称最小可觉差;能够感受刺激之间这一最小差异量的能力叫差别感受性。

真题7 [2023辽宁锦州,单选]有的人能敏锐地察觉到细微的气味,而有的人仅仅在气味更强烈时才能察觉到,这最有可能是因为后者的( )更高。
A. 绝对感受性　　B. 差别感受性　　C. 绝对感觉阈限　　D. 差别感觉阈限

答案:C

(2)感受性的发展

人的感受性不是固定不变的。感受性的发展依赖于人们的生活条件与实践活动。由于社会实践活动的要求和熏陶,人们的某种感觉的感受性会变得特别灵敏,如茶博士的品茶功夫、熟练炼钢工的"火眼金睛"等。此外,有计划的训练可以提高感受性。

2.感觉的相互作用规律

(1)同一感觉中的相互作用

①感觉适应

由于刺激对感受器的持续作用而使感受性发生变化的现象叫感觉适应。感觉适应可以引起感受性的提高,也可以引起感受性的降低。适应现象表现在所有感觉中,但是,在各种感觉中的表现和速度是不同的。

视觉适应。视觉的适应可分为两种:暗适应是指照明停止或由亮处转入暗处时视觉感受性提高的过程。明适应是指照明开始或由暗处转入亮处时视觉感受性下降的过程。在暗适应的最初7~10分钟内,感觉阈限骤降,而感受性骤升。整个暗适应持续大约30~40分钟,以后感受性就不再继续提高了。暗适应时间较长,而明适应的时间很短暂。在1秒钟的时间内,由明适应引起的阈限值的上升就已很明显。在5分钟左右,明适应就全部完成了。

听觉适应。例如,去参加一个舞会,刚到舞会现场时会觉得音乐声很强,过了一会儿后,会觉得音乐声没有刚开始听起来那么大。

嗅觉适应。例如,"入芝兰之室,久而不闻其香;入鲍鱼之肆,久而不闻其臭"。

痛觉适应。痛觉的适应很难发生,因此,痛觉才成为伤害性刺激的信号而具有生物学意义。

②感觉对比

感觉对比是同一感受器接受不同的刺激,而使感受性发生变化的现象。感觉对比分为两种:同时对比和继时对比。几个刺激物同时作用于同一感受器会产生同时对比现象。例如:把一个灰色的小方块放在白色的背景上,小方块看起来就显得暗些;把相同的小方块放在黑色的背景上,小方块看起来就显得亮些。刺激物先后作用于同一感受器会产生继时对比。例如:吃过糖之后吃橘子,会觉得橘子特别酸;手放进热水之后,再放到温水中,会觉得温水很凉。

③感觉后效

在刺激作用停止后,感觉暂时保留的现象称为感觉后效,即感觉后像。在各种感觉中,视觉的后效很显著,又称视觉后像。视觉后像有两种:正后像和负后像。注视发光的灯泡几秒钟,再闭上眼睛,就会感到眼前有一个同灯泡差不多的光源出现在黑暗的背景里,这时出现的就是正后像。正后像出现以后,如果我们把视线转向白色的背景,就会感到在明亮的背景上有黑色的斑点,因为此时出现的后像和刺激在品质上是相反的,所以是负后像。彩色视觉也有后像,但一般都是负后像。彩色的负后像在颜色上与原颜色互补,而在明度上则与原颜色相反。视觉后像残留的时间与刺激的强度和作用的时间有关。一般来讲,刺激强度越大,作用时间越长,后像的持续时间就越长。

(2)不同感觉的相互作用

①不同感觉的相互影响

任何一种感受器的感受性,都会因同时或继时发生作用的其他感受器的影响而有所变化。对某一感受器的微弱刺激能提高其他感受器的感受性,而强烈刺激则降低其他感受器的感受性。例如:微光刺激能提高听觉感受性,强光刺激则降低听觉感受性。

②感觉的补偿

感觉的补偿是指某种感觉系统的机能丧失后,由其他感觉系统的机能来弥补。例如:盲人失去视觉,通过实践活动使听觉更加敏锐;聋哑人能"以目代耳"等。

③联觉

一种感觉兼有另一种感觉的心理现象叫联觉。在日常生活中各种感觉现象经常联系在一起,由此产生了联觉,如红色给人以热烈、紫色给人以高贵、蓝色给人以安静、黑色给人以沉重的感觉等。不同的声音也会产生不同的联觉,如欢快的歌曲、沉重的乐曲等。

真题8 [2022浙江台州,单选]夏日炎炎时,学生在操场跑完步回来会觉得教室里格外凉快,这种感觉现象属于(　　)

A. 感觉适应　　　　　　　　B. 感觉后效

C. 感觉对比　　　　　　　　D. 感觉错位

答案:C

考点 2 ▶ 知觉的规律(知觉的特征或基本特性) ★★★ 【单选、多选、判断】

1. 知觉的选择性

知觉的选择性是指当面对众多的客体时,知觉系统会自动地将刺激分为对象和背景,并把知觉对象优先地从背景中区分出来。被清晰反映的刺激物叫知觉的对象,被模糊反映的刺激物叫知觉的背景。例如:学生听教师讲课,教师的语言就成为学生知觉的对象,听得很清楚;而其余事物,如室外的声音、室内同学的私语,就成为知觉的背景,听不清楚。

知觉的对象与背景是相对的,可以互相转换(如图2-2)。在一种情况下,某一事物是对象,其余事物是背景;在另一种情况下,原背景中的事物转换成对象,而原来是对象的事物则转换成背景。对象和背景的转换是有条件的。知觉的选择性受主客观两方面因素的影响。

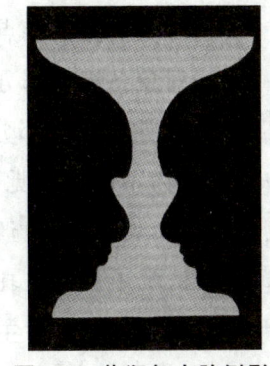

图2-2 花瓶与人脸侧影

(1)客观方面:①刺激物的绝对强度。②对象和背景的差别性,也即差异律。③对象的活动性,也即活动律。④刺激物的新颖性、奇特性,也容易引起学生优先知觉。此外,还有组合律,即知觉对图形的组织原则。

(2)主观方面:①知觉有无目的和任务;②个体已有知识经验的丰富程度;③个人的需要、动机、兴趣、爱好、定势与情绪状态等。

2. 知觉的理解性

知觉的理解性是指人以知识经验为基础,对感知的事物加工处理,并用语词加以概括、赋予说明的加工过程。例如,一张新产品的设计图纸,专业人员既能知觉到图纸的每一个细节,又能理解整张图纸的内容和意义;而没有这方面专业知识的人,则只能说出图纸的构成部分,不能理解图纸的内容和意义。因此,知觉与记忆和经验有深刻的联系。

当知觉事物时,对事物的理解是通过知觉过程中的思维活动达到的,而思维与语言有密切关系,因此语言的指导能使人对知觉对象的理解更迅速、更完整。

人在知觉的过程中,不是被动地把知觉对象的特点登记下来,而是以过去的知识经验为依据,力求对知觉对象做出某种解释,使它具有一定的意义。因此,知觉的理解性与人已有的知识经验有密切关系。知识经验越丰富,理解就越深刻,知觉也就越完整、精确。

3. 知觉的整体性

知觉的整体性是指人根据自己的知识经验,把直接作用于感官的客观事物的多种属性整合为统一整体的过程。知觉是在知识经验的基础上对感觉信息的整合过程,知觉的整体性就是人把事物各部分属性综合起来,从而能够整体地把握该事物。知觉的整体性既有助于人的知觉能力与速度的提高,也可能妨碍和干扰对部分与细节特征的反映。

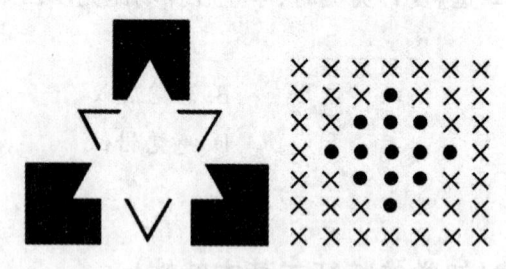

图2-3 主观轮廓

知觉的整体性往往取决于下面四种因素:

(1)知觉对象的特点,如接近、相似、闭合、连续等。

(2)对象各组成部分的强度关系。

(3)知觉对象各部分之间的结构关系也影响知觉的整体性。同样一些部分,处于不同的结构关系中就会成为不同的知觉整体。例如,把相同的音符置于不同的排列顺序、不同的节拍和旋律之中就构成不同的曲调;如果曲调的各成分关系不变,只是个别刺激成分发生变化,或用不同的乐器演奏或不同人来演唱,就不会改变我们对歌曲整体性的知觉。

(4)知觉的整体性主要依赖于知觉者本身的主观状态,其中最主要的是知识与经验。

4. 知觉的恒常性

知觉的恒常性是指客观事物本身不变,但知觉条件在一定范围内发生变化时,人的知觉映像仍相对不变。知觉恒常性包括颜色恒常性、明度恒常性、形状恒常性、大小恒常性和声音恒常性。

(1)颜色恒常性。一个有颜色的物体在色光照明下,它的表面颜色并不受色光照明的严重影响,而是保持相对不变。例如,不论在黄光照射下还是在蓝光照射下,人们总是把红旗知觉为红色。

(2)明度恒常性(亮度恒常性)。在照明条件改变时,物体的相对明度保持不变,叫明度恒常性。例如,白墙在阳光下和月光下看,它都是白色的;而煤块在阳光和月色下,看上去都是黑的。

(3)形状恒常性。当我们从不同角度观察同一物体时,物体在视网膜上投射的形状是不断变化的。但是,我们知觉到的物体形状并没有显出很大变化,这就是形状的恒常性。例如:平视桌面上的一本书与斜视桌面上同一位置的同一本书,在视网膜上成像的形状虽有不同,但人对书的形状知觉却仍然保持不变。

(4)大小恒常性。当我们从不同距离观看同一物体时,物体在视网膜上成像的大小是有变化的。距离大,它在视网膜上成像较小;距离小,它在视网膜上成像较大。但是,在实际生活中,人们看到的对象大小变化,并不和视网膜映像大小的变化相吻合,而是趋向于原物的实际大小。例如,一个人从我面前走向教室后门,尽管他在我的视网膜上的投射大小有很大变化,可是我看到的大小并没有明显改变。

(5)声音恒常性。尽管物体离我们的距离发生了变化,声音听起来减弱了,但我们仍然把它感知为原来的声音。例如,我们觉得飞机在高空发出的声音要大于蚊子在耳边的叫声。

> **·小香课堂·**
> 知觉的规律是常考点,常结合具体事例进行考查,一般来说,对其进行区分的关键在于:选择性,对象与背景;理解性,知识经验;整体性,整体把握;恒常性,不变性。

真题9 [2024江苏南通,单选]学生听课时在重难点内容下面画线,这运用了知觉的( )

A. 理解性　　　　　　　　　　　B. 选择性
C. 恒常性　　　　　　　　　　　D. 整体性

答案:B

三、感知觉规律在教学中的应用

考点 1　遵循感知规律,开展直观教学

感知规律的内容主要包括强度律、差异律、活动律和组合律。

(1)强度律,指作为知识的物质载体的直观对象(实物、模像或言语)必须达到一定强度,才能被学习者清晰地感知,过强、过弱的刺激强度都会影响学生感知的效果。因此,在直观过程中,教师应突出那些强度低但较重要的要素,使它们充分地展示在学生面前。

(2)差异律,指对象和背景的差异越大,对象从背景中区分开来就越容易。在物质载体层次上,应通过合理的板书设计、教材编排等方面恰当地加大对象和背景的差异。比如:题目、标题、重要定律、结论等,应用粗体字,使它特别醒目,容易被学生感知;教师应该用红笔批改学生的作业,使学生能够迅速、清楚地感知到自己的作业正确与否;教师讲到重要的地方,声音要放大一些,这也会提高感知的效果。

(3)活动律,指活动的对象较之静止的对象容易感知。为此,应注意在活动中进行直观、在变化中呈现对象,要善于利用现代科学技术作为知识的物质载体,使知识以活动的形象呈现在学生面前。

(4)组合律,指空间上接近、时间上连续、形状上相同、颜色上一致的事物,易于构成一个被人们清晰地感知的整体。因此,教材编排应分段分节,教师讲课应有间隔和停顿。

考点 2　学生观察力的发展与培养　★　【单选、判断、简答】

1. 观察和观察力的概念

观察是人的一种有目的、有计划、持久的知觉活动,是知觉的高级形式。观察力是指人迅速、敏锐地发现事物细节和特征等方面的知觉能力。观察力是智力结构的重要组成部分,是学生学习活动中不可缺少的能力。

2. 观察的品质

(1)观察的目的性。观察的目的性表现为个体在观察前能否清楚地意识到观察的目的与任务,在观察过程中能否排除干扰、有始有终地完成观察任务。

(2)观察的精确性。观察精确性强的人能细致全面地观察客体,能发现事物间的细微差别;观察精

确性弱的人则观察粗疏、笼统,容易遗漏对象的特征,对有细微差别的事物常常做出泛化的反应。

(3)观察的全面性。观察是否全面取决于观察是否有序以及是否使用了多种感官。观察有序的人观察系统,能捕捉到事物的全部信息,表达也有条理;观察无序的人观察凌乱,容易遗漏事物的重要细节,表达也很混乱。

(4)观察的深刻性。观察肤浅的人往往只注意到事物外在的联系和表面特征。观察深刻的人却能透过现象看本质,发现事物内在的联系。

> **·记忆有妙招·**
>
> 为方便考生记忆,编者将观察的品质总结成以下口诀:
> **目精面刻。目**:目的性。**精**:精确性。**面**:全面性。**刻**:深刻性。

3. 学生观察力的发展特点

(1)小学生观察力的发展特点

①观察的目的性较差。②观察缺乏精确性。例如,小学生在刚学写字时常常是多一点、少一横,对于"已""巳"和"析""折"等字形相近的字经常混淆不清。三年级学生观察的精确性有明显提高,五年级学生略高于三年级学生。③观察缺乏顺序性。低年级小学生观察事物凌乱、不系统。中、高年级小学生观察的顺序性有较大发展,一般能系统地观察,能从头到尾边看边说,而且在表述前往往能先想一想再表述,即把观察到的材料进行加工,使观察到的内容更加系统化。④观察缺乏深刻性。

(2)中学生观察力的发展特点

①具有明确的目的性;②持久性明显发展;③精确性提高;④概括性增强。

4. 学生观察力的培养

在学校教育教学中,培养学生的观察力可以从以下几个方面入手:

(1)引导学生明确观察的目的与任务,是良好观察的重要条件;

(2)充分的准备、周密的计划、提出观察的具体方法,是引导学生完成观察的重要条件;

(3)在实际观察中应加强对学生的个别指导,有针对性地培养学生良好的观察习惯;

(4)引导学生学会记录整理观察结果,在分析研究的基础上,写出观察报告、日记或作文;

(5)引导学生开展讨论、交流并汇报观察成果,不断提高学生的观察能力,培养良好的观察品质。

此外,教师还应努力培养学生的观察兴趣与优良的性格特征,如学习的坚韧性、独立性等。

> **·记忆有妙招·**
>
> 为方便考生记忆,编者将培养学生观察力的措施总结成以下口诀:
> **明确目的与任务,做好准备与计划,个别指导要跟上,引导记录与汇报。**

真题10 [2024 河北石家庄,判断]小学生在刚学习写字时常常是多一点或少一横,也容易将一些字形相近的字混淆不清,其原因在于此时小朋友的记忆能力较差。( )

  A. 正确   B. 错误

  答案:B

本节核心考点回顾

1.感知觉的概念

(1)感觉:人脑对直接作用于感觉器官的客观事物的个别属性的反映;

(2)知觉:人脑对直接作用于感觉器官的客观事物的整体属性的反映。

2.似动知觉的主要形式

(1)动景运动:当两个刺激按一定空间间隔和时距相继呈现时,会看到从一个刺激物向另一个刺激物的连续运动。

(2)诱导运动:由于一个物体的运动使其相邻的静止的物体产生运动。

(3)自主运动:人在注视暗环境中一个微弱的、静止的光点,片刻后感觉到光点在来回移动。

(4)运动后效:在注视向一个方向运动的物体之后,如果将注视点转向静止的物体,那么会看到静止的物体似乎向相反的方向运动。

3.常见的社会知觉偏差

(1)社会刻板效应:对一群人的特征或动机加以概括,把概括得出的群体的特征归属于团体中的每一个人,无视个体差异。

(2)晕轮效应:认为某人具有某种特征时,会对他的其他特征做相似判断。

(3)首因效应:在总体印象形成上,最初获得的信息比后来获得的信息影响更大。

(4)近因效应:在总体印象形成上,新近获得的信息比原来获得的信息影响更大。

(5)投射效应:个体具有某种特性,推断他人也有与自己相同的特性。

4.感受性与感觉阈限

感受性与感觉阈限在数值上成反比关系,感受性高,则感觉阈限低;感受性低,则感觉阈限高。

(1)绝对感觉阈限:刚刚能引起感觉的最小刺激强度;

(2)绝对感受性:人的感官觉察最小刺激强度的能力;

(3)差别感觉阈限:刚刚能引起差别感觉的刺激物间的最小差异量;

(4)差别感受性:能够感受刺激之间最小差异量的能力。

5.感觉的相互作用规律

(1)感觉适应:刺激对感受器的持续作用而使感受性发生变化。

(2)感觉对比:同一感受器接受不同的刺激,而使感受性发生变化,可分为同时对比和继时对比。

(3)感觉后效:刺激作用停止后,感觉暂时保留的现象。

(4)不同感觉的相互补偿:某种感觉系统的机能丧失后,由其他感觉系统的机能来弥补。

(5)联觉:一种感觉兼有另一种感觉。

6.知觉的规律

(1)选择性:知觉系统将刺激分为对象和背景,并把知觉对象优先从背景中区分出来。

(2)理解性:以知识经验为基础对感知的事物加工处理,并用语词加以概括、赋予说明。

(3)整体性:根据自己的知识经验把直接作用于感官的客观事物的多种属性整合为统一整体。

(4)恒常性:客观事物本身不变,当知觉条件在一定范围内发生变化时,人的知觉映像仍相对不变。

第二节 记 忆

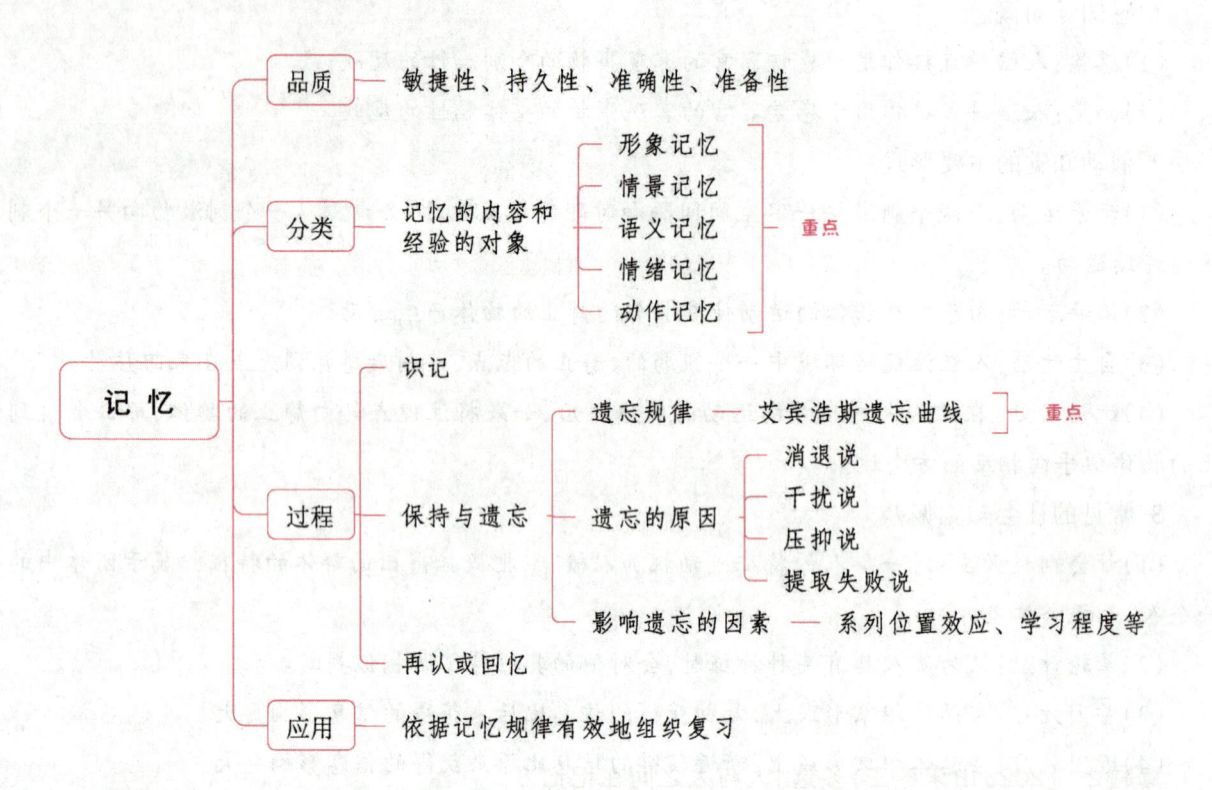

```
                    ┌─ 品质 ── 敏捷性、持久性、准确性、准备性
                    │
                    │              ┌─ 形象记忆
                    │              │  情景记忆
                    ├─ 分类 ── 记忆的内容和 ── 语义记忆  ── 重点
                    │         经验的对象    │  情绪记忆
                    │              │  动作记忆
                    │              └─
                    │         ┌─ 识记
    记忆 ──┤         │
                    │         │         ┌─ 遗忘规律 ── 艾宾浩斯遗忘曲线 ── 重点
                    │         │         │              ┌─ 消退说
                    ├─ 过程 ──┤ 保持与遗忘 ── 遗忘的原因 ──│  干扰说
                    │         │         │              │  压抑说
                    │         │         │              └─ 提取失败说
                    │         │         └─ 影响遗忘的因素 ── 系列位置效应、学习程度等
                    │         └─ 再认或回忆
                    │
                    └─ 应用 ── 依据记忆规律有效地组织复习
```

一、记忆概述

考点 1 ▶ 记忆的概念及品质 ★ 【单选、多选、判断】

1. 记忆的概念

记忆是人脑对过去经验的保持和再现。它是比感知觉更为复杂的心理现象。人脑感知过的事物、思考过的问题和理论、体验过的情感和情绪、练习过的动作等，都可以成为记忆的内容。

记忆是人的心理过程在时间上的持续。因为记忆的存在，人们的先后反映才能联系起来，人的心理活动的过去和现在才得以联结，人的心理活动才可能成为一个延续的、发展的、统一的整体。记忆是一种积极、能动的活动。

2. 记忆的品质

表2-9 记忆的品质

品质	含义与良好表现	培养注意事项
敏捷性	记忆的速度和效率特征。能够在较短的时间内记住较多的东西，就是记忆敏捷性良好的表现	(1)要明确识记的目的； (2)要集中注意力
持久性	记忆的保持特征。能够把知识经验长时间地保留在头脑中，甚至终生不忘，就是记忆持久性良好的表现	(1)要善于把识记的材料纳入已有的知识体系中； (2)进行及时和经常性的复习

续表

品质	含义与良好表现	培养注意事项
准确性	记忆的正确和精确特征。对于所识记的材料,在再认和回忆时,没有歪曲、遗漏、增补和臆测,就是记忆精确性良好的表现	(1)必须进行认真的识记,在大脑皮层上建立精确的暂时神经联系; (2)在复习时要把相似的材料经常加以比较,防止混淆; (3)要把正确识记的事物同仿佛记住的东西区别开,把所见所闻的真实材料与主观的增补、臆测区别开来
准备性	记忆的提取和应用特征。能及时、迅速、灵活地从记忆信息的储存库中提取所需要的知识经验,以解决当前的实际问题。具体表现为出口成章、对答如流、一挥而就等。	要使掌握的知识系统化,这样才能做到有条不紊地从记忆仓库中,随时迅速地提取所需要的材料

• 记忆有妙招 •

为方便考生记忆,编者将记忆的品质总结成以下口诀:

准备劫持。准:准确性。备:准备性。劫:敏捷性。持:持久性。

真题1 [2023湖北武汉,单选]小明记忆速度快,十分钟就能记住一篇新学的文言文,这体现了记忆的(　　)

A. 准备性　　　　B. 准确性　　　　C. 持久性　　　　D. 敏捷性

真题2 [2023山东枣庄,多选]人与人之间在记忆方面存在很大差异,主要是因为其记忆品质的不同,以下属于记忆准备性品质的有(　　)

A. 有人读书一目十行,却转瞬即忘

B. 有人学富五车,却难于解决生活中的具体问题

C. 有人读书破万卷,却下笔难成文

D. 有人满腹经纶,关键时候却有话说不出

答案:1. D　2. BCD

考点 2 ▶ 记忆的分类 ★★ 【单选、多选、填空、判断】

表2-10　记忆的分类

分类依据	类别	定义
记忆的内容和经验的对象	形象记忆	个体以感知过的事物形象为内容的记忆,包括视觉、听觉、嗅觉或味觉等方面的记忆
	情景记忆	以亲身经历的、发生在一定时间和地点的事件(情景)为内容的记忆
	语义记忆 (语词逻辑记忆)	个体以语词所概括的事物的关系以及事物本身的意义和性质为内容的记忆
	情绪记忆	个体以曾经体验过的情绪或情感为内容的记忆
	动作记忆 (运动记忆)	以做过的运动或动作为内容的记忆

309

分类依据	类别	定义
信息加工与存储的内容不同	陈述性记忆	对有关事实和事件的记忆
	程序性记忆	对如何做事情的记忆,包括对知觉技能、认知技能和运动技能的记忆。这类记忆往往需要通过多次尝试才能逐渐获得;在利用这类记忆时往往不需要意识的参与
记忆时意识参与的程度	外显记忆	个体有意识地或主动地收集某些经验用以完成当前任务时表现出来的记忆
	内隐记忆	在不需要意识参与或不需要有意回忆的情况下,个体的已有经验自动对当前任务产生影响而表现出来的记忆

注:根据信息从输入到提取所经过的时间、信息编码方式和记忆阶段的不同,可将记忆分为瞬时记忆、短时记忆和长时记忆。

真题3 [2023江苏徐州,单选]"余音绕梁,三日不绝于耳"属于( )
A. 运动记忆　　　　B. 形象记忆　　　　C. 情绪记忆　　　　D. 语义记忆

真题4 [2023安徽蚌埠,单选]对语法法则、公式符号、法律条文等知识的记忆属于( )
A. 情景记忆　　　　B. 语义记忆　　　　C. 形象记忆　　　　D. 运动记忆

答案:3. B　4. B

二、记忆过程及其规律

记忆过程包括识记、保持、再现(再认或回忆)三个环节。从信息加工的角度来看,记忆过程是对输入信息的编码、储存和提取的过程,其中编码是最关键的加工。

编码是对外界信息进行形式转换,以便更好储存和提取的过程。储存是把感知过的事物、体验过的情感、做过的动作、思考过的问题等,以一定的形式保持在人们的头脑中。提取是指从记忆中查找已有信息的过程,是记忆过程的最后一个阶段。信息的编码相当于识记过程,信息的储存相当于保持过程,信息的提取相当于再现(再认或回忆)过程。记忆过程中的三个基本环节是相互依存,密切联系的。识记和保持是再认或回忆的前提,再认和回忆是识记和保持的结果,并能进一步巩固和加强识记和保持的内容。

考点 1 ▶ 识记　★　【单选】

1. 识记的概念与分类

识记是记忆过程的第一个基本环节,是个体获得知识经验的过程。它具有选择性的特点。关于识记的分类具体内容见下表。

表2-11 识记的分类

分类依据	类别	定义
根据识记有无目的性	无意识记	事先没有预定目的,也不需要运用任何有助于识记的方法和意志努力,自然而然地识记
	有意识记	有明确的识记目的,并运用一定方法的识记,在识记过程中还需要一定的意志努力

续表

分类依据	类别	定义
根据识记材料的性质和识记方法的不同	机械识记	根据材料的外在联系,采取多次重复的方式所进行的识记,即平时所说的死记硬背
	意义识记	在理解的基础上,依据材料的内在联系(也可以人为地赋予某种意义),并运用已有的知识经验而进行的识记。意义识记的先决条件是理解

2.意义识记的优越性和机械识记的必要性

(1)意义识记的优越性

大量实验研究和日常生活实践证明,意义识记的效果不论是在全面性、准确性、巩固性方面还是在速度方面都优于机械识记,其主要原因是意义识记依靠了人在过去经验中已形成的暂时的联系系统。

(2)机械识记的必要性

可能进行机械识记的情况有两种:一种情况是识记者面对的就是本身没有意义或者没有内在联系的材料。比如对无意义音节、地名、人名、历史年代等的识记。这种识记具有被动性,但对学生而言也是必要的,因为它能够防止对记忆材料的歪曲。另一种情况是面对的材料虽然有可能有意义,而识记者对其缺乏应有的理解,只能先机械识记,随着知识经验的积累再逐步加以理解。如幼儿学习古诗,一、二年级的学生背诵乘法口诀等。

3.识记的规律(影响识记效果的因素)

(1)识记的目的与任务;(2)识记的态度和情绪状态;(3)活动任务的性质;(4)材料的数量和性质;(5)识记的方法。

真题5 [2023湖北武汉,单选]意义识记是利用学习材料的意义进行的识记,其先决条件是(　　)

A.重复　　　　　　B.状态　　　　　　C.态度　　　　　　D.理解

答案:D

考点 2　保持与遗忘　★★★　【单选、多选、判断、简答、论述】

1.保持及其规律

(1)保持的概念

保持是指已获得的知识经验在人脑中的巩固过程,是对识记内容的一种强化的过程,使它更好地成为人们的经验,是记忆过程的第二个环节。

(2)保持的规律

保持并非原封不动地保存头脑中识记过的材料的静态过程,而是一个富于变化的动态过程。这种变化表现在量和质两个方面。

①保持在数量上的变化,一般表现为识记的内容随着时间的进程呈减少的趋势,甚至遗忘。保持在数量上的变化还表现为记忆恢复。记忆恢复(记忆回涨)是指识记某种材料,经过一段时间后测得的保持量大于识记后即时测得的保持量。记忆恢复现象常常在下列情况中出现:儿童比成人更普遍;学习难度大的材料比学习容易的材料更容易出现;学习得不够熟练的材料比熟练的材料更易发生。

②保持在质量上的变化表现在两个方面：一方面，记忆内容中不重要的细节部分趋于消失，而主要内容及显著特征能较好地保持，从而使记忆内容简略、概括和合理。另一方面，记忆内容中的某些特点和线索有选择地被保留下来，同时增添某些特征，使记忆内容成为较易理解的"事物"。

2. 遗忘及其规律

（1）遗忘的概念

遗忘是与保持相反的心理过程，是指对识记过的材料不能回忆或再认，或者表现为错误的回忆或再认。遗忘并不是所记忆的信息完全丧失，而是所保持的信息不能在使用时顺利地提取出来。遗忘是一种自然的正常合理的心理现象。按照信息加工的观点，遗忘是信息提取不出或提取错误。

（2）遗忘的种类

表2-12 遗忘的种类

依据	分类	含义	原因
遗忘的时间	暂时性遗忘（假性遗忘）	已经转入长时记忆的内容暂时不能被提取，但在适宜的条件下还可能恢复。这是一种与线索有关的遗忘	干扰造成的提取信息障碍
	永久性遗忘（真性遗忘）	发生在瞬时记忆与短时记忆阶段的记忆材料未经复习而消失产生的遗忘	衰退造成的"存储性障碍"
是否主动	主动性遗忘（有意遗忘）	人们为了减轻心理不安，有意识地逼迫自己不去回忆那些引起特别痛苦的体验与感受的事件，或者以某种方式有意歪曲它们，使其不再出现，如弗洛伊德提出的"压抑性遗忘"及巴特莱特提出的"创见性遗忘"	为减轻心理不安
	被动性遗忘	人们因为消退、干扰、腐蚀、衰减等原因引起的遗忘	消退、干扰、腐蚀、衰减

（3）艾宾浩斯遗忘规律

最早对遗忘进行实验研究的是德国心理学家艾宾浩斯，他以自己作为实验的测试对象，采用节省法，选用无意义音节作为记忆材料，并在一段时间后进行回忆，记录回忆量，并据此绘制了艾宾浩斯遗忘曲线。

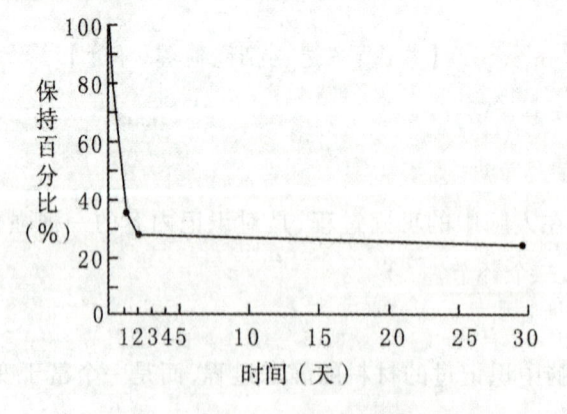

图2-4 艾宾浩斯遗忘曲线

这条曲线表明，遗忘在学习之后立即开始，而且在最初的时间里遗忘速度很快，随着时间的推移，遗忘的速度逐渐缓慢下来，过了相当长的时间后，几乎不再发生遗忘。由此可以看出，遗忘是有规律的，即遗忘的进程是不均衡的，其趋势是先快后慢、先多后少，呈负加速，且到一定的程度就几乎不再遗忘了。

继艾宾浩斯之后的许多研究进一步揭示了有关遗忘过程的规律，例如：①有意义材料比无意义材料遗忘得慢;②数量多的材料遗忘较快;③两种相似的材料,前后间隔时间短,则容易相互干扰而造成遗忘;④学习程度不够的材料容易遗忘等。

(4)遗忘的原因

关于遗忘的原因,主要有以下几种理论学说:

①消退说

消退说认为,遗忘是记忆痕迹得不到强化而逐渐衰弱,以致最后消退的结果。它适用于解释感觉记忆和短时记忆,但很难用实验证实,因为识记后一段时间内保持量的下降,既可能是记忆痕迹消退的结果,也可能是受到其他材料的干扰。消退说是一种对遗忘原因的最古老的解释,起源于亚里士多德,由桑代克进一步发展。

②干扰说

干扰说认为,遗忘是因为在学习和回忆之间受到其他刺激的干扰。一旦干扰被排除,记忆就能恢复,而记忆痕迹并未消退。干扰说的代表人物是詹金斯和达伦巴希。干扰说可用前摄抑制和倒摄抑制来说明。前摄抑制是先学习的材料对识记和回忆后学习的材料的干扰作用。倒摄抑制是后学习的材料对保持和回忆先学习的材料的干扰作用。

③压抑说(动机说)

压抑说认为,遗忘是由情绪或动机的压抑作用引起的,如果压抑被解除,记忆就能恢复。该理论是弗洛伊德在给病人催眠时发现的。他认为个体之所以无法回忆,是因为该记忆使病人感到痛苦而被人为地压抑到潜意识中。由于情绪紧张而引起的遗忘(考试时常常发生)就属于这种类型。

④提取失败说

我们都有这样的经验:不能回忆起某件事,但又知道这件事是知道的。这种明明知道某件事,但就是不能回忆出来的现象称为"舌尖现象"或"话到嘴边现象"。从信息加工的观点看,遗忘是一时难以提取出需要的信息,遗忘之所以发生是因为编码不准确,失去了检索线索或线索错误。一旦有了正确的线索,经过搜寻,所需要的信息就能提取出来,这就是遗忘的提取失败理论。这种理论的代表人物是图尔文。

⑤同化说(认知结构说)

奥苏贝尔认为,遗忘是知识的组织和认知结构简化的过程。当人们学到了更高级的概念与规律之后,就可以以此来代替低级的观念,使低级观念简化,从而减轻记忆负担。这是一种积极的遗忘。当然,在有意义学习中,或者由于原有知识结构不巩固,或者由于新旧知识辨析不清楚,也有可能以原有的观念来代替表面相同而实质不同的新观念,从而出现记忆错误。这是一种消极的遗忘,教学中必须努力避免。

(5)影响遗忘进程的因素

①学习材料的性质。学习材料的性质指材料的种类、长度、难度以及意义性。有意义的材料比无意义的材料遗忘得慢;形象、直观的材料比抽象的材料遗忘得慢;比较长的、难度较大的材料的遗忘进程更符合艾宾浩斯遗忘曲线,长度、难度适中的材料保持效果最好;能引起主体兴趣、符合主体需要、动机,激起主体强烈情绪体验,在主体的工作、学习、生活上具有重要意义的材料,一般不容易遗忘。

②系列位置效应。所谓系列位置,是指在系列学习中,学习材料处于系列记忆的不同位置。位置不同,回忆效果也不同。系列位置效应就是指接近开头和末尾的记忆材料的记忆效果好于中间部分的记忆效果的趋势。开头部分和结尾部分的记忆效果较好,分别称为首因效应和近因效应,而效果较差的中间部分被称为渐近部分。例如,学习一篇课文,一般总是开头和结尾部分容易记住,而中间部分则容易忘记。其原因是:课文的开始部分只受倒摄抑制的影响,不受前摄抑制的影响;结尾部分只受前摄抑制的影响,不受倒摄抑制的影响;中间部分则受两种抑制的影响,因而最容易遗忘。

③识记材料的数量和学习程度。一般来说,材料过多、学习程度太小或太大,都不利于对知识的记忆。过度学习是指学习达到恰能背诵之后再继续学习。实验证明:过度学习达到50%,即学习的熟练程度达到150%时,学习的效果最好;超过150%时,效果并不递增,很可能引起厌倦、疲劳而成为无效劳动。例如,读一篇外语课文,学习30分钟就刚好能背诵并正确回忆,为了巩固记忆,又增加了15分钟的学习时间,这就是过度学习,其过度量为50%。过度学习对那些必须能长期地准确回忆而且又没什么意义的操练信息最为有用,如乘法口诀表。

④记忆任务的长久性与重要性。一般来说,长久的识记任务有利于材料在头脑中保持时间的延长,不重要和未经复习的内容则容易遗忘。

⑤识记的方法。研究表明,以理解为基础的意义识记比机械识记的效果好得多。

⑥时间因素。根据遗忘规律,记忆的最初阶段遗忘的速度快,随后逐渐变慢。学习内容的保存量随着时间的变化而减少。

⑦情绪和动机。学习者的情绪和动机等也影响遗忘进程。

真题6 [2024山西太原,单选]有些学生认为背诵意义不大,因为很快就会忘记。事实上许多时候遗忘与学习程度有关。研究表明,为防止遗忘应适当过度学习,即学习达到恰能背诵之后再继续学习。当学习的熟练程度达到(　　)时,学习效果最好。

A. 50% B. 100%

C. 150% D. 200%

真题7 [2023黑龙江哈尔滨,单选]回忆高尔基的《海燕》时,头脑中浮现课文的第一段和结尾,中间部分模糊不清,这种现象可以用遗忘的(　　)来解释。

A. 干扰说 B. 衰退说

C. 压抑说 D. 提取失败说

真题8 [2023广东韶关,判断]根据艾宾浩斯遗忘规律,遗忘过程是不均衡的,是先快后慢的。(　　)

真题9 [2023广西贵港,判断]在早上起床后或学习开始时学习重要内容可以克服倒摄抑制的影响。(　　)

真题10 [2023安徽统考,简答]简述影响遗忘进程的主要因素。

答案:6. C　7. A　8. √　9. ×　10. 详见内文

考点 3　再认或回忆 ★ 【单选、不定项、判断】

1. 再认

再认是指人们对感知过、思考过或体验过的事物,当它再度呈现时,仍能认识的心理过程。例如:

好友重逢,一眼就认出了对方;旧地重游,处处有熟悉之感。再认是记忆的初级表现形式,是比回忆更为容易和简单的一种恢复经验的形式。

真题11 [2024河南事业单位,不定项]在实验中,电脑屏幕上先相继呈现10个单词,要求被试进行学习。短暂休息后,电脑屏幕上随机呈现一个单词(从10个学习过的单词和10个未学习的单词组成的材料库中进行选择),要求被试判断该单词是否学习过。该实验中被试采用的信息提取方式是( )

A. 回忆 B. 再认
C. 随机 D. 想象

答案:B

2. 回忆(重现)

(1)回忆的概念

回忆又被称为"重现",是过去经历过的事物不在面前,人们在头脑中把它重新呈现出来的过程。回忆是记忆的最高表现,是比再认更为复杂的一种恢复经验的形式。再认与回忆二者之间没有本质的区别,只有保持程度上的不同。

> **小香课堂**
>
> 再认和回忆(即再现)是记忆过程的最后一个环节。二者没有本质上的区别,只有保持程度上的不同。一般来说,再认比回忆要容易、简单。
>
> 再认:经历过的事物再度出现时能够识别出来,如考试时回答选择题、判断题等。
>
> 回忆:经历过的事物不在面前,能在头脑中自行重现,如考试时回答填空题、简答题、论述题等。

(2)回忆的种类

表2-13 回忆的种类

分类依据	类别	概念	典例
是否有预定的目的、任务和意志努力的程度	无意回忆	没有预定目的,也不需要任何意志努力的回忆	触景生情或偶然想起了一件往事;自由联想
	有意回忆	有回忆任务、并做一定的意志努力、自觉追忆以往经验的回忆	课堂上学生回答老师的提问等
回忆时的条件和方式的不同	直接回忆	由当前事物直接唤起旧经验的重现	对熟记的外语单词的回忆
	间接回忆	通过一系列中间环节或中介性的联想才能达到要回忆的旧经验	根据一些提示和推断回想起钥匙所遗落的地方

(3)追忆

在有意回忆特别是间接回忆遇到困难时,就必须做出一定的努力,克服一定的困难,才有可能回忆起旧经验。这种需要一定努力,克服一定困难的有意回忆称为追忆。

三、记忆规律在教学中的应用 ★★ 【单选、多选、判断、简答、论述】

考点 1 依据记忆规律合理安排和组织教学

（1）合理安排教学。①学校在排课时应尽可能地避免把性质相近的课程排在一起，这样能减少材料相似性引起的前摄抑制、倒摄抑制对记忆的干扰；②教师要保证学生的课间休息；③教师应控制每堂课的信息投入量。

（2）向学生提出具体的识记任务。

（3）使学生处于良好的情绪和注意状态。

（4）充分利用无意识记的规律组织教学。

（5）使学生理解所学内容并把它系统化。

（6）培养学生良好的记忆品质，提高其记忆能力。

考点 2 依据记忆规律有效地组织复习

学过的知识，如果不经过复习，是不可能长久、完全地保持在记忆中的。克服遗忘最好的方法是加强复习。有效组织复习的方法有：

1. 复习时机要得当

（1）及时复习。遗忘发展的规律表明，识记后遗忘很快就会发生。因此，对于新学习的材料，为了防止遗忘，必须"趁热打铁"，及时进行复习。所谓及时复习就是在初期大量遗忘开始之前就进行复习。

（2）合理安排复习时间。要制订复习计划，合理安排复习内容和时间，提高复习效率。每天复习的内容要适当，不要过于紧张和疲劳，以免产生干扰。有效的复习时间最好做如下安排：第一次复习，学习结束后的5~10分钟；第二次复习，学习当天的晚些时候或学习结束后的第二天；第三次复习，一星期后；第四次复习，一个月后；第五次复习，半年后。

（3）间隔复习。由于遗忘存在着"先快后慢"的趋势，因此，在教学上还必须遵守"间隔复习"的原则。一般来说，刚学过的新知识应该多复习，每次复习所用的时间应长些，而间隔的时间要短些；随着记忆巩固程度的提高，每次复习的时间可以短些，而间隔的时间可以长些。

（4）循环复习。教学上应该遵守"循环复习"的原则，对于所学的重要的、基本的材料应经常进行复习，做到"温故而知新"。

2. 复习方法要合理

（1）分散复习与集中复习相结合。根据复习在时间分配上的不同，复习方式有两种：①集中复习，把要复习的材料集中在一段时间内进行复习；②分散复习，即把要复习的材料分配到几段相隔的时间内进行复习。复习难度小的材料可适当集中复习，难度大的材料可采取分散复习的方式，做到分散复习与集中复习相结合。对于大多数学习而言，分散复习的效果优于集中复习，因为分散复习可以降低疲劳感，可以减少前摄抑制和倒摄抑制的影响。

（2）复习方法多样化。单调的复习方法容易使人产生疲劳和厌倦情绪，会降低复习效果。因此，教师在组织学生复习时，方法要灵活多样。

（3）运用多种感官参与复习。多种感官参与复习可以更好地提高记忆效果。因此，在复习时应尽量运用多种感官,要眼看、耳听、口读、手写相互配合,在头脑中构成它们之间的神经联系,形成记忆痕迹,以后遇到其中的一种刺激信息,就可以激活多种相关的记忆痕迹,提高记忆效果。有心理学家证明,人的学习83%通过视觉,11%通过听觉,3.5%通过嗅觉,1.5%通过触觉,1%通过味觉。

(4)尝试回忆与反复阅读相结合。尝试回忆与反复阅读相结合的方法,能使学习者及时了解到识记的成绩,从而提高学习的兴趣,激起进一步学习的动机。同时,在每次回忆后,学习者可以及时检查记忆效果,在重新阅读时就会有针对性地集中精力攻克难点,纠正错误,不至于平均用力。

3. 复习次数要适宜

要掌握复习的量。(1)复习内容的数量要适当,就是说一次复习内容的数量不宜过多,因为,学习内容的数量与复习的次数及所用的时间是成正比增长的;(2)提倡适当的过度学习,即熟练程度达到150%的学习(适当过度学习的材料能避免遗忘),从而提高记忆效果。

4. 重视对记忆品质的培养

具体内容参见本节中"记忆的品质"。

5. 注意用脑卫生

脑的健康状况是影响记忆好坏的重要生理条件,它与学习和记忆有密切的关系。因此,在学习过程中,要特别重视脑的营养与适当的休息。严重营养不良,缺乏蛋白质,以及吸毒、酒精中毒、脑外伤等都会给记忆带来不良影响,使记忆力下降。

> **·记忆有妙招·**
>
> 为方便考生记忆,编者将有效组织复习的方法总结成以下口诀:
>
> **十次方知味。十:**时机。**次:**次数。**方:**方法。**知:**记忆品质。**味:**用脑卫生。

真题12 [2022河南郑州,多选]组织识记后的复习是与遗忘斗争的首要条件。复习时应注意( )

A. 阅读与重现交替进行　　　　　　　　B. 加强对系列位置效应中间部分的复习

C. 及时复习　　　　　　　　　　　　　D. 正确分配复习时间,集中复习优于分散复习

真题13 [2024江苏南通,简答]依据记忆规律,如何有效组织复习?

答案:12. ABC　13. 详见内文

四、中小学生记忆的发展

考点 1　小学生记忆的发展　★　【单选】

(1)小学生的有意记忆明显增强

从无意记忆为主转变为有意记忆为主。从小学三年级开始,小学生的有意识记逐渐取代无意识记并占主导地位。

(2)小学生的意义记忆迅速发展

从机械记忆为主向意义记忆为主过渡。小学低年级学生以机械识记为主,到了三、四年级,从机械识记占主导地位向意义识记占主导地位发展。在小学阶段,机械识记和意义识记的效果均随着年龄的增长而提高。在小学生学习过程中,由于学习材料的性质不同,机械识记和意义识记都是必需的。

（3）小学生的抽象逻辑记忆水平逐步提高

从具体形象记忆向抽象逻辑记忆的方向发展。学前儿童的具体形象记忆优于词的抽象记忆。小学生记忆的主要方式是形象记忆。对低年级儿童而言，直观形象记忆仍占主导地位。随着年龄的增长，小学生从以具体形象记忆为主过渡到以抽象逻辑记忆为主。但小学生在记忆抽象的材料时，主要还是以事物的具体形象为基础，即形象记忆仍起着重要作用。

考点 2 ▶ 中学生记忆的发展

（1）中学生记忆发展的总体趋势是随着年龄的增长记忆力不断提高，到16岁趋于成熟，高中生处于记忆发展的"黄金"时代。

（2）同一年龄的中学生，受所记材料性质的影响，记忆效果不一样。

（3）中学生短时记忆广度随着年级的增长而不断增大。

（4）随着年龄的增长，中学生的有意记忆和无意记忆效果都不断提高，但有意记忆逐渐占主导地位。

（5）中学生以理解记忆为主要记忆手段。

（6）抽象记忆在中学阶段占据主导地位。

★★ 本节核心考点回顾 ★★

1. 记忆的品质

(1) 敏捷性：在较短的时间内记住较多的东西。

(2) 持久性：把知识经验长时间地保留在头脑中，甚至终身不忘。

(3) 准确性：对于所识记的材料，在再认和回忆时，没有歪曲、遗漏、增补和臆测。

(4) 准备性：使人能及时、迅速、灵活地从记忆信息的储存库中提取所需要的知识经验以解决实际问题。

2. 记忆的分类（根据记忆的内容和经验的对象进行划分）

(1) 形象记忆：以感知过的事物形象为内容的记忆；

(2) 情景记忆：以亲身经历的、发生在一定时间和地点的事件（情景）为内容的记忆；

(3) 语义记忆：以语词所概括的事物的关系以及事物本身的意义和性质为内容的记忆；

(4) 情绪记忆：个体以曾经体验过的情绪或情感为内容的记忆；

(5) 动作记忆：以做过的运动或动作为内容的记忆。

3. 记忆过程

(1) 识记：是个体获得知识经验的过程。

(2) 保持：指已获得的知识经验在人脑中的巩固过程。

(3) 再现（再认或回忆）：再认指感知过、思考过或体验过的事物再度呈现，仍能认识的过程；回忆指过去经历过的事物不在面前，在头脑中把它重新呈现出来的过程。

4. 艾宾浩斯遗忘规律

遗忘在学习之后立即开始。遗忘的进程是不均衡的，其趋势是先快后慢、先多后少，呈负加速，且到一定的程度几乎就不再遗忘。

5. 遗忘的原因

(1)消退说：遗忘是记忆痕迹得不到强化而逐渐衰弱，以致最后消退的结果。

(2)干扰说：遗忘是因为在学习和回忆之间受到其他刺激的干扰。

(3)压抑说：遗忘是由情绪或动机的压抑作用引起的，如果压抑被解除，记忆就能恢复。

(4)提取失败说：遗忘是一时难以提取出需要的信息，遗忘之所以发生是因为编码不准确，失去了检索线索或线索错误。

6. 影响遗忘进程的因素

(1)学习材料的性质；(2)系列位置效应；(3)识记材料的数量和学习程度；(4)记忆任务的长久性与重要性；(5)识记的方法；(6)时间因素；(7)情绪和动机。

7. 依据记忆规律有效地组织复习

(1)复习时机要得当：及时复习、合理安排复习时间、间隔复习、循环复习等；

(2)复习方法要合理：分散复习与集中复习结合、尝试回忆与反复阅读相结合等；

(3)复习次数要适宜：复习内容数量适当、适当过度学习等；

(4)重视对记忆品质的培养；

(5)注意用脑卫生：重视脑的营养与适当的休息等。

第三节 表象与想象

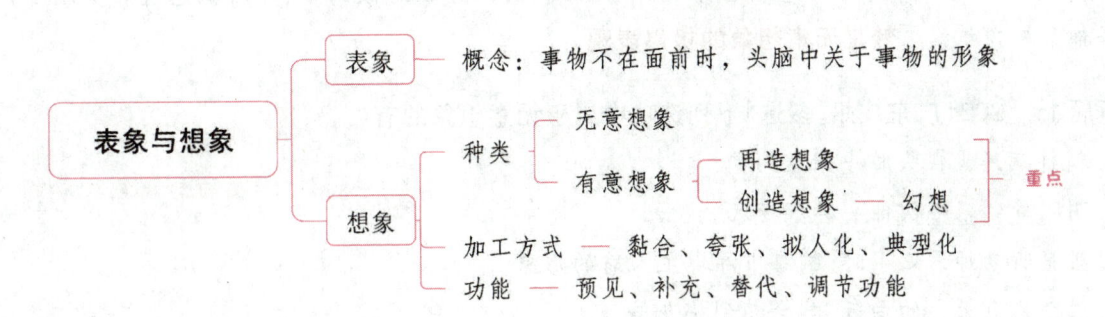

表象与想象
- 表象——概念：事物不在面前时，头脑中关于事物的形象
- 想象
  - 种类
    - 无意想象
    - 有意想象——再造想象、创造想象——幻想 【重点】
  - 加工方式——黏合、夸张、拟人化、典型化
  - 功能——预见、补充、替代、调节功能

一、表象 ★【单选】

1. 表象的概念与特征

表象是事物不在面前时，人们在头脑中出现的关于事物的形象。

表象具有三个主要特征：(1)直观性。(2)概括性。(3)可操作性。心理学家谢帕德等人通过"心理旋转实验"证明了表象的可操作性。

2. 表象的分类

(1)视觉表象、听觉表象和运动表象

从表象产生的主要感觉通道来划分，表象可以分为视觉表象（如想起母亲的笑脸）、听觉表象（如想起吉他的声音）和运动表象（如想起舞蹈动作）等。

(2)记忆表象和想象表象

根据表象创造程度的不同，表象可分为记忆表象和想象表象。记忆表象是在记忆中保持的客观事物的形象，如想起朋友的容貌。记忆表象是在感知的基础上形成的，是保持在人脑中的过去感知的形象,具有直观形象性特点,但和知觉相比,形象的鲜明性、完整性和稳定性都有差异。表象的形象具有较模糊、暗淡、片断、不稳定等特点。想象表象是在头脑中对记忆形象进行加工改组后形成的新形象,也即想象。这些形象可能从未经历过,或者世界上还不存在。

(3)个别表象和一般表象

根据表象的感知范围,可以把表象划分为个别表象和一般表象。个别表象是指对某一特定对象多次感知后产生的表象。它反映了个别事物的特征。例如,对某一件物品感知后在头脑中留下的具体形象。一般表象是指对某一类事物多次感知后产生的表象,它去掉了感知对象的个别特点,集中了一类事物共有的特征。

二、想象

想象是人脑对已储存的表象进行加工改造,形成新形象的心理过程。想象的内容来源于客观现实。想象具有主动性、丰富性、生动性、现实性、新颖性、深刻性等品质。

考点 1 想象的种类 ★★ 【单选、多选、判断】

根据想象的目的和计划性,可将想象分为无意想象和有意想象。

1. 无意想象

无意想象又称不随意想象,是没有预定目的,不由自主产生的想象。例如,学生常常出现的"白日梦"现象,我们看见天上的白云想象它像某种动物或人,人睡眠时做的梦,精神病患者在头脑中产生的幻觉等都是无意想象。梦是无意想象的极端表现。

真题1 [2024广东广州,多选]下列选项中属于无意想象的有( )

A. 精神病患者在头脑中产生幻觉

B. 明明梦到跟小伙伴去游乐场玩

C. 星星听老师讲故事时,脑海中浮现主人翁的形象

D. 兰兰看到天上的白云,就会想到棉花糖

答案:ABD

2. 有意想象

有意想象又称随意想象,是指有预定目的、自觉进行的想象,是意识活动的一种形式。这种想象活动具有一定的预见性、方向性,人们在想象过程中一直控制着想象的方向和内容。

根据创造程度的不同,有意想象又可以分为再造想象和创造想象。幻想是创造想象的一种特殊形式。

(1)再造想象

再造想象是依据词语或符号的描述、示意在头脑中形成与之相应的新形象的过程。人在阅读文艺作品、历史文献时,工人看建筑或机械图纸时,学生听教师对课文生动形象的描述时,头脑中出现的有关事物的形象,都属于再造想象。

再造想象产生的条件:①必须具有丰富的表象储备;②为再造想象提供的词语及实物标志要准确、鲜明、生动;③正确理解词语与实物标志的意义。

(2)创造想象

创造想象是按照一定目的、任务,使用自己以往积累的表象,在头脑中独立地创造出新形象的过程。例如,科学家对于科学研究的设计和研究成果的预见,革新家对生产工具和产品的改革与发明等。它是一切创造性活动的重要组成部分。

创造想象产生的条件:①强烈的创造愿望。②丰富的表象储备。③积累必要的知识经验。④原型启发。⑤积极的思维活动。⑥灵感的作用。在创造想象的过程中,新形象的产生往往带有突然性,这种突然出现新形象的状态,称为灵感。灵感是想象者在长期生活实践中勤于积累经验的结果。

此外,创造性思维能力、高水平的表象改造能力、丰富的情绪生活、正确的理想和世界观也是创造想象产生的条件。

(3)幻想

幻想是一种与生活愿望相结合并指向于未来的想象。幻想与一般的创造想象相比具有下述两个特征:①幻想体现了个人的愿望,是向往的形象;②幻想常是创造性活动的准备阶段。

幻想可分为科学幻想、理想、空想三种形式,具体内容见下表。

表2-14 幻想的形式

分类	概念	典例
科学幻想	是科学预见的一种形式,是创造想象的准备阶段和发展的推动力,是具有进步意义和有实现可能的积极幻想	太空移民
理想	符合事物发展规律、有实现可能的积极幻想	想成为科学家
空想	是与客观现实相违背的消极幻想,根本不可能实现。空想往往使人脱离现实,长期陷入空想的人往往碌碌无为,一事无成	黄粱一梦

真题2 [2024江苏苏州,单选]看到诗句"天苍苍,野茫茫,风吹草低见牛羊",学生脑海中出现的画面属于( )

A. 幻想　　　　　　　　　　　　B. 创造想象

C. 再造想象　　　　　　　　　　D. 空想

真题3 [2024福建统考,多选]关于想象,下列说法正确的有( )

A. 梦是一种不随意想象　　　　　B. 再造想象也有一定的创造性

C. 想象的内容来源于客观的现实　D. 鲁迅创作孔乙己形象是一种创造想象

真题4 [2023河南郑州,多选]再造想象产生的条件有( )

A. 必须具有丰富的表象储备

B. 为再造想象提供的词语及实物标志要准确、鲜明、生动

C. 正确理解词语与实物标志的意义

D. 原型启发和灵感

答案:2. C　3. ABCD　4. ABC

考点 2 想象的加工方式 ★ 【单选】

表2-15 想象的加工方式

种类	概念	典例
黏合	把两种或两种以上客观事物的属性、元素、特征或部分结合在一起而形成新形象的过程	"孙悟空"的形象
夸张(强调)	改变客观事物的正常特点,对某些特点加以夸大和强调,使其增大、缩小、数量加多、色彩加浓等	"千手观音""九头鸟"的形象
拟人化	把人类的特性、特点加在外界事物上,使之人格化的过程	"雷公""电母"等形象
典型化	根据一类事物共同的、典型的特征创造新形象的过程	鲁迅小说中的人物模特儿,往往嘴在浙江,脸在北京,衣服在山西,是一个拼凑起来的角色

真题5 [2022辽宁营口,单选]九头鸟是中国神话传说中的怪鸟,其形象运用的想象加工方式是(　　)

A. 黏合　　　　　B. 拟人化　　　　　C. 夸张　　　　　D. 典型化

真题6 [2022天津北辰,单选]在《西游记》这部著作中,塑造了类似于"雷公""电母""风神"等人物形象,这属于想象中的(　　)加工方式。

A. 黏合　　　　　B. 夸张　　　　　C. 拟人化　　　　　D. 典型化

答案:5. C　6. C

考点 3 想象的功能 ★ 【单选】

(1)预见功能。想象的预见功能是指它能预见活动的结果,指导活动进行的方向。

(2)补充功能。借助想象可以弥补人们认识活动的时空局限,超越个体狭隘的经验范围,获得更多的知识。

(3)替代功能。在现实生活中,当人们的某种需要不能得到满足时,可以借助想象从心理上得到一定的补偿和满足。

(4)调节功能。想象对机体的生理活动过程有调节作用,它能改变人体外周部分的机能活动过程。

真题7 [2024浙江宁波,单选]小红拿到不及格的数学试卷后,担心爸爸发现后会严厉批评自己,就把试卷藏起来了。这体现了想象的(　　)功能。

A. 预见　　　　　B. 补充　　　　　C. 替代　　　　　D. 调节

答案:A

考点 4 中小学生想象的发展

1. 小学生想象的发展

儿童入学后,想象的有意性、现实性、创造性和概括性都在不断发展着。

(1)小学生想象有意性的发展。小学生想象的有意性,随年级升高不断提高。

(2)小学生想象现实性的发展。儿童入学以后,想象的现实性逐渐提高,主要表现在:①想象所反映的形象,越发接近现实事物。想象形象的特征数由少到多,结构配置由不合理到合理。②从热衷于完全脱离现实的神话虚构,逐渐转向对现实生活的幻想。正因为小学儿童想象发展的这一特点,在小学语文教材的安排上,低年级多选用如《乌鸦喝水》《小马过河》等以童话故事的形式表达一定思想内容的教材对孩子进行智力教育;高年级则多选用对社会、自然的现实的记叙和说明的文章,对孩子进行智力教育。

(3)小学生想象创造性的发展。从再造想象中有创造性的成分,扩展到独立地进行创造想象。小学低年级儿童想象的形象往往具有复制性和模仿性,创造加工的成分不多。到了中、高年级,他们不仅在再造想象中创造性成分越来越多,而且能对已有表象做出真正的创造性加工,能独立地进行创造想象。

(4)小学生想象概括性的发展。小学生的想象从有很大的具体性、直观性,向有一定的概括性、逻辑性发展,表现为想象所凭借的依托物由实物向词语演变。

2. 中学生想象的发展

(1)初中生想象的发展。①初中生想象的有意性迅速增长。初中二年级和初中三年级是学生空间想象力发展的加速期或关键期。②初中生想象的创造性成分在不断增加。他们不仅能将看到的或听到的具体事物说出来、写出来,还能运用这些材料"编出"尚未看到或听到的事情来。他们的想象不像小学生那样多是模仿和再现,而能够显示出一种创造性。不过这种创造性成分还是有限的,不能估计得过高。③初中学生想象的现实性在不断发展。初中生想象的内容比较符合现实,富有逻辑性。初中生的幻想具有现实性、兴趣性,有时也带有虚构的特点,而要达到理性的想象一般要到高中阶段。

(2)高中生想象的发展。高中学生想象的特点主要表现在他们的创造性成分的增加和理想的形成、发展方面。高中生更重视现实,他们的理想不仅考虑自己的兴趣,而且还要考虑到有无实现的可能和条件,一旦有可能如愿,他们就会为之而奋斗,争取实现自己的理想。

考点 5 ▶ 学生想象力的培养(想象规律在教学中的应用)

1. 在教学中发展学生的再造想象

(1)要扩大学生头脑中的表象储备;(2)教师要帮助学生真正弄懂描述中的关键性词句和实物标志的含义;(3)教师要唤起学生对教材的想象,以加深对知识的理解和巩固。

2. 在教学中培养学生的创造想象

(1)要引导学生学会观察,丰富学生的表象储备;(2)引导学生积极思考,有利于打开想象力的大门;(3)引导学生努力学习科学文化知识,扩大学生的知识经验以发展学生的空间想象能力;(4)注意发展学生的语言能力;(5)结合学科教学,有目的地训练学生的想象力;(6)引导学生进行积极的幻想。

✦✦ 本节核心考点回顾 ✦✦

1. 想象的种类

根据想象的目的和计划性,可将想象分为无意想象和有意想象。

(1)无意想象:又称不随意想象,是没有预定目的,不由自主产生的想象。

(2)有意想象:有预定目的、自觉进行的想象。根据创造程度的不同,有意想象可分为再造想象和创造想象。

①再造想象:依据词语或符号的描述、示意在头脑中形成与之相应的新形象。

②创造想象：按照一定目的、任务，使用自己积累的表象，在头脑中独立地创造出新形象。

2.想象的加工方式

(1)夸张：改变客观事物的正常特点，对某些特点加以夸大和强调，使其增大、缩小、数量加多、色彩加浓等。

(2)拟人化：把人类的特性、特点加在外界事物上，使之人格化的过程。

第四节　言语与思维

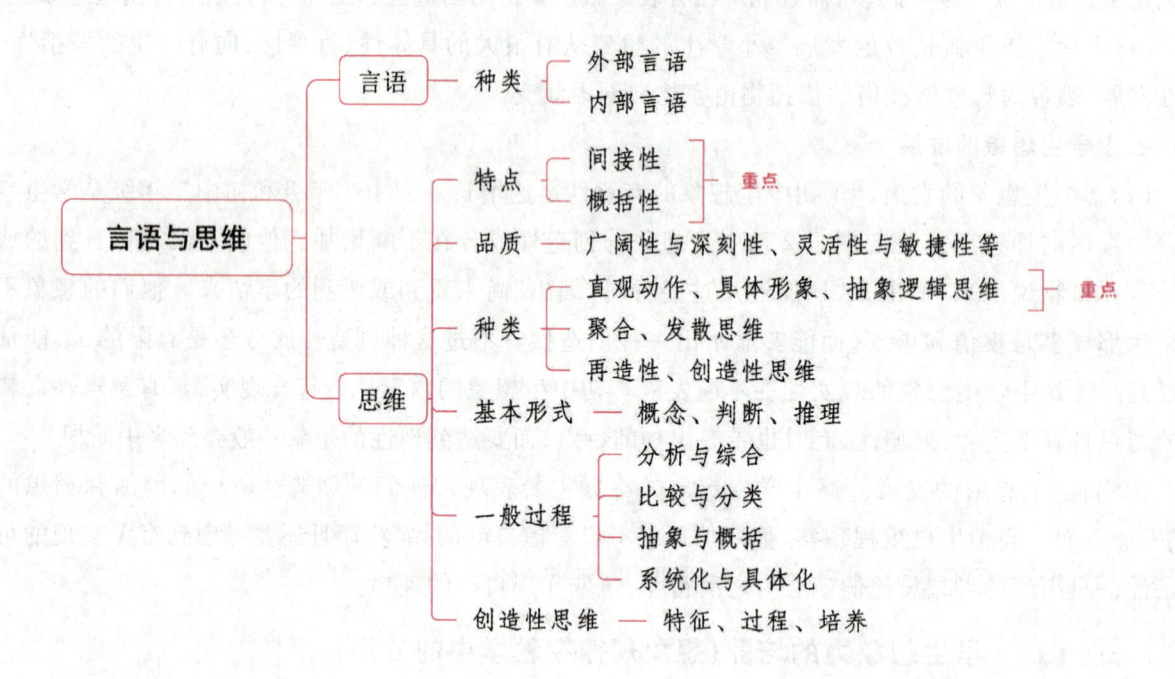

言语与思维
- 言语
  - 种类
    - 外部言语
    - 内部言语
- 思维
  - 特点
    - 间接性
    - 概括性 【重点】
  - 品质——广阔性与深刻性、灵活性与敏捷性等
  - 种类
    - 直观动作、具体形象、抽象逻辑思维 【重点】
    - 聚合、发散思维
    - 再造性、创造性思维
  - 基本形式——概念、判断、推理
  - 一般过程
    - 分析与综合
    - 比较与分类
    - 抽象与概括
    - 系统化与具体化
  - 创造性思维——特征、过程、培养

一、言语　★【单选、多选、判断】

考点 1　言语的概念与特点

言语是指人们运用语言材料和语言规则进行交际的过程。

言语的特点包括：目的性、开放性、规则性、离散性、社会性和个体性。

考点 2　言语的种类

表2-16　言语的种类

种类		概念	特点	典例
外部言语	口头言语 对话言语	两个人或几个人直接交际时的言语活动	一种直接交际言语，具有情境性、反应性和简略性等特点	聊天、座谈
	口头言语 独白言语	个人独自进行的，与叙述思想、情感相联系的，较长而连贯的言语	说话者独自进行的一种展开性的、有准备的、有计划的言语活动	报告、演讲
	书面言语	一个人借助文字来表达自己的思想或借助阅读来接受别人言语的影响的言语	具有言语的随意性、展开性和计划性等特点	写文章

续表

种类	概念	特点	典例
内部言语	一种自问自答或不出声的言语活动	在外部言语的基础上产生,其主要特点是隐蔽性、与思维的相关性和简约性	默读

真题1 [2024安徽统考,判断]言语就是运用语言材料和语言规则进行交际的过程,分为口头言语和书面言语。(　　)

答案:×

考点 3　言语的感知和理解

1.言语的感知

(1)口头言语的感知。口头言语的感知涉及语言的清晰度与可懂度。清晰度与可懂度是指听者了解讲话者说话的百分率,或指听者听对的百分率。

(2)书面言语的感知。人们通过视觉系统接受文字材料提供的信息,对字词做出正确判断与分辨,这就是书面言语的感知。书面言语的感知包括单词再认和阅读。

2.言语的理解

(1)概念。言语的理解是指人们借助于听觉或视觉的语言材料,在头脑中建构意义的一种主动、积极的过程。

(2)过程。言语的理解可分为三级水平:①词汇理解或词汇识别是言语理解的第一级水平;②句子的理解是言语理解的第二级水平;③篇章理解(课文或话语的理解)是言语理解的第三级水平。篇章理解是言语理解的最高水平。

真题2 [2024浙江金华,单选]言语理解的最高水平是(　　)

A.符号理解　　　　B.词汇理解　　　　C.句子理解　　　　D.篇章理解

答案:D

二、思维及其品质　★★　【单选、多选、判断】

考点 1　思维的概念和特点

1.思维的概念

思维是人脑对客观事物的本质属性与内在联系的概括的、间接的反映。它是借助语言实现的,能揭示事物本质特征及内部规律的理性认知过程。

2.思维的特点

(1)间接性

间接性是指思维能对感官所不能直接把握的或不在眼前的事物,借助于某些媒介物与头脑加工来进行反映。知识与经验是思维间接性反映的中介因素,没有这个中介因素,思维的间接性就无法产生。例如:内科医生不能直接看到病人内脏的病变,却能以听诊、化验、切脉、试体温、量血压、B超、CT等检验手段为中介,经过思维加工间接判断出病人的病情;地震工作者可以根据动物的反常现象或其他仪表的数据来分析与预报震情;等等。

(2)概括性

概括性包含两层意思:①把同一类事物的共同特征和本质特征抽取出来加以概括(形成概念)。例如,人们把形状、大小各不相同而能结出枣的树木称为"枣树",把枣树、苹果树、梨树等依据其根、茎、叶、果的共性称为"果树"等。②将多次感知到的事物之间的联系和关系加以概括,得出有关事物之间的内在联系的结论(得出关系)。例如,每次看到"月晕"就要"刮风","础石潮湿"就要"下雨",就能得出"月晕而风,础润而雨"的结论。

小香课堂

如何区分思维的间接性和概括性:

(1)在做题的时候,把握题干中的关键词。间接性的关键词是:"根据""推断";概括性的关键词是:"对……的认识""得出……结论"。

(2)遇到谚语时不能一概而论,要具体分析题目强调哪方面的意思。题目强调"间接地推测事物",选间接性;题目强调人们通过自身多年劳动经验,总结归纳出一套生活的规律,选概括性。

真题3 [2024安徽统考,单选]小乐早晨路过某地,发现很多树都折断了,他由此推断此地昨夜刮了大风。这体现的认知过程是( )

A. 感觉　　　　　　B. 想象　　　　　　C. 思维　　　　　　D. 记忆

真题4 [2023广东深圳,单选]在课堂上,教师见某一学生紧锁双眉,一筹莫展,由此推断该学生对授课内容的理解不是很顺利,教师的这种思考说明( )

A. 知识和经验是思维间接性反映的中介因素　　B. 知识和经验是思维概括性反映的中介因素

C. 观察和注意是思维间接性反映的中介因素　　D. 观察和注意是思维概括性反映的中介因素

真题5 [2022山东枣庄,单选]谚语"一场秋雨一场寒,十场秋雨穿上棉"体现了思维的( )特征。

A. 间接性　　　　　B. 组织性　　　　　C. 概括性　　　　　D. 抽象性

答案:3. C　4. A　5. C

考点 2 思维的品质

1. 思维的广阔性与深刻性

思维的广阔性是指思路开阔,能从各个角度、多个方面揭露事物的联系,全面地思考问题。具有思维广阔性品质的学生,在学习中能进行周密的思考,善于进行分析与综合,既考虑整体,又考虑部分。

思维的深刻性是指能深入地思考问题,善于透过事物的表面现象,抓住事物的实质,揭露事物之间的内在联系。

2. 思维的独立性(独创性)与批判性

思维的独立性(独创性)是指既能不受他人暗示,不人云亦云,不盲从别人的见解,不依赖现成的方法和结论,又能不武断、不一意孤行、不固执己见、不唯我是从,充分地发挥个人的主观能动性,独立地发现、思考、处理和解决问题。

思维的批判性是指既善于批判地评价他人的思想和成果,汲取别人的长处、优点和思想的精华,摒弃别人的短处、缺点和思想的糟粕;又善于严格而精细地思考问题,冷静而客观地评价和自觉地控制自己的思维活动,不易受自己的情绪和偏爱的影响。

3. 思维的灵活性与敏捷性

思维的灵活性是指能灵活地思考问题。它表现为能从不同角度、运用不同方法思考问题,在条件发生变化时,能随机应变,及时地改变原有计划、方案,寻找新的解决问题的途径。具有思维灵活性的学生,能灵活自如地运用各种规则、原理和规律,将书本中的知识与自己的见解进行比较和融合,而不把书本当教条;同时还能举一反三,由此及彼,善于迁移。

思维的敏捷性是指思维活动迅速正确,能当机立断。思维的敏捷性与轻率迥然不同,它不仅要求思维速度快,而且要求思维的正确性高。古人所谓"眉头一皱,计上心来",便是思维敏捷的一种表现。思维敏捷性强的学生能迅速准确地认识事物的本质和规律。

4. 思维的逻辑性和严谨性

思维的逻辑性和严谨性是指考虑和解决问题时思路鲜明,条理清楚,严格遵循逻辑规律,即提问明确,推理严密,主次分明,论证充分,有的放矢,有说服力,结论证据确凿。思维的逻辑性和严谨性是思维品质的中心环节,是所有思维品质的集中体现。

· 记忆有妙招 ·

为方便考生记忆,编者将思维的品质总结成以下口诀:
横向广,纵向深;于人独,对己批;灵则变,敏则快;逻辑严谨是中心。广:广阔性。**深**:深刻性。**独**:独立性。**批**:批判性。**灵**:灵活性。**敏**:敏捷性。**逻辑**:逻辑性。**严谨**:严谨性。

真题6 [2024山东青岛,单选]小娜做事果断、不犹豫,这体现了思维的(　　)
A. 灵活性　　　　B. 敏捷性　　　　C. 独立性　　　　D. 深刻性

真题7 [2022河南信阳,判断]从事物的各个方面、各个角度去看待问题是思维的广阔性。(　　)

答案:6. B　7. √

考点 3 良好思维品质的培养

教师在教育教学过程中培养学生良好的思维品质可以从以下几个方面着手:(1)加强科学思维方法的训练;(2)运用启发式方法调动学生思维的积极性、主动性;(3)加强言语交流训练;(4)发挥定势的积极作用;(5)培养学生解决实际问题的思维品质。

三、思维的种类 ★★ 【单选、多选、填空、判断】

1. 直观动作思维、具体形象思维和抽象逻辑思维

根据思维的内容凭借物、任务的性质、发展水平以及解决问题的方式,可将思维分为直观动作思维、具体形象思维和抽象逻辑思维。

直观动作思维是以实际动作为支柱的思维过程。例如,3岁前的幼儿的思维就属于直观动作思维,他们的思维活动离不开触摸、摆弄物体的活动。

具体形象思维是以直观形象和表象为支柱的思维过程。具体形象思维具有形象性、整体性、可操作性等特点。

抽象逻辑思维是以词为中介来反映现实的思维过程，也叫词的思维、抽象思维或逻辑思维。抽象逻辑思维是人类思维的典型形式，是人类思维区别于动物思维的最本质特征。例如，学生证明某一命题、定理时，要运用数字符号和概念来进行推导和求证。

一个正常的成年人，在实际工作和生活中，常将以上三种思维方式结合起来解决问题。例如，司机用实际操作检查马达出故障的原因时，必然与马达正常运转时的形象对照。同时，还要运用已有的知识经验进行推理判断，只有这样才能找出马达发生故障的原因。

从个体思维发展的经历来看，儿童总是先发展直观动作思维和具体形象思维，在此基础上才能逐步发展抽象逻辑思维。就这个发展顺序而言是固定的、不可逆的，但这不意味着这三种思维方式之间是彼此对立的、相互排斥的。事实上，它们在一定条件下往往相互联系，相互配合，相互补充。人到了成年以后，哪种思维形式占优势，并不表明个人思维水平的高低。

| 直观动作思维 | 具体形象思维 | 抽象逻辑思维 |

2. 经验思维和理论思维

根据思维过程中是以日常经验还是以理论为指导来划分，可将思维分为经验思维和理论思维。

经验思维是以日常经验为依据，判断生产、生活中的问题的思维。例如，学前儿童根据自己的经验，认为"鸟是会飞的动物"，这就属于经验思维。由于知识经验的不足，这种思维容易产生片面性，甚至得出曲解或错误的结论。

理论思维是以科学的原理、定理、定律等理论为依据，对问题进行分析、判断的思维。例如，人们说"心理是客观现实在人脑中的主观映像"，就是理论思维的结果。这种思维往往能抓住事物的本质，使问题得到正确的解决。教师利用理论思维传授科学理论，学生运用理论思维学习理性知识。

3. 分析思维和直觉思维

根据结论是否有明确的思考步骤和思维过程中意识的清晰程度和逻辑性，可将思维分为分析思维和直觉思维。

分析思维是遵循严密的逻辑程序和规律，逐步推导，然后得出合乎逻辑的正确答案或做出合理结论的思维。分析思维是以概念、判断、推理的形式来反映客观世界的思维。例如，学生在解数学题时，通过多步的推理和论证得出答案的过程。分析思维具有程序性的特点。

直觉思维是未经逐步分析就迅速对问题答案做出合理的猜测、设想或突然领悟的思维。直觉思维具有敏捷性、直接性、简缩性、突然性(突发性)、猜测性的特点。例如,足球运动员在一瞬间把握球场上对方球员的布局漏洞,不失时机地把球踢进球门,就是直觉思维的表现。灵感现象就是直觉思维的结果。

4. 聚合思维和发散思维

根据思维的指向性,可将思维分为聚合思维和发散思维。

聚合思维,也叫求同思维、集中思维、辐合思维、会聚思维,是指人们解决问题时,思路集中到一个方向,从而形成唯一的、确定的答案。聚合思维的过程是人们根据已知的信息和利用熟悉的规则,产生逻辑的结论从而解决问题的过程。这是一种有方向、有条理、有范围的思维方式。

发散思维,也叫求异思维、分散思维、辐射思维,是指人们解决问题时,思路朝着各种可能的方向扩散,从而求得多种答案。发散思维的过程是从给予的信息中产生多种信息的过程。

5. 再造性思维和创造性思维

根据思维的创造程度,可将思维分为再造性思维和创造性思维。

再造性思维也称常规性思维或习惯性思维,是指人们运用已获得的知识经验,按现成的方案和程序,用惯常的方法、固定的模式来解决问题的思维方式。例如,学生运用已学会的公式解决同一类型的问题。这种思维创造性水平较低。

创造性思维是指以新颖、独特的方式来解决问题的思维方式。是一种重新组织已有的知识经验,提出新的方案或程序,并创造出新的思维成果的思维活动。例如,新的大型工具软件的开发、新的科学理论的提出都需要创造性思维。创造性思维是人类思维的高级形态,是智力的高级表现。

真题8 [2023江苏常州,单选]教师采用的一题多解的教学方法主要用来训练学生的( )

A. 直觉思维　　　B. 发散思维　　　C. 集中思维　　　D. 常规思维

真题9 [2022河北保定,单选]教一年级数学的王老师为了让学生更好地理解知识,经常借用丰富的教具来向学生展示如何解决实际问题,使教学符合该年龄阶段学生的思维形式。由此可知,该年龄段学生的主要思维形式是( )

A. 具体形象思维　　　　　　　　B. 直观动作思维

C. 抽象逻辑思维　　　　　　　　D. 常规思维

真题10 [2022山东德州,单选]在设计游客参观野生动物园的方法时,想到的不是把动物关在笼子里,而是把人关在笼子里,运用的思维是( )

A. 集中性思维　　B. 聚合思维　　C. 创造性思维　　D. 发散思维

答案:8. B　9. A　10. C

四、思维的基本形式

思维的基本形式有:概念、判断、推理。

其中,判断是指认识概念与概念之间的联系,它是事物之间的联系和关系在人脑中的反映。判断大都是借助语言、词汇并用句子形式来实现的,有肯定判断和否定判断之分。

推理是由一个或几个相互联系的已知判断推出合乎逻辑的新判断的思维形式,是根据已有的知识推出新的结论的思维活动。推理可分为归纳推理和演绎推理两种。归纳推理是由具体事物归纳出一般规律的推理过程,即从特殊到一般的推理过程。例如,由铁能导电,铜能导电,铝能导电等,推理出"金属能够导电"的结论。演绎推理是从一般到特殊或具体的推理过程。例如,所有的哺乳类动物都是胎生的,虎是哺乳类动物,因此得出的结论是:虎也是胎生的。

下面我们将深入地探讨概念的相关内容。

考点 1 ▶ 概念的含义

概念是人脑对客观事物本质特征的认识。事物的本质特征是决定事物的性质,并使该事物区别于其他事物的特征;非本质特征则是对事物不具有决定意义的特征。

每一个概念都包括内涵和外延两个方面。其中,内涵代表概念能够反映的事物的本质特征。例如,"鸟"这个概念的内涵就是"有羽毛、有喙",鸟的内涵使得鸟可以区分于其他物种。外延代表的是概念所能囊括的所有个体或样例。例如,在鸟这个内涵下所能包括的一切有羽毛且有喙的动物,包括金丝雀、麻雀、布谷、鸵鸟等。所以,内涵和外延是相互关联的。一个概念的内涵越丰富,信息量越大,反而所能包含的外延就越少。反之,一个概念的内涵越抽象越概括,其所拥有的外延也就越丰富。

考点 2 ▶ 概念的类型 ★ 【单选、多选、判断】

根据概念所反映的事物属性的数量及其相互关系,可将概念分为合取概念、析取概念和关系概念。

1. 合取概念

合取概念指根据一类事物中单个或多个相同属性形成的概念。这些属性在概念中必须同时存在。例如,"毛笔"这个概念必须有两个属性,即"用毛制作的"和"写字的工具"。如果只有前一属性,可认为是毛刷;只有后一属性,可认为是钢笔或圆珠笔等。

2. 析取概念

析取概念指根据不同的标准,由单个或多个属性的结合形成的概念。例如,"好孩子"这个概念,可以结合各种属性,如"热爱集体、拾金不昧"是好孩子,"热爱劳动、肯为大家做事"也可称为好孩子。

3. 关系概念

关系概念指不是根据事物的特征和属性,而是根据事物之间的相互关系形成的概念。例如,高低、上下、左右、大小等都是根据事物之间的相对关系形成的概念。

真题11 [2024河北石家庄,判断]"热爱学习,上课认真听讲"是好学生,"热爱班集体,主动帮助其他同学"也是好学生。"好学生"这个概念属于析取概念。(　　)

A. 正确　　　　　　　　　　　　　　B. 错误

答案:A

考点 3 ▶ 概念学习的过程 ★ 【单选、多选】

概念学习的过程包括概念的获得和概念的运用两个环节。

1. 概念的获得

获得概念的方式主要有概念形成和概念同化。

(1)概念形成

概念形成是指个体通过反复接触大量同一类事物或现象的共同特征或共同属性,并通过肯定的例子(正例)或否定的例子(反例)加以证实的过程。概念形成的标志是把握概念的本质特征,并能在实际中运用。概念形成的操作定义是个体学会了按照一定规则对客观事物进行正确分类的过程。例如,向小学生呈现各种各样的两条直线间的相互关系,告诉他们哪些垂直,哪些不垂直,当他能够正确区分垂直(正例)和非垂直(反例)的直线时,就形成了关于"垂直"的概念。发现学习是概念形成的主要方式。

概念形成一般经历三个阶段:

①抽象化。概念形成首先是要了解客观事物的属性或特征,因此,必须对具体事物的各种特征与属性进行抽象。

②类化。概念的形成,除了要在具体事物中抽取共同属性或特征,还需将类似的属性或特征加以归类。在进行类化时,必须归纳客观事物某些属性或特征的相似性或共同性,而忽略事物之间非本质特征或属性的差异性。

③辨别。对客观事物进行分辨是概念形成的重要一步。辨别渗透于概念形成的全过程,从发觉客观事物的属性或特征(抽象化),到对这些属性或特征的认同(类化),然后过渡到对客观事物的属性或特征之间差异的认识(辨别)。

(2)概念同化

学生获得概念的主要形式是概念同化。所谓概念同化,就是利用学习者认知结构中原有的概念,以定义的方式直接给学习者提示概念的关键特征,从而使学习者获得概念的方式。接受学习是概念同化的典型方式。

2. 概念的运用

概念一旦获得之后,就能在认知活动中发挥作用,从而对认知活动产生影响,这就是概念的运用。它一般反映在两个水平上:(1)在知觉水平上的运用。这是指运用已经获得的概念,帮助识别具体的同类事物并将其归入这一类型。(2)在思维水平上的运用。这是指运用概念对事物进行判断、推理或将概念进行重新改组,以满足解决问题的需要。

考点 4 ▶ 科学概念的掌握

概念的掌握是指个人借助词语,在人脑中把人类现有的概念转化为个体的概念的过程。能否正确应用概念是衡量学生是否真正掌握概念的最可靠的标志。

教师在教学过程中帮助学生掌握概念时应注意以下几个方面:

(1)以感性材料作为概念掌握的基础;(2)合理利用过去的知识经验;(3)提供概念范例,配合运用正例和反例,适当运用比较;(4)突出有关特征,控制好无关特征的数量和强度,正确而充分地利用"变式";(5)正确运用语言表达,明确提示概念的本质特征;(6)形成正确的概念体系,并运用于实践中。

考点 5 ▶ 概念转变及其影响因素 ★ 【多选】

概念转变就是认知冲突的引发和解决的过程,是个体原有的某种知识经验受到与此不一致的新经验的影响而发生的重大改变。影响概念转变的因素主要有:(1)先前知识经验背景;(2)学生的动机与态度;(3)学生的形式推理能力;(4)课堂情境;(5)新概念的特征。

为了促进错误概念的转变,教学一般要包括三个环节:(1)揭示、洞察学生原有的概念;(2)引发认知冲突;(3)通过讨论分析,使学生调整原来的看法或形成新观念。

同时在教学中应该注意:(1)创设开放的、相互接纳的课堂气氛;(2)倾听、洞察学生的经验世界;(3)引发认知冲突;(4)鼓励学生交流讨论。

真题12 [2022广东广州,多选]某物理老师在教授《重力》一课时,不仅对《重力》的内容进行了清晰的讲解,还促进了同学们错误观念的转变。这位物理老师在促进同学们错误观念改变时,做法正确的有( )

A. 威逼利诱使学生得出唯一结论
B. 洞察学生原有的观念
C. 引发持有错误观念的学生的认知冲突感
D. 进一步组织学生进行交流讨论

答案:BCD

五、思维的一般过程 ★ 【单选、多选、填空、判断】

思维的一般过程包括分析与综合、比较与分类、抽象与概括、系统化与具体化。其中,分析与综合是思维的基本过程,其他过程都是由此派生出来的。

1. 分析与综合

分析与综合是思维活动最基本的认知加工方式。

分析是指在人脑中把事物或对象分解成各个部分或各个属性。例如,把一棵树分解为根、茎、叶、花等。

综合是在人脑中把事物或对象的个别部分或属性联合为一体。例如:把一个人过去与现在的经历联系起来编成一个短剧;儿童把几个积木块搭成一个小房子等。

2. 比较与分类

比较是指在人脑中把各种事物或现象加以对比,来确定它们之间的异同点和关系的思维过程。没有比较就没有鉴别。只有通过比较,人们才能区分事物间的异同点、鉴别事物的优劣,才能识别事物,把它归到一定的类别中去。

分类是在人脑中按照事物的异同,把它们区分为不同种类的思维过程。比较是分类的基础。根据事物的共同点可以把事物归并为较大的类;根据差异可以把事物划分为较小的类。

3. 抽象与概括

抽象是在人脑中提炼各种事物或现象的共同的、本质的特征,舍弃其个别的、非本质的特征的过程。例如,总结鸽子、老鹰、鸡、鸭等共同的、本质的特征,即"有羽毛""是动物";舍弃那些"会不会飞""颜色""大小"等非本质特征,这就是抽象的过程。

概括是在人脑中把事物间共同的、本质的特征抽象出来加以综合的过程。例如,人们把那些"有羽毛的动物"统称为鸟类,就是概括的过程。概括有不同的等级或水平,经验概括是初级水平的概括,科学概括是高级水平的概括。

4. 系统化与具体化

系统化是指人脑把具有相同本质特征的事物归纳到一定类别系统中去的思维过程。例如，生物包括动物和植物两大类，动物包括脊椎动物和无脊椎动物两种，脊椎动物又包括鱼类、鸟类、哺乳类等，这样就把有关生物的知识系统化了。

具体化是指人脑把经过抽象概括后的一般特征和规律推广到同类的具体事物中去的思维过程。如用某数学公式解一道应用题的过程。

真题13 [2023湖北武汉,单选]在对学生进行评价时,不仅要考虑学生的学业成绩,还要和学生的思想品德等方面联系起来加以评价。这体现的思维过程属于（　　）

A. 综合　　　　B. 比较　　　　C. 抽象　　　　D. 系统化

答案：A

六、创造性思维

创造性思维是指用独特、新颖的方法解决问题的思维过程。它是人类思维的高级形态,是智力的高级表现。

考点 1 创造性思维的特征 ★★ 【单选、多选、判断、简答】

1. 新颖独特性

创造性思维不同于一般的思维活动,它要求打破惯常的解决问题的方法,将已有的知识经验进行改组或重建,创造出个体前所未知的或社会前所未有的思维成果。因此,新颖独特性是创造性思维最本质的特征。

2. 创造性思维是多种思维的结晶（创造性思维的结构）

创造性思维是发散思维和聚合思维的统一,是形象思维和抽象思维的统一,是直觉思维与分析思维的统一。创造性思维以发散思维为核心。发散思维具有流畅性、灵活性（变通性）和独创性（独特性）等特点。当然,创造性思维者还要对新颖独特的观念具有高度的敏感性,具有及时把握它们的能力。因此,目前也有人以发散思维的特点来代表创造性思维的特点。

3. 创造性想象的积极参与

创造性想象的积极参与是创造性思维的重要环节。因为创造性想象提供的是事物的新形象,并使创造性思维成果具体化。所以文艺作品中新形象的创造,科学研究中新假说的提出,新机器的发明等,都离不开创造性想象。

4. 灵感状态

灵感状态是创造性思维活动的典型特征之一。所谓灵感,是指人在创造性思维过程中,某种新形象、新概念和新思想突然产生的心理状态。它是人在以全部精力集中去解决思考中的问题时,由于偶然因素的触发而突然出现的顿悟现象。任何创造性思维,都离不开灵感。

真题14 [2023山东枣庄,单选]"踏破铁鞋无觅处,得来全不费工夫"指的是我们在解决问题的过程中感受到了（　　）的影响。

A. 定势　　　　B. 同化　　　　C. 顺应　　　　D. 灵感

答案：D

考点 2 创造性思维的过程 ★ 【单选、多选】

瓦拉斯(华莱士)于1926年提出了创造性思维的四阶段,即准备期、酝酿期、豁朗期(启发期)和验证期。

(1)准备期。在这一阶段,创造者收集、整理资料,即收集创造活动所必需的各种信息,组织已有的旧经验,掌握必要的技能。

(2)酝酿期。在准备期收集到的信息并未消极地存储在头脑中,而是按照一种我们目前尚不清楚的方式被加工和重新组织。

(3)豁朗期(启发期)。这是指创造者经过长期酝酿,产生新假设或对考虑的问题豁然开朗。豁朗期是创造活动极为重要的阶段。

(4)验证期。在这个阶段,创造者要把头脑中产生的新假设或新观点通过实践加以检验。验证可以对新假设加以确定、修正、补充或完善。

考点 3 创造性思维能力的培养 ★★ 【单选、多选、判断、简答、论述】

1. 运用启发式教学,保护学生的好奇心,激发学生的求知欲,培养创造性动机,调动学生学习的积极性和主动性

好奇心是人对新异事物产生好奇并进行探究的一种心理倾向。求知欲又称认识兴趣,它是好奇心的升华,是人渴望获得知识的一种心理状态。好奇心和求知欲是学生主动观察事物、进行创造性思维的内部动因。教师在教学过程中要创造条件,积极促进学生的好奇心、求知欲的发展。学习动机等非智力因素对创造性思维能力的培养起着重要作用。发展学生的创造性思维首先要调动学生的积极性和主动性。

2. 培养学生的发散思维,并将发散思维和集中思维相结合

创造性活动的全过程要经过从发散思维到集中思维,从集中思维到发散思维再到集中思维,多次循环才能完成。

3. 发展学生的创造性想象能力

思维的基础是表象和想象。想象与创造性思维有着密切的联系,它是人类创造活动所不可缺少的心理因素。具有丰富的创造性想象是产生创造性成果的必要条件。因此,教师要注意发展学生的想象力。培养学生想象力的方法的具体内容参见本章第三节中"学生想象力的培养"。

4. 组织创造性活动,正确评价学生的创造性

创造性思维的培养依托于创造性活动的开展。教师应多组织合作教学、情境教学等有利于创造性思维发展的教学形式。

5. 开设具体创造性课程,教授学生创造性思维策略和创造技法

(1)常见的创造性课程

①创造发明课。②直觉思维训练课。③推测与假设训练课。这类训练的主要目的是发展学生的想象力和对事物的敏感性,并促使学生深入思考,灵活应对。比如,假设你当校长,你如何管理这个学校。④侧向思维训练课。⑤自我设计训练课。这是一种灵活性较强的训练课程。教师为学生提供必要的材料与工具,让学生利用这些材料,实际动手去制作某种物品。⑥发散思维训练课,这是训练创造性思维

最常见的方式,其训练方法有多种,如用途扩散、结构扩散、方法扩散、形态扩散等。

(2)促进创造性思维发展的创造技法

①头脑风暴法(脑力激励法)。头脑风暴法由心理学家奥斯本提出,通常以集体讨论的方式进行,鼓励参加者尽可能快地提出各种各样异想天开的设想或观点,相互启迪,激发灵感,从而引发创造性思维的连锁反应,形成解决问题的新思路。具体应用此方法时,应遵循四条基本原则:一是让参与者畅所欲言,对提出的所有方案禁止批评,延迟评价。评价必须在所有的想法出来之后再进行。二是鼓励标新立异、与众不同的观点,提倡自由奔放的思考,充分发表自己的看法。三是以获得方案的数量而非质量为目的,即鼓励多种想法,多多益善。四是鼓励提出改进意见或补充意见,提倡对他人的设想进行组合和重建以求改善。②系统探求法。为打破传统思维束缚,对问题的解决进行系统设问、特性列举等来培养和提高学生的创造性思维。③联想类比法。④组合创新法。⑤对立思考法。⑥转换思考法。⑦检查单法。⑧分合法。

6.结合各学科特点进行创造性思维训练

虽然各种直接的、专门的创造性训练是有效、可行的,但不应取代或脱离课堂教学。许多研究证明,结合各个学科特点进行创造性思维训练,既可以发挥教师的创造性,也可以有效地提高学生的创造力。排斥或脱离学科而孤立地训练创造力,实际上是舍本逐末的做法,也不可能真正提高学生的创造力。

真题15 [2023广西百色,单选]让学生思考"如果自己当校长,会如何管理这个学校",这种训练创造性的方法属于( )

A.头脑风暴训练　　B.自我设计训练　　C.发散性思维训练　　D.推测与假设训练

答案:D

七、中小学生思维的发展 ★★ 【单选、多选、判断、简答】

考点 1　小学生思维的发展

小学生思维发展的基本特征——<u>从具体形象思维为主逐步向抽象逻辑思维为主过渡</u>。主要表现在:

(1)小学生的抽象思维逐步发展,但仍带有较大的具体性。

(2)小学生的抽象思维开始发展,但仍带有很大的不自觉性。

(3)在从具体形象性向抽象逻辑性的过渡中,存在着不平衡性(不平衡性既表现为个体发展的差异,也表现为思维对象的差异,比如不同学科或不同教材)。

(4)在从具体形象思维为主逐渐向抽象逻辑思维为主的过渡中出现"飞跃"或"质变"。一般认为,这个关键年龄出现在小学四年级(约10~11岁)。如果教育条件适当,这个关键年龄可以提前到三年级。

真题16 [2023黑龙江哈尔滨,单选]一般认为,小学儿童思维的主要形式从具体形象思维到抽象逻辑思维过渡的关键阶段是( )

A.8~9岁　　B.9~10岁　　C.10~11岁　　D.11~12岁

答案:C

考点 2 中学生思维的发展

1. 抽象逻辑思维逐渐占据主导地位,并随着年龄的增长日益成熟

在一定程度上,初中生的抽象逻辑思维还需要具体形象的支持。从初中二年级开始,进入中学生思维发展的关键期。学生的抽象逻辑思维开始由经验型水平向理论型水平转化,到高中二年级,这种转化初步完成,他们的抽象逻辑思维趋向成熟。

2. 形式逻辑思维逐渐发展,在高中阶段处于优势

整个中学阶段,形式逻辑思维已获得了相当完善的发展,在中学生的思维活动中占据主导地位,主要表现在:(1)经过整个中学阶段的发展,中学生已经逐步掌握了系统的、完整的概念体系。(2)中学生的推理能力基本达到成熟。特别是高中二年级以后,学生的各项推理能力基本发展完善。(3)中学生能够较好地运用逻辑法则。

3. 辩证逻辑思维迅速发展

形式逻辑思维和辩证逻辑思维是抽象逻辑思维的两个不同的发展阶段,它们的发展和成熟,是中学生思维发展和成熟的重要标志。

★★ 本节核心考点回顾 ★★

1. 思维的特点

(1)间接性:对感官所不能直接把握的或不在眼前的事物,借助于某些媒介物与头脑加工来进行反映。

(2)概括性:①把同一类事物的共同特征和本质特征抽取出来加以概括;②将多次感知到的事物之间的联系和关系加以概括,得出结论。

2. 思维的种类

(1)根据思维的内容凭借物等划分

①直观动作思维:以实际动作为支柱;

②具体形象思维:以直观形象和表象为支柱;

③抽象逻辑思维:以词为中介来反映现实。

(2)根据思维的指向性划分

①聚合思维:根据已知的信息和利用熟悉的规则,产生逻辑的结论从而解决问题。

②发散思维:解决问题时,思路朝着各种可能的方向扩散,从而求得多种答案。

(3)根据思维的创造程度划分

①再造性思维:运用已获得的知识经验,按现成的方案和程序,用惯常的方法、固定的模式来解决问题。

②创造性思维:以新颖、独特的方式来解决问题。

3. 概念的分类

(1)合取概念:根据一类事物中单个或多个相同属性形成的概念。

(2)析取概念:根据不同的标准,结合单个或多个属性形成的概念。

(3)关系概念:根据事物之间的相互关系形成的概念。

4.创造性思维能力的培养

(1)运用启发式教学,保护学生的好奇心,激发学生的求知欲,培养创造性动机,调动学生学习的积极性和主动性。

(2)培养学生的发散思维,并将发散思维和集中思维相结合。

(3)发展学生的创造性想象能力。

(4)组织创造性活动,正确评价学生的创造性。

(5)开设具体的创造性课程,教授学生创造性思维策略和创造技法。

(6)结合各学科特点进行创造性思维训练。

第五节 注 意

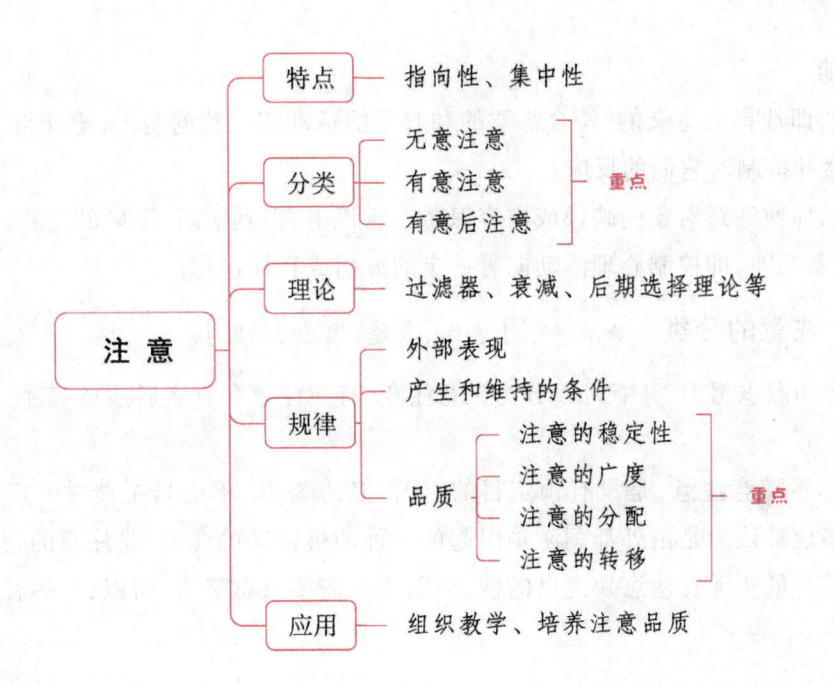

注意
- 特点：指向性、集中性
- 分类：
  - 无意注意
  - 有意注意 —— 重点
  - 有意后注意
- 理论：过滤器、衰减、后期选择理论等
- 规律：
  - 外部表现
  - 产生和维持的条件
  - 品质：
    - 注意的稳定性
    - 注意的广度 —— 重点
    - 注意的分配
    - 注意的转移
- 应用：组织教学、培养注意品质

一、注意概述

考点 1 ▶ 注意及其功能 ★★ 【单选、多选、判断、简答】

1.注意的概念和特点

(1)注意的概念

注意是心理活动或意识对一定对象的指向和集中,是心理过程的动力特征之一。它与认知过程、情绪情感过程、意志过程难以分开,是一切心理活动的共同特征。注意是人们清晰地认识事物和做出准确反应的保证,是人们获得知识、掌握技能、完成各种智力活动和实际操作的重要心理条件。

(2)注意的特点

①指向性。注意的指向性是指心理活动有选择地反映一定的对象,而离开其余的对象。注意的指向性表现为人的心理活动具有选择性。例如,学生在听课时,心理活动不是指向教室里的一切事物,而是把教师的讲述从许多事物中挑选出来,并且比较长久地把心理活动保持在教师的讲述上。

②集中性。注意的集中性是指心理活动停留在被选择的对象上的强度或紧张度,它使心理活动离开一切无关的事物,并且抑制多余的活动,以保证注意的对象能得到比较鲜明和清晰的反映。人在注意力高度集中时,对目标物之外的其他事物就会"视而不见、听而不闻"了。

> **·小香课堂·**
> 考生在区分注意的指向性和集中性时,可以从以下方面入手:注意的指向性是在接收信息时,只选择一定的对象加以反映;注意的集中性是心理活动只关注所指向的事物,抑制了与当前注意对象无关的活动。

真题1 [2024 广东广州,判断] 小明在剧院里看戏,对于戏剧演员的台词、动作、表情等印象非常深刻,而对剧场里其他观众的印象则非常模糊,这体现了注意具有指向性。(　　)
答案:√

2. 注意的功能
(1)选择功能,即选择有意义的、符合需要的和与当前活动相一致的刺激,避开与之无关的、干扰当前活动的各种刺激并抑制对它们的反应。
(2)保持功能,即使注意对象的映像或内容保持在意识中,得到清晰、准确的反映。
(3)调节和监督功能,即控制心理活动向着一定的方向或目标进行。

考点 2　注意的分类　★★★　【单选、多选、填空、判断】

根据有无目的和意志努力,注意可以分为无意注意、有意注意和有意后注意三种。

1. 无意注意
无意注意也称不随意注意,是没有预定目的、无需意志努力、不由自主地对一定事物所发生的注意。无意注意更多地被认为是由外部刺激物引起的一种消极被动的注意,是注意的初级形式。人和动物都存在无意注意。虽然无意注意缺乏目的性,但因为不需要意志努力,所以,个体在注意过程中不易产生疲劳。

2. 有意注意
有意注意也称随意注意,是有预定目的、需要意志努力、主动地对一定事物所发生的注意。有意注意是一种积极主动、服从于当前活动任务需要的注意,属于注意的高级形式。它受人的意识的调节和控制,是人类所特有的一种注意。有意注意虽然目的性明确,但在实现过程中需要有持久的意志努力,这容易使个体产生疲劳。

3. 有意后注意
有意后注意也叫随意后注意,是指有预定目的,但不需要意志努力的注意。它是在有意注意的基础上,经过学习、训练或培养个人对事物的直接兴趣达到的。在有意注意阶段,主体从事一项活动需要意志努力,但随着活动的深入,个体由于兴趣的提高或操作的熟练,不用意志努力就能够在这项活动上保持注意。

有意后注意是一种更高级的注意,在活动进行中不容易感到疲倦,这对完成长期性和连续性的工作有重要意义。但有意后注意的形成需要付出一定的时间和精力。培养学生的有意后注意关键在于发展其对活动的兴趣。有意后注意形成的条件有两个:(1)对活动浓厚的兴趣;(2)活动的自动化。

真题2 [2024江苏南京,单选]金老师关注到气象台发布的"大雾"天气预警,提醒全班学生上下学时注意交通安全,遇到特殊情况及时联系老师。金老师这一做法有利于引起学生的( )

A. 无意注意　　　　B. 有意注意　　　　C. 同化性迁移　　　　D. 顺应性迁移

真题3 [2022天津北辰,单选]学生正在听讲,教室的门突然被人打开,传来一声门响,大家都看了一眼。这时的注意属于( )

A. 无意注意　　　　B. 有意注意　　　　C. 有意后注意　　　　D. 随意注意

真题4 [2024河北石家庄,判断]有意后注意不需要意志努力。( )

A. 正确　　　　　　　　　　　　　　B. 错误

答案:2. B　3. A　4. A

考点 3　注意的理论　★　【单选】

1. 过滤器理论

过滤器理论认为,人的神经系统在加工信息的容量方面是有限度的,不可能对所有的感觉刺激进行加工。当信息通过各种感觉通道进入神经系统时,要先经过一个过滤机制。只有部分信息可以通过这个机制,接受进一步的加工,而其他的信息就被阻断在它的外面,完全丧失了。

2. 衰减理论

衰减理论主张,当信息通过过滤装置时,不被注意或非追随的信息只是在强度上减弱了,而不是完全消失。不同刺激的激活阈限是不同的。有些刺激对人有重要意义,如自己的名字,它们的激活阈限低,容易激活。

3. 后期选择理论

后期选择理论又称主动加工模型或者晚期选择模型理论。这一理论认为,所有输入的信息在进入过滤或衰减装置之前已受到充分的分析,然后才进入过滤或衰减的装置,对信息的选择发生在加工后期的反应阶段,且对信息的选择依赖于刺激的知觉强度和意义。该理论假定,多条通道的信息全部能够进入意识领域,得到知觉加工和识别。人对输入的信息进行意义分析后,根据外界信息的重要性来选择反应。人们做出反应的事物,即为受到注意的对象。其余未被注意的对象,虽然进入意识领域,但由于存在着更为重要的刺激,而未能得到进一步的加工,也就未能对此做出反应。

4. 资源限制理论

资源限制理论又称认知资源理论。这一理论把注意看成是一组对刺激进行归类和识别的认知资源或认知能力,认为不同的认知活动对注意提出的要求是不相同的。对刺激的识别需要占用认知资源,当刺激越复杂或加工任务越复杂时,占用的认知资源就越多。认知资源是有限的,当认知资源完全被占用时,新的刺激将得不到加工(未被注意)。该理论还假设,在认知系统内有一个机制负责资源的分配,这一机制可以受我们的控制,把认知资源分配到重要的刺激上。

5. 双加工理论

双加工理论认为,人类的认知加工有两类:自动化加工和受意识控制的加工。其中,自动化加工不受认知资源的限制,不需要注意,是自动化进行的。这些加工过程由适当的刺激引发,发生比较快,也不影响其他的加工过程。在习得或形成之后,其加工过程比较难改变。而受意识控制的加工受认知资源的限制,需要注意的参与,可以随环境的变化而不断进行调整。

真题5 [2022山东德州,单选]多条通道的信息能够全部进入意识领域,得到知觉加工和识别,而信息的选择依赖于刺激的知觉强度和意义。以上是(　　)对注意的机制解释。

A.双重加工理论　　B.资源限制理论　　C.过滤器模型　　D.晚期选择模型

答案:D

二、注意的规律

考点 1 ▶ 注意的外部表现 ★ 【单选】

人在注意某个对象时,常常伴随特定的生理变化和表情动作。注意时最显著的外部表现有下列几种:

1. 适应性运动

人在注意状态下,感觉器官一般是朝向注意对象的。例如,人在观察某个物体时,把视线集中在该物体上,即所谓"举目凝视";注意听一个声音时,把耳朵转向声音的方向,即所谓"侧耳倾听";当沉浸于思考或想象时,眼睛常常是"呆视着",好像看着远方一样,对周围对象的感知就变得模糊起来。

2. 无关运动的停止

人在高度集中注意时,无关运动会暂时停止。例如,当儿童听讲精彩故事时,会一动不动地看着老师。

3. 呼吸运动的变化

人在集中注意时,呼吸变得轻微而缓慢,呼与吸的时间比例也会发生变化,一般是吸短呼长;当注意高度集中时,甚至会出现呼吸暂时停止的状态,即所谓"屏息"现象。

此外,注意紧张时还会出现心跳加速、牙关紧闭、握紧拳头等现象。我们可以根据一个人的外部表现来推断他的注意情况。但是,有时注意的外部表现和注意的真实情况不相符合。例如,貌似注意一件事,实际上心理活动却指向和集中在另一件事上。

考点 2 ▶ 注意产生和维持的条件 ★ 【单选、判断、简答】

1. 引起无意注意的条件

(1)客观条件,即刺激物本身的特点。包括:①刺激物的强度,刺激物的强度是引起无意注意的重要原因。强烈的刺激物,如一道强光、一声巨响、一种浓烈的气味,都会不由自主地引起人们的注意。在无意注意中,起决定作用的往往不是刺激的绝对强度,而是刺激的相对强度,即刺激强度与周围物体强度的对比。例如,在喧闹的大街上,大声说话不大会引起人们的注意,但在寂静的夜晚,轻微的耳语声,也可能引起人们的注意。②刺激物之间显著的对比关系,如万绿丛中一点红。③刺激物的活动和变化,如活动变化的霓虹灯、演讲者抑扬顿挫的声调。④刺激物的新异性,如走廊中新张贴的广告等。

> **记忆有妙招**
>
> 为方便考生记忆,编者将引起无意注意的客观条件总结成以下口诀:
>
> **强行壁咚**。**强**:强度。**行**:新异性。**壁**:对比关系。**咚**:活动和变化。

(2)主观条件,即人本身的状态。包括:①当时的需要,如食物易引起饥饿者的注意;②当时的特殊情绪状态;③当时的直接兴趣;④个体的知识经验等。

2. 维持有意注意的条件

(1)加深对目的任务的理解。

(2)合理组织活动。

(3)对兴趣的依从性。间接兴趣是一种对活动结果的兴趣。间接兴趣,特别是稳定的间接兴趣,是引起和保持有意注意的重要条件。间接兴趣越稳定,就越能对活动的对象保持有意注意。例如,人们开始学习外语时,常常觉得记单词、学语法很单调、很枯燥,但一旦认识到掌握外语的重要意义后,就能够克服困难,刻苦攻读,专心致志地学习外语。

(4)排除内外因素的干扰。

真题6 [2023广东中山,判断]鹤立鸡群,万绿丛中一点红,是运用了刺激物的对比性来引起人的无意注意。(　　)

答案:√

考点 3　注意的品质(基本特征) ★★★ 【单选、多选、填空、判断】

1. 注意的稳定性

(1)注意的稳定性的概念

注意的稳定性,是指注意保持在某一对象或某一活动上的时间长短特性。持续时间愈长,注意就愈稳定。注意的稳定性是衡量注意品质的一项重要指标。

在注意的稳定性中可以区分出狭义的注意稳定性和广义的注意稳定性。狭义的注意稳定性是指注意保持在同一对象上的时间。广义的注意稳定性是指注意保持在同一活动上的时间。广义的注意稳定性并不意味着注意总是指向同一对象,而是指当注意的对象和行动有所变化时,注意的总方向和总任务不变。例如,上课时学生既要听教师讲课,又要记笔记,还要看实验演示或幻灯片等。但所有这些行为都服从于听课这一总任务,因此,他们的注意是稳定的。

(2)注意的起伏和注意的分散

短时间内注意周期性地不随意跳跃现象称为注意的起伏(或注意的动摇),它是由人的感受性不能长时间地保持固定的状态,而是间歇性地加强和减弱造成的。这种现象在复杂的认知活动中是经常发生的,但只要我们的注意没有离开当前的对象,注意的起伏就不会产生消极的作用。

注意不稳定表现为注意的分散,也叫分心。注意的分散是指注意离开了当前应当完成的任务而被无关的事物所吸引。它使我们不能清晰地认识事物,所以我们必须和它做斗争。

(3)影响注意稳定性的条件

①是否有明确的任务;②是否进行积极的思维活动;③注意的对象是否内容丰富;④活动的方式是否多样化;⑤个体的情绪和身体状况等。

2. 注意的广度

(1)注意的广度的概念

注意的广度也称注意的范围,是指在同一时间内,人们能够清楚地知觉出的对象的数目。"一目十行"指的就是注意的范围。

注意的紧张度与注意的范围有着密切的联系:注意的紧张度越高,注意的范围越小;注意的范围越大,要保持高紧张度的注意就越困难。已有研究表明,在简单的任务下,注意的广度大约是7±2个组块,即5~9个项目;而互不关联的外文字母的注意的广度则约为4~6个。

(2)影响注意的广度的条件

①知觉对象的特点。知觉对象愈相似,排列愈集中或有规则,注意范围也就愈大;反之,注意范围则愈小。

②当时的知觉任务。活动任务越复杂,越需要关注细节的注意过程,注意的广度会越小。

③已有的知识经验和水平。经验越多,知识越广,就越善于组织所感知的对象,将其联系成一个整体来感知。要想扩大注意的范围,其根本途径是增加知识和丰富经验。

3. 注意的分配

(1)注意的分配的概念

注意的分配是指人在进行两种或多种活动时能把注意指向不同对象的现象。生活中大量的"一心二用"现象,如学生在课堂上边听课边记笔记,都属于注意的分配。

(2)影响注意的分配的条件

①在同时进行的两种活动中,必须有一种活动是已经熟练的;②同时进行的几种活动都已熟练;③几种不同的活动已成为一套统一的组织。

4. 注意的转移

(1)注意的转移的概念

注意的转移是根据新的任务,主动地把注意从一个对象转移到另一个对象或由一种活动转移到另一种活动的现象。

(2)影响注意的转移的条件

注意的转移是主动进行的,转移的快慢和难易程度取决于以下几个条件:

①原有注意的紧张度。原有注意的紧张度越小,转移就越容易、越迅速;反之,就越困难、越缓慢。

②新的注意对象的特点。新的注意对象越符合人的需要和兴趣,注意转移就越容易、越迅速;反之,就越困难、越缓慢。

③大脑皮层神经兴奋过程和抑制过程相互转换的灵活性。灵活性强的人,注意转移比较容易;灵活性差的人,注意转移较难。

④各项活动的目的性或第二信号系统的调节作用。目的性不明确,语言的调节能力太弱,既不能很快地抑制那些不该兴奋的区域,也不能很快地解除大脑皮层上应该解除的抑制,这样就使注意的转移表现得不灵活。

注意转移的速度和质量取决于前后两种活动的性质和个体对这两种活动的态度,同时也受个性特点的影响。

> **小香课堂**
>
> 考生区分注意的起伏、分散与转移,必须先理解三者的内涵,抓住三者的关键特征:(1)注意的起伏中注意没有离开当前事物;(2)注意的分散中注意离开了当前事物,被无关事物吸引;(3)注意的转移中,根据任务要求,注意离开当前任务,转移到另一个任务。注意的转移不同于注意的分散,注意的转移是主动、积极的。

真题7 [2023江苏徐州,单选]课堂上某同学正在低头记笔记,这时老师让他看黑板,于是该同学就把目光转向黑板,这种现象属于( )

A. 注意的转移　　　　　　　　　　B. 注意的分散

C. 注意的分配　　　　　　　　　　D. 注意的稳定

真题8 [2022河北邯郸,单选]熟练的教师能一边讲课,一边观察学生的反应,而新老师则很容易顾此失彼,这说明对活动的熟悉程度影响了( )

A. 注意的范围　　　　　　　　　　B. 注意的分配

C. 注意的稳定性　　　　　　　　　D. 注意的转移

真题9 [2024广东广州,多选]下列选项中,体现了注意的分配的有( )

A. 教师授课时,不断关注学生的听讲情况,并时刻注意自己的板书是否有误

B. 司机在驾驶车辆时,关注道路状况、交通信号以及其他相关信息

C. 课上,随着教师一声"请看黑板",同学们纷纷抬头将目光集中在黑板上

D. 学生李文在学习时,可以边跟他人讨论习题边进行运算

答案:7. A　8. B　9. ABD

三、注意规律在教学中的应用　★★　【单选、多选、判断、简答、论述、材料分析】

考点 1　运用注意规律组织教学

1. 根据注意的外部表现了解学生的听课状态

在课堂教学中,学生如果是认真听讲,注意教师的教学活动,就会有相应的外部表现。教师通过观察学生的外部表现,既能够判断学生是否在专心听讲,又能够了解自己的教学效果,从而保证课堂教学的最优化。

2. 运用无意注意的规律组织教学

无意注意可以由刺激物本身的特点引起,刺激物本身的特点既可以成为顺利完成教学任务的因素,又可以成为造成学生学习分心的因素。因此,在教学过程中,教师要善于利用有关刺激物的特点组织学生的无意注意。

(1)创造良好的教学环境

为了使学生在学习过程中不受外部无关刺激的干扰,应该创造一个安静、整洁的教学环境。①教师应该注意教室外环境对课堂的干扰。例如:冬天风雪大的时候应关紧门窗;夏天日晒的时候要拉上窗帘;如果有噪声、视觉干扰或不良气体侵入,应该尽快排除。②教师还应注意教室内的环境,如地面是否干净;桌椅排列是否整齐;教室的布置和装饰是否简洁朴素等。过于华丽、繁杂的室内布置,有时会成为课堂教学的"污染源",使学生注意力分散。

(2)注重讲演、板书技巧和教具的使用

客观刺激物的强度、对比、新颖性和活动性是引起无意注意的重要因素,教师要发挥无意注意的积极作用,就应努力在讲演、板书和教具使用中施加这些影响。

①在讲课过程中,教师应该音量适中,语音、语调做到抑扬顿挫,遇到重点、难点还要加强语气,伴以适当的手势和表情。声音太大、语调平淡,容易使学生产生疲劳;声音过小,学生听不到或听不清,就很容

易分心。

②板书是课堂教学的重要辅助手段。因此,板书应该做到运用有度、重点突出、清晰醒目,必要时还要用彩色粉笔和图、表格加以强调。

③许多学科的教学还需要借助教具作为辅助手段,尤其在低幼儿童的教学中,合理使用教具可以激发学生的直接兴趣,吸引学生的无意注意。教具应该新颖直观,能够很好地说明问题。教师使用教具时还要给予言语讲解,引导学生正确观察,避免学生只关注表面现象,忽略实际问题。

(3)注重教学内容的组织和教学形式的多样化

①个体的知识经验是影响无意注意产生的因素,学生更愿意关注与自己知识经验有联系的事物。这就需要教师找出教学内容与学生知识结构的结合点,提供具体的实例,引起学生的直接兴趣,维持学生的注意。

②教师应该运用多种教学方法和灵活、多样的教学手段,调动学生饱满的情绪状态和学习积极性,如教师在讲解和板书之外,还应穿插使用教具演示、个别提问、角色扮演、集体讨论以及动手操作等教学形式。

3. 运用有意注意的规律组织教学

学习是经验获得和行为改变的过程,是一种复杂的活动。学习过程中会遇到很多困难和干扰,如果学生只凭借无意注意是难以完成学习任务的,必须培养学生的有意注意。具体措施如下:

(1)明确学习的目的和任务。(2)培养间接兴趣。(3)合理组织课堂教学,防止学生分心。避免学生分心的措施有:①预先控制;②信号控制;③提问控制;④表扬控制。(4)运用多种教学手段。

4. 运用两种注意相互转换的规律组织教学

在教学过程中如果过分地要求学生使用有意注意,则容易引起疲劳;而如果只让学生凭借无意注意来学习,则不利于他们克服学习过程中的困难。所以,无论是在一堂课上,还是在整个教学活动过程中,教师都应充分利用两种注意转换的规律来组织教学。

考点 2 ▶ 在教学过程中培养学生良好的注意品质

(1)要增强注意的稳定性,就要防止注意的分散。①要保证整洁、安静的教学环境,防止外部无关刺激的干扰。②要注重学生良好学习习惯的形成和意志力的锻炼,克服内部干扰。此外,加强学习目的性教育,端正学习态度,组织内容丰富、形式多样的教学活动,也是提高注意稳定性的重要手段。

(2)要扩大注意的广度,需要学生积累本学科相应的知识经验和具备一定的素养。

(3)注意的分配在教学中有实践意义。为了提高课堂效率,教师需要学生边听课边记笔记,有时需要学生一边动手操作,一边观察教师的演示。根据注意分配的条件,需要增强学生的听讲、书写、表达等基本学习能力的训练,当它们达到高度熟练的程度时,就可以在课堂上做到"一心二用"。另外,对于一些特殊技能的分配,需要特别的训练,增强技能间的协调性。

(4)注意的转移同人的先天的神经活动类型有关,但也可以通过对外在因素的控制和后天训练加以改善和提高。

真题10 [2024浙江嘉兴,简答]如何培养学生良好的注意品质?

答案:详见内文

四、中小学生注意力的发展与培养 ★ 【多选】

考点 1 ▶ 小学生注意力的发展与培养

1. 小学生注意力的发展

（1）小学生无意注意的发展先于有意注意，从无意注意向有意注意过渡。主要表现在：①小学低年级学生的无意注意占主导地位；②注意的有意性由被动到主动。

（2）具体生动、直观形象的事物更容易引起小学生的注意。这是因为小学生（尤其是低年级小学生）的言语水平和知识水平很有限，具体形象思维仍占重要地位。

（3）注意有明显的情绪色彩。

（4）小学生注意的品质逐渐提高。小学生注意的范围有所扩大，但与成人的水平还有较大差距。小学生的注意广度存在着性别差异，无论低年级或高年级，女生的注意广度都高于男生。小学生注意的稳定性逐渐增加，与小学儿童心理活动的有意性迅速发展有关。注意稳定性在小学生中也具有性别差异，女生的稳定性高于男生。小学生注意分配与转移的能力明显提高，但是，小学低年级学生不善于分配自己的注意力，在注意一件事时，要求他们同时注意另一件事是比较困难的。此外，小学生注意的转移也不够灵活。小学二年级是儿童注意分配能力发展的转折期。

2. 小学生注意力的培养

（1）小学生良好的注意力既可以进行专门训练，也可以在课堂教学中培养；

（2）可将培养注意力和培养意志力结合起来，使学生随时随地与来自主客观的各种干扰因素做斗争，以便顺利地完成学习任务。

考点 2 ▶ 中学生注意力的发展与培养

1. 中学生注意力的发展

（1）有意注意发展明显，最终取代无意注意的主导地位

中学生的有意注意也得到了迅速发展。他们学习、活动的目的性、计划性和自觉性日趋提高。在注意发展的整个过程中，小学阶段是有意注意发展的重要阶段，而有意注意最终取代无意注意的主导地位是在初中阶段。

（2）不论何种注意，都在逐步深化

中学生的无意注意还起着至关重要的作用。年龄越小，无意注意所占的成分越大。在小学二年级以前无意注意就已出现，到初中二年级达到发展巅峰，而后又缓慢下降。无意注意虽然在中学时期逐渐居于次要地位，但还是有了进一步的深化，并达到成人的水平。在无意注意得到深化的同时，有意注意也在逐渐发展并得到深化。有意注意是随着儿童在社会交往中对言语的掌握和使用逐渐发展起来的，并在初中阶段才开始显露其优势。

（3）注意特征存在个体差异

中学生注意的发展明显地存在着几种不同的类型：以无意注意占优势的情绪型；以有意注意占优势的意志型；以有意后注意占优势的自觉意志型，即智力型。

2. 中学生注意力的培养

（1）培养间接兴趣。

（2）养成良好的学习习惯。要做到：①要使学生养成力图把握重点的学习习惯；②要使学生养成劳

逸结合的学习习惯。

(3)保持良好的心理状态。①能不能使注意集中,自信心是关键;②心情愉快有利于注意集中;③心情平静有益于注意集中。

(4)重视集中注意的自我训练。①在进行集中注意的自我训练时,要注意培养学生对不良刺激的容忍力;②在注意力的训练中,加强锻炼自我调节控制和自我管理的能力是非常重要的。

★★ 本节核心考点回顾 ★★

1. 注意的分类

(1)无意注意(不随意注意):没有预定目的、无需意志努力、不由自主地对一定事物所发生的注意;

(2)有意注意(随意注意):有预定目的、需要意志努力、主动地对一定事物所发生的注意;

(3)有意后注意(随意后注意):有预定目的,但不需要意志努力的注意。

2. 引起无意注意的条件

(1)客观条件:包括:①刺激物的强度;②刺激物之间显著的对比关系;③刺激物的活动和变化;④刺激物的新异性。

(2)主观条件:①当时的需要;②当时的特殊情绪状态;③当时的直接兴趣;④个体的知识经验等。

3. 注意的品质

(1)注意的稳定性:注意保持在某一对象或某一活动上的时间长短特性。

(2)注意的广度:在同一时间内,人们能够清楚地知觉出的对象的数目。

(3)注意的分配:人在进行两种或多种活动时能把注意指向不同对象的现象。

(4)注意的转移:主动地把注意从一个对象转移到另一个对象或由一种活动转移到另一种活动的现象。

4. 运用无意注意的规律组织教学

(1)创造良好的教学环境;

(2)注重讲演、板书技巧和教具的使用;

(3)注重教学内容的组织和教学形式的多样化。

第三章　情绪情感和意志过程

本章学习指南

一、考情概况

本章属于心理学的基础章节,内容较为琐碎,考生可带着以下学习目标进行备考:
1. 掌握情绪和情感的种类。
2. 理解情绪和情感的功能
3. 理解并掌握常见的自我防御机制。
4. 掌握意志的品质。
5. 区分动机冲突的类型。

二、考点地图

考点	年份/地区/题型
情绪的分类	2023安徽单选;2023河南单选;2023天津单选;2023山东单选;2023贵州单选、判断;2022湖南单选
情感的分类	2024浙江填空;2024河北判断;2024安徽判断;2023山东单选;2023山西单选;2023天津单选;2023广东单选
情绪和情感的功能	2024河南单选;2023河南单选;2023山东单选;2023天津单选;2023山西单选;2023吉林判断;2022湖南单选
常见的自我防御机制	2024河北判断;2023内蒙古单选;2023河南单选;2023贵州判断;2023四川判断
意志的品质	2024天津单选;2024江苏单选;2024福建单选;2024安徽判断;2023江苏单选;2023山西单选;2023贵州单选;2022天津单选
动机冲突	2024河北单选;2024广东单选;2023广东单选;2023广西单选;2023江苏单选;2023河北单选;2022内蒙古判断

注:上述表格仅呈现重要考点的相关考情。

第一节 情绪情感过程

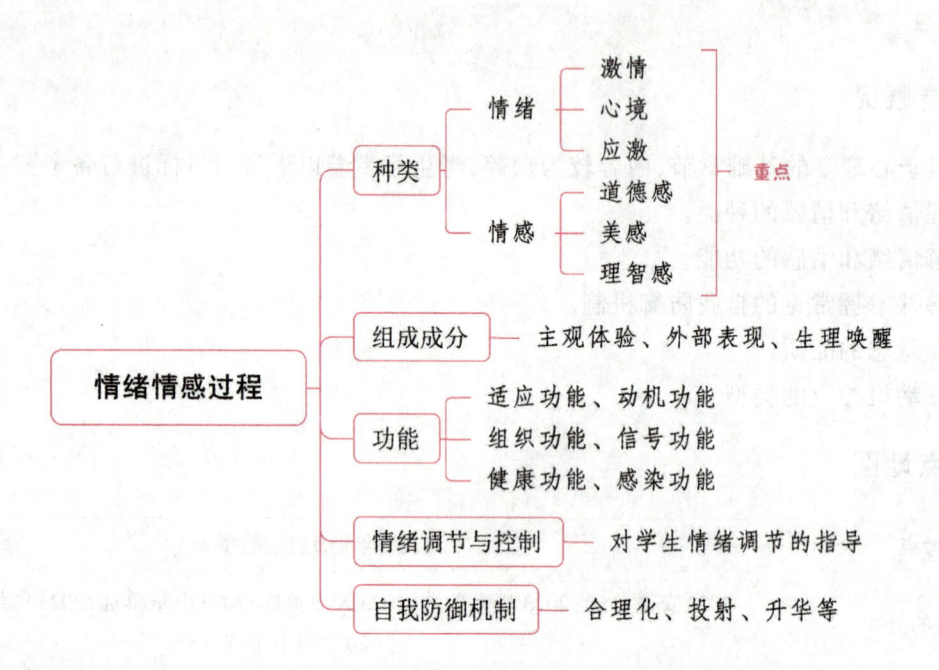

```
                        ┌─ 激情
              ┌─ 情绪 ─┼─ 心境
              │        └─ 应激      ┐
        种类 ─┤                    │ 重点
              │        ┌─ 道德感    │
              └─ 情感 ─┼─ 美感      ┘
                       └─ 理智感

情绪情感过程 ─┼─ 组成成分 ── 主观体验、外部表现、生理唤醒

              │          ┌─ 适应功能、动机功能
              ├─ 功能 ──┼─ 组织功能、信号功能
              │          └─ 健康功能、感染功能

              ├─ 情绪调节与控制 ── 对学生情绪调节的指导

              └─ 自我防御机制 ── 合理化、投射、升华等
```

一、情绪与情感

考点 1 情绪和情感的概念及关系

1. 情绪、情感的概念

情绪和情感是人对客观事物的态度体验及相应的行为反应。认知是情绪和情感产生的基础，需要是引发情绪和情感的中介。那些满足人们需要的事物和对象，能引起各种肯定的态度，使人产生满意、愉快的情绪体验。不同的态度体验反映着客观事物与人的需要之间的不同关系，体验是情绪和情感的基本特征。

2. 情绪和情感的关系

表2-17 情绪和情感的关系

关系	情绪	情感
区别	原始的、低级的，与生理需要是否满足相联系	后继的、高级的，与社会需要是否满足相联系
	具有情境性和易变性	具有稳定性和持久性
	带有冲动性，伴随明显的外部表现	比较内隐，较为深沉
联系	(1)情绪是情感的基础，情感离不开情绪。人的情感是在大量情绪体验的基础上形成和发展起来的，也是通过情绪表达出来的。 (2)对人类而言，情绪离不开情感。情绪是情感的外在表现，情感是情绪的本质内容	

考点 2 情绪和情感的种类 ★★ 【单选、多选、填空、判断】

1. 情绪的分类

从生物进化的角度来看，人的情绪可分为基本情绪和复合情绪；根据主体与客体之间关系的不同，心理学家把人的基本情绪分为快乐、悲哀、愤怒、恐惧四种类型；依据情绪发生的强度、持续性和紧张度的不同，可以把情绪状态划分为激情、心境、应激三种。接下来主要讲一下激情、心境和应激。

（1）激情

激情是一种爆发式的、猛烈而持续时间短暂的情绪状态。例如，狂喜、暴怒、恐惧、绝望等，都是激情的表现。它往往带有特定的指向性和较明显的外部行为表现，如暴跳如雷、浑身战栗、手舞足蹈等。

激情发生时，意识范围缩小，意识对行为的控制作用明显降低，理解力降低，判断力减弱，易感情用事，不考虑后果。有人用激情爆发来原谅自己的错误，认为"激情时完全失去理智，自己无法控制"，这种说法是不对的，人能够意识到自己的激情状态，也能够有意识地调节和控制它。

（2）心境

心境是一种微弱的、持续时间较长的、带有弥漫性的情绪状态。心境一经产生就不只表现在某一特定对象上，而是在相当长的一段时间内，使人的整个心理活动都染上某种情绪色彩，影响人的整个行为表现，成为情绪生活的背景。"忧者见之则忧，喜者见之则喜"说的就是心境。

良好的心境有助于积极性的发挥，提高工作与学习的效率，促进坚强意志品质的培养；不良的心境会妨碍工作和学习，影响身心健康。因此，培养良好的心境是人的个性修养的重要组成部分。

（3）应激

应激是出乎意料的紧迫情况所引起的急速而高度紧张的情绪状态。当人们遇到突然出现的事件或意外发生危险时，为了应付瞬息万变的紧急情况，就得果断地采取决定，迅速地做出反应。应激正是在这种情境中产生的内心体验。

应激状态既有积极的作用，也有消极的作用。一般的应激状态是一种行为保护机制，能使机体具有特殊防御、排险机能，使人更加机智勇敢，集中全身精力以应付危急局面，急中生智，摆脱困境。应激状态持续的时间也不可过长，否则，会有害健康。

真题1 [2023 安徽蚌埠，单选] 取得重大成功后的狂喜，惨遭失败后的绝望，这都体现了情绪状态中的（　　）

A. 心境　　　　B. 激情　　　　C. 应激　　　　D. 热情

答案：B

2. 情感的分类

情感是同人的社会性需要相联系的态度体验,是人类所特有的心理活动,具有一定的社会历史性。从情感的社会内容角度来看,人类的社会性情感有道德感、美感和理智感三种形式。

(1)道德感

道德感是根据一定的道德标准评价人的思想、意图和言行时所产生的主观体验。它表现在对待国家、集体、工作、事业、学习以及人与人之间的关系等各个方面,如爱国主义情感、集体主义情感、责任感、义务感、事业心、荣誉感、自尊心等。

(2)美感

美感是人们根据一定的审美标准对自然或社会现象及其在艺术上的表现予以评价时所产生的情感体验。美感能使人产生愉悦的体验,增加人的生活情趣,帮助人们以审美标准去赞美、宣扬美好的事物与心灵,蔑视、鞭挞丑陋与粗野的言语和行为,从而促进人类文明的发展。道德感和美感都具有社会历史制约性。

(3)理智感

理智感是人认识事物和探求真理的需要是否得到满足而产生的主观体验。例如,人们在探求未知的事物时所表现出的求知欲、兴趣和好奇心;发现问题的惊奇感;问题解决的喜悦感;为真理献身的自豪感;问题不解的苦闷感;对判断证据不足时的不安感;对偏见、迷信、谬误的憎恨;对错失良机的惋惜等。

真题2 [2023广东深圳,单选]初中生的爱国主义情感属于( )

A. 道德感　　　　B. 理智感　　　　C. 美感　　　　D. 心境

真题3 [2024浙江嘉兴,填空]情感是一种主观体验,可分为_____、_____和美感。

真题4 [2024河北石家庄,判断]许多高中学生在成功解答物理难题后,产生的愉悦感属于理智感。( )

A. 正确　　　　　　　　　　　　　　　B. 错误

答案:2. A　3. 道德感　理智感　4. A

考点 3 ▶ 情绪和情感的两极性

1. 情绪和情感的两极性的含义

情绪和情感的两极性是指每一种情绪和情感都能找到与之对立的情绪和情感。在快感度、紧张度、激动度和强度上,情绪和情感都表现出互相对立的两极。这种两极性是情绪和情感的主要特征之一。

2. 情绪和情感的两极性的具体表现

(1)在快感度方面,两极为"愉快—不愉快";(2)在紧张度方面,两极为"紧张—轻松";(3)在激动度方面,两极为"激动—平静";(4)在强度方面,两极为"强—弱"。情绪和情感的两极并不是绝对相互排斥的,它们之间有一定的关联。每一方面的两极也不是绝对不可相互转化的,如"乐极生悲""破涕为笑""喜极而泣"等成语,都反映了这种变化。

考点 4 ▶ 情绪和情感的组成成分　★【填空】

情绪和情感是由独特的主观体验、外部表现和生理唤醒三种成分组成的。

(1)主观体验是个体对不同情绪状态的自我感受。每种情绪和情感都有不同的主观体验,代表不同的感受。例如:在考试前,人会感到焦虑不安;在成功时,人会感到兴奋愉悦。

(2)情绪和情感的外部表现,通常称为表情。它是情绪和情感状态发生时身体各部分的动作量化形式,包括面部表情、姿态表情和语调表情,其中面部表情是鉴别情绪的主要标志。人的表情多是后天获得的,并受一定社会文化、风俗习惯的影响。

(3)一定的情绪状态总伴有内脏器官、内分泌腺或神经系统的生理变化,情绪状态产生时的生理反应称为生理唤醒。不同的情绪、情感的生理唤醒模式不同,如满意、愉快时心跳节律正常;恐惧、害怕时会心跳加速、血压升高、脸色发白等。

真题5 [2024福建统考,填空]情绪是由独特的主观体验、_____和外部表现三种成分组成。
答案: 生理唤醒

考点 5 · 情绪和情感的功能 ★★ 【单选、判断】

1. 适应功能
情绪和情感是有机体适应生存和发展的一种重要方式,如动物遇到危险时,产生惧怕的呼救,就是动物求生的一种手段。

2. 动机功能
情绪和情感是动机的源泉之一,是动机系统的一个基本成分。它能够激励人的活动,提高人的活动效率。适度的情绪兴奋,可以使身心处于活动的最佳状态,推动人们有效地完成任务。研究表明,适度的紧张和焦虑能促使人积极地思考和解决问题。同时,情绪对于生理内驱力也具有放大信号的作用,成为驱使人们行为的强大动力。

3. 组织功能
情绪和情感这种特殊的心理活动,对其他心理过程而言是一种监测系统,是心理活动的组织者。积极的情绪和情感具有调节和组织作用;消极的情绪和情感则具有干扰、破坏作用。情绪和情感的组织作用表现在促成知觉选择,监视信息的移动,影响工作记忆,影响思维活动和人的行为表现等方面。

4. 信号功能
情绪和情感在人际间具有传递信息,沟通思想的功能。情绪和情感的信号功能体现在个体将自己的愿望、要求、观点、态度通过一定的情感表达方式传递给别人并加以影响。这种功能是通过表情实现的。它是非言语沟通的重要组成部分,在人与人之间的信息交流中具有信号意义。例如:点头微笑表示赞赏;摇头皱眉表示否定。这些信号常常起激励或抑制作用,使人们对事物的认识或态度更加鲜明、生动、外显,更容易被感知和接受。在社会交往方面,情感的这种功能也常常得到应用和体现。

5. 健康功能
人对社会的适应是通过调节情绪来进行的,情绪调控的好坏会直接影响到身心健康。情绪和情感的健康功能表现为积极的情绪有助于身心健康,消极的情绪会引起人的各种疾病。积极而正常的情绪体验是保持心理平衡与身体健康的条件。曾有人说过:"一个小丑进城胜过一打医生。"这就非常形象地说明了情绪对人身体健康的影响。

6. 感染功能
人类的情绪和情感可以互相传递和感受,具有感染性。人们之间的感情沟通正是通过情绪和情感的易感性功能才得以实现的。这种易感性,具体体现为"共鸣"和"移情"作用。共鸣是指某人已经发生的情绪和情感引起他人相同或相似的情绪和情感,是指情绪和情感的互通现象,如所谓"掬一把同情泪"。移情是个人将自己的内心感受赋予他人或物,如"爱屋及乌"。个体对各种信息意义的鉴别与认定,通常通过共鸣和移情来进行。

此外,情绪和情感还具有强化功能、迁移功能、疏导功能和协调功能。

> **·小香课堂·**
> 考生容易混淆情绪的组织功能和动机功能。二者有共同之处,都能起到激励促进作用,但在表现形式上存在差异。组织功能针对现有的情绪状态,强调良好的情绪起推动作用,不良的情绪起阻碍作用。动机功能的激励作用体现在动力方面,可以从无到有地引发人们的行动。

真题6 [2023山东枣庄,单选]所谓"热爱是最好的老师",是因为热爱会让人主动、自觉地进行探索和学习,这体现了情绪的( )

A.动机功能　　　　B.迁移功能　　　　C.适应功能　　　　D.感染功能

答案:A

二、情绪的调节与控制

考点 1　情绪与身心健康的关系　★　【判断】

积极的情绪状态可以使学生的大脑处于最佳活动状态,保证体内各器官系统的活动协调一致,使得学生食欲旺盛,睡眠安稳,精力充沛,充分发挥有机体的潜能,从而提高其脑力劳动的效率;积极的情绪能使整个机体的免疫系统和体内化学物质处于平衡状态,从而增强对疾病的抵抗力;积极的情绪状态还能帮助学生建立良好的人际关系。

相反,消极情绪则对人的身心健康产生不良的影响。当有机体处于消极情绪状态时,会缩小意识范围,不能正确评价自己行动的意义及后果,自制力降低;消极的情绪状态能使人失去心理上的平衡,致使身体虚弱,感情脆弱;如果人经常处于极度消极的情绪状态中,可能会导致身心疾病,经常性的情绪障碍还会使人出现焦虑、抑郁、躁狂等心理疾患。

真题7 [2024江苏南通,判断]"人逢喜事精神爽",说明情绪对人的言行总是起着积极的作用。( )

答案:×

考点 2　对学生情绪调节的指导

1.教会学生形成适宜的情绪状态

教会学生调节情绪的紧张度,就要使他们学会按自己的意愿形成适宜的情绪状态。比如:有人用座右铭"忍"字来时刻告诫自己不要感情用事,以防止或缓和激动的情绪;沮丧时,想一想过去愉快的情境,消极的情绪也能得到一些缓解。

2.丰富学生的情绪体验

学生的不适宜情绪,往往是由缺乏一定的情绪体验引起的。学生考试、公开发言都容易引起情绪波动,这是临场经验不足造成的。教师应给学生创造一种过渡性情境,即从不紧张到较为紧张,最后再到更高一级的紧张环境,使学生积累各种情境下的情绪体验。

3. 引导学生正确看待问题（调整认知）

由于学生分析问题的能力还不完善，对一个问题往往只从一个角度解释，所以容易遭受挫折。有很多不良情绪是由对客观事物和主观自我不正确的认知评价引起的，如一次考试失败，就认为自己一无是处，还觉得周围的人都用异样的眼光看自己，结果就痛苦、失望、自暴自弃。教师应该指导学生从多个角度看待问题，以发现问题的积极意义，从而产生健康的情绪。多角度、多侧面地帮助学生提高认识，有助于学生的情绪情感向正确的方向发展。

4. 教会学生情绪调节的方法

（1）认知调节法。学生不良情绪的产生主要是因为自我意识的发展不够成熟。当学生发现自己有负性情绪时，可以通过两种方式来认识自己：①思考自己的感觉是怎么产生的；②分析这种感觉是否是由自己的想法或解释造成的，和自己的个性、习惯又有哪些联系。

（2）合理宣泄法（自我排解）。当人受到不良刺激而产生消极情绪时，应让不良情绪充分得以宣泄，通过合理的宣泄来减轻心理负担，恢复心理平静。宣泄可以采用适当的方式，如找亲朋好友倾吐不愉快的事；大哭一场或自言自语，以发泄心中的委屈和不满等。宣泄必须合理、适当，否则，可能导致消极后果。

（3）意志调节法。意志调节法也称升华作用。具体内容参见本节中"自我防御机制"。

（4）转移注意法。当人受到刺激产生不良情绪时，应尽可能离开不良刺激的环境，把注意力转移到新环境和新事物上去，避免不良情绪的蔓延和加重。

（5）幽默法。具体内容参见本节中"自我防御机制"。

5. 通过实际锻炼提高学生的情绪调节能力

在日常生活学习中，教师要不断鼓励学生克服不良情绪状态，养成积极乐观的心理品质。同时注意创设情境，让学生体验不良情绪的困扰，而找到合理宣泄的渠道，这也有助于增强其心理抗压力。

三、自我防御机制 ★★ 【单选、判断、简答】

自我防御机制为弗洛伊德创立的精神分析学派中的专业用语，它是指个人在精神受干扰时用以避开干扰、保持心理平衡的心理机制。自我防御机制常在无意识状态下使用，常见的自我防御机制有：

表2-18 常见的自我防御机制

常见类别	定义	典例
否认	对某种痛苦的现实无意识地加以否定	"掩耳盗铃""眼不见为净"
压抑	把意识所不能接受的观念、情感或冲动抑制到无意识中去	对痛苦体验或创伤性事件的选择性遗忘
合理化（文饰作用）	通过无意识地用一种似乎有理的解释或实际上站不住脚的理由来为其难以接受的感情、行为或动机辩护以使其可以接受	酸葡萄心理、甜柠檬心理
移置（转移）	无意识地将指向某一对象的情绪、意图或幻想转移到另一个对象或替代的象征物上，以减轻精神负担，取得心理安宁	踢猫效应
投射	自我将不能接受的冲动、欲望或观念归因（投射）于客观或别人	"以小人之心，度君子之腹"

续表

常见类别	定义	典例
反向形成	对内心的一种难以接受的观念或情感以相反的态度与行为表现出来	一个有强烈的性冲动压抑的人可能积极参与检查淫秽读物或影片的活动
退行	一个人遇到困难的时候放弃已学到的比较成熟的应对技巧和方式,而使用原先比较幼稚的方式去应付困难和满足自己的欲望	老人做出幼稚的表现,童心未泯,像个"老小孩"或"老顽童",很可能是内心孤独,渴望得到子女的关爱
过度代偿（过度补偿）	一个真正的或幻想的躯体或心理缺陷可通过代偿而得到超乎寻常的纠正	有些残疾人可通过惊人的努力而变成世界著名的运动员;有些口吃者可成功地变成一位说话流利的演说家
补偿	通过新的满足来弥补原有欲望达不到的痛苦	学习成绩平平,但体育成绩突出,或因有其他特长,而使自己能够得到满足
抵消	对一个不能接受的行为象征性地、反复地用相反的行为加以显示,以图解除焦虑	除夕打碎了碗,习俗上说句"岁岁平安"
升华	把社会所不能接受的性欲或攻击性冲动所伴有的力比多能量转向更高级的、社会所能接受的目标或渠道,进行各种创造性的活动	一个在感情上受到挫折的人,把全部精力转移到事业上,并取得了很大的成功
幽默	对于困境以幽默的方式处理,它没有个人的不适,也没有不快地影响别人情感的公开显露	被嘲笑个子矮,一句"浓缩就是精华"就化解了尴尬

在一般情况下,自我防御机制如果使用得当,可以免除内心的痛苦以适应现实。但在特殊情况下,自我防御机制使用不当时,虽然感觉不到冲突和挫折引起的内心焦虑,但这些冲突和挫折却能以症状的形式表现出来,从而形成各种障碍。

真题8 [2023内蒙古巴彦淖尔,单选]有些人把自己的不当行为、失误转嫁到他人身上,或把自己不能接受的欲望归结他人,这种心理防御机制被称为(　　)

A. 否认　　　　　　　　　　　　　B. 幻想

C. 压抑　　　　　　　　　　　　　D. 投射

真题9 [2024河北石家庄,判断]有的家长经常打骂孩子,却宣称"玉不琢不成器,树不伐不成材"。家长的这种心理防御机制是抵消。(　　)

A. 正确　　　　　　　　　　　　　B. 错误

答案:8. D　9. B

四、中小学生情绪、情感的发展　★【单选】

考点 1　小学生情绪、情感的发展

(1)情感体验的内容日益丰富。主要表现在:①多样化的活动丰富了小学儿童的情绪、情感。②小学儿童的情感进一步分化。由于知识经验的积累,小学儿童的情感分化逐渐精细。以笑为例,小学儿

童除了会微笑、大笑外,还会羞涩地笑、嘲笑、冷笑、苦笑、狂笑等。③小学儿童情感的表现手段更为丰富。

(2)情感表现的深刻性逐步增加。

(3)友谊感逐渐发展。

(4)情感的动力特征明显。

(5)高级情感得到进一步发展。直到入学以后,儿童的各种高级情感才真正发展起来,逐渐形成比较稳定而深刻的道德感、理智感和美感。这是小学生情感发展的最重要的特征。

(6)情绪、情感的稳定性明显增强。小学生的情绪、情感逐步从冲动性、易变性向平衡性、稳定性方向发展。一般来讲,小学三年级是这种转变的转折点。

(7)情绪、情感的自控力不断增强。

考点 2　中学生情绪、情感的发展

1. 中学生情绪的发展

(1)初中生情绪的发展

在初中生的情绪表现中,充分体现出半成熟、半幼稚的矛盾性特点。随着初中生心理能力的发展和生活经验的扩大,其情绪的感受和表现形式不再像以往那么单一,但还远不如成人的情绪体验那么稳定,表现出明确的两面性。主要表现在三个方面:①强烈、狂暴性与温和、细腻性共存;②可变性和固执性共存;③内向性和表现性共存。

(2)高中生情绪的发展

由于高中生认知能力、意识水平的提高,其情绪体验呈现如下特点:

①情绪的延续性。在初中阶段,学生的情绪具有易感性、易表现性,情绪活动延续的时间较短。但到了高中阶段,学生情绪爆发的频率降低,心境的延续时间加长,情绪的自控能力提高,并且情绪体验的时限延长、稳定度提高。

②情绪的丰富性。高中生正处于情绪多变的年龄阶段,几乎人类所具有的情绪种类都可以在高中生身上找到。另外,在情绪体验的内容上比较丰富,各类情绪的强度不一,有不同的层次。

③情绪的特异性。高中生自我意识的迅速发展,为他们的情绪体验增添了不同感知的能力,这里面包含个性的差异、自我感知的差异、性别的差异等。

④情绪体验的深刻性。相同的情绪,发生在高中生身上时,他们对这种情绪体验的深刻性要显著地大于初中生和小学生。

⑤情绪体验的细腻性。高中生能够觉察到他人非常细小的情绪变化,能够对差别很小的情绪产生不同的体验。这种情绪体验的细腻性,女生要强于男生。

2. 中学生情感的发展

(1)情感丰富多彩、富有朝气。(2)情感两极性明显。(3)情感不断深刻。(4)情感逐渐稳定。中学生的情感尽管两极性明显,但还是逐渐趋于稳定,主要表现在三个方面:①对情感的自我调节和控制能力逐渐提高;②逐步带有文饰性、内隐性、曲折性的性质;③情感的倾向性正在定型化。(5)情感的外露和表达已趋于理性化。

★★ 本节核心考点回顾 ★★

1. 情绪的分类
(1)激情:爆发式的、猛烈而持续时间短暂的情绪状态。
(2)心境:微弱的、持续时间较长的,带有弥漫性的情绪状态。
(3)应激:出乎意料的紧迫情况所引起的急速而高度紧张的情绪状态。

2. 情感的分类
(1)道德感:根据一定的道德标准评价人的思想、意图和言行时所产生的主观体验。
(2)美感:人们根据一定的审美标准对自然或社会现象及其在艺术上的表现予以评价时所产生的情感体验。
(3)理智感:人认识事物和探求真理的需要是否得到满足而产生的主观体验。

3. 情绪和情感的功能
(1)动机功能:激励人的活动,提高人的活动效率。
(2)组织功能:积极的情绪和情感具有调节和组织作用;消极的情绪和情感则具有干扰、破坏作用。
(3)信号功能:传递信息,沟通思想。这种功能通过表情实现。

4. 常见的自我防御机制
(1)合理化:通过无意识地用一种似乎有理的解释或实际上站不住脚的理由来为其难以接受的情感、行为或动机辩护以使其可以接受。
(2)投射:自我将不能接受的冲动、欲望或观念归因(投射)于客观或别人。
(3)退行:一个人遇到困难的时候放弃已学到的比较成熟的应对技巧和方式,而使用原先比较幼稚的方式去应付困难和满足自己的欲望。

第二节 意志过程

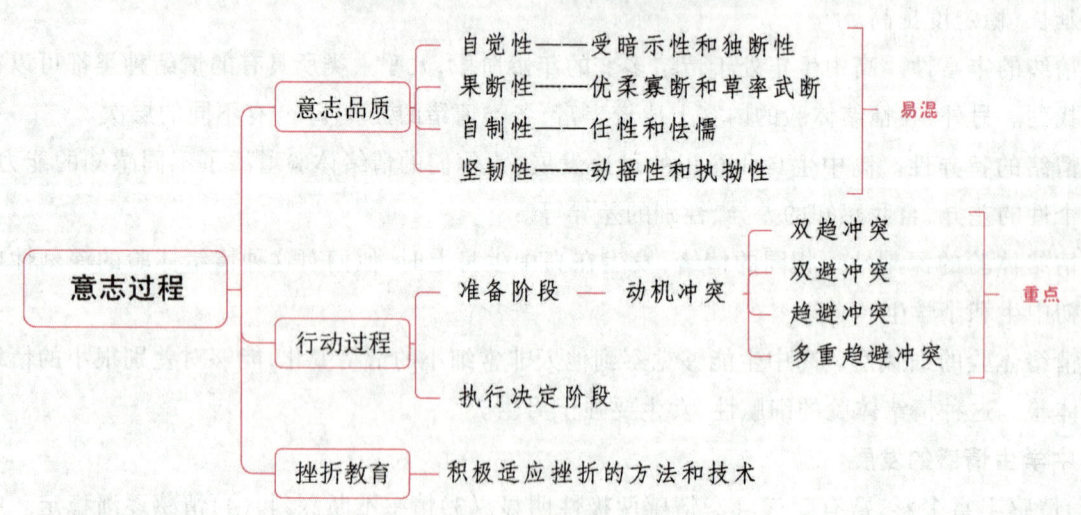

```
                    ┌─ 自觉性——受暗示性和独断性
          ┌ 意志品质 ┤  果断性——优柔寡断和草率武断         易混
          │          │  自制性——任性和怯懦
          │          └  坚韧性——动摇性和执拗性
          │                                  ┌ 双趋冲突
意志过程 ─┤          ┌ 准备阶段 ─ 动机冲突 ┤ 双避冲突    重点
          │ 行动过程 ┤                      │ 趋避冲突
          │          │                      └ 多重趋避冲突
          │          └ 执行决定阶段
          │
          └ 挫折教育 ── 积极适应挫折的方法和技术
```

一、意志概述

考点 1 ▶ 意志的概念和意志行动的特征 ★ 【单选】

意志是指人自觉地确定目的,有意识地根据目的、动机调节支配行动,努力克服困难,实现目标的心理过程。意志是意识的能动作用,只有人才有意志活动。它是人的心理的主观能动性、积极性的集中体现。由意志支配的行动称为意志行动。

意志行动的特征表现为:(1)意志行动是人特有的自觉确定目的的行动。(2)意志对活动有调节支配作用,使人的行动能按设定好的目的去改造世界。(3)克服内部和外部的困难是意志行动最重要的特征。(4)意志行动以随意动作为基础。

真题1　[2022贵州贵阳,单选]人对客观事物不仅要感受它,认识它,同时还要处理它并改造它,（　　）过程体现的是个体自觉地确定目的,并根据目的调节支配自身的行动,克服困难去实现预定目标的心理过程。

A. 意志　　　　B. 情绪　　　　C. 情感　　　　D. 思维

答案:A

考点 2　意志的品质 ★★★　【单选、多选、判断、简答】

表2-19　意志的品质

品质	含义	相反的意志品质及其表现
自觉性	一个人清晰地意识到自己行动的目的和意义,并且能够主动地支配自己的行动,使之符合既定目的的意志品质	受暗示性(盲从):不了解自己行动的意义,极易在别人的怂恿下从事不符合个人意愿或社会需要的行动 独断性:对自己的决定自信不疑,一概拒绝他人的意见或建议
果断性	一种善于辨明是非、抓住时机、迅速而合理地采取决定并执行决定的意志品质	优柔寡断:犹豫不决,疑虑重重,该断不断,其结果常常是错失良机 草率武断:懒于思考,妄下结论,行动鲁莽,轻举妄动
自制性	一个人善于控制和支配自己的情绪,约束自己言行的品质	任性:更多以自我为中心,易冲动,意气用事,自我约束能力较差,不能有效地调节自己的言论和行动,行为更多地由情绪所控制,更不容易控制自己的情绪 怯懦:胆小怕事,缺乏自制力,不能有效调节自己的行为,特别是在遇到困难或情况突变时惊慌失措、畏缩不前,不能有效实施意志行为
坚韧性（坚持性）	一个人在行动中坚持决定,百折不挠地克服重重困难去达到行动目的的品质。坚持是对行动目的的坚持	动摇性:或缺乏坚定的行动目的,对既定目的持怀疑态度,或对实现目的缺乏信心和决心 执拗性:不能根据形势的变化而灵活调整自己的思想行为;他们常常在明知自己的主张和观点错误时,仍然固执己见,违背客观规律而一意孤行

注:(1)具有果断性品质的人善于审时度势,对问题情境做出正确的分析和判断,洞察问题的是非真伪。(2)具有良好自制性品质的人,一方面善于控制自己去执行所采取的决定,具有较强的组织性和纪律性;另一方面又善于控制自己的困惑、恐惧、慌张、厌倦和懒惰等消极情绪,表现出较强的忍耐性。

记忆有妙招

为方便考生记忆,编者将意志品质的辨析总结成以下口诀:

强调主动选自觉,约束自己是自制,犹豫不决缺果断,坚持不懈是坚韧。

真题2 [2024福建统考,单选]个体行动中具有明确的目的,能认识行动的社会意义,并能主动支配和调节自己的行动以服从社会要求的意志品质是( )

A. 自觉性　　　　　B. 果断性　　　　　C. 坚韧性　　　　　D. 自制性

真题3 [2022天津北辰,单选]张同学爱冲动,意气用事,喜欢由着自己的性子来,这表明他缺乏意志的( )

A. 自觉性　　　　　B. 果断性　　　　　C. 坚韧性　　　　　D. 自制性

真题4 [2024安徽统考,判断]"百折不挠"体现了意志品质的自制性。( )

答案:2. A　3. D　4. ×

二、意志行动的过程

考点 1 ▶ 准备阶段(采取决定阶段/确定决定阶段)

准备阶段包括动机冲突、确定目标、选择行动方法和制订行动计划等环节。

1. 动机冲突 ★★★ 【单选、多选、判断】

人的行动是由一定的动机所引起的,并指向一定的对象。人的行为动机往往以愿望的形式表现出来,由于人的需要多种多样并且是不断发展的,所以在同一时间内往往存在多种动机。几种动机相互矛盾,就形成了动机冲突。从形式上看,可将动机冲突分为四类:

表2-20 动机冲突

分类	定义	典例
双趋冲突	从自己同时都很喜爱的两个事物中仅择其一的心理状态	鱼和熊掌不可兼得
双避冲突	从希望回避的两种事物中必取其一的心理状态	既不想学习,也不想考试不及格
趋避冲突	对同一目的兼具好恶的矛盾心理	既想当班干部又怕耽误时间影响学习
多重趋避冲突	对含有吸引与排斥两种力量的多种目标予以选择时所发生的冲突	大学毕业生就业中的选择困难

<small>小香课堂</small>

动机冲突常结合实例进行考查,通常可以根据题意,运用以下关键词组进行理解。

双趋冲突:表述中含有"既想……又想……(不可兼得)"的含义;

双避冲突:表述中含有"既怕……又怕……"的含义;

趋避冲突:表述中含有"既想……又怕……"的含义;

多重趋避冲突:表述中的冲突因素为两个以上。

真题5 [2023广东深圳,单选]大学毕业生择业时面临许多复杂的选择,这属于( )
A. 双避冲突　　　　B. 双趋冲突　　　　C. 趋避冲突　　　　D. 多重趋避冲突

真题6 [2023江苏徐州,单选]美食节到了,可是刘女士很纠结,她很想品尝美食,但又担心身体发胖,这种心理属于( )
A. 双趋冲突　　　　B. 趋避冲突　　　　C. 双避冲突　　　　D. 多重趋避冲突

真题7 [2023广西贵港,单选]某学生平时放学回家后,吃晚饭前既想看电视又想做作业,这种心态属于( )
A. 双趋冲突　　　　B. 双避冲突　　　　C. 趋避冲突　　　　D. 单趋冲突

答案:5. D　6. B　7. A

2. 确定目标

目标的确定与动机的取舍是相随而行的。目标越明确,人的行动越自觉;目标越远大,它对行动的动力作用越大;目标越深刻,由此目标所唤起的意志力也越大。

3. 选择行动方法和制订行动计划

目标确定之后,必须考虑如何实现目标。为了实现目标,必须选择适宜的行动方法和制订合理的行动计划。

考点 2 ▶ 执行决定阶段

行动计划制订后,执行计划,采取有效的行动,是达到目的的关键步骤。执行决定阶段是意志行动的中心环节,是意志努力的集中表现。在执行决定的过程中,必然会碰到许多困难。因此,执行决定,克服困难与障碍,需要更多的意志努力。克服困难必须依赖以下心理条件:

(1)坚定的信念和崇高的世界观是动机的基础,是克服困难最基本的条件。

(2)行动目的的性质对克服困难有重要意义。

(3)对行动胜利的美好前景的憧憬,对行动失败可能招致严重后果的认识也会激励人们去战胜困难。

(4)执行计划的坚定性。

三、学生意志品质的发展与培养

考点 1 ▶ 中小学生意志品质的发展

1. 小学生意志品质的发展

(1)自觉性的发展。①小学生意志的自觉性较差。②小学生意志的受暗示性和独断性比自觉性特征明显。

(2)果断性的发展。①小学生意志的果断性随着年级的升高而不断发展,但小学生意志的果断性还是比较差的。②相当一部分小学生表现出优柔寡断和草率武断的特征,但随着年级的升高,这两种特征都有下降的趋势。③小学生的果断性品质还很不稳定,到三年级后达到一个高峰,随后又迅速呈下降趋势,直到六年级时才得以改变。

(3)自制性的发展。①小学生意志的自制性品质随着年级的升高而稳步发展,但总体水平不高。②小学生的行为明显受内外诱因的干扰。

(4)坚韧性的发展。小学生意志的坚韧性品质随着年级的升高而迅速发展的。但是,与青少年相比,小学生的坚韧性品质还是比较差的,往往表现出一种冲动性和不稳定性。

2. 初中生意志品质的发展

初中生处于身心发展的半幼稚、半成熟期,其意志品质有以下几个特点:

(1)初中生的自觉性品质虽有所提高,但由于认识的局限性,初中生的自觉性和幼稚性仍处在错综矛盾的状态,还不善于正确鉴别意志品质的良莠优劣。

(2)初中生的果断性品质有所发展,反应快,行动快,他们不喜欢把时间花费在怀疑和犹豫不决上,但又常常把不假思索看成果断行为。他们的意志行动中,轻率和优柔寡断都有表现,但轻率比优柔寡断更为突出。

(3)初中生的自制能力也有所增强,他们愿意承担艰巨的任务,忍受一定的疼痛和困苦,控制一定的恐慌、惧怕情绪。但他们的自制能力还有限,抗拒诱惑的能力和控制情绪冲动的能力还欠缺,较容易沾染不良习气,行为带有固执的特点。

(4)初中生意志品质的坚持性、恒心、毅力还很不成熟,容易虎头蛇尾、见异思迁。对短近目标能够在行动中坚持到底,完成任务;对较长目标则不能在行动中善始善终,往往半途而废。

3. 高中生意志品质的发展

高中生的意志品质有如下特征:

(1)高中生意志品质的自觉性更加增强,他们对动机、行动目的及其后果的认识更自觉,开始能自觉考虑未来的职业,能自觉遵守纪律,自觉地约束行动。在行动之前能用头脑冷静思考。

(2)意志行动的独立性更加增强,高中生已经不依靠父母和师长独立地完成各种活动任务。为了培养高中生独立工作的能力,成人对他们应给予指导,但不要包办代替。

(3)在高中生身上,稳定性的意志品质特征逐渐形成,忍耐性、坚持性、刚毅性、自制力和坚定性都有了巨大发展,开始形成一个人的独特风格。高中生有恒心和毅力,能善始善终完成既定的任务。

总的来说,高中生的意志品质中的自我完善、自我实现、独立自主、自尊的意向已非常强烈,但不完全成熟。在不利的环境影响下,他们可能出现一些易激动、发火、不冷静、缺乏自制的行为;在挫折和失败面前,还易产生动摇、畏难和悲观的情绪。因此,培养高中生的坚强意志品质,不应忽视教育的作用。

考点 2 ▶ 意志品质的培养 ★ 【论述】

(1)加强生活目的性教育,树立科学的世界观、远大的理想和信念,培养学生行为的目的性,减少其行动的盲目性;

(2)加强养成教育,培养学生的自制能力;

(3)组织实践活动,在困难环境中锻炼学生的意志,让学生取得意志锻炼的直接经验;

(4)教育学生正确地对待挫折;

(5)根据学生意志品质上的差异,采取不同的锻炼措施;

(6)发挥教师、班集体和榜样的模范作用,给予必要的纪律约束;

(7)加强自我锻炼,从点滴小事做起。

四、挫折教育

考点 1 挫折、挫折感与挫折承受力

挫折是个体在从事有目的的活动的过程中,遇到障碍或干扰,致使个人动机不能实现、需要不能满足时的情绪状态。

挫折感指人对挫折的感觉能力。在现实生活中,人们面对同一挫折情境所产生的挫折感并不完全相同,挫折感的强弱与每个人的动机水平的强弱以及挫折承受力的大小有关。

挫折承受力是指人在遭受挫折时,控制自己、使自己免于行为失常的能力。挫折承受力的大小与挫折感成反向关系。

考点 2 挫折适应与辅导 ★ 【单选、多选】

学校心理辅导在对学生进行挫折教育时重点可放在两方面:

1. 提高学生挫折承受力的方法

(1)帮助学生树立正确的挫折观。

(2)帮助学生确定适当的抱负水平。

(3)适度感受挫折,锻炼挫折承受力。教师和家长可以有意识地提供或利用一些挫折情景,鼓励学生主动地在学习、生活实践中克服困难,战胜挫折,积累经验,不断成熟。

真题8 [2024河北石家庄,多选]为提高学生的挫折承受力,学校心理辅导的重点工作主要有(　　)

A. 引导学生树立正确的挫折观　　　　B. 让学生体验适度的挫折经历

C. 帮助学生确定适当的抱负水平　　　　D. 鼓励学生积累战胜挫折的经验

答案:ABCD

2. 教会学生积极适应挫折的方法和技术

通过训练和有意识的辅导,帮助学生掌握积极适应挫折的方法和技术,使他们学会如何对挫折做出积极主动的适应也是挫折教育不可忽视的内容。常见的积极适应方式有:

(1)理智的压抑。这是一种成熟的适应方式,指当一个人的欲望、冲动或本能因不符合社会规范或要求而无法达到、满足或表现时,有意识地去压抑、控制、想办法延缓其满足需要。比如,一个学生在家做作业,听到电视里正在播放自己最爱看的节目就特别想看电视,可是一想,作业还没有做完,于是,强迫自己集中注意做完作业,然后再看电视,得到满足。

(2)升华。升华泛指心理欲望从社会不可接受的方向转向社会可接受的方向的过程。当一个人意识到自己的某种欲望无法为自己接受、且与社会规范、伦理道德相悖时,为求得心理平衡,将其净化、提高,成为一种高尚的追求。

(3)补偿。补偿指因主、客观原因致使目标不能达到时,以其他成功的活动来加以弥补。所谓"堤外损失堤内补""失之东隅,收之桑榆"便是这种现象。补偿可以消除个人的不适感或自卑感,降低挫折引起的消极心态,甚至抵消挫折感。

(4)幽默。幽默是指个体遇到挫折、处境困难或尴尬时,用一种机智、双关、讽喻、诙谐、自嘲等语

言、动作的良性刺激,来化解困难,以摆脱内心的失衡状态。

(5)合理宣泄。合理宣泄是指通过创设一种情景,使受挫者能自由抒发受压抑的情绪。

(6)认知重组。主体对挫折情境的认识评价如何,直接影响到挫折感的产生。比如高考落榜是考生产生挫折的情境,如果考生改变对高考落榜严重性的认识,看到上大学并非唯一的成才之路,通过自修下一年再考也不迟,这样就可以减轻挫折感。这种对挫折情境的重新认识与评价,称为认知重组。

★★ 本节核心考点回顾 ★★

1. 意志的品质

(1)自觉性:清晰地意识到行动的目的和意义,主动支配行动,相反的意志品质为受暗示性(盲从)和独断性。

(2)果断性:善于辨明是非、抓住时机、迅速而合理地采取决定并执行,相反的意志品质为优柔寡断和草率武断。

(3)自制性:善于控制和支配情绪,约束言行,相反的意志品质为任性和怯懦。

(4)坚韧性:在行动中坚持决定,百折不挠地克服重重困难去达到行动目的,相反的意志品质为动摇性和执拗性。

2. 动机冲突的分类

(1)双趋冲突:从同时喜爱的两种事物中仅择其一;

(2)双避冲突:从希望回避的两种事物中必取其一;

(3)趋避冲突:对同一目的兼具好恶;

(4)多重趋避冲突:对含有吸引与排斥两种力量的多种目标予以选择时所发生的冲突。

第四章 个性心理

本章学习指南

一、考情概况

本章属于心理学的重点章节,也是考试中重点考查的章节,考生可带着以下学习目标进行备考:
1. 理解动机的种类和功能。
2. 掌握马斯洛需要层次理论。
3. 识记并理解不同的智力结构理论及智力测验的标准。
4. 掌握气质的类型。
5. 了解性格的结构和影响性格形成与发展的因素。
6. 理解气质与性格的关系。

二、考点地图

考点	年份/地区/题型
需要层次理论	2024福建填空;2024浙江判断;2024安徽简答;2024江苏案例分析;2023湖南单选;2023天津单选;2023河南单选、多选;2023河北多选
卡特尔的智力形态论	2023辽宁单选;2023天津单选;2023河南单选;2023广东多选;2023浙江判断;2023吉林判断;2022山东单选
加德纳多元智力理论	2024广东单选;2024安徽简答;2023山西单选;2023河南多选;2023内蒙古多选;2022辽宁单选
智力测验的标准	2024山东单选;2024江苏单选;2024广东判断;2023天津单选;2023山西单选、判断;2022广东单选;2022贵州判断
气质类型	2024广东单选;2024山东单选;2024河北判断;2023安徽单选;2023黑龙江单选;2023河南多选;2022天津单选
性格的结构	2024福建填空;2023湖北单选;2023河南单选;2023贵州单选;2023安徽单选;2023江苏单选;2023山西单选

注:上述表格仅呈现重要考点的相关考情。

第一节　需要、动机与兴趣

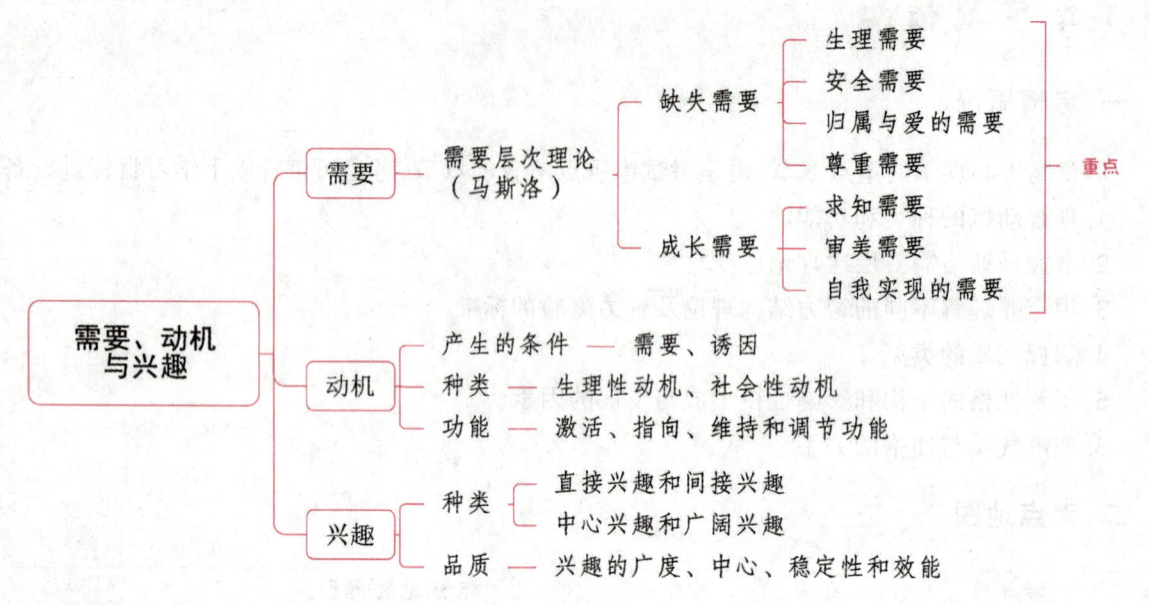

```
                                                              ┌─ 生理需要
                                                              ├─ 安全需要
                                          ┌─ 缺失需要 ─┤
                                          │             ├─ 归属与爱的需要
                           需要层次理论    │             └─ 尊重需要         ─ 重点
              ┌─ 需要 ─── (马斯洛) ──────┤
              │                           │             ┌─ 求知需要
              │                           └─ 成长需要 ─┼─ 审美需要
              │                                        └─ 自我实现的需要
              │
              │           ┌─ 产生的条件 ── 需要、诱因
需要、动机    │           │
与兴趣     ───┼─ 动机 ───┼─ 种类 ── 生理性动机、社会性动机
              │           │
              │           └─ 功能 ── 激活、指向、维持和调节功能
              │
              │           ┌─ 种类 ┬─ 直接兴趣和间接兴趣
              └─ 兴趣 ───┤        └─ 中心兴趣和广阔兴趣
                          │
                          └─ 品质 ── 兴趣的广度、中心、稳定性和效能
```

一、需要

考点 1　需要的概念及种类　★　【单选】

1. 需要的概念

需要是有机体感到某种缺乏或不平衡状态而力求获得满足的心理倾向,是有机体自身和外部生活条件的要求在头脑中的反映。需要具有对象性、紧张性、层次性等特点,是活动的原动力,是个体活动积极性的源泉。

2. 需要的种类

表 2-21　需要的种类

分类依据	类别	定义	典例
需要的起源	生理性需要（原发性需要）	与保持个体的生命安全和种族延续相联系的一些需要	对饮食、睡眠、性、运动、排泄的需要
	社会性需要	在生理性需要基础上,在社会实践和教育的影响下发展起来的需要	对劳动、交往、成就、友谊、尊严、求知、审美、道德等的需要
需要的对象	物质需要	对生存和发展所必需的物质生活的需要	对与衣、食、住、行有关的物品的需要,以及对劳动工具、生产资料、文化用品、科研用品等的需要
	精神需要	对社会精神生活及其产品的需求	对知识、文化艺术的需要

考点 2　马斯洛的需要层次理论　★★★　【单选、多选、填空、判断、简答、案例分析】

马斯洛是美国当代人本主义心理学家。他的需要层次理论是最富有影响力的需要理论。早期,他根据需要出现的先后及强弱顺序,把需要分成了五个层次,即生理需要、安全需要、归属与爱的需要、尊重需要和自我实现的需要。后来他又补充了求知需要和审美需要,即需要由五个层次扩充为七个层次。

1. 生理需要

生理需要是人对食物、水分、空气、睡眠、性等的需要。它是人的所有需要中最基本、最原始,也是最强有力的需要,是其他一切需要产生的基础。当一个人为生理需要所控制时,其他一切需要均退居次要地位。

马斯洛

2. 安全需要

安全需要是指希求受到保护与免遭威胁从而获得安全感的需要。人在生理需要相对满足的情况下,就会出现安全需要。婴幼儿由于无力应付环境中不安全因素的威胁,他们的安全需要就显得尤为强烈。在成人中,人们希望得到较安全的职位,愿意参加各种保险,都表现了他们的安全需要。

3. 归属与爱的需要

归属与爱的需要,也称社交需要,是指每个人都有被他人或群体接纳、爱护、关注、鼓励及支持的需要。它是生理需要和安全需要得到满足之后出现的更高一级的需要,包括被人爱与爱他人、希望交友融洽、保持友谊、和谐人际关系、被团体接纳、成为团体一员、具有归属感等。

4. 尊重需要

尊重需要是在生理、安全、归属与爱的需要得到基本满足后产生的对自己社会价值追求的需要,包括自尊和他尊两个方面。自尊是指个人渴求力量、成就、自强、自信和自主等。他尊是指个人希望别人尊重自己,希望自己的工作和才能得到别人的承认、赏识、重视和高度评价,也即希望获得威信、实力、地位等。尊重需要得到满足,就会感受到自信、价值和能力,否则,就会产生自卑或保护性反抗。

5. 求知需要

求知需要,又称认知与理解的需要,是指个人对自身和周围世界的探索、理解及解决疑难问题的需要。马斯洛将其看成克服障碍的工具,当认知需要受挫时,其他需要的满足也会受到威胁。

6. 审美需要

审美需要是指对对称、秩序、完整结构以及对行为完美的需要。审美需要是与其他需要相互关联,不可截然分开的。如对秩序的需要既是审美需要,也是安全需要、求知需要(如数学、数量方面)。

7. 自我实现的需要

自我实现的需要是最高层次的需要,是在上述几种需要得到满足后产生的。所谓"自我实现",即追求自我理想的实现,是充分发挥个人潜能、才能的心理需要,也是一种创造和自我价值得到体现的需要。

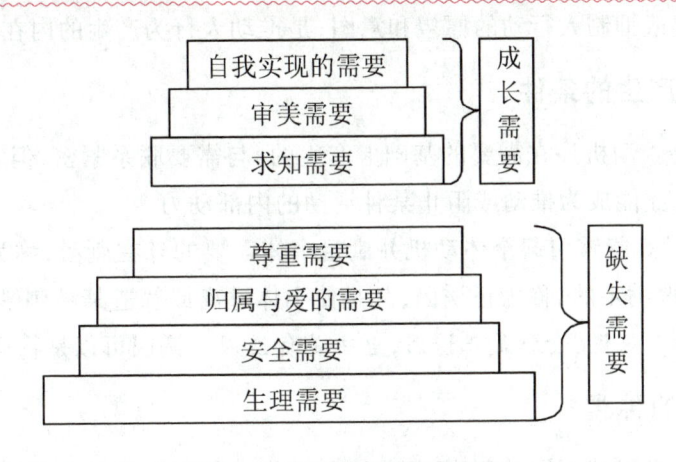

图 2-5 马斯洛需要层次理论

马斯洛对以上七种需要进行了进一步的区分:位于需要层次底部的四种需要被称为缺失需要,它们是个体生存所必需的,必须得到一定程度的满足。但是,这些需要一旦得到满足,由此产生的动机就会趋于消失。后三种需要是成长需要,它们虽不是我们生存所必需的,但对于我们适应社会来说却有重要的积极意义。也就是说,缺失需要使我们得以生存,成长需要使我们能够更好地生活。较低级的需要至少必须部分满足之后才会出现对较高级需要的追求。最占优势的需要将支配一个人的意识和行为,高级需要出现之后,低级需要仍然存在,但对行为的影响减弱了。例如,在一个非常饥饿的孩子面前同时摆上一堆书和一堆食物,让其选择其一,孩子肯定先选食物,吃饱以后再去选书读。与缺失需要相反,成长需要是永远得不到完全满足的需要,因为无论是求知,还是审美,都是永无止境的。

> **·记忆有妙招·**
>
> 为方便考生记忆,编者将马斯洛的需要层次理论总结成以下口诀:
>
> **李安蜀中求美食。李**:生理需要。**安**:安全需要。**蜀**:归属与爱的需要。**中**:尊重需要。**求**:求知需要。**美**:审美需要。**食**:自我实现的需要。

真题1 [2023湖南长沙,单选]某学生一直以来在班上受到冷漠对待,同学们经常孤立他,导致该生无心学习,成绩下降。班主任了解情况后,对班上其他同学进行了教育。其他同学开始转变态度,主动关心该同学,该同学感受到班上同学的态度转变后,学习成绩也逐步提高。推动该学生学习成绩进步的原因是(　　)的获取。

A. 认知需要　　　　　　　　　　B. 尊重需要
C. 安全需要　　　　　　　　　　D. 归属与爱的需要

真题2 [2024浙江宁波,判断]根据马斯洛的需要层次理论,一旦基本生理需要得到满足,个体就会追求最高层次的自我实现的需要。(　　)

真题3 [2024安徽统考,简答]简述马斯洛的需要层次理论。

答案:1. D　2. ×　3. 详见内文

二、动机　★【单选、填空、判断】

考点 1　动机的概念

动机是激发和维持有机体的行动,并使该行动朝向一定目标的心理倾向或内部驱力。动机在需要的基础上产生,可以激起或抑制人行动的愿望和意图,是推动人行为产生的内在原因。

考点 2　动机产生的条件

(1)内在条件是需要。动机是在需要的基础上产生的,与需要联系紧密,但它又不同于需要。只有当需要达到一定程度时,才能成为推动或阻止某种活动的内部动力。

(2)外在条件是诱因。能够引起个体动机并满足个体需要的外在刺激,称为诱因。凡是使个体趋向或接受某种刺激而获得满足的,称为正诱因;凡是使个体逃离或躲避某种刺激而获得满足的,称为负诱因。例如,对于饥饿的人来说,食物是正诱因,电击是负诱因。诱因可以是物质的,也可以是精神的。

考点 3　动机的种类

人的动机复杂多样,可以从不同的角度、标准进行分类。根据起源的需要的不同,可将动机分为生理性动机与社会性动机。

1. 生理性动机
生理性动机是与人的生理需要有关的初级的、原发性动机,也称内驱力。

2. 社会性动机
社会性动机是与人的心理、社会需要有关的、后天习得的动机,包括两个层次:
(1)比较原始的三种驱动力,即好奇心、探索与操作;
(2)人类特有的成就动机、学习动机、权力动机和社会交往动机等。其中,权力动机是指人们具有的某种支配和影响他人以及周围环境的内在驱力。交往动机是在交往需要的基础上产生的社会性动机。

考点 4 ▶ 动机的功能

1. 激活功能
动机是个体能动性的一个主要方面,它具有发动行为的作用,能推动个体产生某种活动,使个体由静止状态转向活动状态。

2. 指向功能
动机的指向功能是指在动机的作用下,人的行为将指向某一目标。例如,在学习动机的支配下,人们可能去图书馆或教室。

3. 维持和调节功能(强化功能)
动机具有维持功能,它表现为行为的坚持性。动机激发个体的某种活动后,这种活动能否坚持下去,同样要受动机的调节和支配。

> **小香课堂**
> 动机的激活功能和指向功能两者存在不同。(1)激活:行为从无到有;(2)指向:行为指向具体对象。

真题4 [2022 河南安阳,单选]为了获得优秀的成绩而努力,为了取得他人的赞扬而勤奋工作,为了摆脱孤独而结交朋友。这体现了动机的(　　)

A. 激活功能　　　　B. 指向功能　　　　C. 维持功能　　　　D. 调节功能

答案:A

三、兴趣 ★【单选】

考点 1 ▶ 兴趣及其种类

1. 兴趣的概念
兴趣是人对事物的一种认识倾向,伴随着积极的情绪体验,对个体活动,特别是对个体的认知活动有巨大的推动作用。兴趣具有定向和动力功能。

2. 兴趣的种类
(1)直接兴趣和间接兴趣
兴趣可以分为直接兴趣和间接兴趣两种。直接兴趣是由认识事物本身的需要引起的,如对看电视、小说的兴趣;间接兴趣是由认识事物的目的和结果所引起的。例如,科学家可能对繁杂的数据处理没有兴趣,只对研究结果有兴趣,这种兴趣就是间接兴趣。

(2)中心兴趣和广阔兴趣

从兴趣的广度来看,兴趣可以分为中心兴趣和广阔兴趣两种。中心兴趣是对某一方面的事物或活动有极浓厚而稳定的兴趣;广阔兴趣是对多方面的事物或活动表现出兴趣。中心兴趣和广阔兴趣是相互联系、相互促进的。

(3)个体兴趣和情境兴趣

兴趣还可以分为个体兴趣和情境兴趣。个体兴趣是指个体长期指向一定客体、活动和知识领域的一种相对稳定的兴趣,如美术是某人一生的爱好。情境兴趣是指由环境中的某一事物突然激发的兴趣,持续时间较短,是一种唤醒状态的兴趣,如某人最近突然对游泳感兴趣。

考点 2 ▶ 兴趣的品质

(1)兴趣的广度,是指兴趣的范围大小,即兴趣广泛与否;

(2)兴趣的中心(兴趣的倾向性或兴趣的针对性),指对某个特定领域的事物形成更浓厚、更强烈的兴趣;

(3)兴趣的稳定性,指对事物具有持续、稳定的兴趣;

(4)兴趣的效能,指兴趣能积极推动人的活动,提高活动的效能,即兴趣对认知的推动作用。

考点 3 ▶ 学习兴趣的培养和激发

(1)通过各种活动发展学生的兴趣;

(2)通过提高教学水平,引发学生兴趣;

(3)引导学生将广阔兴趣与中心兴趣结合起来;

(4)要根据学生的年龄特征来提高学生的学习兴趣;

(5)根据学生的知识基础培养学生的学习兴趣;

(6)通过积极的评价使学生的兴趣得以强化;

(7)充分利用原有兴趣的迁移。

★ 本节核心考点回顾 ★

1.马斯洛的需要层次理论

(1)生理需要:人对食物、水分、空气等的需要,是最基本、最原始、最强有力、最低层次的需要。

(2)安全需要:希求受到保护与免遭威胁。

(3)归属与爱的需要:被他人或群体接纳、爱护、关注、鼓励及支持的需要。

(4)尊重需要:自尊和受到别人的尊重(他尊)的需要。

(5)求知需要:对自身和周围世界的探索、理解及解决疑难问题的需要。

(6)审美需要:对对称、秩序、完整结构以及对行为完美的需要。

(7)自我实现的需要:充分发挥个人潜能、才能,创造和自我价值得到体现的需要,是最高层次的需要。

在这七种需要中,前四种需要被称为缺失需要,后三种需要是成长需要。

2. 动机的功能

(1)激活功能:推动个体产生某种活动,使个体由静止状态转向活动状态。

(2)指向功能:将行为指向一定的目标。

(3)维持和调整功能:维持功能表现为行动的坚持性,活动能否坚持要受到动机的调节和支配。

第二节 能 力

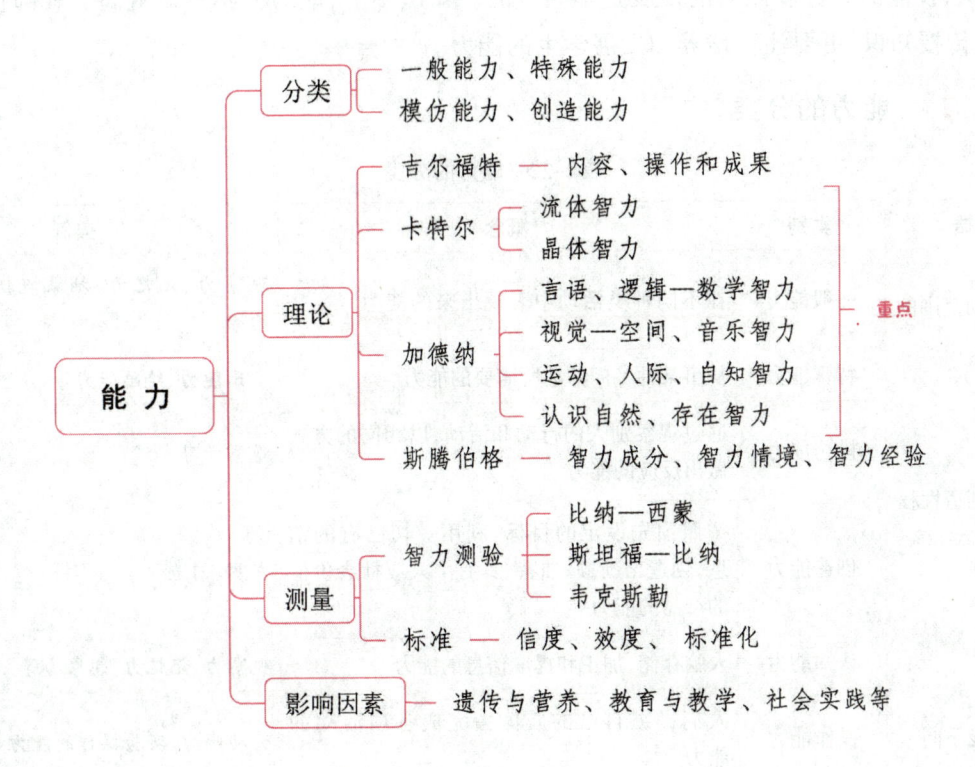

```
        ┌─ 分类 ─┬─ 一般能力、特殊能力
        │       └─ 模仿能力、创造能力
        │
        │       ┌─ 吉尔福特 ── 内容、操作和成果
        │       │              ┌─ 流体智力
        │       ├─ 卡特尔 ─────┤
        │       │              └─ 晶体智力
        │       │              ┌─ 言语、逻辑—数学智力
 能力 ──┼─ 理论 ─┤              ├─ 视觉—空间、音乐智力      重点
        │       ├─ 加德纳 ─────┼─ 运动、人际、自知智力
        │       │              └─ 认识自然、存在智力
        │       └─ 斯腾伯格 ── 智力成分、智力情境、智力经验
        │                      ┌─ 比纳—西蒙
        │       ┌─ 智力测验 ───┼─ 斯坦福—比纳
        ├─ 测量 ─┤              └─ 韦克斯勒
        │       └─ 标准 ── 信度、效度、标准化
        │
        └─ 影响因素 ── 遗传与营养、教育与教学、社会实践等
```

一、能力及其类型 ★ 【单选、多选、填空、辨析】

考点 1 ▶ 能力、才能与天才

能力是直接影响人的活动效率,促使活动顺利完成的个性心理特征。它是人顺利完成某项活动的必要的心理条件和直接有效的可能性心理特征,但不是全部心理条件。能力的发展随年龄增长而变化,具有一定的规律性。

从事某种活动必须以一定的能力为前提。几种相关的、结合在一起的能力统称为才能。人的活动比较复杂,不是单独一种能力所能胜任的,常常需要几种相关能力相互配合,才能保证活动顺利地进行。才能的高度发展是天才。

考点 2 ▶ 能力与知识、技能的关系

1. 能力与知识、技能的联系

(1)能力是掌握知识与技能的前提。能力的高低会影响到知识掌握的深浅、难易和技能水平的高低。

(2)能力是在掌握知识和技能的过程中形成和发展起来的,掌握系统的知识和技能有利于能力的增长和发挥。

(3)从一个人掌握知识和技能的速度和质量上可以看出个人能力的高低。

2. 能力与知识、技能的区别

(1)能力与知识、技能具有不同的概括水平。知识是对人类社会历史经验的概括和总结,技能是对一系列活动方式的概括,能力是对人在从事某种活动时表现出来的多种心理品质的概括。

(2)在一个人身上,知识和技能的发展是无止境的,它随着学习进程的不断增多而不断丰富;而能力的发展则有一定的限度。

(3)知识、技能的掌握和能力的发展是不同步的。知识多了,能力并不一定就高。教师在教学中不仅要向学生传授知识,更要注重培养和发展学生的能力。

考点 3 ▶ 能力的分类

表2-22 能力的分类

分类依据	类别	概念	典例
能力适应活动范围的大小	一般能力	在不同种类活动中表现出来的能力	观察力、记忆力、抽象概括能力、创造力等
	特殊能力	从事某种专门活动所需要的能力	音乐能力、绘画能力等
从事活动时创造性程度的高低	模仿能力	通过观察别人的行动和活动,以相同的方式做出反应的能力	观察学习
	创造能力	按照预先设定的目标,利用一切已有的信息,创造出新颖、独特、具有个人或社会价值的产品的能力	发明、创造
能力的功能不同	认知能力	人脑存储、加工和提取信息的能力	观察力、记忆力、想象力等
	操作能力	人们操纵自己的肢体去完成各项活动的能力	劳动能力、实验操作的能力等
	社交能力	人们在社会交往活动中所表现出来的能力	沟通能力、解决纠纷的能力等

此外,还有一种分类把能力分为认知能力与元认知能力。

二、智力结构理论 ★★★ 【单选、多选、不定项、判断、简答】

目前大家一致认可的智力定义是:智力也即智能,是使人能顺利完成某种活动所必需的各种认知能力的有机结合,它包括观察力、记忆力、注意力、想象力和思维力等成分,以思维力为核心,以创造力为最高表现。智力结构是指智力包含的因素以及各因素之间是怎样结合起来的。关于智力结构问题,心理学家们提出了各自不同的理论观点。

真题1 [2022广西桂林,判断]智力指人们的认知能力,其核心是记忆力。(　　)

答案:×

考点 1 ▶ 斯皮尔曼的二因素论

英国心理学家斯皮尔曼首先提出了智力的二因素论。他认为,智力包括两种因素:一般因素(即G因素)和特殊因素(即S因素)。G因素代表一个人普遍而概括化的能力,参与所有的智力活动。每个人拥有的G因素只有数量高低的差别。一个人智力水平的高低取决于G因素的数量。G因素数量高的人被视为聪明，否则为愚笨。S因素代表一个人的特殊能力，只在某些特殊方面(如绘画、唱歌等)表现出来。S因素参与不同的智力活动，但每种智力活动中主要有一种特定的S因素存在。人在从事任何一项智力活动时都需要有G因素和S因素的共同参与。

考点 2　吉尔福特的智力三维结构论

美国心理学家吉尔福特提出了智力的三维结构论。他认为，智力是一个由不同方式对不同信息进行加工的各种能力的综合系统，是一个包括内容、操作和成果(产物)的三维结构。内容是指思维的对象，包括视觉、听觉、符号、语义和行为五种。操作是指智力活动的反应方式，包括认知、记忆、发散思维、辐合思维和评价五种。成果是指智力活动的产物，包括单元、类别、关系、系统、转换、寓意六种。每个维度中的任何一项，都可以与其他两个维度中的一项结合构成一种智力因素。因此，形成的智力因素总共有150种(5×5×6)，其中每一种智力因素都是一种特殊的能力。

该理论中，操作代表智力的高低。个人针对引起思考的情境，在行为上表现出思考结果之前，所经过的内在操作历程，即代表个人的智力。操作中的发散思维和辐合思维这两个概念已引起了心理学家们的广泛注意。

真题 2　[2022 贵州贵阳，单选]美国心理学家吉尔福特创立的智力三维结构模型理论认为，智力结构应从(　　)三个维度去考虑。

A. 记忆、思维、观察　　　　　　　　B. 操作、内容、产物
C. 编码、存储、提取　　　　　　　　D. 瞬时材料、短时材料、长时材料

答案：B

考点 3　卡特尔的智力形态论

美国心理学家卡特尔根据因素分析结果，按心智功能上的差异，将人的智力分为流体智力和晶体智力两种不同的形态。

表 2-23　流体智力与晶体智力

对比角度	流体智力	晶体智力
影响因素	以生理为基础，受先天遗传因素的影响较大	以学得的经验为基础，受后天经验的影响较大
主要表现	(1)主要表现为对新奇事物的快速辨认、记忆、理解等； (2)需要较少的专业知识，包括理解复杂关系和解决问题的能力，如在处理数字系列、空间视觉感和图形矩阵项目时所需的能力以及推理能力等	主要表现为运用已有知识和技能去吸收新知识和解决新问题的能力
与年龄的关系	与年龄有密切的关系：一般人在20岁以后，流体智力的发展达到顶峰，30岁以后随着年龄的增长而降低	与年龄没有密切的关系，但个别人可能会因知识经验的累积，晶体智力随着年龄的增长而升高
与教育文化的关系	受教育文化的影响较少，可用于文化公平测验	与教育、文化有关

> **小香课堂**
>
> 考生容易混淆流体智力和晶体智力随年龄变化的特点,可借助以下内容进行理解:
>
> 流体智力——"河流",随着下雨,河流的水量会逐渐增多,到达洪峰后,水量会逐渐消退,即流体智力在20岁后达到顶峰,30岁以后会逐渐降低。
>
> 晶体智力——"结晶",随着时间的推移,越来越大,即晶体智力会随着年龄的增长而升高。

真题3 [2023辽宁锦州,单选]在生活中,我们经常会遇到这样的情况,人上了年纪之后虽说感知觉、记忆、思维能力大不如从前,但经验多了,解决问题的能力还是比年轻人要好得多。根据卡特尔对智力的分类,这种解决问题的能力属于( )

A.流体智力 B.抽象智力
C.晶体智力 D.多元智力

答案:C

考点 4 · 加德纳的多元智力理论

1.多元智力理论的主要内容

多元智力理论是由美国心理学家加德纳提出来的。这一新兴的智力理论,在理论取向上,既不采取因素分析法以决定智力的构成因素,也不采用智力测验来鉴别智力的高低。按他的解释,智力是在某种文化环境的价值标准之下,个体用以解决问题与生产创造所需的能力。

加德纳

加德纳认为,人的智力结构中存在着七种相对独立的智力(后发展为九种),这几种智力在每个人身上的组合方式是多种多样的,每个人在不同领域的智力发展水平是不同步的。有人可能在某一两个方面是天才,而在其余方面却是蠢材;有人可能每种智力都很一般,但如果他所拥有的各种智力被巧妙地结合在一起,则可能在解决某些问题时会显得很出色。

表2-24 加德纳的多元智力理论

智力维度	界定	典型人群
言语智力	说话、阅读、书写的能力。表现为个人能够顺利而高效地利用语言描述事件、表达思想并与人交流的能力,以及对声音、韵律、单词的意义和语言不同功用的敏感能力	作家、演说家
逻辑—数学智力	数学运算与逻辑思考的能力以及科学分析的能力	数学家
视觉—空间智力	认识环境、辨别方向的能力	画家、雕塑家、建筑师
音乐智力	对声音的辨识与韵律表达的能力	作曲家、乐师、乐评人、歌手及善于感知的观众
运动智力	支配肢体以完成精密作业的能力	出色的舞蹈家、运动员、外科医生
人际智力(社交智力)	与人交往并和睦相处的能力。人际智力高者善于处理人际关系,善于与人交往	推销员、教师、政治家
自知智力(内省智力)	认识自己并选择自己生活方向的能力	神学家、哲学家和心理学家

续表

智力维度	界定	典型人群
认识自然智力（自然观察智能）	认识自然,并对我们周围环境中的各种事物进行分类的能力	考古学家、收藏家、农夫及宝石鉴赏家
存在智力	陈述、思考有关生与死、身体与心理等问题的倾向性	可能存在于哲学家和宗教人士身上

• 记忆有妙招 •

为方便考生记忆,编者将加德纳的多元智力理论类比小学课程表总结成以下口诀:

语文数学体音美,社会自然,思想品德加存在。语文:言语智力。**数学**:数学智力。**体**:运动智力。**音**:音乐智力。**美**:空间智力。**社会**:人际智力。**自然**:认识自然智力。**思想品德**:自知智力。**存在**:存在智力。

2. 多元智力理论与新课程改革

加德纳的多元智力理论对传统的智力观念提出了新的诠释,为我国新课程改革"建立促进学生全面发展的评价体系"提供了有力的理论依据与支持。多元智力理论对我国当前教学改革的启示如下:

(1)积极乐观的学生观。

(2)科学的智力观。长期以来,学校教育偏重于培养学生的言语智力和逻辑—数学智力,根据多元智力理论,应当把培养学生的多种能力放在同等重要的地位。

(3)因材施教的教学观。

(4)多样化人才观和成才观。

真题4 [2022辽宁营口,单选]对声音、节奏、单词的意思较为敏感的学习者,其哪项智力占优势( )

A. 人际智力　　　　　　　　　B. 言语智力

C. 空间智力　　　　　　　　　D. 内省智力

真题5 [2024安徽统考,简答]简述加德纳多元智力模型所包含的智力类型。

答案:4. B　5. 详见内文

考点 5 斯滕伯格的智力理论

美国耶鲁大学的心理学家斯滕伯格提出了智力的三元理论。该理论包括智力成分亚理论、智力情境亚理论和智力经验亚理论。

(1)智力成分亚理论认为,智力包括三种成分及相应的三种过程,即元成分、操作成分和知识获得成分。元成分是用于计划、控制和决策的高级执行过程,如确定问题的性质,选择解题步骤等;操作成分表现在任务的执行过程中,是指接收刺激,将信息保持在短时记忆中,并进行比较,它负责执行元成分的决策;知识获得成分是指获取和保存新信息的过程,负责接收新刺激,做出判断与反应,以及对新信息的编码与存储。在智力成分中,元成分起着核心作用,它决定人们解决问题时所使用的策略。

(2)智力情境亚理论认为,智力是指获得与情境拟合的心理活动。在日常生活中,智力表现为有目的地适应环境、塑造环境和选择新环境的能力,这些能力统称为情境智力。

(3)智力经验亚理论认为,智力包括两种能力:①处理新任务和新环境时所要求的能力;②信息加工过程自动化的能力。

继提出上述理论之后,斯腾伯格又提出了成功智力理论。他认为成功智力是为了达到个人、群体的文化目标而去适应、选择和塑造环境的能力,包括分析性智力、创造性智力和实践性智力三个方面。

(1)分析性智力是有意识地规定心理活动的方向,通过分析性思维,个体试图利用策略来操作问题的要素和要素之间的关系。个体的分析性智力主要体现在知觉、记忆、比较、分析、解释、评价和判断等能力上。

(2)创造性智力是一种能超越已知给定的内容,产生新颖有趣结果的能力。个体的创造性智力主要包括想象、假设、构思、创造和发明等能力。

(3)实践性智力是指在日常生活中将思想及其分析的结果以一种行之有效的方法来加以使用,将理论转化为实践、将抽象思想转化为实际成果的能力。实践性智力体现在个体所表现出来的示范、展现、操作、使用和应用等能力上。

真题6 [2023湖北武汉,不定项]智力情境亚理论认为,日常生活中,智力表现为有目的地(　　)的能力,这些能力统称作情境能力。

A. 适应环境　　　　　　　　　　　　B. 塑造环境
C. 选择新环境　　　　　　　　　　　D. 终结新环境
答案:ABC

三、能力的测量

考点 1 ▶ **一般能力测验** ★ 【单选、填空】

一般能力测验即智力测验。智力测验目前在世界上较为普遍,它能比较系统地测量人的智力水平。主要的智力测验见下表:

表2-25 智力测验

量表名称	编制者	相关概念	智商计算公式
比纳—西蒙智力量表 (最早:1905)	比纳、西蒙(法国)	智龄是以被试能通过哪一年龄组的测验项目来计算的,即通过测验确定儿童的实际智力达到的年龄水平	用智力年龄来表示智力水平
斯坦福—比纳量表 (最著名)	推孟(美国)	用智龄和实际年龄的比率代表的智商,称作比率智商,1960年修订时,改用离差智商	智商(IQ)=智龄(MA)÷实龄(CA)×100
韦克斯勒智力量表	韦克斯勒(美国)	离差智商:代表一个人的智力水平偏离本年龄组平均水平的方向和程度	IQ=100+15Z Z=(X-$\bar{X}$)/SD Z代表个体的标准分,X表示个体测验得分(原始分数),$\bar{X}$代表相应年龄群体的平均分,SD是群体得分的标准差

考点 2　特殊能力测验和创造力测验

(1)特殊能力测验,是指针对某一种特殊能力所包含的各个方面进行的测量。测量的目的在于了解个体在专业领域的既有水平,并预测个体今后在此专业领域成功的可能性。常见的特殊能力测验主要有音乐能力测验、美术能力测验和机械能力测验等。

(2)创造力测验。创造力测验发展较晚,从20世纪50年代末期开始编制,主要包括南加利福尼亚大学发散思维测验、托兰斯创造性思维测验和芝加哥大学创造力测验等。其中,托兰斯创造性思维测验主要包括言语的创造性思维测验、图画的创造性思维测验以及声音和词的创造性思维测验三套;芝加哥大学创造力测验共有五项内容:语词联想、用途测验、隐蔽图形、完成寓言、组成问题。目前,创造力测验还主要在实验的形式阶段,主要用于科学研究。

考点 3　智力测验的标准　★★　【单选、多选、填空、判断】

智力测验是标准化的测验,智力测验量表是标准化的测验工具。评定测验质量优劣的主要技术指标如下:

1. 信度

信度是指一个测验量表的可靠程度(或可信程度)。它以反复测验时能否提供相同的结果来说明。如果一个人初测时分数很高,而在复测时分数很低,说明测验的信度差。信度用信度系数表示,智力测验的信度一般为0.90。影响信度的因素主要有被试的样本、测验的长度、测验的难度等。

2. 效度

效度是指一个测验工具希望测到某种行为特征的有效性与准确程度。表示效度的一种方法,是将测量的结果与随后的行为进行对照。如果一种测验能够预测后来的行为,这种测验的效度就高。

测验效度有三个种类,即内容效度、效标效度和结构效度。(1)内容效度,指的是测验题目对有关内容或行为取样的适用性,从而确定测验是否是所欲测量的行为领域的代表性取样。由于这种测验的效度主要与测验内容有关,所以称内容效度。(2)效标效度又称实证效度,反映的是测验预测个体在某种情境下行为表现的有效性程度。被预测的行为是检验效度的标准,简称效标。由于这种效度是看测验对效标预测得如何,所以叫效标效度。这种效度需在实践中检验,所以又称实证效度。(3)结构效度又称构思效度,是指测验能够测量到理论上的构想或特质的程度,即测验的结果是否能证实或解释某一理论的假设、术语或构想,解释的程度如何。三种效度说明的都是测验的正确性,不过是从三个不同的方面来说明而已。

就一个高质量的测验而言,效度的重要性大于信度。因为一个低效度的测验,即使具有很好的信度,也不能获得有用的资料。效度通常用效度系数来表示,智力测验的效度系数多在0.3~0.6之间。

> **小香课堂**
> 智力测验的几个标准指标常以客观题的形式进行考查,考生需要抓住各自的关键词,进行学习。
> 信度:一致性;效度:有效性、准确性;难度:难易程度;区分度:鉴别力。

3. 标准化

标准化是心理测验最基本的要求。标准化的要求表现在多个方面,但主要有四个方面的含义:(1)按照测验的性质选择具有代表性的测验题目。选择题目时需要考虑项目的难度和区分度。难度指题目的难易程度,区分度是指该项题目对不同水平的答题者反应的区分程度和鉴别能力。难度适中,区分度较高。(2)选择具有代表性的被试,确定标准化样本。(3)施测程序标准化。(4)统计结果,建立常模。

> **知识再拔高**
>
> **信度与效度的关系**
>
> 信度是效度的必要条件,但不是充分条件。一个测量工具要有效度必须有信度,没有信度就没有效度;但是有了信度不一定有效度。信度低,效度不可能高;信度高,效度未必高。例如,如果我们准确地测量出某人的经济收入,也未必能够说明他的消费水平。效度低,信度很可能高。例如,即使一项研究未能说明人口流动的原因,但它很有可能很精确很可靠地调查了各个时期各种类型的人口流动数量。效度高,信度也必然高。

真题7 [2022广东广州,单选]测验可以定量地评价学生个人的能力,检查学习效果和教学的完成情况,要想通过一次测验真实地测出学生的个人能力,则该测验要具备(　　)

A. 高效度　　　　　　　　　　B. 低信度

C. 低难度　　　　　　　　　　D. 高区分度

真题8 [2022贵州贵阳,判断]当测验信度低时,效度一定低。(　　)

答案:7. A　8. √

四、影响能力(智力)形成与发展的因素 ★ 【单选、简答】

1. 遗传与营养

遗传素质既是智力发展的生物前提,同时遗传素质也是智力发展的基础和自然条件。有研究发现:遗传关系越密切,个体之间的智力越相似。但是,遗传只为智力发展提供了可能性,要使智力发展的可能性变成现实性,还需要社会、家庭与学校教育许多方面的共同作用。

胎儿及婴幼儿的营养状况也会影响智力的发展,这已被许多研究证实。所以,加强孕期及婴儿期营养供给是智力开发不可忽略的因素之一。

2. 早期经验

人的智力发展的速度是不均衡的。研究表明,早期阶段获得的经验越多,智力发展得就越迅速,不少人把学龄前称为智力发展的一个关键期。

3. 教育与教学

智力不是天生的,教育和教学对智力的发展起着主导作用。教育和教学不仅使儿童获得前人的知识经验,而且促进儿童心理能力的发展。

4. 社会实践

人的智力是人在认识和改造客观世界的实践中逐渐发展起来的。社会实践不仅是学习知识的重要途径,也是智力发展的重要基础。

5. 主观努力

环境和教育的作用,只能机械、被动地影响智力的发展。如果没有主观努力和个人的勤奋,要想获得事业的成功和智力的发展是根本不可能的。

五、学生能力的培养

(1)注重对学生早期能力的培养。

(2)教学中要加强知识与技能的学习与训练。

(3)教学中要针对学生的能力差异因材施教。

(4)在教学中要积极培养学生的元认知能力和创造能力。元认知的训练方法主要有以下三种：①自我提问法；②相互提问法；③知识传授法。

(5)社会实践活动是培养学生能力的基本途径。

(6)要注意培养学生的非智力因素。

记忆有妙招

为方便考生记忆，编者将学生能力的培养措施总结成以下口诀：

早期能力要注重；后期教育要加强；三教学，一实践；非智力因素要注意。

✦✦ 本节核心考点回顾 ✦✦

1. 卡特尔的智力形态论

(1)流体智力：以生理为基础；20岁以后达到顶峰，30岁以后逐渐降低。

(2)晶体智力：以学得的经验为基础；个别人可能会因知识经验的累积，随着年龄的增长而升高。

2. 加德纳的多元智力理论

(1)言语智力：说话、阅读、书写的能力；

(2)逻辑—数学智力：数字运算、逻辑思考、科学分析的能力；

(3)视觉—空间智力：认识环境、辨别方向的能力；

(4)音乐智力：辨识声音、表达韵律的能力；

(5)运动智力：支配肢体以完成精密作业的能力。

3. 智力测验的标准

(1)信度：一个测验量表的可靠程度(或可信程度)；

(2)效度：一个测验工具希望测到某种行为特征的有效性与准确程度；

(3)难度：题目的难易程度；

(4)区分度：该项题目对不同水平的答题者反应的区分程度和鉴别能力。

第三节　气质与性格

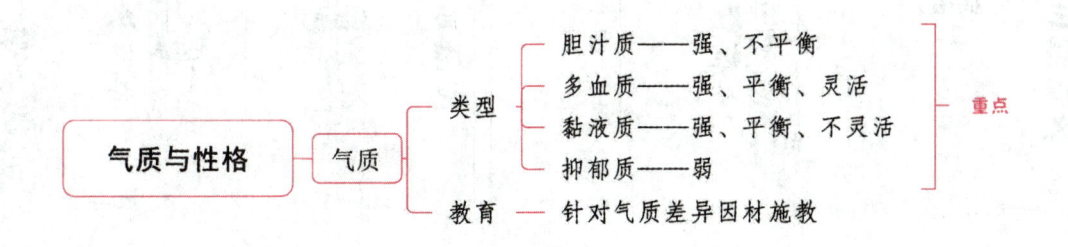

气质与性格 ─ 气质 ─ 类型 ─ 胆汁质——强、不平衡
多血质——强、平衡、灵活　　重点
黏液质——强、平衡、不灵活
抑郁质——弱
教育 ── 针对气质差异因材施教

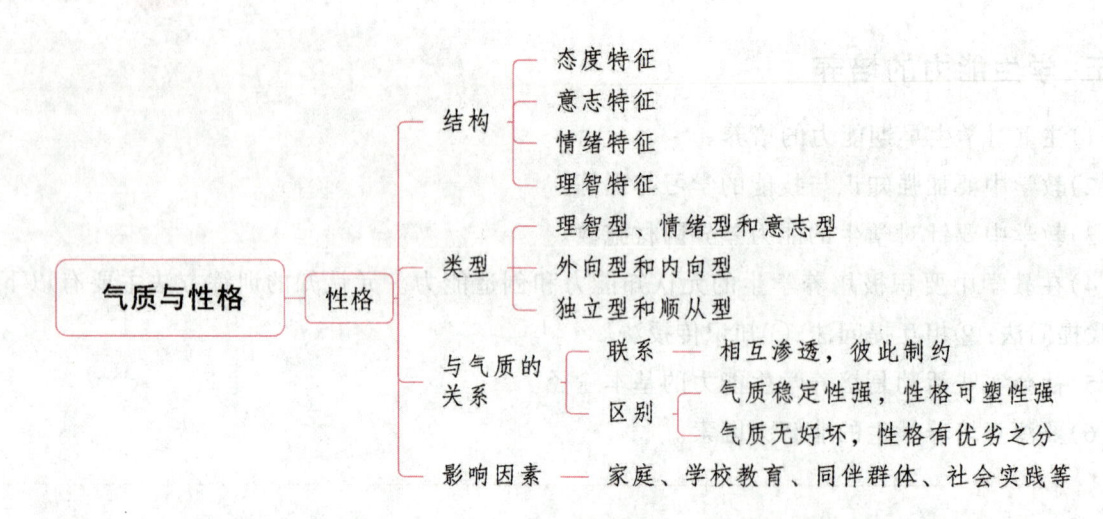

```
                                    ┌─ 态度特征
                         ┌─ 结构 ────┤ 意志特征
                         │          │ 情绪特征
                         │          └─ 理智特征
                         │          ┌─ 理智型、情绪型和意志型
                         │  类型 ───┤ 外向型和内向型
气质与性格 ── 性格 ───────┤          └─ 独立型和顺从型
                         │  与气质的 ┌─ 联系 ── 相互渗透，彼此制约
                         │  关系  ──┤       ┌─ 气质稳定性强，性格可塑性强
                         │          └─ 区别 ┤
                         │                  └─ 气质无好坏，性格有优劣之分
                         └─ 影响因素 ── 家庭、学校教育、同伴群体、社会实践等
```

一、气质

考点 1 ▶ 气质及其类型　★★★　【单选、多选、填空、判断、简答】

1. 气质的概念

气质是依赖于人的生理素质或身体特点的人格特征。气质是表现在心理活动的强度、速度、灵活性与指向性等方面的一种稳定的心理特征，即我们平时说的脾气、禀性。现代心理学一般认为，气质是不以活动目的和内容为转移的典型的、稳定的心理活动的动力特征。气质有稳定性、可塑性、动力性等特点。

2. 气质的类型

气质类型是指在一类人身上共有或相似的心理活动特征的有规律的结合。

（1）气质的体液说

古希腊著名医生希波克拉底提出，人体内有四种性质不同的体液：血液、黄胆汁、黑胆汁和黏液。他认为，正是这四种体液"形成了人的性质"。罗马医生盖伦从希波克拉底的体液说出发，加进了人的道德品行，组成了13种气质类型，后来简化为4种气质类型，即多血质、胆汁质、黏液质和抑郁质。每一种气质类型的特点都是某种体液占优势的结果，并有特定的心理表现。

表2-26　气质类型及其特征

气质类型	特征	代表人物
胆汁质	精力旺盛、粗枝大叶、表里如一、刚强、易感情用事	张飞、李逵
多血质	反应迅速、有朝气、活泼好动、动作敏捷、情绪不稳定	王熙凤
黏液质	稳重，但灵活性不足；踏实，但有些死板；沉着冷静，但缺乏生气	沙僧、林冲
抑郁质	敏锐、稳重、体验深刻、外表温柔、怯懦、孤独、行动缓慢	林黛玉

(2)气质的神经活动类型说

巴甫洛夫在研究高等动物的条件反射时发现,动物高级神经系统活动的兴奋和抑制有强度、平衡性、灵活性三种特性。根据这三种特性的结合,巴甫洛夫将动物的高级神经活动分为四种类型:强、不平衡(不可遏制型);强、平衡、灵活(活泼型);强、平衡、不灵活(安静型);弱(弱型)。

表2-27 高级神经活动类型与气质类型对照表

高级神经活动类型	高级神经活动过程	气质类型
不可遏制型(兴奋型)	强、不平衡	胆汁质
活泼型(灵活型)	强、平衡、灵活	多血质
安静型(不灵活型)	强、平衡、不灵活	黏液质
弱型(抑制型)	弱	抑郁质

巴甫洛夫用高级神经活动类型学说解释气质的生理基础,但是从现在生理学的发展来看,这四种气质类型的生理依据是不科学的。

真题1 [2024广东佛山,单选]学生小丽安静、稳重,反应缓慢,沉默寡言,情感不易外露,注意稳定但难于转移,善于忍耐。由此可见,小丽的气质类型最可能属于( )

A. 多血质　　　　B. 胆汁质　　　　C. 黏液质　　　　D. 抑郁质

真题2 [2023黑龙江哈尔滨,单选]覃明同学热情直率、精力充沛、反应迅速、思维敏捷,但脾气暴躁冲动,易感情用事、自控能力差,该同学的气质属于( )

A. 多血质　　　　　　　　　　　　B. 黏液质

C. 抑郁质　　　　　　　　　　　　D. 胆汁质

真题3 [2024河北石家庄,判断]气质类型为多血质的人,其高级神经活动过程具有强、平衡、不灵活等特征。( )

A. 正确　　　　　　　　　　　　　B. 错误

答案:1. C　2. D　3. B

考点 2 气质与教育 ★★ 【单选、多选、简答、案例分析】

在教育教学中,根据学生的不同气质类型,可以从以下几方面做好教育工作:

1. 对待学生应克服气质偏见

气质仅使人的行为带有某种动力特征,无所谓好坏;同时,每一种气质类型都有其积极的方面,也都有其消极的方面,无法比较好坏。

2. 针对学生气质差异因材施教

针对学生的气质差异,在教育过程中对不同气质类型的学生采取的方法应尽可能地因人而异,做到"一把钥匙开一把锁"。

(1)对胆汁质的学生,教师应采取直截了当的方式,但这些学生不宜轻易激怒,对其严厉批评要有说服力,培养其自制力、坚持到底的精神,豪放、勇于进取的人格品质。

(2)对多血质的学生,可以采取多种教育方式,但要定期提醒,对其缺点严厉批评。教师应鼓励他们勇于克服困难,培养扎实专一的精神,防止其见异思迁;创造条件,多给他们活动的机会,培养他们朝气蓬勃、足智多谋的优点。

(3)对黏液质的学生,教师要采取耐心教育的方式,让他们有考虑和做出反应的足够时间,培养其生气勃勃的精神、热情开朗的个性和以诚待人、工作踏实、顽强的优点。

(4)对抑郁质的学生,则应采取委婉暗示的方式,对其多关心、爱护,不宜在公开场合下指责,不宜过于严厉地批评,培养他们亲切、友好、善于交往、富有自信的精神,培养其敏感、机智、认真、细致、高自尊的优点。

3. 帮助学生进行气质的自我分析、自我教育,培养良好的气质品质

随着学生年龄的增长,他们对自身气质特征的认识能力和控制能力将大大提高。因此,教师应帮助学生对自己的气质特点进行分析,让他们主动用自己坚强的意志力去克服气质的消极面,或以气质的积极面去掩盖其消极面。

4. 特别重视胆汁质和抑郁质学生

胆汁质和抑郁质的学生由于兴奋性太强或太弱而容易影响其心理健康。因此,在教育中,对这两种极端类型的学生应该给予特别的照顾,采取一些特殊的措施,尽量避免强烈的刺激和大起大落的情绪变化。

5. 组建学生干部队伍时,应考虑学生的气质类型

在任命班干部时应考虑学生的气质类型,使班干部的气质类型与每种职务的工作要求相符合,充分发挥学生干部的潜力和优势。

二、性格

考点 1 ▶ 性格的概念 ★ 【单选、判断】

性格是指人的较稳定的态度与习惯化了的行为方式相结合而形成的人格特征。它是一个人的心理面貌的本质属性的独特结合,是人与人相互区别的主要方面,是个性心理特征中最具核心意义的心理特征。

性格的概念可从三方面进行理解:(1)性格是人对现实的态度和行为方式概括化与定型化的结果。(2)性格是指一个人独特的、稳定的个性心理。性格的稳定性不是绝对的,性格有可塑的一面,除了重大事件的影响外,性格的改变一般都要经过较长时间的环境影响和主体实践。(3)性格是个性特征中最具核心意义的心理特征。

考点 2 ▶ 性格的结构 ★★ 【单选、多选、填空】

(1)性格的态度特征。它是指个体对自己、他人、集体、社会以及对工作、劳动、学习的态度特征。例如,谦虚或自负、利他或利己、粗心或细心、创造或墨守成规等。性格的态度特征在性格结构中具有核心意义。

(2)性格的意志特征。它是指个体自觉地确定目标,调节支配行为,从而达到目标的性格特征。例如,顽强拼搏、当机立断。

(3)性格的情绪特征。它是指个体稳定而独特的情绪活动方式。例如,情绪活动的强度、稳定性、持久性和主导心境等方面的特征。

(4)性格的理智特征。它是指个体在感知、记忆、想象、思维等认知过程中表现出来的认知特点和风格。例如,主动感知或被动感知,习惯于看到细节还是看到轮廓等。

性格的各种特征并不是一成不变的机械组合,在不同的场合下会显露出一个人性格的不同侧面。

真题4 [2023湖北武汉,单选]小青每天都精神饱满,富有朝气,这属于小青性格的(　　)
A. 态度特征　　　　B. 意志特征　　　　C. 情绪特征　　　　D. 理智特征

真题5 [2024福建统考,填空]性格结构包括性格的_____特征、理智特征、情绪特征和意志特征。

答案:4. C　5. 态度

考点 3 ▶ 性格的类型　★【单选、判断】

性格的类型是指在某一类人身上所共有的性格特征的独特结合。下面介绍几种常见的性格分类:

1. 理智型、情绪型和意志型

根据理智、情绪、意志三者在心理机能方面哪一个占优势,性格可分为理智型、情绪型和意志型。

理智型的人通常用理智衡量一切,并支配自己的行动。他们观察事物认真仔细,思维活动占优势,很少受情绪波动的影响。情绪型的人内心体验深刻,外部表露明显,情绪不稳定。言行举止受情绪的影响,缺乏理智感,处理问题常感情用事。意志型的人行动目标明确,积极主动,勇敢、坚定、果断,自制力强,不容易受外界因素干扰,但有的人会表现出固执、任性或轻率、鲁莽。

除了上述三种典型的类型外,还有中间类型,如理智—意志型、情绪—意志型等。

2. 外向型和内向型

按照心理活动的指向,性格可分为外向型和内向型。

外向型的人心理活动指向于外部世界,表现为活泼开朗,热情大方,不拘小节,情绪外露,善于交际,反应迅速,容易适应环境的变化。内向型的人心理活动指向于内部世界,感情比较深沉,办事小心,谨慎多思,不善交往,适应环境的能力较差,很注重别人对自己的评价。

内外向的概念是由荣格提出来的,他认为,多数人并非典型的内向型或外向型性格,而是介于两者之间的中间型。

3. 独立型和顺从型

按照个体活动的独立性程度,性格可分为独立型和顺从型。

独立型的人具有坚定的个人信念,善于独立思考,能够独立地发现、分析和解决问题;自信心强,不容易受他人的暗示和其他因素的干扰;在遇到紧急情况和困难时,显得沉着冷静。顺从型的人做事缺乏主见,容易受他人意见的干扰,常常不加分析地接受别人的观点或屈从于他人的权势;在突发事件面前,常表现为束手无策或惊慌失措。

考点 4 ▶ 性格与能力的关系　★【判断】

1. 联系

性格与能力是在一个人统一实践的过程中发展起来的,二者之间相互影响、相互联系。

(1)性格制约着能力的形成与发展。①性格影响能力的发展水平;②优良的性格特征往往能够补偿能力的某种缺陷,"笨鸟先飞早入林""勤能补拙"就是说性格对能力的补偿作用;③不良的性格特征,也会阻碍能力的发展,甚至使能力衰退。

(2)能力的形成与发展也会促使相应的性格特征随之发展。

(3)性格与能力的结合是获得成功的必要条件。一个人的成功,必须有智力因素和非智力因素的结合,性格是非智力因素的重要组成部分。

2. 区别

性格与能力是个性心理特征的两个不同侧面。(1)性格与能力不同,能力是决定心理活动的基本因素,活动能否进行,与能力有关;(2)性格则表现为人的活动指向什么,采取什么态度,怎样进行。

真题6 [2024江苏南通,判断]"勤能补拙""笨鸟先飞"体现了非智力因素对智力发展的补偿作用(　　)
答案:√

考点 5　性格与气质的关系 ★★ 【单选、多选、判断、辨析、简答】

1. 联系

(1)性格与气质都属于稳定的人格特征。
(2)性格与气质相互渗透,彼此制约,二者相互影响。这表现在:①气质影响到一个人对事物的态度和行为方式,因而使性格带上某种气质的色彩和具有某种特殊的形式;②气质影响性格的形成和发展,以及形成的速度;③性格可以掩蔽和改造气质,指导气质的发展,使它服从于生活实践的要求。

2. 区别

(1)气质受生理影响大,性格受社会影响大。气质是由人的神经系统的某些生物学特点,特别是脑的特点决定的。性格是人对现实的态度和他的行为方式所表现出来的个性心理特征。在不同的社会生活条件下,人们的性格有明显的区别。

(2)气质的稳定性强,性格的可塑性强。由于气质较多地受生物因素的制约,因此,气质变化较难、较慢。性格是后天形成的,由生活实践决定,它虽然也具有一定的稳定性,但在社会生活条件的影响下,比气质的变化要快得多,它的可塑性更强。

(3)气质特征表现较早,性格特征表现较晚。人的气质差异是先天形成的,受神经系统活动过程的特性所制约,因此,气质形成得早,表现在先。性格是后天形成的,受社会影响大,因此,性格特征出现得比较晚。

(4)气质无所谓好坏,性格有优劣之分。气质是人的天性,无好坏之分。气质不能决定人的社会价值与成就的高低,也不直接具有社会道德评价含义,但气质对人在不同性质的活动中的适应性,甚至活动的效率却有一定的影响。也就是说,气质特征是职业选择的依据之一。气质与职业活动的关系表现在两个方面:①要使个人的气质特征适应于职业活动的客观要求;②在选拔人才和安排工作时应考虑个人的气质特点。性格表现了一个人的品德,受人的世界观、人生观、价值观的影响,具有道德评价含义。性格是在后天社会环境中逐渐形成的,有好坏、优劣之分,能最直接地反映出一个人的道德风貌。

真题7 [2024江苏南通,判断]气质无好坏之分,但有优劣之别。(　　)
答案:×

考点 6　影响性格形成与发展的因素 ★ 【简答】

(1)家庭。在家庭环境中,亲子关系、家庭气氛、父母的教养方式、家庭结构以及孩子的出生顺序、儿童在家庭中扮演的角色和所处的地位等都对儿童的性格发展有着重要的影响。

(2)学校教育。学校通过各种有组织的活动使儿童和教师、同学发生相互作用,从而促进儿童的性格发展。

(3)同伴群体。与同伴群体的交往使儿童能够进行人际关系和交流的探索,并发展人际敏感性,奠定儿童今后社会交往的基础,促进儿童的社会化和性格的发展。

(4)社会实践。学生接触社会的各种工作岗位后,各职业的要求对性格发展也有重要作用。他们必须进行与其职业相应的活动,扮演相应的社会角色,体验自身性格特征与职业的相宜性,从而影响性格的自我教育。

(5)社会文化因素。例如,文化背景、社会制度、社会传媒和经济地位等都对儿童的性格产生深刻的影响。

(6)自我教育。任何外部条件的影响都必须通过个体的心理活动的自我调节才能发生作用。许多研究结果都表明,良好性格的形成,是将接受与领会的外部要求逐渐转变为对自己内部要求的过程。理解与接受了外部的社会要求,并不是立刻就能调节自身的行为。如果外部的要求与个人的世界观、需要与动机相冲突,不符合原来形成的比较稳定的态度,那么,就难以理解外部社会的要求,自然也就不能形成人这方面的性格。

考点 7 ▶ 学生优良性格的培养

(1)加强人生观、世界观和价值观的教育;(2)及时强化学生的积极行为;(3)充分利用榜样人物的示范作用;(4)利用集体的教育力量;(5)提供实际锻炼的机会;(6)及时进行个别指导;(7)提高学生的自我教育能力。

·记忆有妙招·

为方便考生记忆,编者将学生优良性格的培养措施总结成以下口诀:

强三观、强良行,利用榜样和集体,自我教育要提高,个别指导要及时,实际锻炼少不了。三观:人生观、世界观和价值观。**强良行**:强化积极行为。

★ 本节核心考点回顾 ★

1.气质的类型

(1)胆汁质:精力旺盛、易感情用事;其高级神经活动过程为强、不平衡。

(2)多血质:活泼好动、情绪不稳定;其高级神经活动过程为强、平衡、灵活。

(3)黏液质:稳重、踏实、死板;其高级神经活动过程为强、平衡、不灵活。

(4)抑郁质:敏锐、体验深刻、怯懦;其高级神经活动过程为弱。

2.针对学生气质差异因材施教

(1)对胆汁质的学生:直截了当,不宜轻易激怒,对其严厉批评要有说服力;培养其自制力、坚持到底的精神,豪放、勇于进取的人格品质。

(2)对多血质的学生:采取多种教育方式;培养扎实专一的精神,防止其见异思迁;培养他们朝气蓬勃、足智多谋的优点。

(3)对黏液质的学生:采取耐心教育的方式;培养其生气勃勃的精神、热情开朗的个性和以诚待人、工作踏实、顽强的优点。

(4)对抑郁质的学生:采取委婉暗示的方式;不宜在公开场合下指责;培养他们亲切、友好、善于交往、富有自信的精神,培养其敏感、机智、认真、细致、高自尊的优点。

3.性格的结构

(1)态度特征:对自己、他人、集体、社会以及对工作、劳动、学习的态度特征。

(2)意志特征:个体自觉地确定目标,调节支配行为,从而达到目标的性格特征。

(3)情绪特征:个体稳定而独特的情绪活动方式。

(4)理智特征:个体在感知、记忆、想象、思维等认知过程中表现出来的认知特点和风格。

4.性格与气质的区别

(1)气质受生理影响大,性格受社会影响大。

(2)气质的稳定性强,性格的可塑性强。

(3)气质特征表现较早,性格特征表现较晚。

(4)气质无所谓好坏,性格有优劣之分。气质不能决定人的社会价值与成就的高低,也不直接具有社会道德评价含义。

03 第三部分 教育心理学

内容导学

- 本部分内容共分为六章。

- 第一章主要介绍教育心理学的研究内容、发展历程、研究方法等,考查题型一般为客观题,偶尔也会涉及简答等主观题。

- 第二章至第五章主要介绍学生心理发展、学习理论、学习心理和教学心理,考查题型主、客观均会涉及。

- 第六章主要是对心理健康知识的阐述,考查题型一般为客观题,偶尔也会涉及简答、论述等主观题。

- 考生在复习备考时不仅要针对各理论知识进行理解和识记,还应能运用所学的知识去解决教学中遇到的问题,注意理论知识与实际教学情境的结合。

- 为了方便考生梳理知识脉络,我们在各节设置思维导图和核心考点回顾。

第一章　教育心理学概述

本章学习指南

一、考情概况

本章属于教育心理学的基础章节，内容较为琐碎，考生可带着以下学习目标进行备考：
1. 理解教育心理学的概念。
2. 掌握教育心理学的研究内容及发展历程。
3. 理解教育心理学的研究方法与研究原则。

二、考点地图

考点	年份/地区/题型
教育心理学的研究内容	2024广东判断；2023广西单选；2023福建判断；2022山东单选；2022浙江判断
教育心理学的发展历程	2024江苏判断；2023安徽单选；2023黑龙江单选；2023广西单选
教育心理学的研究方法	2024河北单选；2024河南单选；2022辽宁单选

注：上述表格仅呈现重要考点的相关考情。

核心考点

第一节　教育心理学的基本内涵

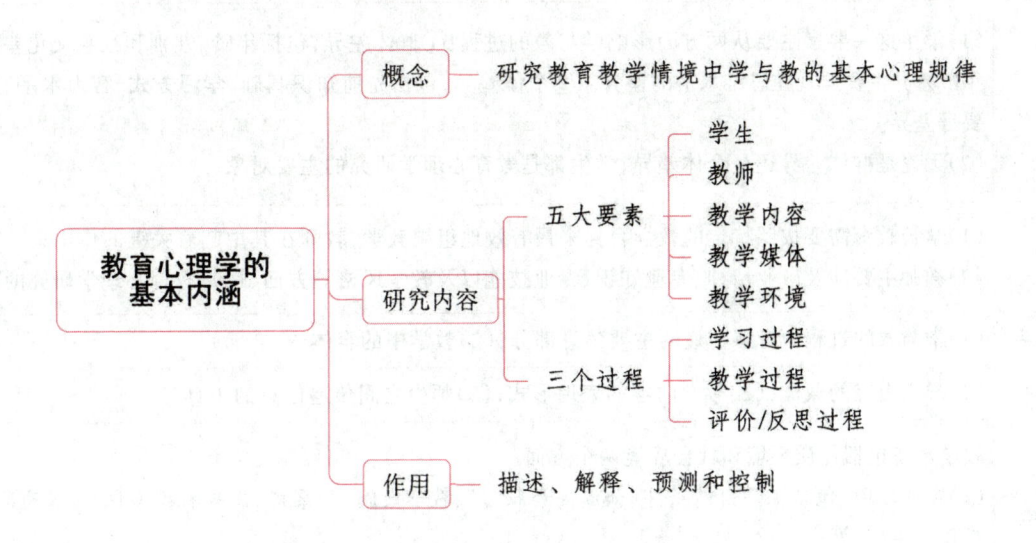

教育心理学的基本内涵
- 概念——研究教育教学情境中学与教的基本心理规律
- 研究内容
  - 五大要素
    - 学生
    - 教师
    - 教学内容
    - 教学媒体
    - 教学环境
  - 三个过程
    - 学习过程
    - 教学过程
    - 评价/反思过程
- 作用——描述、解释、预测和控制

一、教育心理学的概念与学科性质

考点 1 ▶ 教育心理学的概念 ★ 【单选】

教育心理学是一门研究教育教学情境中学与教的基本心理规律的科学。它拥有自身独特的研究课题,即如何学、如何教以及学与教之间的相互作用。教育心理学可以从广义与狭义两个方面理解。广义的教育心理学是指研究教育实践中各种心理与行为规律的科学。它既包括学校教育心理学,也包括家庭和社会教育心理学。狭义的教育心理学专指学校教育心理学。

真题1 [2024天津实验小学,单选]研究学校情境中学与教的基本心理规律的科学是( )
A. 学习心理学　　　　B. 人格心理学　　　　C. 教育心理学　　　　D. 动机心理学
答案:C

考点 2 ▶ 教育心理学的学科性质

教育心理学的学科特点可以从不同方面加以剖析。从学科范畴来看,它既是心理学的一个分支学科,又是教育学与心理学相结合而产生的交叉学科;从学科作用来看,它既是一门理论性学科(具有基础性),又是一门应用性较强的学科(具有实践指导性),并以应用为主。

二、教育心理学的研究内容 ★★ 【单选、多选、判断】

教育心理学的具体研究范畴是围绕学与教相互作用的过程展开的。学与教的相互作用过程是一个系统过程,该系统包含学生、教师、教学内容、教学媒体和教学环境五种要素,由学习过程、教学过程和评价/反思过程这三种活动过程交织在一起组成。

1. 学习与教学的要素

表3-1　学习与教学的要素

五要素	内涵
学生	(1)学生这一要素主要从两方面影响学与教的过程:①群体差异,包括年龄、性别和社会文化差异等。如年龄差异主要体现在思维水平的差异。②个体差异,包括先前知识基础、学习方式、智力水平、兴趣和需要等差异。 (2)无论是群体差异还是个体差异,学生都是教育心理学研究的主要对象
教师	(1)学校教育需要按照特定的教学目标来最有效地组织教学,教师在其中起着关键的作用; (2)教师主要涉及敬业精神、专业知识、专业技能以及教学风格等方面,也是教育心理学研究的内容之一
教学内容	(1)学与教的过程中有意传递的主要信息部分;(2)教学中的客体
教学媒体	(1)教学内容的载体;(2)教学内容的表现形式;(3)师生之间传递信息的工具
教学环境	教学环境包括物质环境和社会环境两个方面: (1)物质环境,包括课堂自然条件(如温度和照明)、教学设施(如桌椅、黑板和投影仪)以及空间布置(如座位的排列)等; (2)社会环境,包括课堂纪律、课堂气氛、师生关系、同学关系、校风以及社会文化背景等

2. 学习与教学的过程

表3-2 学习与教学的过程

三过程	内涵
学习过程	(1)学生在教学情境中通过与教师、同学以及教学信息的相互作用获得知识、技能和态度的过程； (2)学习过程是教育心理学研究的核心内容,如学习的实质、条件、动机、迁移以及不同种类学习的特点等
教学过程	教师把知识技能以有效的方法传授给学生并引导学生建构自己的知识的过程
评价/反思过程	(1)包括教学前对教学设计效果的预测和评判,教学过程中对教学的监视和分析,以及教学后对教学效果的检验、反思； (2)始终贯穿在整个教学过程当中

注：从学习过程与教学过程的相互关系来看,学与教实际上是对同一过程的不同理解。学习过程侧重于学生的学,而教学过程侧重于教师的教。要知道教师该如何教,首先就要理解学生该怎样学。因此,学习心理是教育心理学的核心。

真题2 [2022山东临沂,单选]（　　）是教学内容的载体、是教学内容的表现形式、是师生之间传递信息的工具。

A. 教学内容　　　　B. 教学媒体　　　　C. 教学环境　　　　D. 教学过程

真题3 [2024广东佛山,判断]教育心理学中的学习与教学的过程由学习、教学、评价/反思三种过程交织在一起。（　　）

答案：2. B　3. √

三、教育心理学的作用 ★ 【多选、简答】

教育心理学对教育实践具有描述、解释、预测和控制的作用。具体来说包括以下几个方面：

(1)帮助教师准确地了解问题；

(2)为实际教学提供科学的理论指导；

(3)帮助教师预测并干预学生；

(4)帮助教师结合实际教学进行教育研究。

★★ 本节核心考点回顾 ★★

1. 教育心理学的概念

教育心理学是一门研究教育教学情境中学与教的基本心理规律的科学。

2. 教育心理学的研究内容

(1)学习与教学的要素：学生、教师、教学内容、教学媒体(教学内容的载体、表现形式和师生之间传递信息的工具)、教学环境；

(2)学习与教学的过程：学习、教学、评价/反思过程。

3. 教育心理学的作用

描述、解释、预测、控制。

第二节　教育心理学的发展

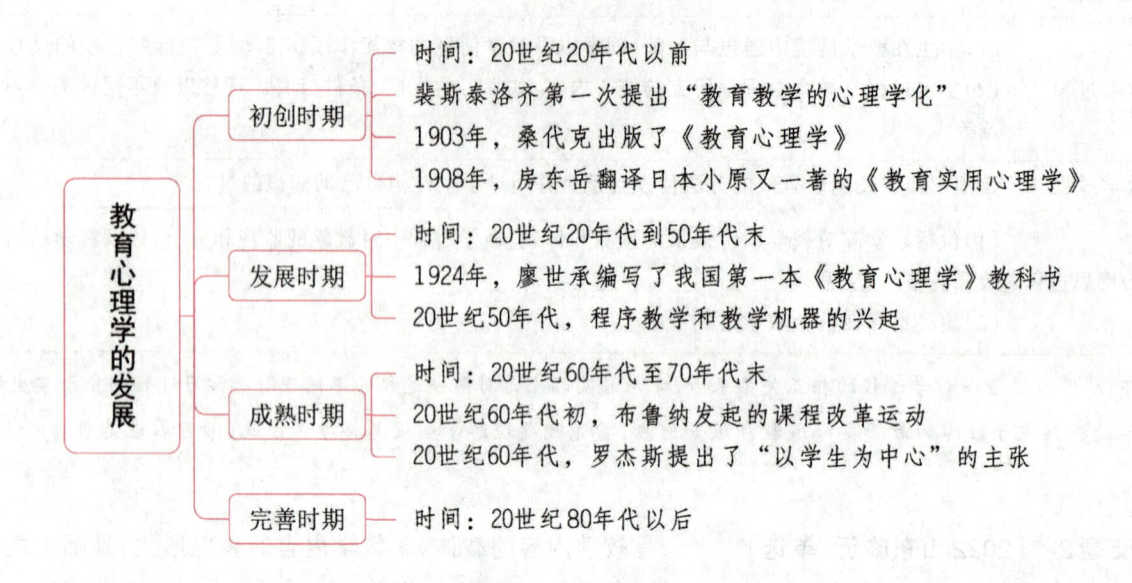

```
教育心理学的发展
├── 初创时期
│   ├── 时间：20世纪20年代以前
│   ├── 裴斯泰洛齐第一次提出"教育教学的心理学化"
│   ├── 1903年，桑代克出版了《教育心理学》
│   └── 1908年，房东岳翻译日本小原又一著的《教育实用心理学》
├── 发展时期
│   ├── 时间：20世纪20年代到50年代末
│   ├── 1924年，廖世承编写了我国第一本《教育心理学》教科书
│   └── 20世纪50年代，程序教学和教学机器的兴起
├── 成熟时期
│   ├── 时间：20世纪60年代至70年代末
│   ├── 20世纪60年代初，布鲁纳发起的课程改革运动
│   └── 20世纪60年代，罗杰斯提出了"以学生为中心"的主张
└── 完善时期
    └── 时间：20世纪80年代以后
```

一、初创时期（20世纪20年代以前）★★　【单选、填空、判断】

瑞士教育家裴斯泰洛齐第一次提出"教育教学的心理学化"的思想。

德国教育家与心理学家赫尔巴特首次提出把教学理论的研究建立在心理学这个科学基础之上。

1868年俄国教育家乌申斯基出版了《人是教育的对象》一书，对当时的心理学发展成果进行了总结，他因此被誉为"俄罗斯教育心理学的奠基人"。

1877年，俄国教育家和心理学家卡普捷列夫发表了《教育心理学》一书，这是最早正式以"教育心理学"命名的著作。

1903年，美国心理学家桑代克出版了《教育心理学》，这是西方第一本以"教育心理学"命名的著作。1913~1914年，该书又扩充为三卷本的《教育心理大纲》。桑代克从"人是一个生物的存在"这个角度建立自己的教育心理学体系。他的教育心理学分为三部分：第一部分讲人类的本性，第二部分讲学习心理，第三部分讲个别差异及其原因。这构成了桑代克教育心理学的内容体系，奠定了教育心理学发展的基础，西方教育心理学的名称和体系由此确立，桑代克也因此被称为"教育心理学之父"。

1908年，房东岳翻译日本小原又一著的《教育实用心理学》，这是我国出版的第一本教育心理学著作。

真题1　[2023黑龙江哈尔滨，单选]桑代克建立教育心理学体系的基本出发点是把人作为一个(　　)

A. 动物的存在　　　　　　　　　　B. 生物的存在

C. 物的存在　　　　　　　　　　　D. 意识的存在

真题2　[2023广西贵港，单选]一般认为，教育心理学成为独立的学科是以1903年《教育心理学》的出版为标志，该书的作者是(　　)

A. 布鲁纳　　　B. 詹姆士　　　C. 桑代克　　　D. 华生

答案：1. B　2. C

二、发展时期(20世纪20年代到50年代末) ★ 【单选、判断】

20世纪20年代至30年代,西方教育心理学吸取了儿童心理学和心理测验方面的成果,并将学科心理学纳入自己的内容中。1924年,廖世承编写了我国第一本《教育心理学》教科书。

20世纪40年代,弗洛伊德的理论广为流传,有关儿童的个性和社会适应以及生理卫生问题也进入教育心理学的研究领域。

20世纪50年代,程序教学和教学机器的兴起,也相应影响和改变了教育心理学的内容。

·记忆有妙招·

为方便考生记忆,编者将教育心理学初创时期与发展时期的人物及事件总结成以下口诀:
裴赫首提出,乌申俄奠基,房东岳翻译,廖世承主编。中国第一廖和房,西方第一桑代克,世界第一卡普捷。**裴**:裴斯泰洛齐。**赫**:赫尔巴特。**乌申**:乌申斯基。**俄**:俄国。**卡普捷**:卡普捷列夫。

真题3 [2024江苏苏州,判断]1924年,廖世承编写了我国第一本《教育心理学》教科书。(　　)
答案:√

三、成熟时期(20世纪60年代至70年代末)

20世纪60年代初,教育心理学的研究由行为主义转向认知范畴。布鲁纳发起的课程改革运动促使美国教育心理学转向对教育过程、学生心理、教材、教法和教学手段改进的探讨。同时,美国教育心理学开始重视研究教学中的社会心理因素。

20世纪60年代掀起了一股人本主义思潮,罗杰斯提出了"以学生为中心"的主张,认为教师只是一个"方便学习的人"。不少教育心理学家开始把学校和课堂看作社会情境。

20世纪70年代,奥苏贝尔以认知心理学的观点系统阐述了有意义学习的条件,而加涅则对人类的学习进行了系统分类,这两种学习理论为教育心理学的成熟奠定了基础。随着计算机的普及,计算机辅助教学(CAI)也越来越受到人们的重视。

这一时期,西方教育心理学内容和体系出现了一些变化。教育心理学的内容日趋集中,教育心理学学科体系基本形成。行为、认知和人本主义学派的分歧日趋缩小,学科研究越来越注重对学校教育实践的指导。

四、完善时期(20世纪80年代以后)

20世纪80年代以后,教育心理学越来越注重与教学实践相结合,各个理论派别相互吸收,体系愈加完善。

1994年,美国心理学家布鲁纳总结了教育心理学20世纪80年代以来的成果:(1)主动性研究;(2)反思性研究;(3)合作性研究;(4)社会文化研究。

此外,信息技术的飞速发展,使得信息技术教育应用的研究达到了一个新的水平。

★★ 本节核心考点回顾 ★★

1.教育心理学的初创时期
(1)1903年,美国心理学家桑代克出版的《教育心理学》是西方第一本以"教育心理学"命名的著作。桑代克从"人是一个生物的存在"的角度建立自己的教育心理学体系,被称为"教育心理学之父";

（2）1908年房东岳翻译的日本小原又一著的《教育实用心理学》是我国出版的第一本教育心理学著作。

2. 教育心理学的发展时期

1924年，廖世承编写了我国第一本《教育心理学》教科书。

第三节　教育心理学的研究方法与研究原则

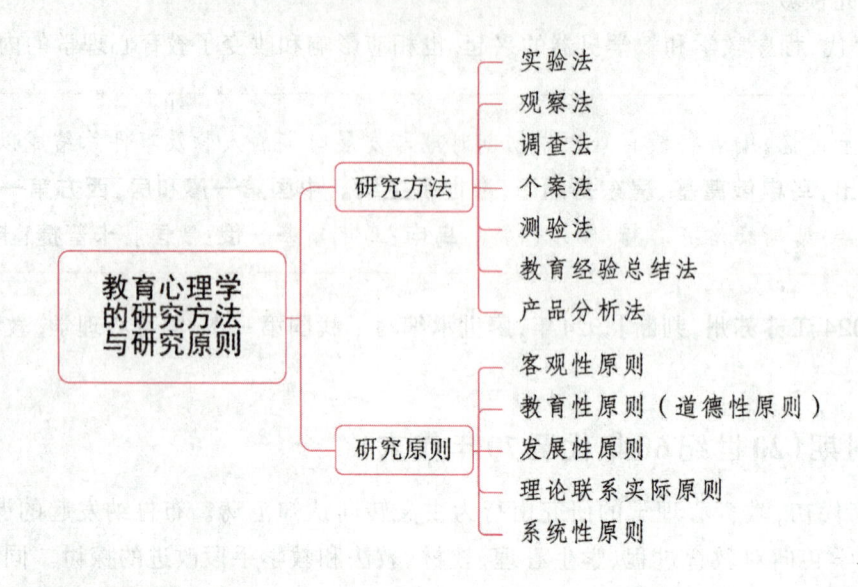

教育心理学的研究方法与研究原则
- 研究方法
  - 实验法
  - 观察法
  - 调查法
  - 个案法
  - 测验法
  - 教育经验总结法
  - 产品分析法
- 研究原则
  - 客观性原则
  - 教育性原则（道德性原则）
  - 发展性原则
  - 理论联系实际原则
  - 系统性原则

一、教育心理学的研究方法　★★　【单选、填空】

1. 实验法

实验法是指创设一定的情境，对某些变量进行操纵或控制，以揭示教育、心理现象的原因和发展规律的研究方法，这种研究的基本目的是揭示变量之间的因果关系。

实验法主要包括实验室实验和现场实验。实验室实验是在实验室内借助于各种专门仪器设备进行教育心理实验的方法。现场实验又叫自然实验，是在自然情境下，由实验者创设或改变一些条件，以引起学生某些心理活动的变化从而进行研究的方法。现场实验的不足之处是实验情境不易控制，因而难以得到精密的实验结果。实验法是心理学研究中应用最广、成就最大的一种方法。

2. 观察法

观察法是指在教育过程中，研究者通过感官或借助于一定的科学仪器，有目的、有计划地考察和描述个体某种心理活动的表现或行为变化，从而收集相关的研究资料的方法。当所研究的对象无法加以控制，或者在控制的条件下会使行为不出现或失真，或者由于道德和伦理的原因不能对某种现象进行控制时，一般可采用观察法。

观察法是教育心理学研究中采用的最基本、最普遍的方法。它的主要优点是保持了人的心理活动的自然性和客观性，获得的资料比较真实。不足之处就是观察法得到的结果有时可能只是一种表面现象，不能据此很好地确定心理活动产生和变化的原因。但它仍是掌握原始资料的必要方法，通过观察发现问题，可以为进一步的研究开路，因此，有人把观察法比喻为"科学研究的前门"。

3. 调查法

调查法是通过各种途径间接了解被试心理活动的一种研究方法。调查法总体上易于进行，但在调查的过程中往往会因为被调查者记忆不够准确等原因使调查结果的可靠性受到影响。在教育心理学研究中,常用的调查方法有问卷法、访谈法等。问卷法是采用书面问答的方式,要求被试回答研究者提出的问题,以获得被试心理和行为表现资料的方法。访谈法是通过与研究对象或与研究对象有关的人进行口头交谈的方式来收集研究资料的一种方法。

4. 个案法

个案法是指要求对某个人进行深入而详尽的观察与研究,收集其相关资料,分析其心理特征,以便发现影响其某种行为和心理现象的原因。收集的个案资料通常包括个人的背景资料、生活史、家庭关系、生活环境、人际关系以及心理特征等。个案法能够加深对特定个体的了解,但所收集的资料往往缺乏可靠性。

5. 测验法

测验法是指用一套预先经过标准化的问题(量表)来测量某种心理品质的研究方法。心理测验按内容可分为智力测验、成就测验、态度测验和人格测验;按形式可分为文字测验和非文字测验;按测验规模可分为个别测验和团体测验等。

6. 教育经验总结法

教育经验总结法是教育心理学一个重要的研究方法,它是依据教育实践所提供的事实,按照科学研究的程序,分析和概括教育现象,揭示其内在联系和规律,使之上升为教育理论的一种教育科研方法。

7. 产品分析法

产品分析法也是教育心理学的研究方法之一,又称活动产品分析或作品分析法,是指通过分析学生的活动产品,以了解学生的能力、倾向、技能、熟练程度、情感状态和知识范围。

真题1 [2024 河北石家庄,单选]吴老师想要研究深度学习与中学生数学成绩之间的因果关系,宜采用的研究方法是( )

A. 比较法 　　　　　B. 实验研究法 　　　　　C. 调查研究法 　　　　　D. 个案研究法

答案:B

二、教育心理学的研究原则 ★ 【单选、多选】

1. 客观性原则

客观性原则是指教育心理学研究要贯彻实事求是的精神,即根据教育心理学现象的本来面貌来研究其本质、规律与机制,采取实事求是的态度。遵循客观性原则是进行科学研究的前提条件。

2. 教育性原则(道德性原则)

教育性原则是指在教育心理学的研究过程中,所采用的研究手段与方法应能促进被试心理的良性发展,这是所有关于人的心理学研究中都应遵从的一个基本伦理道德原则。

3. 发展性原则

发展性原则是指教育心理学研究要求研究者牢记被试的心理是不断发展变化的,应该采用动态的、变化的指标进行衡量。它还要求研究者在发挥其主导作用的同时,充分考虑被试已有的知识经验和态度对其心理发展的影响。

4. 理论联系实际原则

理论联系实际原则是由教育心理学的应用科学性质决定的。这一原则要求教育心理学的研究应从教育情境,尤其是主体的实际需要出发,解决教育教学中的实际心理问题。

5. 系统性原则

系统性原则要求在教育心理学的研究中,坚持以全面的、发展的和整体的观点去观察、分析和解决问题。

> **·记忆有妙招·**
>
> 为方便考生记忆,编者将教育心理学的研究原则总结为以下口诀:
>
> **教官喜理发。教:**教育性原则。**官:**客观性原则。**喜:**系统性原则。**理:**理论联系实际原则。**发:**发展性原则。

真题2 [2024 河南事业单位,单选]小张同学为了顺利毕业,把不太理想的实验数据按照预期结果进行修改。他的这种做法违反了教育心理学研究的(　　)

A. 发展性原则　　　　B. 客观性原则　　　　C. 系统性原则　　　　D. 教育性原则

答案: B

★ 本节核心考点回顾 ★

1. 教育心理学的研究方法

(1)实验法:创设一定的情境,对某些变量进行操纵或控制,以揭示教育、心理现象的原因和发展规律;其研究的基本目的是揭示变量之间的因果关系。

(2)观察法:在教育过程中,研究者通过感官或借助于一定的科学仪器,有目的、有计划地考察和描述个体某种心理活动的表现或行为变化,从而收集相关的研究资料。

2. 教育心理学的研究原则

(1)客观性原则(实事求是);

(2)教育性原则(促进被试心理良性发展);

(3)发展性原则(动态、变化的指标);

(4)理论联系实际原则(从实际需要出发);

(5)系统性原则(全面、发展和整体的观点)。

第二章　心理发展及个别差异

本章学习指南

一、考情概况

本章属于教育心理学的重点章节,内容较为琐碎,考生可带着以下学习目标进行备考:
1. 了解心理发展的阶段特征及影响因素。
2. 掌握心理发展的一般规律和关键期。
3. 掌握皮亚杰的认知发展阶段理论和维果斯基的心理发展观。
4. 区分人格的特征,掌握影响人格形成与发展的因素。
5. 掌握弗洛伊德和埃里克森的人格理论。
6. 了解自我意识的概念和发展阶段。
7. 掌握学生的认知差异,了解学生的性格差异及教育意义。

二、考点地图

考点	年份/地区/题型
个体心理发展的一般规律	2023浙江判断;2022内蒙古单选;2022江苏简答
关键期	2024河北单选;2024浙江单选;2024天津判断;2023内蒙古单选
皮亚杰的认知发展阶段理论	2024天津单选;2024广东单选;2023吉林单选;2023黑龙江单选、多选;2023河南多选;2022广西单选;2022江苏判断
维果斯基的心理发展观	2024江苏单选、判断;2023广西单选、判断;2023山西单选;2023河北多选;2023福建填空
影响人格形成与发展的因素	2024河北多选;2023辽宁单选;2023浙江多选;2022江苏多选
弗洛伊德的人格发展理论	2024福建单选;2023辽宁单选;2023广东单选;2023广西多选;2022浙江单选;2022江苏填空
埃里克森的人格发展阶段论	2024天津单选;2024山东单选;2024江苏填空;2024安徽判断;2023黑龙江单选;2023广西单选
自我意识的发展阶段	2024河北单选;2023浙江单选;2023湖北判断
认知方式差异	2024江苏单选;2024福建辨析;2023湖北单选;2023河南单选;2023安徽单选;2022河北判断

注:上述表格仅呈现重要考点的相关考情。

核心考点

第一节 心理发展

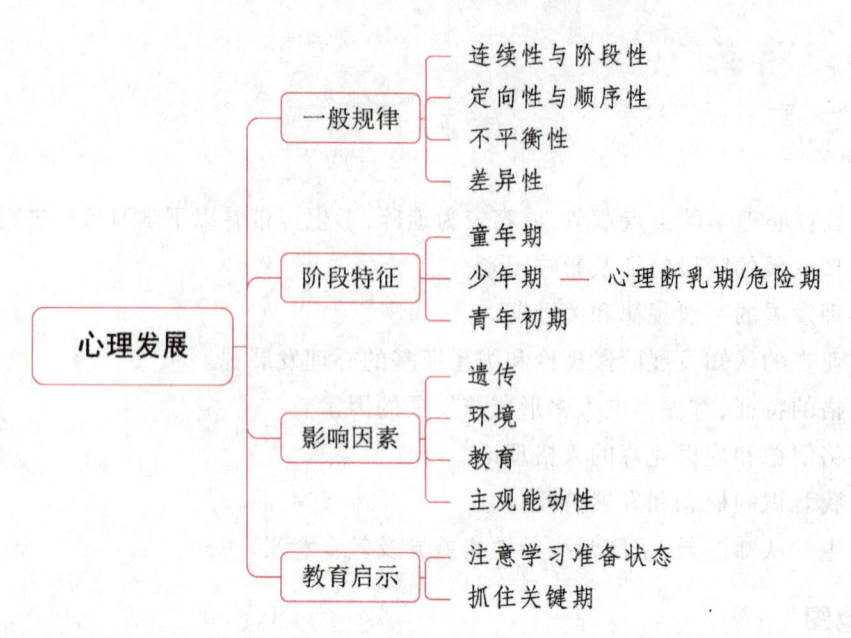

```
                    ┌─ 连续性与阶段性
            一般规律 ├─ 定向性与顺序性
                    ├─ 不平衡性
                    └─ 差异性
                    ┌─ 童年期
            阶段特征 ├─ 少年期 ── 心理断乳期/危险期
                    └─ 青年初期
  心理发展
                    ┌─ 遗传
            影响因素 ├─ 环境
                    ├─ 教育
                    └─ 主观能动性
                    ┌─ 注意学习准备状态
            教育启示 └─ 抓住关键期
```

一、心理发展的概念和阶段 ★ 【单选】

心理发展是指个体从出生、成熟、衰老直至死亡的整个生命进程中所发生的一系列心理变化。

在人的一生中，个体心理的发展既是一个连续的过程，也可以分为不同的阶段。个体发展到一定的年龄阶段，应该表现出与个体年龄相符合的行为特征，这种社会期待的行为标准，称为发展任务。心理学家将个体的心理发展划分为八个阶段：乳儿期（0~1岁）、婴儿期（1~3岁）、幼儿期或学龄前期（3~6、7岁）、童年期或学龄初期（6、7~11、12岁）、少年期或学龄中期（11、12~14、15岁）、青年期（14、15~25岁）、成年期（25~65岁）和老年期（65岁以后）。

二、个体心理发展的一般规律（基本特征） ★★ 【单选、多选、判断、辨析、简答】

1. 连续性与阶段性

在心理发展过程中，当某些代表新特征的量累积到一定程度时，就会取代旧特征而处于优势的主导地位，表现为阶段性的间断现象。但后一阶段的发展总是在前一阶段的基础上发生的，而且又萌发着下一阶段的新特征，表现出心理发展的连续性。

2. 定向性与顺序性

在正常条件下，心理的发展总是具有一定的方向性和先后顺序。例如，在各种心理机能中，感知觉的发展最早，然后是运动机能、情绪、动机和社会交往能力的发展，而抽象思维的出现和发展最迟。尽管发展的速度有个体差异，会加速或延缓，但发展是不可逆的，也不可逾越。

3. 不平衡性

心理的发展可以因进行的速度、到达的时间和最终达到的高度而表现出多样化的发展模式。一方面表现在个体不同系统在发展的速度、发展的起止时间与到达成熟时期的进程不同；另一方面表现在同一机能特性在发展的不同时期有不同的发展速率。

4. 差异性

任何一个正常学生的心理发展总要经历一些共同的基本阶段,但发展的速度、最终达到的水平,以及发展的优势领域等方面往往又千差万别。学生心理发展的个体差异是教师要面对的一个重要问题,只有了解学生的个体差异,才能通过因材施教满足具有不同智力结构和学习风格的学生的不同需求,促使每个学生得到全面的和个性的发展。

真题1 [2022内蒙古赤峰,单选]在心理机能形成的过程中,最先发展的是感觉、知觉,然后是情绪、情感,最后发展抽象思维,这体现了心理发展的什么特点( )

A. 连续性和阶段性　　　　　　　　B. 定向性和顺序性
C. 不平衡性　　　　　　　　　　　D. 差异性

真题2 [2022江苏苏州,简答]简述学生心理发展的基本特征。

答案:1. B　2. 详见内文

三、中小学生心理发展的阶段特征　★　【单选、多选】

考点 1 ▶ 童年期

童年期又称学龄初期,是个体一生发展的基础时期,也是生长发育最旺盛、变化最快、可塑性最强、接受教育最佳的时期。童年期儿童的心理发展特征主要表现在以下几个方面:

(1)学习开始成为儿童的主导活动,通过识字、阅读和写作,小学生的口头言语逐步过渡到书面言语。

(2)四年级(10~11岁)儿童的思维开始从以具体形象思维为主过渡到以抽象逻辑思维为主,但其抽象逻辑思维仍需以具体形象为支柱。

(3)小学生的自我意识增强,对自我有了一定评价。

(4)小学生的道德概念也已从直观具体的、比较肤浅的认识逐步过渡到比较抽象的、本质的认识,并开始从动机与效果的统一来评价道德行为。

(5)小学生与父母在总体上仍保持着亲密关系,小学低年级学生对教师绝对崇拜和服从,高年级学生的独立性和评价能力不断增长,开始对教师做出评价。

真题3 [2023浙江台州,单选]( )是人一生发展的基础时期,也是生长发育最旺盛、变化最快、可塑性最强、接受教育最佳的时期。

A. 婴儿期　　　　B. 幼儿期　　　　C. 童年期　　　　D. 少年期

答案:C

考点 2 ▶ 少年期

少年期又称学龄中期,大致相当于初中阶段,是个体从童年期向青年期过渡的时期,具有半成熟、半幼稚的特点。在这一时期,学生处于生理发育的第二个高峰期。整个少年期充满独立性和依赖性、自觉性和幼稚性错综的矛盾。这一时期也被称为"心理断乳期"或"危险期"。在这一时期,学生主要表现出如下特征:

(1)抽象思维已占主导地位,并出现反省思维,但抽象思维在一定程度上仍要以具体形象为支柱。

(2)思维的独立性和批判性有所发展,但仍带有不少片面性和主观性。

(3)初中生心理活动的随意性显著增长,可长时间集中精力学习,能随意调节自己的行动。

(4)他们开始关心自己和别人的内心世界,同龄人间的交往和认同大大增强,社会高级情感迅速发展。

(5)初中生的道德行为更加自觉,能通过具体的事实概括出一般伦理性原则,并以此来指导自己的行动,但因自我控制力不强,常出现前后矛盾的行为。

(6)进入少年期,学生个性结构的主要变化在于自我意识有了质的飞跃。这个时期突出地表现为一种强烈的独立倾向,他们极力想争得在社会生活中独立自主的地位。青少年男女身体的迅速发育与成熟所引起的自我感觉及社会对他们的评价,使他们感到自己是个大人了,与儿时的"我"不同了,产生了"成人感",并努力以"成人式"的义务感与责任心去学习知识技能,去与别人交往,因而出现了前所未有的独立性。他们对自己往往估计过高,事事想自己做主,把自己的见解看成是评价客观事物的标准,对周围成人的话都不轻易相信。

身体状态的剧变、内心世界的发现、自我意识的觉醒、独立精神的加强是少年期表现出的总体性的阶段特征。

考点 3 ▶ 青年初期

青年期可划分为青年初期(14、15~17、18岁)和青年晚期(18~25岁)。

青年初期又称学龄晚期,相当于高中时期,是个体在生理上、心理上和社会性上向成人接近的时期。这一时期的青年,心理发展主要表现在:

(1)智力接近成熟,抽象逻辑思维由"经验型"向"理论型"转化,开始出现辩证思维,与人生观相联系的情感占主要地位,道德感、理智感和美感有了深刻的发展。

(2)不仅能比较客观地看待自我,而且能明确地表达自我,敏感地防卫自我并珍重自我,形成了理智的自我意识。然而,理想自我与现实自我仍面临分裂的危机,自我肯定与自我否定常发生冲突。

(3)对未来充满理想,意志的坚强性与行动的自觉性有了较大发展,但有时也会出现与生活相脱节的幻想。

(4)经过青年初期自我的觉醒以及对自我的重新认知之后,进入成年初期的青年开始摆脱那种肤浅的、表面的对外界及对自我的认识,从而促进了自我意识的形成。

四、影响个体心理发展的因素 ★ 【单选】

1. 遗传

遗传素质在个体心理发展中的作用是不可忽视的,它是个体心理发展的生物前提和物质基础,没有这一前提条件就谈不上心理的发生与发展。

2. 环境

环境对个体的心理发展有着巨大的影响。人所处的环境和一般动物有着本质的区别,离开了社会环境与社会实践,人的心理就不可能向人的方向发展。

3. 教育

教育制约着学生心理发展的过程、方向、趋势、速度和程度。因此,教育在儿童心理发展上比一般的环境影响起着更为主要的作用。但是,这种作用只有当教育工作符合儿童心理发展的规律时才能发生。

4. 主观能动性

个体的主观能动性,是指人的主观意识和活动对于客观世界的积极作用,包括能动地认识客观世界和能动地改造客观世界,并统一于人们的社会实践活动中。个体的主观能动性是个体心理发展的内在动力。

五、中小学生心理发展的教育启示

考点 1 教育必须以一定的心理发展特点为依据

1. 结合学生的心理发展特点,注意学生心理发展的个体差异

教育要结合学生的心理发展特点进行,不能脱离学生的发展实际。另外,虽然学生在心理发展上有共同的特点,但学生与学生之间也存在着诸如认知、个性等方面的差异。因此,教师在教育中除了以心理发展的共性为依据外,还要考虑学生的个体差异,因材施教。

2. 注意学生的学习准备状态 ★【单选】

学习准备,又称学习的"准备状态"或"准备性",指的是学习者在从事新的学习时,其身心发展水平对新的学习的适应性,即学生在学习新知识时,那些促进或妨碍学习的个人生理、心理发展的水平和特点。学习准备是使新的学习成为可能的学生的身心发展条件,是学习的内部条件,是教学的起点。

学习准备不仅会影响新学习的成功,而且会影响学习的效率。同时,学习也会促进学生的心理发展,新的发展又为进一步的学习做好准备。为此,要遵循学习的准备性原则(又称为"量力性原则"或"可接受性原则"),指要根据学生原有的准备状态进行新的教学。

3. 抓住关键期 ★★【单选、判断】

关键期的概念源于奥地利动物习性学家劳伦兹在研究动物习性时发现的"印刻现象"。心理学家所讲的关键期,是指人或动物的某些行为与能力的发展有一定的时间,如果在此时给予适当的良性刺激,会促使其行为与能力得到更好的发展;反之,则会阻碍发展甚至导致行为与能力的缺失。

有研究者认为,如果缺失关键期内的有效刺激,会导致认知、语言、社会交往等方面的能力低下,且难以通过教育与训练得到改进;也有研究者提倡用敏感期这样的概念更为合适,即对于大部分心理功能而言,错过敏感期,经过补偿性学习仍有可能得到发展,只是难度要大些。

> **小香课堂**
>
> 对于关键期,除了对概念的直接考查外,还会对以下几个特定的关键期进行考查,考生应注意分辨:(1)2岁是口头言语发展的关键期;(2)4岁是形状知觉形成的关键期;(3)4~5岁是学习书面语言的关键期;(4)5岁以前是音乐学习的关键期;(5)5岁左右是掌握数概念的关键期;(6)从以具体形象思维为主逐渐向以抽象逻辑思维为主过渡的关键年龄出现在小学四年级(约10~11岁);(7)初中二年级是品德发展的关键期。

真题4 [2024安徽合肥/淮北/铜陵,单选]学习准备是学习的内部条件,是(　　)的起点。
A. 学习　　　　　　　　　　B. 教学
C. 讲课　　　　　　　　　　D. 教育

真题5 [2024河北石家庄,单选]一般而言,一个人在2岁左右时是(　　)
A. 口语学习的关键期　　　　B. 形状知觉形成的关键期
C. 音乐学习的关键期　　　　D. 掌握数的概念的关键期

答案:4. B 5. A

考点 2 ▶ 教育对心理发展起主导作用

有研究者指出,教育对发展具有主导作用,具体表现在:(1)学生心理的发展依赖于教育提出的要求和方向;(2)教育能够促进学生的心理发展;(3)教育可以加速或延缓学生心理发展的进程;(4)教育能够使心理发展的可能性转化为现实性。

★★ 本节核心考点回顾 ★★

1. 个体心理发展的一般规律(基本特征)

(1)连续性与阶段性:当某些代表新特征的量累积到一定程度时,就会取代旧特征而处于优势的主导地位,表现为阶段性的间断现象;后一阶段的发展总是在前一阶段的基础上发生的,而且又萌发着下一阶段的新特征,表现出心理发展的连续性。

(2)定向性与顺序性:心理的发展总是具有一定的方向性和先后顺序。

(3)不平衡性:①个体不同系统在发展的速度、发展的起止时间与到达成熟时期的进程不同;②同一机能特性在发展的不同时期有不同的发展速率。

(4)差异性:发展的速度、最终达到的水平、发展的优势领域等方面存在差异。

2. 童年期(6、7~11、12岁)

是个体一生发展的基础时期,也是生长发育最旺盛、变化最快、可塑性最强、接受教育最佳的时期。

3. 学习准备状态

学习准备是使新的学习成为可能的学生的身心发展条件,是学习的内部条件,是教学的起点。

4. 关键期

(1)概念:人或动物的某些行为与能力的发展有一定的时间,如果在此时给予适当的良性刺激,会促使其行为与能力得到更好的发展;反之,则会阻碍发展甚至导致行为的缺失。

(2)几个常见的关键期:①2岁是口头言语发展的关键期;②4岁是形状知觉形成的关键期;③5岁左右是掌握数概念的关键期;④5岁以前是音乐学习的关键期。

第二节 中小学生的认知发展

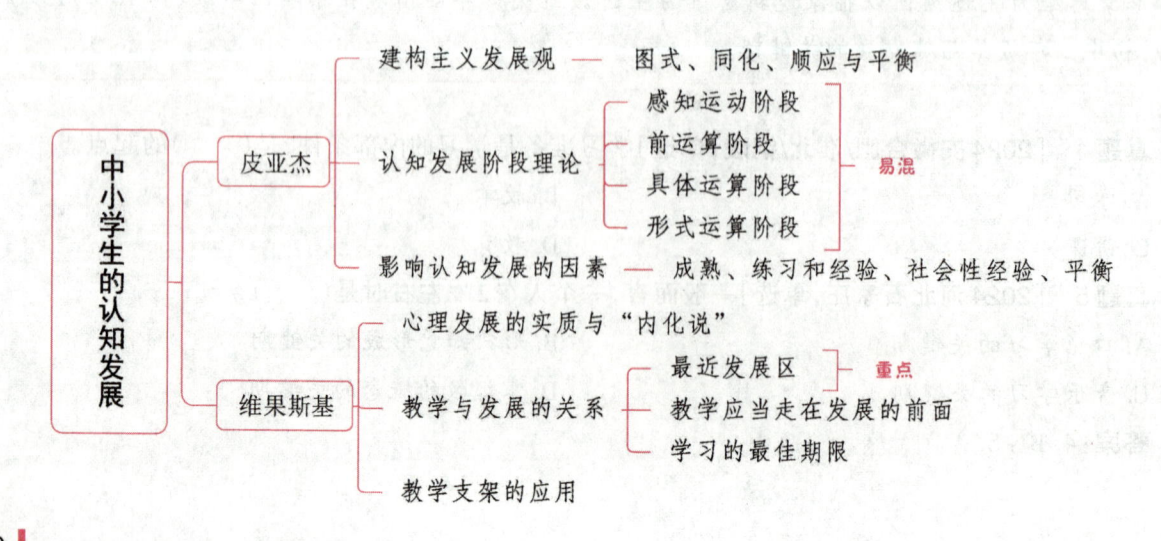

中小学生的认知发展
- 皮亚杰
  - 建构主义发展观 —— 图式、同化、顺应与平衡
  - 认知发展阶段理论
    - 感知运动阶段
    - 前运算阶段 ┐
    - 具体运算阶段 ├ 易混
    - 形式运算阶段 ┘
  - 影响认知发展的因素 —— 成熟、练习和经验、社会性经验、平衡
- 维果斯基
  - 心理发展的实质与"内化说"
  - 教学与发展的关系
    - 最近发展区 — 重点
    - 教学应当走在发展的前面
    - 学习的最佳期限
  - 教学支架的应用

一、皮亚杰的认知发展观 ★★★ 【单选、多选、填空、判断、简答】

考点 1 建构主义的发展观

1. 心理发展的实质

皮亚杰的理论核心是"发生认识论"。皮亚杰认为,发展就是个体在与环境的不断相互作用中的一种建构过程,其内部的心理结构是在不断变化的。这种变化不是简单地在原有的信息的基础上加上新的事实和思想,而是涉及思维过程的质的变化。皮亚杰认为,人的知识来源于动作,动作是感知的源泉和思维的基础。儿童心理发展的实质和原因就是主体通过动作完成对客体的适应。适应的本质在于取得机体与环境的平衡。适应分为两种不同的类型:同化和顺应。儿童对环境做出的适应性变化并不是消极被动的过程,而是一种内部结构的积极建构过程,即儿童的认知是在已有图式的基础上,通过同化、顺应和平衡,不断从低级向高级发展。

2. 图式、同化、顺应与平衡

(1)图式。图式是指人在认识周围世界的过程中,形成的自己独特的认知结构。从发展的角度来看,儿童最初的图式是遗传所带来的一些本能反射行为,如吸吮反射、定向反射等。

(2)同化。同化是指有机体在面对一个新的刺激情境时,把刺激整合到已有的图式或认知结构中。通过这一过程,主体才能对新刺激做出反应,动作也得以加强和丰富。同化是图式发生量变的过程,它不能引起图式的质变,但影响图式的生长。

(3)顺应。顺应是指当有机体不能利用原有图式接受和解释新刺激时,其认知结构发生改变来适应新刺激的影响。顺应是图式发生质变的过程。通过顺应,儿童的认知能力达到一个新的水平。

(4)平衡。平衡是指同化和顺应之间的"均衡"。皮亚杰认为,同化和顺应过程对认知能力的发展变化是非常重要的。儿童通过同化和顺应达到机体与环境的平衡,如果失去平衡,就需要改变行为以重建平衡。但平衡是相对的,不是绝对的。儿童在平衡与不平衡的交替中不断建构和完善认知结构,实现认知发展。

① 小孩天生有吸吮的图式。
② 原有的图式"吸吮"接纳新的刺激"奶瓶",认知结构没有发生根本变化,这是同化。 
③ 小孩改变原有的图式"吸吮",学会用"咀嚼"的动作来接纳新的刺激,比如米饭、菜等,认知结构发生了根本变化,这是顺应。 
④ 我们时而需要同化,时而需要顺应,以达到身体与环境的平衡,这就是平衡。 

> **•小香课堂•**
> 考生在区分同化和顺应时应注意理解两个词:整合、改变。"整合"在同化时发生,即补充、完善认知结构(认知结构量变)。"改变"在顺应时发生,即改变认知结构(认知结构质变)。

真题1 [2022广西桂林,单选]"发展就是个体在与环境的不断相互作用中的一种建构过程,其内部的心理结构是在不断变化的",提出这一观点的是( )

A. 陶行知 B. 洛克 C. 皮亚杰 D. 科尔伯格

答案:C

考点 2 皮亚杰的认知发展阶段理论

皮亚杰认为思维或智慧的发展是整个心理发展的核心,其发展阶段最主要的特点是:阶段出现的先后顺序固定不变,每一阶段都有其独特的图式或认知结构,图式或认知结构的发展是一个连续建构的过程。他提出了认知发展的阶段理论,将个体的认知发展分为以下四个阶段:

1. 感知运动阶段(0~2岁)

感知运动阶段的婴儿主要有以下几个方面的特征:

(1)感觉和动作的分化。儿童只能依靠自己的肌肉动作和感觉应付环境中的刺激。

(2)"客体永久性"(即知道某人或某物虽然现在看不见但仍然是存在的)的形成。在感知运动阶段的后期,完整清晰的客体永久性已经形成。此时,尽管儿童并没有看见这些物体放在某个特定的地方,但也能积极地寻找他们认为被藏起来的东西。

(3)问题解决能力开始得到发展。起初,个体的行为更多是以尝试—错误为基础,后期则能够计划解决问题的方法。例如,想要东西的婴儿可能会伸手够几次但最终放弃。几个月之后,他们可能会用其他物体来帮助自己得到想要的物体。到2岁时,他们可能会非常善于利用工具来帮助自己获得所向往的东西。

(4)延迟模仿的产生。皮亚杰研究发现,12~18个月的婴儿能够比较精确地进行模仿,到18个月左右就出现了延迟模仿,即儿童观看了他人的某一动作,过了一段时间以后,仍能将此动作再现出来的能力。

2. 前运算阶段(2~7岁)

这一阶段,儿童的思维特征主要表现在以下八个方面:

(1)早期的信号功能。皮亚杰认为,儿童内在表征系统发展的最早表现是延迟模仿。延迟模仿使得儿童能将各种信息以心理符号的形式贮存下来,从而促进儿童表象性思维的发展。随着年龄的增长,儿童越来越多地使用符号来表示外部世界,如用"牛""羊"来代表真正的牛和羊等。

(2)自我中心性(中心化)。所谓自我中心就是指儿童往往只注意主观的观点,不能向客观事物集中,只能考虑自己的观点,无法接受别人的观点,也不能将自己的观点与别人的观点协调。儿童还不能设想他人所处的情境,常以自己的经验为中心,从自己的角度出发来观察和理解世界。皮亚杰的"三山实验"证明了儿童"自我中心"的思维特征。

(3)不可逆运算。前运算阶段的儿童还没有"守恒"能力或没有形成"守恒"的概念,思维缺乏观念的传递性。儿童观察事物时往往只能注意表面的、显著的特征,倾向于注意事物的静止状态。思维活动表现的关系单一,不能进行可逆运算。例如,问一名4岁儿童:"你有兄弟吗?"他回答:"有。""兄弟叫什么名字?"他回答:"吉姆。"但反过来问:"吉姆有兄弟吗?"他回答:"没有。"

(4)不能够推断事实。前运算阶段的儿童往往是根据知觉到的表面现象做出反应,不能够推断事实。例如,给3岁的幼儿一辆红色的玩具小汽车,当着他的面盖上一块罩子,小汽车看起来是黑色的,问他小汽车是什么颜色的,他会说是黑色的。

(5)泛灵论。前运算阶段儿童的思维具有泛灵论的特点,即将人类的特征赋予无生命的物体。前运算阶段的儿童会认为任何物体都是有生命的。例如,如果让前运算阶段的儿童把洋娃娃扔到地上去,他会说不能扔到地上,会摔疼洋娃娃的。

(6)不合逻辑的推理。前运算阶段儿童思维的另一个局限是不合逻辑的推理,这种推理既不是演绎推理也不是归纳推理。根据皮亚杰的观点,前运算阶段儿童的思维是在这两者之间,即从特殊到特殊而不涉及一般。

(7)不能理顺整体和部分的关系。皮亚杰称之为缺乏层级类概念(类包含关系)。

(8)认知活动具有具体性,还不能进行抽象的思维运算。

3. 具体运算阶段(7~11岁)

具体运算是一种与真实、具体的物体相关的可逆的心理活动。与前运算阶段相比,具体运算阶段的儿童能够运用逻辑思维解决具体问题,但必须依赖于实物和直观形象的支持才能进行逻辑推理和运用逻辑思维解决问题,不能够进行纯符号运算。他们虽然能理解原则和规则,但在实际生活中只能刻板地遵守规则,不敢改变。这一阶段儿童的思维具有以下特征:

(1)去自我中心性(去中心化)。具体运算阶段的儿童不能想象独立于他们直接经验之外的事物,但能够考虑多个感知特征,即去自我中心,得出具体问题的解决方法。在皮亚杰的"三山实验"任务中,7~9岁的儿童就能够注意到一种情境的多个方面,从他人的角度理解问题。在这一时期,儿童区别现实与想象的能力得到提高。

(2)可逆性。皮亚杰提出,在儿童思维发展的所有特征中最重要的是可逆性。一个具体运算阶段的儿童能理解先前曾是一团泥土的飞机模型能够再变成一团泥土;他同样明白8个珠子加6个珠子等于14个珠子,而从14个珠子中拿走6个珠子还剩8个珠子。

(3)守恒(即儿童认识到客体在外形上发生了变化,但特有的属性不变)。处于具体运算阶段的儿童能够去中心化并能逆向运算,因此守恒能力迅速发展。6岁左右的儿童可以解决数字守恒问题,7或8岁的儿童则能解决面积或容积守恒问题,9~10岁的儿童能够解决重量守恒问题,到11或12岁时儿童能解决体积守恒问题。另外,儿童开始进行一些运用符号的逻辑思考活动,可以形成一系列的行动心理表象。比如,8岁左右的儿童去过几次小朋友的家,就能够画出具体的路线图来,而5、6岁的儿童则无法做到。

(4)分类。具体运算阶段的儿童,他们在对物体进行分类时,不再像前运算阶段的儿童,只能进行单维度的分类,而是能根据物体的多个维度进行分类。例如,前运算阶段的儿童,常根据物体的颜色或形状分类,不能根据主题(即事物的逻辑关系)进行分类。而具体运算阶段的儿童,既能按颜色、形状分类,又能按主题进行分类。

(5)序列化。序列化是指儿童能够根据大小、体积、重量或其他的一些特性对一系列要素进行心理上的排序。排序的能力在4岁或更小的儿童中就已经出现,但他们的排序比较粗糙,并且要经过尝试错误。具体运算阶段的儿童能够顺利完成排列大小的任务。例如,给他们长短不等的小木棒,他们能够按照从长到短或从短到长的顺序进行排序。

4. 形式运算阶段(11岁~成人)

形式运算阶段,是儿童思维发展趋于成熟的阶段。本阶段儿童思维的特征如下:

(1)命题之间的关系。本阶段儿童的思维是以命题形式进行的。他们不仅能考虑命题与经验之间的真实性关系,而且能看到命题与现实之间的关系,并能推论两个或多个命题之间的逻辑关系。

(2)假设—演绎推理。本阶段的儿童不仅能够运用经验—归纳的方式进行逻辑推理,而且能够运用假设—演绎推理的方式来解决问题。

(3)类比推理。形式运算阶段的儿童能够很好地进行类比推理,能够理解类比关系。例如,"皮毛对狗就像羽毛对鸟一样",这个类比的核心是"狗—皮毛"与"鸟—羽毛"之间的关系。只有通过反省性思维,而不是观察,才可能理解这种关系。

(4)**抽象逻辑思维**。本阶段的儿童能理解符号的意义、隐喻和直喻,能对事物做一定的概括,其思维发展水平已接近成人的水平。

(5)可逆与补偿。本阶段的儿童不仅具备了逆向性的可逆思维,而且具备了补偿性的可逆思维。例如,对于"在天平的一边加一点东西,天平就失去平衡,怎样使天平重新平衡"的问题,他们不仅能考虑把所加的重量拿走(逆向性),而且能考虑移动较重的盘子使它靠近支点,即使力臂缩短(补偿性)。

(6)反思能力。形式运算阶段的儿童具备了反思能力,即系统地检验假设的能力,能够系统地概括出解决某一问题的所有可能方法或能进行组合推理。

(7)思维的灵活性。本阶段的儿童不再刻板地恪守规则,反而常常由于规则与事实的不符而违反规则。对这一年龄阶段的儿童,教师和家长不宜采用过多的命令和强制性的教育,而应鼓励和指导他们自己做决定,同时对他们考虑不全面的地方提出建议和改进的办法。

(8)形式运算思维的逐渐发展。形式运算思维是逐渐出现的,而不是一次全部出现。

真题2 [2024天津滨海新区,单选]皮亚杰认为,儿童内在表征系统发展的最早表现是(　　)
A.象征　　　　　　　B.符号　　　　　　　C.平衡　　　　　　　D.延迟模仿

真题3 [2024广东东莞,单选]小明知道能量守恒,会结合具体事物进行思考和运算。他处在皮亚杰认知发展的哪个阶段(　　)
A.感知运动阶段　　　　　　　　　　　　B.前运算阶段
C.具体运算阶段　　　　　　　　　　　　D.形式运算阶段

真题4 [2023黑龙江哈尔滨,多选]根据皮亚杰的认知发展阶段理论,处于形式运算阶段儿童思维的典型特征有(　　)
A.进行假设—演绎推理　　　　　　　　B.进行抽象逻辑思维
C.进行具体逻辑推理　　　　　　　　　D.认识命题之间的关系

答案: 2. D　3. C　4. ABD

考点 3 ▶ 影响认知发展的因素

1.成熟

皮亚杰认为,成熟在于揭开新的可能性,它是某些行为模式出现的必要条件,而如何使可能性变为现实性,这有赖于个体的练习和经验。

2.练习和经验(自然经验)

练习和经验指个体在对物体施加动作的过程中的练习和习得的经验(不同于社会经验)。皮亚杰把经验区分为物理经验和逻辑数理经验两种。

3.社会性经验(社会环境)

社会性经验指社会环境中人与人之间的相互作用和社会文化的传递。社会环境因素对个体的发展具有重要影响,但不是影响个体发展的充分因素。与物理的经验一样,它们对主体发展发挥作用必须建立在它们能被主体同化的基础上。

4.平衡

平衡是心理发展的决定因素。平衡具有自我调节的作用,通过调节同化和顺应的关系,使个体的认知不断发展。

真题5 [2023河南信阳,多选]皮亚杰认为推动儿童心理发展的因素有（ ）
A. 平衡　　　　　　B. 社会环境　　　　　C. 成熟　　　　　　D. 经验
答案：ABCD

二、维果斯基的心理发展观　★★★　【单选、多选、填空、判断、案例分析】

考点 1 "文化—历史"发展理论的基本观点

维果斯基强调社会文化在认知发展中的作用。为此,维果斯基创立了"文化—历史"发展理论。维果斯基根据恩格斯关于劳动在人类适应自然和在生产过程中借助于工具改造自然的作用的思想,详细地阐述了高级心理机能的社会起源的观点。

1. 两种工具的理论

维果斯基认为,人有两种工具:一种是物质工具,如原始人所使用的石刀、石斧,现代人所使用的机器;另一种是精神工具,主要指人类所特有的语言、符号等。人因使用精神工具,从而使人类的心理发生质的变化,上升到高级阶段。精神工具与物质工具一样,受人类文化历史发展的影响,是不断发展变化的。

2. 两种心理机能

维果斯基认为,必须区分两种心理机能:(1)作为动物进化结果的低级心理机能,如简单的感觉和无意注意等。(2)作为历史发展结果的高级心理机能,即以符号系统为中介的心理机能,如抽象逻辑思维。高级心理机能是人类所特有的,它使得人类心理在本质上区别于动物。维果斯基指出,儿童在与成人交往的过程中,通过掌握高级心理机能的工具——语言符号这一中介环节,使其在低级的心理机能基础上形成了各种新的心理机能。

考点 2 心理发展的实质与"内化说"

维果斯基强调环境和社会因素在儿童发展中的重要作用。他提出心理发展的实质是在环境和教育的影响下,个体在低级心理机能的基础上逐渐向高级心理机能转化的过程。他认为,发展大部分得益于由外向内,即个体通过内化,从情境中汲取知识,获得发展。儿童的许多学习发生在与环境的相互作用中,这个环境决定了大部分儿童内化的内容。在儿童环境中父母和其他人,可以通过与儿童的相互作用来扩大儿童的知识视野,促进儿童的学习。内化说是维果斯基心理发展观的核心思想。

考点 3 教学与发展的关系

在维果斯基看来,社会文化历史对儿童心理发展的影响,集中体现在学校教学上,学校教学是儿童发展的源泉。在教学与发展的关系上,维果斯基提出了三个重要的问题:一个是最近发展区思想;一个是教学应当走在发展的前面;一个是关于学习的最佳期限问题。

1. 最近发展区的概念

维果斯基认为,儿童有两种发展水平:一是儿童的现有水平,即由一定的已经完成的发展系统所形成的儿童心理机能的发展水平;二是可能(即将)达到的发展水平。这两种水平之间的差异,就是最近发展区。也就是说,最近发展区是儿童在有指导的情况下,借助成人的帮助所能达到的解决问题的水平与独自解决问题所达到的水平之间的差异,实际上是两个邻近发展阶段间的过渡状态。由于两个水平之间的差异是不断变化发展的,因此,需要在一个动态评估环境中测查最近发展区。

2.教学应当走在发展的前面

在维果斯基看来,教学的可能性由学生的最近发展区决定,"教学应该走在发展的前面"。这里有两层含义:(1)教学在发展中起主导作用。它决定着儿童的发展,决定着发展的内容、水平、速度及智力活动的特点。(2)教学创造着最近发展区。教学应适应学生的现有水平,但更重要的是要发挥教学对发展的主导作用。

它的提出说明了儿童发展的可能性,其意义在于:指导教育者不应只看到儿童今天已达到的发展水平,还应看到仍处于形成的状态,正在发展的过程。所以,维果斯基强调教学不能只适应发展的现有水平,还应适应最近发展区,从而走在发展的前面,最终跨越"最近发展区"而达到新的发展水平。因此,教学的最佳效果产生于"最近发展区"。

3.学习的最佳期限

怎样发挥教学的最大作用?维果斯基强调学习的最佳期限。如果脱离了学习某一技能的最佳年龄,从发展的观点来看是不利的,它会造成儿童智力发展的障碍。因此,开始某一种教学,必须以成熟与发育为前提,但更重要的是教学必须首先建立在正在开始形成的心理机能的基础上,走在心理机能形成的前面。

考点 4 ▶ 适时辅导学生是教学的必由之路——教学支架的应用

为促进教学发展,维果斯基认为教师可采用教学支架,进行支架式教学,即在学生试图解决超出当前知识水平的问题时给予支持和指导,帮助其顺利通过最近发展区,使之最终能够独立完成任务。

支架式教学可采用的方式有:(1)把学生要学习的内容分割成许多便于掌握的片段;(2)向学生示范要掌握的技能;(3)提供有提示的练习等。需要注意的是,教师提供的支持和帮助要合适。帮助过多,学生独立解决问题的能力就不能充分发展;帮助不够,学生亦可能因失败而泄气,久而久之,可能会形成习得性无助感。

真题6 [2023山西太原,单选]邓老师认为,在教学中要注意把握好学生的现有水平和在教师的帮助下可能达到的水平之间的差异,邓老师的教学观点符合( )

A.掌握学习理论　　　　　　　　　　B.最近发展区理论
C.观察学习理论　　　　　　　　　　D.先行组织者理论

真题7 [2023河北衡水,多选]下列关于儿童"最近发展区"的观点,正确的是( )

A.发展要先于教学,以更好地进行教学
B.教学内容应略高于儿童的现有发展水平
C.教学要走在发展的前面,以更好地促进发展
D.教学应同时考虑儿童现有发展水平和所能达到的水平

答案:6.B　7.BCD

★ 本节核心考点回顾 ★

1.建构主义的发展观

皮亚杰认为,发展是个体在与环境的不断相互作用中的一种建构过程,其内部的心理结构是在不

断变化的。

2.皮亚杰的认知发展阶段理论

(1)感知运动阶段:①感觉和动作的分化;②客体永久性;等等。

(2)前运算阶段:①早期的信号功能:儿童内在表征系统发展的最早表现是延迟模仿;②自我中心性;③不可逆运算;④泛灵论;等等。

(3)具体运算阶段:①去自我中心性;②可逆性;③守恒;等等。

(4)形式运算阶段:①命题之间的关系;②假设—演绎推理;③抽象逻辑思维;等等。

3.影响认知发展的因素

(1)成熟;(2)练习和经验;(3)社会性经验(社会环境);(4)平衡。

4.维果斯基的心理发展观

(1)最近发展区:儿童有两种发展水平,一是儿童的现有水平,即由一定的已经完成的发展系统所形成的儿童心理机能的发展水平;二是可能(即将)达到的发展水平。这两种水平之间的差异,就是最近发展区。

(2)教学应当走在发展的前面。

第三节　中小学生人格、社会化发展

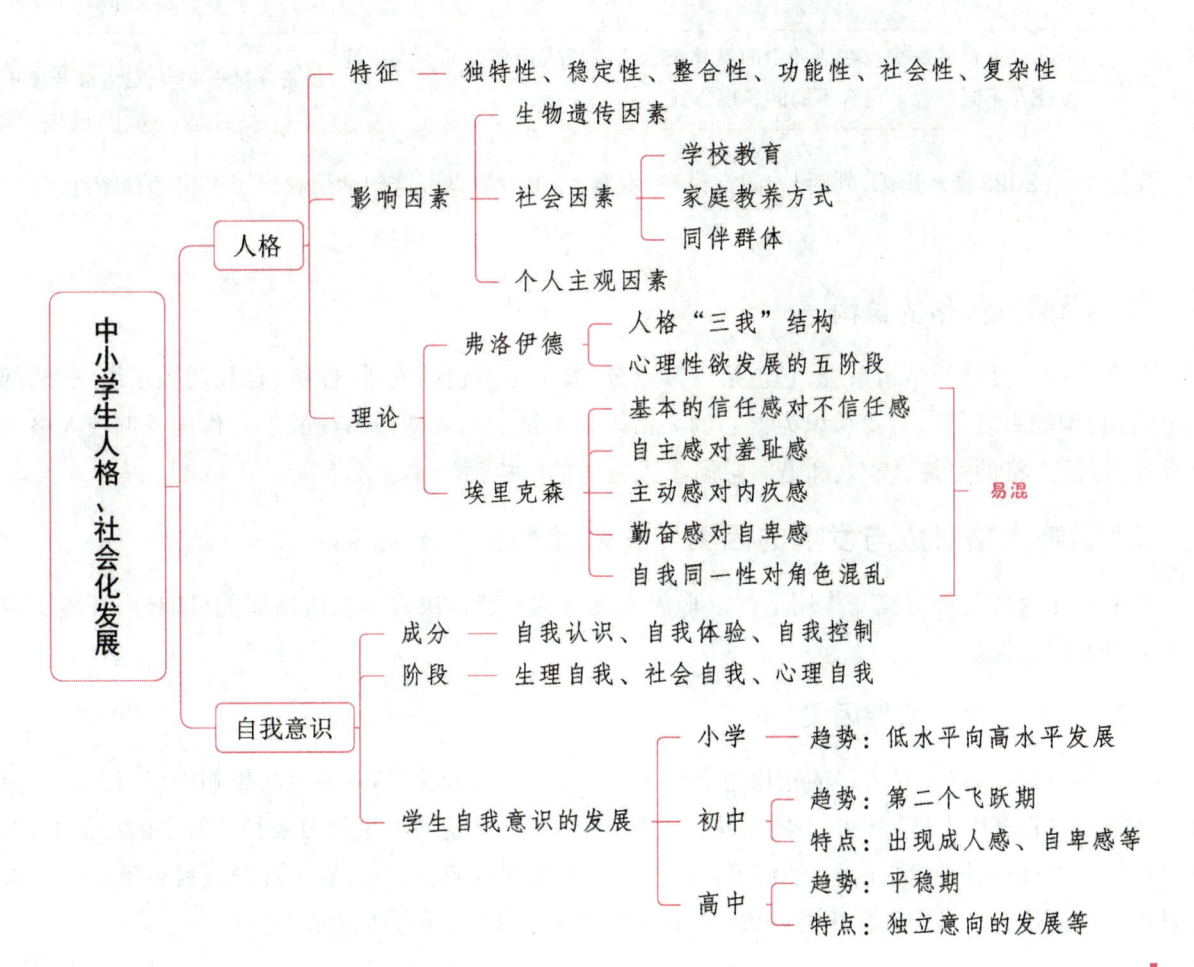

中小学生人格、社会化发展
- 人格
  - 特征——独特性、稳定性、整合性、功能性、社会性、复杂性
  - 影响因素
    - 生物遗传因素
    - 社会因素
      - 学校教育
      - 家庭教养方式
      - 同伴群体
    - 个人主观因素
  - 理论
    - 弗洛伊德
      - 人格"三我"结构
      - 心理性欲发展的五阶段
    - 埃里克森
      - 基本的信任感对不信任感
      - 自主感对羞耻感 ┐
      - 主动感对内疚感 ├ 易混
      - 勤奋感对自卑感 ┘
      - 自我同一性对角色混乱
- 自我意识
  - 成分——自我认识、自我体验、自我控制
  - 阶段——生理自我、社会自我、心理自我
  - 学生自我意识的发展
    - 小学——趋势:低水平向高水平发展
    - 初中
      - 趋势:第二个飞跃期
      - 特点:出现成人感、自卑感等
    - 高中
      - 趋势:平稳期
      - 特点:独立意向的发展等

一、人格 ★★ 【单选、多选、判断】

考点 1 ▶ 人格的概念

人格是构成一个人思想、情感及行为的特有模式,这个独特模式包含了一个人区别于他人的稳定而统一的心理品质,即人格是决定个体的外显行为和内隐行为,并使其与他人行为有稳定区别的综合心理特征。

考点 2 ▶ 人格的特征

表 3-3 人格的特征

特征	含义	典例
独特性	不同的遗传、生存及教育环境,形成了各自独特的心理特点	人心不同,各如其面
稳定性	一个人的某种人格特征一旦形成,就相对稳定下来了,要想改变它是比较困难的事情	江山易改,禀性难移; 三岁看大,七岁看老
整合性	人格是由多种成分构成的有机体,具有内在的一致性,受自我意识的调控	健康的人格特征或"分裂人格"
功能性	人格决定一个人的生活方式,有时甚至会决定一个人的命运	一个人的性格就是他的命运
社会性	社会化把人这样的动物变成社会的成员。人格是社会的人所特有的	人满足食物需要的内容和方式是受具体的社会历史条件制约的
复杂性	几种人格特征表现在活动中的具体结合方式因人而异。同一人格特征在不同场合下也有不同的表现方式	横眉冷对千夫指,俯首甘为孺子牛

真题1 [2023贵州贵阳,判断]人们常说"三岁看大,七岁看老",这句话反映出了人格的独特性。( )
答案: ×

考点 3 ▶ 人格的结构

人格是一个复杂的结构系统,它包括许多成分,其中主要包括气质、性格、自我调控系统三个方面。其中,自我调控系统是以自我意识为核心的人格调控系统。自我调控系统的主要作用是调控人格的各个成分,保证人格的完整、统一、和谐。它属于人格中的内控系统或自控系统。

二、影响人格形成与发展的因素 ★★ 【单选、多选、简答】

人格是在遗传与环境交互作用下逐渐形成与发展的。遗传决定了人格发展的可能性,环境决定了人格发展的现实性。

考点 1 ▶ 生物遗传因素

总结以往研究,遗传对人格的作用主要体现在:(1)遗传是人格不可缺少的影响因素。(2)遗传因素对人格的作用程度因人格特征的不同而异。通常在智力、气质这些与生物因素相关较大的特征上,遗传因素较为重要;而在价值观、信念、性格等与社会因素关系紧密的特征上,后天环境因素更重要。(3)人格发展过程是遗传与环境交互作用的结果,遗传因素影响人格的发展方向及改变。

考点 2 社会因素

人格的发展是个体社会化的结果。不管什么社会,影响个体人格发展的社会因素基本上都是家庭、学校、同伴以及电视、电影、文艺作品等社会宣传媒体。

1. 家庭教养方式

（1）专制型、放纵型、民主型

鲍姆宁（鲍姆林德）曾根据控制、成熟的要求、父母与儿童的交往、父母的教养水平等四个指标,将父母的教养行为分成专制型、放纵型和民主型三种方式,具体内容见下表：

表3-4　家庭教养方式（四个指标）

类型	父母表现	孩子表现
专制型	过于支配	消极、被动、依赖、服从、懦弱,做事缺乏主见,甚至会形成不诚实的性格特征
放纵型	溺爱、任孩子随心所欲,对孩子的教育有时会处于失控状态	任性、幼稚、自私、野蛮、无礼、独立性差、蛮横无理、胡闹,表现最不成熟
民主型	平等和谐,尊重孩子	活泼、自立、彬彬有礼、善于交往、富于合作精神、思想活跃等,表现最成熟

（2）权威型、专制型、溺爱型、忽视型

后来,鲍姆宁根据新的研究,提出了教养方式的两个维度：要求和反应性。要求指的是父母是否对孩子的行为建立适当的标准,并坚持要求孩子去达到这些标准。反应性指的是对孩子接受和爱的程度及对孩子需求的敏感程度。根据这两个维度,可以将父母的教养方式分为权威型、专制型、溺爱型（放纵型）、忽视型四类。

表3-5　家庭教养方式（两个维度）

类型	父母表现	孩子的人格特点
权威型	对孩子提出合理的要求,对孩子的行为做适当的限制,设立恰当的目标,并坚持要求孩子服从和达到这些目标；表现出对孩子成长的关爱,会耐心地倾听孩子的观点	自信、自控能力强、心境乐观积极、勤奋努力
专制型	对孩子的要求很严厉,提出很高的行为标准,这些标准和要求有时不近情理,没有孩子说话的权利	焦虑、退缩、敌视他人、适应环境困难
溺爱型（放纵型）	对孩子充满了爱和期望,却忘记了孩子社会化的任务,因此很少给孩子提出什么要求或进行任何控制	自我控制能力差、好冲动、依赖性强、没有恒心和毅力
忽视型	对孩子的成长漠不关心	适应新环境困难、兴趣少、自我控制能力差、对他人不信任

2. 学校教育

学校教育按一定的社会教育目标,有计划、有步骤地对学生施加影响,因而直接制约着学生人格发展的方向和基本质量。学校教育在学生社会化中的作用主要是通过教师与学生的相互影响来实现的。教师对学生人格的发展具有指导定向的作用。教师的品德修养、知识经验、教育和教学技巧、对学生的态度等,对于学生社会化与人格的发展都有举足轻重的意义。

3. 同伴群体

同与父母的关系相比,中学生与同龄伙伴的交往更加自由和平等。与同伴群体的交往使儿童能够进行对人际关系和交流的探索,并发展人际敏感性,奠定儿童今后社会交往的基础,促进儿童的社会化和人格的发展。一方面,同伴群体是儿童学习社会行为的强化物。另一方面,同伴群体又为儿童的社会化和人格发展提供社会模式或榜样。

随着年龄的增长,同伴的影响越来越强,在某种程度上甚至超过父母的影响。但应该注意的是,不良同伴群体对中学生人格发展的影响极坏。教师要让学生远离这种不良同伴群体,防止其对学生成长带来危害,同时,对于已存在的不良群体,应采取一些教育手段,对其成员进行分化和引导。

真题2 [2023辽宁营口,单选]在(　　)教养模式下长大的孩子,人格特点是难以适应新环境、兴趣少、自控能力差且不信任他人。

A. 权威型　　　　B. 专制型　　　　C. 溺爱型　　　　D. 忽视型

真题3 [2024河北石家庄,多选]在放纵型家庭教养方式下长大的孩子,其表现主要有(　　)

A. 蛮横无理　　　　　　　　　　B. 任性幼稚

C. 缺乏主见　　　　　　　　　　D. 善于交往

答案:2. D　3. AB

考点 3　个人主观因素

社会上各种影响因素,首先要为个人理解和接受,才能转化为个体的需要、动机和兴趣,才能推动个体去思考与行动。另外,个体已有的心理发展水平对人格特征形成的作用会随着年龄的增加而日益增强。

三、人格理论

考点 1　弗洛伊德的人格发展理论 ★ 【单选、多选、填空】

1. 弗洛伊德的人格"三我"结构

弗洛伊德认为,人格由本我、自我和超我三部分构成。

(1)本我。本我位于人格结构的最底层,是最原始的、与生俱来的潜意识的结构部分。它是由先天的本能、欲望组成的能量系统,包括各种生理需要。本我是无意识、非理性、非社会化和混乱无序的。它遵循快乐原则。

(2)自我。自我是从本我中逐渐分化出来的,位于人格结构的中间层。自我的作用主要是调节本我与超我之间的矛盾,它一方面调节着本我,一方面又受制于超我。自我是人与外部世界的媒介,它适应环境中的一些条件和限制,代表人的学习、训练和经验,遵循现实原则。

(3)超我。超我位于人格结构的最高层,是道德化了的自我,由社会规范、伦理道德、价值观念内化而来,其形成是社会化的结果。超我遵循道德原则,它的机能主要是监控、批判和管束自己的行为,其特点是追求完美。

本我是生物本能我,自我是心理社会我,超我是道德理想我。当三者处于协调状态时,人格就表现出一种健康状况;当三者互不相让,产生敌对关系时,就会产生心理疾病。

2.心理性欲发展的五阶段

弗洛伊德认为,人格发展的基本动力是人的本能,尤其是性本能。性本能表现为一种力量,这种力量被称为"力比多"。力比多集中的某些身体部位就是个体获得快感的重要区域,弗洛伊德称之为"性感区"。在儿童时期,三个重要的性感区是口腔、肛门和生殖器。这三个区域以特有的阶段次序成为儿童的兴奋中心,也形成了相应的五个人格发展阶段。

(1)口唇期(0~1岁)。在这一阶段,嘴和唇是性感区,婴儿的吸吮活动显示了最初的性欲冲动。如果婴儿口唇活动没有受到限制,成年后性格倾向于乐观、慷慨、开放和活跃等积极的人格特征;如果婴儿的口唇活动受到了限制,成年后性格倾向于依赖、悲观、被动、猜疑和退缩等消极的人格特征,甚至在行为上表现出咬指甲、烟瘾、酗酒、贪吃等。

(2)肛门期(1~3岁)。在这一阶段,肛门成为性感区,儿童通过排泄消除紧张而获得快感。在这一时期,儿童会受到排便训练,这是儿童与外部纪律、权威的第一次接触,代表了本能冲动与外部社会规范之间的冲突。所以,排便训练的好坏会对儿童的心理发展产生重大影响。如果排便训练过于严格,可能使儿童形成各种过度控制的人格特征与行为习惯,如洁癖、吝啬、强迫性、渴求秩序等。但是,如果对排便训练不加限制,则个体在成年后容易形成邋遢、浪费、无条理、无秩序等心理行为特征。

(3)性器期(3~6岁)。在这一阶段,性器官成为性感区。儿童在这一时期能够认识到两性之间在生理学上的差异和自己的性别,性器官成为儿童获得性满足的重要刺激来源,表现为喜欢抚摸和显露生殖器以及产生性幻想。这时的儿童以异性父母作为性欲对象,男孩产生恋母情结(俄狄浦斯情结),女孩产生恋父情结(厄勒克特拉情结)。

(4)潜伏期(6~12岁)。在这一阶段,力比多处于休眠状态。儿童将性器期以异性父母为对象的性冲动转移到环境中的其他事情上去,如学习、游戏、体育、歌舞、艺术等。

(5)生殖期(12~20岁)。生殖期,又称为青春期或两性期。随着性器官的成熟,性快感或力比多投射的主要区域是生殖器。这一时期是个体走向社会化的时期,个体开始摆脱对父母的依赖,成为社会中的一个独立成员。

真题4 [2023辽宁锦州,单选]根据弗洛伊德的相关理论,人格结构中,( )的机能主要是监督、批判和管束自己的行为。
A.本我   B.他我   C.自我   D.超我

真题5 [2023广东深圳,单选]把儿童的心理发展分为五个阶段(口唇期、肛门期、性器期、潜伏期、两性期)的心理学家是( )
A.华生
C.格塞尔
B.弗洛伊德
D.斯金纳

答案:4.D 5.B

考点 2 埃里克森的人格(心理社会)发展阶段论 ★★★ 【单选、填空、判断】

美国精神分析学家埃里克森认为,人格发展是一个逐渐形成的过程,必须经历八个顺序不变的阶段,其中前五个阶段属于儿童成长和接受教育的时期。每一个阶段都有一个由生物学的成熟与社会文化环境、社会期望之间的冲突和矛盾所决定的发展危机。成功而合理地解决每个阶段的危机或冲突将使个体形成积极的人格特征和健全的人格。

1. 基本的信任感对不信任感(0~1.5岁)

本阶段的发展任务是发展对周围世界,尤其是对社会环境的基本态度,培养信任感。如果父母或照料者给予婴儿适当的、稳定的与不间断的关切、照顾、哺育和抚摸,婴儿就会对父母产生一种信任感,认为这个世界是安全而可信赖的地方。这种对人、对环境的基本信任感是形成健康个性品质的基础,是以后各个时期发展的基础,尤其是青年时期发展起来的同一性的基础。信任在人格中形成了"希望"这一品质,它起着增强自我的作用。

2. 自主感对羞耻感(1.5~3岁)

本阶段的发展任务是培养自主性。儿童初步尝试独立处理事情,如果父母允许幼儿去做他们力所能及的事,鼓励幼儿独立探索的欲望,幼儿就会逐渐认识到自己的能力,养成主动、自主的性格;反之,如果父母溺爱和过分保护或过分批评指责,就可能使儿童怀疑自己对自我和环境的控制能力,产生羞耻感。因此,把握住"度",才有利于在儿童人格内部形成"意志"品质。

3. 主动感对内疚感(3~6岁)

本阶段的发展任务是培养主动性。由于身体活动能力和语言的发展,儿童有可能把活动范围扩展到家庭之外。儿童喜欢尝试探索环境,承担并学习掌握新的任务。此时,如果父母或教师对儿童的建议给予适当鼓励或妥善处理,则儿童不仅发展了主动性,还能培养明辨是非的道德感;反之,如果父母对儿童的问题感到不耐烦或嘲笑儿童的活动,儿童就会产生内疚感。当儿童的主动感超过内疚感时,他们就有了"目的"的品质。

4. 勤奋感对自卑感(6~12岁)

本阶段的发展任务是培养勤奋感。在这个时期,多数儿童已进入学校,第一次接受社会赋予他们并期望他们完成的任务。他们追求任务完成时获得的成就感及由此带来的长辈的认可和赞许。如果儿童在学习、游戏等活动中不断取得成就并受到成人的奖励,儿童将以成功、嘉奖为荣,养成乐观、进取和勤奋的性格;反之,如果由于学习方法不当或努力不够而多次遭受挫折或其成就受到漠视,儿童容易形成自卑感。本阶段影响儿童活动的主要因素已由父母转向同伴、学校和其他社会机构,教师在培养儿童勤奋感方面具有特殊作用。敏感、耐心、富于指导经验的教师有可能使具有自卑感的学生重新获得勤奋感。当儿童的勤奋感大于自卑感时,他们就会获得"能力"的品质。

5. 自我同一性对角色混乱(12~18岁)

本阶段的发展任务是培养自我同一性。自我同一性是指个体组织自己的动机、能力、信仰及活动经验而形成的有关自我的一致性形象。自我同一性的形成要求谨慎的选择和决策,尤其体现在职业定向、性别角色分化等方面。如果青少年不能整合这些方面和各种选择,或者根本无法在其中进行选择,就会导致角色混乱。角色混乱指个体不能正确选择适应社会环境的生活角色。这类青年无法"发现自己",不能回答"我是谁"的问题,也不知道自己究竟是什么样的人,想要成为什么样的人。随着自我同一性的形成,个体就获得了"忠诚"的品质。埃里克森把忠诚定义为:"不顾价值系统的必然矛盾,而坚持自己确认的同一性的能力。"

其他三个阶段分别为:亲密感对孤独感(成年早期)、繁殖感对停滞感(成年中期)、自我整合对绝望感(成年晚期)。

知识再拔高

马西娅对同一性状态的划分

马西娅根据探索(或危机)和承诺的程度的高低划分出四种同一性状态,以此描述四种同一性结果。四种同一性状态的表现特点描述如下:

维度	类型	表现特点
高探索、高承诺	同一性获得/同一性达成	这类个体已经经历了各种探索,仔细考虑过各种选择,做出了确定的选择,并对特定的目标、信仰和价值观做出了坚定、积极的承诺
高探索、低承诺	同一性延缓	这类个体正处于探索的过程,收集信息、尝试各种活动,希望发现引导他们生活的目标和价值观,积极地探索各种选择,但还没有对特定的目标、价值观和意识形态等做出有意识的投入
低探索、高承诺	同一性早闭	这类个体没有体验过明确的探索,但却对一定的目标和价值观做出了承诺,这种投入往往是基于父母或权威人物等重要他人的期望或建议,他们不加思考地接受了别人预先为他们准备好的同一性
低探索、低承诺	同一性弥散/同一性扩散/同一性混淆/同一性迷乱	这类个体没有仔细思考或探索过各种同一性问题,从来不去探索各种选择,也不去尝试做出努力,缺乏对自己的了解,没有方向感,没有确定自己的目标和价值观,也未对特定意识形态、价值观或社会角色做出清晰的承诺

真题6 [2024天津和平/西青,单选]青年人既有"少年心事当拿云"的壮志,也不可避免地会有"成长的烦恼",在理想和现实、小我和大我等方面遇到一些困惑。根据埃里克森的心理社会发展理论,上述表达主要发生在(　　)阶段。

A. 主动感对内疚感　　　　　　　　B. 勤奋感对自卑感

C. 自我同一性对角色混乱　　　　　D. 亲密对孤独

真题7 [2024江苏苏州,填空]埃里克森的儿童人格发展八阶段理论认为,儿童的每一个阶段都有一个由生物学的成熟与社会文化环境、_____之间的冲突和矛盾所决定的发展危机。

答案: 6. C　7. 社会期望

四、自我意识

考点 1　自我意识的概念　★　【单选、多选、填空、判断】

自我意识是个体对自己以及自己与周围事物的关系的意识。自我意识是人格的重要组成部分,也是使人格各部分整合和统一起来的核心力量。

一般认为,自我意识包括三种成分:

(1)自我认识是对自己的洞察和理解,包括自我观察和自我评价。自我观察是指对自己的感知、思维和意向等方面的觉察;自我评价是指对自己的想法、期望、行为及人格特征的判断与评估,是自我调节的重要条件。

(2)自我体验是自我意识在情感上的表现,是伴随自我认识而产生的内心体验。自尊心、自信心是自我体验的具体内容。自尊心是指个体在社会比较过程中所获得的有关自我价值的积极的评价与体验。教育心理学家古柏史密斯在其所著《自尊心的养成》一书中,提出培养学生自尊心的三个先决条件:①重要感;②成就感;③力量感。自信心是对自己的能力是否适合所承担的任务而产生的自我体验。自信心与自尊心都是和自我评价紧密联系在一起的。例如,当一个人对自己做正向的评价时就会产生自尊感,做负向评价时就会产生自卑感。

(3)自我控制是自我意识在行为上的表现,是实现自我意识调节的最终环节。当个体认识到某种社会要求后,会力求使自己的行为符合社会准则,从而激发自我控制的动机,并付诸行动。

真题8 [2022辽宁营口,多选]培养学生自尊心的三个先决条件包括(　　)
A. 成就感　　　　B. 满足感　　　　C. 重要感　　　　D. 力量感
答案:ACD

考点 2　自我意识的发展阶段　★★　【单选、填空、判断】

个体自我意识的发展经历了从生理自我到社会自我,再到心理自我的过程。

1. 生理自我(自我中心期)

生理自我是自我意识最原始的形态。通常儿童1周岁末开始将自己的动作和动作的对象区分开来,把自己和自己的动作区分开来,并在与成人的交往中,按照自己的姓名、身体特征、行动和活动能力来看待自己,并做出一定的评价。生理自我在3岁左右基本成熟。

2. 社会自我(客观化时期)

儿童在3岁以后,自我意识的发展进入社会自我阶段。他们从轻信成人的评价逐渐过渡到自我独立评价。这时,自我评价的独立性、原则性、批判性正在迅速发展,对道德行为的判断能力,也逐渐达到了前所未有的水平,从对具体行为的评价到有一定概括程度的评价。但他们的自我评价通常不涉及个人的内心世界和人格特征,自我的调节控制能力也较差,常出现言行不一的现象。社会自我到少年期基本成熟。

3. 心理自我(主观自我时期)

心理自我是在青春期开始发展和形成的。这时,青年开始形成自觉地按照一定的行动目标和社会准则来评价自己的心理品质和能力。他们的自我评价越来越客观、公正和全面,且具有社会道德性,并在此基础上形成自我理想,追求最有意义和最有价值的目标。

·记忆有妙招·

为方便考生记忆,编者将自我意识的发展阶段总结成以下口诀:
3岁重生理,少年进社会,青春在心理。

真题9 [2024河北石家庄,单选]个体自我意识的发展过程主要经历了三个阶段,依次是(　　)
A. 生理自我、社会自我、心理自我　　　　B. 生理自我、心理自我、社会自我
C. 心理自我、生理自我、社会自我　　　　D. 心理自我、社会自我、生理自我

真题10 [2023湖北武汉,判断]生理自我是自我意识最原始的形态。(　　)
答案:9. A　10. √

考点 3 学生自我意识的发展 ★ 【单选、判断】

1. 小学生自我意识的发展

(1) 自我意识发展的趋势

小学阶段,儿童的自我意识处于客观化时期,是获得社会自我的时期。小学生的自我意识随着年龄的增长从低水平向高水平发展,但发展不是匀速的,而是既有快速上升期,又有平衡发展的时期。具体表现为:小学一、二年级是主要发展期;小学三年级至五年级期间,自我意识发展相对平稳;小学五年级至六年级是自我意识发展的第二个上升期。

(2) 自我意识发展的特点

从自我意识的各成分来看,发展并不同步。

①在自我概念方面。小学生自我概念的发展表现出以下特点:第一,自我描述从比较具体的、外部的特征向比较抽象的、内部的特征发展。第二,开始用心理词汇描述自己,但仍以具体形式看待自己,把自己的特征视为绝对的。例如,8~11岁的儿童会认为自己是善良的,因为自己将东西分给了同学或帮助了同学。但他们还不太理解自己的个性特征在不同的场合下会有不同的表现。第三,自我概念内容中的社会性随年级的升高而增多。

②在自我评价方面。自我评价能力是自我意识发展的主要成分和主要标志。小学生自我评价发展的特点:第一,自我评价的独立性日益增长。第二,自我评价的批判性有一定程度的提高。低年级儿童的自我评价能力落后于评价他人的能力;低年级评价标准具有片面性;高年级的评价具有较为明显的批判性,并能对自己"一分为二"。第三,自我评价的内容逐渐扩大和深化。第四,自我评价的稳定性越来越高。

③在自我体验和自我调控方面。小学生的自我体验逐步加深,自我调控能力还不高。

2. 初中生自我意识的发展

(1) 自我意识发展的趋势

从初中开始,学生已经能够比较自觉地认识和评价自己的心理品质,独立地支配、调节自己的行动。青少年时期是自我意识发展的第二个飞跃期。其总的发展趋势是:从小学六年级开始到初中三年级,学生的自我意识发展总体上处于平稳期;从初三到高一年级为显著上升时期。

(2) 自我意识发展的特点

①初中生的自我体验随着年龄的增长而不断发展。主要表现在:第一,出现成人感。所谓成人感是指初中生感到自己已经长大成人,渴望参与成人的活动,要求独立,希望得到自尊的体验。第二,自尊感增强。所谓自尊感是指对社会评价与个人的自尊需要之间相互关系的反映。第三,出现自卑感。所谓自卑感是指一种轻视自己、不相信自己、对自己持否定态度的一种自我体验。

②自我开始分化。开始分成"主我"和"客我"或"理想的自我"和"现实的自我"。初中生对自己的内心品质产生兴趣,开始要求自己了解自己的个性特点,关心自己的形象,想按自己的意愿塑造自己。当"主我"与"客我"、"理想的自我"与"现实的自我"产生矛盾时,他们会自责,对自己不满意。

③能够更自觉地评价别人的和自己的个性品质,但评价别人和自己的个性品质的能力与高中生相比,水平还不高,而且也不稳定。

3. 高中生自我意识的发展

(1) 自我意识发展的趋势

高中生的自我意识从总的发展情况来看,处于显著上升期之后的平稳期。但自我意识在某些成分的发展上又有缓慢上升的趋势,呈现"稳中有升"的特点。①高中生的自我评价水平随着年级的升高而不断提高;②自我体验在高一、高二比较平稳之后,又呈现缓慢上升的趋势;③自我控制方面,从高二开始,出现了缓慢上升的趋势。不难看出,高中二年级是学生自我意识各成分普遍提高的发展阶段。

(2) 自我意识发展的特点

高中生自我意识发展的特点有这几个方面:①自我意识中独立意向的发展;②自我意识的组成成分分化;③强烈地关心着自己的个性成长;④自我形象受到了空前的关注;⑤自我评价逐渐成熟;⑥自尊心强;⑦道德意识的高度发展。高中生在自我观察、自我评价、自我体验、自我监督、自我控制等自我意识的诸成分上都获得了高度的发展,并趋于成熟。

★★ 本节核心考点回顾 ★★

1. 人格的特征

(1) 独特性:不同的遗传、生存及教育环境,形成了各自独特的心理特点;

(2) 稳定性:一个人的某种人格特征一旦形成,就相对稳定下来了,要想改变它是比较困难的事情。

2. 家庭教养方式

(1) 四个指标分类:①专制型;②放纵型;③民主型。

(2) 两个维度分类:①权威型;②专制型;③溺爱型;④忽视型。

3. 弗洛伊德的人格发展理论

(1) 弗洛伊德的人格"三我"结构:①本我(快乐原则);②自我(现实原则);③超我(道德原则)。

(2) 心理性欲发展的五阶段:①口唇期;②肛门期;③性器期;④潜伏期;⑤生殖期。

4. 埃里克森的人格(心理社会)发展阶段论

(1) 主动感对内疚感(4~5岁):该阶段的发展任务是培养主动性。当儿童的主动感超过内疚感时,他们就有了"目的"的品质。

(2) 勤奋感对自卑感(6~11岁):该阶段的发展任务是培养勤奋感。当儿童的勤奋感大于自卑感时,他们就会获得"能力"的品质。

(3) 自我同一性对角色混乱(12~18岁):该阶段的发展任务是培养自我同一性。自我同一性是指个体组织自己的动机、能力、信仰及活动经验而形成的有关自我的一致性形象。

5. 自我意识的发展阶段

(1) 生理自我:自我意识最原始的形态;(2) 社会自我;(3) 心理自我。

第四节　学生的个别差异

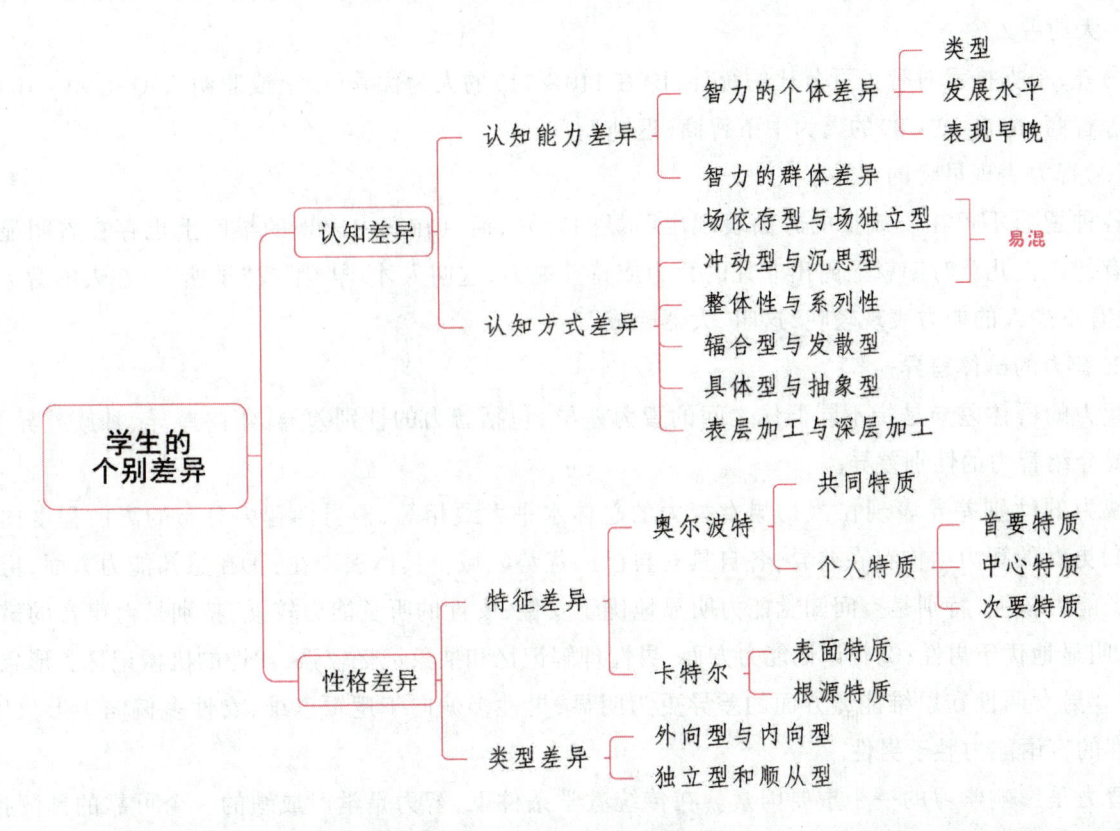

```
                                                               ┌ 类型
                                        ┌ 智力的个体差异 ─┼ 发展水平
                        ┌ 认知能力差异 ─┤                 └ 表现早晚
                        │               └ 智力的群体差异
            ┌ 认知差异 ─┤               ┌ 场依存型与场独立型  ┐
            │           │               │ 冲动型与沉思型       │ 易混
            │           └ 认知方式差异 ─┤ 整体性与系列性       ┘
学生的      │                           │ 辐合型与发散型
个别差异 ───┤                           │ 具体型与抽象型
            │                           └ 表层加工与深层加工
            │                                    ┌ 共同特质
            │                       ┌ 奥尔波特 ─┤           ┌ 首要特质
            │                       │           └ 个人特质 ─┼ 中心特质
            │           ┌ 特征差异 ─┤                       └ 次要特质
            │           │           │           ┌ 表面特质
            └ 性格差异 ─┤           └ 卡特尔 ───┤
                        │                       └ 根源特质
                        └ 类型差异 ── 外向型与内向型
                                     独立型和顺从型
```

学生的个别差异，从心理角度来看，包括认知差异与性格差异。其中认知差异包括认知能力差异和认知方式差异。

一、学生的认知差异及教育意义

考点 1 ▶ 学生的认知能力差异　★　【单选、判断】

研究表明，个体的智力在13岁以前是直线上升发展的，以后缓慢发展，到25岁时达到最高峰，26~35岁保持高原水平，35岁开始有下降趋势。学生的智力发展也存在一定的差异，主要表现在：

1. 智力的个体差异

（1）智力类型差异

智力类型差异是指构成智力的各种因素存在质的差异，主要表现在知觉、记忆、想象、思维的类型和品质方面。例如，有的人长于想象，有的人长于记忆，有的人长于思维等。智力类型差异一般不代表智力水平的高低，只影响人们学习的过程和获取知识经验的方式。

（2）智力发展水平的差异

智力发展水平的差异（即一般能力的差异），指的是个体之间或个体内部智力水平高低的不同程度。它表明人的智力发展有高有低。研究表明，人们的智力水平呈正态分布，又称常态分布，大多数人的智力属于中等水平。正态分布函数曲线呈钟形，因此，人们又经常称之为钟形曲线。

心理学家根据智力发展水平把儿童分成三个等级，即超常儿童、常态儿童、低常儿童。超常儿童是

417

指智力发展或某种才能显著超过同龄儿童平均水平的儿童。一般认为，IQ超过140的人属于天才，他们在人口中大约占1.3%；IQ超过130为智力超常，他们在人口中大约占4.4%。低常儿童是指智力发展明显低于同龄儿童平均水平并有适应性行为障碍的儿童，又称智力落后儿童。IQ低于70为智力落后，他们在人口中大约占2.7%。

另外，根据推孟对智力百分比的统计，IQ在110～119的人为优秀（中上或聪明），IQ在90～109的人为中等智商，IQ在80～89的人为中下智商（迟钝）。

(3) 智力表现早晚的差异

各种智力不仅在质或量的方面表现出明显的差异，而且在智力表现的早晚上也存在着明显的差异。有的人在儿童时期就显露出非凡的智力或特殊能力，这叫人才"早慧"或"早熟"。在人的智力发展中，也有不少人的能力表现较晚，这叫"大器晚成"。

2. 智力的群体差异

智力的群体差异是指不同群体之间的智力差异，包括智力的性别差异、年龄差异、种族差异等，这里主要介绍智力的性别差异。

智力的性别差异表现在：(1) 男女智力的总体水平大致相等，但男性智力分布的离散程度比女性大。(2) 男女的智力结构存在差异，各自具有自己的优势领域。具体表现在：①在感知能力方面，男性的视知觉能力较强，特别是空间知觉能力明显地优于女性；女性的听觉能力较强，特别是对声音的辨别和定位，明显地优于男性；②在记忆能力方面，男性理解记忆和抽象记忆较强，女性的机械记忆和形象记忆较强；③男女两性在思维能力方面的差异更为明显，男性多偏向于逻辑思维，女性多偏向于形象思维；④女性的言语能力胜于男性。

智力是影响学习的一个重要因素。在传统教学条件下，智力是学习成绩的一个可靠的预测指标。然而，智力并不影响学习能否发生，它主要影响学习的速度、数量、巩固程度和学习迁移。

真题1 [2024四川统考，判断]男性智力分布的离散程度比女性大，所以男性智力发展总体水平高于女性。（　　）

答案：×

考点 2 · 学生的认知方式差异 ★★★ 【单选、判断、辨析】

认知方式，也称认知风格，是指人们在认知活动中所偏爱的信息加工方式。它是一种比较稳定的心理特征，存在着很大的个体差异。认知方式无优劣之分，只是表现为学生对某种信息加工方式的偏爱，主要影响学生的学习方式。

1. 场依存型与场独立型

心理学家把外界环境描述为一个场。美国心理学家赫尔曼·威特金将认知方式分为两种：场依存型与场独立型。**场依存型**的学生对客观事物的判断常以**外部线索**为依据，其态度和自我认知易受周围环境或背景（尤其是权威人士）的影响，往往不易独立地对事物做出判断，而是人云亦云，从他人处获得标准；行为常以社会为定向，社会敏感性强，爱好社交活动。**场独立型**的学生对客观事物的判断常以自己的**内部线索**（经验、价值观）为依据，不易受到周围环境因素的影响和干扰，倾向于对事物独立判断；行为常是非社会定向的，社会敏感性差，不善于社交，关心抽象的概念和理论，喜欢独处。场依存型者与场独立型者在学习上的不同特点见表3-6。

表3-6 场依存型者与场独立型者的学习特点

比较范畴	场依存型者	场独立型者
学习兴趣偏好	人文、社会科学	理科、自然科学
学习成绩倾向	理科、自然科学成绩差,人文、社会科学成绩好	理科、自然科学成绩好,人文、社会科学成绩差
学习策略特点	易受暗示,学习欠主动,由外在动机支配	独立自觉学习,由内在动机支配
教学方式偏爱	结构严密的教学	结构不严密的教学

场依存型和场独立型可以通过"镶嵌图形测验"来测量。镶嵌图形测验也叫隐蔽图形测验,即令被试在较复杂的图形中用铅笔勾画出镶嵌或隐蔽在其中的简单图形。在测验中,能排除背景因素的干扰从复杂图形中迅速地知觉到指定的简单图形者为场独立型,而完成该项任务较为困难者为场依存型。

2. 冲动型与沉思型

杰罗姆·卡根将认知方式分为两种:冲动型与沉思型。

冲动型的学生在解决认知任务时,总是急于给出问题的答案,而不习惯对解决问题的各种可能性进行全面思考,有时问题还未弄清楚就开始解答。这种类型的学生认知问题的速度虽然很快,但错误率高,在运用低层次事实性信息的问题解决中占优势。他们更多的是使用整体加工方式。

沉思型的学生在解决认知任务时,总是谨慎、全面地检查各种假设,在确认没有问题的情况下才会给出答案。这种类型的学生解答认知问题的速度虽然慢,但错误率很低,在解决高层次问题时占优势。他们多采用细节性加工方式。

区分冲动型与沉思型的标准是反应时间和精确性。

3. 整体性与系列性

英国心理学家戈登·帕斯克将认知方式分为整体性与系列性。采取整体性策略的学生往往在开始阶段就对学习任务形成一个整体的看法,对学习过程中可能产生的问题与其将涉及的子问题以及自己将使用的方式、方法有一个初步的估计和预测。采取系列性策略的学生常常将重点放在一系列的子问题上,一般使用循序渐进的方法解决问题。

4. 辐合型与发散型

辐合型认知方式是指在解决问题的过程中常表现出辐合思维的特征,表现为收集或综合信息与知识,运用逻辑规律缩小解答范围,直到找到最合适的唯一正确解答。发散型认知方式是指在解决问题的过程中常表现出发散思维的特征,表现为个人的思维沿着许多不同的方向发展,使观念发散到各个有关的方面,最终产生多种可能的答案而不是唯一正确的答案,因而容易产生有创见的新颖观念。

5. 具体型与抽象型

具体型的学生在进行信息加工时,善于比较深入地分析某一具体观点或情境,但必须把尽可能多的信息提供给他们,否则很容易使他们产生偏见。抽象型的学生在对事物进行认知时,能够看到某个问题或论点的众多方面,可以避免刻板印象,能够容忍情境的模糊性并能进行抽象程度较高的思考。

6. 表层加工与深层加工

学习者在学习情境中加工信息时会表现出两种明显不同的方式:深层加工与表层加工。

深层加工指深刻理解所学内容,将所学内容与更大的概念框架联结起来,以获取内容的深层意义,深层加工有利于侧重理解的考试。

表层加工指记忆学习内容的表面信息,不将它们与更大的概念框架联结起来,表层加工有利于侧重事实学习和记忆的考试。

> **知识再拔高**
>
> **学习风格的概念及其差异**
>
> 1. 学习风格的概念
>
> 学习风格是学习者在探究、解决其学习任务时所表现出来的典型的、一贯的、独具个人特色的学习策略和学习倾向。学习风格的认知要素实质上是一个人的认知风格在学习中的体现。学习风格一经形成,就具有持久性和稳定性,并且无高低、好坏之分。
>
> 2. 学习风格差异——感觉通道的差异
>
> 感觉通道的差异是指学习者对于视觉、听觉和动觉刺激的偏好程度。学习者在感觉通道偏好上存在三种典型类型。
>
> (1)视觉型学习者。这类学习者对于视觉刺激较为敏感,习惯于通过视觉接受学习材料,如景色、相貌、书籍、图片等。他们适合于通过自己看书和做笔记进行学习,而不适合于教师的讲授和灌输。
>
> (2)听觉型学习者。这类学习者较为偏重听觉刺激,他们对于语言、声响和音乐的接受力和理解力较强,甚至喜欢一边学习,一边戴着耳机听音乐。当学习外语时,他们喜欢多听多说,而不太关心具体单词的拼写或者句型结构。
>
> (3)动觉型学习者。这类学习者喜欢接触和操作物体,对于自己能够动手参与的认知活动更感兴趣。因此,教师用手轻拍他们的头表示赞赏要比口头表扬产生的效果更好。

真题2 [2023广西百色,单选]( )对于自己能够动手参与的认知活动更感兴趣。

A.视觉型学习者　　B.感觉型学习者　　C.听觉型学习者　　D.动觉型学习者

真题3 [2023河南信阳,单选]有学生在做镶嵌图形测验时,很难从整个图形中找出嵌入其中的简单图形。这种认知方式属于( )

A.沉思型　　B.冲动型　　C.场独立型　　D.场依存型

真题4 [2024福建统考,辨析]俗话说:"三思而后行",因而沉思型的认知方式优于冲动型。该观点是否正确?运用心理学知识加以分析。

答案:2.D 3.D 4.(1)这种观点是不正确的。(2)冲动型的学生认知问题的速度虽然很快,但错误率高,在运用低层次事实性信息的问题解决中占优势;沉思型的学生解答认知问题的速度虽然慢,但错误率很低,在解决高层次问题时占优势。认知方式没有优劣、好坏之分,只是表现为学生对信息加工方式的某种偏爱,主要影响学生的学习方式。

考点 3　学生认知差异的教育意义　★【判断】

教师必须根据学生认知差异的特点,不断改革教学,因材施教。这要求教师做到:

(1)创设适应学生认知差异的教学组织形式。为了适应学生的智力差异,常采用的教学组织形式包括:分校、分班、班内分组(同质分组)、复式教学、升留级、跳级、开设特长班和课外兴趣班等。

(2)采用适应认知差异的教学方式,努力使教学方式个别化。掌握学习、个别指导教学法和个人化教学系统就是其中的三种教学方式。

(3)运用适应认知差异的教学手段。当前直接应用于教学的现代技术设备主要有计算机辅助教学、多媒体计算机辅助教学(电视及录像设备、电声设备、光学投影设备、教学机器)等。

二、学生的性格差异及教育意义

考点 1 学生的性格差异 ★ 【单选、多选、判断】

1. 性格的特征差异

(1)奥尔波特将性格特征分为共同特质和个人特质。特质是决定个体行为的基本特性,是人格的有效组成元素,也是测评人格常用的基本单位。共同特质是在同一文化形态下的群体所共同具有的特质,它是在共同的生活方式下形成的。个人特质是个人所独有的、代表个人行为倾向的特质,它包括首要特质、中心特质和次要特质。首要特质是一个人最典型、最具有概括性的特质,它影响一个人各方面的行为,如多愁善感是林黛玉的首要特质。中心特质是构成个体独特性的几个重要特质,在每个人身上大约有5~10个,如清高、率直、聪慧、孤僻都属于林黛玉的中心特质。次要特质也是人格的组成因素,是个体的一些不太重要的特质,往往只有在特殊的情况下才会表现出来。

(2)卡特尔将性格特征分为表面特质和根源特质。表面特质指从外部行为能直接观察到的特质。表面上看起来相似的特征或行为,却可能有大相径庭的原因。根源特质是决定外显行为的潜在变量,是人格的本质。卡特尔用因素分析的方法,找出了16种相互独立的根源特质。

2. 性格的类型差异

性格类型是指在一类人身上所共有的性格特征的独特结合。常见的分类学说有向性说和独立顺从说。依据个人心理活动的倾向性,可把人的性格分为外向型与内向型;依据一个人独立或顺从的程度,可把人的性格分为独立型和顺从型。

> **小香课堂**
>
> 个人特质的类型容易混淆,考生在区分时可从以下方面入手:"最典型、最具有概括性"对应首要特质;"几个、重要"对应中心特质;"不太重要"对应次要特质。

真题5 [2023 河北邢台,单选]在评价星星同学时,所有任课老师最先想到的就是文静。"文静"是星星的( )

A. 首要特质　　　　B. 中心特质　　　　C. 共同特质　　　　D. 体质特质

答案:A

考点 2 学生性格差异的教育意义

(1)性格虽然不会决定学习是否发生,但它却会影响学生的学习方式。性格也可作为动力因素影响学习的速度和质量。性格的个别差异又会影响学生对学习内容的选择,而且还会影响学生的社会性学习和个体社会化。

(2)为了促进学生的全面发展,学校教育应更重视性格因素的作用,使教育内容的选择和组织更好地适应学生的性格差异。

本节核心考点回顾

1. **智力的性别差异**
(1)男女智力的总体水平大致相等,但男性智力分布的离散程度比女性大;
(2)男女的智力结构存在差异,各自具有自己的优势领域。

2. **学生的认知方式差异**
认知方式无优劣之分,只是表现为学生对某种信息加工方式的偏爱,主要影响学生的学习方式。
(1)场依存型与场独立型
①场依存型:以外部线索为依据,易受周围环境影响,完成镶嵌图形测验较为困难;
②场独立型:以内部线索为依据,不易受周围环境因素影响,进行镶嵌图形测验时能迅速知觉到指定的简单图形。
(2)冲动型与沉思型
①冲动型:解决问题强调速度而非精确性,运用低层次事实性信息的问题解决中占优势;
②沉思型:看重解决问题的质量而非速度,解决高层次问题时占优势。

3. **性格的特征差异——个人特质**
(1)首要特质:一个人最典型、最具有概括性的特质;
(2)中心特质:构成个体独特性的几个重要特质;
(3)次要特质:个体的一些不太重要的特质。

第三章　学习理论

本章学习指南

一、考情概况

本章属于教育心理学的重点章节,也是考试中重点考查的章节,特点为体系庞大、理解性知识较多,考生可带着以下学习目标进行备考:

1. 理解学习的概念。
2. 识记并区分不同的学习分类。
3. 掌握行为主义不同代表人物的学习理论。
4. 识记并理解不同认知派心理学家的观点。
5. 了解人本主义学习理论的内容。
6. 识记并理解建构主义学习理论的主要内容。

二、考点地图

考点	年份/地区/题型
学习的概念	2024江苏单选;2024福建单选、判断选择;2024安徽判断;2023吉林多选;2022贵州单选;2022河南多选
加涅关于学习的划分	2024浙江单选;2024河北单选;2023吉林单选;2023广西单选;2023辽宁多选;2022辽宁单选
奥苏贝尔关于学习的划分	2024河北判断;2023湖南单选;2023山西单选;2022天津单选;2022河北单选;2022内蒙古单选;2022河南判断
巴甫洛夫的经典性条件反射学说	2023浙江单选;2023江苏单选;2023河北单选;2023天津单选;2023山西单选;2023河南多选
桑代克的联结—试误学习理论	2024安徽单选;2023河北单选;2023辽宁单选;2023山西单选;2023湖南判断;2022河南单选;2022河北判断
斯金纳的操作性条件作用理论	2024河南单选;2024广东单选;2024浙江判断;2024安徽判断;2023河南单选、判断;2023湖北单选;2023辽宁单选;2022辽宁单选;2022河南多选;2022广西判断
班杜拉的社会学习理论	2024山东单选;2024安徽单选;2024浙江单选;2024天津单选;2024广东判断;2023黑龙江单选;2023河南单选;2022浙江单选;2022福建填空
布鲁纳的认知—发现学习理论	2024河北单选;2023江苏单选;2023河南判断;2023浙江简答;2022广西单选
奥苏贝尔的有意义接受学习理论	2023黑龙江单选;2023河南单选;2022湖北单选;2022内蒙古判断
人本主义学习理论	2023山东单选;2023吉林单选;2023浙江单选;2022天津多选
建构主义学习理论	2024浙江单选、判断;2024贵州单选;2024河北判断;2023湖南单选;2023河南多选;2023辽宁判断;2022河南多选

注:上述表格仅呈现重要考点的相关考情。

第一节　学习概述

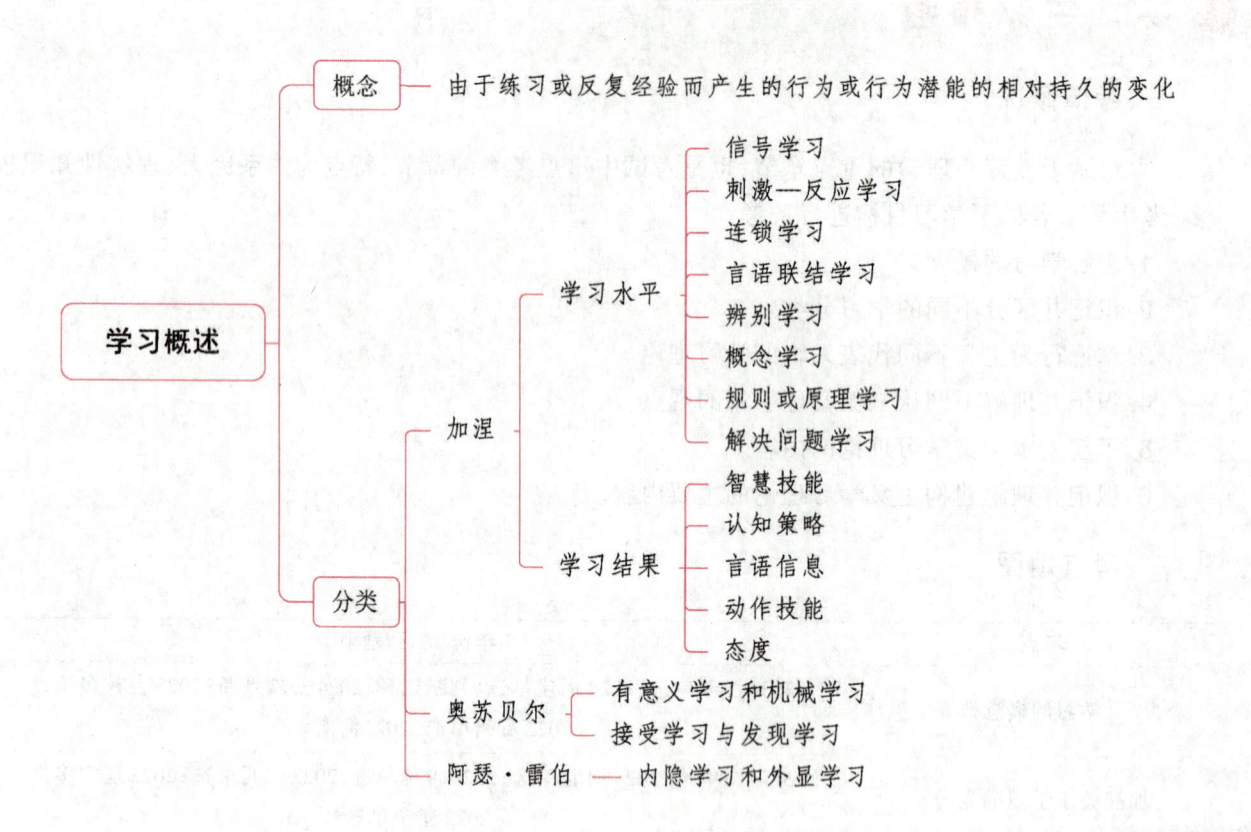

```
                            ┌─ 概念 ── 由于练习或反复经验而产生的行为或行为潜能的相对持久的变化
                            │
                            │                    ┌─ 信号学习
                            │                    ├─ 刺激—反应学习
                            │                    ├─ 连锁学习
                            │         ┌─ 学习水平─┤─ 言语联结学习
                            │         │          ├─ 辨别学习
                            │         │          ├─ 概念学习
                            │         │          ├─ 规则或原理学习
            学习概述────────┤         │          └─ 解决问题学习
                            │   ┌─加涅┤
                            │   │     │          ┌─ 智慧技能
                            │   │     │          ├─ 认知策略
                            │   │     └─ 学习结果─┤─ 言语信息
                            └─分类┤               ├─ 动作技能
                                │                 └─ 态度
                                │
                                ├─ 奥苏贝尔 ── 有意义学习和机械学习
                                │              接受学习与发现学习
                                └─ 阿瑟·雷伯 ── 内隐学习和外显学习
```

一、学习的概念　★★　【单选、多选、判断、判断选择】

<u>学习</u>是个体在特定情境下由于练习或反复经验而产生的行为或行为潜能的相对持久的变化。

一般认为,学习的概念有广义和狭义之分。广义的学习是指人类的学习和动物的学习。狭义的学习是指人类的学习。然而,人类学习和动物学习存在着本质的区别:(1)人的学习除了要获得个体的行为经验外,还要掌握人类世世代代积累起来的社会历史经验和科学文化知识;(2)人的学习是在改造客观世界的生活实践及与他人交往的过程中,通过语言的中介作用而进行的;(3)人的学习是一种有目的、自觉的、积极主动的过程。本书采用广义的学习的概念。

学习的概念可以从以下几个方面去理解:(1)学习实质上是一种适应活动;(2)学习是人和动物共有的普遍现象;(3)学习是由反复经验引起的;(4)学习是有机体后天习得经验的过程;(5)学习的过程可以是有意的,也可以是无意的;(6)学习引起的是相对持久的行为或行为潜能的变化。

然而值得注意的是,并非所有的行为变化都是由学习产生的,如生理成熟、疲劳、药物等因素亦可引起行为的变化。

> **小香课堂**
> 考生在判断一项活动是否为学习时,可以从以下两个方面考虑:(1)学习的定义;(2)学习的"五非原则",即非本能、非成熟、非疲劳、非药物、非病。

真题1 [2024安徽统考,判断]人类所有的行为变化都是由学习引起的。(　　)
答案:×

二、学习的分类

考点 1　加涅关于学习的划分　★★★　【单选、多选、不定项、简答】

1. 学习水平分类

根据学习情境由简单到复杂、学习水平由低到高的顺序,加涅把学习分为八类,建构了一个完整的学习层级结构。

表3-7　学习水平分类

分类	内涵	典例
信号学习	学习对某种信号做出某种反应,其过程为:刺激—强化—反应	巴甫洛夫的经典性条件反射
刺激—反应学习	学会对某一情境中的刺激做出某种反应,以获得某种结果,其过程为:情境—反应—强化	斯金纳的操作性条件反射
连锁学习	学习联合两个或两个以上的刺激—反应动作,以形成一系列刺激—反应的动作联结	儿童学习打篮球,学会了一系列的接球躲闪动作
言语联结学习	形成一系列的言语单位的联结,即言语连锁化	将单词组成合乎语法规则的句子
辨别学习	学会识别多种刺激的异同并对之做出不同的反应	对相似的、易混淆的单词分别做出正确的反应
概念学习	对刺激进行分类时,学会对一类刺激做出同样的反应,也就是对事物的抽象特征的反应	学生将"狗""猪""牛"等概括为"动物"
规则或原理学习	学习两个或两个以上概念之间的关系	各种规律、定理的学习
解决问题学习(高级规则的学习)	在各种情况下,使用所学原理或规则去解决问题	根据已知条件证明三角形的度数

加涅的这一分类是由简单到复杂、由低级到高级的层次分类。前三类学习都是简单反应,许多动物也能完成。而且,事实上这几类学习大多是从动物实验中概括出来的。

1971年,加涅对学习水平分类做了修正,把前四类学习合并为一类,把概念学习扩展为具体概念学习和定义概念学习两类,即分类成为:(1)连锁学习;(2)辨别学习;(3)具体概念学习;(4)定义概念学习;(5)规则学习;(6)解决问题的学习。

> **记忆有妙招**
> 为方便考生记忆,编者将加涅关于学习水平的八类划分总结成以下口诀:
> **信刺反锁,言别概念,原理解决。信**:信号学习。**刺反**:刺激—反应学习。**锁**:连锁学习。**言**:言语联结学习。**别**:辨别学习。

真题2 [2024浙江宁波,单选]贝贝多次试图用手抠电源插座,爸爸告诉他这样很危险,久而久之,一说到电源插座,贝贝就会想到危险。根据加涅的学习层次分类,这种学习属于( )

A. 信号学习 B. 连锁学习
C. 辨别学习 D. 案例学习

真题3 [2024河北石家庄,单选]某班体育课上,石老师教学生"打篮球",学生在反复练习的过程中,不但学会了上篮、运球等基本动作,还学会了接球、躲闪等动作。按照加涅的学习水平分类,该班学生的学习属于( )

A. 规则学习 B. 连锁学习 C. 信号学习 D. 辨别学习

真题4 [2023辽宁锦州,多选]加涅早期根据学习情境由简单到复杂、学习水平由低级到高级的顺序,把学习分成八类。下列学习类别与例子对应正确的有( )

A. 信号学习——看到红灯知道停止前进,看到绿灯知道可以通行
B. 刺激—反应学习——学习打篮球,学会了一系列的接球躲闪动作
C. 言语联结学习——将一个个单词组成符合逻辑的句子
D. 辨别学习——对不同形状、颜色的物体,对相似的、易混淆的单词分别做出正确的反应

答案:2. A 3. B 4. ACD

2. 学习结果分类

按学习结果,心理学家加涅将学习分为五种类型。

(1)**智慧技能**。智慧技能指运用符号或概念与环境交互作用的能力。智慧技能最典型的形式是规则,当学习者已经习得一条规则时,就会表现出受规则支配的行为。智慧技能又可分为五个小类:

①辨别。区分事物差异的能力,如区分两张不同的面孔,区分b与d两个不同字母的音和形。

②具体概念。识别同类事物的能力,如从大量餐具中识别"碗"和"杯子",从大量动物中识别"马"。具体概念一般不能下定义,其本质特征是人们在日常生活中逐渐发现并归纳出来的。

③定义性概念。指运用概念定义对事物分类的能力,如"舅舅"这样的概念不能直接通过观察习得,必须通过下定义即"舅舅是妈妈的兄弟"才能把握这一概念的关键属性。学生如果能按该定义,参照人际关系的描述,正确识别某个人的"舅舅",则他习得了定义性概念。

④规则。当原理或定律指导人的行为,而人又按原理或定律办事时,原理或定律变成了规则。如圆的面积(s)等于圆的半径(r)的平方乘以π,即s=πr²。当学生运用这个定律(公式)做事时,则该定律变成了指导人行为的规则。

⑤高级规则。由若干简单规则组合而成的新规则。

(2)**认知策略**。认知策略指调控自己的注意、学习、记忆和思维等内部心理过程的技能。

(3)**言语信息**。言语信息指有关事物的名称、时间、地点、定义以及特征等方面的事实性信息。

(4)**动作技能**。动作技能指通过身体动作的质量的不断改善而形成整体动作模式。

(5)**态度**。态度指影响个人对人、事、物采取行动的内部状态。加涅提出三类态度:①儿童对家庭和其他社会关系的认识;②对某种活动(如听音乐、阅读、体育锻炼等)所伴随的积极的、喜爱的情感;③有关个人品德的某些方面。

这五项内容分别属于三个领域:前三项内容属于认知领域;第四项内容属于动作技能领域;第五项内容属于情感领域。加涅认为,上述五类学习不存在等级关系,其顺序是随意排列的,它们是范畴各不相同的学习。它充分体现了人类学习的特点,尤其符合学校学习的性质。

> **·记忆有妙招·**
>
> 为方便考生记忆,编者将加涅关于学习结果的划分总结成以下口诀:
>
> **知情动,三领域。认知领域有三宝,言语智慧有策略,情态动作皆结果。**

真题5 [2023广西贵港,单选]小球刚上小学的时候十分内向,很少和同学交流,上课也从来不举手回答问题。后来,小球参加了暑假夏令营活动,性格得到了很大转变,人也变得开朗许多。根据加涅的学习结果分类,在小球身上发生的现象属于(　　)的学习。

A. 认知策略　　　　B. 动作技能　　　　C. 态度　　　　D. 言语信息

真题6 [2022辽宁营口,单选]当学生已经习得一条规则时,就会表现出受规则支配的行为。根据加涅的学习结果分类,这属于(　　)的学习。

A. 智慧技能　　　　B. 言语信息　　　　C. 认知策略　　　　D. 态度

答案:5. C　6. A

考点 2　奥苏贝尔关于学习的划分　★★　【单选、填空、判断】

奥苏贝尔从两个维度对学习做了区分:从学习者学习的方式上,将学习分为接受学习与发现学习;从学习内容与学习者认知结构的关系上,又将学习分为有意义学习和机械学习。接受学习和发现学习是学生学习的最基本的类型,也是最主要的学习方式。

表3-8　奥苏贝尔的学习分类

分类依据	学习类型	含义
学习内容与学习者认知结构的关系	机械学习	学习者并未理解符号所代表的知识,只是依据字面上的联系,记住某些符号的词句或组合,死记硬背
	有意义学习	符号所代表的新知识与学习者认知结构中已有的适当观念建立起非人为的和实质性的联系
学习者学习的方式	接受学习（掌握学习）	人类个体经验的获得是源于学习活动中主体对他人经验的接受,把别人发现的经验经过掌握、占有或吸收,转化为自己的经验
	发现学习（创造学习）	人类个体经验的获得是源于学习活动中主体对经验的直接发现或创造,并非由他人的传授而得

图3-1　奥苏贝尔的学习分类

真题7 [2023湖南长沙,单选]关于学习的类型,下列判断不正确的一项是(　　)

A. 听讲座,是发现学习,也是机械学习

B. 背数学公式,是接受学习,也是机械学习

C. 科学研究,是发现学习,也是有意义学习

D. 听老师讲解,理清了矩形和正方形的概念,是接受学习,也是有意义学习

真题8 [2024河北石家庄,判断]按照奥苏贝尔的观点,幼儿能够背诵很多唐诗,但并不理解其中的意义,这种学习属于机械学习。(　　)

A. 正确　　　　　　　　　　　　B. 错误

答案:7. A　8. A

考点 3 ▶ 学习的意识水平分类　★【单选、判断】

按学习时的意识水平,可以将学习分为内隐学习和外显学习。

内隐学习这一概念最早是由美国心理学家阿瑟·雷伯提出的,它是指有机体在与环境接触的过程中不知不觉地获得了一些经验,并因此改变其事后某些行为的学习。例如,人们能够辨别哪些语句符合语法,却不一定能够说出这些语法规则是什么。外显学习则类似于有意识的问题解决,是有意识的和清晰的、需要付出心理努力并需按照规则做出反应的学习,包括一个试图形成任务的心理表象,搜寻同功能系统的知识的记忆以及试图建立和检验任务操作的心理模型。例如,学习物理中的牛顿运动定律。

真题9 [2023江苏苏州,单选]王琳不知不觉就会唱许多流行歌曲。她的这种学习属于(　　)

A. 发现学习　　　B. 替代学习　　　C. 内隐学习　　　D. 外显学习

答案:C

三、学生的学习　★【多选、判断】

考点 1 ▶ 学生的学习内容

学生的学习不但要掌握知识经验和技能,还要发展智能,培养行为习惯,以及修养道德品质和促进人格发展。因此,其学习内容大致可分为三个方面:一是知识、技能和学习策略的掌握;二是问题解决能力和创造性的发展;三是道德品质和健康心理的培养。

考点 2 ▶ 学生学习的特点

人类学习与学生学习之间是一般与特殊的关系,学生的学习既与人类的学习有共同之处,又有其自身的特点:(1)接受学习是学习的主要形式,具有目的性、计划性和组织性;(2)学习过程是主动构建过程,具有自主性、策略性和风格性,是师生互动的过程;(3)学习内容以系统学习人类的间接知识经验为主,具有间接性;(4)学习目标具有全面性、多重目的性;(5)学生的学习具有一定程度的被动性。

综上所述,学生的学习是在教师的指导下,有目的、有计划、有组织地掌握系统的科学知识和技能,发展各种能力,形成一定的世界观和道德品质的过程。

★★ **本节核心考点回顾** ★★

1. 学习的概念

学习是个体在特定情境下由于练习或反复经验而产生的行为或行为潜能的相对持久的变化。

2. 加涅关于学习水平的分类

(1)信号学习:刺激—强化—反应。

428

(2)刺激—反应学习:情境—反应—强化。

(3)连锁学习:一系列刺激—反应的动作联结。

(4)言语联结学习:一系列言语单位的联结。

(5)辨别学习:识别多种刺激的异同。

(6)概念学习:对一类刺激做出同样的反应。

(7)规则或原理学习:学习两个或两个以上概念之间的关系。

(8)解决问题学习:使用所学原理或规则去解决问题。

3. 加涅关于学习结果的分类

(1)智慧技能:运用符号或概念与环境交互作用的能力。

(2)认知策略:调控内部心理过程的技能。

(3)言语信息:有关事物的名称、时间、地点、定义以及特征等方面的事实性信息。

(4)动作技能:通过身体动作的质量的不断改善而形成整体动作模式。

(5)态度:影响个人对人、事、物采取行动的内部状态。

4. 奥苏贝尔关于学习的划分

(1)从学习者学习的方式上,将学习分为接受学习与发现学习。

(2)从学习内容与学习者认知结构的关系上,将学习分为有意义学习和机械学习。

第二节 行为主义学习理论

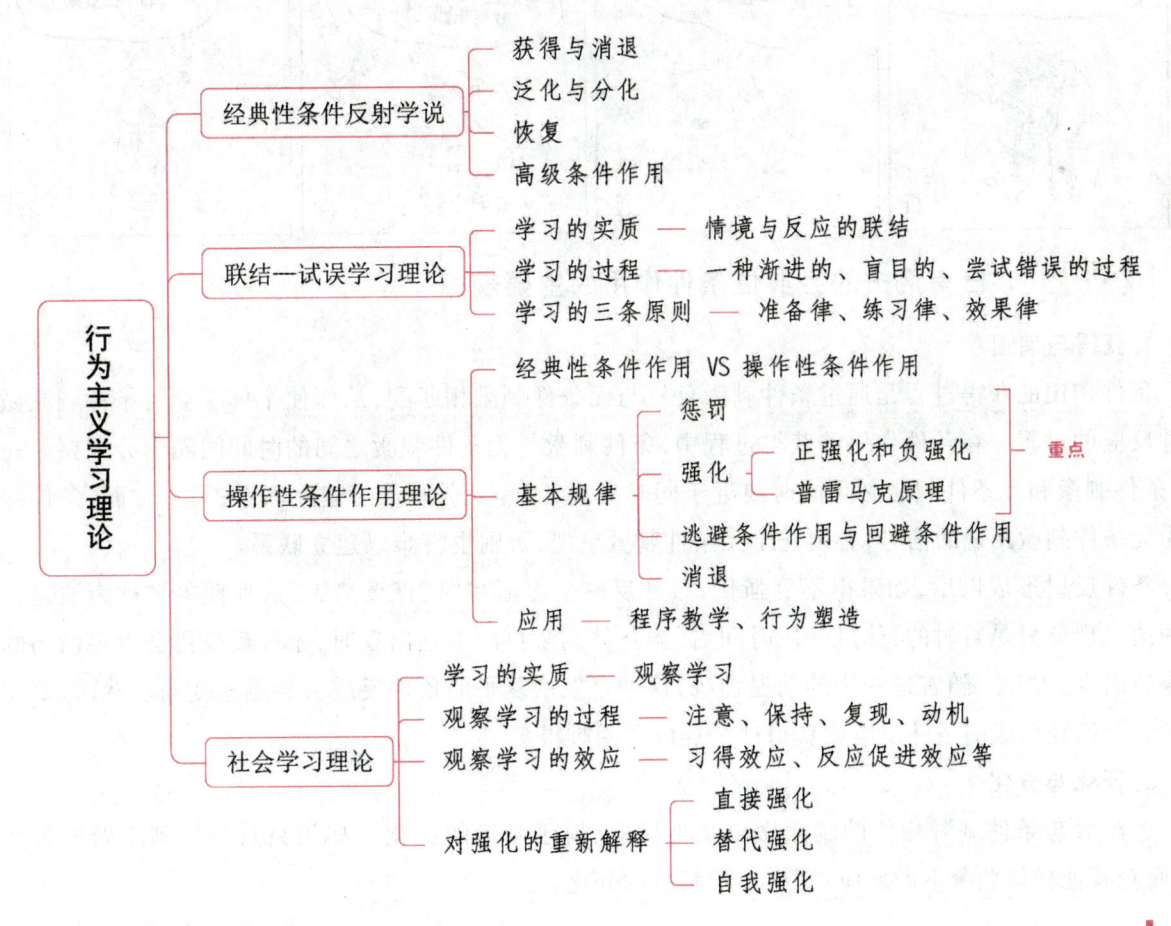

行为主义学习理论
- 经典性条件反射学说
  - 获得与消退
  - 泛化与分化
  - 恢复
  - 高级条件作用
- 联结—试误学习理论
  - 学习的实质 —— 情境与反应的联结
  - 学习的过程 —— 一种渐进的、盲目的、尝试错误的过程
  - 学习的三条原则 —— 准备律、练习律、效果律
- 操作性条件作用理论
  - 经典性条件作用 VS 操作性条件作用
  - 基本规律
    - 惩罚
    - 强化
      - 正强化和负强化 **重点**
      - 普雷马克原理
    - 逃避条件作用与回避条件作用
    - 消退
  - 应用 —— 程序教学、行为塑造
- 社会学习理论
  - 学习的实质 —— 观察学习
  - 观察学习的过程 —— 注意、保持、复现、动机
  - 观察学习的效应 —— 习得效应、反应促进效应等
  - 对强化的重新解释
    - 直接强化
    - 替代强化
    - 自我强化

行为主义学习理论的核心观点认为,学习过程是有机体在一定条件下形成刺激与反应的联系,从而获得新经验的过程。由于行为主义强调刺激—反应的联结,因此,也属于联结派学习理论。

联结学习理论认为,一切学习都是通过条件作用,在刺激和反应之间建立直接联结的过程。强化在刺激—反应联结的建立中起着重要作用。在刺激—反应联结中,个体学到的是习惯,而习惯是反复练习和强化的结果。习惯一旦形成,只要原来的或类似的刺激情境出现,习得的习惯性反应就会自动出现。

一、巴甫洛夫的经典性条件反射学说 ★★★ 【单选、多选、判断、案例分析】

考点 1 ▶ 巴甫洛夫的经典性条件作用

俄国生理学家巴甫洛夫在研究狗的进食行为时发现:狗吃到食物时,会分泌唾液。这是自然的生理反应,不需要学习,这种反应叫无条件反射,引起这种反应的刺激是食物,称为无条件刺激。如果在狗每次进食时发出铃声,一段时间后,狗只要听到铃声就会分泌唾液,这时作为中性刺激的铃声由于与无条件刺激联结而成了条件刺激,由此引起的唾液分泌就是条件反射。这种单独呈现条件刺激即能引起唾液分泌的反应叫作条件反应,后人称为"经典性条件作用"。

巴甫洛夫

考点 2 ▶ 巴甫洛夫的经典性条件作用的主要规律

1. 获得与消退

条件作用的获得过程是通过条件刺激反复与无条件刺激相匹配,从而使个体学会对条件刺激做出条件反应的过程。在条件作用的获得过程中,条件刺激与无条件刺激之间的时间间隔十分重要。一方面,条件刺激和无条件刺激必须同时或近于同时呈现,间隔太久则难于建立联系;另一方面,条件刺激作为无条件刺激出现的信号,必须先于无条件刺激呈现,否则也将难以建立联系。

条件反射形成以后,如果得不到强化,条件反应会逐渐减弱,直至消失,这种现象被称为消退。但这种消退现象只是暂时的,休息一段时间后,当条件刺激再次单独出现时,条件反应仍会以很微弱的形式重新出现。当然,随着进一步的消退训练,这种自发恢复了的条件反应又会迅速变弱。然而,要完全消除一个已经形成的条件反应比获得这个反应要困难得多。

2. 泛化与分化

机体对与条件刺激相似的刺激做出条件反应,属于刺激的泛化。如果只对条件刺激做出条件反应,而对其他相似刺激不做反应,则出现了刺激的分化。

刺激泛化和刺激分化是互补的过程。泛化是对事物的相似性的反应,分化则是对事物的差异性的反应。泛化能使我们的学习从一种情境迁移到另一种情境;而分化则能使我们对不同的情境做出不同的恰当反应,从而避免盲目行动。

3. 恢复

消退现象发生后,如果个体得到一段时间的休息,条件刺激再度出现,这时条件反射可能又会自动恢复。这种未经强化而条件反射自动重现的现象被称为恢复。

4. 高级条件作用

中性刺激一旦成为条件刺激,可以作为无条件刺激。另一个中性刺激与其反复结合,可形成新的条件作用,这一过程被称为高级条件作用。在一级条件作用基础上建立二级条件作用,在二级条件作用的基础上建立三级条件作用。测验失败引起学生条件性的紧张或焦虑等情绪反应,就经历了一个高级条件作用的形成过程。测验失败一开始也许只是一个中性事件,但逐渐与家长或老师的批评联系起来,而批评本身是引起学生焦虑的条件刺激,久而久之,测验失败引起焦虑。再进一步,与测验情境有关的线索也可能成为条件刺激,例如,当学生走进考场时,或者当老师宣布即将举行考试时,学生感到非常焦虑。

> **小香课堂**
>
> 刺激的泛化和刺激的分化属于易混点,考生可根据以下关键点进行区分和理解:泛化强调对事物相似性的反应(分不清);分化强调对事物差异性的反应(分得清)。

考点 3 经典性条件作用对教学的启示

(1)要尽量借助于直观手段讲授新知识,而且尽可能组织各种有趣的活动,让学生形成尽量多的理性观念与感性经验,掌握新知识与旧知识以及认知与情绪等多方面的联系,有助于学生对所学知识的重视。

(2)组织练习,使学生学过的知识得到强化,尤其是似是而非、容易混淆的知识,要加强对比练习,促进学习的分化。

(3)针对学生学习活动上的不适当行为,不要采用过于强烈的惩罚、刁难、讽刺等刺激手段,以免使学生形成学习活动与恐惧、紧张、惊慌的"联结"而导致学习障碍的产生。

真题1 [2023河南郑州,多选]根据巴甫洛夫的经典性条件反射理论,日常教学活动中应做到(　　)
A. 讲授新概念、新知识时,要尽量借助直观手段,帮助学生形成尽量多的理性观念和感性经验
B. 经常组织多种多样的练习,使学生所学到的知识能够有机会得到不断的强化
C. 对于学生学习活动中的不适当行为,不要采取过于强烈的惩罚、刁难、讽刺等刺激手段
D. 任何学习都应该在学生有准备的情况下进行,而不能经常搞突然袭击
答案:ABC

二、桑代克的联结—试误学习理论 ★★★ 【单选、多选、判断、简答】

桑代克是美国著名心理学家,西方教育心理学奠基人之一,联结主义学习理论的创始人。桑代克的联结说是教育心理学史上第一个较为完整的学习理论。它系统地回答了有关学习的一些最基本的问题,这为教育心理学成为一门独立的学科起到了奠基作用。

桑代克的联结理论是根据其对动物的实验结果提出的,其中最著名的是"**饿猫打开迷笼**"的实验。在该实验中,将饿猫放在一个迷笼里,将小鱼放在笼外猫看得见的地方。猫只有用前爪踏到开门的机关,才能出笼获食。在经过一系列盲目尝试之后,猫终于踏到机关,逃了出来。把猫多次放回笼中,猫几经尝试,逃出笼子的速度越来越快,犯错次数越来越少。经过反复尝试,猫学会了做出成功的反应,而抛弃不成功的反应,自动形成了迷笼刺激情境与踏动机关反应之间的联结。

考点 1 ▶ 学习的实质——形成情境与反应的联结

学习的实质在于形成情境与反应之间的联结,联结公式是S-R。他认为刺激与反应之间的联结是直接的,并不需要中介作用。

考点 2 ▶ 学习的过程——一种渐进的、盲目的、尝试错误的过程

学习的过程就是形成刺激与反应之间的联结的过程,而联结是通过尝试错误的过程建立的。学习的过程是一种渐进的、盲目的、尝试错误的过程。在此过程中随着错误反应的逐渐减少和正确反应的逐渐增加,而最终在刺激与反应之间形成牢固的联结。这种理论又被称为尝试—错误论,简称试误论。

考点 3 ▶ 学习要遵循三条原则

(1)**准备律**是指联结的加强或削弱取决于学习者的心理准备和心理调节状态。准备不是指学习前的知识准备或成熟方面的准备,而是指学习者在学习开始时的预备定势。学习者有准备而给以活动就感到满意,有准备而不给以活动则感到烦恼,学习者无准备而强制给以活动也感到烦恼。

(2)**练习律**是指刺激与反应之间的联结会由于重复或练习而加强,不重复不练习,联结的力量就会减弱。练习律又分为应用律和失用律两个次律。

(3)**效果律**是指刺激和反应之间的联结可因导致满意的结果而加强,也可因导致烦恼的结果而减弱。效果律是最重要的学习定律。

学习的副律有五条:多重反应原则、倾向和态度原则、选择性原则、同化或类化的原则和联想交替原则。

真题2 [2024安徽合肥/淮北/铜陵,单选]当小军考试取得好成绩后,他的老师和家长便给予他奖状和表扬,这符合桑代克学习规律中的(   )

A. 准备律　　　　　B. 练习律　　　　　C. 效果律　　　　　D. 动机律

答案:C

考点 4 ▶ 联结—试误说的教育意义

桑代克的联结—试误理论虽然是从动物实验中推导出来的,但对于人类学习仍有很大的借鉴意义。根据学生的学习特点,这一理论特别强调"从做中学",即在实际的操作过程中学习有关的概念、原理、技能和策略等。具体而言,对教育有以下指导意义:

(1)在学习过程中,教师应该允许学生犯错误,并鼓励学生多尝试,从错误中学习,这样获得的知识才会更牢固。

(2)任何学习都应该在学生有准备的状态下进行,不能经常搞"突然袭击"。(准备律)

(3)在学习过程中,应加强合理的练习,并注意学习结束后及时地进行练习。(练习律)

(4)在实际教育过程中,教师应努力使学生的学习能得到自我满足的积极结果,防止一无所获或得到消极的后果。(效果律)

三、斯金纳的操作性条件作用理论 ★★★ 【单选、多选、判断】

桑代克为操作性条件作用理论奠定了基础,斯金纳则系统地发展了这一理论,并使之对教育实践产生了巨大作用。

斯金纳把人和动物的行为分为两类:应答性行为和操作性行为。应答性行为是由特定刺激引起的,是不随意的反射性反应;而操作性行为则不与任何特定刺激相联系,是有机体自发做出的随意反应。在日常生活中,人的大部分行为都是操作性行为。经典性条件反射理论可以解释应答性行为的产生,而操作性条件作用理论可以解释操作性行为的产生。

斯金纳

考点 1 经典性条件作用与操作性条件作用的比较

表3-9 两种条件作用的比较

比较范畴	经典性条件作用	操作性条件作用
主要代表人物	巴甫洛夫	斯金纳
行为	无意的、情绪的、生理的	有意的
顺序	行为发生在刺激之后	行为发生在刺激之前
学习的发生	中性刺激与无条件刺激的匹配	行为后果影响随后的行为
例子	学生将课堂(开始是中性的)与教师的热情联结在一起,课堂引发出积极情绪	学生回答问题后受到表扬,学生回答问题的次数增加

真题3 [2022 河南南阳,多选]行为主义心理学家斯金纳被誉为"操作性条件反射理论的奠基者"。他将行为分为( )

A. 刺激行为　　　B. 反应行为　　　C. 应答性行为　　　D. 操作性行为

答案:CD

考点 2 操作性条件作用的基本规律

操作性条件作用的基本规律有:惩罚、强化、逃避条件作用与回避条件作用、消退。

1. 惩罚

惩罚是指当有机体做出某种反应以后,呈现一个厌恶刺激或取消一个愉快刺激,以期消除或抑制此类反应的过程。惩罚与负强化有所不同,负强化是通过厌恶刺激的排除来增加反应在将来发生的概率,而惩罚则是通过厌恶刺激的呈现或愉快刺激的取消来降低反应在将来发生的概率。依据刺激是呈现还是移除,惩罚也可以分为呈现性惩罚和移除性惩罚。

2. 强化

(1)强化的概念及分类

强化是采用适当的强化物而使机体反应频率、强度和速度增加的过程。凡是能增强行为频率的刺激或事件叫作强化物。斯金纳认为,强化是塑造行为的有效而重要的条件,塑造行为的过程,就是学习的过程。强化有正强化和负强化之分。正强化也称积极强化,是通过呈现想要的愉快刺激来增强反应频率，正强化的方法包括奖学金、对成绩的认可、表扬、给予学习和成长的机会等；负强化也称消极强化，是通过消除或中止厌恶、不愉快刺激来增强反应频率。

表3-10 强化和惩罚的区别

	强化		惩罚	
分类	正强化	负强化	呈现性惩罚（正惩罚）	移除性惩罚（负惩罚）
特点	呈现愉快刺激	取消厌恶刺激	呈现厌恶刺激	取消愉快刺激
目的	增加反应频率		降低反应频率	
典例	给予表扬	完成作业，老师不再批评学生	孩子乱跑，打孩子屁股	不写完作业不能出去玩

（2）强化物

除了对正强化和负强化做出区分外，斯金纳还区分了强化的两个来源：一级强化物和二级强化物。一级强化物包括所有在没有任何学习发生的情况下也起强化作用的刺激，如食物和水等满足生理基本需要的东西。二级强化物包括那些在开始时不起强化作用，但后来作为与一级强化物或其他强化物配对的结果而起强化作用的刺激。斯金纳认为，对于人类来说，二级强化物包括对大量行为起强化作用的许多刺激（诸如社会地位、权力、财富、名声等），这些大多是由社会文化决定的，它们构成了决定人类行为的极有力的二级强化物。二级强化也称为条件强化、习得强化。老师有时可以用一级强化物，如糖果等，强化学生的正确行为，但是教师更多地应该使用二级强化物强化学生的正确行为，如好的分数、赞赏、鼓励、表扬等。

在选择强化物时，可以遵循普雷马克原理，又称为"祖母法则"，即用高频活动作为低频活动的有效强化物。简单地说，每个人都有一个强化等级，在这个强化等级中，处于较高一级的强化物比处于较低一级的强化物更容易引发操作行为，所以，处于较高一级的活动可以强化较低一级的活动。例如，教师在课堂中经常使用的"只要写完作业，就可以出去玩""学完这个难点，我们就休息一下"等，如果有一件愉快的事等着学生去做，他们会很快完成另一件不喜欢的事。在应用普雷马克原理时应注意：行为和强化的关系不能颠倒，必须先有行为，再有强化；要让学生明确感觉到这种行为和强化的依随关系；不能过度使用强化物，否则，可能使强化物失去原有的效力。

（3）强化程序

斯金纳认为强化的程序不止一种。所谓强化程序，是按合乎要求的反应次数以及各次强化之间的时距的适当组合而做出的各种强化安排。它包括连续强化和间隔强化，间隔强化又分为固定比例强化和变化比例强化、固定时间强化和变化时间强化等。

表3-11 强化程序的分类

分类		内涵	典例
连续强化		每次行为之后都给予强化	一开开关灯就亮
间隔强化	固定比例强化	间隔一定的次数给予强化	每隔5次给予1次强化、计件工资、每举三次手给一次发言的机会
	变化比例强化	每两次强化之间间隔的反应次数是变化不定的	老虎机、钓鱼、买彩票
	固定时间强化	间隔一定的时间给予强化	每隔5分钟给予1次强化、计时工资、每周五测验
	变化时间强化	强化之间间隔的时间是变化的	冲浪运动、随时小测验

强化的安排可以有很多种,不同的强化安排可以起到不同的强化效果。一般来说,间隔强化的效果比连续强化的效果好;可变时间和可变比例强化的效果好于固定时间和固定比例强化的效果。

3. 逃避条件作用与回避条件作用

逃避条件作用是指当厌恶刺激出现时,有机体做出某种反应,从而逃避了厌恶刺激,则该反应在以后的类似情境中发生的概率便增加的一类条件作用。在日常生活中,逃避条件作用不乏其例,如看见路上的垃圾后绕道走开;感觉屋内人声嘈杂时暂时离屋等。

回避条件作用是指当预示厌恶刺激即将出现的刺激信号呈现时,有机体也可以自发地做出某种反应,从而避免了厌恶刺激的出现,则该反应在以后的类似情境中发生的概率便增加的一类条件作用。它是在逃避条件作用的基础上建立的,是个体在经历过厌恶刺激的痛苦之后,学会了对预示厌恶刺激的信号做出反应,从而免受痛苦等。

逃避条件作用　　　　　　　　回避条件作用

4. 消退

消退是指条件反射形成以后,如果得不到强化,条件反应会逐渐减弱,直至消失的现象。

真题4 [2024广东东莞,单选]大白每次去超市都会为了买玩具又哭又闹,针对这种行为,专家建议大白妈妈不理睬、不回应。专家建议的这种行为属于(　　)

A. 正强化　　　　　　　　　　　　B. 负强化
C. 惩罚　　　　　　　　　　　　　D. 消退

真题5 [2023辽宁营口,单选]小彤的妈妈想要纠正小彤的驼背,所以一旦发现小彤驼背,就会让小彤贴着墙站立半个小时。这种方式属于(　　)

A. 正强化　　　　B. 负强化
C. 正惩罚　　　　D. 负惩罚

真题6 [2023河南郑州,单选]学生小阳认为如果父母平时能减少一些对他的严格管束,他会更乐意学习。这一现象的心理实质是(　　)

A. 惩罚　　　　　　　　　　　　　B. 消退
C. 负强化　　　　　　　　　　　　D. 替代强化

真题7 [2022辽宁沈阳,单选]"看见路上有垃圾后就绕道走开",这描述的是(　　)

A. 正强化　　　　　　　　　　　　B. 负强化
C. 逃避条件作用　　　　　　　　　D. 回避条件作用

真题8 [2023河南信阳,判断]负强化就是惩罚。(　　)

答案:4. D　5. C　6. C　7. C　8. ×

考点 3 ▶ 操作性条件作用理论对学习的意义

1. 强化的应用

在学习过程中,强化物有很多种类,如表扬、奖励、自我强化等。表扬或奖励可以根据具体的情况采用不同的形式:关注、特权、拥抱、活动、实物和金钱等。没有一种强化形式适合于所有的人,当采用的表扬或奖励方式对学生无效时,并不是强化无效,而是没有选择正确的强化方式。在对学生的行为进行奖励时,应注意避免外部奖励对内部兴趣的破坏。奖励虽然是塑造行为的有效手段,但是奖励的运用必须得当,否则便会强化不良行为。

2. 消退的应用

消退是一种无强化过程,其作用在于降低某种反应在将来发生的概率,以达到消除某种行为的目的。不去强化而去淡化,既可消除不正确行为,又不会带来诸如惩罚等导致的感情受挫的副作用。因此,消退是减少不良行为、消除坏习惯的有效方法。例如,小孩的许多无理取闹的行为实际上是学习的结果,因为他们通过哭闹能得到诸如玩具、冷饮等强化物。要矫正这种行为,就不应再给予强化,父母的无端让步实际上正起着强化不正确行为的作用。

3. 惩罚的应用

(1)惩罚并不能使行为发生永久性的改变,它只能暂时抑制行为,而不能根除行为。

(2)惩罚的运用必须慎重,惩罚一种不良行为应与强化一种良好行为结合起来,方能取得预期的效果,即指出正确的行为方式,在孩子做出正确的行为后给予强化。

(3)一般来说,要尽可能地少用惩罚,在必要的时候才使用。一个经常惩罚孩子的家长或教师,本身就给孩子树立了一个不好的榜样。惩罚的目的可能没有达到,反而使孩子学会了粗暴的不顾别人自尊的处事方式。

(4)惩罚的运用应该及时,即在学生做出某种错误行为之后,立即给予惩罚。惩罚紧紧跟在错误行为之后,与错误的行为之间建立联结。

总之,根据操作性条件作用理论,在教育过程中,教师应多用正强化的手段来塑造学生的良性行为,用不予强化的方法来消除消极行为,同时应慎重地运用惩罚。

考点 4 ▶ 操作性条件作用理论在教育上的应用

1. 程序教学

(1)程序教学的内涵及基本原理

程序教学是基于操作性条件反射和积极强化的原理而设计的教学模式,并以此设计了教学机器。程序教学是一种个别化的教学形式。斯金纳将要学习的大问题分解为一系列小问题,并将其按一定的程序编排和呈现给学生,要求学生学习并回答问题,学生回答问题后及时得到反馈信息。程序教学的基本原理是采用连续接近法,通过设计好的程序不断强化,使学生形成教育者希望的行为模式。

(2)程序教学的原则

①小步子原则。学生所用的教材或程序教学机器要将学习的内容分为许多小单元,小单元之间相互联系,层层深入,相邻小单元之间的难度差距小,学习者容易成功。

②积极反应原则。保证学生在学习过程中一直处于积极的状态,学生产生学习行为,就要及时给

予强化,以保证学习活动的持续进行。

③自定步调原则。学生可以按照自己的接受程度选择最适宜的学习进度,这样学生容易成功,学习动机强。

④及时反馈原则。及时反馈,也就是说让学生立刻知道自己的答案是否正确,正确的回答可以让学生树立信心,保持学习行为,进行下一阶段的学习。

⑤低错误率原则。保证学习者在学习中将错误率降至最低,以达到强化效果。

> **·记忆有妙招·**
>
> 为方便考生记忆,编者将程序教学的原则总结成如下口诀:
>
> **小鸡自己滴。小**:小步子原则。**鸡**:积极反应原则。**自**:自定步调原则。**己**:及时反馈原则。**滴**:低错误率原则。

2. 行为塑造

所谓塑造,就是通过小步强化帮助学生达到目标。斯金纳认为"教育就是塑造行为",他采用连续接近的方法,对趋向于所要塑造的反应的方向不断地给予强化,直到引出所需要的新行为。例如,训练鸽子或老鼠的头抬到一定的高度,只有当其头朝着实验所需的方向抬起来时才强化,下一次要求再多一点,直到完全达到所需的方向和高度。这时,新的行为就塑造成功了。行为塑造技术包括顺向连锁塑造和逆向连锁塑造两种。

真题9 [2023辽宁锦州,单选]斯金纳精心设计了程序化的教学机器,并提出了程序教学的基本原则,其中(　　)就是让学生按照自己的速度和潜力进行学习,强调个体化的学习方式。

A. 自定步调原则　　　　　　　　B. 小步子原则

C. 及时强化原则　　　　　　　　D. 低错误率原则

真题10 [2022广西桂林,判断]程序教学是基于操作性条件反射和积极强化的原理而设计的教学模式。(　　)

答案:9. A　10. √

四、班杜拉的社会学习理论 ★★★ 【单选、多选、填空、判断】

班杜拉总结了影响学习的三类因素:环境(资源、行动结果、他人与物理条件)、个体(信念、期望、态度与知识)和行为(个体行动、选择和言语表述)。他认为这三类因素互为因果,每两者之间都具有双向的互动和决定关系,因此,这一理论又被称为三元交互作用论。

班杜拉

考点 1 学习的实质——观察学习

班杜拉以儿童的社会行为习得为研究对象,形成了其关于学习的基本思路,即观察学习是人类学习最重要的形式。班杜拉认为,学习是个体通过对他人的行为及其强化结果的观察,从而获得某些新的行为反应或已有的行为反应得到修正的过程。

观察学习有其明显的特点:(1)观察学习并不依赖于直接强化;(2)观察学习不一定具有外显的行为反应,人们可以通过观察他人的示范行为,在自己尚未表现行为时就已经学到了如何去做,这样就可以避免许多不必要的错误和危险的结果;(3)观察学习具有认知性。

真题11 [2024安徽统考,单选]能够有效解释"身教重于言教"现象的学习理论是( )
A.认知学习理论　　B.社会学习理论　　C.联结学习理论　　D.人本主义理论

真题12 [2024浙江宁波,单选]小华通过在滑冰场观察并模仿他人的滑冰动作和技巧来提升自己的滑冰技术,小华的做法更符合下列哪种理论( )
A.尝试—错误学习理论　　　　　　　B.经典性条件作用理论
C.操作性条件作用理论　　　　　　　D.社会学习理论

答案: 11. B　12. D

考点 2　观察学习的对象——榜样

班杜拉认为凡是能够成为学习者观察学习的对象,就可以称之为榜样或示范者。榜样不一定是活生生的人,他也可以是以符号形式存在的人(如影视中的人)或事物、动物等,班杜拉认为榜样有三种形式:(1)活的榜样,即具体的活生生的人;(2)符号榜样,指通过语言或影视图像而呈现的榜样;(3)诫例性榜样,即以语言描绘或形象化方式表现某个带有典型特点的榜样,以告诫儿童学习或借鉴某个榜样的行为方式。

考点 3　观察学习的过程

班杜拉把观察学习的过程分为**注意、保持、复现和动机**四个子过程。

(1)在注意过程中,观察者注意并知觉榜样情境的各个方面。

(2)在保持过程中,观察者记住从榜样情境中了解的行为,以表象和语言的形式将它们在记忆中进行表征、编码以及存储。即先将榜样行为转换成记忆表象,然后记忆表象再转换为言语编码,表象和言语编码同时贮存在头脑中,对学习者以后的行为起指导作用。

(3)在复现过程中,观察者将头脑中有关榜样情境的表象和符号概念转为外显的行为。

(4)在动机过程中,观察者因表现所观察到的行为而受到激励。班杜拉还认为习得的行为不一定都表现出来,学习者是否会表现出已习得的行为,会受强化的影响。

▸记忆有妙招◂

为方便考生记忆,编者将观察学习的过程总结成以下口诀:

珠宝浮动。**珠**:注意。**宝**:保持。**浮**:复现。**动**:动机。

考点 4　观察学习的效应

1. 习得效应

习得效应指通过观察习得新的技能和行为模式。例如,儿童的语言在很大程度上就是一种通过模仿习得的技能。观察学习的习得效应可以解释大部分与态度和品德有关的新行为方式的学习。

2. 抑制效应与去抑制效应

抑制效应指观察者看到他人的不良(或良好)行为受到社会谴责,观察者会暂时抑制受到谴责的不良(或良好)行为。去抑制效应指观察者看到他人的不良行为未受到应有的惩处,其原本受到抑制的不良行为重新发作。例如,一名有不良行为习惯的学生进入一个班风很好,纪律严明的班集体,在周围同学良好表现的耳濡目染之下,该生的不良行为方式很可能暂时受到抑制。由于他的恶习一时难以完全消除,他一离开班集体,进入他自己原先的小圈子,不良习气又重新发作。这就是不良行为的抑制与去抑制效应。观察学习的抑制与去抑制效应可以解释不良态度与品德转变的部分心理机制。

> **小香课堂**
> 抑制效应与去抑制效应属于易混点,考生可根据以下关键点进行区分和理解:抑制效应强调不良(或良好)行为暂时受到抑制;去抑制效应强调原本受到抑制的不良行为重新发作。

3. 反应促进效应

反应促进效应指通过观察促进新的学习。例如,在体育课上有些学生胆小,不敢做一些危险性的动作。这时教师让某个胆大的学生先做示范。胆小的学生看到该动作他人能做,胆子也大起来,认为自己也能做,从而促进新的行为的学习。反应促进也指原先习得行为的加强。例如,"见人打招呼"原本是某儿童已习得的行为,但有时却不能表现出来。若看到其他儿童和成人都能表现这样的行为并受到赞扬,该儿童见人打招呼的礼貌行为方式会得到加强并重新表现出来。

4. 刺激指向效应(环境加强效应)

刺激指向效应,指通过观察榜样行为,观察者将自己的注意指向特定的刺激。在班杜拉的实验中,看到榜样用木槌击打布娃娃的儿童同未看到这种行为的儿童相比,不但模仿这种攻击行为,而且更多地将木槌用到其他情境。

5. 情绪唤醒功能

情绪唤醒功能指看到榜样表达的情感,在观察者身上容易唤起类似的情感。例如,在语文课上教师通过表情朗读表达对英雄人物的崇敬情感,在学生身上可以唤起类似的情感。所以,观察学习是情感教育的最重要手段。

真题13 [2024天津实验小学,单选]一名学生在公交车上看到了别人给老人让座位受到了他人的赞许,自己也起身给旁边老人让座。这体现了榜样示范学习的( )

A. 去抑制效应　　　　　　　　B. 环境加强效应

C. 反应促进效应　　　　　　　D. 情绪唤起效应

答案:C

考点 5　对强化的重新解释

(1)**直接强化**。直接强化是指观察者因表现出观察行为而受到强化。

(2)**替代强化**。替代强化是指观察者因看到榜样的行为被强化而受到强化。

(3)**自我强化**。自我强化是指对自己表现出的符合或超出标准的行为进行自我奖励。

真题14 [2024山东济南,单选]小志看到小颖帮助同学倒垃圾受到教师表扬后,也积极帮助其他有需要的同学。根据班杜拉的社会认知理论,小志在该过程中受到的强化属于( )

A. 替代性强化　　　　　　　　B. 自我强化

C. 直接强化　　　　　　　　　D. 参与性强化

真题15 [2022福建统考,填空]班杜拉把行为强化分为直接强化、替代强化和_____。

答案:14. A　15. 自我强化

本节核心考点回顾

1. 巴甫洛夫的经典性条件作用的主要规律

(1)泛化:机体对与条件刺激相似的刺激做出条件反应。

(2)分化:只对条件刺激做出条件反应,而对其他相似刺激不做反应。

2. 桑代克的联结—试误学习理论

(1)学习的实质:形成情境与反应的联结。

(2)学习的过程:一种渐进的、盲目的、尝试错误的过程。

(3)学习的原则

①准备律:联结的加强或削弱取决于学习者的心理准备和心理调节状态。

②练习律:重复或练习会加强刺激与反应之间的联结。

③效果律:导致满意的结果加强联结,导致烦恼的结果减弱联结。

3. 斯金纳的操作性条件作用的基本规律

(1)正强化:通过呈现想要的愉快刺激来增强反应频率。

(2)负强化:通过消除或终止厌恶、不愉快刺激来增强反应频率。

(3)正惩罚:通过呈现厌恶刺激来降低反应频率。

(4)负惩罚:通过取消愉快刺激来降低反应频率。

(5)普雷马克原理:先有行为,再有强化;用高频活动作为低频活动的有效强化物。

4. 班杜拉的社会学习理论

(1)学习的实质——观察学习。学习是个体通过对他人的行为及其强化结果的观察,从而获得某些新的行为反应或已有的行为反应得到修正的过程。

(2)观察学习的效应

①习得效应指通过观察习得新的技能和行为模式。

②反应促进效应指通过观察促进新的学习。

③抑制效应指观察者会暂时抑制受到社会谴责的不良(或良好)行为。

(3)对强化的重新解释

①直接强化:表现出观察行为,受到强化。

②替代强化:看到榜样的行为被强化,受到强化。

③自我强化:对自己表现出的符合或超出标准的行为进行自我奖励。

第三节 认知派学习理论

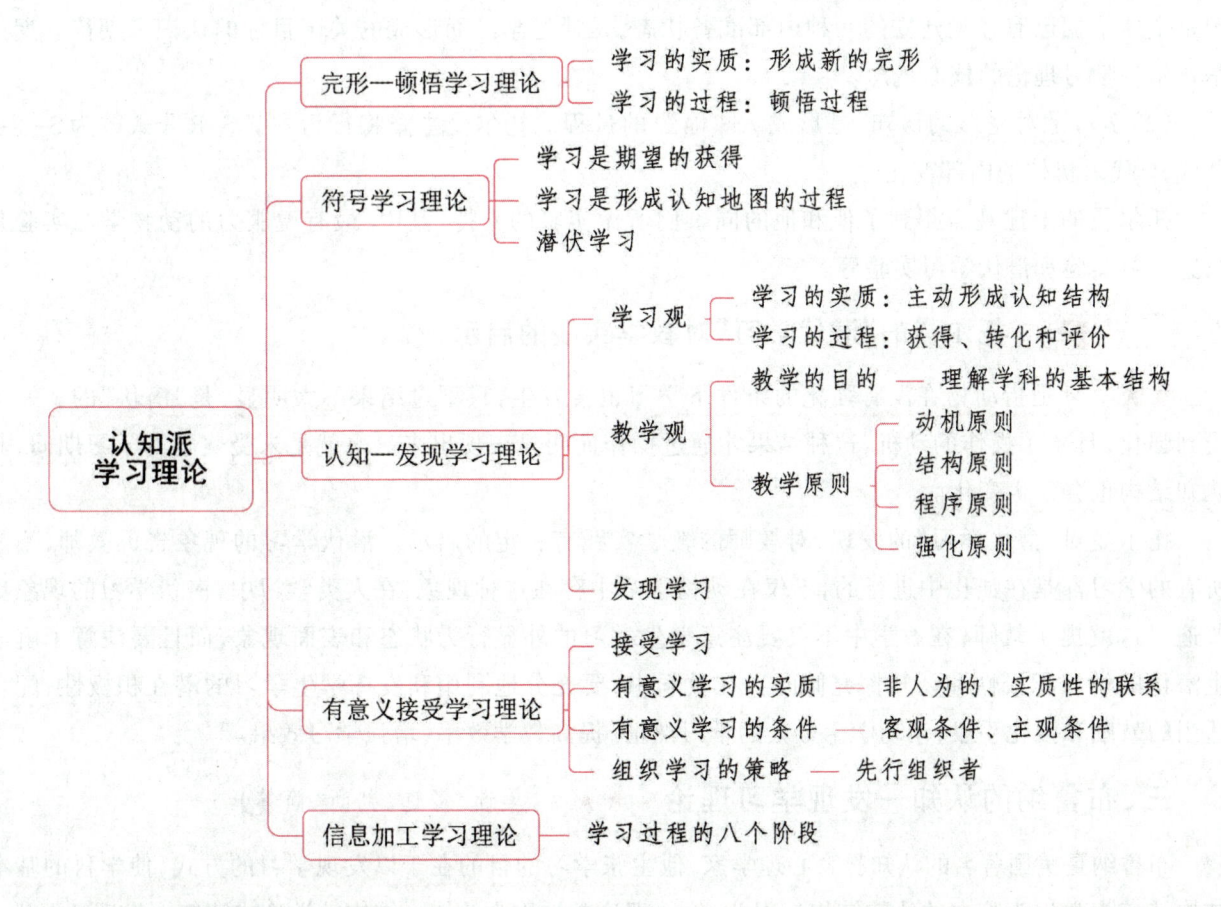

```
认知派                完形—顿悟学习理论 ─┬─ 学习的实质：形成新的完形
学习理论                              └─ 学习的过程：顿悟过程
    │
    ├─ 符号学习理论 ─┬─ 学习是期望的获得
    │               ├─ 学习是形成认知地图的过程
    │               └─ 潜伏学习
    │
    ├─ 认知—发现学习理论 ─┬─ 学习观 ─┬─ 学习的实质：主动形成认知结构
    │                     │          └─ 学习的过程：获得、转化和评价
    │                     ├─ 教学观 ─┬─ 教学的目的 ── 理解学科的基本结构
    │                     │          └─ 教学原则 ─┬─ 动机原则
    │                     │                       ├─ 结构原则
    │                     │                       ├─ 程序原则
    │                     │                       └─ 强化原则
    │                     └─ 发现学习
    │
    ├─ 有意义接受学习理论 ─┬─ 接受学习
    │                     ├─ 有意义学习的实质 ── 非人为的、实质性的联系
    │                     ├─ 有意义学习的条件 ── 客观条件、主观条件
    │                     └─ 组织学习的策略 ── 先行组织者
    │
    └─ 信息加工学习理论 ── 学习过程的八个阶段
```

认知派学习理论认为，有机体获得经验的过程是通过积极主动的内部信息加工活动形成新的认知结构的过程。

一、格式塔学派的完形—顿悟学习理论

苛勒等人通过著名的黑猩猩实验，对学习的实质及原因做出了解释。他们关于学习本质的观点是：

1. 学习的实质——形成新的完形

从学习的结果来看，学习并不是形成刺激—反应的联结，而是形成了新的格式塔（完形）。

2. 学习的过程——顿悟过程

苛勒认为，学习是个体利用本身的智慧与理解力对情境及情境与自身关系的顿悟，而不是动作的积累或盲目的尝试。从学习的过程来看，学习是通过顿悟过程实现的。所谓顿悟，就是领会到自己的动作和情境，特别是和目的物之间的关系。

二、托尔曼的符号学习理论 ★【单选、多选、判断】

托尔曼是一位受格式塔学派影响的行为主义者，他提出的认知学习理论和内部强化理论对现代认知学习理论的发展有一定的贡献。

考点 1 ▶ 基本观点

(1)学习是有目的的,是期望的获得。学习的目的性是人类学习区别于动物学习的主要标志。期望是个体依据已有经验建立的一种内部准备状态,是通过学习而形成的关于目标的认识和期待。期望是托尔曼学习理论的核心概念。

(2)学习是对完形的认知,是形成认知地图的过程。托尔曼主张将行为主义S-R公式改为S-O-R公式,O代表机体的内部变化。

托尔曼的上述观点得到了他和他的同事们所做实验的支持,其中,最有说服力的动物学习实验是位置学习实验和潜伏学习实验等。

考点 2 ▶ 托尔曼的"潜伏学习"对教学实践的启示

潜伏学习是指动物在没有强化的条件下学习也会发生,只不过结果不太明显,是"潜伏"的。一旦受到强化,具备了操作的动机,这种结果才通过操作而明显表现出来。也就是未受奖励的学习期间,其认知结构也会发生变化。

托尔曼对"潜伏学习"的发现,对教师的教学实践有一定的启示。潜伏学习的现象告诉教师,不是所有的学习都是在强化中进行的,不仅在动物学习中存在这种现象,在人类学习中,潜伏学习的现象更普遍。这就提示教师,在教学中不仅要注意学生学习的外显行为状态和表面现象,而且要注意了解学生潜伏的学习积极性和认知探究倾向。在教学中,要充分地利用和发挥学生学习的潜在积极性,配合适当的鼓励和强化手段,调动学生最大的学习热情,提高教学效率,增强学习效果。

三、布鲁纳的认知—发现学习理论 ★★ 【单选、多选、判断、简答】

布鲁纳是美国著名的认知教育心理学家,他主张学习的目的在于以发现学习的方式,使学科的基本结构转变为学生头脑中的认知结构。因此,他的理论常被称为认知—结构教学论或认知—发现学习说。

考点 1 ▶ 学习观

1. 学习的实质在于主动形成认知结构

认知结构是指一种反映事物之间稳定联系或关系的内部认识系统,或者说,是某一学习者的观念的全部内容与组织。布鲁纳认为,人不是一个知识的被动接受者。个人的学习都是通过把新得到的信息和原有的认知结构联系起来,去积极地建构新的认知结构。

2. 学习包括获得、转化和评价三个过程

在学生能动地获取知识的过程上,布鲁纳认为学习包括三个差不多同时发生的过程。分别是:(1)新知识的获得。由于新知识往往同一个人以前的模糊或清晰的知识相违背,或是它的一种代替,故新知识的获得是先前知识的重新提炼。(2)转化(转换),即将所获得的知识,整理成另一种形式以适合新任务。转换包含着处理知识的各种方式,目的在于学得更多知识。(3)评价,即检核与估计知识的正确性。学习任何一门学科常有一连串的情节,每个情节都涉及获得、转化(转换)、评价三个过程。

· 记忆有妙招 ·

为方便考生记忆,编者将布鲁纳关于学习的三个过程总结成以下口诀:
布鲁纳得花甲。**得**:获得。**花**:转化。**甲**:评价。

442

真题1 [2022广西贵港,单选]布鲁纳认为,学习任何一门学科常有一连串的情节,每个情节都涉及的三个过程是( )

A. 获得、转化、评价　　　　　　　　B. 考查、考试、评分
C. 模仿、偏差、行动　　　　　　　　D. 前运算、具体运算、形式运算

答案:A

考点 2 教学观

1. 教学的目的在于理解学科的基本结构

由于布鲁纳强调学习的主动性和认知结构的重要性,所以他主张教学的最终目标是促进学生对学科结构的一般理解。所谓学科的基本结构,是指学科的基本概念、基本原理及其基本态度和方法。学生理解了学科的基本结构,就容易掌握整个学科的具体内容,就容易记忆学科知识,就能促进学习迁移,促进智力和创造性的发展,并且可以提高学习兴趣。

2. 掌握学科的基本结构的教学原则

(1)**动机原则**。所有学生都具有内在的学习愿望,内在动机是维持学习的基本动力。学生具有三种最基本的内在动机,即好奇内驱力(即求知欲)、胜任内驱力(即成功的欲望)和互惠内驱力(即人与人之间和睦共处的需要)。教师如果能善于促进并调节学生的探究活动,便可激发他们的这些内在动机,有效地达到预定的学习目标。

(2)**结构原则**。任何知识结构都可以用动作、图像(形象)和符号三种表征形式来呈现。动作表征是借助动作进行学习,无需语言的帮助;图像表征是借助表象进行学习,以感知材料为基础;符号表征是借助语言进行学习,经验一旦转化为语言,逻辑推导便能进行。至于究竟选用哪一种呈现方法更好,则视学生的知识背景和课题性质而定。

(3)**程序原则(序列原则)**。教学就是引导学习者通过一系列有条不紊地陈述一个问题或大量知识的结构,以提高他们对所学知识的掌握、转化和迁移的能力。通常每门学科都存在着各种不同的程序,它们对学习者来说,有难有易,不存在对所有的学习者都适用的唯一的程序。

(4)**强化原则**。教学规定适合的强化时间和步调是学习成功的重要一环。知道结果的时机应恰好出现在学生评估自己作业的那个时刻。知道结果过早,易使学生慌乱,从而阻挠其探究活动的进行;知道结果太晚,易使学生失去受帮助的机会,甚至有可能接受不了正确的信息。

·记忆有妙招·

为方便考生记忆,编者将掌握学科的基本结构的教学原则总结成以下口诀:

冻结城墙。**冻**:动机原则。**结**:结构原则。**城**:程序原则。**墙**:强化原则。

真题2 [2024河北石家庄,单选]教学就是引导学生通过一系列有条不紊地陈述一个问题或大量知识的结构,以提高学生对所学知识的掌握、转化和迁移能力,这是布鲁纳提出的( )

A. 序列原则　　　　B. 结构原则　　　　C. 强化原则　　　　D. 动机原则

答案:A

3. 提倡发现学习

布鲁纳认为,发现是教育儿童的主要手段,学生掌握学科的基本结构的最好方法是发现学习。发

443

现学习是指给学生提供有关的学习材料,让学生通过探索、操作和思考,自行发现知识、理解概念和原理的教学方法。布鲁纳认为,教学不仅应当尽可能使学生牢固地掌握科学知识,还应当尽可能使学生成为自主、自动的思想家。这样的学生在结束正规的学校教育后,才能独立地向前迈进。

研究发现,发现学习具有四个方面的作用:(1)能提高智慧的潜力;(2)有助于外在动机向内在动机的转化;(3)有利于学生学会发现探索的方法;(4)有利于所学材料的保持。但它也受到学生的先前知识水平、学生的智力水平、学习材料的性质、教师的指导及教学时间等因素的制约。

四、奥苏贝尔的有意义接受学习理论 ★★ 【单选、多选、判断】

考点 1 ▶ 接受学习

与布鲁纳的发现学习观相反,奥苏贝尔认为,学生的学习主要是接受学习。接受学习不同于发现学习。接受学习的特征是把要学习的全部内容或多或少地以定论的形式呈现给学习者,不需要学习者任何形式的独立发现,只需要学习者把学习材料加以内化,把新旧材料的内容有机地结合,即新学习的内容与认知结构中的有关内容融为一体,并存储下来。

奥苏贝尔

奥苏贝尔强调,必须消除对接受学习的误解。接受学习未必都是机械学习,它可以而且也应该是有意义的学习。同样,发现学习未必都是有意义的学习,它也可能是机械学习。学校应主要采用有意义的接受学习。同时,必须把接受学习与被动学习区分开来。被动学习是与主动学习相对的。接受学习可能是主动的,也可能是被动的,它与被动学习、主动学习没有必然联系。有不少人将接受学习与被动学习相等同,这是错误的。

考点 2 ▶ 有意义学习的本质

奥苏贝尔认为学生在学校学习语言符号所代表的系统知识,主要是有意义学习而不是机械学习。学生在学校中的有意义学习应该是有意义的接受学习和有意义的发现学习,但他更强调有意义的接受学习,因为有意义的接受学习可以在短时期内使学生获得大量的系统知识。

有意义学习的本质就是以符号为代表的新观念与学习者认知结构中原有的适当观念建立起非人为的和实质性的联系的过程,是原有观念对新观念加以同化的过程。所谓非人为的联系,是指有内在联系而不是任意的联想或联系,指新知识与原有认知结构中有关的观念建立在某种合理的逻辑基础上的联系。所谓实质性的联系,是指表达的语词虽然不同,但却是等值的,也就是说这种联系是非字面的联系。

真题3 [2022湖北武汉,单选]奥苏贝尔认为学校教育主要采用( )

A. 机械的接受学习　　　　　　　　　B. 机械的发现学习
C. 有意义的接受学习　　　　　　　　D. 有意义的发现学习

答案:C

考点 3 ▶ 有意义学习的条件

(1)客观条件,是指受学习材料本身性质的影响。有意义学习的材料本身必须合乎这种非人为的和实质性的标准,即具有逻辑意义。教材一般符合此要求。

（2）主观条件，是指受学习者自身因素的影响。主要表现在：①学习者必须具有有意义学习的心向；②学习者认知结构中必须具有适当的知识，以便与新知识进行联系；③学习者必须积极主动地使这种具有潜在意义的新知识与认知结构中有关的旧知识发生相互作用。

考点 4 组织学习的原则与策略

1. 组织学习的原则

（1）逐渐分化原则。逐渐分化原则即首先应该传授最一般、包容性最广的观念，然后根据具体细节对它们逐渐加以分化，这样可以为每个知识单元的教学都提供理想的固定点，即对新知识起固定作用的先前知识。

（2）整合协调原则。整合协调原则，是指如何对学生认知结构中现有要素重新加以组合。

2. 组织学习的策略——先行组织者

（1）先行组织者的概念

奥苏贝尔提出"先行组织者"的概念，即先于某个学习任务本身呈现的引导性学习材料。先行组织者的抽象、概括和综合水平高于学习任务，并与认知结构中的原有观念及新的学习任务相关联。其目的是为新的学习任务提供观念上的固着点，增加新旧知识之间的可辨别性，以促进学习的迁移。

（2）先行组织者的种类

先行组织者可以分为两类：陈述性组织者（说明性组织者）和比较性组织者。

①陈述性组织者（说明性组织者），旨在为新的知识提供最适当的类属者，与新的知识产生一种上位关系。例如，学生在学习"山脉""高原"和"平原"等知识之前，先学习"地形"的概念——"地形是由各种各样特殊形状的大小陆地构成的总和"。其中，"陆地"是学生过去已经掌握的上位概念，抽象和概括性高于"地形"，而"地形"又普遍高于即将学习的"山脉""高原"和"平原"等。

②比较性组织者，用于比较熟悉的学习材料，旨在比较新材料与已有认知结构中相类似的材料，从而增强新旧知识之间的可辨别性。例如，教师在教授智慧技能的知识之前，先比较智慧技能与先前学习的动作技能的异同。

（3）先行组织者的作用

奥苏贝尔认为，先行组织者不仅能够帮助学习者学习新知识，而且可以帮助其保持知识。具体表现在：

①能够将学生的注意力集中在将要学习的新知识中的重点部分；

②突出强调新知识与已有知识的关系，为新知识提供一种框架；

③能够帮助学生回忆起与新知识相关的已有知识，以便更好地建立联系。

真题4 [2023黑龙江哈尔滨，单选]吴老师在教学中，先教"地形"的概念，再教"山脉""高原""平原"等知识。从教学的角度来看，"地形"可看作是"山脉""高原""平原"的（　　）

A. 认知结构　　　　　　　　　　　B. 符号表征

C. 先行组织者　　　　　　　　　　D. 编码

真题5 [2022内蒙古赤峰，判断]"先行组织者"是与学习任务本身同时呈现出来的一种引导性材料，它的抽象、概括和综合水平高于学习任务，并且与认知结构中的原有观念和新的学习任务相关联。（　　）

答案：4. C　5. ×

五、加涅的信息加工学习理论 ★ 【单选】

考点 1 学习结构模式

加涅将学习过程看作是信息加工流程。他描绘出一个典型的学习结构模式图:

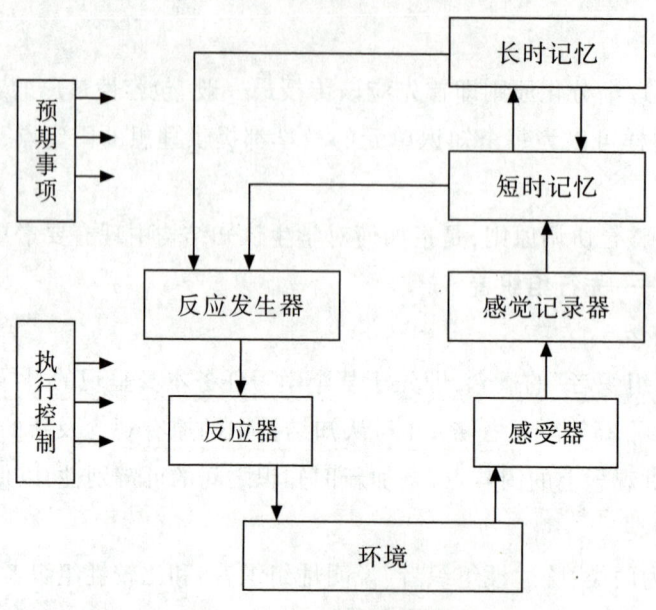

```
                    ┌─────────┐
                    │ 长时记忆 │
                    └─────────┘
                         ↑↓
┌──────┐            ┌─────────┐
│ 预期 │──→         │ 短时记忆 │
│ 事项 │──→         └─────────┘
│      │──→          ↑         ↑
└──────┘       ┌─────────┐ ┌─────────┐
               │反应发生器│ │感觉记录器│
┌──────┐       └─────────┘ └─────────┘
│ 执行 │──→         ↓         ↑
│ 控制 │──→    ┌─────────┐ ┌─────────┐
│      │──→    │ 反应器  │ │ 感受器  │
└──────┘       └─────────┘ └─────────┘
                    ↓         ↑
                  ┌─────────────┐
                  │    环境     │
                  └─────────────┘
```

图 3-2 学习结构模式图

加涅的学习结构模式分两个部分:第一部分是右边的结构,叫操作记忆,是一个信息流。第二部分是左边的结构,包括预期事项(期望)和执行控制两个环节。

考点 2 学习过程的阶段性

加涅认为学习的外部条件和内部条件应加以区别,发生在学习者头脑里的内部活动是学习过程,它是在外界影响下发生的。教学是有目的、有计划地发动、激发、维持和提高学习者学习的一整套外部条件。在此基础上,加涅提出了他的学习过程的八个阶段和相应心理过程的假设:

(1)动机阶段——激发学习者的学习动机。
(2)了解(领会)阶段——注意和选择性知觉。
(3)获得(习得)阶段——所学的信息进入短时记忆,并编码和储存。
(4)保持阶段——已编码的信息进入长时记忆储存。
(5)回忆阶段——进行信息的检索。
(6)概括阶段——实现学习的迁移。
(7)操作阶段——反应发生阶段。学生通过作业表现其操作活动。
(8)反馈阶段——证实预期,获得强化。

· 记忆有妙招 ·

为方便考生记忆,编者将加涅提出的学习过程的八个阶段总结成以下口诀:

东街活宝会盖作坊。**东**:动机。**街**:了解。**活**:获得。**宝**:保持。**会**:回忆。**盖**:概括。**作**:操作。**坊**:反馈。

真题6 [2024河北石家庄,单选]加涅根据学习的信息加工模式将学习过程分为若干个阶段,其中实现学习迁移的是( )

A.反馈阶段　　　　　B.操作阶段　　　　　C.概括阶段　　　　　D.回忆阶段

答案:C

★ 本节核心考点回顾 ★

1. 布鲁纳的认知—发现学习理论

(1)学习观

学习的实质在于主动形成认知结构;学习包括获得、转化和评价三个过程。

(2)教学观

①教学的目的在于理解学科的基本结构。

②掌握学科的基本结构的教学原则:动机原则、结构原则、程序原则、强化原则。

③提倡发现学习:学生掌握学科的基本结构的最好方法是发现学习。

2. 奥苏贝尔的有意义接受学习理论

(1)有意义学习:新观念与原有观念建立非人为的实质性的联系。

(2)先行组织者:先于某个学习任务本身呈现的引导性学习材料。

3. 加涅的信息加工学习理论——学习过程的阶段

(1)动机阶段——激发学习者的学习动机。(2)了解阶段。(3)获得阶段——所学的信息进入短时记忆,并编码和储存。(4)保持阶段。(5)回忆阶段。(6)概括阶段。(7)操作阶段——反应发生阶段。学生通过作业表现其操作活动。(8)反馈阶段。

第四节　人本主义学习理论

```
人本主义
学习理论
├── 知情统一的教学目标观 ── "完人":知情融为一体
├── 有意义的自由学习观 ── 无意义学习 / 有意义学习
├── 学生中心的教学观 ── 学生中心模式
└── 教学模式 ── 以题目为中心的课堂讨论模式
                自由学习的教学模式
                开放课堂教学模式
```

人本主义心理学是20世纪60年代在美国兴起的一个心理学流派。它一方面反对行为主义把人看作是动物或机器;另一方面也批评认知心理学虽然重视人类的认知结构,但却忽视人类的情感、态度、价值观等对学习的影响,认为心理学应该探讨完整的人,强调人的价值,强调人有发展的潜能,而且有发挥潜能的内在倾向,即自我实现倾向。人本主义学习理论以人本主义心理学的基本理论框架为基础,其代表人物罗杰斯对学习问题进行了专门的论述。

一、知情统一的教学目标观

罗杰斯认为,情感和认知是人类精神世界中两个不可分割的有机组成部分,彼此是融为一体的。因此,罗杰斯的教育理想就是要培养"躯体、心智、情感、精神、心力融汇一体"的人,也就是既用情感的方式也用认知的方式行事的知情合一的人。这种知情融为一体的人,他称之为"完人"或"功能完善者"。当然,"完人"或"功能完善者"只是一种理想化的人的模式,而要想最终实现这一教育理想,应该有一个现实的教学目标,这就是"促进变化和学习,培养能够适应变化和知道如何学习的人"。人本主义重视的是教学的过程而不是教学的内容,重视的是教学的方法而不是教学的结果。

二、有意义的自由学习观 ★ 【单选、多选】

根据学习对学习者的个人意义,人本主义将学习分为无意义学习和有意义学习两类。(1)无意义学习是指学习没有个人意义的材料,类似于心理学上的无意义音节,不涉及感情或个人意义,仅仅涉及经验累积与知识增长,与完整的人(具有情感和理智的人)无关,学得吃力,而且容易遗忘。(2)有意义学习,是指一种涉及学习者是完整的人,使个体的行为、态度、个性以及在未来选择行动方针时发生重大变化的学习,是一种与学习者各种经验融合在一起的、使个体全身心地投入其中的学习。例如,让一个学生取一杯冰水,他就可以学到"冷"这个词的意义,并知道冰加热能融化,而在夏天,装冰水的杯子外面会有水滴等。

人本主义者倡导有意义的自由学习观,有意义学习关注学习内容与个人之间的关系。它不仅是理解记忆的学习,而且是学习者所做出的一种自主、自觉的学习,要求学习者能够在相当大的范围内自行选择学习材料,自己安排适合于自己的学习情境。有意义学习包含四个要素:(1)学习是学习者自我参与的过程,整个人都要参与到学习之中,既包括认知参与,也包括情感参与;(2)学习是学习者自我发起的,内在动力在学习中起主要作用;(3)学习是渗透性的,它会使学生的行为、态度以及个性等都发生变化;(4)学习的结果由学习者自我评价,他们知道自己想学什么和学到了什么。

> **小香课堂**
>
> 编者将认知派的有意义学习和人本主义的有意义学习整理为以下表格,供考生对比学习:
>
> | 比较范畴 | 认知派的有意义学习 | 人本主义的有意义学习 |
> | --- | --- | --- |
> | 代表人物 | 奥苏贝尔 | 罗杰斯 |
> | 概念 | 以符号为代表的新观念与学习者认知结构中原有的适当观念建立起非人为的和实质性的联系 | 一种涉及学习者是完整的人,使个体的行为、态度、个性以及在未来选择行动方针时发生重大变化的学习 |
> | 概念范畴 | 属于认知范畴 | 属于知情统一 |
> | 举例说明 | 如果只是让教师在课堂上教授学生"烫"这个词的意义,在教学中使用只对教师有意义的材料,学生学习的速度将会很慢,而且不容易在学生的记忆中长期保存 | 当一个儿童触到一个取暖器时,他就可以学到"烫"这个词的意义,同时也学会了以后对所有的取暖器都要当心,迅速学到的这些内容和意义都会长期保留在儿童的记忆中 |

三、学生中心的教学观 ★★ 【单选、多选】

教育与教学过程就是要促进学生的个性发展,发挥学生的潜能,培养学生学习的积极性与主动性。

而学习是人固有潜能的自我实现过程,强调人的尊严和价值,强调无条件积极关注在个体成长过程中的重要作用。教育的目标、学习的结果应该是使学生成为具有高度适应性和内在自由性的人。教师的任务是要为学生提供学习的手段和条件,促进个体自由地成长。

学生中心模式又称为非指导性教学模式。在这个模式中,教师最富有意义的角色不是权威,而是"助产士"和"催化剂"。教师只是一个"为学习提供便利条件的人""学习的促进者"。在这个模式中,罗杰斯强调:(1)以学生为本;(2)让学生自发地学习;(3)排除对学习者自身的威胁;(4)给学生安全感。人本主义理论提倡自我激励、自我调节的学习、情感教育、真实性评定、合作学习以及开放课堂和开放学校。

非指导性教学过程包括五个阶段:(1)确定帮助的情境,即教师要鼓励学生自由地表达自己的情感;(2)探索问题,即鼓励学生自己来界定问题,教师要接受学生的感情,必要时加以澄清;(3)形成见识,即让学生讨论问题,自由地发表看法,教师给学生提供帮助;(4)计划和抉择,即由学生计划初步的决定,教师帮助学生澄清这些决定;(5)整合,即学生获得较深刻的见识,并做出较为积极的行动,教师对此要予以支持。

罗杰斯认为,促进学生学习的关键不在于教师的教学技巧,而在于特定的心理氛围。它包括:(1)真实或真诚;(2)尊重、关注和接纳;(3)移情性理解。

真题 [2023浙江台州,单选]在非指导性教学模式中,教师的角色是(　　)
A. 堕化剂　　　　B. 管理者　　　　C. 权威者　　　　D. 助产士
答案:D

四、人本主义教学模式 ★ 【单选】

1. 以题目为中心的课堂讨论模式

这是人本主义心理学家将精神分析心理学家、群体心理治疗专家科恩创建的"以题目为中心的相互作用心理疗法"应用于学校教育而形成的一种教育模式。其主要做法是围绕一个题目进行群体讨论,让师生之间、学生之间相互作用,相互促进。

2. 自由学习的教学模式

罗杰斯认为,教师应最大限度地给予学生选择与追求有意义的学习目标的自由,这种模式比较适合大学的教学。其主要做法为:(1)学生参与决定学习的内容与授课方式;(2)学生选择信息源;(3)师生共同制定契约;(4)课堂结构安排的变通性;(5)由学生进行学习的评定。

3. 开放课堂教学模式

开放课堂的典型特点是无拘无束、不拘形式。在实施开放课堂的学校里,学生并不需要把自己限制在某个课堂或中心区域,他走进学校以后可以做他想做的事,学他想学的科目。在开放的课堂内,学生自由地从事能激发他们兴趣的活动。教师的作用是鼓励和引导学生的活动。

五、人本主义学习理论对教育的影响

罗杰斯等人本主义心理学家在教育实际中倡导的以学生经验为中心的"有意义的自由学习",对传统的教育理论造成了冲击,推动了教育改革运动的发展。这种冲击和促进主要表现在:(1)突出情感在教学活动中的地位和作用,形成了一种以知情协调活动为主线、以情感作为教学活动的基本动力的新的教学模式;(2)以学生的"自我"完善为核心,强调人际关系在教学过程中的重要性,认为课程内容、教学方法、教学手段等都维系于课堂人际关系的形成和发展;(3)把教学活动的重心从教师引向学生,把学生的思想、情感、体验和行为看作教学的主体,从而促进了个别化教学运动的发展。

★★ 本节核心考点回顾 ★★

1. 知情统一的教学目标观

(1)无意义学习:学习没有个人意义的材料,不涉及感情或个人意义。

(2)有意义学习:涉及学习者是完整的人,一种与学习者各种经验融合在一起的、使个体全身心地投入其中的学习。

2. 学生中心的教学观

(1)学生中心模式(非指导性教学模式):教师只是一个"为学习提供便利条件的人""学习的促进者"。

(2)促进学生学习的关键在于特定的心理氛围:真实或真诚;尊重、关注和接纳;移情性理解。

第五节 建构主义学习理论

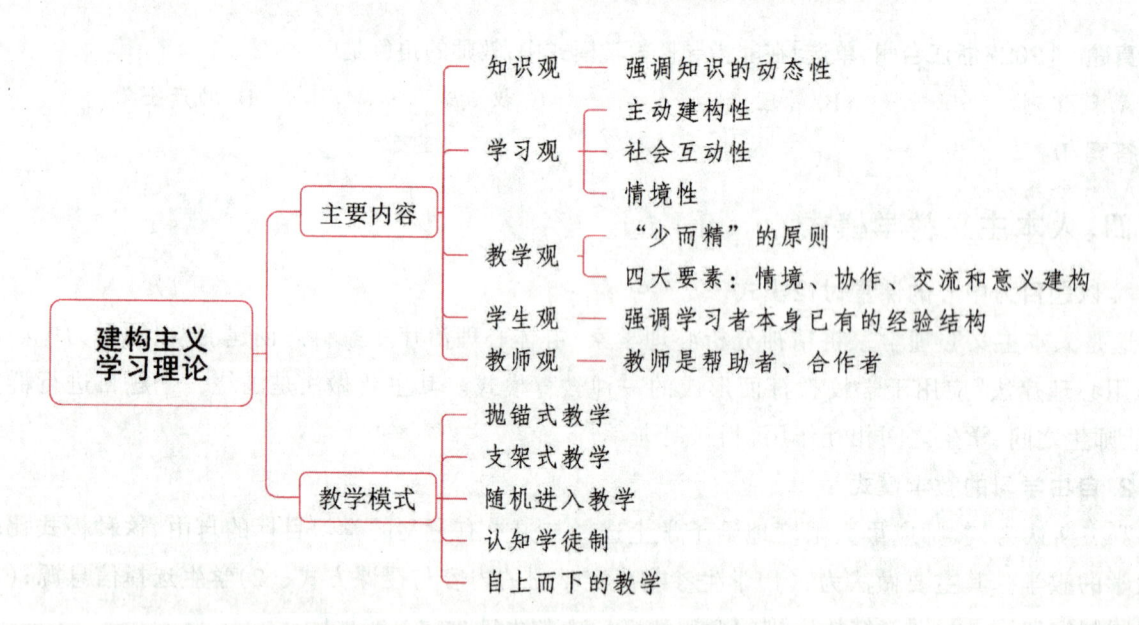

```
建构主义学习理论
├─ 主要内容
│   ├─ 知识观 ── 强调知识的动态性
│   ├─ 学习观 ── 主动建构性
│   │            社会互动性
│   │            情境性
│   ├─ 教学观 ── "少而精"的原则
│   │            四大要素:情境、协作、交流和意义建构
│   ├─ 学生观 ── 强调学习者本身已有的经验结构
│   └─ 教师观 ── 教师是帮助者、合作者
└─ 教学模式
    ├─ 抛锚式教学
    ├─ 支架式教学
    ├─ 随机进入教学
    ├─ 认知学徒制
    └─ 自上而下的教学
```

建构主义是认知学习理论的新发展,对当前的教学改革产生了深远的影响。它不是一个特定的学习理论,而是许多理论观点的统称。

一、建构主义学习理论的主要内容 ★★ 【单选、多选、判断、辨析、简答、论述】

考点 1 ▶ 建构主义知识观

建构主义在一定程度上质疑知识的客观性和确定性,强调知识的动态性。具体体现在以下三个方面:

(1)建构主义认为知识并不是问题的最终答案,而是随着人类进步而不断改正并随之出现的新的假设和解释;

(2)知识并不能精确地概括世界的法则,而是需要针对具体情境进行再创造;
(3)知识不可能以实体的形式存在于具体个体之外,尽管我们通过语言符号赋予了知识一定的外在形式,但学习者仍然会基于自己的经验背景进行理解并建构属于自己的知识。

考点 2 建构主义学习观

建构主义在学习观上**强调学习的主动建构性、社会互动性和情境性**三方面。

(1)学习的主动建构性是指学生能够主动地对已有知识经验进行综合、重组和改造,从而用以解释新信息,并最终建构属于个人意义的知识内容。

(2)社会互动性主要表现为:学习是通过对某种社会文化的参与而内化相关的知识和技能、掌握有关工具的过程,这一过程常常需要通过一个学习共同体的合作互动来完成。建构主义者认为,学习不是每个学生单独在头脑中进行的活动,学习者也不是一个孤独的探索者,而是一个社会的人。学习总是学习者在一定社会文化环境下进行的,即使表现上学习者是一个人在学习,但是他在学习中采用的学习材料、学习用具以及学习环境等都是属于社会的,是集体经验的累积。

(3)学习的情境性主要指学习、知识和智慧的情境性,建构主义者认为知识是不可能脱离活动情境而孤立存在的,只有通过实际应用活动,知识才能真正被理解。因此,人的学习应该与情境化的社会实践活动相联系,通过对某种社会实践的参与而逐渐掌握有关的社会规则并形成相应的知识。

真题1 [2023河南事业单位,多选]建构主义学习观认为,学习不是由教师向学生传递知识的过程,而是学生建构自己知识过程。下列属于知识建构过程重要特征的有(   )

A. 社会互动性　　　　　　　　B. 情境性
C. 主动建构性　　　　　　　　D. 理解性

答案:ABC

考点 3 建构主义教学观

在教学上,建构主义者提出要尊重学生的观点和经验,并重视与学生相关的问题,而且这些问题应当是学生所关注的,可引起他们的兴趣。针对学生的观点进行教学,主张教师在教学中应坚持"少而精"的原则。所谓"少"是指主要讲授基本的科学概念、规则、理论、模式,但和认知心理学的不同之处在于不是重在学习抽象的、理论化的、脱离情境的知识。"精"则指要求学得深入、细致,理解科学的本质,进而使得学生终身受益。在课程内容的呈现上,传统课堂对于课程内容的传递是从部分到整体的,而且强调基本技能的掌握;建构主义课堂对于课堂内容的呈现是从整体到部分的,而且强调核心概念的掌握。

如果说强调学生主体是建构主义教学观的核心,那么设计"学习环境"是建构主义教学的关键。建构主义学习环境的四大要素为**情境、协作、交流(会话)和意义建构**。

考点 4 建构主义学生观

建构主义非常强调学习者本身已有的经验结构,认为学生不是空着脑袋走进教室的,学习者在学习新信息、解决新问题时往往可以基于相关的经验,依靠其认知能力形成对问题的解释。通过对儿童早期认知发展的研究也发现,即使是年龄非常小的孩子也已经形成了远比我们所想象的要丰富得多的知识经验。因此，教学不能无视儿童的已有经验，而是要把儿童现有的知识经验作为新知识的生长点，引导儿童从原有的知识经验中发展出新的知识经验。

真题2 [2024贵州贵阳,单选]张老师常常告诫他的徒弟小张老师："一定要记住，学生并不是空着脑袋进教室的。"张老师这一观点源于(　　)

A. 联结主义学习理论　　　　　　　　B. 认知结构学习理论
C. 建构主义学习理论　　　　　　　　D. 有意义接受学习理论

答案：C

考点 5　建构主义教师观

信息加工的认知主义更多地把教师看成是学生学习的指导者、设计者，而建构主义更愿意把教师看成是学生学习的帮助者、合作者。建构主义认为教学不是由教师到学生的简单的转移和传递，而是在师生的共同活动中，教师通过提供帮助和支持，引导学生从原有的知识经验中"生长"出新的知识经验，使学生对知识的理解能逐步深入；帮助学生形成思考、分析问题的思路，启发他们对自己的学习进行反思，逐渐让学生对自己的学习能自我管理、自我负责；创设良好的、情境性的、富有挑战性的、真实的、复杂多样的学习情境，鼓励并协助学生在其中通过实验、独立探究、讨论、合作等方式学习；组织学生与不同领域的专家或实际工作者进行广泛的交流，为学生的探索提供有力的社会性支持。

二、建构主义的教学模式　★　【单选、多选、判断】

1. 抛锚式教学

（1）概念

抛锚式教学指以问题为中心，将知识抛锚在一定的问题情境中，以激发学生的好奇心和创造力的教学模式。这里所谓的"锚"指的是课程与教学实施的支撑物，它通常是一个故事、一段历险或者是学生感兴趣的一系列问题情境。

（2）教学操作阶段

①教师介绍学习目的，呈现学习内容；②将不同类型的"锚"呈现给学生；③教师引导学生识别问题、分解问题并制订问题解决计划；④将学生分组，进行问题解决；⑤教师进行整体评价。

（3）基本程序

创设情境—确定问题—自主学习—协作学习—效果评价。

2. 支架式教学

（1）基本观点：支架式教学应当为学习者建构对知识的理解提供一种概念框架。这种框架中的概念是为发展学习者对问题的进一步理解所需要的。

（2）基本环节：进入情境—搭建支架，引导探索—学生独立探索—协作学习—效果评价。

3. 随机进入教学（随机通达教学）

斯皮诺的认知弹性理论把学习分为两种：初级学习和高级学习。他在探讨高级学习的基础上提出了适合高级学习阶段的教学模式——"随机进入教学"。

随机进入教学，也叫随机通达教学，是指学习者可以随机通过不同途径、不同方式进入同样教学内容的学习，从而获得对同一事物或同一问题的多方面认识和理解。其基本原理是：对于同一教学内容，要在不同时间、在重新安排的情境下、带着不同的目的、从不同的角度多次进行学习,以此来达到获得高级知识的目标。建构主义者认为,学习的关键在于建构起围绕关键概念组成的网络结构,包括事实、概念、策略以及概括化的知识,从而形成随机通达的状态。

随机进入教学的具体操作如下:呈现情境—随机进入学习—思维发展训练—协作学习—效果评价。

4. 认知学徒制

认知学徒制是指通过允许学生获取、开发和利用真实领域的活动工具的方法,来支持学生在某一领域学习的模式。该模式强调经验活动在学习中的重要性,强调要把学习和实践联系起来。

5. 自上而下的教学

建构主义者主张自上而下地展开教学进程,即在教学过程中,首先选择一些与学生生活经验有关的整体性任务并呈现有关的问题,让学生尝试进行解决,然后让学生独自或在小组中通过探索,自己发现要完成整体任务需首先完成的子任务,以及完成各级子任务所需的基本知识技能,在掌握这些知识技能的基础上,最终使问题得以解决。

真题3 [2024浙江宁波,单选]数学课上,张老师在教面积的概念前,先问了学生一个问题:教室的面积有多少平方米?张老师使用的教学模式是( )

A. 支架式教学　　　　　　　　　　B. 抛锚式教学
C. 随机进入教学　　　　　　　　　　D. 自上而下的教学

真题4 [2024河北石家庄,判断]抛锚式教学模式的基本程序是:呈现情境—随机进入学习—思维发展训练—小组协作学习—学习效果评价。( )

A. 正确　　　　　　　　　　B. 错误

答案:3. B　4. B

三、建构主义学习理论对当前教育实践的启示

作为新课程改革背景下的教师,在课堂教学中要尊重学生已有的知识与经验,不断强化学生的能动意识,使学生认识到,学习的过程不是消极的"等、靠、听、记",不单是信息的累积过程,而是一个新旧经验之间双向的相互作用的过程,是主动进步与发展的过程。

(1)从建构主义的知识观出发,建构主义强调知识是个体对于现实的理解和假设,其受到特定经验和文化等的影响,因此每个人对知识所建构的理解都是不同的。教师在教育教学过程中应当要更加重视学生的个性化特点,因材施教,并不是要对所有的学生传授完全相同的原理知识,而是要让每个学生能够按照他的知识经验建构出新的知识内容。

(2)从教学的角度来看,建构主义认为学习就是主体对客体的主动探索、不断变革,从而建构对客体意义理解的过程。因此,在教学中应当注意学生的有意义建构,通过适当的教学策略启发学生能够自主地建构认知结构。

(3)从学习者的角度出发,建构主义认为学生是意义的主动建构者,而不是外部刺激的被动接受者和被灌输的对象,因此,在教学过程中除了传统知识的传授,还应当充分发挥学生的主体地位,强调学生的自主性和能动性,在学习过程中能够主动发现、分析、解决问题。学生由被动的知识接受者变为主动的信息搜集者,教师由知识的灌输者变为引导学生建构知识意义的领路人,教师在学生心目中的地位也不再是不可

亵渎的权威,而是学生学习的辅助者,师生成为共同的学习伙伴和合作者。

★ 本节核心考点回顾 ★

1. 建构主义知识观

(1)知识是随着人类进步而不断改正并随之出现的新的假设和解释。

(2)知识并不能精确地概括世界的法则,而是需要针对具体情境进行再创造。

(3)知识不可能以实体的形式存在于具体个体之外,学习者会基于自己的经验背景进行理解并建构属于自己的知识。

2. 建构主义学习观

(1)主动建构性:主动地对已有知识经验进行综合、重组和改造。

(2)社会互动性:学习需要通过一个学习共同体的合作互动来完成。

(3)情境性:知识不可能脱离活动情境而抽象存在。

3. 建构主义学生观

(1)学生不是空着脑袋走进教室的。

(2)教学不能无视儿童的已有经验,要把儿童现有的知识经验作为新知识的生长点,引导儿童从原有的知识经验中发展出新的知识经验。

4. 建构主义教师观

教师是学生学习的帮助者、合作者。

5. 建构主义的教学模式

(1)抛锚式教学:将知识抛锚在一定的问题情境中。

(2)支架式教学:为学习者建构对知识的理解提供一种概念框架。

(3)随机进入教学:随机通过不同途径、不同方式进入同样教学内容的学习。

第四章　学习心理

本章学习指南

一、考情概况

本章属于教育心理学的重点章节，也是考试中重点考查的章节，内容广泛、理解性知识多，考生可带着以下学习目标进行备考：

1. 掌握学习动机的概念、种类、理论以及对学习效果的影响。
2. 掌握如何激发与培养学生的学习动机。
3. 掌握学习策略和学习迁移的种类以及相关内容。
4. 区分和掌握知识学习的类型以及知识学习的过程。
5. 掌握操作技能和心智技能的概念、特点及其形成。
6. 识记问题解决的过程、策略及影响因素。
7. 掌握品德发展的阶段理论及其培养方法。

二、考点地图

考点	年份/地区/题型
学习动机的种类	2024广东单选；2023内蒙古单选；2023广东单选；2023甘肃单选；2023浙江单选；2023江苏单选；2023浙江判断
耶克斯—多德森定律	2024天津单选；2023天津单选；2023江西单选；2023内蒙古多选；2023辽宁多选；2023河南判断；2022河北单选；2022江苏判断
成败归因理论	2024广东单选；2024山东单选；2023黑龙江单选；2023广西单选；2023辽宁单选；2023浙江论述；2023福建材料分析
自我效能感理论	2024江苏单选；2024浙江判断；2023河北单选；2022浙江单选；2022河南多选
学习动机的激发与培养	2024广东多选；2023河南单选；2023内蒙古多选；2023浙江论述；2022四川单选；2022河北简答
学习策略的种类	2024安徽单选；2024山东单选；2024江苏单选；2024四川单选；2024福建单选、填空；2023广西单选；2023黑龙江单选；2023广东单选；2023山东单选；2023江苏单选；2023福建多选
学习迁移的种类	2024福建多选；2024安徽多选；2024浙江判断；2023广西单选；2023黑龙江单选；2023河南单选；2023甘肃单选；2023辽宁单选
学习迁移的理论	2024河北单选；2024广东多选；2023河北单选；2023吉林单选；2023河南单选
知识学习的类型	2024广东单选；2024江苏单选；2023广西单选；2023贵州单选；2023山西多选；2022河南判断
知识学习的过程	2024广东单选；2024江苏单选；2023河北单选；2023辽宁单选；2023广东多选；2022山东单选、多选
操作技能的形成	2024河北单选；2024江苏单选；2024福建多选；2024浙江简答；2023吉林单选；2023河北单选；2022天津单选；2022安徽多选

续表

考点	年份/地区/题型
心智技能的形成	2023广东单选；2023河南单选；2023河北多选；2022四川单选；2022浙江单选；2022福建填空
问题解决的策略	2024天津单选；2024江苏单选；2023河北单选；2023广东单选；2023四川单选；2023浙江单选；2023广西单选
影响问题解决的因素	2024河北单选；2024广东单选；2024江苏简答；2023贵州单选；2023山东单选；2022天津单选；2022广东多选
品德发展的阶段理论	2024江苏单选；2024浙江单选；2024福建单选、判断选择；2023河北单选；2023黑龙江单选；2023广西多选；2023辽宁判断

注：上述表格仅呈现重要考点的相关考情。

核心考点

第一节 学习动机

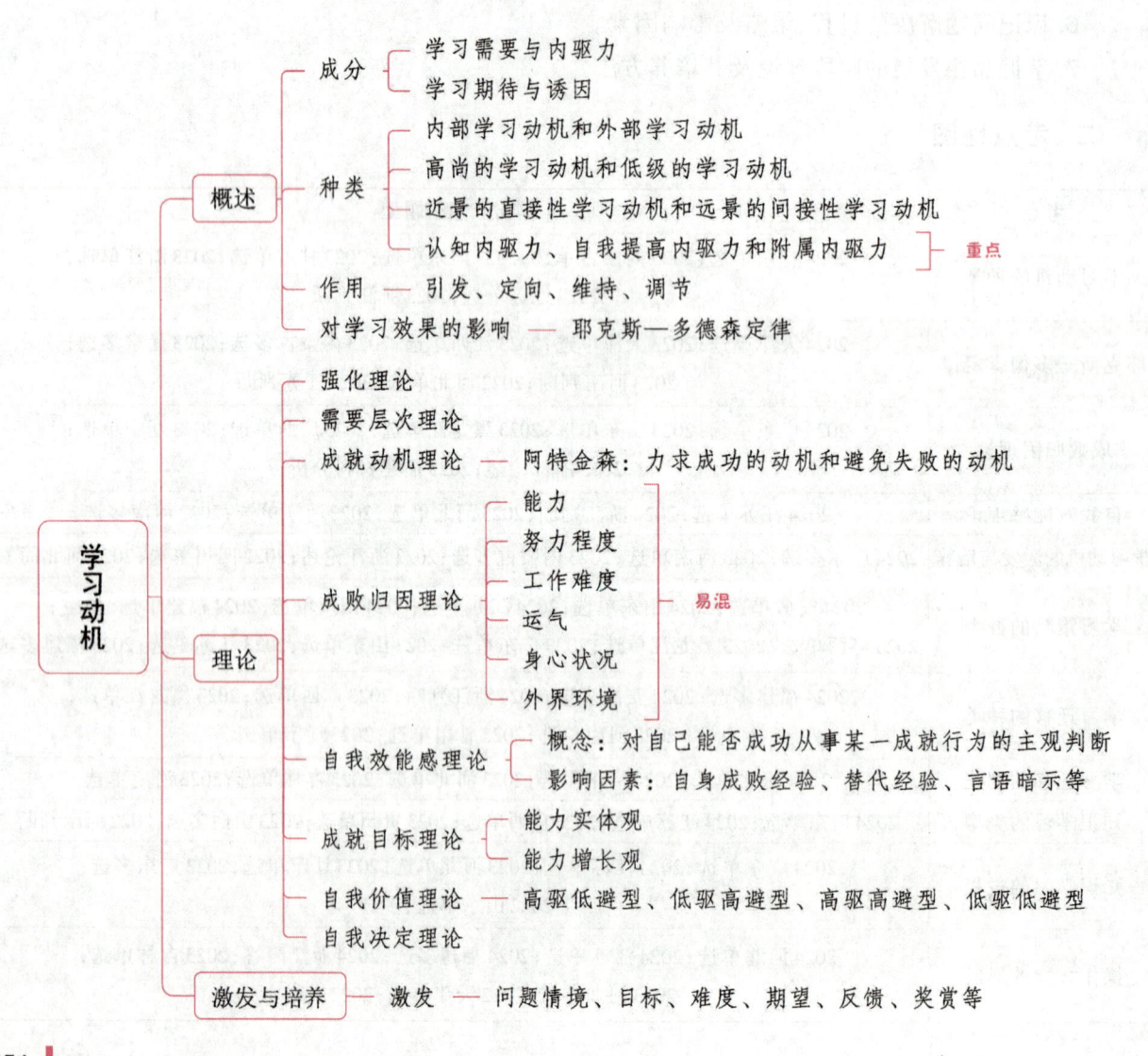

- 学习动机
  - 概述
    - 成分
      - 学习需要与内驱力
      - 学习期待与诱因
    - 种类
      - 内部学习动机和外部学习动机
      - 高尚的学习动机和低级的学习动机
      - 近景的直接性学习动机和远景的间接性学习动机
      - 认知内驱力、自我提高内驱力和附属内驱力 —— 重点
    - 作用 —— 引发、定向、维持、调节
    - 对学习效果的影响 —— 耶克斯—多德森定律
  - 理论
    - 强化理论
    - 需要层次理论
    - 成就动机理论 —— 阿特金森：力求成功的动机和避免失败的动机
    - 成败归因理论
      - 能力
      - 努力程度
      - 工作难度
      - 运气
      - 身心状况
      - 外界环境
      （易混）
    - 自我效能感理论
      - 概念：对自己能否成功从事某一成就行为的主观判断
      - 影响因素：自身成败经验、替代经验、言语暗示等
    - 成就目标理论
      - 能力实体观
      - 能力增长观
    - 自我价值理论 —— 高驱低避型、低驱高避型、高驱高避型、低驱低避型
    - 自我决定理论
  - 激发与培养 —— 激发 —— 问题情境、目标、难度、期望、反馈、奖赏等

一、学习动机概述

考点 1 ▶ 学习动机的概念及其成分 ★ 【单选】

1. 学习动机的概念

学习动机是指激发个体进行学习活动,维持已引起的学习活动,并使行为朝向一定学习目标的一种心理倾向或内部动力。学习动机是直接推动学习行为的原因和内部动力。一个学生是否想要学习、学习的努力程度、积极性、主动性等都与学习动机有关。

2. 学习动机的成分

学习动机的两个基本成分是学习需要与学习期待,两者相互作用形成学习的动机系统。关于学习需要和学习期待可以从以下几个方面来理解:

(1)学习需要与内驱力

学习需要是指个体在学习活动中感到有某种欠缺而力求获得满足的心理状态。它的主观体验形式是学习者的学习愿望或学习意向。这种愿望或意向是驱使个体进行学习的根本动力,它包括学习的兴趣、爱好和学习的信念等。从需要的作用上来看,学习需要即为学习的内驱力。所以,学习需要对学习的作用,就称为学习内驱力。

(2)学习期待与诱因

学习期待是个体对学习活动所要达到目标的主观估计。诱因是指能够激起有机体的定向行为,并能满足某种需要的外部条件或刺激物。诱因可以是简单的物体(如食物、水等),也可以是复杂的事情(如名誉、地位等)。学习期待就其作用来说就是学习的诱因。

(3)学习需要与学习期待的关系

学习需要与学习期待密切相关。学习需要是个体从事学习活动的最根本动力,如果没有这种自身产生的动力,个体的学习活动就不可能发生。所以说,学习需要在学习动机结构中占主导地位。另外,学习需要是产生学习期待的前提之一,因为正是那些能够满足个体的学习需要与那些使个体感到可以达到的目标的相互作用而形成了学习期待。学习期待则指向学习需要的满足,促使主体去达到学习目标。因此,学习期待也是学习动机结构的必不可少的成分。

真题1 [2023湖南长沙,单选]( )是直接推动学习行为的原因和内部动力。
A. 学习资源　　　B. 学习方法　　　C. 学习动机　　　D. 学习态度
答案:C

考点 2 ▶ 学习动机的种类 ★★ 【单选、多选、判断】

1. 内部学习动机和外部学习动机

按学习动机产生的诱因来源,可将学习动机分为内部学习动机和外部学习动机。内部学习动机是指诱因来自学习者本身的内在因素,即学生因对活动本身发生兴趣而产生的动机。外部学习动机是指诱因来自学习者外部的某种因素,即在学习活动以外由外部的诱因激发出来的学习动机。外在诱因可分为三种:(1)理智诱因,如目标与反馈;(2)情绪诱因,如表扬与批评;(3)社会诱因,如竞赛等。

2. 高尚的学习动机和低级的学习动机

按学习动机的社会意义,可将学习动机分为高尚的学习动机和低级的学习动机。判断学习动机高尚与低级的标准是看它是否有利于社会和集体。如果把学习看成是对社会多做贡献和尽义务，则是高尚的学习动机；而把学习看成是猎取个人名利的手段，则是低级的学习动机。

3. 近景的直接性学习动机和远景的间接性学习动机

按学习动机的作用与学习活动的关系，可将学习动机分为近景的直接性学习动机和远景的间接性学习动机。

近景的直接性学习动机是与学习活动直接相连的，来源于对学习内容或学习结果的兴趣。例如，学生的求知欲、成功的愿望、对某门学科的浓厚兴趣以及教师生动形象的讲解、教学内容的新颖等都直接影响到学生的学习动机。这种动机很具体，效果很明显，但不够稳定，容易随着环境的变化而变化。

远景的间接性学习动机是与学习的社会意义和个人的前途相连的。例如，大学生意识到自己的历史使命，为不辜负父母的期望，为争取自己在班集体中的地位和荣誉等都属于间接性的动机。

4. 主导性学习动机和辅助性学习动机

按学习动机在活动中所起作用的大小，可将学习动机分为主导性学习动机和辅助性学习动机。主导性学习动机是指在一定时期或某个特定活动上起支配作用，发挥主导作用的动机。辅助性学习动机是指在一定时期或某个活动上从属于主导性动机，发挥辅助作用的动机。

5. 认知内驱力、自我提高内驱力和附属内驱力

根据学校情境中的学业成就动机的不同，奥苏贝尔等人把动机分为认知内驱力、自我提高内驱力和附属内驱力三个方面。

表3-12 奥苏贝尔的学业成就动机分类

类型	含义	动机来源	性质
认知内驱力	要求了解、理解和掌握知识以及解决问题的需要	这种动机指向学习任务本身（为了获得知识），满足这种动机的奖励（知识的实际获得）是由学习本身提供的	内部动机
自我提高内驱力	个体因自己的胜任或工作能力而赢得相应地位的需要	自我提高内驱力并非直接指向学习任务本身，而是把成就看作赢得地位与自尊心的根源	外部动机
附属内驱力	个体为了获得长者（如家长、教师）的赞许或认可而表现出把工作、学习做好的一种需要，是一种间接的学习需要	它既不直接指向学习任务本身，也不把学业成就看作赢得地位的手段，而是为了从长者或同伴那里获得赞许和接纳	外部动机

认知内驱力　　　自我提高内驱力　　　附属内驱力

认知内驱力、自我提高内驱力和附属内驱力在动机结构中所占的比重并不是一成不变的,通常是随着年龄、性别、个性特征、社会地位和文化背景等因素的变化而变化。在儿童早期,附属内驱力最为突出,他们努力学习获得学业成就,主要是为了实现家长的期待,并得到家长的赞许。到了儿童后期和少年期,附属内驱力的强度有所减弱,来自同伴、集体的赞许和认可逐渐替代了对长者的依附。在这期间,赢得同伴的赞许就成为一个强有力的动机因素。而到了青年期,认知内驱力和自我提高内驱力成为学生学习的主要动机,学生学习的主要目的在于满足自己的求知需要,并从中获得相应的地位和威望。

真题2 [2024广东广州,单选]小华对历史非常感兴趣,一方面,他不断地学习不同时期、不同国家的历史事件;另一方面,在历史课上,他总是非常积极,课后也会认真完成历史作业,努力提升自己。小华的学习动机属于( )

A. 生理内驱力 B. 认知内驱力
C. 附属内驱力 D. 自我提高内驱力

真题3 [2023广东梅州,单选]学习动机分为内部动机和外部动机,其中( )属于外部动机。

A. 小明对数学有强烈的求知欲而认真学数学
B. 小东对物理有强烈的好奇心而认真研究物理
C. 小红对古诗词有浓厚的兴趣而认真学语文
D. 小颖为得到英语教师的表扬而认真学英语

真题4 [2023浙江宁波,判断]小王非常崇拜外交部发言人毛宁,立志成为一名优秀的外交部发言人,并发奋学习,这属于远景的直接性动机。( )

答案:2. B 3. D 4. ×

考点 3 ▶ 学习动机的作用 ★ 【多选】

一般来说,学习动机并不是通过直接卷入认知建构过程而对学习产生作用的,而是以学习情绪状态的唤醒、学习准备状态的增强、学习注意力的集中和学习意志努力的提高为中介来影响认知建构过程的。这些中介因素综合起来使学习动机对学习产生以下四个方面的作用:

1. 引发作用

当学生对于某些知识或技能产生迫切的学习需要时,就会引发学习内驱力,唤起内部的激动状态,产生焦急、渴求等心理体验,并最终激起一定的学习行为。

2. 定向作用

学习动机以学习需要和学习期待为出发点,使学生的学习行为在初始状态时就指向一定的学习目标,并推动学生为达到这一目标而努力学习。有的学生可能面临多种学习目标或诱因,这就需要在其中做出选择。这种目标选择既取决于学生对不同目标或诱因的期望强度,又取决于学生已有的知识和经验。

3. 维持作用

在学习过程中,学生的学习是认真还是马虎,是勤奋还是懒惰,是持之以恒还是半途而废,在很大程度上取决于学习动机的水平。美国心理学家阿特金森在全面探讨了有关动机研究的文献后,发现了一个较为普遍的规律,即完成某项具体学习任务所需要的时间与对该项任务的动机水平成正相关。由此可见,学习动机水平高的学生能在长时间的学习活动中保持认真的态度和坚持把学习任务胜利完成的毅力,而学习动机水平低的学生则缺乏学习行为的稳定性和持久性。

4.调节作用

学习动机调节学习行为的强度、时间和方向。如果行为活动未达到既定目标,动机还将驱使学生转换行为活动方向以达到既定目标。

真题5 [2023河北石家庄,多选]学习动机对学生学习产生作用具体表现在(　　)

A.引发作用　　　　　　　　　　　B.定向作用

C.维持作用　　　　　　　　　　　D.调节作用

答案:ABCD

考点 4 ▶ 学习动机对学习效果的影响　★★★　【单选、多选、判断】

学习动机对学习效果的影响可分为两个方面:一方面是总体上整个动机水平对整个学习活动的影响;另一方面是具体的学习活动中学习动机对学习效果的影响。

(1)总体而言,在一般情况下,学习动机与学习效果的关系是一致的,表现为学习动机可以促进学习,提高成绩。学习动机越强,有机体对学习活动的积极性就越高,学习效果就越佳。学习动机对学习效果的影响并不是直接发生的,它必须通过学习者的学习行为这一中间环节才能作用于学习结果。学习动机只是影响学习效果的因素之一,而不是充分条件。

(2)对一项具体的学习活动而言,学习动机对学习效果的影响并不是那么简单。只有当学习动机的强度处于最佳水平时,才能产生最好的学习效果。

"耶克斯—多德森定律"表明,动机不足或过分强烈都会影响学习效果。①动机的最佳水平随着任务性质的不同而不同。在比较容易的任务中,行为效果(工作效率)随着动机的提高而上升,即在难度较小的任务中,较高动机水平有利于任务的完成;随着任务难度的增加,动机的最佳水平有逐渐下降的趋势,即在难度较大的任务中,较低动机水平有利于任务的完成。②一般来讲,动机的最佳水平为中等强度。③动机水平与行为效果呈倒U形曲线。

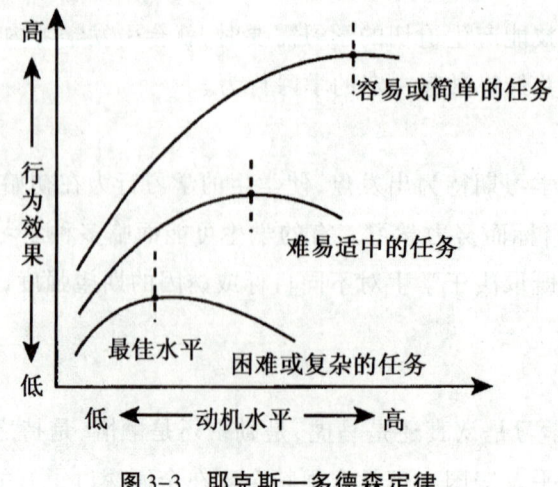

图3-3 耶克斯—多德森定律

> **知识再拔高**
>
> **学习效果对学习动机的影响**
>
> 学习效果反作用于学习动机。因此,教师在强调动机对学习的重要作用的同时,也应该看到所学的知识反过来又可以增强学习的动机。对于那些尚无学习动机或者学习动机不高的学生,尤其是年龄较小的学生,教师没有必要推迟学习活动。教学的最好办法是,把重点放在学习的认知方面而不是动机方面,致力于有效地教他们掌握有关知识,让他们获得成功的体验。学生尝到了学习的乐趣,就有可能产生或者增强其学习的动机。

真题6 [2024天津西青,单选]根据耶克斯—多德森定律,当学生完成较容易的作业时,教师应使其心理动机程度控制在(　　)
A. 较低的水平　　　　B. 较高的水平　　　　C. 非常低的水平　　　　D. 中等水平
答案:B

考点 5 影响学习动机形成的因素 ★ 【单选】

1. 主观因素

(1)需要与目标结构。每个学生认知需要的强度不同,反映在学习动机上也有强度差异。此外,学生的学习目标可分为两类,即掌握目标和成绩目标。

(2)成熟与年龄特点。年幼儿童的动机主要是生理性动机,随着年龄的增长,社会性动机及其作用也日益增长。

(3)性格特征与个别差异。学生的兴趣、好奇心、意志品质等都影响着学习动机的形成。

(4)志向水平与价值观。学生的理想与志向水平影响着其学习动机和目标结构的形成。一般来说,理想、志向水平越高,学习动机就越强,且越具有持久性。如果某一学生认为上学读书没有多大价值,那他就很难有强烈的学习动机。

(5)焦虑程度。焦虑指学生担心不能完成任务时产生的不舒适、紧张和担忧的感觉,焦虑程度影响着学习动机和学业成绩。大量研究表明,中等程度的焦虑对学习是有益的,焦虑程度过低或过高都会对学习产生不良影响。

2. 客观因素

(1)家庭环境与社会环境。学习动机是社会要求在学生头脑中的反映,个体学习动机的形成和结构受社会生活条件的制约和影响。社会要求首先通过家庭对学生产生影响,年级越低的学生,其学习动机受家庭的影响越大。与家庭的影响相比,随着学生年龄增长和逐渐成熟,社会影响越来越大。社会环境不仅直接影响学生的学习动机,而且通过家庭环境间接地影响学生的学习动机。

(2)学校教育。学校教育对学生学习动机的形成和发展起主导作用,它可以强化学生在家庭、社会影响下初步形成的正确学习动机,也可以纠正学生在家庭、社会影响下形成的错误的学习动机。

真题7 [2022湖南长沙,单选](　　)会影响学习动机和目标结构的形成。例如,某学生认为上学读书没有太大价值,他就很难有强烈的学习动机。
A. 志向水平与价值观　　　　　　　　B. 成熟与年龄特点
C. 焦虑程度　　　　　　　　　　　　D. 好奇心的强弱
答案:A

二、学习动机理论

考点 1 ▶ 强化理论

学习动机的强化理论是由联结主义心理学家提出来的,他们不仅用强化来解释学习的发生,而且用它来解释动机的产生。在他们看来,人的某种学习行为倾向完全取决于先前的这种学习行为与刺激因强化而建立起来的稳固联系,强化可以使人在学习过程中增强某种反应发生的可能性。按照这种观点,任何学习行为都是为了获得某种报偿。因此,在学习活动中,采取各种外部手段(如奖赏、赞扬、评分、竞赛等)可以激发学生的学习动机,引起其相应的学习行为。

一般来说,正强化和负强化都起着增强学习动机的作用,如适当的表扬与奖励、获得优秀成绩、取消讨厌的频繁考试等便是正强化或负强化的手段。惩罚则一般起着削弱学习动机的作用,但有时也可使一个人在失败中重新振作起来,如频繁的惩罚、考试不及格等便是惩罚的手段。在学习中如能合理地增强正强化,利用负强化,减少惩罚,将有助于提高学生的学习动机水平,改善他们的学习行为及其结果。

考点 2 ▶ 需要层次理论

人本主义心理学家马斯洛认为,要揭示动机的本质,必须关注人的需要。他把需要区分为一些基本的层次,对这些需要层次进行研究,从整体上把握动机的实质。需要层次理论说明,在某种程度上学生缺乏学习动机可能是由于某种缺失需要没有得到充分满足而引起的。一般来说,学生在学校里最重要的缺失需要是爱和尊重的需要。

考点 3 ▶ 成就动机理论 ★★ 【单选、多选、判断】

1. 基本观点

成就动机理论的主要代表人物是美国心理学家阿特金森。成就动机是由心理学家默里提出的概念,它是指个体努力克服障碍,施展才能,力求又快又好地解决某一问题的愿望或趋势。它是人类所独有的,是后天获得的具有社会意义的动机,能促使个体产生成就行为,并追求在某一社会条件下人们认为重要的社会目标。在学习活动中,成就动机是一种主要的学习动机。

阿特金森把个体的成就动机分为两类:力求成功的动机和避免失败的动机。成就动机高的人追求成功的倾向大于回避失败的倾向,成就动机低的人追求成功的倾向小于回避失败的倾向。成就动机水平不同的人在选择目标和完成任务上也不同。力求成功者的目的是获取成就,即通过各种活动努力提高自尊心和获得心理上的满足,成功概率为50%的任务是他们最有可能选择的。避免失败者则往往通过各种活动防止自尊心受伤害和产生心理烦恼,倾向于选择非常容易或非常困难的任务。如果成功的概率大约是50%时,他们会回避这项任务。

2. 成就动机理论的教育启示

(1)在教育实践中对力求成功者,应通过给予新颖且有一定难度的任务,安排竞争的情境,严格评定分数等方式来激发其学习动机;

(2)对于避免失败者,则要安排少竞争或竞争性不强的情境,如果取得成功则要及时表扬给予强

化,评定分数时要求稍稍放宽些,并尽量避免在公共场合下指责其错误;

(3)由于力求成功的动机比避免失败的动机具有更大的主动性,因此,对学生还应增加他们力求成功的成分,使他们不以避免失败为满足,而以获取成功为快乐,这样才能真正调动一个人的积极性。

真题8 [2023山西太原,单选]根据阿特金森的成就动机理论,在教育实践中,教师要根据不同成就动机类型的学生,给予其有针对性的教育。对于避免失败者,教师的下列做法不恰当的是（　　）

A.避免在公众场合指责其错误　　B.取得成功时及时给予表扬
C.评定分数时放宽要求　　D.安排竞争的情境

真题9 [2023辽宁营口,判断]根据成就动机理论,成就动机高的人追求成功的倾向大于回避失败的倾向,成就动机低的人追求成功的倾向小于回避失败的倾向。（　　）

A.正确　　B.错误

答案:8. D　9. A

考点 4 ▶ 成败归因理论 ★★★ 【单选、多选、论述、材料分析】

1. 基本观点

归因是人们对自己或他人活动及其结果的原因所做的解释和评价。在学习和工作当中,人人都会体验到成功与失败,同时还会去寻找成功与失败的原因,这就是对行为进行归因的过程。人们会把成败归结为不同的原因,并产生相应的心理变化,从而影响今后的行为。归因理论是由社会心理学家海德首先提出来的。

罗特发展了归因理论,提出了控制点的概念,并依据控制点把个体分为"内控型"和"外控型"。内控型的人认为自己可以控制周围的环境,无论成功还是失败,都是由自己的能力或努力等内部因素造成的,他们乐于对自己的行为负责;外控型的人则感到自己无法控制周围的环境,无论成败都归因为他人的影响或运气等外在因素,他们往往对自己的行为不愿承担责任。

在海德和罗特研究的基础上,美国心理学家**韦纳**对行为结果的归因进行了系统的研究,他把人经历过事情的成败归结为六项因素,即<u>能力、努力程度、工作难度、运气、身心状况、外界环境</u>。他又把上述六项因素按各自的性质,分别归入三个维度:内部归因和外部归因、稳定性归因和非稳定性归因、可控制归因和不可控制归因。

表3-13　韦纳成败归因理论中的六因素与三维度

维度	稳定性		因素来源(控制点)		可控性	
因素	稳定	不稳定	内在	外在	可控制	不可控制
能力	√		√			√
努力程度		√	√		√	
工作难度	√			√		√
运气		√		√		√
身心状况		√	√			√
外界环境		√		√		√

都是因为我不努力，下次努力就好了！	我真笨，根本不是学习的料！	这也太难了！	我这几天真倒霉啊，考试的时候监考老师一直在我旁边转！
努力	能力	难度	运气

韦纳认为，每一维度对动机都有重要的影响。控制点维度与个体成败的情绪体验有关。稳定性维度与个体对未来成败的期望有关。可控性维度既与情绪体验有关，又与对未来成败的预期有关。

一个总是失败并把失败归于内部的、稳定的和不可控的因素（即能力低）的学生会形成一种习得性无助的自我感觉。

· 知识再拔高·

习得性无力（助）感理论

习得性无力感简称无力感，又称习得性无助，指由于连续的失败体验而导致个体产生的对行为结果感到无力控制、无能为力的心理状态。

根据塞利格曼的理论，无力感的产生过程可以分为四个阶段：(1)获得体验；(2)在体验的基础上进行认知；(3)形成"将来结果也不可控"的期待；(4)表现出动机、认知和情绪上的损害，影响后来的学习。

塞利格曼等人指出，人对失败的归因在无力感的形成过程中起着重要的作用。归因方式不同，人们所产生的认知和期待就不一样，无力感也会呈现多种形式。

2. 韦纳的成败归因理论在教育上的意义

（1）教师根据学生的自我归因可预测其此后的学习动机。根据韦纳的三维度归因方式，教师既可以了解每个学生对自己学习结果成败的归因倾向，也可以预测他以后对此学科的学习动机。

（2）长期消极的归因不利于学生的人格成长，这就需要教师利用反馈的作用，并在反馈中给予鼓励和支持，帮助学生正确归因，重塑自信。

（3）通过归因训练改变学生消极的自我认识，提高学习动机。根据归因理论，学生将成败归因于努力比归因于能力会产生更强烈的情绪体验。努力而成功，体验到愉快；不努力而失败，体验到羞愧；努力而失败，也应受到鼓励。因此，教师在给予奖励时，不仅要考虑学生的学习结果，而且要联系学生学习进步与努力程度的状况来看，强调内部、不稳定和可控制的因素。在学生付出同样努力时，对能力低的学生应给予更多的奖励；对能力低而努力的人给予最高评价；对能力高而不努力的人则给予最低评价，以此引导学生进行正确归因。

· 知识再拔高·

归因偏差

人们的归因行为并非总是纯粹理性活动的产物，也并不是逻辑严密的，这就会使人们对行为的归因出现错误和偏差。常见的归因偏差有以下几种：

(1)基本归因错误

人们对他人的行为进行归因时,往往将行为归因于内部稳定的性格因素,而忽视引起行为的外部客观因素。这一归因现象被社会心理学家称为"基本的归因错误"。

(2)行动者与观察者偏差

这一归因偏差指的是,我们常常将他人的行为归因于较稳定的人格因素,却倾向于将自己的行为归因于外部因素,即随情境而变,这在行为本身无所谓好坏或优劣时更是如此。

(3)自我服务归因偏差

这一归因偏差是指人们把功劳归于自己,把失败归于外因的倾向。在日常生活中,人们常把失败归于运气不好、他人拆台等,以摆脱责任、免受责备。这种做法有利于个体的心理平衡。

真题10 [2024广东东莞,单选]小芳这次期中考试成绩明显下滑,她觉得是自己最近不够努力导致的。其归因是( )

A. 内部、稳定归因 B. 内部、不稳定归因
C. 外部、稳定归因 D. 外部、不稳定归因

真题11 [2024山东临沂,单选]物理出成绩后,小军兴奋地说:"太棒了,我都蒙对了。"结合韦纳的归因理论,这属于( )归因。

A. 能力 B. 努力 C. 运气 D. 任务难度

真题12 [2023广西百色,单选]小薇花了很多时间和精力学习数学,但每次数学考试都不及格,渐渐地她对学习数学失去信心甚至在数学课上打瞌睡。小薇的这种心理属于( )

A. 自尊 B. 害羞 C. 躁狂 D. 习得性无助

答案:10. B 11. C 12. D

考点 5 自我效能感理论 ★★ 【单选、多选、填空、判断、辨析、简答】

1. 自我效能感的内涵

自我效能感由班杜拉首次提出,是指人对自己能否成功从事某一成就行为的主观判断。班杜拉指出,人的行为受行为的结果因素与先行因素的影响。行为的结果因素是人们通常所说的强化。行为的先行因素就是人在认识到行为与强化之间的依随关系之后产生的对下一步强化的期待。

期待包括结果期待和效能期待。结果期待是指人对自己的某一行为会导致某一结果的推测。效能期待是指人对自己能够进行某一行为的能力的推测或判断,它意味着人是否确信自己能够成功地进行带来某一结果的行为。当个体确信自己有能力进行某一活动时,他就会产生高度的"自我效能感",并努力实施该活动。

> **小香课堂**
> 结果期待和效能期待是易混的知识点,考生要注意区分。结果期待强调对结果的预测;效能期待强调对自己进行某一行为的能力的判断。

2. 自我效能感的作用

(1)决定人们对活动的选择,以及对活动的坚持性。自我效能感水平高者倾向于选择富有挑战性的任务,在困难面前能坚持自己的行为;而自我效能感水平低者则相反。

(2)影响人们在困难面前的态度。自我效能感水平高者敢于面对困难,富有自信心,相信通过坚持不懈的努力可以克服困难;而自我效能感水平低者在困难面前则缺乏自信,畏首畏尾,不敢尝试。

(3)自我效能感不仅影响新行为的习得,而且影响已习得行为的表现。

(4)自我效能感还会影响活动时的情绪。自我效能感高者活动时信心十足,情绪饱满;而自我效能感低者则充满恐惧和焦虑。

3. 自我效能感的影响因素

(1)**个人自身行为的成败经验(直接经验)**。这一效能信息源对自我效能感的影响最大。一般来说,成功经验会增强自我效能感,反复的失败会降低自我效能感。当然,成败经验对自我效能感的影响还要取决于个体对成败的归因方式。如果把成功归于外部、不可控的因素就不会增强自我效能感;把失败归于外部、不可控的因素也不一定就降低自我效能感。

(2)**替代经验**。个体的许多效能期望是来源于对他人的观察,如果看到一个与自己一样或不如自己的人成功,自己的效能感就会提高。

(3)**言语暗示(言语劝说)**。他人的言语暗示能提高自己的效能感,但缺乏经验基础的言语暗示效果是不牢固的。

(4)**情绪唤醒**。班杜拉发现,高水平的情绪唤醒使成绩降低而影响自我效能感。

值得指出的是,上述四种因素对效能期望的作用依赖于个体的认知和评价,人要对与能力有关的因素和非能力因素对成败的作用加以权衡。

真题13 [2024江苏常州,单选]小黄同学相信上课认真听讲、下课认真做作业就会取得好成绩。根据班杜拉的理论,这属于(　　)

A. 过程期待　　　　　　　　　　B. 社会期待

C. 结果期待　　　　　　　　　　D. 效能期待

真题14 [2022河南信阳,多选]自我效能感指个人对自己是否有能力完成某一行为所进行的推测与判断,班杜拉认为个人自我效能感的影响因素有(　　)

A. 言语劝说　　　　　　　　　　B. 情绪唤醒

C. 替代经验　　　　　　　　　　D. 个人直接经验

真题15 [2024浙江宁波,判断]自我效能感水平高的人倾向于选择富有挑战性的任务,在困难面前坚持自己的行为。(　　)

答案: 13. C　14. ABCD　15. √

考点 6 ▶ **成就目标理论** ★ 【单选】

1. 主要观点

20世纪80年代初,德维克等人在社会认知框架的最新研究成果基础上,综合以前成就动机的研究成果,提出了较为完善的成就目标理论。

德维克认为,人们对能力持有不同的内隐观念。一种为能力实体观,持这种观点的人认为能力是固定的,是不可改变的特质。另一种是能力增长观,持这种观点的人认为能力是不稳定的,是可以控制的,可以随着知识的学习、技能的培养而加强的。

表3-14 能力实体观与能力增长观

能力观	目标取向	特征/表现
能力实体观	表现目标	持表现目标取向的学生被称为自我卷入的学习者,其具有以下特征: (1)避免被别人看不起,选择适宜(不需花费太多精力而且成功可能性很大)的工作; (2)关心的是能否向其他人证明自己的能力
能力增长观	掌握目标	持掌握目标取向的学生被称为任务卷入的学习者,其具有以下特征: (1)学习是为了个人的成长,寻求那些能真正锻炼自己的能力、提高自己的技能的任务,选择中等难度的任务; (2)关心的是自己是否能掌握任务,而不是和他人相比

2. 不同成就目标定向对个体行为的影响

不同成就目标定向的个体在行为方面是有差别的,主要表现在:

(1)任务的选择上。掌握目标定向的个体倾向于选择具有挑战性的任务。而成绩目标定向的个体对任务的选择受到了能力自我认知的影响,低能力自我认知的个体倾向于选择容易的任务,高能力自我认知的个体虽然选择具有挑战性的任务,但当具有失败的危险时,他们就会逃避挑战。

(2)在困难面前的坚持性上。掌握目标定向的个体受努力归因的影响会表现出较高的坚持性,而且他们在失败时的积极情感反应也会成为继续努力的动力。成绩目标定向的个体受能力归因的影响,在面临困难时会变得泄气或防御性地放弃任务,而且其羞愧、焦虑等消极情感反应也会妨碍任务的顺利进行。

真题16 [2022山东滨州,单选]持(　　)的学生认为能力是固定的,不可改变的,他们会将学习成绩看成是对自身能力的一种检验。

A.能力实体观　　B.能力增长观　　C.能力可控观　　D.能力变化观

答案:A

考点 7 ▶ 自我价值理论 ★ 【单选】

自我价值理论是美国教育心理学家卡文顿提出的。该理论以成就动机理论和成败归因理论为基础,从学习动机的负面着眼,企图探讨"有些学生为什么不肯努力学习"的问题。

自我价值理论关注人们如何评估自身的价值,其基本假设是当个体的自我价值受到威胁时,个体将会竭力维护。对在校的学生而言,其价值通常来自他们在竞争中取得成功的能力。自我价值理论将动机类型划分为:高驱低避型、低驱高避型、高驱高避型和低驱低避型。

表3-15 自我价值理论的动机类型

动机类型	学生类型	内涵	举例
高驱低避型	成功定向者	这种动机类型的学生拥有无穷的好奇心,表现得自信、机智,对学习有极高的自我卷入水平	贤哉,回也!一箪食,一瓢饮,在陋巷,人不堪其忧,回也不改其乐
低驱高避型	逃避失败者	对于这类学生,逃避失败要比对成功的期望更重要	给可能的失败找借口,不想承担责任,经常是往外部找原因(比如怪考试难,怪老师,怪自己没睡好等)

续表

动机类型	学生类型	内涵	举例
高驱高避型	过度努力者	具有这种动机形式的人同时受到成功的诱惑和失败的恐惧	隐讳努力：在私下里努力读书，但是在同学或者朋友面前又表现得贪玩不在乎成绩
低驱低避型	失败接受者	这类学生没有对成功的期望，也没有对羞耻感的恐惧	对学习漠不关心，不因成功而自豪，也不因失败而羞愧

真题17 [2024四川统考，单选]包老师发现班上肖成同学在学校比较贪玩，对考试也表现出满不在乎的态度，课堂上也不怎么努力，但学习成绩还不错。她觉得肖成如果改变学习态度就会有更大的进步，于是跟肖成母亲进行了一次深入的沟通，结果大出所料——肖成在家里总是特别努力，每天都会对所学知识进行复习，对第二天的功课进行预习，遇到不懂的问题总是积极寻求各种帮助，并额外完成一些有挑战性的学习任务。根据自我价值动机理论，肖成的动机类型属于（　　）

A. 高驱高避型　　　　　　　　　　B. 低驱低避型
C. 高驱低避型　　　　　　　　　　D. 低驱高避型

真题18 [2024河北石家庄，单选]根据自我价值理论，"低驱高避型"的学生被称为（　　）

A. "失败接受者"　　　　　　　　　B. "过度努力者"
C. "成功定向者"　　　　　　　　　D. "逃避失败者"

答案：17. A　18. D

考点 8 ▶ 自我决定理论 ★ 【材料分析】

20世纪80年代，美国心理学家德西和瑞安等人提出了自我决定理论。自我决定是一种关于经验选择的潜能，是在充分认识个人需要和环境信息的基础上，个体对行动所做出的自由选择。这种潜能引导人们从事感兴趣的、有益于能力发展的行为以及形成对社会环境的灵活适应力。

自我决定理论将动机划分为内在动机、内化动机和外在动机三种，强调学习动机激发的重点在于外在动机的内化。同时，自我决定理论认为外在动机使用不当会导致内在动机的抵消。德西的一项研究充分证明了这一点，即在进行一项对于被试而言感兴趣、自发性的活动时，如果同时提供外部的物质奖励，反而会减少这项活动对参与者的吸引力。

三、学习动机的激发与培养 ★★ 【单选、多选、简答、论述、案例分析】

考点 1 ▶ 学习动机的激发

1. 创设问题情境，激发兴趣，维持好奇心

兴趣和好奇心是内部动机最为核心的成分，是培养和激发学生内部学习动机的基础。问题情境是指有一定的难度，需要学生努力克服，而又是其力所能及的学习情境，也就是一种难度适宜的疑难情境。启发式教学与传统的"填鸭式"教学相比，具有极大的优越性。而要想实施启发式教学，关键在于创设问题情境。要想创设问题情境，首先要求教师熟悉教材，掌握教材的结构，了解新旧知识之间的内在联系；此外要求教师充分了解学生已有的认知结构状态，使新的学习内容与学生已有水平构成一个适当的跨度。这样，才能创设问题情境。

创设问题情境时应注意:(1)问题要小而具体、新颖有趣、有适当的难度;(2)有启发性,善于将要解决的课题寓于学生实际掌握的知识基础中,造成心理上的悬念;(3)为了让学生认识到所学知识与自身的关联,问题情境还要尽可能贴近学生的现实生活。

2. 设置合适的目标

当目标是由个体自己设定,而不是由他人设定时,个体通常会付出更多的努力。在设定一个目标时,教师可以与学生讨论过去设定的目标的实现情况,哪些成功了,哪些失败了,原因何在,并以此作为设置新目标的参考。教师要帮助学生设定一个既具有挑战性,但是又现实的目标,并表扬学生对目标的设定及实现。

3. 根据作业难度,恰当控制动机水平

根据"耶克斯—多德森定律",教师在教学时,要根据学习任务的不同难度,恰当控制学生学习动机的激起程度。所谓"平时如战时,战时如平时",就是要求在学习较容易、较简单的课题时,应尽量使学生集中注意力,使学生尽量紧张一点,动机激起水平达到中等偏高的最佳状态;而在学习较复杂、较困难的课题时,则应尽量创造轻松自由的课堂气氛,让动机激起水平处于中等稍低的最佳状态;在学生遇到困难或出现问题时,要尽量心平气和地慢慢引导,以免学生过度紧张和焦虑。从这个角度来看,平日在学生中流传的"大考大耍,小考小耍,不考不耍"的俏皮话,在一定程度上是有积极意义的。

4. 表达明确的期望

学生需要清楚地了解自己应该做什么,如何被评价,以及成功之后会有什么收获,教师把期望明确地传达给学生就显得十分重要。

5. 提供明确的、及时的、经常性的反馈

通过反馈,使学生及时了解学习的结果,包括运用所学知识解决问题的成效、作业的正误、考试成绩的优劣等,这会产生相当大的激励作用。教师在运用反馈时,需注意:(1)反馈必须明确、具体,特别是对年幼的学生;(2)反馈必须及时,紧随个体的学习结果,以免学生延续类似的错误;(3)反馈必须是经常性的,使学生能够付出最大的努力,频繁给予小的奖励比偶尔地给予大的奖励更能促进学生的学习。

6. 合理运用外部奖赏

外部奖赏在此是指物质上的奖励。对学生的学习行为和学习结果给予奖励能有效地促进其学习。但外部奖励运用不当,也很可能会引起意想不到的负面效果。有许多研究表明,如果滥用外部奖励,不仅不能促进学习,而且可能破坏学生的内在动机。只有当内部动机缺乏时,物质奖励才能起到很好的激励作用。教师要根据学生的具体情况进行奖励,把奖励看成某种隐含着成功的信息,其本身并无价值,只是用它来吸引学生的注意力,促使学生由外部动机向内部动机转换,对信息任务本身产生兴趣。

7. 有效地运用表扬

表扬在课堂教学中的作用主要是强化学生适当的行为,对他们所表现出的期望行为提供反馈。教师对学生的肯定性评价具有积极的强化作用,能鼓励学生产生再接再厉、积极向上的心态,赞扬、奖励一般比批评、惩罚更具激励作用。

表扬的有效性取决于它的具体性、可靠性以及行为结果的依随性,教师在运用表扬与批评时,要根据学生的年龄特征与个别差异,做到客观、公正、全面、恰到好处,既要赏罚分明,又要以理服人,这样才能达到预期的教学效果。

8. 对学生进行竞争教育,适当开展学习竞争

竞争是激发学习动机的重要手段。因为竞争可以极大地激发学生的好胜心和求成需要,增强学生的学习兴趣和克服困难的毅力,所以多数人在竞争情况下学习和工作的效率会有很大的提高。而且,通过竞争还可获得对自己能力比较实际的估计,较好地发现自己的不足和尚未显示出来的潜力,这也可以起到促进动机、提高成绩的作用。然而,竞争也有消极作用。过多的竞争不仅会失去激励作用,还会造成紧张气氛,加重学生负担,有损学生身心健康。有些人在竞争情况下反而学得更差,这或是因为他们被刺激得过分而超出承受力,或是因为失败而丧失信心和兴趣。

教师在运用竞争时需要注意以下几点:(1)教师要教育学生认识竞争的利弊,教给学生公平竞争的手段;(2)按学生的能力等级进行竞争;(3)进行多指标竞争,让每个人都获得成就感;(4)提倡团体竞争;(5)鼓励个人的自我竞争和团体的竞争。

真题19 [2022 河北保定,简答]简述激发学生学习动机的方法。
答案: 详见内文

考点 2 ▸ 学习动机的培养

(1)了解和满足学生的需要,促进学习动机的产生;(2)重视立志教育,对学生进行成就动机训练;(3)帮助学生确立正确的自我概念,获得自我效能感;(4)培养学生努力导致成功的归因观;(5)培养学生对学习的兴趣;(6)利用原有动机的迁移,使学生产生学习的需要。

考点 3 ▸ 内部学习动机的激发与培养

内部学习动机的激发与培养的方法主要有以下四种:(1)激发兴趣,维持好奇心;(2)设置合适的目标;(3)培养恰当的自我效能感;(4)训练归因。前两种方法与"学习动机的激发"这一部分中的前两种方法相同,在此不再赘述。下面重点讲述第三种和第四种方法。

1. 培养恰当的自我效能感

在个体拥有了相应的知识技能后,自我效能感就成为个体行为的决定性因素。许多学生尤其是学业成绩不佳的学生,受其低自我效能感水平的影响,在学习中容易放弃尝试和应有的努力,进而影响其学习成绩。对此,教师可以:(1)通过为他们选择难易合适的任务,让他们不断地获得成功体验,进而提高自我效能感水平;(2)让他们观看和想象那些与自己差不多的学生的成功操作,通过获得替代性经验和强化来提高他们的自我效能感,使他们确信自己也有能力完成相应的学习行为,从而推动学习的进行;(3)通过归因训练改变学生对自己学习能力的错误判断,形成正确的自我效能感判断。

2. 训练归因

改变学生不正确的归因,提高学习动机可以从两方面入手:

(1)"努力归因",无论成功或失败都归因于努力与否的结果。因为学生将自己的成败归因于努力与否会提高学生学习的积极性,当学习困难或成绩不佳时,一般不会因一时的失败而降低将来会取得成功的期望。

(2)"现实归因",针对一些具体问题引导学生进行现实归因,以帮助学生分析除努力这个因素外,影响学习成绩的因素还有哪些,是智力、学习方法,还是家庭环境、教师等因素? 这些因素在多大程度上影响其学习成绩,并尽力指出解决这些问题的方法,以提高学生克服困难的勇气,增强自信心。这种归因训练的好处在于,在学生做"努力归因"时联系现实,在做"现实归因"时又强调努力。

考点 4 ▶ 外部学习动机的激发与培养

外部学习动机的激发与培养的方法有:(1)表达明确的期望;(2)提供明确的、及时的、经常性的反馈;(3)合理运用外部奖赏;(4)有效地运用表扬。

★ 本节核心考点回顾 ★

1. 学习动机的种类

(1)根据学习动机产生的诱因来源划分

①内部学习动机:因对活动本身发生兴趣而产生的动机。

②外部学习动机:在学习活动以外由外部的诱因激发出来的学习动机。

(2)根据学习动机的作用与学习活动的关系划分

①近景的直接性学习动机:与学习活动直接相连,来源于对学习内容或学习结果的兴趣。

②远景的间接性学习动机:与学习的社会意义和个人的前途相连。

(3)根据学校情境中的学业成就动机的不同划分

①认知内驱力:要求了解、理解和掌握知识以及解决问题的需要,属于内部动机。

②自我提高内驱力:个体因自己的胜任或工作能力而赢得相应地位的需要,属于外部动机。

③附属内驱力:个体为了获得长者(如家长、教师)的赞许或认可而表现出把工作、学习做好的一种需要,属于外部动机。

2. 耶克斯—多德森定律

(1)在比较容易的任务中,行为效果随着动机的提高而上升;随着任务难度的增加,动机的最佳水平有逐渐下降的趋势。

(2)一般来讲,动机的最佳水平为中等强度。

(3)动机水平与行为效果呈倒U形曲线。

3. 成就动机理论(阿特金森)

(1)力求成功者的目的是获取成就,成功概率为50%的任务是他们最有可能选择的。

(2)避免失败者倾向于选择非常容易或非常困难的任务。

4. 成败归因理论(韦纳)

(1)能力属于稳定、内部、不可控因素;

(2)努力程度属于不稳定、内部、可控因素;

(3)工作难度属于稳定、外部、不可控因素;

(4)运气属于不稳定、外部、不可控因素;

(5)身心状况属于不稳定、内部、不可控因素;

(6)外界环境属于不稳定、外部、不可控因素。

5. 自我效能感理论(班杜拉)

(1)自我效能感指人对自己能否成功从事某一成就行为的主观判断。

(2)期待包括结果期待和效能期待。结果期待指人对自己的某一行为会导致某一结果的推测;效能期待指人对自己能够进行某一行为的能力的推测或判断。

(3)自我效能感的影响因素：个人自身行为的成败经验(直接经验)、替代经验、言语暗示、情绪唤醒。

6.成就目标理论

(1)能力实体观：能力是固定的，是不可改变的；建立表现目标，选择适宜的工作，避免被别人看不起。

(2)能力增长观：能力是不稳定的，可以随着知识的学习、技能的培养而加强；设置掌握目标，寻求那些能真正锻炼自己的能力、提高自己的技能的任务。

7.自我价值理论

(1)高驱低避型(成功定向者)：对学习有极高的自我卷入水平。

(2)低驱高避型(逃避失败者)：逃避失败要比对成功的期望更重要。

(3)高驱高避型(过度努力者)：隐性努力。

(4)低驱低避型(失败接受者)：对学习漠不关心。

第二节　学习策略

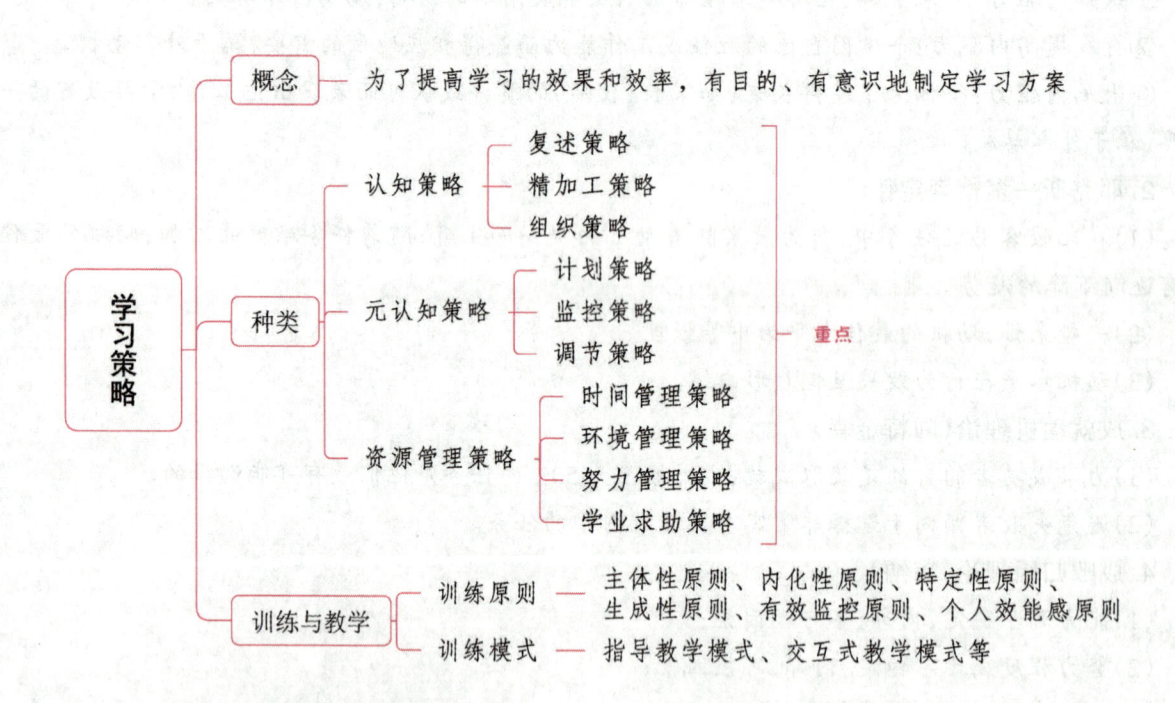

学习策略
- 概念：为了提高学习的效果和效率，有目的、有意识地制定学习方案
- 种类
  - 认知策略
    - 复述策略
    - 精加工策略
    - 组织策略
  - 元认知策略（重点）
    - 计划策略
    - 监控策略
    - 调节策略
  - 资源管理策略
    - 时间管理策略
    - 环境管理策略
    - 努力管理策略
    - 学业求助策略
- 训练与教学
  - 训练原则：主体性原则、内化性原则、特定性原则、生成性原则、有效监控原则、个人效能感原则
  - 训练模式：指导教学模式、交互式教学模式等

一、学习策略的概念及其特征

考点 1　学习策略的概念

学习策略是指学习者为了提高学习的效果和效率，有目的、有意识地制定有关学习过程的复杂的方案。学习方法是学习策略的知识和技能基础，是学习策略的一个重要组成部分，但不是学习策略的全部，因此，不能把二者完全等同。

考点 2 学习策略的特征 ★ 【单选、判断、简答】

说法一：(1)主动性。一般学习者采用学习策略都是有意识的心理过程。学习时，学习者先要分析学习任务和自己的特点，然后根据这些条件，制订适当的学习计划。对于较新的学习任务，学习者总是在有意识、有目的地思考着学习过程的计划。只有对于反复使用的策略才能达到自动化的水平。

(2)有效性。所谓策略，实际上是相对效果和效率而言的。一个人在做某件事时，使用最原始的方法，最终也可能达到目的，但效果不会好，效率也不会高。比如，记忆一组英语单词，如果一遍又一遍地朗读，只要有足够的时间，最终也能记住，但是，保持时间不会太长，记忆也不会很牢靠；如果采用分散复习或尝试背诵的方法，记忆的效果和效率一下子会得到很大的提高。

(3)过程性。学习策略是有关学习过程的策略。它规定学习时做什么不做什么、先做什么后做什么、用什么方式做、做到什么程度等诸方面的问题。

(4)程序性。学习策略是学习者制订的学习计划，由规则和技能构成。每一次学习都有相应的计划，每一次学习的学习策略也不同。但是，相对而言，对于同一种类型的学习，存在着基本相同的计划，这些基本相同的计划就是我们常见的一些学习策略，如PQ4R阅读法。

说法二：(1)操作性和监控性的有机统一。操作性和监控性是学习策略最基本的特性。(2)外显性和内隐性的有机统一。(3)主动性和迁移性的有机统一。(4)生成性和指向性的有机统一。

真题1 [2023辽宁营口，判断]操作性和监控性是学习策略最基本的特性。(　　)
A.正确　　　　　　　　　　　　　　B.错误

真题2 [2023宁夏银川，简答]简述学习策略的特征。

答案：1. A　2. 详见内文

二、学习策略的种类 ★★★ 【单选、多选、填空、判断】

迈克卡等人将学习策略区分为三种，并对它们之间的层次关系进行了分析。他们认为，学习策略可分为认知策略、元认知策略和资源管理策略三种。

学习策略
- 认知策略
  - 复述策略(如及时复习、分散复习、过度学习、运用有意识记和无意识记、排除相互干扰、运用多种感官协同记忆、整体识记与部分识记相结合、复习形式多样化、画线)
  - 精加工策略(如记忆术，做笔记，提问，生成性学习、运用背景知识、联系客观实际)
  - 组织策略(如归类策略、纲要策略)
- 元认知策略
  - 计划策略(如设置学习目标、浏览阅读材料、设置思考题、分析如何完成学习任务)
  - 监控策略(如阅读时对注意加以跟踪、对材料进行自我提问、考试时监控速度和时间)
  - 调节策略(如调整阅读速度、重新阅读、使用应试策略等)
- 资源管理策略
  - 时间管理策略(如统筹安排学习时间、高效利用最佳时间、灵活利用零碎时间)
  - 环境管理策略(如调节自然条件、设计好学习的空间)
  - 努力管理策略(如激发内在的动机、树立正确的学习信念、选择有挑战性的任务、调节成败的标准、正确归因、自我奖励等)
  - 学业求助策略(如寻找教师帮助、伙伴帮助，使用伙伴/小组学习，获得个别指导等)

图3-4　学习策略的分类

> **知识再拔高**
>
> **皮连生的学习策略分类**
>
> 皮连生将学习策略分类如下:(1)促进选择性注意的策略,如自我提问、做读书笔记、记听课笔记等;(2)促进短时记忆的策略,如复述、记笔记、将输入的信息形成组块等;(3)促进新信息内在联系的策略,如分析学习材料的内在逻辑结构和组织结构、多问几个为什么等;(4)促进新旧知识联系的策略,如列表比较新旧知识的异同、把新知识应用于解释新的例子等;(5)促进新知识长期保存的策略,如运用记忆术、双重编码、提高加工水平等。

考点 1 认知策略

认知策略是学习者对信息进行加工的方法和技术。认知策略的基本功能有两个方面:一是对信息进行有效的加工与整理,二是对信息进行分门别类的系统储存。

1. 复述策略

复述策略是指在工作记忆中为了保持信息,运用内部语言在大脑中重现学习材料或刺激,以便将注意力维持在学习材料上的方法。

常用的复述策略有:(1)在复述的时间上,采用及时复习、分散复习;(2)在复述的次数上,强调过度学习;(3)在复述的方法上,包括运用有意识记和无意识记、排除相互干扰、运用多种感官协同记忆、整体识记与分段识记相结合、复习形式多样化、画线等。同时,要注意保持积极的心向、态度和兴趣。如果我们对某事感兴趣,或者对它持积极态度,就会记得牢固;反之,则容易遗忘。

2. 精加工策略

精加工策略(精细加工策略)是指把新信息与头脑中的旧信息联系起来从而增加新信息意义的深层加工策略。它常被描述成一种理解记忆的策略,其要旨在于建立信息间的联系。联系越多,能回忆出信息原貌的途径就越多,即提取的线索就越多。精加工越深入越细致,回忆就越容易。对于比较复杂的课文学习,精加工策略有说出大意、总结、建立类比、用自己的话做笔记、解释、提问以及回答问题等。

(1)记忆术

记忆术即通过把那些枯燥无味但又必须记住的信息"牵强附会"地赋予意义,使记忆过程变得生动有趣,从而提高学习记忆效果的方法。常用的记忆术主要有:

①形象联想法。这种方法是通过人为联想,使无意义的、难记的材料和头脑中的鲜明奇特的形象相结合,从而提高记忆效果。想象的形象越鲜明、具体越好,形象越夸张、奇特越好,形象之间的逻辑联系越紧密越好。例如,小学生记汉语拼音时就常利用具体的事物,m像两个门洞,n像一个门洞,h像一把小椅子。

②谐音联想法。这种方法是通过谐音线索,运用视觉表象,假借意义进行人为联想。例如,把圆周率"3.1415926535……"编成顺口溜"山巅一寺一壶酒,尔乐苦煞吾……"等。

③首字连词法。这种方法是利用每个词语的第一个字形成缩写,或者用一系列词描述某个过程的每个步骤,然后将这一系列词提取首字作为记忆的支撑点。

④位置记忆法。这是一种传统的记忆术,最早被古希腊演讲家使用。它是通过与熟悉的地点顺序相联系来记忆一些名称或者客体顺序的方法。位置记忆法对记忆有顺序的系列项目特别有用。

⑤缩简和编歌诀。缩简就是将识记材料的每条内容简化成一个关键性的字,然后变成自己所熟悉

的事物,从而将材料与过去经验联系起来。编歌诀法就是利用编制歌谣口诀的方式来帮助记忆的方法。例如,教师为了让学生能够区分"烧、浇、晓、绕、翘、饶",可以用这样的顺口溜:"用火烧,用水浇,东方日出是拂晓,左边绞丝弯弯绕,右边加羽尾巴翘,丰衣足食才富饶。"

⑥关键词法。关键词法就是将新词或概念与相似的声音线索词,通过视觉表象联系起来。例如,英文的"gas"(煤气)一词,可以用汉语"该死"作关键词。两者读音相似,可以产生"人因煤气中毒而死"的联想,这样"gas"一词就很容易记住了。

(2)做笔记

做笔记策略是使用较为普遍的精加工策略。俗话说,"好记性不如烂笔头"。做笔记不仅可以有效地控制自己的认知加工过程,还有助于概括新的知识和建立新旧知识之间的联系。做笔记有利于保持学习者的注意和兴趣,以及有效地组织材料。

> **小香课堂**
> 考生容易混淆画线与做笔记策略,需注意:画线属于复述策略,做笔记属于精加工策略,二者不能等同。

(3)提问

无论阅读还是听讲,学生要经常评估自己的理解状态,思考这样一些问题:这些新信息意味着什么,与课文中的其他信息以及以前所学的信息有什么联系。如果教师在给学生上阅读课时,向学生提一些"谁""什么""哪儿"和"如何"的问题并要求学生回答,他们可能对阅读的内容领会得更好。

(4)生成性学习

生成性学习就是要训练学生对所阅读的东西产生一个类比或表象,如图形、表格和图解等,以加强其深层理解。这种方法最重要的一点,就是需要积极地加工,不是简单地记录和记忆信息,也不是从书中寻章摘句或稍加改动,而是要改变对这些信息的知觉。在教学中,教师要指导学生拟写课文中没有的、与课文中某些重要信息相关的或用自己的话组成的句子,从而把所学的信息与自身的知识经验联系起来。

(5)运用背景知识,联系客观实际

对于意义性较强的学习材料则可以通过新知识与旧知识之间的联结,用头脑中已有的图式使新信息合理化。要充分利用背景知识,应注意在对新材料理解的基础上进行学习,而不是机械记忆式地学习,适时建立类比。也可以利用先行组织者策略,在新材料学习之前,温习与新材料有关的已有的背景知识,以理解和记忆新知识。

3.组织策略

组织策略是指将经过精加工提炼出来的知识点加以构造,形成更高水平的知识结构的信息加工策略。组织策略主要有两种:一种是归类策略,用于概念、语词、规则等知识的归类整理;另一种是纲要策略,主要用于对学习材料结构的把握。

(1)归类策略。归类,也叫群集,是把材料分成小单元,再把这些单元归到适当的类别里。归类策略的应用能使人理清头绪,各知识点与概念之间不致混淆,方便知识的理解、记忆以及提取。

(2)纲要策略。纲要策略也称提纲挈领,是掌握学习材料纲目的方法。纲要可以是用语词或句子表达的主题纲要,如以写小标题的形式概括重点,也可以是用符号、图等形式表达的符号纲要。

①主题纲要法。主题通常是学习材料的各级标题,有时也需要自己进行提炼。列提纲时要先对材料进行系统分析、归纳和总结,然后按材料的逻辑关系,以简要的词语写下主要与次要的观点,也就是以金字塔的形式呈现教材的要点,每一具体的细节都包含在高一级的类别中。

②符号纲要法。符号纲要法是采用图解的方式体现知识的结构,即作关系图。它比主题纲要法更直观形象,但要求学习者对符号相当熟悉。在作关系图时,应先识别主要知识点,然后识别这些知识点之间的关系,再用适当的图解来标明这些知识点之间的内在联系。符号纲要法主要包括系统结构图、流程图、模式或模型图和网络关系图。

真题3 [2024安徽统考,单选]小聪喜欢用谐音法背诵英语单词。他运用的是( )

A. 精细加工策略　　　　　　　　B. 复述策略

C. 归类策略　　　　　　　　　　D. 纲要策略

真题4 [2024山东临沂,单选]在讲完细胞后,老师让同学们画出细胞的亚显微结构图,并标出重要信息以及各组成成分之间的关系。这种学习策略属于( )

A. 精细加工策略　　　　　　　　B. 注意策略

C. 组织策略　　　　　　　　　　D. 元认知策略

真题5 [2023福建统考,多选]下列属于复述策略的有( )

A. 画线　　　　　　　　　　　　B. 分段识记

C. 多种感官参与　　　　　　　　D. 复习形式多样化

答案:3. A　4. C　5. ABCD

考点 2 元认知策略

1. 元认知

元认知的实质是人对认知活动的自我认识和自我调节。美国心理学家弗拉维尔于1976年在《认知发展》一书中首次提出了元认知的概念。他认为,元认知就是对认知的认知,具体地说,是个人关于自己认知过程的知识和调节这些过程的能力。另外,董奇认为,元认知由元认知知识、元认知体验和元认知监控三部分构成。元认知知识是个体关于自己或他人的认识活动、过程、结果以及与之有关的知识,即知道做什么。它包括三个方面的内容:关于人的知识、关于任务的知识和关于策略的知识。元认知体验是伴随个体认知活动而产生的认知体验或情感体验。元认知监控是指个体在认知活动中,对自己的认知活动进行积极监控和相应的调节,以达到预定目标,即知道何时做、如何做。

2. 元认知策略的类型

学习的元认知策略是指个体为实现最佳的认知效果而对自己的认知活动所进行的调节和控制。它大致可分为以下三种:

(1)计划策略。计划策略是指根据认知活动的特定目标,在认知活动开始之前计划完成任务所涉及的各种活动、预计结果、选择策略,设想解决问题的方法,并预估其有效性等。元认知计划策略包括设置学习目标、浏览阅读材料、设置思考题以及分析如何完成学习任务等。

(2)监控策略。监控策略是指在认知过程中,根据认知目标及时检测认知过程,寻找两者之间的差异,并对学习过程及时进行调整,以期顺利实现有效学习的策略。监控策略包括阅读时对注意加以跟踪、对材料进行自我提问、考试时监视自己的速度和时间等。监控策略具体包括领会监控、策略监控和注意监控。其中,领会监控是指学习者在阅读过程中将自己的阅读领会过程作为监控对象,不断对其进行积极的监视和调整。SQ3R是最常见的帮助学生学习教材内容的阅读领会策略。S指浏览,Q指提问,3R分别指阅读、陈述和复习。

(3)调节策略。调节策略是指在学习过程中根据对认知活动监视的结果,找出认知偏差,及时调整策略或修正目标;在学习活动结束时,评价认知结果,采取相应的补救措施,修正错误,总结经验教训等。元认知调节策略与监控策略有关。例如:当学习者意识到他不理解课文的某一部分时,他就会退回去读困难的段落;在阅读困难或不熟的材料时放慢速度;复习自己不懂的课程材料;测验时跳过某个难题先做简单的题目等。调节策略能帮助学生矫正自己的学习行为,补救理解上的不足。

真题6 [2024江苏常州,单选]小红在学习中能主动制定学习目标,监控学习进度,调整学习方法。这种学习策略通常被称为( )

A. 动机策略　　　　　　　　　B. 认知策略
C. 元认知策略　　　　　　　　D. 精加工策略

真题7 [2023广东清远,单选]小张同学在解答数学题时习惯进行自我提问。这种学习策略属于( )

A. 计划策略　　　　　　　　　B. 监控策略
C. 调节策略　　　　　　　　　D. 精细加工策略

答案:6. C　7. B

考点 3 ▶ 资源管理策略

资源管理策略是辅助学生管理可用环境和资源的策略,包括时间管理策略、环境管理策略、努力管理策略、学业求助策略。

1. 时间管理策略

在时间管理上,应做到:(1)统筹安排学习时间。(2)高效利用最佳时间。不同学习时间的效果是很不一样的。首先,要根据自己的生物钟安排学习活动。其次,要根据一周内学习效率的变化安排学习活动。再次,要根据一天内学习效率的变化安排学习活动。此外,要根据自己的工作曲线安排学习活动。因为随着学习的进行,人的精神状态和注意力会发生变化。一般来说,存在三种变化模式:先高后低;中间高两头低;先低后高。(3)灵活利用零碎时间。

2. 环境管理策略

(1)注意调节自然条件,如流通的空气、适宜的温度、明亮的光线等;(2)要设计好学习的空间,如空间范围、室内布置、用具摆放等。良好的学习环境对于学生保持良好的心态具有重要作用。

3. 努力管理策略

为了使学生维持自己的意志努力,需要不断鼓励学生进行自我激励。这包括:(1)激发内在的动机;(2)树立正确的学习信念;(3)选择有挑战性的任务;(4)调节成败的标准;(5)正确归因;(6)自我奖励等。

4. 学业求助策略

学业求助策略指当学生在学习上遇到困难时,向他人请求帮助的行为。学业求助策略可分为两类:(1)学习工具的利用,如善于利用参考资料、工具书、图书馆、电脑等;(2)社会性人力资源的利用,如善于利用老师的帮助以及同学间的合作与讨论来加深对学习内容的理解。

真题 8 [2024江苏南京,单选]为了让教室更温馨,金老师经常从家里带来绿植,此举体现的学习策略是( )

A. 精加工策略　　　　　　　　　　B. 计划策略

C. 监控策略　　　　　　　　　　　D. 环境管理策略

真题 9 [2023山东济南,单选]某学生遇到学习困难时,能够主动寻求老师、同学的帮助。从学习策略的角度看,该学生运用的学习策略属于( )

A. 认知策略　　　　　　　　　　　B. 元认知策略

C. 方法策略　　　　　　　　　　　D. 资源管理策略

答案:8. D　9. D

三、学习策略的训练与教学

考点 1 ▶ 学习策略发展的基本过程 ★ 【单选】

1. 无意识地运用策略阶段

小学低年级学生在学习过程中常常不能有意识地运用学习策略。在认知策略方面,他们常常只是无意识地运用复述策略;在精加工策略方面,他们对学习材料的理解基本上停留在对原文的复述上;在组织策略方面,他们不能概括知识,也不能将较分散的知识聚合成一个整体;在资源管理策略方面,他们不善于管理自己的时间。

2. 有指导地运用策略阶段

小学中高年级学生在教师的指导下能够主动地运用学习策略进行学习。第一,在认知策略方面,他们能掌握一定的学习方法;第二,元认知水平也有一定的发展;第三,他们能够开始利用各种资源帮助自己提高学习效率,积极利用资源管理策略。

3. 独立地运用策略阶段

到初中阶段时,学生已经基本能够独立安排自己的学习,逐步使用各种学习策略。

真题 10 [2022辽宁营口,单选]学习策略发展的基本过程依次是( )

A. 有指导地运用策略阶段—独立地运用策略阶段—无意识地运用策略阶段

B. 无意识地运用策略阶段—有指导地运用策略阶段—独立地运用策略阶段

C. 独立地运用策略阶段—有指导地运用策略阶段—无意识地运用策略阶段

D. 有指导地运用策略阶段—无意识地运用策略阶段—独立地运用策略阶段

答案:B

考点 2 ▶ 学习策略训练的原则 ★ 【单选、多选】

1. 主体性原则

主体性原则是指学习策略教学中应该发挥和促进学生的主体作用。它既是学习策略训练的目的,又是必要的方法和途径,任何学习策略的使用都依赖于学生主动性和能动性的充分发挥。

2. 内化性原则

内化性原则是指在学习策略的学习过程中,学生能够不断实践各种学习策略,逐步将其内化成自己的学习能力,熟练掌握并达到自动化的水平,从而能够在新的情境中灵活应用。

3. 特定性原则

特定性原则是指学习策略一定要与学习目标及学生的特点相适应。同样的策略,不同的学生使用起来的效果是不一样的。教师要针对学生的年龄、已有的知识水平以及学习动机类型,帮助学生选择适合的学习策略。

4. 生成性原则

生成性原则是指在学习过程中要利用学习策略对学习的材料重新进行加工,产生某种新的东西。也就是说,学习者不是简单地利用别人已有的知识和经验。

5. 有效监控原则

有效监控原则是指学生应该把注意力集中在学习结果和学习过程之间的关系上,监控自己使用每种学习策略所导致的学习结果,以便确定所选策略是否有效。经过这样的监控实践,学生就能够灵活把握何时、何地以及如何使用某种策略,甚至在这些策略运作时能将它描述出来。

6. 个人效能感原则

个人效能感原则是指学生在执行某一任务时对自己胜任能力的判断和自信程度,它是影响学习策略选择的一个重要的动机因素。

> **·记忆有妙招·**
>
> 为方便考生记忆,编者将学习策略训练的原则总结成以下口诀:
>
> **煮花生特有效**。**煮**:主体性。**花**:内化性。**生**:生成性。**特**:特定性。**有**:有效监控。**效**:个人效能感。

真题11 [2023辽宁营口,单选]在学习策略的训练指导中,教师应当遵循( ),即学习策略一定要与学习目标、学生的特点相适应。

A. 特定性原则　　　　B. 内化性原则　　　　C. 生成性原则　　　　D. 主体性原则

答案:A

考点 3 · 训练学习策略的教学模式 ★ 【单选】

1. 指导教学模式

指导教学模式的基本思想是学生在教师的引领下学习有关的学习策略,由激发、讲演、练习、反馈和迁移等环节构成。在教学中,教师先向学生解释所选定学习策略的具体步骤和条件。在具体应用中不断给予提示,让其口头叙述和明确解释所操作的每一个步骤以及报告自己应用学习策略时的思维。同时,教师在教学中依据每种策略来选择许多恰当的事例来说明其应用的多种可能性。提供的事例应从学生的认知水平出发,由简到繁。

2. 程序化训练模式

程序化训练就是将活动的基本技能分解成若干有条理的小步骤,在其适宜的范围内作为固定程序。学习者要按程序进行活动,经过反复练习使之达到自动化程度。程序化训练的基本步骤是:(1)将某一活动技能按有关原理分解成可执行、易操作的小步骤,而且使用简练的词语来标志每个步骤的含义;(2)通过活动实例示范各个步骤,并要求学生按步骤活动;(3)学生记忆各步骤并坚持练习,直至使其达到自动化程度。

3. 完形训练模式

完形训练模式就是在直接讲解策略之后,提供不同程度的完整性材料,促使学生练习策略的某一个成分或步骤,然后逐步降低完整性程度,直至完全由学生自己完成所有成分或步骤。这种教学模式能够使学生有意注意每一个成分或步骤,而且每一步训练所需的心理努力都是学生能够胜任的。更为重要的是,每一步训练都给学生以策略应用的整体印象。

4. 交互式教学模式

交互式教学模式是美国教育心理学家布朗和帕林萨提出的一种旨在改善学生阅读理解和自我监控技能的教学方法。交互式教学模式,是由教师和一组学生(大约6人)一起进行的,主要是为了把擅长阅读的人的心智模型,通过策略外化成不擅长阅读的学生能操作的程序,以帮助成绩差的学生阅读领会。此外,交互式学习还是一种很好的改善人际关系的学习方式,学生在互帮互学的过程中增加交往活动。

5. 合作学习模式

在这种学习活动中,两个学生一组,一节一节地彼此轮流向对方总结材料,当一个学生主讲时,另一个学生听着,纠正错误和遗漏。然后,两个学生彼此变换角色,直到学完所学材料为止。合作性讲解的两个参与者都能从这种学习活动中受益,而主讲者比听者获益更大。

真题12 [2023黑龙江哈尔滨,单选]美国教育心理学家布朗和帕林萨提出的一种旨在改善学生的阅读理解和自我监控技能的教学方法是(　　)

A. 支架式教学　　　　　　　　　　B. 合作学习
C. 交互式教学　　　　　　　　　　D. 情境性教学

答案:C

★★ 本节核心考点回顾 ★★

1. 认知策略

(1)复述策略

①复述策略指在工作记忆中为了保持信息,运用内部语言在大脑中重现学习材料或刺激,以便将注意力维持在学习材料上的方法。

②复述策略具体包括及时复习、分散复习、过度学习、运用多种感官协同记忆、画线等。

(2)精加工策略

①精加工策略指把新信息与头脑中的旧信息联系起来从而增加新信息意义的深层加工策略。

②精加工策略具体包括记忆术、做笔记、提问、生成性学习等。

(3)组织策略

①组织策略指将经过精加工提炼出来的知识点加以构造,形成更高水平的知识结构的信息加工策略。

②组织策略具体包括归类策略和纲要策略。其中,纲要策略包括主题纲要法和符号纲要法。

2.元认知策略

(1)计划策略

①计划策略是指根据认知活动的特定目标,在认知活动开始之前计划完成任务所涉及的各种活动、预计结果、选择策略,设想解决问题的方法,并预估其有效性等。

②计划策略包括设置学习目标、浏览阅读材料、设置思考题以及分析如何完成学习任务等。

(2)监控策略

①监控策略是指在认知过程中,根据认知目标及时检测认知过程,寻找两者之间的差异,并对学习过程及时进行调整,以期顺利实现有效学习的策略。

②监控策略包括阅读时对注意加以跟踪、对材料进行自我提问、考试时监视自己的速度和时间等。

(3)调节策略

①调节策略是指在学习过程中根据对认知活动监视的结果,找出认知偏差,及时调整策略或修正目标;在学习活动结束时,评价认知结果,采取相应的补救措施,修正错误,总结经验教训等。

②调节策略包括重读困难的段落;在阅读困难或不熟的材料时放慢速度;测验时跳过某个难题先做简单的题目等。

3.资源管理策略

(1)时间管理策略

①统筹安排学习时间;②高效利用最佳时间;③灵活利用零碎时间。

(2)环境管理策略

①注意调节自然条件;②设计好学习的空间。

(3)努力管理策略

①激发内在的动机;②树立正确的学习信念;③选择有挑战性的任务;④调节成败的标准;⑤正确归因;⑥自我奖励等。

(4)学业求助策略

①学习工具的利用;②社会性人力资源的利用。

第三节 学习迁移

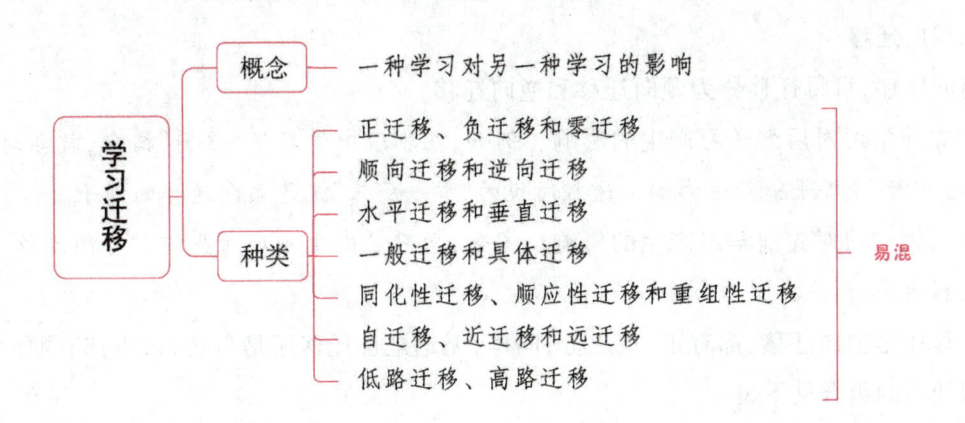

学习迁移
- 概念——一种学习对另一种学习的影响
- 种类
  - 正迁移、负迁移和零迁移
  - 顺向迁移和逆向迁移
  - 水平迁移和垂直迁移
  - 一般迁移和具体迁移
  - 同化性迁移、顺应性迁移和重组性迁移
  - 自迁移、近迁移和远迁移
  - 低路迁移、高路迁移

(易混)

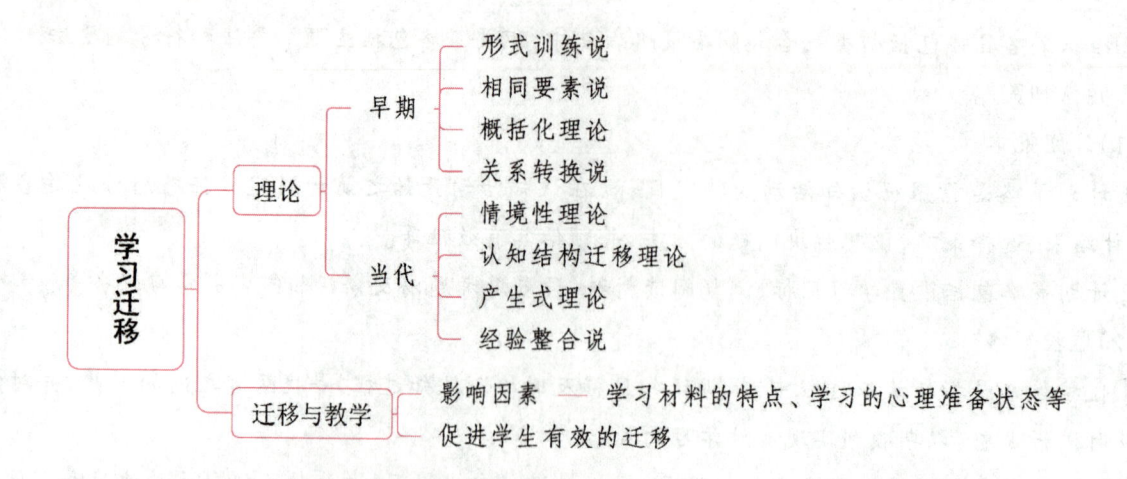

```
                    ┌─────┬─ 早期 ─┬─ 形式训练说
                    │     │       ├─ 相同要素说
                    │     │       ├─ 概括化理论
            ┌─ 理论 ─┤     │       └─ 关系转换说
            │       │     │       ┌─ 情境性理论
学习        │       │     │       ├─ 认知结构迁移理论
迁移 ───────┤       └─ 当代 ──────┤
            │                     ├─ 产生式理论
            │                     └─ 经验整合说
            │         ┌─ 影响因素 ── 学习材料的特点、学习的心理准备状态等
            └─ 迁移与教学 ─┤
                      └─ 促进学生有效的迁移
```

一、学习迁移的概念及其种类

考点 1 ▶ 学习迁移的概念 ★ 【单选、多选】

学习迁移也称**训练迁移**,是指一种学习对另一种学习的影响,或习得的经验对完成其他活动的影响。迁移是学习的一种普遍现象,广泛存在于各种知识、技能、行为规范与态度的学习中,平时所说的"举一反三""触类旁通"等即典型的迁移形式。通过迁移,各种经验得以沟通,经验结构得以整合。

考点 2 ▶ 学习迁移的种类 ★★★ 【单选、多选、判断】

1.正迁移、负迁移和零迁移

根据迁移的性质和结果,可将迁移分为正迁移、负迁移和零迁移。

正迁移也叫"助长性迁移",是指一种学习对另一种学习的促进作用。例如:学习数学有利于学习物理;学习珠算有利于学习心算;懂得英语的人很容易掌握法语等。

负迁移也叫"**抑制性迁移**",是指一种学习对另一种学习产生阻碍作用。例如,在掌握了汉语语法的情况下,在初学英语语法时,总是出现用汉语语法去套英语语法的情况,从而影响了英语语法的掌握。

在实际教学工作中,有时一种学习可能对另一种学习同时产生正迁移和负迁移的双重影响。如汉语拼音的学习对英文字母发音的学习产生干扰作用,但同时对英文字母的书写却能产生积极的影响。

两种学习也可能不发生影响,这种状态称为零迁移,它是迁移的一种特殊形式。

2.顺向迁移和逆向迁移

根据迁移的时间顺序,可将迁移分为顺向迁移和逆向迁移。

顺向迁移是指先前学习对后继学习产生的影响。例如,在物理中学习了"平衡"概念,就会对以后学习化学平衡、生态平衡、经济平衡产生影响。通常所说的"举一反三"就是顺向迁移的例子。

逆向迁移是指后继学习对先前学习产生的影响。例如,学习了微生物后对先前学习的动物、植物概念的理解会产生影响等。

无论是顺向迁移还是逆向迁移,都有正、负之分;同样,无论是正迁移还是负迁移,也都有顺向和逆向之分。四种学习迁移的组合见下表:

表 3-16　四种学习迁移的组合

	顺向迁移	逆向迁移
正迁移	已掌握的知识、技能对新学习的知识、技能的积极影响。例如,掌握加法的学生,容易学好乘法运算	新学习的知识、技能对已掌握的知识、技能的积极影响。例如,掌握乘法运算有助于更加熟练地掌握加法运算
负迁移	已掌握的知识、技能对新学习的知识、技能的消极影响。例如,掌握汉语拼音发音的学生,学英语字母发音时容易受干扰	新学习的知识、技能对已掌握的知识、技能的消极影响。例如,学生学习英语语法之后,又可能反过来对已掌握的汉语语法起干扰作用

3. 水平迁移和垂直迁移

根据迁移内容的抽象和概括水平不同,可将迁移分为水平迁移和垂直迁移。

水平迁移也叫横向迁移,是指先行学习内容与后继学习内容在难度、复杂程度和概括层次上属于同一水平的学习活动之间产生的影响。

垂直迁移也称纵向迁移,是指先行学习内容与后续学习内容是不同水平的学习活动之间产生的影响。垂直迁移表现在两个方面:

(1)自下而上的迁移,即下位的较低层次的经验影响上位的较高层次的经验的学习。例如,对"植物""动物"等具体概念的理解影响着对"生物"这一概念的掌握。这类迁移类似奥苏贝尔所称的上位学习。

(2)自上而下的迁移,即上位的较高层次的经验影响下位的较低层次的经验的学习。例如,"角"这一概念的掌握对"直角""锐角"等概念的学习有一定的影响。这类迁移类似奥苏贝尔说的下位学习。

4. 一般迁移和具体迁移

根据迁移内容的不同,可将迁移分为一般迁移和具体迁移。

一般迁移也称非特殊迁移、普遍迁移,是指一种学习中所习得的一般原理、原则和态度对另一种具体内容学习的影响,即原理、原则和态度的具体应用。例如,获得基本的运算技能、阅读技能后运用到各种具体的学科学习中。

具体迁移也称特殊迁移,是指学习迁移发生时,学习者原有的经验组成要素及其结构没有变化,只是将一种学习中习得的经验要素重新组合并移用到另一种学习之中。例如:学习了"日""月"对学习"明"的影响;掌握了加减法对做四则运算题的影响等。

5. 同化性迁移、顺应性迁移和重组性迁移

根据迁移过程中所需的内在心理机制的不同,可将迁移分为同化性迁移、顺应性迁移和重组性迁移。

同化性迁移是指不改变原有的认知结构,直接将原有的认知经验应用到本质特征相同的一类事物中去。原有认知结构在迁移过程中不发生实质性的改变,只是得到某种充实。平时我们所讲的"闻一知十"就属于同化性迁移。

顺应性迁移指将原有认知经验应用于新情境中时,需调整原有的经验或对新旧经验加以概括,形成一种能包容新旧经验的更高一级的认知结构,以适应外界的变化。

重组性迁移指重新组合原有认知系统中某些构成要素或成分,调整各成分间的关系或建立新的联系,从而应用于新情境。在重组过程中,基本经验成分不变,但各成分间的结合关系发生了变化,即进行了调整或重新组合。

6.自迁移、近迁移和远迁移

根据迁移范围的不同,可将迁移分为自迁移、近迁移和远迁移。

如果个体所学的经验影响着相同情境中任务的操作,则属于自迁移。

近迁移主要指已习得的知识或技能在与原先学习情境相似的情境中加以运用。例如,学生在考试中解某道题时,如果以前进行过相关的题型训练,那么即使这道题变换了数字和结构,解答起来依然会相当顺手。

远迁移是指已习得的知识或技能在新的不相似情境中的运用。例如,将校内学习的知识经验迁移到校外的实际生活中去。远迁移从形成过程和心理机制上比近迁移要复杂得多。

7.低路迁移和高路迁移

根据迁移的路径,可将迁移分为低路迁移和高路迁移。

低路迁移是指以一种自发的或自动的方式所形成的技能的迁移。这种迁移是通过在各种情境中的练习获得的,其发生几乎是不需要或很少需要意识、思维的参与。如驾驶不同类型的汽车。

高路迁移则是有意识地将某种情境中学到的抽象知识应用于另一种情境中的迁移。学生在一种学习情境中抽取出了一种规则、原理、范例、图式,然后运用于新的情境,这便是高路迁移。如利用做笔记策略来阅读文章。

真题1 [2023广西贵港,单选]根据学习迁移中的垂直迁移的定义,下列选项中,能体现垂直迁移的案例是(　　)

A. 在学校形成爱护公物的习惯影响在校外的行为表现
B. "角"概念的掌握影响"直角""平角"等概念的学习
C. 汉语拼音的学习影响英语字母的发音
D. "石"字的学习影响"磊"字的学习

真题2 [2023黑龙江哈尔滨,单选]学生把对狮子、老虎等哺乳动物的认知应用到海豚、鲸鱼等海洋哺乳动物时,就会对哺乳动物有更高概括水平的认知,这属于(　　)

A. 同化性迁移　　　　　　　　　　B. 重组性迁移
C. 顺向迁移　　　　　　　　　　　D. 顺应性迁移

真题3 [2023河南郑州,单选]小丽把记语文笔记的方法迁移到记化学笔记中,小丽运用的迁移方式是(　　)

A. 具体迁移　　　B. 一般迁移　　　C. 垂直迁移　　　D. 近迁移

真题4 [2024安徽统考,多选]下列选项属于正迁移的有(　　)

A. 举一反三　　　　　　　　　　　B. 入乡随俗
C. 触类旁通　　　　　　　　　　　D. 温故知新

答案:1. B　2. D　3. B　4. ACD

二、学习迁移理论 ★★★ 【单选、多选、判断】

考点 1 ▶ 早期的迁移理论

1.形式训练说

形式训练说是最早的关于迁移的理论,以官能心理学为基础,代表人物主要有德国的沃尔夫。形式训练说认为心理官能只有通过训练才能得以发展,迁移就是心理官能得到训练而发展的结果,迁移是无条件的、自发的。形式训练说还认为,训练和改进心理官能是教学的重要目标,教育的任务就是要改善学生的各种官能,而改善以后的官能就能够自动地迁移到其他学习中去,一种官能的改进也能增强其他的官能。形式训练说重视能力的培养和学习的迁移,强调对有效的记忆方法、工作和学习的习惯以及一般的有效工作技术加以特殊训练,这些都是有积极意义的。但它缺乏科学的依据,因此,也引起了一些研究者的怀疑和反对。

2. 相同要素说(共同要素说)

桑代克等人认为,迁移是非常具体的、有条件的,需要有共同的要素。只有当两个机能的因素中有相同要素时,一个机能的变化才会改变另一个机能的习得。两种情境中的刺激相似而且反应也相似时,迁移才会发生。两种情境中相同要素越多,迁移的量也就越大。

几乎与此同时,另一位心理学家武德沃斯通过研究也得出了与桑代克相同的结论。他把相同要素说改为共同要素说。根据共同要素说,如果两种学习活动含有共同成分,无论学习者是否意识到这种成分的共同性,都会有迁移现象的产生。

桑代克的理论对学习迁移的研究和实际教学起到了积极的作用,即便在今天对有些迁移的研究也有直接的启发作用,如迁移的产生式理论。但桑代克的理论只看到学习情境对学习迁移的影响,完全忽略了主体因素对学习迁移的影响,只从一种维度讨论学习之间的影响问题,并试图从中发现影响迁移的原因,把学习迁移引导到一种狭义的圈子里;并且在看到情境中相同要素的积极迁移的同时,忽略了也可能产生消极的作用,即一种学习也可能对另一种学习产生干扰作用。桑代克在1901年所做的"形状知觉"实验是相同要素说的经典实验。

3. 概括化理论

概括化理论也称经验类化说,由美国心理学家贾德提出,其主要观点是,一个人只要对自己的经验进行了概括,就可以完成从一个情境到另一个情境的迁移。他认为先前的学习之所以能迁移到后来的学习中,是因为在先前学习中获得了一般原理,这种一般原理可以部分或全部地运用于后续的学习中。对原理了解、概括得越好,迁移效果也越好。贾德在1908年所做的"水下击靶"实验,是概括化理论的经典实验。

> **小香课堂**
>
> 概括化理论和共同要素说强调的迁移条件不同:
> 概括化理论:强调对原理、经验的概括;共同要素说:强调相同或相似要素的数量。

4. 关系转换说(关系理论)

格式塔心理学家提出关系转换说,认为迁移是学习者突然发现两个学习经验之间关系的结果,是对情境中各种关系的理解和顿悟,而非由于具有共同成分或原理而自动产生。学习迁移的重点不在于掌握原理,而在于觉察到手段与目的之间的关系。他们认为学生"顿悟"情境中原理、原则之间的关系,特别是手段—目的之间的关系,是实现迁移的根本条件。苛勒所做的"小鸡觅食"实验是支持关系转换说的经典实验。

• 知识再拔高 •

小鸡觅食实验

苛勒让小鸡在深、浅不同的两种灰色的纸下面寻找食物。通过条件反射学习，小鸡学会了只有从深灰色纸下才能获得食物奖赏。然后，变换实验情境，保留原来的深灰色纸，用黑色纸取代浅灰色纸。

问题是：如果小鸡仍然到深灰色纸下面寻找食物，那就证明迁移是由于相同要素的作用；如果小鸡是到两张纸中颜色更深的那张（即黑色纸）下面寻找食物，那就证明迁移是对关系做出的反应。

实验表明：小鸡对新刺激（黑色纸）的反应为70%，对原来的阳性刺激（深灰色纸）的反应是30%；而幼儿在做同样的实验时始终对黑色纸的刺激做出反应。

苛勒认为这结果证明是情境中的关系对迁移起了作用，而不是其中的相同要素，被试选择的不是刺激的绝对性质而是比较其相对关系（把在前一种情境中学会的关系即"食物总是在颜色较深的纸下面"迁移到后一种情境中，从而做出了正确的反应）。

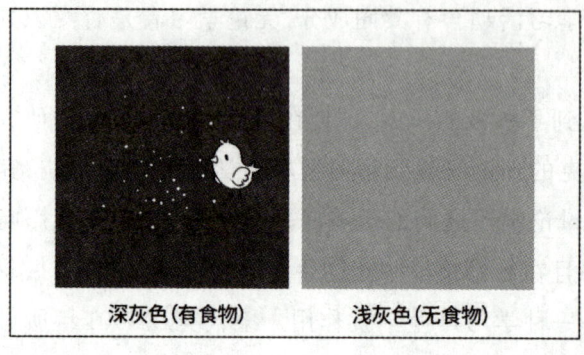

小鸡觅食实验

真题5 [2024河北石家庄，单选]赵老师认为，学生只要将所学的概念、观点进行归纳总结，就可以用这些概念、观点解决新的问题。赵老师的观点主要受（　　）的影响。

A. 共同要素说　　B. 情境性理论　　C. 形式训练说　　D. 概括化理论

真题6 [2023河北邢台，单选]最早的迁移理论是（　　）

A. 概括化理论　　　　　　　　　　　B. 关系转换说

C. 相同要素说　　　　　　　　　　　D. 形式训练说

答案：5. D　6. D

考点 2　当代的迁移理论

1. 情境性理论

格林诺等人提出了迁移的情境性理论。他们认为迁移问题主要是说明在一种情境中学习去参与某种活动，将如何影响在不同情境中参与另一种活动的能力。迁移就在于如何以不变的活动结构或动作图式来适应不同的情境。这种活动结构的建立既取决于最初的学习情境，又取决于后来的迁移情境。

2. 认知结构迁移理论

奥苏贝尔在有意义接受学习理论的基础上提出了认知结构迁移理论，认为一切有意义的学习都是在原有认知结构的基础上产生的，不受原有认知结构影响的有意义学习是不存在的。一切有意义的学习必然包括迁移。学习不是简单的刺激—反应之间的联结形成，不是简单的一种情境与另一情境的相互影响,而是一个利用认知结构中的适当观念不断获得新知识的过程,所以学生原有的认知结构就是实现学习迁移的"最关键的因素"。

每一个学生的认知结构各有特点,个人认知结构在内容和组织方面的特征称为认知结构变量。可利用性、可辨别性和稳定性(包括清晰性)是影响迁移的三个关键认知结构变量。认知结构迁移理论指出,学生学习新知识时,认知结构可利用性高、可辨别性大、稳定性强,就能促进对新知识学习的迁移。"为迁移而教"实际上是塑造学生良好认知结构的问题。在教学中,可以通过改革教材内容和教材呈现方式改进学生的原有认知结构变量以达到迁移的目的。

3. 产生式理论

产生式迁移理论是由安德森提出的,这一理论适用于解释基本技能的形成和程序性知识的迁移。该理论的基本思想是:前后两项学习任务产生迁移的原因是两项任务之间产生式的重叠,重叠越多,迁移量越大。两项任务之间的迁移,是随其共有的产生式的多少而变化的。所谓产生式就是有关条件和行动的规则,简称C-A规则。安德森认为,这一迁移理论是桑代克相同要素说的现代化。

4. 经验整合说

经验整合说是我国心理学家冯忠良教授在吸收前人研究成果的基础上,创造性地提出的一种学习迁移理论。他认为,学习迁移的实质就是新旧经验的整合。整合是通过概括,使新旧经验相互作用,从而形成在结构上一体化、系统化,在功能上能稳定调节活动的一个完整的心理系统。整合通过同化、顺应和重组三种基本途径实现。

真题7 [2023 河南郑州,单选]奥苏贝尔认为,实现学习迁移的最关键因素是(　　)
A. 学生原有的认知结构　　　　　　　　B. 训练官能
C. 概括化的原理、经验　　　　　　　　D. 情境中有共同成分

真题8 [2024 广东广州,多选]奥苏贝尔认为,原有认知结构的清晰性、稳定性、概括性、包容性、连贯性和可辨别性等特性都始终影响着新的学习的获得与保持。为促进新的学习与迁移,认知结构中的关键变量包括(　　)
A. 可利用性　　　B. 可辨别性　　　C. 稳定性　　　D. 清晰性

答案:7. A　8. ABCD

三、迁移与教学 ★★ 【单选、多选、简答、论述】

考点 1 ▶ 影响学习迁移的因素(条件)

研究表明,学习迁移并不是在任何情况下都能发生的,它会受到一系列主客观条件的制约。

1. 学习材料的特点

学习材料作为学生学习的对象和知识的主要来源,对学习迁移有着重要影响。很多迁移理论都在其理论假说中提及材料对迁移的重要作用,如桑代克的相同要素说。例如,英语和法语在字形、读音和语法结构上有相同或相似的地方,学习这两门外语,在听、说、读、写能力以及记忆、思维等心理过程方面有共同要求,所以学习时就易产生正迁移。相反,学习对象没有或缺少共同因素,或虽有共同因素,但要求学习者做出不同的反应时,则可能在学习时产生负迁移。共同因素是学习迁移产生的客观必要条件,但不是唯一的条件。

2. 原有的认知结构

奥苏贝尔的认知结构迁移理论认为原有认知结构的特征直接决定了迁移的可能性及迁移的程度。原有认知结构对迁移的影响表现在三个方面:(1)学习者是否拥有相应的背景知识,这是迁移产生的基本前提条件;(2)原有的认知结构的概括水平对迁移起到至关重要的作用;(3)学习者是否具有相应的认知技能或策略以及对认知活动进行调节、控制的元认知策略对迁移的产生有重要影响。

3. 对学习情境的理解

大多数心理学理论都强调情境在迁移中具有重要作用。从学习迁移角度讲,知识经验获得的情境与知识应用的情境在许多方面都密切相关,如情境中事物之间的关系、问题呈现的方式与空间位置、两种情境的类似情况等。注意对情境中各种关系的理解,创设对知识应用有利的情境,引导学生运用所学的知识原理去解决各式各样的问题等,在促进迁移过程中应该受到重视。

4. 学习的心理准备状态(心向)

心理准备状态是在过去学习或活动过程中形成的,又对未来的学习或活动产生影响,这种影响既可能是积极的,也可能是消极的。学习定势在迁移研究中是较多讨论的一种心理准备状态。

所谓**定势**就是指由先前影响所形成的往往不被意识到的心理准备状态,它将支配人以同样的方式去对待同类后继活动。定势的作用有两重性:一是积极的促进作用;二是消极的阻碍作用。

5. 学习策略的水平

学习策略对迁移的影响主要表现在发展水平、学习策略的丰富程度以及依据情境的变化灵活运用等方面。

6. 智力与能力

个体智力的高低对学习迁移的质量有一定的影响,智力较高的人能较容易地发现学习情境之间的相同要素和关联,能更好地概括总结出一般原理原则,能较好地将习得的学习策略与方法运用于新的学习情境之中。

7. 教师的指导

教师有意识的指导能令学习者发生正迁移。教师要启发学生注意对学习材料进行必要的概括总结,还可以直接教给学生一般性的原则,有效地指导学生的实践。"授人以鱼,不如授人以渔。"教师还应该关注学习方法和策略的传授,让学生学会学习。

•记忆有妙招•

为方便考生记忆,编者将影响学习迁移的因素总结成以下口诀:

知情心,策智能,学点教导。**知**:原有的认知结构。**情**:对学习情境的理解。**心**:心向。**策**:学习策略的水平。**智能**:智力与能力。**学点**:学习材料的特点。**教导**:教师的指导。

真题9 [2022江苏苏州,单选]学习迁移产生的客观必要条件是( )

A. 学生的智力水平　　　　　　　　　　B. 学习的理解和巩固程度
C. 学习对象之间的共同要素　　　　　　D. 学习的方法
答案:C

考点 2 ▶ 促进学生有效的迁移

1. 改革教材内容,促进迁移

根据认知结构迁移理论,认知结构中是否有适当的起固定作用的观念可以利用,是决定新的学习与保持的重要因素。为了促进迁移,教材中必须有那种具有较高概括性、包容性和强有力的解释效应的基本概念和原理。要做到:(1)精选教材,提高对概念和原理的理解水平。(2)合理编排教学内容,突出知识的组织特点。教材内容还要保持结构化、一体化与网络化的统一,才能更好地促进迁移的发生。

2. 合理编排教学方式,促进迁移

优良的教材只有通过合理的教学进行呈现和传达,才能充分发挥其迁移的效能,否则迁移效果并不显著,甚至会阻碍迁移的产生。教师在组织教学时,一方面要抓住教材内容的核心;另一方面要合理安排教学程序,使得学生顺利地将所学习的内容融会贯通,提高迁移的效果。

(1)教学过程中应当按照从一般到个别,从整体到细节的顺序,渐进分化。

(2)应当注意将各个内容综合贯通,促进知识的横向联系。

(3)依据学生学习的特点,教学过程应由浅入深、由易到难、由已知到未知。

(4)在具体操作上,可以将知识分成若干单元,每个单元还可分成若干小步子,让后一步的学习建立在前一步的基础之上,前一步的学习为后一步提供固定点。

3. 教授学习策略,提高学生的迁移意识

"授人以鱼供一饭之需,授人以渔则终生受用无穷。"这句话给予教育者的启示是,学习不只是要让学生掌握一门或几门学科的具体知识与技能,而且还要让学生学会如何去学习,即掌握学习方法的知识与技能。实际上学生只有掌握了良好的学习方法,才能把所学知识、技能顺利地进行应用,促进更广泛、更一般的迁移,也就是说学会了如何学习就可以实现最普遍的迁移。

教师在教学中要重视引导学生对各种问题进行深入分析、综合、比较、抽象、概括,帮助学生认识问题之间的关系,寻找新旧知识或课题的共同特点,归纳知识经验的原理、法则、定理、规律的一般方法,发展学生分析问题和概括问题的能力,必须重视对学习方法的学习,以促进更有效的迁移。

4. 改进对学生的评价

教学条件下的评价作为教学活动的组成部分,同样具有教育性,有效运用评价手段对学生形成积极的学习态度,对学习迁移都具有积极的作用。

☆★ 本节核心考点回顾 ★☆

1. 学习迁移的种类

(1)根据迁移的性质和结果划分

①正迁移(助长性迁移):一种学习对另一种学习的促进作用。

②负迁移(抑制性迁移):一种学习对另一种学习产生阻碍作用。

③零迁移:两种学习不发生影响,是迁移的一种特殊形式。

(2)根据迁移的时间顺序划分

①顺向迁移:先前学习对后继学习产生的影响。

②逆向迁移:后继学习对先前学习产生的影响。

(3)根据迁移内容的抽象和概括水平划分

①水平迁移:同一水平的学习活动之间产生的影响。

②垂直迁移:包括自下而上的迁移和自上而下的迁移。

(4)根据迁移内容的不同划分

①一般迁移:原理、原则和态度的具体应用。

②具体迁移:将一种学习中习得的经验要素重新组合并移用到另一种学习之中。

(5)根据迁移过程中所需的内在心理机制的不同划分

①同化性迁移:不改变原有的认知结构。

②顺应性迁移:形成一种能包容新旧经验的更高一级的认知结构。

③重组性迁移:重新组合原有认知系统中某些构成要素或成分。

2. 早期的迁移理论

(1)形式训练说:迁移是心理官能得到训练而发展的结果,是无条件的、自发的。

(2)相同要素说:迁移是非常具体的、有条件的,需要有共同的要素。

(3)概括化理论:对原理了解、概括得越好,迁移效果也越好。

(4)关系转换说:迁移是对情境中各种关系的理解和顿悟。

3. 当代的迁移理论

(1)认知结构迁移理论:学生原有的认知结构就是实现学习迁移的"最关键的因素"。

(2)产生式理论:两项任务之间产生式重叠越多,迁移量越大。

4. 影响学习迁移的因素

(1)学习材料的特点;(2)原有的认知结构;(3)对学习情境的理解;(4)学习的心理准备状态;(5)学习策略的水平;(6)智力与能力;(7)教师的指导。

第四节 知识的学习

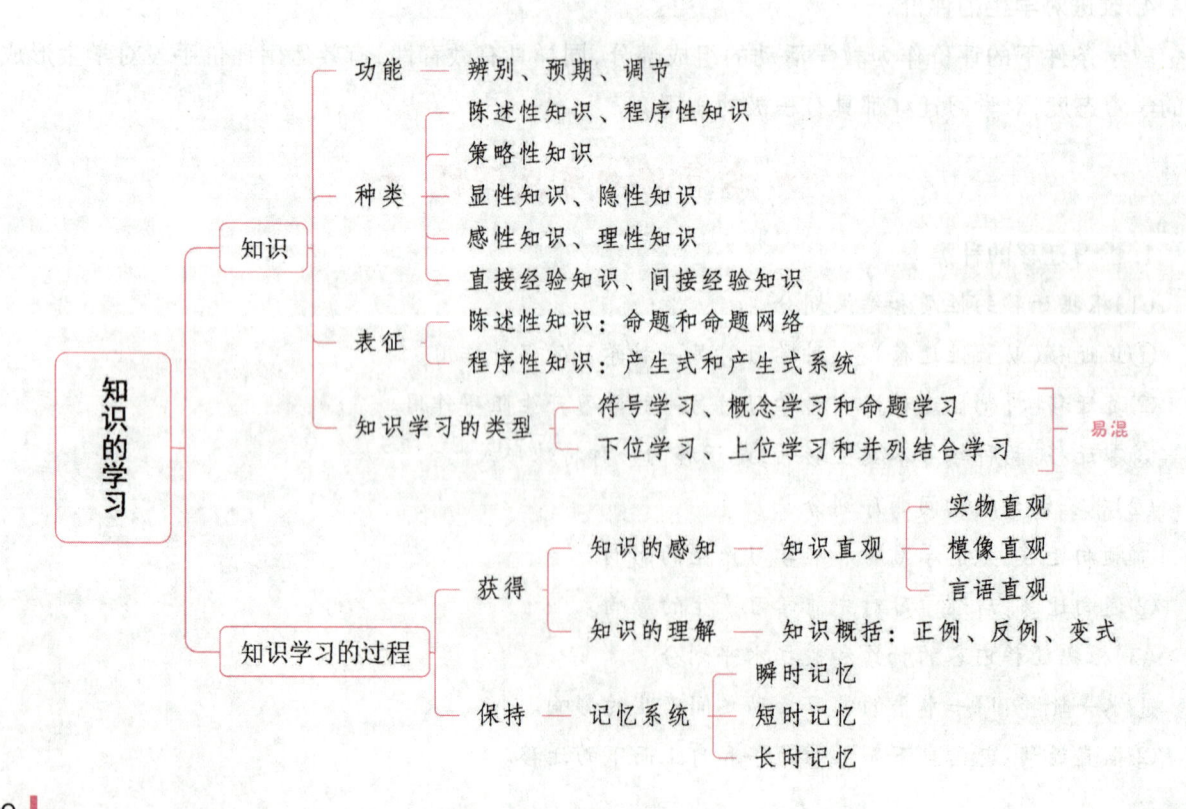

```
知识的学习
├── 知识
│   ├── 功能 ── 辨别、预期、调节
│   ├── 种类
│   │   ├── 陈述性知识、程序性知识
│   │   ├── 策略性知识
│   │   ├── 显性知识、隐性知识
│   │   ├── 感性知识、理性知识
│   │   └── 直接经验知识、间接经验知识
│   ├── 表征
│   │   ├── 陈述性知识:命题和命题网络
│   │   └── 程序性知识:产生式和产生式系统
│   └── 知识学习的类型
│       ├── 符号学习、概念学习和命题学习     ┐易混
│       └── 下位学习、上位学习和并列结合学习 ┘
└── 知识学习的过程
    ├── 获得
    │   ├── 知识的感知 ── 知识直观 ── 实物直观/模像直观/言语直观
    │   └── 知识的理解 ── 知识概括:正例、反例、变式
    └── 保持 ── 记忆系统 ── 瞬时记忆/短时记忆/长时记忆
```

一、知识概述

考点 1 知识的内涵及功能 ★【单选】

知识是指主体通过与环境相互作用而获得的信息及其组织,其实质是人脑对客观事物的特征与联系的反映,是客观事物的主观表征。

知识是人对行为进行定向和调节的基础,是个体适应环境的重要因素。知识具有三方面的功能:(1)辨别功能,人可以根据有关知识对感受到的事物进行辨认和归类,从而对它们不再陌生。(2)预期功能,在具备了相应的知识后,人就可以通过推论对事物形成一定的预期,推知事物会怎样发展变化。(3)调节功能,个体总在以自己的知识为基础来确定活动的程序,并对活动的实施过程进行监控和调节。

真题1　[2023辽宁锦州,单选]在学习了"浮力"的知识后,张燕便能够推论出油和泡沫不会沉于水底。这体现了知识具有(　　)功能。

A. 辨别　　　　　B. 预期　　　　　C. 调节　　　　　D. 选择

答案: B

考点 2 知识的种类 ★★【单选、多选、判断、简答】

1. 陈述性知识和程序性知识

安德森根据知识的不同表征形式,将知识分为陈述性知识和程序性知识。

(1)陈述性知识

陈述性知识也叫描述性知识,是个人能用言语进行直接陈述的知识,主要用于区别和辨别事物。陈述性知识是关于事物及其关系的知识,或者说是关于"是什么"的知识,它包括事实、规则、发生的事件、个人的态度等。

当代认知心理学认为,陈述性知识学习的过程包括获得、保持和提取三个阶段。知识获得阶段,新信息进入短时记忆,与长时记忆中的相关信息联系,出现新的意义构建;知识保持阶段,新构建的意义储存于长时记忆中,如果没有复习或新的学习,这些意义将随着时间的延长而遗忘;知识提取阶段,个体运用所获得的知识回答"是什么"和"为什么"的问题,并应用这些知识解决实际问题,使所学的知识产生广泛迁移。

(2)程序性知识

程序性知识即操作性知识,是一种经过学习后自动化了的关于行为步骤的知识,表现为在信息转换活动中进行具体操作。程序性知识是有关"怎么办"的知识,是关于方法和应用的知识。按程序性知识的性质和特点,可以把程序性知识分为智慧技能、动作技能和认知策略三类。

程序性知识学习的一般过程是从陈述性知识转化为自动化的技能的过程,它主要由陈述性阶段、程序化阶段、自动化阶段三个阶段构成。程序性知识学习包括两种类型:模式识别学习和动作步骤学习。

(3)陈述性知识与程序性知识的关系

①陈述性知识和程序性知识的区别

表 3-17　陈述性知识和程序性知识的区别

比较范畴	陈述性知识	程序性知识
基本结构	陈述性知识是符号所代表的概念、命题与原理的意义,掌握陈述性知识的关键是理解符号所表征的意义	程序性知识是对陈述性知识的应用,基本结构是动作或产生式,形成程序性知识的关键是对操作方法的熟练掌握
输入输出	陈述性知识是相对静态的,容易用言语表达清楚	程序性知识是相对动态的,不太容易用言语表达清楚
意识控制程度	意识控制程度较高,激活速度较慢,往往是有意识的搜寻过程	意识控制程度较低,激活速度较快
学习速度	学习速度较快,能在短时期内突飞猛进或积累,但遗忘较快	学习速度较慢,需要大量练习才会达到熟能生巧的程度,保持比陈述性知识牢固
记忆储存	由于陈述性知识具有结构化、层次化的特点,因而陈述性知识的储存呈现非独立的网络性,具有叠加扩充的特性	程序性知识的储存呈现独立的模块性,具有序列转移的特性
测量角度	通过口头或书面"陈述"或"告诉"的方式测量	通过观察行为,是否能做、会做什么的方式测量

②陈述性知识和程序性知识的联系

一方面,程序性知识的形成以掌握陈述性知识为必要条件。人们掌握的陈述性知识越牢固,越有助于程序性知识的形成。另一方面,程序性知识一经形成又会促进对新的陈述性知识的掌握。

2. 策略性知识

美国心理学家梅耶提出了一种策略性知识。它是与程序性知识相似但又存在区别的知识。策略性知识是关于如何学习和如何思维的知识,即个体运用陈述性知识和程序性知识去学习、记忆、解决问题的一般方法和技巧。策略性知识是回答"怎么办"的知识,它与程序性知识的主要区别在于,它所处理的对象是个人自身的认知活动。

3. 显性知识和隐性知识

1958年英国科学家、哲学家波兰尼提出了"显性知识"(明确知识)和"隐性知识"(缄默知识)的知识形态分类。所谓显性知识是指用书面文字、图表和数学公式表述的知识,通常是用言语等人为方式,通过表述来实现的,所以又称为"言明的知识"。隐性知识是指尚未被言语或其他形式表述的知识,是"尚未言明的"或者"难以言传的"知识。例如,我们能够从成千上万甚至上百万张脸中认出某一个人的脸,但是在通常情况下,我们却说不出是怎样认出这张脸的。这便是波兰尼的著名命题:"我们知晓的比我们能说出的多。"缄默知识远远多于明确知识,且有不同于明确知识的显著特征:(1)不能通过语言、文字或符号进行逻辑说明;(2)不能以正规形式加以传递;(3)不能加以批判性反思。

4. 感性知识和理性知识

由于反映活动的深度不同,知识可分为感性知识和理性知识。所谓感性知识是对活动的外表特征和外部联系的反映,可分为感知和表象两种水平。所谓理性知识,反映的是活动的本质特征与内在联系,包括概念和命题两种形式。

5. 直接经验知识和间接经验知识

根据知识的来源,知识可分为直接经验知识和间接经验知识。直接经验知识是个体通过亲身实践活动而获得的知识,如学生通过参观访问、调查或者实验所获得的知识。间接经验知识是个体通过书本和大众传播媒介等途径而获得的知识。

真题2 [2024广东广州,单选]地理课上,学生学习了关于地球公转与自转的相关知识,知道了地球公转一圈是一年,自转一圈是一天。根据知识的分类,这属于(　　)
A. 结构不良领域的知识　　　　　B. 程序性知识
C. 隐性知识　　　　　　　　　　D. 陈述性知识

真题3 [2023四川统考,单选]在学习开车时,小文可以很好地对不同弯道打方向盘,但是很难用语言描述具体怎样操作,这属于(　　)
A. 显性知识　　　　　　　　　　B. 隐性知识
C. 具体知识　　　　　　　　　　D. 条件性知识

真题4 [2023辽宁营口,判断]程序性知识的形成以掌握陈述性知识为必要条件。(　　)
A. 正确　　　　　　　　　　　　B. 错误

真题5 [2024安徽合肥/淮北/铜陵,简答]简述陈述性知识和程序性知识的区别。

答案:2. D　3. B　4. A　5. 详见内文

考点 3　知识的表征　★【多选】

知识的表征是指信息在人脑中的存储和呈现方式,它是个体知识学习的关键。不同的知识类型在头脑中具有不同的表征方式。陈述性知识主要以<u>命题</u>和<u>命题网络</u>的形式进行表征,表象和图式也是其重要形式;程序性知识则主要以<u>产生式</u>和<u>产生式系统</u>进行表征。一个大的知识单元中既有陈述性知识,也有程序性知识,二者相互交织在一起,许多心理学家用图式来描述这种大块知识的表征。

考点 4　知识学习的类型　★★★【单选、多选、判断】

1. 符号学习、概念学习和命题学习

根据知识本身的存在形式和复杂程度,知识学习可分为符号学习、概念学习和命题学习。

(1)符号学习

符号学习又称表征学习,是指学习单个符号或一组符号的意义。符号学习的心理机制是符号和它们所代表的事物或观念在学习者认知结构中建立相应的等值关系。符号学习是一种最简单的学习,是各种复杂学习的基础。

符号学习的主要内容是词汇学习。例如,汉字、英语单词的学习,就属于词汇学习。但是符号不限于语言符号(词),也包括非语言符号(如实物、图像、图表等)。对数学图表的认识、对瓜果树木的认识、对各种机床的认识等,也属于符号学习。符号学习还包括事实性知识的学习,即学习一组符号(语言或非语言)所表示的某一具体事实。例如,历史课中历史事件和历史人物的学习,地理课中地形地貌和地理位置的学习,均属于事实性知识的学习。

(2)概念学习

概念学习是指掌握概念的一般意义,其实质是掌握一类事物的共同的本质属性和关键特征。同类事物的关键特征既可由学习者从大量同类事物的不同例证中独立发现,也可由指导者用下定义的方式直接呈现给学习者,让其利用已掌握的概念来理解。概念学习以表征学习为前提,又为命题学习奠定基础,因此,它是有意义学习的核心。

(3) 命题学习

命题学习是指获得由几个概念构成的命题的复合意义，实际上是学习表示若干概念之间关系的判断。命题学习旨在反映事物之间的关系，是一种更加复杂的学习。命题用句子表达，但命题不等于句子，命题只涉及句子表达的意义。命题是我们能够评价是非对错的最小的意义单元。命题是知识的最小单元，它既可以陈述简单的事实，也可以陈述一般规则、原理、定律、公式等，因此，它被看成是陈述性知识掌握的高级形式。

> **小香课堂**
>
> 有意义学习的核心还存在另一种说法：命题学习包括事实学习和规律、定理或原理学习，其中规律、定理或原理学习是掌握概念之间的关系，是有意义学习的核心成分。

2. 下位学习、上位学习和并列结合学习

奥苏贝尔根据新知识与原有认知结构的关系，将知识学习分为下位学习、上位学习和并列结合学习。

(1) 下位学习

下位学习又称类属学习，是一种把新的观念归属于认知结构中原有观念的某一部分，并使之相互联系的过程。原有观念在包容和概括水平上高于新学习的知识。下位学习包括派生类属学习和相关类属学习。

派生类属学习指新观念是认知结构中原有观念的特例或例证，新知识只是旧知识的派生物。这种学习比较简单，只需要经过具体化过程即可完成。例如，掌握了轴对称图形的概念后，再学习圆时，将"圆也是轴对称图形"这一命题纳入原有概念中，新命题就能很快获得意义。当新知识扩展、修饰或限定学生已有的旧知识，并使其精确化时，便产生了相关类属学习。例如，学生在认知结构中已有"挂国旗是爱国行动"这一命题，现在要学习"保护能源是爱国行动"这个新命题，新命题因类属于旧命题而获得意义，原有概念的内涵被加深或扩展。

派生类属学习和相关类属学习的主要区别在于学习之后原有观念是否发生本质属性的改变。

(2) 上位学习

上位学习又称总括学习，是在学生掌握一个比认知结构中原有概念的概括和包容程度更高的概念或命题时产生的。上位学习遵循从具体到一般的归纳概括过程。例如，为了让学生掌握"面积"的概念，教师以桌面、地面、墙面、操场为例证，并比较其大小，最后得出"面积就是平面图形或物体表面的大小"的定义，就属于上位学习。

(3) 并列结合学习

并列结合学习又称组合学习，是在新命题与认知结构中特有的命题既非下位关系又非上位关系，而是一种并列的关系时产生的。例如，学习质量与能量、遗传与变异、需求与价格等概念之间的关系就属于并列结合学习。一般而言，并列结合学习比较困难，必须认真比较新旧知识之间的联系与区别才能掌握。

> **小香课堂**
>
> 理解相关类属学习和派生类属学习时，可以根据新知识与旧认知结构的包含程度来判断。如果新知识能完全被旧认知结构包含，则属于派生类属学习；如果新知识的概括程度小于旧认知结构，但是无法被旧认知结构直接解释，需要对旧认知结构进行扩充，这属于相关类属学习。

真题6 [2024广东佛山,单选]学生在学习了鸡、鸭、鹅等概念后,再学习"家禽"这一概念的学习行为属于(　　)

A. 上位学习　　　　B. 并列学习　　　　C. 下位学习　　　　D. 组合学习

真题7 [2023广西贵港,单选]学习"直角三角形是一种特殊的三角形",这种学习属于(　　)

A. 符号学习　　　　B. 词汇学习　　　　C. 概念学习　　　　D. 命题学习

真题8 [2022河南濮阳,判断]学完长方形的周长公式后,再学正方形的周长公式,这种学习是组合学习。(　　)

答案:6. A　7. D　8. ×

二、知识学习的过程 ★★ 【单选、多选、判断、简答】

知识学习主要是学生对知识的内在加工过程。现代认知心理学认为,这一过程一般分为三个阶段:(1)知识的获得;(2)知识的保持;(3)知识的应用。知识的应用是指把学到的知识应用于作业和解决有关问题的过程,是抽象知识具体化的过程。知识的应用是知识掌握的最后一个环节,它与知识的获得、知识的保持紧密相连,共同构成知识学习的过程。它既以前两者为前提,又是检验知识掌握与否以及掌握程度的手段。接下来我们将深入地探讨知识的获得与保持。

考点1　知识的获得

知识的获得是知识学习的第一个阶段,包括对知识的感知与理解。在这个阶段,新信息进入短时记忆,与来自长时记忆系统的原有知识建立一定的联系,并纳入原有的认知结构,从而获得对新信息意义的理解。要理解新信息的意义,首先必须获得充分的感性经验;其次,必须对所获得的感性经验进行充分的思维加工。

1. 知识的感知

(1)知识直观

直观是主体通过对直接感知到的教学材料的表层意义、表面特征进行加工,从而形成对有关事物具体的、特殊的、感性的认识的加工过程。直观是理解科学知识的起点,是学生由不知到知的开端,是知识获得的首要环节。在实际的教学过程中,主要有三种直观方式,即实物直观、模像直观和言语直观。

①**实物直观**

实物直观指在感知实际事物的基础上提供感性材料的直观教学方式。例如,实物、标本、实验、教学性参观等。

优点:由于通过实物直观获得的感性知识富于真实性,可以使教材内容同实际事物间发生最为直接、真切的联系,因而有利于提高学生对教材内容的正确理解,也有助于激发学生的学习兴趣。

局限:第一,它往往不易突出事物的本质因素;第二,由于受时间、空间的限制,它无法提供某些重要的感性材料,如动植物的生长过程、化学的反应过程、原子的结构等都难于通过实物直接观察。所以,实物直观不是教学中唯一的直观方式,还必须采用其他直观手段来弥补实物直观的不足。

②**模像直观**

模像直观指观察与教材相关的模型与图像(如图片、表格、幻灯片、电影、录像、电视等),形成感知表象。模型、图像都是对客观事物的简化、抽象或夸张。它通过这些人为的手段消除或减弱实物直观的缺点,扩大直观的范围,提高直观的效果。

优点:第一,它可以人为地排除一些无关因素,突出本质要素。第二,可以根据观察需要,通过大小变化、动静结合、虚实互换、色彩对比等方式扩大直观范围。例如,用动画形式表现植物生长、原子与电子结构等。

局限:由于模像只是事物的模拟形象,而非实际事物本身,因此,模像与实际事物之间有一定距离。为了使通过模像直观而获得的知识在学生的生活实践中发挥更好的定向作用,一方面应注意将模像与学生熟悉的事物相比较;另一方面,在可能的情况下,应使模像直观与实物直观结合进行。

③言语直观

言语直观指在生动形象的言语作用下唤起学生头脑中的表象,以提供感性材料的直观方式。

优点:第一,言语直观不受时间、空间和设备的限制,感性材料来源更丰富,是教学中大量采用的直观方式;第二,由于表象具有概括性,这就有利于向抽象概括过渡;第三,它对培养学生的想象力也有独特的作用。

局限:一般情况下,由言语唤起的表象不如通过观察实物和模型所获得的映像完整、稳定、鲜明和准确,故应将三者结合使用。

(2)知识直观效果的提高

①灵活选用实物直观和模像直观。一般而言,模像直观的教学效果优于实物直观。但是,这一结论只限于知识的初级学习阶段。②加强词和形象的配合。③运用感知规律,突出直观对象的特点。④培养学生的观察能力。⑤让学生充分参与直观过程。

真题9 [2024广东广州,单选]生物老师王老师在讲《蚯蚓的选择》一课时,带领班级学生在校园中捕捉蚯蚓,并让班级学生观察并记录蚯蚓的生活习性、外观特点等情况。王老师的这种教学方式属于( )

A. 模像直观　　　　B. 实物直观　　　　C. 言语直观　　　　D. 想象直观

真题10 [2022山东济南,单选]张老师通过在课堂中播放视频,让学生身临其境地感受到了真实的情景。这是使用了( )方式进行知识直观。

A. 实物教学　　　　B. 模像直观　　　　C. 言语直观　　　　D. 虚拟直观

答案:9. B　10. B

2. 知识的理解

在教学条件下,学生对知识的理解是通过思维活动对感性知识进行复杂的加工而完成的。因此,知识理解的过程也就是思维过程。下面主要论述知识的概括过程。

(1)知识概括

知识概括是指主体通过对感性材料的分析、综合、比较、抽象、概括等深度加工改造,从而获得对一类事物的本质特征与内在联系的抽象的、一般的、理性的认识的活动过程。

按照学生对知识概括的抽象程度不同,将知识概括分为感性概括和理性概括。感性概括即直觉概括,它是在直观的基础上自发进行的一种低级的概括形式。例如,有的学生看到锐角、直角、钝角等图形中都有两条交叉的线,就认为角是由两条交叉的线组成。理性概括是在前人认识的指导下,通过对感性知识经验进行自觉的加工改造,揭示事物的一般的、本质的特征与联系的过程。

(2)有效地进行知识概括

①配合运用正例和反例

概括的目的在于区分事物的本质和非本质特征,抽取事物的本质要素,抛弃事物的非本质要素。因此,教师在指导学生概括时,不仅要注意抽取本质的一面,也要注意抛弃非本质的一面。为此,必须配合使用概念或规则的正例和反例。正例又称肯定例证,指包含着概念或规则的本质特征和内在联系的例证;反例又称否定例证,指不包含或只包含了一小部分概念或规则的主要属性和关键特征的例证。一般而言,概念或规则的正例传递了最有利于概括的信息,反例则传递了最有利于辨别的信息。因此,呈现正例可以防止"欠概括化"现象,呈现反例可以避免"过度概括化"现象。例如,在教"鸟"的概念时,可用麻雀、燕子作为正例,说明"有羽毛""前肢为翼""无齿有喙"是鸟的概念的本质特征;用蝙蝠作为反例,说明"会飞"是鸟的概念的无关特征。

②正确运用变式

理性概括是通过对感性知识的加工改造而完成的,感性知识的获得是把握事物本质的基础和前提。因此,在教学实际中,要提高概括的成效,必须给学生提供丰富而全面的感性知识,必须注意变式的正确运用。所谓变式,就是变换使用不同形式的直观材料或事例说明事物的属性,使本质属性保持不变而非本质属性或有或无,以便突出本质属性。例如,画图讲解直角三角形的概念时,应保持"一个角是直角"的本质属性,同时变换不同直角三角形直角的位置、边的长短、角的大小等非本质特征,避免出现不准确的概括;在讲惯性时,不仅要列举固体的惯性现象,也要列举液体和气体的惯性现象,这样学生才会形成"一切物体均有惯性"的正确观念,而不至于认为只有固体才有惯性。变式的有效性并不在于运用变式的数量,而取决于材料呈现方式的典型性和代表性。

在运用变式时,如果变式不充分,学生在对教材进行概括时,往往会发生下列两类错误,必须注意预防。一类常见的错误就是把一类或一些事物所共有的特征看作本质特征。例如,在动物分类中,由于鲸和鱼类一样,都有生活在水里的共同特征,于是就把鲸列入鱼类。另一类常见错误是在概括中人为地增加或减少事物的本质特征,不合理地缩小或扩大概念。例如,有的学生把直线看成是处于垂直或水平位置的线,而认为处于倾斜位置的线不是直线。

③科学地进行比较

比较主要有两种方式:同类比较和异类比较。同类比较是关于同类事物之间的比较。通过同类比较,便于区分对象的一般与特殊、本质与非本质特征,从而找出一类事物所共有的本质特征。异类比较即不同类但相似、相近、相关的事物之间的比较,通过异类比较,不仅能使相比客体的本质更清楚,而且有利于确切地了解彼此间的联系与区别,防止知识间的混淆与割裂,有助于知识的系统化。

④启发学生进行自觉概括

为了促进知识的获得,在实际的教学情境中,教师应该启发学生去进行自觉的概括,鼓励学生自己去总结原理、原则,尽量避免一开始就要求学生记忆或背诵。教师启发学生进行自觉概括,最常用的方法是鼓励学生主动参与问题的讨论。在概括过程中,教师应充分调动学生的思维,让学生自己去归纳和总结,从根本上改变"教师做总结,学生背总结"的被动方式。

真题11 [2024江苏南通,单选]教师从不同的角度和方面组织感性材料,使非本质要素改变,突出事物本质特征。这种方法是利用(　　)

A. 展示　　　　B. 列举　　　　C. 练习　　　　D. 变式

答案: D

考点 2 ▶ 知识的保持

知识的保持,又称知识的巩固,其实质就是记忆。这里主要介绍记忆系统和如何促进知识的保持。

1. 记忆系统及其特点

按照现代信息加工的观点,记忆是一个结构性的信息加工系统。记忆结构由三个不同的子系统构成:瞬时记忆、短时记忆和长时记忆。

(1)瞬时记忆(又称感觉记忆或感觉登记)

当客观刺激停止作用后,感觉信息会在一个极短的时间内保存下来,这种记忆叫瞬时记忆,是记忆系统的开始阶段。例如,当人们在观看电影时,虽然呈现在屏幕上的是一幅幅静止的图像,但是人们却可以将这些图像看成是连续运动的,这就是感觉记忆存在的结果。

(2)短时记忆(又称工作记忆)

短时记忆是信息从感觉记忆到长时记忆的过渡阶段。短时记忆是服从当前工作需要的,正在操作着的记忆,如我们看一遍电话号码后拨打出去。短时记忆的信息如果经过复述、运用或进一步加工,就被转入到长时记忆中去,否则,就容易遗忘,一旦遗忘,则不易恢复。

(3)长时记忆(又称永久性记忆)

长时记忆是信息经过充分加工,在头脑中长久保持的记忆。它是指信息在头脑中储存的时间在1分钟以上,直至保持终生的记忆。图尔文将长时记忆分为两类:情景记忆和语义记忆。情景记忆是指人们根据时空关系对某个事件的记忆;语义记忆是指人们对一般知识和规律的记忆,与特殊的时间和地点无关。

表 3-18 记忆系统

子系统	特点	编码	存储
瞬时记忆	(1)时间极短,大约为 0.25~4 秒。(2)容量较大。(3)形象鲜明。(4)信息原始,记忆痕迹容易衰退	有图像记忆和声像记忆两种。图像记忆是瞬时记忆的主要编码形式	只有能够引起个体注意并被及时识别的信息,才有机会被转入短时记忆
短时记忆	(1)时间很短,不超过1分钟或5秒~2分钟。(2)容量有限,一般是7±2个组块。(3)意识清晰。(4)操作性强。(5)易受干扰	有听觉编码和视觉编码两种,主要是听觉编码	复述是短时记忆中的信息存储的有效方法。复述分为机械复述、精细复述两种。精细复述是短时记忆保持的重要条件
长时记忆	(1)容量无限;(2)信息保持时间长久,在理论上认为长时记忆是永久存在的	以意义编码为主,它包括表象编码和语义编码,主要是语义编码	长时记忆中贮存的信息原则上是分类处理的,其信息的来源大部分是对短时记忆内容的加工,也有由于印象深刻而一次获得的

▸记忆有妙招◂

为方便考生记忆,编者将瞬时记忆、短时记忆和长时记忆的主要编码方式总结成以下口诀:

瞬时看图像,短时听声音,长时说词语。

真题12 [2024广东东莞,单选]记忆是一种很复杂的过程,比如说别人报了一串电话号码,你拿

起电话拨打过去,但是过了一段时间后,你再次回想这个电话号码却怎么也想不起来,这属于( )

A. 瞬时记忆　　　　B. 短时记忆　　　　C. 长时记忆　　　　D. 感觉记忆

真题13 [2022山东日照,多选]长时记忆的编码形式主要是( )

A. 语义编码　　　　B. 听觉编码　　　　C. 视觉编码　　　　D. 表象编码

答案:12. B　13. AD

2. 运用记忆规律,促进知识保持(运用记忆规律,提高记忆的效果)

(1)理解学习材料的意义。在学习中要以意义记忆为主,机械记忆为辅,发挥两种记忆各自的长处,从而提高整个记忆的效果。

(2)对材料进行深度加工,促进对知识的理解。认知心理学研究表明,如果人们在获取信息时对它进行深度加工,那么这些信息的保持效果就可以得到提高,并有利于信息的提取和回忆。所谓深度加工,是指通过对要学习的新材料增加相关的信息来达到对新材料的理解和记忆的方法,如对材料补充细节、举出例子、做出推论,或使之与其他观念形成联想。

(3)运用组块化学习策略,合理组织学习材料。对记忆材料可以用多种方式组织加工,常见的组织加工方式是类别群集,即把一系列项目按一定的类别来记忆。

(4)运用多重信息编码方式,提高信息加工处理的质量。

(5)有效运用记忆术。

(6)适当过度学习。

(7)重视复习方法,防止知识遗忘。

✦✦ 本节核心考点回顾 ✦✦

1. 知识的种类

(1)陈述性知识:能用言语进行直接陈述的知识;关于"是什么"的知识。

(2)程序性知识:一种经过学习后自动化了的关于行为步骤的知识;有关"怎么办"的知识。

(3)策略性知识:关于如何学习和如何思维的知识;处理的对象是个人自身的认知活动。

(4)显性知识(言明的知识):用书面文字、图表和数学公式表述的知识。

(5)隐性知识(难以言传的知识):尚未被言语或其他形式表述的知识。

2. 知识学习的类型

(1)根据知识本身的存在形式和复杂程度划分

①符号学习:学习单个符号或一组符号的意义。

②概念学习:掌握一类事物的共同的本质属性和关键特征。

③命题学习:获得由几个概念构成的命题的复合意义。

(2)根据新知识与原有认知结构的关系划分(奥苏贝尔)

①下位学习:把新的观念归属于认知结构中原有观念的某一部分,并使之相互联系的过程。包括派生类属学习和相关类属学习(原有观念发生本质属性的改变)。

②上位学习:是在学生掌握一个比认知结构中原有概念的概括和包容程度更高的概念或命题时产生的。

③并列结合学习:新命题与认知结构中特有的命题是一种并列的关系。

499

3.知识直观的类型

(1)实物直观:在感知实际事物的基础上提供感性材料的直观教学方式。

(2)模像直观:观察与教材相关的模型与图像(如图片、表格、幻灯片、电影、录像、电视等),形成感知表象。

(3)言语直观:在生动形象的言语作用下唤起学生头脑中的表象,以提供感性材料的直观方式。

4.知识概括的方式

(1)正例:包含着概念或规则的本质特征和内在联系的例证。

(2)反例:不包含或只包含了一小部分概念或规则的主要属性和关键特征的例证。

(3)变式:变换使用不同形式的直观材料或事例说明事物的属性,使本质属性保持不变而非本质属性或有或无,以便突出本质属性。

5.记忆系统及其特点

(1)瞬时记忆:时间极短、容量较大。

(2)短时记忆(工作记忆):时间很短,不超过1分钟或5秒~2分钟;容量一般是7±2个组块;意识清晰;操作性强;易受干扰。

(3)长时记忆:容量无限;信息保持时间长久;编码方式为表象编码和语义编码。

第五节　技能的形成

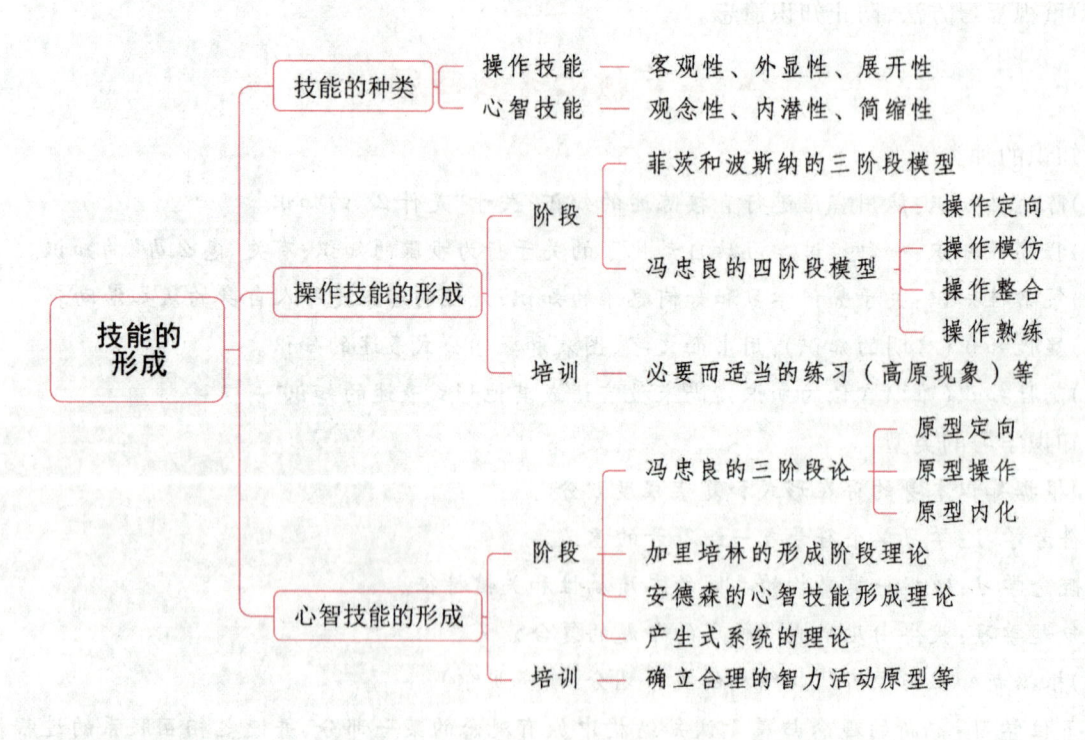

```
技能的形成
├── 技能的种类
│   ├── 操作技能 —— 客观性、外显性、展开性
│   └── 心智技能 —— 观念性、内潜性、简缩性
├── 操作技能的形成
│   ├── 阶段
│   │   ├── 菲茨和波斯纳的三阶段模型
│   │   └── 冯忠良的四阶段模型
│   │       ├── 操作定向
│   │       ├── 操作模仿
│   │       ├── 操作整合
│   │       └── 操作熟练
│   └── 培训 —— 必要而适当的练习(高原现象)等
└── 心智技能的形成
    ├── 阶段
    │   ├── 冯忠良的三阶段论
    │   │   ├── 原型定向
    │   │   ├── 原型操作
    │   │   └── 原型内化
    │   ├── 加里培林的形成阶段理论
    │   ├── 安德森的心智技能形成理论
    │   └── 产生式系统的理论
    └── 培训 —— 确立合理的智力活动原型等
```

一、技能概述

考点 1 ▶ 技能的概念与特点

在《心理学大辞典》中,技能被定义为个体运用已有的知识经验,通过练习而形成的智力动作方式

和肢体动作方式的复杂系统。皮连生认为，技能是在练习的基础上形成的按某种规则或操作程序顺利完成某种智慧任务或身体协调任务的能力。概括起来说，技能是指经过练习而获得的合乎法则的认知活动或身体活动的动作方式。

技能包括通常所说的狭义的技能和广义的熟练技巧。前者是指技能的初级阶段或初级水平，后者是指技能的高级阶段或高级水平。技能的初级阶段，是指在一定的知识基础上，按一定的方式通过反复练习或由于模仿而达到"会做"某件事或"能够"完成某种工作的水平。例如，刚学会打字的人，可以说他有了打字的技能；刚学会骑自行车的人，可以说他有了骑自行车的技能；会解各类应用题的学生，可以说他初步掌握了解应用题的技能。当初级技能反复练习，使活动方式的基本成分达到自动化程度时，则称为熟练技巧。

技能的特点包括：(1)技能是学习得来的，不是本能行为；(2)技能是一种活动方式，不同于知识；(3)技能是合乎法则的活动方式，不同于一般的随意运动。

考点 2 ▶ 技能与习惯 ★ 【多选】

习惯是个体在一定情境下自动化地进行某种动作的需要或特殊倾向。技能与习惯的区别见下表：

表3-19 技能与习惯的区别

技能	习惯
向一定的标准动作体系提高	保持原来的动作组织情况
有高级、低级之分，但没有好坏之别	有好坏之分
与一定的情境、任务都有联系；主动的	只和一定的情境相联系；被动的
与一定的客观标准做对照	与上一次动作做对照

考点 3 ▶ 技能的种类 ★★ 【单选、多选、判断】

技能按其本身的性质和特点，可分为操作技能和心智技能。

1. 操作技能

(1)操作技能的含义

操作技能又叫运动技能、动作技能，是通过学习而形成的合乎法则的操作活动方式。日常生活中的写字、打字、绘画，音乐方面的吹、拉、弹、唱，体育方面的田径、球类、体操，生产劳动方面的车、刨、磨等活动方式，都属于操作技能的范畴。

(2)操作技能的种类

表3-20 操作技能的种类

划分依据	类型	概念	举例
动作的精细程度与肌肉运动强度不同	细微型操作技能（精细技能）	靠小肌肉群的运动来实现	打字、弹钢琴、摆动耳朵等
	粗放型操作技能（粗大技能）	靠大肌肉群的运动来实现	体育运动中的举重、掷铁饼、掷标枪等活动
动作连贯与否	连续型操作技能	由一系列连续动作组成	开汽车、骑自行车、滑冰等活动
	断续型操作技能	由一系列不连续的动作组成	射击、投篮等活动

续表

划分依据	类型	概念	举例
动作对环境的依赖程度的不同	闭合型操作技能	对外界的帮助依赖程度较低,在大多数情况下靠内部反馈信息控制	自由体操、游泳、跳水等运动
	开放型操作技能	要求对外界变化的情况有处理能力,并对由此所发生的事情有预见能力	驾驶汽车以及球类运动中控制球的技能等
操作对象的不同	徒手型操作技能	靠操作自身的身体来实现	自由体操、跑步等活动
	器械型操作技能	靠操作一定的器械来实现	打字、玩单杠等活动

2. 心智技能

(1)心智技能的含义

心智技能也称为智力技能、认知技能,是通过学习而形成的合乎法则的心智活动方式。阅读技能、写作技能、运算技能、解题技能等都是常见的心智技能。

(2)心智技能的种类

①根据心智技能适用范围不同,可将心智技能分为专门心智技能和一般心智技能。专门心智技能是为某种专门的认知活动所必需的,也是在相应的专门智力活动中形成发展和体现出来的,如默读、心算、打腹稿等。一般心智技能是指可以广泛应用于许多领域的心智技能,它是在多种专门心智技能的基础上经过概括化而形成发展起来的,如观察技能、分析技能、综合技能和比较技能等。

②加涅根据学生学习的结果,将心智技能分为智慧技能与认知策略两种。智慧技能指运用规则对外办事的能力,如运用相应的语法规则,将主动句"风吹倒了大树"改为被动句"大树被风吹倒了"。认知策略指学生内部组织起来的、用以支配自己心智加工过程的技能,也称为认知技能。例如,针对自己学习时常犯粗心的毛病,采用专门的自我提醒方法来应对。

表3-21 操作技能和心智技能的特点

特点	操作技能	心智技能
动作的对象	物质性客体或肌肉,具有客观性	客观事物在人脑中的主观映像,具有观念性
动作的进行	通过外部显现的肌肉运动实现的,具有外显性	对观念性对象进行的加工改造,具有内潜性
动作的结构	每个动作必须切实执行,不能合并、省略,具有展开性	不像操作活动那样必须将每一个动作实际做出,也不像外部言语那样必须把每一个字一一说出,而是不完全的、片断的,是高度省略和简化的,具有简缩性

真题1 [2024河北石家庄,单选]一天,高中学生小龙正在辅导上小学二年级的妹妹做数学作业。小龙看到妹妹作业中的应用题时,他没有经过列式、运算和检验,直接就说出了答案。这体现了小龙的智力活动具有( )特征。

A. 观念性　　　　B. 内潜性　　　　C. 简缩性　　　　D. 客观性

真题2 [2024广东广州,单选]下列情况体现了心智技能的是( )

A. 在舞蹈教室跳舞　　　　　　　　B. 在游泳馆里游泳

C. 在黑板上画圆　　　　　　　　　D. 将小数转化为分数

502

真题3 [2023广东韶关,单选]打乒乓球属于( )
A.智慧技能 B.操作技能 C.阅读技能 D.运算技能
答案:1.C 2.D 3.B

二、操作技能的形成 ★★ 【单选、多选、填空、简答】

考点 1 操作技能的形成阶段

操作技能往往是由一套复杂的动作系统构成的。操作技能形成的过程是个体通过练习逐步掌握某种动作方式的过程。为了更好地理解操作技能的形成,研究者们提出了各种阶段模型,这里主要介绍两种阶段模型。

1. 菲茨和波斯纳的三阶段模型

菲茨和波斯纳将操作技能学习的过程分为认知、联系形成和自动化三个阶段。

(1)认知阶段

操作技能形成的认知阶段是指学习者通过指导者的言语讲解或观察他人示范的动作模式,或自己按照操作说明或使用手册的要求,试图对所学技能的任务、性质、要点进行分析、了解和领会。这个阶段的主要任务是领会技能的基本要求、重点,掌握组成技能的局部动作。因此,学习者的注意范围小,只集中于个别动作,不能控制动作的细节与局部,在学习中难以发现错误和缺点,常表现出全身肌肉紧张、动作忙乱、僵硬,动作速度缓慢、不协调、呆板,多余动作突显,动作连贯性差等特点,需要较多的意识控制。

(2)联系形成阶段

在该阶段,练习者把组成新操作技能的动作整体逐一进行分解,并试图发现它们是如何构成的,最后尝试性地完成所学新技能中的各个动作。经过练习,逐步掌握了一系列的局部动作,并逐渐从个别动作转向整体动作的组织与协调。但此阶段各动作之间依然结合得不够紧密,因此在动作转换和交替之际,经常会出现短暂的停顿现象。此外,练习者对操作技能的视觉控制逐渐减少、肌肉运动感觉的控制作用逐渐增强。随着练习时间和次数的增加,动作间的相互干扰逐渐减少,紧张程度有所下降,多余动作趋于消失。

(3)自动化阶段

操作技能形成的最后阶段是一长串的动作系列联合成为一个有机的整体并巩固下来。此阶段,各个动作相互协调似乎是自动流出来的,无需特殊的注意和纠正。这时,练习者的多余动作和紧张状态已经消失,能根据情况灵活变化、迅速而准确地完成动作,并且这种动作已经达到自动化程度,几乎不需要有意识的控制,这就是操作技能进入自动化阶段的熟练操作特征。在该阶段,只要有一个启动信号,练习者就能迅速准确地按照程序连贯完成整个动作系列。

2. 冯忠良的四阶段模型

(1)操作定向

操作技能表现为一系列的操作活动,在形成之初,学习者必须了解做什么、怎么做的有关信息与要求,形成对动作的初步认识。操作定向就是了解操作活动的结构与要求,在头脑中建立起操作活动的定向映像的过程。

(2)操作模仿

个体在定向阶段了解了一些基本的动作机制之后,就会尝试做出某种动作。模仿的实质是将头脑中形成的定向映像以外显的实际动作表现出来。模仿是在定向的基础上进行的,缺乏定向映像的模仿是机械的模仿。只有通过模仿,才能使这一映像得到检验、巩固与充实。操作模仿是掌握操作技能的开端,需要以认知为基础。

(3)操作整合

操作整合是把构成整体的各动作要素,依据其内在联系联结成整体,形成操作活动的序列,获得有关操作活动的完整的动觉映像的过程。即把模仿阶段习得的动作固定下来,并使各动作成分相互结合,成为定型的、一体化的动作。只有通过整合,各动作成分之间才能协调联系,动作结构才趋于合理,动作的初步概括化才得以实现。

(4)操作熟练

操作熟练是操作技能掌握的高级阶段。这一阶段,通过动作练习形成的活动方式对各种变化的条件具有高度的适应性,动作的执行达到高度的程序化、自动化和完善化。自动化并非无意识,而是指它的执行过程不需要意识的高度控制,可以将注意力分配给其他活动。

表3-22　操作模仿、操作整合和操作熟练阶段的特点

特点	操作模仿	操作整合	操作熟练
动作品质	动作的稳定性、准确性、灵活性较差	动作可以表现出一定的灵活性、稳定性和精确性,但当外界条件发生变化时,动作的这些特点都有所降低	动作具有高度的灵活性、稳定性和准确性,在各种变化的条件下都能顺利完成动作
动作结构	各个动作要素之间的协调性较差,互相干扰,常有多余动作产生	各个动作成分趋于分化、精确,整体动作趋于协调、连贯,各动作成分间的相互干扰减少,多余动作也有所减少	各个动作之间的干扰消失,衔接连贯、流畅,高度协调,多余动作消失
动作控制	主要靠视觉控制,动觉控制水平较低,不能主动发现错误与纠正错误	视觉控制不起主导作用,逐步让位于动觉控制,肌肉运动的感觉变得较清晰、准确,并成为动作执行的主要调节器	动觉控制增强,不需要视觉的专门控制和有意识的活动,视觉注意范围扩大,能准确地觉察到外界环境的变化并调整动作方式
动作效能	完成一个动作往往比标准速度要慢,个体经常感到疲劳、紧张	疲劳感、紧张感降低,心理能量不必要的消耗减少,但没有完全消除	心理消耗和体力消耗降至最低,表现为紧张感、疲劳感减少,动作具有轻快感

记忆有妙招

为方便考生记忆,编者将不同操作技能形成阶段的动作控制特点总结成以下口诀:

模仿靠视觉,整合让动觉,熟练主动觉。

真题4 [2024河北石家庄,单选]化学课上,肖老师在做"氧化还原反应"实验时,她首先对每一步操作进行示范和讲解,然后指导学生仔细观察实验步骤和操作细节,并思考如何动手做实验。肖老师的做法属于操作技能形成中的(　　)

A. 定向阶段　　　　B. 模仿阶段　　　　C. 整合阶段　　　　D. 熟练阶段

真题5 [2022天津北辰,单选]在操作技能形成中,把模仿阶段习得的动作固定下来,并形成一体

504

化的动作称为( )

A.操作模仿　　　　B.操作内化　　　　C.操作整合　　　　D.原型定向

答案：4.A　5.C

考点 2 ▶ 操作技能的培训要求

1.准确的示范与讲解

示范、讲解在操作技能形成过程中是不可缺少的,准确的示范与讲解有利于学习者不断地调整头脑中的动作表象,形成准确的定向映像,进而在实际操作活动中可以调节动作的执行。

示范可以促进操作技能的形成,但示范的有效性取决于许多因素,如示范者的身份、示范的准确性、示范的时机等。

言语讲解在技能形成过程中也起到重要的作用。进行讲解与指导时,要注意言语的简洁、概括与形象化。不仅要讲解动作的结构与具体要求,也要讲解动作所包含的基本原理;不仅要讲解动作的物理特性,也要指导学生注意体验执行动作时的肌肉运动知觉。

2.必要而适当的练习

练习是形成各种操作技能所不可缺少的关键环节,通过应用不同形式的练习,可以使个体掌握某种技能。一般来说,随着练习次数的增多,动作的精确性、速度、协调性等会逐步提高。从练习曲线(下图)中可以看出技能随着练习量的增加而提高的一般趋势。

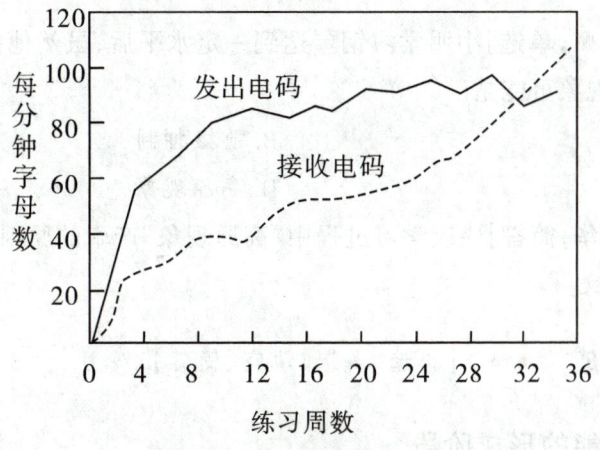

图 3-5　常见的练习曲线(学习电码的练习曲线)

虽然不同的学习者的练习曲线存在差异,但也具有共同点,表现在：(1)开始进步快。(2)中间有一个明显的、暂时的停顿期,即<u>高原期</u>。通常把学生在学习过程中出现一段时间的学习成绩和学习效率停滞不前,甚至学过的知识感觉模糊的现象,称为<u>"高原现象"</u>,其产生的原因在于：①学习方法的固定化；②学习任务的复杂化；③学习动机减弱；④兴趣降低；⑤心理和生理上的疲劳；⑥意志不够顽强。(3)后期进步较慢。(4)总趋势是进步的,但有时出现暂时的退步。整个练习过程中,成绩往往会有一些波动起伏现象。练习成绩的起伏现象是指在操作技能的形成过程中,练习的成绩时而上升,时而下降,有峰有谷,呈现明显的波浪式。多数情况下,练习曲线反映出来的技能的进步是先快后慢；也有少数情况可能出现先慢后快的趋势。

教师在教学中组织练习时,应明确练习的目的和要求,增强学习动机。另外,还需要帮助学生掌握正确的练习方法,并且及时进行反馈。具体表现在：(1)练习需要循序渐进,由易到难、先简后繁；(2)正确掌握练习速度,保证练习质量;(3)适当安排练习的次数和时间;(4)练习方式多样化。采取何种练习方式也直接影响着操作技能的学习。练习方式有多种,根据练习时间分配的不同有集中练习与分散练习;根据练习内容的完整性的不同有整体练习与部分练习;根据练习途径的不同有模拟练习、实际练习与心理练习;等等。

3. 充分而有效的反馈

反馈指在学习与练习过程中信息的返回传递。一般来讲,反馈来自两个方面:(1)内部反馈,即操作者自身的感觉系统提供的感觉反馈。这是个体通过自身的视觉、听觉、触觉、动觉等获取的反馈信息,尤其是动觉反馈信息最有代表性。(2)外部反馈,即操作者自身以外的人和事给予的反馈,有时也称结果知识。这是教师、教练、示范者、录像、计算机等外部信息源对学习者的操作结果及其操作过程的反馈。

反馈在操作技能学习过程中的作用是非常关键的,只有通过反馈,学习者才知道自己的动作是否合乎要求。其中准确的结果反馈可以引导学生矫正错误动作、强化正确动作,并鼓励学生努力改善其操作,作用尤为明显。影响反馈效果的因素有:(1)反馈的内容;(2)反馈的频率;(3)反馈的方式。

4. 建立稳定清晰的动觉

动觉是复杂的内部运动知觉,它反映的主要是身体运动时的各种肌肉活动的特性,如紧张、放松等,而不是外界事物的特性。由于运动知觉的模糊性,经常会发生学习者对自己的错误动作不能意识到的现象,当然也就很难对动作进行有意识的调节或控制。因此,有必要进行专门的动觉训练,以提高其稳定性和清晰性,充分发挥动觉在技能学习中的作用。

真题6 [2024江苏常州,单选]小明学习钢琴达到一定水平后,虽然他持续练琴,但是他的琴技在短时间内并未提升。这种现象可能是(　　)

A. 思维定势　　　　　　　　B. 前摄抑制

C. 倒摄抑制　　　　　　　　D. 高原现象

真题7 [2024浙江金华,简答]谈谈学习过程中"高原现象"产生的原因。

答案:6. D　7. 详见内文

三、心智技能的形成 ★★ 【单选、多选、填空、简答】

考点 1 ▶ 心智技能的形成阶段

1. 冯忠良的三阶段论

(1)原型定向

原型指那些被模拟的自然现象或过程。智力活动的原型是对一些最典型的智力活动样例的设想。原型定向就是了解原型的活动结构,从而使主体明确活动的方向,知道该做哪些动作和怎样去完成这些动作。这一阶段是主体掌握操作性知识的阶段,也是心智技能形成的准备阶段。

(2)原型操作

原型操作是依据心智技能的实践模式,把学生在头脑中已建立起来的活动程序计划以外显的操作方式付诸实施,获得完备的动觉映像的过程。

(3)原型内化

原型内化,即智力活动的实践模式(原型)向头脑内部转化,由物质的、外显的、展开的形式变成观念的、内潜的、简缩的形式的过程。原型内化最后达到活动方式的定型化、简缩化和自动化。该阶段开始借助言语来对观念性对象进行加工，是原型在学习者头脑中转化为心理结构内容的过程，是心智技能的完成阶段。

2. 加里培林的心智技能形成阶段理论

（1）活动的定向阶段

这是活动的准备阶段，所谓定向，是使学生了解、熟悉活动对象，使他们知道做什么和怎样做，从而使学生在头脑中构成关于心智活动和活动结果的表象，以便对活动本身及其结果进行定向。这就不仅需要向学生呈现活动的原样（模型），而且还要说明活动的目的、对象和方式。

（2）物质活动或物质化活动阶段

物质活动是指运用实物进行心智活动，物质化活动是指运用实物的模型、图片、言语、示意图等进行活动。此阶段的作用在于使学生通过自己从事物质或物质化活动，理解活动的真实内容，为以后的智力活动打下基础。活动的形式可以是物质的，也可以是物质化的，它们之间的区别主要在于动作的客体不同。

（3）出声的外部言语阶段

这个阶段的特点是活动离开了它的物质或物质化的客体，以出声的外部言语形式来完成实在的活动。例如，学生进行加法运算，不再借助于小棍、手指，而是用言语表现"数位对齐，个位对个位"的运算过程（即口算）。

（4）无声的外部言语阶段

这个阶段是从出声言语向内部转化开始，到以内部不出声的言语自由叙述为止。它是以词的声音表象、动觉表象为支柱而进行智力活动的阶段。

（5）内部言语活动阶段

这是心智技能形成的最后阶段。本阶段的主要特点是智力活动简缩、自动化，很少发生错误。只有碰到困难问题时，智力活动才展开地进行。

3. 安德森的心智技能形成理论

著名认知心理学家安德森认为，心智技能的形成需经过三个阶段，即认知阶段、联结阶段和自动化阶段。

（1）认知阶段的任务是要了解问题的结构，即起始状态、要达到的目标状态、从起始状态到目标状态所需要的步骤。

（2）在联结阶段，学习者应用具体的方法来解决问题，主要表现在把某一领域的描述性知识转化为程序性知识。在此阶段，个体逐渐产生一些新的产生式法则，以解决具体的问题。

（3）在自动化阶段，个体对特定的程序化的知识进一步深入加工和协调。此时，个体操作某一技能所需的认知投入较小，且不易受到干扰。

4. 产生式系统的理论

认知心理学家根据知识的不同表征和作用，将知识分为陈述性知识和程序性知识。心智技能实质上是个体习得的一套程序性知识并按这套程序去解决问题的能力。心智技能的学习本质上是掌握一套程序，亦即在长时记忆中形成一个解决问题的产生式系统。所谓产生式系统，即由一系列以"如果……那么……"的形式表示的规则。

皮连生采用加涅的心智技能学习的层级论和信息加工心理学的产生式理论来解释心智技能习得

的过程和条件,他认为心智技能的学习一般分为三个阶段:第一阶段,新信息进入短时记忆,与长时记忆中被激活的相关知识建立联系,从而出现新的意义建构。第二阶段,通过应用规则的变式练习,使规则的陈述性知识向程序性知识转化。第三阶段,程序性知识发展至最高阶段,规则完全支配人的行为,智力技能达到相对自动化。

真题8 [2023广东潮州,单选]欣欣在演算进位加法时,已经不再需要默念公式和法则,而是在头脑中出现几个关键词,随之而来的就是自动化的操作,这说明该学生的心智技能处于(　　)

A. 活动定向阶段　　　　　　　　　　B. 物质活动或物质化活动阶段
C. 无声的外部言语活动阶段　　　　　　D. 内部言语活动阶段

真题9 [2023河南周口,单选]数学课上,为了更好地形成智力技能,教师常在黑板上清楚细致地演算例题,帮学生掌握解题技巧,这是给学生提供(　　)

A. 原型定向　　　B. 原型模仿　　　C. 原型操作　　　D. 原型内化

答案:8. D　9. A

考点 2　心智技能的培养要求

1. 确立合理的智力活动原型

由于形成的心智技能一般存在于有着丰富经验的专家的头脑中,因此,模拟确立模型的过程实际上是把专家头脑中的观念的、内潜的、简缩的经验"外化"为物质的、展开的、外显的活动模式的过程。

2. 有效进行分阶段练习

由于心智技能是按一定的阶段逐步形成的,因此,在培训方面只有分阶段进行练习,才能获得良好的教学效果。为提高分阶段练习的成效,在培养工作方面,必须充分依据心智技能的形成规律,采取有效的措施,包括:(1)激发学习的积极性和主动性。(2)注意原型的完备性、独立性和概括性。(3)适应培养的阶段特征,正确使用言语。(4)注意学生的个别差异。(5)科学地进行练习。教师在指导学生练习时,应该注意以下几点:①教师要做到精讲、使学生多练;②注意练习形式的多样化,举一反三;③练习要适量适度,循序渐进。

3. 知识影响技能的形成

了解学生的知识基础,并为学生提供相关知识。

4. 注重培养学生认真思考的习惯和独立思考的能力

要注意形成学生的概括性联想,培养学生的概括力和灵活的思维品质。

★★ 本节核心考点回顾 ★★

1. 技能的种类

(1)操作技能(运动技能/动作技能):日常生活中的写字、打字、绘画,音乐方面的吹、拉、弹、唱,体育方面的田径、球类、体操运动,生产劳动方面的车、刨、磨等活动方式,都属于操作技能的范畴。

(2)心智技能(智力技能/认知技能):阅读技能、写作技能、运算技能、解题技能等都是常见的心智技能。

2. 冯忠良的操作技能形成的四阶段模型

(1)操作定向:学习者了解操作活动的结构与要求,在头脑中建立起操作活动的定向映像的过程。

(2)操作模仿:个体将操作定向阶段在头脑中形成的定向映像以外显的实际动作表现出来。

(3)操作整合:把操作模仿阶段习得的动作固定下来,并使各动作成分相互结合,成为定型的、一体化的动作。

(4)操作熟练:操作技能形成的高级阶段,动作的执行达到高度的程序化、自动化和完善化。

3.高原现象

(1)通常把学生在学习过程中出现一段时间的学习成绩和学习效率停滞不前,甚至学过的知识感觉模糊的现象,称为"高原现象"。

(2)高原现象产生的原因:①学习方法的固定化;②学习任务的复杂化;③学习动机减弱;④兴趣降低;⑤心理和生理上的疲劳;⑥意志不够顽强。

4.冯忠良的心智技能形成的三阶段论

(1)原型定向:主体掌握操作性知识的阶段,也是心智技能形成的准备阶段。

(2)原型操作:把学生在头脑中已建立起来的活动程序计划以外显的操作方式付诸实施。

(3)原型内化:智力活动的实践模式(原型)向头脑内部转化。

5.加里培林的心智技能形成阶段理论

(1)活动的定向阶段。(2)物质活动或物质化活动阶段。(3)出声的外部言语阶段。(4)无声的外部言语阶段。(5)内部言语活动阶段。

第六节　问题解决与创造性

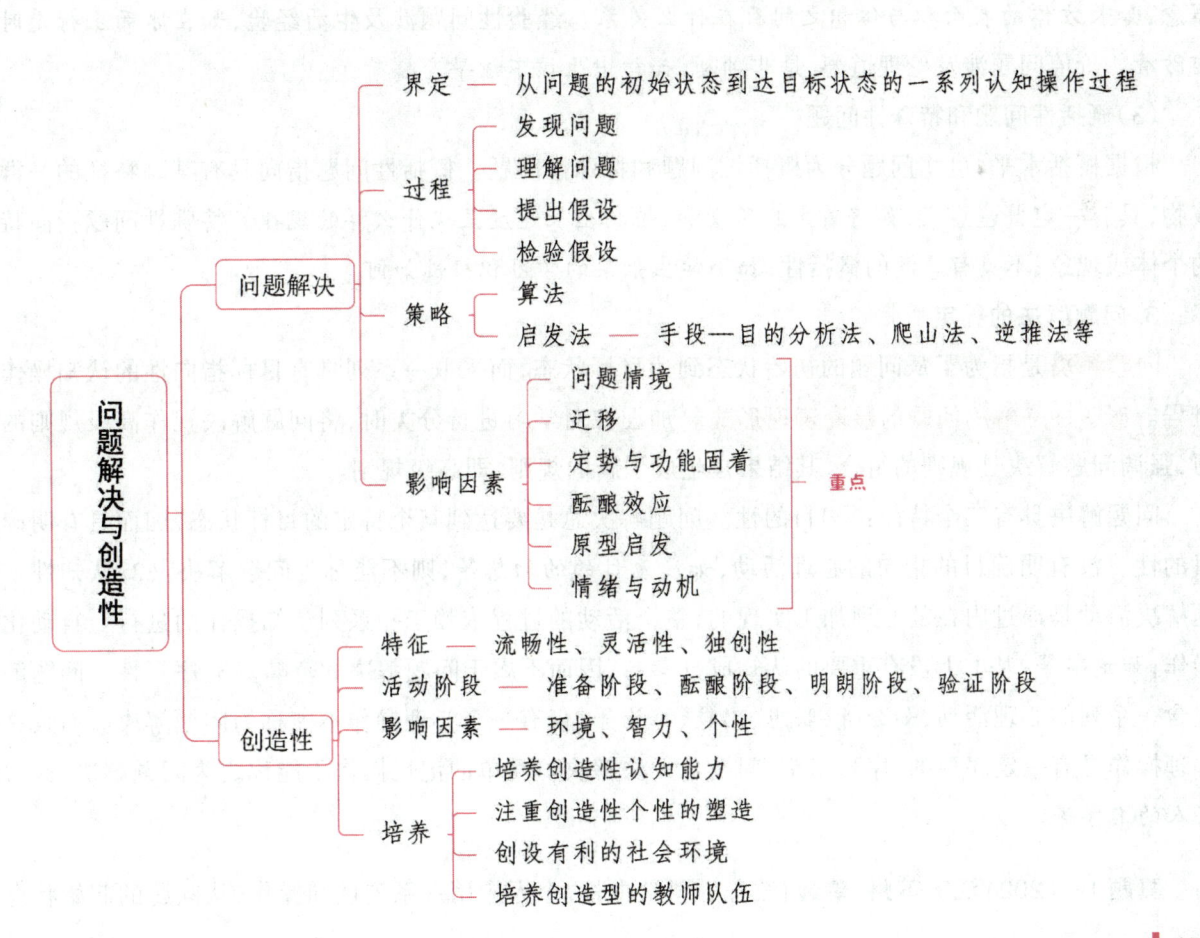

问题解决与创造性
- 问题解决
  - 界定——从问题的初始状态到达目标状态的一系列认知操作过程
  - 过程
    - 发现问题
    - 理解问题
    - 提出假设
    - 检验假设
  - 策略
    - 算法
    - 启发法——手段—目的分析法、爬山法、逆推法等
  - 影响因素（重点）
    - 问题情境
    - 迁移
    - 定势与功能固着
    - 酝酿效应
    - 原型启发
    - 情绪与动机
- 创造性
  - 特征——流畅性、灵活性、独创性
  - 活动阶段——准备阶段、酝酿阶段、明朗阶段、验证阶段
  - 影响因素——环境、智力、个性
  - 培养
    - 培养创造性认知能力
    - 注重创造性个性的塑造
    - 创设有利的社会环境
    - 培养创造型的教师队伍

一、问题解决

考点 1 问题与问题解决 ★ 【单选】

1. 问题的界定

问题就是给定信息与要实现的目标之间有某些障碍需要加以克服的情境。每一个问题都必然包含三种成分：(1)给定信息，指有关问题初始状态的一系列描述；(2)目标，指有关问题结果状态的描述；(3)障碍，指在解决问题的过程中会遇到的种种亟待解决的因素。

2. 问题的分类

(1)有结构的问题和无结构的问题

按照问题的组织程度，问题可分为有结构的问题（结构良好问题）和无结构的问题（结构不良问题）。有结构的问题是指已知条件和要达到的目标都非常明确，个体按照一定的思维方式即可获得答案的问题，比如"349+1890=？"即为有结构的问题，教科书上的练习题多属于有结构的问题。无结构的问题是指已知条件与要达到的目标都比较含糊，问题情境不明确，各种影响因素不确定，不易找出解答线索的问题。如怎样造就天才儿童？怎样培养学生的创新意识？这些都是重要但又无确切的、唯一正确的答案的问题。

(2)概念性问题、经验性问题和价值问题

根据内容特性，可将问题分为概念性问题、经验性问题和价值问题。概念性问题内容涉及学术性概念，如长方体的表面积与体积之间存在什么关系。经验性问题涉及生活经验，如在冰面上行走时如何防滑。价值问题涉及伦理道德、是非判断，如初中生该不该早恋。

(3)概括性问题和特殊性问题

根据概括水平，可将问题分为概括性问题和特殊性问题。概括性问题指向具有某一特征的一群人或物，具有一定普遍意义，如随着光照的增加，植物生长速度呈现什么样的规律。特殊性问题指向特殊的个体或现象，不具有广泛的概括性，如小学生张某的学习积极性如何。

3. 问题解决的界定

问题解决是指为了从问题的初始状态到达目标状态，而采取一系列具有目标指向性的认知操作的过程。创造性是解决问题的最高表现形式。加涅在对学习进行分类时，将问题解决视作高级规则的学习，强调问题解决是规则的组合，其结果是生成了新的规则，即高级规则。

问题解决具有三个特征：(1)目的性。问题解决总是要达到某个特定的目标状态，因而具有明确的目的性。没有明确目的指向的心理活动，如漫无目的的幻想等，则不能称为问题解决。(2)认知性。问题解决活动是通过内在的心理加工实现的，整个活动的过程依赖于一系列认知操作的进行。自动化的操作，如走路等，基本上没有重要的认知成分参与，因而不属于问题解决的范畴。(3)序列性。问题解决包含一系列的心理活动，如分析、联想、比较、推论等，仅有一个心理操作不能称为问题解决。而且这些心理操作是有一定序列的，序列出错，问题也无法解决。简单的记忆操作不能称之为问题解决，如回忆某人的名字等。

真题1 [2024江苏苏州，单选]教育心理学中将"个人应用一系列认知操作，从问题的起始状态到

达目标状态"的过程称为( )

A. 合作学习　　　　　　　　　　B. 功能固着

C. 检验假设　　　　　　　　　　D. 问题解决

真题2 [2023河北石家庄,单选]下列活动属于"问题解决"的是( )

A. 回忆朋友的电话号码　　　　　B. 观看电影

C. 写论文　　　　　　　　　　　D. 游泳

答案：1. D　2. C

考点 2　问题解决的过程　★　【单选、多选】

问题解决的过程一般可分为发现问题、理解问题、提出假设和检验假设四个阶段。

(1)发现问题。从完整的问题解决过程来看,发现问题是其首要环节。能否发现问题,与主体活动的积极性、求知欲、已有知识经验等有关。

(2)理解问题。理解问题即明确问题,就是把握问题的性质和关键信息,摒弃无关因素,并在头脑中形成有关问题的初步印象,即形成问题的表征。

(3)提出假设。提出假设就是提出解决问题的可能途径与方案,选择恰当的解决问题的操作步骤。能否有效地提出假设,受到个体思维的灵活性与已有知识经验的影响。提出假设是问题解决的关键阶段。提出假设的数量和质量取决于两个条件：一是个体思维的灵活性。思维越灵活,越能多角度地分析问题,就越能提出众多的合理的假设。二是已有的知识经验。与问题解决相关的知识经验越丰富,就越有利于扩大假设的数量并提高其质量。

(4)检验假设。检验假设就是通过一定的方法来确定假设是否合乎实际、是否符合科学原理。检验假设的方法有两种：①直接检验,即通过实践来检验,通过问题解决的结果来检验；②间接检验,即通过推论来淘汰错误的假设,保留并选择合理的、最佳的假设。当然,间接检验的结果是否正确,最终还要由直接检验来证明。

真题3 [2023广东梅州,单选]某一问题解决过程主要包括四个阶段,其中"对问题形成表征"是( )

A. 提出假设　　B. 检验假设　　C. 发现问题　　D. 理解问题

答案：D

考点 3　问题解决的策略　★★　【单选、填空】

虽然解决问题的方法多样化,但是总结起来基本上可以归纳为以下几种策略与方法：

1. 算法

算法策略是将所有可能的针对问题解决的方法都一一列举出来并进行尝试,直到最终从根本上解决问题。很明显,算法策略需要在解决问题时进行大量的准备工作,需要花费较大的精力和较多的时间,但是优点就是能够确保找到问题解决的途径。例如,解锁密码箱时每一位密码都有"0~9"十个数字,那么把所有数字组合一个一个进行尝试,直到找到打开密码箱的正确密码,这一过程就是在使用算法策略。

511

2. 启发法

与算法的思维过程不同,启发法是基于一定的经验,根据现有问题状态与目标状态之间的内在联系,采用较少搜索而找到解决问题途径的一种策略。启发法不需要像算法策略那样费时费力,往往是一种比较快捷的方法,但并不能保证一定可以成功地解决问题。以下是几种常用的启发法策略:

(1) 手段—目的分析法

所谓手段—目的分析法,就是将需要达到的问题的目标状态分成若干个子目标,通过实现一系列的子目标而最终达到总目标。它的基本步骤是:①比较初始状态和目标状态,提出第一个子目标;②找出完成第一个子目标的方法或操作,实现子目标;③提出新的子目标,如此循环往复,直至问题解决。手段—目的分析法是一种不断减少当前状态与目标状态之间的差别而逐步前进的策略,是一种常用的解题策略,对解决复杂问题有重要的应用价值。

(2) 爬山法

爬山法是采用一定的方法逐步降低初始状态和目标状态的距离,以达到问题解决的一种方法,与手段—目的分析法类似。其不同之处在于,手段—目的分析法包括这样一种情况,即有时人们为了达到目的,不得不暂时扩大目标状态与初始状态的差距,以便最终达到目标。

(3) 逆推法(逆向反推法)

逆推法就是从问题的目标状态开始搜索直至找到通往初始状态的方法。逆向搜索更适合于解决那些从初始状态到目标状态只有少数解决方法的问题,数学中的推理运算有时采用这一策略。

(4) 类比思维

当面对某种问题情境时,个体可以运用类比思维,先寻求与此有些相似的情境的解答。当人们第一次发明潜艇后,工程师们要思考如何让战舰确定潜艇隐藏在海下的方位。于是,通过研究蝙蝠导航机制发明了声呐,将其运用于潜艇的定位。

真题4 [2024天津河东,单选]小明在做数学习题时,能够把各种解法逐一列出并加以尝试,最终找到一个最佳解法,这种解题的方法属于(   )

A. 归纳式 B. 罗列式 C. 推理式 D. 算法式

真题5 [2023四川统考,单选]小红在完成作文的过程中,制定了分析题目、确定中心思想、编写提纲、写文章、修改文章等小目标,她采用的策略是(   )

A. 爬山法
B. 算法式
C. 手段—目的分析法
D. 逆向思维法

答案:4. D 5. C

考点 4 ▸ 影响问题解决的因素 ★★ 【单选、多选、判断、简答】

1. 问题情境(问题表征)

问题情境就是指问题呈现的知觉方式。问题呈现的知觉方式与人们已有的知识经验越接近,问题就越容易解决;反之,如果与人们已有的知识经验相差甚远,问题解决起来就很困难。

2. 迁移(已有知识经验、认知结构)

迁移是指已有的知识经验对解决新课题的影响。任何问题解决都离不开一定的知识作为基础,必要的知识经验、完善的知识结构有利于问题顺利地解决。

3. 定势与功能固着

定势（即心向）是指重复先前的操作所引起的一种心理准备状态。在定势的影响下，人们会以某种习惯的方式对刺激情境做出反应。定势对解决问题有积极作用，也有消极作用。人们把某种功能赋予某物体的倾向称为功能固着。在功能固着的影响下，人们不易摆脱事物用途的固有观念，从而直接影响问题解决的灵活性。

4. 酝酿效应

当一个人长期致力于某一问题解决而又百思不得其解的时候，如果他暂时停下对这个问题的思考去做别的事情，几小时、几天或几周之后，他可能会忽然想到解决的办法，这就是酝酿效应。酝酿效应实际上是产生了顿悟，使人们打破了以往不恰当的思路，从一个新的角度思考问题，从而使问题得以解决。

5. 原型启发

对问题解决起启发作用的事物叫原型。原型启发是指从其他事物上发现解决问题的途径和方法。任何一个人对某一项目的发明创造或革新，都不是凭空想象出来的，在开始时总要受到某种类似的事物或模型的启发。例如，鲁班从丝茅草割破手得到启发，发明了锯。原型启发在创造性地解决问题时的作用十分明显。通过联想，人们可以从原型中找到解决问题的新方法。原型之所以有启发作用，是因为事物本身的特点与所创造的事物之间有相似之处。某事物能否起启发作用，不仅取决于该事物的特点，还取决于问题解决者的心理状态。在问题解决者的思维活动处于积极但又不过于紧张的状态时，才最容易产生原型启发。

6. 情绪与动机

情绪对问题解决有一定影响，肯定、积极的情绪状态有利于问题的解决，否定、消极的情绪状态则会阻碍问题的解决。人们对活动的态度、责任感等都可以成为发现问题的动机，影响问题解决的效果。动机的强度不同，影响的大小也不一样。动机与问题解决的关系遵循"耶克斯—多德森定律"。

此外，个体的认知特征、个性特征以及问题的特点等也会影响问题解决。

真题6 [2024河北石家庄，单选]李凯在总结学习经验时写道："在完成作业的过程中，如果遇到难题一时没有解题思路，可以先放一放，做一些其他事情，也许会突然产生灵感，这道难题可能就迎刃而解了。"李凯解决难题的办法属于（　　）

A. 高原现象　　　　　　　　B. 功能固着
C. 原型启发　　　　　　　　D. 酝酿效应

真题7 [2024广东佛山,单选]科学家和工程师通过观察鸟类的飞行行为和结构,获得了有关飞机设计的启示。在此案例中,属于"原型"的事物是(　　)

A.鸟类　　　　　　B.飞机　　　　　　C.科学家　　　　　　D.工程师

答案:6. D　7. A

考点 5 ▶ 学生问题解决能力的培养 ★ 【简答】

在学校情境中,大部分问题解决是通过解决各个学科中的具体问题来体现的,这就意味着结合具体的学科教学来培养解决问题的能力是必要的,也是可行的。具体可从以下几方面入手:

(1)培养学生主动质疑和解决问题的内在动机;(2)问题的难度要适当;(3)帮助学生正确表征问题;(4)帮助学生养成分析问题和对问题归类的习惯;(5)提高学生知识储备的数量和质量,指导学生善于从记忆中提取信息;(6)训练学生陈述自己的假设及其步骤,鼓励自我评价和反思;(7)教授与训练解决问题的方法和策略;(8)提供多种练习机会;(9)训练逻辑思维能力,提高思维水平。

二、创造性及其培养

考点 1 ▶ 创造性的概念 ★ 【单选、判断】

在心理学上,创造性是一个复杂而颇有争议的概念。一般把创造性看成是根据一定目的,运用已知信息,产生出某种新颖、独特、有社会价值的产品的能力或特性,也称为创造力。

根据创造产品的价值意义不同,创造可以分为真创造和类创造。真创造指产生了具有人类历史首创性产品的活动。类创造是指创造产生的产品并非社会首创,只是对个体而言具有独创性。例如,曾经有农民自己花费很长的时间发明创造了木制飞机。对于社会而言,飞机早已不再是什么新奇的事物,但是对于这位农民而言,却是他个人独创的。已有研究指出,不论是真创造还是类创造,它们的心理加工过程、所表现出来的思维或认知能力在本质上是相同的。

创造性并不是少数人独有的,而是人类普遍存在的一种潜能,是每个人都有的一种心理品质。创造性和创造性思维的区别在于创造性具有更广泛的含义,而且其结果是新的产品,而创造性思维只是一种思维形式,其结果是在人的头脑中形成新产品的形象。

考点 2 ▶ 创造性的特征 ★★ 【单选、多选、判断】

尽管不同的研究及其相关测验强调创造性的不同特征,但目前比较公认的是以发散思维的基本特征来代表创造性的特征。

(1)流畅性。流畅性是指在限定时间内产生观念数量的多少。在短时间内产生的观念越多,流畅性越好。该特征能反映个体的心智灵活、思路通达的程度。

(2)灵活性。灵活性是指摒弃以往的习惯思维方法而开创不同方向的能力,也叫思维的变通性。例如,让学生"举出报纸的用途",如果回答"阅读""学习""获取信息",就只是把报纸的用途局限在了"阅读材料"上;而如果回答"包东西""折玩具"等,则范围更加广泛,变通性也就比较好。

(3)独创性(独特性)。独创性是指产生不寻常的反应和不落俗套的能力,以及重新定义或按新的方式对所见所闻加以组织的能力,如在"曹冲称象"故事中,曹冲把"石头"作为称象的工具就显得十分独特。

> **小香课堂**
> 对创造性(发散思维)的特征进行判断时,应抓住各个特征的关键词:流畅性强调单位时间内数量多(种类单一),即时间短、速度快;灵活性强调范围广(种类多),即打破旧的思维观念,从新角度考虑问题;独创性强调观念新(与众不同),即超乎寻常,新奇独特。

真题8 [2024 广东广州,单选]老师让学生说出"牙刷有哪些用途",学生可能回答"刷牙、除锈、画画等",在不限时间的情形下,学生提供的不同类型的答案比较多,能说出的不同用途也多。这说明其思维的( )好。
  A. 独创性   B. 流畅性
  C. 变通性   D. 深刻性
  答案:C

考点 3 创造活动的阶段 ★ 【单选、多选】

人的创造性表现在相应的创造活动过程的各阶段中,关于创造活动的阶段有不同观点,其中有代表性的观点当属沃拉斯(沃勒斯)提出的四阶段论。该观点认为创造性活动主要由准备、酝酿、明朗和验证四个阶段构成。

(1)准备阶段。在这一阶段,创造者收集、整理资料,即收集创造活动所必需的各种信息,组织已有的旧经验,掌握必要的技能。

(2)酝酿阶段。在准备阶段收集到的信息并未消极地存储在头脑中,而是按照一种我们目前尚不清楚的方式被加工和重新组织。在这个阶段,各种观点、想法和意见在潜意识中活动,各种主意和观点有可能产生不同寻常的组合。

(3)明朗阶段。这是指创造者经过长期酝酿,产生新假设或对考虑的问题豁然开朗,这种现象也叫灵感。明朗阶段是创造活动极为重要的阶段。

(4)验证阶段。在这个阶段,创造者要把头脑中产生的新假设或新观点通过实践加以检验。验证可以对新假设加以确定、修正、补充或完善。

考点 4 影响创造性的因素 ★ 【不定项】

1. 环境

家庭与学校的教育环境以及社会文化是影响个体创造性的重要因素。

(1)父母的受教育程度、管教方式以及家庭气氛等都在不同程度上影响孩子的创造性。研究发现,父母受教育程度较高者、对子女的要求不过分严格者、对子女的教育采取适当辅导策略者以及家庭气氛比较民主者,都比较有利于孩子的创造性的培养。

(2)在学校教育方面,如果学校气氛较为民主,教师不以权威方式管理学生;教师鼓励学生的自主性,允许学生表达不同意见;学习活动有较多自由,教师允许学生在自行探索中去发现知识,这样的教育就有利于创造性的培养。

(3)社会文化也会影响学生创造性的发展。创设具有一定开放性和自由空间的成长环境,尊重学生的独立性、尊重他们的差异,是创造性培养的另一重要方面。

2. 智力

创造性的研究表明,创造性与智力并非简单的线性关系,二者既有独立性,又在某种条件下具有相关性,在整体上呈正相关趋势。高智商是高创造性的必要条件,但不是充分条件。创造性与智力的关系表现为:(1)低智商不可能具有高创造性;(2)高智商可能有高创造性,也可能有低创造性;(3)低创造性者的智商水平可能高,也可能低;(4)高创造性者必须有高于一般水平的智商。

3. 个性

一般而言,创造性与个性二者之间具有互为因果的关系。综合有关研究,高创造性者一般具有以下个性特征:(1)具有幽默感;(2)有抱负和强烈的动机;(3)能够容忍模糊与错误;(4)喜欢幻想;(5)具有强烈的好奇心;(6)具有独立性。

真题9 [2022河北邯郸,不定项]下列关于创造性与智力之间关系的叙述,正确的是(　　)

A. 低智商也可能有高的创造性
B. 高智商必然有高的创造性
C. 高创造性必须有高于一般水平的智商
D. 创造性与智力并非简单的线性关系

答案:CD

考点 5 ▶ 创造性的培养 ★★ 【简答、论述】

创造性是由人的认知能力、个性倾向和社会环境相互作用产生的行为结果。因此,可以从以下四个方面来探索创造性的培养途径。

1. 培养创造性认知能力

(1)培养创造性的知识基础。知识是提高创造性的基础。(2)创造性思维的培养。具体内容参见心理学部分第二章第四节中"创造性思维能力的培养"。

2. 注重创造性个性的塑造

由于创造性与个性之间具有互为因果的关系,因此,从个性入手来培养创造性,这也是促进创造性产生的一条有效途径。研究者提出的各种建议,可概括如下:

(1)保护好奇心。应接纳学生任何奇特的问题,并赞许其好奇心,不应忽视或讥讽。

(2)解除个体对答错问题的恐惧心理。对学生所提的问题,无论是否合理,均以肯定态度接纳他所提出的问题。对出现的错误不应全盘否定,更不应指责,应鼓励学生正视并反思错误,引导学生尝试新的探索,而不循规蹈矩。

(3)鼓励独立性和创新精神。应重视学生与众不同的见解、观点,并尽量采取多种形式支持学生以不同的方式来理解事物。对平常的问题的处理能提出超常见解者,教师应给予鼓励。

(4)重视非逻辑思维能力。教师应鼓励学生大胆猜测,进行丰富的想象,不必拘泥于常规的答案。给学生机会进行猜测,并尽量让他们有猜测的成功体验。在丰富学生的想象力方面,可以应用多种教学手段和形式,使学生头脑中的表象更为鲜明、完整。

(5)给学生提供具有创造性的榜样。通过给学生介绍或引导阅读文学家、艺术家或科学家传记,或带领其参观各类创造性展览、与有创造性的人直接交流等,使学生领略到创造者对人类的贡献,受到创造者优良品质的潜移默化的影响,从而启发他们见贤思齐的心理需求。

3. 创设有利的社会环境

(1)创设宽松的心理环境。教师应给学生创造一个能支持或容忍标新立异者或偏离常规思维者的环境,让学生感受到"心理安全"和"心理自由",即给学生创造较为宽松的学习的心理环境。

(2)给学生留有充分选择的余地。在可能的条件下,应给学生一定的权利和机会,让有创造性的学生有时间、有机会干自己想干的事,为创造性行为的产生提供机会。

(3)改革考试制度与考试内容。应使考试真正成为选拔有能力、有创造性人才的有效工具,在考试的形式、内容等方面都应考虑如何测评创造性的问题。

4. 培养创造型的教师队伍

要培养学生的创造性,必须对教师进行有关创造性的相应培训和专门指导。具体表现在:(1)要转变教师的教育教学观念,使教师形成理解并鼓励学生的创造,把培养创造性作为一种教学目标的现代教育理念。(2)要教给教师必要的创造技法和思维策略,提高他们自身的创造意识和创造能力。(3)要为教师提供比较明晰的具有实际应用价值的关于创造性的操作定义、相应的评价标准和程序、有效的教学策略和技能。(4)要鼓励教师使用创造性的教学范例和模式。

真题10 [2023山西太原,论述]如何培养学生的创造力?
答案:详见内文

✦✦ 本节核心考点回顾 ✦✦

1. 问题解决的界定

(1)问题解决是指为了从问题的初始状态到达目标状态,而采取一系列具有目标指向性的认知操作的过程。

(2)问题解决具有三个特征:目的性、认知性和序列性。

2. 问题解决的过程

发现问题(首要环节)——理解问题——提出假设(关键)——检验假设。

3. 问题解决的策略

(1)算法:将问题解决的方法都一一列举出来并进行尝试。

(2)启发法

①手段—目的分析法:将需要达到的问题的目标状态分成若干个子目标,通过实现一系列的子目标而最终达到总目标。

②爬山法:采用一定的方法逐步降低初始状态和目标状态的距离,以达到问题解决。

③逆推法:从问题的目标状态开始搜索直至找到通往初始状态的方法。

4. 影响问题解决的因素

(1)问题情境(问题表征);(2)迁移(已有知识经验、认知结构);(3)定势与功能固着;(4)酝酿效应;(5)原型启发;(6)情绪与动机。

5. 创造性的特征

(1)流畅性:在限定时间内产生观念数量的多少。

(2)灵活性(变通性):摒弃以往的习惯思维方法而开创不同方向的能力。

(3)独创性(独特性):产生不寻常的反应和不落俗套的能力,以及重新定义或按新的方式对所见所闻加以组织的能力。

6. 创造活动的阶段

(1)准备阶段;(2)酝酿阶段;(3)明朗阶段;(4)验证阶段。

第七节 态度与品德的形成

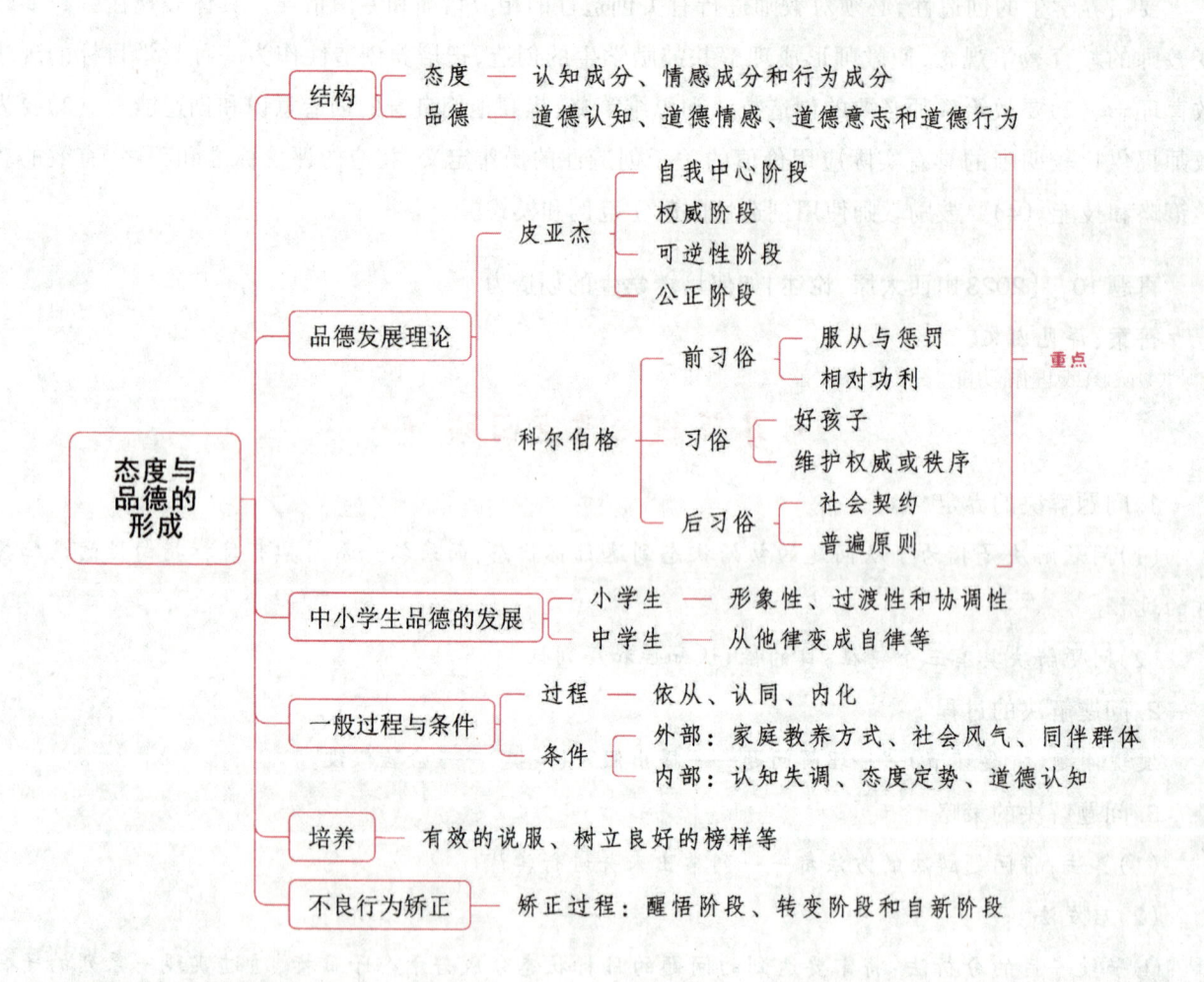

态度与品德的形成
- **结构**
  - 态度 —— 认知成分、情感成分和行为成分
  - 品德 —— 道德认知、道德情感、道德意志和道德行为
- **品德发展理论**
  - 皮亚杰
    - 自我中心阶段
    - 权威阶段
    - 可逆性阶段
    - 公正阶段
  - 科尔伯格【重点】
    - 前习俗 —— 服从与惩罚、相对功利
    - 习俗 —— 好孩子、维护权威或秩序
    - 后习俗 —— 社会契约、普遍原则
- **中小学生品德的发展**
  - 小学生 —— 形象性、过渡性和协调性
  - 中学生 —— 从他律变成自律等
- **一般过程与条件**
  - 过程 —— 依从、认同、内化
  - 条件
    - 外部:家庭教养方式、社会风气、同伴群体
    - 内部:认知失调、态度定势、道德认知
- **培养** —— 有效的说服、树立良好的榜样等
- **不良行为矫正** —— 矫正过程:醒悟阶段、转变阶段和自新阶段

一、态度与品德概述

考点 1 ▸ 态度概述 ★ 【单选、判断】

1.态度的实质

态度是通过学习而形成的、影响个人行为选择的内部准备状态或反应的倾向性。对于该概念,可以从几个方面来理解:(1)态度是一种内部准备状态,而不是实际反应本身。(2)态度不同于能力,虽然

二者都是内部倾向。能力决定个体能否顺利完成任务,态度则决定个体是否愿意完成任务。(3)态度是通过学习形成的,不是天生的。(4)态度总有一定的对象,它是包罗万象的,其对象可以是人,也可以是事。(5)态度具有价值判断的成分和感情色彩。(6)态度具有一定的稳定性与持续性,它一旦形成,就将持续一段时间,不轻易改变,这是态度的抗变性。

2. 态度的结构

态度的结构包括认知成分、情感成分和行为成分。(1)态度的认知成分是指个体对态度对象所具有的带有评价意义的观念和信念;(2)态度的情感成分是指伴随着态度的认知成分而产生的情绪或情感体验,是态度的核心成分;(3)态度的行为成分是指准备对某对象做出某种反应的意向或意图。例如,一个学生对数学的积极态度。其中的认知成分可能是在同学当中,数学成绩总是第一,这可以带来荣誉;情感成分可能是得第一名时获得的尊重需要的满足感,或者是解题顺畅时的兴奋感;行为成分意指这个学生偏爱数学的行动的预备倾向。一般情况下,这三种成分是一致的,但也有不一致的情况,如知行脱节等。

3. 态度的功能

(1)卡茨和奥斯卡姆普的观点

卡茨和奥斯卡姆普等人认为,态度有四种基本功能。①适应功能。指人的态度都是在适应环境中形成的,形成后起着更好地适应环境的作用。②自我防御功能。态度作为一种自卫机制,能让人在受到贬抑时用来保护自己。③价值表现功能。在很多情况下,特有的态度常表示一个人的主要价值观和自我概念。④认识或理解功能。一种态度能给人提供一种建构事物的参照框架,因此它能引起意义感。

(2)张大均等人的观点

张大均等人认为态度具有四个功能:①过滤功能。态度不但影响个体行为的方向性,也会影响个体对信息的选择。②调节功能。人的某些态度具有直接满足情感需要的作用,态度会调节个体的语言行为和非语言行为。③价值表现功能。态度是学生价值观的一种反映。④适应功能。人的态度是在对外部环境的适应过程中逐渐形成的,反过来又起着适应外部环境的作用。如儿童在交往活动中学会了什么样的态度是会被同伴集体所接受的,那么反过来,这种态度又会让儿童去适应不同类型的集体的交往活动。

真题1 [2023辽宁营口,单选]学生小杰经常嘲讽同学,当他发现自己因此被同学们孤立时,他改掉了这种坏习惯。此处体现了态度的哪种功能( )

A.过滤 B.调节

C.价值表现 D.适应

真题2 [2024江苏苏州,判断]态度的核心成分是认知成分,改变态度必须从改变认知入手。( )

答案:1. D 2. ×

考点 2 ▶ 品德概述 ★★ 【单选、多选、判断】

1. 品德的实质

品德又称道德品质,是个体依据一定的社会道德准则规范自己行动时所表现出来的稳定的心理倾向和特征。它是社会道德准则在个人思想与行动中的体现,是个性中具有道德评价意义的核心部分。

519

品德具有以下特征:(1)以道德意识或道德观念的指导为基础;(2)与道德行为密切联系,离开了道德行为就无法表现和判断个人的道德;(3)具有稳定的倾向性。

2. 品德的心理结构

品德的心理结构包括四种相辅相成的基本心理成分:道德认知、道德情感、道德意志和道德行为,简称知、情、意、行。

(1)道德认知

道德认知是指对于行为规范及其意义的认识,是人的认识过程在道德上的表现。道德认知是个体道德的基础,是道德情感、道德意志产生的依据,对道德行为具有定向的意义,是行为的调节机制。品德的核心是道德认知。

道德观念、道德信念的形成有赖于道德认知。当个体对某一道德准则有了系统的认识,感到确实是这样时,就形成了有关的道德观念。当认识继续深入,达到坚信不疑的程度,并能指导自己的行动时,就形成了道德信念。道德信念是推动个人产生道德行动的强大动力,可以使人的道德行动表现出坚定性,因此它是道德品质形成中的关键因素。道德信念对行为具有稳定的调节与支配作用,只有道德观念而无道德信念时,就会经常发生诸如明知故犯之类的错误行为。

(2)道德情感

道德情感是人的道德需要是否得到实现所引起的一种内心体验,也就是人在心理上所产生的对某种道德义务的爱憎、喜恶等情感体验。道德情感渗透在人的道德观念和道德行为中。道德情感的内容主要包括爱国主义情感、集体主义情感、义务感、责任感、事业感、自尊感和羞耻感,其中,义务感、责任感和羞耻感对于儿童和青少年尤为重要。

道德情感从表现形式上看,主要包括三种:①直觉的道德情感,即由于对某种具体的道德情境的直接感知而迅速发生的情感体验;②想象的道德情感,即通过对某种道德形象的想象而发生的情感体验;③伦理的道德情感,即以清楚地意识到道德概念、原理和原则为中介的情感体验。伦理的道德情感具有清晰的意识性和明确的自觉性,具有较大的概括性和较强的伦理性,具有稳定性和深刻性。比如,爱国主义情感和集体主义情感属于伦理的道德情感。

(3)道德意志

道德意志是个体自觉地调节道德行为,克服困难,以实现预定道德目标的心理过程。道德意志实际上是道德观念的能动作用,是个体通过自己理智的权衡作用去解决道德生活中的内心矛盾与支配行为的力量,这种力量表现为能够排除内部障碍和外部困难,坚决执行道德动机所引起的行为决定。

(4)道德行为

道德行为是品德形成的最终环节,是指个体在一定的道德意识支配下表现出来的对他人和社会的有道德意义的活动。它是个体道德认知的外在表现,是实现道德动机的手段。道德行为是衡量道德品质的重要标志。道德行为包括道德行为技能和道德行为习惯,它们与一般的技能和习惯并无区别,只是在用来完成一定的道德任务时,便具有了道德的性质。实践证明,有的学生由于没有掌握恰当的道德行为技能,导致出现动机与效果不一致的现象,甚至会"好心办坏事"。持续不断的、稳定的道德行为才是一个人的道德品质。

3.道德与品德的关系

表3-23 道德与品德的关系

	道德	品德
区别	依赖于整个社会的存在而存在的一种社会现象	依赖于某一个体的存在而存在的心理现象
	发生和发展受社会发展规律的制约,具有明显的阶级性和历史性	不仅受社会环境的影响,还受个体生理、心理等内部因素的影响
	社会道德内容是一定社会或阶级伦理行为规范的完整体系	个体品德内容只是社会道德准则或规范的部分表现
	伦理学和社会学研究的对象	心理学和教育学研究的对象
联系	(1)社会道德制约着个人品德,离开了道德也就谈不上个人品德,个人品德的内容是社会道德在个体身上的具体表现,即品德是道德的具体化;(2)品德是个人在社会生活中,主要在社会道德舆论、家庭成员与学校教育的影响下,通过自己的道德实践活动而形成、发展的;(3)个人品德对社会道德风气能产生一定的反作用,特别是优秀人物的品德,作为一种道德品质的典范,往往会对整个社会良好道德风气产生深远的影响	

注:在考试中,除题目中明确要求区分品德与道德外,二者可以视作同一概念。

真题3 [2023广东清远,单选]雷雷是家中的独子,家人很宠溺他。这致使雷雷变得很任性,面对困难的时候经常知难而退,不能勇往直前。家长和教师应该首先培养雷雷的( )

A.道德认识　　　　B.道德情感　　　　C.道德意志　　　　D.道德行为

真题4 [2023广西贵港,单选]小学生常常出现"好心办坏事"的情况,其主要原因是( )

A.缺乏合理行为技能　　　　　　　　B.道德情感不深

C.道德认识不足　　　　　　　　　　D.道德意志不够

真题5 [2023安徽蚌埠,多选]品德的心理结构一般包括( )

A.道德认知　　　　B.道德情感　　　　C.道德意志　　　　D.道德判断

E.道德行为

真题6 [2024广东佛山,判断]道德情感是衡量道德品质的重要标志。( )

答案:3. C　4. A　5. ABCE　6. ×

二、品德发展的阶段理论 ★★★ 【单选、多选、判断、判断选择、简答】

考点 1　皮亚杰的道德认知发展理论

瑞士著名心理学家**皮亚杰**早在20世纪30年代就采用"**对偶故事法**"对儿童道德判断的发展进行了系统的研究。

1.儿童道德认知的发展:从他律到自律

皮亚杰通过大量研究,发现并总结出了儿童道德认知发展的总规律,即儿童道德的发展经历从他律到自律的转化发展过程。**他律**是指早期儿童的道德判断只注意行为的客观效果,不关心主观动机,是受自身以外的价值标准所支配的道德判断,具有客体性;**自律**则是指儿童自己的主观价值和主观标准所支配的道德判断,具有主体性。他律水平和自律水平是儿童道德判断的两级水平。儿童只有达到自律的水平,才可能具有真正的道德品质。

在此基础上皮亚杰还提出了儿童道德发展的年龄阶段。他认为,10岁是儿童从他律道德向自律道德转化的分水岭,10岁前儿童对道德行为的思维判断主要依据他人设定的外在标准,也就是他律道德;10岁以后儿童对道德行为的思维判断大多依据自己的内在标准,也就是自律道德。在他看来,一个人道德的成熟,主要表现在尊重准则和社会公正感两方面。

2.儿童道德认知的发展阶段

(1)自我中心阶段(前道德阶段)(2~5岁)

自我中心阶段是从儿童能够接受外界的准则开始的。这时期的儿童还不能把自己同外在环境区别开来,而把外在环境看作他自身的延伸。规则对于他来说,还不具有约束力。

(2)权威阶段(他律道德阶段或道德实在论阶段)(5~8岁)

①该时期的儿童服从外部规则,接受权威指定的规范,把人们规定的准则看作固定的、不可变更的,而且只根据行为后果来判断对错。②看待行为有绝对化的倾向;赞成严厉的惩罚,并认为受惩罚的行为本身就说明是坏的;还把道德法则与自然规律相混淆,认为不端的行为会受到自然力量的惩罚。

(3)可逆性阶段(自律或合作道德阶段)(8~10岁)

这一阶段的儿童已不把准则看成是不可改变的,而把它看作同伴间共同约定的。该阶段的特征是:儿童一般都形成了这样的概念,如果所有的人都同意的话,规则是可以改变的。儿童已经意识到一种同伴间的社会关系,应相互尊重。准则对他们来说已具有一种保证他们相互行动、互惠的可逆特征。同伴间的可逆关系的出现,标志着品德开始由他律进入自律阶段。儿童开始以动机作为道德判断的依据,认为公平的行为都是好的。关于惩罚,认为只有回报的惩罚才是合理的。

(4)公正阶段(10~12岁)

这一阶段的公正观念是从可逆的道德认识中脱胎而来的。他们开始倾向于主持公正、公平等。公正的奖惩不能是千篇一律的,应根据个人的具体情况进行。也就是说,儿童不再刻板地按固定的规则去判断,在依据规则判断时应该考虑到同伴的一些具体情况,从关心和同情的角度出发去判断。

真题7 [2023河北石家庄,单选]小丽根据他人的具体情况,以平等的标准,在同情、关心的基础上对学习和生活中的道德事件进行判断,小丽的道德发展处于(　　)

A.自我中心阶段　　B.权威阶段　　C.可逆性阶段　　D.公正阶段

真题8 [2024福建统考,判断选择]皮亚杰品德发展理论中,前道德阶段的儿童认为道德规则是绝对的、不可改变的。(　　)

A.正确　　B.错误

答案:7.D　8.B

考点 2 科尔伯格的道德发展阶段理论

科尔伯格系统地扩展了皮亚杰的理论和方法,提出了人类道德发展的顺序原则。他认为道德发展与认识发展关系密切。道德发展是认识发展的一部分,而道德判断能力与逻辑判断能力的发展有关,后者为前者的必要条件。而且,他认为社会环境对道德发展有巨大的刺激作用。他采用"**道德两难故事法**"进行研究,最典型的就是用"海因茨偷

科尔伯格

药"的故事让儿童对道德两难问题做出判断。科尔伯格将道德判断分为三个水平,每一水平包含两个阶段,这六个阶段依照由低到高的层次发展。

> **知识再拔高**
>
> **道德两难故事——海因茨偷药**
>
> 欧洲有一位妇女患了癌症,生命危在旦夕。医生告诉她的丈夫海因茨,只有本城一个药剂师最近发明的一种药可以救他的妻子。但该药价钱十分昂贵,要卖到成本价的十倍。海因茨四处求人,尽全力也只借到了购药所需钱数的一半。万般无奈之下,海因茨只得请求药剂师便宜一点儿卖给他,或允许他赊账。但药剂师坚决不答应他的请求,并说他发明这种药就是为了赚钱。海因茨在走投无路的情况下,为了挽救妻子的生命,在夜间闯入药店偷了药,治好了妻子的病。但海因茨因此被警察抓了起来。
>
> 科尔伯格围绕这个故事提出了一系列问题,让被试参与讨论,如:海因茨该不该偷药?为什么该?为什么不该?海因茨犯了法,从道义上看,这种行为好不好?为什么?

1. 前习俗水平

前习俗水平大约出现在幼儿园及小学中低年级。该时期的特征是:个体着眼于人物行为的具体结果及其与自身的利害关系,认为道德的价值不决定于人及准则,而是决定于外在的要求。前习俗水平包括两个阶段:

(1)服从与惩罚的道德定向阶段。这一阶段儿童的道德价值来自对外力的屈从或对惩罚的逃避。他们衡量是非的标准是由成年人来决定的,对成人或准则采取服从的态度,缺乏是非善恶的观念。他们会认为,海因茨不能去偷药,因为如果被人抓住的话会坐牢的。

(2)相对功利的道德定向阶段(相对功利取向阶段、朴素的利己主义的定向阶段)。这一阶段儿童的道德价值来自对自己要求的满足,偶尔也来自对他人需要的满足。在进行道德评价时,他们开始从不同角度将行为与需要联系起来,但具有较强的自我中心性,认为符合自己需要的行为就是正确的。他们会认为,海因茨应该去偷药,谁让那个药剂师那么坏,便宜一点就不行吗。

2. 习俗水平

习俗水平是在小学中年级出现的,一直到青年、成年。这一阶段的特征是:个体着眼于社会的希望和要求,能够从社会成员的角度去思考道德问题;开始意识到人的行为必须符合群体或社会的准则;能够了解、认识社会行为规范,并遵守、执行这些规范。这一水平包括以下两个阶段:

(1)好孩子的道德定向阶段(寻求认可取向阶段、社会习俗的定向阶段、人际关系与补同的定向阶段)。这一阶段儿童的价值是以人际关系的和谐为导向,顺从传统的要求,符合大众的意见,谋求大家的称赞。他们认为行为的正确与否要看是否为别人喜爱或赞扬,舆论认可的和社会赞许的都是好行为,好的行为就是帮助别人、使别人愉快、受他人赞许的行为。在进行道德评价时,总是考虑到社会对一个"好孩子"的期望和要求,并总是按照这种要求去展开思维。他们会认为,海因茨应该去偷药,因为一个好丈夫就应该照顾好自己的妻子。如果他不这样做,结果妻子死了,别人都会骂他见死不救,没有良心。

(2)维护权威或秩序的道德定向阶段(遵守法规取向阶段、秩序和法规定向阶段)。这一阶段儿童的道德价值是以服从权威为导向,包括服从社会规范,遵守公共秩序,尊重法律的权威,以法制观念判断是非、知法守法。他们认为准则和法律是维护社会秩序的,因此,应当遵循权威和有关规范去行动。

儿童会认为,海因茨不应该去偷药,因为如果人人都违法去偷东西的话,社会就会变得很混乱。

3.后习俗水平

该时期的特点是:个体不只是自觉遵守某些行为规则,还认识到法律的人为性,并在考虑全人类的正义和个人尊严的基础上形成某些超越法律的普遍原则。这一水平包括以下两个阶段:

(1)社会契约的道德定向阶段(社会法制取向阶段、社会契约取向阶段)。这一阶段仍以法制观念为导向,有强烈的责任心和义务感,但不再把社会规则和法律看成是死板的、一成不变的条文,而认识到了它们的人为性和灵活性,他们尊重法制但不拘泥于法律条文,认为法律是人制定的,不合时宜的条文可以修改。也就是说,他们认识到法律或习俗的道德规范仅仅是一种社会契约,它由大家商定,可以改变,而不是固定僵死的。他们会认为,海因茨应该去偷药,因为一个人生命的价值远远大于药剂师对个人财产的所有权。

(2)普遍原则的道德定向阶段(原则或良心定向阶段、良心或普遍原则定向阶段、普遍伦理取向阶段)。这一阶段以价值观念为导向,有自己的人生哲学,对是非善恶的判断有独立的价值标准,思想超越了现实道德规范的约束,行为完全自律。由于认识到了社会秩序的重要性与维持这种共同秩序所带来的弊病,看到了社会准则与法律的界限性,所以在进行道德评价时,能超越以前的社会契约所规定的责任,而且是以正义、公平、平等、尊严等这些最高的原则为标准进行思考,以普遍的标准来判断人们的行为。他们认为,海因茨应该去偷药,因为和种种可考虑的事情相比,没有什么比人类的生命更有价值。

表3-24 科尔伯格的道德发展阶段理论

水平	阶段	特点
前习俗水平	服从与惩罚的道德定向	道德价值来自对外力的屈从或对惩罚的逃避
	相对功利的道德定向	道德价值来自对自己要求的满足,偶尔也来自对他人需要的满足
习俗水平	好孩子的道德定向	以人际关系的和谐为导向
	维护权威或秩序的道德定向	以服从权威为导向
后习俗水平	社会契约的道德定向	不再把社会规则和法律看成是死板的、一成不变的条文
	普遍原则的道德定向	以正义、公平、平等、尊严等这些最高的原则为标准进行思考

真题9 [2024江苏南通,单选]一个司机为了救人,送人去医院,然后闯了红灯。事后,交警对他追加罚款,学生张涛认为救人而闯红灯不应该开罚单,根据科尔伯格的道德发展理论,张涛同学的道德发展可能处于(　　)

A. 前习俗水平　　　　　　　　　　　B. 习俗水平

C. 超习俗水平　　　　　　　　　　　D. 后习俗水平

真题10 [2024浙江宁波,单选]根据科尔伯格的道德发展理论,下列说法错误的是(　　)

A. 科尔伯格根据儿童对道德两难问题的判断,把道德认知发展分为三个水平和六个阶段

B. 处于前习俗水平的儿童的主要特征是避免惩罚,判断好坏的标准是是否符合自身利益

C. 处于习俗水平的儿童会谋求别人的赞赏和认可

D. 处于后习俗水平的儿童认为法律是不可改变的

答案:9. D　10. D

三、中小学生品德的发展

考点 1 ▶ 小学生品德的发展

小学阶段是品德发展的奠基阶段,是良好行为习惯养成的最佳时期。小学生品德的发展具有明显的形象性、过渡性和协调性。

(1)良好行为习惯(自觉纪律)的养成

良好行为习惯(自觉纪律)的养成在小学生品德的发展中占据显著地位。在小学生品德的发展中,形成良好的行为习惯,既是小学德育的重要目标,也是小学德育最有效的手段和方法,小学阶段是良好行为习惯养成的关键期。

(2)小学生品德发展的形象性

小学生的品德尽管在原则性、抽象概括性上有了一定程度的发展,但在很大程度上带有生活经验的特点,容易受到行为情境的制约,离不开直观的感性形象的支持,带有明显的形象性,处于由具体形象性到抽象逻辑性发展的过程中。

(3)小学生品德发展的过渡性

小学生品德发展的过渡性主要体现在:由简单、低级向复杂、高级过渡,由具体形象向抽象概括过渡,由生活适应性水平向伦理性水平过渡,由依附性向独立性过渡,由他律向自律过渡,由服从向习惯过渡。过渡性是小学生品德发展的基本特征之一,它表现在品德心理各要素的发展中。

小学阶段的品德过渡性特点,是品德发展过程中的质变的具体表现,在这个过程中,存在着一个转折期,即儿童品德发展的"关键年龄"。研究结果认为这个关键期大致在小学三年级下学期前后,但是由于教育工作上的差异,前后有一定的出入。

(4)小学生品德发展的协调性

小学生品德发展的协调性表现为密切相关的两个方面:

①品德心理各种成分之间的协调。就整个小学阶段而言,道德认知与道德行为、道德认知与道德情感的发展等是协调的、一致的。年龄越小,各成分之间越一致,随着年龄的增长,言与行之间、行为与动机之间逐渐出现矛盾和不一致。这种不一致反映了过渡期小学生品德心理发展的幼稚性、不成熟性,也反映了小学生品德结构发展的不稳定性。

②主观愿望与外部要求、约束的协调。

考点 2 ▶ 中学生品德的发展

(1)逐渐从他律变成自律,伦理道德发展具有自律性,言行一致

①能独立、自觉地按道德准则来调节自身行为;②形成道德信念和道德理想,道德信念、理想在道德动机中占据相当地位;③道德情感发展,理性的道德情感占据主导地位,道德情感的社会性水平随着年龄的增长而日益提高;④品德心理中自我意识明显化;⑤中学生主导性道德动机明确,道德意志力有显著增长;⑥道德行为习惯逐步巩固;⑦品德发展与世界观形成的一致性;⑧品德结构的组织形式完善化。

(2)品德发展由动荡向成熟过渡

①初中阶段品德发展具有动荡性。从总体上看,初中即少年期的品德虽然具有伦理道德的特性,但仍不成熟,起伏不定。这一时期既是人生观开始形成的时期,又是容易发生品德两极分化的时期。

品德不良、违法犯罪多发生在这个时期。根据研究,初中二年级是品德发展的关键期。

②高中阶段品德发展趋向成熟。高中阶段或青年初期的品德发展进入以自律为主要形式、应用道德信念来调节道德行为的成熟时期,表现在能自觉地运用一定的道德观点、信念来调节行为,并初步形成人生观和世界观。

总体来看,初中生的伦理道德已经开始形成,但具有两极分化的特点。高中生的伦理道德的发展具有成熟性,可以比较自觉地运用一定的道德观念、原则、信念来调节自己的行为。

四、态度与品德学习的一般过程与条件 ★★ 【单选、多选、填空】

亲历学习与观察学习是品德学习的两种方式。亲历学习指个体通过直接体验其行为后果而进行的学习。相比较而言,观察学习是学习态度的最有效的方式。

考点 1 态度与品德学习的一般过程

态度与品德的形成是一个从外到内的转化过程,是社会规范的接受和内化,大致经历三个阶段:

(1)社会规范的依从。依从,即表面上接受规范,按照规范的要求来行动,但对规范的必要性或根据缺乏认识,甚至有抵触情绪。它是规范内化的初级阶段,是态度与品德建立的开端。依从包括从众和服从两种。依从阶段的行为具有盲目性、被动性、不稳定性,随情境的变化而变化。

(2)社会规范的认同。认同是在思想、情感、态度和行为上主动接受他人的影响,使自己的态度和行为与他人相接近。认同实质上就是对榜样的模仿,其出发点就是试图与榜样一致,包括偶像认同和价值认同。与依从相比,认同更深入一层,它不受外界压力的控制,行为具有一定的自觉性、主动性和稳定性等特点。

(3)内化(社会规范的信奉)。信奉是内化的最高阶段,是学习者对社会规范及其价值原则有了深刻的理解,并持有积极的情感体验,使之成为自己的一种信念,与原有的价值观念一体化。内化是指在思想观点上与社会规范及其价值一致,将自己所认同的思想和自己原有的观点、信念融为一体,构成一个完整的价值体系。在内化阶段,个体的行为具有高度的自觉性和主动性,并具有坚定性,表现为"富贵不能淫,贫贱不能移,威武不能屈"。此时,稳定的态度和品德便形成了。

依从阶段　　　　　　　认同阶段　　　　　　　内化阶段

> **·小香课堂·**
> 区分态度与品德的形成阶段时,应注意:依从阶段强调表面遵守,即阳奉阴违;认同阶段强调与他人(榜样)保持一致;内化阶段强调价值体系已完善。

真题11 [2024河南事业单位,单选]"一盔一带"交通安全是指骑摩托车或电动自行车时必须佩戴安全头盔,驾驶机动车时驾驶员及乘坐人员必须全程系好安全带。小王同学每次骑电动自行车上下学经过路口看到交警检查时才会佩戴头盔,只要没有交警检查,从不主动戴头盔。小王对"一盔一带"交通安全知识的内化水平处于( )

A. 认同阶段　　　B. 依从阶段　　　C. 信奉阶段　　　D. 抵触阶段

真题12 [2024河北石家庄,单选]在公交车上,小华看到一位大哥哥给老人让座,她默默地想:长大后,我要向这位大哥哥学习,尊老爱幼,主动为老人让座。此时,小华处于社会规范学习中的( )阶段。

A. 依从　　　B. 认同　　　C. 信奉　　　D. 内化

答案:11. B　12. B

考点 2 ▸ 影响态度与品德学习的一般条件

1. 外部条件

(1)家庭教养方式

研究表明,学生的态度与品德特征和家庭的教养方式有密切关系。若家庭教养方式是民主、信任、容忍,则有助于儿童的优良态度与品德的形成与发展。若家长对待子女过分严格或放任,则孩子更容易产生不良的、敌对的行为。

(2)社会风气

社会风气由社会舆论、大众媒介传播的信息、各种榜样的作用等构成。社会上的良好与不良的风气都有可能影响学生道德信念与道德价值观的形成,这也使得德育工作难度加大。

(3)同伴群体

学生的态度与道德行为在很大程度上受到他们所归属的同伴群体的行为准则和风气的影响。

2. 内部条件

(1)认知失调

勒温、皮亚杰、费斯廷格和海德等人的研究都表明,人类具有一种维持平衡和一致性的需要,即力求维持自己的观点、信念的一致,以保持心理平衡。当认知不平衡或不协调时,如新出现的事物与自己原有的经验不一致,或者自己的观点与他人的、社会的观点或风气不一致等,这时内心就会有不愉快或紧张的感受,个体就试图通过改变自己的观点或信念,以达到新的平衡。可以说,**认知失调是态度改变的先决条件**。

(2)态度定势

个体由于过去的经验,对所面临的人或事可能会具有某种肯定或否定、趋向或回避、喜好或厌恶等内心倾向性,这种事先的心理准备或态度定势常常支配着人对事物的预料与评价,进而影响着是否接受有关的信息和接受的量。假如学生对教师有消极的态度定势,则教师的教诲与要求可能会成为耳旁风,甚至引发冲突。帮助学生形成对教师、对集体的积极的态度定势或心理准备是使学生接受道德教育的前提。

(3)道德认知

态度与品德的形成与改变取决于个体头脑中已有的道德准则、规范的理解水平和掌握程度,取决于已有的道德判断水平。

此外,个体的智力水平、受教育程度、年龄等因素也对态度与品德的形成与改变有不同程度的影响。

•记忆有妙招•

为方便考生记忆,编者将影响态度和品德学习的一般条件总结成以下口诀:

外家社群,内认定德。**外**:外部条件。**家**:家庭教养方式。**社**:社会风气。**群**:同伴群体。**内**:内部条件。**认**:认知失调。**定**:态度定势。**德**:道德认知。

真题13 [2024河北石家庄,多选]影响态度与品德学习的外部条件有(　　)

A. 社会风气　　　　B. 同伴群体　　　　C. 态度定势　　　　D. 家庭教养方式

答案:ABD

五、态度与品德的培养　★　【单选、多选、论述】

教师可以综合应用一些方法来帮助学生形成或改变态度与品德。常用的方法有言语说服、榜样示范、群体约定、价值辨析、奖惩等。具体来讲,有以下几种方法:

1. 有效的说服

有效的说服是提高道德认知的途径。用言语说服学生需要一些技巧,主要有以下几种:

(1)有效地利用正反论据。对于理解能力有限的低年级学生,教师最好只提供正面论据,以免学生产生困惑、无所适从。对于理解能力较强的高年级学生,教师可以考虑提供正反两方面的论据,使学生产生客观、公正的感觉,从而相信教师所言,改变态度。当学生没有相反的观点时,教师应只呈现正面观点,不宜提出反面观点,以免转移学生的注意,误导学生怀疑正面观点。当学生原本就有反面观点时,教师应主动呈现两方面观点,以增强学生对错误观点的免疫力。当说服的任务是解决当务之急的问题时,应只提出正面观点,以免延误时间;当说服的任务是培养学生长期稳定的态度时,应提出正反两方面的材料。

(2)发挥情感的作用,不仅要以理服人,更要以情动人。

(3)考虑原有态度的特点。

2. 树立良好的榜样

这是加强道德行为的途径。根据班杜拉的社会学习理论,榜样在观察学习过程中起着非常重要的作用,榜样的特点、示范的形式及榜样所示范的行为的性质和后果都会影响到观察学习的效果。

3. 利用群体约定

教师可以利用集体讨论后做出的集体约定,来改变学生的态度。

4. 价值辨析

价值辨析是指引导个体利用理性思维和情绪体验来检查自己的行为模式,鼓励他们努力去发现自身的价值观并指导自己的道德行为。

5. 给予适当的奖励和惩罚

奖励和惩罚作为外部调控手段,不仅影响着认知、技能和策略的学习,而且对个体道德的形成也起到一定的作用。奖励有物质的,也有精神的;有内部的,也有外部的。给予奖励时,应注意:(1)要选择确定可以得到奖励的道德行为。一般来讲,应奖励诸如爱护公物、拾金不昧、尊老爱幼等一些具体的道德行为,而不是奖励一些概括性的行为。(2)应选择恰当的奖励物。同一奖励物,其效用可能因人而异,应考虑个体的实际情况,选用最有效的奖励物。(3)应强调内部奖励。外部的物质奖励只是权宜之计,不可过多使用,应引导学生进行自我强化,让学生亲身体验做出道德行为后的愉快感、自豪感、欣慰感,以此转化为产生道德行为的持久的内部动力。

虽然对惩罚的教育效果有不同的看法,但从抑制不良行为的角度来看,惩罚还是有必要的,也是有助于良好的道德形成的。当不良行为出现时,可以用两种惩罚方式:一是给予某种厌恶刺激,如批评、处分、舆论谴责等;二是取消个体喜爱的刺激或剥夺某种特权等,如不许参加某种娱乐性活动。应严格避免体罚或变相体罚,否则,将损害学生的自尊,或导致更严重的不良行为,如攻击性行为。惩罚不是最终目的,给予惩罚时,教师应让学生认识到惩罚与错误行为的关系,使学生从心理上能接受,口服心服。同时,还要给学生指明改正的方向,或提供正确的、可替代的行为。

除上述所介绍的各种方法外,角色扮演、小组道德讨论等方法对于态度与品德的形成和改变都是非常有效的。

- 记忆有妙招 -

为方便考生记忆,编者将态度与品德的培养方式总结成以下口诀:

嫁给有理数。嫁:价值辨析。给:给予适当的奖励和惩罚。有:有效的说服。理:利用群体约定。数:树立良好的榜样。

- 知识再拔高 -

态度形成与改变及品德培育的方法

(1)态度形成与改变的方法。教师可以综合运用一些方法来帮助学生形成或改变某种态度。通常可应用的方法有提供榜样法、说服性沟通法、角色扮演法等。

(2)品德培育的基本方法。学生的优良品德不是自发形成的,而是在人与人、人与群体、人与社会错综复杂的相互作用中形成和发展的。这一过程也经历了由简单到复杂、由低级到高级的矛盾运动。许多因素在此过程中发挥了作用,而品德培育就是对各种影响进行选择与调控,力求创设一种良好的环境和条件,使学生向社会所期望的方向发展。常用的品德培育的方法主要有以下几种:条件反应法、自我强化法、价值辨析法、群体讨论法、移情训练法和习惯养成法等。

真题14 [2023广西百色,单选]谭老师与学生一起讨论"校园霸凌的危害",随后全班同学形成了"拒绝校园霸凌"的认识并共同提出了相应的要求。这种品德培养方法是(　　)

A. 言语说服　　　　B. 树立榜样　　　　C. 群体约定　　　　D. 价值辨析

真题15 [2024广东佛山,多选]下列选项中,属于态度改变的方法的有(　　)

A. 提供榜样法　　　　　　　　　B. 条件反应法

C. 说服法　　　　　　　　　　　D. 角色扮演法

答案:14. C　15. ACD

529

六、学生不良行为的矫正 ★ 【论述】

1. 过错行为与不良品德行为的概念

学生的不良行为可分为过错行为与不良品德行为两种。学生的过错行为是指那些不符合道德要求的问题行为,如调皮捣蛋、恶作剧、起哄、无理取闹等。学生的不良品德行为则是指那些由错误道德意识支配的,经常违反道德准则,损害他人或集体利益的问题行为。国内外一些统计数据表明,13~15岁是初犯品德不良或初犯劣迹行为的高峰年龄,15~18岁是青少年犯罪的高峰年龄。

2. 学生不良行为的原因分析

客观方面,学生不良行为产生的原因来自家庭、学校和社会环境三个方面:(1)家庭教育失误;(2)学校教育不当;(3)社会文化的不良影响。

主观方面,学生的不良行为主要受以下因素的影响:(1)缺乏正确的道德观念和道德信念;(2)消极的情绪体验;(3)道德意志薄弱;(4)不良行为习惯的支配;(5)性格上的缺陷等。

3. 学生不良行为矫正的基本过程及策略

学生不良行为的矫正是一项复杂的工作,其效果取决于教育时机的选择和对众多教育因素的控制。分析和理解其矫正的心理过程,有利于选择矫正措施,提高矫正的效果。一般认为,学生不良行为的矫正要经历醒悟阶段、转变阶段和自新阶段三个过程。

对学生的不良行为要及早矫正,在矫正时要以正面教育和疏导为主,工作要有诚心、细心和耐心。下面介绍一些矫正的心理学策略:(1)改善人际关系,消除疑惧心理和对立情绪;(2)保护自尊心,培养集体荣誉感;(3)讲究谈话艺术,提高道德认知;(4)锻炼与诱因做斗争的毅力,巩固新的行为习惯;(5)注重个别差异,运用教育机智。

•小香课堂•

过错行为和不良品德行为本质不同,考生可以根据下面的关键词进行区分:

过错行为强调不符合道德要求;不良品德行为强调损害他人或集体利益。

真题16 [2022湖北武汉,论述]试论述学生不良行为纠正的基本过程及策略。
答案:详见内文

★ 本节核心考点回顾 ★

1. 品德的心理结构

(1)道德认知(知):个体对于行为规范及其意义的认识,是人的认识过程在道德上的表现,是品德的核心。

(2)道德情感(情):人的道德需要是否得到实现所引起的一种内心体验,也就是人在心理上所产生的对某种道德义务的爱憎、喜恶等情感体验。

(3)道德意志(意):个体自觉地调节道德行为,克服困难,以实现预定道德目标的心理过程。

(4)道德行为(行):个体在一定的道德意识支配下表现出来的对他人和社会的有道德意义的活动,是衡量道德品质的重要标志。

2. 皮亚杰的道德发展阶段理论

(1)自我中心阶段(2~5岁)：规则对其还不具有约束力。

(2)权威阶段(5~8岁)：服从外部规则,认为规则不可变更并以行为后果来判断对错。

(3)可逆性阶段(8~10岁)：规则是可变的,并把它看作同伴间共同约定的。

(4)公正阶段(10~12岁)：倾向于主持公正、公平等。

3. 科尔伯格的道德发展阶段理论

(1)前习俗水平

①服从与惩罚的道德定向阶段——逃避惩罚；

②相对功利的道德定向阶段——满足自身需求。

(2)习俗水平

①好孩子的道德定向阶段——谋求大家的称赞；

②维护权威或秩序的道德定向阶段——服从权威、服从规范、遵守秩序。

(3)后习俗水平

①社会契约的道德定向阶段——以法制观念为导向,但认为法律可以修改；

②普遍原则的道德定向阶段——以价值观念为导向。

4. 态度与品德学习的一般过程

(1)依从：表面上接受规范。

(2)认同：使自己的态度和行为与他人相接近；试图与榜样一致。

(3)内化：将自己所认同的思想和自己原有的观点、信念融为一体,构成一个完整的价值体系。

5. 影响态度与品德学习的一般条件

(1)外部条件：家庭教养方式、社会风气、同伴群体。

(2)内部条件：认知失调、态度定势、道德认知。

6. 态度与品德的培养方式

(1)有效的说服；(2)树立良好的榜样；(3)利用群体约定；(4)价值辨析；(5)给予适当的奖励和惩罚。

第五章　教学心理

本章学习指南

一、考情概况

本章属于教育心理学的基础章节,知识点内容琐碎、考查范围广泛,考生可带着以下学习目标进行备考:

1. 掌握并区分教学目标的分类,了解教学目标的特点。
2. 区分可供选择的教学策略。
3. 识记教学策略设计和教学评价设计的内容。
4. 了解课堂管理的基本内容。
5. 理解课堂管理的影响因素及基本模式。
6. 掌握课堂群体管理及课堂纪律管理的相关内容。

二、考点地图

考点	年份/地区/题型
教学目标的分类	2024河北单选;2023广西单选;2023黑龙江单选;2023吉林多选;2022天津单选;2022山西单选;2022江苏单选
可供选择的教学策略	2024江苏单选、填空;2023河北单选;2023黑龙江单选;2023天津单选;2022山西判断
教学评价设计	2023广东单选;2023天津多选、判断;2023江苏判断;2022广东判断;2022浙江判断
影响课堂管理的因素	2024江苏简答;2023内蒙古单选;2022天津判断;2022江苏简答
课堂群体管理	2024河北单选;2024福建多选;2024浙江判断;2023江苏单选;2023广东多选、判断;2023河北判断
课堂纪律管理	2024广东单选;2024河北单选、判断;2023河北单选;2023辽宁单选;2023广东多选;2022湖南单选;2022广东论述

注:上述表格仅呈现重要考点的相关考情。

第一节 教学设计

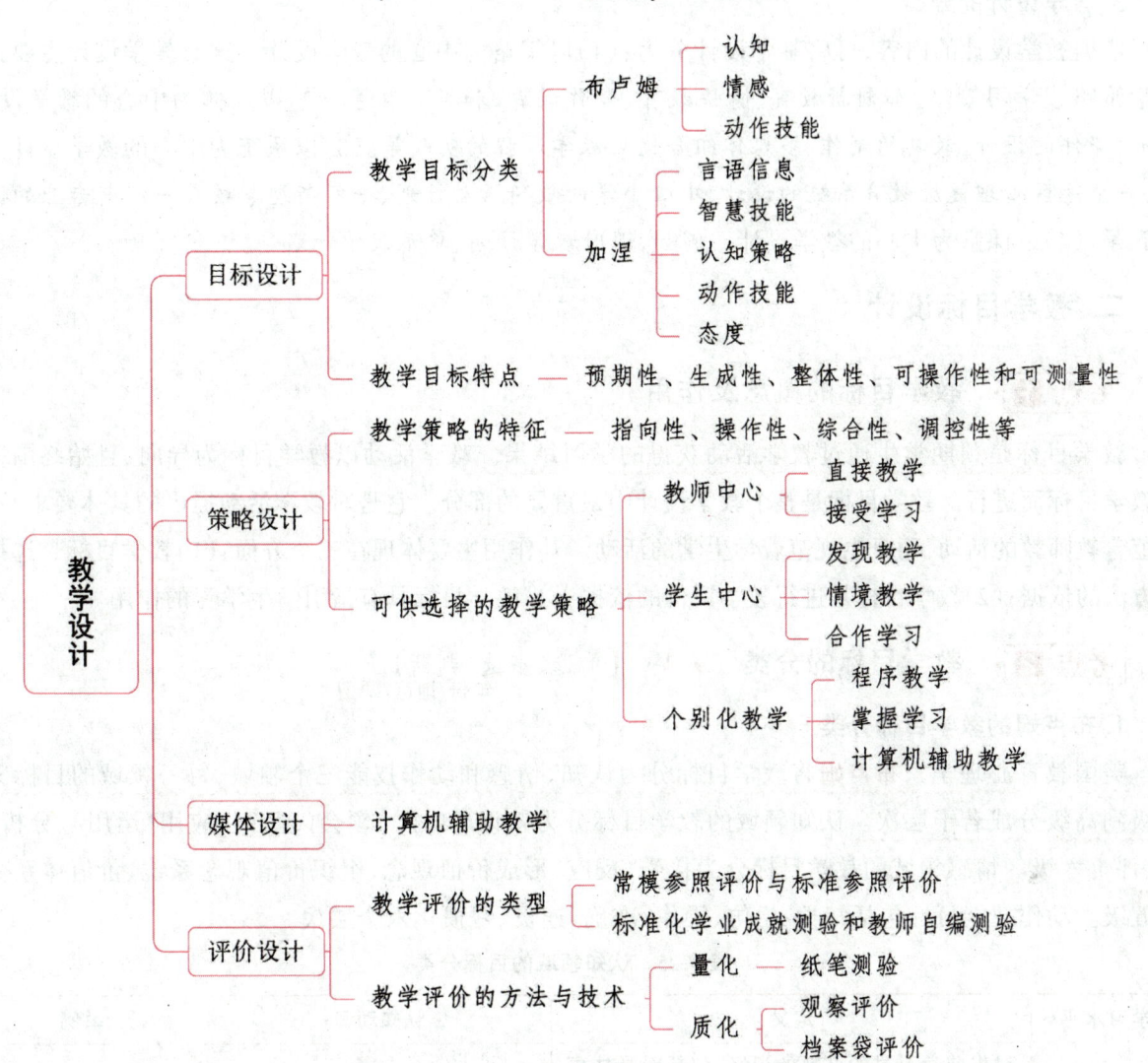

```
教学设计
├── 目标设计
│   ├── 教学目标分类
│   │   ├── 布卢姆 —— 认知 / 情感 / 动作技能
│   │   └── 加涅 —— 言语信息 / 智慧技能 / 认知策略 / 动作技能 / 态度
│   └── 教学目标特点 —— 预期性、生成性、整体性、可操作性和可测量性
├── 策略设计
│   ├── 教学策略的特征 —— 指向性、操作性、综合性、调控性等
│   └── 可供选择的教学策略
│       ├── 教师中心 —— 直接教学 / 接受学习
│       ├── 学生中心 —— 发现教学 / 情境教学 / 合作学习
│       └── 个别化教学 —— 程序教学 / 掌握学习 / 计算机辅助教学
├── 媒体设计 —— 计算机辅助教学
└── 评价设计
    ├── 教学评价的类型 —— 常模参照评价与标准参照评价 / 标准化学业成就测验和教师自编测验
    └── 教学评价的方法与技术
        ├── 量化 —— 纸笔测验
        └── 质化 —— 观察评价 / 档案袋评价
```

一、教学设计的含义、依据及分类

1. 教学设计的含义

教学设计是指在实施教学之前由教师对教学目标、教学方法、教学评价等进行规划和组织并形成设计方案的过程。

教学设计综合了教学过程的基本要素，如教学目标、教学内容、教学对象、教学策略、教学评价等，对教学过程用系统论的观点加以模式化和程序化。教学设计既是每位教师都要完成的一项教学的基本环节，又是教育心理学研究的基本内容之一。教学设计意图是规定最佳的教学方案，旨在达到预期教学成果的最优化。

教学设计的主要功能是导教和促学。教师通过科学可行的教学设计，可减少教学的盲目性和失控性，避免教学的低效性，提高教学的稳定性和效率。

2. 教学设计的依据

(1)理论依据：①现代教学理论、学习理论与传播理论；②系统科学的原理和方法。

(2)现实依据：①教学的实际需要；②教师的教学经验；③学生的需要和特点等。

3. 教学设计的分类

依据教学设计的内容，可将教学设计分为：(1)以策略为中心的教学设计。这类教学设计主要指向教学策略或学习策略，如创新教育、愉快教育、合作教育、和谐教育等。(2)以媒体为中心的教学设计。例如，课件的设计、教具的制作、多媒体组合优化教学过程的实验等。(3)以系统为中心的教学设计。例如，一个地区心理健康教育系统的设计、中心小学的教研活动计划、一所新型学校或一门新专业的课程设置等。(4)以课堂为中心的教学设计。例如，课时教学计划、单元教学计划等。

二、教学目标设计

考点 1 ▶ 教学目标的概念及作用

教学目标是预期学生通过教学活动获得的学习结果。教学活动以教学目标为导向，且始终围绕实现教学目标而进行。教学目标是整个教学设计中最重要的部分。它是对教学活动提出的具体要求，不仅规范着教师教的活动，而且也规范着学生学的活动。其作用主要体现在三个方面：(1)教学目标是选择教学方法的依据；(2)教学目标是进行教学评价的依据；(3)教学目标具有指引学生学习的作用。

考点 2 ▶ 教学目标的分类 ★★ 【单选、多选、判断】

1. 布卢姆的教学目标分类

美国教育心理学家**布卢姆**将教学目标分为认知、情感和动作技能三个领域，每一领域的目标又从低级到高级分成若干层次。认知领域的教学目标分为知识（知道）、领会（理解）、应用（运用）、分析、综合、评价六级。情感领域的教学目标分为接受、反应、形成价值观念、组织价值观念系统、价值体系个性化五级。动作技能目标包括知觉、模仿、操作、准确、连贯、习惯化六个层次。

表3-25 认知领域的目标分类

学习水平	定义	认知动词	举例
知识（知道）	对先前学习过的材料的记忆，包括对具体事实、方法、过程、概念和原理的回忆，是最低水平的认知学习结果	记住、背出、说出、再认、列举、复述等	回忆杜甫的诗"烽火连三月"
领会（理解）	把握所学材料的意义，代表最低水平的理解	转换、改写、举例、说明、解释、归纳、摘要、推断等	用自己的话表述"烽火连三月"；对文章大意的概括
应用（运用）	将所学材料应用于新的情境之中，包括概念、规则、方法、规律和理论的应用，代表较高水平的理解	解答、解决、证明、操作等	学习了加减法之后，学生能到模拟商店自由购物
分析	将整体材料分解成其构成成分，并理解其组织结构，包括要素的分析、关系的分析和组织原理的分析，代表了一种较高层次的认知学习	指出、找出、识别、区别、分类、分析等	区分新闻报道中的事实、观点

学习水平	定义	认知动词	举例
综合	将所学的零碎知识整合为知识系统	归类、总结、创作、拟定、设计、编制等	写作或发表演说；给定一些事实材料，写出一篇报道
评价	对所学材料做价值判断的能力，包括按材料内在的标准或外在的标准进行价值判断。代表最高水平的认知学习结果	评定、评判、评价、鉴别、欣赏、比较、选择、反驳等	评定两篇有关某一事件的报道中的哪一篇较为真实可信

2. 加涅的分类

加涅将学生的学习结果或教学目标分为五类：言语信息、智慧技能、认知策略、动作技能和态度。加涅的教学目标分类被公认为具有处方性，因为这种分类不仅是条目的说明，还进一步告诉教师怎样设置情境去达成预定的教学目标。加涅还特别强调了与实现学生的学习结果密切相关的学习的内在条件。

真题1 [2024河北石家庄，单选]课堂上，韩老师组织学生对课前所搜集的众多新闻报道中的事实和观点进行识别和区分。按照布卢姆的教学目标分类理论，韩老师的做法属于( )
A. 领会层次　　B. 应用层次　　C. 分析层次　　D. 综合层次

真题2 [2022天津北辰，单选]认知领域的教学目标可以分为从低到高的六个层次：知道—领会—应用—分析—综合—评价。据此，教学目标"简要概括一段文字的大意"所涉及的层次是( )
A. 领会　　B. 应用　　C. 分析　　D. 评价

答案：1. C　2. A

考点 3 ▶ 教学目标的特点 ★ 【单选】

(1)教学目标的预期性。教学目标是在当下基础上指向于未来时空的一种结果，因此教学目标的预期性是内在于该概念当中的，它使师生能够很好地把握教学过程，从而在动态的教学过程当中实现教学目标。

(2)教学目标的生成性。教学目标虽然是对教学结果的一种预测，但是，这种预测并不是一成不变、固定僵死的，而是在对教学结果有个大概的预测框架内保留一定的生成空间。

(3)教学目标的整体性。不管是国外还是国内，诸多学者在进行教学目标研究的时候无不把教学目标作为一个整体进行分析。

(4)教学目标的可操作性和可测量性。教学目标是符合具体的班级、学生、教师的实际情况的，是可以通过教学活动的展开而得以实现的，具有相当程度的可操作性。通常在表述教学目标的时候，人们往往喜欢借助于行为动词来表达，并且在有些情况下教学目标的实现与否是可以通过一些可测量的行为来观察的。但是，并不是所有的教学目标都必须通过可操作、可测量的方式来检测，外显的可测量的行为未必是教师和学生内在真实的所思所想。

真题3 [2023黑龙江哈尔滨，单选]对教学结果的预测必须预留一定的空间，这表明教学目标具有( )
A. 准确性　　B. 个体性　　C. 整体性　　D. 生成性

答案：D

考点 4 教学目标的陈述

教学目标设计的前提是教学目标的明确化。教学目标的明确化是陈述教学目标的基本要求，需要做到：(1)教学目标要用可观察的行为来陈述，使教学目标具有可操作性；(2)教学目标的陈述要反映学生行为的变化，陈述学生的学习结果。依据这两点，下面具体介绍两种教学目标的陈述方法。

1. 行为目标陈述法

行为目标也称操作目标，是指用可观察和可测量的学生行为来陈述的目标。它描述的是学生的行为，而不是教师的行为。马杰认为，陈述良好的教学目标应该具备三个要素：(1)具体目标。即用可观测的行为术语说明通过教学后学生能做什么或说什么。(2)产生条件。指规定学生产生行为的条件。即说明学生要在什么情况下表现行为，又该在什么情况下来评定学习结果。(3)行为标准。即规定符合要求的作业标准，通常也是衡量学习结果的最低要求。

2. 心理与行为相结合的目标陈述法

行为目标强调行为结果而未注意内在的心理过程。为了弥补行为目标的不足，可用心理与行为相结合的方式来陈述教学目标，即先陈述内部心理过程的目标，然后列出表明这种内部心理变化的可观察的行为样例，使目标具体化。

考点 5 教学任务的分析 ★ 【单选】

任务分析与目标陈述是教学设计中两个彼此关联的环节。任务分析指在教学活动开始之前，预先将教学目标逐级细分成彼此相联的各种子目标的过程。

教学目标的陈述只规定完成一定的教学活动之后，学生应获得的学习结果及其类型，并没有说明这些学习结果是怎样得来的。任务分析则要进一步揭示最终教学目标得以实现的条件。

三、教学策略设计

考点 1 教学策略的概念

教学策略指教师采取的有效达到教学目标的一切活动计划，包括教学事项的顺序安排、教学方法的选用、教学媒体的选择、教学环境的设置以及师生相互作用设计等。在教学中，由于教学目标、课题特点以及所持学习理论取向不同，教师将会以不同方式来组织教学事项的程序结构，并采取相应的教学方法、媒体以及环境来实现这一程序。

教学策略不同于教学方法。教学方法是为了完成教学任务，教师的教和学生的学的相互作用所采取的方式、手段和途径。教学方法是更为详细具体的方式、手段和途径，它是教学策略的具体化，介于教学策略与教学实践之间，教学方法受制于教学策略。教学展开过程中选择和采用什么方法，受教学策略支配。教学策略在层次上高于教学方法。教学方法是具体的、可操作的。教学策略则包含监控、反馈等内容，在外延上要大于教学方法。

考点 2 教学策略的特征 ★ 【单选】

(1)指向性。任何教学策略都指向特定的问题情境、特定的教学内容、特定的教学目标，规定着师生的教学行为。

(2)操作性。任何教学策略都是针对教学目标的每个具体要求而制定的，具有与之相对应的方法、技术和实施程序,它要转化为教师与学生的具体行动。这就要求教学策略必须是可操作的。

(3)综合性。教学策略包括教学活动的元认知过程、教学活动的调控过程和教学方法的执行过程。这三个过程并不是彼此割裂的,而是相互关联的一个整体,彼此之间相互作用,每一个过程依据其他两个过程而做出相应的规定和变化。

(4)调控性。由于教学活动元认知过程的参与,教学策略具有调控的特性。

(5)灵活性。教学策略不是"万金油"式的"教学处方",不存在一个能包揽一切的大而全的教学策略。同一策略可以解决不同的问题,不同的策略也可以解决相同的问题。这就说明了教学策略具有灵活性。

(6)层次性。教学具有不同的层次,不同的教学层次就有不同的达到教学目的的手段和方法,也就有不同的教学策略。不同层次的教学策略具有不同的适用条件和范围,具有不同的功能,不能相互代替。

考点 3 教学策略的主要类型

分析目前国内外的教学策略研究现状可以发现,教学策略的制定一般是以教学过程的某个主要构成因素为中心建立框架的,然后将其他相关要素有机地依附于这个中心,形成一类相对完整的教学策略。据此,可按教学策略的构成因素区分出内容型、形式型、方法型和综合型四种主要类型。

1. 内容型策略

在教学过程中,如何有效地提供学习内容是教学策略的核心内容。具体来说,内容型策略有强调知识结构和追求知识发生过程两个类别,也就是说有两条途径:结构化策略和问题化策略。结构化策略强调知识结构,主张抓住知识的主干部分,削枝强干,构建简明的知识体系。问题化策略颇受关注。关心未来教育的学者在20世纪80年代初就认为,未来的学习应着重于考虑、发掘问题,及时培养问题求解能力。近年来,美国、英国、日本有不少人提出了"问题解决作为学校教育的中心"这一观点。

2. 形式型策略

形式型策略就是以教学组织形式为中心的策略。美国教学设计专家肯普提出了三种形式:集体教学的形式、个别学习的形式和小组教学的形式。英国教育技术学家波西瓦尔则提出两种基本策略:以教师、学校为中心的策略和以学生为中心的策略。

3. 方法型策略

方法型策略是以教学方法和技术为中心的策略,这是一个包含着各种各样的方法、技术、程序和模式的领域。

4. 综合型策略

综合型策略与前面所述的三种策略不同,它不是以教学过程的某个构成因素为中心,而是直接从教学目标、任务出发,以教学经验为基础,多方面综合展开的教学策略。

考点 4 可供选择的教学策略 ★★ 【单选、多选、填空、判断、简答】

1. 以教师为中心的教学策略

(1)直接教学(指导教学)

直接教学是以学习成绩为中心,在教师指导下使用结构化的有序材料的课堂教学策略。直接教学尤其适用于教授那些学生必须掌握的、有良好结构的信息或技能。当教学的主要目标是深层次的概念转变、探究、发现,或者是开放的教学目标时,直接教学就不太适用了。

(2)接受学习

接受学习是奥苏贝尔所倡导的,是在他提出的认知结构同化理论的基础上提出来的,也是我们通常所提到的讲授式教学策略。与直接教学不同的是,直接教学可能更适合于教授程序性的知识与技能,如算术、体育等;而对于陈述性知识,如历史、文学等,接受学习则更加合适。

2. 以学生为中心的教学策略

(1)发现教学

发现教学,又称启发式教学,指让学生通过自身的学习活动而发现有关概念或抽象原理的一种教学策略。

一般来说,发现教学要经过四个阶段:①创设问题情境,使学生在这种情境中发现其中的矛盾,提出问题;②促使学生利用教师所提供的某些材料,针对所提出的问题,提出要解答的假设;③从理论上或实践上检验自己的假设;④根据实验获得的一些材料或结果,在仔细评价的基础上引出结论。

(2)情境教学

情境教学指在应用知识的具体情境中进行知识的教学的一种教学策略。在情境教学中,教学的环境是与现实情境相类似的问题情境;教学的目标是解决现实生活中遇到的问题;学习的材料是真实性的任务,这些任务未被做人为的简化处理,隐含于现实问题情境之中,并且,由于现实问题往往同时涉及多方面的原理和概念,因此,这些任务最好能体现学科交叉性;教学的过程要与实际的解决问题的过程相似,教师不是直接将事先准备好的概念和原理告诉学生,而是提出现实问题,然后引导学生进行与现实中专家解决问题的过程相类似的探索过程。

(3)合作学习

合作学习指学生们以主动合作学习的方式代替教师主导教学的一种教学策略。它是一种由能力各异的多名学生组成小组,一起互相帮助共同完成一定的学习任务的教学方法。合作学习的目的不仅是培养学生主动求知的能力,而且是发展学生合作过程中的人际交往能力。

合作学习分组的原则:①组内异质,组间同质;②小组成员人数以5人左右为宜。

合作学习在设计与实施上必须具备五个特征:①分工合作;②密切配合;③各自尽力;④社会互动;⑤团体历程。

3. 个别化教学

个别化教学指让学生以自己的水平和速度进行学习的一种教学模式。下面简单介绍几种经典的个别化教学模式:

(1)程序教学

程序教学是一种能让学生以自己的速度和水平自学,以特定顺序和小步子安排材料的个别化教学方法。程序教学的创始者通常被认为是教学机器的发明人普莱西,但对程序教学贡献最大的是斯金纳。程序教学以精心设计的顺序呈现主题,要求学习者通过填空、选择答案或解决问题,对问题或表述做出反应,在每一个反应出现之后及时反馈,学生能以自己的速度进行学习。学生对问题的回答相当于"反应",反馈信息相当于"强化"。程序学习的关键是编制出好的程序。为此,斯金纳提出了编制程序的五条基本原则:小步子、积极反应、及时强化(反馈)、自定步调、低错误率。

(2)掌握学习

掌握学习是由美国心理学家**布卢姆**提出来的一种适应学习者个别差异的教学方法。该方法将学习内容分成小的单元,学生每次学习一个小的单元并参加单元考试,直到学生以80%~100%的掌握水平通过考试,才能进入下一个单元的学习。它代表着一种非常乐观的教学方法,它假设只要给予足够的学习时间和相应的教学,大多数学生都能够学会学校里的科目。学生在学习能力上的差异并不能决定他能否学会教学内容,而只能决定他将要花多少时间才能达到对该项内容的掌握程度。

当我们运用掌握学习方法进行教学时,也要考虑其适用范围:①掌握学习更适合基础知识和基本技能的教学;②掌握学习更适合学习能力较低的学生以及有各种特殊需要的学生。

(3)计算机辅助教学

计算机辅助教学会在"教学媒体设计"中具体介绍。

真题4 [2024江苏苏州,单选]提出掌握学习概念的教育心理学家是( )
A. 罗森塔尔   B. 布卢姆   C. 科尔伯格   D. 弗洛伊德
答案:B

四、教学媒体设计 ★【单选】

教学媒体是指在教学过程中传递信息的工具。按感官来分主要包括听觉型媒体、视觉型媒体、视听型媒体和交互型媒体;按媒体的表达手段可分为口语媒体、印刷媒体和电子媒体。

考点 1 ▸ 教学媒体的选择

选择教学媒体时,教师要综合权衡教学情境、学生的学习特点、教学目标的性质以及教学媒体的特性等因素。使用教学媒体是为了使教学遵循这样一个顺序进行:从经验的直接动作表征、经验的图像表征到经验的符号表征。因此,教师要确定学生当前的经验水平,利用教学媒体融入一定程度的具体经验,帮助学生整合新旧经验,促进学生对抽象概念的理解。

考点 2 ▸ 教学多媒体的呈现

当信息呈现包括两种或两种以上的方式时,该信息就是多媒体信息。学生在处理多媒体信息时的记忆容量有限,所以,教师在呈现多媒体时要遵循以下原则:(1)文字以言语叙述的方式呈现;(2)课程以学生可控的片断呈现,在信息组块之间留出时间;(3)预先训练学生对内容的命名和特征;(4)清除有趣但无关的材料;(5)提供线索引导学生怎样处理材料以减少对无关材料的处理;(6)当文字以言语叙述的方式呈现后,避免以完全一致的书面文字重复呈现;(7)在播放动画的同时呈现相应的叙述,以便学生在记忆中保持表象。

考点 3 ▸ 信息技术与教学

1. 计算机辅助教学

计算机辅助教学,简称CAI,是指将计算机作为一个辅导者呈现信息,给学生提供练习机会,评价学生的成绩以及提供额外的教学。

与传统的教学相比,CAI具有这样几个优越性:(1)交互性,即人机对话;(2)即时反馈;(3)以生动形象的手段呈现信息;(4)自定步调等。CAI在教学中具有6种模式。(1)操作与练习,这种模式的教学目的不是向学生传授新知识,而在于使学生通过做大量的习题,达到巩固知识和形成技能的目的;(2)个别辅导;(3)对话,这种教学情境与苏格拉底倡导的"谈话法"相似,因此又称为"苏格拉底教学模式";(4)模拟;(5)游戏;(6)问题求解。

2. 专门的学习系统、多媒体网络学习环境

专门的学习系统通过一个中央服务器连成网络并统一提供课程、资源和进行其他核心控制，系统直接根据学生的需要面向学生提供内容演示、过程模拟，并支持学生的实验和探究。学习系统的课件和管理软件保存在服务器中，学生可以登录网络访问这些课件。登录后，文件服务器会将学生的作业和相关课件传送到学生所用的工作站中并开始追踪记录学习过程。教师的职责是向学生发送课程或布置任务，通过系统监控学生的学习过程等。

多媒体网络学习环境则为学生营造一个虚拟的教学环境和平台，学生可以通过利用其中的问题情境、学习资源、学习工具、交流平台以及评价工具，进行有效的学习和交流。

五、教学评价设计 ★★ 【单选、多选、判断】

考点 1 ▶ 教学评价的类型

关于教学评价的分类，诊断性评价、形成性评价和总结性评价等在本书教育学部分已做具体论述，这里我们再介绍几种重要的评价类型。

1. 常模参照评价与标准参照评价

根据对教学评价资料的不同处理方式，可以将教学评价分为常模参照评价与标准参照评价。

常模参照评价以学生团体测验的平均成绩即常模为参照点，比较分析某一学生的学业成绩在团体中的相对位置。它采用相对的观点解释学生的学业成就，着重于学生之间的比较，主要用于选拔、编组等。

标准参照评价则以教学目标所确定的作业标准为依据，根据学生在试卷上答对题目的多少来评定学生的学业成就。学校教学评价一般都采用标准参照评价。

• 知识再拔高 •

标准参照测验与常模参照测验的比较

下表对标准参照测验与常模参照测验的主要特征和目的进行了比较：

比较范畴	标准参照测验	常模参照测验
适用的范围	掌握性测验	调查性测验
侧重点	描述学生能够完成的任务	测量个体之间的成绩差异
结果的解释	将学生的成绩与明确、具体的成绩标准进行比较	与其他个体的结果相比较
内容覆盖面	一般集中在一些有限的学习任务上	一般包括较广泛的内容
题目设计的特性	经常使用详细的内容说明	经常使用细目表
选择题目的程序	需要有足够的题量来覆盖所测成就的全部方面。不需要为了增加测验的效度而改变题目的难度或者删去简单的题目	所选题目具有较大的区分度，能拉开学生分数的差距。简单的题目应从测验中删去
最终成绩的评定	由绝对标准决定	由特定团体的相对标准决定

2. 标准化学业成就测验和教师自编测验

按教学评价中使用测验的来源，分为标准化学业成就测验和教师自编测验。

标准化学业成就测验是指由学科专家和测验编制专家按照一定标准和程序编制的测验，适用于大

规模范围内评定个体学业成就水平。标准化测验的优点:(1)客观性。标准化测验最大的优势在于它的客观性。(2)计划性。(3)可比性。标准化测验由于具有统一的参照标准,使得不同考试的分数具有可比性。

教师自编测验是教师根据教学需要自行设计与编制的,通常没有统一、具体的规定,内容及取样全部由任课教师决定,操作过程容易,适用于测量教师设定的特殊教学目标,作为班内比较的依据。它在学校教学评价中应用最多,也是教师最愿意用的测验。

考点 2 教学评价的方法与技术

1. 量化教学评价的方法

学校教学评价中使用最多的是教师自编测验。传统的课堂测验通常采用纸笔测验的形式来测量学生对课程内容的掌握情况。典型的纸笔测验题包括选择题、匹配题、是非题、填空题、论文题和问题解决题等。其中,选择题评分客观、可靠,但编写困难,难以排除学生猜测的成分,且不易测量学生的综合能力。论文题能评价学生对所学知识的组织、分析、综合等较高级的认知能力,但评分困难,且主观性强,涵盖的教学内容较少。有效自编测验的特征有:信度、效度、区分度。

2. 质化教学评价的方法

(1)观察评价

观察评价是指教师在教学过程中对学生的学习表现和学习行为进行自然观察,并对所观察到的现象做客观、详细的记录,然后根据这些观察和记录对教学效果做出评价。观察评价设计常采用行为检查单、轶事记录和等级评价量表等方式进行。

(2)档案袋评价

档案袋评价,又称文件夹评价、学生成长记录袋评价、档案评价等,是20世纪80年代在美国教育实践中出现的一种学业成就评定方法。它是为了取代传统的标准化考试、以体现学生实际发展水平而产生的评价方法。档案袋评价法是有目的地汇集学生的作业和作品,以展示学生在一个或几个领域学习中的进步与成就的方法。档案袋评价的实施过程分为组织计划、资料收集和成果展示三个阶段。

真题5 [2023江苏苏州,判断]档案袋评定法是20世纪80年代在美国教育实践中兴起的评定方法,是量化评定的典范之一。(   )

答案:×

考点 3 教学评价结果的处理

1. 评分

学校教育中衡量学生学业成就一般采用评分这种方式。评分有相对评分和绝对评分两种。

2. 合格与不合格

有些课程采用合格和不合格来评价学生的成就,教师可根据学生是否完成每次作业或其作业情况,甚至其出勤情况来评分。

3. 其他报告方式

除了常用的评分方法外,教师还可以使用其他方式来报告评价结果。教师通过写学生的个人鉴定或定期的综合评价,提供给家长和学生,以此来评价学生的学业情况。观察报告也是一种报告评价结果的形式。此外,与家长面谈也是交流关于学生学习、行为和态度等信息的一种方法。

★★ 本节核心考点回顾 ★★

1. 布卢姆认知领域的教学目标分类

(1)知识——对先前学习过的材料的记忆;

(2)领会——把握所学材料的意义,代表最低水平的理解;

(3)应用(运用)——将所学材料应用于新的情境之中;

(4)分析——将整体材料分解成其构成成分,并理解其组织结构;

(5)综合——将所学的零碎知识整合为知识系统;

(6)评价——对所学材料做价值判断的能力。

2. 可供选择的教学策略

(1)以教师为中心

①直接教学:以学习成绩为中心,在教师指导下使用结构化的有序材料的课堂教学策略,尤其适用于教授那些学生必须掌握的、有良好结构的信息或技能。

②接受学习(奥苏贝尔):讲授式教学策略。

(2)以学生为中心

①发现教学:让学生通过自身的学习活动而发现有关概念或抽象原理的一种教学策略。

②情境教学:在应用知识的具体情境中进行知识的教学的一种教学策略。

③合作学习:学生们以主动合作学习的方式代替教师主导教学的一种教学策略。

(3)个别化教学

①程序教学(斯金纳):能让学生以自己的速度和水平自学,以特定顺序和小步子安排材料的个别化教学方法。

②掌握学习(布卢姆):适应学习者个别差异的教学方法;假设只要给以足够的学习时间和相应的教学,大多数学生都能够学会学校里的科目。

3. 教学评价的类型

(1)常模参照评价与标准参照评价

①常模参照评价:以学生团体测验的平均成绩即常模为参照点,比较分析某一学生的学业成绩在团体中的相对位置;

②标准参照评价:以教学目标所确定的作业标准为依据,根据学生在试卷上答对题目的多少来评定学生的学业成就。

(2)标准化学业成就测验和教师自编测验

①标准化学业成就测验:由学科专家和测验编制专家按照一定标准和程序编制的测验;

②教师自编测验:教师根据教学需要自行设计与编制。

4. 档案袋评价

档案袋评价(学生成长记录袋评价)是20世纪80年代在美国教育实践中出现的一种学业成就评定方法。它是有目的地汇集学生的作业和作品,以展示学生在一个或几个领域学习中的进步与成就的方法。

第二节　课堂管理

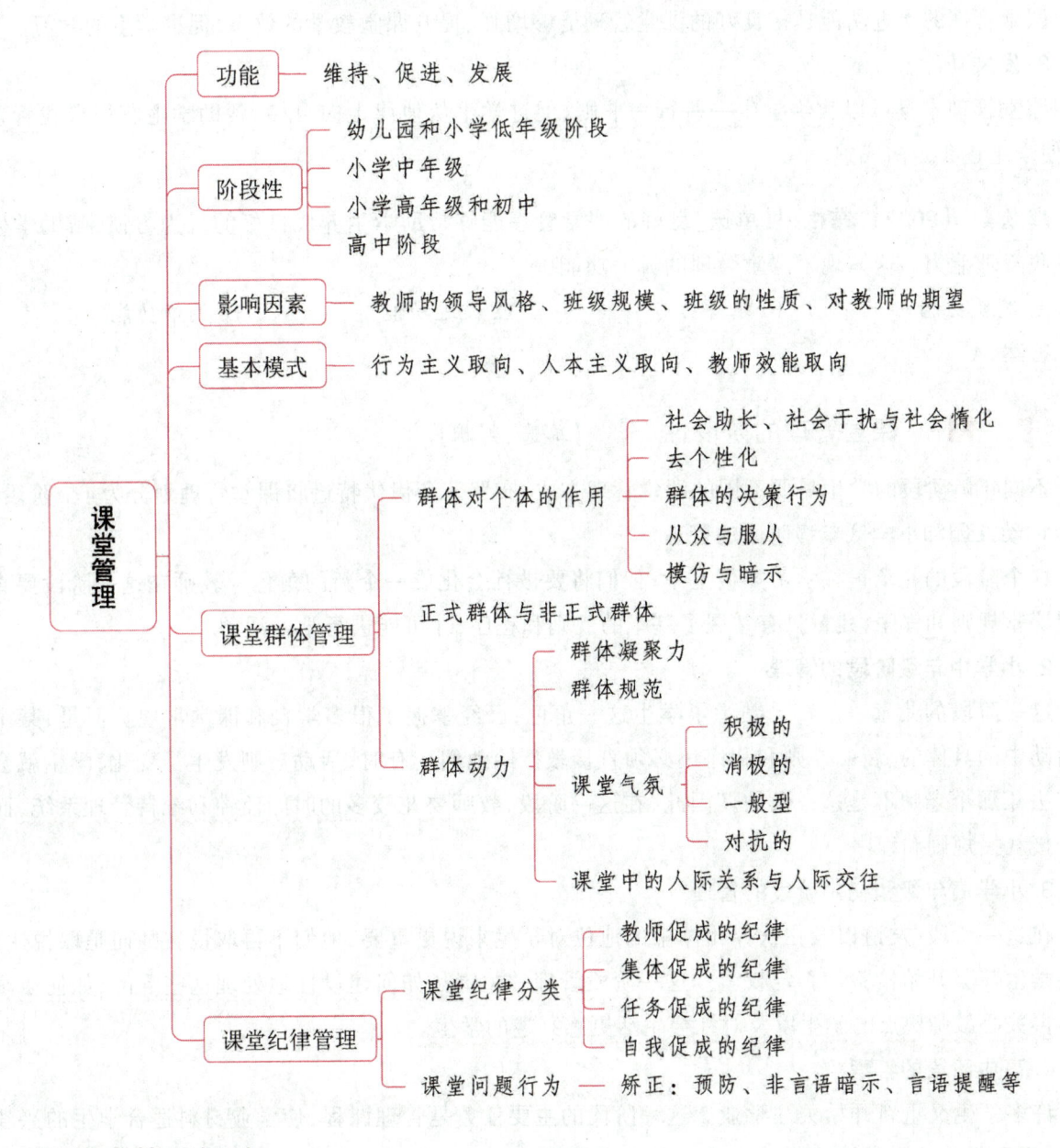

```
                    ┌─ 功能 ── 维持、促进、发展
                    │
                    │          ┌─ 幼儿园和小学低年级阶段
                    │          ├─ 小学中年级
                    ├─ 阶段性 ─┤
                    │          ├─ 小学高年级和初中
                    │          └─ 高中阶段
                    │
                    ├─ 影响因素 ── 教师的领导风格、班级规模、班级的性质、对教师的期望
                    │
                    ├─ 基本模式 ── 行为主义取向、人本主义取向、教师效能取向
                    │
                    │                                ┌─ 社会助长、社会干扰与社会情化
                    │                                ├─ 去个性化
                    │                 ┌─ 群体对个体的作用 ┼─ 群体的决策行为
                    │                 │                ├─ 从众与服从
                    │                 │                └─ 模仿与暗示
   课堂管理 ────────┼─ 课堂群体管理 ─┤
                    │                 │  正式群体与非正式群体
                    │                 │                ┌─ 群体凝聚力
                    │                 │                ├─ 群体规范
                    │                 │                │             ┌─ 积极的
                    │                 └─ 群体动力 ─────┼─ 课堂气氛 ──┤ 消极的
                    │                                  │             ├─ 一般型
                    │                                  │             └─ 对抗的
                    │                                  └─ 课堂中的人际关系与人际交往
                    │
                    │                                ┌─ 教师促成的纪律
                    │                 ┌─ 课堂纪律分类 ┤ 集体促成的纪律
                    │                 │              ├─ 任务促成的纪律
                    └─ 课堂纪律管理 ─┤              └─ 自我促成的纪律
                                      │
                                      └─ 课堂问题行为 ── 矫正：预防、非言语暗示、言语提醒等
```

一、课堂管理概述

考点 1 ▶ 课堂管理的概念及功能　★　【单选】

课堂管理是指教师为有效利用时间、创造愉快的和富有建设性的学习环境以及减少问题行为而采取的组织教学、设计学习环境、处理课堂行为等一系列活动与措施。课堂管理过程的实质就是师生在课堂中相互作用的过程。课堂教学效率的高低，取决于教师、学生和课堂情境三大要素的相互协调。其功能主要体现在：

1. 维持功能

所谓维持功能，是指课堂管理能够在课堂教学中，持久地维持良好的学习环境，有效地排除各种干

543

扰因素,使学生充分地参与到学习活动中。**维持功能**是课堂管理的**基本功能**。

2. 促进功能
课堂管理的促进功能是指良好的课堂管理能够增强、提升课堂教学的效果,促进学生的学习。

3. 发展功能
课堂管理本身可以教给学生一些行为准则,促进学生从他律走向自律,帮助学生获得自我管理能力,使学生逐步走向成熟。

真题1 [2022广东梅州,单选]良好的课堂管理能够帮助学生养成良好的行为习惯,帮助学生获得自我管理能力。这体现了课堂管理的哪一功能(　　)

A. 发展功能　　　B. 维持功能　　　C. 促进功能　　　D. 调节功能

答案:A

考点 2 ▶ 课堂管理的阶段性 ★ 【单选、判断】

不同年龄阶段的学生需要不同的课堂管理方式,布罗菲和伊伏特逊将课堂管理划分为4个阶段。

1. 幼儿园和小学低年级阶段的管理
这个阶段的儿童正在学习如何上学,他们将要被社会化成一个新的角色。教师在这一阶段要直接教授课堂规则和程序,儿童只有掌握了基本的规则和程序,才可能进行学习活动。

2. 小学中年级阶段的管理
这一阶段的儿童一般都已熟悉了学生这一角色,已经掌握了很多学校和课堂常规。但是,某个特别活动中的具体的、新的规则和程序还必须直接教授给他们。有时,活动规则发生了变化,学生就会抵抗:"去年那个老师不是这么做的。"因此,在这一阶段,教师要花较多的时间监控和维持管理系统,而不是直接教授规则和程序。

3. 小学高年级和初中阶段的管理
在这一阶段,友谊以及在伙伴团体中的地位对学生来说更重要,他们不再取悦教师而是取悦伙伴,有些学生甚至开始检验和否定权威。这一阶段管理的关键是如何建设性地处理这些混乱,如何激励那些不再关心教师观点的学生以及对社会生活更感兴趣的学生。

4. 高中阶段的管理
许多学生又重新开始关注学业。这一阶段的主要任务是管理课程,使学业材料适合学生的兴趣和能力,帮助学生主动管理自己的学习。每一学期开始的几节课都要教给学生一些特别的程序,如使用材料和设备、做记录、做作业等。

真题2 [2023广西百色,单选]在(　　)阶段的课堂管理中,教师应将较多的时间用于监控和维持管理系统,而不是直接教授规则和程序。

A. 小学低年级　　　　　　　　　　B. 小学中年级

C. 小学高年级　　　　　　　　　　D. 初中阶段

真题3 [2023山东济南,判断]低龄儿童课堂管理的主要任务是教师直接教授其课堂规则和程序。(　　)

答案:2. B　3. √

考点 3 课堂管理的目标

课堂管理的目的是建立一个积极的、有建设性的课堂环境,而不是让学生安静、驯服地遵守课堂纪律。科学有效的课堂管理,不仅能维持课堂秩序,而且能增进教学效果;不仅能提高课堂教学质量,而且能促进学生健康地发展。一般来说,课堂管理具有三个重要目标:(1)为学生争取更多的学习时间;(2)增加学生参与学习活动的机会;(3)帮助学生形成自我管理的能力。

考点 4 影响课堂管理的因素 ★★ 【单选、判断、简答】

1. 教师的领导风格

教师的领导风格对课堂管理有直接的影响。参与式领导注意创造课堂自由气氛,鼓励自由发表意见,不把自己的意见强加于人;而监督式领导则待人冷淡,只注重集体讨论的进程,经常监督学生有无越轨行为。

2. 班级规模

班级的大小是影响课堂管理的一个重要因素。这主要基于以下几个原因:(1)班级的大小会影响成员间的情感联系。班级越大,情感纽带的力量就越弱。(2)班内的学生越多,学生间的个别差异就越大,课堂管理所遇到的阻力也可能越大。(3)班级的大小也会影响交往模式。班级越大,成员间相互交往的频率就越低,对课堂管理技能的要求也就越高。(4)班级越大,内部越容易形成各种非正式小群体,而这些小群体又会影响课堂教学目标的实现。

3. 班级的性质

不同的班级往往有不同的群体规范和不同的凝聚力,教师不能用固定不变的课堂管理模式对待不同性质的班级,而应该在深入了解的基础上,掌握班集体的特点。

4. 对教师的期望

学生对教师的课堂行为会形成一定的期望,期望教师以某种方式进行教学和课堂管理,这种期望必然会影响教师的课堂管理。如果教师的实际行为与学生的期望不一致,学生就会不满。

> **•记忆有妙招•**
>
> 为方便考生记忆,编者将影响课堂管理的因素总结成以下口诀:
> **望教导,质班规**。**望**:对教师的期望。**教导**:教师的领导风格。**质**:班级的性质。**班规**:班级规模。

真题4 [2022江苏苏州,简答]简述影响课堂管理的因素。
答案:详见内文

考点 5 课堂管理的基本模式 ★ 【单选】

1. 行为主义取向的课堂管理模式

课堂管理中的行为主义模式是以教师为核心来实施的。这种模式的基本理念是学生的成长和发展是由外部环境决定的,他们在课堂中所表现出来的不良行为,或者是通过学习获得的,或者是因为没有学会正确的行为。在课堂管理中,教师的责任是强化适宜的行为并根除不适宜的行为。典型的行为主义取向的课堂管理模式有斯金纳模式和坎特模式。

545

2. 人本主义取向的课堂管理模式

与行为主义不同，人本主义取向的课堂管理者认为，学生有自己的决策能力，他们可以对控制自己的行为负主要责任。在课堂管理中，教师不应该要求学生百依百顺，而是应该关注学生的需要、情感和主动精神，向学生提供最好的机会去发掘归属感、成就感和积极的自我认同，以此来维持一种积极的课堂环境；出现问题行为时，教师应更多地运用沟通技能，引导学生分析问题的性质和后果，自己把问题解决。典型的人本主义取向的课堂管理模式有格拉塞模式和基诺特模式。

3. 教师效能取向的课堂管理模式

与行为主义和人本主义取向的课堂管理观不同，教师效能取向的课堂管理模式关注的是教师课堂管理技能的提高。持这一取向的研究者认为，课堂管理得好与不好，主要取决于教师的管理技能；通过培训，提高教师的课堂管理技能，可以达到改善课堂管理质量的效果。典型的教师效能取向的课堂管理模式有戈登模式和库宁模式。

真题5　[2023广西百色，单选]面对课堂上违反纪律的学生，李老师倾向于通过课后沟通，引导学生分析问题的性质和后果，并自觉改正。李老师的课堂管理模式取向是（　　）

A. 行为主义取向　　　　　　B. 人本主义取向
C. 建构主义取向　　　　　　D. 教师效能取向

真题6　[2022广东广州，单选]班主任张老师建议新教师，第一堂课首先建立积极、有效的课堂规则，之后通过转移注意、消除媒介、正确批评等方法，对课堂上出现的小声说话、小动作等消极行为及时制止，从而根除学生的课堂不良行为。这一观点体现了课堂管理取向中的（　　）

A. 建构主义取向　　　　　　B. 行为主义取向
C. 认知主义取向　　　　　　D. 人本主义取向

答案：5. B　6. B

二、课堂群体管理

考点 1　群体的概念和特征

1. 群体的概念

群体是指人们为了实现共同的目标，以一定方式的共同活动为基础而结合起来的联合体（人群）。

2. 群体的特征

作为群体而结合在一起的人群，与由于时间和空间关系偶然聚集在一起的人群是不同的。作为群体而存在的人群必须体现出三个特征：(1)群体成员有共同的活动目标；(2)群体具有一定的结构；(3)成员在心理上有依存关系和共同感。

作为群体，必须由两个以上的个体组成；群体成员根据共同的目标承担任务，相互交往，协同活动；群体内有共同的社会规范制约着成员。

考点 2　群体对个体的作用　★★　【单选、判断】

群体是由个体组成的，但群体中的个体不是孤立存在的。群体会对其中的个体产生影响，而个体在群体情境下会出现心理和行为上的变化。表现为以下几个方面：

1. 社会助长、社会干扰与社会惰化

表3-26 社会助长、社会干扰与社会惰化

类别	含义	典例
社会助长	个体与别人在一起活动或有别人在场时,个体的行为效率提高的现象	个体在独自骑单车的情况下时速是每小时15公里,如果与别人骑单车竞赛,时速会更快
社会干扰（社会抑制）	当他人在场或与他人一起从事某项工作时而使个体行为效率下降的现象	考试时,有些考生会因为老师站在旁边,一个字都写不出来
社会惰化	当群体一起完成一件工作时,群体中的成员每人所付出的努力会比个体在单独情况下完成任务时偏少的现象	滥竽充数

真题7 [2024河北石家庄,单选]小黎擅长短跑,他经常说:"我更愿意跟全年级短跑'高手'一起竞争,因为这可以快速提高我的速度。"小黎的说法体现了群体具有( )的作用。
A.社会惰化　　　　B.社会干扰　　　　C.社会助长　　　　D.去个性化
答案:C

2. 去个性化(个体意识消退)

去个性化是由费斯廷格等人提出来的。他们认为,在群体中,人们有时会感到自己被湮没在群体之中,于是个人意识和理解评价感丧失,个体的自我认同被群体的行动与目标认同所取代,个体难以意识到自己的价值与行为,自制力变得极低,结果导致人们加入重复的、冲动的、情绪化的,有时甚至是破坏性的行动中去,这种现象叫作去个性化。去个性化形成的原因主要包括:(1)成员的匿名性;(2)责任分散;(3)相互感染。

3. 群体的决策行为

(1)群体极化

所谓群体极化,是指群体成员中原已存在的倾向性,通过群体的作用而得到加强,使一种观点或态度从原来的群体平均水平加强到具有支配性水平的现象。当群体成员最初的意见倾向于保守时,群体讨论的结果将导致意见更加保守;当最初的意见倾向于冒险时,群体讨论将导致意见更倾向于冒险。

(2)群体思维

高凝聚力的群体在进行决策时,成员的思维会高度倾向于一致,以至于使其他变通行动路线的现实性评估受到压抑。这种群体决策时的一致倾向性思维方式叫作群体思维。

4. 从众与服从

(1)从众

从众是个体在群体的压力下,放弃自己的意见而采取与大多数人一致的行为的社会现象。

根据外显行为与内在的自我判断是否一致,可将从众行为分为以下三类:①真从众;②权宜从众;③不从众。

从众的影响因素主要有三个方面:①群体方面。群体的规模;群体凝聚力;群体意见的一致性;群体的权威性。②情境方面。刺激的模糊性;反应的匿名性;承诺感(责任感、约束力)。③个人方面。性别;年龄;地位。

从众现象的产生大致有两个原因:第一,人们往往相信大多数人的意见是正确的,觉得别人的看法

547

和意见将有助于他。如果学生越相信集体的正确性,自信心越差,从众的可能性就越大。第二,一个人往往不愿意被群体视为越轨者或不合群者,为了避免他人的非议或排斥,避免受孤立,从而产生从众。

(2)服从

服从是指在权威命令、社会舆论或群体气氛的压力下,放弃自己的意见而采取与大多数人一致的行为。服从可能是出于自愿,也可能是被迫的。被迫的服从也叫顺从,即表面接受他人的意见或观点,在外显行为方面与他人相一致,而在认识与情感上与他人并不一致。

> **小香课堂**
>
> 从众的原因是群体的压力;服从的原因是权威命令、社会舆论。考生可以这样记忆:"众"代表的是群体;"服"一般指对权威、舆论等的服从。

5. 模仿与暗示

(1)模仿

模仿是指个体有意或无意仿效他人的言行而引起的与之相类似的行为活动。在班集体教学中,模仿主要用于对榜样的学习上。引起模仿的方法可以通过号召、动员、示范等形式来实现,但要注意既要树立校外或社会的榜样,更要树立校内、班内榜样,如学习校内或班内的好人好事。在班集体教学中,教师本身的榜样作用有特殊意义。认同是模仿的深化结果。

(2)暗示

暗示是指用含蓄或间接的方法,使某种信息在他人的心理与行为方面产生影响,从而使他按照一定的方式行动或接受某种信念与意见。

6. 流行

群体中有相当数量的人在短时间内争相模仿、追求某种行为方式,从而使人们相互之间发生了连锁性感染,这就是流行。

考点 3 正式群体与非正式群体 ★ 【单选、多选、判断】

1. 正式群体

正式群体是指在学校行政部门、班主任或社会团体的领导下,按一定章程组成的学生群体。班级、小组、少先队等都属于正式群体。正式群体的目标与任务明确,成员稳定,有一定的组织纪律和工作计划,这对增强集体凝聚力起到非常重要的作用。

正式群体的发展要经历松散群体、联合群体和集体三个阶段。松散群体是指学生在空间和时间上结成群体,但成员间尚无共同活动的目的和内容;联合群体的成员已有共同的活动目的和内容,但活动还只具有个人意义;集体是群体发展的最高阶段,是为实现有公益价值的社会目标而严密组织起来的有纪律、有心理凝聚力的群体。成员的共同活动不仅对每个成员有个人意义,而且还有重要的社会意义。

2. 非正式群体

在同伴交往过程中,一些学生自由结合、自发形成的小群体,称为非正式群体。它是同伴关系的一种重要形式。非正式群体对学生个体和正式群体既有积极影响,也有消极影响。

非正式群体具有这样一些特点:(1)成员之间相互满足心理需要;(2)成员之间具有强烈的情感联系和较强的凝聚力,但有可能存在排他性;(3)受共同的行为规范和行动目标的支配,行为上具有一致性;(4)成员的角色和数量不固定。

3. 正式群体与非正式群体的协调

课堂管理必须注意协调正式群体和非正式群体的关系,要注意:

(1)要不断巩固和发展正式群体,使班内学生之间形成共同的目标和利益关系,产生共同遵守的群体规范,并以此协调大家的行动,满足成员的归属需要和彼此之间的相互认同,从而使班级成为团结的集体。

(2)要正确对待非正式群体。①对于积极型的非正式群体,应支持和保护;②对于中间型的非正式群体,要持慎重态度,积极引导,联络感情,加强班级目标导向;③对于消极型的非正式群体,要教育、争取、引导和改造,帮助他们树立正确的人生观和价值观;④对于破坏型的非正式群体,则要在教育、改造的基础上,密切注视其活动,及时采取措施,防止他们继续恶化和变质,必要时依据校规和法律给予制裁。

真题8 [2024浙江金华,判断]正式群体都是积极的,非正式群体都是消极的。(　　)

真题9 [2023广东广州,判断]共青团、少先队、班上的学科小组和文艺小组都属于正式群体。(　　)

答案:8. ×　9. √

考点 4　群体动力　★★　【单选、多选、判断、论述】

不管是正式群体还是非正式群体,都有群体凝聚力、群体规范、群体气氛以及群体成员在相互交往的基础上形成的人际关系。所有这些影响群体与个人行为发展变化的力量的总和就是群体动力。关于群体动力的研究,最早起源于德国心理学家勒温。

1. 群体凝聚力

群体凝聚力是指群体对成员的吸引力和成员之间的相互吸引力。它可以通过群体成员对群体的忠诚、责任感、荣誉感、成员间的友谊和志趣等来表明。关系融洽、凝聚力强的班级,会使学生产生强烈的自豪感和认同感,从而可以顺利完成课堂教学任务。所以,凝聚力常常成为衡量一个班集体成功与否的重要标志。

2. 群体规范

群体规范是约束群体内成员的行为准则,包括成文的正式规范和不成文的非正式规范。正式规范是有目的、有计划的教育的结果。非正式规范的形成则是成员们约定俗成的结果,受模仿、暗示和顺从等心理因素的制约。群体规范会形成群体压力,对学生的心理和行为产生极大的影响,还可能导致从众现象的发生。群体规范使学生保持认知、情感和行为上的一致,并为学生的课堂行为划定方向和范围,成为引导学生行为的指南。

3. 课堂气氛

(1)课堂气氛的概念

课堂气氛是指在课堂上占优势地位的态度和情感的综合状态。它具有独特性,不同的课堂往往有不同的气氛,即使是同一个课堂,也会形成不同教师的气氛区。一种课堂气氛形成后,往往能维持相当长的一段时间,而且不同的课堂活动也可能会被同样的课堂气氛所笼罩。

(2)课堂气氛的类型及特征

根据师生相互作用的方式不同,可以将课堂气氛划分为:

①积极的课堂气氛。特征是:课堂纪律良好,师生关系融洽;学生精神饱满,注意力集中,专心听

讲,积极思维,反应敏捷,发言踊跃;教师善于点拨和积极引导;课堂气氛热烈、活跃、祥和。

②消极的课堂气氛。特征是:课堂纪律问题较多,师生关系疏远;学生无精打采,注意力分散,反应迟钝;多数学生处于被动应付教师的状态;不少学生做小动作,情绪压抑等。

③一般型课堂气氛。教学中大量的课堂气氛属于一般型课堂气氛,它介于积极型和消极型之间,即课堂教学能正常进行,但教学效果一般。

④对抗的课堂气氛。特征是:课堂纪律问题严重,师生关系紧张;学生随心所欲,各行其是,注意力指向无关对象;教师无法正常上课,时常被学生打断或不得不停下来维持课堂纪律,基本上是一种失控的课堂状态。

(3)影响课堂气氛的因素

课堂气氛是师生在课堂活动中相互作用而产生的,主要受教师、学生、课堂内物环境等三方面因素的影响。

①教师因素。教师是课堂教学中的主导者,教师的领导方式、教师的移情、教师对学生的期望、教师的情绪状态、教师的教学能力是影响课堂气氛的决定因素。

②学生因素。课堂气氛是师生共同营造的,学生是课堂活动的主体。因此,学生的一些特点也是影响课堂气氛的重要因素。

③课堂内物环境因素。课堂内物环境又称作教学的时空环境,主要指教学时间和空间因素构成的特定的教学环境,包括教学时间的安排、班级规模、教室内的设备、教具、乐音或噪音、光线充足与否、空气清新或浑浊、高温或低温、座位编排方式等。这些因素虽然不是决定课堂气氛的主要原因,但是它们的优劣会对课堂气氛的形成起着促进或阻碍作用。

(4)创设积极的课堂气氛的方法

①发挥教师的主导作用

教师在营造良好的课堂氛围的过程中起着主导作用。如果教师能精心组织课堂教学,巧妙把握语言艺术,善于用良好的情绪情感感染学生,并善于处理课堂问题,就更容易创造出良好的课堂氛围。

②尊重学生的主体地位

创造良好的课堂氛围,关键在于教师能否切实调动学生学习的主观能动性,使学生真正成为教学的主体、学习的主人。因此,教师必须调动学生参与的积极性和主动性,让学生保持最佳的学习心态。

③构建和谐的师生关系

课堂中的师生关系,直接影响课堂气氛。建立和谐的课堂人际关系,这是创设积极课堂气氛的基础。可以采取以下措施来使师生关系更加和谐:第一,师生民主平等;第二,树立一定的教师威信;第三,教师要关心爱护学生。

> **小香课堂**
>
> 课堂气氛的类型中消极型和对抗型都属于破坏型课堂气氛,但二者存在区别:
> 消极型:被动、消沉;对抗型:主动破坏。

真题10 [2023江苏常州,单选]有些教师不善于组织教学,不能有效引导学生思维,多数学生被动回答教师提问,学生注意力分散,课堂纪律较差,师生关系疏远。这种课堂气氛属于( )

A.积极型　　　　　B.消极型　　　　　C.对抗型　　　　　D.紧张型

答案:B

4. 课堂中的人际关系与人际交往

(1)人际关系

①人际关系的概念

人际关系是指人与人在相互交往过程中所形成的社会心理关系。它反映了个人或群体寻求满足其社会需要的心理状态,其发展变化取决于交往双方社会需要满足的程度。人际关系包含认知、情感和行为三种成分。其中,人际关系的核心成分是情感,即对人的好恶喜厌,集中表现为人际吸引和人际排斥。

②人际关系需要

美国心理学家舒茨提出了人际需要的理论,最基本的人际关系需要有三类:第一,包容需要,这种需要表现为希望与别人发生相互作用,建立联系并维持和谐关系的愿望;第二,控制需要,这种需要表现为在权力或权威基础上与别人建立和维持良好关系的愿望;第三,感情需要,这种需要表现为在情感上与他人建立和维持良好关系的愿望。

③学生人际关系发展的特点

中小学生主要的人际关系包括亲子关系、师生关系和同伴关系。

中学生人际关系发展的特点主要表现在:第一,友谊占据十分重要和特殊的地位;第二,小团体现象突出;第三,师生关系有所削弱;第四,易与父母产生隔阂;第五,网络虚拟人际关系的建立。

(2)人际交往

人际交往是指人与人之间传递信息、沟通思想和交流情感等方面的联系过程。在课堂里,师生之间、学生之间不断地进行人际交往,在此基础上形成师生之间和学生之间的各种人际关系。

①学生间的人际交往与人际关系

学生之间主要的人际交往与人际关系表现为吸引与排斥、合作与竞争。

第一,吸引与排斥。人际吸引是指交往双方出现相互亲近的现象,它以认知协调、情感和谐及行为一致为特征。人际排斥是指交往双方出现关系极不和谐、相互疏远的现象,以认知失调、情感冲突及行为对抗为特征。

现有的研究表明,距离的远近、交往的频率、态度的相似性、个性的互补以及外貌等因素是影响人际吸引和人际排斥的主要因素。而通过人际吸引表现出的彼此间的喜欢便是人们"互择"行为的一种体现,这种"互择"现象的形成是有规律可循的。第一,人际吸引的邻近律;第二,人际吸引的一致律;第三,人际吸引的互补律;第四,人际吸引的对等律。

人际吸引和人际排斥使学生在课堂里处于不同的地位,出现人缘好的学生、被人嫌弃的学生和遭受孤立的学生。因此,课堂管理中必须重视课堂里被嫌弃者和被孤立者,教师应该帮助他们回归群体。

第二,合作与竞争。合作是指学生为了共同目的在一起学习、工作或者完成某项任务的过程。合作是实现课堂管理促进功能的必要条件。合作性学习方式的好处在于能促进集体的学习成功,增强群体凝聚力;有利于学习中的集思广益、优势互补,进而提高学生的学业成绩;有利于学生习得团体规范,发展形成社会交往技能;有助于学生个体减少失败体验,改善他们的自尊和学习的自我效能感,增强学习积极性。但是合作性学习方式也有不足之处,因为学生的个体发展水平存在差异,合作性学习可能会限制不同学生的学习进程。

竞争是指个体或群体充分实现自身的潜能,力争按优胜标准使自己的成绩超过对手的过程。适量和适度的竞争不但不会影响学生间的人际关系,而且还会提高学习和工作的效率。但是,竞争并不是对所有学生都有激励作用,频繁的竞争会使学生间产生对立,使班级出现不安、不团结等消极的气氛。竞争有可能使一部分学生过度紧张和焦虑,容易忽视活动的内在价值和创造性,使学生的注意力过多地集中在赢得他人的赞许方面,从而忽视学习活动本身所带来的认知乐趣。

不少心理学家提倡开展群体间的竞争。一般来说,群体间竞争的效果取决于群体内的合作。竞争与合作是对立统一的,它们都以是否满足各自的利益为转移。在课堂的人际交往中,有时可能同时发生合作与竞争,有时则交替地引起合作与竞争。有效的课堂管理应该协调合作与竞争的关系,使两者相辅相成,成为实现促进功能的有益手段。

②师生之间的人际交往与人际关系

师生之间的人际交往与人际关系有四种:第一,单向交往;第二,双向交往;第三,师生保持双向交往,但也允许学生之间交往;第四,以教师为中心的师生之间的双向交往。

单向交往,教学效果差;双向交往比单向教学效果好;师生保持双向交往,也允许学生之间的交往,教学效果很好;教师成为互相交往的中心,并且促使所有学生与教师形成双向交往,教学效果最佳。

真题11 [2023广东深圳,多选]人际关系是多种心理因素的复合体,其基本成分包括( )
A. 认知　　　　B. 语言　　　　C. 情感　　　　D. 行为
E. 良知

真题12 [2023河北邢台,判断]竞争指个体或群体充分实现自身的潜能,力争按优胜标准使自己的成绩超过对手的过程。适度的竞争不但不会影响学生间的人际关系,而且还会提高学习质量。( )
A. 正确　　　　　　　　　　　　　　B. 错误

答案:11. ACD　12. A

三、课堂纪律管理

考点 1　课堂纪律的概念和分类　★★　【单选、判断】

1. 课堂纪律的概念

课堂纪律是指为保障或促进学生的学习而设置的行为标准及施加的控制。良好的课堂纪律是课堂教学得以顺利进行的重要保障条件,有助于维持课堂秩序,减少学习干扰,也有助于学生获得情绪上的安全感。

2. 课堂纪律的分类

根据形成途径,课堂纪律一般可分为以下四类:

(1)教师促成的纪律

即在教师的指导帮助下形成的班级行为规范。刚入学的儿童往往需要较多的监督和指导,课堂纪律主要是由教师制定的。随着年龄的增长和自我意识的增强,学生开始反对教师的过多限制,对教师促成的纪律的要求降低,但它始终是课堂纪律中的一种重要类型。

(2)集体促成的纪律

即在集体舆论和集体压力的作用下形成的群体行为规范。从儿童入学开始,同辈人的集体在促进儿童社会化方面就开始发挥重要的作用。随着年龄的增长,学生受同伴群体的影响会越来越大,开始以同辈群体的集体要求和价值判断作为自己的行为准则,以"别人也都这么干"为理由而做某件事情。

(3)任务促成的纪律

即某一具体任务对学生行为提出的具体要求。在日常学习过程中,每项学习任务都有它特定的要求,或者说特定的纪律。例如,课堂讨论、野外观察、制作标本等任务都有各自的纪律要求。

(4)自我促成的纪律

简单说就是自律,即在个体自觉努力下由外部纪律内化而成的个体内部约束力。形成自我促成的纪律是课堂纪律管理的最终目标。当一个学生能够自律并客观注重他自己和集体的行为标准时,便意味着能够为新的更好的集体标准的发展做出贡献,同时也标志着学生的成熟水平向前迈进了一步。

真题13 [2022湖南长沙,单选]( )指的是在集体舆论和集体压力的作用下形成的群体行为规范。

A. 教师促成的纪律 B. 集体促成的纪律
C. 自我促成的纪律 D. 任务促成的纪律

真题14 [2024河北石家庄,判断]形成自我促成的纪律是课堂纪律管理的最终目标,也是学生成熟水平提高的标志。( )

A. 正确 B. 错误

答案:13. B 14. A

考点 2 课堂纪律的发展 ★ 【单选】

课堂纪律的形成不是一蹴而就的,它往往要经历一个发展过程,国外学者参照科尔伯格道德发展的阶段理论,将不同年龄阶段儿童的纪律发展水平划分为如下几个阶段。

1. 反抗行为阶段

4~5岁之前的儿童,多处于这一阶段。这一阶段的儿童,他们的行为中经常表现出对抗性,拒绝遵循指示、要求,需要给予大量的注意;他们很少具有自己的规则,但是畏于斥责,可能遵循他人的要求。在学校教育阶段,也有一些学生处于这一水平。表现为当教师盯住他们时,他们会表现得中规中矩,但是稍微不注意,他们就会失去控制。

2. 自我服务行为阶段

5~7岁的儿童,多处于这一阶段。这一阶段的学生是以自我为中心的,但是在课堂上比较容易管理,因为他们所关心的是行为后果"对我意味着什么",是奖励还是惩罚。从道德发展来讲,他们处于奖励和惩罚阶段。

处于这一阶段的学生很少具有自我纪律感。他们可能在这节课上表现很好,而在另一节课上失去自我控制。与处于反抗行为阶段的儿童一样,为了避免出现纪律问题,教师需要对他们进行不断的监督。

3. 人际纪律阶段

大多数中学生处于这一阶段。处于这一阶段的学生,其行为取向是要建立一种相互的人际关系,他们做出的行为往往与"我怎样才能取悦你"联系在一起,他们这样做是因为你要求他们这样做;他们关心自己在别人心目中的形象,希望别人喜欢自己。

4. 自我约束阶段

处于这一阶段的学生很少陷入什么麻烦,因为他们能够明辨是非,理解遵守纪律的意义,也能够做到自我约束。教师可以离开教室20~30分钟,回来后发现他们依然很安静地在学习。他们这样做,是因为他们知道这样做是对的,就应该这样做。尽管许多中学生能够达到这一水平,但是只有一部分学生能够稳定地保持在这一水平上。

真题15 [2024河北石家庄,单选]课堂纪律处于自我服务行为阶段时具有的主要特点是( )

A. 学生能够理解遵守纪律的重要意义,做到自我约束

B. 学生这节课表现很好,可能在下一节课就失去控制

C. 学生很少有自己的规则,但畏于斥责,需要得到关注

D. 学生关注自己在别人心目中的形象,希望被别人喜欢

答案:B

考点 3 课堂结构与课堂纪律 ★ 【单选】

学生、**学习过程**和**学习情境**是课堂的三大要素,这三大要素相对稳定的组合模式就是课堂结构。课堂结构包括课堂情境结构和课堂教学结构。

1. 课堂情境结构

(1)班级规模的控制。班级过大容易限制师生交往和学生参加课堂活动的机会,阻碍课堂教学的个别化,有可能导致课堂出现较多的纪律问题。

(2)课堂常规的建立。课堂常规是每个学生必须遵守的最基本的日常课堂行为准则。它赋予学生的课堂行为一定的意义,使学生明白行为所依据的价值标准,具有约束和指导学生课堂行为的功能。

(3)学生座位的分配。研究发现,分配学生座位时教师主要关心的是减少课堂混乱。其实,分配学生座位时,最值得教师关注的应该是对人际关系的影响。所以,学生座位的分配,要考虑:①课堂行为的有效控制,预防纪律问题的发生;②促进学生间的正常交往,形成和谐的师生关系,并有助于学生形成良好的人格特征。

2. 课堂教学结构

(1)教学时间的合理利用。学生在课堂里的活动可以分为学业活动、非学业活动和非教学活动三种类型。在通常情况下,用于学业活动的时间越多,学业成绩越好。

(2)课程表的编制。课程表是使课堂教学有条不紊地进行的重要条件。课程表的编制需注意:①应尽量将语文、数学和外语等核心课程安排在学生精力最充沛的上午第一、二、三节课,将音乐、美术、体育和习字等技能课安排在下午;②将文科与理科、形象性的学科与抽象性的学科交错安排,避免同类刺激长时间地作用于大脑皮层的同一部位而导致疲劳和厌烦。

(3)教学过程的规划。教学过程的合理规划是维持课堂纪律的又一个重要条件,不少纪律问题就是由教学过程的规划不合理造成的。

真题16 [2023河北邢台,单选]课堂情境结构包括班级规模的控制、课堂常规的建立和( )

A. 教室的布置　　　　　　　　　　　B. 教师的行为表现

C. 学生的学习方式　　　　　　　　　D. 学生座位的分配

答案:D

考点 4 ▶ 维持课堂纪律的策略 ★ 【多选】

1. 建立有效的课堂规则

课堂规则是课堂成员应遵守的课堂基本行为规范和要求。制定课堂规则有以下原则和要求：(1)课堂规则应符合四个条件，即明确、合理、必要和可行；(2)课堂规则应通过教师与学生的充分讨论，共同制定；(3)课堂规则应少而精，内容表述以正向引导为主；(4)课堂规则应及时制定与调整。

2. 合理组织课堂教学，维持学生的注意和学习兴趣

教师应做到：(1)增加学生参与课堂的机会；(2)保持紧凑的教学节奏，合理布置学业任务；(3)处理好教学活动之间的过渡。

3. 做好课堂监控

教师应能及时预防或发现课堂中出现的一些纪律问题，并采取言语提示、目光接触等方式提醒学生注意自己的行为。

4. 培养学生的自律品质

促进学生形成和发展自律品质，是维持课堂纪律的最佳策略之一。教师应做到：(1)要对学生提出明确的要求，加强课堂纪律的目的性教育；(2)引导学生对学习纪律持有正确、积极的态度，产生积极的纪律情感体验，进行自我监控；(3)集体舆论和集体规范是促使学生自律品质形成和发展的有效手段，教师应对其加以有效利用。

真题17 ［2023广东深圳，多选］制定课堂规则的原则和要求有（　　）
A. 符合明确、合理、必要和可行的条件　　B. 通过教师与学生的充分讨论，共同制定
C. 少而精，内容表述以正向引导为主　　D. 应及时制定与调整
E. 由班主任制定，不能随意修改
答案：ABCD

考点 5 ▶ 预防不良行为 ★ 【单选】

维持管理体系的最佳方法是防患于未然。课堂规则和程序一旦建立，就要仔细监督学生的行为，要求学生严格遵守，防微杜渐。对于课堂不良行为要以预防为主，处理为辅。科宁等人在一个课堂管理研究中观察、比较了有效管理者和无效管理者的行为。他发现，当问题出现以后，两者的处理没什么不同，不同的是成功的管理者能较好地预防问题。他总结了可以很好地预防问题的四个方面：明察秋毫、一心多用、关注整体和转换管理。

1. 明察秋毫

明察秋毫是指教师要让学生知道，他注意到了课堂里发生的每一件事，甚至没漏下任何一件。"明察"的教师尽量避免被少数几个学生吸引或只与他们交流，他们经常扫视教室，与学生保持目光接触，有些老师甚至在黑板上进行板书时都知道谁在搞小动作，脑后仿佛长有一双眼睛似的。

2. 一心多用

一心多用是指同时跟踪和监督几个活动。这同样需要教师不断地监控全班。例如，教师在检查个别学生的作业的同时，还要对其他学生说"好，继续！"让他们继续学习。

3. 关注整体

关注整体是指使尽量多的学生投入到班级活动中,而避免把注意力集中在一两个学生身上。在课上,所有的学生都应当有事可做。

4. 转换管理

转换是从一个活动向另一个活动的变化,如从讲演到课堂自习,从一门课到另一门课,或从上课到午休。转换是课堂管理的"缝隙",课堂秩序最容易打乱。转换管理是指使课和全班学生能够顺利地完成过渡、有适当而灵活的进度、能够多样化地变换活动。

真题18 [2024广东佛山,单选]课堂教育对老师的要求较高,老师除了上好自己的课以外,还要关注学生上课的情况,激发学生上课的积极性。这种维持管理体系的方法属于( )。

A. 明察秋毫　　　　B. 一心多用　　　　C. 关注个体　　　　D. 转换管理

答案:B

考点 6 课堂问题行为及其应对 ★★ 【单选、判断、简答、论述、案例分析】

1. 课堂问题行为的概念与性质

(1)课堂问题行为的概念

课堂问题行为是指学生在课堂中发生的,违反课堂规则,妨碍及干扰课堂教学活动正常进行的行为。

(2)课堂问题行为的性质

①课堂问题行为是一种普遍行为;②课堂问题行为是一种消极行为;③课堂问题行为是一个教育性概念。

课堂问题行为的基本特征为:消极性;普遍性;其程度以轻度为主。

2. 课堂问题行为的类型

(1)品行方面的问题行为和人格方面的问题行为

品行方面的问题行为,是指那些直接指向环境和他人的不良行为,如攻击性行为、破坏性行为、不服从行为等。人格方面的问题行为,是与学生的个性关联在一起的不良行为,如孤僻退缩、焦虑抑郁等。品行方面的问题行为较为外显,容易被教师发现,容易引起教师的关注;而人格方面的问题行为则较为内隐,不易觉察、辨认和确定。

(2)人格型、行为型和情绪型

奎伊等人将课堂问题行为分为人格型、行为型和情绪型三种类型。

①人格型问题行为带有神经质特征,常常表现为退缩行为,如不能开玩笑、扭捏、缺乏信心、容易慌乱、做白日梦、缺乏兴趣、神经过敏等;

②行为型问题行为主要具有对抗性、攻击性或破坏性等特征,如交头接耳、注意分散、不服从、不合作、过度活动、无耐心、吵嚷起哄等;

③情绪型问题行为主要是由于学生过度焦虑、紧张和情绪多变而导致社会障碍的问题行为,如心事重重、情绪紧张、容易慌乱、胆小怕事、不敢举手发言等。

3. 课堂问题行为的原因

课堂问题行为具有普遍性,是教师经常遇到而又非常敏感的问题,如果处理不好,就会损害师生关系,破坏课堂气氛,影响教学效果。导致学生问题行为的原因概括起来有三点:(1)学生的人格特点、生理因素、挫折经历;(2)教师的教学技能、管理方式、威信;(3)校内外的环境,如大众传播媒介、家庭环境、课堂座位编排。

4. 课堂问题行为的矫正

(1)预防。这是处理一般问题行为的最好方式。在教学中,教师可以通过呈现生动有趣的课程,确定清晰的课堂规则和程序,使学生进行有意义的活动等来预防问题行为的发生。此外,变化课程内容,运用不同的材料和方法进行教学,教师显示出幽默和热情,以及让学生进行合作学习等也都能够减少学生因疲劳而引发问题行为的可能性。

(2)非言语暗示。由于一般问题行为大都是一些暂时性的干扰,教师在处理这些行为时,通常只需要运用简单的非言语线索进行暗示,就可以得到既制止问题行为又不影响课堂教学进程的双重效果。

(3)表扬。对许多学生来说,表扬是一种强有力的激励。减少一般课堂问题行为的一个重要策略就是表扬学生做出的与想要消除的问题行为相反的正确行为。也就是说,通过表扬正确行为来减少问题行为。

(4)言语提醒。当非言语暗示不能制止学生的问题行为时,教师采用适当的言语提醒也有助于让学生回到学习活动中来。

(5)有意忽视。个别学生有时为了引起教师和其他同学的注意,会做出一些问题行为。这时,如果教师直接干预,正好迎合了学生的目的,从而对其问题行为起到强化作用。在这种情况下,教师采取有意忽视的态度,视而不见,是比较合适的处理方式。

(6)转移注意。对于一些自尊心比较强的学生所表现出来的问题行为,如果教师当众直接制止,可能会产生适得其反的效果。这时,教师可以采用比喻、声东击西等方法加以暗示,并转移其注意力,从而终止其问题行为。

有时,对于个别学生来说,教师也可以采用暂时隔离的办法,即让出现问题行为的学生暂时离开座位,到教室的某一角落,远离其他同学。由于这种方法很可能引起学生对教师的不满甚至对抗,教师在使用时应当特别慎重,不宜滥用。

总之,无论采取什么方法处理学生的问题行为,教师首先一定要认清真正的问题行为所在,找出行为发生的原因,然后针对症结做出有效处理。

真题19 [2024广东佛山,单选]王老师上课时,会对课上交头接耳的同学进行简单提醒,如:"张某某、王某某,请你们安静,抬头看黑板。"这种处理纪律问题的方式属于( )。

A. 非言语线索 B. 言语提醒 C. 反复提示 D. 应用后果

真题20 [2023河北石家庄,单选]小凯为引起王老师的注意,故意在课堂上弄出怪声,对此王老师最适宜采取的处理方法是( )

A. 非言语暗示 B. 言语提醒 C. 有意忽视 D. 暂时隔离

答案:19. B 20. C

★★ 本节核心考点回顾 ★★

1. 课堂管理的阶段性

(1)幼儿园和小学低年级阶段:直接教授课堂规则和程序;
(2)小学中年级阶段:教师要花较多的时间监控和维持管理系统;
(3)小学高年级和初中阶段:管理的关键是如何建设性地处理这些混乱,如何激励那些不再关心教师观点的学生等。

2.影响课堂管理的因素

(1)教师的领导风格;(2)班级规模;(3)班级的性质;(4)对教师的期望。

3.课堂管理的基本模式

(1)行为主义取向:教师的责任是强化适宜的行为并根除不适宜的行为。

(2)人本主义取向:出现问题行为时,教师应更多地运用沟通技能,引导学生分析问题的性质和后果,自己把问题解决。

(3)教师效能取向:课堂管理得好不好,主要取决于教师的管理技能。

4.群体对个体的作用

(1)社会助长:他人在场行为效率提高。

(2)社会干扰:当他人在场行为效率下降。

(3)社会惰化:群体中的成员每人所付出的努力会比个体在单独情况下完成任务时偏少的现象。

(4)从众:个体在群体的压力下,放弃自己的意见而采取与大多数人一致的行为的社会现象。

(5)服从:在权威命令、社会舆论或群体气氛的压力下,放弃自己的意见而采取与大多数人一致的行为。

5.正式群体与非正式群体

(1)正式群体:在学校行政部门、班主任或社会团体的领导下,按一定章程组成的学生群体。

(2)非正式群体:在同伴交往过程中,一些学生自由结合、自发形成的小群体。非正式群体既有积极影响,也有消极影响。

6.课堂纪律的类型

(1)教师促成的纪律:在教师的指导帮助下形成的班级行为规范。

(2)集体促成的纪律:在集体舆论和集体压力的作用下形成的群体行为规范。

(3)任务促成的纪律:某一具体任务对学生行为提出的具体要求。

(4)自我促成的纪律:自律,课堂纪律管理的最终目标。

7.课堂问题行为的矫正

(1)预防;(2)非言语暗示;(3)表扬;(4)言语提醒;(5)有意忽视;(6)转移注意。

第六章　心理健康教育与教师职业心理

本章学习指南

一、考情概况

本章属于教育心理学的基础章节,知识点较为琐碎、实用性强,考生可带着以下学习目标进行备考:

1. 理解心理健康的内涵。
2. 识记中小学生心理辅导的方法。
3. 区分中小学生常见的心理问题。
4. 理解并识记教师成长的阶段和途径。
5. 了解教师的职业心理健康。

二、考点地图

考点	年份/地区/题型
中小学生心理辅导的方法	2024山东单选;2024安徽判断;2023江苏单选;2023吉林单选;2023甘肃多选;2023广西多选
中小学生常见的心理问题	2024河北判断;2023河南单选;2023江苏单选;2023广西单选;2023福建填空;2022江苏判断
教师的职业心理特征	2024福建单选;2023广东单选;2023吉林单选;2023黑龙江多选
专家型教师和新手型教师的区别	2023辽宁判断;2023广东判断;2022辽宁单选;2022湖南多选
教师的成长阶段	2024广东单选;2023广西单选、判断;2023江苏单选;2023黑龙江单选;2022浙江单选;2022江苏判断
教师成长的途径	2023吉林单选;2023河北单选;2023福建判断选择;2022河北判断;2022山西判断
职业压力与职业倦怠	2023吉林单选;2023河北单选;2023广西多选;2023浙江论述;2022广东单选;2022辽宁单选

注:上述表格仅呈现重要考点的相关考情。

核心考点

第一节 心理健康概述

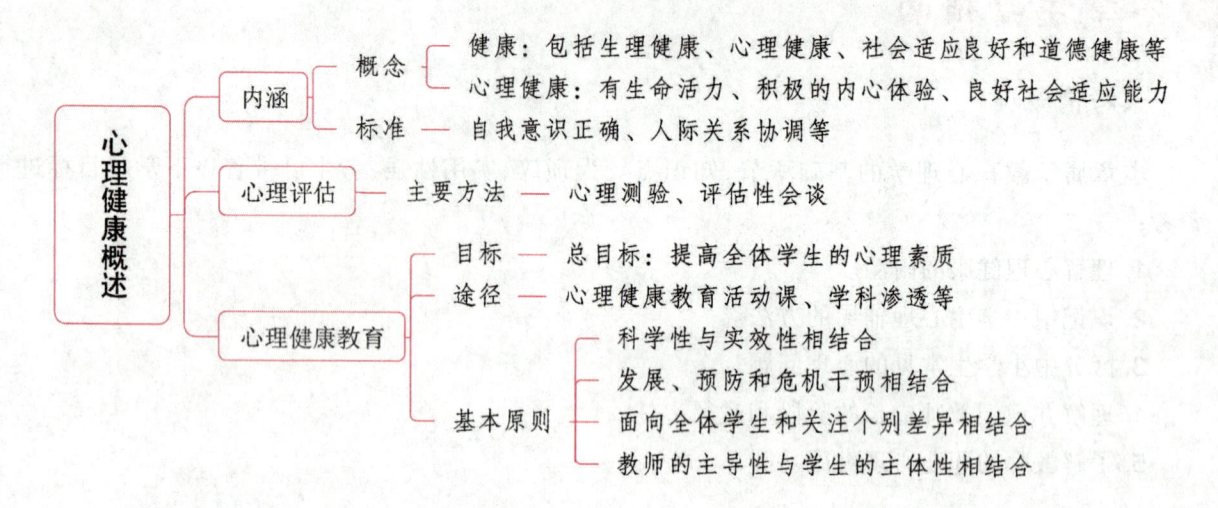

```
                    ┌─ 概念 ┬─ 健康：包括生理健康、心理健康、社会适应良好和道德健康等
           ┌─ 内涵 ─┤      └─ 心理健康：有生命活力、积极的内心体验、良好社会适应能力
           │        └─ 标准 ── 自我意识正确、人际关系协调等
心理健康概述 ├─ 心理评估 ── 主要方法 ── 心理测验、评估性会谈
           │        ┌─ 目标 ── 总目标：提高全体学生的心理素质
           │        ├─ 途径 ── 心理健康教育活动课、学科渗透等
           └─ 心理健康教育 │        ┌─ 科学性与实效性相结合
                    │        ├─ 发展、预防和危机干预相结合
                    └─ 基本原则 ┤
                             ├─ 面向全体学生和关注个别差异相结合
                             └─ 教师的主导性与学生的主体性相结合
```

一、心理健康的内涵 ★ 【单选、多选、判断】

考点 1 心理健康的概念及其理解

健康指的是有机体的一种机能状态，一般指机能正常，没有缺陷和疾病。世界卫生组织指出，健康应包括生理健康、心理健康、社会适应良好和道德健康等。

世界卫生组织认为，心理健康是一种良好的、持续的心理状态与过程，表现为个体具有<u>生命的活力、积极的内心体验、良好的社会适应能力</u>，能够有效地发挥个人的身心潜力以及作为社会一员的积极的社会功能。

心理健康是个体心理活动在自身及环境条件许可范围内所能达到的最佳功能状态。心理健康的个体能够充分发挥自己的最大潜能，妥善处理和适应人与人之间、人与社会环境之间的相互关系。它至少包括两层含义：一是无心理疾病；二是有一种积极发展的心理状态。

真题1 [2024安徽合肥/淮北/铜陵，单选]心理健康表现为个人具有生命的活力、积极的内心体验和良好的（　　）

A. 社会适应能力　　　　　　　　B. 社会化人格
C. 精神面貌　　　　　　　　　　D. 精神状态

答案：A

考点 2 心理健康的标准

1.一般标准

（1）自我意识正确。能正确评价、接纳自己。

（2）人际关系协调。乐于交往，能和多数人建立良好的人际关系，具有处理矛盾的能力。

(3)性别角色分化。能够获得相应的性别角色,行为方式和相应的性别角色规范一致。

(4)社会适应良好。能够面对、接受、适应现实,能够妥善处理生活、学习和工作中的各种挑战。

(5)情绪积极稳定。情绪乐观稳定,热爱生活,积极向上,对未来充满希望,有烦恼能自行解脱。

(6)人格结构完整。具有较高的能力、完善的性格、良好的气质、正确的动机、广泛的兴趣和坚定的信念等。

2. 我国青少年心理健康标准

根据我国青少年的实际情况,青少年心理健康标准可以概括为:(1)正常的智力;(2)健康的情绪;(3)优良的意志品质;(4)和谐的人际关系;(5)健全的人格;(6)适应社会生活;(7)心理特点符合年龄特征。

考点 3 ▶ 正确理解心理健康的标准

(1)判断一个人的心理健康状况时,应兼顾个体内部协调与对外良好适应两个方面。

(2)心理健康概念具有相对性,即心理健康有高低层次之分。高层次(积极)的心理健康不仅是没有心理疾病,而且能充分发挥个人潜能,发展建设性人际关系,从事具有社会价值的活动,追求高层次需要的满足,追求生活的意义。而低层次的心理健康主要指没有心理疾病。

(3)心理不健康与有不健康的心理和行为不能等同。心理不健康是指一种持续的不良状态。偶尔出现一些不健康的心理和行为并不等于心理不健康,更不等于已患心理疾病。因此,不能仅从一时一事而简单地给自己或他人下心理不健康的结论。

(4)心理健康与不健康不是泾渭分明的对立面,而是一种连续状态。

(5)心理健康的状态不是固定不变的,而是动态变化的过程。

(6)心理健康标准是一种理想尺度,它不仅为我们提供了衡量是否健康的标准,而且为我们指明了提高心理健康水平的努力方向。

(7)心理健康与否,在相当程度上可以说是一个社会评价问题。

二、心理评估 ★【单选】

考点 1 ▶ 心理评估的概念

心理评估,指用心理学方法和技术搜集得来的资料,对学生的心理特征与行为表现进行评鉴,以确定其性质和水平并进行分类诊断的过程。心理评估是有针对性地进行心理健康教育的依据,是检验心理健康教育效果的手段,也是增强学生自我认识的途径。心理评估既可以采用标准化的方法,如各种心理测验;也可以采用非标准化的方法,如评估性会谈、观察法、自述法等。

考点 2 ▶ 心理评估的两种参考架构

现有的评估手段是在两种参考架构的基础上制订的,即疾病模式与健康模式。疾病模式的心理评估旨在对当事人心理疾病的有无以及心理疾病的类别进行诊断。健康模式的心理评估旨在了解个体健康状态下的心智能力及自我实现的倾向,关注的是人的潜能和价值实现的程度、心理素质改善的程度,这在学校心理健康教育中应受到高度重视。

考点 3 ▶ 主要的心理评估方法

1. 心理测验

心理测验是一种特殊的测量,是测量一个行为样本的系统的程序。测验通过测量人的行为,去推测受测者个体的智力、人格、态度等方面的特征与水平。按照所要测量的特征大体上可把心理测验分成认知测验、人格测验和神经心理测验。

2. 评估性会谈

评估性会谈是心理咨询与辅导的基本方法。教师通过评估性会谈既可以了解学生的心理与行为，也可以对学生的认知、情绪、态度施加影响。这种会谈法的优点有：在会谈中可以当面澄清问题，以提高所获得资料的准确性；通过观察会谈过程中双方的关系及学生的非言语行为，可以获得许多重要的附加信息。

此外，观察法、自述法等也是心理评估常用的方法。其中自述法是指通过学生书面形式的自我描述来了解学生的生活经历及内心世界的一种方法。

三、心理健康教育

考点 1 ▶ 心理健康教育的意义

(1)心理健康教育是预防精神疾病，保障学生心理健康的需要。学校是学生心理健康教育的主要场所。

(2)心理健康教育是提高学生心理素质，促进其人格健全发展的需要。

(3)心理健康教育是学校日常教育教学工作的配合与补充。

考点 2 ▶ 心理健康教育的目标、任务、途径和原则　★【单选、多选、简答】

1. 心理健康教育的目标

心理健康教育的总目标是：提高全体学生的心理素质，培养他们积极乐观、健康向上的心理品质，充分开发他们的心理潜能，促进学生身心和谐可持续发展，为他们健康成长和幸福生活奠定基础。

心理健康教育的具体目标是：

(1)使学生学会学习和生活，正确认识自我，提高自主自助和自我教育能力，增强调控情绪、承受挫折、适应环境的能力，培养学生健全的人格和良好的个性心理品质；

(2)对有心理困扰或心理问题的学生，进行科学有效的心理辅导，及时给予必要的危机干预，提高其心理健康水平。

2. 心理健康教育的任务

心理健康教育的主要任务是：全面推进素质教育，增强学校德育工作的针对性、实效性和吸引力，开发学生的心理潜能，提高学生的心理健康水平，促进学生形成健康的心理素质，减少和避免各种不利因素对学生心理健康的影响，培养身心健康、具有社会责任感、创新精神和实践能力的德智体美全面发展的社会主义建设者和接班人。

3. 心理健康教育的途径

(1)心理健康教育活动课；(2)学科渗透；(3)班主任工作；(4)学校心理咨询与心理辅导；(5)家庭教育；(6)环境教育；(7)社会磨砺；(8)其他途径(少先队、板报、校报、广播等)。

4. 心理健康教育的基本原则

(1)坚持科学性与实效性相结合。要根据学生身心发展的规律和特点及心理健康教育的规律，科学开展心理健康教育，注重心理健康教育的实践性与实效性，切实提高学生心理素质和心理健康水平。

(2)坚持发展、预防和危机干预相结合。要立足教育和发展，培养学生积极的心理品质，挖掘他们的心理潜能,注重预防和解决发展过程中的心理行为问题,在应急和突发事件中及时进行危机干预。

(3)坚持面向全体学生和关注个别差异相结合。全体教师都要树立心理健康教育意识,尊重学生,平等对待学生,注重教育方式方法,关注个别差异,根据不同学生的特点和需要开展心理健康教育和辅导。

(4)坚持教师的主导性与学生的主体性相结合。要在教师的教育指导下,充分发挥和调动学生的主体性,引导学生积极主动关注自身心理健康,培养学生自主自助维护自身心理健康的意识和能力。

真题2 [2023安徽蚌埠,简答]简述开展心理健康教育的基本原则。
答案:详见内文

考点 3 学校心理健康教育的内容

学校心理健康教育的内容应充分考虑学生的年龄特征和心理发展水平及学生心理健康成长,一般应包括以下四个方面:

(1)学习方面,主要包括对学生的学习动机、学习态度、学习策略、学习习惯、自我监控及考试心理的咨询与辅导等;

(2)人格方面,主要包括对学生的人格、自我意识、情绪情感、人际关系、意志品质、性心理的辅导等;

(3)生活方面,包括对生活适应、人际交往、挫折适应、休闲消费及危机心理的辅导等;

(4)生涯方面,具体包括升学辅导、职业辅导、生涯发展与规划辅导等。

考点 4 学校心理健康教育的途径

心理健康教育不能像知识教育那样主要通过教师的传授来完成。它需要渗透到学生日常生活的各个方面,通过多种方式进行。随着中小学生心理问题的日益严重,心理健康教育越发显得迫切而重要,学校心理辅导也日益成为学校实施心理健康教育的主要渠道。在学校开展心理健康教育有以下几种途径:(1)开设心理健康教育的有关课程和心理辅导的活动课;(2)在学科教学中渗透心理健康教育的内容;(3)结合班级、团队活动开展心理健康教育;(4)个别心理辅导或咨询;(5)小组辅导。

✦✦ 本节核心考点回顾 ✦✦

1. 心理健康的内涵

心理健康是一种良好的、持续的心理状态与过程,表现为个体具有生命的活力、积极的内心体验、良好的社会适应能力,能够有效地发挥个人的身心潜力以及作为社会一员的积极的社会功能。

2. 心理健康教育的基本原则

(1)坚持科学性与实效性相结合;(2)坚持发展、预防和危机干预相结合;(3)坚持面向全体学生和关注个别差异相结合;(4)坚持教师的主导性与学生的主体性相结合。

第二节 学生心理辅导

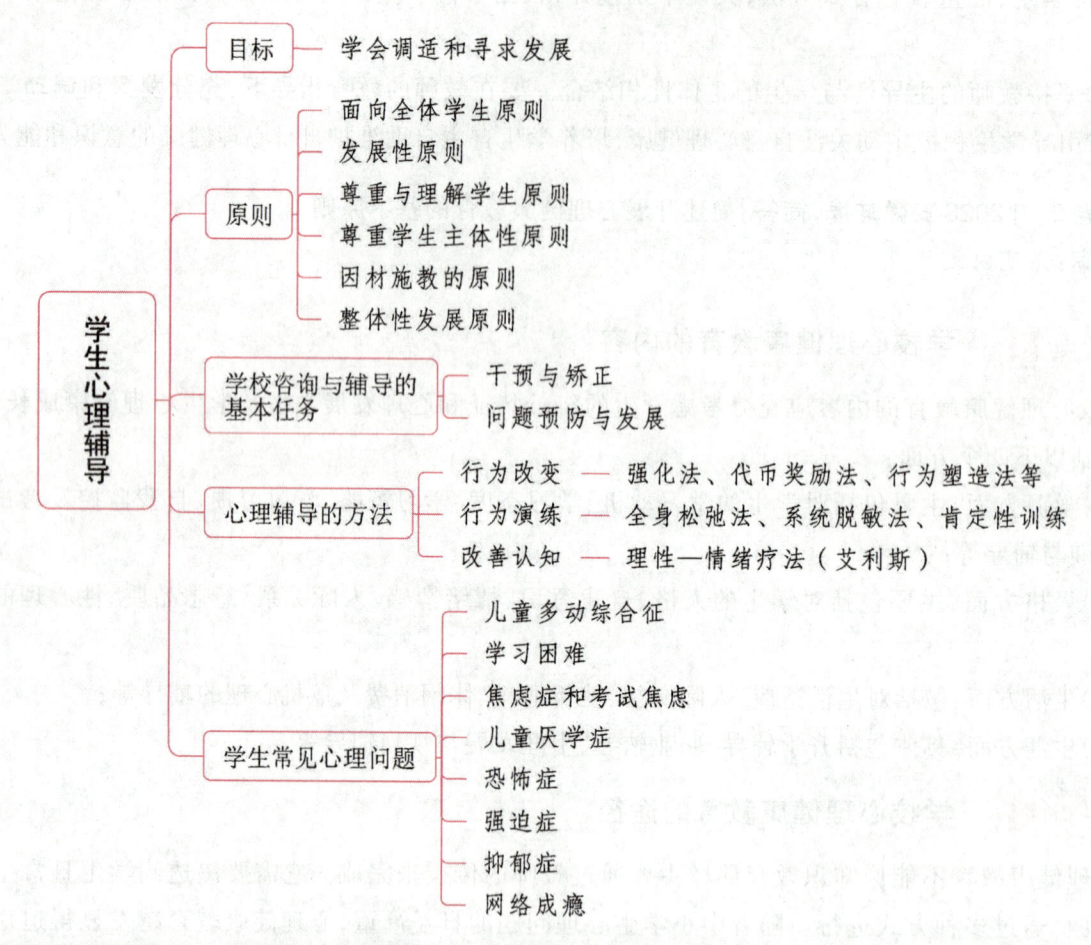

```
                    ┌─ 目标 ──── 学会调适和寻求发展
                    │
                    │           ┌─ 面向全体学生原则
                    │           ├─ 发展性原则
                    ├─ 原则 ────┼─ 尊重与理解学生原则
                    │           ├─ 尊重学生主体性原则
                    │           ├─ 因材施教的原则
                    │           └─ 整体性发展原则
                    │
   学生心理辅导 ────┼─ 学校咨询与辅导的 ┬─ 干预与矫正
                    │   基本任务         └─ 问题预防与发展
                    │
                    │                    ┌─ 行为改变 ── 强化法、代币奖励法、行为塑造法等
                    ├─ 心理辅导的方法 ───┼─ 行为演练 ── 全身松弛法、系统脱敏法、肯定性训练
                    │                    └─ 改善认知 ── 理性—情绪疗法（艾利斯）
                    │
                    │                    ┌─ 儿童多动综合征
                    │                    ├─ 学习困难
                    │                    ├─ 焦虑症和考试焦虑
                    └─ 学生常见心理问题 ─┼─ 儿童厌学症
                                         ├─ 恐怖症
                                         ├─ 强迫症
                                         ├─ 抑郁症
                                         └─ 网络成瘾
```

一、心理辅导及其目标、原则

考点 1　心理辅导的内涵

心理辅导是指学校教育者根据学生心理发展的特征与规律，在一种新型的、建设性的人际关系中，运用心理学等专业知识技能，设计与组织各种教育性活动，以帮助学生形成良好的心理素质，充分发挥个人潜能，进一步提高心理健康水平的过程。

理解心理辅导的概念，要特别注意以下几点：(1)学校心理辅导强调面向全体学生；(2)辅导以正常学生为主要对象，以发展辅导为主要内容；(3)心理辅导是一种专业活动，是专业知识和技能的运用。

考点 2　心理辅导的目标 ★【单选、判断】

学校心理辅导的一般目标与学校教育目标是一致的。但心理辅导毕竟只是学校教育的一个方面，其目标应有自己的独特之处。学校心理辅导的一般目标可归纳为两个方面：学会调适和寻求发展。

学会调适是基本目标，以此为主要目标的心理辅导可称为调适性辅导；寻求发展是高级目标，以此为主要目标的心理辅导可称为发展性辅导。简言之，这两个目标分别是要引导学生达到基础层次的心理健康和高层次的心理健康。

真题1 [2022广西桂林,单选]心理辅导的目标有两个:一是学会调适,二是( )

A. 行为矫正　　　B. 学会适应　　　C. 克服障碍　　　D. 寻求发展

答案:D

考点 3　学校心理辅导的原则　★　【单选】

(1)面向全体学生原则。学校心理辅导不像心理咨询和心理治疗,以少数有心理问题的个别学生为服务对象,而是以正常学生为主的全体学生为辅导对象;它是以提高全体学生的心理健康水平、促进每一个学生潜能的发展为终极目标的。

(2)发展性原则。贯彻这一原则,要求教师必须用发展的、变化的眼光来看待学生,要相信学生具有成长和发展的潜力,对学生的未来持乐观的态度,对学生身上出现的各种心理问题不必大惊小怪,更不必打上"变态、有病"的标签来怨天尤人。

(3)尊重与理解学生原则。尊重,就是尊重学生的人格与尊严,尊重每个学生的个人价值,承认他是不同于其他人的独立的个体,承认他与教师、与其他人在人格上具有平等的地位,它是理解的基石。理解,则要求教师以平等态度,按学生的所作所为、思考、感受的本来面目去了解学生,即站在学生的角度看问题,达到"感同身受"的理解。

(4)尊重学生主体性原则。学生主体性原则要求我们在心理辅导中以学生为主体,充分发挥学生作为辅导活动主体的作用。

(5)因材施教的原则。每一个学生都是一个独特的个体,学校教育和心理辅导的目的不是要消除学生个人身上的这种独特性以及学生之间的差异性,而是要使每个学生的独特性、独创性在积极的方向上得到最充分、最完美的体现。

(6)整体性发展原则。在心理辅导中,必须树立系统观、整体观,考察学生成长的各种相关因素,分析学生成长中出现的各类问题。

真题2 [2024河北石家庄,单选]刘老师是某学校的心理老师,她总是用积极乐观的态度看待每名学生的未来,从来不以学生现在的表现给学生"贴标签"。刘老师这样做体现了学校心理辅导工作中的( )

A. 预防性原则　　　B. 整体性原则　　　C. 主体性原则　　　D. 发展性原则

答案:D

二、学校咨询与辅导的基本任务　★★　【单选、判断】

从根本上看,学校咨询的目标在于为全体学生心理的健康发展提供帮助。具体而言,不同处境的学生所需要的帮助可能是不同层次的,这就决定了学校咨询与辅导的任务是多层次的。学校咨询与辅导一般可分为缺陷矫正、早期干预、问题预防与发展指导。

1. 干预与矫正

(1)缺陷矫正。对于极少数长期处于恶劣环境下并已经产生、积累了严重的心理和行为障碍的学生,需要进行系统的矫正。但对于一般的学校咨询工作者而言,在专业技术上的要求过高,而学生本人接受咨询帮助的动机往往又很弱,在过于困难的情况下,应当考虑将被矫正者转送更专门的治疗机构。

(2)早期干预。面向少数学生进行,他们可能已经出现某种程度的心理和行为问题,如果得不到及时的帮助,就可能发展成严重的障碍。早期干预就是指在问题出现初期给予学生帮助。例如,学生出现破坏纪律的行为,暴露出的问题可能是行为缺乏自制力,而如果持续发展下去,可能会引起同学的排斥和家长的责罚,而产生自暴自弃的心态。

2. 问题预防与发展

(1)问题预防。对于部分学生群体来说,目前并没有出现明显的问题,但是某些学生心理素质比较薄弱,有可能在一定环境条件下出现问题。问题预防就是指在可能的问题发生之前,主动开展各种形式的工作,提高学生应对将来问题的能力。

(2)发展指导。面向全体学生进行。学生随着年龄的增长,生理和心理要经历一系列的发展阶段,社会对他们的要求与期望也逐渐增加,他们在成长过程中可能会出现一些普遍性的问题。在此之前,我们就应该主动开展必要的指导活动,帮助学生成功完成心理—社会发展任务。

真题3 [2023天津河东,判断]学生出现破坏纪律的行为,如果长期得不到改善,可能导致他在学生和老师当中背上坏名声,从而产生自暴自弃的心态。学校咨询人员应当采取早期干预策略。(　　)
答案:√

三、中小学生心理辅导的方法 ★★ 【单选、多选、判断】

考点 1 ▸ 行为改变的基本方法

1. 强化法

强化法用来培养新的适应行为。根据学习原理,一个行为发生后,如果紧跟着一个强化刺激,这个行为就会再一次发生。例如,一个学生不敢同老师说话,学习上遇到了疑难问题也没有勇气向老师求教,当他一旦敢于主动向老师请教,老师就给予表扬,并耐心解答问题时,这个学生就能学会主动向老师请教的行为方式。

2. 代币奖励法

代币是一种象征性强化物,筹码、小红星、盖章的卡片、特制的塑料币等都可作为代币。当学生做出教师所期待的良好行为后,就发给他们数量相当的代币作为强化物。学生用代币可以兑换有实际价值的奖励物或活动。代币奖励的优点是可使奖励的数量与学生良好行为的数量、质量相适应,代币不会像原始强化物那样产生"饱和"现象而使强化失效。

3. 行为契约法

行为契约法是双方通过达成协议来建立一定程度的目标行为的方法。在该法的实施中,行为契约是十分关键的内容,它由五个方面构成:(1)确定希望建立的目标行为;(2)规定衡量目标行为的方法;(3)规定该行为必须执行的时间;(4)规定强化与行为执行状况的联系;(5)确认由谁来实施强化。教师可以通过与学生签订行为契约来帮助学生建立某种行为,也可以让学生自己制定行为契约。

4. 行为塑造法

行为塑造法是指通过不断强化逐渐趋近目标的反应,来形成某种较复杂的行为。有时候我们所期望的行为在某学生身上很少出现或很少完整地出现,此时,我们可以依次强化那些渐趋目标的行为,直到合意行为的出现。

5. 示范法

观察、模仿教师呈现的范例(榜样),是学生学习社会行为的重要方式。模仿学习的机制是替代强化。由于范例的不同,示范法有以下几种情况:(1)辅导教师的示范;(2)他人提供的示范;(3)电视、录像、有关读物提供的示范;(4)角色的示范。

6. 处罚法

处罚的作用是消除不良行为。处罚有两种：(1)在不良行为出现后，呈现一个厌恶刺激(如否定评价、给予处分)。(2)在不良行为出现后，撤销一个愉快刺激。

7. 自我控制法

自我控制法是让当事人自己运用学习原理，进行自我分析、自我监督、自我强化、自我惩罚，以改善自身行为。

真题4 [2024安徽合肥/淮北/铜陵,判断]处罚法能消除不良行为，强化法能培养新的适应行为，因此两者结合使用会更有效。（　　）

答案：√

考点 2 ▸ 行为演练的基本方法

1. 全身松弛法

全身松弛法，或称全身松弛训练，是通过改变肌肉紧张，减轻肌肉紧张引起的酸痛，以应对情绪上的紧张、不安、焦虑和气愤。

2. 系统脱敏法

系统脱敏是指当某些人对某事物、某环境产生敏感反应(害怕、焦虑、不安)时，我们可以在他们身上发展起一种不相容的反应，使其对本来可引起敏感反应的事物，不再发生敏感反应。例如，一个学生过分害怕猫，我们可以让他先看猫的照片，谈论猫；再让他远远观看关在笼中的猫，让他靠近笼中的猫；最后让他摸猫、抱起猫，消除对猫的惧怕反应。这就是"脱敏"。系统脱敏法由沃尔帕首创，它包括以下几个步骤：(1)进行全身放松训练；(2)建立焦虑刺激等级表；(3)焦虑刺激与松弛活动相配合。

3. 肯定性训练

肯定性训练，也叫自信训练、果敢训练，是通过角色扮演以增强自信心，然后再将学得的应对方式应用到实际生活情境中。其目的是促进个人在人际关系中公开表达自己真实的情感和观点，维护自己的权益也尊重别人的权益，发展人的自我肯定行为。自我肯定行为主要表现在三个方面：(1)请求他人为自己做某事，以满足自己合理的需要；(2)拒绝他人的无理要求而又不伤害对方；(3)真实地表达自己的意见和情感。

真题5 [2024山东临沂,单选]某学生很怕狗，老师先让他看狗的照片，与他谈论狗，再让他看关在笼子里的狗，最后让他摸狗。这种帮助求助者逐步消除恐惧的方法是（　　）

A. 行为塑造法　　B. 系统脱敏法　　C. 认知疗法　　D. 松弛训练法

真题6 [2023吉林长春,单选]对不敢表达自己真实意见和情感的学生，有效的行为改变方法是（　　）

A. 放松训练法　　B. 肯定性训练法　　C. 系统脱敏法　　D. 改变认知法

答案：5. B　6. B

考点 3 ▸ 改善学生认知的方法

理性—情绪疗法(RET)，又称合理情绪疗法，是20世纪50年代由艾利斯在美国创立的。

艾利斯认为，人的情绪是由他的思想决定的，合理的观念导致健康的情绪，不合理的观念导致负向的、不稳定的情绪。人有许多非理性的观念，如我"必须"成功，并得到他人赞同；别人"必须"对我关怀和体贴；事情"应该"做得尽善尽美；课堂上回答问题有错误是很糟糕的事等。人们持有的不合理信念总结起来有三个特征：绝对化要求、过分概括化和糟糕至极。通过改变不合理信念调整自己的认知，是维护心理健康的重要途径。他提出了一个解释人的行为的ABC理论。

A：个体遇到的主要事实、行为、事件。

B：个体对A的信念、观点。

C：事件造成的情绪结果。

我们的情绪反应C是由B（我们的信念）直接决定的。可是许多人只注意A与C的关系，而忽略了C是由B造成的。B如果是一个非理性的观念，就会造成负向情绪。若要改善情绪状态，必须驳斥（D）非理性信念B，建立新观念并获得正向的情绪效果（E）。这就是艾利斯理性情绪治疗的ABCDE步骤。

•知识再拔高•

来访者中心疗法

来访者中心疗法又称患者中心疗法，是著名的人本主义心理学家罗杰斯创立的一种独特的理论方法体系。

罗杰斯认为，心理治疗的目的就在于帮助病人或患者创造一种有关他自己的更好的概念，使他能自由地实现他的自我，即实现他自己的潜能，成为功能完善者。因此，不必采用什么治疗技术，更不应采取直接指导的态度对待求助者。

四、中小学生常见的心理问题 ★★ 【单选、多选、填空、判断、论述】

考点 1 ▶ 儿童多动综合征

1. 概念

儿童多动综合征，又称注意力缺陷与多动障碍（简称多动症）是小学生中最为常见的一种以注意力缺陷和活动过度为主要特征的行为障碍综合征。高峰发病年龄为8~10岁。

2. 特征

（1）活动过度。小动作多，在课堂上坐不住，总是在椅子上来回挪动，甚至离开座位到处走动。（2）注意力不集中。注意时间短暂，易分心，做事有始无终，丢三落四。（3）任性冲动。自控力不足，经常未经考虑就行动，做事冲动，不顾后果，在做集体游戏时不能耐心等待。

3. 原因

（1）先天体质上的原因。例如，产前、产中和产后缺血、缺氧引起的轻微脑损伤和遗传因素的作用。（2）社会因素。不安的环境可能引起他们的精神高度紧张，如父母的经常性批评等。

4. 治疗方法

（1）多动症可以在医生指导下采用药物治疗；（2）行为疗法，采用各种行为疗法的重点在于培养和发展其自制力、注意力，可用强化奖励法、代币法等；（3）自我指导训练的方法，即发展儿童的自我对话，加强内部言语对自身行为的引导和控制作用。

真题7 [2024河北石家庄，判断]儿童多动综合征是一种以注意力缺陷和活动过度为主要特征的行为障碍综合征，其高峰发病年龄为3~6岁。（　　）

A. 正确　　　　　　　　　　　　　　B. 错误

答案：B

考点 2 ▶ 学习困难

1. 概念

学习困难又称学习障碍,即学习技能缺乏,指在知识的获取、巩固和应用的过程中缺乏策略和技巧,也就是我们常说的没有掌握学习方法。学习困难的学生往往在学习上非常努力和勤奋,投入了大量的时间和精力,可是学习成绩不理想。由于学生在主观上搞好学习的良好愿望与客观上获得的学习效果之间存在着极大的反差,对他们心理的打击特别大,如果得不到正确的引导,很容易引发一系列的心理问题。

学习困难综合征是指某些智力正常或接近正常的儿童,因神经系统的某种或某些功能性失调,使其在听、读、写、算方面能力降低或发展较慢,以致陷入学习困难。学习困难综合征在小学生中比较多见。

2. 表现

(1)学习困难的学生在知识水平方面的差异主要表现在:①知识背景贫乏;②概念水平差;③基本知识技能的熟练程度差;④知识结构水平差。

(2)学习困难的学生在认知方面的差异主要表现在:①注意力差。②感知觉能力差。观察力差、感觉受损、感知觉统合困难。③记忆不良。逻辑记忆发展较差,偏向于动作记忆,"学困生"在记忆广度、记忆速度、记忆精准度、短时记忆、长时记忆等方面都低于"学优生",短时记忆差是学习困难的学生的一大特点。④阅读困难。朗读、默读困难,阅读理解水平低,阅读速度慢。⑤言语落后。⑥思维水平低。推理、概括、想象能力差,思维品质不良,思维缺乏监控。⑦学习策略与学习方式差。

> **小香课堂**
> 患有多动症的学生的学习困难主要是由好动、冲动、注意力缺陷造成的。而患有学习困难综合征的学生在个体发展上是健康的,不存在多动症儿童表现的情绪和行为问题。

3. 应对策略

(1)多赞扬鼓励学生,培养学生的自信心理;(2)学法指导,即教会他们怎样找到自己所需要的信息,提高学生主动学习的热情;(3)注重培养学生的学习动机、学习兴趣、学习的情感、意志和态度。

考点 3 ▶ 焦虑症和考试焦虑

1. 概念

焦虑症是以与客观威胁不相适应的焦虑反应为特征的神经症。正常人在面临各种压力情境,特别是在个人自尊心受到威胁时,也会出现焦虑反应,但他们的焦虑与客观情境的威胁程度是相适应的。

2. 表现

(1)情绪方面:紧张不安,忧心忡忡;(2)注意和行为方面:注意力集中困难,极端敏感,对轻微刺激做过度反应,难以做出决定;(3)躯体症状方面:心跳加快,过度出汗等。

学生中常见的焦虑反应是考试焦虑。考试焦虑是一种复杂的情绪现象,是在一定的应试情境下,受个体认知评价能力、人格倾向与其他身心因素制约,以担忧为基本特征,以防御或逃避为行为方式,通过一定程度的情绪反应所表现出来的心理状态。其表现是:随着考试临近,心情极度紧张;考试时注意力不集中,知觉范围变窄,思维刻板,表现慌乱,无法发挥正常水平。

3. 原因

学生考试焦虑的原因主要包括:(1)学校的统考,升学的持久的、过度的压力,使学生缺乏内在的自尊心和价值感;(2)家长对子女过高的期望;(3)学生个人过分地争强好胜;(4)学业上多次失败的体验等。

4. 治疗方法

(1)采用肌肉放松、系统脱敏等方法;(2)采用认知矫正程序,指导学生在考试中使用正向的自我对话,如"我能应付这个考试";(3)锻炼学生的性格,提高挫折应对能力等。

考点 4 ▶ 儿童厌学症

1. 概念

厌学症又称学习抑郁症,是由于人为因素造成的儿童厌恶学习的一系列症状。

2. 表现

儿童厌学症的主要表现是**对学习不感兴趣,讨厌学习**。厌学的儿童对学习有一种说不出的苦闷感,一提到学习就心烦意乱,焦躁不安。他们对教师或家长有抵触情绪,学习成绩不好,有的还兼有品德问题。儿童厌学情绪严重或受到一定的诱因影响时,往往会发生旷课、逃学或辍学现象。

3. 原因

(1)学校教育的失误,如填鸭式教育;(2)家庭教育的不当;(3)社会不良风气的影响,如一切向"钱"看,读书无用论等。

4. 治疗方法

(1)教师通过灵活多样的课堂教学活动和丰富多彩的第二课堂活动来调动学生的学习积极性;(2)家长需要改变自己的教养态度,采用民主式教养方式,建立和谐的家庭气氛;(3)纠正一些不良的社会风气,尽量避免这些风气对儿童的不良影响;(4)作为学生自身来说,要调整好心态,要有自信心,以坚毅的性格、乐观的态度为人处世,坚信付出必有收获;(5)要彻底遏制厌学的根源,还必须从根本上改造目前的应试教育体制,必须将素质教育的推广落到实处,要让教育成为大众的、快乐的科学教育。

考点 5 ▶ 恐怖症

1. 概念

恐怖症是对特定的无实际危害的事物与场景的非理性的惧怕。恐怖症可分为单纯恐怖症、广场恐怖症和社交恐怖症。学校恐怖症是指学生一进入学校就不由自主地产生一种严重的焦虑和恐惧感,在小学生中较为常见。

2. 表现

学校恐怖症主要表现为儿童害怕上学,严重者还会害怕与学校有关的东西,如怕老师、害怕去教室等。也有些儿童会产生上学前身体不舒服等保护性行为。学校恐怖症会导致儿童不能正常学习,成绩落后。

学生中社交恐怖也较为常见,主要表现为:害怕在社交场合讲话,担心自己因双手发抖、脸红、声音颤抖、口吃而暴露自己的焦虑,觉得自己说话不自然,因而不敢抬头,不敢正视对方的眼睛。

3. 原因

(1)直接经验刺激;(2)观察学习;(3)对某些事物或情境的危险做出了不切实际的评估。

学校恐怖症产生的原因与儿童过分恋家、还没有适应学校生活、害怕学业失败、教师严厉的管教和处理问题不当以及家长过高的期望有关。

4. 治疗方法

(1)系统脱敏法是治疗恐怖症最常用的方法;(2)改善人际关系,营造宽松、自由的氛围,适当减轻当事人的压力。

考点 6 ▶ 强迫症

1. 概念

强迫症是一组以强迫症状(主要包括强迫观念和强迫行为)为主要临床表现的神经症。研究发现,7~8岁是继2岁之后正常儿童出现强迫现象的又一高峰年龄。

2. 表现

强迫观念指当事人身不由己地思考他不想考虑的事情,强迫行为指当事人反复去做他不希望执行的动作,如果不这样想、不这样做,他就会感到极端焦虑。强迫洗手、强迫计数、反复检查(门是否上锁)、强迫性仪式动作是生活中常见的强迫症状。

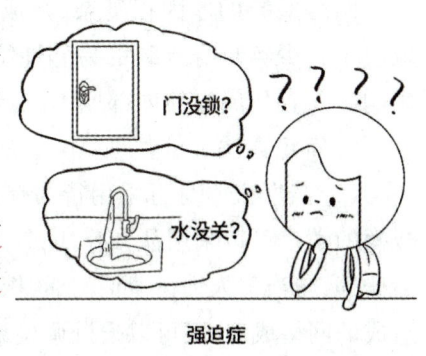

3. 原因

(1)社会心理原因,包括学习过度紧张、家庭要求过于严格、学习困难、人际关系不良;(2)个人原因,如胆小怕事、优柔寡断、偏执刻板。

4. 治疗方法

(1)药物治疗。(2)行为治疗。例如,暴露与阻止反应,主要用于控制当事人的刻板行为。(3)建立支持性环境。(4)森田疗法。强调放弃对强迫行为做无用控制的意图,而采取"忍受痛苦,顺其自然"的态度。

真题8 [2023河南周口,单选]初中中考学生抑制不住地想自己考不上高中,影响了正常学习,这属于( )的心理问题。

A. 理想观念　　B. 强迫观念　　C. 恐惧效应　　D. 强迫效应

答案:B

考点 7 ▶ 抑郁症

1. 概念

抑郁症是以持久的心境低落为特征的神经症。个体有过度的抑郁反应,通常伴随有严重的焦虑感。

2. 表现

(1)情绪消极、悲观、颓废、淡漠、失去满足感和对生活的乐趣;(2)消极的认知倾向,低自尊、无能感,对未来期望较低;(3)动机缺乏、被动、缺乏热情;(4)肢体疲劳、失眠、食欲不振。

3. 原因

抑郁症产生的原因有各种不同理论的解释。(1)行为主义者认为抑郁症是由于多次不愉快的经历、生活中缺乏强化鼓励造成的;(2)精神分析学派认为抑郁来源于各种丧失和失落(失去爱、失去地位);(3)认知学派认为抑郁源于个人自我贬低式的思维方式或者不适当的归因方式。

4. 治疗方法

(1)要给当事人以情感支持与鼓励;(2)采用合理情绪疗法,调整当事人消极的认知状态;(3)积极行动起来,从活动中体验成功与愉快;(4)服用抗抑郁药物。

考点 8 ▶ 网络成瘾

1. 概念

网络成瘾又称网络成瘾综合征,临床上是指由于患者对互联网过度依赖而导致的一种心理异常症状以及伴随的一种生理性不适。

2. 原因

网络成瘾的原因很复杂,是成瘾个体、网络环境和外部环境多方面相互作用的结果。网络成瘾既取决于青少年自身成瘾的易感性特征,又取决于网络自身能够提供什么及网络对现实社会生活环境的影响。前者是成瘾的内部原因,后者是成瘾的外部原因。

3. 矫正方法

(1)当事人本身可采用行为疗法,通过控制上网时间和次数,形成良好的上网习惯;(2)教师对网络成瘾的学生可以采用认知疗法,针对网络成瘾问题本身及背后的问题,如学业不良、自卑心理、人际交往障碍等,与当事人进行谈话沟通,探讨如何正确使用互联网,以及网络成瘾的危害;(3)由于家庭功能失调造成的网络成瘾,还可以通过调整家庭成员间的关系,营造良好的家庭氛围,为矫正网络成瘾提供条件。

五、学生心理健康的维护

1. 学生个体进行积极的自我调适

自我调适的方法主要有放松训练、认知压力管理、时间管理、社交训练和态度改变、归因训练、加强身体锻炼等。这里主要谈三点:(1)观念改变。学生要学会正确看待学习,培养乐观的人生态度,树立信心;正确认识自己,勇于接纳自己。(2)采取积极的应对策略和归因方式。努力使自己成为更加内控的人,把原因归结为个体可以控制的因素;积极认知,理智、客观地看待压力对自身的影响,形成面对压力的良好心态。(3)合理的饮食和锻炼,保持身体健康。

2. 学校通过多种方式进行心理健康教育,维护学生心理健康

(1)学校积极开设专门的心理健康教育课和心理卫生教育课,教给学生心理健康的知识和调适心理的方法;(2)学校组织专门的心理老师对学生进行个别心理辅导;(3)平时的课堂教学中注意穿插心理健康教育知识,培养学生积极的心理品质;(4)改变传统应试教育的教学方式和教育理念,提高教师的素质,培养学生对学习的兴趣,杜绝教师伤害事件的发生。

3. 与家长合作构建社会支持网络

学生心理健康在于家长和学校以及社会的共同作用,主要表现在:(1)学校积极与家长配合,通过班会等形式,共同关注学生的心理健康问题,并且针对问题进行积极交流;(2)学校专门的心理健康教育机构应该为家长提供支持,对家庭教育中存在的问题及其解决提出建议;(3)国家采取切实措施,重视优化学校周边环境,打击不良媒体对学生心理健康的侵蚀,创造有利于学生心理健康发展的社会环境。

✦★ 本节核心考点回顾 ★✦

1. 心理辅导的目标

学校心理辅导的一般目标可归纳为两个方面:学会调适和寻求发展。

2. 学校咨询与辅导的基本任务

(1)缺陷矫正:对于极少数长期处于恶劣环境下并已经产生、积累了严重的心理和行为障碍的学生,需要进行系统的矫正。

(2)早期干预:面向少数学生进行,他们可能已经出现某种程度的心理和行为问题,如果得不到及时的帮助,就可能发展成严重的障碍。

(3)问题预防:在可能的问题发生之前,主动开展各种形式的工作,提高学生应对将来问题的能力。

(4)发展指导:面向全体学生进行;主动开展必要的指导活动,帮助学生成功完成心理—社会发展任务。

3. 中小学生心理辅导的方法
(1)行为改变的方法
①强化法:根据学习原理,一个行为发生后,如果紧跟着一个强化刺激,这个行为就会再一次发生,这种方法用来培养新的适应行为。
②代币奖励法:代币是一种象征性强化物。当学生做出教师所期待的良好行为后,就发给他们数量相当的代币作为强化物。用代币可以兑换有实际价值的奖励物或活动。
③行为塑造法:通过不断强化逐渐趋近目标的反应,来形成某种较复杂的行为。
(2)行为演练的方法
①系统脱敏法:当某些人对某事物、某环境产生敏感反应(害怕、焦虑、不安)时,我们可以在当事人身上发展起一种不相容的反应,使其对本来可引起敏感反应的事物,不再发生敏感反应。
②肯定性训练:目的是促进个人在人际关系中公开表达自己真实的情感和观点,维护自己的权益也尊重别人的权益,发展人的自我肯定行为。

4. 中小学生常见的心理问题
(1)儿童多动综合征:活动过度、注意力不集中、任性冲动。
(2)学习困难:指在知识的获取、巩固和应用的过程中缺乏策略和技巧,也就是我们常说的没有掌握学习方法。
(3)考试焦虑:随着考试临近,心情极度紧张等。
(4)儿童厌学症:对学习不感兴趣,讨厌学习。
(5)强迫症:强迫观念指当事人身不由己地思考他不想考虑的事情;强迫行为指当事人反复去做他不希望执行的动作。
(6)抑郁症:以持久的心境低落为特征的神经症。

第三节 教师职业心理

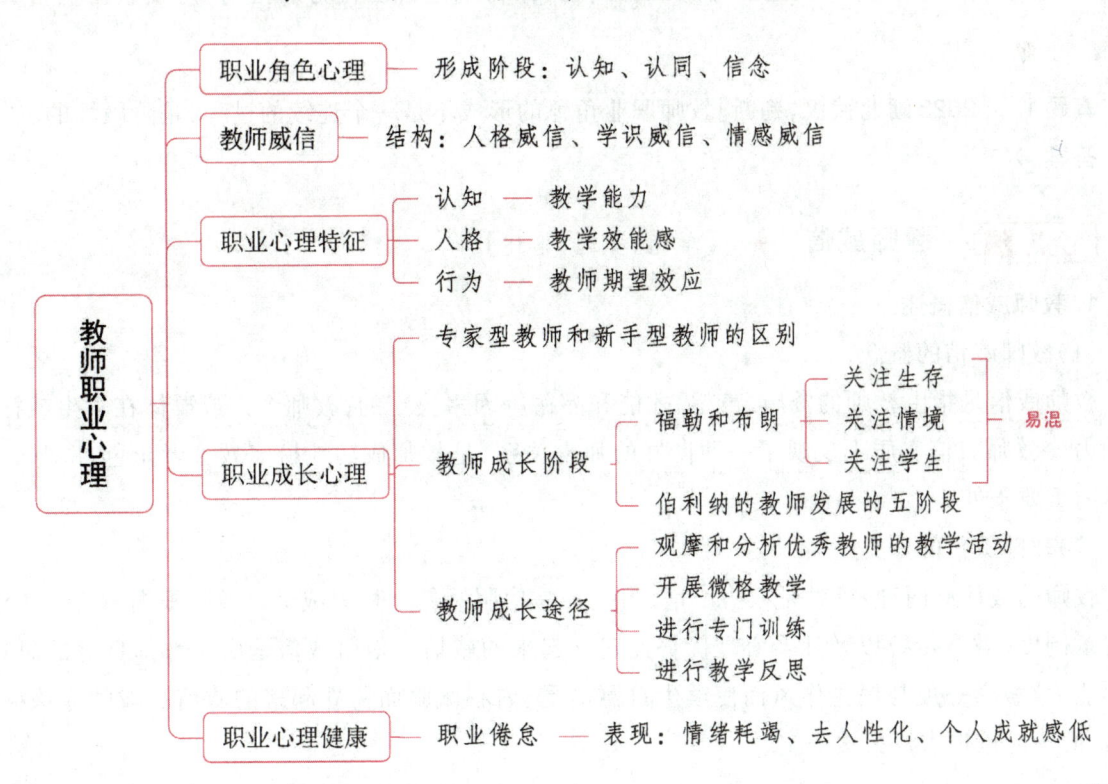

教师职业心理
- 职业角色心理 — 形成阶段:认知、认同、信念
- 教师威信 — 结构:人格威信、学识威信、情感威信
- 职业心理特征
  - 认知 — 教学能力
  - 人格 — 教学效能感
  - 行为 — 教师期望效应
- 职业成长心理
  - 专家型教师和新手型教师的区别
  - 教师成长阶段
    - 福勒和布朗 — 关注生存 / 关注情境 / 关注学生(易混)
    - 伯利纳的教师发展的五阶段
  - 教师成长途径
    - 观摩和分析优秀教师的教学活动
    - 开展微格教学
    - 进行专门训练
    - 进行教学反思
- 职业心理健康 — 职业倦怠 — 表现:情绪耗竭、去人性化、个人成就感低

一、教师职业角色心理与教师威信

考点 1 教师的职业角色心理

1. 教师角色的概念

教师角色是指由教师的社会地位决定的,并为社会所期望的行为模式。也即教师角色代表教师个体在社会团体中的地位和身份,同时包含着许多社会期望教师个体应表现的行为模式,包括社会对教师个人行为模式的期望和教师对自己应有行为的认识两方面。

2. 现代教师角色观

社会对每一种社会角色所规定的行为规范和要求,称为角色期待。现代教师角色观主要体现在以下几个方面:(1)学习的引导者和促进者;(2)行为规范的示范者;(3)班集体的管理者;(4)心理健康的维护者;(5)学生成长的合作者;(6)教学的研究者。

3. 教师职业角色的形成阶段 ★【单选、判断】

教师职业角色的形成是一个连续的过程。通过教学实践,从新手型教师逐渐成长为一个胜任教学工作的熟手型教师,其职业角色的形成主要经历以下三个阶段:

(1)教师角色的认知。角色认知是指角色扮演者对某一角色行为规范的认识和了解,知道哪些行为是合适的,哪些行为是不合适的。角色认知是角色扮演的先决条件。一个人能否成功地扮演某种角色,取决于他对这一角色的认知程度。

(2)教师角色的认同。教师角色的认同指个体亲身体验并接受教师角色所承担的社会职责,用以控制和衡量自己的行为。

(3)教师角色的信念。教师角色的信念是指教师在角色扮演中,将职业角色的社会要求转化为个体需要,坚信自己对教师职业的正确认识,并将其作为规范自己行为的指南,形成职业的自尊心和自豪感。

真题1 [2023湖北武汉,判断]教师职业角色的形成不是一个连续的过程,是阶段性的。(　　)
答案:×

考点 2 教师威信 ★【单选、多选、论述】

1. 教师威信概述

(1)教师威信的概念

教师威信是指由教师的资历、声望、才能和品德等因素决定的,教师个人或群体在学生或社会中的影响力。教师威信实质上反映了一种良好的师生关系,是教师成功地扮演教育者角色、顺利完成教育使命的重要条件。

(2)教师威信的分类

教师的威信有两种:一种是权力威信,另一种是信服威信。权力威信是教师根据教育法律法规、学校规章制度、教育传统以及社会心理优势而建立起来的威信。信服威信是由于教师良好的思想品德、教学能力、教学态度与民主作风而使学生自愿接受、内心佩服而树立起来的威信。教师应该树立信服威信,而不应该追求权力威信。

(3)教师威信的结构

教师威信主要包括人格威信、学识威信和情感威信三个方面的内容。

2.影响教师威信形成的因素

(1)教师威信形成的客观条件

①教师在全社会的政治和经济地位、全民族的道德文化素养和尊师重教的良好社会风气是教师威信形成的重要条件；

②教育行政机关和学校领导对教师工作的信任、关心和支持是提高教师威信的重要条件；

③家长对教师的态度也是影响教师威信的重要因素。

(2)教师威信形成的主观条件

①教师的专业素质——教师高尚的思想道德品质、渊博的知识和高超的教育教学艺术是教师获得威信的基本条件。

②教师的人格魅力——教师的仪表、作风和习惯，是教师获得威信的必要条件。

③师生关系——师生平等交往是教师获得威信的重要条件。另外，在师生交往过程中，教师给学生的第一印象对教师获得威信有较大影响。

④教师的评价手段。

3.教师威信的形成与发展

(1)教师威信形成的过程

教师威信形成的过程，一般来说是由"不自觉威信"向"自觉威信"发展。新教师在学生心目中是有一定吸引力的，是有一定威信的，但这种威信是短暂的"不自觉威信"。随着学生对教师德才方面逐渐了解，师生之间情感的日益加深和融洽，教师的威信就由"不自觉威信"发展成为"自觉威信"，这才算是真正的威信。当然，教师必须经过不断地努力，"不自觉威信"才有可能发展为"自觉威信"，否则"不自觉威信"也可能逐渐消失。

(2)建立教师威信的途径

①培养自身良好的道德品质。良好的道德品质是教师获得威信的基本条件。②培养良好的认知能力和性格特征。良好的认知能力和性格特征是教师获得威信所必需的心理品质。③注重良好仪表、风度和行为习惯的养成。④给学生以良好的第一印象。⑤做学生的朋友与知己。

(3)教师威信的维护

①教师要有坦荡的胸怀、实事求是的态度；②教师要正确认识和合理运用自己的威信；③教师要有不断进取的敬业精神；④教师要言行一致，做学生的楷模。

二、教师的职业心理特征

考点 1 ▶ **教师的认知特征** ★★ 【单选、多选】

1.教师的知识结构

一般认为，教师的知识结构主要包括：(1)专业学科内容知识；(2)教育教学知识；(3)心理学的知识；(4)实践性知识。

2.教师的教学能力

教师的教学能力包括：(1)组织和运用教材的能力；(2)言语表达能力；(3)组织教学的能力；(4)对

学生学习困难的诊治能力；(5)教学媒体的使用能力；(6)教育机智等。

一般认为，教师的教学能力分成以下几个方面：

(1)教学认知能力

教学认知能力是指教师对所教学科的定理、法则和概念等的概括化程度，以及对所教学生的心理特点和自己所使用的教学策略的理解程度。

教师的认知特征主要包括以下三个方面：

①观察力特征。教师的观察力是了解学生个性特征、发挥教育机智、因材施教的前提，因此，善于观察学生是教师教育能力结构的基本要素。

②思维特征。教师从观察中获得的材料，必须经过思维的加工才能形成教育决策，因此，思维能力是教师职业素养的重要标志。

③注意力特征。注意力对于教师的教育教学活动具有增强清晰度和调控的功能，可以使教师在教育教学活动中进行细致的观察，提高感受性，记忆准确，思维敏锐，从而提高教育教学效果。教师注意力的特点集中表现在注意分配能力上。

(2)教学操作能力

教学操作能力是指教师在教学中使用策略的水平，其水平高低主要看他们是如何引导学生掌握知识、积极思考、运用多种策略解决问题的，它是教师课堂教学能力的集中体现。

(3)教学监控能力

教学监控能力是指教师在教学过程中，对正在进行的教学活动进行不断的自我认识和反思，而不是机械地推进教学计划和步骤。教师的教学监控能力是其教学能力中最重要的成分，是教学能力的核心。

在这个教学能力结构中，教学认知能力是基础，教学操作能力是教学能力的集中体现，而教学监控能力是关键。

真题2 [2023黑龙江哈尔滨，多选]教师的教学能力包括（   ）

A. 教学计划能力　　　　　　　　　　B. 教学操作能力
C. 教学认知能力　　　　　　　　　　D. 教学监控能力

答案：BCD

考点 2 教师的人格特征 ★ 【单选】

1. 职业信念

有关职业信念的心理学研究主要集中在以下两个方面：

(1)教学效能感

①教学效能感的概念和种类

教学效能感一般指教师对自己影响学生行为和学习结果的能力的一种主观判断。这种判断会影响教师对学生的期待和指导，从而影响教师的工作效率。阿西顿曾认为，优秀教师具有较强的自我效能感，表现在优秀教师有个人成就感，认为从事的教学活动很有价值，对学生有正向的期望，并认为教师对学生的学习应负有责任。

教学效能感又分两个部分：一般教学效能感和个人教学效能感。前者指教师对教与学的关系、教育在学生身心发展中的作用等问题的一般看法和判断；后者指教师认为自己能够有效地影响学生，相信自己具有教好学生的能力。

②提高教师的教学效能感的方法

提高教师的教学效能感需要从教师自身和外部环境两方面入手。

从教师的自身方面来说：第一，要形成科学的教育观；第二，向他人学习；第三，教师要注意对自己的教学进行总结和反思，不断改进自己的教学。

从教师所处的外部环境来说：第一，在社会上，必须树立尊师重教的良好风气；第二，在学校内，必须建立一套完整、合理的管理制度和规则并严格加以执行，以及努力创立进修、培训等有利于教师发展和实现其自身价值的条件。另外，良好的校风建设、提高福利待遇等措施也会对教师的教学效能感产生积极的影响。

(2)教学归因

教学归因是指教师对学生学习结果的原因的解释和推测，这种解释和推测所获得的观念必然会影响其自身的教学行为。例如，倾向于将原因归于外部因素的教师，往往会更多地将学生的学习结果归结于学生的能力、教学条件等因素，因而，在其面对挫折时，就比较倾向于采取职业逃避策略，做出听之任之或者怨天尤人的消极反应。

2. 职业性格

有研究认为，优秀教师的性格品质的基本内核是"促进"，即对别人的行为有所帮助。教师的"促进"主要表现在三个方面：(1)理解学生；(2)与学生相处；(3)了解自己。

真题3 [2024福建统考,单选]"教师对自己影响学生行为和学习成绩能力的主观判断"是( )

A. 教学归因　　　　　　　　　　B. 教学认知能力
C. 教学监控能力　　　　　　　　D. 教学效能感

答案：D

考点 3　教师的行为特征　★★　【单选、判断、辨析】

1. 教师的教学行为

教师的教学行为可以从以下六个方面来衡量：(1)教学行为的明确性，即教师的教学行为是否明确；(2)教学方法的多样性，即教师的教学方法是否灵活、多样，调动学生学习的积极性的手段是否有效；(3)任务取向，即教师在课堂上的所有活动是否围绕教学任务而进行；(4)富有启发性，即教师的课堂教学对学生是否启发得当；(5)参与性，即在课堂教学过程中，班上的学生是否都积极地参与到教学活动中去；(6)及时评估教学效果，即教师能否及时掌握学生的学习状况和课堂中出现的问题，并据此调整自己的教学节奏和教学行为。如果一个教师在教学中能做到这六个方面，那么其教学行为应是非常恰当的，教学效果也必然会好。

2. 教师的期望行为

(1)教师期望效应

教师期望效应也叫**罗森塔尔效应**或**皮格马利翁效应**，即教师的期望或明或暗地传递给学生，会使学生按照教师所期望的方向来塑造自己的行为。教师期望效应的发生，既取决于教师自身的因素，也取决于学生的人格特征、原有认知水平、归因风格和自我意识等心理因素。在实际教育过程中，教师期望效应不一定经常被引起，因为还需要其他因素的影响。但是不管怎样，教师对所有的对象都抱有较

577

高的期望,热情对待,肯定会提高教育效果的。

> **知识再拔高**
>
> **教师期望效应实验**
>
> 罗森塔尔和雅各布森最早对教师期望进行了研究。他们在开学初对小学生进行了一个非言语智力测验,并告诉教师这个测验能预测学生的智力发展。研究者随机选取20%的学生,然后将学生名单告诉教师,并称这些学生是有发展潜力的。当然,教师并不知道该测验并不能够预测智力的发展潜力,也不知道所选取的学生与测验分数无关。然后,教师进行正常教学。一年后,被指定为有发展潜力的学生和控制组的学生(没有指定为有发展潜力者)之间出现了智力上的显著差异,这种差异在一年级和二年级的学生身上表现得最为突出。罗森塔尔等人将这一实验中的现象称为教师期望效应。

教师期望效应有两类:第一类为自我应验效应,即由原先错误的期望引起并把这个错误的期望变成现实的行为。如果某同学的父亲是著名的文学家,那他的老师很自然地认为他具有成为出色的作家的潜力,假设该学生文学天赋平平,但这个老师对其满腔热情,表达对其能力的十足信心,鼓励他经常练习,常常对其作业进行额外的批改。结果这种对待使他果真成为优秀的小作家。但如果老师不特别对待这位学生,结果就不会是这样,这就可看作是自我应验效应。第二类是维持性期望效应。即老师认为学生将维持以前的发展模式。其问题在于,如果老师认可这种模式,将很难注意和利用学生潜在能力的发展。例如,老师对后进生和优等生的不同期望,使得他很难关注后进生的进步,甚至对其进步持怀疑态度,认定他是在别人的帮助下甚至是作弊得到的。这种期望维持甚至增大了优等生和后进生的差距。

(2)教师期望对学生的影响

多数心理学家认为,教师期待的自我实现预言效应确实是存在的。在日常教育中,经常可以发现,如果教师喜欢某些学生,对他们抱有较高期待,一段时间后,教师会将自己暗含期待的感情微妙地传递给学生,使这些学生更加自尊、自信、自爱、自强,诱发出一种积极向上的激情,这些学生常常像老师所期待的那样有所进步。相反,如果教师厌恶某些学生,对学生期待较低,一段时间后,学生也会感受到教师的"偏心",也常常像老师所期待的那样一天天变差。教师的这种期待产生了相互交流的反馈,出现了教师期待的效果。

真题4 [2024福建统考,单选]提出教师期望效应(即皮格马利翁效应)的心理学家是( )
A.班杜拉　　　　B.托尔曼　　　　C.考夫卡　　　　D.罗森塔尔

真题5 [2023广东深圳,单选]皮格马利翁效应体现了教师的( )对学生的影响。
A.人格　　　　B.能力　　　　C.期望　　　　D.知识

答案:4. D　5. C

三、教师特征与职业成就的关系　★【单选、判断】

教师的认知能力(认知特征)和人格特征与教学效果有着尤其密切的关系。

1. 教师的认知特征与职业成就之间的关系

许多研究表明,在智力与知识达到一定水平之后,教师的表达能力、组织能力、诊断学生学习困难的能力以及他们思维的条理性、系统性、合理性与教学效果有较高的相关。研究表明,学生的知识学习同教师表达的清晰度有显著的正相关,教师讲解的含糊不清与学生的学习成绩存在负相关;教师思维的流畅性与他们的教学效果有显著的正相关;如果教师在这些方面能力较强,则学生的成绩好。教师的这些特点对小学生的影响更大。

2.教师的人格特征与职业成就之间的关系

在教师的人格特征中,有两个重要特征对教学效果有显著影响:**一是教师的热心和同情心;二是教师富于激励和想象的倾向性**。研究表明,善于激励、生动活泼、富于想象并热心于自己学科的教师,他们的教学工作较为成功。在教师的激励下,学生的行为更富有建设性。还有的研究发现,教师对学生思想的认可与学生成绩有正相关的趋势,尽管教师的表扬次数与学生的成绩之间未发现明确的关系,但教师的批评或不赞成,与学生的成绩之间却存在着负相关。

真题6 [2024江苏苏州,单选]教育心理学研究认为,教师的表达能力、组织能力与教学效果存在着( )

A.较高的相关 B.比较低的相关
C.无相关 D.无法确定其关系

答案:A

四、教师的职业成长心理

考点 1 专家型教师和新手型教师的区别 ★★ 【单选、多选、判断】

研究者认为,教师的成长过程是一个由新手到熟手再向专家型教师发展的过程。专家型教师是有教学专长的教师。专家型教师和新手型教师有如下差异:

1.课时计划的差异

表3-27 专家型教师与新手型教师的课时计划差异

比较范畴	专家型教师	新手型教师
课时计划的内容	突出了课程的主要步骤和教学内容,并未涉及一些细节;修改与演练所需的大部分时间都是在正式计划的时间之外,自然地在一天中的某个时候发生	把大量的时间用在课时计划的一些细节上;要在临上课之前针对课时计划做一下演练
教学的细节	教学的细节方面是由课堂教学活动中学生的行为决定。他们可以从学生那里获得一些有关教学细节的问题	课时计划往往依赖于课程的目标,仅限于课堂中的一些活动或一些已知的课程知识,而不能够把课堂教学计划与课堂情境中的学生行为联系起来
制订课时计划	根据学生的先前知识来安排教学进度。他们认为实施计划是要靠自己去发挥的。因此,他们的课时计划就有很大的灵活性	仅仅按照课时计划去做,并想办法去完成它,却不会随着课堂情境的变化来修正他们的计划
备课	表现出一定的预见性。他们会在头脑中形成包括教学目标在内的课堂教学表象和心理表征,并且能预测执行计划时的情况	认为自己不能预测计划执行时的情况,因为他们往往更多地想到自己做什么,而不知道学生将要做些什么

2. 课堂教学过程的差异

表3-28　专家型教师与新手型教师的课堂教学过程差异

比较范畴	专家型教师	新手型教师
课堂规则的制订与执行	课堂规则明确,并能坚持执行	课堂规则较为含糊,难以坚持执行
维持学生注意	有一套完善的维持学生注意的方法	相对缺乏完善的维持学生注意的方法
教材内容的呈现	注重回顾先前的知识,并能根据教学内容选择适当的教学方法	不能很好地呈现教材内容
课堂练习	看作检查学生学习的手段	仅仅把练习当作必经的步骤
家庭作业的检查	具有一套检查学生家庭作业的规范化、自动化的常规程序	缺乏相应的检查学生家庭作业的规范
教学策略的运用	具有丰富的教学策略,并能灵活运用	或缺乏或不会运用教学策略

3. 课后评价差异

在课后评价时,专家型教师和新手型教师关注的焦点不同。新手型教师的课后评价要比专家型教师更多地关注课堂中发生的细节。而专家型教师则更多地谈论学生对新材料的理解情况和他认为课堂中值得注意的活动,很少谈论课堂管理问题和自己的教学是否成功。

4. 其他差异

（1）在师生关系方面,专家型教师能热情、平等地对待学生,师生关系融洽,具有强烈的成就体验;

（2）在人格魅力方面,专家型教师具有注重实际和自信心强的人格特点,能更好地控制和调节情绪,理智地处理面临的教育教学问题,并在课后进行评估和反思;

（3）在职业道德方面,专家型教师对职业的情感投入程度高,职业义务感和责任感强。

真题7　[2023辽宁锦州,判断]与新教师相比,专家型教师的课后教学评价会更多地关注课堂中发生的细节,会评估自己的教学是否成功。(　　)

A. 正确　　　　　　　　　　　　B. 错误

答案：B

考点 2　教师的成长阶段　★★★　【单选、填空、判断】

1. 福勒和布朗的教师成长的三阶段

福勒和布朗根据教师的需要和不同时期所关注的焦点问题,把教师的成长划分为关注生存、关注情境和关注学生三个阶段。

（1）关注生存阶段

处于关注生存阶段的一般是新教师,他们非常关注自己的生存适应性,最担心的问题是"学生喜欢我吗""同事们如何看我""领导是否觉得我干得不错"等。因而,他们可能会把大量的时间花在如何与学生搞好个人关系上,想方设法控制学生,而不是更多地考虑如何让学生获得学习上的进步。

（2）关注情境阶段

处于关注情境阶段的教师关心的是如何教好每一堂课,以及班级大小、时间压力和备课材料是否充分等与教学情境有关的问题,如"内容是否充分得当""如何呈现教学信息""如何掌握教学时间"等。

传统教学评价集中关注这一阶段,一般来说,老教师比新教师更关注此阶段。

(3)关注学生阶段

当教师顺利地适应了前两个阶段后,成长的下一个目标便是关注学生。教师将考虑学生的个别差异,认识到不同发展水平的学生有不同的需要,根据学生的差异采取适当的教学,促进学生发展。能否自觉关注学生是衡量一个教师是否成熟的重要标志之一。

关注生存阶段　　　　　关注情境阶段　　　　　关注学生阶段

2. 伯利纳的教师发展的五阶段

伯利纳在职业专长发展五阶段理论的基础上,提出了教师成长与发展的五阶段理论,即新手教师、熟练新手教师、胜任型教师、业务精干型教师和专家型教师五个阶段。

(1)新手教师阶段

新手教师是经过系统的师范教育与专业学习,刚刚从事教学工作的教师。新手教师的特征主要表现为:①新手教师通常是理性化的,在分析和思考的基础上处理问题;②新手教师处理问题缺乏灵活性;③新手教师处理问题时,刻板地依赖特定的原则、规范和计划。在这个阶段,教师的主要需求是了解与教学有关的实际情况,熟悉具体的教学情境,积累教学经验。

(2)熟练新手教师阶段

随着知识和经验的积累,经过2~3年,新手教师逐渐发展成为熟练新手教师。熟练新手教师的特征主要表现在:①实践经验与书本知识逐渐整合,并逐步掌握了教学过程中的内在联系;②教学方法和策略方面的知识与经验有所提高,处理问题时表现出一定的灵活性;③经验对教学行为的指导作用提高,但还不能够很好地区分教学情境中的重要信息和无关信息;④对自己的教学行为还缺乏一定的责任感。

(3)胜任型教师阶段

大部分熟练新手教师经过教学实践和职业培训,经过3~4年成为胜任型教师,这是教师发展的基本目标。胜任型教师的特征主要表现在:①教学行为有明确的目的性;②能够区分出教学情境中的重要信息,并选择有效的方法或手段达到教学目标;③对自己的行为结果表现出更多的责任心,对于成功和失败表现出强烈的情绪情感反应;④教学行为还没有达到足够快捷、流畅和灵活的程度。

(4)业务精干型教师阶段

在成为胜任型教师后,经过5年左右的知识和经验积累,有相当部分的教师成为业务精干型教师。业务精干型教师的特征主要表现在:①具有较强的直觉判断能力;②教学技能方面接近认知自动化水平;③教学行为已经达到了快捷、流畅和灵活的程度。

(5)专家型教师阶段

专家型教师阶段是教师发展的最终阶段,只有部分业务精干型教师在以后的职业发展中成为专家型教师。专家型教师的特征主要表现在:①处理问题的非理性倾向;②对教学情境的观察与判断的直觉性;③教学技能达到了完全自动化水平。

真题8 [2024广东佛山,单选]小何老师从师范学校毕业一年后,对讲课积累了一定的经验,同时她还花费了大量时间与学生打成一片,力求让每一个学生都喜欢她。她目前的情况属于( )

A. 关注教学阶段　　　　　　　　　　B. 关注生存阶段

C. 关注情境阶段　　　　　　　　　　D. 关注学生阶段

真题9 [2023广西贵港,单选]钟老师在日常教学中总感觉现行教材的灵活性不足,学校所大力倡导的分组教学和探究性学习的教学方式不能照顾到部分基础薄弱的学生。因此,她花费大量时间,针对不同层次的学生编制了不同的导学案来帮助学生实现全面发展。由此可以推测,钟老师正处于教师成长的( )

A. 关注生存阶段　　　　　　　　　　B. 关注学生阶段

C. 关注情境阶段　　　　　　　　　　D. 关注发展阶段

真题10 [2022江苏苏州,判断]衡量教师是否成熟的主要标志是能否更多地考虑课堂管理。( )

答案:8. B　9. B　10. ×

考点 3 ▶ 教师成长的途径 ★★ 【单选、判断、判断选择】

教师成长与发展的基本途径主要有两个方面:(1)通过师范教育培养新教师作为教师队伍的补充;(2)通过实践训练提高在职教师的素质。具体来说,促进教师成长有以下几种方法:

1. 观摩和分析优秀教师的教学活动

课堂教学观摩可分为组织化观摩和非组织化观摩。组织化观摩是有计划、有目的的观摩,非组织化观摩则没有这些特征。一般来说,为培养和提高新教师与教学经验欠缺的年轻教师宜进行组织化观摩,这种观摩可以是现场观摩,如组织听课,也可以是观看优秀教师的教学录像。非组织化观摩要求观摩者有相当完备的理论知识和洞察力,否则,难以达到观摩学习的目的。

2. 开展微格教学

微格教学是指以少数的学生为对象,在较短的时间内(5~20分钟),尝试做小型的课堂教学,并把这种教学过程摄制成录像,课后再进行分析。这是训练新教师、提高其教学水平的一条重要途径。微格教学有许多特点,但最能体现其特点的是<u>训练单元小</u>。

3. 进行专门训练

教师的成长与发展也可以通过专门的教学能力训练来实现,如训练新教师掌握教学过程中有效的教学策略等。研究表明,专家型教师所具有的教学技能和教学策略是可以教给新教师的,新教师在掌握这些知识后,会在一定程度上促进其教学。但同时也要明白,仅仅通过学习专家型教师的经验是远远不够的,新教师还应注重对自身教学经验的反思,使两者有效结合,才能真正提高自己的教学水平。

4. 进行教学反思(反思教学经验)

教学反思是指教师以自己的教学活动为意识对象,对自己的教育理念、教学行为、决策以及由此所产生的结果进行认真的自我审视、评价、反馈、控制、调节、分析的过程。教学反思一直以来是教师提高个人业务水平的一种有效手段。教学反思的过程一般为:具体体验→观察分析→抽象地重新概括→积极地验证。教学反思的成分有:(1)认知成分;(2)批判成分;(3)教师的陈述。

布鲁巴奇等人认为教学反思的方法主要有:(1)反思日记。在每一天教学工作结束后,要求教师写下自己的经验,并与指导教师共同分析。(2)详细描述。教师相互观摩彼此的教学,详细描述看到的情境,并对此进行讨论分析。(3)交流讨论。来自不同学校的教师聚集在一起,主要的工作是:第一,提出课堂上发生的问题;第二,共同讨论解决问题的办法;第三,得到的方案为所有教师共享。(4)行动研究。为弄清课堂上遇到的问题的实质,探索用以改进教学的行动方案,教师以及研究者可以进行调查和实验研究,这不同于研究者由外部进行的旨在探索普遍法则的研究,而是直接着眼于教学实践的改进。

另外,教学反思的方法还有教学案例和教师成长档案袋。教师成长档案袋是一种教师成长的历史记录,是一种实质性的文档,是一种学习工具。教师成长档案袋包括以下内容:(1)教师个人基本信息及分析;(2)教师不同领域的工作进展情况。

美国教育心理学家波斯纳提出了教师成长公式:经验+反思=成长。

真题11 [2022 河北衡水,判断]开展微格教学是训练新教师、提高其教学水平的一条重要途径。( )
答案:√

五、教师的职业心理健康

考点 1 教师心理健康的标准

(1)能积极地悦纳自我;(2)有良好的教育认知水平;(3)热爱教师职业,积极地爱学生;(4)具有稳定而积极的教育心境;(5)能控制各种情绪与情感;(6)和谐的教育人际关系;(7)能适应和改造教育环境;(8)具有教育独创性。

考点 2 影响教师心理健康的主要因素

(1)主观方面:教师的心理健康受其人格特征、心理素质等自身因素的制约。
(2)客观方面:①家庭、学校、社会环境的影响不容忽视,如教学工作量繁重而复杂,节奏紧张,教师不堪重负;②工资待遇和社会地位与劳动强度不成正比,挫伤积极性,使教师缺乏成就感和前途感;③学校组织中人际关系复杂;④家庭关系不和谐等。

考点 3 职业压力与职业倦怠 ★★ 【单选、多选、论述、案例分析】

1.职业压力
(1)概念
教师的职业压力主要是由工作引起的,是教师对来自教学情境的刺激产生的情绪反应。
(2)职业压力的来源
了解教师职业压力的来源,帮助教师有效地应对,是维护和促进教师心理健康的重要途径。伍尔若和梅将教师职业压力按性质的不同分为五类:①中心压力——较小的压力及日常的麻烦;②外围的压力——教师经历的重大生活事件或压力情节;③预期性压力——教师预先考虑到的令人不愉快的事件;④情境压力——教师现在的心境;⑤回顾压力——教师对自己过去的压力事件及相关经历进行的评价。

583

2. 职业倦怠

(1)概念

长期的职业压力会导致教师的职业倦怠。职业倦怠是个体在长期的职业压力下，缺乏应对资源和应对能力而产生的身心耗竭状态。教师的职业倦怠是在长期工作压力和自身心理素质的互动下形成的，并带来生理、情绪、认知和行为等方面的问题，导致教师出现严重的身心疾病。

(2)职业倦怠的表现

玛勒斯等人认为职业倦怠主要表现为三个方面：①情绪耗竭，指个体情绪情感处于极度的疲劳状态，工作热情完全丧失；②去人性化（去人格化），即刻意在自身和工作对象间保持距离，对工作对象和环境采取冷漠和忽视的态度；③个人成就感低，表现为消极地评价自己，贬低工作的意义和价值。

美国心理学家法贝将职业倦怠分为三种表现形式：

①精疲力竭型。这类教师在高压力下的表现是放弃努力，以减少对工作的投入来求得心理平衡。这类教师的职业倦怠一旦出现，要想恢复就很困难，因为这些症状会得到自我强化。

②狂热型。这类教师有着极强的成功信念，能狂热地投入工作，但理想与现实之间的巨大反差，使他们的这种热情通常坚持不了太长时间，整个信念系统突然塌陷，最终屈服于精力耗竭。

③低挑战型。对于这类教师而言，工作本身缺乏刺激，他们觉得以自己的能力来做当前的工作是大材小用，因而厌倦工作。他们在工作一段时间后，就开始对工作敷衍塞责，并考虑更换其他工作。

(3)职业倦怠的原因

教师职业倦怠产生的心理紧张源有：①社会因素，即教师职业的声望压力；②职业因素，即教师担当的多种角色所产生的角色职责压力、角色冲突、学生问题、升学考试压力等；③工作环境，即教师与学生、家长、领导、同事之间的人际关系压力，学校的考评、聘任制度所带来的压力；④个人因素，即教师个人的认知方式和应对紧张的策略与心理压力的产生密切相关。

(4)职业倦怠的干预

合理的预防、积极的应对以减少和消除职业倦怠的方法主要有以下三点：

①个体的自我干预。个体干预的目的是通过改变个体自身的某些特点来增强其适应工作环境的能力。个体干预的主要方法有：放松训练、时间管理、社交训练、压力管理和态度改变等。以下是个体干预职业倦怠的几种有效建议：首先，观念的改变。其次，积极的应对策略和归因方式。最后，合理的饮食和开展锻炼。

②组织的有效干预。组织干预的思路是通过削减过度的工作时间、降低工作负荷、明确工作任务、积极沟通与反馈来防止和缓解职业倦怠。学校对教学的评价机制是影响教师工作的积极性和创造性的重要因素，改善学校领导方式是缓解教师职业压力的有效途径。

③构建社会支持网络。减少和消除职业倦怠，需要建立一个和谐的社会支持网络。首先，对教师的角色期待进行合理定位；其次，国家应切实采取措施提高教师的经济待遇和社会地位，维护教师的合法权利，使教师切实感受到社会的尊重；最后，教育部门应探索出有效的教师教育培训体系，将职前与职后培训有机结合起来，提高教师智力方面与非智力方面的水平，重视教师承受压力和自我缓解压力的训练。

真题12 [2023广西贵港,多选]下列属于职业倦怠的表现的有(　　)

A. 新的职位渴求　　B. 去人格化

C. 个体成就感低　　D. 情绪耗竭

答案：BCD

考点 4 ▶ 教师心理健康的维护

教师心理健康的维护主要体现在学校、社会及教师自身三个方面。其中,学校和社会的关心与重视是维护教师心理健康的必要外部因素和前提条件,而教师自身积极、主动和科学的自我维护则是保障教师心理健康状态的内部动因和根本途径。

1. 社会支持策略

教师的心理健康问题往往是各种社会问题在教育领域中的反映,因此,维护教师的心理健康仅靠一所学校和教师个体的努力是远远不够的,启动教师心理健康教育的社会工程,建立教师心理健康发展的社会支持系统势在必行。

2. 学校发展策略

学校管理者对教师工作与生活的关心和激励,是维护教师心理健康的主要外部因素,同时也是调动教师工作积极性、优化学校管理工作效能的核心内容。

3. 自我维护策略

在社会高度重视教师心理健康、学校全力促进教师心理健康的前提下,要想真正提高教师的心理健康水平,教师个人加强自我维护才是根本途径。(1)教师应该树立科学理性的自我概念。(2)教师要保持一种开放的心态,勤于学习。(3)教师要掌握一些应对压力的策略和方法,进行积极的自我调适,避免消极情绪的影响。

✦✦ 本节核心考点回顾 ✦✦

1. 教师职业角色的形成阶段

教师职业角色的形成是一个连续的过程,主要经历以下三个阶段：(1)教师角色的认知；(2)教师角色的认同；(3)教师角色的信念。

2. 教师的教学能力

(1)教学认知能力：教师对所教学科的定理、法则和概念等的概括化程度。

(2)教学操作能力：教师在教学中使用策略的水平。

(3)教学监控能力：教师在教学过程中,对正在进行的教学活动进行不断的自我认识和反思,这是教学能力的核心。

3. 教学效能感

教学效能感一般指教师对自己影响学生行为和学习结果的能力的一种主观判断。

4. 教师期望效应

教师期望效应又叫罗森塔尔效应、皮格马利翁效应,即教师的期望或明或暗地传递给学生,会使学生按照教师所期望的方向来塑造自己的行为。

5.专家型教师和新手型教师的区别

(1)制订课时计划方面:新手型教师仅仅按照课时计划去做,并想办法去完成它,却不会随着课堂情境的变化来修正他们的计划。

(2)课后评价差异方面:新手型教师的课后评价要比专家型教师更多地关注课堂中发生的细节,而专家型教师则更多地谈论学生对新材料的理解情况和他认为课堂中值得注意的活动,很少谈论课堂管理问题和自己的教学是否成功。

6.教师成长的阶段(福勒、布朗)

(1)关注生存阶段:一般是新教师,他们非常关注自己的生存适应性。

(2)关注情境阶段:关注如何教好每一堂课,以及与教学情境有关的问题。

(3)关注学生阶段:考虑学生的个别差异,根据学生的差异采取适当的教学,促进学生发展。能否自觉关注学生是衡量一个教师是否成熟的重要标志之一。

7.教师职业倦怠的表现

(1)玛勒斯等人认为职业倦怠主要表现为三个方面:

①情绪耗竭:个体情绪情感处于极度的疲劳状态,工作热情完全丧失;

②去人性化:刻意在自身和工作对象间保持距离,对工作对象和环境采取冷漠和忽视的态度;

③个人成就感低:消极地评价自己,贬低工作的意义和价值。

(2)法贝将职业倦怠分为三种表现形式:

①精疲力竭型:放弃努力,以减少对工作的投入来求得心理平衡。

②狂热型:有着极强的成功信念,能狂热地投入工作,但理想与现实之间的巨大反差,使他们的这种热情通常坚持不了太长时间,整个信念系统突然塌陷,最终屈服于精力耗竭。

③低挑战型:觉得以自己的能力来做当前的工作是大材小用,因而厌倦工作。在工作一段时间后,就开始对工作敷衍塞责,并考虑更换其他工作。

04 第四部分
教育法律法规

内容导学

- 本部分内容共分为三章。

- 第一章主要介绍教育法律基础知识,考查题型一般为选择、判断等客观题。

- 第二章主要介绍现行主要的教育法律法规,是教育法律法规部分的考查重点,考查题型主、客观均会涉及。

- 第三章主要介绍依法执教与教师违法(侵权)行为,考查题型主、客观均会涉及,常结合教学实例进行考查。

- 考生应重点掌握第二章的内容,并结合历年真题和每章的栏目有重点地复习。对于以客观题为主要考查形式的知识点,应注重识记和理解;对于以主观题为主要考查形式的知识点,不仅要做到识记和理解,更要能灵活运用。

- 为了方便考生梳理知识脉络,我们在各章设置思维导图和核心考点回顾。

本部分学习指南

一、考情概况

本部分属于考试中重点考查的内容,分布较为广泛,需要识记的内容较多。考生可带着以下学习目标进行备考:

1. 了解我国教育法规的体系结构和教育法学基础知识。
2. 掌握我国现行主要的教育法律法规。
3. 理解依法执教的含义。
4. 掌握教师违法(侵权)行为的主要类型及其表现形式。

二、考点地图

考点	年份/地区/题型
《中华人民共和国教育法》	2024山东单选;2024安徽单选;2024广东多选;2023辽宁单选、判断;2023湖南单选;2023广东单选;2023湖北判断;2022安徽单选;2022浙江单选;2022福建填空
《中华人民共和国义务教育法》	2024安徽单选;2024福建填空;2024江苏判断;2023山西单选;2023广东多选;2023贵州判断
《中华人民共和国教师法》	2024贵州单选;2024河北单选;2024江苏单选;2024广东判断;2024安徽简答;2023广东单选;2023山东多选;2023河北多选
《中华人民共和国未成年人保护法》	2024福建单选;2024安徽单选;2024山东单选;2024浙江判断;2023山西单选;2023辽宁多选;2023广东判断;2022河南单选;2022安徽判断
《学生伤害事故处理办法》	2024安徽单选;2024河北单选;2023辽宁单选
教师违法(侵权)行为的主要类型及其表现形式	2024安徽单选;2024广东单选;2023山西单选;2023河北单选、判断;2023湖北判断;2022内蒙古单选;2022河南多选

注:上述表格仅呈现重要考点的相关考情。

第一章 教育法律基础

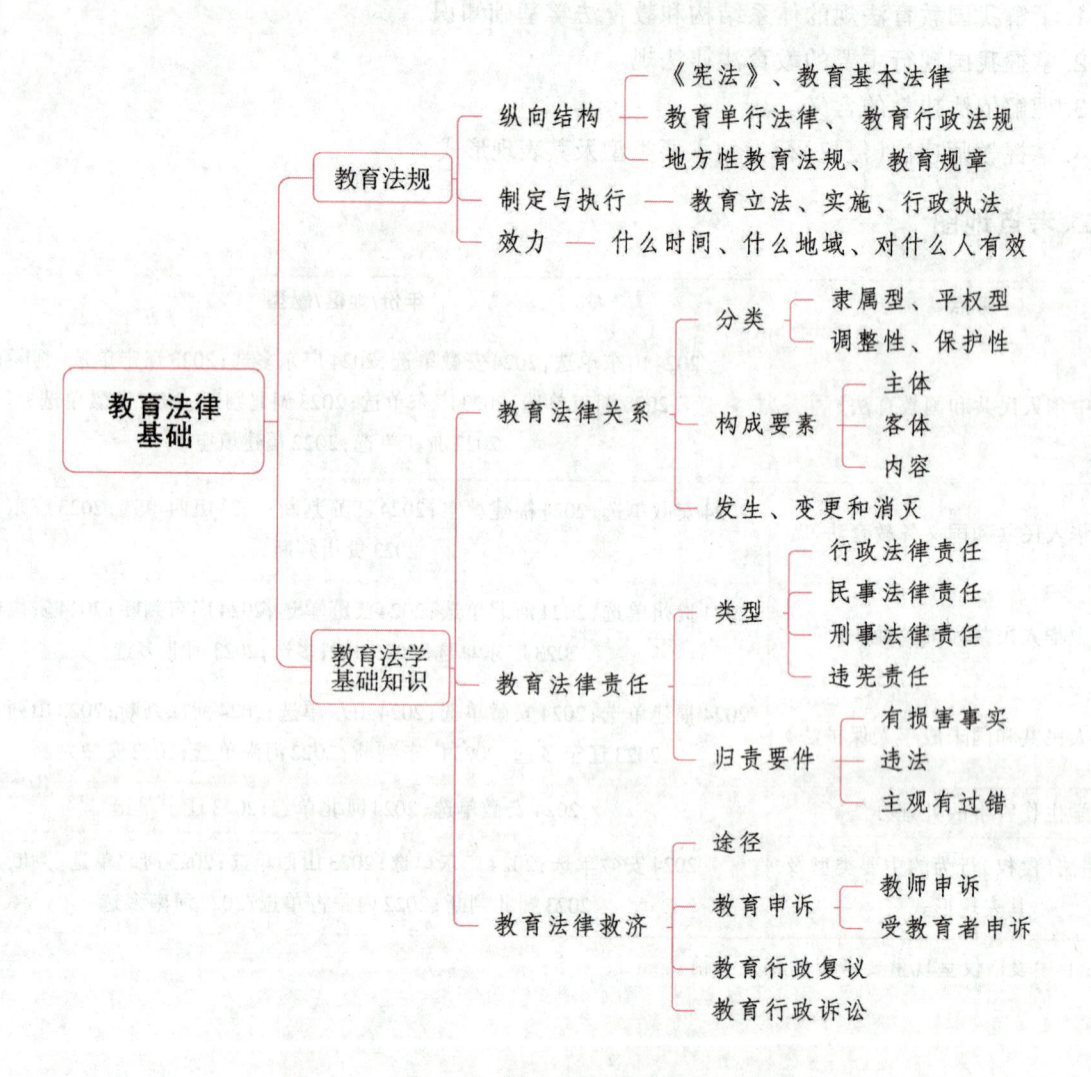

```
教育法律基础
├── 教育法规
│   ├── 纵向结构
│   │   ├── 《宪法》、教育基本法律
│   │   ├── 教育单行法律、教育行政法规
│   │   └── 地方性教育法规、教育规章
│   ├── 制定与执行 —— 教育立法、实施、行政执法
│   └── 效力 —— 什么时间、什么地域、对什么人有效
└── 教育法学基础知识
    ├── 教育法律关系
    │   ├── 分类
    │   │   ├── 隶属型、平权型
    │   │   └── 调整性、保护性
    │   ├── 构成要素
    │   │   ├── 主体
    │   │   ├── 客体
    │   │   └── 内容
    │   └── 发生、变更和消灭
    ├── 教育法律责任
    │   ├── 类型
    │   │   ├── 行政法律责任
    │   │   ├── 民事法律责任
    │   │   ├── 刑事法律责任
    │   │   └── 违宪责任
    │   └── 归责要件
    │       ├── 有损害事实
    │       ├── 违法
    │       └── 主观有过错
    └── 教育法律救济
        ├── 途径
        ├── 教育申诉
        │   ├── 教师申诉
        │   └── 受教育者申诉
        ├── 教育行政复议
        └── 教育行政诉讼
```

第一节 教育法规概述

一、教育法规与教育政策 ★【单选、判断】

考点 1 ▶ 教育法规

1. 教育法规的内涵

教育法规，是指国家权力机关和国家行政机关为调整教育与经济、社会、政治的关系，调整教育内部各个环节的关系而制定和发布的教育法律、法令、条例、规程、制度等规范文件的总称。它是兴办教

育事业所必须遵循的准则、依据和规范,是国家领导、组织、管理教育,促进教育事业健康发展的重要工具,是国家法制建设的重要组成部分。教育法律是由国家权力机关(或称立法机关)制定或认可的关于教育的规范性文件。在我国,由全国人大制定的法律称为基本法律;由全国人大常委会通过的法律称为一般法律。

2. 教育法的特点

(1)教育法作为一般社会规范和法律所具有的特点:①教育法具有国家意志性。②教育法具有强制性。③教育法具有规范性。④教育法具有普遍性。一是在国家权力所及的范围内,教育法律具有普遍的约束力;二是教育法律面前人人平等,不存在适用对象的例外。

(2)教育法区别于其他社会规范和法律的特点:①教育法律关系成立的单向性;②教育相对主体调整的民主性;③教育强制措施施行的柔软性;④教育行政管理方式的指导性;⑤教育法规具体内容的广泛性。

考点 2 ▶ 教育政策

1. 教育政策的概念

教育政策是一种有目的、有组织的动态发展过程,是政党、政府等政治实体为实现一定历史时期的教育目的和任务而规定的行动依据和准则。

2. 教育政策的功能

(1)导向功能。教育政策的导向功能,是指教育政策对教育教学活动和人们的行为具有指导作用。通常从两个方面表现出来:一是为教育事业的发展提出明确的目标,二是推出一整套旨在促进教育发展的重大措施。

(2)协调功能。教育政策的协调功能,是指教育政策在社会发展过程中具有协调和平衡各种教育关系的作用。

(3)控制功能。任何教育政策都是为了解决一定的教育问题或者预防某一教育问题的出现而制定的,它具有约束和规范人们行为的作用,这就是教育政策的控制功能。教育政策的控制功能有两个特点:一是强制性,二是惩罚性。

考点 3 ▶ 教育法规与教育政策的关系

1. 教育法规与教育政策的联系

(1)教育法规与教育政策都决定于上层建筑,具有共同的目的;(2)教育政策是制定教育法规的依据,教育法规是教育政策的具体化、条文化和定型化;(3)教育政策决定教育法规的性质,教育法规的内容体现教育政策;(4)教育政策是实施教育法规的指导,教育法规是实现教育政策的保证。

2. 教育法规与教育政策的区别

(1)教育法规和教育政策的制定主体不同;(2)教育法规和教育政策的执行方式不同;(3)教育法规和教育政策的规范效力不同;(4)教育法规和教育政策调整和适用的范围不同;(5)教育法规和教育政策所要解决问题的性质不同。

真题1 [2022广西桂林,判断]教育政策的协调功能是指教育政策在社会发展过程中具有协调和平衡各种教育关系的作用。(   )

答案:√

二、教育法规的体系结构 ★★ 【单选、判断】

考点 1 纵向结构

教育法规体系的纵向结构,是指由不同层级的教育法律文件组成的等级、效力有序的纵向体系。由于制定机关的性质和法律地位不同,上下层次的教育法规之间具有从属关系。我国教育法律体系的纵向结构为:

1. 我国《宪法》中有关教育的条款

《中华人民共和国宪法》由最高国家权力机关(全国人民代表大会)制定,具有最高的法律地位和法律效力,是国家的根本大法,是其他一切法律法规制定的依据。《中华人民共和国宪法》中有关教育的条款是我国教育立法的根本依据,是教育法规的最高层次,其他形式的教育法律、法规都不得与之相违背。

2. 教育基本法律

教育基本法律是由全国人民代表大会制定,调整教育内部、外部相互关系的基本法律准则。它对整个教育全局起宏观调控作用,或称为"教育宪法""教育母法"。我国的教育基本法律为1995年第八届全国人民代表大会第三次会议通过的《中华人民共和国教育法》。

3. 教育单行法律

教育单行法律一般是由全国人民代表大会常务委员会制定的,规定教育领域某一方面具体问题的规范性文件,其效力低于《中华人民共和国宪法》和教育基本法,如《中华人民共和国教师法》《中华人民共和国职业教育法》《中华人民共和国高等教育法》等。

4. 教育行政法规

教育行政法规是行政法规的形式之一,是由最高国家行政机关(国务院)依据《中华人民共和国宪法》和教育法律制定的关于教育行政管理的规范性文件,其效力低于《中华人民共和国宪法》和教育法律,高于地方性教育法规和教育规章。它们内容广泛、数量众多,在实际工作中起主要作用。教育行政法规的名称一般有三种:条例、规定、办法或细则,如《征收教育费附加的暂行规定》《教师资格条例》等。

5. 地方性教育法规

地方性教育法规是地方国家权力机关制定的规范性文件的专称,由省、自治区、直辖市和设区的市、自治州的人民代表大会及其常务委员会制定。地方性教育法规只在该行政区域内有效,不得同宪法、法律、行政法规相抵触,其名称通常有条例、办法、规定、规则、实施细则等,如《上海市中小学校学生伤害事故处理条例》《河南省实施〈中华人民共和国义务教育法〉办法》《山东省职业教育条例》等。

6. 教育规章

教育规章是中央和地方有关国家行政机关依照法定权限和程序制定颁布的有关教育的规范性文件,有的称为教育行政规章,包括部门教育规章和地方政府教育规章。

(1)部门教育规章是国务院所属各部、各委员会发布的有关教育的规范性文件。这类文件主要是就国家有关教育的法律、行政法规的实施问题制定出相应的实施办法、条例、大纲、标准等,以保证相关法律、法规的实施,如《中小学幼儿园安全管理办法》。

(2)地方政府教育规章是省、自治区、直辖市和设区的市、自治州的人民政府所制定的有关教育的规范性文件。地方政府教育规章只在本行政区域内有效,其效力低于《中华人民共和国宪法》、教育法律、教育行政法规和地方性教育法规。地方政府教育规章是整个教育法规体系的重要组成部分。

真题2 [2022四川统考,判断]《中华人民共和国义务教育法》和《中华人民共和国教师法》处于同一法律效力等级。（　　）

答案：√

考点 2 ▶ 横向结构

教育法规体系的横向结构是指依据教育法规所调整的教育社会关系的特点或教育关系构成要素的不同,划分出若干处于同一层级的部门教育法,形成法规调整的横向体系。我国教育法规体系的横向结构主要包含以下几个部类：(1)教育基本法；(2)基础教育法；(3)高等教育法；(4)职业教育法；(5)成人教育或社会教育法；(6)学位法；(7)教师法；(8)教育投入法或教育财政法。

三、教育法规的制定与执行

考点 1 ▶ 教育立法

1. 教育立法的概念

教育立法即教育法的制定,是指国家立法机关依照法律程序制定规范性教育法律文件的活动。立法有广义和狭义两种理解。广义的教育立法是指一切国家机关依照法定职权和程序,制定、修改和废止教育法规的活动。狭义的教育立法是指最高国家权力机关及其常设机关,依据法定权限和程序制定、修改和废止教育专门法律的活动,在我国指全国人大及其常委会制定、修改和废止教育法律的专门活动。教育立法是实现依法治教的前提和基础。

2. 教育立法的基本程序

法律制定的程序又称立法程序,立法的程序一般分为四个步骤：草案的提出、草案的审议、草案的表决和通过、法律的公布。

3. 教育立法的原则与要求

(1)必须坚持子法从属于母法的原则；(2)必须反映法律规范的基本特征；(3)必须同党的教育方针、政策保持一致；(4)教育法规的制定,需要参照其他相关法规的精神与原则,以协调好教育法规与其他法规的关系；(5)必须从我国的国情出发,从实际出发,实事求是,遵循民主化与科学化的原则；(6)借鉴外国教育立法的有益经验。

考点 2 ▶ 教育法规实施

1. 教育法规实施的含义

教育法规实施,是教育法制运行的中心环节。教育法规的实施,是指教育法律规范在教育实践过程中的具体运用和实行。

2. 教育法规实施的原则

教育法规实施的原则,是指在教育法规实施的过程中应该遵循的基本准则。教育法规的实施作为实现依法治教的重要手段,必须遵循教育性、效力性、民主性、平等性原则。

3. 教育法规实施的方式

教育法规的实施可以有两种方式,即教育法规的遵守和适用。

(1)教育法规的遵守

教育守法亦称教育法规的遵守,是教育法规实施的一种基本方式,它是指国家机关及其工作人员、社会团体和公民自觉按照教育法规的规范要求去行为。无论是依法作为,还是依法不作为,都属于守法的范畴。教育法规的遵守是法的自律性实施,是教育法律关系主体自觉地运用教育法律规范去规范自己的行为,因此,它对教育法规的实施具有更为现实的意义。社会各方面自觉地遵守教育法规是教育法规实施的主要方式。

(2)教育法规的适用

①教育法规适用的概念

教育法规的适用有广义和狭义之分。广义的教育法规适用,包括国家权力机关、行政机关和国家司法机关及其公职人员依照法定权限与程序,将教育法规运用于具体的人或组织的专门活动。狭义的教育法规适用,则专指国家司法机关依照法定的职权和程序,运用教育法处理各种案件的专门活动,即教育司法。教育法规的适用是法的他律性实施,是指当教育法律关系主体自己不去实施相应法律规范时,由国家专门机关强制实施的方式。教育法律纠纷的存在是教育司法的前提,即只有当存在教育法律纠纷需要解决时,教育司法才成为必要。

②教育法规适用的要求

首先,公正准确是教育司法活动的灵魂和生命。其次,合法合理是教育司法活动的准则。最后,及时高效是教育司法工作的必备条件。

③教育法规适用的基本原则

第一,尊重事实,依法办案原则;第二,司法平等原则;第三,司法独立原则。

考点 3 教育行政执法

1. 教育行政执法的含义

教育行政执法是指国家教育行政机关及其所属工作人员依照法定职权和程序所采取的对公民、社会组织或其他社会力量产生直接影响的有关教育的权利和义务,或者对其教育权利与义务的行使和履行进行监督的行政管理活动。

2. 教育行政执法的特征

教育行政执法的基本特征:(1)国家意志性;(2)法律性;(3)强制性;(4)单方权威性;(5)主动性。

教育行政执法行为区别于一般行政执法行为的特殊特征:(1)主体多元性和内容丰富性;(2)公益性;(3)执法对象的内部性和外部性。

3. 教育行政执法的原则 ★ 【单选】

(1)合法性原则。教育行政执法必须在法定职权范围内进行;教育行政执法必须符合法定的执法程序;教育行政执法的内容与手段必须符合有关法律规定;教育行政执法主体既然拥有某种职权,就必须使用才合法,否则也构成违法。

(2)越权无效原则。这一原则是由合法性原则引申而出的,并对合法性原则进行反证。其含义是指超越法定职权范围内的教育行政执法行为属于无效行为。

(3)应急性原则。应急性原则是指根据公共利益的需要,在紧急情况下,采取的非法行为可以有效。应急性原则是合法性原则的一种特殊情况。

(4)合理性原则。合理性原则是指在进行教育行政执法时,所采取的措施、手段等在内容上要客观、适度、符合理性。这一原则是针对教育行政执法中存在自由裁量权而提出的。

(5)公开、公正原则。教育行政执法还应遵循公开、公正原则。只有做到公开、公正,才便于监督,并能使执法过程成为法制教育过程。

4. 教育行政执法的形式

常见的教育行政执法有教育行政许可、教育行政处罚、教育行政强制措施、教育行政强制执行和教育行政奖励等形式,下面主要介绍教育行政处罚。

教育行政处罚是指国家教育行政机关依法对违反教育行政管理秩序的相对人进行惩戒、制裁的行为。它以相对人的行为违反了教育法律、法规为前提,通过教育行政处罚,惩治个人或实体的违法行为,恢复教育法律秩序。

四、教育法规的效力

教育法规的效力问题,是指法律在什么时间、什么地域、对什么人有效的问题,即法律规范在时间、地域、对象等方面的效力问题。明确教育法规的效力,是正确执行教育法规的必要条件。

判断和确定教育法律的效力等级通常应遵循以下原则:(1)下位法服从上位法;(2)特殊法优于一般法;(3)后定法优于前定法;(4)特定程序法律优于一般程序法律;(5)被授权机关的立法等同于授权机关自己的立法。

第二节 教育法学基础知识

一、教育法律关系

考点 1 ▶ 教育法律关系的概念及特征 ★ 【多选、判断】

1. 教育法律关系的概念

教育法律关系是教育法律规范在调整人们有关教育活动的行为过程中形成的权利和义务关系,是一种特殊的社会关系。在教育领域内,学校与政府、学校与社会、学校与教师、学校与学生的关系因为有相应的法律规定,故皆属于法律关系。

2. 教育法律关系的特征

教育法律关系的特征有:(1)教育法律关系的发生以教育法律规范的存在为前提;(2)教育法律关系必须是在教育教学活动过程之中发生的;(3)教育法律关系是以权利和义务为内容的社会关系。

考点 2 ▶ 教育法律关系的分类 ★ 【单选】

表4-1 教育法律关系的分类

分类依据	类别	概念
教育法律关系主体的社会角色	教育内部的法律关系	适用教育法律规范调整的教育系统内部各类教育机构、教育工作人员、教育对象之间的关系
	教育外部的法律关系	适用教育法律规范调整的教育系统与其外部社会各方面之间发生的法律关系

续表

分类依据	类别	概念
主体之间关系的类型	隶属型教育法律关系	以教育管理部门为核心,向外辐射,与其他主体之间形成的教育法律关系
	平权型教育法律关系(教育民事法律关系)	两个具有平等法律地位的教育关系主体之间产生的教育法律关系
教育法律规范的职能	调整性教育法律关系	按照调整性教育法律规范所设定的教育关系模式,主体的教育权利能够正常实现的教育法律关系
	保护性教育法律关系	在教育主体的权利和义务不能正常实现的情况下,通过保护性教育法律规范,采取法律制裁手段而形成的教育法律关系

考点 3 ▶ 教育法律关系的构成要素 ★【单选、多选、判断】

教育法律关系的构成要素有主体、客体和内容,三者相互制约、缺一不可,其中任何一个要素的改变,都会导致原有法律关系的变更。

1. 教育法律关系的主体

教育法律关系的主体是指教育法律关系的参加者,也就是在具体的教育法律关系中享有权利并承担义务的人和组织。我国教育法律关系的主体可分为三类:公民(自然人)、机构和组织(法人)、国家。

教育法律关系中最重要的法律主体是教师与学生,教师的教育教学和学生的学习是教育活动的主要内容和基本形式。教师与学生之间的法律关系是产生教师与学生权利、义务的基础。教师与学生之间的法律关系包括:(1)教育和被教育的关系;(2)管理和被管理的关系;(3)保护和被保护的关系;(4)互相尊重的平等关系。

2. 教育法律关系的客体

教育法律关系的客体是教育法律关系主体的权利与义务所指向的对象。教育法律关系的客体一般包括物质财富、非物质财富、行为三个大的方面。教育领域中存在的法律纠纷,往往都是因之而引起的。

(1)物质财富

物质财富简称物。它既可以表现为自然物,如森林、土地、自然资源等,也可以表现为人的劳动创造物,如建筑、机器、各种产品等;既可以是国家和集体的财产,也可以是公民个人的财产。物一般可分为动产与不动产两类,动产包括资金和教学仪器设备等,不动产包括土地、房屋和其他建筑设施等。

(2)非物质财富

非物质财富包括创作活动的产品和其他与人身相联系的非财产性的财富。前者也被称作智力成果,在教育领域中主要包括各种教材、著作在内的成果,各种有独创性的教案、教法、教具、课件、专利、发明等。其他与人身相联系的非物质财富,包括公民的姓名或组织的名称,公民的肖像、名誉、身体健康、生命等。

(3)行为

行为是指教育法律关系主体实现权利义务的作为与不作为。一定的行为可以满足权利人的利益和需要,也可以成为教育法律关系的客体。在教育领域中,教育行政机关的行政行为、学校的管理行为和教育教学行为都是教育法律关系赖以存在的最基本的行为。

3.教育法律关系的内容

(1)教育法律关系内容的含义

教育法律关系的内容是教育法律关系的主体依据法律规定而享有的权利与承担的义务。教育法律关系一旦产生,其主体间就在法律上形成了一种权利与义务关系。

(2)教育法律权利和教育法律义务

教育法律权利指的是教育法律关系的主体依据教育法律规范享有的某种权能或利益,表现为教育法律关系的主体可以做出一定的作为或不作为,也可以要求他人做出一定的作为或不作为。教育法律义务是指教育法律关系的主体依据教育法律规范的规定必须承担的某种责任,表现为教育法律关系的主体必须做出一定的作为或不作为。

考点 4 ▶ 教育法律关系的发生、变更和消灭

1.教育法律关系发生、变更和消灭的概念

(1)教育法律关系的发生,是指教育法律关系主体之间形成了一定的权利义务关系。例如,某个适龄儿童进入某校学习,即和该校发生了一定的权利义务关系。

(2)教育法律关系的变更,是指教育法律关系构成要素的改变,包括主体、客体或内容等要素的改变。例如,甲乙两校签订了联合办学合同,在履行合同的过程中,由于遇到了新情况,甲乙两校经过协商修改了合同中的某些条款,从而引起了原合同关系内容的部分改变。

(3)教育法律关系的消灭,是指教育法律关系主体间权利义务的终止。例如,学校向某一企业借款而形成了民事法律关系(债权关系),学校为债务人,企业为债权人。届时学校依照合同返还了借款,则与该企业的债权关系归于消灭。

2.法律事实是教育法律关系发生、变更和消灭的根据

教育法律关系的发生、变更和消灭是由一定的客观情况的出现而引起的。通常把能够引起法律关系发生、变更和消灭的客观情况称为法律事实。法律事实依据它是否以教育法律关系主体的意志为转移,可以分为行为和事件。事件是不以主体的意志为转移的法律事实,如某教师的死亡,会导致一系列法律关系的变化。行为是以主体的意志为转移的法律事实,包括作为和不作为,如挪用教育经费、体罚学生、校舍失修倒塌伤人等。

二、教育法律责任

考点 1 ▶ 教育法律责任的概念与特征

1.教育法律责任的概念

教育法律责任是教育法律关系主体因实施了违反教育法的行为,依法应承担的带有强制性的法律后果。这一概念主要包含以下几层含义:

(1)存在违法行为是承担教育法律责任的前提。(2)教育法律责任的承担者是具有遵守法定义务的教育法律关系主体。(3)法律责任与法律制裁紧密相连。法律制裁是特定国家机关对违法者依法追究法律责任而采取的惩罚措施。法律责任作为一种否定性的法律后果,体现在国家对违反教育法律、法规的行为的制裁方面。

2. 教育法律责任的特征 ★ 【判断】

(1)法律规定性。法律责任由法律规范事先明确规定,具有法律规定性。它使行为人在实施行为之前能够预测自己的行为所应承担的责任,从而对行为人履行法定义务起到督促和警示作用,保证正常稳定的社会关系。

(2)国家强制性。法律责任由国家强制力保证实施,具有国家强制性。法律责任具有普遍的约束力,是维护社会正常秩序的有力手段,人人必须遵守,任何违法者不得逃避或拒不承担。

(3)法律责任的专权追究性。法律责任的追究,是由国家司法机关或国家授权的行政机关来执行的,即法律责任的专权追究性,任何个人或其他组织都无权行使这一职权。

(4)归责的特定性。法律责任由违法的教育法律关系主体所承担,即归责的特定性。

考点 2 · 教育法律责任的类型 ★ 【单选、多选、判断】

根据违法主体的法律地位、违法行为的性质和危害程度的不同,教育法律责任主要可分为行政法律责任、民事法律责任和刑事法律责任三种。在特定情况下还可以追究违宪责任。

1. 行政法律责任

行政法律责任是指行为人因实施行政违法行为而应承担的法律责任,简称行政责任。

行政法律责任主要包括行政处罚和行政处分。

(1)行政处罚

行政处罚是指行政机关依法对违反行政管理秩序的公民、法人或者其他组织,以减损权益或者增加义务的方式予以惩戒的行为。

《中华人民共和国行政处罚法》中规定的行政处罚的种类有:①警告、通报批评;②罚款、没收违法所得、没收非法财物;③暂扣许可证件、降低资质等级、吊销许可证件;④限制开展生产经营活动、责令停产停业、责令关闭、限制从业;⑤行政拘留;⑥法律、行政法规规定的其他行政处罚。

(2)行政处分

行政处分是由国家机关或企事业单位对其所属人员予以的惩戒措施,包括警告、记过、记大过、降级、撤职、开除。行政处分有时也称纪律处分。

2. 民事法律责任

民事法律责任是指由于实施民事违法行为所导致的赔偿或补偿的法律责任,简称民事责任。

3. 刑事法律责任

刑事法律责任是指由于实施刑事违法行为所导致的受刑罚处罚的法律责任,简称刑事责任。刑事责任是一种惩罚最为严厉的法律责任。

4. 违宪责任

教育作为宪法确定的公民基本权利之一,与宪法所规定的教育基本制度密切相关。同时,依据宪法和有关教育法的规定,公民对义务教育以外的其他教育具有选择的自由,参与平等竞争的自由,以及教育者具有学术自由等。这些权利的获得,均以宪法为根本来源。因此,在一定情况下,产生违宪责任也是可能的。

此外,涉及共同违法的教育案例处置中,行政法律责任、民事法律责任和刑事法律责任可能会综合出现,即对案例中各违法主体所处的不同地位、所做出的不同行为及其主观过错的不同程度等,分别予以不同的制裁。

真题1 [2023广东深圳,判断]学校教职员工对未成年人实施体罚、变相体罚或者其他侮辱人格行为的,应由相关部门责令改正;情节严重的,依法给予处分。这里的责令改正属于行政处罚。(　　)

答案:×

考点 3　教育法律责任的归责要件　★【单选、多选】

所谓归责,是指法律责任的归结。它要解决的是法律责任应该由谁来承担的问题。教育法律关系主体只有具备以下四个教育法律责任的归责要件,才被认定为教育法律责任主体,承担相应的法律后果。

1. 有损害事实

有损害事实是指行为人有侵害教育管理、教学秩序及从事教育教学活动的公民、法人和其他组织合法权益的客观事实存在。这是构成教育法律责任的前提条件。

违法对社会所造成的损害有两种情况:(1)违法行为造成了实际的损害,如体罚学生致使学生身体受到伤害;(2)违法行为虽未实际造成损害,但已存在这种可能性,如有关部门明知学校房屋有倒塌的危险,却拒不拨款维修。

违法行为造成的损害后果,表现为物质性的后果和非物质性的后果。物质性的后果具体、有形、能够计量,如挪用学校建设经费,其数额可以计算。非物质性的后果抽象、无形、难以计量,如教师侮辱学生,造成学生精神上、心理上长期的伤害,则无法计量。

2. 损害行为必须违法

行为违法即行为人实施了违反法律、法规的行为,这也是构成教育法律责任的前提条件。这个条件包括两个方面的含义:(1)行为的违法性,只有行为违反了现行法律的规定才是违法行为;(2)违法必须是一种行为。如果内在的思想不表现为外在的行为,则并不构成违法。社会主义法制原则不承认思想违法。

3. 行为人主观有过错

所谓过错,是指行为人在实施行为时,具有主观上的故意或过失的心理状态。

所谓故意的心理状态,是指行为人明知自己的行为会发生危害社会的结果,并且希望或者放任这种结果发生。例如,招生办公室主任收受贿赂后,有意招收分数低的学生,不招收分数高的学生,致使分数高的学生落榜。

所谓过失的心理状态,是指行为人应当预见自己的行为可能发生危害社会的结果,因为疏忽大意而没有预见,或者已经预见而轻信能够避免,以致发生危害结果。例如,教师教育方式不当,对学生进行人格侮辱后,学生因不堪忍受而自杀,该教师的行为即有过失的因素。

4. 违法行为与损害事实之间具有因果关系

违法行为是导致损害事实发生的原因,损害事实是违法行为造成的必然结果,二者之间存在着内在的必然的联系。因果关系是承担法律责任的重要条件之一。

三、教育法律救济

考点 1 教育法律救济概述

1.教育法律救济的概念及特征

教育法律救济是指教育法律关系主体的合法权益受到侵犯并造成损害时,获得恢复和补救的法律制度。在教育领域中主要运用的法律救济方式包括教师申诉制度、受教育者申诉制度、行政复议、行政诉讼、行政赔偿和民事诉讼。

教育法律救济的特征体现在:(1)是宪法公平、正义的立法精神的体现;(2)纠纷的存在是教育法律救济的基础;(3)损害的发生是教育法律救济的前提;(4)补救受害者的合法权益是教育法律救济的根本目的;(5)法律救济具有权利性;(6)具有补救与监督双重作用。

2.教育法律救济的作用

(1)保护教育法律关系主体。(2)维护教育法律的权威。(3)促进教育行政部门依法行政。(4)有利于推进教育法制建设。

3.教育法律救济的途径 ★ 【单选、多选】

法律救济的途径是指相对人的合法权益受到损害时,请求救济的渠道和方式。法律救济的渠道有四种:行政渠道、司法渠道、仲裁渠道和调解渠道。其中,行政渠道、仲裁渠道和调解渠道统称为非诉讼渠道。

(1)行政渠道。行政救济渠道主要有行政申诉和行政复议两种方式。行政救济是教育法律救济的主要方式。

(2)司法渠道。司法渠道又称诉讼渠道,是指相对人就特定的侵权行为向人民法院提起诉讼,请求救济。

(3)仲裁渠道。仲裁渠道与行政、司法渠道不同。仲裁是建立在纠纷双方自愿平等的基础上,由非国家机关的仲裁机构以平等的第三者身份进行的活动。

(4)调解渠道。调解有司法调解、行政调解、民间调解三种形式。

4.教育法律救济的基本原则

(1)事后救济;(2)主管职权专属;(3)正当程序。

考点 2 教育申诉制度

教育申诉制度是指作为教育法律关系主体的公民,在其合法权益受到侵害时,向国家机关申诉理由,请求处理的制度。我国的教育申诉制度主要有教师申诉制度和受教育者申诉制度。

1.教师申诉制度 ★★ 【单选、判断】

(1)教师申诉制度的概念及特征

所谓教师申诉制度,是指教师在其合法权益受到侵犯时,依照法律、法规的规定,向主管的行政机关申诉理由,请求处理的制度。教师申诉制度具有如下特征:①法律性;②特定性;③非诉讼性。

(2)教师申诉的范围

根据《中华人民共和国教师法》的规定,教师申诉的范围包括:

①教师认为学校或其他教育机构侵犯其《中华人民共和国教师法》规定的合法权益的,可以提起申诉。

②教师对学校或其他教育机构作出的处理决定不服的,可以提出申诉。

③教师认为当地人民政府的有关行政部门侵犯其根据《中华人民共和国教师法》规定享有的合法权益的,可以提出申诉。需特别指出的是,这里的被诉对象只能是当地人民政府隶属的行政机关,而不能是当地人民政府。其他企业、事业单位或个人侵犯教师合法权益的,不列入教师申诉制度的范围。

(3)教师申诉的程序

教师申诉程序包括提出申诉、申诉受理和申诉处理三个环节,并依次进行。教师的申诉应当以书面形式提出。

教育行政部门应当在接到申诉的30日内,作出处理。逾期未作处理或者久拖不决的,若申诉内容涉及人身权、财产权及其他属于行政复议、行政诉讼受案范围的,申诉人可依法提起行政复议或行政诉讼。

真题2 [2024江苏常州,单选]王老师因擅自在校外从事影响教育教学本职工作的兼职兼薪行为,被学校解聘。他对学校的处理决定不服,向当地教育行政部门提出申诉,教育行政部门应当( )

A. 在接到申诉的十日内作出处理　　B. 在接到申诉的十五日内作出处理
C. 在接到申诉的二十日内作出处理　　D. 在接到申诉的三十日内作出处理
答案:D

2. 受教育者申诉制度 ★ 【判断】

(1)受教育者申诉制度的概念和特征

受教育者申诉制度即学生申诉制度,是指受教育者在其合法权益受到侵害时,依法向主管的行政机关申诉理由,请求处理的制度。受教育者申诉制度具有与教师申诉制度相同的法律性、特定性和非诉讼性。

(2)受教育者申诉的范围

根据《中华人民共和国教育法》的规定,学生申诉的范围包括:

①对学校作出的各种处分不服,如警告、严重警告、记过、留校察看、勒令退学、开除学籍等,可以提出申诉;

②对学校或教师侵犯其人身权,如在教育活动中对其进行体罚或变相体罚,限制其人身自由权等,可以提出申诉;

③对学校或教师侵犯其财产权,如非法乱收费、乱摊派、乱罚款,非法没收其财物,强迫其购买非必需教学物品等,可以提出申诉;

④对学校或教师侵犯其知识产权可以提出申诉,如教师剽窃学生的著作权、发明权或其他科技成果权,学校强行将学生的知识产权收归学校等。

(3)受教育者申诉制度的程序

和教师申诉制度一样,受教育者申诉制度也有提出申诉、申诉受理和申诉处理等环节。学生可以以口头或书面形式提出申诉。

考点 3 ▸ 教育行政复议

1. 教育行政复议的概念

教育行政复议是指教育行政相对人(如学校、教师)认为教育行政机关作出的行政行为侵犯其合法权益,依法向作出该行为的机关的上一级教育行政机关或该机关所属的本级人民政府提出申请,受理申请的行政机关对发生争议的具体行政行为进行复查并作出决定的活动。

2. 教育行政复议的范围

根据我国《行政复议法》关于行政复议范围的规定,并结合我国教育行政管理的实际,我国教育行政复议的范围主要包括:(1)对教育行政机关作出的教育行政处罚决定不服的;(2)对教育行政机关作出的教育行政强制措施、教育行政强制执行决定不服的;(3)认为符合法定条件申请教育行政许可,教育行政机关拒绝或者在法定期限内不予答复,或者对教育行政机关作出的有关行政许可的其他决定不服的;(4)认为教育行政机关侵犯其经营自主权的;(5)认为教育行政机关违法集资、摊派费用或者违法要求履行其他义务的;(6)申请教育行政机关履行保护人身权利、财产权利、受教育权利等合法权益的法定职责,教育行政机关拒绝履行、未依法履行或者不予答复;(7)认为教育行政机关的其他具体行政行为侵犯其合法权益的。

3. 教育行政复议的程序

(1)申请。教育行政复议申请可以自知道或者应当知道该行政行为之日起60日内提出行政复议申请。申请人申请行政复议,可以书面申请;书面申请有困难的,也可以口头申请。

(2)受理。它是指教育行政复议机关基于相对人的申请,经审查认为符合法律规定的申请条件,决定立案并准备审理的行为。

(3)审理。它是教育行政复议的中心阶段。

(4)决定。它是指对案件进行审理后,在判明具体行政行为的合法性、正当性的基础上,有关机关作出相应的裁断。复议机关应在复议期限内(自受理申请之日起60日或30日内)作出决定。

(5)执行。复议决定生效后就具有国家强制力,复议双方应自觉履行,否则,将强制执行。

考点 4 ▶ 教育行政诉讼

1. 教育行政诉讼的概念

教育行政诉讼,是指教育行政相对人认为教育行政机关的具体行政行为侵犯其合法权益,依法向人民法院起诉,请求给予法律救济,并由人民法院对该行政行为进行审查和裁判的诉讼救济活动。

2. 教育行政诉讼的范围

关于我国教育行政诉讼的具体受案范围,《中华人民共和国行政诉讼法》第十二条和第十三条分别做出了明确的规定。在教育行政诉讼中,教育行政案件的涉案范围主要集中在:(1)对教育行政处罚不服的;(2)认为符合法定条件申请行政许可,教育行政机关拒绝或者在法定期限内不予答复,或者对教育行政机关作出的有关行政许可的其他决定不服的;(3)申请教育行政机关履行保护人身权、财产权的法定职责,而教育行政机关拒绝履行或者不予答复的;(4)认为教育行政机关违法要求其履行义务的;(5)认为教育行政机关侵犯其人身权、财产权等合法权益的。

3. 教育行政诉讼的程序

(1)起诉和受理。起诉是公民、法人或其他组织依法向人民法院提出诉讼请求的诉讼行为,将产生一定的法律后果。人民法院在接到起诉状时对符合《中华人民共和国行政诉讼法》规定的起诉条件的,应当登记立案。对当场不能判定是否符合《中华人民共和国行政诉讼法》规定的起诉条件的,应当接收起诉状,出具注明收到日期的书面凭证,并在七日内决定是否立案。不符合起诉条件的,作出不予立案的裁定。裁定书应当载明不予立案的理由。原告对裁定不服的,可以提起上诉。

(2)审理和判决。我国行政诉讼实行两审终审制,二审作出的判决和裁定为终审的判决裁定,案件到此为止,即最后审结,如果发现确有错误,可以再经审判监督程序予以纠正。

(3)执行。执行程序是诉讼活动的最后阶段。公民、法人或者其他组织拒绝履行判决、裁定、调解书的,行政机关或者第三人可以向第一审人民法院申请强制执行,或者由行政机关依法强制执行。

★★ 本章核心考点回顾 ★★

1. 教育法规的纵向结构
(1)我国《宪法》中有关教育的条款;(2)教育基本法律;(3)教育单行法律;(4)教育行政法规;(5)地方性教育法规;(6)教育规章。

2. 教育法律关系的主体
(1)范围:公民(自然人)、机构和组织(法人)、国家;
(2)教育法律关系中最重要的法律主体:教师与学生。

3. 教育法律责任的类型
(1)行政法律责任;(2)民事法律责任;(3)刑事法律责任;(4)违宪责任。

4. 教育法律责任的归责要件
(1)有损害事实;(2)损害行为必须违法;(3)行为人主观有过错;(4)违法行为与损害事实之间具有因果关系。

5. 教育法律救济的途径
(1)行政渠道;(2)司法渠道;(3)仲裁渠道;(4)调解渠道。

6. 教师申诉制度
(1)概念:教师在其合法权益受到侵犯时,依照法律、法规的规定,向主管的行政机关申诉理由,请求处理的制度;
(2)申诉程序:提出申诉、申诉受理和申诉处理;
(3)处理时间:教育行政部门应当在接到申诉的30日内,作出处理。

第二章 现行主要的教育法律法规

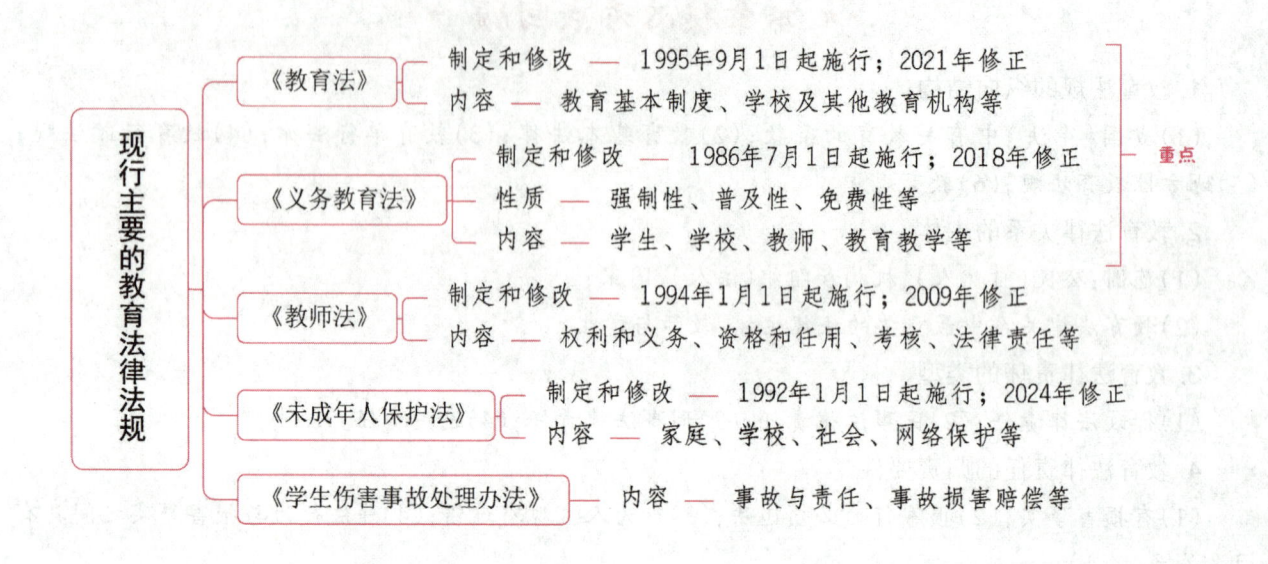

```
现行主要的教育法律法规
├─《教育法》
│   ├─ 制定和修改 —— 1995年9月1日起施行；2021年修正
│   └─ 内容 —— 教育基本制度、学校及其他教育机构等
├─《义务教育法》                                    ┐
│   ├─ 制定和修改 —— 1986年7月1日起施行；2018年修正   │
│   ├─ 性质 —— 强制性、普及性、免费性等              │ 重点
│   └─ 内容 —— 学生、学校、教师、教育教学等          │
├─《教师法》                                        │
│   ├─ 制定和修改 —— 1994年1月1日起施行；2009年修正   │
│   └─ 内容 —— 权利和义务、资格和任用、考核、法律责任等┘
├─《未成年人保护法》
│   ├─ 制定和修改 —— 1992年1月1日起施行；2024年修正
│   └─ 内容 —— 家庭、学校、社会、网络保护等
└─《学生伤害事故处理办法》
    └─ 内容 —— 事故与责任、事故损害赔偿等
```

第一节 《中华人民共和国教育法》

一、《中华人民共和国教育法》的制定和修改 ★ 【单选】

《中华人民共和国教育法》于1995年3月18日第八届全国人民代表大会第三次会议通过,并由中华人民共和国主席令第45号公布,自1995年9月1日起施行。这是新中国成立以来我国制定的第一部教育基本法,这是我国教育史上具有里程碑意义的大事。它的颁行,标志着我国开始进入全面依法治教的新时期。

《中华人民共和国教育法》进行过三次修改:(1)根据2009年8月27日第十一届全国人民代表大会常务委员会第十次会议《关于修改部分法律的决定》进行第一次修正;(2)根据2015年12月27日第十二届全国人民代表大会常务委员会第十八次会议《关于修改〈中华人民共和国教育法〉的决定》进行第二次修正;(3)根据2021年4月29日第十三届全国人民代表大会常务委员会第二十八次会议《关于修改〈中华人民共和国教育法〉的决定》进行第三次修正。

真题1 [2024安徽合肥/淮北/铜陵,单选]2021年4月29日第十三届全国人民代表大会常务委员会第二十八次会议通过的《关于修改〈中华人民共和国教育法〉的决定》是我国《教育法》的(　　)

A. 第一次修正　　　　　　　　　　B. 第二次修正
C. 第三次修正　　　　　　　　　　D. 第四次修正

答案:C

二、《中华人民共和国教育法》的节选内容 ★★★ 【单选、多选、填空、判断】

第一章 总 则

第一条 为了发展教育事业,提高全民族的素质,促进社会主义物质文明和精神文明建设,根据宪法,制定本法。

第四条 教育是社会主义现代化建设的基础,对提高人民综合素质、促进人的全面发展、增强中华民族创新创造活力、实现中华民族伟大复兴具有决定性意义,国家保障教育事业优先发展。

全社会应当关心和支持教育事业的发展。

全社会应当尊重教师。

第五条 教育必须为社会主义现代化建设服务、为人民服务,必须与生产劳动和社会实践相结合,培养德智体美劳全面发展的社会主义建设者和接班人。

第六条 教育应当坚持立德树人,对受教育者加强社会主义核心价值观教育,增强受教育者的社会责任感、创新精神和实践能力。

国家在受教育者中进行爱国主义、集体主义、中国特色社会主义的教育,进行理想、道德、纪律、法治、国防和民族团结的教育。

第八条 教育活动必须符合国家和社会公共利益。

国家实行教育与宗教相分离。任何组织和个人不得利用宗教进行妨碍国家教育制度的活动。

第九条 中华人民共和国公民有受教育的权利和义务。

公民不分民族、种族、性别、职业、财产状况、宗教信仰等,依法享有平等的受教育机会。

第十二条 国家通用语言文字为学校及其他教育机构的基本教育教学语言文字,学校及其他教育机构应当使用国家通用语言文字进行教育教学。

民族自治地方以少数民族学生为主的学校及其他教育机构,从实际出发,使用国家通用语言文字和本民族或者当地民族通用的语言文字实施双语教育。

国家采取措施,为少数民族学生为主的学校及其他教育机构实施双语教育提供条件和支持。

第十四条 国务院和地方各级人民政府根据分级管理、分工负责的原则,领导和管理教育工作。

中等及中等以下教育在国务院领导下,由地方人民政府管理。

高等教育由国务院和省、自治区、直辖市人民政府管理。

第十五条 国务院教育行政部门主管全国教育工作,统筹规划、协调管理全国的教育事业。

县级以上地方各级人民政府教育行政部门主管本行政区域内的教育工作。

县级以上各级人民政府其他有关部门在各自的职责范围内,负责有关的教育工作。

真题2 [2023广东深圳,单选]《中华人民共和国教育法》规定,教育必须为(　　)服务、为人民服务,必须与生产劳动和社会实践相结合,培养德智体美劳全面发展的社会主义建设者和接班人。

A. 社会主义市场经济　　　　　　B. 社会主义现代化建设

C. 社会主义初级阶段　　　　　　D. 中华民族繁荣昌盛

真题3 [2023湖北武汉,判断]《中华人民共和国教育法》明确提出:教育活动必须符合国家和社

605

会公共利益。( )

答案：2. B　3. √

第二章　教育基本制度

第十七条　国家实行学前教育、初等教育、中等教育、高等教育的学校教育制度。

国家建立科学的学制系统。学制系统内的学校和其他教育机构的设置、教育形式、修业年限、招生对象、培养目标等，由国务院或者由国务院授权教育行政部门规定。

第十九条　国家实行九年制义务教育制度。

各级人民政府采取各种措施保障适龄儿童、少年就学。

适龄儿童、少年的父母或者其他监护人以及有关社会组织和个人有义务使适龄儿童、少年接受并完成规定年限的义务教育。

第二十条　国家实行职业教育制度和继续教育制度。

各级人民政府、有关行政部门和行业组织以及企业事业组织应当采取措施，发展并保障公民接受职业学校教育或者各种形式的职业培训。

国家鼓励发展多种形式的继续教育，使公民接受适当形式的政治、经济、文化、科学、技术、业务等方面的教育，促进不同类型学习成果的互认和衔接，推动全民终身学习。

第二十一条　国家实行国家教育考试制度。

国家教育考试由国务院教育行政部门确定种类，并由国家批准的实施教育考试的机构承办。

第二十二条　国家实行学业证书制度。

经国家批准设立或者认可的学校及其他教育机构按照国家有关规定，颁发学历证书或者其他学业证书。

第二十四条　各级人民政府、基层群众性自治组织和企业事业组织应当采取各种措施，开展扫除文盲的教育工作。

按照国家规定具有接受扫除文盲教育能力的公民，应当接受扫除文盲的教育。

真题4　[2024山东临沂，单选]根据《中华人民共和国教育法》的规定，不属于我国教育基本制度的是( )

A. 继续教育制度　　　　　　　　　　B. 高等教育制度
C. 社会教育制度　　　　　　　　　　D. 职业教育制度

真题5　[2023辽宁锦州，单选]根据《中华人民共和国教育法》的相关内容，国家鼓励发展多种形式的( )，使公民接受适当形式的政治、经济、文化、科学、技术、业务等方面的教育，促进不同类型学习成果的互认和衔接，推动全民终身学习。

A. 校外教育　　　B. 远程教育　　　C. 继续教育　　　D. 高等教育

答案：4. C　5. C

第三章　学校及其他教育机构

第二十六条　国家制定教育发展规划，并举办学校及其他教育机构。

国家鼓励企业事业组织、社会团体、其他社会组织及公民个人依法举办学校及其他教育机构。

国家举办学校及其他教育机构,应当坚持勤俭节约的原则。

以财政性经费、捐赠资产举办或者参与举办的学校及其他教育机构不得设立为营利性组织。

第二十七条 设立学校及其他教育机构,必须具备下列基本条件:

(一)有组织机构和章程;

(二)有合格的教师;

(三)有符合规定标准的教学场所及设施、设备等;

(四)有必备的办学资金和稳定的经费来源。

第二十九条 学校及其他教育机构行使下列权利:

(一)按照章程自主管理;

(二)组织实施教育教学活动;

(三)招收学生或者其他受教育者;

(四)对受教育者进行学籍管理,实施奖励或者处分;

(五)对受教育者颁发相应的学业证书;

(六)聘任教师及其他职工,实施奖励或者处分;

(七)管理、使用本单位的设施和经费;

(八)拒绝任何组织和个人对教育教学活动的非法干涉;

(九)法律、法规规定的其他权利。

第三十条 学校及其他教育机构应当履行下列义务:

(一)遵守法律、法规;

(二)贯彻国家的教育方针,执行国家教育教学标准,保证教育教学质量;

(三)维护受教育者、教师及其他职工的合法权益;

(四)以适当方式为受教育者及其监护人了解受教育者的学业成绩及其他有关情况提供便利;

(五)遵照国家有关规定收取费用并公开收费项目;

(六)依法接受监督。

第三十一条 学校及其他教育机构的举办者按照国家有关规定,确定其所举办的学校或者其他教育机构的管理体制。

学校及其他教育机构的校长或者主要行政负责人必须由具有中华人民共和国国籍、在中国境内定居、并具备国家规定任职条件的公民担任,其任免按照国家有关规定办理。学校的教学及其他行政管理,由校长负责。

学校及其他教育机构应当按照国家有关规定,通过以教师为主体的教职工代表大会等组织形式,保障教职工参与民主管理和监督。

真题6 [2024山东临沂,单选]下列符合设立学校及其他教育机构基本条件的是( )

①有组织机构和章程

②有合格的教师

③有符合规定标准的教学场所及设施、设备

④有必备的办学资金和稳定的经费来源

A. ①②③④   B. ①③④   C. ①②④   D. ①②③

真题7 [2024广东佛山,多选]学校是教育者有计划、有组织地对受教育者进行系统的教育活动的组织机构,学校可行使的权利有( )

A. 对受教育者进行学籍管理,实施奖励或处分

B. 聘任教师及其他职工,实施奖励或处分

C. 管理、使用本单位的设施和经费

D. 拒绝任何组织和个人对教育教学活动的非法干涉

真题8 [2022福建统考,填空]《中华人民共和国教育法》第三十一条规定,学校及其他教育机构应当按照国家有关规定,通过以教师为主体的＿＿＿＿等组织形式,保障教职工参与民主管理和监督。

答案:6. A   7. ABCD   8. 教职工代表大会

第四章　教师和其他教育工作者

第三十四条　国家保护教师的合法权益,改善教师的工作条件和生活条件,提高教师的社会地位。教师的工资报酬、福利待遇,依照法律、法规的规定办理。

第三十五条　国家实行教师资格、职务、聘任制度,通过考核、奖励、培养和培训,提高教师素质,加强教师队伍建设。

第三十六条　学校及其他教育机构中的管理人员,实行教育职员制度。

学校及其他教育机构中的教学辅助人员和其他专业技术人员,实行专业技术职务聘任制度。

真题9 [2023湖南长沙,单选]教师被聘任后,国家可以通过( ),提高教师素质,加强教师队伍建设。

①考核;②奖励;③培养;④培训;⑤筛选;⑥惩处

A. ①②③④   B. ①②③④⑤   C. ①②③④⑤⑥   D. ②③④⑤⑥

答案:A

第五章　受教育者

第三十七条　受教育者在入学、升学、就业等方面依法享有平等权利。

学校和有关行政部门应当按照国家有关规定,保障女子在入学、升学、就业、授予学位、派出留学等方面享有同男子平等的权利。

第四十条　国家、社会、家庭、学校及其他教育机构应当为有违法犯罪行为的未成年人接受教育创造条件。

第四十一条　从业人员有依法接受职业培训和继续教育的权利和义务。国家机关、企业事业组织和其他社会组织,应当为本单位职工的学习和培训提供条件和便利。

第四十二条　国家鼓励学校及其他教育机构、社会组织采取措施,为公民接受终身教育创造条件。

第四十三条　受教育者享有下列权利:

（一）参加教育教学计划安排的各种活动，使用教育教学设施、设备、图书资料；

（二）按照国家有关规定获得奖学金、贷学金、助学金；

（三）在学业成绩和品行上获得公正评价，完成规定的学业后获得相应的学业证书、学位证书；

（四）对学校给予的处分不服向有关部门提出申诉，对学校、教师侵犯其人身权、财产权等合法权益，提出申诉或者依法提起诉讼；

（五）法律、法规规定的其他权利。

第四十四条 受教育者应当履行下列义务：

（一）遵守法律、法规；

（二）遵守学生行为规范，尊敬师长，养成良好的思想品德和行为习惯；

（三）努力学习，完成规定的学习任务；

（四）遵守所在学校或者其他教育机构的管理制度。

真题10 [2022安徽统考，单选]"在学业成绩和品行上获得公正评价"属于《中华人民共和国教育法》规定的（　　）

A.受教育者的权利

B.受教育者的义务

C.既是受教育者的权利，也是受教育者的义务

D.既不是受教育者的权利，也不是受教育者的义务

答案：A

第六章　教育与社会

第四十九条 学校及其他教育机构在不影响正常教育教学活动的前提下，应当积极参加当地的社会公益活动。

第五十条 未成年人的父母或者其他监护人应当为其未成年子女或者其他被监护人受教育提供必要条件。

未成年人的父母或者其他监护人应当配合学校及其他教育机构，对其未成年子女或者其他被监护人进行教育。

学校、教师可以对学生家长提供家庭教育指导。

第五十一条 图书馆、博物馆、科技馆、文化馆、美术馆、体育馆（场）等社会公共文化体育设施，以及历史文化古迹和革命纪念馆（地），应当对教师、学生实行优待，为受教育者接受教育提供便利。

广播、电视台（站）应当开设教育节目，促进受教育者思想品德、文化和科学技术素质的提高。

第七章　教育投入与条件保障

第五十四条 国家建立以财政拨款为主、其他多种渠道筹措教育经费为辅的体制，逐步增加对教育的投入，保证国家举办的学校教育经费的稳定来源。

企业事业组织、社会团体及其他社会组织和个人依法举办的学校及其他教育机构，办学经费由举办者负责筹措，各级人民政府可以给予适当支持。

第五十五条 国家财政性教育经费支出占国民生产总值的比例应当随着国民经济的发展和财政收入的增长逐步提高。具体比例和实施步骤由国务院规定。

全国各级财政支出总额中教育经费所占比例应当随着国民经济的发展逐步提高。

第五十九条 国家采取优惠措施,鼓励和扶持学校在不影响正常教育教学的前提下开展勤工俭学和社会服务,兴办校办产业。

第六十二条 国家鼓励运用金融、信贷手段,支持教育事业的发展。

第六十三条 各级人民政府及其教育行政部门应当加强对学校及其他教育机构教育经费的监督管理,提高教育投资效益。

第六十六条 国家推进教育信息化,加快教育信息基础设施建设,利用信息技术促进优质教育资源普及共享,提高教育教学水平和教育管理水平。

县级以上人民政府及其有关部门应当发展教育信息技术和其他现代化教学方式,有关行政部门应当优先安排,给予扶持。

国家鼓励学校及其他教育机构推广运用现代化教学方式。

真题11 [2022浙江台州,单选]根据《中华人民共和国教育法》,下列说法错误的是( )

A. 尊敬师长是受教育者应当履行的义务

B. 教育活动必须符合国家和社会公共利益

C. 设立学校必须有必备的办学资金和稳定的经费来源

D. 我国禁止运用信贷手段发展教育事业

答案:D

第九章 法律责任

第七十二条 结伙斗殴、寻衅滋事,扰乱学校及其他教育机构教育教学秩序或者破坏校舍、场地及其他财产的,由公安机关给予治安管理处罚;构成犯罪的,依法追究刑事责任。

侵占学校及其他教育机构的校舍、场地及其他财产的,依法承担民事责任。

第七十三条 明知校舍或者教育教学设施有危险,而不采取措施,造成人员伤亡或者重大财产损失的,对直接负责的主管人员和其他直接责任人员,依法追究刑事责任。

第七十五条 违反国家有关规定,举办学校或者其他教育机构的,由教育行政部门或者其他有关行政部门予以撤销;有违法所得的,没收违法所得;对直接负责的主管人员和其他直接责任人员,依法给予处分。

第七十六条 学校或者其他教育机构违反国家有关规定招收学生的,由教育行政部门或者其他有关行政部门责令退回招收的学生,退还所收费用;对学校、其他教育机构给予警告,可以处违法所得五倍以下罚款;情节严重的,责令停止相关招生资格一年以上三年以下,直至撤销招生资格、吊销办学许可证;对直接负责的主管人员和其他直接责任人员,依法给予处分;构成犯罪的,依法追究刑事责任。

第七十七条 在招收学生工作中滥用职权、玩忽职守、徇私舞弊的,由教育行政部门或者其他有关行政部门责令退回招收的不符合入学条件的人员;对直接负责的主管人员和其他直接责任人员,依法给予处分;构成犯罪的,依法追究刑事责任。

盗用、冒用他人身份,顶替他人取得的入学资格的,由教育行政部门或者其他有关行政部门责令撤销入学资格,并责令停止参加相关国家教育考试二年以上五年以下;已经取得学位证书、学历证书或者其他学业证书的,由颁发机构撤销相关证书;已经成为公职人员的,依法给予开除处分;构成违反治安管理行为的,由公安机关依法给予治安管理处罚;构成犯罪的,依法追究刑事责任。

与他人串通,允许他人冒用本人身份,顶替本人取得的入学资格的,由教育行政部门或者其他有关行政部门责令停止参加相关国家教育考试一年以上三年以下;有违法所得的,没收违法所得;已经成为公职人员的,依法给予处分;构成违反治安管理行为的,由公安机关依法给予治安管理处罚;构成犯罪的,依法追究刑事责任。

组织、指使盗用或者冒用他人身份,顶替他人取得的入学资格的,有违法所得的,没收违法所得;属于公职人员的,依法给予处分;构成违反治安管理行为的,由公安机关依法给予治安管理处罚;构成犯罪的,依法追究刑事责任。

入学资格被顶替权利受到侵害的,可以请求恢复其入学资格。

第七十八条 学校及其他教育机构违反国家有关规定向受教育者收取费用的,由教育行政部门或者其他有关行政部门责令退还所收费用;对直接负责的主管人员和其他直接责任人员,依法给予处分。

第八十三条 违反本法规定,侵犯教师、受教育者、学校或者其他教育机构的合法权益,造成损失、损害的,应当依法承担民事责任。

真题12 [2023辽宁锦州,判断]某学校违反国家有关规定招收的学生,应由地方人民政府责令退回招收的学生,并依法追究刑事责任。(　　)

A. 正确　　　　　　　　　　　　B. 错误

答案:B

第二节 《中华人民共和国义务教育法》

一、《中华人民共和国义务教育法》的制定和修改 ★ 【单选】

《中华人民共和国义务教育法》于1986年4月12日第六届全国人民代表大会第四次会议通过,并于1986年7月1日起施行,是新中国成立以来颁布的第一部基础教育方面的法律。它的颁布与实施有力地推动了我国基础教育的普及和全民素质的提高,标志着我国义务教育制度的正式确立。

《中华人民共和国义务教育法》进行过三次修改:(1)根据2006年6月29日第十届全国人民代表大会常务委员会第二十二次会议进行修订;(2)根据2015年4月24日第十二届全国人民代表大会常务委员会第十四次会议《关于修改〈中华人民共和国义务教育法〉等五部法律的决定》进行第一次修正;(3)根据2018年12月29日第十三届全国人民代表大会常务委员会第七次会议《关于修改〈中华人民共和国产品质量法〉等五部法律的决定》进行第二次修正。

真题1 [2024安徽合肥/淮北/铜陵,单选]《中华人民共和国义务教育法》颁布于(　　)

A. 1985年　　　B. 1986年　　　C. 1987年　　　D. 1988年

答案:B

二、义务教育的性质和特征 ★ 【单选、判断】

义务教育作为一项教育制度和法律制度,具有不同于其他教育制度和教育工作的属性。就其性质而言,义务教育具有强制性(义务性)、普及性(普遍性、统一性)、免费性(公益性)、公共性(国民性)和基础性。其中,强制性是义务教育的最本质特征;普及性是义务教育的基本性质。

真题2 [2024江苏苏州,判断]义务教育的本质特征是免费性。(　　)

答案:×

三、《中华人民共和国义务教育法》的节选内容 ★★★ 【单选、多选、填空、判断】

第一章 总 则

第一条 为了保障适龄儿童、少年接受义务教育的权利,保证义务教育的实施,提高全民族素质,根据宪法和教育法,制定本法。

第二条 国家实行九年义务教育制度。

义务教育是国家统一实施的所有适龄儿童、少年必须接受的教育,是国家必须予以保障的公益性事业。

实施义务教育,不收学费、杂费。

国家建立义务教育经费保障机制,保证义务教育制度实施。

第三条 义务教育必须贯彻国家的教育方针,实施素质教育,提高教育质量,使适龄儿童、少年在品德、智力、体质等方面全面发展,为培养有理想、有道德、有文化、有纪律的社会主义建设者和接班人奠定基础。

第四条 凡具有中华人民共和国国籍的适龄儿童、少年,不分性别、民族、种族、家庭财产状况、宗教信仰等,依法享有平等接受义务教育的权利,并履行接受义务教育的义务。

第五条 各级人民政府及其有关部门应当履行本法规定的各项职责,保障适龄儿童、少年接受义务教育的权利。

适龄儿童、少年的父母或者其他法定监护人应当依法保证其按时入学接受并完成义务教育。

依法实施义务教育的学校应当按照规定标准完成教育教学任务,保证教育教学质量。

社会组织和个人应当为适龄儿童、少年接受义务教育创造良好的环境。

第七条 义务教育实行国务院领导,省、自治区、直辖市人民政府统筹规划实施,县级人民政府为主管理的体制。

县级以上人民政府教育行政部门具体负责义务教育实施工作;县级以上人民政府其他有关部门在各自的职责范围内负责义务教育实施工作。

真题3 [2023广东深圳,多选]关于义务教育制度,下列说法不正确的有(　　)

A.国家实行九年义务教育制度

B.义务教育是国家统一实施的所有适龄儿童、少年必须接受的教育

C.是国家必须予以保障的生产性事业

D. 实施义务教育，不收学费，收取杂费

E. 国家建立义务教育经费保障机制，保证义务教育制度实施

真题4 [2024福建统考，填空]《中华人民共和国义务教育法》第二条规定，义务教育是国家统一实施的所有适龄儿童、少年必须接受的教育，是国家必须予以保障的_____事业。

答案：3. CD 4. 公益性

第二章 学 生

第十一条 凡年满六周岁的儿童，其父母或者其他法定监护人应当送其入学接受并完成义务教育；条件不具备的地区的儿童，可以推迟到七周岁。

适龄儿童、少年因身体状况需要延缓入学或者休学的，其父母或者其他法定监护人应当提出申请，由当地乡镇人民政府或者县级人民政府教育行政部门批准。

第十二条 适龄儿童、少年免试入学。地方各级人民政府应当保障适龄儿童、少年在户籍所在地学校就近入学。

父母或者其他法定监护人在非户籍所在地工作或者居住的适龄儿童、少年，在其父母或者其他法定监护人工作或者居住地接受义务教育的，当地人民政府应当为其提供平等接受义务教育的条件。具体办法由省、自治区、直辖市规定。

县级人民政府教育行政部门对本行政区域内的军人子女接受义务教育予以保障。

真题5 [2023贵州贵阳，判断]地方各级人民政府应当保障适龄儿童、少年在户籍所在地学校就近入学。（ ）

答案：√

第三章 学 校

第十七条 县级人民政府根据需要设置寄宿制学校，保障居住分散的适龄儿童、少年入学接受义务教育。

第十九条 县级以上地方人民政府根据需要设置相应的实施特殊教育的学校（班），对视力残疾、听力语言残疾和智力残疾的适龄儿童、少年实施义务教育。特殊教育学校（班）应当具备适应残疾儿童、少年学习、康复、生活特点的场所和设施。

普通学校应当接收具有接受普通教育能力的残疾适龄儿童、少年随班就读，并为其学习、康复提供帮助。

第二十条 县级以上地方人民政府根据需要，为具有预防未成年人犯罪法规定的严重不良行为的适龄少年设置专门的学校实施义务教育。

第二十一条 对未完成义务教育的未成年犯和被采取强制性教育措施的未成年人应当进行义务教育，所需经费由人民政府予以保障。

第二十二条 县级以上人民政府及其教育行政部门应当促进学校均衡发展，缩小学校之间办学条件的差距，不得将学校分为重点学校和非重点学校。

学校不得分设重点班和非重点班。县级以上人民政府及其教育行政部门不得以任何名义改变或

者变相改变公办学校的性质。

第二十五条 学校不得违反国家规定收取费用,不得以向学生推销或者变相推销商品、服务等方式谋取利益。

第二十六条 学校实行校长负责制。校长应当符合国家规定的任职条件。校长由县级人民政府教育行政部门依法聘任。

第二十七条 对违反学校管理制度的学生,学校应当予以批评教育,不得开除。

第四章 教 师

第二十九条 教师在教育教学中应当平等对待学生,关注学生的个体差异,因材施教,促进学生的充分发展。

教师应当尊重学生的人格,不得歧视学生,不得对学生实施体罚、变相体罚或者其他侮辱人格尊严的行为,不得侵犯学生合法权益。

第三十一条 各级人民政府保障教师工资福利和社会保险待遇,改善教师工作和生活条件;完善农村教师工资经费保障机制。

教师的平均工资水平应当不低于当地公务员的平均工资水平。

特殊教育教师享有特殊岗位补助津贴。在民族地区和边远贫困地区工作的教师享有艰苦贫困地区补助津贴。

第三十二条 县级以上人民政府应当加强教师培养工作,采取措施发展教师教育。县级人民政府教育行政部门应当均衡配置本行政区域内学校师资力量,组织校长、教师的培训和流动,加强对薄弱学校的建设。

第三十三条 国务院和地方各级人民政府鼓励和支持城市学校教师和高等学校毕业生到农村地区、民族地区从事义务教育工作。

国家鼓励高等学校毕业生以志愿者的方式到农村地区、民族地区缺乏教师的学校任教。县级人民政府教育行政部门依法认定其教师资格,其任教时间计入工龄。

真题6 [2023山西太原,单选]我国《义务教育法》规定,在(　　)工作的教师享有艰苦贫困地区补助津贴。

A.东部和边疆地区　　　　　　　　B.革命地区和边远贫困地区
C.民族和边远贫困地区　　　　　　D.民族和边疆地区

答案:C

第五章 教育教学

第三十六条 学校应当把德育放在首位,寓德育于教育教学之中,开展与学生年龄相适应的社会实践活动,形成学校、家庭、社会相互配合的思想道德教育体系,促进学生养成良好的思想品德和行为习惯。

第三十八条 教科书根据国家教育方针和课程标准编写,内容力求精简,精选必备的基础知识、基本技能,经济实用,保证质量。

国家机关工作人员和教科书审查人员,不得参与或者变相参与教科书的编写工作。

第三十九条 国家实行教科书审定制度。教科书的审定办法由国务院教育行政部门规定。未经审定的教科书,不得出版、选用。

第四十条 教科书价格由省、自治区、直辖市人民政府价格行政部门会同同级出版主管部门按照微利原则确定。

第四十一条 国家鼓励教科书循环使用。

第三节 《中华人民共和国教师法》

一、《中华人民共和国教师法》的制定和修改

《中华人民共和国教师法》从1986年开始起草,后经过八年酝酿、修改,于1993年10月31日第八届全国人民代表大会常务委员会第四次会议通过,自1994年1月1日起施行。《中华人民共和国教师法》的制定和颁布,对于提高教师的地位,保障教师的合法权益,造就一支具有良好的思想品德和业务素质的教师队伍,促进我国社会主义教育事业的发展,有着重要的意义。

《中华人民共和国教师法》根据2009年8月27日第十一届全国人民代表大会常务委员会第十次会议《关于修改部分法律的决定》进行修正。

二、《中华人民共和国教师法》的节选内容 ★★ 【单选、多选、判断、辨析、简答】

第一章 总 则

第一条 为了保障教师的合法权益,建设具有良好思想品德修养和业务素质的教师队伍,促进社会主义教育事业的发展,制定本法。

第二条 本法适用于在各级各类学校和其他教育机构中专门从事教育教学工作的教师。

第三条 教师是履行教育教学职责的专业人员,承担教书育人,培养社会主义事业建设者和接班人、提高民族素质的使命。教师应当忠诚于人民的教育事业。

第四条 各级人民政府应当采取措施,加强教师的思想政治教育和业务培训,改善教师的工作条件和生活条件,保障教师的合法权益,提高教师的社会地位。

全社会都应当尊重教师。

第五条 国务院教育行政部门主管全国的教师工作。

国务院有关部门在各自职权范围内负责有关的教师工作。

学校和其他教育机构根据国家规定,自主进行教师管理工作。

第六条 每年九月十日为教师节。

第二章 权利和义务

第七条 教师享有下列权利:

(一)进行教育教学活动,开展教育教学改革和实验;

(二)从事科学研究、学术交流,参加专业的学术团体,在学术活动中充分发表意见;

(三)指导学生的学习和发展,评定学生的品行和学业成绩;

(四)按时获取工资报酬,享受国家规定的福利待遇以及寒暑假期的带薪休假;

(五)对学校教育教学、管理工作和教育行政部门的工作提出意见和建议,通过教职工代表大会或者其他形式,参与学校的民主管理;

(六)参加进修或者其他方式的培训。

第八条 教师应当履行下列义务:

(一)遵守宪法、法律和职业道德,为人师表;

(二)贯彻国家的教育方针,遵守规章制度,执行学校的教学计划,履行教师聘约,完成教育教学工作任务;

(三)对学生进行宪法所确定的基本原则的教育和爱国主义、民族团结的教育,法制教育以及思想品德、文化、科学技术教育,组织、带领学生开展有益的社会活动;

(四)关心、爱护全体学生,尊重学生人格,促进学生在品德、智力、体质等方面全面发展;

(五)制止有害于学生的行为或者其他侵犯学生合法权益的行为,批评和抵制有害于学生健康成长的现象;

(六)不断提高思想政治觉悟和教育教学业务水平。

真题1 [2023广东深圳,单选]以下行为严重侵犯了教师权利的是(   )

A. 学校禁止资历丰富的老教师参加进修

B. 学生对考试成绩不满,撕烂教材

C. 社会团体邀请教师参加学术论坛活动

D. 学校允许教师在教师节休假

真题2 [2024安徽统考,简答]简述《中华人民共和国教师法》规定教师应当履行的义务。

答案:1. A 2. 详见内文

第三章 资格和任用

第十条 国家实行教师资格制度。

中国公民凡遵守宪法和法律,热爱教育事业,具有良好的思想品德,具备本法规定的学历或者经国家教师资格考试合格,有教育教学能力,经认定合格的,可以取得教师资格。

第十一条 取得教师资格应当具备的相应学历是:

(一)取得幼儿园教师资格,应当具备幼儿师范学校毕业及其以上学历;

(二)取得小学教师资格,应当具备中等师范学校毕业及其以上学历;

(三)取得初级中学教师、初级职业学校文化、专业课教师资格,应当具备高等师范专科学校或者其他大学专科毕业及其以上学历;

(四)取得高级中学教师资格和中等专业学校、技工学校、职业高中文化课、专业课教师资格,应当具备高等师范院校本科或者其他大学本科毕业及其以上学历;取得中等专业学校、技工学校和职业高中学生实习指导教师资格应当具备的学历,由国务院教育行政部门规定;

(五)取得高等学校教师资格,应当具备研究生或者大学本科毕业学历;

(六)取得成人教育教师资格,应当按照成人教育的层次、类别,分别具备高等、中等学校毕业及其以上学历。

不具备本法规定的教师资格学历的公民,申请获取教师资格,必须通过国家教师资格考试。国家教师资格考试制度由国务院规定。

第十三条 中小学教师资格由县级以上地方人民政府教育行政部门认定。中等专业学校、技工学校的教师资格由县级以上地方人民政府教育行政部门组织有关主管部门认定。普通高等学校的教师资格由国务院或者省、自治区、直辖市教育行政部门或者由其委托的学校认定。

具备本法规定的学历或者经国家教师资格考试合格的公民,要求有关部门认定其教师资格的,有关部门应当依照本法规定的条件予以认定。

取得教师资格的人员首次任教时,应当有试用期。

第十四条 受到剥夺政治权利或者故意犯罪受到有期徒刑以上刑事处罚的,不能取得教师资格;已经取得教师资格的,丧失教师资格。

第十五条 各级师范学校毕业生,应当按照国家有关规定从事教育教学工作。

国家鼓励非师范高等学校毕业生到中小学或者职业学校任教。

第十六条 国家实行教师职务制度,具体办法由国务院规定。

第十七条 学校和其他教育机构应当逐步实行教师聘任制。教师的聘任应当遵循双方地位平等的原则,由学校和教师签订聘任合同,明确规定双方的权利、义务和责任。

实施教师聘任制的步骤、办法由国务院教育行政部门规定。

真题3 [2024河北石家庄,单选]《中华人民共和国教师法》规定,我国实行教师职务制度,其具体办法由( )规定。

A. 国务院　　　　　　　　　　B. 省级教育行政部门
C. 教育部　　　　　　　　　　D. 县级教育行政部门

真题4 [2024广东佛山,判断]受到剥夺政治权利或者因故意犯罪受到有期徒刑以上刑事处罚的,不能取得教师资格,已经取得教师资格的,丧失教师资格。( )

答案:3. A　4. √

第五章　考　核

第二十二条 学校或者其他教育机构应当对教师的政治思想、业务水平、工作态度和工作成绩进行考核。

教育行政部门对教师的考核工作进行指导、监督。

第二十三条 考核应当客观、公正、准确,充分听取教师本人、其他教师以及学生的意见。

第二十四条 教师考核结果是受聘任教、晋升工资、实施奖惩的依据。

第六章　待　遇

第二十五条 教师的平均工资水平应当不低于或者高于国家公务员的平均工资水平,并逐步提高。建立正常晋级增薪制度,具体办法由国务院规定。

第二十七条 地方各级人民政府对教师以及具有中专以上学历的毕业生到少数民族地区和边远贫困地区从事教育教学工作的,应当予以补贴。

第八章 法律责任

第三十五条 侮辱、殴打教师的,根据不同情况,分别给予行政处分或者行政处罚;造成损害的,责令赔偿损失;情节严重,构成犯罪的,依法追究刑事责任。

第三十六条 对依法提出申诉、控告、检举的教师进行打击报复的,由其所在单位或者上级机关责令改正;情节严重的,可以根据具体情况给予行政处分。

国家工作人员对教师打击报复构成犯罪的,依照刑法有关规定追究刑事责任。

第三十七条 教师有下列情形之一的,由所在学校、其他教育机构或者教育行政部门给予行政处分或者解聘:

(一)故意不完成教育教学任务给教育教学工作造成损失的;

(二)体罚学生,经教育不改的;

(三)品行不良、侮辱学生,影响恶劣的。

教师有前款第(二)项、第(三)项所列情形之一,情节严重,构成犯罪的,依法追究刑事责任。

第三十八条 地方人民政府对违反本法规定,拖欠教师工资或者侵犯教师其他合法权益的,应当责令其限期改正。

违反国家财政制度、财务制度,挪用国家财政用于教育的经费,严重妨碍教育教学工作,拖欠教师工资,损害教师合法权益的,由上级机关责令限期归还被挪用的经费,并对直接责任人员给予行政处分;情节严重,构成犯罪的,依法追究刑事责任。

第三十九条 教师对学校或者其他教育机构侵犯其合法权益的,或者对学校或者其他教育机构作出的处理不服的,可以向教育行政部门提出申诉,教育行政部门应当在接到申诉的三十日内,作出处理。

教师认为当地人民政府有关行政部门侵犯其根据本法规定享有的权利的,可以向同级人民政府或者上一级人民政府有关部门提出申诉,同级人民政府或者上一级人民政府有关部门应当作出处理。

真题5 [2024河北石家庄,单选]《中华人民共和国教师法》规定,教师体罚学生,经教育不改的,由所在学校或者教育行政部门给予( )

A. 行政处分或者警告　　　　　　　B. 行政处罚或者劝退

C. 行政处分或者解聘　　　　　　　D. 行政处罚或者辞退

答案:C

第四节 《中华人民共和国未成年人保护法》

一、《中华人民共和国未成年人保护法》的制定和修改

《中华人民共和国未成年人保护法》于1991年9月4日第七届全国人民代表大会常务委员会第二十一次会议通过,自1992年1月1日起施行。《中华人民共和国未成年人保护法》的颁布填补了我国法制建设的一项空白,为保护青少年的健康成长提供了重要的法律依据。

《中华人民共和国未成年人保护法》进行过四次修改:(1)根据2006年12月29日第十届全国人民代

表大会常务委员会第二十五次会议进行第一次修订;(2)根据2012年10月26日第十一届全国人民代表大会常务委员会第二十九次会议《关于修改〈中华人民共和国未成年人保护法〉的决定》进行修正;(3)根据2020年10月17日第十三届全国人民代表大会常务委员会第二十二次会议进行第二次修订;(4)根据2024年4月26日第十四届全国人民代表大会常务委员会第九次会议《关于修改〈中华人民共和国未成年人保护法〉的决定》进行修正。

二、《中华人民共和国未成年人保护法》的节选内容 ★★ 【单选、多选、判断】

第一章 总 则

第一条 为了保护未成年人身心健康,保障未成年人合法权益,促进未成年人德智体美劳全面发展,培养有理想、有道德、有文化、有纪律的社会主义建设者和接班人,培养担当民族复兴大任的时代新人,根据宪法,制定本法。

第二条 本法所称未成年人是指未满十八周岁的公民。

第三条 国家保障未成年人的生存权、发展权、受保护权、参与权等权利。

未成年人依法平等地享有各项权利,不因本人及其父母或者其他监护人的民族、种族、性别、户籍、职业、宗教信仰、教育程度、家庭状况、身心健康状况等受到歧视。

第四条 保护未成年人,应当坚持最有利于未成年人的原则。处理涉及未成年人事项,应当符合下列要求:

(一)给予未成年人特殊、优先保护;

(二)尊重未成年人人格尊严;

(三)保护未成年人隐私权和个人信息;

(四)适应未成年人身心健康发展的规律和特点;

(五)听取未成年人的意见;

(六)保护与教育相结合。

真题1 [2023辽宁营口,多选]保护未成年人,应当坚持最有利于未成年人的原则。处理涉及未成年人事项,应当符合下列要求(　　)

A.保护未成年人隐私权和个人信息　　B.家庭、学校和社会要密切配合

C.给予未成年人特殊、优先保护　　　D.听取未成年人的意见

答案:ACD

第二章 家庭保护

第十六条 未成年人的父母或者其他监护人应当履行下列监护职责:

(一)为未成年人提供生活、健康、安全等方面的保障;

(二)关注未成年人的生理、心理状况和情感需求;

(三)教育和引导未成年人遵纪守法、勤俭节约,养成良好的思想品德和行为习惯;

(四)对未成年人进行安全教育,提高未成年人的自我保护意识和能力;

(五)尊重未成年人受教育的权利,保障适龄未成年人依法接受并完成义务教育;

(六)保障未成年人休息、娱乐和体育锻炼的时间,引导未成年人进行有益身心健康的活动;

(七)妥善管理和保护未成年人的财产;

(八)依法代理未成年人实施民事法律行为;

(九)预防和制止未成年人的不良行为和违法犯罪行为,并进行合理管教;

(十)其他应当履行的监护职责。

第十七条 未成年人的父母或者其他监护人不得实施下列行为:

(一)虐待、遗弃、非法送养未成年人或者对未成年人实施家庭暴力;

(二)放任、教唆或者利用未成年人实施违法犯罪行为;

(三)放任、唆使未成年人参与邪教、迷信活动或者接受恐怖主义、分裂主义、极端主义等侵害;

(四)放任、唆使未成年人吸烟(含电子烟,下同)、饮酒、赌博、流浪乞讨或者欺凌他人;

(五)放任或者迫使应当接受义务教育的未成年人失学、辍学;

(六)放任未成年人沉迷网络,接触危害或者可能影响其身心健康的图书、报刊、电影、广播电视节目、音像制品、电子出版物和网络信息等;

(七)放任未成年人进入营业性娱乐场所、酒吧、互联网上网服务营业场所等不适宜未成年人活动的场所;

(八)允许或者迫使未成年人从事国家规定以外的劳动;

(九)允许、迫使未成年人结婚或者为未成年人订立婚约;

(十)违法处分、侵吞未成年人的财产或者利用未成年人牟取不正当利益;

(十一)其他侵犯未成年人身心健康、财产权益或者不依法履行未成年人保护义务的行为。

第二十一条 未成年人的父母或者其他监护人不得使未满八周岁或者由于身体、心理原因需要特别照顾的未成年人处于无人看护状态,或者将其交由无民事行为能力、限制民事行为能力、患有严重传染性疾病或者其他不适宜的人员临时照护。

未成年人的父母或者其他监护人不得使未满十六周岁的未成年人脱离监护单独生活。

真题2 [2024福建统考,单选]《中华人民共和国未成年人保护法》第二十一条规定,未成年人的父母或者其他监护人不得使未满(　　)周岁的未成年人脱离监护单独生活。

A. 8　　　　　　B. 14　　　　　　C. 16　　　　　　D. 18

真题3 [2023山西太原,单选]"父母或其他监护人员不得允许或者迫使未成年人结婚,不得为未成年人订立婚约"属于我国《未成年人保护法》当中的(　　)内容。

A. 社会保护　　　　　　　　　　B. 学校保护

C. 家庭保护　　　　　　　　　　D. 司法保护

答案:2. C　3. C

第三章　学校保护

第二十七条 学校、幼儿园的教职员工应当尊重未成年人人格尊严,不得对未成年人实施体罚、变相体罚或者其他侮辱人格尊严的行为。

第二十八条 学校应当保障未成年学生受教育的权利,不得违反国家规定开除、变相开除未成年学生。

学校应当对尚未完成义务教育的辍学未成年学生进行登记并劝返复学;劝返无效的,应当及时向教育行政部门书面报告。

第三十条 学校应当根据未成年学生身心发展特点,进行社会生活指导、心理健康辅导、青春期教育和生命教育。

第三十一条 学校应当组织未成年学生参加与其年龄相适应的日常生活劳动、生产劳动和服务性劳动,帮助未成年学生掌握必要的劳动知识和技能,养成良好的劳动习惯。

第三十三条 学校应当与未成年学生的父母或者其他监护人互相配合,合理安排未成年学生的学习时间,保障其休息、娱乐和体育锻炼的时间。

学校不得占用国家法定节假日、休息日及寒暑假期,组织义务教育阶段的未成年学生集体补课,加重其学习负担。

幼儿园、校外培训机构不得对学龄前未成年人进行小学课程教育。

第三十八条 学校、幼儿园不得安排未成年人参加商业性活动,不得向未成年人及其父母或者其他监护人推销或者要求其购买指定的商品和服务。

学校、幼儿园不得与校外培训机构合作为未成年人提供有偿课程辅导。

真题4 [2024安徽统考,单选]根据《中华人民共和国未成年人保护法》,学校应当对尚未完成义务教育的辍学未成年学生进行登记并劝返复学;劝返无效的,应当及时向( )
A. 本校教师口头通报　　　　　　　B. 教育行政部门口头报告
C. 本校教师书面通报　　　　　　　D. 教育行政部门书面报告

真题5 [2024山东临沂,单选]根据《中华人民共和国未成年人保护法》,学校应当根据未成年学生身心发展的特点进行( )
①社会生活指导　②网络安全教育　③青春期教育　④生命教育　⑤心理健康辅导
A. ①②③　　　　B. ①②③④⑤　　　　C. ②③④⑤　　　　D. ①③④⑤

真题6 [2023广东潮州,判断]根据我国《未成年人保护法》,幼儿园、校外培训机构可以根据需要对学龄前未成年人进行小学课程教育。( )

答案:4. D　5. D　6. ×

第四章　社会保护

第四十四条 爱国主义教育基地、图书馆、青少年宫、儿童活动中心、儿童之家应当对未成年人免费开放;博物馆、纪念馆、科技馆、展览馆、美术馆、文化馆、社区公益性互联网上网服务场所以及影剧院、体育场馆、动物园、植物园、公园等场所,应当按照有关规定对未成年人免费或者优惠开放。

国家鼓励爱国主义教育基地、博物馆、科技馆、美术馆等公共场馆开设未成年人专场,为未成年人提供有针对性的服务。

国家鼓励国家机关、企业事业单位、部队等开发自身教育资源,设立未成年人开放日,为未成年人主题教育、社会实践、职业体验等提供支持。

国家鼓励科研机构和科技类社会组织对未成年人开展科学普及活动。

第五十八条 学校、幼儿园周边不得设置营业性娱乐场所、酒吧、互联网上网服务营业场所等不适宜未成年人活动的场所。营业性歌舞娱乐场所、酒吧、互联网上网服务营业场所等不适宜未成年人活动场所的经营者,不得允许未成年人进入;游艺娱乐场所设置的电子游戏设备,除国家法定节假日外,不得向未成年人提供。经营者应当在显著位置设置未成年人禁入、限入标志;对难以判明是否是未成年人的,应当要求其出示身份证件。

第五十九条 学校、幼儿园周边不得设置烟、酒、彩票销售网点。禁止向未成年人销售烟、酒、彩票或者兑付彩票奖金。烟、酒和彩票经营者应当在显著位置设置不向未成年人销售烟、酒或者彩票的标志;对难以判明是否是未成年人的,应当要求其出示身份证件。

任何人不得在学校、幼儿园和其他未成年人集中活动的公共场所吸烟、饮酒。

第六十条 禁止向未成年人提供、销售管制刀具或者其他可能致人严重伤害的器具等物品。经营者难以判明购买者是否是未成年人的,应当要求其出示身份证件。

第六十一条 任何组织或者个人不得招用未满十六周岁未成年人,国家另有规定的除外。

营业性娱乐场所、酒吧、互联网上网服务营业场所等不适宜未成年人活动的场所不得招用已满十六周岁的未成年人。

招用已满十六周岁未成年人的单位和个人应当执行国家在工种、劳动时间、劳动强度和保护措施等方面的规定,不得安排其从事过重、有毒、有害等危害未成年人身心健康的劳动或者危险作业。

任何组织或者个人不得组织未成年人进行危害其身心健康的表演等活动。经未成年人的父母或者其他监护人同意,未成年人参与演出、节目制作等活动,活动组织方应当根据国家有关规定,保障未成年人合法权益。

第六十三条 任何组织或者个人不得隐匿、毁弃、非法删除未成年人的信件、日记、电子邮件或者其他网络通讯内容。

除下列情形外,任何组织或者个人不得开拆、查阅未成年人的信件、日记、电子邮件或者其他网络通讯内容:

(一)无民事行为能力未成年人的父母或者其他监护人代未成年人开拆、查阅;

(二)因国家安全或者追查刑事犯罪依法进行检查;

(三)紧急情况下为了保护未成年人本人的人身安全。

真题7 [2024浙江宁波,判断]《中华人民共和国未成年人保护法》规定,博物馆、美术馆、动物园等场所应该遵守有关规定向未成年人免费或优惠开放。(　　)

真题8 [2022安徽统考,判断]《中华人民共和国未成年人保护法》规定,对未成年人的信件、日记、电子邮件,任何组织或者个人不得隐匿、毁弃。(　　)

答案:7.√　8.√

第五章　网络保护

第七十条 学校应当合理使用网络开展教学活动。未经学校允许,未成年学生不得将手机等智能终端产品带入课堂,带入学校的应当统一管理。

学校发现未成年学生沉迷网络的,应当及时告知其父母或者其他监护人,共同对未成年学生进行教育和引导,帮助其恢复正常的学习生活。

第七十五条 网络游戏经依法审批后方可运营。

国家建立统一的未成年人网络游戏电子身份认证系统。网络游戏服务提供者应当要求未成年人以真实身份信息注册并登录网络游戏。

网络游戏服务提供者应当按照国家有关规定和标准,对游戏产品进行分类,作出适龄提示,并采取技术措施,不得让未成年人接触不适宜的游戏或者游戏功能。

网络游戏服务提供者不得在每日二十二时至次日八时向未成年人提供网络游戏服务。

第七十六条 网络直播服务提供者不得为未满十六周岁的未成年人提供网络直播发布者账号注册服务;为年满十六周岁的未成年人提供网络直播发布者账号注册服务时,应当对其身份信息进行认证,并征得其父母或者其他监护人同意。

真题9 [2022河南洛阳,单选]学校应当合理使用网络开展教学活动,未经学校允许,未成年学生不得将手机等智能终端产品带入课堂,带入学校的(　　)

A. 一律销毁　　　　　　　　　　B. 由学生自行保管
C. 应当统一管理　　　　　　　　D. 应当归学校所有

答案:C

第六章　政府保护

第九十二条 具有下列情形之一的,民政部门应当依法对未成年人进行临时监护:

(一)未成年人流浪乞讨或者身份不明,暂时查找不到父母或者其他监护人;

(二)监护人下落不明且无其他人可以担任监护人;

(三)监护人因自身客观原因或者因发生自然灾害、事故灾难、公共卫生事件等突发事件不能履行监护职责,导致未成年人监护缺失;

(四)监护人拒绝或者怠于履行监护职责,导致未成年人处于无人照料的状态;

(五)监护人教唆、利用未成年人实施违法犯罪行为,未成年人需要被带离安置;

(六)未成年人遭受监护人严重伤害或者面临人身安全威胁,需要被紧急安置;

(七)法律规定的其他情形。

第七章　司法保护

第一百一十三条 对违法犯罪的未成年人,实行教育、感化、挽救的方针,坚持教育为主、惩罚为辅的原则。

对违法犯罪的未成年人依法处罚后,在升学、就业等方面不得歧视。

第八章　法律责任

第一百一十八条 未成年人的父母或者其他监护人不依法履行监护职责或者侵犯未成年人合法权益的,由其居住地的居民委员会、村民委员会予以劝诫、制止;情节严重的,居民委员会、村民委员会应当及时向公安机关报告。

公安机关接到报告或者公安机关、人民检察院、人民法院在办理案件过程中发现未成年人的父母或者其他监护人存在上述情形的,应当予以训诫,并可以责令其接受家庭教育指导。

第一百二十三条 相关经营者违反本法第五十八条、第五十九条第一款、第六十条规定的,由文化和旅游、市场监督管理、烟草专卖、公安等部门按照职责分工责令限期改正,给予警告,没收违法所得,可以并处五万元以下罚款;拒不改正或者情节严重的,责令停业整顿或者吊销营业执照、吊销相关许可证,可以并处五万元以上五十万元以下罚款。

第五节 《学生伤害事故处理办法》

一、《学生伤害事故处理办法》的制定和修改

《学生伤害事故处理办法》是教育部2002年6月25日发布的部门规章,明确了学生伤害事故与责任、事故处理程序、事故损害的赔偿、事故责任者的处理等事项。根据2010年12月13日《教育部关于修改和废止部分规章的决定》进行修正。

二、《学生伤害事故处理办法》的节选内容 ★★ 【单选、多选、判断】

第一章 总 则

第二条 在学校实施的教育教学活动或者学校组织的校外活动中,以及在学校负有管理责任的校舍、场地、其他教育教学设施、生活设施内发生的,造成在校学生人身损害后果的事故的处理,适用本办法。

第三条 学生伤害事故应当遵循依法、客观公正、合理适当的原则,及时、妥善地处理。

第五条 学校应当对在校学生进行必要的安全教育和自护自救教育;应当按照规定,建立健全安全制度,采取相应的管理措施,预防和消除教育教学环境中存在的安全隐患;当发生伤害事故时,应当及时采取措施救助受伤害学生。

学校对学生进行安全教育、管理和保护,应当针对学生年龄、认知能力和法律行为能力的不同,采用相应的内容和预防措施。

第七条 未成年学生的父母或者其他监护人(以下称为监护人)应当依法履行监护职责,配合学校对学生进行安全教育、管理和保护工作。

学校对未成年学生不承担监护职责,但法律有规定的或者学校依法接受委托承担相应监护职责的情形除外。

第二章 事故与责任

第九条 因下列情形之一造成的学生伤害事故,学校应当依法承担相应的责任:

(一)学校的校舍、场地、其他公共设施,以及学校提供给学生使用的学具、教育教学和生活设施、设备不符合国家规定的标准,或者有明显不安全因素的;

(二)学校的安全保卫、消防、设施设备管理等安全管理制度有明显疏漏,或者管理混乱,存在重大安全隐患,而未及时采取措施的;

(三)学校向学生提供的药品、食品、饮用水等不符合国家或者行业的有关标准、要求的;

(四)学校组织学生参加教育教学活动或者校外活动,未对学生进行相应的安全教育,并未在可预见的范围内采取必要的安全措施的;

(五)学校知道教师或者其他工作人员患有不适宜担任教育教学工作的疾病,但未采取必要措施的;

(六)学校违反有关规定,组织或者安排未成年学生从事不宜未成年人参加的劳动、体育运动或者其他活动的;

(七)学生有特异体质或者特定疾病,不宜参加某种教育教学活动,学校知道或者应当知道,但未予以必要的注意的;

(八)学生在校期间突发疾病或者受到伤害,学校发现,但未根据实际情况及时采取相应措施,导致不良后果加重的;

(九)学校教师或者其他工作人员体罚或者变相体罚学生,或者在履行职责过程中违反工作要求、操作规程、职业道德或者其他有关规定的;

(十)学校教师或者其他工作人员在负有组织、管理未成年学生的职责期间,发现学生行为具有危险性,但未进行必要的管理、告诫或者制止的;

(十一)对未成年学生擅自离校等与学生人身安全直接相关的信息,学校发现或者知道,但未及时告知未成年学生的监护人,导致未成年学生因脱离监护人的保护而发生伤害的;

(十二)学校有未依法履行职责的其他情形的。

第十条 学生或者未成年学生监护人由于过错,有下列情形之一,造成学生伤害事故,应当依法承担相应的责任:

(一)学生违反法律法规的规定,违反社会公共行为准则、学校的规章制度或者纪律,实施按其年龄和认知能力应当知道具有危险或者可能危及他人的行为的;

(二)学生行为具有危险性,学校、教师已经告诫、纠正,但学生不听劝阻、拒不改正的;

(三)学生或者其监护人知道学生有特异体质,或者患有特定疾病,但未告知学校的;

(四)未成年学生的身体状况、行为、情绪等有异常情况,监护人知道或者已被学校告知,但未履行相应监护职责的;

(五)学生或者未成年学生监护人有其他过错的。

第十一条 学校安排学生参加活动,因提供场地、设备、交通工具、食品及其他消费与服务的经营者,或者学校以外的活动组织者的过错造成的学生伤害事故,有过错的当事人应当依法承担相应的责任。

第十二条 因下列情形之一造成的学生伤害事故,学校已履行了相应职责,行为并无不当的,无法律责任:

(一)地震、雷击、台风、洪水等不可抗的自然因素造成的;

(二)来自学校外部的突发性、偶发性侵害造成的;

(三)学生有特异体质、特定疾病或者异常心理状态,学校不知道或者难于知道的;

(四)学生自杀、自伤的;

(五)在对抗性或者具有风险性的体育竞赛活动中发生意外伤害的;

(六)其他意外因素造成的。

第十三条 下列情形下发生的造成学生人身损害后果的事故,学校行为并无不当的,不承担事故责任;事故责任应当按有关法律法规或者其他有关规定认定:

(一)在学生自行上学、放学、返校、离校途中发生的;

(二)在学生自行外出或者擅自离校期间发生的;

(三)在放学后、节假日或者假期等学校工作时间以外,学生自行滞留学校或者自行到校发生的;

(四)其他在学校管理职责范围外发生的。

第十四条 因学校教师或者其他工作人员与其职务无关的个人行为,或者因学生、教师及其他个人故意实施的违法犯罪行为,造成学生人身损害的,由致害人依法承担相应的责任。

真题1 [2024安徽统考,单选]因自来水管道破裂,学校临时向学生提供未经有关部门检测的地下水作为饮用水,造成学生饮用后腹泻。事后检测表明该校提供的地下水不符合饮用水标准。依据《学生伤害事故处理办法》,需要承担此次学生伤害事故责任的是( )

A. 学生本人　　　B. 教师　　　C. 学生家长　　　D. 学校

真题2 [2024河北石家庄,单选]小雷在放学回家路上,到一家小卖店买了两包辣条吃。晚上,他便上吐下泻,得了急性肠胃炎,在医院输液。对于小雷生病,( )

A. 学校没有过错,无需承担赔偿责任　　　B. 学校没有过错,但应承担赔偿责任
C. 学校存在过错,应当承担赔偿责任　　　D. 学校存在过错,但可免除赔偿责任

真题3 [2023辽宁营口,单选]下列情形中,若发生学生伤害事故,学校不承担法律责任的是( )

A. 学校教师或其他工作人员体罚或变相体罚学生
B. 学校的校舍、场地等不符合国家规定的标准
C. 学校组织学生参加校外活动,未对学生进行相应的安全教育
D. 学生自杀、自伤,学校已履行了相应责任,行为并无不当的

答案:1. D　2. A　3. D

第四章　事故损害的赔偿

第二十三条 对发生学生伤害事故负有责任的组织或者个人,应当按照法律法规的有关规定,承担相应的损害赔偿责任。

第二十七条 因学校教师或者其他工作人员在履行职务中的故意或者重大过失造成的学生伤害事故,学校予以赔偿后,可以向有关责任人员追偿。

第二十八条 未成年学生对学生伤害事故负有责任的,由其监护人依法承担相应的赔偿责任。

学生的行为侵害学校教师及其他工作人员以及其他组织、个人的合法权益,造成损失的,成年学生或者未成年学生的监护人应当依法予以赔偿。

★★ 本章核心考点回顾 ★★

1. 《中华人民共和国教育法》

(1)我国教育基本制度:国家实行学前教育、初等教育、中等教育、高等教育的学校教育制度;实行九年制义务教育制度;实行职业教育制度和继续教育制度;实行国家教育考试制度;实行学业证书制度等。

(2)教育活动必须符合国家和社会公共利益。(第八条)

(3)设立学校及其他教育机构必须具备的基本条件:①有组织机构和章程;②有合格的教师;③有符合规定标准的教学场所及设施、设备等;④有必备的办学资金和稳定的经费来源。(第二十七条)

(4)受教育者的权利:参加教育教学计划安排的各种活动、在学业成绩和品行上获得公正评价、提出申诉或者依法提起诉讼等。(第四十三条)

(5)受教育者的义务:遵守法律、法规;遵守学生行为规范;完成规定的学习任务;遵守所在学校或者其他教育机构的管理制度。(第四十四条)

2.《中华人民共和国义务教育法》

(1)义务教育的性质和特征:强制性(义务性)、普及性(普遍性、统一性)、免费性(公益性)、公共性(国民性)和基础性。其中,强制性是义务教育的最本质特征;普及性是义务教育的基本性质。

(2)国家实行九年义务教育制度。义务教育是国家统一实施的所有适龄儿童、少年必须接受的教育,是国家必须予以保障的公益性事业。实施义务教育,不收学费、杂费。国家建立义务教育经费保障机制,保证义务教育制度实施。(第二条)

(3)学校不得分设重点班和非重点班。(第二十二条)

(4)学校不得违反国家规定收取费用,不得以向学生推销或者变相推销商品、服务等方式谋取利益。(第二十五条)

(5)对违反学校管理制度的学生,学校应当予以批评教育,不得开除。(第二十七条)

3.《中华人民共和国教师法》

(1)教师的权利:教育教学权、科学研究权、管理学生权、获得报酬权、民主管理权、进修培训权。(第七条)

(2)教师的义务:遵守宪法、法律和职业道德;完成教育教学工作任务;关心、爱护全体学生;制止对学生有害的行为等。(第八条)

(3)给予教师行政处分或者解聘的情形:故意不完成教育教学任务给教育教学工作造成损失的;体罚学生,经教育不改的;品行不良、侮辱学生,影响恶劣的。(第三十七条)

4.《中华人民共和国未成年人保护法》

(1)保护未成年人的原则:给予未成年人特殊、优先保护;保护未成年人隐私权和个人信息;听取未成年人的意见;保护与教育相结合等。(第四条)

(2)学校应当保障未成年学生受教育的权利,不得违反国家规定开除、变相开除未成年学生。(第二十八条)。

(3)学校应当根据未成年学生身心发展特点,进行社会生活指导、心理健康辅导、青春期教育和生命教育。(第三十条)

(4)爱国主义教育基地、图书馆等应当对未成年人免费开放;博物馆、美术馆、动物园等场所,应当按照有关规定对未成年人免费或者优惠开放。(第四十四条)

5.《学生伤害事故处理办法》

(1)学校应当依法承担事故责任的情形

①学校的公共设施,学校提供的学具、设施、设备不符合国家规定的标准,或有明显不安全因素;②学校教师或其他工作人员体罚或变相体罚学生,或在履行职责过程中违反工作要求等有关规定;等等。(第九条)

(2)学校不承担事故责任的情形

①学校已履行职责,行为并无不当:不可抗的自然因素;学生有特异体质、特定疾病或者异常心理状态,学校不知道或者难于知道等。(第十二条)

②学校行为并无不当:在学生自行上学、放学、返校、离校途中发生;在学生自行外出或擅自离校期间发生;在学校工作时间以外,学生自行滞留学校或自行到校发生等。(第十三条)

第三章 依法执教与教师违法（侵权）行为

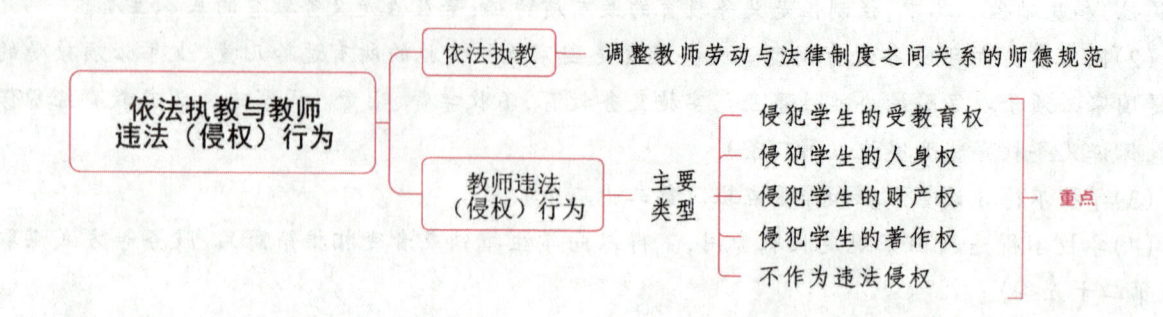

```
                    ┌─ 依法执教 ── 调整教师劳动与法律制度之间关系的师德规范
依法执教与教师      │
违法（侵权）行为    │                    ┌─ 侵犯学生的受教育权
                    └─ 教师违法    主要  ├─ 侵犯学生的人身权
                       （侵权）行为  类型 ├─ 侵犯学生的财产权  ── 重点
                                        ├─ 侵犯学生的著作权
                                        └─ 不作为违法侵权
```

第一节 依法执教

一、依法执教的含义 ★ 【单选、判断】

依法执教就是要求教师在教育教学活动中，按照教育法律、法规使自己的教育教学活动法制化和规范化。依法执教是依法治教在教师工作中的具体体现，是对教师的基本要求，也是调整教师劳动与法律制度之间关系的师德规范。

1995年制定的《中华人民共和国教育法》是我国第一次以国家基本法律的形式明确了教育的地位和作用，从而为教育事业的改革和发展提供了坚实有力的法律保障。

真题 [2023湖北武汉，判断]依法执教是调整教师劳动与法律制度之间关系的师德规范。（　　）
答案：√

二、依法执教的基本要求

依法执教的基本要求概括来说有以下四点：(1)坚持正确的政治方向；(2)拥护党的基本路线和领导；(3)自觉增强法律意识；(4)认真贯彻党和国家的方针政策。

具体内容包括：(1)教师要模范地遵守宪法及其他各种法律、法规；(2)教师要依法进行教育教学活动。

三、依法执教的意义

(1)依法执教是依法治国的必然要求。依法治国的依据是我国的宪法和法律，基本要求有四个方面，即有法可依，有法必依，执法必严，违法必究。其中，有法可依是依法治国的法律前提，也是依法治国的首要环节；有法必依是依法治国的中心环节。

(2)依法执教是依法治教的重要内容。

(3)依法执教是人民教师之必需。

第二节 教师违法(侵权)行为

一、教师违法(侵权)行为的含义

教师违法行为即指教师出于故意或由于过失而侵犯他人(主要是学生)合法权利的行为。在履行教师职责、实施教育教学活动中,中小学教师实施的侵权行为若是执行职务的行为,那么学校必须承担因此而导致的损害后果。如果是教师的个人行为导致他人权利受损,则学校不必承担责任。

二、教师违法(侵权)行为的主要类型及其表现形式 ★★ 【单选、多选、判断】

考点 1 侵犯学生的受教育权

受教育权是学生最基本的权利。学生的受教育权包括受完法定年限教育权、学习权和公正评价权。(1)受完法定年限教育权是指年满6周岁的儿童应入学接受义务教育,并受满法律规定年限的教育,学校和教师不能随意开除学生;(2)学习权是指学生有权利在义务教育年限内在校学习,在教育教学过程中,教师不得以任何借口随意侵犯或剥夺学生参加学习活动的权利,诸如听课、作业等;(3)公正评价权是指学生在教育教学过程中,享有教师、学校对自己的学业成绩、道德品质等进行公正评价,并客观真实地记录在学生成绩档案中,在毕业时获得相应的学业成绩证明和毕业证书的权利。

常见的侵犯学生受教育权的表现形式主要有:

(1)侵犯学生受教育机会的平等权。我国《教育法》第九条规定了公民受教育机会平等的基本原则。受教育机会平等,是指公民在受教育方面的权利和义务具有平等的法律地位,不因民族、种族、性别、职业、财产状况、宗教信仰等方面的不同或者差别而受到不平等的对待。

受教育机会平等原则包括受教育起点上的机会平等、受教育过程上的机会平等和受教育结果上的机会平等三个层面。①受教育起点上的机会平等是指每个公民在入学机会上享有平等的权利。②受教育过程上的机会平等是指公民在接受教育的过程中,有获得教育条件、教育待遇等方面的平等权利。③受教育结果上的机会平等是指公民在接受教育后,有获得学校和社会公正评价的平等权利。

(2)侵犯学生的入学权。我国《义务教育法》第四条和第十一条规定了义务教育对象的入学条件,即凡达到入学年龄(新学年开学前满6周岁),不分性别、民族、种族,只要有接受教育的能力,都必须入学接受规定年限的义务教育。此外,实施义务教育的学校必须依法接收应该在本校就读的适龄儿童入学。

(3)侵犯学生参加考试的权利。我国《教育法》第四十三条规定,受教育者享有"参加教育教学计划安排的各种活动"的权利。这是学生在学校中享有的最基本的权利。在教育教学中,学生有权参加教学计划安排的授课、讲座、课堂讨论、观摩、实验、实习和考试等活动。

(4)随意开除学生。我国《义务教育法》第二十七条规定,对违反学校管理制度的学生,学校应当予以批评教育,不得开除。我国《未成年人保护法》第二十八条规定,学校应当保障未成年学生受教育的权利,不得违反国家规定开除、变相开除未成年学生。

此外,还有侵犯学生上课学习的权利、侵犯学生受教育的选择权、侵犯学生升学复学方面的同等权利、以侵犯姓名权的手段侵犯学生的受教育权、延误学生录取通知书的发放等。

> 小香课堂
> 受教育权是学生最基本的权利;人身权是公民最基本的权利。

真题1 [2023河北唐山,单选]下列行为中属于侵犯学生受教育权的是( )
①张老师使用学生照片做广告　②王老师以成绩差为由不让小强参加考试
③李老师私拆学生的信件　　　④父母强迫初二年级的军军外出打工
A. ①②　　　　B. ②④　　　　C. ①②③　　　　D. ①②③④

真题2 [2023河北邯郸,判断]某学校让乐队的学生停课参加某公司庆典,公司给予学校一定的经济回报。该校的做法侵犯了学生的受教育权。( )

答案:1. B　2. √

考点 2　侵犯学生的人身权

人身权是公民享有的最基本、最重要的权利。根据有关法律规定,学生的人身权可分为生命权、身体权、健康权、姓名与肖像权、名誉与荣誉权、人格尊严权、人身自由权、隐私权等。

(1)侵犯学生的生命权、身体权和身心健康权。身心健康权主要包括未成年学生的生命健康、人身安全、心理健康等内容。学生作为公民享有我国法律法规赋予的生命权、身体权和身心健康权。在学校教育中,这类侵害主要是由体罚或变相体罚、教育教学设施设备不安全以及学校、教师的不作为侵权等造成的。

(2)侵犯学生的姓名肖像权、名誉荣誉权。一些特殊情况除外,学生有权禁止他人未经允许制作和使用自己的肖像,有权禁止他人对自己肖像进行毁损、玷污、丑化或歪曲。学生的名誉不得受到歪曲或损害。荣誉是一个人受到外部给予的光荣称誉,每个学生在学校应有平等的机会获得。

(3)侵犯学生的人格尊严权。学生享有受他人尊重,保持良好形象及尊严的权利。学校和教师必须尊重学生的人格尊严,严禁对学生实施体罚、变相体罚或其他侮辱人格尊严的行为。

(4)侵犯学生的人身自由权。人身自由是公民的一项基本权利,包括身体行动自由和表达的自由。侵犯学生人身自由权的表现形式有:非法拘禁和限制学生、非法搜查学生、非法限制学生表达自由的权利等。

(5)侵犯学生的隐私权。隐私包括个人私生活、个人日记、照片、储蓄及财产状况、生活习惯及通讯秘密等。隐私权是指公民生活中不愿为他人公开或知悉的个人秘密的不可侵犯的人身权利。学校和教师侵犯学生隐私的表现形式有:故意隐匿、毁弃或者非法开拆学生信件,披露、宣扬学生自身及家庭成员的资料,提供学生成绩的方式不适当等。

(6)性侵害。

真题3 [2024安徽合肥/淮北/铜陵,单选]某小学教师陈某在教育学生时,经常敲打、拖拽学生,造成学生身体多处瘀伤。陈某侵犯的学生的权利主要是( )
A. 受教育权　　　　　　　　　　B. 人格尊严权
C. 人身自由权　　　　　　　　　D. 生命健康权

真题4 [2022内蒙古赤峰,单选]一些学校或教师为了掌握学生的某些思想动态,背着学生检查

630

学生的电子邮件、日记等信息,这样的行为涉嫌侵犯学生的(　　)

A. 知情权　　　　　B. 人格尊严权　　　　　C. 隐私权　　　　　D. 名誉权

答案:3. D　4. C

考点 3 ▶ 侵犯学生的财产权

个人的财产所有权是指公民对个人所有的财产依法进行占有、使用、收益和处分的权利。学生的合法财产受法律保护,教师不得侵占、破坏或非法扣押、没收等。学生对教师侵犯其财产权的行为可依法申诉或提起诉讼。教师侵犯学生财产权的表现形式包括:损坏学生财物、非法没收学生物品、乱罚款、乱摊派等。

真题5 [2024广东佛山,单选]方老师发现学生小明上课时偷玩玩具车,便直接把玩具车没收了。课后小明找方老师归还玩具车时,老师以玩具影响学习为由拒不归还。根据相关法律法规,方老师的行为主要侵犯了小明的(　　)

A. 隐私权　　　　　B. 人身自由权　　　　　C. 财产权　　　　　D. 名誉权

答案:C

考点 4 ▶ 侵犯学生的著作权

《中华人民共和国著作权法》所称的作品,是指文学、艺术和科学领域内具有独创性并能以一定形式表现的智力成果。著作权人对其作品享有发表权,未经许可任何人不得发表其作品。中小学生的作文也是作品,是受我国《著作权法》保护的文字作品。

真题6 [2023山西太原,单选]某小学语文老师在未经学生同意的情况下,将班上学生的优秀作文编入自己编著出版的作文辅导书中,该语文老师的做法侵犯了学生的(　　)

A. 著作权　　　　　B. 财产权　　　　　C. 受教育权　　　　　D. 人格尊严权

答案:A

考点 5 ▶ 不作为违法侵权

依性质不同,侵权行为可分为两类,即作为侵权行为和不作为侵权行为。作为侵权行为是指行为人以一定的作为致人损害的行为,如体罚、侮辱学生等。不作为侵权行为是指行为人以一定的不作为致人损害的行为。根据我国《教师法》《未成年人保护法》的规定,学校和教师负有保护学生的法定义务。如果教师没有积极履行保护职责或阻止有害学生的行为即构成不作为侵权。

学校和教师的不作为侵权行为的表现形式有:(1)对学生身体状况关照不力;(2)教师对生病或受伤学生救护不力;(3)在履行职责中违反工作要求、操作规程;(4)学校活动组织失职;(5)饮食安全事故;(6)未及时向学生监护人履行告知义务。

三、教师违法(侵权)行为的主要法律责任

1. 教师违法(侵权)行为

(1)故意不完成教育教学任务给教育教学工作造成损失的。构成此项违法责任必须具备两个条

件:第一,主观上是"故意的",即明知会对教育教学工作造成损失,但却放任这种行为的发生;第二,客观上要有"给教育教学工作造成损失"的后果。

(2)体罚学生,经教育不改的。体罚学生是指教师以暴力的方法或以暴力相威胁,或以其他强制性手段,侵害学生的身体和精神健康的侵权行为。

(3)品行不良、侮辱学生,影响恶劣的。主要指教师的人品或行为严重有悖于社会公德和教师职业道德,严重有损为人师表的形象和身份,在社会上和学生中产生了恶劣的影响。

2. 教师的法律责任

(1)按现行教师管理权限,由所在学校、其他教育机构或教育行政部门给予行政处分或者解聘。解聘包括解除岗位职务聘任合同和解除教师聘任合同。

(2)教师有上述违法行为中的后两种行为,即体罚学生,经教育不改行为和品行不良、侮辱学生,影响恶劣行为,情节严重,构成犯罪的,由人民法院追究其刑事责任。

(3)对学校、其他教育机构或学生造成损害或损失的,应当依照有关规定赔偿损失、消除影响、恢复名誉等。这既可由学校或教育行政部门处理,也可由人民法院强制执行。

四、预防教师违法(侵权)行为的必要措施

(1)建立完善的教育法规体系;(2)建立严格公正的教育执法制度;(3)建立全面的教育法律监督机制;(4)增强法制观念,宣传、普及教育法规;(5)加强学校的规范管理;(6)增强教师的法律意识,减少侵权行为的发生;(7)加强学生对自己法定权利的认识,培养学生的自我保护意识;(8)加大安全教育力度。

★ 本章核心考点回顾 ★

1. 依法执教的含义

依法执教是依法治教在教师工作中的具体体现,是对教师的基本要求,也是调整教师劳动与法律制度之间关系的师德规范。

2. 教师违法(侵权)行为的主要类型及其表现形式

(1)侵犯学生的受教育权:①侵犯学生受教育机会的平等权;②侵犯学生的入学权;③侵犯学生参加考试的权利;④随意开除学生。

(2)侵犯学生的人身权:①侵犯学生的生命权、身体权和身心健康权;②侵犯学生的姓名肖像权、名誉荣誉权;③侵犯学生的人格尊严权;④侵犯学生的人身自由权;⑤侵犯学生的隐私权;⑥性侵害。

(3)侵犯学生的财产权:损坏学生财物、非法没收学生物品、乱罚款、乱摊派等。

(4)侵犯学生的著作权:未经许可发表学生的作品等。

(5)不作为违法侵权:对学生身体状况关照不力、对生病或受伤学生救护不力等。

05 第五部分 新课程改革

内容导学

- 本部分内容共分为三章。
- 第一章为新课程改革的概述,第二章介绍了教学改革的内容,第三章介绍了综合实践活动。
- 考生应重点掌握第一章第二节以及第二章的内容,结合各知识点的重要程度有针对性地进行复习。
- 为了方便考生梳理知识脉络,我们在各章设置思维导图和核心考点回顾。

本部分学习指南

一、考情概况

本部分内容较为广泛、识记性知识较多,考生可带着以下学习目标进行备考:
1. 掌握新课程改革的六项具体目标。
2. 理解新课程倡导的教师角色、教学观和学习方式。
3. 了解综合实践活动的内涵。

二、考点地图

考点	年份/地区/题型
新课程改革的六项具体目标	2024河北单选;2024安徽判断;2023辽宁单选;2023湖南单选;2023河北多选;2023浙江简答;2022河南单选;2022山东单选;2022天津单选、判断
新课程倡导的教师角色	2023河南单选;2023山西单选;2023浙江判断;2022河南单选;2022广东单选;2022湖北判断
新的教学观	2024安徽判断;2023辽宁单选;2023浙江单选;2023内蒙古单选、多选;2022山西多选
新课程倡导的学习方式	2023安徽单选;2023江苏填空;2023河北判断;2023浙江判断;2022天津单选、名词解释;2022内蒙古简答
综合实践活动的内涵	2023河南单选;2022天津多选;2022湖南多选;2022山东判断

注:上述表格仅呈现重要考点的相关考情。

第一章　新课程改革概述

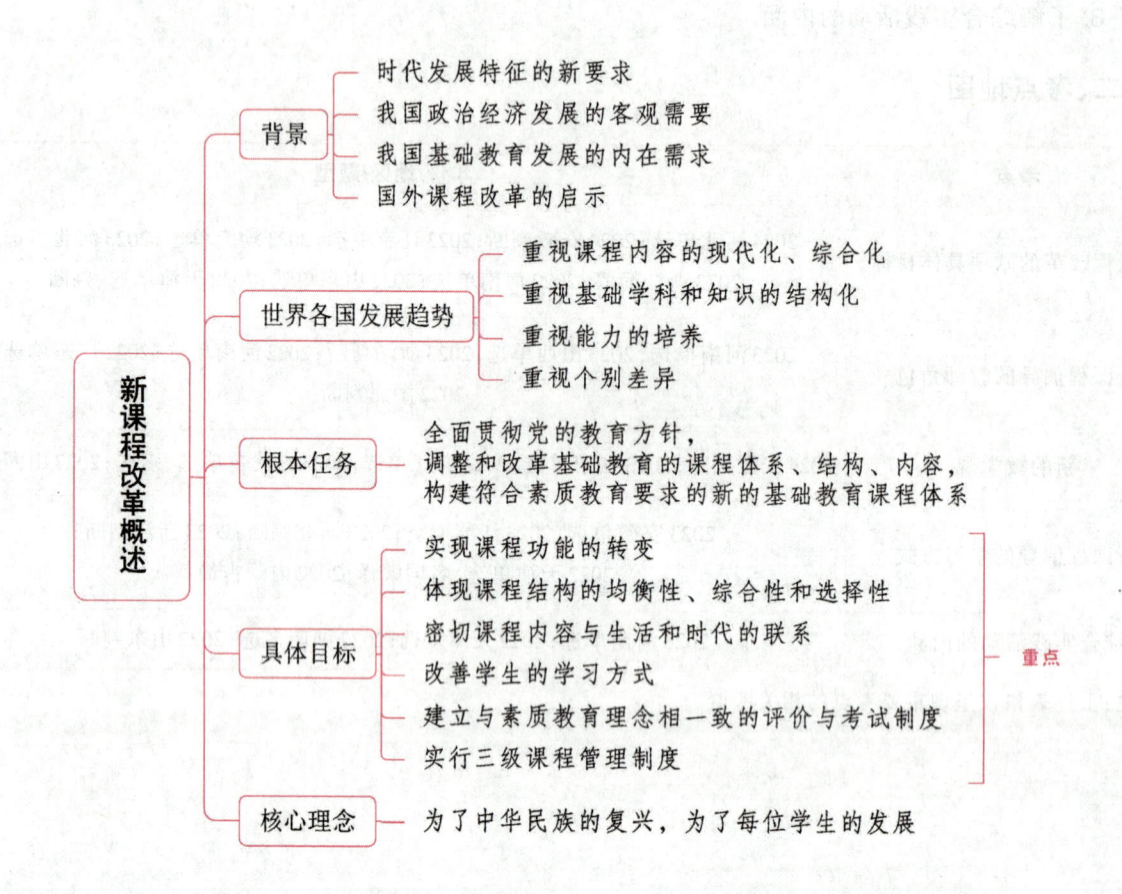

新课程改革概述
- 背景
  - 时代发展特征的新要求
  - 我国政治经济发展的客观需要
  - 我国基础教育发展的内在需求
  - 国外课程改革的启示
- 世界各国发展趋势
  - 重视课程内容的现代化、综合化
  - 重视基础学科和知识的结构化
  - 重视能力的培养
  - 重视个别差异
- 根本任务：全面贯彻党的教育方针，调整和改革基础教育的课程体系、结构、内容，构建符合素质教育要求的新的基础教育课程体系
- 具体目标【重点】
  - 实现课程功能的转变
  - 体现课程结构的均衡性、综合性和选择性
  - 密切课程内容与生活和时代的联系
  - 改善学生的学习方式
  - 建立与素质教育理念相一致的评价与考试制度
  - 实行三级课程管理制度
- 核心理念：为了中华民族的复兴，为了每位学生的发展

第一节　新课程改革的背景与发展趋势

一、新课程改革的背景　★【单选、判断】

课程改革是教育改革的核心内容。世界范围的课程改革，其实质和总的趋势就是课程的现代化。本次新一轮课程改革是指1999年开始启动的基础教育课程改革，简称"新课改"。2001年6月8日，教育部颁布了《基础教育课程改革纲要（试行）》（下文简称《纲要》），标志着我国基础教育新课程改革的正式实施。这是中华人民共和国成立以来我国的第八次课程改革，也是规模最大、影响最为深广的一次课程改革。《纲要》指出：基础教育课程改革是一项系统工程。应始终贯彻"先立后破，先实验后推广"的工作方针。各省（自治区、直辖市）都应建立课程改革实验区，实验区应分层推进，发挥示范、培训和指

导的作用,加快实验区的滚动发展,为过渡到新课程做好准备。

1. 时代发展特征的新要求(时代背景)

(1)初见端倪的知识经济;(2)国际竞争空前激烈;(3)人类的生存和发展面临困境。

2. 我国政治经济发展的客观需要(社会背景)

我国能否很好地把握知识经济时代生产方式变革这一历史机遇,能否充分开发和利用我国的人力资源,取决于多方面的因素。而教育则是其中至关重要的一个因素。历史经验证明,教育在把握人类自身命运、促进社会发展方面能发挥巨大作用。知识经济时代的科学技术已经成为第一生产力。在国与国之间综合国力竞争的时代,由于教育起着奠基作用,综合国力竞争必将聚焦到教育上来。

3. 我国基础教育发展的内在需求

我国基础教育课程体系已经到了非改不可的地步,原因在于:(1)固有的知识本位、学科本位问题没有得到根本转变,所产生的危害影响至深,这与时代对人的要求形成了极大反差;(2)传统的应试教育势力强大,素质教育不能真正得到落实。

4. 国外课程改革的启示

(1)政府参与并领导课程改革;(2)课程改革的焦点是协调国家和学生发展需要之间的关系;(3)课程改革具有整体性。

真题1 [2022天津北辰,单选]教育改革的核心内容是(　　)

A. 课程改革　　　　　　　　B. 教学方法改革
C. 教育理念　　　　　　　　D. 教育目标

答案:A

二、新课程改革的发展趋势　★ 【单选、多选、简答】

考点 1　我国基础教育课程改革的发展趋势

(1)以学生发展为本、促进学生全面发展与培养个性相结合;(2)稳定并加强基础教育;(3)加强道德教育和人文教育,促进课程科学性与人文性融合;(4)加强课程综合化;(5)课程与现代信息技术相结合,加强课程个性化和多样化;(6)课程法制化。

考点 2　当代世界各国课程改革的共同发展趋势

说法一:(1)重视课程内容的现代化、综合化;(2)重视基础学科和知识的结构化;(3)重视能力的培养;(4)重视个别差异。

说法二:(1)在课程政策上,谋求国家课程开发与校本课程开发的统一;(2)在课程内容上,既引进符合信息时代要求的高科技知识,又把学习者的个人知识作为课程内容的有机构成;(3)提倡多样化的课程结构;(4)重视课程实施研究和教师进修;(5)提高课程改革的科学水平,设立课程改革的专家咨询机构。

真题2 [2022山东济南,多选]当代世界各国的课程改革的共同发展趋势是(　　)
A. 进行标准化建设　　　　　　　　　　　B. 课程内容的现代化建设
C. 注重基础学科和知识的结构化　　　　　D. 注重学生的个别差异
答案：BCD

第二节　新课程改革的根本任务、目标、重点和理念

一、新课程改革的根本任务　★　【单选、填空、判断】

基础教育课程改革的**根本任务**是：全面贯彻党的教育方针，调整和改革基础教育的课程体系、结构、内容，构建符合**素质教育要求**的新的基础教育课程体系。

真题1 [2022河南南阳,判断]新课改的根本任务是全面贯彻党的教育方针，调整和改革基础教育的课程体系、结构、内容，构建符合以人为本思想的新的基础教育课程体系。(　　)
答案：×

二、新课程改革的六项具体目标　★★★　【单选、多选、判断、简答】

考点 1　实现课程功能的转变

新课程改革在《纲要》中首先确立了课程改革的核心目标即课程功能的转变：改变课程过于注重知识传授的倾向，强调形成积极主动的学习态度，使获得基础知识与基本技能的过程同时成为学会学习和形成正确价值观的过程。从单纯注重传授知识转变为引导学生学会学习、学会合作、学会生存、学会做人，打破传统的基于精英主义思想和升学取向的过于狭窄的课程定位，关注学生"全人"的发展。

考点 2　体现课程结构的均衡性、综合性和选择性

改变课程结构过于强调学科本位、科目过多和缺乏整合的现状，整体设置九年一贯的课程门类和课时比例，设置综合课程，以适应不同地区和学生发展的需求，体现了课程结构的均衡性、综合性和选择性。关于课程结构的变革，《纲要》提出，整体设置九年一贯的义务教育课程，小学阶段以综合课程为主，初中阶段设置分科与综合相结合的课程；高中以分科课程为主；从小学至高中设置综合实践活动并作为必修课程；农村中学课程要为当地社会经济发展服务。

考点 3　密切课程内容与生活和时代的联系

改变课程内容"繁、难、偏、旧"和过于注重书本知识的现状，加强课程内容与学生生活以及现代社会和科技发展的联系，关注学生的学习兴趣和经验，精选终身学习必备的基础知识和技能。

考点 4　改善学生的学习方式

改变课程实施过于强调接受学习、死记硬背、机械训练的现状，倡导学生主动参与、乐于探究、勤于

动手,培养学生搜集和处理信息的能力、获取新知识的能力、分析和解决问题的能力,以及交流与合作的能力。

考点 5 · 建立与素质教育理念相一致的评价与考试制度

改变课程评价过分强调甄别与选拔的功能,发挥评价促进学生发展、教师提高和改进教学实践的功能。新课程倡导"立足过程,促进发展"的课程评价,这不仅仅是评价体系的变革,更重要的是评价理念、评价方法与手段以及评价实施过程的转变。

要建立一种发展性的评价体系,一是要建立促进学生全面发展的评价体系,使评价不仅关注学生在语言和数理逻辑方面的发展,而且要发现和发展学生多方面的潜能;二是要建立促进教师不断提高的评价体系,以强调教师对自己教学行为的分析与反思,建立以教师自评为主,校长、教师、学生、家长共同参与的评价制度,使教师从多渠道获得信息,不断提高教学水平;三是要将评价看作是一个系统,从形成多元的评价目标、制定多样的评价工具,到广泛地搜集各种资料,形成建设性的改进意见和建议,每一个环节都是通过评价促进发展的不可或缺的部分。评价目标多元、评价方法多样,重视学生发展和教师成长记录,是今后一段时间内评价与考试改革的主要方向。

考点 6 · 实行三级课程管理制度

改变课程管理过于集中的状况,实行国家、地方、学校三级课程管理,增强课程对地方、学校及学生的适应性。

新课程改革从我国的国情出发,妥善处理课程统一性与多样性的关系,建立国家、地方、学校三级课程管理体制,实现了集权与放权的结合。三级课程管理制度的确立有助于教材的多样化,有利于满足地方经济、文化发展的需要和学生发展的需要。

真题2 [2024河北石家庄,单选]新课程改革强调整体设置九年一贯的课程门类和课时比例,这是从(　　)角度提出的要求。

A. 课程目标　　　　　　　　　　B. 课程结构

C. 课程内容　　　　　　　　　　D. 课程实施

真题3 [2024安徽合肥/淮北/铜陵,判断]新课程强调课程内容要密切关注学生兴趣与生活经验,并不意味着可以忽略间接经验的学习。(　　)

真题4 [2023浙江金华,简答]简述新课改的具体目标。

答案:2. B　3. √　4. 详见内文

三、新课程改革的重点 ★ 【多选】

(1)明确区分义务教育与非义务教育,建立合理的课程结构,更新课程内容。

(2)突出学生的发展,科学制定课程标准。

(3)加强新时期学生思想品德教育的针对性和实效性。

加强思想品德教育,强调在向社会主义市场经济转变的过程中,对学生道德、行为、人生观、世界观、价值观及思想政治素质的培养;强调德育在各学科教育环节的渗透,改进教育教学方法,注重实践环节,增强思想品德教育的针对性和实效性。这些主要通过以下几方面来实现:①加强德育课程建设;②各门课程渗透德育;③设置综合实践活动为必修课。

(4)以创新精神和实践能力的培养为重点,建立新的教学方式,促进学习方式的变革。

(5)建立促进学生发展、教师提高的评价体系。

(6)制定国家、地方、学校三级课程管理政策,提高课程的适应性,满足不同地方、学校和学生的需要。

四、新课程改革的理念 ★★ 【单选、多选、不定项、判断】

影响基础教育改革的理论、理念非常庞杂,有些理论主要影响着基础教育的宏观改革,如人力资本理论、终身教育思潮、全民教育思潮等,而有些理论却对基础教育改革的微观领域影响较大,如人本主义教育理念、建构主义教育理念、多元智力理论等。

考点 1 ▶ 基础教育课程改革的核心理念

贯穿于第八次课程改革的核心理念是:为了中华民族的复兴,为了每位学生的发展。这一基本的价值取向预示着我国基础教育课程体系的价值转型。

> **知识再拔高**
>
> **新课程的价值追求**
>
> (1)教育公平。这意味着课程必须谋求所有适龄儿童平等享受高质量的基础教育。
>
> (2)国际理解。这意味着我国的课程体系必须追求国际性与民族性的内在统一。
>
> (3)回归生活世界。回归生活世界的课程在目标上意味着要培养在生活世界中会生存的人,即会做事、会与他人共同生活的人。
>
> (4)关爱自然。这意味着课程必须把关爱自然、追求人与自然的可持续发展作为重要的价值追求。
>
> (5)个性发展。这意味着课程必须尊重每一位学生个性发展的完整性、独立性、具体性、特殊性。
>
> 上述五种理念是"为了中华民族的复兴,为了每位学生的发展"这一核心理念的具体化,是第八次课程改革的基本价值追求。

真题5 [2023河南事业单位,不定项]有的教师教学把"婴儿奶粉中的蛋白质含量"有关知识加入到化学课程的相关内容,有的教师教学时把"礼貌用语"有关知识加入到《小壁虎借尾巴》语文课程的相关内容。类似这些教师的做法体现了课程改革价值追求中的( )

A. 回归生活世界　　　　　　　　　B. 关爱自然

C. 个性发展　　　　　　　　　　　D. 国际理解

真题6 [2023广西贵港,判断]教育公平,意味着课程必须谋求所有适龄儿童平等享受高质量的基础教育。( )

答案:5. A　6. √

考点 2 基础教育课程改革的基本理念

基础教育课程改革的基本理念包括：关注学生作为"整体的人"的发展；统整学生的生活世界与科学世界；寻求学生主体对知识的建构；创建富有个性的学校文化。具体表现为：走出知识传授的目标取向，确立培养"整体的人"的课程目标（"整体的人"包括两层含义：人的完整性和生活的完整性）；破除书本知识的桎梏，构筑具有生活意义的课程内容；摆脱被知识奴役的处境，恢复个体在知识生成中的合法身份；改变学校个性缺失的现实，创建富有个性的学校文化。

知识再拔高

基础教育课程改革的基本理念的其他说法

说法一：

(1)课程目标：全人发展；(2)课程内容：统整学生的生活世界和科学世界；(3)学习方式：从被动灌输到主动建构；(4)课程结构：从分科到综合；(5)课程评价：以评价促发展；(6)课程管理：从集权到民主。

说法二：

(1)全人发展的课程价值取向。课程的价值是作为主体的社会和学生与作为客体的课程之间需要关系的反映。由于这种主客体之间的需要关系是不断变化的，因而课程价值的内容和水平也是不断变化的；又由于这种主客体之间的关系是复杂多样的，因而课程价值的表现形式和类型结构也是多样化的。第八次课程改革的一个显著特征是以学生为本，着眼于学生的全人发展，反对权威主义和精英主义，要求所有的学生都能得到全面发展。这种着眼于全人发展的课程价值取向，使学校的课程目标发生了深刻的变革。

(2)科学与人文整合的课程文化观。1989年，联合国教科文组织在我国召开了以"学会关心：21世纪的教育"为主题的研讨会，会议所提出的"学会关心"的教育思想，成为科学主义教育与人本主义教育走向融合的一个重要标志，使教育发展方向出现了一次重大变革。伴随着科学主义教育与人本主义教育逐步走向融合之势，课程文化也开始摆脱原有视野的局限，跨入新的视界中，于是，科学人文性课程文化观便确立了。科学人文性课程是科学主义课程与人本主义课程整合建构的课程，它以科学为基础，以人自身的完善和解放为最高目的，强调人的科学素质与人文修养的辩证统一，致力于科学知识、科学精神和人文精神沟通与融合，倡导"科学的人道主义"，力求把"学会生存""学会关心""学会尊重、理解与宽容""学会共同生活""学会创造"等当代教育理念贯穿到课程发展的各个方面。

(3)回归生活的课程生态观。回归生活的课程生态观，从本质意义上说，就是强调自然、社会和人在课程体系中的有机统一，使自然、社会和人成为课程的基本来源。因此，自然即课程、生活即课程、自我即课程，便成为现代课程生态观的基本命题。

(4)缔造取向的课程实施观。缔造取向的课程实施观非常强调在课程实施的过程中要充分发挥师生的自主性、能动性和创造性，特别是要求教师具备较强的课程设计能力，因为教师不仅是课程的实施者，而且还是课程的设计者。

(5)民主化的课程政策观。课程政策的民主化意味着课程权力的分享，意味着课程由统一化走向多样化。

真题7 [2023河北石家庄，多选]基础教育课程改革的基本理念有（   ）

A. 关注学生作为"整体的人"的发展　　　　B. 统整学生的生活世界与科学世界

C. 寻求学生主体对知识的建构　　　　　　D. 创建富有个性的学校文化

答案：ABCD

★★ 本章核心考点回顾 ★★

1. 新课程改革的六项具体目标

(1)实现课程功能的转变(核心目标)：改变课程过于注重知识传授的倾向，强调形成积极主动的学习态度。

(2)体现课程结构的均衡性、综合性和选择性：改变课程结构过于强调学科本位、科目过多和缺乏整合的现状，整体设置九年一贯的课程门类和课时比例。

(3)密切课程内容与生活和时代的联系：改变课程内容"繁、难、偏、旧"和过于注重书本知识的现状。

(4)改善学生的学习方式：改变课程实施过于强调接受学习、死记硬背、机械训练的现状，倡导学生主动参与、乐于探究、勤于动手。

(5)建立与素质教育理念相一致的评价与考试制度："立足过程，促进发展"。

(6)实行三级课程管理制度：改变课程管理过于集中的状况，实行国家、地方、学校三级课程管理。

2. 基础教育课程改革的核心理念

为了中华民族的复兴，为了每位学生的发展。

第二章　新课程与教学改革

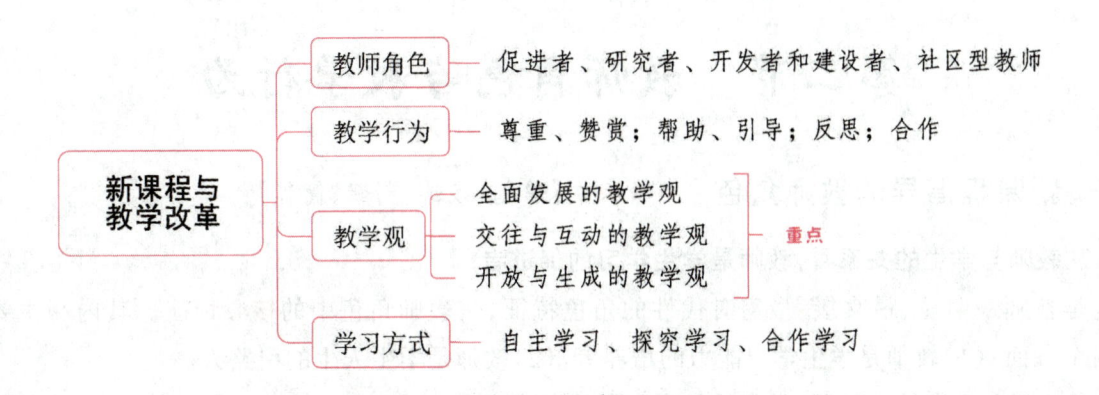

新课程与教学改革
- 教师角色——促进者、研究者、开发者和建设者、社区型教师
- 教学行为——尊重、赞赏；帮助、引导；反思；合作
- 教学观——全面发展的教学观、交往与互动的教学观、开放与生成的教学观【重点】
- 学习方式——自主学习、探究学习、合作学习

第一节　教学改革的主要任务、观点及趋势

一、本次教学改革的主要任务　★【单选】

（1）改革旧的教育观念，真正确立起与新课程相适应的、体现素质教育精神的教育观念。确立新的教育观念，是教学改革的首要任务。

（2）坚定不移地推进教学方式和学习方式的转变。学习方式的转变是本次课程改革的显著特征和核心任务。

（3）致力于教学管理制度的重建。在转变观念和方式的同时，重建制度，同样是本次教学改革的重要任务。

二、我国当前教学改革的主要观点　★【单选、判断】

（1）实施素质教育——我国当前教学改革的主题；
（2）坚持整体教学改革和实验——我国当前教学改革的基本策略；
（3）建立合理的课程结构——我国当前教学改革的重心；
（4）实施科学的教学评价。

真题1　[2023广东梅州，单选]我国目前正在进行新课程改革，改革的重心是（　　）
A. 实施素质教育　　　　　　　　　　B. 坚持整体教学改革和实验
C. 建立合理的课程结构　　　　　　　D. 实施科学的教学评价
答案：C

三、我国中小学教学改革的趋势　★【判断】

（1）教学目标指向从"双基"走向"三维目标""核心素养"；
（2）教学组织形式从"单一"走向"多样化"；

643

（3）教学评价走向"关注目标"与"关注价值"并重。

真题2　[2023安徽统考,判断]新课程改革的教学评价由"关注目标"转向"关注价值"。（　）
答案：×

第二节　教师角色与教学行为

一、新课程倡导的教师角色　★★★　【单选、多选、判断、简答】

1. 从教师与学生的关系看,教师是学生学习的促进者

这是教师最明显、最直接、最富时代性的角色特征,是教师角色中的核心特征。其内涵主要包括以下两个方面：（1）教师是学生学习能力的培养者。（2）教师是学生人生的引路人。

2. 从教学与研究的关系看,教师是教育教学的研究者

教师即研究者,意味着教师在教学过程中要以研究者的心态置身于教学情境之中,以研究者的眼光审视和分析教学理论与教学实践中的各种问题,对自身的行为进行反思,对出现的问题进行探究,对积累的经验进行总结,最终形成规律性的认识。

3. 从教学与课程的关系看,教师是课程的开发者和建设者

在传统的教学中,教学与课程是彼此分离的。教师被排斥于课程之外,教师的任务只是教学,课程游离于教学。教学内容和教学进度由国家的教学大纲和教学计划规定,教学参考资料和考试试卷由专家或教研部门编写、提供,教师成了教育行政部门各项规定的机械执行者,成为各种教学参考资料的简单照搬者。

新课程倡导民主、开放、科学的课程理念,同时确立了国家、地方、学校三级课程管理政策,这就要求课程与教学相互整合,教师必须在课程改革中发挥主体作用。教师不仅是课程实施的执行者,更应成为课程的开发者和建设者。

4. 从学校与社区的关系看,教师是社区型开放的教师

新课程特别强调学校与社区的互动,重视挖掘社区的教育资源。在这种情况下,教师的角色也要求变革。教师不仅仅是学校的一员,还是社区的一员,是整个社区教育、科学、文化事业的共建者。因此,教师角色是开放的,是"社区型"教师。

真题1　[2023河南开封,单选]李老师根据自己班级情况,为解决班级内部班干部的人际关系问题,建立和谐的班级氛围,自主开发了"和谐人际"的班级课程。这体现了教师是（　　）

A. 教育教学的开拓者　　　　　　　　B. 课程的建设者与开发者
C. 学生学习的促进者　　　　　　　　D. 社区型开放的教师

真题2　[2022湖北武汉,判断]从学校与社区的关系来看,新课程要求教师应该是社区型开放的教师。（　）

答案：1. B　2. √

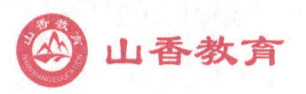

二、新课改背景下师生关系的变化 ★ 【单选、多选、判断】

新课程改革要求建立一种"对话·互动"式的新型师生关系。对话就是通过语言形式所进行的交流,它与权威式的"告诉"或"灌输"不一样,它是主体之间的交流;互动则是主体之间的相互作用,它具有交互性特征。

在教学中有效地运用"对话·互动",必须做到以下几点:

(1)教师要转变角色和行为,与学生建立新型的民主、平等的师生关系。"对话·互动"内在地要求"当事人"处于"平等的网络"中,都作为主体而存在,没有权威,只有来自各个领域的不同的声音。在传统教育中,相对于学生来讲,教师是"社会代表者",他们拥有至高无上的权威,在课堂上,控制、管理、命令(指令)等是其主要的活动,而就其言语行为而言,教师通常扮演定向者、定规者、定论者的角色。而新课程给教师角色的定位是"平等中的首席",要求教师在与学生对话、互动中,首先是一个学习者。其次,教师应当是学生自主学习、自我建构知识和经验的指导者。再次,教师还应该是学生学习的激励者与促进者。

(2)要创设一定的"情境"和引出一定的"话题"。

(3)教师要学会一些引导"对话·互动"的策略和技巧。

三、教师教学行为的变化 ★★ 【单选、多选、判断】

1.在对待师生关系上,新课程强调尊重、赞赏

"为了每位学生的发展"是新课程的核心理念。为了实现这一理念,教师必须尊重每一位学生做人的尊严和价值,尤其要尊重以下六种学生:智力发育迟缓的学生、学业成绩不良的学生、被孤立和拒绝的学生、有过错的学生、有严重缺点的学生以及和自己意见不一致的学生。尊重学生同时意味着不伤害学生的自尊心。此外,教师还要学会发现学生的闪光点,学会赞赏每一位学生。

2.在对待教学关系上,新课程强调帮助、引导

教的本质在于引导。引导的特点是含而不露、指而不明、开而不达、引而不发。引导的内容不仅包括方法和思维,同时也包括价值和做人。在这里,引导表现为教师对学生的启迪与激励。

3.在对待自我上,新课程强调反思

新课程非常强调教师的教学反思,依据教学进程,教学反思分为教学前、教学中、教学后三个阶段。教学反思有助于教师形成自我反思的意识和自我监控的能力。

4.在对待与其他教育者的关系上,新课程强调合作

教育教学过程中,教师除了面对学生外,还要与周围其他教师发生联系,要与学生家长进行沟通与配合。课程的综合化趋势特别需要教师之间的合作,不同年级、不同学科的教师要相互配合,齐心协力地培养学生。每个教师不仅要教好自己的学科,还要主动关心和积极配合其他教师的教学,从而使各学科、各年级的教学有机融合、相互促进。教师之间一定要相互尊重、相互学习、团结互助,这不仅具有教学的意义,而且还具有教育的功能。

第三节　新的教学观

一、全面发展的教学观 ★★★ 【单选、多选、判断】

1. 教学重结论更要重过程

教学的目的之一就是使学生理解和掌握正确的结论。但是,如果不经过学生一系列的质疑、判断与比较,以及相应的分析、综合等认识活动,结论就难以获得,也难以真正理解和巩固。更重要的是,没有以多样性、丰富性为前提的教学过程,学生的创新精神和创新思维就不可能培养起来。所以,教学不仅要重结论,更要重过程。

为此,教师要做到:(1)让学生经历过程;(2)要创设生活情境,生活情境要具有含而不露、显而不僵、生动形象且符合实际的特点;(3)要善于引导,教学的本质在于引导。

2. 教学关注学科更要关注人

传统的学校教育以学科为本,重认知轻情感,重教书轻育人。新课程强调以人为本,关注人是新课程的核心理念——"为了每位学生的发展"在教学中的具体体现。它意味着:

(1)关注每一位学生。每一位学生都是生动活泼的人、发展的人、有尊严的人,在教师的课堂教学理念中,包括每一位学生在内的全体学生都是自己应该关注的对象。关注的实质是尊重、关心、牵挂,关注本身就是最好的教育。

(2)关注学生的情绪生活和情感体验。孔子说过:"知之者不如好之者,好之者不如乐知者。"教学过程应该成为学生的一种愉悦的情绪生活和积极的情感体验。

(3)关注学生的道德生活和人格养成。教师要充分挖掘和展示课堂教学潜藏的道德因素,同时要积极关注和引导学生在教学活动中的各种道德表现和道德发展,从而使教学过程成为学生一种高尚的道德生活和丰富的人生体验。这样,学生的学科知识增长的过程同时也是人格的健全和发展过程。

二、交往与互动的教学观 ★★★ 【单选、多选、判断】

教与学的关系问题是教学过程的本质问题,同时也是教学论中的重大理论问题。教学是教师教与学生学的统一,这种统一的实质是交往、互动。基于此,新课程倡导教学不只是教师教学生学的过程,更是师生交往、积极互动、共同发展的过程。

传统教学中,教师负责教,学生负责学,教学就是对学生单向的"培养"活动。它表现为:

(1)以教为中心,学围绕教转。教师是课堂的主宰者,教学就是教师将自己拥有的知识传授给学生。教学关系成为:我讲,你听;我问,你答;我写,你抄;我给,你收。

(2)以教为基础,先教后学。先教后学,教了再学,教多少、学多少,怎么教、怎么学,不教不学。学生只能跟着教师学,复制教师讲授的内容。总之,传统教学只是教与学两方面的机械叠加。

新课程强调教学是教与学的交往、互动,师生双方相互交流、相互沟通,在这个过程中,教师与学生分享彼此的思考、经验和知识,交流彼此的情感、体验与观念,丰富教学内容,求得新的发现,从而达成共识、共享、共进,实现教学相长和共同发展,彼此形成一个真正的"学习共同体"。

新课程提倡的师生关系是合作伙伴关系。为此,要处理好师生之间的伙伴关系:(1)要尊重学生,尊重每一位学生的尊严和价值;(2)要民主,民主是师生关系的融化剂,是师生平等对话的前提。

三、开放与生成的教学观 ★★★ 【单选、多选、判断】

传统课程倡导的教学观认为课程是教学的方向、目标或计划,是在教学过程之前和教学情境之外预先规定的,教学的过程就是忠实而有效地传递课程,教师是既定课程的阐述者和传递者,学生则是课程的接受者。

新课程所倡导的教学观认为教师和学生是课程的有机构成部分,是课程的创造者和主体,他们共同参与课程开发的过程。教学成为课程内容持续生成与转化、课程意义不断建构与提升的过程。这样,教学与课程相互转化,相互促进,彼此有机融为一体。基于此,新课程倡导教学不只是课程传递和执行的过程,更是课程创生与开发的过程。

全面发展的教学观是从教学目的角度提出来的,交往与互动的教学观是从师生关系的角度提出来的,开放与生成的教学观是从教学过程与教学结果的角度提出来的,这三种教学观虽是从不同角度提出来的,彼此间却是相互联系、相辅相成的,我们必须从整体的高度把握每一种观念的精神实质,唯有如此,才能正确引领新课程的教学改革。

• 知识再拔高•

当代教学的新观念

当代社会正从工业社会向信息社会转型,当代教育正从专才教育向通识教育转变。从重心转移的角度看,当代教学观的变革主要体现为以下六大趋势:(1)从重视教师的教向重视学生的学转变。随着社会的发展,传统的"教师中心说"受到越来越深刻的批判。人们看到教师并不是支配课堂教学活动的绝对权威,学生虽然是教育的对象,但却是学习活动的主体和主人。教师当然重要,但更重要的是学生。(2)从重视知识传授向重视能力培养转变。(3)从重视教法向重视学法转变。(4)从重视认知向重视发展转变。(5)从重视结果向重视过程转变。(6)从重视继承向重视创新转变。

真题1 [2023内蒙古巴彦淖尔,单选]新课程把学习过程看作(　　)
A. 课程传递和执行的过程　　　　B. 师生交往、积极互动、共同发展的过程
C. 教师的教与学生的学的过程　　D. 知识传授与能力发展的过程

真题2 [2023辽宁锦州,单选]李老师在给新生上第一节课时就说:"你们不要把我当作课堂的绝对权威,你们的新观点可能更有趣,更有创造力,只要不是故意扰乱课堂秩序,欢迎大家发表意见。"这主要体现了当代教学观(　　)的转变。
A. 从重视教师向重视学生　　　　B. 从重视知识传授向重视能力培养
C. 从重视认知向重视发展　　　　D. 从重视结果向重视过程

真题3 [2024安徽合肥/淮北/铜陵,判断]教师是既定课程的阐述者与传递者,学生是既定课程的接受者与吸收者。这是新课程倡导的教学观。(　　)

答案:1. B　2. A　3. ×

第四节 学习方式的变革

一、新课程倡导的学习方式 ★★★ 【单选、多选、填空、判断、名词解释、简答】

学习方式转变被看成是新课程改革的显著特征和核心任务。转变学习方式,要以培养创新精神和实践能力为主要目的。换句话说,要构建旨在培养创新精神和实践能力的学习方式及其对应的教学方式。

考点 1 ▶ 自主学习

1. 自主学习的概念

自主学习关注学习者的主体性和能动性,是由学生自主而不是受他人支配的学习方式。自主学习强调学习者在学习中的主体地位和学习中主体作用的发挥。但自主学习不同于自学,自学是一种学习方法,而自主学习首先是一种观念,同时也是一种学习形式。自主学习比自学更为理性化,更强调学习者的主体地位和主观能动性的发挥。

2. 自主学习的特点

(1)自主学习是一种主动学习,是相对于"被动学习""他主学习"而言的。主动性是自主学习的基本品质,它在学生学习活动中表现为"我要学"。"我要学"一方面表现为学习兴趣,另一方面表现为学习责任。只有学生自觉地担负起学习的责任时,学习才是一种真正的自主学习。

(2)自主学习是一种独立学习。"独立学习"是自主学习的核心,表现为"我能学"。新课程改革就要求教师要充分尊重学生的独立性,积极鼓励并创造各种机会,让学生独立学习,培养其独立学习的能力。自主学习的实质就是独立性,独立性是自主学习的灵魂。

(3)自主学习也是一种元认知监控的学习。自主学习要求学生对为什么学习、能否学习、学习什么、如何学习等问题有自觉的意识和反应,它突出表现在学生对学习的自我计划、自我调整、自我指导和自我强化上。培养学生对学习的自我意识和自我监控并使之养成习惯,是促进学生自主学习的重要因素。

考点 2 ▶ 探究学习

1. 探究学习的概念

探究学习是一种以问题为依托的学习,是学生通过主动探究解决问题的过程。探究学习是相对于"接受学习"而言的。学习过程除了被动接受知识外,还存在大量的发现与探究等认识活动。新课程要求学习方式的转变,就是要学生转变单一的被动接受式的学习,把学习过程中的发现、探究等认识活动凸显出来,使学习过程更多地成为学生发现问题、分析并解决问题的过程。探究学习或发现学习是体现学习的真正价值、实现有意义学习的一种重要的学习方式。

2. 探究性学习的类型

探究性学习有接受式探究和发现式探究两种具体类型。在探究性学习中,学生可以采用两种基本的方式来寻求问题的答案。接受式探究即学生围绕着问题,从现有资料或现有资源中直接搜集现成结论或对有关资料稍加整理,对问题加以解答;发现式探究即通过亲身观察、调查、实验、文本解读、研讨等过程,经过整理分析,总结出结论,或建构起意义和理解,从而对问题加以解答。

3. 探究性学习的特点

说法一：(1)问题性；(2)过程性；(3)开放性。

说法二：(1)自主性；(2)开放性；(3)过程性；(4)实践性。

4. 探究性学习的过程

探究性学习的过程：问题阶段—计划阶段—研究阶段—解释阶段—反思阶段。

考点 3 ▶ 合作学习

1. 合作学习的概念

合作学习是指学生以小组为单位进行学习的方式。合作学习是相对于"个体学习"而言的。合作学习的展开往往是在自学基础上进行的小组合作学习和小组内讨论。小组合作学习首先要制定一个小组学习目标，然后通过合作学习活动对小组总体表现进行评价。合作学习的另一种形式是在小组合作学习的基础上进行全班交流或全校交流。

2. 合作学习的特点

成功的合作学习情境具有如下特征：异质性小组、明确的目标、小组成员的相互依赖、教师充当监控者和学习资源、个体责任、奖赏小组的成功、自我评价、变化合作时间。合作学习的特点具体表现为互助性、互补性、自主性和互动性。

3. 合作学习的意义

合作学习对学生的学习和认知有积极意义。(1)合作学习能够激发创造性，有助于培养学生的合作意识和合作技能；(2)合作学习有利于学生之间的交流沟通，有利于培养团队精神，凝聚人心，增进认识与理解；(3)合作学习能够促使学生不断反省，不断提高。

· 知识再拔高 ·

教学方式、学习方式转变的基本精神

高度概括地说，教学方式、学习方式转变的基本精神就是自主、合作、创新。

自主就是尊重学生学习过程中的自主性、独立性，在学习的内容上、时间上、进度上，更多地给予学生自主支配的机会，给学生自主判断、自主选择和自主承担的机会。

合作就是学生之间和师生之间的互动合作，平等交流。

创新就意味着不故步自封、不因循守旧、不墨守成规，总是尝试着改变，创新、探究和发展是健康人格的重要组成部分。

真题1　[2023安徽蚌埠，单选]新一轮基础教育改革所倡导的学习方式主要是(　　)

A. 自主、合作、探究　　　　　　　　B. 参与、合作、探究

C. 讲授、练习、探究　　　　　　　　D. 反思、生成、探究

真题2　[2023江苏苏州，填空]基础教育课程改革倡导学生学习方式的转变，要求以培养学生的创新精神和_____为主要目的。

真题3　[2023河北石家庄，判断]自主学习就是自学。(　　)

A. 正确　　　　　　　　　　　　　B. 错误

答案：1. A　2. 实践能力　3. B

二、现代学习方式的基本特征 ★ 【单选、判断】

（1）主动性。主动性是现代学习方式的<u>首要特征</u>，它对应于传统学习方式的被动性。二者在学生的具体学习活动中表现为："我要学"和"要我学"。"我要学"是基于学生对学习的一种内在需要，"要我学"则是基于外在的诱因和强制。

（2）独立性。独立性是现代学习方式的<u>核心特征</u>，它对应于传统学习方式的依赖性。

（3）独特性。每个人的学习方式是不同的，要尊重每个学生的独特个性和具体生活，为每个学生富有个性的发展创造空间。

（4）体验性。体验性是现代学习方式的突出特征，在实际的学习活动中，它表现为强调身体性参与、重视直接经验等。

（5）问题性。现代学习方式特别强调问题在学习活动中的重要性，问题意识是学生进行学习特别是发现学习、探究学习、研究性学习的重要心理因素。

真题4 ［2023广西贵港，单选］现代学习方式的核心特征是（　　）
A．独立性　　　　B．主动性　　　　C．体验性　　　　D．问题性
答案：A

★ 本章核心考点回顾 ★

1. 新课程倡导的教师角色
（1）从教师与学生的关系看，教师是学生学习的促进者；
（2）从教学与研究的关系看，教师是教育教学的研究者；
（3）从教学与课程的关系看，教师是课程的开发者和建设者；
（4）从学校与社区的关系看，教师是社区型开放的教师。

2. 新课程倡导的教学观
（1）全面发展的教学观：①教学重结论更要重过程；②教学关注学科更要关注人。
（2）交往与互动的教学观：新课程倡导教学不只是教师教学生学的过程，更是师生交往、积极互动、共同发展的过程。
（3）开放与生成的教学观：新课程倡导教学不只是课程传递和执行的过程，更是课程创生与开发的过程。

3. 新课程倡导的学习方式
（1）自主学习：自主学习不同于自学。
（2）探究学习：以问题为依托的学习。
（3）合作学习：以小组为单位进行学习。

4. 现代学习方式的基本特征
（1）主动性（首要特征）；（2）独立性（核心特征）；（3）独特性；（4）体验性；（5）问题性。

第三章　综合实践活动

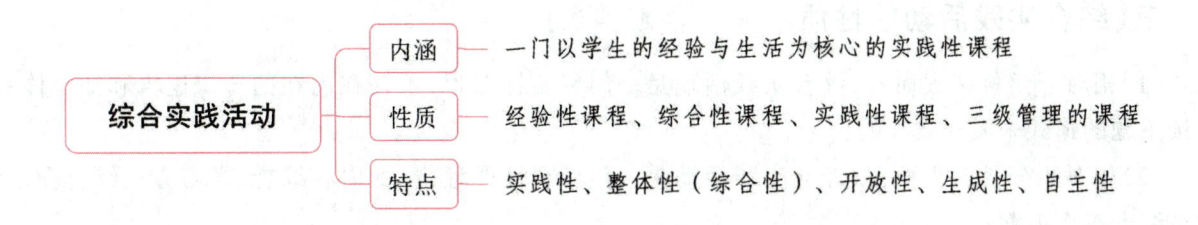

综合实践活动
- 内涵——一门以学生的经验与生活为核心的实践性课程
- 性质——经验性课程、综合性课程、实践性课程、三级管理的课程
- 特点——实践性、整体性（综合性）、开放性、生成性、自主性

第一节　综合实践活动概述

一、综合实践活动的内涵　★★　【单选、多选、判断、简答】

综合实践活动是基于学生的直接经验，密切联系学生自身生活和社会生活，体现对知识的综合运用的课程形态。这是一门以学生的经验与生活为核心的实践性课程。

教育部于2001年印发的《基础教育课程改革纲要（试行）》规定，综合实践活动的内容主要包括：信息技术教育、研究性学习、社区服务与社会实践、劳动与技术教育。综合实践活动是新的基础教育课程体系中设置的必修课程，自小学三年级开始设置。

教育部于2017年印发的《中小学综合实践活动课程指导纲要》规定，综合实践活动是国家义务教育和普通高中课程方案规定的必修课程，与学科课程并列设置，是基础教育课程体系的重要组成部分。该课程由地方统筹管理和指导，具体内容以学校开发为主，自小学一年级至高中三年级全面实施。

教育部于2022年印发的《义务教育课程方案（2022年版）》规定，将劳动、信息科技从综合实践活动课程中独立出来。

> **·知识再拔高·**
>
> **综合实践活动的指定领域与非指定领域**
>
> 《基础教育课程改革纲要（试行）》规定的综合实践活动的内容并非综合实践活动内容的全部，而是国家为了帮助学校更好地落实综合实践活动而特别指定的四个领域；它们之间在逻辑上不是并列的关系，更不是相互割裂的关系。"研究性学习"作为综合实践活动的基础，倡导探究的学习方式，这一方式渗透于综合实践活动的全部内容之中。"社区服务与社会实践""信息技术教育""劳动与技术教育"则是"研究性学习"探究的重要内容。
>
> 除上述指定领域以外，综合实践活动还包括大量非指定领域，如班团队活动、学校传统活动（科技节、体育节、艺术节）、社团活动、学生的心理健康活动等，可以与综合实践活动的指定领域相结合，也可以单独开设。

真题1　[2022 山东德州，判断]综合实践活动课程的开设时间是从小学五年级开始的。（　　）

答案：×

二、综合实践活动的基本理念

(1)坚持学生的自主选择和主动参与,发展学生的创新精神和实践能力;(2)面向学生完整的生活领域,为学生提供开放的个性发展空间;(3)注重学生的亲身体验和积极实践,促进学习方式的变革。

三、综合实践活动的性质 ★【单选、多选】

(1)相对于学科课程而言,综合实践活动是一门经验性课程,不存在内在的知识逻辑和知识体系,是按主题的形式来展开设计的;

(2)相对于分科课程而言,综合实践活动是一门综合性课程,包括内容综合、学习方式综合和活动时空综合三个方面;

(3)综合实践活动还是一门实践性课程,强调对学生实践能力的培养;

(4)综合实践活动是三级管理的课程。

四、综合实践活动的特点 ★【单选、判断】

1. 实践性

综合实践活动是以社会生活和学生的实践活动为基础来开发、设计与利用课程资源的,并非在学科知识的逻辑序列中构建课程和实施课程,实践性是其首要的基本特性。

2. 整体性(综合性)

综合性是综合实践活动的又一个重要特性,是由综合实践活动中学生所面对的完整的生活世界决定的。可见,综合性源于它的实践性,因为学生的生活与社会实践活动就是由个人、社会、自然等方面的多种要素综合构成的彼此交融的整体。在社会生活实践中,学生与自然、学生与他人、学生与社会、学生与自我的关系是生活世界中最普遍的关系。学生处理这些关系的过程,就是学生个性全面发展的过程。

3. 开放性

综合实践活动是一种面向社会生活和实践活动的课程,具有开放性,需要保持同学生生活的密切联系,面向每个学生的个性发展,满足他们融入社会生活和发展综合实践能力的需要。

综合实践活动的课程内容面向学生的生活世界,并随着学生生活的发展变化而变化,具有开放性。只要是与学生的现实生活相关联的,只要是学生自主地提出或自主选择的活动主题,都可以作为学生进行综合实践活动的内容。这种在内容上的开放性特点,是其他任何课程的内容所不具备的。

综合实践活动的过程与结果均具有开放性,表现在学习活动方式和活动过程上,学生可以根据现有的课程资源、自身已有的经验,采取不同的学习方式和活动过程。

4. 生成性

综合实践活动注重学生的积极参与和亲身经历,让学生在活动过程中不断地形成自身良好的思想意识、情感、态度、价值观和品行,不断地发展动手能力、综合实践能力和创造性,所以,综合实践活动具有生成性,富有生成性的教育价值。

5. 自主性

综合实践活动充分尊重学生的兴趣、爱好,为学生的自主性的充分发挥开辟了广阔的空间。综合实践活动的主题、活动方式、活动过程,都是学生在教师的指导下,从他们的现实生活情境中自主确定和设计的,具有鲜明的自主性。它注重学生自己选择学习的目标、内容和方式及指导教师,自己决定活动方案和活动结果呈现的形式,指导教师只对其进行必要的指导,不包揽、不替代学生的工作。综合实践活动开放性的活动领域、活动内容,开放的活动方式、活动过程,为发挥学生学习的自主性创造了条件。

真题2 [2022湖南长沙,单选]综合实践活动能让学生在活动中不断地形成良好的思想意识、情感等,不断地发展动手能力和创造性,这主要体现了综合实践活动的(　　)

A. 开放性　　　　B. 综合性　　　　C. 实践性　　　　D. 生成性

答案:D

第二节　研究性学习

一、研究性学习的概念

研究性学习是指学生在教师指导下,从学习生活和社会生活中选择和确定研究专题,主动获得知识、应用知识、解决问题的学习活动。

二、研究性学习的组织形式 ★ 【单选】

研究性学习的组织形式主要有三种类型:小组合作研究、个人独立研究、个人研究与全班集体讨论相结合。

(1)小组合作研究是经常采用的组织形式。课题组一般由3~6人组成,学生自己推选研究和组织能力较强的同学为组长,聘请有一定专长的成人(如本校教师、校外人士等)为指导教师。研究过程中,课题组成员各有独立的任务,既有分工,又有合作,各展所长,协作互补。

(2)个人独立研究可以采取"开放式长作业"形式,即先由教师向全班学生布置研究性学习任务,可以提出一个综合性的研究专题,也可以不确定范围,由每个学生自定具体题目,并各自相对独立地开展研究活动,用几个月到半年时间完成研究性学习作业。

(3)采用个人研究与全班集体讨论相结合的形式,全班同学需要围绕同一个研究主题,各自收集资料、开展探究活动、取得结论或形成观点,再通过全班集体讨论或辩论,分享初步的研究成果,由此推动同学们在各自原有基础上深化研究,之后或进入第二轮研讨,或就此完成各自的论文。

真题 [2023河北石家庄,单选]研究性学习的组织形式不包括(　　)

A. 小组合作研究　　　　　　　　B. 个人独立研究

C. 师生讨论研究　　　　　　　　D. 个人研究与班级讨论相结合

答案:C

三、对"研究性学习"几种现实价值取向的反思

1."研究性学习"应该防止成人专家化倾向

与"研究性学习"成人专家化取向相伴随的,必然是参与"研究性学习"的学生"精英化"。这与当代我国基础教育的普及化和大众化趋势是不相吻合的。

2."研究性学习"应该防止功能上的过分窄化倾向

研究性学习不仅仅是获取知识的方式和渠道,更重要的是在知识探寻中孕育一种问题意识,亲自寻找并实践解决问题的途径,引发整个学习方式的变革。

3."研究性学习"应该防止学科化倾向

"研究性学习"既是一种学习方式,也是一种课程形态。学科化倾向最终可能导致的是忽视学生学习的过程,以及在过程中所产生的丰富多彩的、活生生的研究性体验,大大加重学生的学习负担,这在根本上是背离研究性学习的价值追求的。研究性学习的教学过程是师生双方共同构建课程领域的过程,而"研究性学习"作为课程领域则成为师生共同探索新知的发展过程。

当然,强调研究性学习的生成取向并不是不要预设。此外,"研究性学习"的开展,要有"课程成本"的观念。我们必须防止不顾学校经费实际情况的浮夸做法,而应该本着量力而行的原则,因地制宜地加以实施。

四、作为学习方式的"研究性学习"与作为课程的"研究性学习"的关系 ★ 【单选】

作为一种学习方式,"研究性学习"是指教师不把现成结论告诉学生,而是学生自己在教师指导下自主地发现问题、探究问题、获得结论的过程。作为一种学习方式,"研究性学习"是渗透于学生的所有学科、所有活动之中的。

作为一种课程形态,"研究性学习"课程是为"研究性学习方式"的充分展开所提供的相对独立的、有计划的学习机会。具体来说,是在课程计划中规定一定的课时数,以更有利于学生从事"在教师指导下,从学习生活中和社会生活中选择和确定研究专题,主动地获取知识、应用知识、解决问题的学习活动"。

★ 本章核心考点回顾 ★

综合实践活动的内容及实施时间变化

(1)2001年印发的《基础教育课程改革纲要(试行)》规定:①综合实践活动的内容主要包括信息技术教育、研究性学习、社区服务与社会实践、劳动与技术教育。②综合实践活动自小学三年级开始设置。

(2)2017年印发的《中小学综合实践活动课程指导纲要》规定:综合实践活动课程自小学一年级至高中三年级全面实施。

(3)2022年印发的《义务教育课程方案(2022年版)》规定:将劳动、信息科技从综合实践活动课程中独立出来。

06 第六部分
教师职业道德

内容导学

- 本部分内容共分为三章。
- 第一章主要是对教师职业道德的基础概念的讲解，考查题型主要为客观题。
- 第二章主要介绍了教师职业道德的基本原则、范畴，以及《中小学教师职业道德规范》解读，主、客观题型均会涉及。
- 第三章讲述了教师职业道德教育、修养与评价的相关内容，考查题型以客观题为主。
- 考生应重点掌握第二章的内容，并结合历年真题有针对性地进行复习。
- 为了方便考生梳理知识脉络，我们在各章设置思维导图和核心考点回顾。

本部分学习指南

一、考情概况

本部分内容较为琐碎、识记性知识较多,考生可带着以下学习目标进行备考:

1. 掌握教师职业道德的特点及功能。
2. 了解教师职业道基本原则的主要内容。
3. 掌握教师职业道德的主要范畴。
4. 掌握2008年修订的《中小学教师职业道德规范》的内容。
5. 识记教师职业道德修养的内容与方法。

二、考点地图

考点	年份/地区/题型
教师职业道德的特点	2024江苏单选;2023山东单选;2023四川判断;2022辽宁单选;2022河南单选、多选、判断;2022广东判断
教师职业道德的功能	2024贵州多选;2023湖北单选;2023河南单选;2023河北单选、判断
教师职业道德基本原则的主要内容	2024山东多选;2023河南单选;2023浙江单选;2022山西单选;2022河南判断
教师职业道德的主要范畴	2024浙江单选;2024四川判断;2023广东单选;2023山东单选;2023河北多选;2022河南单选
2008年修订的《中小学教师职业道德规范》	2024河北单选;2024广东单选;2024贵州多选;2024四川多选;2023山东单选;2023安徽单选;2023浙江单选;2023广东多选;2023江苏填空;2022内蒙古单选;2022山西单选
教师职业道德修养的内容	2024浙江单选;2024广东判断;2023湖北判断;2022河南单选
教师职业道德修养的方法	2024浙江单选;2024贵州单选;2023河北单选;2023内蒙古多选;2022江苏单选;2022河北多选

注:上述表格仅呈现重要考点的相关考情。

第一章　教师职业道德概述

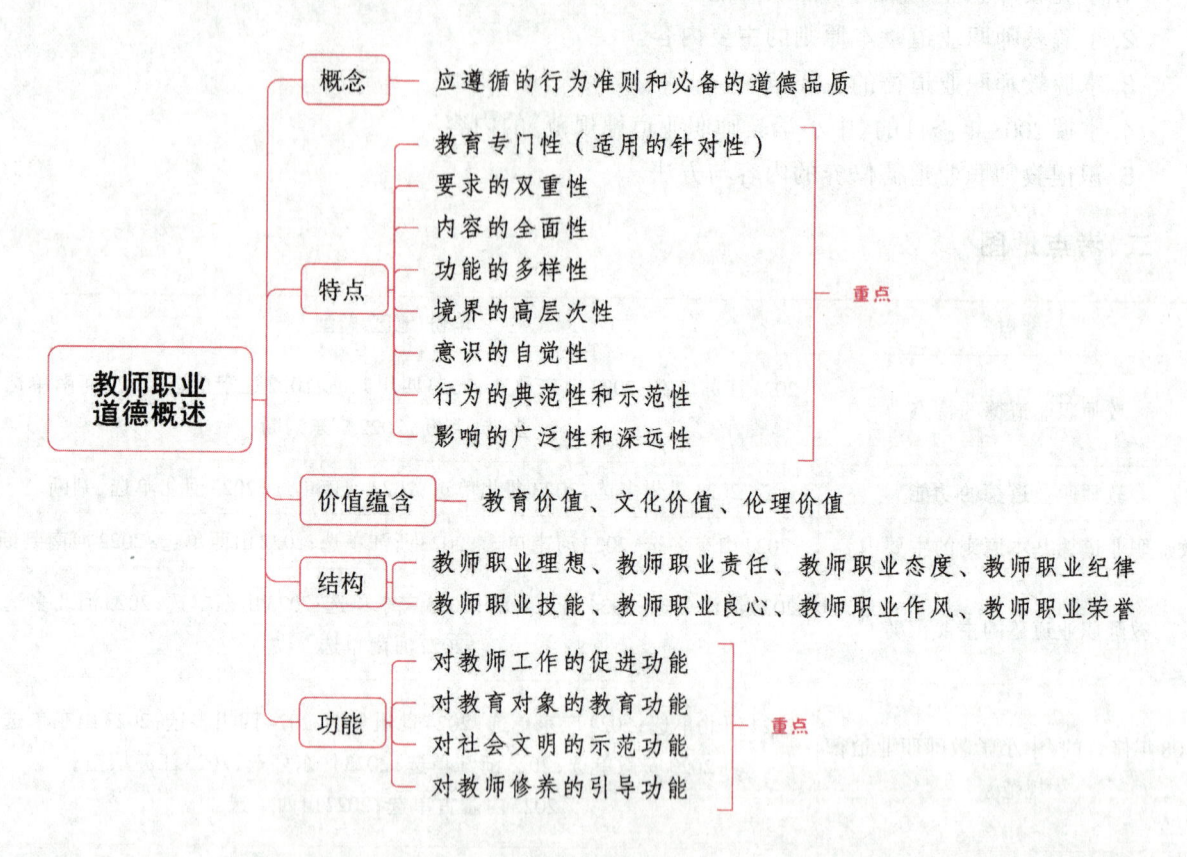

```
                    ┌─ 概念 ── 应遵循的行为准则和必备的道德品质
                    │
                    │         ┌─ 教育专门性（适用的针对性）
                    │         │
                    │         ├─ 要求的双重性
                    │         │
                    │         ├─ 内容的全面性
                    │         │
                    ├─ 特点 ──┼─ 功能的多样性         重点
                    │         │
                    │         ├─ 境界的高层次性
 教师职业           │         │
 道德概述 ──────────┤         ├─ 意识的自觉性
                    │         │
                    │         ├─ 行为的典范性和示范性
                    │         │
                    │         └─ 影响的广泛性和深远性
                    │
                    ├─ 价值蕴含 ── 教育价值、文化价值、伦理价值
                    │
                    │         ┌─ 教师职业理想、教师职业责任、教师职业态度、教师职业纪律
                    ├─ 结构 ──┤
                    │         └─ 教师职业技能、教师职业良心、教师职业作风、教师职业荣誉
                    │
                    │         ┌─ 对教师工作的促进功能
                    │         │
                    │         ├─ 对教育对象的教育功能
                    └─ 功能 ──┤                            重点
                              ├─ 对社会文明的示范功能
                              │
                              └─ 对教师修养的引导功能
```

第一节　教师职业道德的概念、特点及价值蕴含

一、教师职业道德的概念　★★　【单选、填空】

教师职业道德又称"教师道德"或"师德"，它是指教师在从事教育教学活动中所应遵循的行为准则和必备的道德品质。它是社会职业道德的有机组成部分，是教师行业特殊的道德要求。

教师职业道德是教师在从业过程中进行道德选择、道德评价、道德教育和道德行为等实践活动必须遵循的道德规范和要求，它反映了教师的职业义务，体现了教师所担负的道德责任。

教师职业道德是随着教育的发展而发展的。社会主义的教师职业道德批判地继承了古代师德的优秀遗产，以共产主义道德的基本原则和行为规范为指导，是最先进、最高尚的教师职业道德。

二、教师职业道德的特点　★★★　【单选、多选、判断】

1. 教师职业道德的教育专门性（适用的针对性）

教师职业道德适用的针对性表现为教师职业道德对教育善恶的体现和专门适用性，这是教师职业道德的一个基本特点。教师职业道德的形成和发展与教师这一行业有着密切联系。教师职业的独特性决定了教师职业道德的针对性。可以说,教师职业道德是关于教育领域是非善恶的道德,它的一切理论都是围绕教师职业展开的。它不仅告诉人们教师职业何以为善的道理,而且指出了教师职业如何为善的途径。

2. 教师职业道德要求的双重性

教师的根本任务是教书育人,教师职业道德的一切内容都是围绕这一根本问题产生的,都是与这一根本问题相联系的。古今教师职业道德的发展,始终贯穿着教书育人的要求。在教师职业道德中,育人被视为教书的根本目的。例如,我国古代《礼记》中就有"师也者,教之以事而喻诸德者也"。意思是:教师的职责是既要教给学生有关具体事物的知识,又要让学生知晓立身处世的品德。

3. 教师职业道德内容的全面性

在古今教育发展的长河中,教师职业道德的内容越来越丰富,涉及教师职业劳动的各个方面,充分体现了教师职业道德内容的全面性。

4. 教师职业道德功能的多样性

教师职业道德作为教师这一行业所特有的伦理现象和精神文化,构成了教师这一行业特有的精神风貌,成为教师职业发展源源不断的精神动力。教师职业道德作为教师行为的善恶标准和观念意识,不仅是衡量教师职业行为及其水平的重要依据,对教师行为具有引导作用,而且是教师在职业活动中对各种关系和矛盾加以调节或解决的重要依据,它能提高教师对其职业道德的评价能力,促进教师职业道德修养水平的不断提高……这都说明了教师职业道德功能具有多样性。

5. 教师职业道德境界的高层次性

境界的高层次性是指社会和他人对教师职业道德要求总是在整个社会道德体系中处于较高水平和较高层次。"师德"是高于一般社会公众道德水准的职业道德。教师职业道德的高层次性是由教师教书育人的目的和任务决定的。

6. 教师职业道德意识的自觉性

意识的自觉性是指教师因职业劳动的特点所决定的在职业道德意识上的更高的自觉性,它是教师职业情感和职业行为的基础。

7. 教师职业道德行为的典范性和示范性

教师职业道德不仅是对教师自身行为的规范要求,对学生进行教育的手段,而且也对社会成员具有教育价值。

(1)典范性

行为的典范性是指教师的品德和行为对学生的思想品德的形成与行为具有榜样作用。教师职业道德的典范性是由教师劳动的示范性决定的。教师要以身作则、为人师表,这是教师职业道德区别于其他职业道德的显著标志。

(2)示范性

教育机构自古以来就被认为是道德高尚的场所和人间净土。人们对教师在道德上的要求一般都高于从事其他职业的人员。因此,教师所具备的职业道德广泛、深入地影响着整个社会成员乃至整个社会的进步。

8. 教师职业道德影响的广泛性和深远性

(1) 广泛性

所谓教师职业道德影响的广泛性，是指教师的思想道德不仅影响在校学生，而且会通过学生和家长进而影响整个社会。学校是社会主义精神文明建设的基地，教师是精神文明的倡导者和推行者。可以说，教师职业道德建设是一件牵动千家万户并影响千秋万代的大事，具有重大意义。

(2) 深远性

教师职业道德影响的深远性是指教师的道德品质和行为将给学生留下深刻久远的印象，它不会因学生的毕业而随之结束，还将延续到毕业之后，有时甚至伴随学生的一生。

·知识再拔高·

教师职业道德的特点的其他说法

说法一：(1)鲜明的继承性；(2)强烈的责任性；(3)独特的示范性；(4)严格的标准性。

说法二：(1)从教师的社会重任来看，师德具有全局性；(2)从教师的社会地位来看，师德具有超前性；(3)从教师职业及个人素质来看，师德具有导向性；(4)从教师的人格评价来看，师德具有超越一般职业道德的示范性。

说法三：(1)高度的自觉性。(2)明显的示范性。教师的职业性质和活动特点，决定了教师的职业道德具有"以身立教"的作用，决定了教师要以身作则，时时处处起表率作用。教师的职业性质、活动特点还决定了教师的一举一动、一言一行，待人处事的态度乃至气质、性格不仅会对学生产生深刻的影响，还会通过学生对家庭和社会起着潜移默化的作用。(3)强烈的时代性。

真题1 [2023山东济宁，单选]下列关于其他职业道德与教师职业道德特点的分析，错误的是(　　)

A. 在内容方面，教师职业道德比一般职业道德更具全面性

B. "师也者，教之以事而喻诸德者也"体现了教师职业道德要求的双重性

C. 以身作则、为人师表是教师职业道德区别于其他职业道德的重要特征

D. 相较于其他职业，教师职业道德功能具有单一性

真题2 [2022辽宁营口，单选]教师的职业性质和活动特点决定了教师的一举一动、一言一行、待人处事的态度乃至气质、性格不仅会对学生产生影响，还会通过学生对家庭和社会起潜移默化的作用。这表明教师职业道德具有(　　)

A. 高度的自觉性　　　　　　　　B. 明显的示范性

C. 强烈的时代性　　　　　　　　D. 广泛的利他性

真题3 [2022广东广州，判断]师德是高于一般社会公众道德水准的职业道德。(　　)

答案：1. D　2. B　3. √

三、教师职业道德的价值蕴含 ★★ 【单选、判断】

1. 教育价值

教师是从事教育工作的人，其职业道德的教育价值是客观存在的。教师职业道德对社会成员也具有教育价值。同时，教师职业道德所含有的教育价值也体现在它对教师自身的教育中。

2. 文化价值

教师职业道德既是一种行为规范,又是一种文化现象。它的发展不仅仅是提出一定的职业道德规范或根据社会及教育的实际变化更新教师职业道德,同时总是伴随着对这些规范的理论解释,它反映着教育对自身文明和社会文明的系统思考和追寻,体现出浓郁而又独特的文化意蕴,进而使教师职业道德不仅呈现出一种独特的规范存在,也体现出一种独特的文化存在。

3. 伦理价值

教师职业道德作为教师的行为规范,在本质上表现为教师职业行为中的向善和"应当"的价值取向,它常常以公正、热爱、民主、团结、廉洁、文明等概念体现出来。在教育过程中,教师职业道德具体表现为热爱学生、尊重学生的人格、培养学生的思想品德、增进学生的健康、挖掘学生的智慧潜力、陶冶学生的情操、锻炼学生的意志、发展学生的个性……所有这些,确立和保护了学生作为个性的人的价值和精神的独立,从而促使他们的发展既符合社会的需要,又满足个体的需要;既符合道德的原则,又符合学生身心成长规律的要求。从这个意义上讲,教师职业道德具有明显的伦理价值。

真题4 [2022河南郑州,判断]教师职业道德既是一种行为规范,又是一种文化现象。(　　)

答案:√

第二节 教师职业道德的结构与功能

一、教师职业道德的结构 ★ 【单选、不定项、判断】

1. 教师职业理想

所谓职业理想,就是指人们对于未来工作类别的选择以及在工作上达到何种成就的向往和追求。职业理想是职业道德的重要组成部分,有了崇高的职业理想才能产生模范遵守职业道德的行为。

2. 教师职业责任

所谓教师职业责任,就是教师必须承担的职责和任务。在社会主义条件下,人民教师的根本职责,就是培养社会主义新人,换句话说,人民教师的职责,是培养社会主义现代化事业的建设者和接班人,自觉履行教师职责,要求教师自觉地做到对学生负责,对家长负责,对教师集体负责,对社会负责。

3. 教师职业态度

教师职业态度,是指教师对自身职业劳动的看法和采取的行为,简而言之,就是指教育劳动态度或教师劳动态度。

4. 教师职业纪律

教师职业纪律就是教师在从事教育劳动过程中应遵守的规章、条例、守则等。它是维持教育活动正常进行的保证,是教师必须遵守而不能违反的。

5. 教师职业技能

教师职业技能集中地表现为教师教书育人的本领,教师教书育人活动的效果是教师职业技能的反映。教师职业技能要求教师刻苦钻研业务,不断更新知识,要懂得教育规律,要具备一定的管理知识,勇于实践,不断创新。

6.教师职业良心

所谓教师职业良心,就是教师在对学生、学生家长、同事以及对社会、学校、职业履行义务的过程中所形成的特殊道德责任感和道德自我评价能力。

7.教师职业作风

所谓教师职业作风,就是教师在自身职业活动中表现出来的一贯态度和行为。

8.教师职业荣誉

所谓教师职业荣誉,就是教师在履行职业义务后,社会所给予的赞扬和肯定,以及教师个人所产生的尊严与自豪感。

真题1 [2022湖南长沙,单选]以下不属于教师职业责任的是( )

A. 对社会负责　　　　　　　　　　B. 对家长负责

C. 对学生负责　　　　　　　　　　D. 对家人负责

真题2 [2023湖北武汉,不定项]教师要提高自己的职业技能,要做到( )

A. 刻苦钻研业务,不断更新知识　　B. 懂得教育规律

C. 具备一定的管理知识　　　　　　D. 勇于实践,不断创新

答案: 1. D　2. ABCD

二、教师职业道德的功能 ★★★ 【单选、多选、判断】

1.对教师工作的促进功能

教师职业道德相对于学校的规章制度、教育计划、教学大纲等,能够更灵活、更有效,时时处处地指导、调节与监督教师的教育行为。教师职业道德对教师教育行为的调节主要是通过社会舆论和内心信念两种形式来实现的。教师职业道德能够通过激发动力、评价优劣、调节行为来处理和调节各种利益关系,保证教师教学工作的顺利开展和教育任务的圆满完成,这是教师职业道德最基本的社会作用。

2.对教育对象的教育功能

青少年具有很大的可塑性。他们往往从教师的道德意识和道德行为中汲取是非、善恶观念。当教师按照教师职业道德作为时,会使道德要求具体化、人格化,从而使学生在富于形象性的榜样中受到启迪和教育,在潜移默化中形成教师所期望学生拥有的良好思想品德,增强教师教育的可信度、吸引力和有效性。

3.对社会文明的示范功能

教师在历代都是社会道德典范,被认为是社会文化使者、高尚道德的代表,他们对社会文明的示范功能通过三种途径表现出来:(1)通过培养学生的优良品德而影响社会道德,学生是具有多重角色的个体,在校是学生,在社会上是公民,他们的多重身份更利于社会文明的传播;(2)通过教师参加各种社会活动而影响社会道德,当教师严格遵循教师职业道德,以高尚的道德面貌出现在社会中时,他们的道德风貌、人格形象便会对社会各方面产生积极影响;(3)通过教师家庭生活和社会生活,促进社会主义新型人际关系的建立和发展。这些都直接或间接地以各种方式体现在社会生活的各个方面,促进文明之花处处开。

4. 对教师修养的引导功能

社会对教师整体素质的要求高于其他行业的从业人员。教师在工作岗位上不断提高自己的业务能力和道德水平,加强自身修养是教师职业道德品质的重要内容和应有要求。在教师自身修养过程中,教师职业道德具有引导功能。

> **知识再拔高**
>
> **教师职业道德的功能(作用)的其他说法**
>
> 说法一:(1)对教师工作的动力功能;(2)对教师职业行为的调节功能;(3)对教育对象的教育功能;(4)对教师工作的评价功能;(5)对社会文明的示范功能;(6)对教师自身修养的引导功能。
>
> 说法二:(1)调节作用。对教育过程的调节作用是教师职业道德最基本、最重要的作用。(2)教育作用。(3)导向作用。这种导向作用具体表现为:激励作用、控制作用、调整作用、矫正作用。其中,矫正作用是指教师是学生的一面镜子,不少学生都以教师的道德为榜样,对照自己,检查自己,克服缺点,纠正错误。(4)促进作用。
>
> 说法三:(1)教师职业道德对教师起调节和教育作用;(2)教师职业道德对学生起榜样和带动作用;(3)教师职业道德对社会起影响和促进作用。

真题3 [2023湖北武汉,单选]教师职业道德对教师教育行为的调节主要通过(　　)和内心信念两种方式来实现。

A. 引导示范　　　　B. 教育对象　　　　C. 伦理价值　　　　D. 社会舆论

真题4 [2023河南周口,单选]教师按照师德的要求不断加强自身修养,主要体现了教师职业道德的(　　)

A. 反馈功能　　　　B. 引导功能　　　　C. 评价功能　　　　D. 示范功能

真题5 [2023河北邢台,单选]教师是学生的一面镜子,不少学生都以教师的道德为榜样,对照、检查自己,克服缺点。这是教师职业道德的(　　)作用。

A. 激励　　　　　　B. 矫正　　　　　　C. 控制　　　　　　D. 调整

答案:3. D　4. B　5. B

★ 本章核心考点回顾 ★

1. 教师职业道德的特点

(1)教育专门性(适用的针对性)。(2)要求的双重性——教书育人。(3)内容的全面性。(4)功能的多样性。(5)境界的高层次性。(6)意识的自觉性。(7)行为的典范性和示范性——教师要以身作则、为人师表,这是教师职业道德区别于其他职业道德的显著标志。(8)影响的广泛性和深远性。

2. 教师职业道德的功能

(1)对教师工作的促进功能。教师职业道德对教师教育行为的调节主要是通过社会舆论和内心信念两种形式来实现的。(2)对教育对象的教育功能。(3)对社会文明的示范功能。(4)对教师修养的引导功能。

第二章 教师职业道德的基本原则、范畴及规范

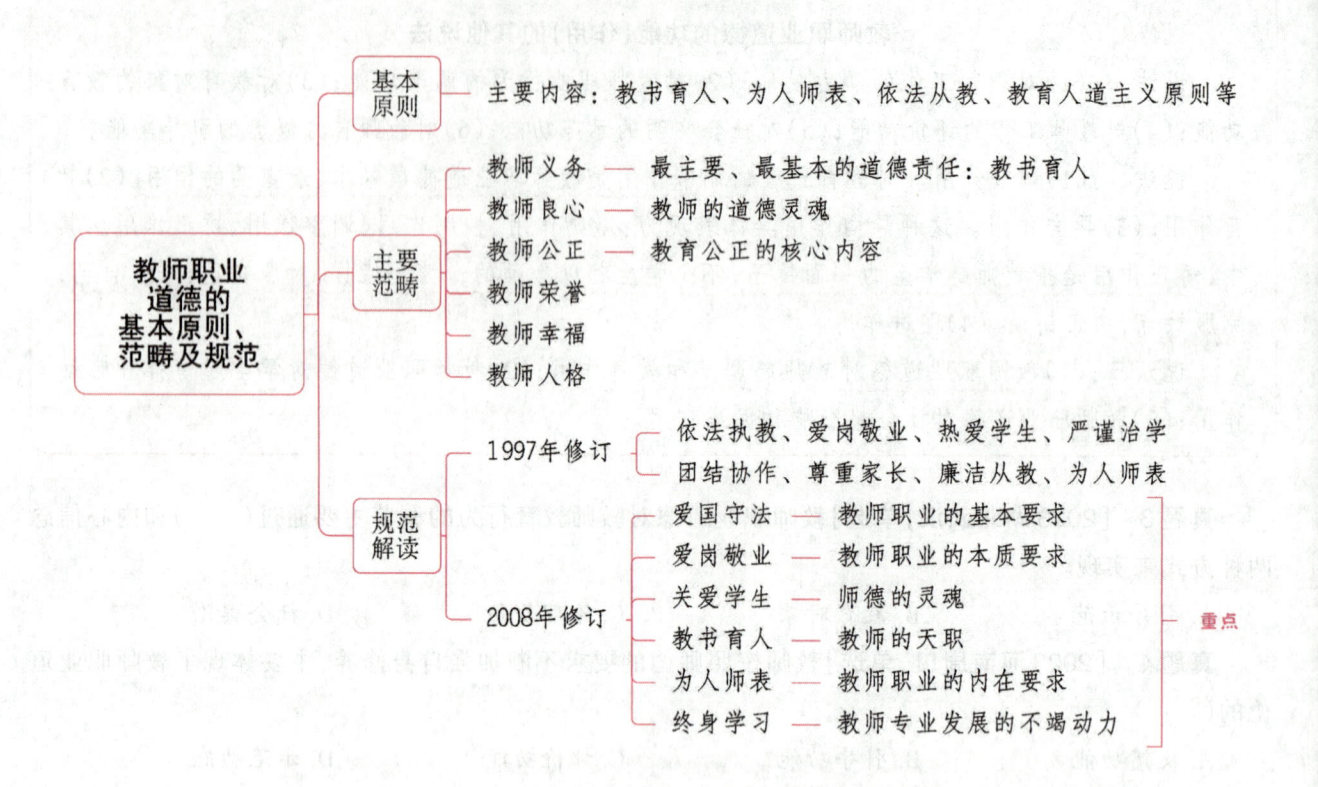

```
                          ┌─ 基本原则 ── 主要内容：教书育人、为人师表、依法从教、教育人道主义原则等
                          │
                          │              ┌─ 教师义务 ── 最主要、最基本的道德责任：教书育人
                          │              ├─ 教师良心 ── 教师的道德灵魂
  教师职业               │              ├─ 教师公正 ── 教育公正的核心内容
  道德的        ────────┼─ 主要范畴 ─┤
  基本原则、              │              ├─ 教师荣誉
  范畴及规范              │              ├─ 教师幸福
                          │              └─ 教师人格
                          │
                          │              ┌─ 1997年修订 ── 依法执教、爱岗敬业、热爱学生、严谨治学
                          │              │                团结协作、尊重家长、廉洁从教、为人师表
                          └─ 规范解读 ─┤              ┌─ 爱国守法 ── 教师职业的基本要求  ┐
                                         │              ├─ 爱岗敬业 ── 教师职业的本质要求  │
                                         │              ├─ 关爱学生 ── 师德的灵魂            │
                                         └─ 2008年修订 ─┤                                      ├ 重点
                                                        ├─ 教书育人 ── 教师的天职            │
                                                        ├─ 为人师表 ── 教师职业的内在要求  │
                                                        └─ 终身学习 ── 教师专业发展的不竭动力 ┘
```

第一节 教师职业道德基本原则

一、教师职业道德基本原则的内涵 ★ 【单选、判断】

考点 1 ▶ **教师职业道德基本原则的含义**

教师职业道德基本原则是教师在教育职业活动中正确处理各种利益关系所应遵循的最根本的指导准则，是一定社会或阶级对教师在职业活动中提出的最根本的道德要求。它指明了教师职业实践中道德行为的总方向，体现了教师职业道德的本质属性，统帅整个教师职业道德体系，是衡量和判断教师行为善恶的最高道德标准。简言之，教师职业道德基本原则具有指导、统帅和裁决作用。

考点 2 ▶ **忠于人民教育事业是我国教师职业道德基本原则**

忠于人民教育事业是我国教育社会主义性质的必然要求，是教师在处理个人利益和社会整体利益关系时所必须遵循的根本指导原则，是衡量教育工作者个人行为和品质的最高道德标准。忠于人民教育事业不仅是教育工作者从事职业活动的基本要求，更重要的是每个教育工作者在自己的教育劳动中，要建立崇高的职业理想，把从事教育劳动、培养社会主义事业的建设者和接班人作为自己的志向和抱负，培养自己对教育劳动真挚的、深厚的情感，并以从事教育劳动为荣，以献身教育事业为乐，把自己

平生精力都投入到教育事业中,全心全意地为社会主义教育事业服务。

考点 3 教师职业道德基本原则与教师职业道德范畴、教师职业道德规范的关系

道德原则是一定社会或阶级对人们行为提出的最基本的要求,是道德体系的核心,它是人们立身处世的基本准则,也是判断是非、善恶的基本标准。道德规范则是比较具体的道德原则,它是在一定条件下,一定范围内人们立身处世和评价是非、善恶的标准。教师的职业道德规范是对一定社会教育制度和教育活动中伦理关系的概括和总结,又是评判教师行为的道德准则,它体现了社会对教师职业行为的约束作用。道德范畴存在于每一个人的意识和感情中,是反映人们道德关系和行为调节方向的一些基本概念。

教师职业道德规范和范畴都是由教师职业道德基本原则派生出来的,是教师职业道德基本原则的展开、补充和具体化。

真题1 [2024江苏南通,判断]师德规范体现了社会对教师职业行为的约束作用。(　　)
答案:√

二、教师职业道德基本原则的主要内容 ★★★ 【单选、多选、判断】

说法一:(1)教书育人原则;(2)为人师表原则;(3)依法从教原则;(4)教育人道主义原则。

说法二:(1)集体主义原则。(2)教育人道主义原则。(3)教书育人原则。教书育人作为教师职业道德的一个基本原则,是由教师职业的本质特征和职责决定的。(4)乐教勤业原则。乐教勤业是从事教育工作的基础和动力,是教师职业道德基本原则的核心。(5)教育民主原则。教育民主原则是指在教育教学过程中教师要以平等友善的态度对待学生、尊重学生、引导学生,激励学生发展。坚持教育民主原则的具体要求包括:①教师要尊重每个学生的兴趣、爱好、个性和人格;②教师要以平等、宽容、博爱、友善和引导的心态对待学生;③教师要营造一种使学生能平等交流、主动参与、自由探索、大胆创新的民主氛围。(6)教育公正原则。(7)人格示范原则。(8)依法执教原则。

真题2 [2023河南济源,单选]潘老师只顾完成教学任务,对学生的思想道德教育不闻不问,其违背了哪一教师职业道德原则(　　)
A.集体主义原则　　B.教书育人原则　　C.教育民主原则　　D.教育公正原则

真题3 [2024山东济南,多选]教师职业道德的基本原则作为对教师行为的基本要求和评价标准,在教师职业道德体系中居于主导地位。教师必须遵循的基本原则包括(　　)
A.教书育人原则　　　　　　　　　　B.为人师表原则
C.教育人道主义原则　　　　　　　　D.依法从教原则

答案:2. B　3. ABCD

三、教师职业道德基本原则确立的依据

(1)必须反映一定社会经济关系和阶级利益的根本要求;(2)必须符合一般社会道德原则的基本要求;(3)必须反映教师职业活动的特点。

四、教师职业道德基本原则的要求

(1)树立无产阶级的世界观、人生观和价值观;(2)树立崇高的理想、信念和价值目标;(3)具备良好的专业能力素质;(4)具有顽强的意志和崇高的精神境界。

第二节 教师职业道德范畴

一、教师职业道德范畴的含义

教师职业道德范畴是指那些概括和反映教师职业道德的主要特征、体现一定社会对教师职业道德的根本要求,并成为教师的普遍内心信念,对教师的行为发生影响的基本道德概念。

二、教师职业道德的主要范畴 ★★★ 【单选、多选、判断】

考点 1 ▶ 教师义务

教师在履行一般社会成员的义务的同时,又有着其特定的职业道德义务。教师义务的内容主要有:(1)不断提高思想政治觉悟和教育教学业务水平;(2)尽职尽责,教书育人;(3)创设一个良好的内部教育环境。

教师在履行教育义务的活动中,最主要、最基本的道德责任是正反两个方面。正面:教书育人;反面:"不要误人子弟"。教师应当对此有清醒的认识。

考点 2 ▶ 教师良心

教师良心是教师个人在自己的教育实践中,对社会向教师提出的一系列道德要求的自觉意识,是教师个人对学生、教师集体和社会自觉履行其职责的道德责任感以及对自己教育行为进行道德控制和道德评价的能力,是多种教师职业道德心理因素在教师个人意识中的有机统一。从教师个体职业良心形成的角度看,教师的职业良心首先会受到社会生活和群体的影响。教师良心是教师道德觉悟的综合表现,是教师的道德灵魂。

教师良心作为一种精神动力,是一种内在的道德信念,对教师的道德活动和道德行为具有重要的指导、自我监督和评价作用。

教师良心的特点包括:(1)公正性;(2)综合性;(3)稳定性;(4)内隐性;(5)广泛性。

考点 3 ▶ 教师公正

教师公正是教师职业道德修养水平的重要标志,体现着一定社会对教师的根本要求。教师公正是指教师在教育职业活动中,公平合理地对待和评价全体合作者。所谓公平合理地对待和评价全体合作者,即按照社会主义道德原则指导下的伦理定位来对待、评价和处理教师同所有面对的群体或个人之间的关系。从外部来看,主要是教师同社会各界的关系;从内部来看,主要是教师个人同领导、同事和学生的关系。其中,公平合理地评价和对待每个学生是教师公正的最基本的内容。教师公正的核心是对学生的公正。

教师公正是教育公正的核心内容,教育公正不仅包括教师公正,而且也包括教育的制度性公正。

教师公正的内容包括:(1)坚持真理,伸张正义;(2)一视同仁,爱无差等;(3)办事公道,赏罚分明;(4)因材施教,长善救失;(5)确立性别平等意识,公正地对待不同性别的学生。

教师公正的作用包括:(1)有利于调动每个学生的学习积极性;(2)有利于学生形成公正无私的道德品质;(3)有利于教师威信的形成;(4)有利于形成良好的教育教学环境。

考点 4 ▶ 教师荣誉

教师荣誉即社会对教师的道德行为的价值所做出的公认的客观评价和教师对自己行为的价值的自我意识。其作用有：(1)教师荣誉是教师道德行为的调节器，对教师道德行为、品质的取向具有导向和制约作用；(2)教师荣誉是激励和推进教师积极进取，更好地履行教师义务，争取个人道德高尚、人格完善的助推器；(3)教师荣誉是促进教师自身道德发展和完善，形成良好师德风尚的重要精神条件。

教师荣誉的内容包括：(1)光荣的角色称号；(2)无私的职业特性；(3)崇高的人格形象。

考点 5 ▶ 教师幸福

教师幸福也称教育幸福，是指处于一定社会经济关系和历史环境中的教育工作者，在教育教学过程中，由于感受到目标和理想的实现，而获得的精神上的满足。

准确把握和理解教师幸福的含义，应从四个方面着眼：(1)教师幸福更多体现在精神层面；(2)教师幸福具有给予性和被给予性；(3)教师幸福具有集体性；(4)教师幸福具有无限性。

教师的幸福能力的培养：(1)充分认识教师职业的意义，并与自己的生命意义相联系；(2)培养高尚的师德水平，提升教师的人生境界；(3)教师对自己从事的教育教学活动要有实践能力。

考点 6 ▶ 教师人格

这里的人格主要是指道德人格。教师的道德人格是指个体作为教师这一特定社会角色所表现出的道德面貌与特征，是教师在自己的职业活动中表现出的稳定性的道德行为的范式(格式)和道德品质与境界(格位)，也是教师之所以成为教师的主体本质。由于职业的规定性，教师的道德人格与一般道德人格有显著的不同。其主要的特质可以归结为两点：(1)人格与师格的统一；(2)较高的格位水平。

教师人格修养有两个问题：一是修养的策略问题，二是修养的尺度问题。

在策略上，采取"取法乎上"的策略，这是因为：(1)人格修养的规律性；(2)师范人格的特点(格位高)；(3)中国古代的伦理智慧。

在尺度上要确立教师人格修养的审美尺度，按照审美的尺度去修养教师的人格，就是要进行师表美的建设。从德育(道德教育)的角度看，师表之美的价值至少有三点：(1)充分发挥教育主体的德育潜能；(2)充分促成学生的榜样学习；(3)改善教育与道德教育的效能。师表美主要包括："表美""道美"和风格美。

真题1 [2024浙江杭州,单选]教师在履行教育义务的活动中,最主要、最基本的道德责任是(   )
A. 教书育人   B. 依法执教   C. 爱岗敬业   D. 团结协作

真题2 [2023山东菏泽,单选]教师道德觉悟的综合表现,教师的道德灵魂是(   )
A. 教师义务   B. 教师良心
C. 教师荣誉   D. 教师公平

真题3 [2022河南郑州,单选]教师不断提高自己的政治思想觉悟,这属于(   )
A. 教师荣誉   B. 教师技能   C. 教师公正   D. 教师义务

真题4 [2023河北邢台,多选]教师良心的特点有(   )
A. 公正性   B. 综合性   C. 稳定性   D. 广泛性

真题5 [2024四川统考,判断]只要能做到对学生公正,就是一名公正的教师。(   )

答案：1. A   2. B   3. D   4. ABCD   5. ×

第三节 《中小学教师职业道德规范》解读

改革开放以来，我国于1985年、1991年、1997年先后三次颁布和修订了《中小学教师职业道德规范》。现今我国社会经济和教育进入新的历史阶段，为适应时代发展的需要，2008年9月，教育部、中国教科文卫体工会全国委员会联合发布了重新修订的《中小学教师职业道德规范》(以下简称新《规范》)。新《规范》的基本内容有六条，体现了教师职业特点对师德的本质要求和时代特征，爱与责任是贯穿其中的核心和灵魂。新《规范》的突出特点是：(1)突出了重要性；(2)体现了时代性；(3)提高了针对性；(4)增强了概括性；(5)注重了操作性。

真题1 [2022内蒙古赤峰，多选]《中小学教师职业道德规范(2008年修订)》的突出特点是( )
A. 突出了重要性　　　　　　　　　　B. 体现了时代性
C. 提高了针对性　　　　　　　　　　D. 注重了操作性
答案：ABCD

一、1997年修订的《中小学教师职业道德规范》 ★★ 【单选、多选、判断】

1. 依法执教
学习和宣传马列主义、毛泽东思想和邓小平同志建设有中国特色社会主义理论，拥护党的基本路线，全面贯彻国家教育方针，自觉遵守《中华人民共和国教师法》等法律法规，在教育教学中同党和国家的方针政策保持一致，不得有违背党和国家方针、政策的言行。

2. 爱岗敬业
热爱教育、热爱学校，尽职尽责，教书育人，注意培养学生具有良好的思想品德。认真备课上课，认真批改作业，不敷衍塞责，不传播有害学生身心健康的思想。

3. 热爱学生
关心爱护全体学生，尊重学生的人格，平等、公正地对待学生。对学生严格要求，耐心教导，不讽刺、挖苦、歧视学生，不体罚或变相体罚学生，保护学生合法权益，促进学生全面、主动、健康发展。

4. 严谨治学
树立优良学风，刻苦钻研业务，不断学习新知识，探索教育教学规律，改进教育教学方法，提高教育、教学和科研水平。

5. 团结协作
谦虚谨慎、尊重同志，相互学习、相互帮助，维护其他教师在学生中的威信。关心集体，维护学校荣誉，共创文明校风。

6. 尊重家长
主动与学生家长联系，认真听取意见和建议，取得支持与配合。积极宣传科学的教育思想和方法，不训斥、指责学生家长。

7. 廉洁从教
坚守高尚情操，发扬奉献精神，自觉抵制社会不良风气影响。不利用职责之便谋取私利。

8. 为人师表
模范遵守社会公德，衣着整洁得体，语言规范健康，举止文明礼貌，严于律己，作风正派，以身作则，注重身教。

以下主要介绍依法执教、热爱学生、严谨治学、廉洁从教：

依法执教是调整教师劳动与法律制度之间关系的师德规范，是教师完成本职工作的前提和基础，是国家和社会对教师提出的最根本的道德要求。

热爱学生是教育学生的感情基础，是教师职业道德高低的试金石。

严谨治学最重要的是实事求是。其基本要求包括：(1)要有精深的专业知识；(2)要有刻苦钻研、精益求精的精神；(3)要有谦虚谨慎的态度；(4)要有锐意创新的品质。

廉洁从教是指教师在整个教育教学生涯中都要坚持行廉操洁的原则，不贪受学生及家长的钱物、不贪占公共和他人的钱物，不沾染社会上贪、赌、欲等恶习，始终以清廉纯洁的道德品行为学生和世人做出表率。

真题2 [2023河北唐山,单选]对教师而言，廉洁从教的具体内容不包括(　　)
A. 不能抱怨自己的薪酬　　　　　　B. 不贪学生及家长的钱财
C. 不占公共与他人的钱财　　　　　D. 不染社会上出现的贪污、贿赂等恶习

真题3 [2023湖北武汉,判断]依法执教是调整教师劳动与法律制度之间关系的师德规范。(　　)

真题4 [2023广东韶关,判断]一位教师从教几十年来，从未收取学生家长一分一毫。这体现了"廉洁从教"的教师职业道德规范。(　　)

答案：2. A　3. √　4. √

二、2008年修订的《中小学教师职业道德规范》 ★★★ 【单选、多选、填空、判断、简答、案例分析】

考点 1 ▶ 爱国守法——教师职业的基本要求

爱国守法是教师处理其与国家社会的关系时所应遵循的原则要求。教师与国家社会的关系是教师必须首先面对的关系，也是在职业行为上必须首先要协调的关系。在教师与国家社会的关系上，教师需要处理自己作为一个公民和社会职业者与国家社会的关系。

新《规范》中关于"爱国守法"方面所规定的具体职业行为要求有以下几点：

1. 全面贯彻国家教育方针

教师是从事国家教育事业的专业人员，教师代表国家从事人民的教育事业。教师爱国、爱中国共产党、爱社会主义，具体行为表现在全面贯彻国家教育方针。这是要求教师的一切教育教学行为都要符合国家教育方针的要求。

2. 自觉遵守教育法律法规，依法履行教师职责权利

爱国要求教师必须守法，遵守教育法律法规的规范要求。法律法规的核心是权利和义务，因此教师必须自觉履行教育法律法规所规定的教师的权利和义务。

3. 不得有违背党和国家方针政策的言行

上面两个要求是"爱国守法"方面倡导性的职业行为，而这一要求则是禁止性的职业行为规定。在教师的职业活动中，出现违背党和国家方针政策的言行，是违背"爱国守法"职业行为规定的。

> **•知识再拔高•**
> **中小学教师职业道德规范中关于"爱国"和"守法"的基本要求**
> 1. "爱国"的基本要求
> (1)牢固树立中华民族和国家利益至上的意识，自觉维护祖国的独立、统一、尊严和利益；
> (2)为建设富强、民主、文明、和谐、美丽的社会主义现代化强国作出力所能及的贡献；(3)在教育教

学中,积极实施爱国主义教育。

2."守法"的基本要求

守法不仅是法律层面的要求,也是道德层面的要求。作为教师道德规范,守法强调教师要自觉地学法、懂法和守法,同时在教育教学中,严格遵守宪法和教育法律法规,使自己的教育教学活动合法、规范,做到依法执教。

考点 2 ▶ 爱岗敬业——教师职业的本质要求

爱岗敬业是教师处理其与教育事业的关系时所应遵循的原则要求。教师的职业活动,是一种事业——教育事业。教育事业是教师职业活动的全部内容,是教师职业活动中必须处理好的根本关系。在一定意义上也可以说,教师与教育事业的关系涵盖了教师职业活动内部全部的关系。这里所说的教师与教育事业的关系,是将教育事业作为一个整体,教师与之发生的关系。

新《规范》中关于"爱岗敬业"方面所规定的具体职业行为要求有以下几点:

1. 对工作高度负责

在教师与教育事业的关系上,这一职业行为要求仍然是原则性的,但是从"责任"的要求来看,也可以说是具体的。这是说,教师对教育事业在行为上最重要的是"责任"。

2. 认真备课上课

教师对教育事业负责,是通过课堂教学来实现的,因而教师在职业行为上首先就要做到认真备课上课。认真备课上课,是要求教师认真备好每一节课,认真上好每一节课。

3. 认真批改作业

学生写作业和教师批改作业,是教学活动的重要环节。教师没有认真地批改作业,学生就不能得到准确的学习信息反馈,教学环节就有缺失。

4. 认真辅导学生

现代教学活动是以班级授课制为基础的,但是学生的学习是有个性的、有个体差异的,因而集体教学与个别辅导必须结合起来。只有班级教学活动,而没有学生个别辅导,这样的教学也是不完整的。

5. 不得敷衍塞责

这是禁止性的职业行为规定,也是原则性、概括性的规定。"不得敷衍塞责"是从禁止性方面强调了教师的教育教学责任。

考点 3 ▶ 关爱学生——师德的灵魂

关爱学生是教师处理其与学生的关系时所应遵循的原则要求。教师与学生的关系是教师职业活动中发生的最重要的关系。教育活动主要就是在教师与学生之间发生的,教师所从事的教育活动中心就是师生关系。

新《规范》中关于"关爱学生"方面所规定的具体职业行为要求有以下几点:

1. 关心爱护全体学生,尊重学生人格,平等公正对待学生

关爱学生的范围是全体学生,而不是某一部分。在实际教育活动中,有些教师不是不能给予学生关爱,而是往往不能给予全体学生关爱。这不符合教师职业行为要求。

关爱学生的核心,是尊重学生人格。尊重学生人格,就是把学生看作与自己一样有尊严、有利益诉求的人。

关爱学生的关键是做到对学生平等公正。平等,是师生之间的平等、生生之间的平等;公正,是将关爱给每一个学生,不论这些学生的发展状况如何、社会背景和家庭背景如何。

2. 对学生严慈相济,做学生的良师益友

关爱学生不是不要严格。严格要求学生,也是对学生的成长负责;然而严格不意味着没有宽容,学生成长总会出现这样那样的问题。严格教育学生,应当全面地、科学地要求学生。概括起来讲,严格教育、全面要求学生应当遵循以下四条原则:(1)严而有理;(2)严而有度;(3)严而有方;(4)严而有恒。

3. 保护学生安全,关心学生健康,维护学生权益

关爱学生还要求教师对学生的安全、健康负责,对学生的权益负责。学生的安全,是他们的人身安全;学生的健康,是他们的身心健康;学生的权益,是法律赋予他们的权益。

4. 不讽刺、挖苦、歧视学生,不体罚或变相体罚学生

这是对教师在与学生关系上的禁止性规定。在语言上讽刺、挖苦学生,在态度上歧视学生,这在职业行为上是不容许的。在教育学生的方法上,采用体罚和变相体罚,也是教师职业道德不容许的。

考点 4 ▶ 教书育人——教师的天职

教书育人是教师在处理其与职业劳动的关系时所遵循的原则要求,是教师最核心的职责与任务。教师的职业劳动是具体的教育教学活动。教育教学活动从现象上看是"教书"。在教育教学活动中,教师要开展传递知识与技能的活动,知识与技能是教师直接操作的对象,但是,教师操作知识与技能的目的还在于学生。因而,"育人"是教师职业劳动的本质。

新《规范》中关于"教书育人"方面所规定的具体职业行为要求有以下几点:

1. 遵循教育规律,实施素质教育

教育的本质要求是促进人的健康全面发展,遵循教育规律就要实施素质教育。素质教育从根本上说,就是"育人"。"教书"是途径,"育人"是目的。当然两者不可偏废。没有"教书","育人"没有依托;没有"育人","教书"就失去了本来意义。

2. 循循善诱,诲人不倦,因材施教

符合教书育人要求的教师职业劳动行为应当是"耐心"的、"引导"的、充满教育"热情"的,而且能够实施针对每一个学生"量身定做"的教育。

3. 培养学生良好品行,激发学生创新精神,促进学生全面发展

把"育人"作为目的的教育,把德育放在重要位置上,把教育学生成"人"放在首要位置上;"育人"也要把培养具有创新精神的现代人作为职业劳动的要求。

以"育人"为目的的教育,必须实施全面发展的教育,最终要达到学生全面发展的目的。

4. 不以分数作为评价学生的唯一标准

在"教书育人"方面禁止的行为,就是背离"育人"目标的做法,或者说是应试教育的做法。教师头脑中必须明确,以分数作为评价学生唯一标准的做法,是教师职业行为明确禁止的。

考点 5 ▶ 为人师表——教师职业的内在要求

为人师表是教师在处理其与自己的关系时应遵循的原则要求。教师职业劳动不只是同别人交往,也是同自己交往,即教师也把自己作为职业行为所要调节的对象,就是对自己提出道德的要求,在自己的心中树立起一种职业行为的形象。

新《规范》中关于"为人师表"方面所规定的具体职业行为要求有以下几点:

1. 坚守高尚情操,知荣明耻

这是要求教师在职业行为上符合社会主义的荣辱观。

2. 严于律己,以身作则

教师在职业活动中对自己要严格要求,要以自己的行为作为他人,特别是学生的楷模。

3. 衣着得体,语言规范,举止文明

以身作则,在行为举止上,要注意穿着、言语和行为符合现代文明要求,能够为学生做出榜样。

我国教师应该遵循的仪表行为规范主要包括:(1)衣着整洁,朴实大方,服饰要符合职业特点,体现教师为人师表的良好形象。(2)举止稳重大方、潇洒自然、彬彬有礼。切忌轻浮粗俗、拘谨呆板。

4. 关心集体,团结协作,尊重同事,尊重家长

以身作则,也表现在处理与同事、学生家长的关系上,要能够尊重他人,与他人和谐相处。在处理与家长关系时应遵循的道德要求是:(1)主动与学生家长联系;(2)认真听取家长的意见和建议;(3)尊重学生家长的人格;(4)教育学生尊重家长。

5. 作风正派,廉洁奉公

以身作则,体现在为人作风上,就是"廉洁奉公"。这一行为要求在教师方面,就是要求教师不从学生那里谋取自己的利益,就是"廉洁从教"。

6. 自觉抵制有偿家教,不利用职务之便谋取私利

有偿家教,是市场经济条件下出现的比较严重的违背教师职业行为规范的问题,新《规范》中特别作为禁止性规定提出。

考点 6 ▶ 终身学习——教师专业发展的不竭动力

终身学习是教师在处理其与自己发展的关系时所应遵循的原则要求。教师与自己的发展,也属于教师与自己关系的范畴。强调教师自己的发展,是说教师在教育活动中,不仅要把学生作为一种发展对象来看待,也要把自己作为一种发展对象来看待。教师的自我发展,也是教师职业行为调节的对象。这是在终身学习的社会中发生的关系。

新《规范》中关于"终身学习"方面所规定的具体职业行为要求有以下几点:

1. 崇尚科学精神,树立终身学习理念,拓宽知识视野,更新知识结构

科学精神是求真的精神,是不断探索的精神。根据科学精神的要求,在一个终身学习的社会里,教师应当具有终身学习的理念,在行为上能够自觉地继续学习,发展自己的知识。

2. 潜心钻研业务,勇于探索创新,不断提高专业素养和教育教学水平

教师的发展,特别是指自己的专业发展。一个能够自觉地发展自己专业水平的教师,才能不断适应教育实践给自己提出的新要求。

一般认为,爱岗敬业、教书育人和为人师表是师德的核心内容,关爱学生是最基本内容。这是社会对教师职业道德的最基本的要求。爱岗敬业是对一切职业的共同要求,没有爱岗敬业的精神,一切就无从谈起。因此,它是师德的基础。教书育人是对教师这一特殊职业的专业要求,它是教师工作的具体内容,师德所引发的效果如何,必须由此而体现,所以它是师德的载体。为人师表是社会对教师这一职业所承担的职责具有的特殊性而提出的比一般职业道德更高的要求,教师的人格、品行所具有的感召力,由此得到充分表现,故而它是师德的支柱。三者形成有机整体,缺一不可。作为一位人民教师,必须信奉之、遵循之、笃行之,并在此基础上升华之,力求达到爱岗敬业精神高尚、教书育人水平高超、为人师表品行高洁的"三高"境界。

> **·记忆有妙招·**
> 为方便考生记忆,编者将2008年修订的《中小学教师职业道德规范》总结成以下口诀:
> **三爱两人一终身。三爱**:爱国守法、爱岗敬业、关爱学生。**两人**:教书育人、为人师表。**一终身**:终身学习。

真题5 [2024河北石家庄,单选]在排练节目时,小明多次出现失误,张老师情急之下辱骂、推搡了小明。张老师的行为违背了《中小学教师职业道德规范》中关于( )的要求。

A. 爱岗敬业　　B. 为人师表　　C. 关爱学生　　D. 教书育人

真题6 [2024广东广州,单选]李老师为了帮助英语后进生,不仅调整了教学方式,还分享了许多学习方法和技巧,使学生能够坚定学习的信心,勇敢克服学习困难。李老师的行为体现了_____的职业道德,这是_____。( )

A. 爱岗敬业　师德的灵魂　　　　　　B. 爱岗敬业　教师职业的本质要求
C. 为人师表　教师职业的内在要求　　D. 为人师表　教师专业发展的动力

真题7 [2024贵州贵阳,多选]下列属于教师"关爱学生"的行为的有( )

A. 关注保护学生隐私,积极维护学生合法权益
B. 提升个人专业能力,积极参与教师技能大赛
C. 关心学生日常生活,主动帮助学生解决困难
D. 关注弱势学生群体,努力做好沟通帮扶工作

真题8 [2024四川统考,多选]中小学教师职业道德规范中,关于教师"爱国"的基本要求有( )

A. 自觉地学法、懂法和守法
B. 在教育教学中积极实施爱国主义教育
C. 把中国建设成为富强、民主、文明的社会主义国家
D. 在教育教学活动中,严格遵循宪法和教育法律法规,做到依法执教
E. 牢固树立中华民族和国家利益至上的意识,自觉维护祖国的独立、统一、尊严和利益

真题9 [2023江苏苏州,填空]《中小学教师职业道德规范》中规定,教师要做到爱国守法、_____、关爱学生、教书育人、为人师表、终身学习。

答案:5. C　6. B　7. ACD　8. BCE　9. 爱岗敬业

★ 本章核心考点回顾 ★

1. 教师职业道德基本原则的主要内容

(1)教书育人原则;(2)为人师表原则;(3)依法从教原则;(4)教育人道主义原则。

2. 教师职业道德的主要范畴

(1)教师义务。教师要不断提高思想政治觉悟和教育教学业务水平。

(2)教师良心。教师良心是教师道德觉悟的综合表现,是教师的道德灵魂,具有公正性、综合性、稳定性、内隐性、广泛性的特点。

(3)教师公正。教师公正主要包括教师同社会各界、领导、同事和学生的关系。

3. 2008年修订的《中小学教师职业道德规范》

2008年修订的《中小学教师职业道德规范》包括:爱国守法、爱岗敬业、关爱学生、教书育人、为人师表、终身学习。

4. 爱岗敬业——教师职业的本质要求

(1)对工作高度负责;(2)认真备课上课;(3)认真批改作业;(4)认真辅导学生;(5)不得敷衍塞责。

5. 关爱学生——师德的灵魂

(1)关心爱护全体学生,尊重学生人格,平等公正对待学生;(2)对学生严慈相济,做学生的良师益友;(3)保护学生安全,关心学生健康,维护学生权益;(4)不讽刺、挖苦、歧视学生,不体罚或变相体罚学生。

673

第三章 教师职业道德教育、修养与评价

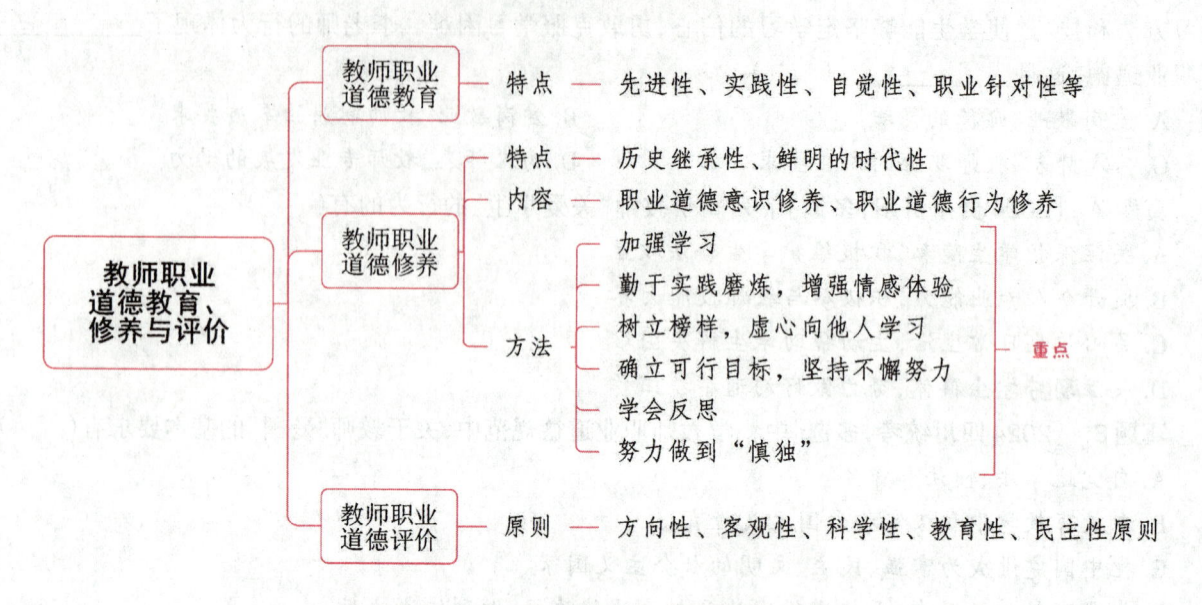

```
                    ┌─ 教师职业      ─ 特点 ─ 先进性、实践性、自觉性、职业针对性等
                    │  道德教育
                    │
                    │                 ┌─ 特点 ─ 历史继承性、鲜明的时代性
                    │                 │
                    │                 ├─ 内容 ─ 职业道德意识修养、职业道德行为修养
教师职业             │  教师职业       │        ┌─ 加强学习
道德教育、  ─────────┤  道德修养       │        ├─ 勤于实践磨炼,增强情感体验
修养与评价           │                 │        ├─ 树立榜样,虚心向他人学习          ─ 重点
                    │                 └─ 方法 ─┤ 确立可行目标,坚持不懈努力
                    │                          ├─ 学会反思
                    │                          └─ 努力做到"慎独"
                    │
                    └─ 教师职业      ─ 原则 ─ 方向性、客观性、科学性、教育性、民主性原则
                       道德评价
```

第一节 教师职业道德教育

一、教师职业道德教育的概念 ★【单选】

教师职业道德教育是指社会、集体按照一定的教师职业道德规范通过多种教育手段对在职教师及师范生施加系统的职业道德影响,使他们把教师职业道德规范和行为准则转化为个体的职业道德品质的社会实践活动。

加强教师职业道德教育是提高教师职业道德素质的必然要求,是把教师职业道德规范转化为教师职业道德品质过程中的一个必要环节。

二、教师职业道德教育的特点 ★【单选】

根据教师职业的活动特点和教师队伍的思想现状,概括地讲,教师职业道德教育主要具有以下特点:

(1)先进性。教师职业道德教育的先进性是指在职业道德教育中用科学理论武装教师,使之树立正确的世界观、人生观和职业道德观,对教师的职业道德行为施以高标准、严要求。

(2)实践性。教师职业道德教育要深深扎根于社会实践,围绕教师教育教学实践过程中产生的思想问题和道德问题开展教育,有针对性地加以解决,具有鲜明的实践性。

(3)自觉性。教师要有高度的自觉性。离开了个人自觉,没有自我教育,就不会有教师个人道德的发展。

(4)职业针对性。教师职业道德的教育必须与教师职业活动的实践相结合,体现出它的职业性。而这种职业性的体现,就必须有针对性,就是要针对教师职业活动的特点和规律,提出有针对性的教育

目的、教育内容和教育手段,解决与教师职业活动有关的各种特殊矛盾和问题,增强教师处理有关关系的认识和能力。

(5)自教互教性。在教师职业道德教育的过程中,受教育者本身又是教育者。教师对学生进行文化知识教育和思想道德教育的过程,其实也是教师自己教育自己的过程。当教师按照有关方面的要求有组织、有计划地向学生实施道德教育的时候,他自身首先就成了这种有组织、有计划的道德教育的对象,这种自教性的特点是教师职业所独有的。同时,由于职业习惯,教师很容易自然地将自己的道德认识和道德经验理论化、系统化,并乐于向同行、同事讲解和传授,使之显示出互教的特点。

(6)同时多端性。师德教育既可以从某一方面入手,也可以几个方面同时进行。多种开端,并行不悖,相得益彰,从而达到师德品质的各个方面全面发展提高的效果。

(7)渐进重复性。教师个体职业道德品质的形成和完善不是一蹴而就的,而是一个反复的、逐步提高的过程。

三、教师职业道德教育的意义 ★ 【单选】

(1)加强教师职业道德教育是教师崇高社会地位和历史使命的必然要求;
(2)教师职业道德教育是培养教师社会主义师德品质的重要环节;
(3)教师职业道德教育是纠正不良教风、校风的有力手段;
(4)加强教师职业道德教育是提高教师队伍素质,加强教师队伍建设的迫切需要;
(5)加强教师职业道德教育是促进两个文明建设,全面推进中国特色社会主义教育事业的战略举措。

第二节 教师职业道德修养

一、教师职业道德修养的概念 ★ 【判断】

教师职业道德修养是将教师职业道德要求转化为自己的信念并付诸行动的活动。简单说,是一种自我锻炼、自我改造、自我陶冶、自我教育的过程。教师职业道德修养不仅是培养教师职业道德的首要环节,也是加强社会主义职业道德建设的迫切要求。

二、教师职业道德修养的基本特点 ★★ 【单选、多选、判断】

1. 历史继承性

中华民族历来是一个崇尚师德和师德修养的民族,从古代的孔子、孟子,到现代的陶行知、蔡元培,历代圣哲先贤、教育家对师德内涵和修养都提出过非常深刻独到的见解和观点,并终其一生践行自己的主张,成为世人楷模。倡导师德修养,首先就需要教师从深厚的历史和文化底蕴中汲取丰富的精神营养,责无旁贷地传承和弘扬中华民族的优秀师德。

2. 鲜明的时代性

伴随社会经济文化发展及教育思想的转变,师德内涵不断融入具有鲜明时代特色的思想、观念、道德意识等内容,烙印上深刻的时代印迹。如以人为本、民主平等的教育思想,就是当今社会赋予师德的时代内涵。倡导师德修养,需要我们紧扣时代脉搏,站立时代潮头,开拓创新,与时俱进,丰富和发展中华民族的优秀师德。

> **知识再拔高**
> **教师职业道德修养特点的其他说法**
> 教师职业道德修养的特点集中表现在三个方面：
> (1)自觉性。师德修养贵在自觉，严于律己是提高自我道德素质的关键。
> (2)持久性。道德内容的社会性和可变性决定了教师道德修养的持久性。
> (3)实践性。学生的优秀品质主要靠教师的高尚德行来熏陶，学生的理想要靠教师的崇高信念来启迪。

真题1 [2023河北保定,单选]伴随社会经济文化发展及教育思想的转变，师德内涵不断融入了新的内容，不包括以下哪项( )

A.具有鲜明时代特色的思想　　　　B.具有鲜明时代特色的民族文化
C.具有鲜明时代特色的观念　　　　D.具有鲜明时代特色的道德意识

真题2 [2022河南南阳,多选]师德修养的基本特点包括( )

A.鲜明的时代性　　B.历史继承性　　C.时代创新性　　D.发展持续性

答案：1. B　2. AB

三、教师职业道德修养的内容 ★★★　【单选、判断】

教师职业道德修养的内容包含两个方面：(1)职业道德意识修养；(2)职业道德行为修养。具体来说，教师职业道德修养主要包括职业道德理想、知识、情感、意志、信念和行为习惯六个方面。

(1)树立远大的职业道德理想。职业道德理想体现了教师职业道德要求的本质。

(2)掌握正确的职业道德知识。学习和掌握教师职业道德知识是教师职业道德修养的首要环节和最初阶段。

(3)陶冶真诚的职业道德情感。教师职业道德情感包括：①职业正义感；②职业责任感；③职业义务感；④职业良心感；⑤职业荣誉感；⑥职业幸福感。其中，职业幸福感是教师从事职业活动最强大的精神动力和根本目的。

(4)磨炼坚强的职业道德意志。是否具备坚强的职业道德意志是衡量教师职业道德素质高低的重要标志。

(5)确立坚定的职业道德信念。坚定教师职业道德信念，是教师职业道德修养的核心问题。教师职业道德信念是教师对职业理想、职业人格、职业原则、职业规范的坚定不移的信仰，是深刻的师德认识、炽热的师德情感和顽强的师德意志的统一，是把师德认识转变为师德行为的中间媒介和内驱力，并使师德行为表现出明确性和一贯性。比如，许多优秀的边远地区教师，不怕条件艰苦，不计个人得失，坚定不移地战斗在教育岗位上，其中一个重要原因，就是他们具有献身山区教育的坚定信念。

(6)养成良好的职业道德行为习惯。教师职业道德修养的最终目的是要养成良好的职业道德行为习惯。

真题3 [2024浙江杭州,单选]教师职业道德修养包含职业道德意识修养和( )修养。

A.职业技术　　B.职业理念　　C.职业道德行为　　D.科学文化

真题4 [2024广东深圳,判断]是否具备坚定的教师职业道德信念，是衡量教师职业道德素质高低的重要标志之一。( )

真题5 [2023湖北武汉,判断]确定坚定的职业道德信念是教师职业道德修养的首要环节和最初阶段。(　　)

答案:3. C　4. ×　5. ×

四、教师职业道德修养的基本原则

(1)坚持知和行的统一;
(2)坚持动机和效果的统一;
(3)坚持自律和他律相结合;
(4)坚持个人和社会相结合;
(5)坚持继承和创新相结合。

五、教师职业道德修养的方法　★★★　【单选、多选、判断、简答】

良好的师德修养不是与生俱来的,而是在科学理论的指导下,经过长期的社会实践,不断完善自身的结果,理论与实践相结合是师德修养的根本途径。(也有说法认为,实践是师德修养的根本途径。师德修养只有在实践中才能得到不断的充实、提高和完善)

1. 加强学习

加强学习,是教师职业道德修养的必要途径。

2. 勤于实践磨炼,增强情感体验

参加社会实践是促进教师职业道德修养的根本方法。提升教师职业道德修养,关键在于实践。教师只有在教育教学实践中,在处理师生之间、教师之间、教师与家长或社会其他成员之间的关系中,才能认识到自身行为的是与非,才能辨别善与恶,才能养成自己良好的教师道德品质。

3. 树立榜样,虚心向他人学习

树立道德榜样是提升师德修养的重要方法。榜样的力量是无穷的,要引导和鼓励教师之间相互学习、探讨、交流和借鉴,大力宣传教师中的先进典型,用榜样人物的先进事迹、高尚情操、模范行为引领广大教师,把抽象的道德观念、行为规范等形象化、具体化,以先进模范的行为激励教师,增强师德修养的自觉性。

4. 确立可行目标,坚持不懈努力

教师职业道德修养同人们认识和改造世界的其他活动一样,有着明确的目标作为指导。师德修养实际上是教师道德认识、道德情感、道德意志、道德信念、道德行为和习惯诸要素从无到有、从低到高、从旧到新的矛盾运动过程,这也就决定了它是一个长期的艰苦过程,必然要求教师确立可行目标后做出坚持不懈的努力。

5. 学会反思

反思是提高师德修养的重要方法。

6. 努力做到"慎独"

教师职业道德修养的最高层次就是"慎独","慎独"一语最早出自儒家经典《礼记·中庸》。"慎独"用我们现代语言来表述,就是指在没有外界监督、独自一人的情况下,也能自觉遵守道德规则,不做任何对国家、对社会、对他人不道德的事情。显然,这既是一种崇高的道德境界,又是一种重要的职业道德修养方法。

作为教师职业道德修养的方法,"慎独"可以通过自我约束,自我监督,更好地培养、锻炼坚定的职

业道德情感、意志和信念,养成良好的职业道德行为习惯;作为崇高的教师职业道德境界,"慎独"标志着一个教师的职业道德修养已达到高度自觉的程度。尽管很难,但这也是教师必须要做到的。

真题6 [2024浙江杭州,单选]师德修养只有在( )中才能得到不断充实。
A. 实践　　　　　B. 交往　　　　　C. 思考　　　　　D. 学习

真题7 [2023河北唐山,单选]"身正为师,德高为范",作为一名人民教师,要时刻注意自己的一言一行,绝不做任何不道德的事情,但还是会有个别教师以为只要别人看不见就可以为所欲为,这主要是教师没有做到( )
A. 拜师　　　　　B. 反省　　　　　C. 慎独　　　　　D. 实践

真题8 [2023内蒙古赤峰,多选]良好的师德修养不是与生俱来的,而是在科学理论的指导下,经过长期的社会实践,不断完善自身的结果。以下属于提升教师职业道德修养方法的是( )
A. 加强学习　　　B. 躬身实践　　　C. 学会反思　　　D. 努力做到"慎独"

答案:6. A　7. C　8. ABCD

第三节　教师职业道德评价

一、教师职业道德评价的内涵

教师职业道德评价是指教师自己、他人或社会,根据社会主义教师职业道德准则、规范和科学的标准,在系统广泛地搜集各方面信息,充分占有各种资料的基础上,运用现代技术手段,对教师的职业道德意识、道德情感、道德意志和道德行为进行考察和价值判断。

教师职业道德评价的目的是在对教师的道德全面考察、判断和论证的基础上,探索和掌握教师职业道德形成和发展的客观规律,以便更加有效地指导广大教师提高自己的职业道德素质,完善自己的职业道德品质。教师职业道德评价的依据就是教师教育行为的动机和效果。

二、教师职业道德评价的功能　★【多选】

教师职业道德评价有利于维护和实现教师职业道德规范,有利于教师职业道德素质的形成和发展。教师职业道德评价具有指挥定向、教育发展、分等鉴定、督促激励与问题诊断等功能。其中,教育发展功能是指在教师职业道德评价过程中评价者和被评价者互相影响和启发,通过对方的反馈信息进一步认识到自己的不足,同时学习对方的长处,使自己受到教育,促进自己的思想品德的发展。

真题1 [2022河南濮阳,多选]教师职业道德评价的功能包括( )
A. 教育发展功能　　　　　　　　　B. 分等鉴定功能
C. 问题诊断功能　　　　　　　　　D. 督促激励功能

答案:ABCD

三、教师职业道德评价的原则　★★【单选、多选、不定项】

教师职业道德评价应遵循的原则有:方向性原则、客观性原则、科学性原则、教育性原则和民主性原则。其中,方向性原则是指教师职业道德评价要体现社会主义的性质,坚持社会主义方向,有利于广大教师提高社会主义的思想觉悟和道德水平。社会主义方向性是我们开展教师职业道德评价的最根本的指导思想和工作原则。因为我们是社会主义国家,我国的教育是社会主义教育,我们的教师职业道德建设和评价必须坚持社会主义方向。

真题2 [2023安徽蚌埠,多选]教师职业道德评价的原则包括( )
A. 方向性原则　　B. 客观性原则　　C. 科学性原则　　D. 教育性原则
E. 民主性原则
答案：ABCDE

四、教师职业道德评价的方法 ★ 【判断】

教师职业道德评价方法是指在教师职业道德评价的过程中所采用的各种方式和手段的总称。教师职业道德评价方法是实现教师职业道德评价的任务、保证教师职业道德评价的顺利进行、取得教师职业道德评价良好效果的关键性因素。概括起来，教师职业道德评价的方法有自我评价法、学生评价法和社会评价法。

1. 自我评价法

自我评价法是指教师个人根据教师职业道德规范和教师职业道德评价的标准、原则等一系列评价体系，对自己的道德所进行的一种自我认识和自我判断。

自我评价是教师对自己的道德进行评价，在自我评价过程中教师既是评价的主体，又是评价的客体。教师自我评价的内在动力是教师的内心信念。

2. 学生评价法

学生评价法是指在教师和学生教与学的相互作用中，学生依据教师职业道德的原则和规范对教师的行为予以判断的一种道德评价方式。学生评价实际上也是一种社会评价，但它是一种特殊的社会评价，这是由教师与学生的特殊关系所决定的。

3. 社会评价法

社会评价法是指行为当事人之外的个人或组织，如学校或其他社会方面的人员，根据教师职业道德规范对教师的道德状况做出评价的方法。社会评价法主要是通过社会舆论对教师的道德进行评判。社会舆论是指众人的议论和评判，它是人们用语言或文字对其所关心的社会生活中的某种现象、事件或行为所发表的某种带有倾向性的意见。

五、教师职业道德评价的基本要求 ★ 【单选、多选】

说法一：(1)肯定评价与否定评价相结合，以肯定评价为主；(2)动态评价与静态评价相结合，以动态评价为主；(3)单项评价与综合评价相结合，以综合评价为主；(4)定量评价与定性评价相结合，以定性评价为主；(5)终结性评价与形成性评价相结合，以形成性评价为主；(6)动机评价与效果评价相结合，以动机评价为主；(7)他人评价与自我评价相结合，以他人评价为主。

说法二：(1)坚持评价的实践性，努力实现动机与效果的统一；(2)坚持评价的客观性，努力实现目的和手段的统一；(3)坚持评价的主体性，努力增强教师自身责任感；(4)坚持评价的动态性、发展性，努力实现教师自我道德的完善。

真题3 [2022辽宁营口,多选]师德评价的基本要求包括( )
A. 坚持评价的实践性　　　　　　B. 坚持评价的客观性
C. 坚持评价的主体性　　　　　　D. 坚持评价的动态性、发展性
答案：ABCD

本章核心考点回顾

1. 教师职业道德修养的内容

教师职业道德修养的内容包含两个方面：(1)职业道德意识修养；(2)职业道德行为修养。具体来说，教师职业道德修养主要包括以下六个方面：

(1)树立远大的职业道德理想。

(2)掌握正确的职业道德知识。学习和掌握教师职业道德知识是教师职业道德修养的首要环节和最初阶段。

(3)陶冶真诚的职业道德情感。

(4)磨炼坚强的职业道德意志。是否具备坚强的职业道德意志是衡量教师职业道德素质高低的重要标志。

(5)确立坚定的职业道德信念。

(6)养成良好的职业道德行为习惯。

2. 师德修养的根本途径

说法一：理论与实践相结合。

说法二：实践。师德修养只有在实践中才能得到不断的充实、提高和完善。

3. 教师职业道德修养的方法

(1)加强学习。

(2)勤于实践磨炼，增强情感体验。

(3)树立榜样，虚心向他人学习。

(4)确立可行目标，坚持不懈努力。

(5)学会反思。

(6)努力做到"慎独"。"慎独"是教师职业道德修养的最高层次，标志着一个教师的职业道德修养已达到高度自觉的程度。

07 第七部分
教育教学技能

内容导学

- 本部分内容共分为四章。
- 第一章主要是对教学技能的基础概念的讲解，第二章主要介绍了教学目标设计和教案设计的相关知识，第三章讲解了课堂教学中常用的教学技能，第四章简单介绍了说课技能与教学反思技能。
- 本部分内容的考查题型主要为客观题，但一些地区也会涉及主观题，如简答题、案例分析题等。
- 考生应重点掌握第二章和第三章的内容，并结合报考地区的考情有针对性地进行复习。
- 为了方便考生梳理知识脉络，我们在各章设置思维导图和核心考点回顾。

本部分学习指南

一、考情概况

本部分内容较为琐碎、识记性知识较多,考生可带着以下学习目标进行备考:
1. 掌握课堂导入的类型和基本要求。
2. 理解课堂提问的类型和有效运用。
3. 理解并区分课堂板书的类型。
4. 理解并区分教学强化的类型。

二、考点地图

考点	年份/地区/题型
课堂导入的类型	2024河北单选;2023河南单选;2023湖北单选;2023天津单选;2023山西单选;2022广东单选
课堂导入的基本要求	2023山东判断;2023浙江简答;2022河北多选
课堂提问的类型	2023广东单选;2023浙江判断;2022河南单选;2022河北单选;2022山西单选;2022广东单选
课堂提问的有效运用	2024河北多选;2023河南单选;2023广东单选;2022浙江单选;2022辽宁多选
课堂板书的类型	2023黑龙江单选;2023广东单选
教学强化的类型	2023河南单选;2023天津单选

注:上述表格仅呈现重要考点的相关考情。

核心考点

第一章 教学技能概述

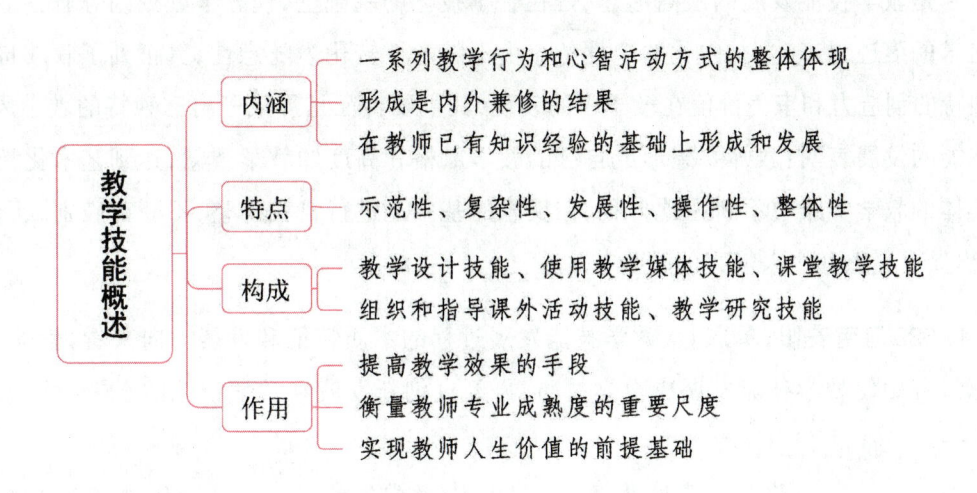

教学技能概述
- 内涵
  - 一系列教学行为和心智活动方式的整体体现
  - 形成是内外兼修的结果
  - 在教师已有知识经验的基础上形成和发展
- 特点：示范性、复杂性、发展性、操作性、整体性
- 构成
  - 教学设计技能、使用教学媒体技能、课堂教学技能
  - 组织和指导课外活动技能、教学研究技能
- 作用
  - 提高教学效果的手段
  - 衡量教师专业成熟度的重要尺度
  - 实现教师人生价值的前提基础

第一节 教学技能的内涵

教学技能是教师在已有知识经验基础上,通过实践练习和反思体悟而形成的一系列教学行为和心智活动方式。这一定义至少包括以下三层含义:

一、教学技能是一系列教学行为和心智活动方式的整体体现 ★【单选】

所谓行为方式,是指一定的社会角色在社会生活中形成的程序化、规范化、模式化的活动。教学行为总是包含着一定的操作步骤,包含着若干按一定程序予以完成的动作,表现出一定的连续性和周期性。教师教学的心智技能是教师按一定程序组织起来并能顺利完成教师认知活动任务的复杂智力动作系统。

在教学情境中,教师教学技能的展现,必定是教师外在行为方式与内在心智活动方式的整体体现,是教师能在复杂的、不确定的教学情境中做出恰当决策、形成独特工作方式的教学智慧的体现。

二、教学技能的形成是内外兼修的结果 ★【单选、多选】

教学技能的形成不仅是教师长期练习和训练的结果,而且是教师在经验基础上体悟反思的结果。从教学技能发展过程的本质特征和发展方向来看,教师就是在不断的自我反思过程中使教学技能发展成教学技巧,再经过创新发展到教学技艺的水平,最终达到教学的最高追求——教学艺术。

教学技巧、教学技艺、教学艺术是教学技能不同发展阶段表现出的三种不同形态。

教学技巧是教学技能发展的初级形态,是教学技能达到一定熟练程度的标志,通常我们所说的"熟能生巧",就是指某项技能经过练习达到一定熟练程度时,自动化了的多种动作技能间的巧妙配合。可见,教学技巧是教学技能发展的必然结果,是指不但会教,而且能够巧教。

教学技艺是指在巧教的基础上,教师有意识地积累教学经验、自觉探索、不断完善自身的教学技巧并有所创新,使教学呈现美感的一种技能形态。

教学艺术是教学技能发展的最高形态,是在教学技艺的基础上,使教学处处闪烁着创造的火花,教学中刻意追求的痕迹越来越少,内化的个性特点由不随意性转化为随意性,真正到了收放自如的境地。它是教师独特的创造力和审美价值在教学中的表现,其主要特征是形成了自己独特的教学风格。

教学技能的发展表明:教师要想形成自己的教学风格和高度的教学智慧,达到艺术化教学的水平,就需要在具体的教学实践中不断超越自我,在反思的基础上进行自我统整,不断突破别人,也不断突破自己,创造出具有美感和个人魅力的教学艺术。

真题 [2023河南安阳,单选]从教学技能发展过程的本质特征和发展方向来看,教师就是在不断的自我反思过程中使教学技能发展成教学技巧,再经过创新发展到教学技艺的水平,最终达到教学的最高追求——( )

A. 教学技术　　　　　B. 教学境界　　　　　C. 教学享受　　　　　D. 教学艺术

答案:D

三、教学技能是在教师已有知识经验的基础上形成和发展起来的

教学技能既能表现为教师个体的经验，又是教师群体经验的结晶，它植根于个体经验，又不是个体经验的简单描述。它是在教师已有知识经验的基础上形成和发展起来的，是在教师群体经验的基础上，经过反复筛选和实践检验而高度概括化的、系统化的理论系统。这种在丰富经验基础上形成又以简约化的形态呈现的教学技能体系，既源于教学经验又高于教学经验。教学技能是教师个体经验与教师群体经验、教学理论与教学实践相结合的产物，反映了多样性与简约性的统一。

第二节 教学技能的特点、构成与作用

一、教学技能的特点 ★【多选】

1. 示范性

教师对学生的示范作用无时无刻不在发生着。由于青少年学生的向师性和模仿性，使得教师教学技能的构成、水平和发展情况，对学生的发展和成长具有直接和间接的自发影响力。

2. 复杂性

教学技能的复杂性主要是由教学过程、教育对象、教学任务等方面来决定的。教学过程是一个复杂的系统，是多因素、多主体共同参与的实践活动，总体上遵照一定的规律、一定程序进行，但无时无刻不受外来因素的影响，需要教师来把握。教师的劳动对象是具体的、正处于发展中的、具有独特个性的生命体，需要教师进行细致的观察，准确的判断，以制定出因人而异且能灵活调整的施教方案。教师的任务是多样的，不仅要关心学生的学习进步，更要关注学生的思想品德和身心健康；既要在课堂内系统全面地传授知识，又要组织开展丰富多彩的课外活动。

3. 发展性

教学技能是通过教学行为、活动方式表现出来的，具有一定的稳定性。但同时，教师的教学技能也是发展变化的。由于教师自身的努力以及组织的培养、训练和有效管理等，使教师业已形成的教学技能水平得到不断提高。此外，社会的发展对教育提出新的更高要求，科技的进步使教育不断现代化，青少年学生主体意识增强等，都需要教师的教学技能不断发展和提高。

4. 操作性

教师教学技能是教育教学理论应用时的熟练化表现，是教师在对教学技能理解的基础上，通过有计划、有目的、有步骤地训练而获得并提高的，具有很强的操作性。

5. 整体性

一方面，教师的教学技能是由各种具体的技能构成的，每一种技能又有自己的构成要素。但是这些技能不是截然分开的，而是有机地结合在一起，发挥着整体功能。教师要很好地完成教书育人的使命，就应掌握各种教学技能，使其具有完整性，不能片面强调某一种技能而忽视其他技能。另一方面，教学是一个系统，具有整体性的特征，正是这种整体性决定和支配着教学活动中的任何一种行为方式或具体的操作，而这就使得教师的各种教学行为方式和活动方式相互联系、相互作用、相互渗透、相互依

赖，从而构成一个整体。

二、教学技能的构成 ★ 【多选、简答】

在我国，1994年原国家教委在《高等师范学校学生的教师职业技能训练大纲（试行）》中，把教学工作技能分为五类：教学设计技能、使用教学媒体技能、课堂教学技能、组织和指导课外活动技能和教学研究技能。在课堂教学技能中又设置了九项基本技能，即导入技能、板书板画技能、演示技能、讲解技能、提问技能、反馈和强化技能、结束技能、组织教学技能、变化技能。

真题 [2024天津西青，多选]下列属于教师教学技能的有（ ）
A. 讲解技能　　　　B. 变化技能　　　　C. 强化技能　　　　D. 激励技能
答案：ABC

三、教学技能的作用

(1)教学技能是提高教学效果的手段；
(2)教学技能是衡量教师专业成熟度的重要尺度；
(3)教学技能是实现教师人生价值的前提基础。

★★ **本章核心考点回顾** ★★

1. 教学技能的特点
(1)示范性；(2)复杂性；(3)发展性；(4)操作性；(5)整体性。
2. 课堂教学技能的构成
(1)导入技能；(2)板书板画技能；(3)演示技能；(4)讲解技能；(5)提问技能；(6)反馈和强化技能；(7)结束技能；(8)组织教学技能；(9)变化技能。

第二章　教学设计技能

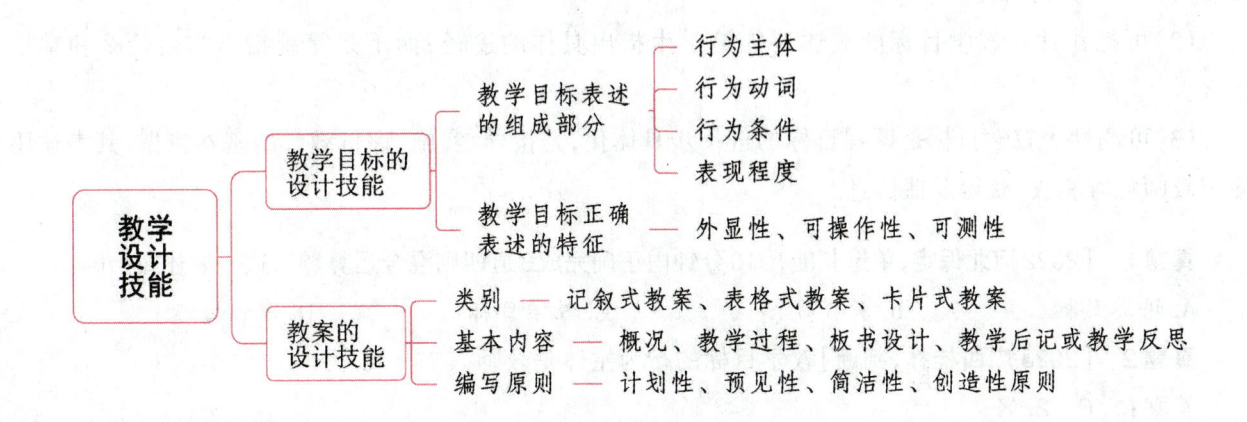

```
教学设计技能
├─ 教学目标的设计技能
│    ├─ 教学目标表述的组成部分 ── 行为主体、行为动词、行为条件、表现程度
│    └─ 教学目标正确表述的特征 ── 外显性、可操作性、可测性
└─ 教案的设计技能
     ├─ 类别 ── 记叙式教案、表格式教案、卡片式教案
     ├─ 基本内容 ── 概况、教学过程、板书设计、教学后记或教学反思
     └─ 编写原则 ── 计划性、预见性、简洁性、创造性原则
```

第一节　教学目标的设计技能

一、教学目标的含义　★【单选、简答】

教学目标是学校教学的出发点和归宿,是教学的灵魂,支配着教学的全过程,并规定了教与学的方向。它是教学活动预期达到的学习效果和标准,是对完成教学活动后学习者应达到的行为状态的具体描述。

二、教学目标设计的步骤　★【单选、多选】

(1)钻研课程标准,分析课程内容;(2)分析学生已有的学习状态;(3)确定教学目标分类;(4)列出综合性目标;(5)陈述具体的行为目标。

三、教学目标的表述要求　★【单选、判断】

1. 教学目标表述的组成部分

一个完整的教学目标应该具备四要素,即行为主体、行为动词、行为条件、表现程度。

(1)行为主体。教学目标的对象可以是全班学生,也可以是部分学生。但必须明确的是教学目标表述的是学生的行为而不是教师的行为。错误的表述如"使(让)学生……""培养学生……"等。正确的表述应该是:"能认出……""能写出……"等,要清楚地表明达成目标行为的主体是学生。

(2)行为动词。教学目标应该采用可观察、可操作、可检测的行为动词来描述。

(3)行为条件。指学生表现目标行为的条件或情境因素,它包括环境因素、设备因素、信息因素、时间因素、人的因素等。如"在课堂讨论中……""在10分钟内,能……""在某某统计表中,能……"等。

(4)表现程度。指学生学习行为结果应该达到的最低标准,使教学目标可测。如"学会……三种解题方法""记住……主要部件名字""能用符号语言表示三角形"等。

687

2.教学目标正确表述的特征

教学目标正确的表述应该具有以下特征：

(1)外显性。教学目标是教师期望引起学生知识结构和行为的变化，因此，教学目标的表述必须是外显的而不能是内隐的。

(2)可操作性。教学目标的表述要能给学生指出具体的途径，而不是笼统指出学会什么和掌握什么。

(3)可测性。教学目标是课程目标的进一步具体化，是指导、实施、评价教学的基本依据，其表述要便于教师检查验收，获得反馈信息。

真题1 [2022河北保定,单选]"能在10分钟内正确完成3道四则混合运算题"，这一表述属于(　　)
A.培养目标　　　　B.教育目标　　　　C.教学目标　　　　D.课程目标
真题2 [2023广西桂林,判断]教学目标的行为主体是教师。(　　)
答案:1.C　2.×

第二节 教案的设计技能

一、教案的内涵

教案是教师经过周密策划而设计出来的关于课堂教学的具体实施方案，通常以一节课为单位编写，也称之为课时教学进度计划。它既是备课成果的提炼和升华，又是备课的继续和深入。设计教案是教师备课工作的最后一个环节，也是教师备课工作中最全面系统、深入具体的一步，是保证教师有计划、有步骤地上好课的必要手段，对提高教学质量有着重要意义。

二、教案的类别 ★ 【单选、多选、判断】

教案没有固定的格式，通常各学校可根据自己的实际情况，在遵循教案基本构成要素的基础上编制富有自身特色的教案格式。教案从基本形式上可分为三大类：记叙式教案、表格式教案、卡片式教案。

1.记叙式教案

记叙式教案是指主要用文字形式将教学方案表达出来的教案。记叙式教案的教学信息容量较大，表述细致，编制简单，是最基本、最常用的教案形式。记叙式教案根据内容的详略分为讲稿式的详案、纲要式的简案，其中，详案是新教师和年轻教师备课时，以及老教师在进行新课题教学时，常常采用的类型。

2.表格式教案

表格式教案是指以表格形式呈现备课内容的教案。表格式教案具有言简意赅、重点突出、方便使用等特点。

3.卡片式教案

卡片式教案是指将教案的纲要、重点、难点和易忘点等内容，以及需要补充的材料等以卡片的形式呈现的一种教案。卡片式教案适合于有一定教学经验的教师使用,也可以作为教师授课时的辅助材料。卡片式教案通常有两种作用:一是教案纲要提示;二是教学内容提示和材料补充。

卡片式教案没有固定的格式,教师可根据自己的需要确定其书写格式、内容的详略。卡片式教案形式灵活、方便,有利于修改与补充,在辅助课堂教学方面有一定的优势。

三、教案的基本内容 ★【单选、判断、简答】

一般来说,教案内容主要由概况、教学过程、板书设计、教学后记或教学反思四部分组成。

1. 概况

主要包括课题、教学目标、教学重难点、课时安排、课型、教法学法、媒体选择等。

课时教学进度计划中的课题是本课时所讲的题目,一般要醒目地写在一页的首行中间。

教学目标是一篇(节)教材教学的行动纲领,是课程标准的具体落实,是一节课的出发点和落脚点,教学目标要写得具体明确、恰当适中、有指导作用。

教学重难点是依据本节课的教学目标确定的,要有利于实现教学目标。在教学过程中,要突出重点,解决难点,从重难点上启迪学生思维,发展学生的智能。

课时安排要根据教学内容的分量和学生的接受能力而定。课时教学内容的分配要科学合理、突出重点、分散难点。

此外,上课的课型,运用的教学方法、学习方法和媒体等,在编写教案时都要写清楚。

2. 教学过程

教学过程是教师为了实现教学目标,完成教学任务而制定的具体的教学步骤和措施。教学过程是整个教案的核心和主体,编写时要根据教学目标及教材的具体情况,做到内容充实、重点突出、详略得当。具体来讲,一个完整的教学过程包括:(1)导入;(2)讲授新课;(3)巩固练习;(4)归纳小结。

3. 板书设计

教案中要对上课的板书进行精心设计,板书设计要具有科学性、整体性和条理性。

4. 教学后记或教学反思

教学后记或教学反思是指教师课后的教学小结或教学心得,教师要及时总结每一节课的成败,为以后的教学总结经验,积累资料,有效地提高教学水平。

四、教案编写的原则 ★【单选】

1. 计划性原则

教案就是教学的行动计划,因此,凡是教学目标、内容、手段、方法、过程、步骤、条件、环境等都要事先有所计划。"凡事预则立,不预则废",没有计划就是盲目行动。

2. 预见性原则

教案是为上课作预想、预设的,能否比较地符合实际,取决于教师预见性的准确程度。教师应通过对学生的了解和近期教学的前置反馈来进行目标校正、内容契合和情境设想,力求此时此想符合彼时彼境。

3. 简洁性原则

简洁是智慧的表现。它不仅为教师节省了书写的时间,提高了工作效率,更重要的是它为教师驾驭教案和课堂施教带来了便利。这需要深刻的思索、高度的概括、精当的提炼、简明的语言。

4. 创造性原则

备课是一种创造性劳动,而教案是备课成果的文字显现,当然应体现出创造性来。抄教材、搬"教参"需要摒弃,简单加工或如法炮制也不足取。应该在遵循一般教学规律和教案规范的前提下,力求不断地有所创新,有个性特点。这样,既有利于发挥个人特长,又能满足学生的需求。

真题 [2023广东深圳,单选]教师在编写教案的过程中,需要考虑近期教学的反馈以及对教学情境的设想。这体现了教案编写的( )

A. 预见性原则　　　　　　　　B. 计划性原则
C. 简洁性原则　　　　　　　　D. 创造性原则

答案:A

五、教案设计的要求　★　【单选、多选、判断】

(1)端正态度,高度重视。
(2)切合实际,坚持"五性"。"五性"即科学性、主体性、教育性、经济性和实用性。
(3)优选教法,精设课型。
(4)重视"正本",关注"附件"。
(5)认真备课,纠正"背课"。
(6)内容全面,及时调整。

✦✦ 本章核心考点回顾 ✦✦

1. 教学目标表述的组成部分
(1)行为主体。行为的主体是学生。
(2)行为动词。采用可观察、可操作、可检测的动词。
(3)行为条件。
(4)表现程度。

2. 教案编写的原则
(1)计划性原则;(2)预见性原则;(3)简洁性原则;(4)创造性原则。

第三章　课堂教学技能

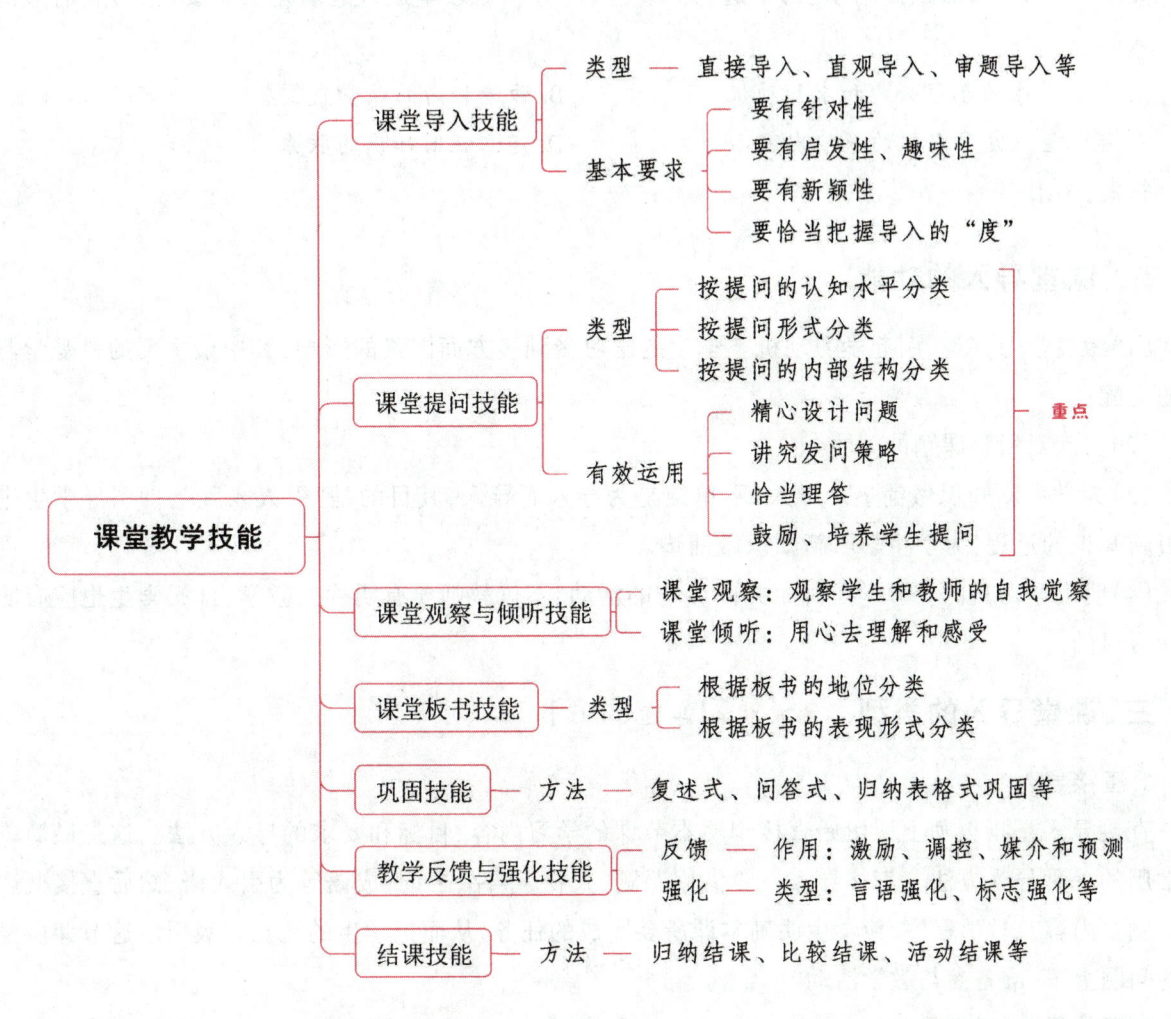

```
课堂教学技能
├─ 课堂导入技能
│   ├─ 类型 ── 直接导入、直观导入、审题导入等
│   └─ 基本要求
│       ├─ 要有针对性
│       ├─ 要有启发性、趣味性
│       ├─ 要有新颖性
│       └─ 要恰当把握导入的"度"
├─ 课堂提问技能
│   ├─ 类型
│   │   ├─ 按提问的认知水平分类
│   │   ├─ 按提问形式分类
│   │   └─ 按提问的内部结构分类
│   └─ 有效运用　【重点】
│       ├─ 精心设计问题
│       ├─ 讲究发问策略
│       ├─ 恰当理答
│       └─ 鼓励、培养学生提问
├─ 课堂观察与倾听技能
│   ├─ 课堂观察：观察学生和教师的自我觉察
│   └─ 课堂倾听：用心去理解和感受
├─ 课堂板书技能 ── 类型
│   ├─ 根据板书的地位分类
│   └─ 根据板书的表现形式分类
├─ 巩固技能 ── 方法 ── 复述式、问答式、归纳表格式巩固等
├─ 教学反馈与强化技能
│   ├─ 反馈 ── 作用：激励、调控、媒介和预测
│   └─ 强化 ── 类型：言语强化、标志强化等
└─ 结课技能 ── 方法 ── 归纳结课、比较结课、活动结课等
```

课堂教学技能是整个教学技能的核心。 所谓课堂教学技能，就是教师在课堂教学中，为完成教学任务、促进学生身心全面发展而运用的稳固的教学行为方式。根据课堂教学技能的功能和作用，可分为课堂导入技能、课堂讲授技能、课堂提问技能、课堂倾听技能、课堂对话技能、课堂板书技能、教学反馈和强化技能、结课技能、布置和批改作业技能等。这里，我们仅对常考的课堂教学技能进行详细介绍。

第一节　课堂导入技能

一、课堂导入的内涵　★　【多选】

课堂导入是教师在新的教学内容和教学活动开始时，通过简短的言语或行为，引导学生迅速进入学习状态的教学行为方式。

课堂导入的好坏对教学成败起着至关重要的作用：(1)有效的课堂导入能够牢牢吸引学生的注意力，使学生迅速进入课堂角色；(2)可以强烈地激发学生的学习兴趣和求知欲，使学生迅速做好学习新

691

知识的心理准备,并产生学习期待;(3)能够使学生明确学习目标,建立新旧知识之间的联系,营造和谐的课堂氛围等。

真题1 [2023黑龙江哈尔滨,多选]课堂导入的好坏对教学成败起着至关重要的作用,有效的课堂导入能(　　)

A. 激发学生的学习兴趣和求知动机　　B. 营造和谐的课堂氛围

C. 可以重点复习以往的教学内容　　　D. 建立新旧知识的联系

答案:ABD

二、课堂导入的功能

(1)激发学习兴趣,引起学习动机。学生的学习受到多方面因素的影响,其中最主要的是受学习动机的支配。

(2)引起对所学课题的关注。

(3)为学习新知识做铺垫。导入,不单纯是为导入而导入,其目的是"引人入胜",即引导学生进入学习新知识的过程,为学生学习新知识做铺垫。

(4)明确学习目的。教学是师生共同参与的活动,不仅教师要有明确的教学目的,学生也应有明确的学习目的。

三、课堂导入的类型　★★★　【单选、多选】

1. 直接导入

直接导入是指教师上课伊始直接阐明本节课的学习内容、目标和要求的导入方法。这是最简单和最常用的一种导入方法。直接导入一般借用课题、人物、事件、名词、成语等为引入语,然后直接概述新课的主要内容及教学程序,使学生明确本课所要完成的任务,从而把学生的注意力吸引向这节课所要学习的问题上来,准备参与教学活动。

2. 温故导入(复习导入)

温故导入是指教师通过帮助学生复习与即将学习的新知识有关的旧知识,从中找到新旧知识的联结点,合乎逻辑、顺理成章地引导学生学习新知识的一种导入方法。温故导入是由已知导向未知,过渡流畅自然,适用于连贯性和逻辑性较强的知识内容。

3. 直观导入(演示导入)

直观导入指教师借助实物、标本、挂图等直观教具,以及投影、录像等多媒体或示范性实验,对与教学内容相关的信息进行演示,并引导学生通过观察产生疑问,进行思考,从而自然进入新课学习的一种导入方法。这种导入有助于学生获得感性知识,调动学生学习的积极性。

直观导入包括教具导入、实验导入、多媒体导入等。其中,实验导入即上课伊始,教师巧设实验,使学生通过对实验的观察去发现规律,进行归纳总结,推导出结论,从而导入新课。

4. 问题导入

问题导入是指教师通过提出富有启发性的问题,引起学生回忆、联想、思考,从而激发学生产生学习和探究欲望,进而导入新的教学内容的一种导入方法。疑问是学习的起点,也是学习的动力。问题导入能激发学生思维,活跃课堂气氛,使学生带着问题学习,从而促使学生对知识的理解更加深刻。

5. 实例导入

实例导入是指教师从学生实际生活中选择与教学内容有密切联系的实例开讲,从而使学生进入学习情境,引出教学内容的一种导入方法。应用实例导入新课,可使抽象的问题具体化,复杂的问题简单化,深奥的问题浅显化。提供实例的方式可以是口头的,也可以是书面的。

6. 情境导入

情境导入是指教师运用满怀激情的朗读、演讲或者通过音乐、动画、录像等创设有趣的学习情境,感染学生,引起学生丰富的想象和联想,使其情不自禁地进入学习情境的一种导入方法。具体生动的情境具有很强的感染力和说服力,可以触及学生的内心深处,使其思想与教学内容发生联结。

7. 审题导入

审题导入是指教师从探讨题意入手导入新课的方法。这种方法直截了当,可以高度概括教材内容,更加突出中心和主题,使学生很快进入对新内容的探讨。审题导入是各科教学中常用的导入方法。运用审题导入新课,关键在于教师应围绕标题或课题,精心设计一系列的问题,通过反问、设问等方式,激发学生思考,以起到导课的作用。

8. 悬念导入

悬念导入是一种以认知冲突的方式设疑,使学生思维进入惊奇、矛盾等状态,构成悬念的导入方法。悬念的设置有助于吸引学生的注意力,使学生思维处于一种激活状态,产生非弄清楚不可的求知心理,从而迅速进入学习知识的最佳状态,在思考、研究中学习新知识。

9. 活动导入

活动导入是通过组织学生讨论、操作、游戏等活动,进而调动学生学习积极性的一类教学导入形式。学生的积极参与是实现课堂价值的基本保证,通过活动,不仅提高了学生的参与度,而且对学生的主体意识的培养具有重要意义。

10. 故事导入

故事导入是教师通过讲解与所要学习内容有关的故事、趣事,进而引发学生学习动机的一类教学导入形式。根据学生喜欢听有趣、好玩、新奇、情节生动的故事的心理,通过绘声绘色的故事抓住学生的注意力,进而引发其好奇心,使其投入学习。

11. 经验导入

经验导入是通过建立学生已有经验与新知识之间的联系,进而引发学生学习动机、形成学习氛围的一类导入形式。在实际教学中,教师一般用旧知识与新知识之间的联系来设计教学导入。

12. 诗文导入

诗文导入就是教师利用适当的诗文材料(如诗歌、典故、成语、对联、笑话、歇后语、谜语等)导入新内容的导入方式。教师采用这种导入方式应注意所选择的诗文材料与新课内容要有紧密联系。

13. 随机事件的导入

教师除了预设课堂导入,也可以根据课间发生的一些随机性的事件启动课堂教学。由于随机事件是刚刚发生的,学生的感受和体会都真切而深刻,以此来导入教学更容易激发学生的学习兴趣。这种导入方法需要教师对学生的举动保持高度的敏感,并且能够充分挖掘随机事件的教学价值。

真题2 [2024河北石家庄,单选]教师从探讨题意入手导入新课的方法属于(　　)

A. 审题导入　　　　B. 直接导入　　　　C. 问题导入　　　　D. 温故导入

真题3 [2023河南安阳,单选]信息技术课堂上老师播放上节课两个学生的代表性作品进行展示,并在向学生讲解的同时引出了本节课的内容。这种课堂导入方式属于(　　)

A. 直接导入　　　　B. 情境导入　　　　C. 复习导入　　　　D. 设疑导入

真题4 [2023湖北武汉,单选]韩老师借助昆虫标本自然地进入了生物课的学习,属于(　　)

A. 直观导入　　　　B. 悬念导入　　　　C. 故事导入　　　　D. 复习导入

答案:2. A　3. C　4. A

四、课堂导入的基本要求 ★★★ 【单选、多选、判断、简答】

1. 导入要有针对性

课堂导入要根据教学实际有针对性地设计:(1)导入设计要与学科性质、教学内容和教学目标相适应;(2)要针对不同年龄阶段学生的心理特点、知识能力基础、认识水平设计导入。

2. 导入要有启发性、趣味性

富有启发性的导入能引导学生发现问题,激发学生解决问题的强烈愿望,给学生思维上创造矛盾冲突,调动学生积极的思维活动,使他们更好地理解新的教学内容。教师可以通过设置悬念、创设情境、做游戏、展示现象等方法来设计具有启发性的课堂导入,激发学生兴趣。

3. 导入要有新颖性

求新求异,喜欢新鲜事物,爱听新鲜事是学生普遍具有的心理。心理学研究表明,令学生耳目一新的"新异刺激",可以有效地强化学生的感知态度,吸引学生的注意指向。因此,导入的形式和内容要有新意,才能激起学生的兴趣。新颖性导课往往能"出奇制胜",但应切忌单为新颖猎奇而走向荒诞不经的极端。

4. 要恰当把握导入的"度"

课堂导入的主要目的是把新旧知识联结起来,引出新知识,使学生更好地学习新知识。因此,教师一定要把握好导入的"度"。课堂导入应尽量做到简练省时,力争用最少的话语、最短的时间导入新课,引出新的教学内容。一般而言,导入的时间以3~5分钟为宜。

真题5 [2023浙江台州,简答]一堂课的导入的成与败直接影响着整堂课的效果,那么课堂导入应当符合哪些基本要求?

答案:详见内文

第二节　课堂提问技能

一、课堂提问的内涵 ★ 【判断】

课堂提问是指教师在学生已有知识和经验的基础上,依据教学内容,向学生提出适当的问题,并围绕问题引导学生积极思考,促进学生自觉学习的一种教学方式。与讲授(一种单向的信息传输)相比,提问是一种师生互动行为,是师生双向交流的过程。

真题1 [2023广东深圳,判断]课堂提问仅指教师以教学目标和教学内容为依据,有针对性地向学生提问。(   )

A. 正确　　　　　　　　　　　　　　B. 错误

答案:B

二、课堂提问的功能

(1)激发学习动机,集中注意力;(2)提示学习重点;(3)启发学生思维;(4)培养学生参与能力;(5)实现师生互动交流,活跃课堂气氛。

三、课堂提问的类型 ★★★ 【单选、判断】

考点 1 ▶ 按提问的认知水平分类

这一分类又叫"布鲁姆—特内教学提问模式",是由教育家特内根据布鲁姆《教学目标分类学》的基本思想创设的。在这种提问模式中,教学提问被分成由低到高六个水平,每一水平都与学生不同类型的思维活动相联系。

1. 知识(回忆)水平的提问

这一水平的提问可用来确定学生是否已记住先前所学的内容,如定义、公式、定理、具体事实和概念等。如"说出'勾股定理'的公式"。这一水平的提问是最低层次、最低水平的提问,它所涉及的心理过程主要是回忆。学生对这类问题的回答通常可以用正确或错误来进行判断,其内容不超出先前所掌握的知识范围。

在知识水平的提问中,教师常使用的关键词是:谁、什么是、哪里、什么时候、写出等。

2. 理解水平的提问

这一水平的提问可用来帮助学生组织所学的知识,弄清它们的含义,它要求学生能用自己的话来叙述所学的知识,能比较和对照知识或事件的异同,能把一些知识从一种形式转变为另一种形式。如"用你自己的话叙述'勾股定理'""请把这段古文译成现代文"等。要使学生能够回答这一水平的提问,就必须事先把提问所涉及的必需知识提供给学生。

在理解水平的提问中,教师经常使用的关键词是:怎样理解、有何根据、为什么、怎么样、用你自己的话叙述、比较、对照、解释等。

3. 应用水平的提问

这一水平的提问可以用来鼓励和帮助学生应用已学知识去解决问题,它要求学生能把所学的某些规则或理论应用于某些问题,对问题进行分类、选择,以确定正确答案。如"运用纬度和经度的知识,在地图上找出北京的经纬度数""请举例说明中学生早恋的危害"。

在应用水平的提问中,教师经常使用的关键词是:应用、运用、分类、选择、举例等。

4. 分析水平的提问

分析水平的提问可以用来分析知识的结构、因素,弄清事物间的关系或事项的前因后果,它要求学生进行批判性思维,能分析资料,以确定原因,进行推论。如"引起'代沟'的原因是什么""《皇帝的新装》中的老大臣等官吏对皇帝为什么不说真话"。

在分析水平的提问中,教师经常使用的关键词是:为什么、什么因素、得出结论、证明、分析等。

5. 综合水平的提问

这一水平的提问可用来帮助学生将所学知识以另一种新的或有创造性的方式组合起来,形成一种新的关系。这类问题常用于发展学生的创造能力。它所考查的是学生对某一课题或内容的整体性理解,它要求学生能进行预见、创造性地解决问题。如"在什么条件下,森林才能起火""读完这篇文章,你怎样概括作者的观点"。

在综合水平的提问中,教师经常使用的关键词是:预见、创作、如果……会……、归纳、总结等。

6. 评价水平的提问

这种提问可用来帮助学生根据一定的标准来判断材料的价值,它要求学生对一些观念、价值观、问题解决办法或伦理行为进行判断和选择,能提出自己的见解。如"你怎样看待这篇散文""你认为古诗好还是现代诗好?为什么"。

在评价水平的提问中,教师经常使用的关键词是:判断、评价、证明、你对……有什么看法等。

真题2 [2022河南郑州,单选]"已知一正方形的边长是5cm,那么该正方形的面积是多少?"这属于( )

A. 知识水平的提问　　　　　　　　　　B. 理解水平的提问
C. 应用水平的提问　　　　　　　　　　D. 分析水平的提问

答案: C

考点 2　按提问形式分类

按课堂提问的形式,可以将提问分为:

(1)设问型提问。教师将问题提出后,并不要求学生作答,而是自问自答,其目的主要在于引起学生的注意,请学生思考,造成学生的悬念感。设问常用于复习。

(2)疑问型提问。即由教师设置疑点提出问题,学生独立思考或合作探究后作出回答。这类提问是课堂提问中使用频率最高的一种。

(3)互问型提问。即由学生提出问题,学生回答问题。互问是一种你来考考我、我来考考你的教学活动。有经验的教师经常会采取互问、互考的方式来激发学生学习的兴趣,调动学生学习的积极性,进而收到良好的效果。

(4)追问型提问。即围绕某个教学目标或教学主题,将之分解成为若干小问题,一环套一环地系统地提出问题,层层推进,促使学生积极思考。追问的特点是问题与问题之间的间隙时间较短,问题与问题之间呈明显的思维梯度。追问有利于创设富有思维挑战性的问题情境,保持学生注意力的集中与稳定,有利于训练学生思维的敏捷性、灵活性、深刻性与批判性。

(5)曲问型提问。即针对某一教学内容,教师不直接提问,而是拐上一两个弯,绕道迂回,问在此意在彼,使学生开动脑筋,通过一番思考、探究才能回答。这种提问富于启发性,吸引学生探究和发现,让学生体验到精神历险的快乐和别有洞天的惊喜,产生"投石击破水底天"的教学效果。

考点 3 ▶ 按提问的内部结构分类

按提问的内部结构分类,可以将提问分为:

(1)总分式提问。即将一个大问题分解为若干小问题,这些小问题本身互不直接牵连,而分别与大问题相扣合。回答了诸多小问题,再综合探索大问题。

(2)台阶式提问。即将几个连贯性的问题由易到难依次提出,前一个问题是后一个问题的基础,后一个问题是前一个问题的深化,就像攀登台阶一样,步步升高,把学生的思维一步一个台阶地引向求知的新天地。

(3)连环式提问。即教师根据知识的内在联系,设计以疑引疑、环环相扣的一系列问题进行提问。

(4)插入式提问。即在教学过程中暂时中断提问思路的主线,而插入一个与之相关的内容,在叙述完有关的内容之后再提出问题的方式。

此外,根据教学提问的具体方式,还可以把提问分为直问和曲问、正问和逆问、单问和复问、快问和慢问。

真题3 [2023广东深圳,单选]某教师讲授《变色龙》一文时,先提问:"主人公奥楚蔑洛夫的基本性格是什么?"再问:"他'善变'的特征有哪些?他的性格总是变来变去,但有一点是没变的,那是什么?"最后,提出有一定深度的问题:"是什么使他一变又变?作者为什么要塑造这个形象?"根据教学提问的内部结构分类,这一系列问题的设定是基于( )

A.总分式提问　　　B.台阶式提问　　　C.连环式提问　　　D.插入式提问

答案: B

四、课堂提问的有效运用 ★★★ 【单选、多选】

要实现提问的有效运用,教师应做到以下四点:

1. 精心设计问题

一般来说,设计精良的问题应具有以下特点:(1)具有明确的目的;(2)难易适度;(3)富有启发性;(4)角度新颖,具有趣味性;(5)问题清晰明了;(6)问题具有序列性。

2. 讲究发问策略

(1)把握发问时机。教师要把握发问的最佳时机,就应结合教学的进展及变化来组织提问。在上课初期,学生的思维处于由平静趋向活跃的状态,应多提一些回忆性问题,这样有助于激发学生的学习兴趣,集中学生的注意力;当学生的思维处于高度活跃状态时,多提一些说明性、分析性和评价性问题,有助于学生分析和理解知识的内容,进一步强化兴趣、维持积极的思维状态;当学生的思维由高潮转入低潮时,多提一些强调性、巩固性、放松性和幽默性问题,这样可以重新激发学生的学习兴趣。

(2)恰当分配问题。在实际的教学提问中,许多教师不能公平分配问题,往往对某些学生施以更多关注,提许多问题,而对另一些学生则是忽视,从不提问或很少提问。这种提问方式,必然导致不平衡的课堂互动,不利于学生的发展。因此,教师要公平而恰当地将问题分配给每一个学生,使所有学生都有所发展。

(3)适当停顿。大量的研究表明,适当的停顿有助于提升教学提问的效果。发问中的停顿主要包括教师提问之前的停顿、教师提问之后与学生回答问题之前的停顿。其中,教师提问之后与学生回答之前的停顿即候答时间,候答时间的长短,直接影响到教学提问的效果。教师如果延长候答时间至3秒或更长,给学生提供更多的思考时间,学生的回答就会有显著的改善,教学效果明显提高。

(4)态度自然。教师发问应态度自然、友善,可用殷切、鼓励、信任的目光扫视全体学生,这样有助于学生积极思考,畅所欲言。

(5)语言清晰。教师发问时应语言清晰、简单,尽量一次到位,避免复述,这样既节省时间,又可防止学生养成不注意教师发问的不良习惯。

3. 恰当理答

提问行为由发问、候答、叫答和理答四个环节组成。理答是指教师对学生回答的处理。提问本身是一个师生互动的过程:教师提问—学生回答—教师反馈。教师的理答是反映教师与学生之间互动质量的重要指标之一。

恰当理答的前提是认真倾听,认真倾听有助于提升提问效果,还有利于建立良好的师生关系。此外,学生回答后,教师不应马上评论或判断,而应停顿片刻(3~5秒),略作思考,然后再由教师或其他学生对刚才学生的回答作出评价或判断。常用的理答方式主要有:

(1)提示。提示是指当学生回答不出问题,回答错误或回答不完整时,教师通过层层启发,逐级诱导,帮助学生慢慢接近正确答案,并最终由学生自己得出正确答案的一种理答方式。在所有的理答方式中,提示是对教师挑战最大、难度最大的一种。

(2)探究。探究是指在教师提问之后,学生虽然提供了正确答案,但他们提供的答案往往不够深入,或者不够详细,或者不够清楚,或者不够规范,这时教师要求学生提供补充信息,进一步解释或澄清自己的观点,使得自己的回答更深入、更详细、更清晰、更规范的一种理答方式。

(3)转引。转引是教师就一个问题分别向两个或两个以上学生提问的理答方式。转引通常包括以下几种情况:①当某一个学生不会回答时,教师请其他学生回答;②当某一个学生回答出了问题的一个方面,教师请其他学生加以补充;③当一个学生回答了问题的一种答案,教师请其他学生说出问题的另外答案;等等。

(4)延伸。延伸是指教师在随后的教学中用到学生前面提供的正确结论,或者教师对学生提供的正确答案做进一步的发挥,使其更具概括性、代表性、普遍性的一种理答方式。延伸实际上对学生是一种非常含蓄、十分有效的奖励手段,因为它能满足学生的成功感。同时,延伸也有助于提高学生的认识能力。

(5)回问。回问是指当某位学生不能回答时,教师先把问题转引给其他学生,待其他学生正确回答后,再将原问题提问给刚才那位不会回答的学生,或者再问那位不会回答的学生一道类似的题目,直到他(她)也能正确回答的理答方式。

4. 鼓励、培养学生提问

(1)鼓励学生敢于提问;(2)鼓励学生善于提问。

真题4 [2023 河南郑州,单选]教师应把握提问的时机,选好提问的形式,以最大程度地调动学生的学习兴趣。一般情况下,当学生的思维处于高度活跃状态时,应多提(　　)

A. 回忆性问题
B. 说明性、分析性和评价性问题
C. 强调性和巩固性问题
D. 放松性和幽默性问题

698

真题5 [2023广东深圳,单选]张老师在课堂上提问,小方同学只回答出了问题的一个方面,张老师就请小吴同学进行补充回答。这种提问技术是( )

A. 转引　　　　　　B. 提示　　　　　　C. 回问　　　　　　D. 探究

真题6 [2024河北石家庄,多选]关于教师课堂提问的叙述,正确的是( )

A. 提出的问题要明确、具体、难易适度

B. 面向全体学生,保证每个学生都有回答的机会

C. 提出的问题要有启发性,给学生留有思考余地

D. 要根据学生不同的回答,采取恰当的理答方式

真题7 [2022辽宁营口,多选]提问行为由( )构成。

A. 发问环节　　　　　　　　　　B. 候答环节

C. 叫答环节　　　　　　　　　　D. 理答环节

答案:4. B　5. A　6. ABCD　7. ABCD

第三节　课堂观察与倾听技能

一、课堂观察技能

考点1 ▶ 课堂观察的内涵

课堂观察是教师通过自己的感官、思维来获得教学信息反馈的渠道,是理解学生、理解自我的一种重要手段。观察的具体内涵可以从两个层次来理解,一是教师要尽量、充分地关注学生的行为,要尽量地"看到",二是有针对性地对所观察的行为予以反思,以提高教育教学能力。观察的对象既包括学生,也包括教师本人,即包括观察学生和教师的自我觉察。

考点2 ▶ 课堂观察的原则　★　【单选】

1. 同步性原则

课堂里的许多事情是同时发生的,教师不仅要完成自己的教学任务,还要注意学生的行为表现。教师要注意保持观察的自然状态,不干扰学生的学习活动。

2. 即时性原则

课堂情况复杂多变,经常会有突发性的问题,因此需要教师即时地进行课堂观察。

3. 全面性原则

教师要努力关注到每一个学生的反应,尤其要注意教室里容易被忽略的"盲点",不仅要观察教学中学生的反应,还要观察学生的个体随意性行为。

4. 客观性原则

在观察时,教师要尽力摒弃一切个人的主观偏见,使自己的思维具有较大的自由度和充分的空间,展开较为客观的观察。

5.反省性原则

课堂观察的目的是改进课堂教学,加强师生之间的理解和沟通,教师不能仅仅满足于看到了什么,还要进一步反省自己所看到的问题并进行深度的反思。

二、课堂倾听技能

考点 1 ▶ 课堂倾听的内涵

课堂倾听是指教师在课堂教学中用心去理解和感受学生的各类语言含义的智力和情感过程。在课堂教学中,教师不仅要善于讲,而且要学会倾听,善于倾听。随时倾听学生的认知需求与学习情绪反馈,把握教学机遇,促进学生发展。

考点 2 ▶ 提高教师倾听技能的基本原则 ★ 【单选】

1.耐心等待

学生虽然是一个有着独特想法的生命个体,但由于身心发展的限制,他们尚不能准确、明晰地用言语来表达自己的所思、所想,或许他们的想法在教师看来充满孩子气。当学生"词不达意""语无伦次"时,教师不要轻易地否定他们的看法,不要剥夺他们的话语权,要善于耐心等待。

2.善于理解

教师应该采取换位思考的方式体验学生的心理、精神和内心世界,即"将心比心""设身处地"地替学生思考。教师理解尊重学生,就容易与学生在感情和思想上产生共鸣。另外,教师善于理解自我、反思自我也是理解学生的一个重要因素,它可以帮助教师更好地走进学生的心理世界。

3.真诚赏识

赏识是培养学生自信心和个性的关键,它可以给人以价值感。教师的真诚赏识包括无条件的接纳和赞赏。教师首先要无条件地接纳学生,尊重他们的独特性,这样给学生提供了一个具有安全感的生活环境。学生在教师无条件的接纳中感受到自己是独一无二的,因此会更好地表达、展示自我。在倾听过程中,教师还要善于捕捉学生的优点,并及时给予真诚的赞赏,当然,对于他们的错误也要进行适当的批评和引导。

4.热情参与

参与是拉近听者与说者心理距离的重要方式,教师也应在参与中倾听。

第四节 课堂板书技能

一、课堂板书的概念与特点

考点 1 ▶ 课堂板书的概念

课堂板书是指教师在课堂教学中,为了帮助学生理解和掌握知识,配合讲授,把设计好的教学要点写在黑板上的教学行为。课堂板书,有时是指板书的行为,有时是指板书的内容。

板书是课堂教学的重要组成部分,是完成课堂教学任务的有效手段,是教师语言艺术的书写形式。好的板书能提炼出一堂课的精华所在,可以配合教学突出重点,加深印象,增强效果。

考点 2 ▶ 课堂板书的特点 ★ 【多选】

(1)直观形象性;(2)高度概括性;(3)艺术性。

二、课堂板书的内容与功能 ★ 【单选】

考点 1 ▶ 课堂板书的内容

一般来说,课堂板书主要包括:(1)教学内容的内在逻辑结构;(2)教学的重点和难点;(3)公式及其推导过程;(4)教学内容的补充知识。

考点 2 ▶ 课堂板书的功能

(1)概括功能。表现为:①板书紧扣课文;②关键词的概括赋予根据;③做到精炼恰当。
(2)美育功能。主要包括:①板书的规范美;②板书的结构美;③板书的色彩美。
(3)互动功能。包括:①板书是师生双方合作完成的;②板书虽然是由教师独立设计的,但在呈现时,却是师生双方共同实现的。
(4)示范功能。教师在教学板书中,准确的用语,规范化的解题举例,形象、正确、线条分明、比例恰当的实验装置图,都是对学生很好的指示和示范。

此外,板书还具有启发功能,教师精心设计的板书,能使学生产生联想、类比,得到启发。

真题1 [2023广东深圳,单选]教师精心设计的板书能使学生产生联想、类比,培养学生的发散性思维。这说明板书具有( )
A. 概括功能 B. 美育功能
C. 互动功能 D. 启发思维功能
答案:D

三、课堂板书的类型 ★★★ 【单选、多选、判断】

考点 1 ▶ 根据板书的地位分类

1. 主板书
主板书又叫正板书,或者基本板书或中心板书。它体现教材的知识要点、主要内容或主要事实、主要理论或主要观点、重点、难点、疑点、特点,反映教师的教学意图,表达教学目的。主板书一般保留到课堂教学结束,教师在备课时需要精心设计。

2. 副板书
副板书又叫辅板书、辅助式板书、附属型板书、注释性板书,是对主板书起辅助作用的。它体现与教材有关的零散知识,或书写与课文有关的字、词、句等,是对主板书的一种注释、说明和充实、补充,是一种根据课堂教学需要,根据学生反馈随机出现的板书,副板书可随写随擦。

701

考点 2 ▶ 根据板书的表现形式分类

1. 文字板书

文字板书是教师在黑板上以文字形式表述教学内容的一种板书形式,它主要有下列五种类型:

(1)纲要式板书。纲要式板书是指教师以讲授内容的内在逻辑关系为线索,从而体现教学信息结构体系的板书形式。纲要式板书也叫纲目式板书,是最基本、最常用、最传统的一种板书形式,几乎适用于所有学科。

(2)词语式板书(语词式板书)。词语式板书是依据教材选择或总结出能精确反映教学内容的关键性词语构成的板书。这种板书常用于语文、政治等学科中。其特点是:紧扣课文、突出教学的重点,激发学生思考,引起学生的联想。

(3)表格式板书。表格式板书是指教师把在讲解过程中提炼出的关键词以表格的形式绘制在黑板上的板书形式。表格式板书通常用于可以明显分项或具有明确对比性的教学内容中。

(4)线索式板书。线索式板书是指教师在黑板上板书教材内容的行文线索的板书形式。

(5)演算式板书。演算式板书是指教师在黑板上用文字、数字和数学符号表述证明过程的板书形式。它广泛应用于数学、化学、物理等理科教学中。

2. 图画板书

图画板书是指教师在黑板上用图画来表述事物的形态和结构等内容的一种板书形式。图画板书可分为示意图板书和简笔画板书两种类型。

3. 综合式板书

综合式板书是指教师综合运用各种板书形式来表述教学内容。

真题 2 [2023 黑龙江哈尔滨,单选]紧扣课文、突出教学的重点,激发学生思考,能够引起学生联想的板书类型是( )

A. 表格式板书　　　　　　　　　　B. 词语式板书
C. 纲要式板书　　　　　　　　　　D. 线索式板书

真题 3 [2023 广东深圳,单选]教师在黑板上用文字、数字和数学符号表述证明过程,这种板书形式属于( )板书。

A. 纲要式　　　B. 表格式　　　C. 演算式　　　D. 线索式

答案:2. B　3. C

四、课堂板书的设计原则 ★ 【单选、多选、判断】

(1)规范性原则。规范性就是要注意书写规范和内容规范。所谓书写规范,就是要写规范文字,不写错别字、繁体字等;所谓内容规范,就是要浓缩整节课的内容为一体,板书的词句要简明精炼,内容表达要明确、清晰、简明。有些教师在板书的运用上存在一些错误倾向:①不写或少写板书;②板书过多过滥;③教师虽然精心设计了板书,但只是结论性的文字显示;④教师在教学中注意了学法指导,但如果没板书出来,正确的学习方法很难在学生脑海里留下印象。

(2)客观性原则。客观性体现在一个"真"字上,即真实、准确,具体包括:①要有明确的目的性;

②要确切地反映结构教学内容的各个要素(知识点),以及这些要素之间的联系(即教学内容本身具有的规律性)。

(3)针对性原则。具有针对性的板书有三个特点:①突出重点;②教给方法;③预防错误。板书设计要针对教学内容和学生特点,因文因人制宜,不能千篇一律。根据不同的目的,板书设计也要不同。

(4)启发性原则。板书要有启发性,就是说教师要能通过板书启发学生发现问题、思考问题、解答问题。

(5)时效性原则。板书不仅要讲究内容美、布局美、书法美,还必须注意时效性。①讲课之前板书,重在指引思路。②讲课之中板书,重在展示中心。板书的时机一般分先讲后书、先书后讲和边讲边书。如果要巧妙引入新课,使学生在不知不觉中获得新知,往往采取先讲后书,总结后再出示课题,收到画龙点睛之效。对难度较大的概念、公式等一般适宜先书后讲。③讲完之后板书,重在强化整体。

第五节 巩固技能

一、巩固技能的内涵

巩固技能是指教师以组织学生复习为主要手段,在教学过程中引导学生在理解的基础上牢固地掌握学习内容,并能根据实际需要准确再现、恰当地运用的教学行为方式。

二、巩固的类型 ★ 【多选】

(1)学期开始时的巩固。指学期开学后,教师在学生学习新的内容之前,组织学生巩固已学的知识,弥补学生的知识遗忘、缺漏,为学生顺利地接受新知识奠定基础。

(2)日常教学中的巩固。指日常教学中新授课开始时的引导性复习、新授课进行中的复习、部分新内容教学后的局部复习、新授课结束时的总复习和完成课外作业。

(3)单元教学后的巩固。指教师在某一单元教学结束后安排的巩固,通常专设复习课进行。

(4)学期结束时的巩固。指教师在学期结束时安排的巩固,通常专设复习课进行。

三、巩固的方法 ★ 【单选】

(1)复述式巩固。指教师在导入新课时,复述与新知相关的旧知,或教师要求学生复述所学的重要内容。

(2)问答式巩固。教师针对学生学过的内容提问,由学生回答,以促进学生巩固所学知识。

(3)板演操作式巩固。指通过学生亲自板演和动手制作达到巩固目的。

(4)图像式巩固。指教师展示大量静态图片及动态图像,或要求学生画图、说图,以达到复习巩固的效果。

(5)实验演示式巩固。在巩固教学时教师还可让学生上讲台模仿教师的演示进行表演。

(6)新旧知识对比式巩固。指教师要求学生将新旧知识进行对比,以巩固所学知识。

(7)归纳表格式巩固。有些教学内容之间存在着相近的关系,学生的记忆容易产生混淆,教师应引导学生共同概括所学知识,并列成表格以达到巩固教学内容的目的。

(8)列举式巩固。对于公式和规律以及其他需要熟练掌握的教材内容,教师可采用举例的方法进行巩固教学。

(9)练习式巩固。通过练习巩固学生所学内容。

第六节 教学反馈与强化技能

一、教学反馈技能 ★ 【单选、多选】

考点 1 ▶ 教学反馈的内涵

教学反馈是指教师在课堂教学中,有意识地收集和分析教育教学的状况,并做出相应反应的教学行为。它是完成教学进程的重要环节,是强化和调控目标检测的重要手段,具有激励、调控、媒介和预测的作用。

真题1 [2023河南安阳,单选]在课堂教学中,丁老师有意识地收集和分析教与学的状况,并做出相应反应的教学行为是(　　)

A. 教学反馈　　　B. 教学反思　　　C. 教学研究　　　D. 教学评价

答案:A

考点 2 ▶ 教学反馈的基本要求

要提高教学信息反馈的有效性,教师必须做到:(1)要以促进学生的学习为目的;(2)要多途径地获得学生的反馈信息;(3)反馈必须及时;(4)反馈必须准确;(5)指导学生学会自我反馈。

二、教学强化技能 ★ 【单选】

考点 1 ▶ 教学强化的概念

教学强化是指教师采用一定方法促进和增强学生某一行为向教师期望的方向发展的教学行为。

考点 2 ▶ 教学强化的类型

课堂强化就是增强学生某种课堂行为重复出现的可能性的过程。任何行为一旦重复就有可能被强化。课堂中常用的强化技术主要有言语强化、非言语强化、替代强化、延迟强化、局部强化以及符号强化等。

表7-1 强化的类型

强化的类型	内涵
言语强化	教师在学生做出行为和反应后给予学生某种积极的语言评价,有口头语言强化和书面语言强化两种形式,此外还有一种容易忽略的形式,就是采纳学生的想法
非言语强化	教师运用某种非言语因素的身体动作、表情和姿势等传递一种信息,对学生的某种行为表现表示赞赏和肯定,常用的非言语强化有:(1)面部表情;(2)眼神的运用;(3)体态语强化;(4)服饰语强化

续表

强化的类型	内涵
动作强化	教师用体态语言对学生的表现进行的强化,包括头势、手势、目光和姿态等,头势如点头或摇头,手势如鼓掌、伸大拇指
替代强化	学生因看到榜样的行为被强化而受到强化
延迟强化	教师有时对学生前一段时期的行为进行的强化
局部强化	教师只强化认可的那部分行为以及相应的欲望,激励学生继续完全实现理想的行为和欲望
符号强化（标志强化）	教师用一些醒目的符号、色彩的对比等来强化教学活动。符号强化尤其适用于小学生,"代币制"方法就是非常成功的例子
活动强化	教师让学生承担任务从而对学生的学习行为进行的强化

真题2 [2023河南漯河,单选]"采用学生的想法"的方式属于课堂强化中的（　　）
A. 言语强化　　　　　　　　　　B. 替代强化
C. 局部强化　　　　　　　　　　D. 延迟强化

真题3 [2023天津和平,单选]老师在学生的作业中打对号或错号,对板书中的关键内容用彩色、画横线进行标示,这体现了教学强化技能中的（　　）
A. 活动强化　　　　B. 动作强化　　　　C. 反馈强化　　　　D. 标志强化

答案：2. A　3. D

考点 3　教学强化的功能

(1)激励功能。强化会引发学生的内心体验,而重复引发快乐体验的行为和避免引发痛苦体验的行为是人的天性。

(2)维持功能。强化可以促进教师与学生的双向交流,防止和减少非教学因素刺激对学生学习产生的干扰,使学生在教学过程中将注意力集中于学习活动,提高学生注意的持续性。例如,教师对认真听讲的学生给予肯定和表扬,对学生的正确反应给予鼓励和奖赏,能对学生的学习兴奋状态实现正强化;当学生不注意听讲时,教师放慢语速或戛然而止,并长久注视学生,能使学生在强化的作用下集中注意力。

(3)促进功能。强化增强学生某种与教学目标相符的认识和行为重复出现的可能性,学生的认识和行为逐渐从量变到质变发展,从而使最近发展区不断转化为现有发展区。例如,有的学生犯了小错误,自尊心又很强,如果教师能用信任的眼光注视他,他可能很快地振作精神,从头做起。

(4)巩固功能。强化使学生正确的认识和行为得到巩固。例如,当学生做出正确的反应,符合甚至超过了教师的期望时,教师用肯定和赞许给予强化,会使学生获得成就感和满足感,促进了学生的内部强化,从而巩固正确的认识和行为。

(5)强化功能。强化是师生相互作用的一个关键环节。学生在课堂上做出反应后,若教师不进行任何反馈强化,学生得不到来自教师的反馈信息,他们会无所适从,正确的反应可能减弱,错误的反应可能被重复和增强。

705

第七节 结课技能

一、结课的内涵

结课是指教师在完成课堂教学活动时,为使学生所学的知识得以及时转化、升华、条理化和系统化,对学过的知识进行归纳总结的教学行为。

结课在课堂教学中具有举足轻重的作用:(1)有助于对教学内容进行归纳和总结并使之系统化;(2)有助于检查教与学的效果;(3)有助于激发并维持学生的学习动机;(4)有助于学生巩固所学知识;(5)具有教学过渡的作用。

二、结课的方法 ★【单选】

表7-2 结课的方法

结课的方法	概念	特点
归纳结课	即教师用总结性的语言提纲挈领地再现一节课或一个章节的知识结构体系,从而结束课堂教学的方法	重点和方向明确,便于学生理解和记忆,并能有效地培养学生思维的条理性
比较结课	即教师通过分析和比较使学生掌握新旧知识的关系、把握相似知识区别的结课方法	一般用于具有明显可比较性的教学内容
活动结课	即教师采用讨论、实验、演示、竞赛等形式进行结课的方法	可以用于一些比较枯燥的内容或实践性较强的内容
悬念结课	即教师通过设置疑问、留下悬念以启发学生思考的结课方法(在上下两节课的内容有密切联系时,教师可以通过一个吸引人的悬念激发学生的求知欲,顺势要求学生带着疑问去预习新课,为下一节课做好铺垫)	给学生留下了一个有待探索的未知数,有助于激发学生自主探索新知的热情和欲望
拓展延伸结课	即教师把教学内容做进一步延伸和拓展进行结课的方法	教师不仅要总结归纳所学的知识,而且要注意使所学知识向其他方面延伸、拓宽,以开阔学生的视野
游戏结课	教师根据学生的年龄与心理特点,运用游戏结束课堂教学的方法	以游戏作小结,寓教于乐。主要适用于低年级

此外,比较常用的结课方法还有练习法、回应法、点题法、发散法、假象法、朗读法等。

真题 [2023黑龙江哈尔滨,单选]在课程结束时,老师通过班级分组竞赛的方式进行结课,这属于(　　)

A.比较结课　　　　　　　　　　B.活动结课
C.悬念结课　　　　　　　　　　D.拓展延伸结课

答案:B

三、结课的基本要求

(1)结课要有针对性;(2)结课要有全面性和深刻性;(3)结课要简洁明快;(4)结课要有趣味性。

★★ 本章核心考点回顾 ★★

1. 课堂导入的类型

(1)直接导入。(2)温故导入(复习导入)。教师找到新旧知识的联结点,引导学生学习新知识。(3)直观导入(演示导入)。教师借助实物、标本、挂图等直观教具。(4)问题导入。(5)实例导入。(6)情境导入。(7)审题导入。指教师从探讨题意入手导入新课。(8)悬念导入。(9)活动导入。(10)故事导入。(11)经验导入。(12)诗文导入。(13)随机事件的导入。

2. 课堂导入的基本要求

(1)导入要有针对性;

(2)导入要有启发性、趣味性;

(3)导入要有新颖性;

(4)要恰当把握导入的"度"。

3. 课堂提问的类型

(1)按提问的认知水平分为:知识(回忆)、理解、应用、分析、综合、评价水平的提问。

(2)按提问形式分为:设问型、疑问型、互问型、追问型、曲问型提问。

(3)按提问的内部结构分为:总分式、台阶式、连环式、插入式提问。

(4)按提问的具体方式分为:直问和曲问、正问和逆问、单问和复问、快问和慢问。

4. 课堂提问的有效运用

(1)精心设计问题。

(2)讲究发问策略。教师要:①把握发问时机;②恰当分配问题;③适当停顿;④态度自然;⑤语言清晰。

(3)恰当理答。提问行为由发问、候答、叫答和理答四个环节组成。常用的理答方式主要有:提示、探究、转引、延伸、回问。

(4)鼓励、培养学生提问。

5. 课堂板书的类型

(1)根据板书的地位分为:主板书、副板书。

(2)根据板书的表现形式分为:①文字板书。主要有纲要式、词语式、表格式、线索式、演算式五种类型。②图画板书。③综合式板书。

6. 教学强化的类型

教学强化包括言语、非言语、动作、替代、延迟、局部、符号(标志)、活动强化等类型。其中,言语强化包括口头语言强化、书面语言强化、采纳学生的想法三种形式。符号强化(标志强化)是指教师用一些醒目的符号、色彩的对比等来强化教学活动。

第四章　说课技能与教学反思技能

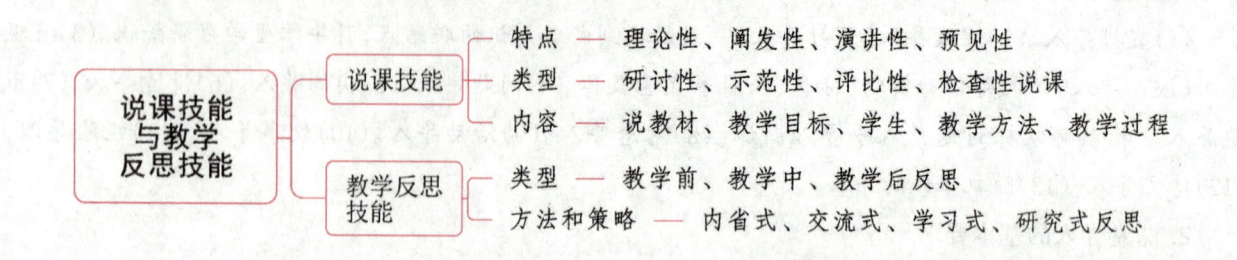

```
                    ┌─ 特点 ── 理论性、阐发性、演讲性、预见性
            ┌─说课技能─┼─ 类型 ── 研讨性、示范性、评比性、检查性说课
说课技能     │         └─ 内容 ── 说教材、教学目标、学生、教学方法、教学过程
与教学──────┤
反思技能     │            ┌─ 类型 ────── 教学前、教学中、教学后反思
            └─教学反思技能┤
                         └─ 方法和策略 ── 内省式、交流式、学习式、研究式反思
```

第一节　说课技能

一、说课的含义 ★【单选】

说课是说课者运用一定的理论，将自己教学系统设计的思路、依据或者教学后的反思，借助口头语言和其他辅助手段，简约地与同行、教学研究人员以及教育部门有关领导进行交流、探讨，以改进说课者的教学设计、提高教学质量、促进教师成长发展的一种教学研究活动和方式。简言之，说课就是教师阐述在课堂教学中做什么，怎么做，为什么这么做的教学研究活动。说课的重点是"为什么这样做"，要把教学构想、教学效果及其理论依据说清楚。

二、说课的特点 ★【单选、判断】

1.理论性

理论阐释在说课中占有突出的地位，是整个说课的灵魂所在。说课不仅要说出教什么、怎么教，而且要说出为什么要教这些、为什么要这样教。

2.阐发性

说课不仅仅是对教学设计或教学方案的简要说明解释，也不仅仅是对上课的预测和预演，它在兼具上述两点的基础上，更要凸显教学理论对教学设计的指导作用。即以备课为前提，以教案为素材，站在一定的理论高度去阐发案中之理、理中之案。因此，说课的表达方式既有说明，也有证明和阐明。而备课只需心知肚明、纸上写明。说课的阐发性特征要求教师把理论与实践紧密联系起来，用理论指导实践，用实践去印证理论，使教师向着教育家的行列靠近。

3.演讲性

说课是对备课的解说，对上课的演示，主要靠语言来表达。这使说课具有演讲性，即对同行或专家、领导发表自己的施教演说。说课的演讲性对教师的语言能力提出了更高的要求。同时，说课的"讲"与上课的"讲"又有所不同。上课是面对学生讲，要通过讲解去激发和指导学生的学习。而说课的"讲"，则是以说课者为中心，单方面阐释自己的教学构想。

4.预见性

说课要求教师不仅讲出怎样教,还要说出学生怎样学。所以,说课者要对所教学生的知识技能、智力水平、学习态度、思想状况、心理特点、非智力因素等方面的差异进行分析。要估计学生在新知识的学习中可能遇到什么困难,要说出根据不同情况所要采取的措施。

真题1 [2022 河南郑州,单选]说课需要授课教师说出自己教学的意图,说出自己处理教材的方法和目的,让听课教师明白授课教师是怎样教的,为什么要这样教。这体现的说课特点是( )

A.理论性　　　　　　　　　　B.评价性
C.演讲性　　　　　　　　　　D.阐发性

答案:A

三、说课的类型 ★ 【单选、多选】

1.研讨性说课(研究性说课)

研讨性说课是指以教研组或年级组为单位,以集体备课为主要形式对说课本身进行探索性研讨的说课。其主要目的是改进备课和说课中存在的问题,帮助教师更好地备课和进一步掌握说课的技能和方法,以不断提高说课者的说课水平,进而提高教学水平。这种类型的说课,一般是为突破教学难点,探讨教学热点问题,寻找解决问题的方法而进行的说课。

2.示范性说课

示范性说课一般是选择素质好的优秀教师,向听课教师示范性说课,再由听说课者谈听的感受、认识和收获,最后组织教师或教研人员对该教师的说课及课堂教学做出客观公正的评析。这种说课具有一定的指导和导向功能。

3.评比性说课

评比性说课是指以评价教师说课和教学水平为主要目的的说课,也叫评价性说课或竞赛性说课。开展评比性说课,能调动教师说课的积极性,促使教师钻研教材,学习教育教学理论,精益求精地掌握说课的方法,不断提高说课水平。这种说课形式能很好地体现说课的灵活性、广泛性和实效性,是培养学科领头人和教学行家的有效途径。

4.检查性说课

检查性说课是指以检查考核教师业务水平和工作状况为主要目的的说课。它是对教学设想、教学效果等的检查和督促,又叫作"汇报性说课"。它是一种大型的、综合的、全面的说课,凡涉及教学过程的内容都要说到,既要突出重点,又要力求全面。

四、说课与备课、上课的关系

1.说课与备课的关系

(1)联系

说课与备课都是为上好课服务的,都属于课前的一种准备工作;二者都需要教师花费一定的时间和精力来研究课程标准、确定教学目标以及了解学生的学习情况,并结合相关的教学理念,选择并确定合适的教学方法,设计最优化的教学程序,以期达到理想的教学效果。

（2）区别

表 7-3 说课与备课的区别

	说课	备课
对象	主要是教育工作者。有一定的经验介绍和交流性质，对教师的理论要求比较高	教师自己独立地进行教学设计，不需要直接面对学生
目的	为了促进教师学习与反思、改进与优化备课，以提高教师整体素质和实现教师专业化发展为最终目的	教师为了上好一节课，使教学活动能够正常、规范、高效地开展，以全面提高课堂教学的质量和不断促进学生的发展为最终目的
形式	教师集体共同开展的一种动态的教学研究活动	教师个体独立进行的一种静态的教学研究行为
内容	不仅要解决怎样上好一节课的问题，而且主要回答为什么要教这些内容和为什么这样教的问题，重在说理	解决怎样上好一节课的问题

2.说课与上课的关系

（1）联系

从联系来看，通过说课可以展示上课的构想，对上课各个环节进行反思，使上课思路更加清晰，使教学更具计划性，从而提高上课的质量。

（2）区别

表 7-4 说课与上课的区别

	说课	上课
对象	同行教师、评议者、学校领导或教学专家等	学生
目的	向听者介绍关于一节课的教学设想，使听者了解教师的课堂教学设计	通过将书本知识传授给学生，培养学生的知识技能，教给学生适当的学习方法，引导学生学会学习
形式	教师解说	课堂教学
内容	教师阐述自己的教学构想、说自己如何教、学生怎样学，并说明理论依据	面对学生教哪些知识、如何去教

综上所述，备课是说课、上课的前提和基础，备课的结果直接影响着说课、上课的质量；而说课、上课是备课的表述和检验，是把备课成果付诸实践的两种途径，说课重在对教学内容的分析和设计，上课则是把教学任务付诸实施。

五、说课的内容 ★ 【单选、多选】

1.说教材

教材是教学大纲的具体化，是教师教、学生学的具体材料。因此，说课首先要求教师说教材。分析教材应从以下几方面来分析：教材的前后联系和所处的地位；教材的内容和作用；教学重点、难点等。这里，我们重点介绍教学重点、难点。

（1）教学重点、难点的确定

教学重点是指有共性、有重要价值的内容，主要包含了核心知识、核心技能和核心思想观点等。教学难点是学生难以理解和掌握的内容。具有以下一个或多个特点的内容,都可能成为教学难点:①学生没有知识基础或者知识基础很薄弱;②学生原有的经验是错误的;③内容学习需要转换思维视角;④内容抽象、容易混淆、过程复杂、综合性强。

(2)确定教学重点、难点的原则

①以"课标"要求为准绳,合法实施;②以学生实际为参数,合情处理;③以知识结构为网络,合理系统;④以知识迁移为目的,适时转化。

2. 说教学目标

教学目标是讲课的出发点和归宿,所以要制定得明确、具体,这样才能切实对课堂教学起到指导作用。制定目标时要根据课标要求和教材内容,准确地确定若干条目标。

3. 说学生

学生是学习的主体,因此教师说课必须说清楚学生。对学生做出准确无误的分析,这是教学得以正确开展的基础。说学生包括以下几个方面情况:学生的旧知识基础和生活经验;学生的起点能力分析;学生的一般特点与学习风格差异。

4. 说教学方法

(1)说教法

教师说教法,不仅要说选择哪些教法,还要说清楚为什么。对于说教法要注意以下几个方面:①要明确各种教学方法的特点和作用,做到教法合理优选,有机结合;②教法的选择和运用应以启发式教学为指导思想;③选择教法的理论依据要准确、具体、针对性强。

(2)说学法

学法指导是指教师在传授知识、发展能力的同时,对学生进行学习方法指导,使他们掌握一定的学习方法,并获得选择和运用恰当的学习方法进行有效学习的能力。对于说学法要注意以下几方面:①准备教给学生什么学习方法,培养哪些能力和学习习惯;②结合教学目标、教材特点和学生年龄,贴切并具体地说出理论依据。

5. 说教学过程

说教学过程是说课的重点部分。说教学过程具体包括:说教学设计思路;说教学流程;说教学媒体准备;说板书设计。

关于说课的内容,除上述说法外,还有以下两种说法:

说法一:(1)说教学目标;(2)说教学内容;(3)说学生情况;(4)说教学方法;(5)说教学程序设计(说教学过程);(6)说练习的内容与方法。

说法二:(1)说教材;(2)说教法;(3)说学法;(4)说课堂教学程序。

真题2 [2023广东深圳,多选]从实际出发,确定教学重点和难点,是课堂结构体系中最重要的一环,其应遵循的原则有( )

A. 以课程标准的要求为准绳　　　　　B. 以学生实际为参数

C. 以知识结构为网络　　　　　　　　D. 以知识迁移为目的

E. 以策略确定为手段

答案:ABCD

六、说课的基本要求

(1)语言简明,重点突出;(2)关注教学创新,突出自身特色;(3)说理透彻,理论与实践相结合;(4)要具有较强的教学反思意识。

七、说课中应注意的问题

(1)处理好课程标准与教材的关系,教材不是唯一标准;(2)处理好说课与备课的区别,说课不能按教案说;(3)处理好说课与上课的区别,说课不能视听课对象为学生;(4)说课要注意详略得当,突出"说"字,切忌"读"和"背";(5)备说课教案时要多问几个"为什么"。

第二节 教学反思技能

一、教学反思的概念与特点

1.教学反思的概念

所谓教学反思,是指教师对教育教学实践的再认识、再思考,并以此来总结经验教训,进一步提高教育教学水平。

2.教学反思的特点

(1)超越性;(2)实践性;(3)过程性;(4)主体性;(5)发展性。

二、教学反思的内容 ★ 【单选】

教学反思的内容包括教学价值、教学实践和教学环境等诸多方面,它们贯穿于教学反思的整个过程之中,成为教师反思自己教学的主要方面。

(1)教学价值反思。反思教学价值的突破口是理清价值主体和价值客体各是什么,价值客体能否满足和如何满足主体的需要。

(2)教学实践反思。围绕课堂教学活动,一般可将教学实践分为教学目标、教学内容、教学方式、教学评价等环节,教学实践的反思也就是教学主体对上述各个环节好的地方和不尽如人意的地方所进行的思量与改进。其中,教学主体对教学内容的反思过程更多的是对教科书进行认识、开发与实践的过程。教师在教学过程中,应分析教材在编排体系、价值观念、材料的呈现方式等方面的特点和内涵,结合学生的实际特点,对教科书进行"二次开发",在教学中创造使用,以符合教学实际。

(3)教学环境反思。教学环境一般可分为物理环境和心理环境两类,在组织教学的过程中和具体的教学过程中,应充分考虑二者对教学任务完成和教学效率提高带来的影响,反思其存在的合理性和对环境的有效利用。

三、教学反思的类型 ★★ 【单选、多选】

根据教学的基本流程,教学反思可以分为教学前反思、教学中反思、教学后反思。

(1)教学前反思。教学前反思包括以下内容:需要教给学生哪些关键概念、结论和事实,教学重点、难点的确定是否准确,教学内容的深度和范围对学生是否适度,所设计的活动哪些有助于达到教学目标,教学内容的呈现方式是否符合学生的年龄和心理特征,哪些学生需要特别关注,哪些条件会影响课的效果,等等。

(2)教学中反思。教学中反思是教师在教学过程中对发生的不可预料情况进行的反思,以及教师在与学生的互动过程中,根据学生的学习效果反馈对教学计划进行的调整。不可预料情况发生时,教师要善于抓住有利于教学计划实施的因素,因势利导,根据学生的反馈对教学计划进行修改和调整,不可大修大改。

(3)教学后反思。教学后反思是指在一堂课或一个阶段的课上完后,对自己已经上过的课的情况进行回顾和评价。

真题1 [2022河北衡水,多选]教学反思是教师对教育教学实践的再认识、再思考,并以此来总结经验教训,进一步提高教育教学水平。教学反思包括教学前反思、教学中反思、教学后反思。下列属于教学反思内容的是(　　)

A. 需要教给学生哪些关键概念、结论和事实
B. 哪些学生可能需要特别关注
C. 哪些条件可能会影响教学效果
D. 根据学生反馈对教学计划进行的修改和调整

答案:ABCD

四、教学反思的方法和策略 ★ 【多选】

(1)内省式反思。即通过自我反省的方式来进行反思,可用反思日记、课后备课、成长自传等方法。
(2)交流式反思。即通过与他人的交流来进行反思,可用观摩交流、学生反馈、专家会诊和微格教学等方法。
(3)学习式反思。即通过理论学习或通过与理论对照进行反思。
(4)研究式反思。即通过教育教学研究来进行反思。

真题2 [2022河南郑州,多选]叶澜教授说:"一个教师写一辈子教案难以成为名师,但如果写三年反思则有可能成为名师。"教师交流式反思的主要形式有(　　)

A. 微格教学　　　　B. 专家会诊　　　　C. 课后备课　　　　D. 反思日记

答案:AB

五、教学反思的作用

(1)教学反思有利于提升教师的教学经验;(2)教学反思有利于提高教师的职业幸福感;(3)教学反思有利于教师形成自己的实践性知识体系。

六、教学反思的途径

(1)阅读理论文献,在理论解读中反思;(2)撰写教学日志,通过写作进行反思;(3)寻求专业引领和同伴互助,在对话讨论中反思;(4)征求学生意见,从学生反馈中反思。

本章核心考点回顾

1. 说课的特点

(1)理论性;(2)阐发性;(3)演讲性;(4)预见性。

2. 说课的内容

(1)说教材;(2)说教学目标;(3)说学生;(4)说教学方法;(5)说教学过程。

3. 教学反思的类型

(1)教学前反思;(2)教学中反思;(3)教学后反思。

4. 教学反思的方法和策略

(1)内省式反思。可用反思日记、课后备课、成长自传等方法。

(2)交流式反思。可用观摩交流、学生反馈、专家会诊和微格教学等方法。

(3)学习式反思。

(4)研究式反思。

08 第八部分
教育活动设计与教育写作

内容导学

- 本部分内容共分为两章。
- 第一章主要介绍了教育方案设计、教案设计的内容及答题思路。
- 第二章主要介绍了教育写作的评分标准及解读、写作类型及特征、议论文写作策略、教育写作典例精析。
- 考生应重点掌握教育活动设计的答题思路和议论文的写作策略,并能够结合考题灵活运用。

本部分学习指南

本部分在江苏、河南、贵州、天津等省市的招教笔试中会重点考查。教育设计题占试卷总分值的10%~15%，教育写作题占试卷总分值的20%~35%，考生要重点了解有关教学设计的答题思路和教育写作的相关策略，并能灵活地运用在实际的解题中。

核心考点

第一章 教育活动设计

第一节 教育方案设计

一、题型简介

教育方案设计一般是根据一定的教育情境或为解决某些教育问题而进行的教育活动方案的设计。

二、答题策略

教育方案设计主要考查考生对教育活动的策划组织能力以及语言表达能力等，对考生综合能力要求较高。考生可从教育活动方案的主题、设计依据、目标、准备、内容与过程、预计效果及检验方法等方面来分析教育活动的内容应如何呈现。

1. 主题

从真题的考查来看，题目设置贴近教育实际，呈现的是实际教育现象、教育情境或教育问题。因此，主题的设计来源于题干的材料，符合学校教育目标和班集体建设、管理的需要。主题可以用关键词和归纳法进行提炼，从具体现象中找到本质问题，并针对这一问题提出对策，这一对策即可升华为活动主题。具体来说，在设计主题时要注意：

（1）主题要有针对性

主题的选择从学生实际情况和需要出发，做到有的放矢。

（2）主题要有知识性和时代性

中小学生富于幻想，有强烈的好奇心和求知欲，要寓教于知识中，同时要从时代和青少年的特点出发，精心设计和构思富有时代特点并能够广泛引起当代学生兴趣的主题。

（3）主题要突出集中，形象生动

一次班级活动最好集中解决一个问题，歌颂一种精神，培养一种品德，避免内容杂乱无章。否则，会使学生无所适从，难以收到良好的教育效果。

（4）少先队、共青团活动要体现党的领导

少先队和共青团都是在中国共产党领导下的先进群众组织，在开展活动时应体现党的领导与国家对青少年儿童的最新要求。

2. 设计依据

设计依据就是阐述题干材料和所设计的主题之间的联系。一般来说，设计依据可以从以下几个角度进行阐述：

(1)活动主题的重要性。这是指该活动对班级的管理、学生的品格发展、身心成长等的促进作用。

(2)活动主题的必要性。这主要是针对教育问题而言的，即这一主题的设计能够对解决当前问题有重要的帮助作用。

(3)活动主题可取得的现实效果。这是预设该活动在解决当前问题中可能取得的良好效果。

3. 活动目标

活动目标是指通过教育活动所期望取得的效果。它指明了教育要达到的标准和要求，是开展教育活动的依据。

(1)活动目标表述的维度

包括认知方面、行为技能方面、情感态度方面。一般来说，教育活动的目标都包含这三个维度，但在实际表述中可根据具体情况，表述其中一个或多个方面。

考生亦可结合所报考的学科和相应的《义务教育课程方案和课程标准（2022年版）》中关于核心素养内涵的内容方面表述活动目标，如语文学科的文化自信、语言运用、思维能力、审美创造等。

(2)活动目标表述的要素

行为：通过活动学生能做什么，指向的是学生的行为变化，关注的是学生的行为结果，具有客观性、可操作性。

条件：说明这些行为在什么条件下产生。

标准：指出合格行为的最低标准。

(3)活动目标表述的要求

①以学生为主体。根据新课程改革倡导的教育观念，要明确学生在学习中的主体地位，因此，在表述时要以学生为主体，即：学生认识……学生学会……学生能够感受到……

②要具有可操作性，避免过于笼统、概括和抽象。

③要清晰、准确、可检测，不能用活动的过程和方法来取代。

4. 活动准备

一般来说，一个教育活动必然有相应的准备工作，本环节可以根据设计的活动内容以及在作答时的字数限制进行考虑。

活动准备包括：知识准备、情感准备、材料准备和空间环境准备。在答题时一般写出的是材料和空间环境准备。材料准备一般包括活动中涉及的人员角色分配、使用的PPT、卡片、视频、模型、挂图、发言稿、主持词等。空间环境准备一般包括教室布置、桌椅摆放、人员安排等。

5. 活动内容和过程

(1)活动内容和过程设计要求

①契合活动目标，并能够实现活动目标。

②符合相应学段的学生特点。

③活动环节的表述清晰、具体、明确。

④突出学生的主体性，保证学生的参与度。

⑤活动中教育性与趣味性相结合。

(2)活动过程的具体环节
①活动导入(开场)
该环节要点明活动主题,引导学生进入活动,调动学生参与的积极性和主动性。导入部分需要简短,揭示主题,具有一定的吸引力。
一般来说该环节的具体方法包括:名人名言、歌曲、猜灯谜、图片展示、视频播放、设置疑问、情境表演或直接由主持人(班主任或班长等)带入主题。
②活动展开
活动展开即利用各种形式展开活动主题的过程。展开过程可以包括多个环节,要内容充实、有层次、方式多样。常用的方式有:游戏(集体或小组)、表演(歌舞、小品等)、朗诵、故事分享、讨论、辩论、情境辨析等。
考生需要注意,该部分的设计虽然灵活性较强,没有统一的标准,但要符合该部分的设计要求,无论是游戏设置、辩论还是表演,都要为活动主题服务,不仅要具有娱乐性和趣味性,也要具有教育性和意义性。在陈述规则或故事过程时,要力求清晰、简洁。考生应搜集一些常用游戏、名人名言、事例典故、小品或情景剧的材料,有意识地进行整理记忆,这样才能在作答时有所依托,不会言之无物。
③活动总结
活动结束时需要总结主题,深化、升华主题。总结可以由学生讨论出的一致结论、主持人(班长)进行总结发言或者以班主任寄语的方式进行。总结部分要紧扣主题,引发学生思考,对学生提出希望和要求。

6. 预计效果
预计效果是对教育活动取得的效果的预设。在预计效果时,可以根据活动目的进行作答,特别是针对其行为方面的目标进行阐述,注意贴合实际,做到具体、可检验。

7. 检验方法
检验方法即对预计效果做出检验,以判断其在实际中能否实现。因此,检验方法要与预计效果相对应。通常来说,检验方法包括:观察法(直观形象地感知结果)、沟通交流法(从与交流者的言语中得出结论)、行为检验法(制造某种现象,考查被检验者的行为是否有所改变)、测试法(通过提问、问卷等方式进行考查)。

三、考点例析

学校教育活动种类繁多,以下选取了部分重要的班级活动和教育管理活动进行考点分析,并以典型例题直观展示,以供考生参考。

1. 班级主题活动(主题班会类)
此类活动设计不仅要按照题目要求的内容进行,还需要在具体环节设计上注意。
(1)提炼主题
在确立班会主题时要注意:①以小见大;②有针对性;③有创新性;④有实用性。
(2)选取内容
充实的内容是主题班会取得成功的重要保证。选取内容时需要注意:
①注重积累素材。一些名人案例、谜语故事、游戏表演等,都要在平时下足功夫进行搜集和准备。
②融合教育实际。要注意结合学生的实际,让学生能够切实感受到班会主题和自身成长、发展的关系。真实的案例能够引起学生的共鸣,从而取得良好的教育效果。

(3)确定形式

班会要达到寓教于乐的目的,就要根据学生的特点,运用多种形式开展班会。结合案例分析,班会形式的新颖性可以从如下方面着手:

①班会开场

例如:《寸草报春晖》的班会,可以从学生介绍自己的家长开始,通过这样的开场,既缓解了家长和孩子的紧张情绪,又让教师了解了家长们的情况,以便在班会开展过程中更有的放矢;《法,离我们并不遥远》的班会,可以用几个孩子在放学路上打闹受伤引发纠纷的小品开始;中秋节的班会《中秋"家长来访"》,可以从家长们朗读悄悄写给孩子的信开始。

②班会主体

小学的班会要有热度,中学的班会要有深度。因此,在小学班会中可以结合游戏、表演、视频、歌唱等形式,在中学阶段的班会中可以结合案例、主题讨论和说服教育等形式。

③班会总结

例如,在召开了《你为集体做了些什么》的主题班会后,就要及时表扬那些关心集体利益,为集体做了好事的同学。在召开《"中秋"家长来访》的班会后,可以让学生给自己的家长也写一封信。另外,班主任的总结性寄语要画龙点睛,这就要求班主任的发言要情感真切,富于感染力,能够强化学生对班会主题的理解。

【典型例题】

为贯彻落实《中共中央 国务院关于全面加强新时代大中小学劳动教育的意见》《大中小学劳动教育指导纲要(试行)》,全面提高学生劳动素养,某小学拟开展"公益劳动周"活动。在"公益劳动周"活动开始前,班主任李老师想通过主题班会的形式,使学生们进一步认识公益劳动,积极参加公益劳动。

相关情况:活动对象为小学五年级学生,班级人数为40人。

请你根据上述材料完成主题班会的方案设计。

【参考答案】

1. 活动主题:爱公益,爱劳动

2. 活动目标

(1)学生认识到劳动的重要性,树立劳动最光荣的观念;

(2)学生形成独立生活的能力,并掌握一些基本的知识和技能;

(3)学生能够体会劳动的辛苦,自觉尊重劳动者及其劳动成果,形成参加公益劳动的积极情感。

3. 活动准备

班主任准备好活动方案及班会所需的课件、教具等物品。学生准备好自己的发言稿,协助班主任做好布置教室等事宜。

4. 活动过程

(1)播放歌曲《劳动最光荣》引入主题。

(2)"这些我来做"深化意识。通过小组合作的方式,让学生共同探讨出生活中可以自己动手完成的事情,并形成"这些我来做"小公约,培养学生爱劳动、勤动手的意识。(学生自由回答在生活中可以自己动手完成的事情)

(3)通过参加劳动技能竞赛体会劳动的乐趣。通过劳动技能竞赛,让学生在劳动中接受锻炼,体会劳动的乐趣,使他们成为生活中的小能手。(鼓励学生积极分享自己参加劳动活动的体验)

(4)"这些事情我要做"升华主题。每位同学以"这些事情我要做"为主题写一写自己可以做哪些公益劳动,如义务植树、义务大扫除等。

5.活动总结

通过这次主题班会,我们知道了生活中有哪些可以自己动手完成的事情,也体会到了劳动的乐趣和辛苦,希望同学们在今后的学习和生活中能够热爱劳动,自觉做一些自己力所能及的事情。

2.班级社会实践活动

社会实践活动方案设计一般包括以下几个方面:

(1)活动的宗旨和目的

由于社会实践活动种类较多,明确社会实践活动的目的,才能在活动中贯彻始终,实现目标,完成好实践活动。

(2)参与主体

一般调研、实践活动需要参与成员进行分工与合作,主体一般包括学生和教师。

(3)组织形式

一般来说,任务繁重的调研和实践都需要成立相关小组,以小组为单位实施活动。

(4)时间要求

做好活动计划和时间分配,要在规定时间内完成规定项目。

(5)成果处理

活动成果通过一定形式进行展示,并体现出指导实践的作用。

【典型例题】

随着人口数量的激增、生活需求的扩大以及工业的迅猛发展,人类赖以生存和发展的环境受到污染,生态遭到破坏,环境问题已成为当今人类面临的全球性问题之一,引起了世界各国的普遍关注。为了增强中学生的环境意识,树立正确的环境观,班主任程老师组织学生利用寒假,对本市的环境污染问题进行了一系列的考察和调研。

假如你是程老师,请设计一个教育活动方案(自选一个学段)。

【参考答案】

学段:高中

主题:环保在我心中

设计依据:

(1)环境问题与人的生存和发展息息相关,人需要承担社会责任,积极关注环境问题。

(2)高中生已经具备了一定的社会责任意识和实践动手能力。

(3)通过本次实践活动,可以提升学生的实践能力,促进学生成长发展。

活动目标:

(1)学生能够比较全面地了解我市环境问题的现状和防治措施,正确认识人类经济发展同环境协调发展的关系。

(2)学生能够形成一定的调查研究能力。

(3)学生能够做到自觉保护人类赖以生存的自然环境。

活动准备:

(1)学生自愿组合,成立调查小组,民主选举组长,确定调查路线及访问对象。

(2)教师与一些企业的负责人进行联系,请求配合学生的调查访问。

(3)学生搜集企业违法排污、影响群众生产生活的事例,通过真实的例子感知环境对生活的影响。

活动内容与过程:

1. 活动步骤

(1)学习书本知识。认识当今环境问题的产生、现状及其危害,并了解人们为解决环境问题而采取的一般措施。

(2)进行实地考察。查看附近河流水体污染现状,到市区查看大气污染现状,到主要交通干道及建筑施工现场考察噪声污染情况,到垃圾转运中心观察废渣污染情况等。

(3)记录数据。重点走访市环保局、环境监测站、排污站等单位,全面地了解我市环境污染和环境治理的情况。

(4)谈心得体会。撰写《大气污染与防治》《水污染与防治》《噪声污染与防治》《固体废弃物污染与防治》《环境与我们》等一系列文章,并进行分享交流。

2. 实施过程

(1)调查走访

①学生以小组为单位,到河流所在地进行观察及取样,并以表格的形式记录观测的数据。

②学生以小组为单位,对确定的企业进行调查,小组成员合理地进行分工与合作。

③访问河流沿岸居民,询问内容由各组自定。

④在家长的帮助下,通过上网、查阅书籍等方式了解更多的环境问题,以及目前我市的环境状况,并详细记录相关数据。

(2)收集整理

对活动过程中收集的资料进行归纳整理,以小组为单位制作一张小报,内容可以包括:

①活动剪影:调查统计图表、活动的部分照片。

②感想分析:这次实践活动的感想,对一些污染事件的看法等。

(3)宣传环保意识

①评出优秀小报,张贴在校园宣传栏中,并提出倡议。

②当小小解说员,向家长、周围邻居介绍一些环境问题,讲解一些环保做法。

预计效果:

(1)学生能够形成正确的资源观、环境观,具有保护环境的责任感和使命感。

(2)学生在课题研究中能够增强团结协作、信息搜集和处理的能力。

(3)学生能够在日常生活中注意保护环境。

检验方法:

(1)通过学生的调查报告进行直观分析和检验。

(2)观察学生在今后的学习中分析问题的能力以及在日常生活中是否出现自觉保护环境的行为。

3. 家长会

常规家长会的基本内容及组织的基本流程如下:

(1)家长会的目的

确定召开家长会的主要目的,在不同的时间召开,其目的不同。

(2)制订计划

①确定家长会时间、地点和形式;②确定邀请人员及参会人数;③确定会议的主要内容和流程;④准备家长会所需材料(PPT、演讲稿、致家长的一封信等);⑤拟订阶段性培养计划;⑥了解学生家庭情况,掌握班级学生的共性和个性问题。

(3)落实计划

①教师致欢迎词,阐明家长会的目的和主要内容;②介绍学校、年级、班级的基本情况以及学生在校学习情况;③注意维持家长会秩序,把握会议进度;④设立教师与家长互动交流和个别交流的环节,也可以设置家长之间互相交流的环节;⑤征求家长对学校教育教学工作的意见与建议;⑥总结家长会的经验。

【典型例题】

经过一个学期的学习,学生在学习、交往、综合表现等方面都发生了很大的变化。为了在学期末与家长就学生的整体表现进行沟通和交流,帮助学生在以后的学习中克服缺点,不断进步,班主任决定召开一次家长会。

假如你是该班级的班主任,请设计一个家长会方案(自选一个学段)。

【参考答案】

学段:初中

题目:回顾与展望——期末家长交流会

设计依据:

一个学期过后,需要对学生在本学期的表现做出总结和评价。肯定其努力并且督促其改正问题,继续进步,这需要家长的密切配合,特别是在临近假期之时,需要家长和教师形成教育合力,才能达成对学生教育影响的一致性和连贯性。

活动目标:

(1)整合学校、家庭的教育力量,加强教师与家长的沟通,共同办好教育,促进孩子健康成长。

(2)对学生一学期的表现做出合理的评价,增强学生学习的自信心和积极性。

(3)认真听取家长对班级管理和教育教学的意见、建议,做好后续教育教学工作。

活动准备:

(1)选取入场音乐,创设愉快的会场氛围。

(2)设计黑板布置。

(3)向家长发放困惑咨询表和班级建设意见征集表,征求家长在家庭教育方面的困惑和对班级工作的建议和意见。

(4)准备给家长的一封信以及家长会的PPT和演讲稿。

(5)制作班级在本学期取得的各项成绩表及孩子在校生活的视频短片。

(6)请家长提前准备好对孩子在本学期的学习生活的点评和对孩子新学期的展望的发言(在家长会上进行交流)。

(7)与个别家长沟通,准备在家长会上介绍自己的教育心得(将提前准备发言的家长分在不同小组)。

(8)将教室座位合并成几个小组,每个小组6~7人。

活动内容与过程：
(1)向家长分发本学期的学生评语。
(2)班主任总结一学期以来班级建设取得的成绩。
(3)班主任总结期末检测的情况。帮助家长分析原因,提出今后的改进措施,并指导家长正确对待考试成绩。
(4)家长分组交流教育心得和教育中存在的困惑,相互学习,共同提高(讨论结束后,每小组安排一名家长发言)。
(5)家长代表发言:吐露自己的教育心得和感慨,表达对孩子的看法和希望,提出自己的见解,并对班级今后的工作提出建议和意见。
(6)对家长在问卷中提出的问题进行反馈,并给家长提出几点教育孩子的建议。要帮助家长认识到学生的成长应该是全面的,不能仅仅看成绩,更要关注学生在成长过程中的身心健康、人格发展,要以发展的眼光看待学生,关注孩子一点一滴的进步。
(7)观看班级视频短片,取得家长对班级工作的支持和理解。
(8)对新学期的学习生活提出展望和期待。
(9)假期的安全教育。
(10)与部分家长进行个别沟通。
预计效果：
(1)家长有正确的教育理念和方法,能够与教师共同努力,构成教育合力。
(2)学生从家长和教师的评价中获得鼓励和肯定,学习的积极性和主动性得到提高。
检验方法：
(1)与学生沟通,侧面了解家长的想法和做法。
(2)通过联络群组与家长直接沟通,及时了解家长的教育想法和教育方法。

第二节　教案设计

新课程改革背景下的中小学教案,实际上是以学生为中心,围绕学生在学习过程中遇到的学习问题而展开的教学设计。它具有鲜明的目的性、科学的计划性和有序的系统性,而不是一般的教学经验和案例。它是不断循环往复的过程,包括检测、反馈、修正及再实施的认识深化的过程,这个过程特别讲究科学性和创造性。

一、中小学教案的基本内容

(1)课题(说明本课名称)。
(2)教学目标(或称教学要求,说明本课所要完成的教学任务)。
(3)课型(说明是新授课,还是复习课)。
(4)课时(说明共需几课时,本节讲授内容为第几个课时)。
(5)教学重点(说明本课必须解决的关键性问题)。
(6)教学难点(说明本课学习时易产生困难和障碍的知识点)。
(7)教学过程(或称课堂结构,说明教学进行的内容、方法和步骤)。
(8)作业处理(说明如何布置书面或口头作业)。

(9)板书设计(说明上课时准备写在黑板上的内容)。

(10)教具(或称教具准备,说明辅助教学手段使用的工具)。

二、教案设计思路

1. 课题
课题名称即所授课的名称。

2. 课型
课型是指根据教学任务而划分出来的课堂教学的类型。按照不同的标准,分类也是多种多样的。在教案中常见的有讲授课、练习课、复习课、实验课、示范课、研讨课、汇报课、观摩课、优质课、录像课等。中小学几种常见课型教案的编写要点如下所示:

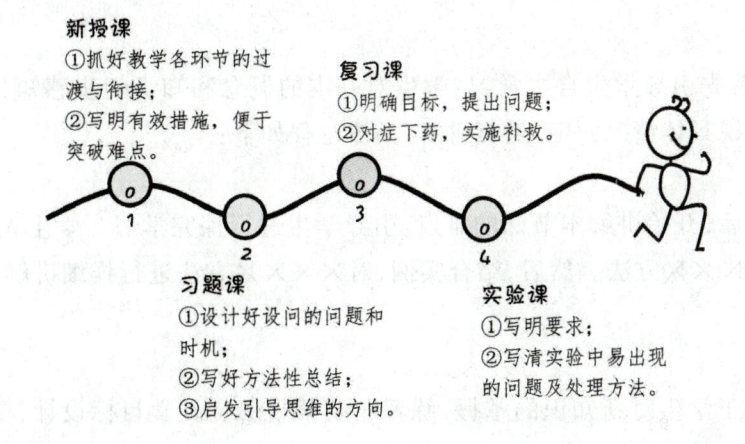

新授课
①抓好教学各环节的过渡与衔接;
②写明有效措施,便于突破难点。

复习课
①明确目标,提出问题;
②对症下药,实施补救。

习题课
①设计好设问的问题和时机;
②写好方法性总结;
③启发引导思维的方向。

实验课
①写明要求;
②写清实验中易出现的问题及处理方法。

3. 课时
课时主要是指授课内容是第几个课时。

4. 教材分析(教材情况+主要内容)
××××是××××(学段)××××(版本)××××年级,第××××册第××××单元中的内容,主要讲解××××(主要内容)。

5. 学情分析
××××年级的学生××××,但××××欠缺。所以在教学中××××。

学情分析主要包括:(1)学生已有的认知水平和能力基础;(2)学生可能遇到的问题;(3)应采取的方法措施。

6. 教学目标
根据《义务教育课程方案和课程标准(2022年版)》的要求,课程要围绕核心素养,体现课程性质,反映课程理念,确立课程目标。

以道德与法治课程为例,核心素养是课程育人价值的集中体现,是学生通过课程学习逐步形成的正确价值观、必备品格和关键能力。道德与法治课程要培养的核心素养,主要包括政治认同、道德修养、法治观念、健全人格、责任意识。政治认同是社会主义建设者和接班人必须具备的思想前提,道德修养是立身成人之本,法治观念是行为的指引,健全人格是身心健康的体现,责任意识是担当民族复兴大任时代新人的内在要求。

7. 教学的重点和难点
本课的教学重点:通过××××学生能够掌握××××。

本课的教学难点:通过××××发展/提高学生××××。

(教学重点是指在授课时必须着重讲解和分析的内容,一般是知识目标;教学难点是指学生经过自学还不能理解或理解有较大困难的内容。一节课可以没有教学难点,但是必须有教学重点)

8. 教学方法

主要采取的教学方法:××××法。

在本节课的教学中主要渗透××××法、××××法等。

(教学方法是指在授课过程中所采用的方法,如课堂提问、讨论、启发、自学、演示、演讲、辩论等)

9. 教学过程

(1)导入新课

本课主要采用:故事导入/直接导入/游戏导入/情境导入/演示导入/提问导入等(具体怎么导入,需要简单阐述)。

(2)讲授新课

在讲授新课时,首先引导学生自主学习,学生对基本的概念和知识初步感知、学习后,再对重要的生词(语文,其他科目视具体情况而定)进行讲解,具体过程如下:

……

这部分讲授完成后,开始讲解本节课的难点,引导学生进行探究学习。学生先进行探究学习,能够用自己的话语总结×××方法。然后,结合实例,对××××方法进行详细讲解,具体过程如下:

……

(3)巩固练习

必要的练习有利于学生对新知识的掌握,练习题要紧紧围绕教学目标设计,要精巧、有层次、有梯度、有密度,还要考虑练习的方式,是教师板演还是学生板演。

(4)课堂小结

课堂小结也叫归纳小结,在所授课程将要结束时,总结回顾本节课所学的知识。考生在设计时可以根据实际需要,采用合适的方法,力求做到简单明了。

(5)作业布置

作业的设计要适度、适量、新颖,同时要考虑学生的学习差异,对不同程度的学生,设计不同难度的作业,尽量使每个学生都能获得相应的学习成就感。

10. 板书设计

板书是教师为了配合讲解,在黑板上运用文字、图画和表格等视觉符号传递知识的教学行为方式。考生在设计板书时要目的明确、布局合理,与讲授的内容、进度密切结合,同时还要注意形式的美观。

三、教案示例

从你所教的学科和学段中选出一节你所熟悉的课,做一个教学设计。

要求:

(1)各学科教学设计,以各科课程标准为依据,鼓励设计体现出自己的教学特色或教学风格。

(2)突出教学过程的探究性,整体把握教学活动的结构,关注学生,把握预设和生成的统一。

(3)要有教材分析、学情分析、教学目标、教学过程、板书设计、教学反思等环节。

【参考答案】

课题:《赵州桥》(小学三年级,学科:语文)

课型:讲授课

课时:第1课时

教材分析:

这篇课文为我们介绍了赵州桥的雄伟、坚固和美观,课文语言准确、简练,又不乏生动。短短的几百字,不但写明了赵州桥的位置、设计者、建造年代,而且对赵州桥的外形特点及设计的精巧加以详尽的描绘,使人们仿佛身临其境,深切感受到古代劳动人民的智慧和才干。

学情分析:

本课的教育对象是小学三年级学生,这一年龄阶段的学生语言表达能力和感知形象相脱节,需要老师在理解课文内容上对学生加强读和写的指导。

教学目标:

(1)会认11个字,重点认识"智、慧"两个字;会写13个字,重点指导书写"县、设、史"3个字;正确读写"雄伟、坚固、创举、美观、缠绕、智慧"等词语。

(2)有感情地朗读课文,体会课文是怎样描写赵州桥的"美观"的。

(3)读懂课文内容,初步养成留心观察周围事物的习惯和对中国历史文化遗产的热爱与保护意识。

教学重点:了解一段话是怎么围绕一个意思写清楚的。

教学难点:学生养成留心观察周围事物的习惯和对中国历史文化遗产的热爱与保护意识。

教学准备:PPT课件、生字词卡片、有关桥梁方面的资料。

教学过程:

1. 播放课件,导入课文

请同学们欣赏(各种桥的图片)。

在生活中,千姿百态的桥为我们构成了一道独特的优美风景。乡下村头,潺潺流水的小石桥;街头闹市,人来人往,川流不息的天桥;车水马龙、耸立空中的立交桥,构成人间独特的风景线。一桥飞架南北,天堑变通途。雄伟的南京长江大桥,横卧在滚滚江涛之上的黄河公路大桥……见证了我国桥梁事业的飞速发展,体现了劳动人民的无穷智慧和聪明才干。

1400多年前,隋朝的李春设计参与修建了举世闻名的石孔桥。谁知道它的名字叫什么?

同学们想知道吧,请欣赏(赵州桥的图片)。

请大家说一说,它给你留下了怎样的印象?

课文是怎样描述这座桥的呢?今天,我和大家一起欣赏、学习课文内容,领略赵州桥的飒爽英姿(板书:赵州桥)。

2. 初读课文,感知大意

(1)自由阅读课文,读准字音,读通语句。

(2)用笔画出文中带生字的词语,多读几遍。

(3)同桌间相互说一说赵州桥的建造特点。

3. 检查学习字词、理解课文大意的情况

(1)展示生字,指名拼读、认读。

县 洨 拱 济 隋 匠 技 砌 墩 横

史 坚 栏 雕 缠 爪 抵 智 慧 历 遗

(2)指名学生领读,同桌间互读,相互检查。

(3)引导学生识记生字,辨析字形、字意。

(4)指名认读多音字、组词,结合具体语境理解字义、读音。

(5)检查词语认读情况。

让全班学生参与,自由选择词语,练习说句子。

生:【雄伟】高大雄伟的万里长城是中华民族智慧的结晶。(真棒)

生:【精美】朋友送我一个精美的文具盒。(多么深厚的友情啊)

生:【宝贵】人的生命是最宝贵的财富。(珍惜我们的生命,让生命更精彩)

生:【创举】北京鸟巢的造型设计是世界建筑史上的伟大创举。(说得多好啊)

……

(6)请同学们以小组为单位推荐代表,说说赵州桥设计上的特点。

4. 精读课文,学习第一自然段

(1)朗读课文第一自然段,看看谁能读出自豪的感情。

(2)指名学生说一说读懂了什么。

生:(交流汇报)文中介绍了赵州桥的位置、名称、设计者、历史状况。

师:赵州桥成为我国桥梁建造史上一颗璀璨的明珠,体现了我国古代劳动人民的聪明与智慧,我们为此感到骄傲和自豪。下面,我们带着自豪的感情朗读第一自然段。

5. 赏析研读课文第二自然段

(1)请同学们品读本段课文。

(2)引导感悟:

①作者是围绕哪句话来写赵州桥的?它在本段中起什么作用?

②作者介绍了桥的哪方面知识?用了什么说明方法?

③赵州桥的设计上有什么特点?这种设计好在哪里?

④本段在写作上有什么特点?

(学生分小组合作交流、汇报)

生:围绕"赵州桥非常雄伟"来写作,这句话是本段中心句,具有总领全段的作用,主要写赵州桥的雄伟、坚固。

生:写"赵州桥长五十多米、宽九米多……横跨在三十七米多宽的河面上",运用了列数字的说明方法,具有科学性。

生:赵州桥设计上的特点:①全部用石头砌成,下面没有桥墩,只有一个拱形的大桥洞。②大桥洞顶上左右两边还各有两个拱形的小桥洞。这种设计的作用:减轻流水的冲击力,减轻桥身的重量,节省石料,是建桥史上的一个创举。

生:本段写作上的特点是:采用"总写——分述"的写法,围绕一句话把内容写具体。

6. 拓展延伸:你还知道我国哪些宝贵的历史文化遗产?

板书设计:

赵州桥 ｛ 历史悠久:1400多年
外形雄伟:长、宽、全部用石头砌成、没有桥墩、横跨河面
设计精巧:一个大桥洞、四个小桥洞
坚固美观:精美的图案(有的……有的……还有的……) ｝ 智慧和才干
历史文化遗产

教学反思:

本课的教学内容是扫清阅读障碍,解决字词障碍、朗读障碍。教学伊始,教师出示预习任务,学生自学,让学生有据可依,学生轻轻松松完成了学习任务。不足之处:对课堂秩序的把控有待加强。

第二章 教育写作

教育写作是教师招聘考试众多命题形式中的一种,主要考查考生对于全面教育及新课程改革精神的理解和把握,主要目的是通过教育写作使教师掌握新的教学理念,属于知识运用题型。教育写作在招教考试中所占分值较大,在规定时间内写出一篇文质兼具的佳作并非易事,这就要求考生必须掌握写作技巧,懂得写作章法,做到:字数够、书写佳、主题明、脉络清、气势猛、结尾烈。

一、评分标准及解读

为了让考生更加清晰写作中需要注意的问题,让考生有一个自我评价的标准,我们在结合高考作文评分标准的基础上,专门制订了教育写作评分参考标准,详见下表。

表8-1 教育写作评分参考标准

等级标准	一等文章 (占总分的80%~100%)	二等文章 (占总分的51%~79%)	三等文章 (占总分的28%~50%)	四等文章 (占总分的0%~27%)
内容	切合题意 中心突出 内容充实 思想健康,感情真挚 深刻创新	符合题意 中心明确 内容较充实 思想健康,感情真实 比较新颖	基本符合题意 中心基本明确 内容单薄 思想基本健康,感情基本真实 有新颖语句	偏离题意 中心不明 内容不当 思想不健康,感情虚假 无新颖语句
语言	语言流畅	语言通顺	语言基本通顺	语言不通顺
结构	结构严谨	结构完整	结构基本完整	结构混乱
书写	工整规范	比较规范	字迹清晰	潦草杂乱

注:各省市教师招聘考试中的教育写作评分标准略有差异,但整体上区别不大,该评分标准仅作参考。

以下对各个等级的评分标准进行解读:

1. 内容

(1)切合题意

一等切合题意,二等符合题意,三等基本符合题意,四等偏离题意。

现在的教育写作,无论是话题作文,抑或材料作文,正确的立意可能有多个,但是如果材料已经暗示了几个立意角度的关系,那么这些最佳立意角度、最具有辩证性的立意,就是最切合题意的。如果材料叙述冷静客观,没有流露褒贬,从几个允许的角度立意,都算符合题意。基本符合题意是指作文的中心论点与作文材料或题目有关联,是从材料引申出来的,阐述了题目的基本含意但又偏离了出题人本意的论点。偏离题意是指作文的中心论点与题目毫无关系,这个论点跑出了材料、命题含意的范围,如命题人让写的主题是"创新",考生写的主题是"合作"。

(2)中心突出

一等中心突出,二等中心明确,三等中心基本明确,四等中心不明。

中心突出即全文明确表达出了一种观点,如赞同什么,反对什么,认为是什么,我们该怎么办,有明显的主论点和分论点,并且论据能充分表现主题。中心不明常表现为华丽语言堆积,多样论据、故事的罗列,各种观点都有,这些观点前后无关联,甚至矛盾,无主旨句,老师阅后不知在阐述怎样的道理。

(3)内容充实

一等内容充实,二等内容较充实,三等内容单薄,四等内容不当。

作文内容即作文中运用词句呈现出来的整体情况,包括各种论据、材料,记叙的事件、情节。内容充实指材料丰富真实,运用合理,针对现实,言之有物,且言之凿凿。内容单薄指文章像是在做简答题或论述题一样,甚至空发议论,空喊口号,没有可信服的材料,满是空洞的说教之词。内容不当是指论述不着边际,记叙天马行空,让阅卷老师觉得云里雾里。

(4)思想感情

一等思想健康,感情真挚;二等思想健康,感情真实;三等思想基本健康,感情基本真实;四等思想不健康,感情虚假。

如果文章表达的思想感情是作者真挚感情的自然流露,与文章内容和谐一致,融为一体,合情合理,且传递的是正能量,引导读者积极向上,则视为思想健康,感情真挚。如果文章表达的感情不符合情理,甚至与文章内容相冲突,传递的是负能量,给读者以不良影响,把读者引向阴暗的死胡同,则视为思想不健康,感情虚假。

(5)深刻创新

一等深刻创新,二等比较新颖,三等有新颖语句,四等无新颖语句。

深刻侧重指观点方面:观点一针见血,入木三分,发现问题所在,给人以启发意义;透过现象看到事物本质,揭示事件的原因、过程、结果。创新包括作文的各个方面,涵盖观点、内容等。无新颖语句指满篇都是陈词滥调,说教之词,没有让人眼前一亮、耐人寻味的新巧词句。

2. 语言

一等语言流畅,二等语言通顺,三等语言基本通顺,四等语言不通顺。

以800字左右的作文为例,语言流畅即文章语句自然通顺,有文采,可以有0~1处词汇或句法错误;语言通顺即文章读起来上下衔接自然,不一定有文采,语病在3处以内;语言基本通顺即上下语句大致能连起来,语病在3~4处;语言不通顺即有大量语病,读起来磕磕绊绊,影响理解。

3. 结构

一等结构严谨,二等结构完整,三等结构基本完整,四等结构混乱。

结构严谨即文章有严密有力的框架在支撑,这个框架保证文章可以坚强地站立,有始有终,并有说服力。同时,上下部分紧密相连,前后内容围绕中心,是个有机的整体。结构完整即文章大概有个框架,前后能比较自然地联系、过渡。结构基本完整即文章有个基本的小框架,前后稍微有联系。结构混乱即文章如一盘散沙,条理不清,逻辑不明,甚至没有成篇。

4. 书写

一等工整规范,二等比较规范,三等字迹清晰,四等潦草杂乱。

工整规范即卷面没有随意涂抹、勾勾画画等现象,书写规范,端正大方,全文整齐有力;比较规范即卷面没有随意涂抹、勾勾画画等现象,字体可能有大有小,上下错落,不够整齐;字迹清晰是指字迹能让老师看懂写的是哪个字;潦草就不单单是连笔的问题,而是"龙飞凤舞",难以辨认,无从阅读。

二、写作的类型及特征

从命题方式来看,教育写作可以分为命题作文、材料作文和话题作文。

表8-2 写作的类型及特征

命题作文	题型特征	要求考生根据给定的题目进行写作。这类写作对写作内容的限制性较强,直接体现写作意图,可以避免跑题,同时也将考生思想禁锢在一定范围内,不利于考生创造性的发挥
	实例展示	请以"教育的初心"为题,写一篇不少于300字的小作文。除诗歌外,文体不限
材料作文	题型特征	命题者只给定材料(文字或图画),要求考生在理解材料的实质、内涵,并审明题意后写作。命题者不在题面点明材料的含义
	实例展示	某日,杨绛先生的同事问她:"您一天能翻译多少字?"杨绛回答:"我想平均起来也就不过五百字左右吧。"面对众人的不解,她补充道:"我翻译其实是很慢的,我首先要把每段话的原意弄清楚,然后每个原文句子通通拆解,再按照我们汉语的语言习惯重新组成句子,把整段话的原意表达出来。"正因如此她才翻译出了一部部脍炙人口的著作。 以上内容对我们的教育教学也有一定的启示,请谈谈你的认识和思考。
话题作文	题型特征	给定材料是对话题的说明、解释,目的在于帮助考生理解话题。作为一种比较自由的写作形式,考生可以在文章中最大限度张扬个性,发挥自己的长处
	实例展示	在一次教师节前夕,习近平总书记来到北京师范大学看望教师和学生,观摩课堂教学,进行座谈交流,并提出好教师的四项标准是"有理想信念、有道德情操、有扎实学识,有仁爱之心"。 请以"好教师需有仁爱之心"为话题,写一篇议论文。 要求:观点鲜明,主题明确,分析合理,论述深刻,语言连贯,字数不少于800字

三、议论文写作策略

1. 立意

立意是确立文章总论点及其分论点的思维过程。它起着明确主旨、统领全文、指明写作方向的作用,在写作中处于核心地位。

(1)立意的基本要求

①立意要鲜明、集中。一篇文章赞扬什么(或歌颂什么),批评什么(或揭露什么),或说明什么道理,要观点明确,不能模棱两可。一篇文章必须围绕一个中心来写,不能分散,不能有两个(或多个)中心。

②立意要贴切、健康。立意要符合题目要求和命题意图,开放式材料作文的立意需符合材料的内容及要求。观点要正面积极,符合社会主流意识。

③立意要新颖、深刻。要善于从多层次、多角度、多方面来考察材料,做到以小见大、由表及里,从中挖掘出新的思想内容。

(2)立意的基本方法

①抓关键词句法。有的材料为突出中心,会在材料中设置关键词、句(开头、结尾、对话),抓住这些关键词、句,再寻找关键词、句之间的逻辑关系,并对关键词、句的内涵进行阐释,找出其引申义、比喻义,就能列出符合题目要求的几个立意,从而准确把握材料主旨。

②以果溯因法。任何事物的产生、变化和发展，都有其内在或外在的原因。因此，考生可以阅读、分析材料的因果联系，从结果切入，以果溯因，从而确立文章的主题。

③多角度分析。一般来说，材料的各个立意点，是蕴含在材料所涉及的人和事上的，因而我们可以从材料中的人和事入手，问个"为什么"，提炼出多个观点。

2. 标题

标题居于一篇文章之首，是文章传递重要信息的有机组成部分。"题好文一半"，考生在拟写标题时，需审清题干对"标题"的要求。例如，以"××"为题/题目；以"××"为话题，自拟标题。

(1)标题的基本要求

①体现论点。古人云：题如文眼。在标题中体现论点，一者可以先为文章定下基调，确保论证条理清楚，说理分明；二者可以使阅卷者在第一时间明确考生观点，把握文章中心。

②简洁鲜明。英国著名戏剧大师莎士比亚曾说："简洁是智慧的灵魂，冗长是肤浅的藻饰。"拟定文章标题，对考生的要求是用适量的字，表达出文章的中心。具体到字数上，单层标题不应超过一行，复合标题不应超过两行。

③略赋文采。"文似看山不喜平，画如交友须求淡。"袁枚在《随园诗话》中为我们点明了文章出彩的重点——文采。文采如同茶叶，稍加一些就会清芬扑鼻，舌有余香。

④书写规范。文章标题应居中书写，副标题加破折号在主标题下缩进两个字书写，尽量做到两边空格均匀。标题的书写格式如下：

□□□□□□□□□□□□□□成长的引路者□□□□□□□□□□□□□□

□□□□□□□□□□□□□□——因材施教□□□□□□□□□□□□□□

标题较长需回行时，最好居中排列。

(2)拟题的基本方法

①点事实。"事实"指事情的实际情况。点事实，就是把材料中反映的某一事件或问题简单概括出来作为标题，也可以直接引用材料中的原话做标题。需要注意的是，题目中所涉及的事件或问题，一般是材料中的一个点或一个面，这个点或面往往最能反映材料中心，最具有代表性，最能表达作者的强烈感情。

②点论题。点论题也就是标题告诉了读者该文的议论范围。

③点论点。中心论点，是作者对所论述问题的最基本的看法，是作者在文章中所提出的最主要的思想观点，是全部分论点的高度概括和集中体现。用中心论点做标题，可以鲜明地告诉读者作者的见解和观点，即作者赞成什么，反对什么。此种标题多用判断句或陈述句的形式表达。点论点是写作题目拟定中最常用、最推崇的一种拟题方法。

3. 开头

(1)开头的基本要求

①快速切入主题。文章的开头是文章的总体方向，要为总论点服务。因此，开头应快速切入主题，让阅卷者开篇便知道文章的核心观点是什么。开头不要啰唆，要简明扼要，以实际内容提出或引出总论点，忌假大空，不要因为大量列举事例而忽略、埋没文章的中心论点。

②流畅引出下文。布局谋篇要考虑段与段、层与层之间的组合关系，开头除了要完成好自身的任务，还有个重要功能是引出下文，所以开头的最后一句通常要承上启下，或者宏观概括问题，或者简要论述，为下文的延伸阐述留出足够的空间。

③考虑一定的吸引力。教育写作,要让阅卷者刚刚接触到文章,就被吸引住,有一睹全文的欲望。因此,开头要有一定的吸引力。

(2)开头的方式

文章的开头是展现给读者的"第一缕阳光",不仅奠定了行文的基调,而且能为读者带来一份好心境。常见的开头写法有"开门见山"式、引用名句式、妙用修辞式、故事引入式等。

①"开门见山"式。开篇直截了当地摆出观点,既能渲染出一种气势,也利于畅通文思,围绕论点展开议论。

②引用名句式。引用诗句、名言、格言、谚语等作为文章的开头,并顺其自然地引出自己的论点。这样不仅使文章立意深邃隽永,而且能展现作者的文采,有先声夺人之势。

③妙用修辞式。文章开头运用比喻、排比等巧妙而贴切的修辞方法,形成一种形式美,让人印象深刻。

④故事引入式。采用形象化议论,引入故事,提升立意。当然,故事应言简意赅,重点不在于故事本身,而在于为后文提供广阔的议论空间。

4. 论证

一篇文章要想算得上精彩,仅仅通过立意提出论点是不够的,还需要通过论证来证明自己的观点以使人信服。

(1)论证的基本要求

①论据选取准确;②论证说服充分;③论证方法多样。

(2)论证的技巧

①举例论证

举例论证是指运用典型事例来证明论点的方法。任何论点不能独立存在,事实胜于雄辩,列举确凿、充分、有代表性的事例,能够增强论证的说服力。

②引用论证

引用论证也叫"引证",即引用公理、名言警句、经典著作、历史文献、谚语、成语、俗语等作为论据,用以分析问题、说明道理。

③对比论证

对比论证是一种常用的、有说服力的论证方法。事物的特征和本质在对比中最容易显露出来,特别是正反相互对立的事物的比较,具有极大的鲜明性,能给人留下深刻的印象。通过对比,正确的论点会更加稳固。

5. 结尾

(1)结尾的基本要求

①完整简洁;②言之有物。

(2)结尾的技巧

①照应式结尾

照应式结尾是指结尾扣题,呼应上文,充分体现文章的连贯性,点明文章的主旨。照应式结尾包括照应标题和照应开头。

②总结性结尾

总结性结尾是指对全文内容进行综合和小结,对中心思想做一个准确的提炼和归纳,使读者对全文有一个清晰明确的总印象或点明主旨,揭示文章主旨。

③展望号召式结尾

展望号召式结尾是在文章结尾时发出真挚的呼唤,鼓舞人心,给读者强烈的心灵震撼。展望号召要求我们以坚定有力的语气指明事物未来的发展方向、政策走向,以及问题必然解决、情况必然改善的趋势和前景。一般以感叹句、陈述句等抒发感情,发出倡议。

④借用名言式结尾

借用名言式结尾是指引用教育学家或哲人、经典名著中的权威论述,联系主题进行阐释,借题发挥,有引有阐,发掘文章的内涵思想,提升全文的理论层次,展现教育、道义高度与人文情怀,烘托文章的立意。

四、典例精析

我国古代伟大教育家孔子说过:"其身正,不令而行;其身不正,虽令不从。"苏联教育家马卡连柯曾说过:"不要以为只有你们在教训孩子、命令孩子的时候才是教育,你们在生活中的每时每刻,说的每一句话……这一切都有重要意义。"

根据文意,站在老师的角度,写一篇不少于800字的议论文。(30分)

【深度剖析】

(1)从材料内容来看,孔子和马卡连柯的话都强调了教师的一言一行都会对学生产生巨大的影响,所以教师要以身作则,为人师表,树立正确的教师观。考生可从"为人师表做榜样"的角度出发进行写作。

(2)从写作要求来看,考生需要从教师的角度出发进行写作,站在其他角度均属于跑题。

【写作思路】

以"树立正确教师观,为人师表做榜样"为例:

(1)点明主题。考生可以开门见山,直接点明本文的中心论点。

(2)论证主题。考生可从正反两个方面选取论据,进一步论证教师要"树立正确教师观,为人师表做榜样"的重要性和必要性。

(3)深化主题。考生可联系实际,分析教师应该怎样做才能"为人师表做榜样",同时在文章末尾再次强调"为人师表做榜样""树立正确教师观"对学生的重要影响,进一步深化文章的主题。

【佳作示范】(满分30分)

树立正确教师观,为人师表做榜样

教师是学生成长过程中重要的引导者,他们的行为对于培养学生成才至关重要。教师不仅要教书,更要育人,以自己模范的品行来教育和影响学生,成为学生学习的典范。所以教师要树立正确的教师观,在教学过程中以身作则、为人师表,成为学生仿效的榜样。

为人师表是教师的必备素质。张伯苓十分注意对学生进行文明礼貌教育,他认为"教育范围绝不可限于书本教育、智育教育,而应特别着手于人格教育、道德教育"。他指出:"任教者当注重人格感化。"当他劝告学生戒烟而被学生责难时,他立刻当众销毁自己所有的吕宋烟,还折断使用多年的烟袋杆,诚恳地说:"从此以后,我与诸同学共同戒烟。"之后他果然言而有信,成为学生戒烟的榜样。正是他的为人师表,才培养出大批德才兼备的学生,成为近代以来中国民办教育卓有建树的典范,被称为"中国现代教育的一位创造者"。

但有些教师做不到身体力行。一个上课迟到、不及时批改学生作业的教师,如何让学生按时上学,按时完成作业?一个沉迷于有偿家教、把出售知识当作本职的教师,如何让学生体会到师德的高尚?孔子曾说过:"其身正,不令而行;其身不正,虽令不从。"可见,教师的一举一动都是无声的命令。凡是要求学生做到的,教师必须身体力行。

身教重于言教。教师的行为表达着情感,学生从教师的行为中接受着情感的熏染和启迪。这是因为教育是人与人心灵上的相互接触,教师所表现出的道德面貌,既是学生认识社会、认识问题、认识人与人关系的一面镜子,也是学生道德品质成长最直观、最生动的榜样。因此教师必须具有崇高的品德和高尚的人格,才能达到育人的目的。教师要做好人类灵魂的工程师,首先自己要有高尚的道德情操,这样才能以德治教,以德育人,才能成为一名合格的教育工作者。

我们要树立正确的教师观。规范自己的言行举止,要以自己的"言"为学生之师、"行"为学生之范。时时刻刻以自己的人格影响学生,以自己的品行感化学生,以自己的言行引导学生。在学生的眼中,教师是值得信赖的。所以,让我们时时刻刻注意自己的言行,做一个充满爱心的园丁,给这些幼苗一个充满阳光的花园,让他们快乐地成长。

【专家点评】

文章整体采用"总分总"的形式,开篇点题,结尾升华主题,简洁明了。在论证主题时,文章围绕"正确教师观""为人师表""榜样"等方面进行写作,并从正反两个方面举例,在鲜明的对比下,针对相关问题提出正确、具体的做法。正反对比,论证充分,具有借鉴意义。

图书反馈

重磅！考题有奖征集！

「凡提供当年度考题者，根据考题完整度，可获得500元以内奖励。」

具体请联系QQ:1831595423

（温馨提示：所提供考题须是当年度考题，且真实有效。）

亲爱的考生：

　　感谢您对山香教育的信任和支持，您的建议是我们前进的动力！为进一步提高图书质量，我们特向全国各地的考生开展图书反馈活动。

　　凡通过图书反馈链接提供山香图书意见反馈者，均可获得**相关网课**。

图书反馈链接

联系方式：400-600-3363　　　研发部QQ:1831595423

招教网
招考资讯平台

山香官网
考编服务平台

山香网校
线上学习平台

图书订正链接
勘误更新平台